파생상품의 평가와 헤징전략

Fundamentals of Futures and Options Markets

파생상품의 평가와 헤징전략

제9판

John C. Hull 지음

김대환·박희진·설홍기·엄영호·한승진 옮김

Pearson

1st book 퍼스트북

Pearson Education South Asia Pte Ltd
63 Chulia St
#15-01
Singapore 049514

Pearson Education offices in Asia: *Bangkok, Beijing, Ho Chi Minh City, Hong Kong, Jakarta, Kuala Lumpur, Manila, Seoul, Singapore, Taipei, Tokyo*

3 2 1
25 24 23

Cover image by Metamorworks/Shutterstock

발행일: 2023년 9월 25일
공급처: 퍼스트북(02–3141–2953/first_book@naver.com)
ISBN: 978–981–3350–15–1(93320)
가격: 42,000원

Pearson

http://pearson.com/asia

역자 서문

이 책은 Hull 교수의 『Fundamentals of Futures and Options Markets』 제9판(Pearson, 2017)을 번역한 것이다. Hull 교수가 저자 서문에서 밝혔듯이 이 책의 모태가 되는 책은 『Options, Futures, and Other Derivative Securities』이다. 『Options, Futures, and Other Derivative Securities』는 아마도 파생상품 분야의 교과서로는 세계에서 가장 많이 팔린 책일 것이다. 이 책이 파생상품 분야의 베스트셀러가 된 여러 가지 이유가 있겠으나 그중 하나는 이 책이 다루고 있는 주제의 광범위함이다.

총 37개 장으로 구성된 이 책은 학부생이나 대학원생을 위한 수업에서 모든 주제를 다루는 것은 불가능하겠지만 학생의 수준 혹은 강의자의 선호에 따라 유연하게 주제를 선정할 수 있다. 이러한 특징은 이 책이 실무자에게도 사랑받는 이유이기도 하다. 이 책은 마치 백과사전과 같아서 다루지 않은 주제가 없다고 해도 과언이 아닌데, 실무자 입장에서는 서가에 비치해 두었다가 모르는 사항이 생기면 언제든지 꺼내서 볼 수 있는 좋은 참고문헌 역할을 한다.

이 책을 베스트셀러로 만든 이러한 장점은 이 책의 단점이기도 하다. 너무나 많은 주제를 다루다 보니 아무래도 내용 설명이 축약된 부분이 있을 수 있고, 수식이 많이 나와 수학적 배경이 없는 학부생이나 MBA 학생 입장에서는 이해가 어려울 수 있다.

『파생상품의 평가와 헤징전략』은 『Options, Futures, and Other Derivative Securities』가 갖고 있는 장점은 최대한 살리면서 단점을 보완한 책이다. 즉 『파생상품의 평가와 헤징전략』은 총 25개 장으로 구성되어 있어 여전히 많은 주제를 다루고 있지만 수리적 논의는 대폭 축소했다. 따라서 이 책은 어려운 수리적 내용이 없어 수학적 배경이 없는 독자도 파생상품의 여러 개념을 쉽게 이해할 수 있도록 저술된 책이다. 따라서 이 책은 수학적 배경이 없는 학부학생이나 MBA 학생에게 가장 적합한 교재가 될 수 있고, 수학적 배경이 없는 실무자가 파생상품과 관련한 여러 개념이나 주제를 이해함에 있어 매우 유용하다.

Hull 교수가 파생상품과 관련한 광범위한 주제를 깊이 있게 다룰 수 있었던 배경에는 그의 엄청난 연구성과가 있다. Hull 교수는 같은 대학에 재직 중인 White 교수와 더불어 100편이 넘는 논문을 학술지에 발표하였다. 대표적인 연구로는 1987년에 *The Journal of Finance*에 발표한 "The Pricing of Options on Assets with Stochastic Volatilities"와 1990년에 *Review of Financial Studies*에 발표한 "Pricing Interest−Rate−Derivative Securities" 등이 있다. Hull 교수는 이론적 모형에 대한 논문 외에도 파생상품시장에서 이슈가 되는 시사성 있는 주제에 대해서도 여러 논문을 발표했는데, 관련된 주제로는 신용파생상품, CVA(credit value adjustment), OIS 할인(overnight indexed swap discounting) 등이 있다. Hull 교수의 이러한 연구성과가 밑받침이 되었기에 각 주제를 깊이 있게 그리고 독자들이 이해하기 쉽게 저술할 수 있었을 것이다.

개정된 9판에서 중요하게 고려한 부분은 2008년 글로벌 금융위기 이후 등장한 파생상품시장의 새로운 추세이다. LIBOR 금리는 2008년 이후 등장한 새로운 추세의 중심에 있다. 글로벌 금융위기 이전에는 글로벌 투자은행들이 LIBOR 금리를 사실상 무위험이자율(risk-free rate)로 간주했으나 글로벌 금융위기를 겪으면서 더 이상 무위험이자율로 간주하기 어려워졌다. 이에 따라 시장에서 OIS 이자율을 무위험이자율로 활용하기 시작하면서 파생상품평가를 위한 현재가치계산은 소위 말하는 OIS 할인을 사용하게 되었다. 이러한 관행은 시장에서 파생상품의 평가방법에 커다란 변화를 가져왔다. 저자가 서문에서 밝혔듯이 9판에서는 이러한 시장의 변화를 적극적으로 반영했다.

LIBOR 금리와 관련한 또 다른 추세의 핵심은 그동안 시장의 벤치마크 금리로 활용되던 LIBOR 금리의 폐지(termination)이다. 2008년 글로벌 금융위기 기간 중 발생한 LIBOR 금리 조작사건은 결국 LIBOR 금리를 대체할 벤치마크 이자율에 대한 국제적 논의를 가져왔다. 2014년 ARRC(Alternative Reference Rates Committee)는 LIBOR 금리를 대체할 대안적 무위험이자율(Alternative Risk-free Rate)를 제안했으며, 이후 논의를 거쳐 미국에서는 SOFR(Secured Overnight Financing Rate), 영국에서는 SONIA(Sterling Overnight Index Average), EU에서는 ESTR(Euro Short Term Rate) 등을 사용하기로 했다. 이에 따라 주요국가의 LIBOR 금리는 2023년 6월 30일을 기점으로 폐지되어 우리가 지금까지 알고 있던 LIBOR 금리를 변동금리로 하는 변동금리채권, 이자율스왑, 선도금리계약은 더 이상 존재하지 않게 되었으며, SOFR 등의 대안적 무위험이자율을 변동금리로 하는 상품이 등장하게 되었다.

아쉽게도 9판은 2017년 개정판이 나온 이래 아직 개정판이 나오지 않아 이러한 변화를 충분히 반영하지 못했다. 우리는 시장의 새로운 변화를 포함하기 위해 2021년에 개정판이 나온 『Options, Futures, and Other Derivative Securities』의 11판 내용을 반영해 4장과 7장의 일부 내용을 수정했다.

끝으로 이 책을 출간하는 데 많은 도움을 준 피어슨에듀케이션 관계자 여러분에게 깊은 사의를 표한다. 원서의 내용을 올바르게 전달하려고 나름대로 노력했지만 100% 완벽하다고 장담하기는 어렵다. 이런 오류의 책임은 전적으로 역자에게 있으며 향후 기회가 주어지는 대로 계속 보완해 나갈 것이다. 이 책의 독자들이 파생상품을 이해하는 데 조금이나마 도움이 된다면 이 책을 번역한 역자로서 더 없는 즐거움이 될 것이다.

2023년 8월

역자 일동

저자 서문

저자의 또 다른 저서인『Options, Futures, and Other Derivatives』를 좋아하지만 학생들이 읽기에는 너무 어려운 내용이라는 동료들의 권유로 이 책을 쓰게 되었다. 이 책은『Options, Futures, and Other Derivatives』와 동일한 내용을 다루지만 수학에 대한 교육이 부족한 독자가 더 쉽게 이해할 수 있는 방식으로 설명한다. 두 책의 중요한 차이점 중 하나는 이 책에는 미적분이 없다는 것이다. 이 책은 경영학, 경제학 및 기타 학부에서 제공하는 학부 및 대학원 선택 과목에 적합하다. 또한 선물 및 옵션 시장에 대한 이해를 높이고자 하는 많은 실무자에게도 유용할 것이다.

강의자는 이 책을 다양한 방식으로 활용할 수 있다. 처음 12장만 다루고 이항트리로 마무리할 수도 있다. 더 많은 내용을 다루고 싶다면 13장부터 25장까지 다양한 순서로 다룰 수 있다. 18장부터는 각 장이 다른 장과는 독립적으로 설계되었기 때문에 문제없이 강의 과정에 포함하거나 생략할 수 있다. 학생들이 항상 흥미와 재미를 느끼는 25장으로 강의를 마무리하는 것이 좋다.

9판의 새로운 내용

내용을 업데이트하고 프레젠테이션을 개선하기 위해 많은 변경을 했다. 파생상품시장의 OIS 할인(Overnight Indexed Swap discounting) 움직임은 8판을 집필한 이후에도 계속되고 있다. 그 덕분에 이 책의 첫 7개 장 내용을 간소화할 수 있었다. 스왑 및 선도금리 계약과 같은 상품을 평가하는 방법으로 더 이상 LIBOR 할인(LIBOR discounting)을 제시하지 않는다. 이러한 상품을 평가하려면 (a) 지급금 계산에 사용되는 이자율에 대한 선도금리(보통 LIBOR)와 (b) 할인에 사용되는 무이표 무위험 제로 곡선(보통 OIS 제로 곡선)이 필요하다. 대다수 강의자는 새로운 프레젠테이션이 더 매력적이고 논리적으로 느껴질 것이다. 이 프레젠테이션은 위험이자율에 따라 지불이 달라지는 상황으로 확장할 수 있다. 기타 변경 사항은 다음과 같다.

1. 장외파생상품 거래 및 청산에 관한 새로운 규제내용 추가
2. 내용의 프레젠테이션을 향상하고 파생상품시장이 OIS 할인으로 전환하는 것을 반영하기 위해 스왑 관련 장(7장)의 전면 개정
3. 선물계약이 헤징에 사용될 때 일일 결제의 영향에 대한 자세한 설명 추가
4. 그릭 문자(Greek letters)의 계산 및 사용에 대한 자세한 설명
5. 기대부족액(expected shortfall) 측정에 대한 추가 설명으로 중요성 증가를 반영
6. 이 책 독자의 요구에 맞춘 소프트웨어 DerivaGem의 새 버전

그 밖의 특징

소프트웨어

이 책에는 DerivaGem 4.00이 포함되어 있다. 이 소프트웨어는 Options Calculator와 Application Builder라는 두 가지 엑셀 응용 프로그램으로 구성되어 있다. Options Calculator는 이 책에서 설명하는 많은 파생상품을 평가하는 데 사용하기 쉬운 소프트웨어로 구성되었다. Application Builder는 사용자가 자신만의 응용 프로그램을 만들 수 있는 여러 엑셀 함수로 구성되었다. 여기에는 몇 가지 샘플 응용 프로그램이 포함되어 있으며 학생들이 옵션과 수치 절차의 속성을 탐색할 수 있다. 또한 더 흥미로운 과제도 설계할 수 있다.

소프트웨어에 대한 자세한 설명은 책 끝부분에 있다. 업데이트된 소프트웨어는 저자의 웹사이트에서 다운로드할 수 있다.

www-2.rotman.utoronto.ca/~hull

각 장 끝 문제

각 장의 마지막(마지막 장 제외)에는 7개의 퀴즈 문제가 있어 학생들의 핵심 개념에 대한 이해도를 빠르게 테스트할 수 있다. 이에 대한 답은 책의 마지막에 실었다. 또한 이 책에는 다양한 연습문제와 추가문제가 있다.

차례

5 선도가격과 선물가격의 결정 요인

6 금리선물

7 스왑

8 증권화와 2007년 신용위기

9 옵션시장의 구조와 운영

10 주식옵션의 기본 성격

11 옵션을 이용한 거래전략

12 이항분포모형: 기초

13 주식옵션의 가치평가: 블랙-숄즈-머튼 모형

14 종업원스톡옵션

15 주가지수옵션과 통화옵션

16 선물옵션

17 그릭 문자

24 날씨·에너지·보험 파생상품

25 파생상품 투자의 실패와 교훈

1 서론

파생상품 시장은 금융 및 투자 분야에서 점점 더 중요해지고 있다. 이제 모든 금융 전문가는 이러한 시장이 어떻게 운영되는지, 어떻게 활용될 수 있는지, 무엇이 시장의 가격을 결정하는지 반드시 이해해야 한다. 이 책은 이러한 이슈를 다룬다.

파생상품은 거래소와 장외(over-the-counter, OTC)시장에서 거래된다. 거래소에서는 주로 선물과 옵션이 거래된다. 장외시장에서는 선물, 스왑, 옵션 및 다양한 종류의 파생상품이 거래된다. 2007년에 시작된 금융위기 이전의 장외 파생상품 시장은 비교적 규제에서 자유로웠다. 하지만 지금은 변했다. 앞으로 설명하겠지만, 장외시장 참여자는 이제 거래를 보고하고, 담보를 제공하고, 거래 플랫폼을 사용하는 규정을 따라야 한다.

이 장은 선물시장과 선물 거래소의 소개로 시작한다. 그리고 거래소 파생상품 시장을 장외 파생상품 시장과 비교하고, 거래소의 선물계약에 해당하는 장외시장의 선도계약을 설명한다. 그런 다음 옵션을 소개하고 파생상품 시장에서 헤저, 투기자, 차익거래자의 투자행태를 설명한다.

1.1 선물계약

선물계약(futures contract)은 미래의 특정 시점에 특정 가격으로 자산을 사거나 파는 계약이다. 세계 곳곳에 선물계약을 거래하는 많은 거래소가 있다. CME그룹(www.cmegroup.com), 인터콘티넨털거래소(ICE, www.intercontinentalexchange.com), 유로넥스트(www.euronext.com), 유렉스(www.eurexchange.com), BM&FBOVESPA(www.bmfbovespa.com.br), 인도국립증권거래소(www.nse-india.com), 도쿄금융거래소(www.tfx.co.jp), 중국금융선물 거래소(www.cffex.com.cn) 등이 있다. 더 자세한 목록은 이 책의 마지막 부분에 있다.

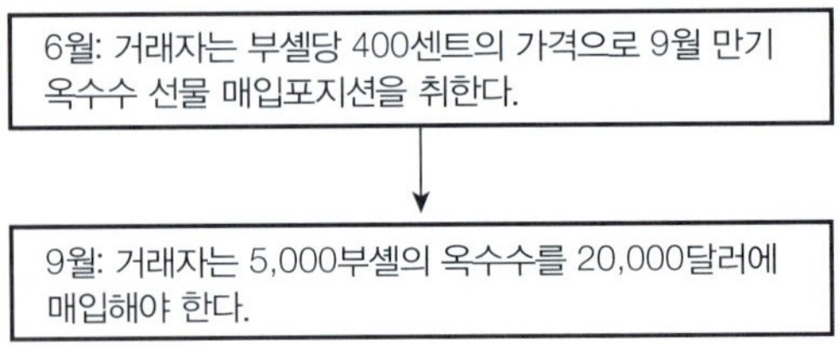

그림 1.1 선물계약(만기까지 보유한다고 가정)

선물 거래소는 미래에 자산을 사거나 팔기를 원하는 사람들이 서로 거래할 수 있도록 한다. 예를 들어 6월에 뉴욕의 한 무역업자가 9월에 인도하는 옥수수 5,000부셸을 매입하기 위해 브로커에게 지시한다고 하자. 브로커는 고객의 지시사항을 CME그룹에 즉시 전달한다. 거의 동시에, 캔자스의 또 다른 거래자는 브로커에게 9월에 인도하는 옥수수 5,000부셸을 매도하라고 지시할 수도 있다. 이 지시는 CME그룹에 전달된다. 이제 가격이 결정되고 거래가 이루어질 것이다.

매입에 합의한 뉴욕의 거래자는 **선물 매입포지션**(long futures position)을 취한 것이고, 매도에 합의한 캔자스의 거래자는 **선물 매도포지션**(short futures position)을 취한 것이다. 합의된 가격은 **선물가격**(futures price)이라 한다. 그 가격을 부셸당 400센트라고 가정하자. 이 가격은 다른 가격과 마찬가지로 수요와 공급의 법칙으로 결정된다. 만약 특정 시점에 9월에 인도하는 옥수수를 매도하는 사람이 매입하는 사람보다 많다면 가격은 하락한다. 이후 신규 수요자가 시장에 진입해 수요자와 공급자 간의 균형이 유지된다. 만약 더 많은 사람이 9월 인도 옥수수를 매도하기보다 매입하기를 원한다면, 비슷한 논리로 가격이 상승한다.

증거금(margin requirements), 일일정산 절차, 거래 절차, 수수료, 매매호가차이(bid-offer spread), 청산소 역할 등은 2장에서 논의할 것이다. 당분간 우리는 뉴욕의 거래자가 부셸당 400센트에 9월 만기 옥수수 5,000부셸을 매입하기로 합의했고, 캔자스의 거래자가 부셸당 400센트에 9월 만기 옥수수 5,000부셸을 매도하기로 합의했다고 가정하자. 양쪽은 구속력 있는 계약을 체결했다. 이 계약은 그림 1.1과 같다.

선물가격은 **현물가격**(spot price)과 대비된다. 현물가격은 즉시 또는 거의 즉시 인도되는 상품의 가격이다. 선물가격은 미래의 어느 시점에 인도되는 상품을 위한 가격이다. 두 가격은 통상적으로 같지 않다. 추후 다루겠지만 선물가격은 현물가격보다 높거나 낮을 수 있다.

1.2 선물시장의 역사

선물시장의 역사는 중세로 거슬러 올라간다. 선물시장은 본래 농부와 상인의 요구를 충족하기 위해 개발되었다. 9월에 일정량의 옥수수를 수확할 농부의 6월 포지션을 고려해보자. 농부가 받게 되는 옥수수의 가격은 불확실하다. 수년간의 옥수수 공급부족 상태에서 농부가 서둘러 매도하지 않는다면 상대적으로 높은 가격을 받을 수 있을 것이다. 반면에 공급과잉이 수년간 지속되면 옥수수는 염가로 처분되어야 할 수도 있다. 농부와 그 가족은 분명히 큰 위험에 노출되어 있다.

한편 옥수수에 대한 지속적인 수요가 있는 기업이 있다고 하자. 그 기업 역시 가격위험에 노출되어 있다. 어떤 해에는 공급과잉이 유리한 가격을 만들어낼 수도 있고 반대로 공급부족으로 가격이 과도하게 높을 수도 있다. 따라서 농부와 기업이 6월에 (또는 그 이전이라도) 만나서 9월에 수확할 옥수수의 예상 생산량에 대한 가격을 합의하는 것은 이치에 맞을 수 있다. 이것은 그들이 일종의 선물계약을 협상하는 것을 의미한다. 이 계약은 미래 옥수수 가격의 불확실성으로 인해 양측에게 초래되는 위험을 제거하는 방법을 제공한다.

우리는 수확기간을 제외한 나머지 기간 동안의 기업 요구사항이 무엇인지에 의문이 들 수 있다. 일단 수확기가 끝나면 옥수수는 다음 시즌까지 저장되어야 한다. 만약 농부가 옥수수를 보관한다면 기업과 농부는 모두 미래 옥수수 가격과 관련한 위험에 직면하게 되고, 이때 다시 선물계약이 필요할 것이다.

시카고선물 거래소

시카고선물 거래소(Chicago Board of Trade, CBOT)는 농부와 상인을 연결하기 위해 1848년에 설립되었다. 설립 초기 CBOT의 주된 임무는 거래되는 곡물의 양과 질을 표준화하는 것이었다. 설립 이후 몇 년 내에 최초의 선물계약이 개발되었다. 그것이 바로 **도착지계약**(to-arrive contract)이다. 투기자들은 곧 그 선물계약에 관심을 갖게 되었고, 선물 거래가 곡물 자체를 거래하는 것에 대한 매력적인 대안임을 알게 되었다. CBOT는 옥수수, 귀리, 콩, 콩가루, 콩기름, 밀, 장기국채(Treasury bond), 중기국채(Treasury note)와 같은 다양한 기초자산을 기반으로 선물계약을 개발했다. CBOT는 2007년에 CME그룹의 일부가 되었다.

시카고상품거래소

시카고농산물거래소(Chicago Produce Exchange)는 버터, 계란, 육류, 기타 부패하기 쉬운 농산물을 거래하기 위해 1874년에 설립되었다. 1898년 버터와 계란 딜러들은 이 거래소로부터 철수해 시카고버터계란거래소(Chicago Butter and Egg Board)를 설립했고, 이후 1919년 시카고상품거래소(Chicago Mercantile Exchange, CME)로 개명하고 선물 거래를 위해 재편성됐다. 그 이후로 CME는 돼지고기(1961년), 생우(1964년), 생돈(1966년), 비육우(1971년) 등을 포함한 많은 상품에 대한 선물시장을 제공했다. 1982년 CME는 스탠더드앤드푸어스(Standard & Poor's, S&P) 500 주가지수에 대한 선물계약을 도입했다.

CME는 1972년에 통화 선물을 거래하기 시작했다. 현재 거래되는 통화 선물은 유로, 영국 파운드, 캐나다 달러, 일본 엔, 스위스 프랑, 호주 달러, 멕시코 페소(peso), 브라질 헤알(real), 남아프리카공화국 랜드(rand), 뉴질랜드 달러, 러시아 루블(rouble), 중국 인민폐(renminbi), 스웨덴 크로나(krona), 체코 코루나(koruna), 헝가리 포린트(forint), 이스라엘 셰켈(shekel), 한국 원(won), 폴란드 즈워티(złoty), 터키 리라(lira) 등이다. CME는 매우 인기 있는 유로달러 선물계약을 개발했다. (이후 설명하겠지만, 유로달러 선물은 단기이자율의 미래 가치에 대한 계약이다). 아울러 CME는 날씨와 부동산에 대한 선물계약도 도입했다.

CME그룹은 현재 시카고무역위원회(Chicago Board of Trade), 뉴욕상업거래소(New York Mercantile Exchange), 캔자스시티무역위원회(Kansas City Board of Trade)를 포함한다.

전자거래

전통적으로 선물은 **공개호가 시스템**(open-outcry system)에 의해 거래되었다. 이는 거래자들이 '트레이딩 구덩이(trading pit)'이라는 거래소 바닥에서 물리적으로 만나, 거래를 수행하기 위해 복잡한 수신호로 전달하는 시스템을 의미한다. 앞의 예에서, 한 장내거래인은 9월 옥수수를 매입하길 원했던 뉴욕에 있는 투자자를 대표하고 다른 장내거래인은 9월 옥수수를 매도하길 원했던 캔자스에 있는 투자자를 대표한다. 전 세계 선물 거래소는 거래자들이 키보드로 그들이 필요한 거래를 입력하고 매입자와 매도자를 연결하기 위해 컴퓨터를 사용하는 **전자거래**(electronic trading)로 공개호가 시스템을 대체해왔다. 전자거래는 종종 사람의 개입 없이 컴퓨터 프로그램을 사용하는 고빈도 거래 및 알고리즘 거래의 성장으로 이어졌다.

1.3 장외시장

선물계약은 거래소에서 매우 인기리에 거래되는 계약이다. 이 장의 후반부에 소개하는 옵션 또한 거래소에서 매우 활발히 거래되는 상품이다. 그러나 모든 파생상품이 거래소에서 거래되는 것은 아니다. 파생상품의 많은 거래가 **장외시장**(OTC market)에서 이루어진다. 은행을 비롯한 대형 금융기관, 펀드 매니저, 기업이 장외 파생상품 시장의 주요 참여자이다. 장외시장의 연간 파생상품 거래 수는 거래소시장보다 적지만 평균 거래 규모는 훨씬 크다.

비금융 기업이 장외시장에서 파생상품을 거래하기를 원할 때 기업은 주로 파생상품 딜러(주로 대형은행)와 접촉한다. 만약 합의에 도달하면, 파생상품 딜러는 포트폴리오의 일부로 위험을 흡수할 수 있다. 또는 다른 파생상품 딜러와 상계거래를 체결할 수도 있다.

2007년 시작된 신용위기 이전에는 장외 파생상품 시장이 대체로 규제를 받지 않았다. 이에

실무사례 1.1 리먼 파산

2008년 9월 15일, 리먼브러더스(Lehman Brothers)는 파산을 신청했다. 이것은 미국 역사상 가장 큰 규모의 파산이었고 그 파장은 파생상품 시장 전반에 영향을 미쳤다. 거의 마지막까지도 리먼은 회생 가능할 것으로 보였다. 한국개발은행, 영국 바클레이즈은행, 뱅크오브아메리카 등 다수 기업이 리먼 매입에 관심을 보였지만, 사실상 어느 곳도 거래를 성사시키지 못했다. 많은 사람이 리먼이 '실패하기에는 너무 크다'며 매입자를 찾지 못하면 미국 정부가 이를 구제해야 할 것이라고 생각했다. 하지만 결론은 그렇지 않았다.

어떻게 이런 일이 발생했는가? 이는 높은 레버리지, 위험한 투자, 유동성 문제가 얽힌 결과였다. 예금을 취급하는 시중은행은 유지해야 하는 자기자본 규모에 대한 규제를 받는다. 리먼은 투자은행이었기에 이러한 규제의 적용을 받지 않았다. 2007년까지 리먼의 레버리지 비율은 31:1로 증가했는데, 이것은 3~4%의 자산가치 하락에도 자본이 잠식될 수 있다는 것을 의미한다. 리먼의 회장이자 최고경영자 딕 풀드(Dick Fuld)는 공격적인 거래와 위험 감수 문화를 장려했다. 그는 임원들에게 "매일이 전투이다. 당신은 적을 죽여야 한다"라고 말했다고 알려져 있다. 리먼의 최고위험관리책임자(Chief Risk Officer)는 유능했지만 큰 영향력을 행사하지 못했고 2007년 집행위원회에서 퇴출되기도 했다. 리먼이 처했던 위험은 8장에서 설명할 서브프라임 모기지에서 파생된 상품에 대한 큰 포지션에 기인한다. 리먼은 사업의 많은 부분에 단기부채로 자금을 조달했다. 리먼에 대한 신뢰가 떨어지자 대출기관들은 상환 만기 연장을 거부했고, 이것은 파산으로 이어졌다.

리먼은 장외 파생상품 시장에서 매우 적극적이었다. 약 8,000개의 서로 다른 거래처와 100만 건 이상의 거래를 체결했다. 리먼의 거래상대방은 종종 담보 제공을 요구받았으며, 리먼은 이 담보물을 다양한 목적으로 사용했다. 누가 누구에게 무엇을 빚지고 있는지를 결정하는 소송이 파산 신청 후 수년 동안 계속 이어졌다.

대한 세부 내용은 8장에서 다룰 것이다. 신용위기와 리먼브러더스의 실패(실무사례 1.1 참조) 이후에 장외시장 운영에 영향을 미치는 새로운 규제가 많이 만들어졌다. 이런 규제의 목적은 장외시장의 투명성을 개선하고 시스템 위험을 줄이는 것이다(시스템 위험에 대한 논의는 실무사례 1.2 참조). 몇 가지 측면에서 장외시장은 거래소시장과 더 비슷해져야 한다. 세 가지 중요한 변화는 다음과 같다.

1. 미국의 두 금융기관 간 표준화된 장외 파생상품은 언제든 스왑실행소(swap execution facilities, SEFs)라는 곳에서 거래되어야 한다. 이곳은 시장 참여자들이 거래에 합의하

실무사례 1.2 시스템 위험

시스템 위험(systemic risk)은 한 금융기관의 부도가 다른 금융기관의 부도를 불러와 금융 시스템의 안정성을 위협하는 '파급효과(ripple effect)'를 발생시키는 위험이다. 은행 간에는 장외거래가 엄청나게 많이 존재한다. 만약 A은행이 파산한다면 A은행과 거래한 B은행은 큰 손실을 볼 것이다. 이것은 B은행의 파산으로 이어질 수 있다. A은행 및 B은행과 거래가 많은 C은행 또한 큰 손실을 보고 심각한 재정적 어려움을 겪을 수 있다. 이런 일들은 연쇄적으로 발생한다.

금융 시스템은 1990년 드렉셀(Drexel)과 2008년 리먼브러더스 등의 부도에서도 살아남았지만 감독 당국의 우려는 계속되고 있다. 시장이 혼란했던 2007년과 2008년 동안, 시스템 위험을 우려한 정부는 많은 대형 금융기관을 파산시키기보다는 구제해 주었다.

기 위해서 거래 상대와 접촉할 수 있는 거래소와 유사한 플랫폼이다.

2. 대다수 국가에서는 표준화된 파생상품 거래를 위해 중앙청산소(central counterparty)를 사용해야 한다는 요구사항이 있다. 장외 파생상품 거래자 쌍방 사이에서 중앙청산소가 하는 역할은 거래소가 거래소 파생상품 시장에서 하는 역할과 아주 유사하다. 중앙청산소는 2장에서 자세히 다룰 것이다.
3. 모든 거래는 중앙등록소(central repository)에 보고되어야 한다.

시장 규모

파생상품의 장외시장과 거래소시장은 모두 규모가 매우 크다. 두 시장에서 집계되는 통계 자료를 정확히 비교할 수는 없지만, 장외시장의 규모가 거래소시장의 규모보다 훨씬 큰 것은 명백하다. 국제결제은행(www.bis.org)은 1998년부터 시장의 통계자료를 집계하기 시작했다. 그림 1.2는 (a) 1998년부터 2014년까지 장외시장에서 거래된 계약의 기초자산 총원금 추정치와 (b) 동일 기간에 거래소시장에서 거래된 계약의 기초자산 총원금 추정치를 비교한 것이다. 이 자료에 의하면 2014년 12월 현재 장외시장의 규모는 630조 달러이고 거래소시장의 규모는 65조 달러이다. 그림 1.2는 장외시장이 2008년 신용위기 이전에 빠르게 성장했으며 그 이후 순 성장이 거의 없음을 보여준다.

그림 1.2를 해석할 때 장외거래의 기초가 되는 원금이 그 가치와 동일하지 않다는 점을 명심해야 한다. 장외거래의 예로는 1년 안에 미리 정해진 환율로 영국 파운드로 1억 달러를 매입하는 계약이 있다. 이 거래의 기초가 되는 총원금은 1억 달러이다. 그러나 특정 시점의 거래 가치는 100만 달러에 불과할 수 있다. 국제결제은행은 2014년 12월에 미결제된 모든 장외시장 계약의 총시장가치를 약 21조 달러로 추정한다.[1]

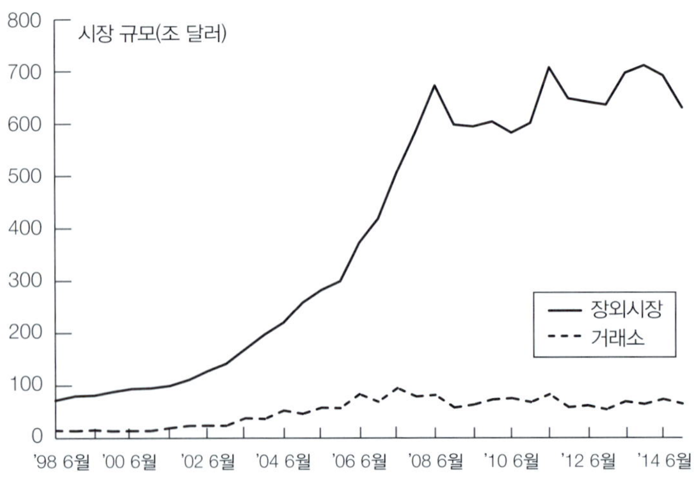

그림 1.2 장외 파생상품 시장과 거래소 파생상품 시장 규모(단위: 조 달러)

1.4 선도계약

선도계약은 미래 특정 시점에 특정 가격에 자산을 매입하거나 매도하는 계약이라는 점에서 선물계약과 유사하다. 그러나 선물계약은 선물 거래소에서 거래되는 반면, 선도계약은 장외 시장에서 거래된다.

외환 선도계약은 매우 일반화되어 있다. 대부분의 대형은행은 현물 및 선도 외환 거래자를 두고 있다. 현물 거래자는 거의 즉시 인도를 위해서 외국통화를 거래하고 선도 거래자는 미래에 인도하기 위해 거래한다. 표 1.1은 2015년 5월 13일 대형 국제은행에 고시된 영국 파운드(GBP)와 미국 달러(USD) 간의 환율을 나타낸다. 환율은 GBP당 USD의 교환 비율이다. 첫 번째 행은 은행이 현물시장에서 파운드당 1.5746달러에 GBP(실질적으로 즉시 인도하기 위해)를 매입하고, 파운드당 1.5750달러에 GBP를 매도할 준비가 되었음을 나타낸다. 두 번째 행은 은행이 1개월 후 GBP 매입 시 GBP당 1.5742달러를 지급하고 GBP 매도 시 GBP당 1.5747달러를 요구한다는 의미이다. 세 번째 행은 은행이 3개월 후 GBP 매입 시 GBP당 1.5736달러를 지급하고 GBP 매도 시 GBP당 1.5742달러를 요구한다는 의미이다.

이 환율은 대규모 거래 시 제공되는 환율이다. (해외여행을 경험한 사람이라면 누구나 알고 있듯이, 소매 고객은 표 1.1보다 훨씬 큰 매매호가차이에 직면한다.) 표 1.1의 환율 고시를 검토한 후, 대기업은 헤징의 일환으로 1억 파운드를 6개월 후 1억 5,730만 달러에 매도하기로 합의할 수 있다.

외화의 선물가격, 외화의 현물가격, 국내이자율, 외국이자율 사이에는 일정한 관계가 성립된다. 이것은 5장에서 설명할 것이다.

표 1.1 2015년 5월13일 미국 달러/영국 파운드 현물환율 및 선도환율(호가는 GBP당 USD)

	매입호가	매도호가
현물	1.5746	1.5750
1개월 선도	1.5742	1.5747
3개월 선도	1.5736	1.5742
6개월 선도	1.5730	1.5736

1 한 거래상대방에게 100만 달러의 가치를 갖고 다른 거래상대방에게 −100만 달러의 가치를 갖는 계약은 100만 달러의 총시장가치를 갖는 것으로 집계된다.

1.5 옵션

옵션은 거래소와 장외시장에서 거래된다. 옵션의 종류는 크게 콜옵션(call option)과 풋옵션(put option)으로 나뉜다. **콜옵션**은 소유자에게 약정일에 미리 정한 가격으로 자산을 살 수 있는 권리를 부여한다. **풋옵션**은 소유자에게 약정일에 미리 정한 가격으로 자산을 팔 수 있는 권리를 부여한다. 옵션계약에서 미리 정해진 가격을 **행사가격**(exercise price 또는 strike price)이라 한다. 그리고 옵션계약에서 약정일은 만료일 또는 **만기일**(expiration date 또는 maturity date)라 한다. **유러피언 옵션**(European option)은 만기일에만 행사가 가능하고, **아메리칸 옵션**(American option)은 옵션 존속기간 중 언제든 행사가 가능하다.

여기서 강조할 점은 옵션은 그 소유자에게 무엇인가 할 권리를 부여한다는 것이다. 그러나 옵션 소유자가 이 권리를 반드시 행사해야 할 필요는 없다. 이런 점에서 옵션계약은 선물계약(또는 선도계약)과 구별된다. 선물 매입계약(long futures contract)의 소유자는 미래 약정일에 미리 정한 가격으로 자산을 매입해야 한다. 반면에 콜옵션 소유자는 미래 약정일에 미리 정한 가격으로 자산을 매입할 수 있는 선택권을 갖고 있다. 선물계약을 체결하는 데 따르는 비용은 없다(2장에서 논의할 증거금은 제외함). 이와는 대조적으로 옵션계약을 체결할 때 거래자는 **옵션프리미엄**(option premium)이라 하는 초기비용(up-front price)을 지급해야 한다.

세계에서 가장 큰 주식옵션시장은 시카고옵션거래소(Chicago Board Options Exchange, CBOE)이다. 표 1.2는 2015년 5월 13일 구글(GOOG) 콜옵션에 대한 매입호가와 매도호가를 보여준다. 표 1.3은 같은 날의 구글 풋옵션 매입호가와 매도호가를 보여준다. 표의 데이터는 CBOE 웹사이트에서 가져온 것이다. 2015년 5월 13일 구글 주식의 매수호가는 532.20, 매도호가는 532.34이다. 옵션의 매매호가 스프레드는 가격에 대한 비율로서 기초자산의 스프레드보다 크며 거래량에 따라 달라진다. 표에서 보면 옵션의 행사가격은 475달러, 500달러, 525달러, 550달러, 575달러이다. 만기는 2015년 6월, 2015년 9월, 2015년 12월이다. 6월 옵션의 만기일은 2015년 6월 19일이고, 9월 옵션의 만기일은 2015년 9월 18일, 12월 옵

표 1.2 2015년 5월 13일 구글 주식에 대한 콜옵션 가격(주가: 매입호가 532.20달러, 매도호가 532.34달러)

행사가격 (달러)	2015년 6월		2015년 9월		2015년 12월	
	매입호가	매도호가	매입호가	매도호가	매입호가	매도호가
475	57.90	61.80	66.00	68.90	73.50	76.50
500	34.80	37.10	45.90	47.90	54.90	56.60
525	16.70	17.30	30.40	31.30	40.20	41.10
550	5.60	6.20	18.60	19.40	28.10	29.00
575	1.55	1.80	10.50	11.30	18.80	20.20

표 1.3 2015년 5월 13일 구글 주식에 대한 풋옵션 가격(주가: 매입호가 532.20달러, 매도호가 532.34달러)

행사가격 (달러)	2015년 6월		2015년 9월		2015년 12월	
	매입호가	매도호가	매입호가	매도호가	매입호가	매도호가
475	0.95	1.05	5.50	9.20	12.50	15.20
500	2.95	3.30	13.00	13.80	21.30	22.10
525	9.40	9.90	22.40	23.20	31.30	32.00
550	22.90	24.40	35.20	36.40	44.10	45.00
575	42.70	45.80	51.90	53.50	59.70	61.00

션의 만기일은 2015년 12월 18일이다. (만기일은 인도월의 세 번째 금요일이다.)

표 1.2와 표 1.3은 옵션의 여러 가지 속성을 보여준다. 행사가격이 높아질수록 콜옵션의 가격은 낮아지고 행사가격이 높아질수록 풋옵션의 가격은 높아진다. 그리고 만기가 길어질수록 콜옵션과 풋옵션의 가격은 모두 높아지는 경향이 있다. 옵션의 이러한 속성은 10장에서 자세히 설명할 것이다.

어떤 거래자가 브로커에게 12월 만기 행사가격 550달러인 구글 콜옵션 1개에 대한 매입 주문을 했다고 가정하자. 브로커는 이 주문을 CBOE에 있는 거래자에게 전달할 것이며, 거래는 성사될 것이다. 가격은 표 1.2에 표시된 바와 같이 29달러이다. 미국에서 주식옵션 1계약은 주식 100주를 사거나 팔 수 있는 계약이다. 따라서 거래자는 브로커를 통해서 거래소에 2,900달러를 지급해야 한다. 그런 다음 거래소는 거래상대방에게 이것을 전달할 것이다.

이 예에서 거래자는 2,900달러의 비용으로 구글 주식 100주를 주당 550달러에 살 수 있는 권리를 얻었다. 만일 2015년 12월 18일까지 구글 주가가 550달러 이상 오르지 않으면 옵션은 행사되지 않을 것이고 거래자는 2,900달러를 잃게 될 것이다.[2] 그러나 만일 구글의 주가가 650달러가 되어 옵션이 행사된다면, 거래자는 650달러의 가치가 있는 주식 100주를 주당 550달러에 매입할 수 있게 된다. 거래자가 즉시 이 주식을 650달러로 매도한다면 10,000달러의 이익을 얻고, 초기 옵션 비용을 공제하더라도 7,100달러의 이익을 얻는다.[3]

거래자가 고려할 수 있는 대안은 행사가격이 525달러인 9월 만기 풋옵션 1계약을 22.40달러로 매도하는 것이다. 이는 즉시 $100 \times 22.40 = 2{,}240$달러의 현금유입으로 이어진다. 구글의 주가가 525달러를 상회한다면, 이 옵션은 행사되지 않고 거래자는 이만큼 이익을 얻을 것이다. 하지만 만일 주가가 하락해서 480달러가 된다면 이 옵션은 행사될 것이며 손실을 볼 것이다. 거래자는 구글 주식의 가치가 480달러에 불과할 때 525달러에 100주를 매입해야만 한다. 풋옵션 매도 시 받은 프리미엄을 감안하면 거래자의 손실은 2,260달러가 된다.

2 여기서 거래자가 지불한 수수료는 무시한다.

3 여기서 할인 효과는 무시한다. 이론상 10,000달러는 옵션 매입일부터 행사일까지 할인해야 한다.

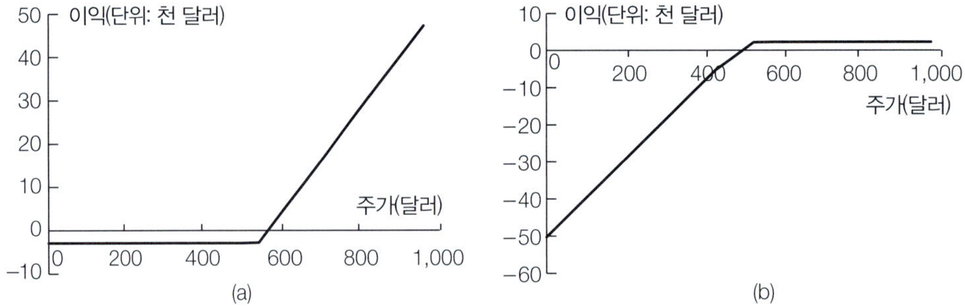

그림 1.3 (a) 행사가격이 550달러인 구글의 12월 콜옵션 100개(1계약) 매입 시 순이익 (b) 행사가격이 525달러인 구글의 9월 풋옵션 100개(1계약) 매도 시 순이익

CBOE에서 거래되는 주식옵션은 아메리칸 옵션, 즉 만기 이전에 언제든지 행사가 가능한 옵션이다. 만일 만기일에만 행사될 수 있는 유러피언 옵션이라고 가정하면, 우리가 살펴본 두 거래에 대한 거래자의 이익은 최종 주가에 대한 함수로서 그림 1.3과 같이 나타난다.

옵션시장의 운영 방식과 표 1.2 및 표 1.3과 같은 가격이 결정되는 방법에 대한 자세한 내용은 이후 장에서 다룬다. 이 단계에서는 옵션시장에 다음과 같은 네 가지 유형의 참가자가 있다는 사실에 주목하자.

1. 콜옵션 매입자
2. 콜옵션 매도자
3. 풋옵션 매입자
4. 풋옵션 매도자

매입자는 **매입포지션**(long position)을 취한다고 하고, 매도자는 **매도포지션**(short position)을 취한다고 한다. 또한 옵션을 매도하는 것을 **옵션 발행**(writing the option)이라고도 한다.

1.6 옵션시장의 역사

유럽과 미국에서 풋옵션과 콜옵션이 최초로 거래되기 시작한 것은 18세기이다. 초기에 옵션시장은 몇 가지 부패한 관행 때문에 좋은 인상을 주지 못했다. 예를 들면 브로커들이 특정 주식의 옵션을 갖고 있으면서 고객에게 그 주식을 추천하는 좋지 않은 관행이 있었다.

풋·콜옵션 브로커 및 딜러협회

1900년대 초에 일련의 기업들이 풋·콜옵션 브로커 및 딜러협회(Put and Call Brokers and Dealers Association)를 설립했다. 이 협회의 목적은 옵션 매입자와 매도자를 한데 모으는 메커니즘을 제공하는 것이었다. 옵션을 매입하고자 하는 거래자는 회원사 중 한 곳에 연락할 것이다. 이 회사는 자신의 고객 또는 타 회원사의 고객으로부터 그 옵션의 매도자 혹은 발행자를 찾을 것이다. 만일 매도자가 없으면, 그 회사는 적절하다고 간주되는 가격으로 옵션을 발행할 것이다.

풋·콜옵션 브로커 및 딜러협회가 운영하는 옵션시장은 두 가지 결함으로 어려움을 겪었다. 첫째, 유통시장이 없다는 점이다. 옵션 매입자는 만기 이전에 제삼자에게 옵션을 팔 수 있는 권리가 없었다. 둘째, 옵션 매도자가 계약을 잘 이행할 것을 보장하는 제도가 없다는 점이다. 만일 옵션 행사 시 매도자가 계약 의무를 이행하지 않는다면 매입자는 비용이 많이 드는 소송에 의존해야 했다.

옵션거래소의 형성

1973년 4월에 시카고상품거래소(CBOT)는 주식옵션 거래를 목적으로 시카고옵션거래소(CBOE)를 개설했다. 그 이후로 옵션시장은 점차 투자자들에게 큰 인기를 끌게 되었다. 1980년대 초까지 옵션 거래량은 매우 급속히 증가해 미국에서 일일 거래되는 주식옵션계약의 기초가 되는 주식 수가 뉴욕증권거래소에서 거래되는 일일 주식거래량을 초과하게 되었다.

현재 미국에는 시카고옵션거래소(www.cboe.com), NASDAQ OMX(www.nasdaqtrader.com), NYSE 유로넥스트(www.euronext.com), 국제증권거래소(www.iseoptions.com), 보스턴옵션거래소(www.bostonoptions.com)가 있다. 여기서는 주가지수와 외국통화뿐만 아니라 수천 개의 주식 및 자산을 기초자산으로 하는 옵션이 거래되고 있다.

선물계약이 거래되는 대부분의 거래소에서는 선물계약에 대한 옵션도 거래되고 있다. 따라서 CME그룹은 옥수수 선물, 생우 선물 등에 대한 옵션을 제공한다. 옵션거래소는 전 세계에 걸쳐 있다(이 책 끝부분에 있는 표 참조).

옵션 장외시장

옵션의 장외시장은 1980년대 초반 이래 매우 빠르게 성장했고, 현재는 옵션 거래소시장보다 규모가 더 크다. 장외시장에서 거래되는 옵션은 기업 재무 담당자 혹은 펀드 매니저의 특정한 요구에 맞춰 만들어질 수 있다는 장점이 있다. 예를 들어 1.5580의 환율로 유러피언 콜옵션 160만 파운드를 매입하기를 원하는 기업의 재무 담당자는 거래소시장에서 딱 맞는 상품을 발견하지 못할 수도 있다. 그러나 많은 파생상품 딜러가 재무 담당자가 원하는 상품을 장외시장에서 기꺼이 공급할 것이다.

1.7 거래자 유형

선물, 선도, 옵션시장은 괄목할 정도로 성장하고 있다. 이렇게 된 주요 이유는 이런 시장들이 다양한 유형의 거래자를 유치하고 유동성이 풍부하기 때문이다. 어떤 투자자가 포지션을 취하려고 할 때, 보통 반대 포지션을 취하려는 상대방을 찾는 데 문제가 없다.

거래자는 헤저(hedger), 투기자(speculator), 차익거래자(arbitrageur)로 식별할 수 있다. 헤저는 시장변수의 잠재적인 미래 움직임으로부터 직면하는 위험을 줄이기 위해 선물, 선도, 옵션을 이용한다. 투기자는 시장변수의 미래 움직임 방향에 내기를 걸기 위해서 포지션을 취한다. 차익거래자는 이익을 고정하기 위해 2개 이상의 상품에서 상쇄포지션(offsetting position)을 취한다. 실무사례 1.3에서 설명하듯이, 헤지펀드는 이 세 가지 목적 모두를 달성하기 위해 파생상품을 사용한다.

거래자 유형에 따른 거래행위는 추후 더 자세히 살펴보겠다.

실무사례 1.3 헤지펀드

헤지펀드는 헤지, 투기, 차익거래를 위해 파생상품을 활용하는 주요 사용자가 되었다. 이들은 고객을 대신해 자금을 투자한다는 점에서 뮤추얼펀드와 유사하다. 그러나 이들은 전문적인 펀드 매니저 혹은 숙련된 금융지식이 있는 개인 투자자로부터만 자금을 모집하고 일반 개인 투자자로부터 공개적으로 자금을 모집하지 않는다. 뮤추얼펀드는 언제든지 환매될 수 있어야 하고, 투자정책이 공시되어야 하며, 레버리지 사용을 제한하도록 하는 등의 규제를 받는다. 헤지펀드는 상대적으로 이런 규제들로부터 자유롭다. 이로 인해 헤지펀드는 정교하면서도 구태의연하지 않으며 독점적인 투자전략 개발이 가능하다. 헤지펀드 매니저가 부과하는 수수료는 펀드의 성과에 따라 다르며, 일반적으로 2+20%, 즉 투자금액의 2%에 이익의 20%를 더하는 구조로 상대적으로 높다. 헤지펀드는 전 세계적으로 약 2조 달러가 투자될 정도로 인기가 높아졌다. 소위 '펀드의 펀드(funds of funds)'는 헤지펀드 포트폴리오에 투자하기 위해 만들어지고 있다.

헤지펀드 매니저는 투기적 포지션 또는 차익거래 포지션을 취하기 위해 간혹 파생상품을 이용하는 투자전략을 세운다. 일단 전략이 확정되면, 헤지펀드 매니저는 다음과 같은 행동을 취해야 한다.

1. 펀드에 노출된 위험을 평가한다.
2. 수용할 위험과 헤지할 위험을 결정한다.
3. 수용하지 않을 위험을 헤지하기 위한 전략을 고안한다(일반적으로 파생상품을 이용해서).

헤지펀드에 사용되는 거래전략을 몇 가지 소개하면 다음과 같다.

주식 매입/매도(Long/Short Equity): 시장의 전반적인 움직임에 대한 위험 노출을 적게 하는 방향으로 저평가된 주식을 매입하고 고평가된 주식을 매도한다.

전환사채 차익(Convertible Arbitrage): 기초주식에 적극적으로 관리된 매도포지션을 취함과 동시에 저평가된 것으로 생각되는 전환사채에 매입포지션을 취한다.

파산증권(Distressed Security): 파산 혹은 파산 직전의 기업에서 발행한 증권을 매입한다.

신흥시장(Emerging Markets): 개발도상국 또는 신흥개발국의 채권과 그 국가에 속한 기업의 채권과 주식에 투자한다.

글로벌 거시(Global Macro): 글로벌 거시경제 동향을 반영해 거래한다.

합병차익(Merger Arbitrage): 발표된 거래가 실제로 성사되면 이익을 얻을 수 있도록 인수합병 공고가 발표된 후에 거래한다.

1.8 헤저

이 절에서는 헤저들이 선도계약과 옵션을 이용해 위험을 어떻게 줄이는지 설명한다.

선도계약을 이용한 헤징사례

예를 들어 2015년 5월 13일 현재 미국에 있는 ImportCo가 영국 회사에게 물품 수입대금으로 2015년 8월 13일에 1,000만 파운드를 지급할 예정이다. 미국 달러/영국 파운드의 환율이 표 1.1과 같다. ImportCo는 금융기관으로부터 3개월 선도환율 1.5742로 파운드를 매입하기로 함으로써 환위험을 헤지할 수 있다. 이 전략은 영국 수출회사에 지급해야 할 금액을 15,742,000달러에 고정하는 효과가 있다.

또 다른 예를 들어 보자. 2015년 5월 13일 현재 미국에 있는 ExportCo가 영국 회사로부터 물품 수출대금으로 3개월 후에 3,000만 파운드를 받을 예정이다. ExportCo는 금융기관에게 3개월 선도환율 1.5736으로 파운드를 매도하기로 함으로써 환위험을 헤지할 수 있다. 이 전략은 영국 회사로부터 받을 금액을 47,208,000달러에 고정하는 효과가 있다.

예제 1.1은 ImportCo와 ExportCo의 햇징전략을 요약한 것이다. 이들 회사가 헤징전략을 취하지 않으면 헤징전략을 취하는 것보다 좋아질 수도 있고 나빠질 수도 있다는 점에 유의해야 한다. 먼저 ImportCo의 경우를 살펴보자. 8월 13일 환율이 1.5000이고 헤지하지 않은 경우 지급해야 하는 10,000,000파운드는 15,000,000달러로 15,742,000달러보다 적다. 반면 환율이 1.6000이라면 10,000,000파운드를 위해 16,000,000달러를 지급해야 하기에 ImportCo는 헤징전략을 취했어야 했다. ExportCo의 경우 헤징하지 않았다면 ImportCo와 반대 결과를 얻었을 것이다. 만약 8월에 환율이 1.5736보다 낮다면 ExportCo는 헤징전략을 취했어야 하고, 환율이 1.5736보다 높다면 ExportCo는 헤징전략을 취하지 않은 것을 다행으로 생각할 것이다.

예제 1.1 선도계약을 통한 헤징 EXAMPLE

2015년 5월 13일이다. ImportCo는 영국에서 구입한 물품의 대금인 10,000,000파운드를 2015년 8월 13일에 지급해야 한다. 표 1.1의 3개월 선도환율을 이용해 ImportCo는 파운드당 1.5742의 환율로 10,000,000파운드를 매입해 지급대금을 고정할 수 있다.

ExportCo는 2015년 8월 13일 영국의 고객으로부터 30,000,000파운드를 수취할 예정이다. 표 1.1의 3개월 선도환율을 사용해 ExportCo는 1.5736의 환율로 30,000,000파운드를 매도함으로써 수취할 금액을 고정할 수 있다.

예제 1.2 옵션을 이용한 헤징 EXAMPLE

5월 현재 투자자가 어떤 기업의 주식을 1,000주 소유하고 있으며, 향후 2개월 동안의 주가 하락에 대비하기를 원한다. 시장에서의 가격은 다음과 같다.

현재 주가: 28달러

7월 풋옵션 가격(행사가격 27.50): 1달러

투자자는 총 1,000달러의 비용으로 풋옵션 10계약을 매입한다. 이로써 투자자는 향후 2개월 동안 주당 27.50달러에 주식 1,000주를 매도할 수 있는 권리를 갖는다.

이와 같은 예는 선도계약을 이용한 헤징의 주요한 일면을 보여준다. 헤징은 위험을 줄여 주지만, 헤징의 결과가 헤징하지 않을 때의 결과보다 반드시 더 나을 것이라고 할 수는 없다.

옵션을 이용한 헤징

옵션도 헤징에 이용할 수 있다. 예제 1.2는 특정 연도의 5월에 회사 주식 1,000주를 소유한 투자자를 고려한다. 현재 주가는 28달러이다. 투자자는 이 주식의 가격이 향후 2개월 동안에 하락할 것을 우려해 이에 대한 보호를 원한다. 투자자는 이 회사의 주식에 대한 7월 만기 풋옵션 10계약을 행사가격 27.50달러로 매입할 수 있다. 각 계약은 100주로 구성된다. 이 포지션은 투자자에게 27.50달러의 행사가격으로 1,000주를 팔 수 있는 권리를 부여한다. 호가 옵션가격이 1달러이면 풋옵션 1계약의 매입비용은 100 × 1달러 = 100달러이고 헤징전략의 총 비용은 10 × 100달러 = 1,000달러이다.

이 전략은 1,000달러의 비용이 들지만 옵션 만기 동안 주당 최소 27.50달러로 주식을 매도할 수 있음을 보장한다. 만일 주가가 27.50달러를 하회하면 옵션은 행사되고 투자자의 전체 포지션 가치는 27,500달러이다. 옵션 매입비용을 차감하면 포지션의 가치는 26,500달러이다. 만일 주가가 27.50달러를 상회하면 옵션은 행사되지 않고 가치 없이 소멸된다. 그러나 이 경우에도 포지션의 가치는 항상 27,500달러 이상이다(옵션 매입비용을 차감하면 항상 26,500달러 이상). 그림 1.4는 포지션의 순 가치(옵션 매입비용 차감 후)가 2개월 후 주가의 함수임을 보여준다. 그림에서 점선은 헤징이 없는 경우 포지션의 가치이고, 실선은 헤징이 있는 경우 포지션의 가치를 나타낸다.

비교

헤징을 위해 선도계약과 옵션을 이용하는 데는 근본적인 차이가 있다. 선도계약은 헤저가 기초자산에 대해 지급하거나 받게 될 가격을 고정함으로써 위험을 제거한다. 이와는 대조적으

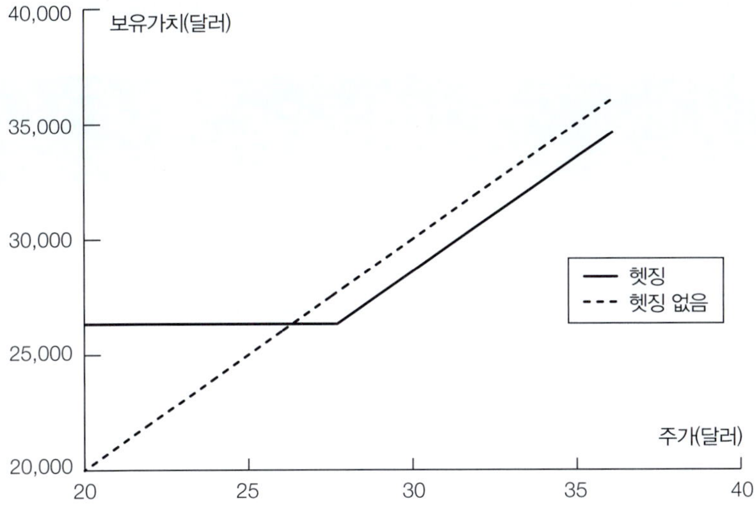

그림 1.4 **예제 1.2의 2개월 후 투자자의 보유가치**

로 옵션계약은 일종의 보험 기능을 제공한다. 옵션은 투자자들이 미래의 불리한 가격 변동으로부터 자신을 보호하는 동시에 유리한 가격 변동으로부터 이익을 얻을 수 있는 방법을 제공한다. 또한 옵션은 매입비용이 발생한다는 점에서 선도계약과 다르다.

1.9 투기자

투기자가 선물시장과 옵션시장을 어떻게 이용하는지 살펴보자. 헤저는 소유자산의 가격이 불리하게 움직임으로써 발생하는 위험을 피하고 싶어 하는 반면, 투기자는 시장에서 포지션을 취하고 싶어 한다. 투기자는 미래에 자산의 가격이 상승할 것이라 예상하고 투기하기도 하고, 하락할 것이라 예상하고 투기하기도 한다.

선물을 이용한 투기

2월 현재 미국의 한 투기자가 향후 2개월 동안 영국 파운드가 미국 달러에 비해 강세를 보일 것으로 예상해 250,000파운드 규모의 외환을 거래하려고 한다. 이 투기자가 할 수 있는 거래 중 하나는 나중에 더 높은 가격으로 매도해 이익을 얻을 것을 기대하며 현물시장에서 250,000파운드를 매입하는 것이다(일단 매입한 파운드화는 이자가 지급되는 계좌에 예금됨). 다른 가능한 거래는 파운드에 대한 시카고상업거래소(CME)의 4월 만기 선물 4계약을 매입하는 것이다(선물 1계약의 금액은 62,500파운드). 표 1.4는 현재 환율이 파운드당 1.5470달러이고, 4월 선물가격이 파운드당 1.5410달러라는 가정하에 두 가지 대안을 요약한 것이다. 만일 4월에 환율이 파운드당 1.6000달러이면, 선물계약 대안은 투기자

표 1.4 현물과 선물계약을 이용한 투기(선물 1계약=62,500파운드, 4개 선물계약에 대한 개시증거금 =20,000달러)

	가능한 거래	
	250,000파운드 매입 현물가격=1.5470	선물 4계약 매입 선물가격=1.5410
투자금액	386,750달러	20,000달러
이익(4월 현물가격 = 1.6000)	13,250달러	14,750달러
이익(4월 현물가격 = 1.5000)	−11,750달러	−10,250달러

가 (1.600−1.5410) × 250,000 = 14,750달러의 이익을 실현할 수 있게 한다. 현물시장 대안은 2월에 파운드당 1.5470달러로 자산 250,000단위를 매입하고, 4월에 파운드당 1.6000달러로 매도해 (1.6000 − 1.5470) × 250,000 = 13,250달러의 이익을 실현할 수 있게 한다. 만일 2개월 후에 환율이 파운드당 1.5000달러로 하락하면 선물계약에서는 (1.5410 − 1.5000) × 250,000 = 10,250달러의 손실이 발생하고 현물시장 대안에서는 (1.5470 − 1.5000) × 250,000 = 11,750달러의 손실이 발생한다. 두 전략은 약간 다른 손익을 발생시키는 것처럼 보이지만, 지금까지의 계산에서는 지급 이자 또는 받을 이자를 반영하지 않았다.

그렇다면 두 전략의 차이점은 무엇인가? 첫 번째 전략은 386,750달러(=250,000 × 1.5470달러)의 초기 투자비용이 필요하다. 반면에 두 번째 전략에서 투기자는 약간의 증거금(약 20,000달러)만이 필요하다(이에 관해서는 2장에서 설명한다). 즉 선물시장을 통해 투기자는 레버리지 효과(leverage effect)를 얻을 수 있다. 다시 말해 투기자는 상대적으로 적은 초기비용으로 큰 투기포지션을 취할 수 있다.

옵션을 이용한 투기

옵션도 투기거래에 이용할 수 있다. 10월 현재 투기자는 앞으로 2개월 후에 어떤 주식의 가치가 상승할 것으로 예상한다고 가정하자. 그 기업의 주가는 현재 20달러이며, 행사가격이 22.50달러인 2개월 콜옵션의 시장가격이 현재 1달러이다. 표 1.5는 2,000달러를 투자하려는 투기자의 두 가지 투자전략을 보여준다. 첫 번째 전략은 주식 100주를 매입하는 것이다.

표 1.5 10월 주가가 20달러인 주식 2,000달러를 투기하는 두 가지 거래 전략의 이익 비교

투기 전략	12월 주가	
	15달러	27달러
100주 매입	−500달러	700달러
2,000개 콜옵션 매입	−2,000달러	7,000달러

두 번째 전략은 주식에 대한 2,000개의 콜옵션(즉 20개의 콜옵션 계약)을 매입하는 것이다. 투기자의 예측이 맞아 12월에 주가가 27달러까지 상승한다고 가정하자. 주식을 매입하는 첫 번째 전략은 다음과 같이 700달러의 이익을 창출한다.

$$100 \times (27\text{달러} - 20\text{달러}) = 700\text{달러}$$

그러나 두 번째 전략은 이보다 훨씬 더 많은 이익을 창출한다. 콜옵션이 주당 27달러 가치의 주식을 22.50달러에 살 수 있게 하므로 4.50달러의 이익을 창출한다. 두 번째 전략에 따라 매입한 2,000개의 옵션으로 창출되는 총이익은 다음과 같이 9,000달러이다.

$$2{,}000 \times 4.50\text{달러} = 9{,}000\text{달러}$$

옵션 매입비용을 차감하고 나서 얻는 순이익은 다음과 같다.

$$9{,}000\text{달러} - 2{,}000\text{달러} = 7{,}000\text{달러}$$

따라서 콜옵션 전략은 주식 매입 전략보다 10배 이상 수익성이 높다.

물론 옵션 매입 전략은 더 큰 잠재 손실을 초래한다. 12월에 주가가 15달러로 하락한다고 가정하자. 주식을 매입하는 첫 번째 전략은 다음과 같이 500달러의 손실을 초래한다.

$$100 \times (20\text{달러} - 15\text{달러}) = 500\text{달러}$$

콜옵션이 행사되지 않고 소멸되므로, 이 전략은 옵션 매입 시 지급한 2,000달러의 손실을 초래한다. 두 가지 전략으로부터 얻는 손익은 2개월 후 주가의 함수이며 그 결과는 그림 1.5에 나와 있다.

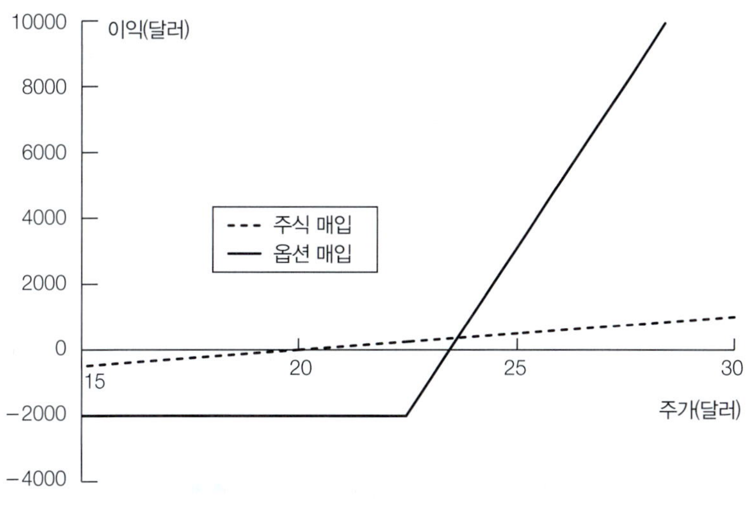

그림 1.5 현재 20달러인 주식 투기를 위한 두 가지 전략의 손익

옵션도 선물과 마찬가지로 레버리지 효과가 있다. 즉 옵션의 사용은 재무적 손익을 확대한다. 좋은 결과는 매우 좋아지는 반면, 나쁜 결과는 초기 투자금을 모두 잃게 만든다.

비교

선물과 옵션은 투기자가 일종의 레버리지 효과를 얻을 수 있다는 점에서 유사한 투자 수단이다. 그러나 선물과 옵션에는 중요한 차이점이 있다. 투기자가 선물을 이용할 경우 잠재 이익뿐만 아니라 잠재 손실도 매우 크다. 하지만 옵션을 이용할 경우는, 투기자의 손실은 미래에 아무리 불리한 상황이 발생하더라도 옵션 매입 시 지급하는 비용을 초과하지 않는다.

1.10 차익거래자

차익거래자는 선물, 선도 및 옵션시장에서 세 번째로 중요한 참여자 집단이다. 차익거래란 2개 이상의 시장에서 동시에 거래함으로써 위험이 없는 이익을 창출하는 거래이다. 다음 장에서 우리는 특정 자산의 선물가격이 현물가격과 일치하지 않을 때 차익거래가 어떻게 발생하는지 설명할 것이다. 또한 차익거래를 옵션시장에서 어떻게 활용할 수 있는지도 검토할 것이다. 여기서는 아주 간단한 예를 이용해 차익거래의 개념만을 설명하겠다.

예제 1.3은 뉴욕과 런던에서 동시에 거래되는 주식을 고려한다. 환율이 파운드당 1.5500달러인 상황에서 주가는 뉴욕에서 152달러이고 런던에서 100파운드라고 가정하자. 차익거래자는 거래비용이 없는 경우 뉴욕에서 100주를 매입하는 동시에 런던에서 100주를 매도함으로써 무위험 이익 300달러를 다음과 같이 얻을 수 있다.

$$100 \times [(1.55\text{달러} \times 100) - 152\text{달러}] = 300\text{달러}$$

거래비용을 차감하면 소액투자자의 이익은 거의 없을 수도 있다. 그러나 대형 투자은행은 주식시장과 외환시장 모두에서 상대적으로 아주 낮은 거래비용을 부담하고 있다. 이들은 차익거래기회가 매우 매력적이므로 가능한 한 차익거래를 통해 이익을 취하려고 할 것이다.

예제 1.3과 같은 차익거래기회는 오랫동안 지속될 수 없다. 차익거래자가 뉴욕에서 주식을 매입하면, 수요공급 법칙에 따라 달러 주식가격은 상승할 것이다. 마찬가지로 차익거래자가 런던에서 주식을 매도하면 파운드 주식가격은 하락할 것이다. 양쪽의 가격은 현재 환율에서 매우 빠르게 같아질 것이다. 사실, 파운드 주가와 달러 주가 간의 불균형은 차익거래자의 거래로 사라지게 된다. 결국 차익거래자가 존재함으로써 실제 대다수 금융시장에서 차익거래기회는 그리 흔치 않다. 이 책에서 선물가격, 선도가격, 옵션계약의 가치에 대한 대부분의 설명에서는 차익거래기회가 존재하지 않는다는 가정에 근거할 것이다.

예제 1.3 차익거래기회 EXAMPLE

어떤 주식이 뉴욕과 런던에서 동시에 거래되고 있다. 주가는 다음과 같다.

뉴욕증권거래소: 주당 152달러
런던증권거래소: 주당 100파운드
1파운드의 가치 : 1.5500달러

차익거래전략은 다음과 같다.

1. 뉴욕에서 100주를 매입한다.
2. 런던에서 100주를 매도한다.
3. 런던에서 실현한 파운드 매출액을 달러로 환산한다.

이러한 차익거래의 이익은 다음과 같다.

$$100 \times [(1.55\text{달러} \times 100) - 152\text{달러}] = 300\text{달러}$$

1.11 위험

파생상품은 매우 다재다능한 도구이다. 앞에서 살펴보았듯이 파생상품은 헤지거래, 투기거래, 차익거래에 이용할 수 있다. 문제가 일어날 수 있는 소지는 바로 이런 다재다능함에 있다. 위험에 대한 헤지를 위임받거나 차익거래전략을 사용하는 거래자는 때때로(의식적이거나 무의식적으로) 투기자로 변질되기도 한다. 이런 결과는 재앙을 낳을 수 있다. 이에 대한 한 예는 소시에테제네랄은행의 제롬 커비엘(Jérôme Kerviel)의 거래에서 살펴볼 수 있다(실무사례 1.4 참조).

소시에테제네랄은행과 같은 문제를 피하려면 금융기관과 비금융기관 모두 파생상품이 의도된 목적대로 사용되도록 통제장치를 설정하는 것이 매우 중요하다. 위험 한도를 설정하고, 거래자의 활동을 매일 감시해 위험 한도가 준수되도록 해야 한다.

불행히도 거래자들이 지정된 위험 한도를 지키더라도 큰 실수들이 발생할 수 있다. 2007년 7월에 시작된 금융위기 이전까지 파생상품 시장에 참여한 거래자의 일부 행동은 소속 금융기관이 생각했던 것보다 훨씬 더 위험했던 것으로 입증되었다. 8장에서 논의하겠지만, 미국 내 주택가격은 급속히 상승했다. 대부분의 사람들이 주택가격이 계속해서 상승할 것으로 생각했다. 아니면 최악의 경우 주택가격은 단순히 안정을 찾을 것으로 생각했다. 실제로 발생한 주택가격 급락을 대비했던 사람은 거의 없었다. 더구나 전국적인 지역에서 주택담보대출의 채무불이행률이 그렇게 높은 상관성을 가질 것이라고 예상한 사람은 거의 없었다. 일부 위험 관

실무사례 1.4 2008년 소시에테제네랄은행의 대규모 손실

파생상품은 용도가 매우 다재다능한 도구이다. 파생상품은 헤지, 투기, 차익거래에 사용할 수 있다. 파생상품을 거래하는 회사가 직면한 위험 중 하나는 헤지거래 또는 차익거래를 하도록 위임받은 직원이 투기자가 될 수 있다는 것이다.

제롬 커비엘은 2000년에 소시에테제네랄은행에 입행해 기업윤리 부서에서 일했다. 그는 2005년에 승진해서 델타 원(Delta One) 팀의 초급 거래자가 되었다. 그는 독일의 DAX 지수, 프랑스의 CAC 40 지수, 유럽연합의 Stoxx 50 지수를 대상으로 거래하고 있었다. 그의 임무는 차익거래기회를 탐색하는 것이다. 주가지수선물이 서로 다른 거래소에서 다른 가격으로 거래된다면 차익거래기회가 발생할 것이다. 또한 주가지수선물가격이 지수를 구성하는 주식들의 가격과 일치하지 않으면 차익거래기회가 발생할 것이다(이런 형태의 차익거래는 5장 참조).

커비엘은 은행의 절차에 대한 그의 지식을 활용해, 차익거래처럼 보이도록 하면서 실제로는 투기포지션을 취했다. 그는 주가지수에 대규모 포지션을 취했고 헤지거래처럼 보이기 위해 가상의 거래를 만들었다. 사실 그는 주가지수가 움직일 것으로 예상되는 방향으로 대규모 투기를 한 것이었다. 그의 헤지되지 않은 포지션 규모는 시간이 흐를수록 커져서 수백억 유로가 되었다.

2008년 1월에 그의 불법적인 거래가 소시에테제네랄은행에 의해 밝혀졌다. 3일에 걸친 조사 후에 은행은 커비엘의 손실이 49억 유로라고 밝혔다. 이것은 당시 금융 역사상 사기로 발생한 가장 큰 손실이었다. [그해 말, 버나드 메이도프(Bernard Madoff)의 폰지 사기로 인한 더 큰 손실이 드러났다.]

불량 거래자 손실은 2008년 이전까지는 은행에서 알려지지 않았다. 예를 들어 1990년대에 베어링스은행(Barings Bank)에서 일했던 닉 리슨(Nick Leeson)도 제롬 커비엘과 유사한 업무를 위임받아 처리하고 있었다. 그는 싱가포르와 오사카에서 거래되는 닛케이 225 지수 선물의 가격을 이용해 차익거래를 하도록 위임받았다. 하지만 그는 선물과 옵션을 이용해 닛케이 225의 가격 변화에 대규모 투기를 함으로써 10억 달러의 손실을 보았고 결국 200년 전통의 은행을 파산하게 만들었다. 2002년에 얼라이드아이리시은행(Allied Irish Bank)의 존 러스낵(John Rusnak)은 불법 외환거래에서 7억 달러의 손실을 본 것이 밝혀졌다. 이런 대규모 손실로부터 얻는 교훈은 거래자의 위험 한도를 명확히 설정하고 거래자가 그 한도를 준수하고 있는지 확인하기 위해 매우 주의 깊은 감시를 해야 한다는 것이다.

리자는 소속 회사가 미국 부동산 시장에 노출되는 것에 의구심을 표명했다. 그러나 불행히도 시장이 호황일 때(또는 그렇게 보일 때) 위험 관리자의 의견은 무시되는 경향이 있고, 이런 경향은 2006~2007년 동안 많은 금융기관에서 일어난 일이다. 신용위기의 핵심 교훈은 금융기관이 항상 "무엇이 잘못될 수 있는가?"라고 냉정하게 묻고, "잘못되면 손실금액이 얼마가 될 것인가?"라는 질문으로 이어져야 한다는 것이다.

요약

이 장에서는 먼저 선물시장, 선도시장, 옵션시장을 살펴보았다. 선물과 선도계약은 미래의 특정 시점에 자산을 일정 가격에 매수하거나 매도하는 계약이다. 선물계약은 거래소에서 거래되는 반면 선도계약은 장외시장에서 거래된다. 옵션에는 콜옵션과 풋옵션 두 가지 형태가 있다. 콜옵션은 소유자에게 특정 시점까지 미리 정한 가격으로 자산을 매입할 수 있는 권리를 부여한다. 또한 풋옵션은 소유자에게 특정 시점까지 미리 정한 가격으로 자산을 매도할 수 있는 권리를 부여한다. 옵션은 거래소와 장외시장에서 모두 거래된다.

선물, 선도, 옵션은 매우 성공적으로 발전했다. 시장 참여자는 세 가지 형태, 즉 헤저, 투기자, 차익거래자로 구분할 수 있다. 헤저는 보유자산의 가격 변동 위험에 직면해 이 위험을 감소 또는 제거하기 위해 선물, 선도와 옵션을 이용한다. 투기자는 자산가격의 변동을 이용해 일종의 도박을 하는 거래자를 말한다. 선물, 선도, 옵션은 투기자에게 추가적인 레버리지를 제공한다. 즉 투기자의 계약은 투기적 투자에서 잠재이익과 손실을 모두 증가시킬 수 있다. 한편 차익거래자는 서로 다른 시장에서 가격 간의 불일치를 이용해 차익을 얻으려고 한다. 예를 들어 어떤 자산의 선물가격이 현물가격과의 일정한 관계로부터 이탈하면, 그들은 두 시장에서 정반대의 포지션을 취해 이익을 확보할 수 있다.

참고문헌

Chancellor, E. *Devil Take the Hindmost—A History of Financial Speculation.* New York: Farra Straus Giroux, 2000.

Merton, R. C. "Finance Theory and Future Trends: The Shift to Integration," *Risk*, 12, 7 (July 1999): 48–51.

Miller, M. H. "Financial Innovation: Achievements and Prospects," *Journal of Applied Corporate Finance*, 4 (Winter 1992): 4–11.

Zingales, L. "Causes and Effects of the Lehman Bankruptcy," Testimony before Committee on Oversight and Government Reform, United States House of Representatives, October 6, 2008.

퀴즈(정답은 책 뒷부분에 있음)

1.1 선물 매입포지션과 선물 매도포지션의 차이점은 무엇인가?

1.2 (a) 헤징거래, (b) 투기거래, (c) 차익거래의 차이점을 설명하라.

1.3 (a) 선물가격이 50달러일 때 선물에 매입포지션을 취하는 것과 (b) 행사가격이 50달러인 콜옵션에 매입포지션을 취하는 것의 차이점은 무엇인가?

1.4 어떤 투자자가 파운드당 1.5000달러로 100,000파운드를 매도하는 선도계약을 체결하려고 한다. 만일 만기일에 환율이 파운드당 (a) 1.4900일 때와 (b) 1.5200일 때 투자자의 손익은 각각 어떻게 되겠는가?

1.5 만일 당신이 행사가격이 40달러이고 만기가 3개월인 주식 풋옵션을 매도하려 한다고 하자. 주가는 현재 41달러이고, 풋옵션 1계약은 100주를 매도할 수 있는 권리이다. 당신의 의무는 무엇인가? 또한 주가가 변함에 따라 당신의 손익은 얼마가 될 것인가?

1.6 당신은 특정 주식의 가격이 상승할 것이라 예상하고 투기거래를 하고 싶어 한다고 하자. 주식의 현재 가격은 29달러이고, 행사가격이 30달러이며 만기가 3개월 후인 주식 콜옵션의 시장가격은 2.90달러이다. 당신의 투자 가능 금액이 5,800달러라고 할 때, 두 가지 서로 다른 전략을 세워 보고 이들 각 전략의 손익을 추정해보라.

1.7 장외시장과 거래소시장의 차이는 무엇인가? 장외시장에서 시장조성자의 매입호가와 매도호가는 무엇인가?

연습문제

1.8 당신이 주당 25달러인 주식을 5,000주 소유하고 있다고 하자. 향후 4개월에 걸쳐 발생할 수 있는 주가 하락 위험을 보호하기 위해서 풋옵션 투자전략을 어떻게 이용할 수 있는가?

1.9 기업은 일반적으로 신주를 발행해 자금을 조달한다. 거래소시장에서 거래되는 주식옵션의 신규발행을 통해서도

자금을 조달할 수 있는지 논의하라.

1.10 선물계약을 투기목적 또는 헤징목적으로 이용할 수 있는 근거를 설명하라.

1.11 어떤 소 사육업자가 3개월 후에 생우 120,000파운드를 매도할 것으로 예상한다. 시카고상업거래소(CBE)에서 거래되는 생우 선물 1계약은 40,000파운드이다. 소 사육업자는 헤징을 위해서 선물을 어떻게 이용할 수 있겠는가? 사육업자의 입장에서 헤징의 장단점을 설명하라.

1.12 2016년 7월에 한 광업회사가 소규모 금맥을 발견했다. 광산을 건설하는 데 6개월이 걸릴 것이다. 그 후 금은 1년 동안 연속적으로 채취될 것이다. 금 선물은 뉴욕상업거래소에서 거래되고 있으며, 2016년 8월부터 2017년 12월까지 2개월 간격으로 인도월이 있다. 금 선물의 1계약은 100온스이다. 광업회사가 헤징을 위해 선물을 어떻게 사용할 수 있는지 논의하라.

1.13 행사가격이 50달러이고 만기가 3월인 어떤 주식의 콜옵션 비용이 2.50달러이다. 어떤 상황에서 옵션 소유자가 이익을 볼 것인가? 또한 어떤 상황에서 콜옵션을 행사할 것인가? 콜옵션에 매입포지션을 취한 투자자의 손익이 옵션 만기 시 주가에 따라 어떻게 되는지 그림으로 설명하라.

1.14 행사가격이 60달러이고 만기가 6월인 어떤 주식의 풋옵션 비용이 4달러이고 6월까지 보유한다고 하자. 어떤 상황에서 풋옵션 소유자가 이익을 얻을 것인가? 또한 어떤 상황에서 옵션을 행사할 것인가? 풋옵션에 매도포지션을 취한 투자자의 손익이 옵션 만기 시의 주가에 따라 어떻게 되는지 그림으로 설명하라.

1.15 지금은 5월이고 거래자는 20달러의 행사가격으로 9월 콜옵션을 발행했다. 현재 주가는 18달러이고 옵션가격은 2달러이다. 그 옵션을 9월까지 보유하고 그때의 주가가 25달러인 경우 투자자의 현금흐름을 설명하라.

1.16 어떤 투자자가 행사가격이 30달러이고 만기가 12월인 풋옵션 1개를 발행했다. 풋옵션의 시장가격이 4달러라고 할 때, 어떤 상황에서 투자자가 이익을 얻게 되는가?

1.17 CME그룹에서는 장기국채의 선물이 거래되고 있다. 어떤 투자자가 이 선물을 이용하는지 예를 들어 설명하라.

1.18 어떤 항공사 경영자가 다음과 같이 주장하고 있다. "원유선물(oil futures)을 이용할 필요가 없다. 미래에 원유 현물가격이 선물가격보다 낮을 가능성이 있는 만큼 현물가격이 선물가격보다 높을 가능성도 있다." 항공사 경영진의 관점을 논의하라.

1.19 "옵션과 선물은 제로섬 게임(zero-sum games)이다." 이 말이 무슨 의미인지 설명하라.

1.20 어떤 거래자가 1억 엔에 대한 선도계약에 매도포지션을 취했다. 선도환율은 1엔당 0.0080달러이다. 선도계약 만기 시 환율이 (a) 1엔당 0.0074달러인 경우와 (b) 1엔당 0.0091달러인 경우 거래자의 손익은 각각 얼마인가?

1.21 어떤 거래자가 선물가격이 파운드당 50센트일 때 면화 선물계약에 매도포지션을 취했다. 면화 선물 1계약의 인도 규모는 50,000파운드이다. 선물계약 만기 시 면화 가격이 파운드당 (a) 48.20센트인 경우와 (b) 51.30센트인 경우 거래자의 손익은 각각 얼마인가?

1.22 어떤 기업이 4개월 후에 일정 규모의 외국통화를 받기로 되어 있다. 헤징을 위해서는 어떤 형태의 옵션 계약이 적절한가?

1.23 어떤 미국 기업이 6개월 후에 100만 캐나다 달러를 지급하기로 되어 있다. 환율위험이 (a) 선도계약, (b) 옵션을 이용해 어떻게 헤지될 수 있는지 각각 설명하라.

1.24 거래자는 행사가격이 30달러인 콜옵션을 3달러에 매입했다. 거래자는 어떤 경우에 옵션을 행사하는지와 거래에서 손실을 보는지를 설명하라.

1.25 거래자는 행사가격이 40달러인 풋옵션을 5달러에 매도했다. 거래자의 최대 이익과 최대 손실은 얼마인가? 풋옵션을 콜옵션으로 바꾼다면 당신의 답은 어떻게 변하겠는가?

1.26 "주식을 매입하는 동시에 그 주식의 풋옵션을 매입하는 것은 일종의 보험을 든 것이나 마찬가지다." 이 말을 설명하라.

추가문제

1.27 A거래자는 1년 후에 자산을 1,000달러에 매입하는 선도계약을 체결한다. B거래자는 1년 후에 자산을 1,000달러에 매입할 수 있는 콜옵션을 매입한다. 콜옵션의 가격은 100달러이다. A, B거래자의 포지션 간에는 어떤 차이가 있는가? 두 거래자의 이익을 1년 후 금 가격의 함수로 나타내라.

1.28 표 1.2에서 보듯이 2015년 5월 13일 구글 주식의 매도호가는 532.34달러, 행사가격은 525달러, 만기가 9월인 콜옵션의 매도호가는 30.40달러였다. 거래자는 다음과 같은 두 가지 투자안을 고려 중이다—100주의 주식을 매입하는 것과 100개의 9월 콜옵션을 매입하는 것. 각 투자안의 (a) 매입 비용은 얼마인가? (b) 9월에 주가가 600달러가 되면 총이익은 얼마인가? (c) 9월에 주가가 500달러가 되면 총손실은 얼마인가? 여기서 매입한 옵션은 9월 이전에 행사되지 않고 매입한 주식은 9월에 매도하는 것으로 가정한다.

1.29 차익거래란 무엇인가? 뉴욕과 토론토에 동시 상장된 광산회사의 주가가 뉴욕증권거래소에서 50달러(USD)이고 토론토증권거래소에서 60달러(CAD)일 때 차익거래기회를 설명하라. 1달러(USD)는 1.18달러(CAD)와 같다고 가정한다. 거래자가 차익거래기회를 이용하면 가격이 어떻게 변하는지를 설명하라.

1.30 3월 현재 어떤 미국 투자자가 주식에 대한 7월 만기 풋옵션 1계약을 매도해 달라고 브로커에게 주문했다. 현재 주가는 42달러이고 행사가격은 40달러이다. 옵션가격은 3달러이다. 투자자가 합의한 내용은 무엇인가? 주가가 얼마일 때 투자자는 이익을 볼 수 있는가? 이 거래의 위험은 무엇인가?

1.31 어떤 미국 기업이 3개월 후에 300만 유로를 지급할 예정이다. 현재 환율은 유로당 1.1500달러이다. 이 기업이 위험을 헤지하기 위해 선도계약과 옵션계약을 어떻게 이용할 수 있는지 설명하라.

1.32 현재 주가가 29달러이다. 어떤 투자자가 30달러의 행사가격을 갖는 콜옵션 1계약을 매입하고 32.50달러의 행사가격을 갖는 콜옵션 1계약을 매도한다. 콜옵션의 시장가격은 각각 2.75달러와 1.50달러이다. 콜옵션의 만기는 동일하다. 투자자의 포지션을 설명하라.

1.33 현재 금값은 온스당 1,200달러이고, 1년 후 인도되는 금 선도계약의 가격은 온스당 1,400달러이다. 차익거래자가 연 5%의 이자율로 자금을 차입할 수 있다고 할 때 차익거래자의 거래 과정을 설명하라. 단, 금 보관 비용은 없고 금을 보유하는 데서 얻는 소득도 없다고 가정한다.

1.34 예제 1.1의 상황에서 (a) ImportCo가 1.5900 미만의 환율을 보장받고 (b) ExportCo가 1.5500 이상의 환율을 보장받기를 원한다고 가정하자. 통화옵션이 헤징을 위해 어떻게 이용될 수 있는지 설명하라.

1.35 현재 주가가 94달러이고, 행사가격이 95달러인 3개월 콜옵션이 현재 4.70달러에 거래되고 있다. 미래 주가가 상승할 것으로 예상하는 어떤 투자자가 주식 100주를 살 것인지, 아니면 2,000개의 콜옵션(20계약)을 매입할 것인지를 결정하려고 한다. 두 전략에 소요되는 자본은 각각 9,400달러이다. 콜옵션 투자전략이 수익성에서 앞서려면 주가가 얼마나 상승해야 하는가?

1.36 2015년 5월 13일 현재 어떤 투자자가 구글 주식 100주를 보유하고 있다. 표 1.3에서 알 수 있듯이, 주가는 현재 532.20달러이고 행사가격이 500달러이며 만기가 12월인 풋옵션 가격은 22.10달러이다. 투자자는 하향위험을 제한하기 위해서 두 가지 전략을 비교하고 있다. 첫 번째 전략은 행사가격이 500달러이고 만기가 12월인 풋옵션을 매입하는 것이다. 두 번째 전략은 구글 주식의 가격이 500달러에 이르면 100주를 매도하도록 브로커에게 주문하는 것이다. 두 가지 전략의 장점과 단점을 설명하라.

1.37 어떤 거래자가 1개의 유러피언 콜옵션을 매입하고 1개의 유러피언 풋옵션을 매도했다. 두 옵션의 기초자산, 행사가격, 만기가 모두 동일하다. 거래자의 포지션을 설명하라. 어떤 조건하에서 콜옵션 가격과 풋옵션 가격이 동일해지는가?

2 선물시장과 중앙청산소

1장에서 선물계약과 선도계약이 미래의 시점에 특정 가격으로 자산을 매입하거나 매도하는 계약이라고 설명했다. 거래소에서 거래되는 선물계약은 계약조건이 해당 거래소에 의해 표준화되어 있다. 장외시장에서 거래되는 선도계약은 최종 사용자의 요구에 맞게 맞춤화할 수 있다.

이 장에서는 선물시장이 어떻게 운영되는지 자세하게 다룬다. 선물계약의 규정, 증거금 계정의 운영, 거래소 조직, 시장 규제, 가격공시제도, 회계 및 세금 처리 방법 등을 설명할 것이다. 또한 선물시장에서 시작된 제도들이 장외시장에서 어떻게 이용되고 있는지도 살펴볼 것이다.

2.1 선물포지션의 개설과 마감

선물계약이란 미래의 일정 시점에 특정 가격으로 자산을 매입하거나 매도하는 계약이다. 계약은 통상적으로 인도월을 기준으로 한다. 따라서 거래자는 브로커에게 10월 원유 선물 1계약을 매입하라고 지시할 수 있다. 인도는 인도월 기간(통상 한 달 전체) 중 특정 기간에 이루어진다. 통상적으로 선물계약의 거래는 인도기간 중 특정 시점에서 종료된다. 매도포지션을 갖고 있는 상대방이 인도 시점을 선택한다.

독자들은 체결된 대다수의 선물계약이 궁극적으로 인도되지 않는다는 것을 안다면 아마도 놀랄 것이다. 왜냐하면 대다수 거래자가 명시된 인도기간 이전에 선물계약 포지션을 마감(closing out)하기 때문이다. 선물계약의 조건대로 자산을 인도 또는 인수하는 것은 대체로 불편하고 비용이 많이 들기도 한다. 심지어 선물계약의 기초자산을 실질적으로 사거나 팔기를 원하는 헤저의 입장에서도 마찬가지다. 헤저는 통상 선물계약 포지션을 마감한 후 일반적인 방법으로 자산을 사거나 팔기를 원한다.

실무사례 2.1 예상치 못한 선물계약의 인도

이 이야기는 오래전 한 금융기관의 고위 임원이 저자에게 들려준 것으로, 금융권에서 근무 경험이 없었던 금융기관의 한 신입 직원에 관한 이야기이다. 어떤 고객이 헷징을 목적으로 생우 선물계약에 대한 매입포지션을 정기적으로 체결하고, 거래 마지막 날 그 포지션을 마감하도록 지시했다(생우 선물계약은 CME그룹에서 거래되며, 1계약은 생우 40,000파운드에 해당함). 신입 직원이 이 거래를 관리했다.

계약을 마감해야 할 시간이 되었을 때, 이 직원은 그 고객이 1계약을 매입하고 있는 것을 알고도 거래소 거래자에게 1계약을 매입할 것(매도하지 않고)을 지시했다. 이런 실수로 금융기관은 생우 선물 2계약에 매입포지션을 취한 채 거래를 마감했다. 실수를 알아차렸을 때 선물 거래는 이미 종료되었다.

그 실수에 대한 책임은 (고객이 아닌) 금융기관에 있다. 그 결과 생우 선물계약에 대한 세부적인 인도 절차에 들어가게 되었는데, 이는 이전에는 전혀 경험해보지 못한 사건이었다. 계약조건에 따르면 생우는 매도포지션을 가진 당사자에 의해 인도월 기간 중에 미국의 수많은 다른 지역으로 인도될 수 있었다. 매입포지션이기 때문에 금융기관은 매도포지션을 취한 당사자가 거래소에 인도의사통지서를 발행하고, 거래소가 금융기관에 그 통지서를 양도할 것을 기다리는 수밖에 없었다.

결국 금융기관은 거래소로부터 통지서를 받고 다음 화요일에 2,000마일 떨어진 장소에서 생우를 받게 된다는 사실을 알게 되었다. 신입 직원은 일을 처리하기 위해 그곳으로 파견되었다. 그곳에서는 매주 화요일에 생우 경매가 있었다. 인도 책임이 있는 매도포지션 당사자는 경매시장에서 생우를 사서 즉시 인도했다. 불행히도, 인도된 생우는 다음 주 화요일에 열리는 경매시장에서나 되팔 수 있었다. 결국 신입 직원은 일주일 동안 생우를 사육해야만 했다. 이것은 금융 부문에서 첫 직장을 시작하기에 훌륭한 시작이었다!

포지션 마감은 당초의 개설 포지션과 반대의 포지션을 취함으로써 이루어진다. 예를 들어 5월 6일에 7월 옥수수 선물계약을 5개 매입하는 거래자는 6월 20일에 7월 옥수수 선물계약을 5개 매도(즉 공매도)해 포지션을 마감할 수 있다. 5월 6일에 7월 만기 옥수수 선물 5계약을 매도한 투자자는 6월 20일에 7월 만기 옥수수 선물 5계약을 매입함으로써 당초의 포지션을 마감할 수 있다. 이때 투자자의 총손익은 5월 6일과 6월 20일 사이의 선물가격 변동에 의해 결정된다.

인도는 거의 발생하지 않으므로 거래자들은 간혹 인도 과정이 어떻게 이루어지는지 잊는 경우가 있다(실무사례 2.1 참조). 그럼에도 이 장의 후반부에 선물계약의 인도 절차를 설명하려고 한다. 왜냐하면 선물가격이 현물가격과 연관성을 갖는 것은 기초자산이 궁극적으로 인도될 가능성이 있기 때문이다.[1]

2.2 선물계약의 규정

신규 선물계약을 개발할 때 거래소는 양 당사자 간 계약의 정확한 내용을 구체적으로 명시해야 한다. 특히 기초자산, 계약 규모(1계약당 얼마만큼의 자산을 인도할 것인지), 어디서 인도

1 1장에서 설명했듯이, 현물가격은 거의 즉각적으로 인도가 이루어지는 가격을 말한다.

할 수 있는지, 언제 인도할 수 있는지 등을 명시해야 한다.

때로는 인도 자산의 등급 또는 인도장소 등에 대해 몇 개의 대안을 명시하기도 한다. 일반적으로 매도포지션을 취한 거래자(자산을 매도하기로 합의한 당사자)가 이 대안 중에서 어느 하나를 선택하는 것이 보통이다.[2] 매도포지션을 취한 거래자가 인도할 준비가 되면, 그는 거래소에 **인도의사통지서**(notice of intention to deliver)를 제출한다. 이 통지서에는 인도할 자산의 등급 및 인도장소와 관련해 선택한 사항이 포함된다.

자산

자산이 상품일 경우 시장에서 이용 가능한 상품의 품질은 상당한 차이가 있을 수 있다. 따라서 거래소가 자산을 명시할 때 수용 가능한 상품의 등급을 규정하는 것이 중요하다. ICE(Intercontinental Exchange)는 오렌지주스 선물계약에서 당도가 62.5브릭스(Brix) 이상인 미국 A등급의 냉동 농축액이어야 한다고 명시하고 있다.

일부 상품의 경우에는 다양한 등급이 인도될 수 있지만, 이때 가격은 선택한 등급에 따라 다르다. 예를 들어 CME그룹에서 거래되는 옥수수 선물의 표준등급은 'No.2 Yellow'지만, 거래소에서 정한 방식으로 가격을 조정하는 조건으로 다른 등급의 옥수수도 허용된다. 'NO.1 Yellow'는 'NO.2 Yellow'보다 부셸당 1.5센트 비싼 가격으로 인도 가능하다. 'NO.3 Yellow'는 'NO.2 Yellow'보다 부셸당 1.5센트 싼 가격으로 인도 가능하다.

선물계약에서 금융선물은 일반적으로 명확하고 모호하지 않다. 예를 들어 일본 엔의 등급을 명시할 필요는 없다. 그러나 CME그룹에서 거래되는 장기국채 선물과 중기국채 선물계약에는 몇 가지 흥미로운 특징이 있다. 장기국채 선물의 기초자산은 인도월의 첫째 날 기준으로 만기가 15~25년인 장기국채이다. 그리고 10년 만기 중기국채 선물의 기초자산은 인도월의 첫째 날 기준으로 만기가 6.5~10년인 중기국채이다. 거래소는 기초증권의 이표 지급일과 만기일에 따라 장기국채 선물과 중기국채 선물의 가격을 조정한다. 이것은 6장에서 논의한다.

계약 규모

계약 규모는 선물 1계약에서 인도되어야 하는 자산의 양을 지칭한다. 이것은 교환을 위한 중요한 결정이다. 만일 계약의 규모가 너무 크면 상대적으로 작은 위험을 헤지하기를 원하거나 작은 투기적 포지션을 취하고자 하는 많은 투자자가 거래소를 이용할 수 없을 것이다. 반면에

---

2 예외가 있다. J. E. Newsome, G. H. K. Wang, M. E. Boyd, M. J. Fuller의 논문인 "Contract Modifications and the Basis Behavior of Live Cattle Futures", *Journal of Futures Markets*, 24, 6 (2004), 557–90에서 언급했듯이 1995년 CME는 매입자에게 생우 선물계약에서 인도를 어떻게 할 것인가에 대해 몇 가지 선택권을 주었다.

계약의 규모가 너무 작으면 각각의 거래에서 관련된 비용이 발생하기 때문에 거래비용이 많이 든다.

적합한 계약 규모는 선물계약별로 다르다. 즉 농산품 선물의 1계약 가치는 10,000~20,000달러에 걸쳐 있는 반면, 금융 선물의 1계약 가치는 이보다 훨씬 높은 것이 보통이다. 예를 들어 CME그룹에서 거래되는 장기국채 선물의 1계약 금액은 100,000달러이다.

거래소가 소액투자자들을 유인하기 위해 '소규모(mini)' 계약을 내놓는 경우가 있다. 예를 들어 CME그룹의 미니 나스닥 100 선물계약은 나스닥 100지수의 20배인 반면, 정규 계약은 지수의 100배로 거래된다. (주가지수선물은 3장에서 자세히 다룰 것이다).

인도조건 합의

배송이 이루어질 장소는 거래소에서 지정해야 한다. 이것은 상당한 운송 비용이 수반되는 상품에 특히 중요하다. ICE 냉동 농축 오렌지주스 계약의 경우 플로리다, 뉴저지, 델라웨어의 거래소가 허가한 창고로 인도된다.

인도장소가 복수로 지정되면, 매도포지션 거래자의 매도가격은 거래상대방이 어느 인도장소를 선택하느냐에 따라 조정되기도 한다. 인도장소가 상품의 주생산지로부터 상대적으로 멀리 떨어질수록 가격은 높아지는 경향이 있다.

인도월

선물계약은 인도월로 분류된다. 거래소는 인도될 수 있는 정확한 기간을 명시해야 한다. 많은 선물계약에서 인도기간은 한 달 내내이다.

자산 인도월은 계약마다 다르며 거래소는 시장 참여자의 요구를 충족시키는 방향으로 인도월을 결정한다. 예를 들어 CME그룹에서 거래되는 옥수수 선물의 인도월은 3월, 5월, 7월, 9월, 12월이다. 선물계약은 가장 가까운 인도월과 여러 후속 인도월을 갖는 몇 개의 선물로 이루어져 있다. 거래소는 특정 인도월의 선물계약이 언제부터 거래되는지를 명시한다. 또한 거래소는 특정 인도월의 선물계약이 체결될 수 있는 마지막 날도 명시한다. 일반적으로 선물거래는 인도가 가능한 최종일의 며칠 전에 종료된다.

가격고시

거래소는 가격이 어떻게 고시될 것인지를 규정한다. 예를 들어 원유 선물가격은 달러와 센트로 표시되나, 장기국채와 중기국채의 선물가격은 달러와 1/32달러의 형태로 표시한다.

가격 제한 및 포지션 제한

대부분의 계약에서 일일 가격 변동 제한폭은 거래소에 의해 명시된다. 선물가격이 일일 가격 변동 제한폭까지 하락하면 가격이 **하한폭**(limit down)까지 하락했다고 하며, 선물가격이 일일 가격 변동 제한폭까지 상승하면 가격이 **상한폭**(limit up)까지 상승했다고 한다. 또한 **제한폭 변동**(limit move)이란 선물가격이 일일 제한폭까지 오르거나 내린 것을 의미한다. 일반적으로 일단 선물가격이 상한폭 또는 하한폭까지 변동하면 그날 하루의 선물 거래는 거기서 중단된다. 그러나 경우에 따라 거래소가 개입해 가격 제한폭을 변경할 권한을 갖기도 한다.

일일 가격 변동 제한폭을 두는 목적은 과잉투기로 인해 발생하는 큰 가격 변동을 방지하는 것이다. 그러나 가격 제한 제도는 기초상품의 가격이 급격히 상승하거나 하락할 때 자연적으로 발생하는 선물 거래까지도 인위적으로 막는다는 한계가 있다. 따라서 가격 제한 제도가 선물시장에 유익한지는 논란의 여지가 있다.

포지션 한도(position limit)란 투기자가 취할 수 있는 최대 선물계약 수를 의미한다. 포지션 한도를 둔 목적은 투기자들의 지나친 시장 영향력 행사를 방지하기 위함이다.

2.3 현물가격에 대한 선물가격의 수렴

선물계약의 인도기간이 다가올수록 선물가격은 기초자산의 현물가격(spot price)에 수렴한다. 인도기간에 도달하면 선물가격이 현물가격과 같거나 거의 같아진다.

왜 이런지 알아보기 위해 우선 인도기간 중에 선물가격이 현물가격보다 높다고 가정하자. 이렇게 되면 거래자들은 명백한 차익거래기회가 생긴다.

1. 선물에 대한 매도포지션을 취한다.
2. 기초자산을 매입한다.
3. 인도한다.

이상의 거래는 선물가격이 현물가격을 초과하는 금액만큼의 이익으로 이어질 것이 확실하다. 거래자가 이와 같은 차익거래를 이용함에 따라 선물가격은 하락할 것이다. 이제 인도기간 중에 선물가격이 현물가격보다 낮다고 가정하자. 이렇게 되면 기초자산을 구입하는 데 관심이 있는 기업은 선물에 매입포지션을 취한 후 인도받는 것이 유리하다고 생각할 것이다. 기업이 이런 행동을 취하면 결국 선물가격은 상승하는 경향이 있을 것이다.

이상의 예에서 알 수 있듯이, 인도기간 중의 선물가격은 현물가격과 거의 같아진다. 그림 2.1은 선물가격과 현물가격이 수렴함을 보여준다. 그림 2.1a에서는 인도월 이전의 선물가격이 현물가격보다 높으며, 그림 2.1b에서는 인도월 이전의 선물가격이 현물가격보다 낮다. 이

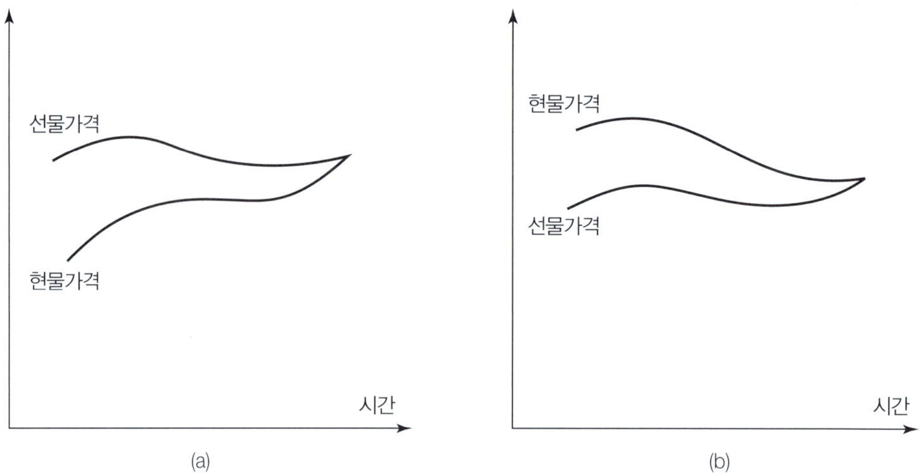

그림 2.1 인도월이 다가옴에 따른 선물가격과 현물가격의 관계: (a) 선물가격이 현물가격보다 높은 경우, (b) 선물가격이 현물가격보다 낮은 경우

두 가지 패턴이 나타나는 상황에 대해서는 5장에서 논의한다.

2.4 증거금 계정의 운영

만일 2명의 투자자가 직접 접촉해서 미래에 특정 자산을 일정 가격에 거래하기로 합의한다면, 이런 거래에는 명백한 위험이 따른다. 투자자의 일방이 계약 체결을 후회해서 계약을 파기할 수도 있다. 또는 투자자가 계약을 이행하는 데 필요한 자금을 갖고 있지 못할 수도 있다. 거래소의 핵심 역할 중 하나는 계약불이행을 피할 수 있도록 거래를 조직화하는 것이다. 이것이 바로 증거금 계정을 운영하는 이유이다.

일일정산

일일 증거금 계정이 어떻게 운영되는지 설명하기 위해 브로커에게 연락해 12월 금 선물계약 2건을 매입하는 투자자를 고려하자. 현재 금 선물가격은 온스당 1,250달러라고 가정하자. 금 선물 1계약은 100온스이므로, 투자자는 총 200온스를 매입하기로 계약했다. 브로커는 투자자에게 **증거금 계정**(margin account)에 자금을 예치할 것을 요구할 것이다. 계약 시 예치해야 하는 금액을 **개시증거금**(initial margin)이라 한다. 이 예에서 개시증거금은 계약당 6,000달러로 총 12,000달러라고 하자. 매 거래일 종료 시점에 증거금 계정은 투자자의 손익을 반영하도록 조정된다. 이러한 관행을 **일일정산**(daily settlement) 또는 **시가평가**(marking to market)라고 한다.

예를 들어 선물가격이 첫날의 종가기준으로 1,250달러에서 1,241달러로 하락했다고 가정하자. 투자자가 1,250달러에 매입하기로 계약한 12월 금 200온스는 이제 1,241달러에 팔릴 수 있기에 투자자는 1,800달러(=200 × 9달러)의 손실이 있다. 따라서 증거금 계정의 잔액은 1,800달러가 감소해서 10,200달러가 된다. 마찬가지로 12월 금값이 첫날 종가기준으로 1,259달러까지 오르면 증거금 계정의 잔액은 1,800달러 상승해서 13,800달러로 늘어난다. 거래는 거래가 발생한 날의 종료 시점에 처음 정산된다. 그다음은 이후 거래일의 종료 시점에 매일 정산된다.

일일정산은 단지 브로커와 고객 사이에서만 발생하는 것이 아니라는 사실에 주의해야 한다. 선물가격이 하락해 매입포지션을 취한 투자자의 증거금 잔액이 1,800달러 감소하면, 그 투자자의 브로커는 거래소에 1,800달러를 지급해야 하고, 거래소는 그 돈을 매도포지션을 취한 투자자의 브로커에게 이전한다. 반대로, 선물가격이 상승하면 매도포지션을 취한 투자자의 브로커는 거래소에 돈을 지급해야 하고, 매입포지션을 취한 투자자의 브로커는 거래소로부터 그 돈을 이전받는다. 선물거래소를 중심으로 한 시장구조는 나중에 더 자세히 설명하겠다.

투자자는 개시 증거금을 초과하는 금액을 언제든지 인출할 수 있다. 증거금 계정의 잔액이 마이너스가 되지 않도록 하기 위해 거래소는 개시증거금보다는 다소 낮은 수준의 **유지증거금**(maintenance margin) 제도를 두고 있다. 만일 증거금 잔액이 유지증거금을 하회하면 투자자는 증거금납입요청을 받게 되고, 익일까지 당초 개시증거금 수준으로 증거금을 보충해야 한다. 이와 같이 추가로 예치하는 증거금을 **추가증거금**(variation margin)이라 한다. 투자자가 추가증거금을 예치하지 않으면 브로커는 체결한 선물계약의 포지션을 마감한다. 위 예에서 포지션을 마감하려면 12월 만기 금 선물 200온스를 매도해 기존 계약을 무효화해야 한다.

표 2.1은 지금까지 예로 들었던 12월 만기 금 선물 투자자의 증거금 계정이 일련의 선물가격 변동에 따라 어떻게 운영되는지 보여준다. 이 예에서 유지증거금은 선물계약당 4,500달러씩 총 9,000달러로 가정한다. 거래 7일째 증거금 계정 잔액은 유지증거금보다 1,020달러만큼 부족하다. 이때 브로커는 투자자에게 잔액이 12,000달러로 유지되기 위해 추가로 4,020달러를 예치하도록 증거금납입요청을 한다. 표 2.1은 투자자가 거래 8일째부터 종료 시까지 이 금액을 예치한 것으로 가정한다. 거래 11일째 증거금 계정 잔액이 다시 유지증거금을 하회하게 되고 투자자는 3,780달러를 추가로 보충하라는 증거금납입요청을 받고, 거래 12일째 종료 시까지 그 금액을 보충하게 된다. 투자자는 거래 16일째 12월 만기 금 선물 2계약을 매도함으로써 자신의 포지션을 마감하기로 했다. 그날의 선물가격은 온스당 1,226.90달러이고 투자자의 누적손실은 4,620달러이다. 표 2.1에서 알 수 있듯이 거래 8일째, 13일째, 14일째, 15일째는 초과증거금을 가지고 있다. 표 2.1에서는 초과분이 인출되지 않는다고 가정한다.

표 2.1 2개의 금 선물계약의 매입포지션에 대한 증거금 계정 운영. 1계약당 개시증거금은 6,000달러씩 총 12,000달러, 1계약당 유지증거금은 4,500달러씩 총 9,000달러이다. 거래는 첫날 1,250달러에 체결되었고 16일째에 1,226.90달러에 종료되었다.

거래일 (달러)	거래가격 (달러)	정산가격 (달러)	1일 이득 (달러)	누적이득 (달러)	증거금 계정 잔액 (달러)	증거금납입요청액 (달러)
1	1,250.00				12,000	
1		1,241.00	−1,800	−1,800	10,200	
2		1,238.30	−540	−2,340	9,660	
3		1,244.60	1,260	−1,080	10,920	
4		1,241.30	−660	−1,740	10,260	
5		1,240.10	−240	−1,980	10,020	
6		1,236.20	−780	−2,760	9,240	
7		1,229.90	−1,260	−4,020	7,980	4,020
8		1,230.80	180	−3,840	12,180	
9		1,225.40	−1,080	−4,920	11,100	
10		1,228.10	540	−4,380	11,640	
11		1,211.00	−3,420	−7,800	8,220	3,780
12		1,211.00	0	−7,800	12,000	
13		1,214.30	660	−7,140	12,660	
14		1,216.10	360	−6,780	13,020	
15		1,223.00	1,380	−5,400	14,400	
16	1,226.90		780	−4,620	15,180	

기타 사항

대다수 브로커는 투자자의 증거금 잔액에 이자를 지급한다. 따라서 이자율이 경쟁력 있는 수준으로 유지되는 경우에는 증거금 계정 잔액으로 투자자의 총비용을 파악하기 어렵다. 투자자는 통상적으로 브로커에게 증권을 예치함으로써 개시증거금을 대신할 수 있다(하지만 추가 증거금 요청은 증권으로 대신하지 못함). 증거금을 증권으로 대신 예치할 때, 단기국채는 액면가의 약 90% 정도 인정된다. 주식도 때때로 현금을 대신해 예치금으로 받아들여지는데, 일반적으로 시장가치의 약 50%만 인정된다.

선도계약이 만기일에 정산되는 반면에 선물계약은 일일정산된다. 매일의 거래 종료 시 선물계약 투자자의 손익은 증거금 계정에 가감되어 선물계약의 가치를 0으로 되돌아가게 한다. 결국 선물계약은 매일 마감되고 새로운 가격으로 다시 발행되는 셈이다.

개시증거금과 유지증거금의 최소 수준은 거래소 청산소에서 설정한다. 브로커는 고객에게 거래소가 지정한 최소 수준보다 더 높게 증거금을 요구할 수 있다. 최소증거금 수준은 기초자산의 가격 변동성에 따라 결정되며 필요시 수정된다. 기초자산의 가격 변동성이 심할수록 거래소는 최소증거금 수준을 높인다. 일반적으로 유지증거금은 개시증거금의 약 75% 수준이다.

증거금 요건은 거래자의 거래목적에 따라 달라질 수 있다. 선물계약 대상이 되는 상품을 생산하는 진정한 헤저에게는 투기거래자보다 낮은 수준의 증거금을 요구한다. 왜냐하면 헤저의 부도위험(default risk)이 상대적으로 낮다고 판단되기 때문이다. 당일마감거래(day trade)와 스프레드 거래(spread transaction)는 종종 헤지거래보다 낮은 증거금을 요구한다. **당일마감거래**에서 거래자는 브로커에게 당일에 포지션을 마감하겠다는 의사를 전달한다. **스프레드 거래**에서 거래자는 특정 인도월의 선물계약에 매입포지션을 취함과 동시에 동일 자산에 대한 다른 인도월의 선물계약에 매도포지션을 취한다.

매입포지션과 매도포지션에 요구하는 증거금은 동일하다. 따라서 매도포지션을 취하는 것도 매입포지션을 취하는 것만큼 용이하다. 그러나 현물시장에서는 이런 대칭성이 없다. 현물시장에서 매입포지션을 취한다는 것은 즉각적인 인도를 위해 자산을 구입하는 것이므로 별 어려움이 없다. 반면에 매도포지션을 취한다는 것은 소유하지 않은 자산을 매도하는 것을 포함한다. 이것은 시장에 따라 가능할 수도 있고 불가능할 수도 있는 복잡한 거래이다. 이에 대해서는 5장에서 자세히 설명할 것이다.

청산소와 회원

청산소(clearing house)는 선물 거래에서 매개인(intermediary) 역할을 담당한다. 청산소는 거래당사자들의 거래이행을 보증한다. 청산소에는 많은 회원이 있다. 청산소 회원이 아닌 브로커는 청산소 회원을 통해 업무를 수행하고 증거금을 예치해야 한다. 청산소의 주요 임무는 하루에 발생하는 모든 거래정보를 추적해서 각 회원의 순 포지션(net position)을 계산하는 일이다.

청산소 회원은 청산 중인 총계약 수를 반영하는 개시증거금(청산증거금이라고도 함)을 청산소에 예치해야 한다. 하지만 청산소 회원에게 적용되는 유지증거금은 없다. 하루가 마감되면, 청산소 회원의 거래는 청산소를 통해서 정산된다. 전체 거래에서 손실이 발생하면 회원은 거래소 청산소에 변동증거금을 예치해야 하고(보통 익일 초까지), 수익이 발생하면 청산소로부터 변동증거금을 받는다. 가격 변동성이 심하거나 포지션이 변동될 때 청산소는 회원들에게 일일 변동증거금 지급을 요구할 수도 있다.

회원의 증거금 요건을 결정할 때, 청산소는 일반적으로 순액 기준(net basis)으로 미결제된 선물계약의 수를 계산한다. 이것은 고객이 취한 매입포지션과 매도포지션을 상쇄한다는 뜻이다. 예를 들어 어떤 청산소 회원이 2명의 고객과 거래한다고 가정하자. 한 고객은 20개의 매입포지션 계약을 취하고 있고, 다른 한 고객은 15개의 매도포지션 계약을 취하고 있다고 하자. 개시증거금은 5개의 계약을 기준으로 계산될 것이다. 증거금 요건에 대한 계산은 일반적으로 회원이 채무불이행으로 인해 계좌를 폐쇄해야 하는 경우에 손실을 99% 보전하도록 설계되었다. 청산소 회원은 보증기금(guaranty fund)에 기여해야 한다. 이것은 채무불이행한 회원의 증거금이 손실을 충당하기에 불충분한 경우 청산소에서 사용할 수 있다.

신용위험

증거금제도의 가장 큰 목적은 거래자들이 이익을 보았을 때 그들에게 자금이 확실히 지급되도록 하는 데 있다. 전반적으로 증거금제도는 매우 성공적으로 운영되고 있다. 주요 거래소에서 계약을 체결하는 거래자들은 항상 그들의 계약에 신의를 지켜 왔다. 선물 거래소는 1987년 10월 19일에 증거금제도에 대해 시험대에 올랐는데, 그때 S&P 500지수는 20% 이상 하락했고 S&P 500지수 선물에 매입포지션을 취했던 거래자들의 증거금은 마이너스였다. 증거금납입요청을 이행하지 못한 거래자들의 거래는 폐쇄되었으나, 아직도 거래자들은 그들의 브로커에게 빚을 지고 있다. 일부 거래는 빚을 변제하지 못했고, 그 결과 일부 브로커가 파산했다. 왜냐하면 일부 브로커는 고객의 돈이 고갈된 상황에서 대신 체결했던 계약에서 발생한 증거금납입요청을 감당할 수 없었기 때문이다. 그러나 청산소는 S&P 500지수에 매도포지션을 취했던 거래자들에게 모두 지급할 수 있을 정도로 충분한 자금을 갖고 있었다.

2.5 장외시장

1장에서 소개한 장외(OTC)시장은 기업들이 거래소를 거치지 않고 파생상품 거래에 동의하는 시장이다. 신용위험은 전통적으로 장외 파생상품 시장의 한 특징이었다. 다수의 파생상품 거래를 체결한 A기업과 B기업을 고려하자. B기업이 체결한 거래의 순가치가 양수일 때 A기업이 채무불이행을 한다면 B기업은 손실을 볼 것이다. 마찬가지로 A기업이 체결한 거래의 순가치가 양수일 때 B기업이 채무불이행을 한다면 A기업은 손실을 볼 것이다. 신용위험을 줄이기 위해서 장외시장은 거래소시장에의 제반 절차 중 일부를 적용하고 있다. 이제 이에 대해 논의하겠다.

중앙청산소

우리는 1.2절에서 중앙청산소를 간략하게 언급했다. 중앙청산소는 거래소 청산소와 거의 유사한 역할을 수행하는 표준 장외시장 거래를 위한 청산소이다. 거래소 청산소 회원과 마찬가지로 중앙청산소 회원은 개시증거금과 일일 변동증거금을 모두 예치해야 한다. 거래소 청산소의 회원처럼 보증기금에 기여도 해야 한다.

A와 B 두 당사자 간에 일단 파생상품 거래가 합의되면 중앙청산소에 신고할 수 있다. 만약 중앙청산소가 그 거래를 받아들이면, 중앙청산소는 A와 B 모두의 거래상대방이 된다. (이것

은 선물 교환을 위한 청산소가 선물 거래의 양측 상대방이 되는 방식과 유사하다.) 예를 들어 A가 B로부터 1년 후 특정 가격으로 자산을 매입하는 데 약정한 선도거래가 있다면, 중앙청산소는 다음 사항에 동의할 것이다.

1. 약정된 가격으로 1년 후 B로부터 자산을 매입한다.
2. 약정된 가격으로 1년 안에 자산을 A에게 매각한다.

중앙청산소는 A와 B 모두의 신용위험을 부담한다.

중앙청산소의 모든 회원은 중앙청산소에 개시증거금을 예치해야 한다. 거래 가치는 매일 평가되고, 이는 변동증거금 지급으로 이어진다. 장외시장 참여자가 중앙청산소 회원이 아닌 경우 중앙청산소 회원을 통해 거래를 마감할 수 있다. 그런 다음 중앙청산소 회원에게 증거금을 지불해야 한다. 중앙청산소에서 이들의 관계는 브로커와 선물거래소 청산소 회원의 관계와 유사하다.

2007년에 시작된 신용위기 이후 규제 당국은 시스템 위험을 더욱 우려하게 되었다(실무사례 1.2 참조). 1.2절에서 언급했듯이, 그 결과 중 하나는 금융기관 간의 표준적인 장외시장 거래를 중앙청산소가 처리하도록 요구하는 법안을 만든 것이다.

담보제도

중앙청산소를 통해서 청산되지 않는 장외시장 거래는 양자 간 청산된다. 양자 간 청산되는 장외시장 거래에서 A기업과 B기업은 일반적으로 모든 거래를 포괄하는 마스터 협약을 체결한다.[3] 이 협약은 A 혹은 B 혹은 둘 모두에게 담보를 제공하도록 요구하는 신용보강약정서(credit support annex, CSA)라고 하는 약정서가 포함되는 경우가 많다. 담보는 거래소 청산소 혹은 중앙청산소가 회원에게 요구하는 증거금과 유사하다.

신용보강약정서를 포함하는 담보협약은 일반적으로 거래가 매일 평가되도록 요구한다. A와 B기업 간의 다음과 같은 단순한 양방향 협약이 체결된다고 가정하자. 하루 동안 거래를 통해서 A의 가치가 X달러만큼 증가하면(즉 B의 가치가 X달러만큼 감소하면), B는 A에게 X달러에 상응하는 담보를 제공해야 한다. 반대 상황이 발생해서 B의 가치가 X달러만큼 증가하면(즉 A의 가치가 X달러만큼 감소하면), A는 B에게 X달러에 상응하는 담보를 제공해야 한다.

전통적으로 신용보강약정서에서 개시증거금을 요청하는 경우는 상대적으로 드물었다. 하지만 이것은 변화하고 있다. 2016년부터 규정에 따라 금융기관 양자 간 청산 거래 시 개시증거금과 변동증거금을 모두 제공해야 한다.[4] 개시증거금은 일반적으로 다른 자금과 분리되어

3 가장 통상적인 협약으로는 국제스왑파생상품협회(International Swaps and Derivatives Association, ISDA)가 만든 마스터 협약(Master Agreement)이 있다.

제삼자에게 전달된다.

담보는 양자 간 청산되는 장외시장계약에서 신용위험을 상당히 감소시킨다(금융기관 간 거래에서 초기증거금을 요구하는 규정 때문에 훨씬 더 감소시킬 것이다). 담보계약은 1990년대 헤지펀드인 롱텀캐피털매니지먼트(Long-Term Capital Management, LTCM)가 양자 간 청산된 파생상품 거래에서 이용되었다. 이 거래에서 LTCM은 과도한 레버리지를 허용했다. 담보계약은 신용위험은 보호해 주었지만, 실무사례 2.2에서 설명하는 바와 같이 높은 레버리지로 LTCM은 다른 위험에 노출되었다.

그림 2.2는 양자 간 청산 방식과 중앙청산소에 의한 청산이 작동하는 방식을 나타낸다(여기서는 시장 참여자가 8명이고 중앙청산소가 1개 있다고 단순화해 가정한다). 그림 2.2a와 같이 양자 간 청산 시에는 시장 참여자 사이에 다양한 협약이 존재한다. 모든 계약이 단일 중앙청산소를 통해 처리된다면 그림 2.2b와 같이 바뀔 것이다. 실제로 장외시장의 모든 거래가 중앙청산소를 통해서만 이루어지는 것이 아니라 하나 이상의 중앙청산소를 통해 이루어지기 때문에, 시장은 그림 2.2a와 그림 2.2b에서 보이는 요소를 모두 가지고 있다.[5]

선물 거래 대 장외시장 거래

거래가 어떻게 청산되는지와 상관없이 현금으로 개시증거금을 예치하면 보통 이자를 받는다. 청산소 회원이 선물계약을 위해 예치하는 일일 변동증거금은 이자를 받지 않는다. 그 이

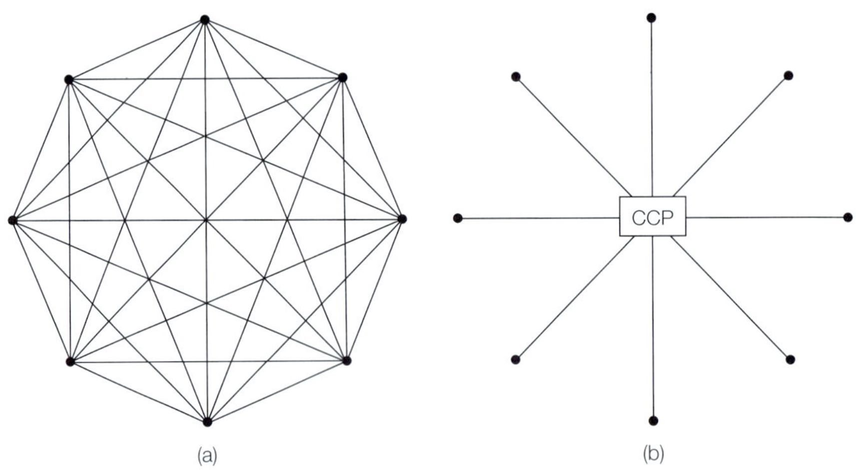

그림 2.2 **(a) 장외시장에서 운영된 전통적 방식: 시장 참여자 간 양자 협약에 의한 청산, (b) 장외시장에서 하나의 중앙청산소를 이용하는 방식**

4 이 규정과 중앙청산소를 통해 금융기관 간 표준거래를 청산하도록 요구하는 규정 모두에서 '금융기관'은 은행, 보험회사, 연기금 및 헤지펀드를 포함한다. 비금융기관 간의 거래 및 일부 외환 거래는 규제대상에서 제외된다.

실무사례 2.2 LTCM의 대규모 손실

1990년대 중반에 설립된 헷지펀드인 롱텀캐피털매니지먼트(LTCM)는 항상 담보를 이용해 거래했다. LTCM의 투자전략은 '수렴 차익거래(convergence arbitrage)'로 알려졌다. 아주 간단한 예를 사용해 이 거래를 설명하면 다음과 같다. 동일 기업이 발행한 X, Y채권의 보상이 동일한데, X채권이 Y채권보다 유동성이 낮다(즉 덜 활발히 거래됨). 시장은 유동성을 중시한다. 그 결과 X의 가격이 Y의 가격보다 낮게 된다. LTCM은 두 채권의 가격이 향후 어느 시점에 수렴될 것으로 예상하면서 X채권을 매입하고 Y채권을 매도한 뒤 기다릴 것이다.

금리가 인상되면, 두 채권 모두 가격이 거의 같은 수준으로 하락해 X채권에 대해 지급할 담보가 Y채권에 대해 받을 담보와 거의 동일할 것으로 LTCM은 예상했다. 마찬가지로 금리가 하락하면, 두 채권의 가격이 거의 같은 수준으로 상승해 X채권에 대해 받을 담보가 Y채권에 대해 지급할 담보와 거의 동일할 것으로 예상했다. 즉 LTCM은 담보 약정의 결과로 자금이 크게 유출되지 않을 것이라 예상했다.

1998년 8월 러시아가 채무불이행을 선언했고, 이로써 자본시장에서 소위 '양질의 채권으로의 이동 현상(flight to quality)'이 나타났다. 투자자들은 유동성 있는 상품을 평상시보다 높게 평가했고, LTCM이 투자했던 유동성 있는 채권과 유동성 없는 채권 간의 가격 스프레드가 극적으로 증가했다. LTCM이 매입했던 X채권의 가격은 하락했고, 매도했던 Y채권의 가격은 상승했다. 두 채권에 대해서 담보가 요구되었다. LTCM은 높은 레버리지로 어려움을 겪었다. LTCM은 포지션을 마감했어야만 했고 이로 인해 40억 달러의 손실을 보았다. 만일 LTCM의 레버리지가 낮았다면 '양질의 채권으로의 이동 현상'을 아마도 이겨낼 수 있었을 것이고 유동성 있는 채권과 유동성 없는 채권 간의 가격이 가까워지는 것을 기다릴 수 있었을 것이다.

유는 변동증거금은 일일정산되기 때문이다. 장외시장 거래는 중앙청산소를 통한 청산 혹은 양자 간 청산 여부와 상관없이 일반적으로 일일정산되지 않는다. 이러한 이유로 중앙청산소의 구성원이 예치하거나 신용보강약정서로 인해 예치되는 일일 변동증거금은 현금일 경우 이자를 받는다.

유가증권은 종종 증거금/담보 요구사항을 충족하는 데 사용될 수 있다.[6] 유가증권의 시장가치는 증거금 목적을 위한 가치를 결정하기 위해 일정 금액만큼 감소한다. 이것을 헤어컷(haircut)이라고 한다.

2.6 선물 고시

선물시세는 거래소와 온라인 자료 제공처로부터 얻을 수 있다. 표 2.2는 2015년 5월 13일 특정 시점에서 다수의 다양한 상품에 대해 CME가 제공하는 선물에 대한 고시이다. 지수, 통화, 금리선물에 대한 호가는 3장, 5장, 6장에 각각 제시되어 있다.

---

5 중앙청산소가 신용위험에 미치는 영향은 중앙청산소 수와 이를 통해 청산되는 모든 거래의 비율에 따라 달라진다. 다음을 참조하라. D. Duffie and H. Zhu, "Does a Central Clearing Counterparty Reduce Counterparty Risk? *Review of Asset Pricing Studies*, 1 (2011): 74–95.

6 이미 언급한 바와 같이 선물계약의 변동증거금은 현금으로 예치되어야 한다.

표 2.2 2015년 5월 13일 CME에서 거래되는 상품 선물계약 고시

	시가	최고가	최저가	전일 정산가격	금일 정산가격	가격 변동	거래량
금, 100온스, 1온스당 달러							
2015년 6월	1192.5	1218.5	1190.4	1192.4	1214.4	+22.0	221,244
2015년 8월	1194.1	1219.4	1191.5	1193.4	1215.4	+22.0	29,683
2015년 10월	1194.2	1220.2	1193.0	1194.3	1216.0	+21.7	1,194
2015년 12월	1194.0	1221.2	1193.9	1195.3	1217.3	+22.0	5,404
2016년 6월	1209.0	1219.0	1209.0	1198.0	1219.0	+21.0	31
원유, 1,000배럴, 1배럴당 달러							
2015년 6월	61.23	61.85	60.19	60.75	60.20	−0.55	379,797
2015년 9월	63.30	63.49	62.03	62.58	62.03	−0.55	39,663
2015년 12월	64.22	64.39	63.05	63.58	63.05	−0.53	54,902
2016년 12월	65.82	65.99	64.86	65.48	64.91	−0.57	20,212
2017년 12월	66.86	67.08	66.25	66.83	66.25	−0.58	3,087
옥수수, 5,000부셸, 1부셸당 센트							
2015년 7월	360.25	363.75	357.25	361.00	362.25	+1.25	203,068
2015년 9월	366.00	369.25	363.00	366.00	368.25	+2.25	84,255
2015년 12월	376.00	380.00	373.50	376.00	378.50	+2.50	105,216
2016년 3월	387.25	391.00	384.75	387.50	389.50	+2.00	13,791
2016년 5월	393.50	398.75	392.50	395.25	397.50	+2.25	2,329
2016년 7월	399.75	405.00	398.75	401.50	404.00	+2.50	2,904
콩, 5,000부셸, 1부셸당 센트							
2015년 7월	956.50	962.75	954.25	955.50	957.50	+2.00	104,851
2015년 9월	941.00	942.50	934.75	936.00	938.50	+2.50	3,710
2015년 11월	931.25	938.50	928.50	930.75	934.75	+4.00	53,126
2016년 1월	937.50	944.75	935.50	937.00	941.75	+4.75	3,356
2016년 3월	943.25	950.25	941.00	942.25	947.00	+4.75	2,023
2016년 5월	947.00	953.25	944.75	945.75	950.75	+5.00	1,576
밀, 5,000부셸, 1부셸당 센트							
2015년 7월	480.75	486.50	471.00	480.50	481.75	+1.25	67,036
2015년 9월	488.00	493.00	478.00	487.50	488.25	+0.75	16,902
2015년 12월	504.00	510.00	494.50	504.50	505.00	+0.50	15,001
2016년 3월	521.75	524.50	511.50	520.75	522.00	+1.25	2,447
2016년 5월	531.50	535.00	522.00	531.25	531.50	+0.25	581
생우, 40,000파운드, 1파운드당 센트							
2015년 6월	151.250	152.425	150.825	151.475	152.325	+0.850	26,813
2015년 8월	149.450	150.850	148.975	149.650	150.850	+1.200	19,806
2015년 10월	150.650	152.150	150.350	150.775	152.025	+1.250	8,397
2015년 12월	151.575	153.150	151.500	151.725	153.000	+1.275	4,821
2016년 2월	152.125	153.225	151.700	152.025	153.000	+0.975	1,029

선물계약의 기초자산, 계약 규모, 호가 방식이 표 2.2의 상단에 제시되어 있다. 첫 번째 자산은 금이다. 계약의 크기는 100온스이고 가격은 온스당 달러로 표시되어 있다. 계약의 만기월은 표의 첫 번째 열에 제시되어 있다.

가격

표 2.2에서 각 행의 처음 3개 숫자는 개시가격(시가), 장중 현재까지 거래된 최고가격(최고가), 장중 현재까지 거래된 최저가격(최저가)을 보여준다. 시가(opening price)는 2015년 5월 13일에 거래를 시작한 직후의 가격이다. 2015년 5월 13일에 6월 만기 금 선물의 시가는 온스당 1,192.5달러이다. 장중 최고가는 온스당 1,218.5달러이고 최저가는 온스당 1,190.4달러이다.

정산가격

정산가격(settlement price)은 일일 손익과 증거금을 계산하는 데 사용되는 가격이다. 보통 개장시간 종료 직전에 거래된 가격으로 계산된다. 표 2.2의 네 번째 숫자는 전일(2015년 5월 12일)의 정산가격을 나타낸다. 다섯 번째 숫자는 가장 최근의 거래가격이고, 여섯 번째 숫자는 전일 거래가격과의 가격 변화를 나타낸다. 2015년 6월 금 선물의 경우 전일의 정산가격은 1,192.4달러이다. 가장 최근의 거래는 전일 정산가격보다 22.0달러 높은 1,214.4달러이다. 만약 2015년 5월 13일의 정산가격이 1,214.4달러이면, 계약 1단위에 대해 매수포지션을 취한 투자자의 증거금 잔액은 5월 13일에 2,200달러만큼 증가할 것이고 매도포지션을 취한 투자자의 증거금 잔액은 2,200달러만큼 감소할 것이다.

거래량과 미결제약정

표 2.2의 마지막 숫자는 **거래량**(trade volume)을 나타낸다. 거래량은 당일에 거래된 계약의 수를 의미한다. 거래량은 **미결제약정**(open interest)의 수, 즉 남아 있는 매입포지션의 수 또는 매도포지션의 수와 대비될 수 있다. 만일 일일 거래자(즉 당일에 포지션을 시작하고 마감하는)의 거래량이 많은 경우, 일일 거래량은 거래일의 개시 또는 마감 시 미결제약정 수보다 더 클 것이다.

선물가격의 패턴

선물가격은 다양한 패턴을 보일 수 있다. 선물가격은 선물계약의 만기에 따라 증가하거나, 감소하거나, 때때로 증가하고 감소하는 혼합 패턴을 보일 수 있다. 만기가 도래함에 따라 선물가격이 상승하는 선물시장을 **정상시장**(normal market)이라 한다. 만기가 도래함에 따라 선물가격이 하락하는 선물시장을 **역조시장**(inverted market)이라 한다. 표 2.2에서 금, 원유, 옥수수, 밀과 같은 상품들은 2015년 5월 13일에 정상시장의 패턴을 보여주는 반면 대두와 생우의 패턴은 혼재되어 있음을 보여준다.

2.7 인도

앞에서 이미 설명한 바와 같이, 궁극적으로 기초자산을 인도하는 선물계약은 거의 없다. 거의 대부분의 선물계약이 만기 전에 마감된다. 그럼에도 불구하고 선물가격을 결정하는 것은 결국 인도 가능성이다. 따라서 인도 과정을 올바로 이해하는 것이 중요하다.

인도 가능시간은 거래소에서 정하며 계약마다 다르다. 인도 시점은 매도포지션을 가진 거래자가 결정한다. 거래자 A가 매도포지션이 있다고 가정하자. 거래자 A가 인도하기로 하면, 거래자 A의 브로커는 청산소에 인도의사고지서(notice of intention to deliver)를 발행한다. 여기에는 인도할 계약 수가 명시되어 있고, 상품선물의 경우 인도할 장소와 인도상품의 등급이 표시된다. 그다음 거래소는 인도를 받아들일 매입포지션 거래자를 선택한다.

거래자 A가 어떤 선물계약에 매도포지션을 취했을 때 매입포지션을 취한 상대방이 거래자 B라고 가정하자. 여기서 인도를 받을 사람이 거래자 B일 것이라고 기대할 이유가 없음을 이해하는 것이 중요하다. 즉 거래자 B는 거래자 C와 거래함으로써 자신의 포지션을 마감했을 수 있다. 거래자 C는 거래자 D와 거래함으로써 자신의 포지션을 마감했을 수 있다. 거래소는 관행상 매입포지션을 가장 오랫동안 취하고 있는 거래자에게 인도의사고지서를 전달한다. 따라서 매입포지션을 취하고 있는 누군가가 반드시 인도의사고지서를 수락해야 한다. 만일 고지서가 양도 가능하다면, 고지서를 받은 매입포지션 거래자는 짧은 시간 내에 양도받을 의사가 있는 다른 매입포지션 거래자를 찾아야 한다.

상품선물의 경우, 인도를 받아들인다는 것은 통상 즉시 대금을 지급하고 보관영수증(warehouse receipt)을 받는 것을 의미한다. 인도를 받아들이는 거래자는 모든 보관비용을 부담한다. 생우 선물의 경우 동물을 먹이고 돌보는 것과 관련한 비용이 발생한다(실무사례 2.1 참조). 금융 선물의 경우 인도는 통상 온라인 송금(wire transfer)으로 이루어진다. 모든 계약의 경우 지급할 가격은 일반적으로 가장 최근의 정산가격이다. 거래소에서 지정한 경우, 이 가격은 등급과 인도장소 등에 따라 조정된다. 인도의사고지서를 발행하고서 최종적으로 인도하기까지는 일반적으로 2~3일이 소요된다.

선물계약에는 세 가지 중요한 날짜가 있다. 즉 **최초고지일**(first notice day), **최종고지일**(last notice day), **최종거래일**(last trading day)이 그것이다. 최초고지일은 인도의사고지서를 거래소에 전달할 수 있는 최초의 날이다. 최종고지일은 인도의사고지서를 전달할 수 있는 마지막 날이다. 최종거래일은 일반적으로 최종고지일 며칠 전이다. 인도받는 위험을 피하려면 매입포지션을 갖고 있는 투자자는 최초고지일 이전에 반대매매를 통해 계약을 마감해야 한다.

현금정산

3장에서 논의했던 주가지수 등에 대한 금융선물 거래에서는 기초자산 인도가 불편하거나 불가능하기에 현금으로 정산된다. 예를 들어 S&P 500지수에 대한 선물계약의 경우 기초자산을 인도한다는 것은 500개 주식으로 구성된 포트폴리오를 인도하는 것을 의미한다. 현금으로 정산되는 경우, 모든 미결제 계약은 미리 예정된 날짜에 종료된다. 최종 정산가격은 해당 거래일의 개시 또는 마감 시 기초자산의 현물가격과 동일하게 설정된다. 예를 들어 CME에서 거래되는 S&P 500 선물계약의 경우 미리 예정된 최종정산 날짜는 인도월의 세 번째 금요일이고 최종 정산가격은 그날의 시가이다.

2.8 거래자 유형

거래를 수행하는 거래자는 크게 **선물커미션상인**(futures commission merchants)과 **로컬**(locals)로 나눌 수 있다. 선물커미션상인은 고객의 지시를 따르고 그에 대한 수수료를 받는 사람을 말한다. 로컬은 그들 자신의 계좌를 갖고 거래하는 사람이다.

로컬이거나 선물커미션상인의 고객이거나 관계없이 시장 참여자들은 1장에서 언급했듯이 헤저, 투기자, 차익거래자로 분류할 수 있다. 또한 투기자는 초단기 차익을 추구하는 초단기 거래자, 당일마감거래자, 포지션거래자로 분류할 수 있다. **초단기거래자**(scalper)는 아주 짧은 단기간의 가격 추세를 관찰해 가격의 작은 변화에서 이익을 추구한다. 그들은 보통 단지 몇 분 동안만 포지션을 유지한다. **일일거래자**(day trader)는 하루도 채 안 되는 기간만 포지션을 유지하는 거래자이다. 이들은 하룻밤 사이에 일어나는 악재로 인한 위험을 부담하기를 꺼린다. **포지션거래자**(position trader)는 앞의 경우보다 훨씬 오랜 기간 그들의 포지션을 유지한다. 이들은 시장의 주요 움직임으로부터 상당한 이익을 얻기를 기대한다.

주문

브로커를 통한 가장 간단한 주문은 **시장가주문**(market order)이다. 이것은 시장에서 이용 가능한 최상의 가격으로 즉시 거래를 수행하라는 요청이다. 다른 종류의 주문도 많이 있다. 일반적으로 많이 이용하는 주문을 살펴보자.

지정가주문(limit order)은 특정 가격을 명시하는 주문이다. 이것은 명시된 가격 또는 투자자에게 유리한 가격으로만 실행될 수 있다. 따라서 만약 매입포지션을 취하려는 투자자의 지정가(limit price)가 30달러이면, 이 주문은 30달러 또는 그보다 낮은 가격으로만 체결될 수 있다. 물론 이 주문이 체결될 것이라는 보장은 없다. 왜냐하면 시장가격이 지정가에 도달하지 못할 경우도 얼마든지 있기 때문이다.

역지정가주문(stop order 또는 stop-loss order)도 특정 가격을 명시하는 주문이다. 이것은 매입호가(bid) 혹은 매도호가(offer)가 명시된 가격 혹은 덜 유리한 가격에 도달하면 이용 가능한 최상의 가격으로 거래를 실행할 것을 지시하는 주문이다. 예를 들어 시장가격이 35달러일 때 30달러에 매도하라는 역지정가주문이 있다고 하자. 이것은 시장가격이 30달러로 하락할 때 매도하라는 주문이다. 사실상 시장가격이 특정 가격과 일치할 때 역지정가주문은 곧바로 시장가주문이 된다. 일반적으로 역지정가주문의 목적은 시장가격이 불리하게 움직이면 포지션을 종결하는 것이다. 이것은 손실을 일정 수준으로 제한한다.

지정폭주문(stop-limit order)은 역지정가주문과 지정가주문을 결합한 형태의 주문이다. 지정폭주문이 역지정가(stop price) 또는 그보다 불리한 가격으로 매수 혹은 매도가 이루어지면 해당 주문은 지정가주문이 된다. 지정폭주문에서는 역지정가와 지정가로 두 가지 가격을 명시해야 한다. 시장가격이 35달러일 때, 매입을 위한 지정폭주문의 역지정가는 40달러이고 지정가는 41달러라고 하자. 40달러로 매수 또는 매도가격이 형성되자마자 지정폭주문은 41달러의 지정가주문이 된다. 역지정가와 지정가가 동일하다면, 해당 주문은 **역지정가 지정가주문**(stop-and-limit order)이라고 불리기도 한다.

MIT주문(market-if-touched order)은 거래가 명시된 가격 또는 그보다 유리한 가격으로 체결된 후, 시장에서 이용 가능한 최상의 가격으로 거래가 이루어지는 주문을 말한다. 사실상 명시된 가격에 도달하면 MIT주문은 시장가주문이 된다. MIT주문은 **전광판주문**(board order)이라고도 알려져 있다. 선물계약에서 매입포지션을 취한 투자자가 그 선물을 마감하려고 한다고 해보자. 역지정가주문은 불리한 가격 움직임이 발생할 때 그 손실을 제한하기 위한 주문이다. 그러나 이와는 반대로 MIT주문은 투자자에게 유리한 가격 변동이 발생할 경우 이익을 가능한 한 많이 확보하도록 설계되었다.

재량주문(discretionary order 또는 market-not-held order)은 더 유리한 가격을 얻기 위해 브로커의 재량권으로 주문이 지연될 수 있다는 점을 제외하고는 시장가주문과 동일한 형태의 주문이다.

일부 주문은 체결시간 조건을 명시하기도 한다. 명시되지 않는 한 주문은 당일 주문이고 그 거래일 종료 시에 소멸된다. **시간지정주문**(time-of-day order)은 해당 주문이 체결될 수 있는 시간대를 명시한 주문이다. **공개주문**(open order 또는 good-till-canceled order)이란 해당 주문이 체결될 때까지 또는 특정 계약의 거래 종료 시까지 유효한 주문이다. **성립-취소주문**(fill-or-kill order)은 용어 자체가 암시하듯이 주문 즉시 체결해야만 한다.

2.9 규제

미국의 선물시장은 1974년 연방정부에서 설립한 상품선물거래위원회[Commodity Futures Trading Commission(CFTC), www.cftc.gov]의 규제를 받고 있다.

CFTC는 공공의 이익을 추구한다. 가격이 일반 대중에게 잘 전달되고 선물 거래의 크기가 일정 수준을 상회하는 경우 거래자의 선물포지션 규모를 보고하도록 하는 일을 담당한다. 또한 CFTC는 선물 거래에서 대중에게 서비스를 제공하는 모든 개인 종사자에게 면허를 부여하는 일도 담당한다. 이런 개인 종사자의 배경을 조사하고, 이들에게 최소요구자본(minimum capital requirement)을 유지할 것을 요구한다. CFTC는 대중이 제기한 불만사항을 처리하고, 그 내용이 타당하다고 판단되면 선물시장 종사자를 대상으로 합당한 징계 조치를 한다. CFTC는 거래소 규정을 위반하는 회원들을 징계하도록 선물 거래소에 요구할 수 있는 권한이 있다.

1982년 미국선물연합회[National Futures Association(NFA), www.nfa.futures.org]가 설립되면서 CFTC의 일부 책임이 선물산업 자체에 위임되었다. NFA는 선물산업에 종사하는 선물업자들의 연합체이다. NFA의 설립목적은 사기를 방지하고 선물시장이 일반 대중의 이익에 최대로 부합해 운영될 수 있도록 하는 데 있다. NFA는 거래를 감시하고 필요한 경우 징계 조치를 할 권한이 있다. 또한 NFA는 투자자 개인과 회원 사이에 발생하는 분쟁을 중재하기 위한 효율적인 조정 시스템을 갖추고 있다.

2010년 오바마 대통령이 서명한 도드-프랭크법(The Dodd-Frank act)은 CFTC의 역할을 확대했다. 예를 들어 CFTC는 금융기관 간의 표준 장외 파생상품이 스왑 실행 시설에서 거래되고 중앙청산소를 통해서 청산되도록 요구하는 규정을 담당하고 있다.

불공정거래

선물시장은 대부분 효율적으로 그리고 공익을 위해 운영된다. 그러나 때때로 불공정거래(trading irregularity)가 밝혀진다. 예를 들면 투자자 집단이 '시장을 매점(corner the market)' 할 때 불공정거래가 발생한다.[7] 투자자 집단은 특정 선물에 대해 대규모의 매입포지션을 취하고 기초자산의 공급량을 통제하려고 한다. 선물계약의 만기가 도래할 때 투자자 집단이 그들의 포지션을 마감하지 않으면 미결제된 선물계약의 수는 인도 가능한 상품의 수를 초과할 수 있다. 이때 매도포지션 소유자들이 상품 인도가 어렵다는 것을 알고 그들의 매도포지션을 필사적으로 마감하려고 할 것이다. 그 결과 선물과 현물가격은 동시에 폭등할 것이다. 규제기

7 이와 관련해 가장 잘 알려진 예는 1979~1980년 은시장에서 행해진 헌트(Hunt) 형제의 활동이다. 1979년 중반부터 1980년 초까지 그들의 활동으로 인해 은 가격은 온스당 6달러에서 50달러까지 상승했다.

관은 이런 유형의 시장남용에 대처하기 위해서 증거금을 증가시키거나 포지션 한도(position limit)를 엄격히 적용한다. 또는 투기 거래자의 미결제포지션(open position)을 증가시키는 거래를 규제하거나, 시장 참여자들에게 그들의 포지션을 마감하도록 요구한다.

2.10 회계와 세금

선물계약의 회계 및 세금처리에 대한 자세한 내용은 이 책의 범위를 벗어난다. 이에 대한 자세한 정보를 원하는 거래자는 전문가와 상의해야 한다. 여기서는 일반적인 배경정보만 설명하겠다.

회계

회계기준에 따르면 선물계약이 헤지 목적이 아니라면 선물가격의 변화를 발생 시점에서 인식할 것을 요구한다. 선물계약이 헤지 목적인 경우, 회계처리상 헤지 대상 자산의 손익이 인식되는 기간에 손익을 인식한다. 후자와 같은 처리를 **헤지회계**(hedge accounting)라 한다.

예제 2.1은 12월에 결산하는 어떤 기업의 사례를 보여준다. 이 기업이 2016년 9월에 2017년 3월 만기 옥수수 선물 1계약에 매입포지션을 취하고, 2017년 2월 말에 그 포지션을 마감한다고 가정하자. 선물가격은 계약 체결 시에 부셸당 350센트이고, 2016년 말에 370센트이며, 계약 마감 시에 380센트라고 하자. 옥수수 선물 1계약은 5,000부셸이다. 거래의 목적이 헤지가 아니라면 2016년과 2017년의 회계이익은 각각 1,000달러와 500달러이다.

$$5{,}000 \times (3.70 - 3.50) = 1{,}000\text{달러}(2016\text{년})$$

$$5{,}000 \times (3.80 - 3.70) = 500\text{달러}(2017\text{년})$$

만일 기업이 2017년 2월 5,000부셸의 옥수수 구입을 헤지하기 위해 선물계약을 체결하고 헤지회계를 적용하면, 총이익 1,500달러는 회계처리상 2017년에 실현한 것으로 인식된다.

헤징손익을 회계처리하는 방법은 쉽게 이해할 수 있다. 만일 기업이 2017년 2월 5,000부셸의 옥수수 구입을 헤지했다면, 선물계약의 효과는 지급된 가격이 부셸당 350센트에 근접하도록 보장하는 것이다. 회계처리는 2017년에 이 가격이 지급되었음을 반영한다.

미국재무회계기준위원회(Financial Accounting Standards Board)는 기업이 헤지회계를 사용할 수 있는 경우와 사용할 수 없는 경우를 설명하는 FAS 133과 ASC 815를 공표했다. 국제회계기준위원회(International Accounting Standards Board)는 이와 유사한 IAS 39와 IFRS 9를 공표하고 있다.

예제 2.1 선물 거래의 회계처리 EXAMPLE

한 기업이 2016년 9월에 2017년 3월 만기 옥수수 선물 5,000부셸을 부셸당 350센트의 가격으로 매입하고, 2017년 2월에 그 포지션을 부셸당 380센트에 마감한다고 가정하자. 회계연도 말인 2016년 12월 31일의 2017년 3월 만기 선물가격은 부셸당 370센트이다.

만일 헷지거래가 아니라면 이 거래의 회계처리는 다음과 같다.

2016년 회계이익 = 5,000 × 20센트 = 1,000달러
2017년 회계이익 = 5,000 × 10센트 = 500달러

만일 2017년에 예정된 옥수수 구입을 헷지하는 거래라면 이 거래의 회계처리는 다음과 같다.

2016년 회계이익 = 0달러
2017년 회계이익 = 5,000 × 30센트 = 1,500달러

세금

미국 세법에서 두 가지 주요 이슈는 과세 대상 손익의 본질과 인식 시점이다. 손익은 자본손익(capital gain/loss)이거나 일반소득(ordinary income)의 한 부분으로 분류된다.

기업 납세자의 경우 자본이익은 일반소득과 같은 세율로 과세되고 자본 손실에 대한 공제는 제한된다. 기업 납세자는 자본이익의 범위 내에서만 자본 손실을 공제받을 수 있다. 또한 기업 납세자는 자본 손실을 3년 동안 소급하고, 최대 5년까지 이연할 수 있다. 기업이 아닌 납세자의 경우, 단기 자본이익은 일반소득과 같은 세율로 과세되지만 장기 자본이익은 일반소득보다 낮은 이자율로 과세된다. (장기 자본이익은 1년 이상 보유했던 자본자산을 처분해서 얻는 이익이다. 단기 자본이익은 1년 미만 보유했던 자본자산을 처분해서 얻는 이익이다.) 2013년부터 일정 기준 이상의 소득이 있는 납세자는 모든 투자 소득에 대해 추가 3.8%의 세금을 납부해야 한다. 기업이 아닌 개인의 경우 자본이익과 일반소득을 합쳐서 최대 3,000달러까지 자본 손실이 공제되고, 이것을 무한정 이연할 수도 있다.

일반적으로 선물계약은 과세연도 말일에 마감되는 것으로 취급된다. 기업이 아닌 개인의 경우 선물계약의 손익은 자본손익으로 처리된다. 보유기간에 관계없이 선물계약 손익의 60%는 장기 자본손익으로 간주되고 나머지 40%는 단기 자본손익으로 간주된다. 이것이 소위 '60/40' 원칙이다. 기업이 아닌 개인은 이 원칙에 의해 이전 3년간 인식된 이익을 상쇄하는데, 이 원칙에 의해 인식된 순손실은 3년 동안 소급해 적용할 수 있다.

헤징거래는 이 원칙에서 제외된다. 세금목적 헤징거래의 정의와 회계목적 헤징거래의 정의는 상이하다. 세법에 의하면 헤징거래는 주로 다음 이유 중 하나의 목적으로 정상적인 영업

활동 중에 발생한 거래로 정의된다.

1. 일반소득을 창출할 목적으로 개인이 소유한(또는 소유할) 재산과 관련된 가격 변화 또는 환율 변동의 위험을 줄이기 위해
2. 개인의 차입금과 관련된 가격 변화, 금리 변화, 환율 변동의 위험을 줄이기 위해

헤징거래는 회계기록상 그 거래가 헤지라는 것이 적시에 명백히 밝혀져야 한다. 헤징거래로부터 얻는 손익은 일반소득으로 취급된다. 일반적으로 헤징거래에서 발생하는 손익을 인식하는 시점은 헤지되는 거래와 관련해서 발생하는 소득과 비용을 인식하는 시점과 동일하다.

2.11 선도계약과 선물계약의 비교

1장에서 설명했듯이 선도계약은 미래의 특정 시점에 미리 정해진 가격으로 자산을 매입 혹은 매도하는 계약이라는 점에서 선물계약과 유사하다. 선물계약이 거래소에서 거래되는 반면에 선도계약은 장외시장에서 거래된다. 일반적으로 두 금융기관 간에 체결되거나, 금융기관과 고객 간에 체결된다.

선도계약의 한 당사자는 매입포지션을 취하고 특정 시점에 미리 정해진 가격으로 자산을 매입하는 데 동의한다. 상대방은 매도포지션을 취하고 동일 날짜에 같은 가격으로 그 자산을 매도하는 데 동의한다. 선도계약은 특정 거래소의 표준규정을 따를 필요가 없다. 선도계약의 인도일은 양 당사자가 합의한 날짜가 될 수 있다. 일반적으로 선도계약에서는 인도일을 특정 하루로 명시하는 데 비해, 선물계약에서는 가능한 인도일을 기간으로 명시한다.

선도계약은 선물계약과는 달리 일일정산을 하지 않는다. 선도계약의 두 당사자는 특정 인도일에 정산한다. 대부분의 선물계약은 인도일 이전에 마감되는 반면에, 실제로 선도계약에서는 대부분 자산이 인도되거나 최종 현금정산이 이루어진다. 표 2.3은 선도계약과 선물계약의 주요 차이점을 요약한 것이다.

표 2.3 선도계약과 선물계약의 비교

선도계약	선물계약
두 당사자 간의 사적인 계약	거래소에서 거래되는 계약
표준화되지 않음	표준화됨
통상 인도일은 1일에 국한	인도일은 기간으로 정함
계약 만기일에 정산	일일정산
인도 또는 최종 현금 결제됨	일반적으로 만기 이전에 마감됨
약간의 신용위험이 있음	실질적으로 신용위험이 없음

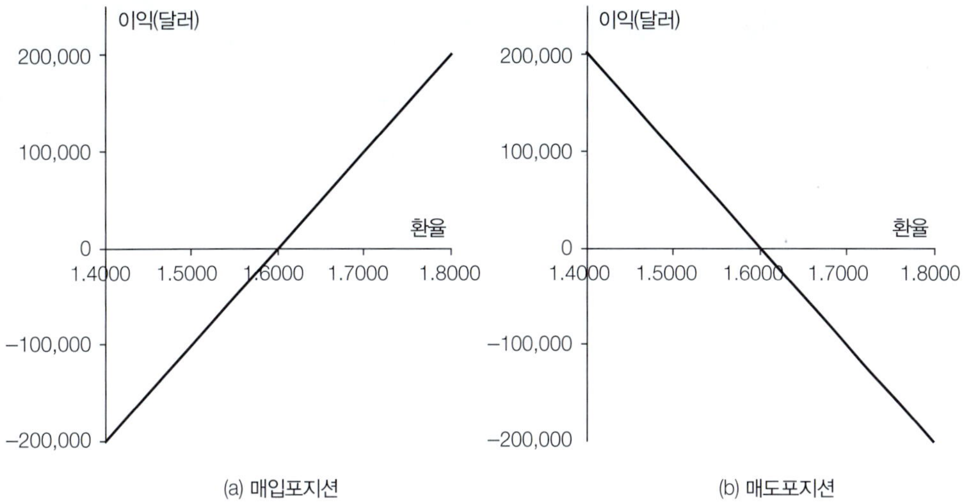

그림 2.3 1,000,000파운드의 선도계약 또는 선물계약의 (a) 매입포지션과 (b) 매도포지션으로부터의 이익

선도계약과 선물계약으로부터 얻는 이익

파운드화의 90일 선도환율이 파운드당 1.6000달러이고, 이는 정확히 90일 후에 인도할 선물계약의 가격과 일치한다고 가정하자. 선도계약에서는 총손익이 계약 만기일에 실현된다. 선물계약에서는 일일정산되기 때문에 손익이 매일 실현된다. 그림 2.3은 1,000,000파운드에 대한 90일 선물계약 또는 선도계약의 매입포지션과 매도포지션의 손익이 환율변동에 따라 어떻게 되는지를 보여준다.

예제 2.2는 거래자 A가 1,000,000파운드의 90일 선도계약에 매입포지션을 취하고, 거래자 B는 1,000,000파운드의 90일 선물계약에 매입포지션을 취하는 상황을 고려한다. (선물 1계약의 규모는 62,500파운드이므로, 거래자 B는 총 16개의 선물계약을 매입한다.) 90일 후의 현물환율이 파운드당 1.7000달러라면, 거래자 A는 90일째 날에 100,000달러의 이익을 얻는다. 거래자 B는 동일한 이익을 얻었지만, 그 이익은 90일에 걸쳐 분산되어 발생한다. 거래자 B는 어떤 날에는 손실을 보고 또 다른 날에는 이익을 얻을 것이다. 그러나 90일 동안 총손실을 이익으로 상계하면 100,000달러의 이익이 발생한다.

외환 고시

외국통화에 대한 선도계약과 선물계약이 모두 활발히 거래되고 있다. 그러나 때때로 두 시장에서 환율이 고시되는 방법에는 차이가 있다. 선물가격은 항상 외국통화 단위당 교환되는 미국 달러가치 또는 센트가치로 표시된다. 선도가격은 항상 현물가격과 동일한 방식으로 표시된다. 다시 말해 영국 파운드, 유로, 호주 달러, 뉴질랜드 달러의 경우, 고시된 외환의 선도가

예제 2.2 선물계약 대 선도계약 EXAMPLE

거래자 A는 1,000,000파운드의 90일 선도계약에 매입포지션을 취한다. 선도가격은 파운드당 1.6000달러이다. 거래자 B는 1,000,000파운드의 90일 선물계약에 매입포지션을 취한다. 선물가격은 파운드당 1.6000달러이다. 90일 후에 환율은 1.7000이다.

그 결과 거래자 A와 거래자 B는 각각 100,000달러의 이익을 얻는다.

$$(1.7000-1.6000)\times 1{,}000{,}000=100{,}000\text{달러}$$

거래자 A는 이익을 90일째 되는 날에 모두 얻는 반면에, 거래자 B는 이익을 90일간에 걸쳐 매일 실현한다. 거래자 B는 어떤 날에는 손실을 보고 또 다른 날에는 이익을 얻을 것이다.

격은 외국통화 단위당 교환되는 미국 달러가치를 의미하므로 선물 고시 가격과 직접 비교할 수 있다. 그러나 다른 주요 통화의 경우 고시한 선도가격은 미국 달러(USD)당 교환되는 외국통화의 단위 수이다. 캐나다 달러(CAD)를 고려해보자. 1CAD당 0.9500USD의 선물가격은 1USD당 1.0526CAD의 선도가격에 해당한다(1.0526 = 1/0.9500).

요약

선물계약에서는 거의 대부분 기초자산의 인도가 이루어지지 않는다. 즉 선물계약은 대부분 인도 시점 이전에 마감된다. 이것은 거래자들이 보통 인도기간이 되기 전에 그들의 포지션을 마감하기 위해서 반대매매를 하기 때문이다. 그러나 선물가격을 결정하는 것은 최종 인도 가능성이다. 각 선물계약에는 인도되는 기간이 정해져 있으며 정교한 인도 절차가 규정되어 있다. 주가지수선물과 같은 일부 계약에서는 기초자산을 인도하는 대신 현금으로 정산한다.

계약내용을 자세하게 명시하는 것은 선물 거래소의 주요 활동이다. 계약의 양 당사자는 무엇을 인도할 것이며, 어디로 인도할 것인지, 언제 인도할 것인지를 반드시 알아야 한다. 그들은 또한 거래시간, 가격공시 방법, 일일 가격 변동 제한폭 등에 대해서도 자세하게 알 필요가 있다. 신규 선물계약은 반드시 상품선물거래위원회의 승인을 얻어야 한다.

증거금제도는 선물시장에서 중요한 일면을 차지하고 있다. 거래자는 브로커를 통해 증거금 계정을 개설해야 한다. 계정은 매일의 손익을 반영해 조정되며, 때때로 불리한 가격 변동이 일어날 경우 브로커는 수시로 증거금을 일정 수준으로 유지할 것을 거래자에게 요구한다. 브로커는 청산소 회원이거나 또는 청산소 회원을 통해 증거금 계정을 개설해야 한다. 그리고 각 청산소 회원은 청산소에 계정을 갖고 있어야 한다. 계정 잔액은 청산소 회원이 책임지고 있는 거래의 손익을 반영해 매일 정산된다.

장외 파생상품 시장에서의 거래는 양자 간 혹은 중앙청산소에 의해서 청산된다. 양자 간 청산 방식을 이용할 때는 신용위험을 줄이기 위해서 종종 한쪽 당사자나 양쪽 당사자 모두가 담보를 제공해야 한다. 장외시장의 중앙청산소는 양 거래 당사자 사이에서 거래소 청산소와 매우 유사한 기능을 수행한다.

선도계약은 많은 점에서 선물계약과 다르다. 선도계약은 두 당사자 간의 사적인 계약인 반면, 선물계약은 거래소에서 거래되는 계약이다. 선도계약에서는 일반적으로 인도일을 하루로 지정하는 반면에, 선물계약에서는 흔히 인도일을 일정 기간으로 지정한다. 선도계약은 거래소에서 거래되지 않기 때문에 표준화될 필요가 없다. 선도계약은 만기까지 정산되지 않으며, 실제로 대부분의 선도계약에서는 기초자산을 만기 종료 시에 인도하거나 현금으로 정산한다.

다음 몇 개의 장에서 선도계약과 선물계약이 헤징을 위해 어떻게 이용되는지 더 자세하게 논의할 것이다. 또한 선도가격 및 선물가격이 어떻게 결정되는지도 살펴볼 것이다.

참고문헌

Duffie, D., and H. Zhu. "Does a Central Clearing Counterparty Reduce Counterparty Risk?" *Review of Asset Pricing Studies*, 1, 1 (2011): 74-95.

Gastineau, G.L., D. J. Smith, and R. Todd. *Risk Management, Derivatives, and Financial Analysis under SFAS No. 133*. The Research Foundation of AIMR and Blackwell Series in Finance, 2001.

Hull, J. "CCPs, Their Risks and How They Can Be Reduced," *Journal of Derivatives*, 20, 1 (Fall 2012): 26-29.

Jorion, P. "Risk Management Lessons from Long-Term Capital Management," *European Financial Management*, 6, 3 (September 2000): 277-300.

Kleinman, G. *Trading Commodities and Financial Futures*. Upper Saddle River, NJ: Pearson, 2013.

Lowenstein, R. *When Genius Failed: The Rise and Fall of Long-Term Capital Management*. New York: Random House, 2000.

Panaretou, A., M. B. Shackleton, and P. A. Taylor. "Corporate Risk Management and Hedge Accounting," *Contemporary Accounting Research*, 30, 1 (Spring 2013): 116-139.

퀴즈

2.1 미결제약정 수와 거래량을 구별해서 설명하라.

2.2 로컬과 선물커미션상인의 차이는 무엇인가?

2.3 당신이 뉴욕상품거래소에서 온스당 27.20달러에 7월 만기 은 선물에 매도포지션을 취한다고 가정하자. 1계약의 규모는 5,000온스이다. 개시증거금은 4,000달러이고 유지증거금은 3,000달러이다. 선물가격의 어떤 변화가 있을 때 증거금납입요청으로 이어지겠는가? 만약 당신이 증거금납입요청에 응하지 못하면 어떤 일이 일어날 것인가?

2.4 어떤 기업이 2016년 9월 현재 2017년 5월 만기 원유 선물에 매입포지션을 취하고, 2017년 3월에 그 포지션을 마감한다고 가정하자. 선물가격은 계약 시 배럴당 58.30달러이고 포지션 마감 시 배럴당 60.50달러이다. 2016년 12월 말의 선물가격은 59.10달러이고 선물 1계약의 규모는 1,000배럴이다. 기업의 이익은 얼마인가? 그것은 언제 실현되는가? 기업이 (a) 헷저일 때와 (b) 투기자일 때 과세는 어떻게 부과되는가? 연말은 12월 31일이다.

2.5 2달러에 매도하는 역지정가주문이란 무엇인가? 그것은 언제 이용되는가? 2달러에 매도하는 지정가주문이란 무

엇인가? 그것은 언제 이용되는가?

2.6 청산소가 관리하는 증거금 계정과 브로커가 관리하는 증거금 계정의 운영상 차이점은 무엇인가?

2.7 외환 선물시장에서 가격을 고시하는 방식, 외환 현물시장에서 가격을 고시하는 방식, 외환 선도시장에서 가격을 고시하는 방식에는 어떤 차이가 있는가?

연습문제

2.8 선물계약에 매도포지션을 취한 투자자는 인도자산, 인도장소, 인도 시점 등에 대해 선택권을 갖는다. 이런 선택권은 선물가격을 상승시킬 것인가 아니면 하락시킬 것인가? 그 이유를 설명하라.

2.9 신규 선물계약을 설계하는 데 가장 중요한 점은 무엇인가?

2.10 증거금이 지급불능의 위험으로부터 투자자를 어떻게 보호하는지 설명하라.

2.11 어떤 투자자가 7월 만기 오렌지주스 선물 2계약에 매입포지션을 취한다고 하자. 선물 1계약의 규모는 15,000파운드이고, 현재 선물가격은 파운드당 120센트이다. 개시증거금이 계약당 6,000달러이고, 유지증거금이 계약당 4,500달러이다. 어떤 가격 변동이 증거금납입요청으로 이어지는가? 또한 어떤 상황이 되어야 증거금 계정으로부터 2,000달러를 인출할 수 있는가?

2.12 상품 인도기간 중에 선물가격이 현물가격보다 높으면 차익거래가 발생할 수 있음을 예를 들어 설명하라. 그리고 선물가격이 현물가격보다 낮을 때도 차익거래가 발생할 수 있는지를 설명하라.

2.13 MIT주문과 역지정가주문의 차이를 설명하라.

2.14 가격을 20.10으로 지정(limit)하고 20.30에 팔아 달라는 지정폭주문을 구체적으로 설명하라.

2.15 거래 종료 시점에서 청산소의 한 회원이 선물 100계약에 매입포지션을 취하고 있으며, 정산 가격은 계약당 50,000달러이다. 개시증거금은 계약당 2,000달러이다. 익일 그 회원은 계약당 51,000달러로 체결된 추가 20계약 매입포지션에 대해서 청산할 책임이 있다. 이날 선물 정산가격은 50,200달러이다. 그 회원은 청산소에 얼마의 증거금을 보충해야 하는가?

2.16 2008년 신용위기 이후 도입된 새로운 규정으로 인해 장외(OTC)시장에서 담보 요건이 증가하는 이유를 설명하라.

2.17 45일 만기 스위스 프랑화의 선도가격이 1.1000이다. 45일 만기 스위스 프랑화의 선물가격이 0.9000이다. 두 고시가격을 비교 설명하라. 두 계약 중 어느 것이 스위스 프랑화를 매도하려는 투자자에게 더 유리할 것인가?

2.18 당신이 브로커에게 전화해서 7월 만기 생돈 1계약을 매도하라는 지시를 했다고 가정하자. 이제 어떤 절차가 진행되는지를 설명하라.

2.19 "선물 시장에서 투기행위는 완전한 도박행위이다. 투기자들이 선물 거래소에서 거래하도록 허용하는 것은 공공의 이익에 반하는 일이다." 이러한 주장에 대한 당신의 의견을 제시하라.

2.20 장외 파생상품 거래에서 양자 간 거래 청산과 중앙청산소에 의한 거래 간의 차이를 설명하라.

2.21 거래소가 기초자산의 품질을 완벽하게 규정하지 않고 거래한다면 어떤 일들이 발생할 것인가?

2.22 '거래소에서 거래되는 어떤 선물계약의 미결제약정 수량이 1개 증가한다든지, 그대로 유지된다든지, 1개 감소한다든지 하는 것'의 의미를 설명하라.

2.23 어떤 기업이 2016년 10월 24일에 2017년 4월 만기 생우 선물 1계약에 매도포지션을 취하고, 2017년 1월 21일에 그 포지션을 마감한다고 하자. 기업이 처음 계약을 체결할 때 선물가격이 파운드당 151.20센트이고, 포지션 마감 시에는 148.30센트이며, 2016년 12월 말에는 148.80센트이다. 선물 1계약의 규모는 생우 40,000파운드이다. 기업의 이익은 얼마인가? 기업이 (a) 헷저일 때와 (b) 투기자일 때 과세는 각각 어떻게 되는가? 기업의 결산일은 12월 31일이다.

2.24 중앙청산소가 어떻게 운영되는지 설명하라. 모든 표준화된 파생상품의 거래를 중앙청산소를 통해 청산하도록 하

는 금융 시스템의 장점은 무엇인가?

추가문제

2.25 거래자 A는 3개월 후에 110만 달러를 주고 100만 유로를 매입하는 선물계약을 체결한다. 거래자 B는 동일한 내용을 선도계약으로 체결한다. 유로당 달러화 환율이 처음 두 달 동안 급격히 하락한 후 세 번째 달에는 1.1300에 마감된다. 일일정산의 영향을 고려할 때 어느 거래자가 더 유리한가?

2.26 미결제약정이 무엇인지 설명하라. 통상적으로 미결제약정이 인도월 이전 달에 감소하는 이유는 무엇인가? 특정일에 어떤 선물계약이 2,000개 거래되었다고 하자. 이것은 2,000명의 매입자와 2,000명의 매도자가 있었음을 의미한다. 2,000명의 매입자 중에서 1,400명이 마감했고 600명의 신규 매입자가 생겼다. 그리고 2,000명의 매도자 중에서 1,200명이 마감했고 800명의 신규 매도자가 생겼다. 하루 동안의 이런 거래가 미결제약정에 미치는 영향은 무엇인가?

2.27 오렌지주스 선물 1계약의 규모는 15,000파운드 냉동 농축액이다. 2016년 9월 어떤 기업이 2018년 3월 만기 오렌지주스 선물을 파운드당 120센트에 매도하는 계약을 체결했다고 가정하자. 2016년 12월 선물가격은 140센트, 2017년 12월 선물가격은 110센트, 2018년 2월 선물가격은 125센트로 마감되었다. 기업 결산일은 12월 31일이다. 이 계약에 대한 기업의 손익은 얼마인가? 기업의 손익은 어떻게 실현되는가? 기업이 (a) 헷저일 때와 (b) 투기자일 때 각각에서 회계와 세금은 어떻게 처리되는가?

2.28 어떤 기업이 부셸당 450센트의 가격으로 밀 선물 5,000부셸에 매도포지션을 취한다고 가정하자. 개시증거금이 3,000달러이고 유지증거금이 2,000달러이다. 어떤 가격 변동이 증거금납입요청으로 이어지는가? 어떤 상황에서 증거금 계정으로부터 1,500달러를 인출할 수 있는가?

2.29 원유에 대한 보관비용은 없고 차입 또는 대출이자율이 연 5%라고 가정하자. 만일 특정 연도의 6월 선물과 12월 선물이 각각 60달러와 66달러에 거래된다면, 당신은 어떻게 수익을 창출할 수 있는가?

2.30 특정일에 K의 가격으로 특정 자산을 매입하는 선도계약과 같은 날에 K의 가격으로 동일 자산을 매도하는 풋옵션을 결합한 포지션과 동등한 포지션은 무엇인가?

2.31 어떤 기업이 A, B, C은행과 각각 2,000만 달러, −1,500만 달러, −2,500만 달러의 가치에 해당하는 파생상품을 거래하고 있다. 기업은 다음 두 상황에서 각각 얼마의 증거금 또는 담보를 제공해야 하는가?

(a) 거래는 양방 간에 청산되고, 기업은 변동증거금을 설정하나 개시증거금은 설정하지 않는 일방향 담보협약을 따른다. 은행은 담보를 설정하지 않아도 된다.

(b) 거래는 동일한 중앙청산소를 통해 청산되고 중앙청산소는 총개시증거금으로 1,000만 달러를 요구한다.

2.32 어떤 은행의 파생상품 거래는 해당 은행에게 1,000만 달러의 가치가 있고 거래는 양방 간에 청산된다. 거래상대방은 1,000만 달러의 현금담보물을 제공했다. 은행의 신용위험 노출액은 얼마인가?

2.33 저자의 웹페이지(www-2.rotman.utoronto.ca/~hull/data)에는 원유 선물과 금 선물의 일별 종가가 있다. 데이터를 다운로드해서 다음 물음에 답하라.

(a) 일일 가격 변동이 평균이 0인 정규분포를 가정하고 일일 가격 변동의 표준편차를 추정하라. 가격 변동이 독립적이라고 가정하고 일일 변동의 표준편차에서 2일 변동의 표준편차를 계산하라.

(b) 거래소가 한 계약에서 매입포지션을 가진 회원에 대한 증거금 요구사항을 설정해 증거금이 이틀간의 가격 변동으로 없어지지 않을 것이라고 99% 확신한다고 가정하자. (불이행 회원을 폐쇄하는 데 2일이 걸릴 수 있다는 점을 고려해 2일을 선택한다.) 정규분포를 가정할 때 증거금은 얼마나 높아야 하는가? 각 계약은 1,000배럴의 석유이다.

(c) 데이터를 사용해 회원의 증거금이 이틀간의 가격 변동으로 실제로 얼마나 자주 없어지는지 확인하라. 당신

의 결과는 정규분포 가정의 적절성에 대해 어떤 점을 시사하는가?

(d) 소매 고객의 경우 유지증거금이 (b)에서 계산된 금액과 같고 초기증거금의 75%라고 가정하자. 증거금 지불 기한 직전에 매입포지션을 가진 고객의 계좌 잔액이 얼마나 자주 마이너스가 되는가? 초기증거금을 초과하는 잔액이 고객에 의해 인출된다고 가정한다.

3 선물을 이용한 헤징전략

선물시장에 참여하는 투자자가 헤저(hedger)가 많다. 헤저의 목표는 선물시장을 이용해 자신이 직면하고 있는 특정 위험을 감소시키는 것이다. 이 위험은 원유 가격, 환율, 주가 및 기타 변수들이 변하는 것과 관련이 있다. **완전 헤지**(perfect hedge)란 위험을 완전히 제거하는 것이다. 그러나 완전 헤지는 현실적으로 드물다. 따라서 선물계약을 이용한 헤징에 대한 대부분의 연구는 완전한 헤지가 가능한지에 초점을 맞추고 있다.

이 장에서는 헤지 설정 방식과 관련된 몇 개의 이슈를 살펴볼 것이다. 이런 이슈에는 선물 매도포지션을 사용하는 것이 적절한지, 선물 매입포지션을 언제 사용해야 적절한지, 어떤 선물계약을 사용할 것인지, 위험을 감소시키기 위해 몇 개의 선물계약이 최적인지 등이 있다. 여기서는 **헤지 후 망각전략**(hedge-and-forget-strategy)만을 설명할 것이다. 다시 말해 일단 시도된 헤징전략은 더 이상 조정되지 않는다고 가정한다. 즉 헤저는 단순히 헤징기간의 시작일에 선물포지션을 취하고, 헤징기간의 종료일에 선물포지션을 마감한다. 17장에서는 시도된 헤지를 세밀하게 감시하고 빈번하게 조정하는 동적 헤징전략을 살펴볼 것이다.

이 장에서는 우선 선물계약을 선도계약으로 취급하겠다(즉 일일정산을 무시함). 추후 선물계약과 선도계약의 차이를 조정하는 이른바 '조정(tailing)'에 대해 설명할 것이다.

3.1 기본원리

개인이나 기업이 위험을 헤지하기 위해 선물을 이용할 때, 그 목적은 주로 가능한 한 위험을 상쇄하는 포지션을 취하는 데 있다. 3개월 후 상품가격이 1센트 상승하면 10,000달러의 이익을 얻고, 상품가격이 1센트 하락하면 10,000달러의 손실을 보는 기업을 예로 들어 보자. 헤지를 위해 재무 담당자는 이 위험을 상쇄할 수 있는 선물에 매도포지션을 취해야 한다. 이 선물포지션은 3개월 후 상품가격이 1센트 상승하면 10,000달러의 손해를, 1센트 하락하면

10,000달러의 이익이 발생해야 한다. 상품가격이 하락하면 선물 거래에서의 이익이 현물에서 발생하는 손실을 상쇄한다. 상품가격이 상승하면 선물 거래에서의 손실은 현물에서 얻는 이익으로 상쇄된다.

매도헤지

방금 설명한 바와 같이 선물에 매도포지션을 취해서 헤지하는 것을 **매도헤지**(short hedge)라 한다. 매도헤지는 헤저가 자산을 이미 소유하고 있으며, 향후 어느 시점에 그 자산을 매도할 것으로 예상할 때 적합하다. 예를 들어 매도헤지는 돼지를 소유한 농부가 2개월 후에 시장에서 그 돼지를 팔려고 할 때 위험을 줄이기 위해 이용할 수 있다. 또한 매도헤지는 현재는 자산을 소유하지 않지만 미래에 그 자산을 소유할 예정일 때도 이용할 수 있다. 3개월 후 유로화를 받을 예정인 미국 수출업자의 예를 들어 보자. 유로가 미국 달러 대비 가치가 상승하면 수출업자는 이익을 실현하고, 유로의 가치가 미국 달러 대비 하락하면 손실을 볼 것이다. 선물에 대한 매도포지션은 유로의 가치가 상승하면 손실을 보고, 유로의 가치가 하락하면 이익을 얻는다. 즉 수출업자의 위험을 상쇄하는 효과가 있다.

매도헤지를 자세히 설명하기 위해 예제 3.1을 이용하겠다. 5월 15일 현재 원유생산업자는 3개월 후 원유 100만 배럴을 매도하는 선물계약 협상을 완료했다. 8월 15일 시장가격을 계약에 적용하기로 합의했다. 원유생산업자는 3개월 후 원유 가격이 1센트 상승하면 10,000달러의 이익을 얻고, 1센트 하락하면 10,000달러의 손실을 본다. 5월 15일 현재 배럴당 현물가격이 60달러이고, CME에서 거래되는 8월 만기 원유 선물가격이 배럴당 59달러이다. 선물 1계약은 1,000배럴이므로, 원유생산업자는 1,000개의 8월 만기 선물을 매도함으로써 노출된 위험을 헤지할 수 있다. 8월 15일에 선물포지션을 마감한다면 원유생산업자는 가격을 배럴당 59달러에 고정할 수 있다.

예를 들어 8월 15일에 원유의 현물가격이 배럴당 55달러일 때 어떤 일이 발생하는지 살펴보자. 원유생산업자는 원유를 판매함으로써 5,500만 달러의 수익을 얻는다. 8월이 선물의 인도월이므로, 8월 15일 선물가격은 현물가격인 55달러에 거의 근접할 것이다. 따라서 배럴당 4달러씩의 이익을 얻을 것이다(59달러 − 55달러 = 4달러). 즉 기업은 선물계약의 매도포지션으로부터 총 400만 달러의 이익을 얻는다. 결국 선물 거래와 현물 판매로부터 발생한 총수입은 배럴당 59달러씩 해서 총 5,900만 달러이다.

이번에는 8월 15일에 원유의 현물가격이 배럴당 65달러라고 가정하자. 원유생산업자는 원유를 판매함으로써 배럴당 65달러를 실현하고, 선물계약의 매도포지션으로부터 배럴당 6달러씩의 손실을 볼 것이다(65달러 − 59달러 = 6달러).

결국 선물 거래와 현물 판매로부터 얻는 총수입액은 5,900만 달러이다. 어떤 경우에도 원

예제 3.1 매도헤지 EXAMPLE

5월 15일 현재 원유생산업자는 3개월 후 원유 100만 배럴을 매도하는 선물계약을 체결한다. 판매가격은 8월 15일의 현물가격으로 한다.

원유의 현물가격: 배럴당 60달러
8월 만기 원유의 선물가격: 배럴당 59달러

원유생산업자는 다음과 같은 거래를 이용해 헤지할 수 있다.

5월 15일: 8월 만기 원유 선물 1,000계약을 매도
8월 15일: 매도포지션을 마감

선물계약으로부터 얻는 손익을 고려하면 원유생산업자는 원유의 매도가격을 배럴당 59달러에 고정할 수 있다.

유생산업자는 5,900만 달러의 수익을 확보한다는 것을 알 수 있다.

매입헤지

선물계약에 매입포지션을 취해서 헤지하는 것을 매입헤지(long hedge)라 한다. 매입헤지는 기업이 미래에 어떤 자산을 구입할 예정일 때 그 가격을 현재가격으로 고정하고자 할 때 적합하다.

구리가공업자가 5월 15일에 구리 100,000파운드를 필요로 한다고 가정하자(예제 3.2). 5월 만기 구리의 선물가격은 파운드당 320센트이다. 구리가공업자는 CME그룹을 통해 5월 만기 구리 선물 4계약에 매입포지션을 취하고 5월 15일에 그 포지션을 마감함으로써 자신의 포지션을 헤지할 수 있다. 각 계약은 구리 25,000파운드를 인도하는 것이다. 이 거래전략은 필요한 구리의 가격을 파운드당 320센트에 고정하는 효과가 있다.

우선 5월 15일에 구리가격이 파운드당 325센트라고 가정하자. 5월이 선물의 인도월이므로 현물가격이 선물가격에 거의 근접할 것이다. 따라서 구리가공업자는 선물계약에서 다음과 같은 이익을 얻는다.

$$100{,}000 \times (3.25\text{달러} - 3.20\text{달러}) = 5{,}000\text{달러}$$

이때 구리를 구입하는 데 100,000 × 3.25달러 = 325,000달러의 비용이 소요되므로 총비용은 325,000달러 − 5,000달러 = 320,000달러인 셈이다. 만약 5월 15일에 선물가격이 파운드당 305센트이면, 구리가공업자는 선물계약에서 다음과 같은 손실을 본다.

예제 3.2 매입헤지 EXAMPLE

1월 15일 구리가공업자는 주문된 제품을 생산하기 위해 5월 15일에 구리 100,000파운드가 필요하다는 것을 알고 있다. 현물가격이 파운드당 340센트이고, 5월 만기 구리의 선물가격은 파운드당 320센트이다. 구리가공업자는 다음과 같은 거래를 이용해 헤지할 수 있다.

1월 15일: 5월 만기 구리 선물 4계약에 매입포지션을 취함
5월 15일: 매입포지션을 마감

선물계약으로부터 얻는 손익을 고려하면 구리가공업자는 구리의 매입가격을 파운드당 320센트에 고정할 수 있다.

$$100{,}000 \times (3.20\text{달러} - 3.05\text{달러}) = 15{,}000\text{달러}$$

이때 구리를 구입하는 데 100,000 × 3.05달러 = 305,000달러가 소요되므로 총비용은 305,000달러 + 15,000달러 = 320,000달러(또는 파운드당 320센트)인 셈이다.

위의 예로부터 1월 15일에 현물시장에서 구리를 직접 구입하는 것보다 선물을 이용하는 것이 구리가공업자에게 유리함을 알 수 있다. 현물시장에서 구리를 직접 구입하면 파운드당 320센트 대신 340센트를 지급해야 하고 이자비용과 보관비용이 추가로 발생한다. 계속해서 구리를 사용하는 기업의 경우 이런 불리함은 구리를 보유함으로써 얻는 보유편익률(convenience yield)에 의해 상쇄된다.[1] 그러나 5월 15일까지 구리가 필요 없는 기업은 선물계약을 선호할 가능성이 높다.

예제 3.1과 예제 3.2에서는 선물포지션을 인도월에 마감한다고 가정했다. 인도가 이루어지더라도 헤지효과는 같다. 그러나 인도를 하거나 받는 것은 비용이 들고 불편하다. 이런 이유로 헤저가 선물계약을 인도월까지 유지하더라도 선물의 인도는 통상적으로 이루어지지 않는다. 뒤에서 설명하겠지만 매입포지션을 취한 헤저는 일반적으로 인도월 이전에 자신의 포지션을 마감함으로써 인도받을 가능성을 피한다.

또한 두 예에서는 선물계약과 선도계약을 동일한 것으로 가정하고 있다. 그러나 실제로 일일정산은 헤지 성과에 작지만 영향을 미친다. 2장에서 설명했듯이 그 이유는 선물계약에서 얻는 이득이 마감일에 모두 발생하지 않고 헤징기간 동안 매일 조금씩 발생하기 때문이다.

1 보유편익률은 5장의 설명을 참조하라.

3.2 헤징에 대한 논의

헤징의 유용성은 말할 필요도 없이 명백하다. 대다수 비금융기업은 제조, 소매, 도매, 서비스업 등을 포함한다. 그들은 이자율, 환율, 상품가격 등과 같은 변수들을 예측하는 특정한 기술이나 전문적인 지식이 없다. (사실상 전문가조차도 이러한 변수에 대한 예측을 잘못하는 경우가 많다). 따라서 그들이 이 변수들을 인지하게 되면, 이것과 관련된 위험을 헤지하는 것은 당연한 일이다. 그런 다음 기업은 주요 활동에 전념할 수 있다. 헤지를 통해 그들은 급격한 상품가격의 상승과 같은 위험을 피할 수 있다. 그러나 실제로는 많은 위험이 헤지되지 않은 채 남아 있다. 여기서는 이에 대한 몇 가지 원인을 살펴본다.

헤징과 주주

때때로 제기되는 한 가지 주장은 주주는 자신이 원하기만 하면 스스로 헤지할 수 있다는 것이다. 즉 주주를 위해 기업이 헤지할 필요가 없다는 주장이다. 그러나 이 주장은 논란의 여지가 많다. 이것은 기업의 위험에 관해 주주가 경영진과 동일한 수준의 정보를 갖고 있을 때 가능한 주장이다. 그러나 대부분의 경우는 그렇지 못하다. 또한 이 주장은 수수료와 기타 거래비용을 무시하고 있다. 대규모 거래의 달러당 헤징비용은 소규모 거래의 헤징비용보다 저렴하다. 그러므로 헤징은 개별 주주에 의해 수행될 때보다 기업에 의해 수행될 때 그 비용이 저렴하다. 선물계약의 규모로 인해 대다수의 경우 개인 주주에 의한 헤징은 현실적으로 불가능하다.

주주가 기업보다 훨씬 손쉽게 할 수 있는 일은 위험을 분산하는 것이다. 잘 분산된 포트폴리오를 보유한 주주는 기업이 직면한 많은 위험으로부터 보호받을 수 있다. 예를 들어 구리를 원료로 사용하는 기업의 주식을 보유한 주주는 구리를 생산하는 기업의 주식을 보유함으로써 구리 가격 변동과 관련된 위험에 거의 노출되지 않을 수 있다. 만약 기업이 잘 분산된 포트폴리오를 보유한 주주의 최상의 이익을 추구한다면, 대부분의 경우에 헤징은 필요하지 않다. 그러나 실제로 경영진이 이런 주장에 의해 얼마나 영향을 받는지는 의문이다.

헤징과 경쟁자

만일 특정 산업에서 헤징이 보편화되어 있지 않다면, 동일 산업에 속한 다른 기업들은 헤지하지 않는데 한 기업이 독자적으로 헤지하는 것은 이치에 맞지 않을 수 있다. 왜냐하면 동일 산업에서 생산하는 제품의 가격은 자재비용, 이자율, 환율 등의 변동위험에 거의 동일하게 영향을 받기 때문이다. 이 경우에 헤지하지 않는 기업의 이익은 대체로 일정하게 유지되는 반면, 헤지하는 기업의 이익은 변동하게 된다!

이를 설명하기 위해 금 보석을 제조하는 SafeandSure와 TakeaChance를 고려하자. 업계

표 3.1 독자적인 헤징의 위험

금 가격 변동	금 보석 가격의 효과	TakeaChance 이익의 효과	SafeandSure 이익의 효과
상승	상승	변동 없음	증가
하락	하락	변동 없음	감소

의 대다수 기업이 금 가격 변동에 대해 헤지하지 않고 TakeaChance도 예외가 아니라고 가정하자. 그러나 SafeandSure는 경쟁사와 차별화를 결심해 향후 18개월 동안 금 매입을 헤지하기 위해 선물을 이용한다고 가정하자. 만일 금 가격이 상승하면 금 보석의 도매가격도 상승하므로 TakeaChance의 이익은 영향을 받지 않는다. 반면 SafeandSure는 헤지의 영향으로 이익이 증가한다. 만일 금 가격이 하락하면 금 보석 도매가격도 하락한다. 이로 인해 TakeaChance의 이익은 영향을 받지 않지만 SafeandSure의 이익은 감소한다. 극단적인 경우 SafeandSure는 헤징의 결과로 손실을 볼 수도 있다. 이를 요약하면 표 3.1과 같다.

이 예는 헤지할 때 큰 그림을 보는 것이 중요함을 강조한다. 가격 변화로부터 보호받기 위한 헤징전략을 설계할 때 가격 변화가 기업의 수익성에 미치는 영향을 감안해야 한다.

더 나쁜 결과를 초래하는 헤징

헤징하지 않을 때와 비교해서, 선물을 이용한 헤징이 기업의 이익을 증가시킬 수도 있고 감소시킬 수도 있음을 이해하는 것은 중요하다. 예제 3.1에서 원유 가격이 하락하면 원유 100만 배럴을 판매해서 입는 손실이 선물포지션에서 얻는 이익과 상쇄된다. 이때 재무 담당자는 헤지포지션을 취한 것에 대해 축하를 받을 것이다. 분명히 그 기업은 헤지하지 않은 것보다 유리한 결과를 얻는다. 기업의 다른 관리자들은 재무 담당자의 공헌을 높게 평가할 것이다. 그러나 원유 가격이 상승하면 원유 100만 배럴을 판매해서 얻는 이익은 선물포지션에서 발생한 손실과 상쇄된다. 이때 기업은 헤지하지 않은 것보다 불리한 결과를 얻는다. 비록 헤징이 완전히 논리적이었다 하더라도 재무 담당자가 실제로 헤징을 정당화하는 데 어려움을 겪을 수 있다. 예제 3.1에서 8월 15일의 원유 가격이 69달러이고 이 경우 기업은 선물계약에서 배럴당 10달러의 손실을 보았다고 가정하자. 우리는 재무 담당자와 최고경영자 사이의 다음과 같은 대화를 상상할 수 있다.

최고경영자: 3개월 동안 선물시장에서 1,000만 달러의 손실을 보았는데 어떻게 이런 일이 있을 수 있습니까? 자세히 설명해보세요.

재무 담당자: 선물계약의 목적은 이익을 얻는 데 있지 않고 원유 가격의 변동위험을 제거하는 데 있었습니다. 원유 가격의 상승이 영업 성과를 1,000만 달러 향상시킨 것을 잊지 마십시오.

최고경영자: 그것이 이번 손실과 무슨 관계가 있단 말입니까? 그것은 매출액이 캘리포니아에서는 감소해도 뉴욕에서는 증가했기 때문에 걱정할 필요가 없다는 말과 같지 않습니까?

재무 담당자: 만일 원유 가격이 하락했다고 생각해보십시오.

최고경영자: 나는 원유 가격이 하락했다면 어떤 일이 발생할지에 관심이 없습니다. 중요한 사실은 원유 가격이 상승했다는 것입니다. 나는 실제로 당신이 선물시장에서 무엇을 하고 있는지 이해하지 못하겠습니다. 우리 주주들은 이번 분기에 좋은 성과를 기대하고 있을 것입니다. 나는 당신의 행동으로 인해 이익이 1,000만 달러 감소했다고 설명해야 할 것입니다. 이로 인해 올해 당신의 보너스가 없을까 걱정입니다.

재무 담당자: 그것은 불공정한 처사입니다. 저는 단지…

최고경영자: 불공정하다고요? 해고되지 않은 걸 다행으로 생각하세요. 당신 때문에 1,000만 달러를 잃었다고요.

재무 담당자: 모든 것은 당신이 그것을 어떻게 보느냐에 달려 있습니다.

이 대화를 통해 많은 재무 담당자가 왜 헤징을 주저하는지 쉽게 이해할 수 있을 것이다. 헤징은 기업의 위험을 감소시키지만, 다른 사람들이 헤징의 목적을 이해하지 못한다면 재무 담당자의 위험만 증가할지도 모른다. 이에 대한 유일한 해결책은 헤징정책을 수행하기 전에 최고경영자가 헤징의 본질을 완전히 이해하도록 해야 한다. 헤징전략은 기업 이사회에서 결정되어야 하고, 경영자와 주주들 사이에 헤징에 대해 충분한 의견교환이 있어야 한다(금광회사의 헤징은 실무사례 3.1 참조).

3.3 베이시스 위험

지금까지 살펴본 헤징의 예는 너무 단순화한 것이므로 현실성이 없다. 즉 헤저는 미래의 어느 시점에서 자산을 매입 또는 매도해야 하는지 정확히 알 수 있었다. 또한 선물계약을 이용해 자산가격 변동으로부터 발생하는 위험을 거의 모두 제거할 수 있었다. 하지만 실제로 헤징은 그렇게 간단하지 않다. 그 이유는 다음과 같다.

1. 헤징 대상 자산이 선물계약의 기초자산과 정확히 같지 않을 수 있다.
2. 헤저가 자산을 매입하거나 매도할 정확한 날짜를 모를 수 있다.
3. 헤저는 만기일 전에 선물계약을 마감해야 할 경우가 있다.

이러한 이유로 소위 **베이시스 위험**(basis risk)이 발생한다. 이제 베이시스 위험을 살펴보자.

실무사례 3.1 금광회사의 헤징

금광회사가 금값 변동에 대비해서 헤징전략을 고려하는 것은 자연스러운 일이다. 일반적으로 광산에서 모든 금을 채굴하는 데는 수년이 소요된다. 금광회사가 특정 금광을 개발하기로 하면, 그 회사는 금값 변동위험에 크게 노출된다. 사실 처음에 수익성 있게 보이는 금광도 금값이 폭락하는 경우 실제로는 수익성이 없는 것으로 결론이 날 수도 있다.

금광회사는 잠재적인 주주에게 헤징전략을 설명하는 데 신중하다. 일부 금광회사는 헤지하지 않는다. 이런 회사들은 금값 상승으로부터 이익을 얻고 금값 하락으로부터 손실을 감수하는 주주에게 관심을 받는다. 이와는 달리 일부 금광회사는 헤징전략을 선택한다. 그들은 향후 몇 년 동안 매달 생산할 수량을 추정하고, 가격을 고정하기 위해 생산물량의 전체 또는 일부분에 대해 선물계약 또는 선도계약에 매도포지션을 취한다.

당신이 골드만삭스(Goldman Sachs)의 직원이고 금광회사가 고정된 가격으로 1년 동안 많은 양의 금을 매도하는 계약을 체결하고 싶어 한다고 가정하자. 당신은 어떻게 가격을 설정하고 위험을 헤지하겠는가? 당신은 중앙은행에서 차입한 금을 현물시장에서 매도하고, 그 수익금을 무위험이자율로 예금함으로써 헤지할 수 있다. 연말에 금광회사로부터 금을 사서 중앙은행에 상환하면 된다. 당신이 고정한 선도가격에는 당신이 벌어들일 수 있는 무위험이자율과 차입한 금에 대해 중앙은행에 지불한 리스료가 반영되어 있다.

베이시스

베이시스(basis)는 다음과 같이 정의된다.[2]

$$\text{베이시스} = \text{헤징 대상 자산의 현물가격} - \text{헤징에 이용된 기초자산의 선물가격}$$

만일 헤징 대상 자산과 선물계약의 기초자산이 동일하다면 선물계약의 만기 시 베이시스는 0이어야 한다. 그리고 만기 전의 베이시스는 양 또는 음의 값을 갖는다.

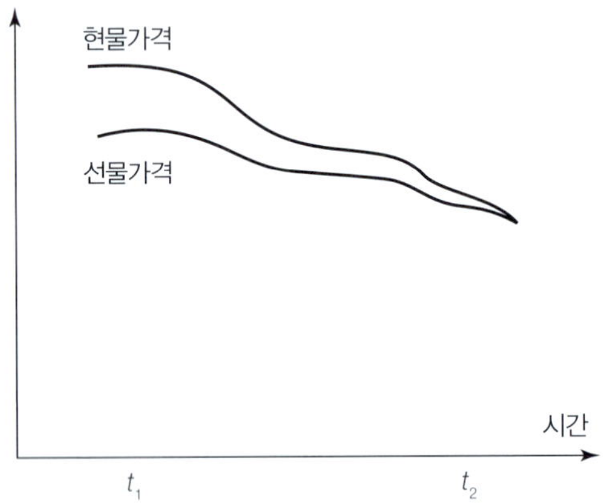

그림 3.1 시간 경과에 따른 베이시스 변화

2 이것은 일반적인 정의이다. 그러나 베이시스를 '베이시스 = 선물가격 − 현물가격'으로 정의하기도 한다. 이는 특히 금융자산을 기초로 한 선물계약에서 많이 쓰이는 베이시스 정의이다.

시간이 경과하면서 현물가격과 특정 월의 선물가격이 항상 동일한 금액만큼 변동하는 것이 아니며, 그 결과 베이시스는 변한다. 베이시스가 증가하는 것을 강세베이시스(strengthening of the basis)라고 한다. 반대로 베이시스가 감소하는 것을 약세베이시스(weakening of the basis)라고 한다. 그림 3.1은 선물계약 만기 전 베이시스가 양의 값을 갖는 상황에서, 시간 경과에 따라 베이시스가 어떻게 변하는지 보여준다.

베이시스 위험의 본질을 살펴보기 위해 다음과 같은 기호를 사용한다.

S_1: t_1시점에서의 현물가격

S_2: t_2시점에서의 현물가격

F_1: t_1시점에서의 선물가격

F_2: t_2시점에서의 선물가격

b_1: t_1시점에서의 베이시스

b_2: t_2시점에서의 베이시스

헤징을 t_1시점에서 시작하고 t_2시점에서 종결하는 것으로 가정하자. 헤징을 시작한 시점에서 현물가격과 선물가격이 각각 2.50달러, 2.20달러이다. 그리고 헤징을 종결한 시점에서 현물가격과 선물가격이 각각 2.00달러, 1.90달러이다. 즉 $S_1 = 2.50$, $F_1 = 2.20$, $S_2 = 2.00$, $F_2 = 1.90$이다. 베이시스의 정의로부터 다음을 알 수 있다.

$$b_1 = S_1 - F_1, \quad b_2 = S_2 - F_2$$

위의 예에서 $b_1 = 0.30$이고 $b_2 = 0.10$이다.

먼저 헤저가 자산을 t_2시점에서 매도할 것을 알고, t_1시점에서 선물계약에 매도포지션을 취한다고 하자. 자산의 매도가격이 S_2이고 선물포지션으로부터 얻는 이익이 $F_1 - F_2$이다. 따라서 헤징된 자산의 매도로부터 얻는 유효가격(effective price)은 다음과 같다.

$$S_2 + F_1 - F_2 = F_1 + b_2$$

위의 예에서 유효가격은 2.30달러이다. F_1의 값은 t_1시점에서 알 수 있다. 만약에 b_2 또한 t_1시점에서 알 수 있다면 완전헤징이 가능하다. 헤징위험은 b_2와 관련해서 발생하는 불확실성이고, 이를 베이시스 위험(basis risk)이라 한다. 다음에는 어떤 기업이 t_2시점에서 자산을 매입할 것을 알고 t_1시점에서 매입헤지를 취하는 예를 들어 보자. 자산 매입에 지불한 가격이 S_2이고 헤징전략에서 발생하는 손실이 $F_1 - F_2$이다. 따라서 헤징으로 지급한 유효가격은 다음과 같다.

$$S_2 + F_1 - F_2 = F_1 + b_2$$

위 식은 매도헤지를 설명할 때 보여준 식과 동일하며, 위의 예에서 2.30달러이다. F_1의 값은

t_1시점에서 알 수 있으며, b_2는 베이시스 위험을 나타낸다.

베이시스 위험은 헤저의 포지션을 향상시킬 수도 있고 악화시킬 수도 있다. 자산을 매도할 예정에 있는 기업이 매도헤지를 한다고 하자. 만일 베이시스가 예상치 못하게 강화(증가)되면 자산의 가격이 더 높아지므로 헤저의 포지션은 향상된다. 반면에 예상치 못하게 베이시스가 약화(감소)되면 헤저의 포지션은 악화한다. 이번에는 반대로 자산을 매입할 예정인 어떤 기업이 매입헤지를 하면 반대의 상황이 발생한다. 즉 만일 베이시스가 예상치 못하게 강화되면 자산에 더 높은 가격을 지급해야 하므로 헤저의 포지션은 악화한다. 반면 베이시스가 예상치 못하게 약화되면 헤저의 포지션은 향상한다.

기업의 위험 노출을 발생시키는 자산은 때때로 헤징에 사용되는 선물계약의 기초자산과 다르다. 이것은 교차헤징(cross hedging)으로 알려져 있으며, 다음 장에서 논의할 것이다. 이것은 베이시스 위험을 증가시킨다. S_2^*를 t_2시점에서의 기초자산 가격이라 하자. 이전과 마찬가지로 S_2는 t_2시점에서의 헤징 대상 자산의 가격이다. 헤징으로 기업이 지급하는 (또는 받는) 금액은 다음과 같다.

$$S_2 + F_1 - F_2$$

이것은 다음과 같이 나타낼 수 있다.

$$F_1 + (S_2^* - F_2) + (S_2 - S_2^*)$$

$S_2^* - F_2$와 $S_2 - S_2^*$는 베이시스의 두 구성요소이다. $S_2^* - F_2$는 헤징 대상 자산이 선물계약의 기초자산과 동일할 때의 베이시스이다. 그리고 $S_2 - S_2^*$는 두 자산의 차이로부터 발생하는 베이시스이다.

계약의 선택

베이시스 위험에 영향을 미치는 핵심 요소 중 하나는 헤징에 이용할 선물계약의 선택이다. 이 선택은 다음 두 가지 측면에서 고려해야 한다.

1. 선물계약 기초자산의 선택
2. 인도월의 선택

만일 헤징 대상 자산이 선물계약의 기초자산과 정확히 일치한다면 첫 번째 선택은 일반적으로 쉽게 이루어진다. 그러나 일치하지 않으면 헤징 대상 자산과 가격 면에서 가장 밀접한 관련이 있는 선물을 선택하기 위해 신중한 분석을 수행할 필요가 있다.

인도월의 선택은 여러 요인에 영향을 받을 수 있다. 이 장의 앞의 예에서 우리는 헤징의 만기가 인도월과 일치하는 계약이 선택된다고 가정했다. 사실 더 늦은 인도월을 갖는 선물계약이 선택되는 것이 보통이다. 그 이유는 선물가격이 인도월에는 상당히 불규칙할 수 있기 때문이다. 또한 매입헤저는 인도월 동안 계속 계약을 유지한다면 현물자산을 인도받을 위험을 감수해야 한다. 현물자산을 인도받는 것은 비용이 많이 들고 불편하다(정상적인 경우 매입헤저는 선물계약을 마감하고 현물은 일상적인 공급자로부터 구입한다).

일반적으로 베이시스 위험은 헤징 만기일과 인도월의 차이가 증가할수록 커진다. 따라서 인도월을 선택하는 가장 좋은 방법은 가능한 한 헤징 만기일에 가까우면서도 보다 늦은 인도월을 선택하는 것이다. 어떤 선물계약에 대해서 인도월이 3월, 6월, 9월, 12월이라고 가정하자. 만약 12월, 1월, 2월이 헤징 만기인 경우 3월 만기 선물계약이 선택될 것이다. 만약 3월, 4월, 5월이 헤징 만기인 경우에는 6월 만기 선물계약이 선택될 것이다. 이러한 원칙을 이용하는 데는 모든 선물계약이 충분한 유동성을 갖고 있다는 가정이 필요하다. 실제로 유동성은 만기가 짧은 계약에서 가장 큰 경향이 있다. 따라서 헤저는 경우에 따라 만기가 짧은 선물계약을 이용해서 연속 헤지하는 방법(roll forward)을 사용하기도 한다. 이러한 전략은 이 장의 뒷부분에서 설명할 것이다.

예시

예제 3.3은 이 장에서 지금까지 설명한 몇 가지 사항을 보여준다. 3월 1일 현재 한 미국 기업

예제 3.3 매도헤지의 베이시스 위험 EXAMPLE

3월 1일 현재 어떤 미국 기업이 7월 말에 5,000만 엔을 받을 것으로 예상한다. 9월 만기 엔 선물의 가격은 현재 엔당 0.8800센트이고, 헤징전략은 다음과 같다.

1. 3월 1일에 선물가격 0.8800에 9월 엔 선물 4계약 매도
2. 7월 말에 엔을 받고 계약을 마감

한 가지 가능한 결과는 다음과 같다.

7월 말 엔의 현물가격 = 0.8200
7월 말 9월 만기 엔의 선물가격 = 0.8250
7월 말 베이시스 = −0.0050

헤징 후의 순환율(유효가격)을 계산하는 두 가지 방법은 다음과 같다.

7월 현물가격 + 선물계약의 이익 = 0.8200 + 0.0550 = 0.8750
3월 선물가격 + 7월 베이시스 = 0.8800 − 0.0050 = 0.8750

이 7월 말에 5,000만 엔을 받을 것으로 예상한다. CME그룹에서 거래되는 엔 선물계약의 인도월이 3월, 6월, 9월, 12월이다. 선물 1계약의 규모는 1,250만 엔이다. 앞에서 설명한 선물계약의 선택기준에 의하면 9월 선물계약을 헤징 목적으로 선택해야 한다.

3월 1일에 기업은 9월 엔 선물 4계약을 매도한다. 그 후 7월 말에 5,000만 엔을 받은 후 포지션을 마감한다. 이때 선물가격과 현물가격 간 차이의 불확실성으로부터 베이시스 위험이 발생한다. 3월 1일에 선물가격이 엔당 0.8800센트이고, 계약을 마감할 때 현물가격과 선물가격을 각각 0.8200센트, 0.8250센트로 가정하자. 베이시스는 −0.0050센트이고 선물계약의 이익은 0.0550센트이다. 엔당 유효가격은 다음과 같다.

$$0.8200 + 0.0550 = 0.8750$$

이것은 또한 선물의 최초가격에 베이시스를 더해서도 다음과 같이 얻을 수 있다.

$$0.8800 + \left(-0.0050\right) = 0.8750$$

결국 기업은 총 50 × 0.00875백만 달러, 즉 437,500달러를 받는다.

예제 3.4는 매입헤지를 예시하고 있다. 6월 8일 현재 어떤 기업이 10월 혹은 11월의 어느 시점에 원유 20,000배럴을 구매해야 한다고 하자. 원유 선물계약은 매달 인도월을 가진 선물이 거래되고 있으며, 원유 선물 1계약은 1,000배럴이다. 선물계약의 선택원칙에 따라 기업

예제 3.4 매입헤지에서의 베이시스 위험 EXAMPLE

6월 8일 현재 어떤 기업이 10월이나 11월에 원유 20,000배럴을 구입할 것으로 예상한다. 12월 만기 원유의 선물가격은 현재 배럴당 58.00달러이다. 헤징전략은 다음과 같다.

1. 6월 8일에 배럴당 58달러에 12월 만기 원유 선물 20계약 매입
2. 원유를 구입하기 위한 준비가 완료되면 계약을 마감

한 가지 가능한 결과는 다음과 같다.

기업이 11월 10일에 원유 구매 준비를 완료
11월 10일 현물가격 = 65달러
11월 10일 12월 만기 선물가격 = 62달러
11월 10일 베이시스 = 3달러

헤징 후 원유의 배럴당 유효가격(순비용)을 계산하는 두 가지 방법은 다음과 같다.

11월 10일의 현물가격 − 선물계약의 이익 = 65달러 − 4달러 = 61달러
6월 8일의 선물가격 + 11월 10일의 베이시스 = 58달러 + 3달러 = 61달러

은 헤징을 위해 12월 만기 선물계약을 사용하기로 한다. 그리고 6월 8일에 20개의 12월 20일 만기 선물계약에 매입포지션을 취한다. 이때 선물가격은 배럴당 58.00달러이다. 기업은 11월 10일에 원유 구입 준비를 완료하고 선물계약을 마감한다. 베이시스 위험은 계약 종료일에 베이시스가 얼마일 것인가 하는 불확실성에서 발생한다. 11월 10일 현물가격과 선물가격이 배럴당 각각 65달러, 62달러라고 가정하자. 결국 베이시스는 배럴당 3달러이고 유효가격은 배럴당 61달러이므로 총유효가격은 1,220,000달러이다.

3.4 교차헤징

예제 3.1에서 3.4까지 선물계약의 기초자산은 헤징 대상 자산과 동일하다. **교차헤징**(cross hedging)은 두 자산이 서로 다른 경우에 발생한다. 예를 들어 어떤 항공사가 제트연료의 미래 가격이 상승할 것을 우려한다고 하자. 제트연료에 대한 선물계약은 활발히 거래되지 않기 때문에 노출된 위험을 헤지하기 위해 난방유 선물계약을 이용할 수 있다.

헤지비율(hedge ratio)은 위험 노출 규모에 대한 선물포지션 규모의 비율이다. 선물계약의 기초자산과 헤지 대상 자산이 동일할 때 헤지비율 1.0을 사용하는 것이 합당하다. 이것은 지금까지 살펴본 예시에서 사용한 헤지비율이다. 예를 들어 예제 3.4에서 헤저의 위험 노출 규모는 원유 20,000배럴이었고, 정확히 20,000배럴의 원유를 인도하기 위한 선물계약이 체결되었다.

교차헤징의 경우 헤지비율을 1.0으로 하는 것이 항상 최적이지는 않다. 헤저는 헤지되는 포지션 가치의 변동성을 최소화하는 헤지비율을 선택해야 한다. 이제 헤저가 어떻게 이 일을 하는지 살펴보자.

최소분산 헤지비율 산출

우리는 먼저 선물계약의 일일정산이 없다는 가정하에 헤지비율을 산출한다. 최소분산 헤지비율(minimum variance hedge ratio)은 현물가격 변화와 선물가격 변화의 관계에 따라 달라진다. 기호를 다음과 같이 정의하자.

ΔS: 헤지기간과 일치하는 기간의 현물가격 S의 변화
ΔF: 헤지기간과 일치하는 기간의 선물가격 F의 변화

h^*는 최소분산 헤지비율을 의미하고 h^*는 ΔF에 대한 ΔS의 선형회귀분석으로 산출된 기울기이다(그림 3.2 참조). 이는 직관적으로 이해가 간다. 즉 h^*는 F의 특정 변화에 대한 S의 평균적인 변화의 비율이다.

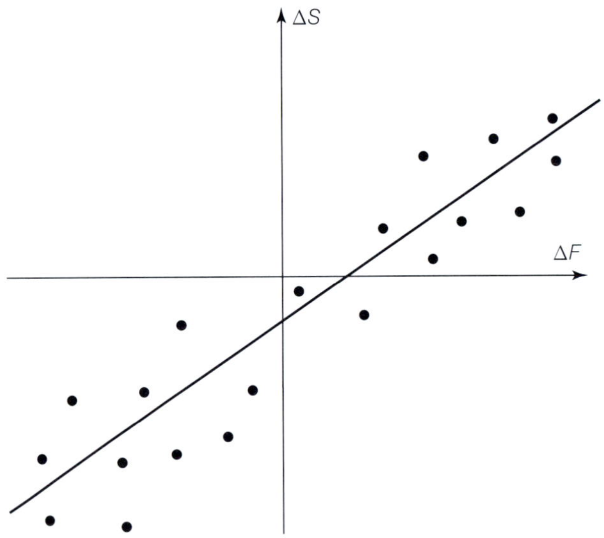

그림 3.2 선물가격 변화에 대한 현물가격 변화의 선형회귀선

이 장의 부록에는 표준편차, 상관계수, 선형회귀분석 등의 주요 통계 개념을 정리되어 있다. 식 (3A.4)의 공식을 이용해 그림 3.2에서 회귀선의 기울기를 구하면 다음과 같다.

$$h^* = \rho \frac{\sigma_S}{\sigma_F} \tag{3.1}$$

여기서 σ_S는 ΔS의 표준편차, σ_F는 ΔF의 표준편차, ρ는 ΔS와 ΔF 사이의 상관계수이다. 식 (3.1)에 따르면 최적 헤지비율은 ΔS와 ΔF의 상관계수와 ΔF의 표준편차에 대한 ΔS의 표준편차의 비율을 곱해 구한다. 그림 3.3은 헤저 포지션 가치의 분산이 헤지비율에 따라 어떻게 변하는지 보여준다.

만약 $\rho=1$이고 $\sigma_F=\sigma_S$이면 최적 헤지비율 h^*는 1.0이다. 이 결과는 예상된 것이다. 왜냐하면 이 경우 선물가격은 현물가격을 완벽하게 모방(mirror)하기 때문이다. 만약 $\rho=1$이고

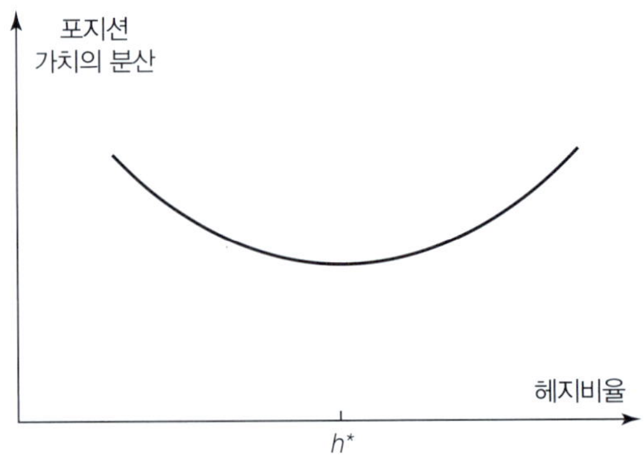

그림 3.3 헤지비율에 따른 헷저 포지션 가치의 분산

$\sigma_F = 2\sigma_S$이면 최적 헤지비율 h^*는 0.5이다. 이 결과 역시 예상할 수 있다. 왜냐하면 이 경우 선물가격이 항상 현물가격의 2배만큼 변하기 때문이다. 헤지효과(hedge effectiveness)는 헤징에 의해 제거되는 분산의 비율로 정의된다. 이것은 ΔF에 대한 ΔS의 회귀분석에서 R^2이며 이는 ρ^2과 같다.

식 (3.1)에서 변수 ρ, σ_F, σ_S는 일반적으로 ΔS와 ΔF의 과거 데이터로부터 추정된다(이것은 암묵적으로 미래가 과거와 같다고 가정하는 것임). 먼저 중복되지 않는(non-overlapping) 동일한 기간별로 ΔS와 ΔF값을 관찰한다. 이상적으로는 각 시간 간격의 길이는 헤지가 적용되는 시간 간격의 길이와 동일해야 한다. 하지만 사실상 이런 조건은 이용 가능한 관찰 대상의 수를 상당히 제한하기 때문에 더 짧은 시간 간격이 이용된다.

예제 3.5는 제트연료의 매입헤지를 위해 난방유 선물을 이용하는 항공사가 이 장에서 설명한 결과를 어떻게 이용할 수 있는지 보여준다.[3]

최적 선물계약 수

아래와 같은 기호를 사용해 최적 선물계약 수를 살펴보자.

Q_A: 헤지되는 포지션 크기(단위)

Q_F: 선물 1계약 크기(단위)

예제 3.5 최소분산 헤지비율의 측정 EXAMPLE

어떤 항공사가 1개월 후에 200만 갤런의 제트연료를 구입할 것으로 예상하고 이를 헤지하기 위해 난방유 선물계약을 사용하기로 했다. 표 3.2는 연속된 15개월 동안 제트연료의 갤런당 가격 변화(ΔS)와 이를 헤지하는 데 이용되는 난방유 선물계약의 가격 변화(ΔF)를 나타내고 있다.

최소분산 헤지비율을 계산하기 위해 엑셀의 STDEV와 CORREL 기능을 사용하면 $\sigma_F = 0.0313$, $\sigma_S = 0.0263$, $\rho = 0.928$을 얻는다. 식 (3.1)을 따르면 최소분산 헤지비율은 다음과 같다.

$$h^* = 0.928 \times \frac{0.0263}{0.0313} = 0.78$$

이를 구하기 위한 다른 방법으로 엑셀의 SLOPE 기능을 사용할 수 있다(저자의 웹사이트에 있는 워크시트 참조).

이 결과는 항공사가 노출된 위험의 78%에 해당하는 난방유 선물에 매입포지션을 취해 헤지해야 함을 의미한다. 헤지효과는 $0.928^2 = 0.862$이다.

---

3 제트연료 가격에 따라 수익이 달라지는 파생상품이 존재하지만, 난방유 선물은 더 활발하게 거래되기 때문에 제트연료 가격에 대한 위험 노출을 헤지하는 데 더 자주 사용된다.

표 3.2 최소분산 헤지비율을 산출하기 위한 데이터(제트연료 구매를 헤지하기 위해 난방유 선물계약을 사용할 때)

월 i	갤런당 난방유 선물가격의 변화(ΔF)	갤런당 제트연료 가격의 변화(ΔS)
1	0.021	0.029
2	0.035	0.020
3	−0.046	−0.044
4	0.001	0.008
5	0.044	0.026
6	−0.029	−0.019
7	−0.026	−0.010
8	−0.029	−0.007
9	0.048	0.043
10	−0.006	0.011
11	−0.036	−0.036
12	−0.011	−0.018
13	0.019	0.009
14	−0.027	−0.032
15	0.029	0.023

N^*: 헤징을 위한 최적 선물계약 수

식 (3.1)로부터 헤징에 이용되는 선물계약은 자산의 h^*Q_A단위이다. 따라서 필요한 선물계약 수는 다음과 같다.

$$N^* = \frac{h^* Q_A}{Q_F} \tag{3.2}$$

예제 3.5의 최적 헤지비율 h^*는 0.78이다. CME그룹에서 거래되는 난방유 선물 1계약은 42,000갤런이고 항공사는 200만 갤런의 제트연료 가격 변동에 대한 위험에 노출되어 있다. 식 (3.2)로부터 최적 선물계약 수는 다음과 같다.

$$\frac{0.78 \times 2{,}000{,}000}{42{,}000} = 37.14$$

반올림하면 최적 선물계약 수는 37계약이 된다.

일일정산의 영향

지금까지 살펴본 예시는 헤지를 위해 선도계약을 사용할 때 적합하다. 선물계약에서 요구되는 일일정산은 선물계약을 헤지에 사용할 때 단일 헤지가 아닌 일일 헤지가 연속적으로 발생한다는 것을 의미한다.

$\hat{\sigma}_S$: 현물가격의 일일 변화 백분율의 표준편차
$\hat{\sigma}_F$: 선물가격의 일일 변화 백분율의 표준편차
$\hat{\rho}$: 현물과 선물의 일일 변화 백분율의 상관관계

헤징되는 포지션 가치의 일일 변화 표준편차는 $V_A\hat{\sigma}_S$인데, 여기서 V_A는 헤징되는 포지션의 가치이다(즉 자산가치에 Q_A를 곱한 것을 의미함). 또한 선물포지션 가치의 일일 변화 표준편차는 $V_F\hat{\sigma}_F$인데, 이것은 선물 가치 V_F에 Q_F를 곱한 것을 의미한다. 따라서 일일 헤지를 위한 최적 계약 수는 다음과 같다.

$$N^* = \frac{\hat{h}V_A}{V_F} \tag{3.3}$$

여기서 $\hat{h}=\hat{\rho}\,\hat{\sigma}_S/\hat{\sigma}_F$이다.

예제 3.5에서 갤런당 선물가격과 현물가격이 각각 1.99달러와 1.94달러라고 하자. 그러면 $V_A=2{,}000{,}000\times 1.94=3{,}880{,}000$이고 $V_F=42{,}000\times 1.99=83{,}580$이다. 만약 $\hat{h}=0.75$이면 최적 선물계약 수는 다음과 같다.

$$\frac{0.75\times 3{,}880{,}000}{83{,}580}=34.82$$

반올림하면 최적 선물계약 수는 35계약이 된다. 이론적으로 선물계약 수는 V_A와 V_F의 변화를 반영해 조정되어야 한다. 그러나 실제로 최적 헤지포지션의 일일 변화가 적어 이를 무시한다.

방금 우리가 살펴본 예는 헤지 시점까지 남은 기간 동안 얻거나 지불해야 하는 이자를 고려해 조정할 수 있다. 만약 t시점에서 헤지 종료 사이의 시간 동안 5%의 이자를 벌거나 지불할 수 있다고 가정하자. 그렇다면 시간 t에서 계산된 동안 N^*를 1.05로 나누는 것이 적합하다.

식 (3.2)에 일일정산의 영향을 조정하는 것을 **헤지 조정**(tailing the hedge)이라고 한다.

3.5 주가지수선물

이제 주가지수선물을 설명하고 주가지수선물이 주가에 노출된 위험을 헤지 또는 관리하는 데 어떻게 이용되는지 알아보자.

주가지수(stock index)는 구성 포트폴리오의 가치가 변함에 따라 변한다. 포트폴리오 내 한 주식의 가중치는 그 주식이 포트폴리오 내에서 차지하는 투자 비중과 동일하다. 주가지수 가치의 증가율은 같은 기간 포트폴리오를 구성하는 주식들의 총가치 증가율과 동일하다. 일반적으로 배당은 계산에 포함되지 않으므로 지수는 포트폴리오 투자로부터 얻는 자본이득과 손

실을 추적한다.[4]

주식 포트폴리오가 고정되어 있더라도 개별 주식의 투자가중치는 고정되어 있지 않다. 포트폴리오를 구성하는 한 주식의 가격이 다른 주식들보다 급격히 상승한다면, 자동으로 그 주식에 더 많은 가중치가 부여된다. 어떤 지수는 수많은 주식 각 1주씩만으로 구성된 포트폴리오를 기초로 만들어진다. 이 경우에 배정된 가중치는 시장가격에 비례하고 주식분할 시에는 가중치가 조정된다. 또 다른 지수는 시가총액(주가 × 발행주식 수)에 비례해서 가중치가 부여된다. 시가총액을 기준으로 하면 주식분할, 주식배당, 신주발행(new equity issue) 등에 대한 조정이 자동으로 이루어진다.

주가지수

표 3.3은 2015년 5월 13일 고시된 주가지수선물(stock index futures)의 시세를 나타낸다.

다우존스산업평균지수(Dow Jones Industrial Average)는 미국의 30개 우량(blue-chip)주식으로 구성된 포트폴리오를 기반으로 한다. 주식에 부여된 가중치는 주식 가격에 비례한다. CME그룹은 주가지수에 대해 두 종류의 선물계약을 거래한다. 하나는 지수 × 10달러이고, 다른 하나는 미니다우존스산업평균지수(Mini DJ Industrial Average)로 지수 × 5달러인데, 이 미니 계약이 가장 활발히 거래된다.

S&P 500지수(Standard & Poor's 500 Index)는 400개 산업, 40개 유틸리티 기업, 20개 운송회사, 40개 금융기관 등 500개의 다양한 주식으로 구성된 포트폴리오를 기반으로 한다. 각

표 3.3 CME그룹에서 거래되는 주가지수선물 고시(2015년 5월 13일)

	시가	고가	저가	전일 정산가격	금일 정산가격	가격 변동	거래량
미니다우존스산업평균, 지수 × 5달러							
2015년 6월	18,042	18,119	17,996	18,029	18,033	+4	119,563
2015년 9월	17,969	18,036	17,926	17,951	17,949	−2	83
미니 S&P 500, 지수 × 50달러							
2015년 6월	2,096.25	2,106.50	2,092.75	2,095.00	2,096.00	+1.00	1,104,606
2015년 9월	2,088.75	2,098.75	2,085.50	2,087.50	2,088.25	+0.75	1,163
2015년 12월	2,085.50	2,091.25	2,079.75	2,080.25	2,080.75	+0.50	593
미니 나스닥-100, 지수 × 20달러							
2015년 6월	4,423.00	4,457.75	4,420.25	4,420.75	4,426.25	+5.50	176,442
2015년 9월	4,421.00	4,450.00	4,416.25	4,414.75	4,419.50	+4.75	37

4 이에 대한 예외로 총투자수익률지수(total return index)가 있다. 이 지수는 포트폴리오로부터 얻는 배당이 포트폴리오에 재투자된다고 가정해 계산된다.

주식의 가중치는 그 주식의 시가총액에 비례한다. 그 주식들은 NYSE 유로넥스트 또는 나스닥 OMX에서 거래되는 대형 상장기업의 주식이다. CME그룹은 S&P 500지수에 대해 두 종류의 선물계약을 거래한다. 하나는 지수 × 250달러이다. 또 다른 하나(미니 S&P 500 선물계약)인 지수 × 50달러를 기준으로 하는 선물계약이 가장 활발히 거래된다.

나스닥 100(NASDAQ-100)은 미국증권거래인협회(National Association of Securities Dealers Automatic Quotations Service)에 상장된 100개의 주식을 기반으로 한다. CME그룹은 두 종류의 선물계약을 거래한다. 하나는 지수 × 100달러를 기준으로 한다. 또 다른 하나(미니 나스닥-100 선물계약)인 지수 × 20달러를 기준으로 하는 선물계약으로, 가장 활발히 거래된다.

미국 이외의 지수에 대한 일부 선물계약도 활발하게 거래된다. 한 예로 중국금융선물거래소[China Financial Futures Exchange(CFFEX), www.cffex.com.cn]에서 거래되는 CSI 300지수(300개 중국 주식의 시가총액 가중 지수)가 있다.

2장에서 언급한 바와 같이 주가지수선물계약(futures contracts on stock indices)은 기초자산을 인도하지 않고 현금으로 정산된다. 모든 계약은 마지막 거래일에 지수의 시가 또는 종가로 표시되고, 포지션은 마감된 것으로 간주된다. 예를 들어 S&P 500에 대한 선물계약은 인도월의 세 번째 금요일 S&P 500지수 시가로 마감된다.

주식 포트폴리오의 헤징

주가지수선물은 잘 분산된 주식포트폴리오를 헤지하는 데 이용될 수 있다. 설명을 위해 다음과 같이 정의하자.

V_A: 포트폴리오의 현재가치

V_F: 선물 1계약의 현재가치(= 지수선물가격 × 계약 규모)

만약 포트폴리오가 주가지수를 모방한다면 최적 헤지비율 h^*는 1.0으로 가정할 수 있으며, 식 (3.3)에 따르면 매도되어야 할 선물계약 수는 다음과 같다.

$$N^* = \frac{V_A}{V_F} \tag{3.4}$$

예를 들어 505만 달러 상당의 포트폴리오가 잘 분산된 지수를 모방한다고 하자. 현재 주가지수선물의 가격이 1,010이고 각 선물계약은 주가지수 × 250달러이다. 즉 $V_A = 5{,}050{,}000$이고 $V_F = 1{,}010 \times 250 = 252{,}500$이므로 포트폴리오 헤지를 위해서는 5,050,000/252,500 = 20계약을 매도해야 한다.

포트폴리오가 주가지수를 정확히 모방하지 않을 때는 적절한 헤지비율을 결정하기 위해 자본자산가격결정모형(capital asset pricing model)의 베타(β)를 이용할 수 있다. 이 장의 부록에서 설명했듯이, 자산의 베타는 자산의 수익률을 잘 분산된 지수의 수익률에 선형회귀한 직선의 기울기이다. 포트폴리오의 베타가 1.0일 때 그 포트폴리오의 수익률은 지수의 수익률을 모방하는 경향이 있다. 베타가 2.0일 때 그 포트폴리오의 수익률은 지수의 수익률 변화보다 2배 큰 경향이 있으며 베타가 0.5일 때 그 포트폴리오의 수익률은 지수 수익률 변화의 절반이 된다.

베타가 2.0인 포트폴리오는 베타가 1.0인 포트폴리오보다 지수의 움직임에 2배 더 민감하다. 따라서 포트폴리오를 헤지하기 위해서는 2배의 선물계약이 필요하다. 마찬가지로 베타가 0.5인 포트폴리오는 베타가 1.0인 포트폴리오보다 지수의 움직임에 대한 민감도가 절반이며, 이를 헤지하기 위해서는 0.5배의 선물계약이 필요하다. 일반적으로 1.0과 다른 베타를 갖는 포트폴리오에 대해서는 식 (3.4)를 다음과 같이 조정한다.

$$N^* = \beta \frac{V_A}{V_F} \tag{3.5}$$

이 식에서는 선물계약의 만기가 헤지기간과 거의 같다고 가정한다.

식 (3.5)를 식 (3.3)과 비교해보면 $h^* = \beta$임을 알게 된다. 이는 놀라운 일이 아니다. 최적 헤지비율 h^*는 주가지수선물가격 변화에 대해 선형회귀한 포트폴리오 가격 변화의 기울기이다. 베타(β)는 주가지수 수익률에 대해 선형회귀한 포트폴리오 수익률의 기울기이다. 따라서 두 기울기는 아주 유사하다.

이전 예를 확장해서 식 (3.5)를 이용하는 사례를 들어 보자. 즉 만기까지 4개월 남은 선물계약을 이용해 3개월 동안 포트폴리오의 가치를 헤지하려는 상황을 가정하자.

지수 = 1,000
지수선물가격 = 1,010
포트폴리오 가치 = 5,050,000달러
무위험이자율 = 연 4%
지수의 배당수익률 = 연 1%
포트폴리오 베타 = 1.5

선물 1계약의 크기는 지수선물가격 × 250달러이다. 즉 $V_F = 250 \times 1,010 = 252,500$이다. 식 (3.5)로부터 포트폴리오를 헤지하기 위해 매도해야 하는 선물계약 수를 구하면 다음과 같다.

$$1.5 \times \frac{5,050,000}{252,500} = 30$$

지수가 3개월 후 900이고 선물가격이 902라고 가정하자. 그러면 선물 매도포지션으로부터 얻는 이익은 다음과 같다.

$$30 \times (1,010 - 902) \times 250 = 810,000\text{달러}$$

지수에 대한 손실은 10%이다. 이 지수는 연간 1%, 즉 3개월마다 0.25%의 배당을 지급한다. 따라서 배당을 고려하면, 지수 투자자는 3개월 동안 −9.75%의 손실을 보게 된다. 이 장의 부록에서 보듯이, 자본자산가격결정모형에 따르면 다음 식이 성립한다.

$$\text{포트폴리오 기대수익률} = \text{무위험이자율} + 1.5 \times (\text{지수 수익률} - \text{무위험이자율})$$

무위험이자율은 3개월에 대략 1%이다. 이를 이용해 3개월 동안 포트폴리오의 기대수익률을 구하면 다음과 같다.

$$1.0 + [1.5 \times (-9.75 - 1.0)] = -15.125$$

따라서 3개월 후 포트폴리오의 기대가치(배당 포함)는 다음과 같다.

$$5,050,000\text{달러} \times (1 - 0.15125) = 4,286,187\text{달러}$$

헤징이익을 포함한 헤저 포지션의 기대가치는 다음과 같다.

$$4,286,187\text{달러} + 810,000\text{달러} = 5,096,187\text{달러}$$

표 3.4는 만기 시 주가지수에 따라 지수선물가격, 선물포지션 등의 이익이 어떻게 되는지 보여준다. 이 표로부터 3개월 후 헤저 포지션의 총가치는 지수의 가치와 거의 무관하다는 것을 알 수 있다.

지금까지 우리가 다루지 않은 한 가지는 선물가격과 현물가격의 관계이다. 현재 선물가격

표 3.4 주가지수 헤지의 성과

3개월 후 지수가치	900	950	1,000	1,050	1,100
현재 지수선물가격	1,010	1,010	1,010	1,010	1,010
3개월 후 지수선물가격	902	952	1,003	1,053	1,103
선물포지션으로부터의 수익(달러)	810,000	435,000	52,500	−322,500	−697,500
시장수익률	−9.750%	−4.750%	0.250%	5.250%	10.250%
포트폴리오 기대수익률	−15.125%	−7.625%	−0.125%	7.375%	14.875%
3개월 후 포트폴리오의 기대수익률 (배당 포함, 달러)	4,286,187	4,664,937	5,043,687	5,422,437	5,801,187
3개월 후 포지션의 총가치(달러)	5,096,187	5,099,937	5,096,187	5,099,937	5,103,687

으로 가정한 1,010은 주어진 이자율과 배당수익률하에서 대략적으로 기대되는 가격이라는 것을 5장에서 보게 될 것이다. 또한 표 3.4에 제시된 3개월 후 선물가격의 경우도 그러하다.[5]

포트폴리오를 헤지하는 이유

표 3.4에 따르면 3개월 후 헤저 포지션의 가치는 헤징전략 실시 전보다 1% 정도 높다. 이는 놀랄 만한 사실이 아니다. 무위험이자율이 연간 4% 또는 3개월간 1%이므로, 헤지 결과 투자자의 포지션은 무위험이자율 비율로 성장한 셈이다.

그렇다면 헤저가 많은 어려움에도 불구하고 왜 선물계약을 이용하는지 의문이 들 것이다. 무위험이자율을 얻기 위해서 헤저는 간단히 포트폴리오를 매도하고 그 대금을 무위험자산에 투자하면 된다.

그럼에도 불구하고 헤징이 필요한 첫 번째 이유는 헤저가 포트폴리오를 잘 구성했다고 느낀다면 헤징은 정당화될 수 있기 때문이다. 이 경우 헤저는 시장 전체의 투자 성과에 대해서는 매우 불확실하지만 보유 포트폴리오가 시장보다 높은 수익률(포트폴리오의 베타에 대한 적절한 조정이 이루어진 후)을 얻을 수 있을 것이라 확신할 수 있다. 이때 지수선물을 이용한 헤지는 시장 변동으로부터 발생하는 위험을 제거하고, 시장 대비 포트폴리오 성과에만 노출되게 된다. 헤지를 하는 또 다른 이유는 포트폴리오를 장기간 보유할 예정인 투자자는 불확실한 시장 상황에서 단기 보호가 필요하기 때문이다. 물론 헤징전략 이외에도 보유 포트폴리오를 매도하고 나중에 그것을 다시 매입하는 전략을 이용할 수도 있으나, 이 전략은 거래비용 부담이 클 수 있다.

포트폴리오 베타의 변화

표 3.4의 예에서 헤저가 보유한 포트폴리오의 베타는 0으로 줄어들어 기대수익률이 지수의 성과와 무관하게 된다. 때때로 선물계약은 포트폴리오의 베타를 0 이외의 값으로 변경하는 데도 이용된다. 이전 예제를 계속 사용해서 설명하겠다.

지수 = 1,000

지수선물가격 = 1,010

포트폴리오 가치 = 5,050,000

포트폴리오 베타 = 1.5

5 표 3.4는 지수에 대한 배당수익률이 예측 가능하고, 무위험이자율이 일정하며, 3개월간 지수 수익률이 포트폴리오 수익률과 완전한 상관관계를 갖는다고 가정하고 계산된 것이다. 실제로는 이런 가정을 완전하게 만족할 수 없고, 실제 헤징 성과는 표 3.4에 나타난 헤징 성과보다 못하다.

이전처럼 $V_F = 250 \times 1,010 = 252,500$이고, 포트폴리오 위험을 완전히 헤지하기 위해 지수선물 30계약을 매도해야 한다.

$$1.5 \times \frac{5,050,000}{252,500} = 30$$

포트폴리오의 베타를 1.5에서 0.75로 감소시키기 위해서는 선물 매도계약의 수가 앞에서 구한 30이 아니라 15여야 한다. 그리고 베타를 2.0으로 증가시키기 위해서는 10개의 선물계약에 매입포지션을 취해야 한다. 일반적으로 $\beta > \beta^*$일 때 포트폴리오의 베타를 β에서 β^*로 변경하기 위해 필요한 선물 매도포지션의 수는 다음과 같다.

$$(\beta - \beta^*)\frac{V_A}{V_F}$$

그리고 $\beta < \beta^*$일 때 필요한 선물 매입포지션의 수는 다음과 같다.

$$(\beta^* - \beta)\frac{V_A}{V_F}$$

주식 선택 능력의 편익을 누리는 방법

당신이 스스로 시장보다는 성과를 더 올릴 수 있는 투자를 할 수 있다고 생각한다고 가정하자. 그리고 당신은 단일 주식 혹은 소규모 주식 포트폴리오를 보유하고 있다고 하자. 향후 몇 개월 동안 시장이 어떤 성과를 낼지 모르지만, 당신의 포트폴리오가 시장보다 성과를 더 낼 것을 자신한다. 당신은 어떤 행동을 취해야 하는가?

당신은 주가지수선물을 $\beta V_A/V_F$만큼 매도해야 한다. 여기서 β는 포트폴리오의 베타이고, V_A는 포트폴리오의 총가치이며, V_F는 주가지수선물 1계약의 현재가치이다. 만일 당신의 포트폴리오가 동일한 베타를 갖는 잘 분산된 포트폴리오보다 더 나은 성과를 거두면 당신은 수익을 얻을 수 있을 것이다.

4월 주가가 100달러인 회사의 주식 20,000주를 보유한 투자자를 예로 들어보자. 투자자는 향후 3개월 동안 시장이 크게 변동할 것으로 판단하고 있다. 그리고 그는 이 회사의 주식 수익률이 시장수익률보다 우월할 것이라고 믿고 있다. 투자자는 3개월 동안 시장수익률을 헤지하기 위해 8월 만기 S&P 500지수 선물을 사용하기로 했다. 이 회사 주식의 베타는 1.1로 추정된다. 현재 8월 만기 미니 S&P 500지수 선물 1계약 가격이 2,100달러라고 가정하자. 각 계약은 지수 × 50달러를 인도하는 것이다. 이 경우 $V_A = 20,000 \times 100 = 2,000,000$이고 $V_F = 2,100 \times 50 = 105,000$이다. 따라서 매도해야 할 선물계약 수는 다음과 같다.

$$1.1 \times \frac{2,000,000}{105,000} = 20.95$$

반올림하면 매도해야 할 최적 계약 수는 21계약이고 7월에 마감한다. 만일 주가가 90달러로 하락하고 S&P 500지수 선물가격이 1,850으로 하락한다고 가정하자. 투자자는 주식에서는 20,000 × (100달러 − 90달러) = 200,000달러의 손실을 보는 반면 선물계약에서는 21 × 50 × (2,100 − 1,850) = 262,500달러의 이익을 얻는다.

이 예에서 투자자의 총이익은 62,500달러이다. 왜냐하면 회사의 주가는 베타가 1.1인 잘 분산된 포트폴리오만큼 하락하지 않기 때문이다. 만일 시장이 상승하고 회사 주가가 베타가 1.1인 잘 분산된 포트폴리오보다 더 상승한다면(투자자의 예상대로), 이 경우에도 역시 투자자는 수익이 발생했을 것이다.

3.6 헤지의 연장

때로는 헤지 만기일이 이용 가능한 모든 선물계약의 인도일보다 늦기도 한다. 이 경우 헤저는 기존의 선물계약을 마감하고 그것보다 늦은 인도일을 갖는 선물계약에 동일한 포지션을 취함으로써 헤지 상태를 연장해야 한다(rolling the hedge forward). 헤지는 여러 번 연장할 수 있다. T시점에서 자산 매도가격과 관련된 위험을 줄이기 위해 단기 매도헤지를 이용하는 기업을 예로 들어 보자. 만일 인도일이 점차 늦어지는 선물계약 1, 2, 3, ⋯, n이 있다면(현재에 모든 계약이 존재할 필요는 없음) 기업은 다음과 같은 전략을 사용할 수 있다.

t_1시점: 선물계약 1을 매도
t_2시점: 선물계약 1을 마감
선물계약 2를 매도
t_3시점: 선물계약 2를 마감
선물계약 3을 매도
⋮
t_n시점: 선물계약 $n-1$을 마감
선물계약 n을 매도
T시점: 선물계약 n을 마감

어떤 기업이 2017년 6월에 원유 100만 배럴을 판매할 것을 미리 알고 2016년 4월에 헤지 비율 1.0으로 이 위험을 헤지하기로 했다고 가정하자(이 예에서 3.4절에서 설명한 헤지 계약 수 조정은 안 함). 현재 현물가격은 69달러이다. 시장에는 여러 만기일의 선물계약이 거래되고 있지만, 만기가 6개월 이내인 선물계약만이 기업 요구에 부응하는 충분한 유동성을 갖는다고 하자. 따라서 이 기업은 2016년 10월 만기인 선물계약 1,000개를 매도한다. 2016년 9

표 3.5 원유 헤지 연장과 관련된 데이터

일자	2016년 4월	2016년 9월	2017년 2월	2017년 6월
2016년 10월 만기 선물가격	68.20	67.40		
2017년 3월 만기 선물가격		67.00	66.50	
2017년 7월 만기 선물가격			66.30	65.90
현물가격	69.00			66.00

월에 기업은 이것을 2017년 3월 만기 선물계약으로 교체해서 헤지를 연장한다. 그리고 2017년 2월에 이것을 2017년 7월 만기 선물계약으로 교체해서 다시 헤지를 연장한다.

한 가지 가능한 결과가 표 3.5에 나와 있다. 2016년 10월 계약을 배럴당 68.20달러에 매도하고, 배럴당 67.40달러에 해당 선물을 마감해 배럴당 0.80달러의 이익을 얻는다. 2017년 3월 선물계약을 배럴당 67.00달러에 매도하고 배럴당 66.50달러에 해당 선물을 마감해 배럴당 0.50달러의 이익을 얻는다. 2017년 7월 만기 선물계약을 배럴당 66.30달러에 매도하고 배럴당 65.90달러에 해당 선물을 마감해 배럴당 0.40달러의 이익을 얻는다. 마지막 현물가격은 66달러이다.

연속적인 선물계약 매도로부터 기업이 얻는 이익은 다음과 같다.

$$(68.20-67.40)+(67.00-66.50)+(66.30-65.90)=1.70$$

원유 가격은 69달러에서 66달러로 하락했다. 3달러의 가격 하락에 대해 1.70달러의 보상은 만족스럽지 않게 보일 수 있다. 그러나 선물가격이 현물가격 이하일 때, 현물가격 하락에 대한 완전한 보상을 기대할 수는 없다. 우리가 할 수 있는 최선은 2017년 6월 만기 계약에 적용될 수 있는 선물가격을 고정하는 것이다.

실제로 기업은 일반적으로 기초자산에 대해서 월간 단위로 위험에 노출되어 있고 이를 헤지하기 위해서 가장 유동성이 높은 1개월 선물계약을 사용하고 있다. 처음에는 헤징기간 종료 시점까지 위험 노출에 대비하기 위해 충분한 다량의 계약을 체결한다. 한 달 후에 모든 선물계약을 마감하고 새로운 위험 노출에 대비하기 위해서 다시 1개월 계약을 체결한다.

실무사례 3.2에서와 같이 독일 기업인 메탈게젤샤프트(Metallgesellschaft)는 1990년대 초에 고정가격으로 상품을 공급하는 계약의 위험을 헤지하기 위해서 이러한 전략을 사용했다. 하지만 이 기업은 상품가격이 하락해 곤경에 빠지게 되었다. 즉 상품선물계약에서는 즉각적인 현금유출이 있었으나 상품거래에서의 이익은 나중에 실현되는 구조였다. 헤지로부터 발생하는 현금흐름의 시기와 헤지 대상 포지션으로부터 발생하는 현금흐름의 시기 간 불일치로 인해 통제 불가능한 유동성 문제가 발생했다. 이 사례의 교훈은 헤징전략을 수립할 때 잠재적인 유동성 문제를 항상 염두에 두어야 한다는 것이다.

실무사례 3.2 **메탈게젤샤프트의 잘못된 헤징**

간혹 헤지 연장은 현금흐름을 압박할 수도 있다. 1990년대 초에 발생했던 독일의 메탈게젤샤프트 사례는 이를 극적으로 보여준다.

이 기업은 고객에게 시장가격보다 6~8센트 높은 고정가격으로 엄청난 양의 난방유와 휘발유를 5~10년간 공급하는 선물계약을 체결했다. 선물계약의 매도포지션으로 노출된 위험을 헤지하기 위해서 이 기업은 단기선물계약을 연속적으로 매입했다. 그러나 결국 원유 가격이 하락했고 이 기업은 선물포지션에서 증거금납입 요청을 받아 심각한 단기 현금 부족을 겪게 되었다. 헤징전략을 수립한 직원들은 이런 단기 현금유출은 궁극적으로 장기 고정가격 계약에서 실현되는 현금유입에 의해 상쇄된다고 주장했다. 하지만 기업의 고위경영진과 은행들은 막대한 현금유출을 우려했다. 그 결과 이 기업은 모든 헤지포지션을 마감했고 고정가격 계약을 포기하기로 고객들과 합의했다. 결과적으로 이 기업은 13억 3,000만 달러의 손실을 보았다.

요약

이 장에서는 기업이 자산가격의 노출된 위험을 상쇄하기 위해 선물계약을 이용하는 다양한 방법을 설명했다. 만일 노출된 위험이 자산가격 상승 시 이익을 얻고 하락 시 손실을 보는 위험이면 매도헤지가 적절하다. 만약 노출된 위험이 이와 반대이면(즉 자산가격이 하락하면 이익을 얻고 상승하면 손실을 보는 위험) 매입헤지가 적절하다.

헤징은 위험을 줄이는 방법이다. 따라서 대다수 경영진은 헤징에 호의적이야 한다. 하지만 실제로 기업은 이론적이고 실무적인 이유로 인해 헤징을 하지 않는 경우가 많다. 이론적으로, 주주들은 잘 분산된 포트폴리오를 보유함으로써 기업이 직면한 많은 위험을 제거할 수 있다고 주장할 수 있다. 주주들은 기업이 이런 위험들을 헤지하도록 요구하지 않는다. 실무적으로도 기업은 경쟁기업들이 헤지하지 않음에도 불구하고 독자적으로 헤지하면 위험을 감소시키기보다는 증가시킬 수 있다는 사실을 알고 있다. 또한 재무 담당자는 자산가격 변동으로 이익을 얻고 헤징으로 손실을 보는 경우에 다른 경영진에 의해 비난받을지도 모른다고 두려워할 수 있다.

헤징에서 중요한 개념은 베이시스 위험이다. 베이시스란 자산의 현물가격과 선물가격 차이를 일컫는다. 베이시스 위험은 헤지의 만기 시 베이시스가 어떻게 될 것인지에 대한 불확실성에서 발생한다.

헤지비율은 위험에 노출된 자산 규모에 대한 헤지 목적으로 취한 선물포지션 규모의 비율이다. 헤지비율을 1.0으로 유지하는 것이 항상 최적은 아니다. 만일 헤저가 전체 포지션의 분산을 최소화하기 원한다면 1.0이 아닌 다른 헤지비율이 적정할 수도 있다. 최적 헤지비율은 선물가격 변화에 대한 현물가격 변화의 회귀분석 기울기이다.

주가지수선물은 주식 포트폴리오의 체계적 위험을 헤지하기 위해 이용될 수 있다. 헤지를 위해 필요한 선물계약의 수는 포트폴리오의 베타와 선물계약 가치에 대한 포트폴리오 가치의 비율을 곱한 것이다. 주가지수선물은 포트폴리오의 구성을 변경하지 않고 포트폴리오의 베타를 변경하는 데도 이용될 수 있다.

헤지의 만기일보다 늦은 인도일을 갖는 선물계약이 존재하지 않을 때는 헤지 연장전략이 적절할 수 있다. 헤지 연장전략은 일련의 선물계약에 포지션을 취해서 헤지 상태를 유지하는 전략이다. 첫 번째 계약의 만기에 가까워지면 헤저는 이를 마감하고 인도월이 늦은 두 번째 계약을 체결한다. 마찬가지로 두 번째 계약의 만기에 가까워지면 헤저는 이 계약을 마감하고 인도월이 더 늦은 세 번째 계약을 체결한다. 이와 같은 헤지 연장은 일련의 단기 선물계약을 거래함으로써 장기 선물계약을 생성하는 결과를 가져온다.

참고문헌

Adam, T., S. Dasgupta, and S. Titman. "Financial Constraints, Competition, and Hedging in Industry Equilibrium," *Journal of Finance*, 62, 5 (October 2007): 2445–73.

Adam, T. and C.S. Fernando. "Hedging, Speculation, and Shareholder Value," *Journal of Financial Economics*, 81, 2 (August 2006): 283–309.

Allayannis, G., and J. Weston. "The Use of Foreign Currency Derivatives and Firm Market Value,'' *Review of Financial Studies*, 14, 1 (Spring 2001): 243–76.

Brown, G.W. "Managing Foreign Exchange Risk with Derivatives." *Journal of Financial Economics*, 60 (2001): 401–48.

Campbell, J. Y., K. Serfaty-de Medeiros, and L.M. Viceira. "Global Currency Hedging," *Journal of Finance*, 65, 1 (February 2010): 87–121.

Campello, M., C. Lin, Y. Ma, and H. Zou. "The Real and Financial Implications of Corporate Hedging," *Journal of Finance*, 66, 5 (October 2011): 1615–47.

Culp, C. and M. H. Miller. "Metallgesellschaft and the Economics of Synthetic Storage," *Journal of Applied Corporate Finance*, 7, 4 (Winter 1995): 62–76.

Graham, J. R. and C. W. Smith, Jr. "Tax Incentives to Hedge," *Journal of Finance*, 54, 6 (1999): 2241–62.

Haushalter, G. D. "Financing Policy, Basis Risk, and Corporate Hedging: Evidence from Oil and Gas Producers," *Journal of Finance*, 55, 1 (2000): 107–52.

Jin, Y., and P. Jorion. "Firm Value and Hedging: Evidence from US Oil and Gas Producers," *Journal of Finance*, 61, 2 (April 2006): 893–919.

Mello, A. S. and J. E. Parsons. "Hedging and Liquidity," *Review of Financial Studies*, 13 (Spring 2000): 127–53.

Neuberger, A. J. "Hedging Long-Term Exposures with Multiple Short-Term Futures Contracts," *Review of Financial Studies*, 12 (1999): 429–59.

Rendleman, R. "A Reconciliation of Potentially Conflicting Approaches to Hedging with Futures," *Advances in Futures and Options*, 6 (1993): 81–92.

Stulz, R. M. "Optimal Hedging Policies," *Journal of Financial and Quantitative Analysis*, 19 (June 1984): 127–40.

Tufano, P. "Who Manages Risk? An Empirical Examination of Risk Management Practices in the Gold Mining Industry," *Journal of Finance*, 51, 4 (1996): 1097–1138.

퀴즈

3.1 어떤 상황에서 (a) 매도헤지와 (b) 매입헤지가 적절한가?

3.2 선물계약을 헤징에 이용할 때 발생하는 베이시스 위험은 무엇인가?

3.3 완전헤지란 무엇인가? 완전헤지가 불완전헤지보다 항상

더 좋은 결과를 가져오는가? 그 이유를 설명하라.

3.4 어떤 경우에 최소분산 헤지 포트폴리오가 헤징을 전혀 하지 못하는가?

3.5 재무 담당자가 기업의 특정 위험을 헤지하지 않는 이유를 세 가지만 들라.

3.6 분기별 상품가격 변화의 표준편차가 0.65달러이고, 그 상품의 분기별 선물가격 변화의 표준편차는 0.81달러이다. 또한 현물가격 변화와 선물가격 변화의 상관계수가 0.8이다. 3개월 선물계약을 이용한 최적 헤지비율은 얼마인가? 이것은 무엇을 의미하는가?

3.7 어떤 기업이 2,000만 달러의 주식 포트폴리오를 보유하고 있으며, 주식 포트폴리오의 베타는 1.2이다. 그 기업은 S&P 500지수 선물을 이용해 포트폴리오의 위험을 헤지하려고 한다. 지수선물가격은 현재 1,080이고 선물 1계약은 지수선물가격 × 250달러이다. 위험을 최소화하기 위한 헤지는 무엇인가? 또한 주식 포트폴리오의 베타를 0.6으로 줄이려면 어떻게 해야 하는가?

연습문제

3.8 CME그룹에서 거래되는 옥수수 선물의 인도월은 3월, 5월, 7월, 9월, 12월이다. 헤지 만기가 다음과 같을 때 헤징에 이용될 수 있는 계약을 선택하라.

(a) 6월, (b) 7월, (c) 1월

3.9 완전헤지를 통해서 미래에 거래될 자산의 가격을 현재의 현물가격에 항상 고정할 수 있는가? 답에 대한 이유를 설명하라.

3.10 매도헷저의 포지션이 베이시스가 기대치 않게 강세일 때 좋아지고 약세일 때 악화하는 이유를 설명하라.

3.11 당신이 미국에 전자장치를 수출하는 일본 기업의 재무 담당자라고 하자. 환율 헤징전략을 어떻게 개발할 것인지 설명하고, 동료 경영진에게 그 전략을 이해시키기 위해 사용할 수 있는 논리를 설명하라.

3.12 예제 3.4에서 기업이 0.8의 헤지비율을 이용한다고 하자. 이것이 헤지가 이루어지는 방법과 결과에 어떤 영향을 미치는가?

3.13 "최소분산 헤지비율이 1.0이라면 그 헤지는 완전해야 한다." 이 말은 옳은가? 그 이유를 설명하라.

3.14 "만일 베이시스 위험이 없다면 최소분산 헤지비율은 항상 1.0이다." 이 말은 옳은가? 그 이유를 설명하라.

3.15 "통상적으로 선물가격이 현물가격보다 낮은 자산은 매입헤지의 매력적인 대상이 된다." 이 말의 의미를 설명하라.

3.16 생우 현물의 월간 가격 변화 표준편차가 1.2(파운드당 센트)이다. 또한 현물과 품질이 가장 유사한 생우 선물의 월간 가격 변화 표준편차가 1.4이고, 현물가격 변화와 선물가격 변화의 상관계수는 0.7이다. 10월 15일 현재 쇠고기 생산자는 11월 15일에 생우 200,000파운드를 구입할 예정이다. 생산자가 위험을 헤지하기 위해 12월 생우 선물을 이용하려고 한다. 선물 1계약은 40,000파운드이다. 쇠고기 생산자는 어떤 선물 헤징전략을 이용해야 하는가?

3.17 어떤 옥수수 생산 농부가 "나는 헤징하기 위해서 선물을 이용하지 않는다. 나의 실제 위험은 옥수수 가격 변동에 있지 않다. 실제 위험은 날씨가 나빠서 수확물 전체가 못쓰게 되는 데 있다"고 이야기한다. 이런 시각에 대해 논평하라. 옥수수 생산 농부는 그 생산량에 대한 가격을 고정하기 위해 미래 예상 생산량을 추정하고 헤지를 해야 하는가?

3.18 7월 1일 현재 어떤 투자자가 주식 50,000주를 보유하고 있다. 주식의 가격은 30달러이다. 투자자는 향후 2개월간의 시장 변동에 대해 헤지하려고 9월 만기 미니 S&P 500지수 선물을 이용하기로 했다. 지수선물가격이 현재 1,500이고 선물 1계약은 지수선물가격 × 50달러이다. 주식의 베타가 1.3이라면 투자자는 어떤 전략을 이용해야 하는가?

3.19 표 3.5에서 기업이 1.5의 헤지비율을 이용하기로 했다고 하자. 이것이 헤지가 이루어지는 방법과 결과에 어떤 영향을 주는가?

3.20 선물계약은 헤징을 위해 사용된다. 선물계약의 일일정산이 현금흐름 문제를 야기할 수 있는 이유를 설명하라.

3.21 S&P 500지수의 기대수익률이 12%이고 무위험이자율이 5%이다. 베타가 (a) 0.2, (b) 0.5, (c) 1.4인 투자의 기대수익률은 각각 얼마인가?

추가문제

3.22 6월 현재 원유 5,000배럴을 9월에 매도하기로 한 기업이 있다. 이 기업은 그들이 받을 가격을 헤지하기 위해 10월 만기 CME그룹 선물계약을 이용하기로 했다. 각 계약은 '저유황유(light sweet crude)' 1,000배럴에 대한 것이다. 어떤 포지션을 취해야 하는가? 포지션을 취한 후에도 이 회사는 어떤 가격 위험에 여전히 노출되어 있는가?

3.23 은 가격에 대한 위험 노출을 헤지하기 위해 60개의 선물계약을 이용한다. 각 선물계약은 은 5,000온스이다. 헤지 종료 시점의 베이시스는 온스당 0.20달러이다. 다음의 경우 헷저 포지션에 대한 베이시스의 효과는 무엇인가? (a) 은에 대해 매입헤지하는 경우, (b) 은에 대해 매도헤지하는 경우.

3.24 어떤 거래자가 특정 자산을 55,000단위 보유하고 있고 관련된 다른 자산에 대한 선물계약을 이용해서 자신의 포지션 가치를 헤지하기로 결정했다. 각 선물계약은 5,000단위이다. 보유자산의 현물가격은 28달러이고 헤지기간 중 표준편차는 0.43달러로 추정된다. 보유자산과 관련된 다른 자산의 선물가격은 27달러이며, 헤지기간 중 표준편차는 0.40달러이다. 현물가격 변화와 선물가격 변화의 상관계수는 0.95이다.

(a) 최소분산 헤지비율은 얼마인가?

(b) 헷저는 매수포지션을 취해야 하는가, 아니면 매도포지션을 취해야 하는가?

(c) 헤지계약 수 조정이 없을 때 선물의 최적 계약 수는 얼마인가?

(d) 헤지계약 수 조정이 있을 때 선물의 최적 계약 수는 얼마인가?

3.25 어떤 기업이 신규 연료의 위험 노출을 헤지하려고 한다. 신규 연료의 가격 변화는 가솔린 선물가격 변화와 0.6의 상관계수를 갖는다. 기업은 향후 3개월 동안 신규 연료의 갤런당 가격이 1센트 상승하면 100만 달러의 손실을 볼 것이다. 신규 연료의 가격 변화는 가솔린 선물가격 변화보다 50% 더 큰 표준편차 값을 갖는다. 만일 가솔린 선물이 위험을 헤지하는 데 이용된다면 최적 헤지비율은 얼마인가? 기업의 신규 연료 위험 노출액은 몇 갤런인가? 기업은 가솔린 선물을 몇 갤런 취해야 하는가? 거래되어야 할 가솔린 선물은 몇 계약인가? 가솔린 선물 1계약은 42,000갤런이다.

3.26 어떤 포트폴리오 매니저가 0.2의 베타를 갖는 포트폴리오를 관리하고 있다. 지난 한 해 동안 무위험이자율은 5%이고 주식시장 수익률은 −30%로 상황이 아주 나빴다. 포트폴리오 매니저는 −10%의 수익률을 얻었고, 이런 상황에서 이 정도의 수익률은 좋은 성과라고 주장한다. 이 주장에 대해 설명하라.

3.27 7월 16일 현재 어떤 기업이 1억 달러의 주식 포트폴리오를 보유하고 있다. 주식 포트폴리오의 베타가 1.2이고, 7월 16일부터 11월 16일까지 기업이 포트폴리오 베타를 0.5로 변화시키기 위해 CME그룹에서 거래되는 S&P 500지수의 12월 만기 선물계약을 이용하려고 한다. 지수선물가격이 현재 2000이고 선물 1계약은 지수선물가격 ×250달러이다.

(a) 기업은 지수선물에 어떤 포지션을 취해야 하는가?

(b) 기업이 처음의 생각을 바꾸어서 포트폴리오의 베타를 1.2에서 1.5로 증가시키려고 한다. 지수선물에 어떤 포지션을 취해야 하는가?

3.28 다음 표에는 상품의 현물과 그것의 헤지에 이용되는 선물계약의 월별 가격 변동 데이터가 있다. 주어진 데이터를 사용해 최소분산 헤지비율을 계산하라(일일정산을 위한 조정은 하지 않음).

현물가격 변화	+0.50	+0.61	−0.22	−0.35	+0.79
선물가격 변화	+0.56	+0.63	−0.12	−0.44	+0.60
현물가격 변화	+0.04	+0.15	+0.70	−0.51	−0.41
선물가격 변화	−0.06	+0.01	+0.80	−0.56	−0.46

3.29 2016년 10월 현재 어떤 기업이 2017년 2월, 2017년 8월, 2018년 2월, 2018년 8월에 구리 100만 파운드를 각각 구입할 예정이다. 기업은 위험을 헤지하기 위해 CME그룹에서 거래되는 선물계약을 이용하기로 했다. 구리 선물 1계약은 25,000파운드이다. 개시증거금은 1계약당 2,000달러이고 유지증거금은 1계약당 1,500달러이다. 기업은 노출액의 80%를 헤지하는 정책을 갖고 있다. 미래 13개월까지 만기를 갖는 선물계약들이 기업의 요구에 부응할 수 있는 충분한 유동성을 갖는 것으로 간주된다. 기업의 헤징전략을 설계하라(3.4절에서 설명한 헤지계약 수 조정은 하지 않음).

현재와 미래의 시장가격(파운드당 센트)이 표와 같다고 가정한다. 당신이 제안한 전략은 기업이 구리 구입을 위해 지급하는 가격에 어떤 영향을 미치는가? 2016년 10월의 개시증거금은 얼마인가? 회사는 추가증거금 요청을 받는가?

일자	2016년 10월	2017년 2월	2017년 8월	2018년 2월	2018년 8월
현물가격	372.00	369.00	365.00	377.00	388.00
2017년 3월 선물가격	372.30	369.10			
2017년 9월 선물가격	372.80	370.20	364.80		
2018년 3월 선물가격		370.70	364.30	376.70	
2018년 9월 선물가격			364.20	376.50	388.20

3.30 어떤 펀드 매니저가 베타가 0.87인 5,000만 달러의 주식 포트폴리오를 보유하고 있다. 펀드 매니저는 향후 2개월간 시장 상황이 악화할 것을 우려해, 위험을 헤지하기 위해 3개월 만기 S&P 500지수 선물을 이용할 것을 계획하고 있다. 현재 S&P 500지수는 1,250이고 지수선물 1계약은 지수선물가격 × 250이다. 무위험이자율은 연 6%이고 지수의 배당수익률은 연 3%이다. 현재 3개월 만기 선물가격은 1,259이다.

(a) 향후 2개월간 시장에 노출된 위험을 모두 제거하기 위해서 펀드 매니저가 취해야 할 선물계약의 규모는 얼마인가?

(b) 2개월 후에 S&P 500지수가 1,000, 1,100, 1,200, 1,300, 1,400이 된다면 헤징전략이 펀드 매니저의 수익에 어떤 영향을 미치는지 계산하라. 1개월 만기 선물가격은 이 시점의 지수보다 0.25%만큼 높다고 가정한다.

부록

통계와 CAPM의 주요 개념 검토

3장의 내용을 이해하려면 표준편차, 상관관계, 선형회귀, 자본자산가격결정모형(CAPM)에 대한 지식이 필요하다. 이 부록에서는 이러한 주제들을 간략히 설명한다. 계산을 보여주는 엑셀 워크시트는 저자의 웹사이트에서 찾을 수 있다.

표준편차

표준편차(standard deviation)는 특정 변수에 대한 관측치가 서로 얼마나 다른지를 측정한 척도이다. 일반적으로 그리스 문자 σ(sigma)로 표시한다. 만일 변수에 대한 관측치가 모두 같다면 표준편차는 0이다. 관측치가 더 많이 다를수록 표준편차는 증가한다.

한 예로 당신이 여섯 권의 금융 교재를 가지고 있다고 가정하자. 책의 무게(파운드 단위)가 각각 5, 7, 5, 4, 9, 6이다. 평균 무게는 $1/6(5+7+5+4+9+6)=6$이다. 책 무게의 표준편차를 계산하기 위해 먼저 각 관측치와 평균의 편차를 구하고 이를 제곱한다. 우리의 예에서 이러한 편차의 제곱은 다음과 같다.

$$(5-6)^2=1$$
$$(7-6)^2=1$$
$$(5-6)^2=1$$
$$(4-6)^2=4$$
$$(9-6)^2=9$$
$$(6-6)^2=0$$

표준편차는 편차제곱들 평균의 제곱근이다[또는 편차들의 **평균제곱근**(root mean square)이라고도 한다].

$$\sigma=\sqrt{\frac{1+1+1+4+9+0}{6}}=1.633$$

관측치들의 **분산**(variance)은 표준편차의 제곱이다. 이 예에서 분산은 2.667이다.

전체 모집단 자료와 모집단으로부터 추출한 표본자료의 표준편차(또는 분산)를 계산하는 방식은 다르다. 우리가 앞서 적용한 계산 방식은 자료가 전체 모집단일 경우에 적용하는 방식이다. 만일 자료가 모집단으로부터 추출한 표본일 경우에는 (관측치의 개수가 아닌) 관측치의 개수보다 하나 적은 수로 편차제곱의 합을 나눠 주고 이의 제곱근을 구해 추정한다.

이 예에서 당신이 소유한 금융 교재 무게의 표준편차를 계산하는 데만 관심이 있다면 우리가 했던 계산이 정확할 것이다. 왜냐하면 당신이 갖고 있는 자료는 전체 모집단이기 때문이다. 만일 모든 금융 교재의 표준편차를 계산하는 데 관심이 있다면(이 경우 당신이 소유하고 있는 자료는 확률표본이다) 표준편차는 다음과 같이 추정할 수 있다.

$$\sigma = \sqrt{\frac{1+1+1+4+9+0}{5}} = 1.789$$

그리고 분산은 3.2일 것이다.

재무학에서는 일반적으로 표본자료로부터 표준편차를 추정하는 데 관심이 있어 평균제곱 계산에서 관측치 개수가 1개 감소하는 두 번째 방법이 사용된다. 따라서 n개의 관측치 x_1, x_2, …, x_n이 있을 경우 표준편차를 계산하는 공식은 다음과 같다.

$$\sigma = \sqrt{\frac{\sum_{i=1}^{n}(x_i - \bar{x})^2}{n-1}} \tag{3A.1}$$

여기서 $\bar{x}$는 관측치의 평균이다.

엑셀에서 STDEV 함수는 표본자료로부터 표준편차를 계산하는 데 사용할 수 있다. 가령 교재의 무게 자료를 엑셀의 B2셀에서 B7셀에 입력하고 다른 셀에 다음과 같은 명령어를 입력하면 표준편차 1.789를 구할 수 있다.

=STDEV(B2:B7)

상관관계

상관관계(correlation)는 두 변수 간 선형관계의 정도를 측정하는 척도이다. 일반적으로 상관계수(coefficient of correlation)로 측정하며 상관계수는 −1과 +1 사이의 값을 갖는다. 0의 상관계수는 선형관계가 없음을 뜻한다. +1의 상관계수는 변수 간의 완벽한 양의 관계를 나타내며 −1의 상관계수는 변수 간의 완벽한 음의 관계를 나타낸다. 3.4절에서 설명했듯이 우리는 헤지하는 데 (a) 기업의 위험 노출에 대한 이득 또는 손실과 (b) 헤지를 위해 사용하는 금융상품의 이득 또는 손실 간의 높은 상관관계를 갖는 경우를 찾는다. 상관계수는 보통 그리스 문자 ρ(rho)로 표시한다.

첫 번째 변수 x의 관측치들이 x_1, x_2, …, x_n이고 대응되는 두 번째 변수 y의 관측치들이 y_1, y_2, …, y_n이라고 가정하자. $\bar{x}$는 x변수 관측치들의 평균이고, $\bar{y}$는 y변수 관측치들의 평균이다. 상관계수를 계산하기 위한 공식은 다음과 같다.

표 3A.1 금융 교재의 무게와 페이지 수

관측치	무게(파운드)	페이지 수
1	5	420
2	7	630
3	5	330
4	4	380
5	9	800
6	6	500
평균	6.000	510.000
표준편차	1.789	176.635

$$\rho = \frac{\sum_{i=1}^{n}(x_i - \bar{x})(y_i - \bar{y})}{\sqrt{\sum_{i=1}^{n}(x_i - \bar{x})^2 \sum_{i=1}^{n}(y_i - \bar{y})^2}} \tag{3A.2}$$

금융 교재에 관한 예를 계속해 보자. 변수 x는 금융 교재의 무게이고 관측치들은 앞에서 주어진 대로 5, 7, 5, 4, 9, 6파운드이다. 변수 y는 금융 교재의 페이지 수이고 x변수의 관측치들에 대응되는 y변수의 관측치들은 각각 420, 630, 330, 380, 800, 500이다(표 3A.1 참조). 이 경우 $\bar{y} = \frac{1}{6}(420+630+330+380+800+500) = 510$이고 앞서 계산했듯이 $\bar{x} = 6$이다. 따라서 식 (3A.1)을 적용하면 상관계수는 다음과 같다.

$$\rho = 0.962$$

놀랄 것도 없이 금융 교재의 무게와 해당 금융 교재의 페이지 수의 상관관계는 1에 가깝다.

엑셀 함수 CORREL은 상관계수를 계산하기 위해 사용할 수 있다. 무게를 B2셀에서 B7셀까지 입력하고 페이지 수를 C2셀에서 C7셀까지 입력하면 상관계수 0.962를 구할 수 있다.

$$= \text{CORREL}(\text{B2:B7, C2:C7})$$

선형회귀

선형회귀(linear regression)는 두 변수 y와 x 간 최적의 선형관계를 추정하기 위해 사용된다.

$$y = a + bx \tag{3A.3}$$

모수 b는 기울기이며 모수 a는 절편이다.

기울기 b는 y와 x의 관측치를 통해 다음과 같이 추정한다.

$$b = \rho \frac{\sigma_y}{\sigma_x} \tag{3A.4}$$

여기서 ρ는 y변수와 x변수 관측치 간의 상관계수, σ_y는 y변수 관측치의 표준편차, σ_x는 x변수 관측치의 표준편차이다. 그리고 절편 a는 $\bar{y}-b\bar{x}$로 추정한다. 여기서 $\bar{x}$와 $\bar{y}$는 각각 x변수와 y변수 관측치들의 평균이다.

우리가 표 3A.1의 자료를 이용해 금융 교재의 무게로부터 금융 교재의 페이지 수를 예측하는 데 관심이 있다고 가정해 보자. 우리는 이미 $\rho=0.962$를 계산했다. 이 경우 $\sigma_x=1.789$이고 $\sigma_y=176.635$이다. 따라서 기울기는 다음과 같다.

$$b=0.962\times\frac{176.635}{1.789}=95$$

$\bar{x}=6$, $\bar{y}=510$을 수식에 대입하면 절편을 추정할 수 있다.

$$a=510-95\times 6=-60$$

그러므로 최적의 선형회귀 관계는 다음과 같다.

$$y=-60+95x$$

이는 그림 3A.1에 나타나 있다.

엑셀을 사용하면 절편과 기울기는 INTERCEPT와 SLOPE 함수를 이용해 계산할 수 있다. x값들을 B2셀에서 B7셀에, y값들을 C2셀에서 C7셀에 입력하면 명령어는 다음과 같다.

=INTERCEPT(C2:C7, B2:B7)

=SLOPE(C2:C7, B2:B7)

x와 y에 관한 선형회귀에서 R^2은 x변수에 의해 설명되는 y변수의 비율이다. 이는 상관계수의 제곱이다(우리의 예에서 $R^2=0.926$).

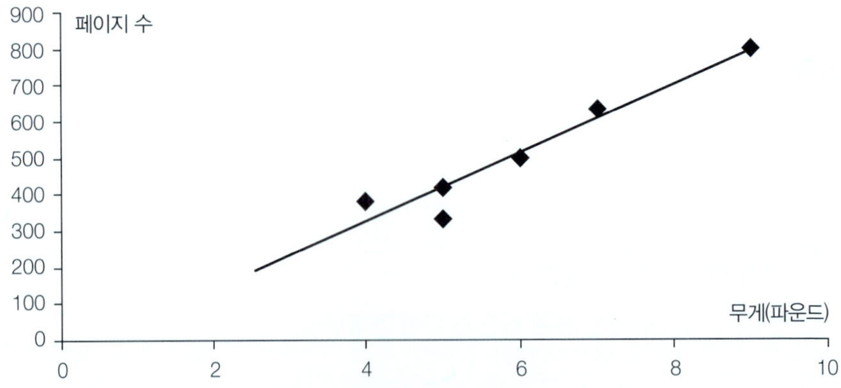

그림 3A.1 표 3A.1의 선형회귀선

자본자산가격결정모형

자본자산가격결정모형(capital asset pricing model, CAPM)은 분산투자로 제거할 수 없는 자산의 위험을 기준으로 자산의 기대수익률을 계산하는 모형이다. 공식은 다음과 같다.[6]

$$\text{자산의 기대수익률} = R_F + \beta(R_M - R_F) \qquad (3A.5)$$

여기서 R_M은 가능한 투자자산이 모두 포함된 포트폴리오의 수익률이고 R_F는 무위험투자의 수익률이다. 그리고 그리스 문자 β는 y변수가 자산수익률이고 x변수가 R_M일 때 식 (3A.3)의 선형회귀로부터 도출한 기울기이다. 가능한 투자자산이 모두 포함된 포트폴리오의 수익률 R_M은 시장수익률이며, 그것의 근사치로 일반적으로 S&P 500처럼 잘 분산된 주가지수의 수익률이 사용된다.

베타(β)는 시장수익률에 대한 자산수익률의 민감도를 측정한다. $\beta=0$이면 민감도는 없으며, $\beta=0.5$이면 무위험수익률을 초과하는 자산수익률은 평균적으로 무위험수익률을 초과하는 시장수익률의 절반이다. $\beta=1$이면 무위험수익률을 초과하는 자산수익률은 무위험수익률을 초과하는 시장수익률과 동일하다.

자본자산가격결정모형에 따르면 자산수익률의 위험은 체계적 위험과 비체계적 위험으로 나눌 수 있다. 체계적 위험(systematic risk)은 시장수익률과 연관된 위험이며 분산해서 제거할 수 없다. 비체계적 위험(nonsystematic risk)은 자산이 갖는 고유한 위험이며 다른 여러 자산으로 구성된 대규모 포트폴리오를 구성함으로써 제거할 수 있다. 모수 β는 체계적 위험을 측정한다. 식 (3A.5)는 어떤 자산이 체계적 위험이 없을 때($\beta=0$) 기대수익률은 무위험수익률이라는 것을 보여준다. β가 증가할수록 기대수익률은 증가한다. $\beta=1$이면, 즉 체계적 위험이 시장과 같다면 기대수익률은 시장수익률과 동일하다.

자산이 개별주식일 때 식 (3A.5)에 의해 도출된 기대수익률은 실현수익률에 대한 불편 추정치이다(하지만 아주 정확한 것은 아니다). 그러나 자산이 잘 분산된 주식 포트폴리오일 경우 도출된 기대수익률은 더 나은 추정치가 된다. 결과적으로 다음 공식은 분산된 포트폴리오를 헤지하는 데 이용될 수 있다.

$$\text{분산된 포트폴리오의 수익률} = R_F + \beta(R_M - R_F) \qquad (3A.5)$$

식에서 β는 포트폴리오의 베타이며, 이는 포트폴리오에 포함된 주식들의 베타를 가중평균해 계산할 수 있다.

---

6 만일 시장수익률이 알려져 있지 않다면 이 식에서 R_M은 R_M의 기댓값으로 대체된다.

4 이자율

이자율은 사실상 모든 파생상품의 가치평가에서 고려해야 할 하나의 요인이며, 이 책의 많은 부분에서 상당히 중요한 위치를 차지하고 있다. 이 장에서는 다양한 유형의 이자율을 소개하고, 이자율을 측정하고 분석하는 방법과 관련된 몇 가지 근본적인 이슈를 설명할 것이다. 먼저 이자율을 정의하는 데 사용하는 복리계산 방법과 파생상품 분석에 광범위하게 이용되는 연속복리 이자율의 의미를 살펴본다. 또한 무이표이자율, 액면가수익률, 수익률곡선, 채권의 가격 결정을 살펴보고, 무이표 국채이자율을 계산하는 데 통상적으로 사용하는 '부트스트랩(bootstrap)' 절차를 설명한다. 그 밖에도 선도금리와 선도금리계약을 살펴보고, 이자율의 기간구조에 대한 몇 가지 이론도 설명한다.

6장에서는 금리 선물과 듀레이션을 설명할 것이다. 설명의 편의를 위해 이 장에서는 이자 일수계산법을 무시할 것이다. 이자 일수계산 규칙의 특성과 그것이 미치는 영향은 6장과 7장에서 논의할 것이다.

4.1 이자율 유형

특정 상황에서 이자율은 차입자가 대출자에게 지급하기로 약속한 금액을 일컫는다. 특정 통화에 대해서 다양한 유형의 이자율이 정기적으로 고시된다. 여기에는 담보대출이자율(mortgage rate), 예금이자율(deposit rate), 우대 차입이자율(prime borrowing rate) 등이 포함된다. 금리에 영향을 미치는 중요한 요소 중 하나는 신용위험(credit risk)이다. 신용위험은 자금 차입자가 채무불이행을 해 대출자에게 약속한 이자와 원금이 지급되지 않을 위험이다. 신용위험이 높을수록 대출자에게 약속하는 이자율이 높아진다. 신용위험을 허용하기 위해 무위험이자율(risk-free interest rate)에 추가되는 금액을 신용 스프레드(credit spread)라고 한다. 이자율은 흔히 베이시스 포인트로 표시되며, 1베이시스 포인트는 연 0.01%이다.

국채이자율

국채이자율은 투자자가 단기국채(Treasury bill)와 장기국채(Treasury bond)로부터 얻는 이자율이다. 이는 정부가 자국통화로 차입할 때 사용하는 상품이다. 일본 국채이자율은 일본 정부가 엔화로 차입하는 이자율이고, 미국 국채이자율은 미국 정부가 미국 달러로 차입하는 이자율이다. 일반적으로 선진국 정부가 자국통화로 표시된 채무를 불이행할 가능성은 없다고 가정한다. 따라서 선진국의 국채이자율은 단기국채 또는 장기국채를 매수하는 투자자가 약속한 대로 이자와 원금을 확실하게 지급받을 수 있다는 점에서 위험이 없는 것으로 간주된다.

오버나이트 이자율

은행은 지급준비금(reserve)이라고 알려진 일정 금액의 현금을 중앙은행에 예치해야 한다. 은행의 준비금 요건은 은행의 미결제 자산과 부채에 따라 달라진다. 하루를 마감할 때, 일반적으로 일부 금융기관은 중앙은행의 계좌에 잉여자금이 있는 반면 다른 금융기관은 자금이 필요하다. 이는 당일 밤(오버나이트)에 차입과 대출로 이어진다. 보통은 브로커가 대출자와 차입자를 연결한다. 미국에서 중앙은행은 연방준비은행(Federal Reserve, 흔히 연준이라고도 함)이며 오버나이트 이자율을 **연방기금이자율**(federal funds rate)이라고 한다. 브로커 간에 중개된 거래의 이자율 가중평균(가중치는 거래 규모에 따라 결정됨)을 **실효연방기금이자율**(effective federal funds rate)이라고 한다. 연방준비은행은 오버나이트 이자율을 모니터링하며, 이를 올리거나 내리기 위해 자체 거래에 개입할 수 있다. 다른 국가에서도 미국과 유사한 시스템을 갖추고 있다. 예를 들어 영국에서는 중개 오버나이트 이자율의 평균을 **스털링 오버나이트 지수평균**(sterling overnight index average, SONIA), 유로존에서는 **유로 단기이자율**(euro short-term rate, ESTR)[1], 스위스에서는 **스위스 오버나이트 평균이자율**(Swiss average rate overnight, SARON), 일본에서는 **도쿄 오버나이트 평균이자율**(Tokyo overnight average rate, TONAR)이라고 한다.

환매이자율

오버나이트 연방기금이자율과 달리 환매이자율은 담보대출이자율이다. 환매조건부채권(또는 환매계약)에서 증권을 소유한 금융기관은 증권을 일정한 가격에 매도하고 나중에 약간 높은 가격으로 매입하는 데 동의한다. 차입을 한 금융기관이 지급하는 이자는 증권을 매도한 가격과 재매입한 가격의 차액이다. 이 이자율을 **환매이자율**(repo rate)이라고 한다. 이런 대출은 신중하게 설계되면 신용위험이 거의 없다.

---

1 ESTR은 유로 오버나이트 지수평균(euro overnight index average, EONIA)을 대체한다.

만일 차입자가 계약을 지키지 않으면 대출회사는 증권을 소유하면 된다. 대출회사가 계약을 지키지 않으면 증권의 원래 소유자가 대출회사가 제공한 현금을 소유하면 된다. 가장 일반적인 유형의 환매이자율은 당일 밤 동안 자금을 빌려주는 **오버나이트 환매**(overnight repo)이다. 그러나 **기간 환매**(term repos)라고 하는 장기계약이 이용되기도 한다. 담보가 적용되는 이자율이기 때문에 이론적으로 환매이자율은 연방기금이자율보다 약간 낮다.

담보 오버나이트 조달이자율(secured overnight financing rate, SOFR)은 미국 내 오버나이트 환매 거래 데이터의 거래량을 가중한 중앙값이다.

4.2 기준금리

기준금리는 금융시장에서 중요하다. 거래 당사자들은 미래 지급 또는 수취이자율이 불확실하지만 합의된 기준금리의 가치와 동일하게 설정되는 계약을 자주 체결한다.

LIBOR

LIBOR는 **런던 은행 간 금리**(London Interbank Offered Rate)의 약자이다. 이것은 역사적으로 매우 중요한 기준금리였다. LIBOR는 글로벌 은행 패널에게 오전 11시(영국 시간) 직전 다른 은행에서 빌릴 수 있는 무담보 이자율을 추정하는 견적을 제공하도록 요청하는 방식으로 산출되었다. 다양한 통화와 차입 기간(1일에서 1년까지)이 고려되었다. 견적을 제출한 은행은 일반적으로 신용등급이 양호했다. 따라서 LIBOR는 신용도가 좋은 은행의 무담보 차입이자율의 추정치로 간주되었다. LIBOR는 전 세계적으로 수백조 달러에 달하는 거래에서 기준금리 역할을 해왔다. 예를 들어 특정 상황에서 5년 만기 대출의 차입이자율은 3개월 LIBOR에 30베이시스 포인트를 더한 값(즉 3개월 LIBOR에 0.3%를 더한 값)으로 지정될 수 있다. 그런 다음 매 3개월이 시작될 때마다 3개월 LIBOR의 가치가 기록되고 이렇게 LIBOR를 기준으로 한 이자는 해당 기간이 끝날 때 차입자가 지불한다. 하지만 LIBOR의 문제점은 은행 간 차입이 충분하지 않아 은행의 추정치가 시장 거래에 의해 결정된다는 것이다. 따라서 은행이 제출하는 LIBOR는 어느 정도 판단이 필요하고 조작의 대상이 될 수 있었다. 은행 규제 당국은 이를 불편해하며 LIBOR 사용을 단계적으로 폐지할 계획을 세웠다. 원래 LIBOR 사용 중단 시한은 2021년 말이었지만, LIBOR에 의존하는 기존 계약의 처리를 용이하게 하기 위해 그 이후에도 일정 기간 동안 호가가 계속될 수 있다.

새로운 기준금리

앞서 언급한 오버나이트 이자율을 기준으로 기준금리를 결정할 것이다. 예를 들어 미국의 새로운 기준금리는 SOFR, 영국의 기준금리는 SONIA, 유로존의 기준금리는 ESTR, 스위스의 기준금리는 SARON, 일본의 기준금리는 TONAR가 될 것이다. (미국의 오버나이트 이자율은 환매이자율이기 때문에 담보 오버나이트 이자율이며, 다른 국가의 오버나이트 이자율은 앞서 설명한 것처럼 은행이 지급준비금을 관리할 때 은행 간 오버나이트 거래를 통해 결정되기 때문에 무담보 오버나이트 이자율이 된다.) 3개월 이자율, 6개월 이자율, 1년 이자율과 같은 장기이자율은 오버나이트 이자율에 일일 복리를 적용해 결정된다. SOFR의 경우 연간 360일로 가정한다(일수 규칙에 대한 논의는 6장 참조). 영업일 i의 (연 환산) SOFR 오버나이트 이자율이 $r_i(1 \leq i \leq n)$이고 이것이 d_i일수에 적용된다고 가정하자. 해당 기간의 (연 환산) 이자율은 다음과 같다.

$$[(1+r_1\hat{d}_1)(1+r_2\hat{d}_2)\ \ldots\ (1+r_n\hat{d}_n)-1]\times\frac{360}{D}$$

여기서 $\hat{d}_i = d_i/360$이고 $D = \Sigma_i\, d_i$는 해당 기간의 일수이다. 대부분은 $d_i = 1$이지만 주말과 공휴일에는 하루 이상의 기간에 오버나이트 이자율이 적용된다. (예를 들어 금요일에 d_i는 일반적으로 3이 된다.) 새로운 기준금리는 신용도가 높은 금융기관에 대한 1일물 대출에서 파생되므로 리스크가 없는 것으로 간주된다. 반면 LIBOR에는 신용 스프레드가 포함된다. 또한 이전 기준금리와 새로운 기준금리 사이에는 다른 중요한 차이점이 있다. LIBOR 이자율은 미래 지향적이기에 이것은 적용될 기간이 시작될 때 결정된다. 반면 새로운 기준금리는 후향적이다. 따라서 특정 기간에 적용되는 이자율은 관련된 모든 오버나이트 이자율의 관측기간이 끝날 때까지 알 수 없다. 7장에서 설명하겠지만 스왑은 단기이자율을 사용해 상대적으로 장기에 적용되는 동등한 이자율을 결정하는 방법이다.

기준금리와 신용위험

은행이 직면한 한 가지 문제는 스트레스가 심한 시장 상황에서 신용 스프레드가 증가한다는 것이다. 예를 들어 3개월 LIBOR와 오버나이트 이자율에 의해 생성된 3개월 이자율 간 스프레드는 일반적으로 약 10베이시스 포인트(0.1%)이지만, 스트레스가 심한 시장 상황에서는 훨씬 더 높아질 수 있다. 예를 들어 금융위기 당시인 2008년 10월 미국에서는 사상 최고치인 364베이시스 포인트(3.64%)까지 치솟았다. 은행이 기준금리에 x%를 더한 금액으로 대출을 제공하는 경우(여기서 x는 상수), 평균 신용 스프레드의 상승과 하락을 이자율에 반영하기를 원한다. LIBOR가 기준금리로 사용되었을 때는 이러한 기능을 수행했지만, 새로운 기준금리은 (본질적으로 무위험이기 때문에) 그렇지 않다. 이 때문에 은행들은 새로운 기준금리에 신용 스프레드를 추가해 위험이 있는 기준금리를 만들 수 있는 방법을 요구했다. 이에 대한 여러 가지 제안이 있었으며, 향후에는 새로운 무위험 기준금리는 신용 스프레드 측정치에 의해서 확장될 것이다.

4.3 무위험이자율

앞으로 살펴보겠지만, 파생상품을 평가하는 일반적인 접근 방식은 무위험 포트폴리오를 설정한 뒤 이 포트폴리오의 수익률이 무위험이자율이 되도록 하는 것이다. 따라서 무위험이자율은 파생상품가격 책정에서 핵심적인 역할을 한다. 파생상품 거래자들은 단기국채이자율과 장기국채이자율을 무위험이자율로 사용할 것이라고 생각할 수 있다. 하지만 사실은 그렇지는 않다. 그 이유는 국채이자율을 인위적으로 낮추는 세금 및 규제적 요인이 있기 때문이다. 예를 들면 다음과 같다.

1. 은행은 국채상품에 투자하기 위해 자본을 보유할 필요는 없지만, 그 이외의 위험이 매우 낮은 상품에 대해서는 자본을 보유해야 한다.
2. 미국에서 투자자가 벌어들이는 이자는 주정부 차원에서 과세하지 않기 때문에, 국채상품은 위험이 매우 낮은 다른 상품에 비해 유리한 세제 혜택을 받는다.

오버나이트 이자율(4.2절 참조)로부터 생성된 무위험 기준금리는 파생상품 평가에 사용된다.

4.4 이자율 측정

1년 만기 예금의 이자율이 연 10%라는 은행의 설명은 직설적이고 명확하게 들린다. 그러나 사실 그것의 정확한 의미는 이자율을 어떻게 측정하느냐에 따라 다르다.

만약 이자율이 연복리로 측정된다면, 이자율이 연 10%라는 것은 다음과 같이 현재의 100달러가 1년 후 110달러가 된다는 것을 의미한다.

$$100\text{달러} \times 1.1 = 110\text{달러}$$

만약 이자율이 반년복리로 측정된다면, 이것은 6개월간 이자율이 5%이고 이 이자율로 이자가 재투자된다는 것을 의미한다. 따라서 100달러의 1년 후 가치는 다음과 같다.

$$100\text{달러} \times 1.05 \times 1.05 = 110.25\text{달러}$$

만약 이자율이 분기복리로 측정된다면, 이것은 3개월간 이자율이 2.5%이고 이 이자율로 이자가 재투자된다는 것을 의미한다. 따라서 100달러의 1년 후 가치는 다음과 같다.

$$100\text{달러} \times 1.025^4 = 110.38\text{달러}$$

표 4.1 이자율이 연 10%일 때 100달러의 1년 후 가치에 대한 복리빈도의 영향

복리빈도	100달러의 1년 후 가치(달러)
연(m=1)	110.00
반년(m=2)	110.25
분기(m=4)	110.38
월(m=12)	110.47
주(m=52)	110.51
일(m=365)	110.52

표 4.1은 복리빈도가 증가할 때의 효과를 나타낸다.

복리빈도(compounding frequency)는 이자율이 측정되는 횟수를 말한다. 한 번의 빈도를 갖는 이자율이 상이한 빈도를 갖는 동등이자율로 전환될 수 있다. 예를 들면 표 4.1로부터 연복리 10.25%의 이자율이 반년복리 10%와 같음을 알 수 있다. 한 번의 복리빈도와 여러 번의 복리빈도 간 차이는 킬로미터와 마일 간 차이와 유사한 것이다. 그들은 두 가지 서로 다른 측정 단위이다.

지금까지 살펴본 내용을 일반화하기 위해 n년 동안 A의 금액을 연간 R의 이자율로 투자한다고 가정하자. 이자를 연간 1회 복리계산하면 투자의 최종가치는 다음과 같다.

$$A(1+R)^n$$

만약 연간 m번 복리계산한다면 투자의 최종가치는 식 (4.1)과 같다.

$$A\left(1+\frac{R}{m}\right)^{mn} \tag{4.1}$$

$m=1$일 때의 이자율을 동등연간이자율(equivalent annual interest rate)이라 한다.

연속복리 계산

복리빈도 m이 무한으로 가면 연속복리(continuous compounding)가 된다. 연간 R의 이자율로 n년간 A금액을 투자할 때, 연속복리 기준으로 계산하면 미래가치는 다음과 같다(이 장 마지막의 부록 참조).

$$Ae^{Rn} \tag{4.2}$$

여기서 e는 자연대수의 밑수이며 그 값은 약 2.71828이다. 식 (4.2)의 e^x 함수는 계산기로 쉽게 계산할 수 있다. 표 4.1의 예처럼 $A=100$, $n=1$, $R=0.1$이면 현재 A금액을 연속복리로 계산한 미래가치는 다음과 같다.

$$100e^{0.1}=110.52\text{달러}$$

이것은 일별복리로 계산한 값과 소수 둘째 자리까지 동일하다. 따라서 실무적인 목적으로 사용할 때 연속복리계산은 일별복리계산과 동일한 것으로 간주할 수 있다. n년 동안 연간이자율 R로 연속복리 기준으로 계산한 최종가치는 현재가치에 e^{Rn}을 곱하면 된다. 같은 논리로 n년 동안 연간이자율 R로 할인한 현재가치의 계산은 미래가치에 e^{-Rn}을 곱하면 된다.

이 책에서 사용하는 이자율은 특별히 명시하지 않는 한 연속복리 기준의 이자율이다. 연간, 반년간, 기타 복리빈도로 측정된 이자율에 익숙한 독자들은 연속복리 기준의 이자율이 처음에는 낯설 것이다. 그러나 연속복리 기준의 이자율은 파생상품가격을 결정하는 데 폭넓게 이용되고 있으므로 이제부터는 이것에 익숙해질 필요가 있다.

연속복리 기준으로 계산한 이자율을 R_c라 하고, 연간 m번 복리계산하되 R_c와 동등한 이자율을 R_m이라 가정하자. 식 (4.1)과 (4.2)로부터 R_c와 R_m 간의 관계를 다음과 같이 유도할 수 있다.

$$Ae^{R_c n}=A\left(1+\frac{R_m}{m}\right)^{mn}$$

또는

$$e^{R_c}=\left(1+\frac{R_m}{m}\right)^{m}$$

그리고 위의 식으로부터 다음 식을 얻을 수 있다.

$$R_c=m\ln\left(1+\frac{R_m}{m}\right) \tag{4.3}$$

$$R_m=m(e^{R_c/m}-1) \tag{4.4}$$

앞의 식을 이용하면 복리빈도가 연간 m인 이자율과 연속복리 기준으로 계산한 이자율 간의 상호 전환이 가능하다(예제 4.1참조). 함수 $\ln x$는 자연로그함수(natural logarithm function)를 말하며 계산기를 이용해 쉽게 계산할 수 있다. 만약 $y=\ln x$이면 $x=e^{y}$이다(이 장 마지막 부록 참조).

4.5 무이표이자율

n년 만기 무이표이자율은 오늘 시작해서 n년간 지속되는 투자로부터 얻는 이자율이다. 모든 이자와 원금은 n년도 말에 실현되고, 중간에 지급되는 소득이 없다. n년 만기 무이표이자율

예제 4.1 복리빈도의 변화 EXAMPLE

1. 반년복리 기준 연 10%의 이자율을 식 (4.3)으로 표현하면 $m=2$, $R_m=0.1$이다. 이것을 연속복리 기준 이자율 R_c로 전환하면 연 9.758%이다.

$$2\ \ln\left(1+\frac{0.1}{2}\right)=0.09758$$

2. 어떤 대출자가 연속복리 기준의 연 8% 이자율 조건을 제시했으나 실제로 차입자는 분기별로 이자를 지급해야 한다고 하자. 식 (4.4)에서 $m=4$이고 $R_c=0.08$이므로 분기복리 기준의 이자율 R_c는 다음과 같이 연 8.08%이다.

$$4\times(e^{0.08/4}-1)=0.0808$$

다시 말해 이는 1,000달러 차입금에 대해 분기별 이자가 20.20달러임을 의미한다.

은 종종 *n*년 만기 현물이자율(*n*-year spot rate, *n*-year zero rate, *n*-year zero)이라고도 한다. 5년 만기 무이표이자율이 연속복리 기준으로 연 5%로 고시되었다고 가정하자. 이는 100달러가 5년 동안 무위험이자율로 투자된다면 128.40달러가 된다는 것을 의미한다.

$$100\times e^{0.05\times5}=128.40$$

우리가 시장에서 접하는 대부분의 이자율은 순수 무이표이자율이 아니다. 연 6% 이자율의 5년 만기 채권을 고려해보자. 이 채권의 가격으로부터 5년 만기 채권의 무이표이자율을 정확히 계산할 수 없다. 왜냐하면 채권으로부터 얻는 수익의 일부는 5차 연도 말 이전에 이자의 형태로 실현되기 때문이다. 이 장 뒷부분에서는 이표가 포함된 상품의 가격으로부터 무이표이자율을 어떻게 도출하는지 설명할 것이다.

4.6 채권의 가격 결정

대다수 채권은 정기적으로 이표를 지급한다. 또한 채권 소유자는 만기에 채권의 원금(또는 액면가)을 상환받는다. 채권의 이론적 가격은 채권 소유자가 미래에 받게 될 모든 현금흐름의 현재가치로 정의된다. 때로는 채권 거래자가 채권에서 발생하는 모든 현금흐름을 동일한 할인율로 할인하기도 한다. 그러나 각각의 현금흐름을 적절한 무이표이자율로 할인하는 것이 더 정확한 계산이다.

이를 설명하기 위해 연속복리 기준의 무이표이자율이 표 4.2와 같다고 하자(이 값을 계산하는 방법은 나중에 설명하겠다). 원금 100달러인 2년 만기 채권이 반년마다 연 6%의 이표를

표 4.2 채권 가치평가에 이용되는 무이표이자율

만기(년)	무이표이자율(%, 연속복리 기준)
0.5	5.0
1.0	5.8
1.5	6.4
2.0	6.8

지급한다고 가정하자. 첫 번째 받을 3달러 이표의 현재가치는 6개월 만기의 5% 무이자이자율로 할인해 구한다. 두 번째 받을 3달러 이표의 현재가치는 1년 만기의 5.8% 무이자이자율로 할인해 구한다. 계속해서 같은 방법으로 미래에 받을 이표와 원금을 할인한다. 따라서 채권의 이론적 가격은 다음과 같다.

$$3e^{-0.05\times0.5}+3e^{-0.058\times1.0}+3e^{-0.064\times1.5}+103e^{-0.068\times2.0}=98.39$$

채권 가격 계산을 위해서 DerivaGem을 사용할 수 있다.

채권수익률

채권수익률은 채권으로부터 발생하는 현금흐름의 현재가치와 채권의 시장 가격을 동일하게 만드는 단일 할인율이다. 앞에서 측정한 채권의 이론적 가격, 98.39달러가 시장 가격이라고 가정하자. (채권의 시장 가격은 표 4.2의 데이터와 정확히 일치한다.) y를 연속복리 기준의 채권수익률이라고 하면 다음 식이 성립해야 한다.

$$3e^{-y\times0.5}+3e^{-y\times1.0}+3e^{-y\times1.5}+103e^{-y\times2.0}=98.39$$

이 식을 시행착오법(trial-and-error procedure)으로 풀면 $y=6.76\%$가 된다.

액면가수익률

특정 만기에 대한 **액면가수익률**(par yield)은 채권 가격을 액면가와 동일하게 만드는 이표수익률이다(액면가는 원금과 동일함). 통상적으로 채권은 이자를 반년 단위로 지급한다고 가정한다. 2년 만기 채권의 예에서 이표가 연간 c(또는 6개월마다 $c/2$)만큼 지급된다고 하자. 표 4.2의 국채 무이표이자율을 이용하면 채권의 가치가 액면가인 100달러와 동일해지는 c를 다음과 같이 구할 수 있다.

$$\frac{c}{2}e^{-0.05\times0.5}+\frac{c}{2}e^{-0.058\times1.0}+\frac{c}{2}e^{-0.064\times1.5}+\left(100+\frac{c}{2}\right)e^{-0.068\times2.0}=100$$

위의 식을 풀면 $c=6.87$이 된다. 따라서 2년 만기 채권의 액면가수익률은 반년복리 기준으로 연 6.87%이다.

보다 일반적으로 말해서 d가 채권의 만기일에 받는 1달러의 현재가치이고, A가 이자 지급일에 1달러를 지급하는 연금의 현재가치이며, m이 연간 이자 지급 횟수라면, 액면가수익률 c는 다음 식을 만족해야 한다.

$$100 = A\frac{c}{m} + 100d$$

$$c = \frac{(100 - 100d)m}{A}$$

이 예에서 $m=2$, $d=e^{-0.068\times 2}=0.87284$, A는 3.70027달러이다.

$$A = e^{-0.05\times 0.5} + e^{-0.058\times 1.0} + e^{-0.064\times 1.5} + e^{-0.068\times 2.0} = 3.70027$$

따라서 액면가수익률 c는 반년복리 기준으로 연 6.87%임을 확인할 수 있다. 이 이표를 지급하는 반년 만기 채권의 가격은 액면가와 동일하다.

4.7 무이표이자율의 결정

여기에서는 무이표수익률을 결정하는 데 이용할 수 있는 **부트스트랩법**(bootstrap method)을 이용해, 우선 단기국채와 장기국채로부터 국채 무이표이자율이 어떻게 결정되는지 설명한다. 그런 다음 유사한 방식으로 OIS 무이표이자율이 어떻게 결정되는지 설명한다.

표 4.3에 있는 5개 채권의 가격 데이터를 살펴보자. 처음 3개 채권은 무이표 채권이므로 만기별 무이표이자율(현물이자율)을 쉽게 계산할 수 있다. 3개월 만기 채권은 최초 투자액 97.5를 3개월 후 100으로 만들어 준다. 연속복리 기준으로 계산한 3개월 동안의 연간 이자율은 다음 식을 만족시키는 R이다.

$$100 = 97.5e^{R\times 0.25}$$

여기서 R은 연간 10.127%이다. 마찬가지 논리로 연속복리 기준으로 계산한 6개월 동안의 연간 이자율은 다음 식을 만족시키는 R이다.

$$100 = 94.9e^{R\times 0.5}$$

여기서 R은 연간 10.469%이다. 마찬가지 논리로 연속복리 기준으로 계산한 1년 동안의 연간 이자율은 다음 식을 만족시키는 R이다.

표 4.3 부트스트랩법을 위한 데이터

채권 원금(달러)	만기(년)	연간 이표(달러)*	채권 가격(달러)	채권수익률(%)**
100	0.25	0	97.5	10.2564 (Q)
100	0.50	0	94.9	10.7482 (SA)
100	1.00	0	90.0	11.1111 (A)
100	1.50	8	96.0	10.9642 (SA)
100	2.00	12	101.6	11.0862 (SA)

*명시된 이표의 절반이 6개월마다 지급되는 것으로 가정한다.

**복리빈도는 지급빈도에 상응한다. Q = 분기복리, SA = 반기복리, A = 연복리

$$100 = 90e^{R\times 1.0}$$

여기서 R은 연간 10.536%이다.

네 번째 채권의 만기는 1.5년이며 이자와 원금은 다음과 같다.

6개월: 4달러

1년: 4달러

1.5년: 104달러

앞에서 계산한 바와 같이 6개월 후에 지급할 금액에 적용할 할인율은 연 10.469%이며 1년 후에 지급할 금액에 적용할 할인율은 연 10.536%이다. 또한 채권 가격인 96달러는 채권자가 미래에 받게 되는 모든 금액의 현재가치와 같아야 한다. 따라서 1.5년간 현물이자율을 R이라고 하면 다음 등식이 성립한다.

$$4e^{-0.10469\times 0.5} + 4e^{-0.10536\times 1.0} + 104e^{-R\times 1.5} = 96$$

위 식은 다음과 같이 간략하게 만들 수 있다.

$$e^{-1.5R} = 0.85196$$

또는

$$R = -\frac{\ln(0.85196)}{1.5} = 0.10681$$

따라서 1.5년간 현물이자율은 연 10.681%이다. 이것은 6개월 및 1년간의 현물이자율과 표 4.3의 데이터와 일치하는 유일한 이자율이다.

2년간의 현물이자율도 같은 방법으로 6개월, 1년, 1.5년간의 현물이자율과 표 4.3에 주어진 다섯 번째 채권의 데이터로부터 구할 수 있다. R을 2년간의 현물이자율이라 하면 다음과

표 4.4 표 4.3의 데이터를 이용해 계산된 연속복리 기준의 무이표이자율

만기(년)	무이표이자율(현물이자율)(연속복리 기준, %)
0.25	10.127
0.50	10.469
1.00	10.536
1.50	10.681
2.00	10.808

같이 구할 수 있다.

$$6e^{-0.10469\times0.5} + 6e^{-0.10536\times1.0} + 6e^{-0.10681\times1.5} + 106e^{-R\times2.0} = 101.6$$

여기서 R은 연간 10.808%이다.

지금까지 계산한 현물이자율을 표 4.4에 요약했다. 만기와 현물이자율 간의 관계는 무이표이자율 곡선(zero curve)으로 나타낼 수 있다. 일반적으로 부트스트랩법에 의해 측정된 수익률은 선형적으로 연결된다고 가정한다(예를 들어 1.25년 만기 채권의 현물이자율은 0.5 × 10.536%+0.5 × 10.681%=10.6085%임). 그리고 일반적으로 첫 번째 점 이전과 마지막 점 이후의 수익률곡선은 수평적이라고 가정한다. 그림 4.1은 이와 같은 가정하에서 주어진 데이터를 기반으로 계산한 무이표이자율 곡선을 나타낸다. 2년 이상의 만기를 갖는 채권의 데이터를 이용하면 2년 이후 무이표이자율 곡선을 더 정확하게 그릴 수 있다.

실제로 우리는 정확히 1.5년, 2년, 2.5년 등의 만기를 갖는 채권을 일반적으로 보유하지 못한다. 애널리스트가 간혹 사용하는 방식은 채권 가격 데이터를 무이표이자율 곡선 계산에 사용하기 전에 선형보간법을 적용하는 것이다. 예를 들어 이표가 6%이고 만기가 2.3년인 채권이 시장에서 98의 가격으로 거래되고, 이표가 6.5%이고 만기가 2.7년인 채권이 시장에서 99

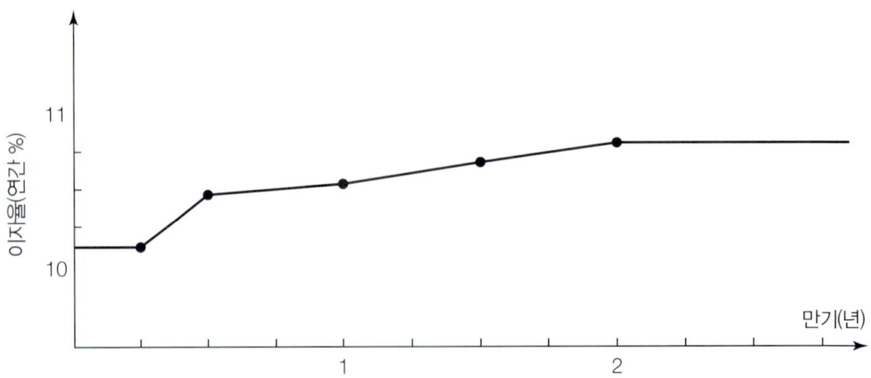

그림 4.1 부트스트랩법에 의해 계산된 무이표이자율

의 가격으로 거래되고 있다고 하자. 이때 애널리스트들은 액면이자율이 6.25%이고 만기가 2.5년인 채권은 98.5의 가격으로 팔릴 것이라고 가정한다.

OIS 이자율의 적용

오버나이트 지수 스왑(OIS)은 파생상품 평가에 필요한 무위험이자율을 결정하는 데 중요한 역할을 한다.[2] OIS는 처음 체결할 때 계약의 가치가 0의 값을 갖는다. (이 점에서 OIS는 선도계약과 유사하다.) 변동금리로 교환되는 고정금리를 OIS 이자율이라고 한다. 특정 시점에 시장에서 다양한 만기의 OIS 이자율을 관찰할 수 있다. 만기가 1년 이하인 OIS 이자율은 단 한 번의 교환으로 이어지기 때문에 해석이 간단하다. 기준 오버나이트 이자율과 동일한 무위험 무이표 이자율을 제공한다. 이제 1년 이상의 만기에 대한 OIS 이자율을 살펴보자. OIS에서는 명목원금이 교환되지 않는다(이것이 원금을 '명목'이라고 부르는 이유이다). 그러나 스왑 만기 시점에 명목원금을 교환하더라도 고정금리 지급과 변동금리 지급 모두 명목원금이 동일하기 때문에 현금 교환은 어떤 방식으로도 변경되지 않는다. 표 4.5는 미래의 특정 이자율을 가정한 금리스왑의 전체적인 이자 지급에 원금 교환을 추가한 예를 보여준다. 이 표는 스왑이 변동금리 채권(세 번째 열의 현금흐름)을 고정금리 채권(네 번째 열의 현금흐름)으로 교환하는 것과 같다는 것을 보여준다. 중요한 점은 표 7.2의 변동금리 채권이 100,000달러의 가치가 있다는 것이다. 이는 1억 달러의 차입금을 오버나이트 이자율로 상환하는 데 필요한 지급액을 제공하기 때문이다. [이를 확인하기 위해 (a) 매 분기에 1억 달러와 누적 이자를 연속적으로 오버나이트 이자율로 차입하고, (b) 매 분기 말에 누적 이자를 지급하고, (c) 2년 말에 원금 1억 달러를 상환한다고 가정하자.] OIS는 처음 체결할 때 가치가 0이므로 고정금리 채권(표 7.2의 네 번째 열)의 가치도 1억 달러여야 한다. 이는 OIS 이자율 3%가 액면가액에

표 4.5 만기에 원금 교환이 이루어지는 금리스왑의 이자 지급에 원금 교환을 추가한 현금흐름

날짜	SOFR 이자율 (%)	수취 변동현금흐름 (단위: 천 달러)	지급 고정현금흐름 (단위: 천 달러)	순현금흐름 (단위: 천 달러)
2022년 6월 8일	2.20	550	750	−200
2022년 9월 8일	2.60	650	750	−100
2022년 12월 8일	2.80	700	750	−50
2023년 3월 8일	3.10	775	750	+25
2023년 6월 8일	3.30	825	750	+75
2023년 9월 8일	3.40	850	750	+100
2023년 12월 8일	3.60	900	750	+150
2024년 3월 8일	3.80	100,950	100,750	+200

2 4.3절에서 언급했듯이 국채이자율보다 오버나이트 기준금리가 더 나은 무위험이자율로 간주된다.

표 4.6 제로 곡선 산출을 위한 OIS 이자율

OIS 만기	OIS 이자율	OIS 이자율 복리횟수	무이표이자율(연속복리)
1개월	1.8%	월별	1.7987%
3개월	2.0%	분기별	1.9950%
6개월	2.2%	반년별	2.1880%
12개월	2.5%	연별	2.4693%
2년	3.0%	분기별	2.9994%
5년	4.0%	분기별	4.0401%

분기별로 이자를 지급하는 2년 고정금리 채권의 이자율이라는 것을 보여준다.

따라서 OIS 이자율은 4.7절의 국채이자율과 동일한 방법으로 무이표 이자율 곡선을 정의한다. 1년까지의 OIS 이자율은 바로 무이표 이자율로 정의한다. 1년 이상의 OIS 이자율은 액면가 채권으로 정의한다. 무이표 이자율 곡선은 만기 사이에 선형이라고 가정할 수 있으며 DerivaGem에서 계산을 수행할 수 있다. 계산 결과의 예는 표 4.6과 그림 4.2에 나와 있다. 나와 있다. 이 예에서 2년 및 5년 무이표 이자율은 시행착오법(예: 엑셀의 해 찾기)를 사용해 다음과 일치하도록 선택된다.

–연 3%의 이자를 분기별로 지급하는 2년 만기 채권은 액면가이다.

–연 4%의 이자를 분기별로 지급하는 5년 만기 채권은 액면가이다.

4.8 선도금리

선도금리(forward interest rate)란 현재 시점의 무이표이자율을 기준으로 추정한 미래 일정 기간의 이자율이다. 선도금리가 어떻게 계산되는지 살펴보기 위해 무이표이자율이 표 4.6의 두 번째 열에 표시된 것과 같다고 가정하자. 또 이자율은 연속복리 기준으로 계산된다고 가정하자. 따라서 1년 동안의 이자율이 연 3%라면, 현재 100달러 투자 시 1년 후에 $100e^{0.03\times1}$=103.05달러를 받는다. 2년 동안의 이자율이 연 4%라면, 현재 100달러 투자 시 2년 후에 $100e^{0.04\times2}$=108.33달러를 받는다.

표 4.6에서 보듯이 두 번째 연도의 선도금리는 연 5%이다. 이것은 1년도 말과 2년도 말 사이의 기간에 대한 무이표이자율에 의해 내재된 이자율이다. 즉 1년도 현물이자율 연 3%와 2년도 현물이자율 연 4%로부터 계산할 수 있다. 2년 차 이자율을 1년 차 이자율 3%와 합치면 2년 동안 총 4%가 된다. 두 번째 연도의 선도금리가 연 5%임을 확인하기 위해 100달러를 투자했다고 가정하자. 첫 번째 연도에 3%와 두 번째 연도에 5%의 이자율을 적용하면 두 번째 연도 말에 다음과 같은 수익을 얻는다.

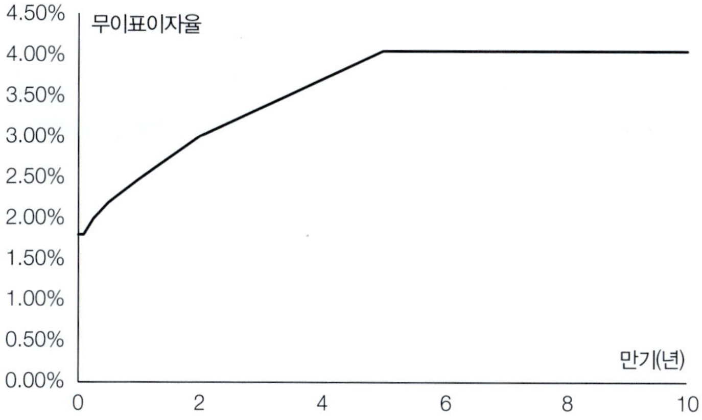

그림 4.2 표 4.6의 OIS 무이표이자율

$$100e^{0.03\times1}e^{0.05\times1}=108.33\text{달러}$$

연 4%로 2년간 투자하면 두 번째 연도 말의 수익은 위와 같이 108.33달러가 된다.

$$100e^{0.04\times2}$$

이 예로부터 이자율이 연속복리 기준으로 계산된 경우 전체 기간에 적용되는 이자율은 전체 기간을 구성하는 단위 기간별 이자율의 산술평균치임을 알 수 있다(이 장 마지막 부록 참조). 앞의 예에서 2년간 연 4%는 1년도 3%와 2년도 5%의 평균치이다. 이자율이 연속복리로 계산되지 않는 경우 산술평균치는 대략적인 추정치로만 사용될 수 있다.

세 번째 연도의 선도금리는 연 4%의 2년 동안의 무이표이자율과 연 4.6%의 3년 동안의 무이표이자율에 내재된 이자율이다. 이것은 연 5.8%이다. 즉 2년 동안 연 4%로 투자하고 1년 동안 연 5.8%로 투자하면 3년 동안 4.6%의 전체 평균 수익률이 나오기 때문이다. 다른 기간의 선도금리도 같은 방법으로 계산할 수 있으며, 이것은 표 4.7의 세 번째 열에 나와 있다. 일반적으로 R_1과 R_2가 각각 만기 T_1과 T_2에 대한 무이표이자율이면, T_1과 T_2 사이의 기간에 대한 선도금리 R_F는 다음과 같다.

표 4.7 선도금리 측정

연도(*n*)	*n*년 동안의 무이표이자율(연 %)	*n*번째 연도의 선도금리(연 %)
1	3.0	
2	4.0	5.0
3	4.6	5.8
4	5.0	6.2
5	5.3	6.5

실무사례 4.1 오렌지카운티의 수익률곡선 플레이

어떤 대규모 투자자가 표 4.5의 이자율로 차입 또는 대출할 수 있으며, 1년 이자율이 향후 5년 동안 크게 변하지 않을 것이라 생각한다고 가정하자. 투자자는 1년 자금을 차입해 5년 동안 투자할 수 있다. 1년간 차입은 1차, 2차, 3차, 4차 연도 말에 1년 더 연장될 수 있다. 만일 이자율이 거의 동일한 수준을 유지한다면, 이 전략은 연간 2.3%의 이익을 창출할 것이다. 왜냐하면 5.3%로 받고 3%로 지급하기 때문이다. 이런 전략을 *수익률곡선 플레이*(yield curve play)라 한다. 투자자는 미래의 이자율이 오늘날 시장에서 관측된 선도금리와 상당히 다를 것으로 예상한다. (우리의 예에서 오늘날 시장에서 관측된 미래 1년 만기 선도금리는 5%, 5.8%, 6.2%, 6.5%이다.)

오렌지카운티(Orange County)의 재정 담당관인 로버트 시트론(Robert Citron)은 방금 살펴본 것과 유사한 수익률곡선 플레이를 1992년과 1993년에 아주 성공적으로 사용했다. 시트론이 벌어들인 이익은 오렌지카운티 예산에 큰 공헌을 했으며, 이를 계기로 그는 카운티의 재정 담당관으로 재선임되었다. (선거에서 누구도 시트론의 거래가 너무 위험하다는 비판을 귀담아듣지 않았다).

1994년 시트론은 수익률곡선 플레이를 확장해 시행했다. 그는 *역변동금리채권*(inverse floaters)에 막대한 투자를 했다. 이것은 고정금리에서 변동금리를 차감한 이자를 지급한다. 그는 환매채 시장에서 차입한 자본과 자기자본을 합쳐서 투자했다. 만일 단기 금리가 변하지 않거나 하락하면 그는 계속해서 이익을 얻을 수 있었을 것이다. 그러나 실제로는 1994년 동안 이자율이 급격히 상승했다. 1994년 12월 1일에 오렌지카운티는 15억 달러의 손실을 본 것을 발표했고, 며칠 후 파산보호신청을 했다.

$$R_F = \frac{R_2T_2 - R_1T_1}{T_2 - T_1} \tag{4.5}$$

이 식을 사용해 네 번째 연도의 선도금리를 계산해보면 $R_F = 0.062$이다($T_1 = 3$, $T_2 = 4$, $R_1 = 0.046$, $R_2 = 0.05$).

식 (4.5)는 다음과 같이 재정리할 수 있다.

$$R_F = R_2 + (R_2 - R_1)\frac{T_1}{T_2 - T_1} \tag{4.6}$$

이 식으로부터 무이표이자율 곡선이 T_1과 T_2 사이에서 상향 기울기를 갖는다면(즉 $R_2 > R_1$이면) $R_F > R_2$임을 알 수 있다(즉 T_2에서의 선도금리는 무이표이자율보다 높다). 마찬가지로 수익률곡선이 T_1과 T_2 사이에서 하향 기울기를 갖는다면(즉 $R_2 < R_1$이면) $R_F < R_2$임을 알 수 있다(즉 T_2에서의 선도금리는 무이표이자율보다 낮다).

대형 금융기관은 표 4.6의 이자율로 차입하거나 대출할 수 있다면 선도금리를 확정할 수 있다. 예를 들어 1년 동안 3%의 이자율로 100달러를 차입해 이 자금을 2년 동안 연 4%의 이자율로 투자하면, 1차 연도 말에 $100e^{0.03\times 1} = 103.05$달러의 현금유출이 발생하고 2차 연도 말에 $100e^{0.04\times 2} = 108.33$달러의 현금유입이 발생한다. 그런데 $108.33 = 103.05e^{0.05}$이므로 103.05달러에 대해 2차 연도에 벌어들인 수익률이 선도금리와 동일한 5%가 된다. 또한 다른 예로서 100달러를 4년 동안 연 5%로 차입해 이 자금을 3년 동안 연 4.6%로 투자할 수 있다. 그 결과 3차 연도 말에 $100e^{0.046\times 3} = 114.80$달러의 현금유입이 발생하고 4차 연도 말에는

$100e^{0.05\times4}=122.14$달러의 현금유출이 발생한다. $122.14=114.80e^{0.062}$이므로 4차 연도 동안에는 6.2%의 선도금리로 자금을 차입하고 있음을 알 수 있다.

만일 대규모 투자자가 미래의 이자율이 오늘의 선도금리와 다를 것으로 예상한다면, 투자자가 해볼 만한 다수의 투자전략이 있을 것이다(실무사례 4.1 참조). 매력적인 투자전략 중 하나는 **선도금리계약**(forward rate agreement, FRA)을 체결하는 것이다. 다음에는 FRA의 기본구조와 가치평가에 대해 논의할 것이다.

4.9 선도금리계약

선도금리계약(FRA)은 미리 정해진 고정환율을 향후 시장에서 관찰되는 기준환율로 교환하는 계약이다. 두 이자율 모두 지정된 원금에 적용되지만 원금 자체는 교환되지 않는다. 역사적으로 기준금리는 보통 LIBOR였다. 1억 달러 원금에 대해 3%의 고정금리는 2년 후 3개월 LIBOR로 교환하는 계약을 고려하자. 한쪽(당사자 A)은 LIBOR를 지불하고 3%의 고정금리는 받기로 동의할 것이다. 다른 쪽(당사자 B)은 LIBOR를 받고 3%의 고정금리를 지급하는 데 동의한다. 모든 이자율은 분기별로 복리 계산된다고 가정한다(일반적인 경우처럼). 만약 2년 후 3개월 LIBOR가 3.5%로 판명되면, 당사자 A는 다음의 금액을 수취한다.

$$100{,}000{,}000\text{달러}\times(10.035-0.030)\times0.25=125{,}000\text{달러}$$

당사자 B는 이 금액을 지급한다. 지불 시점은 2.25년 후가 될 것이다.[3]

LIBOR가 단계적으로 폐지됨에 따라 3개월 SOFR 및 3개월 SONIA와 같은 변동금리를 기반으로 하는 FRA가 더 많이 등장할 것으로 예상할 수 있다. FRA는 미래에 지급하거나 수취할 이자율을 고정하는 방식이다. 예를 들어 향후 일정 기간 동안 특정 원금에 대해 3개월 SOFR을 기반으로 한 이자율을 받을 예정인 거래인은 SOFR을 지급하고 고정금리를 받는 FRA를 체결해 이자율을 고정할 수 있다. 마찬가지로, 일정 미래 기간 동안 특정 원금에 대해 3개월 SOFR을 기준으로 한 이자율을 지급해야 하는 거래인은 SOFR을 받고 고정금리를 지급하는 FRA를 체결해 이자율을 고정할 수 있다.

고정금리가 해당 선도금리와 같으면 FRA 계약의 가치는 0이 된다. 예를 들어 기준금리가 3개월 SOFR인 경우, 고정금리가 3개월 선도 SOFR 이자율과 같으면 FRA의 가치는 0이 된다.[4] FRA를 처음 설정할 때 고정금리는 일반적으로 선도금리와 같으므로 그 가치는 0이 된

---

3 실제로는 LIBOR가 일정 기간 전에 결정되므로 2년 시점에 125,000달러의 현재가치에서 3개월간 3.5%를 할인한 금액에 해당하는 금액을 지급한다.

4 5장과 7장에서는 선도금리 결정에 대해 자세히 설명한다.

예제 4.2 FRA에서 발생하는 현금흐름 EXAMPLE

어떤 기업이 3년 후에 시작해 3개월 동안 1억 달러의 원금에 대해 4%의 고정된 이자를 받는 것으로 설계된 FRA를 체결한다고 하자. 3개월 LIBOR가 연 4.5%이면 3.25년 후 시점에서 대출자에게 귀속되는 현금흐름은 다음과 같다.

$$100{,}000{,}000 \times (0.040 - 0.045) \times 0.25 = -125{,}000\text{달러}$$

이 현금흐름을 3년 후 시점의 가치로 전환하면 다음과 같다.

$$-\frac{125{,}000}{1 + 0.045 \times 0.25} = -123{,}609\text{달러}$$

상대방 계약자의 3.25년 후 시점 현금흐름은 +125,000달러이고, 이를 3년 후 시점의 가치로 전환하면 123,609달러가 된다(이 예에서 모든 이자율은 분기복리 기준임).

다. 시간이 지남에 따라 선도금리는 변경될 수 있다. 특정 시점에 다음과 같이 정의한다고 가정하자.

R_K: FRA에서 합의한 고정금리

R_F: 기준금리에 대한 현재 선도금리

τ: 이자율이 적용되는 기간(위 예시에서는 3개월)

L: 계약의 원금

우리는 지금까지 고려한 FRA와 고정금리가 선도금리 R_F인 유사한 FRA를 비교할 수 있다.

고정금리를 받는 당사자의 경우, 두 FRA의 유일한 차이점은 첫 번째 FRA의 만기 시 현금흐름이 두 번째 FRA의 만기 시 현금흐름보다 $\tau(R_K - R_F)L$이 더 크다는 것이다. (이 금액은 양수 또는 음수일 수 있다.) 두 번째 FRA의 가치는 0이라는 것을 알고 있다. 따라서 첫 번째 FRA는 $\tau(R_K - R_F)L$의 현재가치만큼의 가치가 있다. 마찬가지로 고정금리를 지불하는 당사

예제 4.3 FRA의 가치평가 EXAMPLE

1.5년 후부터 2년 후까지의 기간에 대한 선도 SOFR 이자율이 5%(반년복리 적용)이고 얼마 전에 한 회사가 5.8%(반년복리 적용)를 받고 해당 기간 동안 원금 1억 달러에 대해 SOFR을 지급하는 FRA를 체결했다고 가정하자. 2년(SOFR) 무위험이자율은 4%(연속복리 적용)이다. FRA의 가치는 다음과 같다.

$$100{,}000{,}000 \times (0.058 - 0.050) \times 0.5e^{-0.04 \times 2} = 369{,}200\text{달러}$$

자의 경우 FRA는 $\tau(R_F - R_K)L$의 현재가치만큼 가치가 있다. 이 결과의 중요한 시사점은 기초자산의 기준금리에 대한 선도금리가 현금흐름의 교환을 결정하는 이자율이 될 것이라고 가정해 FRA를 평가할 수 있다는 것이다.

4.10 이자율의 기간구조이론

무이표이자율 곡선의 모양을 결정하는 것이 무엇인지 묻는 것은 자연스러운 것이다. 왜 이 곡선이 때로는 하향곡선의 형태이고, 때로는 상향곡선의 형태이며, 때로는 상향곡선과 하향곡선이 혼재된 형태인가? 지금까지 다양한 이론이 제안되었다. 그중 가장 단순한 것은 장기이자율이 미래의 기대 단기이자율을 반영해 결정된다는 **기대이론**(expectations theory)이다. 좀 더 정확히 말해 미래 특정 기간의 선도금리는 해당 기간에 예상되는 미래의 무이표이자율과 같다는 주장이다. 또 다른 이론인 **시장분할이론**(market segmentation theory)은 단기, 중기, 장기이자율 간에 어떤 관계도 있을 이유가 없다고 주장한다. 시장분할이론에 따르면 대형 연기금과 같은 투자기관은 특정 만기를 갖는 채권에 투자하며, 만기를 쉽게 변경하지 않으려 한다. 따라서 시장분할이론에서는 단기이자율이 단기채권시장에서의 수요와 공급에 의해 결정되며, 중기이자율은 중기채권시장에서의 수요와 공급에 의해 결정된다고 주장한다.

기간구조이론 중에서 가장 설득력 있는 것이 **유동성선호이론**(liquidity preference theory)이다. 이 이론의 기본 가정은 투자자가 유동성 유지와 단기투자를 선호하는 반면, 차입자는 일반적으로 고정된 이자율로 장기간 차입하는 것을 선호한다는 것이다. 유동성선호이론에 따르면 선도금리가 미래의 예상 무이표이자율보다 높다. 또한 이 이론은 수익률곡선이 보통 하향하지 않고 상향하는 경향이 있음을 확인한 실증 결과와도 일치한다.

순이자소득의 관리

유동성선호이론을 이해하기 위해서는 은행이 예금을 받고 대출하는 과정에서 부담하는 이자율위험을 고려해보는 것이 유용하다. 은행의 **순이자소득**(net interest income)은 받은 이자금액에서 지급한 이자금액을 차감한 소득을 말하며, 순이자소득은 주의 깊게 관리되어야 한다.

어떤 은행이 고객들에게 1년 만기와 5년 만기 예금이자율과 동시에 1년 만기와 5년 만기 모기지 대출이자율을 제시한다고 하자. 제시되는 이자율은 표 4.8과 같다. 시장 참여자들이 미래 기간의 1년 이자율이 현재 시점에서의 1년 이자율과 동일할 것으로 기대한다고 단순하게 가정하자. 대략적으로 말해서 이것은 시장에서 이자율이 상승할 가능성과 하락할 가능성이 동일하다는 것을 의미한다. 결과적으로 표 4.8은 이자율이 시장의 기대를 반영한다는 점에서 '공정'하다(즉 기대이론에 해당함). 1년 동안 투자하고 연이어 4번의 1년 동안 재투자하

표 4.8 은행이 고객에게 제시하는 이자율의 예

만기(년)	예금이자율	모기지 대출이자율
1	3%	6%
5	3%	6%

는 것은 5년 동안 한 번 투자하는 것과 전반적으로 동일한 기대수익률을 제공한다. 마찬가지로 1년 동안 자금을 조달하고 연이어 4번의 1년 동안 자금을 재조달하는 것은 5년 동안 한 번 자금을 조달하는 것과 전반적으로 동일한 기대자금조달비용을 발생시킨다.

당신이 은행에 예치할 자금이 있고 미래에 이자율이 상승할 가능성과 하락할 가능성이 동일하다는 일반적인 견해에 동의한다고 가정하자. 당신은 연 3%의 이자율로 1년 만기로 예금하겠는가, 아니면 연 3%의 이자율로 5년 만기로 예금하겠는가? 더 높은 재정적 유연성을 제공하기 때문에 당신은 1년 만기 예금을 선택할 것이다. 왜냐하면 1년 만기 예금이 자금을 더 짧은 기간 묶어 두기 때문이다.

이번에는 당신이 모기지 대출을 원한다고 하자. 이전과 마찬가지로 당신은 미래 이자율이 상승할 가능성과 하락할 가능성이 동일하다는 일반적인 견해에 동의한다고 가정하자. 당신은 연 6%의 이자율로 1년 만기 모기지 대출을 선택하겠는가, 아니면 연 6%의 이자율로 5년 만기 모기지 대출을 선택하겠는가? 당신은 아마도 5년 만기 모기지 대출을 선택할 것이다. 왜냐하면 5년 만기 모기지 대출이 다음 5년 동안의 차입이자율을 고정해 줄 것이고 재조달위험에 덜 노출시키기 때문이다.

은행이 표 4.8과 같은 이자율을 제시할 때, 대다수 고객은 1년 만기 예금과 5년 만기 모기지 대출을 선택할 것이다. 이로 인해 은행은 자산/부채의 기간 불일치(mismatch)가 발생하고 위험에 노출된다. 만일 이자율이 하락한다면 문제가 생기지 않는다. 즉 이자율 하락 시 은행은 미래에 연 3% 미만의 이자율을 지급하면서 예금을 받고 5년간 연 6%의 대출이자율을 적용해 결국 순이자소득이 증가할 것이다. 그러나 이자율 상승 시 은행은 미래에 연 3%를 초과하는 이자율을 지급하면서 예금을 받고 5년간 연 6%의 대출이자율을 적용하며 결국 순이자소득이 감소할 것이다. 이자율이 3%포인트 상승하면 순이자소득은 0이 될 것이다.

이자를 벌어들이는 자산의 만기와 이자를 지급하는 부채의 만기를 일치시키는 일은 자산/부채 관리 담당자가 해야 할 일이다. 이를 수행할 수 있는 한 가지 방법은 5년 만기 예금과 5년 만기 모기지 대출의 연간 이자율을 모두 올리는 것이다. 예를 들어 은행 담당자가 표 4.9에서와 같이 5년 만기 예금이자율은 연 4%로 올리고 5년 만기 모기지 대출이자율은 연 7%로 올렸다고 하자. 이것은 5년 만기 예금과 1년 만기 모기지 대출을 보다 매력적으로 만들 것이다. 예금이자율이 표 4.8과 같을 때 1년 만기 예금을 선택한 일부 고객은 예금이자율이

표 4.9 자산과 부채의 만기를 일치시키기 위한 5년 만기 이자율 인상

만기(년)	예금이자율	모기지 대출이자율
1	3%	6%
5	4%	7%

표 4.9로 변경되면 5년 만기 예금으로 전환할 것이다. 모기지 대출이자율이 표 4.8과 같을 때 5년 만기 모기지 대출을 선택한 일부 고객은 1년 만기 모기지 대출로 전환할 것이다. 이로 인해 자산과 부채의 만기가 일치할 수 있다. 만일 1년 만기 예금을 선택하려는 예금자와 5년 만기 모기지 대출을 선택하려는 차입자 간의 불균형이 계속 발생한다면, 5년 만기 예금이자율과 모기지 대출이자율이 더 상승할 것이다. 그리고 결국 이런 불균형은 해소될 것이다.

이렇게 은행이 행동하는 것을 설명한 것이 바로 유동성선호이론이다. 장기이자율은 예상되는 미래 단기이자율에 의해 예측되는 것보다도 더 상승하는 경향이 있다. 따라서 무이표이자율 곡선은 대부분 우상향한다. 수익률곡선은 시장에서 단기이자율이 급격히 하락할 것으로 기대될 때만 하락한다.

최근에는 많은 은행이 고객의 의사결정을 모니터링하는 정교한 시스템을 갖추고 있다. 따라서 고객이 선택한 자산/부채의 만기에 약간의 차이만 있어도 은행들은 제시 이자율을 조정할 수 있다. 때때로 금리스왑과 같은 파생상품이 은행의 위험 노출을 관리하는 데 이용되기도 한다(7장에서 설명할 것이다). 이 결과로 일반적으로 순이자소득은 매우 안정적이지만, 항상 그런 것은 아니다. 미국에서 1980년대에 있었던 저축대부조합(Savings and Loan)들의 파산과 1984년의 콘티넨털일리노이(Continental Illinois)의 파산은 자산과 부채의 만기를 일치시키지 않았기 때문에 생긴 결과였다. 두 실패 모두 미국의 납세자들에게는 매우 값비싼 대가였다.

유동성

만기가 일치하지 않는 포트폴리오는 앞에서 설명한 방식으로 문제를 야기할 뿐만 아니라 유동성 문제를 초래할 수 있다. 어떤 금융기관이 만기까지 3개월만 남은 도매예금으로 5년 만기 고정금리 대출을 실행한다고 하자. 이 금융기관은 금리 상승 위험에 노출되어 있음을 인지하고 이자율위험을 헤지할 수 있을 것이다(앞서 언급한 대로, 이를 실행할 한 가지 방법은 금리스왑을 이용하는 것이다). 그러나 유동성위험은 여전히 존재한다. 도매예금자들은 몇 가지 이유에서 금융기관을 확신하지 못하고 금융기관에 단기 자금을 제공하는 것을 거부할 수 있다. 이렇게 되면 금융기관은 충분한 자기자본을 보유하고 있다고 하더라도 심각한 유동성 문제를 겪게 되어 파산할 수 있다. 실무사례 4.2에 설명한 바와 같이 이러한 유형의 유동성 문제는 2007년에 시작된 금융위기 동안 금융기관들이 경험했던 일부 실패의 근본 원인이었다.

실무사례 4.2 유동성과 2007~2009년 금융위기

2007년 7월에 시작된 신용위기 동안 금융기관과 투자자들이 안전한 투자상품만을 선호하고 전보다 신용위험 감수를 꺼리는 '안전자산 선호(flight to quality)' 현상이 나타났다. 단기자금에 의존하는 금융기관들은 유동성 문제를 겪었다. 한 예로 영국의 노던록(Northern Rock)을 들 수 있다. 이 기관은 담보대출 포트폴리오의 대부분을 도매 예금으로 조달하기로 했으며, 일부는 단지 3개월 만기를 가지고 있었다. 즉 3개월의 기간이 끝나면 예금자들은 연이어 3개월 동안 자금을 예치하는 것을 거부할 것이다. 2007년 9월부터 예금자들은 불안해했고, 그들이 노던록에 제공했던 예금의 만기 연장을 거부했다. 그 결과 노던록은 자금을 조달할 수 없게 되었다. 2008년 초 영국 정부는 노던록을 인수했다. 미국의 경우 베어스턴스(Bear Stearns)와 리먼브러더스(Lehman Brothers) 같은 금융기관이 운영자금의 일부를 단기자금으로 조달했기 때문에 유사한 유동성 문제를 겪었다.

요약

이자율에 대해 사용되는 복리빈도는 이자가 측정되는 단위(unit)를 결정한다. 연복리 이자율과 분기복리 이자율의 차이는 마일로 측정한 거리와 킬로미터로 측정한 거리의 차이와 유사하다. 거래자들은 파생상품의 가치를 분석할 때 자주 연속복리 기준을 사용한다.

자본시장에는 다양한 이자율이 고시되고 있으며, 이러한 이자율은 분석가들이 계산한다. n년 만기 무이표이자율 또는 n년 만기 현물이자율은 모든 수익이 n년도 말에 실현될 때 n년 동안 지속되는 투자에 적용될 수 있는 이자율이다. 특정 만기 채권의 액면가수익률이란 채권 가격을 액면가와 동일하게 만드는 이표이자율을 의미한다. 선도금리는 오늘의 무이표이자율(현물이자율)에 내재된 미래 일정 기간의 이자율이다.

무이표이자율을 계산할 때 부트스트랩법이 가장 보편적으로 사용된다. 부트스트랩법은 단기증권으로부터 출발해서 점진적으로 장기증권으로 이동하면서 무이표이자율을 계산하는 방법이다. 이 방법으로 계산할 때 각 단계에서 계산된 무이표이자율은 증권의 가격과 일관성을 유지해야 한다. 거래데스크는 국채 무이표 수익률곡선을 계산하기 위해서 매일 부트스트랩법을 사용한다.

선도금리계약(FRA)은 거래당사자들이 특정 이자율(통상적으로 LIBOR)을 일정한 미래 기간 동안 약정한 원금에 적용해 차입하거나 대출할 것을 합의한 장외시장 계약이다. FRA는 선도금리가 실현된다고 가정하고 그에 따른 현금흐름 또는 소득을 할인함으로써 가치가 평가될 수 있다.

유동성선호이론은 실무에서 관찰되는 이자율 구조를 설명하는 데 이용할 수 있다. 유동성선호이론은 대다수 사람과 기업들이 장기간 차입하고 단기간 대출하기를 좋아한다고 주장한다. 차입자와 대출자의 서로 다른 만기 구조를 일치시키기 위해 금융기관은 선도금리가 기대미래 현물이자율보다 높아지도록 장기이자율을 올리는 것이 필요하다.

참고문헌

Fabozzi, F. J. *Bond Markets, Analysis, and Strategies*, 8th edn. Upper Saddle River, NJ: Pearson, 2012.

Grinblatt, M., and F. A. Longstaff. "Financial Innovation and the Role of Derivatives Securities: An Empirical Analysis of the Treasury Strips Program," *Journal of Finance*, 55, 3 (2000): 1415-36.

Jorion, P. *Big Bets Gone Bad: Derivatives and Bankruptcy in Orange County*. New York: Academic Press, 1995.

Stigum, M., and A. Crescenzi. *Money Markets*, 4th edn. New York: McGraw-Hill, 2007.

퀴즈

4.1 한 은행이 분기복리 기준으로 연 14%를 제시한다. 이 이자율은 (a) 연속복리 기준과 (b) 연복리 기준으로 각각 얼마에 해당하는가?

4.2 LIBOR는 무엇을 의미하는가?

4.3 6개월과 1년 현물이자율이 모두 연 10%이다. 만기가 18개월이고 반년마다 연 8%의 이자를 지급하는 채권의 경우(이표 지급이 방금 이루어진 경우) 수익률은 연 10.4%이다. 채권 가격은 얼마인가? 18개월 무이표이자율은 얼마인가? 모든 이자율은 반년복리로 계산된다.

4.4 어떤 투자자가 현재 1,000달러를 투자해서 1년 후에 1,100달러를 받는다. 다음 방법으로 계산할 때 각각의 연간 수익률은 얼마인가? (a) 연복리, (b) 반년복리, (c) 월복리, (d) 연속복리.

4.5 연속복리 기준의 무위험 무이표이자율이 다음 표와 같다.

만기(월)	이자율(연간 %)
3	8.0
6	8.2
9	8.4
12	8.5
15	8.6
18	8.7

2, 3, 4, 5, 6번째 분기의 선도금리를 계산하라.

4.6 무위험 무이표이자율이 문제 4.5와 같다고 하자. 원금 1,000,000달러로 1년 후 시작해 3개월 동안 LIBOR를 지급하고 연 9.5%를 받을 수 있는 FRA의 가치는 얼마인가? 3개월 동안 선도 LIBOR 이자율은 10%이다. 이자율은 분기복리 기준으로 나타낸 것이다.

4.7 이자율의 기간구조는 우상향한다. 다음을 크기순으로 배열하라.

(a) 5년 만기 무이표이자율

(b) 5년 만기 이표채의 수익률

(c) 미래 4.75~5년 사이 선도금리

만약 이자율의 기간구조가 우하향하면, 위의 질문에 대한 답은 어떻게 되겠는가?

연습문제

4.8 6개월 미국 단기국채와 1년 미국 단기국채의 현금가격이 각각 94.0과 89.0이다. 6개월마다 4달러씩 이자를 지급하는 1.5년 만기 미국 장기국채는 현재 94.84달러에 거래되고 있다. 또한 6개월마다 5달러씩 이자를 지급하는 2년 만기 미국 장기국채는 현재 97.12달러에 거래되고 있다. 6개월, 1년, 1.5년, 2년 각각의 무이표이자율을 계산하라.

4.9 월복리로 연 15%와 동등한 연속복리 이자율은 얼마인가?

4.10 어떤 예금의 이자율이 연속복리 기준으로 연 12%지만, 실제로 이자는 분기별로 지급한다. 10,000달러의 예금에 대해 매 분기 지급하는 이자는 얼마인가?

4.11 6개월, 12개월, 18개월, 24개월, 30개월 무이표이자율이 연속복리 기준으로 각각 연 4%, 4.2%, 4.4%, 4.6%, 4.8%이다. 액면가 100, 만기 30개월, 액면이자율 연 4%(반년복리 기준)인 채권의 현금가격은 얼마인가?

4.12 어떤 채권의 만기는 3년이고 액면이자율은 연 8%(반년마다 이자 지급)이며, 현금가격은 104이다. 이 채권의 수익률은 얼마인가?

4.13 6개월, 12개월, 18개월, 24개월 무이표이자율이 각각 연 5%, 6%, 6.5%, 7%이다. 2년 만기 액면가수익률은 얼마인가?

4.14 연속복리 기준의 무위험 무이표이자율이 다음과 같다고 가정하자.

만기(월)	이자율(연간 %)
1	2.0
2	3.0
3	3.7
4	4.2
5	4.5

2, 3, 4, 5번째 연도의 선도금리를 계산하라.

4.15 문제 4.14에서 주어진 무위험 무이표이자율을 이용해 3차 연도에 원금 100만 달러에 대해 연 5%의 이자를 지급하고 LIBOR를 받는 FRA의 가치를 평가하라. 3차 연도 선도 LIBOR 이자율(연복리 기준)은 5.5%이다.

4.16 만기 10년, 액면이자율 8%인 이표채의 현재 가격이 90달러이다. 또한 만기 10년, 액면이자율 4%인 이표채의 현재 가격이 80달러이다. 10년 만기 무이표이자율(연간)은 얼마인가? (힌트: 액면이자율 4%의 이표채 2개에 매입포지션을 취하고 액면이자율 8%의 이표채 1개에 매도포지션을 취하는 것으로 생각해보라.)

4.17 유동성선호이론이 이자율의 기간구조가 우하향보다 우상향 기울기를 갖는 경향이 더 높다는 관찰 결과와 일치하는 이유를 설명하라.

4.18 "무이표이자율이 우상향 기울기를 가질 때 특정 만기의 현물이자율이 같은 만기의 액면가수익률보다 더 높다. 수익률곡선이 우하향 기울기를 가질 때 특정 만기의 현물이자율이 같은 만기의 액면가수익률보다 더 낮다." 이렇게 되는 이유를 설명하라.

4.19 미국 국채이자율이 거의 위험이 없는 다른 이자율보다 더 낮은 이유는 무엇인가?

4.20 환매채시장에서의 대출이 신용위험을 거의 갖지 않는 이유는 무엇인가?

4.21 FRA가 변동금리를 고정금리로 교환하는 것과 동등한 계약인 이유를 설명하라.

4.22 환매계약은 어떻게 작동하는지, 그리고 환매계약에서 대출자는 왜 위험이 거의 없는지 설명하라.

추가문제

4.23 연복리이자율이 11%이다. 이를 (a) 반년복리이자율, (b) 분기복리이자율, (c) 월복리이자율, (d) 주간복리이자율, (e) 일간복리이자율로 전환하라.

4.24 미국 장기국채의 무이표이자율과 현금흐름이 다음 표와 같다.

만기(년)	무이표	이자율이표	지급액 액면가
0.5	2.0%	20달러	
1.0	2.3%	20달러	
1.5	2.7%	20달러	
2.0	3.2%	20달러	1,000달러

무이표이자율은 연속복리이자율이다.

(a) 채권의 이론가격은 얼마인가?

(b) 채권수익률은 얼마인가?

4.25 5년 만기 채권이 연간 5%의 이자를 반년마다 지급한다. 채권 가격은 104이다. 채권수익률은 얼마인가? 엑셀의 해 찾기 함수(Solver)를 이용해도 된다.

4.26 3개월, 6개월, 12개월, 2년, 3년 OIS 이자율이 각각 2.0%, 2.5%, 3.2%, 4.5%, 5%라고 가정하자. 3개월, 6개월, 12개월 OIS는 만기 시에 교환하고 2년과 3년 OIS에는 분기별 교환이 이루어진다. 환율을 표현하는 데 사용되는 복리빈도는 교환빈도에 해당한다. 연속복리를 사용해 OIS 무이표이자율을 계산하라. 6~12개월, 12개월~2년, 2~3년의 이자율을 결정하기 위해 연속복리 기준으로 선형보간한다. 엑셀의 해 찾기 함수가 유용할 것이다.

4.27 이자율이 반년복리 기준으로 연 5%로 제시되었다. 이를 (a) 연복리 기준 이자율, (b) 월복리 기준 이자율, (c) 연속복리 기준 이자율로 전환하라.

4.28 6개월, 12개월, 18개월, 24개월 무이표이자율이 반년복리 기준으로 각각 연 4%, 4.5%, 4.75%, 5%이다.

(a) 각 이자율을 연속복리 기준으로 전환하면 얼마인가?

(b) 18개월 후에 시작하는 6개월 선도금리는 얼마인가?

(c) 2년 액면가수익률은 얼마인가?

4.29 무이표이자율이 문제 4.28과 같다고 가정하자. LIBOR를 지급하고 18개월에 시작해 6개월 동안 7%(반년복리)를 받는 FRA의 가치는 얼마인가? 현재 이 기간 동안 선도 LIBOR 이자율은 6%(반년복리)이다. 원금은 1,000만 달러이다.

4.30 다음은 국채 가격을 보여주는 표이다.

액면가(달러)	만기(년)	연간이자(달러)*	채권 가격(달러)
100	0.50	0.0	98
100	1.00	0.0	95
100	1.50	6.2	101
100	2.00	8.0	104

*연간 이표액의 절반이 6개월마다 지급된다.

(a) 6개월, 12개월, 18개월, 24개월 만기의 무이표이자율(현물이자율)을 각각 계산하라.

(b) 6~12개월, 12~18개월, 18~24개월 사이의 선도금리를 각각 계산하라.

(c) 반년마다 이자를 지급하는 채권의 6개월, 12개월, 18개월, 24개월 액면가수익률을 각각 계산하라.

(d) 연간 7%의 이자율로 반년마다 이자를 지급하는 2년 만기 채권의 가격과 수익률을 각각 추정하라.

부록

지수함수와 로그함수

지수함수와 자연로그함수는 수학과 파생상품 식에서 널리 이용된다. 여기서는 이들의 속성을 검토한다. 지수함수는 수학에서 말하는 상수 e값과 밀접한 관계가 있다. e값은 다음과 같은 무한급수로 정의된다.

$$e = 1 + \frac{1}{1!} + \frac{1}{2!} + \frac{1}{3!} + \frac{1}{4!} + \dots$$

여기서 $n! = n \times (n-1) \times (n-2) \times \cdots \times 3 \times 2 \times 1$이다. e값은 시리즈 항(term)의 수를 확장함으로써 원하는 정확도로 계산할 수 있다. 처음 4개의 항을 이용해 e값을 구하면 다음과 같다.

$$e = 1 + 1 + \frac{1}{2} + \frac{1}{6} = 2.6667$$

처음 6개 항을 이용해 e값을 구하면 다음과 같다.

$$e = 1 + 1 + \frac{1}{2} + \frac{1}{6} + \frac{1}{24} + \frac{1}{120} = 2.71667$$

처음 10개의 항을 이용해 e값을 구하면 $e = 2.71828$이 되며 이는 소수점 다섯째 자리까지이다.

지수함수는 e^x로 나타내며, 때로는 $\exp(x)$로 나타내기도 한다. 즉 지수함수는 2.71828^x로 계산된다. 예를 들어 $e^3=2.71828^3=20.0855$이다. 지수함수는 몇 가지 흥미로운 속성이 있는데 그중 하나는 다음과 같다.

$$e^R = \lim_{m \to \infty}\left(1+\frac{R}{m}\right)^m$$

다시 말해 위의 식 우변에서 m이 증가함에 따라 그 값은 e^R에 수렴한다. e값의 이런 속성으로부터 다음 식이 유도된다.

$$Ae^{Rn} = \lim_{m \to \infty} A\left(1+\frac{R}{m}\right)^{mn}$$

위의 식은 m이 매우 커짐에 따라 식 (4.1)이 식 (4.2)가 되는 이유를 설명한다.

지수함수는 또한 다음과 같은 중요한 속성이 있다.

$$e^x e^y = e^{x+y}$$

(이 속성은 곱셈의 형태를 갖는 지수는 합산할 수 있기에 성립한다.) 어떤 투자자가 4년 동안 100달러를 투자한다고 하자. 처음 2년 동안의 이자율은 연 5%이고 마지막 2년 동안의 이자율은 연 7%이다(이자율은 연속복리 기준으로 표시된 것임). 식 (4.2)로부터 100달러는 2년도 말에 $100e^{0.05\times2}=110.52$달러가 된다. 그리고 다음 2년도 말까지 $110.52e^{0.07\times2}=127.13$달러가 된다. 즉 4년도 말의 가치는 다음과 같다.

$$100e^{0.05\times2}\,e^{0.07\times2} = 100e^{(0.05\times2)+(0.07\times2)} = 100e^{0.06\times4}$$

이것은 연속복리 기준으로, 2년간 연 5%와 다음 2년간 연 7%의 이자율은 4년간 연평균 6%의 이자율이 된다는 것을 보여준다. 연속복리 기준이 아닌 경우에는 이런 속성을 갖지 못한다.

자연로그함수 $\ln(x)$는 지수함수의 역함수이다. 만일 $y=e^x$이면 $x=\ln(y)$이다. 앞의 예에서 $e^3=20.0855$임을 알았다. 이로부터 $\ln 20.0855=3$임을 알 수 있다. 자연로그함수의 속성은 다음과 같다.

$$\ln(XY) = \ln(X) + \ln(Y), \quad \ln(X/Y) = \ln(X) - \ln(Y)$$

예를 들어 $\ln(2)=0.69$, $\ln(3)=1.10$이면 $\ln(6)=0.69+1.10=1.79$이다.

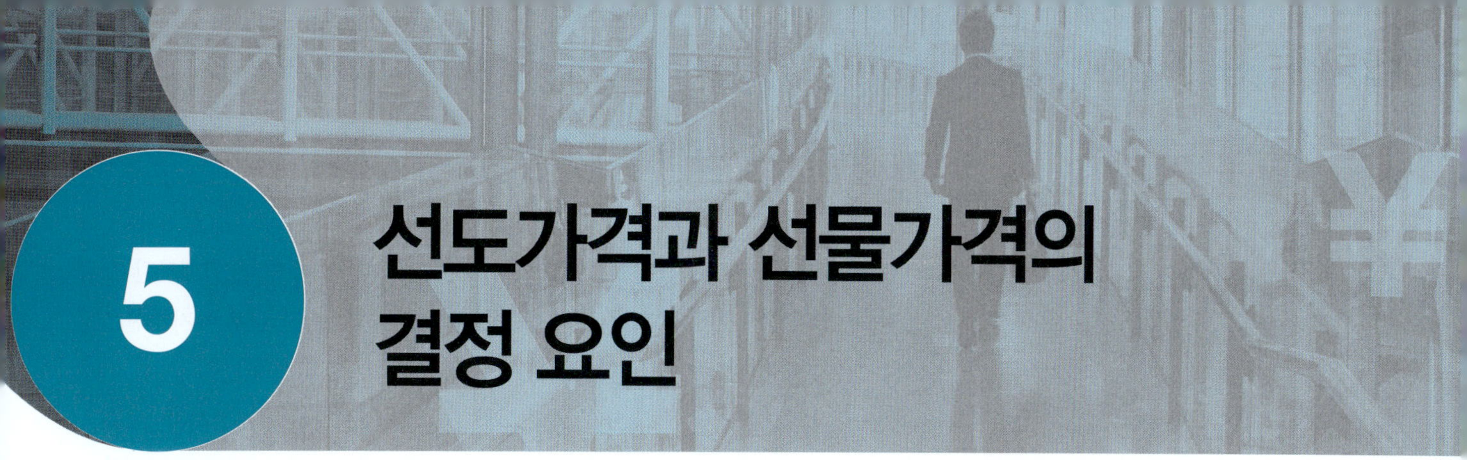

5 선도가격과 선물가격의 결정 요인

이 장에서는 선도 및 선물가격이 기초자산의 현물가격과 어떻게 관련되어 있는지 살펴본다. 선도계약은 일일정산을 하지 않고 만기일에 한 번만 정산하기 때문에 선물계약보다 분석하기 쉽다. 따라서 이 장에서는 선도가격과 현물가격의 관계를 살펴보는 것으로 논의를 시작할 것이다. 다행히 선도가격과 선물가격은 일반적으로 두 계약의 만기가 일치할 때 거의 동일하다. 이것은 선도계약에서 얻은 결과를 선물계약에서도 적용할 수 있다는 점에서 편리하다.

이 장의 전반부에서는 선도가격과 현물가격의 관계에 대해 몇 가지 중요한 결과를 유도할 것이다. 그런 다음에 그 결과를 이용해 주가지수, 통화, 상품의 선도가격 또는 선물가격과 현물가격 간의 관계를 설명할 것이다. 다음 장에서는 금리선물을 설명할 것이다.

5.1 투자자산과 소비자산의 비교

선도계약과 선물계약을 고려할 때 투자자산과 소비자산을 구별하는 것이 중요하다. **투자자산(investment asset)**은 적어도 일부 거래자에겐 투자목적으로만 보유되는 자산이다. 주식과 채권은 명백한 투자자산이다. 금과 은 또한 투자자산이다. 투자자산이라고 해서 투자목적으로만 보유되어야 하는 것은 아니다(예를 들어 은의 경우 여러 공업 목적으로 이용된다). 그러나 어떤 자산이 투자자산이 되기 위해서는 일부 거래자가 오직 투자목적으로만 그 자산을 보유해야 한다는 조건을 만족해야 한다. **소비자산(consumption asset)**은 일반적으로 투자목적이 아닌 소비목적으로 보유되는 자산을 말한다. 소비자산의 대표적인 예로는 구리, 석유, 옥수수, 삼겹살 등의 상품이 있다.

이 장 뒷부분에서 볼 수 있듯이, 현물가격과 시장변수로부터 투자자산의 선도가격 및 선물가격을 유도할 때 차익거래 논리를 사용할 것이다. 그러나 소비자산의 선도가격 및 선물가격에 대해서는 차익거래 논리를 사용할 수 없다.

5.2 공매도

이 장에서 소개하는 일부 차익거래전략에서는 **공매도**(short selling)를 이용한다. 공매도란 소유하지 않은 증권을 '매도'하는 것이다. 모든 투자자산에 대해서는 아니지만 일부 투자자산은 공매도가 가능하다. 주식에 대한 공매도를 이용해 차익거래 논리를 설명하겠다.

어떤 투자자가 브로커에게 X기업 주식 500주를 공매도하라고 지시한다고 가정하자. 브로커는 다른 고객으로부터 X기업 주식 500주를 빌려 시장에서 매도함으로써 그 지시를 수행할 것이다. 어느 시점에 가서는 투자자는 시장에서 X기업 주식 500주를 매입해 그 포지션을 마감할 것이다. 매입한 주식은 원래 빌려온 고객의 계좌로 되돌려진다. 투자자는 공매도 기간에 주가가 하락하면 이익을 얻고, 주가가 상승하면 손실을 본다. 공매도 기간 중 브로커는 빌려온 주식을 되돌려주어야 하고 더 이상 빌릴 수 없다면, 투자자는 본인의 의사와 상관없이 포지션을 마감해야 한다. 경우에 따라서는 공매도 포지션을 가진 투자자에게 주식 또는 다른 증권들을 빌려주면서 수수료를 부과하기도 한다.

공매도포지션을 가진 투자자는 공매도한 유가증권에서 통상적으로 받을 수 있는 배당금이나 이자 등을 브로커에게 지급해야 한다. 브로커는 그 증권을 빌려준 고객의 계좌에 이를 이체한다. 예를 들어 4월 현재 120달러인 주식 500주를 공매도한 투자자가 7월에 주당 100달러로 500주를 매입해 공매포지션을 마감한다고 하자. 한편 해당 주식은 5월에 주당 1달러의 배당을 지급한다고 가정하자. 투자자는 공매도가 시작된 4월에 500 × 120달러 = 60,000달러를 받는다. 투자자는 5월에 지급된 배당금을 돌려주기 위해 500 × 1 = 500달러를 지급한다. 마지막으로 투자자는 공매도 종료 시점인 7월에 주식에 대한 대가로 500 × 100달러 = 50,000달러를 지급한다. 따라서 투자자에게 귀속되는 최종 순이익은 다음과 같다.

$$60{,}000\text{달러} - 500\text{달러} - 50{,}000\text{달러} = 9{,}500\text{달러}$$

이때 주식을 빌리는 데 따른 수수료는 없다고 가정한다. 이 예를 설명하는 표 5.1에 따르면 공매도해서 얻는 현금흐름은 4월에 주식을 매입하고 7월에 그 주식을 매도해서 얻는 현금흐름과 금액은 같고 부호만 반대이다(여기서도 주식을 빌리는 데 따른 수수료는 없다고 가정한다).

투자자는 브로커와 **증거금 계정**(margin account)을 유지해야 한다. 증거금 계정은 주가 상승 시 공매도 포지션의 의무를 이행한다는 것을 보장하기 위해 투자자가 브로커에게 예치한 현금 또는 유가증권으로 구성된다. 이는 2장에서 설명한 선물계약의 증거금 계정과 유사하다. 즉 개시증거금이 요구되고 만일 공매도 대상 자산의 가격이 불리하게 움직이면(자산 가격이 상승하면) 추가증거금이 요구될 수도 있다. 만일 추가증거금이 제공되지 않으면 매도포

표 5.1 공매도 및 주식 매입으로 인한 현금흐름

주식 매입 시	
4월: 1주당 120달러를 지급하고 500주 매입	−60,000달러
5월: 배당 수령	500달러
7월: 1주당 100달러를 받고 500주 매도	50,000달러
	순이익= −9,500달러
공매도 시	
4월: 500주를 빌려서 120달러를 받고 매도	60,000달러
5월: 배당 지급	−500달러
7월: 1주당 100달러를 지급하고 500주를 매입해서 공매포지션 마감	50,000달러
	순이익 = 9,500달러

지션은 마감된다. 증거금 계정이 투자자에게 실제로 비용을 부과하지는 않는다. 왜냐하면 일반적으로 증거금 계정의 잔액에 대해 이자가 지급되고, 만일 제시된 이자율이 너무 낮아서 받아들일 수 없으면 단기 국채와 같은 시장성 유가증권이 증거금으로 예치될 수 있기 때문이다. 자산 매각 대금은 투자자에게 귀속되고 정상적인 경우 개시증거금에 더해진다.

시간이 흐름에 따라 공매에 대한 규제도 변한다. 업틱 룰(uptick rule)은 1938년에 도입되었다. 업틱 룰은 주식의 최근 가격이 '상승한 경우(uptick)'에만 공매를 허용하는 규정이다. 미국증권거래위원회(SEC)는 업틱 룰을 2007년 7월에 폐지했으나, 2010년 2월에 '대체 업틱(alternative uptick)'을 재도입했다. 새로운 규정에 따르면 주가가 하루에 10% 이상 하락하면 당일과 익일 공매도가 제한된다. 이런 제한조치로 인해 주식은 최근에 가장 좋은 매입가격보다 높은 가격으로만 공매도될 수 있다. 때때로 공매도가 일시적으로 금지되었다. 특히 2008년에 많은 국가에서 이런 조치가 취해졌는데, 그 이유는 공매도가 지금까지 시장에서 나타난 높은 변동성에 영향을 미쳤다고 생각하기 때문이다.

5.3 가정과 기호 정의

이 장에서는 일부 시장 참여자에게 다음 사항이 모두 사실이라고 가정한다.

1. 거래 시 거래비용이 발생하지 않는다.
2. 모든 거래순이익에 대해 동일한 세율이 적용된다.
3. 차입이자율과 대출이자율이 무위험이자율로 동일하다.
4. 차익거래기회를 이용한다.

이러한 가정이 모든 시장 참여자에게 사실일 필요는 없다. 다만 우리가 요구하는 것은 이런 가정들이 대형 파생상품딜러와 같은 소수의 주요 시장 참여자에게 사실이거나 적어도 대략적으로는 사실이라는 것이다. 선도가격과 현물가격의 관계를 결정하는 것은 차익거래기회가 발생할 때 이것을 이용하려는 주요 시장 참여자의 거래행동과 그들의 열정이다.

이 장에서 사용할 기호는 다음과 같다.

T: 선도계약 또는 선물계약의 인도일까지의 기간(연간 기준)
S_0: 선도계약 또는 선물계약 기초자산의 현재가격
F_0: 선도계약 또는 선물계약의 현재가격
r: 인도일(즉 T년)에 만기가 도래하는 무이표채 투자에 대한 연속복리 기준의 무위험이자율

무위험이자율 r은 차입금이 위험 없이 상환되는, 즉 신용위험이 없는 상태에서의 차입 또는 대출이자율이다. 4장에서 설명했듯이, 전통적으로 파생상품 시장에서 금융기관이나 기타 시장 참여자들은 OIS 이자율을 무위험이자율의 대용치로 사용해 왔다.

5.4 투자자산의 선도가격

가장 쉽게 가치를 평가할 수 있는 선도계약은 보유자에게 계약 종료 시까지 어떤 소득도 제공하지 않고 보관비용이 없는 투자자산을 기반으로 만들어진 것이다. 이런 자산으로는 무배당주식(non-dividend-paying stock)과 무이표채(zero-coupon bond) 등이 있다.

3개월 후에 무배당 주식을 매입하는 선도계약을 고려하자.[1] 현재 주가가 40달러이고 3개월 무위험이자율이 연 5%라고 가정하자.

만약 선도가격이 상대적으로 높은 43달러라고 하자. 차익거래자는 연 5%의 무위험이자율로 40달러를 차입해서 주식 1주를 매입하고, 3개월 후에 1주를 매도할 수 있는 선도계약을 체결할 수 있다. 3개월이 지난 후 차익거래자는 1주를 인도하고 43달러를 받는다. 차입을 상환하는 데 필요한 금액은 다음과 같다.

$$40e^{0.05\times 3/12}=40.50\text{달러}$$

차익거래자는 이 전략을 통해 3개월 후에 43.00달러−40.50달러=2.50달러의 확정이익을 얻는다.

다음에는 선도가격이 상대적으로 낮은 39달러라고 가정하자. 차익거래자는 1주를 공매도하고 그 대금을 연 5%의 이자율을 주는 자산에 3개월간 투자한다. 동시에 3개월 선

1 개별주식에 대한 선도계약은 일반적인 경우 실제로 자주 일어나지는 않는다. 그러나 이런 계약은 설명을 위해서 유용하다. 미국에서 개별주식에 대한 선물계약은 2002년 11월부터 거래되기 시작했다.

표 5.2 중간수익을 제공하지 않는 자산에 대한 선도가격이 현물가격이 일치하지 않을 때의 차익거래기회 (자산 가격=40달러, 이자율=5%, 선물계약 만기=3개월)

선도가격=43달러	선도가격=39달러
현재 거래:	*현재 거래:*
3개월간 연 5% 이자율로 40달러 차입	주식 1주를 공매하고 40달러 수령
주식 1주 매입	40달러를 연 5%로 3개월간 투자
3개월 후 43달러에 주식 1주를 매도하는 선도계약 체결	3개월 후 39달러에 주식 1주를 매입하는 선도계약 체결
3개월 후 거래:	*3개월 후 거래:*
주식 1주를 43달러에 매도	주식 1주를 39달러에 매입
차입금에 대한 원리금 40.5달러 상환	공매도포지션 마감
	투자로부터 원리금 40.5달러 수령
차익거래이익=2.50달러	차익거래이익=1.50달러

도계약 1개에 매입포지션을 취한다. 공매도 대금을 투자해서 3개월 후에 얻는 금액은 $40e^{0.05\times3/12}=40.50$달러이다. 3개월 후 차익거래자는 선도계약 조건에 의해 39달러를 지급하고 주식 1주를 인도받아 그 주식을 돌려줌으로써 공매도계약을 마감한다. 이상의 거래로부터 차익거래자는 3개월 후 다음과 같은 순이익을 얻는다.

$$40.50\text{달러} - 39.00\text{달러} = 1.50\text{달러}$$

이상의 차익거래 내용을 요약하면 표 5.2와 같다.

어떤 경우에 표 5.2와 같은 차익거래기회가 사라지게 될까? 첫째로 차익거래기회는 선도가격이 40.50달러보다 높을 때 발생하고, 둘째로 차익거래기회는 선도가격이 40.50달러보다 낮을 때 발생한다. 결국 차익거래가 발생하지 않기 위해서는 선도가격이 정확히 40.50달러여야 한다고 추론할 수 있다.

일반화

지금까지의 내용을 일반화하기 위해 중간무소득 투자자산의 가격을 S_0라 하고 그 자산에 기반한 선도계약을 고려해보자. T는 만기까지의 기간이고, r은 무위험이자율이며, F_0는 선도가격이다. F_0와 S_0 간에는 다음의 관계가 성립한다.

$$F_0 = S_0 e^{rT} \tag{5.1}$$

만일 $F_0 > S_0 e^{rT}$면 차익거래자는 자산을 매입함과 동시에 그 자산에 대한 선도계약을 매도한다. 만일 $F_0 < S_0 e^{rT}$이면 차익거래자는 자산을 매도함과 동시에 그 자산에 대한 선도계약을 매

예제 5.1 소득을 제공하지 않는 자산의 선도가격 EXAMPLE

오늘부터 1년 후 만기가 되는 무이표채를 매입하는 4개월 선도계약을 고려해보자(이는 선도계약 만기 시까지 무이표채의 만기가 8개월 남게 되는 것을 의미함). 무이표채의 현재가격은 930달러이다. 4개월간 적용되는 무위험이자율(연속복리 기준)은 연 6%이다. 무이표채는 이표 소득을 제공하지 않으므로 식 (5.1)을 이용해 선도계약의 가격을 구할 수 있다. 즉 $T=4/12$, $r=0.06$, $S_0=930$이므로 이들을 식 (5.1)에 대입해서 선도계약의 가격을 구하면 다음과 같다.

$$F_0=930e^{0.06\times4/12}=948.79\text{달러}$$

이것은 오늘 협상되는 선도계약의 인도가격이 될 것이다.

입한다.[2] 앞의 예에서 $S_0=40$, $r=0.05$, $T=0.25$이므로 식 (5.1)에 의하면 F_0는 다음과 같다.

$$F_0 = 40e^{0.05\times0.25} = 40.50\text{달러}$$

이는 앞에서 계산한 금액과 일치한다. 예제 5.1은 식 (5.1)을 사용하는 또 다른 예다.

선도계약을 매입하는 것과 현물을 매입하는 것은 모두 T시점에 자산을 소유하게 된다. 선도계약의 만기까지 자산을 현물 매입하는 데 따른 자금조달비용 때문에 선도가격은 현물가격보다 높다. 1994년에 발생한 키더피보디(Kidder Peabody)의 사례는 자금조달비용을 간과한 예다(실무사례 5.1 참조).

공매도가 불가능한 경우

모든 투자자산이 공매도가 가능한 것은 아니다. 또한 가능하지 않더라도 큰 문제가 되지는 않는다. 식 (5.1)을 유도하기 위해서 반드시 자산을 공매도할 필요는 없다. 필요한 것은 자산을 순수하게 투자목적으로 보유하는 사람이 많이 있어야 한다는 것이다. (정의에 따르면 이것은 항상 투자자산에 해당한다.) 만일 선도가격이 너무 낮다면 그들은 자산을 매도하고 선도계약을 매입하는 것이 유리하다고 생각할 것이다.

계속해서 투자자산에 보관비용 또는 중간소득이 없다고 가정하자. 만일 $F_0 > S_0e^{rT}$이면 투자자는 다음 전략을 채택할 수 있다.

2 식 (5.1)이 옳다는 것을 밝히기 위해 다음 전략을 고려해보자. 자산을 1단위 매입하고 T시점에 F_0의 가격으로 자산을 매도하는 선도계약을 체결한다. 이런 전략은 현재 S_0의 비용을 들게 하고 T시점에서 F_0의 확실한 현금유입을 발생시킨다. 그러므로 S_0는 F_0의 현재가치와 동일해야 한다. 즉 $S_0=F_0e^{-rT}$ 또는 $F_0=S_0e^{rT}$이다.

실무사례 5.1 **키더피보디의 황당한 실수**

투자은행은 이표채 각각의 현금흐름을 분리된 증권으로 매도함으로써 이표채인 장기국채로부터 소위 *스트립*(strip)이라는 무이표채를 만들어내는 방법을 개발했다. 키더피보디에서 거래자로 근무하는 조셉 제트(Joseph Jett)는 상대적으로 간단한 거래전략을 사용했다. 그는 스트립을 매입하고 선도시장에서 이를 매도했다. 식 (5.1)에서 볼 수 있듯이 중간소득을 제공하지 않는 증권의 선도가격은 항상 현물가격보다 높다. 예를 들어 3개월 이자율이 연 4%이고 스트립의 현물가격이 70달러라고 가정하자. 그 스트립의 3개월 선도가격은 $70e^{0.04\times3/12}=70.70$달러이다.

키더피보디의 컴퓨터 시스템은 제트의 각 거래에서 선도가격이 현물가격을 초과하는 만큼의 이익(이 예에서 0.70달러)을 보고했다. 사실 이익은 스트립을 매입하는 데 드는 자금조달비용에 불과했다. 그러나 제트는 선도계약을 연장함으로써 이 비용이 그에게 부과되는 것을 방지할 수 있었다.

그 결과 컴퓨터 시스템은 제트의 거래에 대해서 1억 달러의 이익을 보고했지만(제트는 엄청난 보너스를 받았다), 그 이면에는 3억 5,000만 달러의 손실이 있었다. 이런 사례는 대형 금융기관도 비교적 단순한 일을 잘못 처리할 수 있음을 보여준다.

1. T년 동안 r의 이자율로 S_0달러를 차입한다.
2. 자산 1단위를 매입한다.
3. 자산 1단위에 대한 선도계약을 매도한다.

T시점에서 자산은 F_0의 가격으로 매도된다. T시점에서 차입금과 이자를 상환하기 위해 S_0e^{rT}의 금액이 필요하다. 따라서 투자자는 $F_0-S_0e^{rT}$의 이익을 얻는다.

$F_0 < S_0e^{rT}$라고 가정하자. 이 경우에 자산 1단위를 보유하고 있는 투자자는 다음과 같은 전략을 수행할 수 있다.

1. S_0를 받고 자산을 매도한다.
2. T기간 동안 r의 이자율로 자산 매각 대금을 투자한다.
3. 자산 1단위에 대한 선도계약을 매입한다.

T시점에서 투자한 현금의 가치는 S_0e^{rT}가 된다. 자산은 F_0의 가격으로 재매입되고 투자자는 자산을 계속 보유할 때와 비교해서 $S_0e^{rT}-F_0$의 이익을 얻는다.

앞에서 살펴보았던 무배당 주식의 예와 같이, 선도가격이 조정되어 우리가 지금까지 고려했던 두 가지 차익거래기회가 존재하지 않을 것으로 예상된다. 이것은 식 (5.1)의 관계가 유지되어야 함을 의미한다.

5.5 예정된 소득

이제 완벽히 예측 가능한 현금소득을 제공하는 투자자산에 대한 선도계약을 고려해보자. 예를 들면 예정된 배당금을 지급하는 주식과 이표를 지급하는 이표채가 있다. 앞서 방식과 동일하게, 먼저 간단한 수치로 예를 살펴보고 그다음에 일반화하자.

현재가격이 900달러인 이표채(coupon-bearing bond)를 구입하기 위한 선도계약을 고려하자. 선도계약의 만기는 9개월이고, 앞으로 4개월 후에 40달러의 이자를 지급한다고 가정하자. 4개월과 9개월 동안 적용되는 연속복리 기준의 무위험이자율은 각각 연 3%와 연 4%이다.

먼저 선도가격이 상대적으로 높은 910달러라고 하자. 차익거래자는 이표채를 사기 위해 900달러를 무위험이자율로 차입하고 동시에 선도계약에 매도포지션을 취한다. 4개월 후 지급받는 이표의 현재가치는 $40e^{-0.03\times4/12}=39.60$달러이다. 따라서 차입한 900달러 중 39.60달러는 연 3%의 이자율로 4개월 동안 차입해 지급받는 이표로 갚을 수 있다. 결국 나머지 860.40달러만 연 4%의 이자율로 9개월간 차입한 셈이 된다. 860.40달러의 원금은 연도 말에 $860.40e^{0.04\times0.75}=886.60$달러가 된다. 선도계약의 조건에 의해 채권을 인도하고 받는 금액은 910달러이다. 그러므로 차익거래자는 최종적으로 다음의 이익을 얻는다.

$$910.00-886.60=23.40\text{달러}$$

다음에는 선도가격이 상대적으로 낮은 870달러라고 하자. 투자자는 이표채를 매도하고 선도계약을 매입하는 거래를 할 수 있다. 이표채 매각 대금 900달러 중 39.60달러를 연 3%로 4개월간 투자하면 40달러가 되는데, 이것으로 채권의 이표를 갚을 수 있다. 나머지 860.40달러는 연 4%로 9개월간 투자하면 886.60달러가 된다. 채권 매입을 위한 선도계약 조건에 따라 총 870달러를 지급하고 매도포지션을 마감한다. 결국 투자자는 다음과 같은 이익을 얻는다.

$$886.60-870=16.60\text{달러}$$

이와 같은 두 가지 전략을 요약하면 표 5.3과 같다.[3]

표 5.3에서 첫 번째 전략은 선도가격이 886.60달러보다 높을 때 이익을 얻는 반면, 두 번째 전략은 선도가격이 886.60달러보다 낮을 때 이익을 얻는다. 다시 말해 차익거래기회를 배제하기 위한 선도가격은 886.60달러이다.

일반화

위의 사례를 다음과 같이 일반화해보자. 선도계약기간에 예정된 미래소득의 현재 가치를 I라 하면 선도가격은 다음과 같이 추정할 수 있다.

$$F_0=(S_0-I)e^{rT} \tag{5.2}$$

3 만일 채권을 공매도하는 것이 불가능하다면 채권을 이미 보유한 투자자는 그것을 매도하고 그 채권에 대한 선도계약을 매입할 것이다. 그렇게 함으로써 투자자의 포지션 가치는 16.60달러만큼 증가할 것이다.

표 5.3 중간소득을 제공하는 채권의 9개월 만기 선도가격이 상대적으로 높거나 낮을 때의 차익거래기회 (자산가격=900달러, 4개월 후 소득=40달러, 4개월과 9개월 연간 무위험이자율이 각각 3%, 4%)

선도가격=910달러인 경우	선도가격=870달러인 경우
현재 차익거래:	*현재 차익거래:*
900달러 차입: 39.60달러를 4개월 차입하고 860.40달러는 9개월 차입	900달러를 받고 1개의 채권 매도
1개의 채권 매입	39.60달러를 4개월 투자하고 860.40달러를 9개월 투자
9개월 후 910달러를 받고 채권을 매도하는 선도계약 체결	9개월 후 870달러를 지급하고 채권을 매입하는 선도계약 체결
4개월 후 거래:	*4개월 후 거래:*
채권 이표 40달러 수령	4개월 투자로부터 원리금 40달러 수령
차입금 중 40달러 상환	채권 이표 40달러 지급
9개월 후 거래:	*9개월 후 거래:*
910달러를 받고 채권 매도	9개월 투자로부터 원리금 886.60달러 수령
차입금 중 나머지 886.60달러 상환	870달러를 지급하고 채권을 매입해 공매도포지션 마감
차익거래수익=23.40달러	차익거래수익=16.60달러

앞의 사례에서 $S_0=900.00$, $I=40e^{-0.03\times 4/12}=39.60$ $r=0.04$, $T=0.75$이므로 F_0는 다음과 같다.

$$F_0=(900.00-39.60)e^{0.04\times 0.75}=886.60\text{달러}$$

이 선도가격은 앞에서 구한 가격과 일치한다. 식 (5.2)는 예정된 소득을 제공하는 어떤 자산에도 적용된다. 예제 5.2는 식 (5.2)를 적용한 사례를 보여준다.

만일 $F_0>(S_0-I)e^{rT}$이면 차익거래자는 자산을 매입하고 그 자산에 대한 선도계약을 매도함으로써 이익을 얻을 수 있다. 만일 $F_0<(S_0-I)e^{rT}$이면 차익거래자는 자산을 매도하고 그 자산에 대한 선도계약을 매입함으로써 이익을 얻을 수 있다. 만일 공매도가 불가능할 경우, 자산을 소유하고 있는 투자자는 자산을 매도하고 그 자산에 대한 선도계약을 매입해 이익을 얻을 수 있음을 알 수 있을 것이다.[4]

4 식 (5.2)가 옳다는 것을 보여주기 위해 다음 전략을 고려해보자. 자산을 1단위 매입하고 T시점에 F_0의 가격으로 자산을 매도하는 선도계약을 체결한다고 하자. 이런 전략은 현재 S_0의 비용으로 T시점에서 F_0의 확실한 현금유입을 발생시키며 현재가치 I를 얻게 한다. 초기의 현금유출은 S_0이다. 현금유입의 현재가치는 $I+F_0e^{-rT}$이다. 따라서 $S_0=I+F_0e^{-rT}$ 또는 $F_0=(S_0-I)e^{rT}$이다.

예제 5.2 예정 소득을 제공하는 투자자산의 선도가격 EXAMPLE

현재가격이 50달러인 주식에 대한 만기가 10개월인 선도계약을 고려해보자. 연속복리 기준으로 무위험이자율이 모든 만기에 대해 연 8%라고 가정하자. 또한 앞으로 3개월, 6개월, 9개월 후에 주당 0.75달러의 배당이 예정되어 있다고 가정하자. 총배당의 현재가치 I는 다음과 같다.

$$I = 0.75e^{-0.08\times 3/12} + 0.75e^{-0.08\times 6/12} + 0.75e^{-0.08\times 9/12} = 2.162$$

변수 T는 10개월 또는 10/12년이므로 식 (5.2)를 사용해 선도가격 F_0를 구하면 다음과 같다.

$$F_0 = (50 - 2.162)e^{0.08\times 10/12} = 51.14\text{달러}$$

만일 선도가격이 이보다 낮으면 차익거래자는 현물계약을 매도하고 선도계약을 매입한다. 만일 선도가격이 이보다 높으면 차익거래자는 선도계약을 매도하고 현물 시장에서 주식을 매입한다.

5.6 예정수익률

선도계약의 기초자산이 예정소득이 아니라 예정수익률(known yield)을 제공하는 경우를 고려해보자. 이는 예정된 소득이 금액이 아니라 자산가격의 일정 비율로 제시되는 경우를 의미한다. 어떤 자산이 연간 5%의 수익률을 제공한다고 가정하자. 이는 자산가격의 5%의 소득이 1년에 한 번 지급되는 것을 의미할 수 있다(수익률은 연복리로 5%임). 이는 또한 자산가격의 2.5% 소득이 1년에 두 번 지급되는 것을 의미할 수도 있다(수익률은 반년복리로 5%임). 4.2절에서 이자율은 보통 연속복리 기준으로 측정된다고 설명했다. 마찬가지로 여기서도 수익률을 연속복리 기준으로 측정한다. 1년에 한 번 복리계산하는 수익률을 여러 번 복리계산하는 수익률로 전환하는 공식은 4.4절에서 사용했던 공식과 동일하다.

q를 선도계약 기간에 자산에서 얻는 평균수익률(연속복리 기준)로 정의하면 다음 식이 성립한다(연습문제 5.20 참조).

$$F_0 = S_0 e^{(r-q)T} \tag{5.3}$$

예제 5.3은 식 (5.3)을 적용한 사례를 보여준다.

5.7 선도계약의 가치평가

계약 체결 시 선도계약의 가치는 0에 가깝다. 계약 체결 이후에 선도계약의 가치는 양 또는

예제 5.3 예정수익을 제공하는 투자자산의 선도가격 EXAMPLE

6개월 동안 자산가격의 2%에 해당하는 수익을 한 번 제공하는 자산에 대한 6개월 선도계약을 고려하자. 연속복리 기준의 무위험이자율이 연 10%이고 자산의 가격이 현재 25달러이다. 즉 $S_0 = 25$, $r = 0.10$, $T = 0.5$이다. 예정수익률은 반년복리 기준으로 연 4%이다. 이것을 식 (4.3)을 이용해 연속복리 기준으로 전환하면 연 3.96%가 된다. $q = 0.0396$이므로 식 (5.3)을 이용해 선도가격 F_0를 구하면 다음과 같다.

$$F_0 = 25e^{(0.10-0.0396)\times 0.5} = 25.77\text{달러}$$

음의 값을 갖는다. 은행은 매일 거래장부에 계약의 가치를 평가해야 한다. 이제 선도계약의 가치를 어떻게 평가하는지 설명하겠다.

앞에서 소개했던 기호를 이용해 F_0를 얼마 전 체결한 선도계약의 현재가격, T년을 오늘부터 인도일까지의 기간, r을 T년 동안의 연간 무위험이자율로 정의한다. 또한 K와 f에 대해 다음과 같이 정의한다.

K: 선도계약의 인도가격
f: 선도계약의 현재가치

모든 매입 선도계약(투자자산과 소비자산 모두 포함)에 적용되는 일반적인 결과는 다음과 같다.

$$f = (F_0 - K)e^{-rT} \tag{5.4}$$

선도가격 F_0와 선도계약의 현재가치 f 간에 차이가 있음을 이해하는 것이 중요하다. 오늘이 계약 체결일이라면 인도가격은 선도가격과 동일하기 때문에 $f = 0$이 된다. 시간이 경과함에 따라 선도가격 F_0와 선도계약의 가치 f는 변한다.

식 (5.4)가 옳은지 살펴보기 위해 4.9절에서 사용했던 것과 유사한 논리를 이용한다. 다음과 같이 포트폴리오를 구성한다. (1) T시점에 K로 기초자산을 매입하는 선도계약 1개, (2) T시점에 F_0로 매도하는 선도계약 1개. T시점에서 이 포트폴리오의 첫 번째 계약으로부터 손익은 $S_T - K$이고, 두 번째 계약으로부터 손익은 $F_0 - S_T$이다. 즉 현재 시점에서 확실한 총손익이 $F_0 - K$임을 알 수 있다. 따라서 이 포트폴리오는 무위험 투자이며 T시점에서의 손익을 무위험이자율로 할인한 현재가치는 $(F_0 - K)e^{-rT}$이다. F_0는 오늘 체결된 선도계약에 적용되는 선도가격이므로, F_0로 자산을 매도하는 선도계약의 가치는 0이다. 따라서 시간 T에 K로 자산을 매입하는 선도계약의 가치는 $(F_0 - K)e^{-rT}$이다. 마찬가지로 시간 T에 K로 자산을 매도하는 선

예제 5.4 선도계약의 가치평가 EXAMPLE

얼마 전 무배당 주식에 대한 6개월 만기 선도계약에 매입포지션을 취했다. 선도계약의 만기는 6개월이다. 연속복리 기준의 무위험이자율이 연 10%이고, 주가가 25달러이며, 인도가격은 24달러이다. 이 경우 $S_0=25$, $r=0.10$, $T=0.5$, $K=24$이다. 이 값을 식 (5.1)에 대입해 6개월 선도계약의 가격을 구하면 다음과 같다.

$$F_0=25e^{0.1\times0.5}=26.28\text{달러}$$

식 (5.4)로부터 선도계약의 가치를 구하면 다음과 같다.

$$f=(26.28-24)e^{-0.1\times0.5}=2.17\text{달러}$$

도계약의 가치는 $(K-F_0)e^{-rT}$이다. 예제 5.4는 식 (5.4)를 적용한 것이다.

식 (5.4)는 선물계약의 만기 시 자산가격이 선물가격 F_0와 같다고 가정함으로써 자산을 매입하는 선물계약의 가치를 평가할 수 있다는 것을 보여준다. 이것을 확인하기 위해 우리는 T 시점에서 선도계약 매입에 대한 손익이 F_0-K라고 가정한다는 사실을 유의해야 한다. 이것의 현재가치인 $(F_0-K)e^{-rT}$는 식 (5.4)의 f의 가치와 동일하다. 마찬가지로 자산의 현재 선도가격이 실현되었다고 가정함으로써 자산에 대한 매도 선도계약의 가치를 평가할 수 있다. 이 결과는 선도금리가 실현되었다는 가정하에 선도금리의 가치를 평가할 수 있다는 4.9절의 결과와 유사하다.

식 (5.1)과 함께 식 (5.4)를 사용하면, 소득을 제공하지 않는 투자자산을 매입하는 선도계약의 가치는 다음과 같다.

$$f=S_0-Ke^{-rT} \tag{5.5}$$

이와 유사하게, 식 (5.2)와 함께 식 (5.4)를 사용하면, 현재가치 I로 알려진 소득을 제공하는 투자자산을 매입하는 선도계약의 가치는 다음과 같다.

$$f=S_0-I-Ke^{-rT} \tag{5.6}$$

마지막으로 식 (5.3)과 함께 식 (5.4)를 사용하면, 예정수익률 q를 제공하는 투자자산을 매입하는 선도계약의 가치는 다음과 같다.

$$f=S_0e^{-qT}-Ke^{-rT} \tag{5.7}$$

선물가격이 변할 때, 선물계약의 손익은 선물가격 변동분에 포지션 규모를 곱해서 계산된다. 선물계약은 일일정산되기 때문에 손익은 거의 즉시 실현된다. 식 (5.4)는 선도가격이 변

실무사례 5.2 시스템 오류인가?

은행에서 일하는 어떤 외환거래자가 3개월 후에 1.6000의 환율로 100만 파운드를 매입하는 선도계약에 매입포지션을 취했다. 동시에 옆 데스크에서 일하는 다른 거래자는 16개의 3개월 만기 파운드화 선물계약에 매입포지션을 취했다. 선물가격은 1.6000이고 선물 1계약은 62,500파운드이다. 따라서 두 거래자가 체결한 선도계약과 선물계약의 포지션은 동일하다. 포지션을 취한 지 몇 분 만에 선도가격과 선물가격이 모두 1.6040으로 상승했다. 은행 시스템에 따르면 선물 거래자가 4,000달러의 이익을 얻은 반면에 선도 거래자는 단지 3,900달러의 이익을 얻은 것으로 기록했다. 선도 거래자는 즉시 은행의 시스템 부서에 전화를 걸어 항의했다. 선도 거래자의 항의는 합당한가?

대답은 '아니요'이다. 선물계약의 일일정산은 선물가격 상승에 상응하는 즉각적인 이익이 실현되도록 보장한다. 만일 선도 거래자가 1.6040의 환율로 매도계약을 체결함으로써 선도 매입포지션을 마감한다면, 선도 거래자는 3개월 후에 1.6000의 환율로 100만 파운드를 매입하고 또한 3개월 후에 1.6040의 환율로 100만 파운드를 매도하는 계약을 체결한 것이 될 것이다. 이로 인해 4,000달러의 이익이 발생하지만 이것은 3개월 후의 이익이다. 즉 선도계약자의 이익은 4,000달러의 현재가치이다. 이는 식 (5.4)와 일치하는 것이다.

선도계약자는 손익이 대칭적(symmetrical)이라는 사실에서 위안을 얻을 수 있다. 만일 선도/선물가격이 1.6040으로 상승하는 대신 1.5960으로 하락한다면 선물 거래자는 4,000달러의 손실을 보는 반면 선도 거래자는 3,900달러의 손실만을 보게 될 것이다.

할 때 손익이 선도가격 변동의 현재가치에 포지션 규모를 곱해서 계산됨을 보여준다. 선도계약과 선물계약 간의 이런 손익 계산 차이 때문에 종종 외환거래 데스크에서 혼동이 발생한다(실무사례 5.2 참조).

5.8 선도가격과 선물가격은 동일한가?

미래 이자율에 대한 불확실성이 없을 때, 특정 인도일을 갖는 선도계약의 가격은 이론적으로는 동일한 인도일을 갖는 선물계약의 가격과 같다. 그러나 이자율이 예측할 수 없게 변동할 때(현실 세계와 같이) 선도가격과 선물가격은 이론적으로 더 이상 동일하지 않다.

기초자산의 가격 S가 이자율과 강한 양의 상관관계를 갖는 경우를 고려함으로써 이들 관계의 본질을 어느 정도 이해할 수 있다. S가 상승하면 선물계약에 매입포지션을 취한 투자자는 일일정산을 통해서 즉각적인 이익을 얻는다. 양의 상관관계가 존재하므로 이자율 또한 증가할 가능성이 크다. 따라서 이익은 평균 이상의 이자율로 투자되는 경향이 있다. 마찬가지로 S가 하락하면 투자자는 즉각적인 손실을 본다. 그리고 이 손실은 평균 이하의 이자율로 충당되는 경향이 있다. 선물계약이 아니라 선도계약을 보유하는 투자자는 이자율 변동에 의해 이런 식으로 영향을 받지 않는다. 결과적으로 선물계약을 매입하는 것이 선도계약을 매입하는 것보다 약간 더 유리하다. 따라서 S가 이자율과 강한 양의 상관관계를 가지면 선물가격이 선도가격보다 약간 높은 경향이 있으며, S가 이자율과 강한 음의 상관관계를 가지면 선도가격이 선물가격보다 약간 높은 경향이 있다.

만기가 몇 개월 남지 않은 계약의 경우 선도가격과 선물가격의 이론적 차이는 대부분 무시할 만큼 미미하다. 실제로 선도가격과 선물가격을 다르게 하는 몇 가지 요인이 이론적 모형에는 반영되어 있지 않다. 그런 요인으로는 세금, 거래비용, 증거금 계정의 사용 등이 있다. 선물계약의 경우 청산소의 역할로 계약상대방이 채무불이행할 위험이 낮을 수 있다. 또한 경우에 따라서는 선물계약이 선도계약보다 유동성이 높고 거래하기가 용이하다. 이런 모든 점에도 불구하고, 대부분의 경우 선도가격과 선물가격이 동일하다고 가정하는 것은 합리적이다. 이 책에서도 두 가격이 동일하다고 가정하여 F_0는 선물가격과 선도가격 모두를 나타내는 기호로 사용할 것이다.

선물계약과 선도계약이 동일할 수 있다고 가정하는 논리에 예외적인 상품이 유로달러 선물이다. 유로달러 선물은 6.3절에서 자세히 설명할 것이다.

5.9 주가지수선물의 가격

우리는 3.5절에서 주가지수선물이 주식 포트폴리오를 관리하는 데 얼마나 유용한 수단인지 다루었다. 이제 주가지수선물의 가격이 어떻게 결정되는지 살펴보자.

주가지수는 일반적으로 배당을 지급하는 투자자산의 가격으로 간주할 수 있다.[5] 투자자산은 지수를 구성하는 주식 포트폴리오이고, 투자자산으로부터 지급받는 배당은 주식 포트폴리오의 소유자가 받는 배당이 된다. 일반적으로 배당은 예정된 소득이 아니라 예정된 수익률로 지급되는 것으로 가정한다. q를 배당수익률(연속복리 기준)이라고 하고, 식 (5.3)을 사용해서 주가지수의 선물가격 F_0를 구하면 다음과 같다.

실무사례 5.3 CME의 닛케이 225 주가지수선물

주가지수선물의 가격이 어떻게 결정되는지 이해하려면 주가지수가 투자자산의 가치라는 것을 알아야 한다. 이는 거래 가능한 주식 포트폴리오의 가치라는 의미이다. 그런데 CME에서 거래되는 닛케이 225 주가지수선물은 그렇지 않다. 그 이유는 꽤 복잡하다. S를 닛케이 225지수의 가치라고 하자. 이것은 엔화로 측정한 225개의 일본 주식으로 구성된 포트폴리오의 가치이다. CME에서 거래되는 닛케이 225지수 선물계약 기초자산의 *달러가치*는 $5S$이다. 다시 말해 엔화로 측정한 S에 5를 곱해 기초자산의 가격으로 하고, 이것을 달러로 취급한다.

가치가 항상 $5S$달러인 포트폴리오에 투자할 수는 없다. 우리가 할 수 있는 최선의 방법은 항상 $5S$엔의 가치를 갖는 포트폴리오 또는 $5QS$달러의 가치를 갖는 포트폴리오에 투자하는 것이다. 여기서 Q는 1엔의 달러가치이다. 따라서 $5S$달러는 투자자산의 가치가 아니며 식 (5.8)은 적용되지 않는다.

CME에서 거래되는 닛케이 225지수 선물은 *콴토*(quanto)의 한 예다. 콴토는 기초자산이 한 통화로 측정되고 손익이 다른 통화로 지급되는 파생상품이다.

5 때때로 그렇지 않은 경우도 있다. 실무사례 5.3을 참조하라.

예제 5.5 지수선물의 계산 EXAMPLE

지수에 대한 3개월 선물계약을 고려해보자. 지수를 구성하는 주식들이 연 1%의 배당수익률(연속복리)을 제공하고, 현재 지수는 1,300이다. 그리고 연속복리 기준의 이자율은 연 5%이다. 이 경우 $r=0.05$, $S_0=1{,}300$, $T=0.25$, $q=0.01$이다. 따라서 선물가격 F_0는 다음과 같다.

$$F_0=1{,}300e^{(0.05-0.01)\times0.25}=1{,}313.07\text{달러}$$

$$F_0=S_0e^{(r-q)T} \tag{5.8}$$

예제 5.5는 식 (5.8)을 적용한 사례를 보여준다.

실제로 지수를 구성하는 포트폴리오의 배당수익률은 1년 내내 변한다. 예를 들어 뉴욕증권거래소의 대다수 주식은 배당을 매년 2월, 5월, 8월, 11월 첫째 주에 지급한다. q의 가치는 선물계약 기간 동안의 연평균 배당수익률을 나타내야 한다. q를 추정하는 데 사용되는 배당금은 배당락일(ex-dividend date)이 선물계약 기간 중에 있는 주식의 배당금이다. 3장의 표 3.3을 보면 S&P500의 12월 선물 정산가격이 9월 선물 정산가격보다 약 0.375% 낮다. 식 (5.8)에 따르면 이는 S&P 500의 배당수익률이 미국의 단기 무위험이자율보다 분기당 약 0.375%(연간 약 1.5%) 초과하고 있음을 알 수 있다.

지수 차익거래

만일 $F_0>S_0e^{(r-q)T}$이면 지수를 구성하는(즉 바로 인도되는) 주식들을 매입하고 선물계약을 매도하는 전략으로 이익을 얻을 수 있다. 만일 $F_0<S_0e^{(r-q)T}$이면 앞의 경우와 반대의 전략, 즉 지수를 구성하는 주식들을 매도하고 선물계약을 매입하는 전략으로 이익을 얻을 수 있다. 이런 전략들을 **지수 차익거래**(index arbitrage)라 한다. $F_0<S_0e^{(r-q)T}$일 때 지수 차익거래는 종종 지수화된 주식 포트폴리오(indexed portfolio of stocks)를 보유하고 있는 연기금에 의해 이루어진다. 그리고 $F_0>S_0e^{(r-q)T}$일 때 지수 차익거래전략은 단기자금시장에 투자하고 있는 은행 혹은 기업에 의해 이루어진다. 다수의 주식으로 구성된 지수의 경우 지수 차익거래는 때때로 주가지수의 움직임을 잘 반영하는 상대적으로 소량의 대표적인 주식들을 거래함으로써 이루어진다. 일반적으로 지수 차익거래는 컴퓨터 시스템을 이용해 거래하는 **프로그램 거래**(program trading)를 통해 이루어진다.

대부분의 경우 차익거래자들의 거래로 인해 식 (5.8)이 유지된다. 그러나 종종 차익거래가 불가능하기도 하기 때문에 선물가격이 현물가격과의 일정한 관계를 벗어나기도 한다(실무사례 5.4 참조).

실무사례 5.4 **1987년 10월의 주가지수선물 차익거래**

지수 차익거래를 수행하기 위해서 거래자는 지수선물계약과 지수를 구성하는 주식 포트폴리오를 시장에서 제시된 가격으로 매우 빠르게 거래할 수 있어야 한다. 정상적인 시장 상황에서 이것은 프로그램 거래를 사용해 가능하며, 식 (5.8)의 관계가 잘 유지된다. 시장 상황이 정상적이지 않았던 예는 1987년의 10월 19일과 20일이었다. 소위 '블랙먼데이(Black Monday)'라고 불렸던 1987년 10월 19일에 시장은 20% 이상 폭락했고, 뉴욕증권거래소에서 6억 400만 주의 주식이 거래되었다. 이는 종전의 기록을 갱신하는 것이었다. 거래소 시스템은 과부하되었고, 만일 그날 당신이 주식 1주를 매매하려고 주문을 냈다면, 그 주문이 받아들여질 때까지 2시간 정도 지연될 수 있었다.

1987년 10월 19일 거의 하루종일 선물은 주가지수에 비해 상당히 할인된 상태로 거래되었다. 예를 들면 S&P 500지수가 거래 종료 시점에 225.06(하루 동안 57.88 하락)인 반면, 12월 만기 S&P 500지수의 선물가격은 201.50(하루 동안 80.75 하락)이었다. 이것은 주문 처리 지연으로 지수 차익거래가 불가능했기 때문이다. 그다음 날인 1987년 10월 20일 화요일, 뉴욕증권거래소는 프로그램 매매에 대해 일시적 제한을 가했다. 이것은 지수 차익거래를 매우 어렵게 만들었고, 주가지수와 주가지수선물 간의 전통적 연결고리가 깨져 버렸다. 어떤 경우에는 12월 선물의 가격이 S&P 500지수보다 18%가량 하회하기도 했다. 그러나 며칠 후 시장은 정상으로 돌아왔고 차익거래자들의 거래로 인해 주가지수선물과 현물가격 간의 식 (5.8)의 균형이 이루어졌다.

5.10 통화선도계약과 통화선물계약

이제 외국통화에 대한 선도 및 선물계약을 살펴보자. 우리는 미국 투자자의 관점을 취한다. 통화선도계약과 통화선물계약의 기초자산은 다양한 종류의 외국통화이다. S_0를 외국통화 1단위에 대한 미국 달러 현물가격이라고 정의하고, F_0를 외국통화 1단위에 대한 미국 달러 선도가격 또는 선물가격이라고 정의하자. 이와 같은 정의는 다른 선도계약과 선물계약에서 한 것과 일치한다. (그러나 2.11절에서 언급했듯이 현물환율과 선도환율이 고시되는 방법은 통화에 따라 다르다. 영국 파운드, 유로, 호주 달러, 뉴질랜드 달러 이외의 주요 환율의 경우에는 '달러당 외화'로 공시된다.)

외국통화는 통화 보유자가 그 외국에서 적용되는 무위험이자율로 이자소득을 얻을 수 있는 속성이 있다. 예를 들면 외국통화 보유자는 동일 외국통화 표시 채권에 투자할 수 있다. r_f를 연속복리 기준으로 계산된 T기간의 외국 무위험이자율로 정의하자. 앞에서와 같이 r은 미국의 국내 무위험이자율로 정의한다. F_0와 S_0의 관계는 다음과 같다.

$$F_0 = S_0 e^{(r-r_f)T} \tag{5.9}$$

식 (5.9)는 국제금융 분야에서 잘 알려진 이자율 패리티(interest rate parity) 관계식이다. 이것이 성립하는 이유는 그림 5.1에 설명했다. 개인이 외국통화 1,000단위를 보유하고 있다고 하자. T시점에서 미국 달러로 전환하는 방법은 두 가지다. 한 가지 방법은 외국통화 1,000단위를 r_f의 외국통화 무위험이자율로 T년 동안 투자하고, T시점에서 실현한 금액으로 달러를

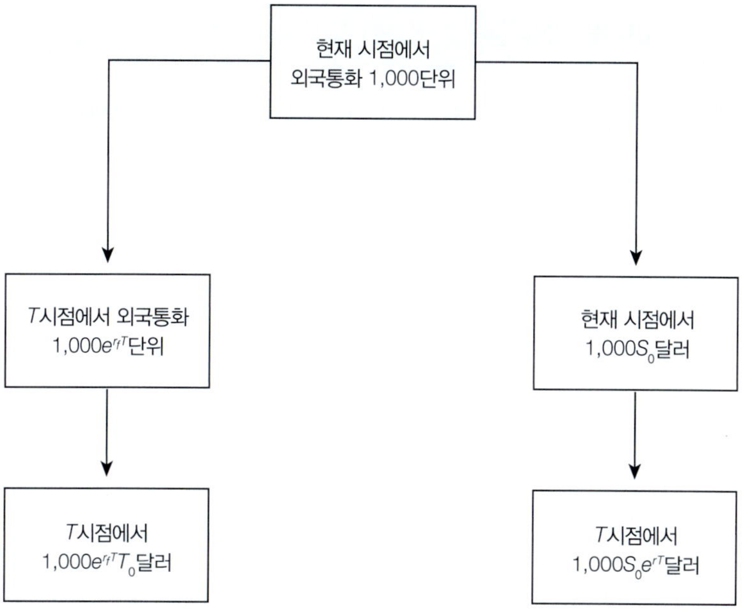

그림 5.1 ***T*시점에 1,000단위의 외화를 달러로 전환하는 두 가지 방법. S_0=현물환율, F_0=선도환율, r = 미국 달러 무위험이자율, r_f = 외국통화 무위험이자율**

매도하는 선도계약을 체결하는 방법이다. 이런 방법으로 T시점에서 얻는 금액은 $1,000e^{r_fT}F_0$ 달러이다. 다른 한 가지 방법은 현물시장에서 외국통화를 달러로 바꾸고, 그것을 r의 미국 국내이자율로 T년 동안 투자하는 방법이다. 이런 방법으로 T시점에서 얻는 금액은 $1,000S_0e^{rT}$ 달러이다. 차익거래기회가 없는 경우, 두 거래는 같은 결과를 제공해야 한다.

$$1,000e^{r_fT}F_0 = 1,000S_0e^{rT}$$

따라서 $F_0 = S_0e^{(r-r_f)T}$이다.

예제 5.6은 미국 달러와 호주 달러 사이의 환율 관계가 유지되지 않은 경우 차익거래자가 어떻게 이익을 얻을 수 있는지 보여준다.

표 5.4는 2015년 5월 13일 기준의 통화선물에 대한 시세를 보여준다. 이 시세는 달러에 대한 외국통화의 가치를 나타낸다. 이렇게 표시하는 것은 선물가격을 표시하는 통상적인 관습이다. 식 (5.9)에서 r은 미국 무위험이자율로, r_f는 외국의 무위험이자율로 적용할 수 있다.

2015년 5월 13일 유로, 일본 엔, 스위스 프랑의 단기이자율이 미국 달러의 이자율보다 낮다. 이는 $r > r_f$인 상황에서 이들 통화에 대한 12월 선물 정산가격이 9월 선물 정산가격보다 높은 것을 보여준다. 반대로 호주 달러, 영국 파운드, 캐나다 달러의 이자율은 미국 달러의 이자율보다 높다. 이는 $r < r_f$인 상황에서 이들 통화에 대한 12월 선물 정산가격이 9월 선물 정

예제 5.6 선도환율과 현물환율을 이용한 차익거래기회 EXAMPLE

호주와 미국의 2년 만기 이자율이 각각 연 3%와 연 1%이고 호주 달러(AUD)와 미국 달러(USD) 간의 현물환율이 1호주 달러(AUD)당 0.7500 미국 달러(USD)라고 가정하자. 식 (5.9)에 따르면 2년 선도환율은 다음과 같다.

$$0.75e^{(0.01-0.03)\times 2}=0.7206$$

먼저 2년 선도환율이 이것보다 낮은 0.7000이라고 가정하자. 차익거래자는 다음과 같이 할 수 있다.

1. 연 3%의 이자율로 2년간 1,000AUD를 차입하고 이를 750USD로 바꾸어서 연 1%의 이자율로 투자한다(두 이자율 모두 연속복리 기준임).
2. 1,061.84AUD를 1,061.84AUD × 0.70USD = 743.29USD에 매입하는 선도계약을 체결한다.

연 1%로 투자된 750USD는 2년 후에 $750e^{0.01\times 2}=765.15$USD가 된다. 이 중에서 743.29USD는 체결한 통화선도계약에서 1,061.84AUD를 매입하기 위해 사용된다. 이것은 차입했던 1,000AUD의 원금과 이자($1{,}000e^{0.03\times 2}=1{,}061.84$USD)를 상환하는 데 충분하다. 따라서 이 전략은 765.15 − 743.29 = 21.87USD의 무위험 이익을 창출한다. (이 금액이 그다지 흥미롭게 들리지 않는다면, 1억 호주 달러를 차입하는 유사한 예를 고려해보라.)

다음에는 2년 선도환율이 0.7600[식 (5.9)를 이용해서 구한 0.7206보다 더 높음]이라고 가정하자. 차익거래자는 다음과 같이 할 수 있다.

1. 연 1%의 이자율로 2년 동안 1,000USD를 차입하고 이를 1,000/0.7500 = 1,333.33AUD로 바꾸어서 연 3%의 이자율로 투자한다.
2. 1,415.78AUD를 1,415.78 × 0.76 = 1,075.99USD에 판매하는 선도계약을 체결한다.

연 3%로 투자된 1,333.33AUD는 2년 후 $1{,}333.33e^{0.03\times 2}=1{,}415.78$AUD가 된다. 선도계약은 이를 1,075.99USD로 전환한다. USD의 차입금 상환에 필요한 금액은 $1{,}000e^{0.01\times 2}=1{,}020.20$USD이다. 따라서 이 전략은 1,075.99 − 1,020.20 = 55.79USD의 무위험 이익을 창출한다.

산가격보다 낮은 것을 보여준다.

예제 5.7은 표 5.4를 이용해 호주와 미국의 이자율 차이를 추정한다.

예정수익률을 제공하는 자산으로서 외국통화

q가 r_f로 대체된 식 (5.9)는 식 (5.3)과 동일하다. 이것은 우연의 일치가 아니다. 외국통화는 예정수익률을 제공하는 투자자산으로 간주될 수 있다. 수익률은 외국통화에 대한 무위험이자

예제 5.7 이자율 차이의 추정 EXAMPLE

표 5.4에서 호주 달러의 9월 선물 정산가격이 6월 선물 정산가격보다 0.5% 낮다. 이는 단기선물가격이 연간 약 2% 내외의 비율로 하락하고 있음을 의미한다. 식 (5.9)로부터 이것은 호주의 단기이자율이 미국의 단기이자율을 초과한 금액의 추정치임을 알 수 있다.

표 5.4 2015년 5월 13일 CME그룹에서 거래되는 통화 선물 고시

	시가	최고가	최저가	전일 정산가격	정산가격	가격 변동	거래량
호주 달러, USD/AUD, 100,000AUD							
2015년 6월	0.7972	0.8110	0.7950	0.7977	0.8087	+0.0110	94,601
2015년 9월	0.7935	0.8070	0.7913	0.7938	0.8047	+0.0109	368
영국 파운드, USD/GBP, 62,500GBP							
2015년 6월	1.5669	1.5766	1.5630	1.5674	1.5743	+0.0069	156,534
2015년 9월	1.5655	1.5754	1.5622	1.5664	1.5733	+0.0069	228
캐나다 달러, USD/CAD, 100,000CAD							
2015년 6월	0.8326	0.8382	0.8309	0.8331	0.8348	+0.0017	61,202
2015년 9월	0.8315	0.8367	0.8300	0.8320	0.8338	+0.0018	238
유로, USD/EUR, 125,000EUR							
2015년 6월	1.1224	1.1387	1.1207	1.1225	1.1367	+0.0142	250,152
2015년 9월	1.1235	1.1400	1.1222	1.1239	1.1381	+0.0142	2,924
2015년 12월	1.1268	1.1419	1.1244	1.1259	1.1398	+0.0139	190
일본 엔, USD/100JPY, 1,250만 JPY							
2015년 6월	0.8345	0.8404	0.8338	0.8345	0.8400	+0.0055	125,686
2015년 9월	0.8354	0.8414	0.8349	0.8355	0.8408	+0.0053	396
스위스 프랑, USD/CHF, 125,000CHF							
2015년 6월	1.0781	1.0935	1.0770	1.0782	1.0924	+0.0142	18,325
2015년 9월	1.0899	1.0975	1.0899	1.0824	1.0965	+0.0141	17

율이다.

이를 이해하기 위해 외국통화로 지급되는 이자의 가치는 외국통화의 가치에 따라 달라진다는 것을 염두에 두자. 영국 파운드의 이자율이 연 5%라고 가정하자. 미국 투자자에게 영국 파운드화는 파운드화 가치의 5%에 해당하는 소득을 제공한다. 다시 말해 영국 파운드화는 연 5%의 수익률을 제공하는 자산인 것이다.

5.11 상품선물계약

이제 상품선물계약(commodity futures contract)을 살펴보자. 먼저 금과 은 같은 투자자산의 선물가격을 살펴본다.[6] 그런 다음 소비자산의 선물가격을 알아보자.

소득과 보관비용

실무사례 3.1에서 설명했듯이 금 생산업자의 헤징전략이 수행되려면 투자은행이 금을 차입해야 한다. 중앙은행 등의 금 보유자들은 금을 빌려주면서 소위 금 리스료(gold lease rate)를 부과한다. 은도 마찬가지다. 그러므로 금과 은은 보유자에게 소득을 제공한다. 여기서는 설명을 위해 소득은 무시한다. 하지만 보관비용을 고려할 것이다.

식 (5.1)은 보관비용과 소득을 무시한 상태에서 투자자산의 선도가격이 다음과 같음을 보여준다.

$$F_0 = S_0 e^{rT} \tag{5.10}$$

보관비용은 음의 소득으로 간주할 수 있다. 만일 U를 선도계약 기간 중에 발생하는 모든 보관비용의 현재가치라고 하면, 식 (5.2)로부터 다음 식을 유도할 수 있다.

$$F_0 = (S_0 + U)e^{rT} \tag{5.11}$$

예제 5.8은 식 (5.11)을 적용한 사례이다.

만일 보관비용(순소득)이 상품가격에 비례해서 발생한다면, 그것은 음의 수익률로 간주할 수 있다. 이 경우 식 (5.3)은 다음과 같다.

$$F_0 = S_0 e^{(r+u)T} \tag{5.12}$$

여기서 u는 연간 보관비율을 자산에서 얻은 수익의 현물가격 비율로 나타낸 것이다.

소비상품

투자자산이 아닌 소비자산인 상품은 일반적으로 소득을 제공하지 않으나 상당한 보관비용이 발생할 수 있다. 소비상품의 선물가격을 결정하는 데 사용되는 차익거래전략을 주의 깊게 검

---

6 자산이 투자자산이 되기 위해서 그 자산이 투자목적으로만 보유되어야 할 필요는 없음을 유의하자. 필요한 것은 일부 개인이 그 자산을 투자목적으로 보유하고 있고, 만약 선물계약이 보다 매력적이면 이들 개인이 현물포지션을 선물 매입포지션으로 기꺼이 대체할 수 있어야 한다는 것이다. 은이 산업용으로 중요하게 사용되지만 투자자산도 되는 이유가 여기에 있다.

토해보자.[7] 식 (5.11) 대신 다음과 같은 상황이 발생한다고 하자.

$$F_0 > (S_0 + U)e^{rT} \tag{5.13}$$

이 상황을 이용하기 위해서 차익거래자는 다음 전략을 실행할 수 있다.

1. 무위험이자율로 S_0+U만큼의 현금을 차입한 후 이 돈으로 상품 1단위를 구입하고 보관비용을 지급한다.
2. 상품 1단위에 대한 선물계약을 매도한다.

만일 선물계약을 선도계약으로 간주해 일일정산이 없는 경우, 이 전략은 T시점에서 $F_0-(S_0+U)e^{rT}$의 이익으로 이어진다. 금에 대한 이런 전략은 예제 5.8에 설명되어 있다. 다른 어떤 상품에 대해서도 이 전략을 실행하는 데 문제는 없다. 그러나 차익거래자가 이 전략을 실행함에 따라 S_0는 증가하고 F_0는 감소해 식 (5.13)은 더는 유지되지 않는다. 결국 어느 정도의 기간이 지나면 식 (5.13)은 유지되지 않는다.

다음으로 다음과 같은 상황이 발생한다고 가정하자.

$$F_0 < (S_0 + U)e^{rT} \tag{5.14}$$

많은 투자자가 금과 은 같은 투자자산을 단지 투자목적으로만 보유한다고 주장할 수 있다. 그들이 식 (5.14)와 같은 부등식을 관찰하면 다음과 같은 이익을 얻을 수 있다.

1. 상품을 매도해서 보관비용을 절약하고 그 대금을 무위험자산에 투자한다.
2. 상품 1단위에 대한 선물계약을 매입한다.

금에 대한 이 전략은 예제 5.8에 설명되어 있다. 이 전략은 투자자가 상품을 보유했을 때의 포지션에 비해 만기에 $(S_0+U)e^{rT}-F_0$만큼의 무위험 이익이 발생한다. 따라서 식 (5.14)는 어느 정도 기간이 지나면 유지될 수 없다. 식 (5.13)과 식 (5.14)는 오래 유지되지 않으므로 결국 $F_0=(S_0+U)e^{rT}$가 된다.

투자목적으로 보유하는 자산이 아닌 경우에는 이런 논리가 적용될 수 없다. 소비목적으로 상품을 보유하는 개인이나 기업은 투자가치 때문이 아니라 소비가치(consumption value)를 고려해서 상품을 보유한다. 그들은 상품을 매도함과 동시에 선물 또는 선도계약을 매입하는 것을 꺼린다. 왜냐하면 선물계약과 선도계약은 제조 과정에서 사용하거나 소비할 수 없기 때문이다. 그러므로 식 (5.14)의 부등식을 멈추게 할 수 없다. 따라서 소비목적으로 보유하는

7 일부 상품의 경우 현물가격은 인도장소에 따라 다르다. 여기서는 현물과 선물의 인도장소가 동일하다고 하자.

예제 5.8 금 선물가격 EXAMPLE

금에 대한 1년 선물계약을 고려해보자. 소득은 없고 금을 보관하는 데 연간 온스당 2달러의 보관비용이 들며, 보관비용은 연말에 지급한다고 가정한다. 현물가격은 1,600달러이고 무위험이자율은 만기 동안 연 5%이다. 즉 $r=0.05$, $S_0=1{,}600$, $T=1$이다. 보관비용은 다음과 같다.

$$U=2e^{-0.05\times 1}=1.90$$

식 (5.11)에 따르면 이론적인 선물가격 F_0는 다음과 같다.

$$F_0=(1{,}600+1.90)e^{0.05\times 1}=1{,}684.03\text{달러}$$

선물가격이 너무 높을 때

금 선물의 시장가격이 1,684.03달러보다 높은 1,700달러라고 가정하자. 차익거래자는 다음과 같이 할 수 있다.

1. 100온스의 금을 매입하기 위해 5%의 무위험이자율로 160,000달러를 차입한다.
2. 1년 후에 인도하는 금 선물 1계약을 매도한다.

선물계약은 매입한 100온스의 금을 1년 후에 170,000달러에 매도할 수 있게 해준다. 1년 후 차입금에 대한 원금과 이자로 168,203달러를 지급하고 보관비용으로 200달러를 지급한다면, 순이익은 다음과 같다.

$$170{,}000\text{달러}-168{,}203\text{달러}-200\text{달러}=1{,}597\text{달러}$$

선물가격이 너무 낮을 때

금 선물의 시장가격이 1,684.03달러보다 낮은 1,650달러라고 가정하자. 이 경우 이미 100온스의 금을 투자목적으로 보유하고 있는 투자자는 다음과 같이 할 수 있다.

1. 160,000달러에 금을 매도한다.
2. 1년 후에 인도할 금 선물 1계약에 매입포지션을 취한다.

160,000달러를 1년 동안 5%의 무위험이자율로 투자해 1년 후에 168,203달러를 받는다. 금 선물계약은 금을 165,000달러에 환매할 수 있도록 보장한다. 투자자는 200달러의 보관비용을 절약할 수 있다. 따라서 투자자는 차익거래를 통해 다음의 이익을 얻는다.

$$168{,}203\text{달러}-165{,}000\text{달러}+200\text{달러}=3{,}403\text{달러}$$

상품의 경우 다음 식이 성립한다.

$$F_0 \le (S_0+U)e^{rT} \tag{5.15}$$

만일 보관비용을 현물가격의 일정 비율 u로 표현하면 식 (5.15)를 다음과 같이 나타낼 수 있다.

$$F_0 \le S_0 e^{(r+u)T} \tag{5.16}$$

보유편익률

식 (5.15) 또는 (5.16)에서 등식이 항상 성립되는 것은 아니다. 왜냐하면 상품을 실제로 소비하는 사람은 상품을 직접 소유할 때 선물계약 보유 시에는 갖지 못하는 편익을 느낄 수 있기 때문이다. 예를 들어 석유정제업자(oil refiner)는 원유에 대한 선물계약을 현물로 보유하고 있는 원유와 동일하게 간주하지 않을 것이다. 왜냐하면 재고로 보유하고 있는 원유 현물은 정제 과정에 투입될 수 있지만 선물계약은 그렇지 못하기 때문이다. 일반적으로 물리적 자산의 소유권을 통해 제조업자는 생산 공정을 계속 실행하고, 일시적 공급부족으로부터 이익을 얻을 수도 있다. 그러나 선물계약은 이것이 불가능하다. 실물 자산을 보유함으로써 얻는 이런 편익들을 상품의 **보유편익률**(convenience yield)이라 한다. 보관비용의 현재가치가 U이면 보유편익률 y를 다음과 같이 정의할 수 있다.

$$F_0 e^{yT} = (S_0 + U)e^{rT}$$

만일 단위당 보관비용이 현물가격의 일정한 비율 u로 발생한다면 y를 다음과 같이 정의할 수 있다.

$$F_0 e^{yT} = S_0 e^{(r+u)T}$$

또는

$$F_0 = S_0 e^{(r+u-y)T} \tag{5.17}$$

보유편익률은 단순히 식 (5.15) 또는 (5.16)에서 좌변이 우변보다 작은 정도를 나타낸다. 투자자산의 보유편익률은 0이다. 그렇지 않으면 예제 5.8에서와 같은 차익거래기회가 발생한다. 2장의 표 2.2는 2015년 5월 13일에 계약의 만기가 증가함에 따라 첫 6개월 동안 대두의 선물가격이 감소하는 경향이 있음을 보여준다. 이로부터 대두의 경우 그날의 보유편익률 y는 $r+u$보다 크다는 것을 알 수 있다.

보유편익률은 미래의 상품확보 가능성(future availability)에 대한 시장기대를 반영한다. 상품 부족 가능성이 클수록 보유편익률은 높아진다. 상품 사용자들이 많은 재고를 보유하고 있다면 가까운 미래에 상품 부족 가능성은 거의 없고, 이때 보유편익률은 낮아지는 경향이 있다. 반면에, 재고가 적으면 상품 부족 가능성이 더 높고, 보유편익률은 보통 더 높아지는 경향이 있다.

5.12 보유비용

선물가격과 현물가격 간의 관계는 **보유비용**(cost of carry) 개념으로 정리할 수 있다. 보유비용은 보관비용에 자산 구입 시 발생하는 자본을 조달하기 위해 지불하는 이자비용을 더하고 그 자산으로부터 얻는 소득을 차감해 구한다. 무배당 주식의 보유비용은 r이다. 왜냐하면 보관비용이 없고 자산으로부터 얻는 소득도 없기 때문이다. 주가지수의 보유비용은 $r-q$이다. 왜냐하면 자산으로부터 얻는 소득은 자산가격에 대한 q의 비율이기 때문이다. 통화의 보유비용은 $r-r_f$이다. 마지막으로 q의 수익률로 중간소득을 제공하고 자산가격에 대한 u의 비율로 보관비용이 있는 상품의 보유비용은 $r-q+u$이다.

보유비용을 c라 하면 투자자산의 선물가격은 다음과 같다.

$$F_0 = S_0 e^{cT} \tag{5.18}$$

소비자산의 선물가격은 다음과 같다.

$$F_0 = S_0 e^{(c-y)T} \tag{5.19}$$

여기서 y는 보유편익률이다.

5.13 인도 시점의 선택

선도계약의 경우 인도가 특정일에 국한해 이루어지도록 규정되어 있는 반면에, 선물계약의 경우 매도포지션 투자자가 일정 기간 중 어느 시점을 선택해 인도할 수 있다(통상적으로 매도자는 인도하기 며칠 전에 인도의사를 알려야 함). 바로 이 점이 선물가격의 결정을 복잡하게 한다. 인도기간의 시작일, 중간일, 종료일 중 어느 것을 기준으로 선물계약의 만기를 정해야 하는가? 대부분의 선물계약이 만기일 이전에 종료된다 할지라도, 이론적인 선물가격을 추정하기 위해서는 인도 시점을 아는 것이 중요하다.

만일 선물가격이 만기까지 시간의 증가함수이면(즉 $c>y$이면), 식 (5.19)로부터 자산을 보유해서 얻는 편익(보유편익률을 포함하고 보관비용을 차감한)은 무위험이자율보다 작다는 것을 알 수 있다. 이런 경우 일반적으로 매도포지션을 취한 투자자는 가능한 한 빨리 인도하는 것이 가장 유리하다. 그 이유는 수령한 현금에 대한 이자가 자산 보유로부터 얻는 편익보다 크기 때문이다. 따라서 대부분의 경우 선물가격은 인도기간 시작일에 인도가 발생하는 것으로 가정하고 계산되어야 한다. 만일 선물가격이 만기가 증가함에 따라 감소하면(즉 $c<y$이면) 그 반대인 것으로 간주한다. 따라서 일반적으로 매도포지션을 취한 투자자의 입장에서는 가능한 한 늦게 인도하는 것이 유리하며, 선물가격은 인도기간 종료일에 인도가 이루어지는

것으로 가정하고 계산되어야 한다.

5.14 선물가격 및 기대현물가격

우리는 자산의 미래 현물가격이 얼마가 될 것인가에 대한 시장의 평균적인 견해를 자산의 미래 기대현물가격(expected spot price)이라고 한다. 현재 시점이 6월이고 옥수수의 9월 선물가격이 350센트라고 가정하자. 9월에 옥수수 현물가격이 얼마가 될지 생각해보는 것도 흥미롭다. 350센트보다 낮을까, 높을까, 아니면 정확히 350센트가 될까? 그림 2.1에서 보았듯이, 만기 시 선물가격은 현물가격에 수렴한다. 만일 기대현물가격이 350센트보다 낮으면 시장은 9월 선물가격이 하락할 것으로 예상하는 것이므로 매도포지션을 취한 거래자들은 이익을 얻고 매입포지션을 취한 거래자들은 손실을 볼 것이다. 만일 기대현물가격이 350센트보다 높으면 반대의 현상이 나타날 것이다. 즉 시장은 9월 선물가격이 상승할 것을 예상하는 것이므로 매입포지션을 취한 거래자들이 이익을 얻는 반면에 매도포지션을 취한 거래자들은 손실을 볼 것이다.

케인스와 힉스

경제학자인 케인스(John Maynard Keynes)와 힉스(John Hicks)는 만일 헤저들이 매도포지션을 취하고 투기자들이 매입포지션을 취하는 경향이 있다면, 선물가격은 기대현물가격보다 낮게 형성될 것이라고 주장했다.[8] 이는 투기자들은 자신이 부담하는 위험에 대해 보상을 요구하기 때문이다. 투기자들은 평균적으로 돈을 벌 것으로 기대할 수 있는 경우에만 거래할 것이다. 헤저들은 평균적으로 손실을 보겠지만, 선물계약이 헤저들의 위험을 줄여주기 때문에 이를 수용할 준비가 되어 있을 것이다. 만일 투기자들이 매도포지션을 취하는 반면에 헤저들이 매입포지션을 취하는 경향이 있다면, 유사한 이유로 선물가격은 미래 현물가격의 기대치보다 높게 형성되어야 한다고 케인스와 힉스는 주장한다.

위험과 수익률

선물가격과 기대현물가격의 관계를 설명하는 현대적인 접근법은 경제의 위험과 기대수익률의 관계를 기반으로 한다. 일반적으로 투자위험이 높을수록 투자자가 요구하는 수익률이 증가한다. 3장 부록에서 설명한 자본자산가격결정모형(CAPM)에 따르면 위험은 체계적 위험

---

8 다음을 참조하라. J. M. Keynes, *A Treatise on Money*. London: Macmillan, 1930; J. R. Hicks, *Value and Capital*. Oxford: Clarendon Press, 1939.

(systematic risk)과 비체계적 위험(nonsystematic risk)으로 분류된다. 비체계적 위험은 투자자에게 중요하지 않다. 이것은 잘 분산된 포트폴리오를 보유함으로써 거의 모두 제거할 수 있다. 따라서 투자자는 비체계적 위험을 감수하는 대가로 더 높은 기대수익률을 요구해서는 안 된다. 이와는 대조적으로 체계적 위험은 분산투자를 하더라도 제거할 수 없는 위험이다. 체계적 위험은 특정 자산수익률과 전체 시장수익률 간의 상관관계에서 발생하는 위험이다. 투자자는 일반적으로 양의 체계적 위험을 갖는 자산에 대해 무위험이자율보다 높은 기대수익률을 요구한다. 또한 투자자들은 음의 체계적 위험을 갖는 자산에 대해 무위험이자율보다 낮은 기대수익률을 받아들일 준비가 되어 있다.

선물포지션의 위험

자산의 현물가격이 선물 만기일에 선물가격 이상일 것이라는 기대하에서 T년 만기 선물계약에 매입포지션을 취한 투기자를 예로 들어 보자. 일일정산을 무시하고 선물계약을 선도계약으로 고려한다. 투기자가 선물에 매입포지션을 취하는 동시에 선물가격의 현재가치만큼의 금액을 무위험자산에 투자한다. 무위험자산 투자로부터 만기일에 얻는 수익은 인도일에 선물계약의 기초자산을 매입하는 데 사용되고, 이 자산은 즉시 시장가격으로 매도된다. 투기자에게 귀속되는 현금흐름은 다음과 같다.

현재 시점: $-F_0e^{-rT}$

선물계약 만기 시점: $+S_T$

여기서 F_0는 현재 시점에서의 선물가격이고 S_T는 선물계약 만기 시점인 T시점에서의 자산 가격이다. 그리고 r은 T기간 동안의 무위험이자율이다.

이 투자의 가치를 어떻게 평가할까? T시점에서 발생하는 기대현금흐름에 적용할 할인율은 투자자의 투자에 대한 요구수익률과 동일해야 한다. 투자자의 이 투자에 대한 요구수익률을 k라고 하면, 이 투자의 현재가치는 다음과 같다.

$$-F_0e^{-rT} + E(S_T)e^{-kT}$$

여기서 E는 기대치를 의미한다. 증권시장에서 모든 투자는 순현재가치가 0이 되도록 가격이 책정되어 있다고 가정할 수 있다. 이를 식으로 표현하면 다음과 같다.

$$-F_0e^{-rT} + E(S_T)e^{-kT} = 0$$

또는

$$F_0 = E(S_T)e^{(r-k)T} \tag{5.20}$$

표 5.5 선물가격과 기대 미래현물가격 간의 관계

기초자산	자산으로부터의 기대수익률(k)과 무위험이자율(r)의 관계	선물가격(F)과 기대 미래현물가격 $E(S_T)$의 관계
체계적 위험 없음	$k=r$	$F_0=E(S_T)$
양의 체계적 위험	$k>r$	$F_0<E(S_T)$
음의 체계적 위험	$k<r$	$F_0>E(S_T)$

앞에서 논의했듯이, 투자자의 투자자산에 대한 요구수익률은 투자자산의 체계적 위험에 의해 결정된다. 우리가 고려하고 있는 투자는 본질적으로 선물계약의 기초자산에 대한 투자이다. 만일 투자자산의 수익률이 주식시장과 상관관계가 없다면, 적정 할인율은 무위험이자율 r이므로 $k=r$로 설정해야 한다. 식 (5.20)으로부터 다음을 알 수 있다.

$$F_0 = E(S_T)$$

이는 기초자산의 수익률이 주식시장과 상관관계가 없을 때 선물가격이 기대 미래현물가격의 불편추정치(unbiased estimate)라는 것을 보여준다.

만일 자산의 수익률이 주식시장과 양의 상관관계를 가지면 $k>r$이 되고, 식 (5.20)에서 $F_0 < E(S_T)$가 된다. 이는 선물계약의 기초자산이 양의 체계적 위험을 가질 때 선물가격이 기대 미래현물가격보다 낮을 것으로(즉 미래현물가격을 과소평가할 것으로) 예상해야 한다는 의미이다. 양의 체계적 위험을 갖는 한 예로 주가지수가 있다. 주가지수의 기초자산인 주식에 대한 투자자들의 기대수익률은 일반적으로 무위험이자율 r보다 높다. 배당수익률이 q이므로 지수수익률의 기대증분은 $r-q$보다 커야 한다. 따라서 식 (5.8)은 주가지수의 경우 선물가격이 기대 미래주가보다 낮아질 것이라는 예측과 일치한다.

만일 자산의 수익률이 주식시장과 음의 상관관계를 가지면 $k<r$이 되고, 식 (5.20)에서 $F_0 > E(S_T)$가 된다. 이는 선물계약의 기초자산이 음의 체계적 위험을 가질 때 선물가격이 기대 미래현물가격보다 높을 것으로 예상해야 한다는 의미이다.

이러한 결과는 표 5.5에 요약되어 있다.

정상 백워데이션과 콘탱고

선물가격이 기대 미래현물가격보다 낮은 상황을 **정상 백워데이션**(normal backwardation)이라고 한다. 그리고 선물가격이 기대 미래현물가격보다 높은 상황을 **콘탱고**(contango)라고 한다. 그러나 이와 같은 용어들은 때로는 선물가격이 기대 미래현물가격보다 낮거나 높은지를 나타내는 용어가 아니라 선물가격이 현물가격보다 낮거나 높은지를 나타내는 데 사용된다는 점에 유의해야 한다.

요약

대부분의 경우 특정 인도 날짜가 있는 계약의 선물가격은 동일한 인도 날짜가 있는 계약의 선도가격과 동일하다고 간주할 수 있다. 이론적으로 이자율을 완전히 예측할 수 있을 때 선물가격과 선도가격은 정확히 일치한다.

선물(또는 선도)가격을 이해하기 위해서는 선물계약을 두 종류로 구분하는 것이 편리하다. 하나는 기초자산이 주로 투자목적으로 보유되는 선물이다. 그리고 다른 하나는 기초자산이 주로 소비목적으로 보유되는 선물이다.

투자자산은 다음과 같이 세 가지로 분류할 수 있다.

1. 중간무소득 투자자산
2. 예정소득 투자자산
3. 예정수익률 투자자산

이들을 각각 기초자산으로 한 선물(선도)계약의 가격을 요약하면 표 5.6과 같다. 이 표를 통해 주가지수, 통화, 금, 은에 대한 계약의 선물가격을 얻을 수 있다. 보관비용은 음의 소득으로 간주할 수 있다.

소비자산의 선물가격을 현물가격과 기타 관측 가능한 변수들의 함수로 추정할 수는 없다. 그 이유는 자산의 보유편익률이라는 매개변수 때문이다. 이것은 상품 사용자가 느끼는 물리적 자산의 소유권이 주는 편익의 정도를 의미하며, 이는 선물계약 보유자는 얻을 수 없는 것이다. 이런 편익에는 일시적이며 지역적인 상품 부족 시 얻는 이익과 생산 공정을 지속적으로 유지함으로써 얻는 이익 등이 포함된다. 차익거래 논리를 이용해 소비자산의 선물가격에 대한 상한선을 얻을 수 있지만, 선물가격과 현물가격 간의 정확한 관계를 확정할 수 없다.

보유비용 개념은 종종 유용하게 이용된다. 보유비용은 기초자산의 보관비용에 자금조달비용을 더하고 자산으로부터 얻는 소득을 차감해 구한다. 투자목적으로 보유하는 자산의 선물가격은 현물가격보다 보유비용만큼 높다. 소비목적으로 보유하는 자산의 선물가격은 현물가격보다 보유비용에서 보유편익률을 차감한 것만큼 높다.

만약 CAPM이 유효하다면 선물가격과 기대현물가격 간의 관계는 자산수익률(asset

표 5.6 선도가격과 선도계약 매입포지션의 가치(만기: T, 무위험이자율: r, 기초자산 가격: S_0)

기초자산	선도/선물가격	선도계약 매입포지션의 가치 (K는 인도가격)
중간무소득 투자자산	S_0e^{rT}	$S_0 - Ke^{-rT}$
예정소득(현가 기준 I) 투자자산	$(S_0 - I)e^{rT}$	$S_0 - I - Ke^{-rT}$
예정수익률(q) 투자자산	$S_0e^{(r-q)T}$	$S_0e^{-qT} - Ke^{-rT}$

return)이 시장수익률(stock market return)과 어떤 상관관계를 갖느냐에 따라 다르다. 상관관계가 양이면 선물가격이 기대 미래현물가격보다 낮아지는 경향이 있다. 상관관계가 음이면 선물가격이 기대 미래현물가격보다 높아지는 경향이 있다. 상관관계가 0일 때만 이론적인 선물가격이 기대 미래현물가격과 동일하다.

참고문헌

Cox, J. C., J. E. Ingersoll, and S. A. Ross. "The Relation between Forward Prices and Futures Prices," *Journal of Financial Economics,* 9 (December 1981): 321–46.

Jarrow, R. A., and G.S. Oldfield. "Forward Contracts and Futures Contracts," *Journal of Financial Economics*, 9 (December 1981): 373–82.

Richard, S., and S. Sundaresan. "A Continuous-Time Model of Forward and Futures Prices in a Multi-good Economy," *Journal of Financial Economics*, 9 (December 1981): 347–72.

Routledge, B. R., D. J. Seppi, and C. S. Spatt. "Equilibrium Forward Curves for Commodities," *Journal of Finance*, 55, 3 (2000): 1297–1338.

퀴즈

5.1 투자자가 특정 주식을 공매도하면 어떻게 되는지 설명하라.

5.2 선도가격과 선도계약 가치의 차이점은 무엇인가?

5.3 주가가 30달러이고 무위험이자율(연속복리 기준)이 연 12%일 때 무배당 주식에 대해 6개월 선도계약을 체결했다고 가정하자. 선도가격은 얼마인가?

5.4 현재 주가지수가 350이다. 무위험이자율(연속복리 기준)이 연 8%이고 지수의 배당수익률이 연 4%이다. 만기가 4개월 후인 선물계약의 가격은 얼마인가?

5.5 구리의 선물가격과 달리, 금의 선물가격은 금의 현물가격과 기타 관측 가능한 변수들을 이용해서 추정할 수 있다. 그 이유를 설명하라.

5.6 **보유편익률**과 **보유비용**을 설명하라. 또한 선물가격, 현물가격, 보유편익률, 보유비용 간의 관계를 설명하라.

5.7 외국통화를 예정수익률을 제공하는 자산으로 간주할 수 있는 이유를 설명하라.

연습문제

5.8 주가지수의 선물가격은 주가지수의 기대 미래가치보다 높은가, 아니면 낮은가? 그 이유를 설명하라.

5.9 만기가 1년인 무배당 주식에 매입 선도계약을 체결하려고 한다. 체결 당시 그 주식의 가격이 40달러이고, 무위험이자율은 연속복리 기준으로 연 10%이다. (a) 선도가격과 선도계약의 초기 가치는 각각 얼마인가? (b) 6개월 후 주가가 45달러이고 무위험이자율이 연 10%를 계속 유지한다. 선도가격과 선도계약의 가치는 각각 얼마인가?

5.10 무위험이자율은 연속복리 기준으로 연 7%이고, 주가지수의 배당수익률은 연 3.2%이다. 현재 주가지수가 150일 때, 만기가 6개월 후인 선물가격은 얼마인가?

5.11 무위험이자율이 연속복리 기준으로 연 9%이고, 주가지수의 배당수익률이 1년 내내 변동한다고 하자. 즉 2월, 5월, 8월, 11월의 배당수익률이 연 5%이고, 다른 달에는 연 2%이다. 7월 31일의 지수가 1,300이다. 같은 해 12월 31일에 인도 가능한 선물계약의 가격은 얼마인가?

5.12 무위험이자율이 연속복리 기준으로 연 10%이고 주가지수의 배당수익률이 연 4%이다. 현재 주가지수는 400이고, 4개월 후 인도 가능한 선물의 가격은 405이다. 어떤 차익거래기회가 발생하겠는가?

5.13 표 5.4를 사용해 2015년 5월 13일 기준에서 일본과 미국

의 단기이자율 간 차이를 추정하라.

5.14 스위스와 미국의 2개월 이자율이 연속복리 기준으로 각각 연 1%와 2%이다. 스위스 프랑화의 현물가격이 1.0600달러이고, 2개월 후 인도 가능한 선물계약의 가격이 1.0500달러이다. 어떤 차익거래기회가 발생하겠는가?

5.15 은의 현재가격이 온스당 30달러이다. 분기별로 미리 지급하는 보관비용이 연간 온스당 0.48달러이다. 모든 만기 동안에 연속복리 기준의 이자율이 연 10%일 때, 만기가 9개월 후인 은의 선물가격을 추정하라.

5.16 F_1과 F_2는 동일 상품에 대해 각각 t_1, t_2의 만기를 갖는 선물계약의 가격이며 $t_2 > t_1$이다. 다음을 증명하라.

$$F_2 \le F_1 e^{r(t_2 - t_1)}$$

여기서 r은 이자율(일정하다고 가정)이고 보관비용은 없다. 또한 여기서는 선물계약이 선도계약과 동일하다고 가정한다.

5.17 어떤 기업이 미래에 예정된 외국통화의 현금유출을 선도계약을 사용해 헤지하려고 한다. 이때 환위험은 없다고 하자. 선물계약을 사용해서 헤지할 때, 정산 과정에서 기업은 어떤 위험에 노출된다. 이 위험의 본질을 설명하라. 특히 다음 경우에 기업이 선물계약과 선도계약 중 어떤 계약을 사용하는 것이 더 나은지 고려하라.

(a) 외국통화의 가치가 계약기간 중 급격히 하락할 때

(b) 외국통화의 가치가 계약기간 중 급격히 상승할 때

(c) 외국통화의 가치가 처음에는 상승하고 나중에는 초기 가치로 다시 하락할 때

(d) 외국통화의 가치가 처음에는 하락하고 나중에는 초기 가치로 다시 상승할 때

단, 선도가격과 선물가격이 동일하다고 가정한다.

5.18 선도환율은 미래환율의 불편기대치라고 주장하기도 한다. 어떤 경우에 이것이 가능하겠는가?

5.19 지수선물가격의 성장률이 지수의 기초가 되는 포트폴리오의 초과수익률에서 무위험이자율을 차감한 것과 동일함을 설명하라. 무위험이자율과 배당수익률은 일정하다고 가정한다.

5.20 자산을 매입하고 동시에 선물계약을 매도함으로써 식 (5.3)이 성립함을 설명하라. 자산으로부터 얻는 모든 소득은 그 자산에 재투자된다고 가정한다. 이 장의 각주 2, 4번과 같은 논리를 이용해 식 (5.3)이 유지되지 않는 경우 차익거래자가 어떤 전략을 수행할 것인지 설명하라.

5.21 미래 특정 시점에서 상품의 기대가격이 무엇을 의미하는지 설명하라. 원유 선물가격이 만기가 경과함에 따라 연 2%의 비율로 하락한다고 하자. 투기자들은 원유 선물을 매도하려고 하고 헤저들은 원유 선물을 매입하려고 한다. 케인스와 힉스의 주장에 따르면 원유의 기대 미래가격이 어떻게 될 것인지 설명하라.

5.22 Value Line index는 동일하게 투자된 1,600개 이상의 주식 포트폴리오 가치 변화를 보여주도록 설계된 지수이다. 1988년 3월 9일 이전에는 지수의 일일변동이 지수를 구성하는 주식가격 변동의 기하평균으로 계산되었다. 이 경우 식 (5.8)은 지수선물가격과 지수의 현물가격을 바르게 연결하는가? 만일 그렇지 않다면 그 식은 선물가격을 과대평가하는가, 아니면 과소평가하는가?

5.23 (a) 투자자산과 (b) 소비자산의 의미는 무엇인가? 왜 투자자산과 소비자산의 구별이 선도가격과 선물가격을 결정하는 데 중요한가?

5.24 (a) 무배당 주식, (b) 주가지수, (c) 보관비용이 발생하는 상품, (d) 외국통화에 대한 보유비용은 무엇인가?

추가문제

5.25 2012년 초, 스위스 프랑과 미국 달러 간 현물환율은 1.0404이다(프랑당 달러). 연속복리 기준으로 미국과 스위스의 이자율은 각각 연 0.25%, 연 0%이다. 3개월 선도환율은 1.0300(프랑당 달러)이다. 가능한 차익거래전략은 무엇인가? 만약 환율이 1.0500(프랑당 달러)이면 어떻게 되는가?

5.26 주가지수가 1,200이다. 3개월 무위험이자율이 연 3%이고 향후 3개월 동안 배당수익률은 연 1.2%이다. 6개월 무위험이자율이 연 3.5%이고 향후 6개월 동안 배당수익률

이 연 1%이다. 3개월과 6개월 만기 주가지수선물의 가격을 추정하면 각각 얼마인가? 모든 이자율과 배당수익률은 연속복리 기준이다.

5.27 현재 미국 USD/유로 환율이 유로당 1.4000달러이다. 6개월 선도환율은 1.3950이다. 6개월 미국 달러 이자율이 연속복리 기준으로 연 1%이다. 6개월 유로 이자율을 추정하라.

5.28 원유의 현물가격이 배럴당 80달러이고 1년 동안 원유 보관비용은 연도 말 기준으로 배럴당 3달러이다. 무위험이자율이 연속복리 기준으로 연 5%이다. 1년 만기 원유 선물가격의 상한선은 얼마인가?

5.29 어떤 주식으로부터 2개월 후와 5개월 후에 각각 주당 1달러의 배당이 지급될 것으로 예상한다. 그 주식의 현재 가격은 50달러이고 무위험이자율은 만기 동안 연속복리 기준으로 연 8%이다. 어떤 투자자가 그 주식의 6개월 선도계약에 매도포지션을 취했다.

(a) 선도가격과 선도계약의 초기 가치는 각각 얼마인가?

(b) 3개월 후 주가가 48달러이고 무위험이자율이 연 8%를 계속 유지한다. 선도가격과 선도계약의 매도포지션 가치는 각각 얼마인가?

5.30 어떤 은행이 고객에게 연 11% 이자율의 현금 차입과 연 2% 이자율의 금 차입에 대한 선택권을 제시했다. (만일 금을 차입한다면, 이자는 금으로 상환해야 한다. 즉 현재 100온스를 차입하면 1년 후에 102온스를 상환해야 한다). 무위험이자율이 연 9.25%이고 보관비용이 연 0.5%이다. 금 차입이자율이 현금 차입이자율과 비교해서 너무 높은지, 아니면 너무 낮은지 규명하라. 두 차입에 대한 이자율은 모두 연간복리 기준이고 무위험이자율과 보관비용도 연속복리 기준이다.

5.31 어떤 기업이 외국통화를 언제 지급할지 또는 받을지 정확히 모르고 단지 기간 범위만 알고 있다. 기업은 은행과 그 기간 중에 인도할 수 있는 선도계약을 체결하려고 한다. 즉 기업은 자신의 현금흐름과 맞추기 위해서 정확한 인도일자를 스스로 선택할 권리를 확보하고 싶어 한다. 은행 입장에서 당신은 기업이 원하는 상품의 가격을 어떻게 결정하겠는가?

5.32 어떤 거래자가 장기 투자 포트폴리오의 구성자산으로 특정 상품을 소유하고 있다. 거래자는 특정 상품을 온스당 950달러에 매입할 수 있고 949달러에 매도할 수 있다. 거래자는 자금을 연 6%로 차입할 수 있고 연 5.5%로 투자할 수 있다(이자율은 모두 연복리 기준임). 거래자가 차익거래를 할 수 없는 1년 만기 선도가격의 범위는 얼마인가? 선도가격에 대해 매매호가차이는 없다.

5.33 어떤 기업이 은행과 T_1시점에서 K_1의 가격으로 외국통화를 매도하는 선도계약을 체결했다. t_1시점에서 환율은 $S_1(>K_1)$이다. 기업은 은행이 T_1시점에서 정산하지 않고 $T_2(>T_1)$시점까지 그 선도계약을 연장할 수 있는지 문의했다. 은행은 새로운 인도가격 K_2에 동의했다. K_2가 어떻게 계산되는지 설명하라.

06 금리선물

지금까지 상품, 주가지수, 통화선물계약을 설명했다. 즉 선물계약의 구조와 선물계약을 이용한 헤징 방법, 선물가격 결정 등을 살펴보았다. 이제 이 장에서는 금리선물(interest rate futures)을 살펴본다.

이 장에서는 먼저 미국에서 널리 거래되는 미국장기국채 선물계약과 유로달러 선물계약을 설명한다. 전 세계에서 거래되는 다른 선물계약들은 이 두 선물계약을 모델로 해서 만들어진 것이다. 다음으로 듀레이션(duration)을 측정하는 방법과 이를 이자율 변화에 대한 포트폴리오가치의 민감도로 사용하는 원리를 살펴본다. 마지막으로 기업이 이자율 변동위험을 헤지하는 데 듀레이션과 함께 금리선물계약을 어떻게 활용할 수 있는지 설명한다.

6.1 일수계산과 가격공시

먼저 채권과 기타 이자율 관련 증권의 일수계산과 가격공시에 대해 알아보자.

일수계산

일수계산은 시간 경과에 따라 이자가 발생하는 날의 수를 계산하는 것이다. 일반적으로 우리는 기준이 되는 기간(예: 이자 지급 기간)에 발생하는 이자금액을 이미 알고 있고, 이를 기준으로 다른 기간에 발생하는 이자금액을 산출한다.

일수계산의 기준은 보통 X/Y로 표시한다. 여기서 X는 계산하고자 하는 두 시점 사이의 일수이고, Y는 기준기간(reference period) 동안의 일수이다. 계산하고자 하는 두 시점 사이의 이자금액은 다음과 같이 측정한다.

$$\frac{\text{두 시점 사이의 일수}}{\text{기준기간 동안의 일수}} \times \text{기준기간 동안의 이자금액}$$

미국에서 일반적으로 사용하는 일수계산 기준은 다음 세 가지가 있다.

1. 실제경과일수/실제기준일수
2. 30/360
3. 실제경과일수/360

실제경과일수/실제기준일수는 장기국채에서 사용하고, 30/360은 미국의 회사채나 지방공채에서 사용하며, 실제경과일수/360은 미국단기국채와 기타 단기 금융시장상품에서 사용한다.

장기국채에서 사용하는 실제경과일수/실제기준일수는 이자 지급 기간의 실제기준일수에 대한 실제경과일수의 비율이며, 이 비율에 따라 이자를 계산한다. 예를 들어 미국장기국채의 액면가가 100달러이며, 이자가 3월 1일과 9월 1일에 지급되고, 액면 이자율이 연 8%라고 하자. 이는 이자를 3월 1일과 9월 1일에 4달러씩 지급함을 의미한다. 그러면 3월 1일과 7월 3일 사이에 발생하는 이자를 계산해보자. 3월 1일부터 9월 1일 사이의 실제기준일수는 184일이고, 이 기간의 이자는 4달러이다. 그리고 3월 1일부터 7월 3일 사이의 실제경과일수는 124일이다. 따라서 3월 1일부터 7월 3일 사이의 이자금액은 2.6957달러이다.

$$\frac{124}{184} \times 4 = 2.6957$$

회사채와 지방공채에서 사용하는 30/360은 월간 일수를 30일로, 연간 일수를 360일로 가정하고 일수를 계산한다. 이 방법에 의하면 3월 1일과 9월 1일 사이 일수는 180일이고, 3월 1일과 7월 3일 사이 일수는 $(4 \times 30) + 2 = 122$일이다. 따라서 앞의 장기국채와 동일한 조건을 갖는 회사채의 3월 1일부터 7월 3일 사이 이자금액은 2.7111달러이다.

$$\frac{122}{180} \times 4 = 2.7111$$

실무사례 6.1에서 볼 수 있듯이, 30/360 기준은 때로 놀라운 결과를 가져오기도 한다.

단기 금융상품에서 사용하는 실제경과일수/360은 기준기간을 360일로 한다. 발생이자는

실무사례 6.1 일수계산이 현혹할 수 있다

2017년 2월 28일과 2017년 3월 1일 사이에 10%의 이자를 지급하는 미국 국채와 역시 10%의 이자를 지급하는 미국 회사채 중 하나를 소유할 수 있다고 하자. 어떤 채권을 선호하겠는가?

이들은 큰 차이가 없는 것으로 보인다. 그런데 실제로는 회사채를 훨씬 더 선호해야 한다. 회사채에서 사용하는 30/360 기준하에서는 2017년 2월 28일과 2017년 3월 1일 사이에 3일이 있다. 그러나 미국 국채에서 사용하는 실제경과일수/실제기준일수 기준하에서는 오직 1일이 있기 때문이다. 회사채를 보유함으로써 거의 3배의 이자를 얻을 수 있다.

실제경과일수를 360일로 나누고, 이를 연간 이자금액에 곱해서 산출한다. 따라서 90일 동안의 이자금액은 공시된 이자금액의 정확히 1/4이 된다. 여기서 365일 동안의 이자금액은 공시된 이자금액에 365/360를 곱해 구하게 됨을 유의해야 한다.

일수계산 방법은 국가마다 다르고 상품마다 다양하다. 예를 들어 호주, 캐나다, 뉴질랜드에서는 실제경과일수/365 기준으로 단기 금융상품 가격을 공시한다. LIBOR는 영국 파운드를 제외한 모든 통화에 실제경과일수/360 기준으로 가격이 공시된다. 반면, 영국 파운드에 대해서는 실제경과일수/365 기준으로 가격이 공시된다. 유로 표시 채권은 일반적으로 실제경과일수/실제기준일수 기준으로 가격을 공시한다.

미국단기국채의 가격공시

단기 금융상품은 종종 **할인율**(discount rate)로 가격을 공시한다. 할인율은 최초 매입가격에 대한 백분율이 아니라 액면가에 대한 백분율로 계산한 이자율이다. 대표적인 예가 미국단기국채(Treasury bill, T-bill)이다. 만일 91일인 미국단기국채의 가격을 8로 공시하면, 이는 360일간의 이자율이 액면가의 8%라는 의미이다. 액면가가 100달러라고 하면 91일 동안 얻는 이자는 2.0222달러(=100달러 × 0.08 × 91/360)이다. 91일 동안의 실제 이자율은 2.0222/(100 − 2.0222) = 2.064%가 된다. 일반적으로 미국단기국채의 현금가격과 공시가격의 관계는 다음과 같다.

$$P = \frac{360}{n}(100 - Y)$$

여기에서 P는 공시가격이고 Y는 현금가격이며 n은 역일 기준으로 계산한 미국단기국채의 만기 일수이다. 예를 들어 90일 미국단기국채의 현금가격이 99면 공시가격은 4가 된다.

미국장기국채의 가격공시

미국장기국채(Treasury bond, T-bond) 가격은 달러와 1/32달러 단위로 공시한다. 가격은 100달러의 액면가격을 기준으로 공시한다. 즉 공시가격이 90-05라면 $90\frac{5}{32}$라는 의미이고, 액면가 100,000달러 미국장기국채의 가격은 90,156.25달러가 된다.

순가격(clean price)이라 하는 공시가격(quoted price)은 **총가격**(dirty price)이라 하는 현금가격(cash price)과는 다르다. 현금가격과 공시가격의 관계를 일반화하면 다음과 같다.

$$\text{현금가격} = \text{공시가격} + \text{최근 이자 지급일 이후의 발생이자}$$

이 공식을 이해하기 위해 2017년 3월 5일 현재, 만기일이 2038년 7월 10일이고 액면 이자율이 연 11%이며 공시가격이 95-16(95.50달러)인 미국장기국채를 예로 들어 보자. 국채는 이자를 반년마다 지급하기 때문에 최근의 이자 지급일은 2017년 1월 10일이며 차기 이자 지급일은 2017년 7월 10일이다. 2017년 1월 10일과 2017년 3월 5일 사이의 실제 일수는 54일이고, 2017년 1월 10일과 2017년 7월 10일 사이의 실제 일수는 181일이다. 채권의 액면가가 100달러라면, 1월 10일과 7월 10일에 5.50달러의 이자를 지급한다. 2017년 3월 5일 현재 발생이자(accrued interest)는 7월 10일에 받게 되는 이자 중에서 2017년 3월 5일 현재까지 발생한 이자이다. 미국장기국채에 적용되는 이자 계산 방법은 실제경과일수/실제기준일수 기준이므로 2017년 3월 5일까지 발생한 이자는 다음과 같이 계산된다.

$$\frac{54}{181} \times 5.50\text{달러} = 1.64\text{달러}$$

따라서 만기일이 2038년 7월 10일인 미국장기국채의 액면가 100달러당 현금가격은 97.14달러가 된다.

$$95.50\text{달러} + 1.64\text{달러} = 97.14\text{달러}$$

결국 액면가가 100,000달러인 채권의 현금가격은 97,140달러이다.

6.2 미국장기국채 선물

표 6.1은 2015년 5월 13일 현재 금리선물의 시세표이다. 장기금리선물계약으로 가장 보편적인 것은 CME그룹에서 거래하는 미국장기국채 선물계약이다. 이 계약에서는 인도월 첫날 기준으로 15~25년 사이의 만기를 갖는 어떤 국채도 인도할 수 있다. 2010년에 CME그룹은 미국초장기국채 선물계약도 거래하기 시작했다. 여기서는 만기가 25년이 넘는 어떤 채권도 인도할 수 있다. 이 절에서 나중에 설명하겠지만, 거래소는 매도포지션 계약당사자가 인도하기로 선택한 채권에 맞게 인도가격을 조정해 계산하는 방식을 개발했다.

다른 금리선물계약으로는 10년, 5년, 2년 만기 미국중기국채(Treasury note, T-note) 선물계약이 있다. 10년 만기 미국중기국채 선물계약에서는 만기가 $6\frac{1}{2}$년과 10년 사이인 어떤 국채도 인도할 수 있다. 5년과 2년 만기 선물계약에서는 만기가 각각 약 5년과 2년인 미국중기국채를 인도할 수 있다(단, 원래의 만기는 5.25년보다 짧아야 한다).

이 절의 나머지는 CME그룹에서 거래하는 미국장기국채 선물에 초점을 두고 설명할 것이다. 미국에서 거래되는 미국중기국채와 미국초장기국채(Ultra T-bond) 선물계약, 세계 도처에서 거래되는 다른 많은 선물계약은 CME그룹의 미국장기국채 선물계약과 유사하게 설계되어 있어서 여기에서 설명하는 많은 내용이 이들 계약에도 적용된다.

표 6.1 CME그룹에서 거래되는 금리선물의 공시가격(2015년 5월 13일 현재)

	시가	고가	저가	최근 정산가	현재가	가격 변화	거래량
미국초장기국채,100,000달러							
2015년 6월	157-17	159-02	155-28	157-16	155-29	−1-19	116,677
2015년 9월	155-25	157-15	154-20	156-03	154-20	−1-15	21
미국장기국채, 100,000달러							
2015년 6월	153-21	155-02	152-10	153-19	152-12	−1-07	340,516
2015년 9월	152-03	153-15	150-26	152-01	150-26	−1-07	3,030
10년 만기 미국중기국채, 100,000달러							
2015년 6월	127-025	127-215	126-285	127-015	126-295	−0-040	1,789,954
2015년 9월	126-110	126-300	126-040	126-090	126-050	−0-040	13,466
5년 만기 미국중기국채, 100,000달러							
2015년 6월	119-205	120-002	119-192	119-197	119-215	+0-017	762,020
2015년 9월	119-047	119-130	119-007	119-000	119-020	+0-020	6,035
2년 만기 미국중기국채, 200,000달러							
2015년 6월	109-197	109-230	109-197	109-197	109-217	+0-020	354,621
2015년 9월	109-097	109-117	109-097	109-080	109-105	+0-025	1,858
30일 만기 연방기금금리, 5,000,000달러							
2015년 7월	99.855	99.865	99.855	99.855	99.860	+0.005	8,332
2015년 10월	99.760	99.770	99.760	99.755	99.765	+0.010	7,389
2016년 1월	99.610	99.630	99.610	99.610	99.630	+0.020	5,940
2016년 4월	99.450	99.475	99.445	99.435	99.465	+0.030	1,323
유로달러, 1,000,000만 달러							
2015년 7월	99.710	99.715	99.705	99.705	99.715	+0.010	83,395
2015년 9월	99.585	99.605	99.580	99.580	99.600	+0.020	175,544
2015년 12월	99.415	99.440	99.405	99.405	99.440	+0.035	265,070
2017년 12월	97.895	97.990	97.880	97.885	97.900	+0.015	149,037
2019년 12월	97.215	97.285	97.165	97.190	97.175	−0.015	17,393
2021년 12월	96.800	96.870	96.760	96.805	96.770	−0.035	482

가격공시

미국초장기국채와 미국장기국채 선물계약은 100달러 액면가를 기준으로 공시하며, 구체적으로는 1/32달러 단위로 공시한다. 이것은 미국장기국채 현물시장의 가격공시 방식과 유사하다. 표 6.1에서 2015년 6월 만기 미국장기국채 선물계약의 정산가격은 153-19이다. 이것은 $153\frac{19}{32}$ 또는 153.59375를 의미한다. 10년 만기 미국중기국채 선물계약의 정산가격은 1/32의 가장 가까운 1/2단위로 공시한다. 즉 2015년 6월 만기 선물계약의 정산가 127-015는 $127\frac{1.5}{32}$ 또는 127.046875를 의미한다. 5년과 2년 만기 미국중기국채 선물계약은 1/32의 가장 가까운 1/4단위로 더 자세하게 가격을 공시한다. 즉 2015년 6월 만기 미국중기국채 선물계약의 정산가 119-197은 $119\frac{19.75}{32}$ 또는 119.6171875를 의미한다. 마찬가지로 이 계약의 고가 120-002는 $120\frac{0.25}{32}$ 또는 120.0078125를 의미한다.

전환계수

앞서 언급한 바와 같이 미국장기국채 선물계약은 매도포지션 거래자가 15년 초과 25년 미만의 만기를 갖는 어떤 미국장기국채나 인도할 수 있도록 허용하고 있다. 특정 미국장기국채를 인도하기로 하면 **전환계수**(conversion factor)를 이용해 매도포지션 거래자가 받는 금액을 결정할 수 있다. 인도할 채권의 공시가격은 선물계약의 최근 정산가격에 전환계수를 곱해서 계산한다. 6.1절에서 설명했듯이, 발생이자를 고려하면 미국장기국채의 액면가 100달러당 받는 현금은 다음과 같다.

$$\text{매도포지션 거래자가 받는 현금} = (\text{선물의 최근 정산가격} \times \text{전환계수}) + \text{발생이자}$$

선물 1계약은 액면가 기준으로 100,000달러이다. 예를 들어 선물의 최근 정산가격이 90-00이고 인도할 채권의 전환계수가 1.3800이며, 인도 시점까지 발생한 채권이자가 액면가 100달러당 3달러라고 하자. 매도포지션 거래자가 받는 현금(즉 매입포지션 거래자가 지급하는 현금)은 다음과 같이 액면가 100달러당 127.20달러이다.

$$(1.3800 \times 90.00) + 3.00 = 127.20\text{달러}$$

즉 선물 1계약을 매도한 거래자는 액면가가 100,000달러인 채권을 인도하고 127,200달러를 받는다.

채권의 전환계수는 모든 만기에 대한 이자율이 연 6%(반년복리 기준)라는 가정하에서 계산한 인도월 첫날 기준의 원금 1달러당 채권의 공시가격이다. 전환계수를 계산할 때 채권의 만기와 이자 지급일까지의 기간은 3개월 단위로 절사해서 구한다. 이런 방식으로 거래소는 전환계수표를 종합적으로 제시할 수 있게 된다. 3개월 미만의 기간을 절사한 후 채권 만기가 6개월 단위로 정확히 나뉘면 첫 번째 이자는 6개월 후에 지급되는 것으로 가정한다. 그러나 3개월 미만의 기간을 절사한 후 채권의 만기가 6개월 단위로 정확히 나뉘지 않으면(예를 들어 3개월이 남는 경우), 첫 번째 이자는 3개월 후에 지급되는 것으로 가정하고, 발생이자는 차감한다.

이 제도를 설명하기 위해 첫 번째 예로 액면 이자율이 연 10%이고 만기가 20년 2개월 남은 이표채를 생각해보자. 전환계수를 계산하기 위해서 이 채권이 정확하게 20년 만기를 가지며 최초 이자 지급일이 6개월 후인 것으로 가정한다. 이자는 원금이 상환되는 20년 후까지 매 6

개월마다 지급하는 것으로 한다. 액면가는 100달러이다. 할인율은 반년복리 기준으로 연 6%이다(또는 6개월에 3%). 이 채권의 가치는 다음과 같다.

$$\sum_{i=1}^{40} \frac{5}{1.03^i} + \frac{100}{1.03^{40}} = 146.23\text{달러}$$

146.23달러를 액면가액 100달러로 나누면 전환계수는 1.4623이다.

두 번째 예로 액면 이자율이 연 8%이고 만기가 18년 4개월 남은 이표채를 생각해보자. 전환계수를 계산하기 위해 이 채권이 정확하게 18년 3개월의 만기를 갖는 것으로 가정한다. 연 6%(반년복리 기준)의 이자율로 모든 현금흐름을 할인해서 3개월 후 시점의 가치를 구하면 다음과 같다.

$$4 + \sum_{i=1}^{36} \frac{4}{1.03^i} + \frac{100}{1.03^{36}} = 125.83\text{달러}$$

3개월에 대한 이자율은 $\sqrt{1.03} - 1$, 즉 1.4889%이다. 따라서 3개월 후 시점의 가치를 현재 가치로 다시 할인하면 125.83/1.014889 = 123.99달러가 된다. 여기서 처음 3개월간의 발생이자 2달러(6개월에 4달러이므로)를 차감하면 121.99달러가 되고 결국 전환계수는 1.2199이다.

최저가인도채권

미국장기국채 선물계약의 경우, 인도월의 어떤 한 시점에서 인도할 수 있는 채권은 정해져 있지 않고, 다양한 이자와 만기를 갖는 여러 종류의 미국장기국채 중에서 선택할 수 있다. 매도포지션 거래자는 인도 가능한 채권 중에서 '가격이 가장 낮은' 채권을 선택할 것이다. 매도포지션 거래자가 채권을 인도하고 받는 금액은 다음과 같다.

$$(\text{선물의 최근 정산가격} \times \text{전환계수}) + \text{발생이자}$$

그리고 채권 매입비용은 다음과 같다.

$$\text{현물 공시가격} + \text{발생이자}$$

따라서 최저가인도채권(cheapest-to-deliver bond)은 다음 식으로 구한 값이 가장 낮은 채권을 말한다.

$$\text{현물 공시가격} - (\text{선물의 최근 정산가격} \times \text{전환계수})$$

일단 매도포지션 거래자가 인도하기로 결정하면, 각 채권의 조건을 위의 식에 대입해봄으로써 어떤 채권이 최저가인도채권인지 확인할 수 있다. 예제 6.1이 계산 사례를 보여준다.

최저가인도채권을 결정하는 데는 많은 요인이 작용한다. 전환계수 제도하에서는 채권수익

예제 6.1 최저가인도채권의 선택

EXAMPLE

매도포지션 거래자가 채권을 인도하기로 결정하고 다음 세 종류의 채권 중에서 최저가인도채권을 선택하려고 한다. 선물의 최근 정산가격은 93-08, 즉 93.25달러이다.

채권	현물 공시가격	전환계수
1	99.50	1.0382
2	143.50	1.5188
3	119.75	1.2615

각 채권의 인도비용은 다음과 같다.

채권 1: $99.50-(93.25\times 1.0382)=2.69$달러
채권 2: $143.50-(93.25\times 1.5188)=1.87$달러
채권 3: $119.75-(93.25\times 1.2615)=2.12$달러

따라서 최저가인도채권은 채권 2이다.

률이 6%를 초과할 경우 이자 지급액이 적고 만기가 긴 채권을 인도하려는 경향이 있다. 채권 수익률이 6%보다 낮을 경우 이자 지급액이 많고 만기가 짧은 채권을 인도하려는 경향이 있다. 또한 수익률곡선이 상향 기울기를 갖는 경우 만기가 긴 채권을 인도하고, 하향 기울기를 갖는 경우 만기가 짧은 채권을 인도하려는 경향이 있다.

매도포지션을 취한 투자자는 최저가인도채권을 선택하는 권리 외에도 와일드카드 플레이(wild card play)라는 옵션을 갖고 있다(실무사례 6.2 참조).

실무사례 6.2 와일드카드 플레이

CME그룹의 미국장기국채 선물계약에서 정산가격은 오후 2시 기준의 가격이다. 그러나 미국장기국채는 이 시간 이후에도 현물시장에서 계속 거래되며, 매도포지션 거래자는 당일 늦게까지 청산소에 인도의사고지서를 발행할 수 있다. 만약 고지서를 발행하면, 당일 오후 2시의 정산가격을 기초로 청구가격이 계산된다.

이런 거래제도는 *와일드카드 플레이*라는 옵션을 만들어낸다. 만약 채권가격이 인도월의 첫날 오후 2시 이후에 하락한다면, 매도포지션을 취한 거래자는 예를 들어 3시 45분에 인도의사고지서를 발행하고 오후 2시 선물가격으로 인도 채권을 매입할 수 있다. 만약 채권가격이 하락하지 않는다면, 매도포지션 거래자는 다음 날까지 포지션을 유지한 채 기다린 후, 어제와 똑같은 전략을 구사할 수 있다.

매도포지션 거래자에게 주어지는 다른 옵션들과 마찬가지로 와일드카드 플레이도 공짜는 아니다. 와일드카드 플레이의 가치는 선물가격에 반영되어 있다. 옵션이 있는 선물의 가격은 옵션이 없는 선물의 가격보다 낮다.

선물가격의 결정

미국장기국채 선물의 이론가격을 정확히 결정하는 것은 어려운 일이다. 왜냐하면 인도 시기 및 인도 채권의 선택과 관련된 매도포지션 거래자의 권리를 쉽게 평가할 수 없기 때문이다. 그러나 만약 최저가인도채권과 인도일을 모두 알고 있다고 가정하면, 미국장기국채 선물은 예정소득을 제공하는 증권에 대한 선물로 볼 수 있다.[1] 그러면 식 (5.2)를 적용하면 선물가격 F_0는 현물가격 S_0와 다음과 같은 관계에 있다.

$$F_0 = (S_0 - I)e^{rT} \tag{6.1}$$

여기서 I는 선물계약 만기일까지 발생하는 이자 지급액의 현가이며, T는 선물계약의 만기이고, r은 T기간 중에 적용되는 무위험이자율이다. 예제 6.2는 식 (6.1)을 적용한 사례를 보여준다.

6.3 유로달러 선물

미국에서 가장 많이 거래하고 있는 금리선물계약은 CME그룹에서 거래하는 3개월 유로달러 선물(Eurodollar futures)이다. 유로달러란 미국 밖의 미국 은행 또는 외국은행에 예치된 달러를 말한다. 유로달러 이자율은 한 은행이 다른 은행에 예치한 유로달러에서 얻는 이자율을 말하며, 4장에서 설명했던 런던 은행 간 금리(LIBOR)와 같다고 할 수 있다.

3개월 유로달러 선물은 원금 100만 달러에 대해 미래의 3개월 동안 (유로달러 이자율로 차입한 자가) 지급해야 하는 이자에 대한 선물계약이다. 유로달러 선물은 거래자가 미래 3개월 이자율에 대해서 투기를 하거나 헤지를 하기 위한 목적으로 사용할 수 있다. 유로달러 선물의 인도월은 3월, 6월, 9월, 12월로 만기는 미래 10년까지 있다. 이는 2016년에 투자자가 3개월 유로달러 선물을 이용해서 멀리는 2026년까지 이자율에 대한 포지션을 취할 수 있다는 것을 의미한다. 단기 유로달러 선물의 인도월은 3월, 6월, 9월, 12월 외에 다른 달인 경우도 있다.

유로달러 선물이 거래되는 과정을 이해하기 위해 표 6.1의 2015년 9월물을 예로 들어보자. 이 선물의 2015년 5월 13일 정산가격은 99.580이다. 계약은 인도월의 세 번째 수요일 이틀 전에 만료된다. 이 선물계약의 경우 2015년 9월 14일이 만기일이다. 계약은 통상적인 선물계약과 마찬가지로 일일정산을 한다. 2015년 9월 14일 정산가격은 $100 - R$로 정해진다. 여기서 R은 9월 14일의 3개월 LIBOR이다. 이자율은 3개월 복리와 실제경과일수/360일 기준으

1 분석가들이 실무에서 최저가인도채권을 예측할 때, 일반적으로 선물계약의 만기 시점 무이표 현물이자율이 현재 선도금리와 같을 것이라고 가정한다.

예제 6.2 미국장기국채 선물가격 계산 EXAMPLE

어떤 미국장기국채 선물계약에서 연 12%의 액면 이자율과 1.6000의 전환계수를 갖는 이표채가 최저가인도채권이 될 것이라고 알려져 있다고 하자. 채권 인도는 270일 후에 이루어지며, 이자는 6개월마다 지급된다. 아래의 시간 스케줄에서 볼 수 있듯이 최근 이자 지급일은 60일 전이며, 다음 이자 지급일은 현재로부터 122일 후이고, 그다음 이자 지급일은 305일 후이다. 이자율의 기간구조는 수평적(flat)이며 이자율은 연속복리 기준으로 연 10%이다.

현재 공시된 채권가격이 115달러라고 하자. 채권의 현금가격은 공시가격에 차기 이자 지급 예정액 중 기발생 금액을 합해서 구한다. 따라서 채권의 현금가격을 구하면 116.978달러가 된다.

$$115 + \frac{60}{60 + 122} \times 6 = 116.978$$

차기에 지급되는 이자 6달러(액면가 100달러당 6달러의 이자)는 122일(= 0.3342년) 후에 받게 된다. 그 이자의 현재가치는 다음과 같다.

$$6e^{-0.1 \times 0.3342} = 5.803$$

선물계약은 현재로부터 270일(= 0.7397년)간 존속된다. 따라서 액면 이자율 12%인 채권에 대한 선물계약의 현금가격은 다음과 같다.

$$(116.978 - 5.803)e^{0.1 \times 0.7397} = 119.711$$

인도일 기준에서 보면 148일간의 이자가 발생했다. 따라서 액면 이자율이 12%인 채권에 대한 선물계약의 공시가격은 다음과 같이 발생이자를 차감해 산출한다.

$$119.711 - 6 \times \frac{148}{148 + 35} = 114.859$$

전환계수의 정의로부터 1.6000개의 표준채권은 액면 이자율이 12%인 채권 1개와 같다. 따라서 선물 공시가격은 다음과 같다.

$$\frac{114.859}{1.6000} = 71.79$$

로 표현된 것이다. 즉 2015년 9월 14일 3개월 LIBOR 이자율이 연 0.5%라면(3개월 복리, 실제경과일수/360일 기준) 최종 정산가격은 99.500이 될 것이다. 일단 최종 정산이 이루어지면 모든 계약은 종료된다.

유로달러 선물계약은 선물가격이 1베이시스 포인트(= 0.01) 움직이면 1계약당 25달러의 손익이 발생하도록 설계되어 있다. 즉 유로달러 선물가격이 1베이시스 포인트 상승하면 매입포지션을 취한 투자자는 25달러의 이익을 얻고 매도포지션을 취한 투자자는 25달러의 손실을 본다. 마찬가지 논리로, 유로달러 선물가격이 1베이시스 포인트 하락하면 매입포지션을 취한 투자자는 25달러의 손실을 보고 매도포지션을 취한 투자자는 25달러의 이익을 얻는다. 예를 들어 정산가격이 99.120에서 99.230으로 상승한 경우, 매입포지션을 취한 투자자는 1계약당 11 × 25 = 275달러의 이익을 얻는다. 반대로 매도포지션을 취한 투자자는 275달러의 손실을 본다. 선물가격이 1베이시스 포인트 변하는 것은 선물금리가 0.01% 변하는 것에 해당하므로, 이때 100만 달러 유로달러 선물의 3개월간 이자 변동은 다음과 같이 25달러가 된다.

$$1{,}000{,}000 \times 0.0001 \times 0.25 = 25$$

그러므로 '1베이시스 포인트당 25달러' 규칙은 100만 달러에 대한 3개월간 이자율을 확정하는 선물계약에서 나오는 것이다.

유로달러 선물의 가격은 100 − 미래이자율로 공시하기 때문에, 이자율이 하락하면 매입포지션을 취한 투자자가 이익을 얻고, 이자율이 상승하면 매도포지션을 취한 투자자가 이익을 얻는다. 표 6.2는 표 6.1에서 보여주었던 2015년 9월 만기 유로달러 선물의 일련의 가능한 이익을 보여준다.

CME는 선물 1계약의 가격을 다음과 같이 정의한다.

$$10{,}000 \times [100 - 0.25 \times (100 - Q)] \tag{6.2}$$

여기서 Q는 시세표에 나와 있는 가격이다. 따라서 표 6.1에서 2015년 9월 만기 유로달러 선물의 정산가격이 99.580이라는 것은 선물 1계약당 가격이 998,950달러라는 의미이다.

$$10{,}000 \times [100 - 0.25 \times (100 - 99.580)] = 998{,}950\text{달러}$$

표 6.2에서 2015년 9월 만기 유로달러 선물의 최종 정산가격은 99.500이고, 이는 선물 1계

표 6.2 2015년 9월 만기 유로달러 선물의 가격 변화

일자	선물가격	가격 변화	1계약당 이익(달러)
2015년 5월 13일	99.580		
2015년 5월 14일	99.530	−0.050	−125
2015년 5월 15일	99.570	+0.040	+100
⋮	⋮	⋮	⋮
2015년 9월 14일	99.500	−0.060	+150
합계		−0.070	−200

약당 가격이 998,750달러라는 의미이다.

$$10{,}000 \times [100 - 0.25 \times (100 - 99.500)] = 998{,}750\text{달러}$$

선물 1계약당 시초가격과 최종가격의 차이는 200달러이다. 이 수치는 표 6.2에서 '1베이시스 포인트당 25달러 규칙'을 사용해 구한 값과 같다.

표 6.1은 2015년 5월 기준으로 미국 이자율의 기간구조가 상승곡선을 그리고 있다는 것을 보여준다. 즉 2015년 6월 15일에 시작하는 3개월 선물금리가 0.295%이고, 2015년 9월 14일에 시작하는 3개월 선물금리는 0.420%이며, 2015년 12월 14일에 시작하는 3개월 선물금리는 0.595%이다.

예제 6.3은 2018년 9월 17일 이후 3개월 동안 받게 될 이자를 헤지하기 원하는 투자자가

예제 6.3 유로달러 선물계약을 이용한 헤징 EXAMPLE

어떤 투자자가 2018년 9월 17일에 시작해 3개월 동안 원금 1억 달러에 대해 벌어들일 이자율을 확정하기를 원한다. 2018년 9월 만기 유로달러 선물의 가격은 96.500이라고 한다. 이는 투자자가 연이자율을 100 − 96.5, 즉 3.5%로 확정할 수 있음을 의미한다. 투자자는 유로달러 선물 100계약을 매입함으로써 헤지할 수 있다. 만일 2018년 9월 17일에 3개월 유로달러 선물의 이자율이 연 2.6%가 된다고 하자. 선물의 최종 정산가격이 97.400이면 투자자가 유로달러 선물로부터 얻는 이익은 다음과 같이 225,000달러가 된다.

$$100 \times 25 \times (9{,}740 - 9{,}650) = 225{,}000$$

그리고 3개월 투자로부터 얻는 이자는 다음과 같이 650,000달러가 된다.

$$100{,}000{,}000 \times 0.25 \times 0.026 = 650{,}000$$

결국 유로달러 선물로부터의 이익까지 합하면 투자자의 총이익은 875,000달러가 된다. 이 금액은 이자율이 연 3.5%가 된다면 얻을 수 있는 이자금액과 동일하다(100,000,000달러 × 0.25 × 0.035 = 875,000달러).

이와 같은 방식으로 유로달러 선물 거래를 통해 이자율을 정확히 3.5%로 확정할 수 있을 것 같이 보인다. 사실 이 헤지는 다소 완전하지 못하다. 왜냐하면 (a) 선물계약이 일일정산되고 (만기일에 정산되는 것이 아니라), (b) 선물계약의 최종 정산은 2018년 9월 17일에 이루어지는 반면에 투자로부터 얻는 이자는 3개월 후에 수령하기 때문이다. (b)를 고려하는 한 가지 방법은 2018년 9월 17일에 받는 금액과 3개월 후에 받는 금액의 차이를 반영해서 헤지포지션의 규모를 줄이는 것이다. 이 경우 3개월간의 이자율을 연 3.5%로 가정해서 선물계약의 수에 0.9913[= 1/(1 + 0.035 × 0.25)]을 곱하면, 매입해야 할 유로달러 선물이 100계약이 아니라 99계약이 된다.

유로달러 선물을 어떻게 이용할 수 있는지 보여준다. 헤징으로부터 얻는 현금흐름의 발생 시점이 이자 현금흐름의 발생 시점과 정확히 일치하지는 않는다는 점을 유의하자. 첫째, 이는 선물계약을 일일정산하기 때문이다. 둘째, 최종정산은 2018년 9월 17일에 이루어지는 반면에 투자로부터 얻는 이자는 이날부터 3개월 후에 수령하기 때문이다. 예제에서 확인할 수 있듯이 두 번째 점을 고려하기 위해 헤지포지션을 약간 조정할 수 있다.

CME의 유로달러 선물과 유사한 선물계약들이 다른 나라의 이자율을 기초로 거래되고 있다.

선도금리와 선물금리

유로달러 선물은 미래 일정 기간 동안의 이자율을 확정하는 선도금리계약(FRA)과 유사하다(선도금리계약은 4.9절 참조). 1년까지의 단기 만기의 경우 유로달러 선물과 선도금리계약은 동일한 것으로 가정할 수 있고, 유로달러 선물금리는 상응하는 선도금리와 같은 것으로 가정할 수 있다. 그러나 만기가 긴 계약의 경우 두 계약에는 차이가 발생한다. T_1과 T_2시점 사이의 이자율에 대한 유로달러 선물과 동일 기간 동안의 선도금리계약을 비교해보자. 유로달러 선물은 일일정산하며, 최종 결제는 T_1시점에서 T_1과 T_2시점 사이의 실제 이자율을 기준으로 이루어진다. 이와 달리 선도금리계약은 일일정산하지 않고, 최종 결제는 T_2시점에서 T_1과 T_2시점 사이의 실제 이자율을 기준으로 이루어진다.[2]

그러므로 유로달러 선물과 선도금리계약에는 다음과 같은 두 가지 점에서 차이가 있다.

1. 유로달러 선물과 선도금리와 실제 이자율의 차이에 해당하는 금액을 T_1시점에서 정산하는 일일정산이 없는 가상적인 선도계약 간의 차이
2. 선도금리와 실제 이자율의 차이에 해당하는 금액을 T_1시점에서 정산하는 가상적인 선도계약과 T_2시점에서 정산하는 실제 선도계약과의 차이

두 가지 차이 모두 선물금리에 비해 선도금리를 감소시키는 역할을 한다.

볼록성 조정

분석가들은 두 이자율의 차이를 고려해서 소위 **볼록성 조정**(convexity adjustment)을 한다. 이를 일반적인 식으로 나타내면 다음과 같다.

$$\text{선도금리} = \text{선물금리} - \frac{1}{2}\sigma^2 T_1 T_2 \tag{6.3}$$

2 4.7절에서 언급했듯이 정산은 T_1시점에서도 이루어질 수 있다. 그러나 정산가격은 T_2시점의 선도계약이득의 현재가치와 동일하게 된다.

예제 6.4 볼록성 조정 계산 EXAMPLE

$\sigma = 0.012$이고, 8년 만기 유로달러 선물 공시가격이 94인 상황에서 선도금리를 구하려고 한다. $T_1 = 8$, $T_2 = 8.25$인 경우 볼록성 조정은 다음과 같이 0.475%(47.5베이시스 포인트)이다.

$$\frac{1}{2} \times 0.012^2 \times 8 \times 8.25 = 0.00475$$

선물금리는 3개월 복리와 실제경과일수/360 기준으로 연 6%이다. 선물금리 6%는 3개월 복리와 365/360 기준으로 나타내면 $6 \times 365/360 = 6.083\%$이거나, 연속복리 기준으로 나타내면 6.038%가 된다. 그러므로 연속복리 기준의 선도금리는 연간 $6.038 - 0.475 = 5.563\%$이다.

아래 표는 볼록성 조정의 크기가 어떻게 증가하는지 보여준다. 그 크기는 대략 만기의 제곱에 비례한다.

선물 만기(년)	볼록성 조정 크기(베이시스 포인트)
2	3.2
4	12.2
6	27.0
8	47.5
10	73.8

여기서 T_1은 선물계약 만기이고 T_2는 선물계약의 기초가 되는 이자율 만기이다. 그리고 σ는 연간 단기이자율 변화의 표준편차이다. 두 이자율은 모두 연속복리 기준이다.[3] 예제 6.4는 조정 사례를 보여준다.

선도금리는 선물금리보다 작다. 식 (6.3)에서 알 수 있듯이 볼록성 조정의 크기는 대체로 선물계약 만기의 제곱에 비례한다. 예를 들어 8년 만기 선물계약의 볼록성 조정 크기는 대략적으로 2년 만기 선물계약의 볼록성 조정 크기의 16배이다.

6.4 듀레이션

채권의 듀레이션(duration)은 채권 소유자가 현금의 현재가치를 받기까지 얼마나 기다려야 하는지 측정한다. 만기가 n년인 무이표채의 듀레이션은 n년이다. 그러나 만기가 n년인 이표채의 듀레이션은 n년보다 짧다. 왜냐하면 채권 소유자가 n년이 되기 전에 일부의 현금을 받기

3 이 공식은 Ho-Lee 이자율모형에 기초하고 있다. 자세한 내용은 다음 논문을 참조하라. T. S. Y. Ho and S.-B. Lee, "Term Structure Movements and Pricing Interest Rate Contingent Claims," *Journal of Finance*, 41(December 1986), 1011–29.

때문이다.

채권의 소유자에게 t_i시점($1 \le i \le n$)에서 c_i의 현금흐름을 제공하는 채권을 예로 들어보자. 채권 가격 B와 연속복리로 계산한 수익률 y는 다음과 같은 관계를 갖는다.

$$B = \sum_{i=1}^{n} c_i e^{-yt_i} \tag{6.4}$$

채권의 듀레이션 D는 다음과 같이 정의된다.

$$D = \frac{\sum_{i=1}^{n} t_i c_i e^{-yt_i}}{B} \tag{6.5}$$

또는 다음과 같이 쓸 수 있다.

$$D = \sum_{i=1}^{n} t_i \left[\frac{c_i e^{-yt_i}}{B} \right]$$

괄호 안의 식은 t_i시점에서 발생하는 현금흐름의 현재가치를 채권가격으로 나눈 비율을 나타낸다. 채권 가격은 모든 미래지급액의 현재가치이다. 따라서 듀레이션은 t_i시점 지급액의 현재가치가 채권 총지급액의 현재가치에서 차지하는 비중을 가중치로 해, 지급이 이루어지는 기간 t_i를 가중평균한 값이다. 가중치의 합은 당연히 1.0이다(듀레이션의 정의 목적상 모든 할인은 채권수익률 y로 이루어졌음에 유의하라. 즉 4.4절에서 설명한 방식대로 각 현금흐름에 대해서 다른 무이표수익률을 적용해 할인하지 않았다는 점에 유의하라).

식 (6.4)로부터 근사적으로 다음 식을 구할 수 있다.

$$\Delta B = -\Delta y \sum_{i=1}^{n} c_i t_i e^{-yt_i} \tag{6.6}$$

여기서 Δy는 y의 작은 변화이고, ΔB는 그에 따르는 B의 작은 변화를 의미한다[B와 y 사이에는 음(−)의 관계가 있음에 주목하라. 즉 채권수익률이 증가하면 채권 가격은 감소하고 채권수익률이 감소하면 채권 가격은 증가한다].

식 (6.5)와 식 (6.6)으로부터 듀레이션과 관련한 다음 식을 구할 수 있다.

$$\Delta B = -BD\ \Delta y \tag{6.7}$$

식 (6.7)을 정리하면 다음과 같다.

$$\frac{\Delta B}{B} = -D\ \Delta y \tag{6.8}$$

식 (6.8)은 채권가격 변화율과 채권수익률 변화의 근사적인 관계를 나타낸다. 이 식이 용이해

표 6.3 듀레이션의 계산

기간(년)	현금흐름(달러)	현재가치	가중치	기간 × 가중치
0.5	5	4.709	0.050	0.025
1.0	5	4.435	0.047	0.047
1.5	5	4.176	0.044	0.066
2.0	5	3.933	0.042	0.083
2.5	5	3.704	0.039	0.098
3.0	105	73.256	0.778	2.333
합계	130	94.213	1.000	2.653

서, 1938년 매콜리(Frederick Macaulay)에 의해 제시된 듀레이션은 널리 사용되는 측정치가 되었다.

액면가액 100달러, 만기 3년, 액면이자율 10%인 채권을 예로 들어보자. 채권수익률은 연속복리로 연 12%이다(즉 $y=0.12$). 그리고 매 6개월마다 5달러의 이자를 지급한다. 표 6.3은 채권의 듀레이션을 구하기 위한 계산 과정을 보여준다. 채권수익률을 할인율로 해 매기 현금흐름의 현재가치를 구한 것이 세 번째 열에 나타나 있다(예를 들어 첫 번째 현금흐름의 현재가치는 $5e^{-0.12\times 0.5}=4.709$이다). 세 번째 열의 마지막 행에 있는 현재가치의 합인 94.213달러는 채권의 가격을 나타낸다. 네 번째 열의 가중치는 세 번째 열의 각 현재가치를 94.213으로 나누어서 구한다. 다섯 번째 열의 각 숫자를 합하면 듀레이션 2.653년을 구할 수 있다. 예제 6.5는 식 (6.7)에서 정리한 듀레이션 관계식의 정확도를 검증한 사례이다.

예제 6.5 듀레이션 관계식의 검증 EXAMPLE

표 6.3에서 채권 가격 B는 94.213이고 듀레이션 D는 2.653이다. 따라서 이들을 식 (6.7)에 대입하면 다음 식을 얻을 수 있다.

$$\Delta B = -94.213 \times 2.653 \times \Delta y = -249.95 \times \Delta y$$

채권수익률이 10베이시스 포인트(= 0.1%) 증가하면 $\Delta y = +0.001$이 된다. 이를 위의 듀레이션 관련 공식에 대입하면 $\Delta B = -249.95 \times 0.001 = -0.250$이 되고, 따라서 채권가격은 94.213 − 0.250 = 93.963으로 하락한다. 이런 결과는 얼마나 정확할까? 채권수익률이 10베이시스 포인트 증가해서 12.1%가 될 때 정확한 채권 가격은 다음과 같다.

$$5e^{-0.121\times 0.5}+5e^{-0.121\times 1.0}+5e^{-0.121\times 1.5}+5e^{-0.121\times 2.0}+5e^{-0.121\times 2.5}+105e^{-0.121\times 3.0}=93.963$$

여기서 구한 채권 가격 93.963은 앞에서 듀레이션 관련 공식을 이용해 구한 채권 가격과 동일하다(소수 셋째 자리까지).

이자율의 작은 변화는 보통 베이시스 포인트로 측정한다. 앞서 언급한 바와 같이 1베이시스 포인트는 0.01%이다. DV01은 모든 만기의 이자율이 1베이시스 포인트 변했을 때의 가격 변화이다.

수정듀레이션

앞의 분석에서는 y를 연속복리 기준으로 나타냈다. 만일 y를 연복리 기준으로 나타낸다면 식 (6.7)은 다음과 같이 쓸 수 있다.

$$\Delta B = -\frac{BD\,\Delta y}{1+y}$$

더욱 일반화해서 y를 연 m회 복리계산 기준으로 나타낸다면 다음과 같이 쓸 수 있다.

$$\Delta B = -\frac{BD\,\Delta y}{1+y/m}$$

D^*를 다음 식으로 정의해보자.

$$D^* = -\frac{D}{1+y/m}$$

D^*는 **수정듀레이션**(modified duration)이라 하고, 이를 바탕으로 듀레이션 관계식을 다음과 같이 간단히 정리할 수 있다.

$$\Delta B = -BD^*\,\Delta y \qquad (6.9)$$

여기서 y는 연간 m회 복리계산 기준으로 나타낸 것이다. 예제 6.6은 수정듀레이션 관계식의 정확성을 검토하는 예제이다.

때로는 **금액듀레이션**(dollar duration)을 사용하기도 한다. 금액듀레이션은 수정듀레이션에 채권 가격을 곱한 것으로, $\Delta B = -D_{\$}\Delta y$로 나타낼 수 있다. 여기서 $D_{\$}$는 금액듀레이션이다.

채권포트폴리오

채권포트폴리오의 듀레이션 D는 포트폴리오를 구성하는 개별채권의 듀레이션을 포트폴리오 내의 개별채권 투자 비중으로 가중평균한 값이다. 식 (6.7)부터 식 (6.9)는 B에 채권포트폴리오의 가치를 대입해 사용할 수 있다. 이들 식은 채권수익률이 Δy만큼 변할 때 채권포트폴리오의 가치가 얼마나 변하는지를 추정한다.

듀레이션을 채권포트폴리오에 적용해 사용할 때, 모든 채권의 수익률이 대략 같은 양만큼

예제 6.6 수정듀레이션 관계식 검증 EXAMPLE

표 6.3에서 채권 가격은 94.213달러이고 듀레이션은 2.653년이다. 그리고 반년복리 기준의 채권수익률은 연 12.3673%이다. 따라서 수정듀레이션 D^*는 다음과 같다.

$$D^* = \frac{2.653}{1 + 0.123673/2} = 2.499$$

식 (6.9)로부터 다음 관계를 알 수 있다.

$$\Delta B = -94.213 \times 2.4985 \times \Delta y = -235.39 \times \Delta y$$

여기서 6개월 복리 기준의 채권수익률이 10베이시스 포인트(=0.1%) 상승할 때, $\Delta y = +0.001$이 된다. 이를 듀레이션 관계식에 대입하면 ΔB는 $-235.39 \times 0.001 = -0.235$가 되며, 따라서 채권 가격은 $94.213 - 0.235 = 93.978$로 하락한다. 이런 결과는 얼마나 정확할까? 채권수익률(반년 복리 기준)이 10베이시스 포인트 증가해 12.4673%(연속복리 기준으로 12.0941%)가 될 때, 앞선 예제에서 사용했던 방법으로 정확히 계산하면 채권 가격은 93.978이 된다. 이를 통해 수익률의 작은 변화에서 수정듀레이션 관계식이 매우 정확함을 알 수 있다.

변할 것이라는 암묵적인 가정을 한다. 채권의 만기가 상이한 경우, 이런 가정이 성립하려면 무이표수익률곡선이 평행이동(parallel shift)해야만 한다. 그러므로 식 (6.7)부터 식 (6.9)까지의 식은 수익률곡선의 평행이동(Δy)이 채권포트폴리오의 가격에 미치는 효과를 추정하는 것으로 이해해야 한다.

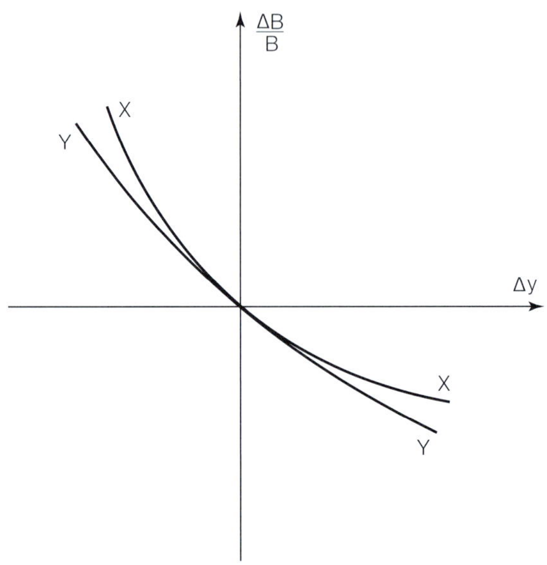

그림 6.1 동일한 듀레이션을 갖는 2개의 채권포트폴리오

듀레이션 관계식은 채권수익률이 작게 움직일 때만 사용할 수 있다. 이런 내용은 그림 6.1에 잘 나타나 있다. 그림 6.1은 동일한 듀레이션을 갖는 2개의 채권포트폴리오에 있어서 채권가격 변화율과 채권수익률 변화 간의 관계를 보여준다. 두 곡선의 기울기는 시작점에서는 동일하다. 즉 수익률이 조금 변할 때 두 채권포트폴리오의 가치 변화율은 동일하고, 식 (6.8)이 성립한다. 그러나 채권수익률이 크게 변하면 두 채권포트폴리오의 가치는 상이하게 반응한다. *X*채권포트폴리오가 *Y*채권포트폴리오에 비해 곡률(curvature)이 더 크다. 이런 곡률은 볼록성(convexity)으로 측정하며, 볼록성은 식 (6.8)의 듀레이션 관계식을 더 정확하게 개선하는 데 사용한다.

자산과 부채 포트폴리오의 헤징

금융기관은 때때로 보유 자산의 평균 듀레이션과 보유 부채의 평균 듀레이션을 일치시킴으로써 이자율위험을 헤지하려고 한다(여기서 부채는 채권의 매도포지션으로 간주할 수 있음). 이러한 전략을 **듀레이션 매칭**(duration matching) 또는 **포트폴리오의 면역화**(portfolio immunization)라고 한다. 이를 실행하면 이자율의 작은 평행이동에 대해 자산과 부채로 구성된 포트폴리오의 가치가 거의 영향을 받지 않게 된다. 즉 자산의 이익(손실)이 부채의 손실(이익)을 상쇄하게 된다.

듀레이션 매칭 전략은 수익률곡선이 평행이동하지 않으면 채권포트폴리오를 면역화하지 못하는 약점이 있다. 실제로 단기이자율은 통상 장기이자율보다 변동성이 크며, 장기이자율과 완전한 상관관계를 갖지도 않는다. 때때로 장·단기이자율이 반대 방향으로 움직이는 경우도 발생한다. 그러므로 듀레이션 매칭은 단지 1차적인 단계이고, 이자율위험을 관리하기 위해 금융기관은 다른 방법들을 개발했다(실무사례 6.3 참조).

실무사례 6.3 은행의 자산부채관리(ALM)

요즘은 은행의 자산부채관리(asset-liability management, ALM)위원회가 이자율위험에의 노출을 매우 세밀하게 감시하고 있다. ALM의 첫 번째 단계는 자산과 부채의 듀레이션을 일치시키는 것이다. 그러나 이런 전략은 수익률곡선의 비평행이동(non-parallel shift)에 대해서는 은행을 보호하지 못한다. 이에 대비해 *갭 관리*(GAP management)라는 전략을 널리 사용하고 있다. 갭 관리에서는 무이표수익률곡선을 *버킷*(buckets)이라 부르는 몇 개의 구간으로 나눈다. 예를 들어 첫 번째 버킷은 0~1개월, 두 번째 버킷은 1~3개월 등으로 나눌 수 있다. 다음에 ALM위원회는 다른 버킷의 무이표수익률이 고정된 상태에서 한 버킷의 무이표이자율 변화가 자산과 부채의 가치에 주는 영향을 조사한다.

만일 불일치가 존재하면 통상적으로 시정조치(corrective action)를 취한다. 이는 4.8절에서 설명한 방식과 같이 예금금리와 대출금리를 조정하는 것을 포함한다. 그 대신에 스왑, 선도금리계약(FRA), 채권선물, 유로달러 선물을 비롯한 금리파생상품을 사용할 수도 있다.

6.5 듀레이션에 근거한 헤징전략

채권포트폴리오나 단기금융상품과 같이 이자율에 의존하는 자산의 포지션을 금리선물로 헤지하는 예를 살펴보자. 다음과 같은 기호를 사용하기로 한다.

V_F: 금리선물 1계약의 가격

D_F: 선물계약 만기 시 선물계약 기초자산의 듀레이션

P: 헤지 만기 시 헤지 대상 포트폴리오의 선도가치. 이는 실무적으로 현재 포트폴리오의 가치와 동일한 것으로 가정한다.

D_P: 헤지 만기 시 헤지 대상 포트폴리오의 듀레이션

수익률 변화(Δy)는 모든 만기에 동일하다고 가정한다. 즉 수익률곡선은 평행으로만 이동한다고 하자. 그러면 근사적으로 다음 관계가 성립한다.

$$\Delta P = -PD_P\Delta y$$

또한 근사적으로 다음 식도 성립한다.

$$\Delta V_F = -V_F D_F \Delta y$$

그러므로 불확실한 Δy를 헤지하기 위해 필요한 선물계약 수는 다음과 같다.

$$N^* = \frac{PD_P}{V_F D_F} \tag{6.10}$$

이는 듀레이션에 근거한 헤지비율(duration-based hedge ratio)을 나타낸다. 이를 가격민감도 헤지비율(price sensitivity hedge ratio)이라고도 한다.[4] 헤지비율을 이용하면 전체 포지션의 듀레이션을 0을 만들 수 있다.

헤징 수단이 미국장기국채 선물일 때 헤저는 특정 채권이 인도될 것이라는 가정하에서 D_F를 추정해야 한다. 이는 헤지가 이루어질 때 이용 가능한 채권 중에서 어느 채권이 최저가인도채권이 될지를 헤저가 추정해야 한다는 것을 의미한다. 결과적으로 이자율 환경이 변해서 최저가인도채권이 변한다면 헤지는 조정되어야 하고 헤지 성과는 기대한 것보다 더 나빠질 수도 있다.

금리선물을 사용해서 헤지할 때 이자율과 선물가격이 반대 방향으로 움직임을 명심하는 것은 중요하다. 이자율이 상승할 때 금리선물가격은 하락한다. 이자율이 하락할 때는 그 반대로

4 식 (6.10)에 대한 더 자세한 논의를 위해서는 R. Rendleman, "Duration-Based Hedging with Treasury Bond Futures," *Journal of Fixed Income*, 9, 1(June 1999): 84–91을 참조하라.

금리선물가격이 상승한다. 따라서 이자율이 하락하면 손실을 보는 기업은 선물을 매입하는 헤지를 해야 한다. 마찬가지로 이자율이 상승하면 손실을 보는 기업은 선물을 매도하는 헤지를 해야 한다.

헤저는 가능하면 기초자산의 듀레이션이 헤징 대상 자산의 듀레이션과 근접한 선물계약을 선택하려고 한다. 단기이자율 헤지에는 유로달러 선물을 사용하고, 반면에 장기이자율 헤지에는 미국초장기국채 선물, 미국장기국채 선물, 미국중기국채 선물을 사용하는 경향이 있다.

채권포트폴리오의 헤지

펀드 매니저가 8월 2일 현재 1,000만 달러를 국채에 투자하고 있으며, 향후 3개월간 이자율의 변화가 클 것을 우려하고 있다고 하자. 펀드 매니저는 포트폴리오의 가치를 헤지하기 위해 12월 만기 미국장기국채 선물을 이용하기로 결정했다. 현재 선물의 공시가격은 93-02, 즉 93.0625이다. 미국장기국채 선물은 액면가 100,000달러 단위로 거래되고 있으므로 선물 1계약의 가격은 93,062.50달러이다.

3개월 후 채권포트폴리오의 듀레이션은 6.8년이다. 선물계약의 최저가인도채권은 20년 만기의 연 12% 액면이자율을 갖는 미국장기국채이다. 이 채권의 수익률은 현재 연 8.8%이며, 선물계약 만기 시 듀레이션은 9.2년이 될 것이다.

펀드 매니저는 채권포트폴리오를 헤지하기 위해서 미국장기국채 선물에 매도포지션을 취해야 한다. 만일 이자율이 상승하면 선물 매도포지션에서 이익이 발생하고 채권포트폴리오에서는 손실이 발생한다. 반면에 이자율이 하락하면 선물 매도포지션에서 손실이 발생하고 채권포트폴리오에서는 이익이 발생한다. 식 (6.10)을 이용해 매도해야 할 채권선물계약의 수를 계산하면 다음과 같다.

$$\frac{10,000,000 \times 6.80}{93,062.50 \times 9.20} = 79.42$$

이를 반올림하면 펀드 매니저가 매도해야 할 선물은 79계약이다.

예제 6.7은 이와 같은 헤징이 이루어지는 과정을 보여준다. 8월 2일과 11월 2일 사이에 이자율이 급격히 하락하고, 이에 따라 채권포트폴리오의 가치가 1,000만 달러에서 1,045만 달러로 상승한다고 가정하자. 그리고 11월 2일에 미국장기국채 선물가격이 98-16이라고 가정하자. 이를 선물 1계약의 가격으로 환산하면 98,500달러이다. 따라서 미국장기국채 선물계약으로부터 발생한 총손실은 다음과 같다.

$$79 \times (98,500.00\text{달러} - 93,062.50\text{달러}) = 429,562.50\text{달러}$$

따라서 펀드 매니저의 포지션 가치 순변화는 다음과 같다.

예제 6.7 채권포트폴리오의 헤지 EXAMPLE

8월 2일 현재 1,000만 달러의 채권포트폴리오를 책임지고 있는 펀드 매니저가 향후 3개월간 이자율의 변화가 클 것을 우려하고 있다. 펀드 매니저는 채권포트폴리오의 가치를 헤지하기 위해 미국장기국채 선물을 이용하기로 했다. 12월 만기 미국장기국채 선물계약의 공시가격은 93-02이다. 이는 선물 1계약의 가격이 93,062.50달러임을 의미한다. 전략은 다음과 같다.

1. 8월 2일에 12월 만기 미국장기국채 선물 79계약을 매도한다.
2. 11월 2일에 그 매도포지션을 마감한다.

8월 2일과 11월 2일 사이에 이자율이 급격히 하락해서 채권포트폴리오의 가치가 1,000만 달러에서 1,045만 달러로 증가하고, 11월 2일에 미국장기국채 선물가격이 98-16이라고 하자(이는 선물 1계약의 가격으로 98,500.00달러에 해당한다). 그러면 미국장기국채 선물계약으로부터의 손실은 429,562.50달러가 된다.

$$79 \times (98{,}500.00\text{달러} - 93{,}062.50\text{달러}) = 429{,}562.50\text{달러}$$

전체적으로 볼 때 펀드 매니저의 포지션 가치 순변화는 다음과 같이 20,437.50달러가 된다.

$$450{,}000.00\text{달러} - 429{,}562.50\text{달러} = 20{,}437.50\text{달러}$$

$$450{,}000.00\text{달러} - 429{,}562.50\text{달러} = 20{,}437.50\text{달러}$$

펀드 매니저가 선물계약으로부터 손실을 보았기 때문에 그는 헤지전략 수행을 후회할지도 모른다. 수행되는 헤지전략의 절반은 대체로 이런 식의 후회를 낳을 것이다. 이것이 헤지의 본질이다.

변동금리대출의 헤징

기업은 변동금리대출에 지급해야 하는 이자율을 헤지하기 위해 금리선물을 사용하기도 한다. 유로달러 이자율이 기업의 대출이자율과 밀접하게 연관되어 있으므로 유로달러 선물을 사용하는 것이 이상적이다.

어떤 회사가 4월에 1개월 LIBOR + 1% 이자율로 1,500만 달러를 3개월간(1개월 단위로 3개월간) 차입했다. 차입이 이루어지는 시점에서 1개월 LIBOR는 연 8%이므로 회사는 첫 번째 달에 연 9%의 이자율로 이자를 지급해야 한다. 1개월 LIBOR는 월복리 기준으로 공시되기 때문에 첫 번째 달의 이자는 1,500만 달러의 0.75%, 즉 112,500달러이다. 이 금액은 차입 시에 확정되므로 헤지할 필요가 없다.

두 번째 달의 말일에 지급하는 이자는 두 번째 달 초에 형성되는 1개월 LIBOR에 의해 결정된다. 이 이자는 6월 만기 유로달러 선물에 포지션을 취함으로써 헤지할 수 있다. 이 선물의 공시가격이 91.88이라고 하자. 유로달러 선물이 액면가액 100만 달러 기준으로 거래되므로(6.3절 참조), 선물 1계약의 가격은 다음과 같다.

$$10{,}000 \times [100 - 0.25 \times (100 - 91.88)] = 979{,}700\text{달러}$$

회사는 이자율이 상승하면 손실을 보고 이자율이 하락하면 이익을 얻는다. 따라서 회사는 헤지를 위해 선물에 매도포지션을 취해야 한다. 선물계약 만기 시에 선물계약 기초자산의 듀레이션은 3개월, 즉 0.25년이다. 헤지 만기 시 헤지 대상 자산의 듀레이션은 1개월, 즉 0.08333년이다. 식 (6.10)을 이용해 두 번째 달에 지급할 이자를 헤지하는 데 필요한 선물계약의 수를 산출하면 다음과 같다.

$$\frac{15{,}000{,}000 \times 0.08333}{979{,}700 \times 0.25} = 5.10$$

이를 반올림하면 5계약이 된다.

세 번째 달의 이자 지급을 헤지하기 위해서는 9월 만기 유로달러 선물을 이용할 수 있다. 이 선물의 공시가격이 91.44라고 하자. 이는 선물 1계약의 가격으로 978,600달러에 해당한다. 매도할 선물계약의 수는 앞의 방법과 같이 계산한다.

$$\frac{15{,}000{,}000 \times 0.08333}{978{,}600 \times 0.25} = 5.11$$

이를 반올림하면 5계약이 된다. 결국 두 번째 달에 적용되는 LIBOR를 헤지하기 위해서는 6월 만기 유로달러 선물 5계약을 매도해야 하고, 세 번째 달에 적용되는 LIBOR를 헤지하기 위해서는 9월 만기 유로달러 선물 5계약을 매도해야 한다. 6월 만기 선물계약은 5월 29일에 마감되고, 9월 만기 선물계약은 6월 29일에 마감된다.

예제 6.8은 이 같은 헤징 과정을 보여준다. 5월 29일에 1개월 LIBOR는 연 8.8%이며, 6월 만기 선물가격은 91.12라고 하자. 선물 공시가격 91.12는 선물 1계약의 가격으로 977,800달러에 해당하므로, 회사는 6월 만기 선물계약으로부터 다음과 같은 이익을 얻는다.

$$5 \times (979{,}700\text{달러} - 977{,}800\text{달러}) = 9{,}500\text{달러}$$

이 이익은 LIBOR가 연 8%에서 8.8%로 상승함에 따라 두 번째 달 말에 지급해야 하는 초과이자 1,500만 달러 $\times$ 0.8% $\times$ 1/12 = 10,000달러를 보상하는 데 쓰인다.

6월 29일에 1개월 LIBOR는 연 9.4%이며, 9월 만기 선물가격은 90.16이라고 가정하자. 앞의 방법과 같이 계산하면 회사는 선물 매도포지션으로부터 16,000달러의 이익을 얻으나, 1개월 LIBOR가 연 8%에서 9.4%로 증가함에 따라 초과이자 17,500달러를 추가로 부담해야

예제 6.8 변동금리대출의 헤징 EXAMPLE

4월 29일 현재 회사는 1개월 LIBOR+1%로 1,500만 달러를 3개월간(1개월 단위로 3개월간) 차입했으며, 이자율 변동에 따른 위험을 헤지하려고 한다. 시세표는 다음과 같다.

1. 1개월 LIBOR가 연 8%이다.
2. 6월 만기 유로달러 선물가격이 91.88이다.
3. 9월 만기 유로달러 선물가격이 91.44이다.

회사는 다음과 같은 전략을 실행에 옮기려 한다.

1. 6월 만기 유로달러 선물 5계약과 9월 만기 유로달러 선물 5계약을 매도한다.
2. 5월 29일에 6월 만기 계약을 마감한다.
3. 6월 29일에 9월 만기 계약을 마감한다.

5월 29일에 1개월 LIBOR가 연 8.8%이며, 6월 만기 선물가격은 91.12이다. 회사는 5개의 6월 만기 선물계약으로부터 5×(979,700달러−977,800달러)=9,500달러의 이익을 얻는다. 이 이익은 LIBOR가 연 8%에서 8.8%로 증가해서 발생한 두 번째 달의 초과이자 10,000달러를 충당하는 데 쓰인다.

6월 29일에 1개월 LIBOR가 연 9.4%이며, 9월 만기 선물가격은 90.16이다. 회사는 5개의 9월 만기 선물계약으로부터 16,000달러의 이익을 얻는다. 이 이익은 초과이자 부담액 17,500달러를 충당하는 데 쓰인다.

한다.

예제 6.3에서 설명했듯이 헤지 현금흐름의 시점과 이자 현금흐름의 시점은 정확히 일치하지는 않는다.

요약

대표적인 2개의 금리선물계약으로는 미국에서 거래되고 있는 미국장기국채 선물과 유로달러 선물이다. 미국장기국채 선물계약에서 매도포지션 거래자는 다음과 같은 흥미로운 인도옵션(delivery option)을 갖는다.

1. 인도월 중 어느 날이라도 인도할 수 있다.
2. 다수의 인도가능채권이 있다.
3. 인도의사고지서는 인도월 중 어느 날이든 오후 2시의 정산가격으로 당일 늦게까지 발행할 수 있다.

이런 옵션들은 모두 선물가격을 감소시키는 경향이 있다.

유로달러 선물계약은 인도월 세 번째 수요일 이틀 전에 시작하는 3개월 LIBOR 이자율에 대한 선물계약이다. 유로달러 선물은 LIBOR 무이표수익률곡선을 구성할 목적으로 LIBOR 선도금리를 추정하는 데 사용되곤 한다. 이런 목적으로 장기계약을 사용할 때는 유로달러 선물과 선도금리계약의 차이를 반영하기 위해 볼록성 조정을 하는 것이 중요하다.

듀레이션(duration) 개념은 이자율위험을 헤지하는 데 중요하다. 듀레이션은 투자자가 투자한 금액을 회수하기 위해서 기다려야 하는 평균적인 기간이다. 좀 더 구체적으로 설명하면, 듀레이션은 각 지급액의 현재가치에 비례하는 가중치를 사용해 지급이 이루어지기까지의 기간을 가중평균한 것이다.

이 장에서 설명한 듀레이션에 근거한 헤징전략의 중요한 공식은 다음과 같다.

$$\Delta B = -BD\,\Delta y$$

여기서 B는 채권가격, D는 듀레이션, Δy는 수익률(연속복리 기준)의 작은 변화, ΔB는 이로 인한 B의 작은 변화를 나타낸다. 위의 식은 헤저로 하여금 수익률의 작은 변화에 대한 채권가격 민감도를 평가할 수 있게 해준다. 또한 기초채권수익률의 작은 변화에 대한 금리선물가격 민감도를 평가할 수 있게 해준다. 만일 Δy가 모든 채권에 동일하다고 가정할 수 있으면, 헤저는 이자율의 작은 변화에 대비해 채권 및 채권포트폴리오 가치를 보호하는 데 필요한 선물계약의 수를 계산할 수 있다.

듀레이션에 근거한 헤징전략에서 중요한 가정은 모든 이자율이 동일한 규모로 변화한다는 것이다. 이는 기간구조에서 평행이동만 있을 수 있다는 것을 의미한다. 실제로는 단기이자율이 일반적으로 장기이자율에 비해 변동성이 크며, 만일 선물계약 기초채권의 듀레이션과 헤지 대상 자산의 듀레이션이 현저히 다르면, 헤징 성과는 떨어지게 된다.

참고문헌

Burghardt, G., and W. Hoskins. "The Convexity Bias in Eurodollar Futures," *Risk*, 8, 3 (1995). 63–70.

Grinblatt, M., and N. Jegadeesh. "The Relative Price of Eurodollar Futures and Forward Contracts," *Journal of Finance*, 51, 4 (September 1996): 1499–1522.

퀴즈

6.1 1월 7일과 7월 7일에 연 7%의 액면이자를 지급하는 미국장기국채가 있다. 2017년 7월 7일과 2017년 8월 8일 사이에 원금 100달러에 대해 발생한 이자는 얼마인가? 만일 회사채라면 발생한 이자는 얼마인가?

6.2 2017년 1월 9일 현재 만기가 2030년 10월 12일이고 액면이자율이 연 12%인 미국장기국채의 공시가격이 102-07이다. 미국장기국채의 현금가격은 얼마인가?

6.3 CME그룹에서 채권의 전환계수를 어떻게 계산하고 사용하는가?

6.4 유로달러 선물의 가격이 96.76에서 96.82로 변했다. 선물 2계약을 매입한 투자자의 손익은 얼마인가?

6.5 유로달러 선물금리에 적용하는 볼록성 조정의 목적은 무엇인가? 볼록성 조정이 필요한 이유는 무엇인가?

6.6 듀레이션은 이자율에 대한 채권포트폴리오 민감도에 대해 무엇을 말하는가? 듀레이션 측정치의 한계점은 무엇인가?

6.7 1월 30일 현재 당신은 600만 달러의 채권포트폴리오를 관리하고 있다. 6개월 후에 이 채권포트폴리오의 듀레이션은 8.2년이 될 것이다. 9월 만기 미국장기국채의 선물가격이 현재 108-15이며, 최저가인도채권의 듀레이션은 9월에 7.6년이 될 것이다. 향후 6개월간의 이자율 변화에 대비해 당신은 어떻게 헤지할 것인가?

연습문제

6.8 90일 미국단기국채의 공시가격이 10.00이다. 투자자가 90일 동안 미국단기국채에서 얻는 연속복리 기준 수익률(실제경과일수/365 기준)은 얼마인가?

6.9 액면이자율이 연 12%, 만기가 2024년 7월 27일인 국채의 2017년 5월 5일 현재 공시가격이 110-17이다. 이 채권의 현금가격은 얼마인가?

6.10 미국장기국채의 선물가격이 101-12이다. 다음 4개 채권 중 최저가인도채권은 어느 것인가?

채권	가격	전환계수
1	125-05	1.2131
2	142-15	1.3792
3	115-31	1.1149
4	144-02	1.4026

6.11 2017년 7월 30일 현재 2017년 9월 만기 미국장기국채 선물의 최저가인도채권은 연 13%의 액면이자율을 갖는 채권이며, 채권 인도는 2017년 9월 30일에 이루어질 것으로 보인다. 이 채권의 이자는 매년 2월 4일과 8월 4일에 지급된다. 이자율 기간구조는 수평적(flat)이며, 반년복리 기준 이자율이 연 12%이다. 이 채권의 전환계수는 1.5이고 현재 공시가격은 110달러이다. 이 선물계약의 공시가격을 계산하라.

6.12 어떤 투자자가 미국장기국채 선물시장에서 차익거래기회를 찾고 있다. 매도포지션 거래자가 15년과 25년 사이의 만기를 갖는 채권 중에서 인도할 채권을 선택할 수 있다는 사실이 어떠한 문제가 발생시키는가?

6.13 9개월 LIBOR 이자율이 연 8%이며 6개월 LIBOR 이자율이 연 7.5%이다(모두 실제경과일수/365 기준과 연속복리 기준임). 6개월 후에 만기가 되는 계약의 3개월 유로달러 선물의 공시가격을 추정하라.

6.14 연 11%의 수익률(연속복리 기준)을 갖는 5년 만기 채권이 매년 말에 8%의 이자를 지급한다(액면가액 100달러).

(a) 채권 가격은 얼마인가?

(b) 채권의 듀레이션은 얼마인가?

(c) 듀레이션을 이용해 0.2%의 수익률 하락이 채권 가격에 미치는 영향을 계산하라.

(d) 연간수익률 10.8%를 기준으로 채권 가격을 다시 계산하고, 그 결과가 (c)의 답과 일치하는지 확인하라.

6.15 듀레이션이 12년인 채권포트폴리오를 기초자산의 듀레이션이 4년인 선물계약을 이용해 헤지하려고 한다. 12년간의 이자율이 4년간의 이자율에 비해 변동성이 작다는 사실이 헤지에 미치는 영향을 설명하라.

6.16 2월 20일 현재 재무담당자는 7월 17일에 만기가 180일인 500만 달러의 기업어음(CP)을 발행할 예정이라는 것을 알게 되었다. 만일 어음을 오늘 발행한다면 발행가액은 482만 달러가 될 것이다(다시 말해 기업은 기업어음을 오늘 발행해 482만 달러를 받고, 180일 후에 500만 달러를 지급해 어음을 상환해야 한다는 것임). 9월 만기 유로달러 선물의 공시가격은 92.00이다. 이 재무담당자는 기업의 이자율위험을 어떻게 헤지해야 하는가?

6.17 8월 1일 현재 포트폴리오 관리자는 1,000만 달러의 포트폴리오를 관리하고 있다. 이 포트폴리오의 듀레이션은 10월에 7.1년이 될 것이다. 12월 만기 미국장기국채의 선물가격은 현재 91-12이며, 최저가인도채권의 듀레이션은 만기 시에 8.8년이 될 것이다. 포트폴리오 관리자는 어떤 방법으로 향후 2개월간의 이자율 변동에 대비해 포트폴리오를 면역화할 수 있겠는가?

6.18 문제 6.17에서 포트폴리오 관리자는 어떻게 포트폴리오의 듀레이션을 3.0년으로 변경할 수 있는가?

6.19 2017년 10월 30일과 2017년 11월 1일 사이에 당신은 12%의 이자를 지급하는 미국 국채와 12%의 이자를 지급하는 미국 회사채 중에 1개를 선택할 수 있다. 이 장에서 설명한 일수계산 기준에 유의해서 2개 중 어느 것을 선택할지를 결정하라(다른 조건은 일정하다고 가정).

6.20 만기가 60일 후인 유로달러 선물의 공시가격이 88이다. 60~150일간의 LIBOR 선도금리는 얼마인가? 선물계약과 선도계약의 차이는 무시한다.

6.21 6년 후에 만기가 되는 계약에 대해서 3개월 유로달러 선물의 공시가격이 95.20이다. 단기이자율 변화의 표준편차는 연 1.1%이다. 미래 6년과 6.25년 사이의 LIBOR 선도금리를 추정하라.

6.22 선도금리가 유로달러 선물에서 계산된 선물금리보다 낮은 이유를 설명하라.

추가문제

6.23 2017년 4월 7일 현재 연 6%의 미국 국채(6개월마다 이자 지급)의 공시가격은 120-00이고, 만기는 2023년 7월 27일이다. 이 국채의 현금가격은 얼마인가? 만약 이 채권이 회사채라면 당신의 답은 어떻게 변하는가?

6.24 미국장기국채 선물가격은 103-12이고, 인도 가능한 세 채권의 가격은 각각 115-06, 135-12, 155-28이다. 이 채권들의 전환계수는 각각 1.0679, 1.2264, 1.4169이다. 최저가인도채권은 어느 것인가?

6.25 12월 만기 유로달러 선물의 공시가격이 98.40이고, 어떤 기업이 12월에 3개월 동안 800만 달러를 LIBOR+0.5% 이자율로 차입하려고 한다.

(a) 기업이 유로달러 선물을 이용하면 이자율을 몇 %로 고정할 수 있는가?

(b) 기업이 취해야 할 유로달러 선물의 포지션은 무엇인가?

(c) 실제 3개월 이자율이 1.3%가 된다면, 선물계약의 최종 정산가격은 얼마인가?

시점의 불일치가 헤지의 효과성을 감소시키는 이유를 설명하라.

6.26 향후 5.1년과 5.35년 사이 유로달러 선물의 가격이 97.1이다. 단기이자율 변화의 표준편차는 연 1.4%이다. 선도금리계약(FRA)의 선도금리를 추정하라.

6.27 2017년 3월 10일 현재 2017년 12월 만기 미국장기국채 선물의 최저가인도채권은 연 8%의 액면이자율을 갖는 채권이며, 채권 인도는 2017년 12월 31일에 이루어질 것으로 보인다. 이 채권의 이자는 매년 3월 1일과 9월 1일에 지급된다. 모든 만기에 대해서 이자율은 연속복리 기준으로 연 5%이다. 채권의 전환계수는 1.2191이고, 현재 공시가격은 137달러이다. 선물의 공시가격을 계산하라.

6.28 어떤 은행이 LIBOR 시장에서 동일한 이자율로 차입과 대출을 할 수 있다고 가정한다. 연속복리 기준으로 90일 이자율이 연 10%, 180일 이자율이 연 10.2%이며, 일수 계산은 실제경과일수/실제기준일수 기준이다. 90일 만기 유로달러 선물의 공시가격은 89.5이다. 이 은행이 할 수 있는 차익거래기회는 무엇인가?

6.29 A포트폴리오는 액면가 2,000달러의 1년 만기 무이표채와 액면가 6,000달러의 10년 만기 무이표채로 이루어져 있다. B포트폴리오는 액면가 5,000달러의 5.95년 만기 무이표채로 구성되어 있다. 모든 채권의 현재 수익률은 연 10%이다.

(a) 두 포트폴리오의 듀레이션이 동일함을 증명하라.

(b) 수익률이 연 0.1%만큼 증가할 때 두 포트폴리오의 가치 변화율이 동일함을 증명하라.

(c) 수익률이 연 5%만큼 증가할 때 두 포트폴리오의 가치 변화율은 얼마인가?

6.30 2017년 6월 25일 현재 2017년 6월 만기 채권의 선물가격은 118-23이다.

(a) 만기가 2033년 1월 1일이고 액면이자율이 연 10%인 채권의 전환계수를 계산하라.

(b) 만기가 2038년 10월 1일이고 액면이자율이 연 7%인 채권의 전환계수를 계산하라.

(c) (a)와 (b)의 채권 공시가격이 각각 169.00, 136.00이라고 하자. 어느 채권이 최저가인도채권인가?

(d) 최저가인도채권이 2017년 6월 25일에 실제로 인도된다면, 채권을 인도하고 받는 현금가격은 얼마인가?

6.31 어떤 포트폴리오 관리자가 향후 3개월에 걸쳐 채권포트폴리오를 헤지하기 위해 미국장기국채 선물을 이용하려고 한다. 포트폴리오 가치는 1억 달러이고, 3개월 후 듀레이션은 4년이 될 것이다. 선물가격은 122이고, 각 계약은 100,000달러 단위로 거래된다. 기대 최저가인도채권의 듀레이션은 선물계약 만기 시에 9년이 될 것이다. 선물계약에 어떤 포지션을 취해야 하는가?

(a) 1개월 후에 기대 최저가인도채권이 7년의 듀레이션을 갖는 채권으로 바뀐다면 헤지에 어떤 조정이 필요한가?

(b) 3개월에 걸쳐 모든 이자율이 상승하나, 장기이자율이 단기이자율과 중기이자율보다 덜 상승한다고 하자. 이런 사실이 헤지 성과에 어떤 영향을 줄 것인가?

07 스왑

장외스왑시장의 탄생은 1981년 IBM과 세계은행(World Bank) 사이에 이루어진 통화스왑(currency swap)계약으로 거슬러 올라간다. 세계은행은 미국 달러화로 자금을 차입하고, IBM은 독일 마르크화와 스위스 프랑화로 차입했다. (독일 마르크와 스위스 프랑의 직접적인 차입이 제한되었던) 세계은행은 IBM의 대출에 대한 이자를 납부하고, IBM은 그 대가로 세계은행의 대출에 대한 이자를 납부하기로 약정했다. 1981년의 첫 거래 이후로 스왑시장은 경이적으로 성장해왔다.

스왑(swap)이란 미래의 현금흐름을 교환하는 두 기업 간의 장외파생상품계약이다. 스왑계약에는 현금흐름이 지급되는 날짜와 현금흐름의 규모를 계산하는 방법이 명시되어 있다. 일반적으로 현금흐름을 계산하는 데는 이자율, 환율, 기타 시장변수 등이 필요하다.

선도계약은 스왑의 간단한 예로 간주할 수 있다. 2017년 3월 1일에 어떤 기업이 1년 후에 온스당 1,200달러를 주고 100온스의 금을 매입하는 선도계약을 체결한다고 하자. 기업은 1년 후에 금을 매입하자마자 매도할 수 있다. 그러므로 이 선도계약은 기업이 2018년 3월 1일에 120,000달러를 지급하고 $100 \times S$를 받는 스왑과 동등하다. 여기서 S는 2018년 3월 1일의 온스당 금 가격이다.

선도계약이 미래의 한 시점에서 현금흐름을 교환하는 계약인 반면에, 스왑은 일반적으로 미래의 여러 시점에서 현금흐름을 교환하는 계약이다. 이 장에서는 스왑을 어떻게 이용하며 평가할 수 있는지 논의한다. 여기서는 금리스왑(interest rate swap)과 통화스왑(currency swap)을 중점적으로 다룬다. 다른 형태의 스왑은 이 장 끝부분에서 간략히 다루고, 더 자세한 내용은 22장에서 설명하겠다.

스왑의 가치평가를 위해서는 현금흐름에 대한 무위험할인율이 필요하다. 시장에서 사용하는 무위험이자율은 4.3절에서 논의했다. 2008년 위기 이전에는 LIBOR를 무위험할인율의 대용치로 사용했다. 하지만 2008년 신용위기 이후에는 시장에서 OIS 금리를 할인율로 사용하고 있다. 이 장의 가치평가는 이러한 변화를 반영했다.

7.1 금리스왑의 구조

금리스왑은 특정 원금에 대해 약정된 고정금리를 동일한 원금에 대한 변동금리와 약속한 기간 동안 정기적으로 교환하는 스왑이다. 역사적으로 금리스왑에서 가장 일반적인 기준변동금리는 LIBOR였다. 예를 들어 과거에는 5,000만 달러에 대한 2% 이자를 동일한 원금에 대한 3개월 LIBOR 이자와 5년 동안 매 분기에 교환하는 계약을 했다.

OIS

4장에서 설명했듯이 LIBOR는 실거래가 아니라 은행의 추정치에 기초하고 있기 때문에 기준금리로서 만족스럽지 못하다는 것이 입증되었다. 금융시장은 단계적으로 LIBOR의 사용을 폐지하고 이를 은행 간 오버나이트 거래에 기초한 기준금리로 대체할 계획을 하고 있다. 과도기 동안 스왑시장에 혼란이 있을 수 있다. 과거에 장기로 체결된 LIBOR-고정 스왑이 LIBOR 사용을 중단한 이후에도 계속 존재할 것이다. 예를 들어 2013년 말에 체결한 20년 만기 스왑은 2021년 말(LIBOR 사용을 중단하기로 한 원래 연도)에도 잔존기간이 12년이다. 만약 은행이 2021년 말에 LIBOR 추정치 제공을 중단하면 새로운 기준금리로부터 LIBOR를 추정하는 방법에 대해서 시장의 합의가 필요할 것이다. 예를 들어 3개월 미국 LIBOR는 3개월 SOFR $+x$(x는 두 금리 차이의 과거 평균)로 추정될 것이다.

여기서는 LIBOR와 이를 대체할 오버나이트 기준금리의 차이를 정리한다.

- LIBOR는 은행간 시장에서 은행들이 추정한 한 날에서 다음 날 사이의 차입이자율이다.
- SOFR와 SONIA 같은 오버나이트 금리는 은행간 실거래를 기초로 한다.
- 오버나이트 금리는 '평균화 작업(averaging process)'을 통해서 장기 기준금리로 전환된다. 일반적으로 평균화는 4.2절에서 설명한 일복리계산 방법을 활용하지만 (CME의 1개월 SOFR 선물처럼) 단순 산술평균을 사용하기도 한다.
- LIBOR 금리는 적용되는 기간의 처음에 알 수 있지만 오버나이트 금리의 평균화 작업 결과는 기간의 끝에만 알 수 있다.
- LIBOR는 신용위험을 내포하고 있지만 SOFR와 SONIA 같은 오버나이트 금리는 무위험이자율이라고 간주할 수 있다.

LIBOR의 사용이 단계적으로 중단됨에 따라 오버나이트 금리에 기초한 스왑이 많아지고 있다. 이를 오버나이트 지수스왑(overnight indexed swap, OIS)이라고 한다.

OIS는 고정금리를 실현된 오버나이트 금리로부터 계산한 기준금리와 교환하는 계약이다. 간단한 OIS의 예는 3개월물이다. 3개월 후에 한 번의 교환이 이루어진다. 특정 원금에 대한 고정금리를 동일한 원금의 기준금리와 교환한다. 같은 방식으로 이자를 한 번 교환하는 OIS에는 1개월물, 6개월물, 1년물이 있다. OIS의 만기가 1년보다 길면 일반적으로 만기를 3개월의 하위기간으로 나눈다. 고정금리를 3개월 말에 1일 금리로부터 계산한 3개월 기준금리와 교환한다. 10년 이상의 만기를 가진 OIS도 시중에서 거래되고 있다.

사례

2022년 3월 8일에 계약을 체결한 애플(Apple)과 씨티그룹(Citigroup)의 가상적인 2년 만기 OIS를 예로 들어보자. 애플은 씨티그룹에 1억 달러의 명목원금에 대해 연 3%의 이자를 지급하고, 씨티그룹은 애플에 동일한 명목원금에 대해 3개월 SOFR 기준변동금리로 이자를 지급하기로 했다고 하자. 애플은 **고정금리 지급자**(fixed-rate payer)이고, 씨티그룹은 **변동금리 지급자**(floating-rate payer)이다. 설명의 편의를 위해 이자는 분기복리 기준으로 표시된다고 가정한다. (이 장에서 앞으로 설명하는) 일수계산과 공휴일계산 방법의 효과는 무시한다. 그림 7.1은 이 스왑의 내용을 그린 것이다.

이 스왑의 경우 총 8번의 이자 교환이 이루어진다. 표 7.1은 미래의 특정 금리를 가정한 스왑의 전체적인 이자 지급의 예를 보여준다. 첫 번째 이자 교환은 2022년 6월 8일에 이루어진다. 애플은 씨티그룹에게 750,000달러(1억 달러의 3%의 1/4)의 이자를 지급한다. (2022년 3월 8일부터 2022년 6월 8일까지의 오버나이트 금리로) 4.2절의 공식을 활용해서 2022년 6월 8일에 계산한 3개월 SOFR 금리가 연 2.2% 또는 3개월 0.55%라고 가정하자. 그러면 씨티그룹으로부터 애플에 지급되는 변동 지급금은 550,000달러이다. 고정 지급금과 변동 지급금을 상계하면 결과적으로 애플이 씨티그룹에 2022년 6월 8일에 200,000달러를 지급한다. (2022년 6월 8일부터 2022년 9월 8일까지의 오버나이트 금리로 계산한) 2022년 9월 8일의 3개월 SOFR 금리가 연 2.6% 또는 3개월 0.65%라고 가정하자. 그러면 변동 지급금은 650,000달러이고 애플로부터 씨티그룹으로의 순지급금은 100,000달러가 된다.

OIS와 LIBOR 스왑의 차이는 무엇인가? 표 7.1의 두 번째 열 제목을 'LIBOR 금리'로 바꾸면 LIBOR 스왑의 예를 보여주는 표가 될 것이다. 차이는 특정 기간의 LIBOR 금리는 기초에 알려지지만 오버나이트 기준금리는 기말까지 알려지지 않는다는 것이다. 2022년 6월

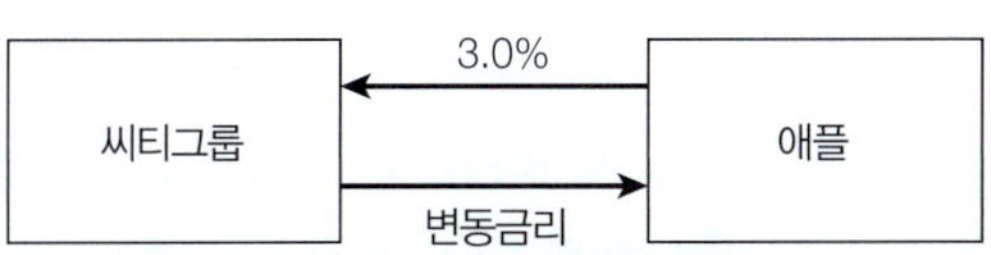

그림 7.1 애플과 씨티그룹 간의 금리스왑

표 7.1 그림 7.1의 OIS(만기: 2년, 명목원금: 1억 달러)에서 애플의 예

날짜	SOFR 금리(%)	변동유입 (단위: 천 달러)	고정유출 (단위: 천 달러)	순현금흐름 (단위: 천 달러)
2022년 6월 8일	2.20	550	750	−200
2022년 9월 8일	2.60	650	750	−100
2022년 12월 8일	2.80	700	750	−50
2023년 3월 8일	3.10	775	750	+25
2023년 6월 8일	3.30	825	750	+75
2023년 9월 8일	3.40	850	750	+100
2023년 12월 8일	3.60	900	750	+150
2024년 3월 8일	3.80	950	750	+200

8일에 이루어지는 첫 번째 이자 교환에 적용되는 2.2%의 변동금리는 LIBOR라면 기초인 2022년 3월 8일에 알려졌을 것이다. 또한 2022년 9월 8일에 이루어지는 이자 교환에 적용되는 2.6%의 변동금리는 2022년 6월 8일에 알려졌을 것이다.

OIS 금리

처음 계약을 할 때 OIS의 가치는 0이다. (이런 점에서 OIS는 선도계약과 비슷하다.) 변동금리와 교환하는 고정금리를 OIS 금리라고 한다. 시장에서 OIS 금리는 특정 시점에 다양한 만기에 대해서 관찰할 수 있다. 1년 이하 만기의 OIS 금리는 한 번의 이자 교환이 이루어지기 때문에 해석하기가 용이하다. 기초가 되는 오버나이트 금리와 동일하게 무위험이자율을 제공한다.

이제 만기가 1년보다 긴 OIS 금리를 생각해보자. OIS에서는 명목원금이 교환되지 않는다. [그래서 원금을 '명목원금(notional principal)'이라고 한다.] 그러나 스왑 만기에 명목원금을 교환한다고 하더라도 변동금리를 지급하든 고정금리를 지급하든 명목원금은 동일하기 때문에 현금 교환은 변하지 않는다. 표 7.2는 표 7.1에 만기의 원금 교환을 포함시켜서 구한 것이다. 이 표는 스왑을 변동금리채권(세 번째 열의 현금흐름)을 고정금리채권(네 번째 열의 현금흐름)과 교환하는 것으로 간주할 수 있음을 보여준다.

중요한 점은 표 7.2의 변동금리채권의 가치가 1억 달러라는 것이다. 이는 오버나이트 금리로 1억 달러를 차입한 것에 대해 지급해야 하는 금액을 제공하기 때문이다. [이를 이해하기 위해 (a) 1억 달러와 누적된 이자를 각 분기 동안 계속 오버나이트 금리로 빌리고, (b) 누적된 이자는 매 분기 말에 지급하고, (c) 1억 달러는 2년 말에 상환한다고 상상해보자.] 처음 체결 시점의 OIS 가치는 0이기 때문에 고정금리채권(표 7.2의 네 번째 열)의 가치 또한 1억 달러여야 한다. 이는 3%의 OIS 금리가 분기마다 이자를 지급하는 2년 만기 액면가 고정금리채권의 이자율인 것을 보여준다. 따라서 OIS 금리는 무이표 이자율 곡선(zero curve)을 구하기

표 7.2 만기에 원금 교환이 이루어질 경우 표 7.1을 수정한 현금흐름

날짜	SOFR 금리(%)	변동유입 (단위: 천 달러)	고정유출 (단위: 천 달러)	순현금흐름 (단위: 천 달러)
2022년 6월 8일	2.20	550	750	−200
2022년 9월 8일	2.60	650	750	−100
2022년 12월 8일	2.80	700	750	−50
2023년 3월 8일	3.10	775	750	+25
2023년 6월 8일	3.30	825	750	+75
2023년 9월 8일	3.40	850	750	+100
2023년 12월 8일	3.60	900	750	+150
2024년 3월 8일	3.80	100,950	100,750	+200

위해서 국채수익률을 사용한 것과 같은 방식으로 사용할 수 있다.

스왑을 이용한 부채의 변형

그림 7.2에 나타나 있듯이 애플은 그림 7.1의 스왑을 이용해서 변동금리 차입을 고정금리 차입으로 변형할 수 있다. 애플이 변동금리+10베이시스 포인트(즉 변동금리+0.1%)로 1억 달러를 2년간 차입하기로 계약했다고 하자. 애플은 스왑계약을 체결한 후 다음과 같은 세 가지 현금흐름을 주고받는다.

1. 외부대출자에게 변동금리+0.1%의 이자를 지급한다.
2. 스왑계약조건에 따라 변동금리로 이자를 받는다.
3. 스왑계약조건에 따라 3%의 이자를 지급한다.

이와 같은 세 가지 현금흐름을 종합하면 결국 3.1%의 고정금리이자를 지급하는 셈이 된다. 즉 애플에게 있어 스왑은 변동금리+10베이시스 포인트의 변동금리 차입을 3.1%의 고정금리 차입으로 변형해주는 역할을 한다.

고정금리 차입을 변동금리 차입으로 변형하고자 하는 기업은 반대 포지션을 취하면 된다. 인텔이 1억 달러를 3.2%에 2년 동안 차입하고 나서 변동금리로 바꾸고 싶다고 하자. 인텔은 애플처럼 씨티그룹과 계약을 한다. 여기서 그림 7.3에 나타난 스왑계약을 체결하기로 했다고 가정하자. 변동금리를 지급하고 2.97%의 이자를 받는다. 그러면 포지션은 그림 7.4와 같아질

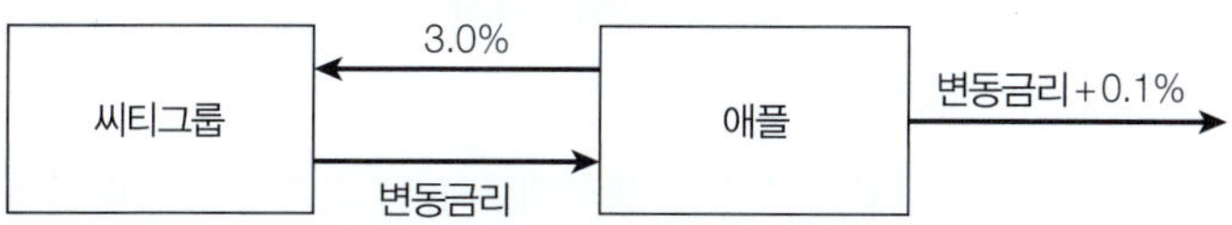

그림 7.2 변동금리 차입을 고정금리 차입으로 전환하기 위해 그림 7.1의 스왑을 이용하는 애플

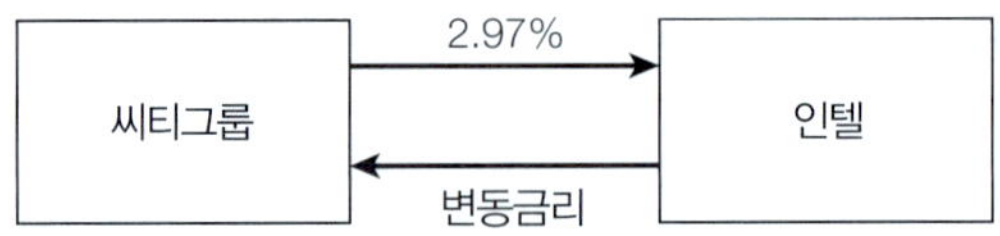

그림 7.3 인텔과 씨티그룹 간 금리스왑

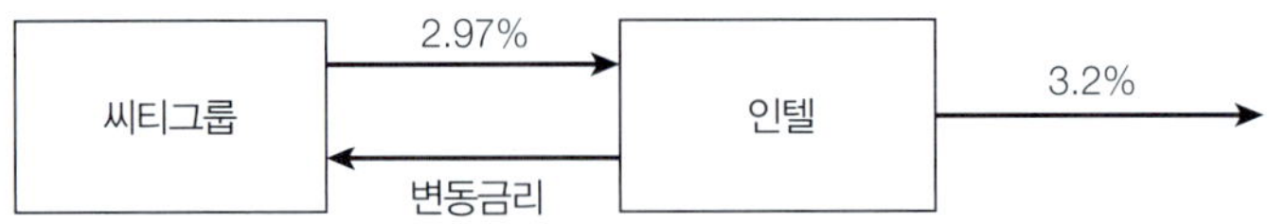

그림 7.4 고정금리 차입을 변동금리 차입으로 전환하기 위해 그림 7.3의 스왑을 이용하는 인텔

것이다. 인텔은 다음과 같은 세 가지 현금흐름을 주고받을 것이다.

1. 외부대출자에게 3.2%의 이자를 지급한다.
2. 스왑계약조건에 따라 변동금리로 이자를 지급한다.
3. 스왑계약조건에 따라 2.97%의 이자를 받는다.

이와 같은 세 가지 현금흐름을 종합하면 결국 변동금리+0.23%(즉 변동금리+23베이시스 포인트)의 이자를 지급하는 셈이 된다. 즉 인텔에게 있어서 스왑은 3.2%의 고정금리 차입을 변동금리+23베이시스 포인트의 변동금리 차입으로 변형해주는 역할을 한다.

스왑을 이용한 자산의 변형

스왑은 자산의 속성을 바꾸는 데도 이용된다. 앞의 예에서 애플의 경우를 다시 생각해보자. 그림 7.1의 스왑은 고정금리이자를 받는 자산을 변동금리이자를 받는 자산으로 변형하는 역할을 할 수 있다. 애플이 2년간 연 2.7%의 이자를 지급하는 1억 달러의 채권을 소유하고 있다고 하자. 스왑을 체결한 후 애플의 포지션은 그림 7.5에 나타나 있다. 이는 다음과 같은 세 가지 현금흐름으로 구성되어 있다.

1. 채권으로부터 2.7%의 이자를 받는다.
2. 스왑계약조건에 따라 변동금리로 이자를 받는다.
3. 스왑계약조건에 따라 3%의 이자를 지급한다.

이와 같은 세 가지 현금흐름을 종합하면 결국 변동금리−30베이시스 포인트의 이자를 받는 셈이 된다. 그러므로 스왑은 2.7%의 수익을 내는 자산을 변동금리로 −30베이시스 포인트의 수익을 내는 자산으로 변형하는 역할을 한다.

다음은 그림 7.4에 나타난 인텔의 스왑을 생각해보자. 스왑은 변동금리이자를 받는 자산을 고정금리이자를 받는 자산으로 변형하는 역할을 한다. 인텔이 1억 달러를 변동금리−20베이

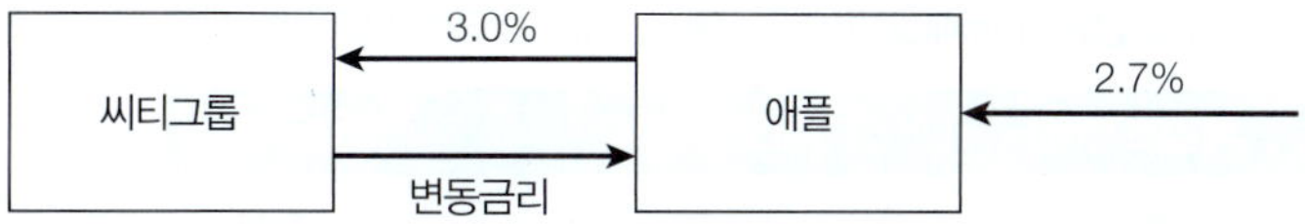

그림 7.5 고정금리투자를 변동금리투자로 전환하기 위해 그림 7.1의 스왑을 이용하는 애플

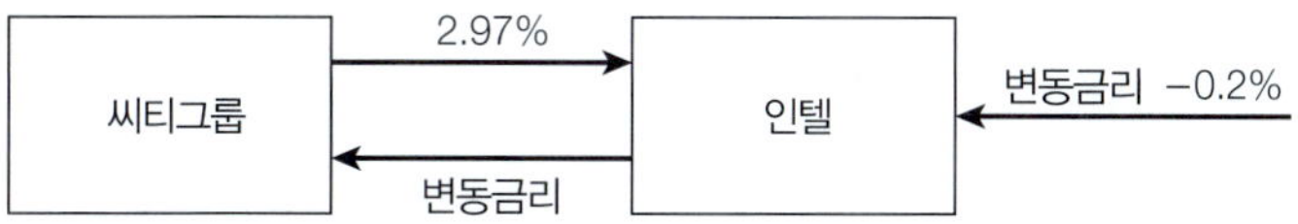

그림 7.6 변동금리투자를 고정금리투자로 전환하기 위해 그림 7.3의 스왑을 이용하는 인텔

시스 포인트의 수익률을 제공하는 데 투자하고 있다고 하자. 스왑을 체결한 이후 인텔의 포지션은 그림 7.6에 나타나 있다. 이는 다음과 같은 세 가지 현금흐름으로 구성되어 있다.

1. 투자로부터 변동금리−20베이시스 포인트의 수익을 얻는다.
2. 스왑계약조건에 따라 변동금리로 이자를 지급한다.
3. 스왑계약조건에 따라 2.97%의 이자를 받는다.

이와 같은 세 가지 현금흐름을 종합하면 결국 2.77%의 이자를 받는 셈이 된다. 즉 인텔은 스왑을 이용해 변동금리−20베이시스 포인트의 수익을 내는 자산을 2.77%의 수익을 내는 자산으로 변형할 수 있다.

거래 시스템

1.3절과 2.5절에서 논의했듯이 2008년 신용위기 이후 표준스왑은 전자플랫폼에서 거래하고 중앙청산소(CCP)에서 청산하기로 국제적으로 합의했다. 스왑은 양 거래당사자가 개시증거금과 추가증거금을 납입한다는 점에서 선물계약과 유사하다.[1]

대다수 국가에서 이런 국제적 합의를 준수하는 진전이 있었다. 예를 들어 현재 미국에서는 금융기관 간 표준스왑은 SEF(Swap Execution Facility)라는 전자 플랫폼에서 거래하고 중앙청산소에서 청산하도록 규제하고 있다. 이 규제는 스왑계약의 한 당사자가 금융기관이 아니라 상업위험(commercial risk)을 줄이거나 헤지하려는 최종 사용자인 경우에는 적용되지 않는다.[2] 그림 7.1과 그림 7.3의 예시에서 애플과 인텔은 비금융기관이다. 위험 감소 목적으로 스왑을 이용한다고 하면 씨티그룹과 직접적으로 쌍방 간 거래를 할 수 있다.

금융기관은 때로는 다른 두 비금융기관(예: 애플과 인텔)과 동시에 반대거래를 할 수도 있

1 그러나 일일정산이 이루어지지 않는다는 점에서 선물계약과는 다르다.

2 이 규제는 보험회사 및 연기금이 위험을 줄이기 위해 스왑을 사용할 때는 적용된다.

표 7.3 스왑시장에서의 고정금리 매매호가(연간) 예시. 이자는 3개월 단위로 지급

만기(년)	매입호가(%)	매도호가(%)	스왑금리(%)
2	2.55	2.58	2.565
3	2.97	3.00	2.985
4	3.15	3.19	3.170
5	3.26	3.30	3.280
7	3.40	3.44	3.420
10	3.48	3.52	3.500

다. 하지만 일반적으로 그림 7.1에 나타난 스왑계약을 체결한 경우에는 다른 금융기관과의 반대거래를 통해 위험을 관리해야 한다. 다른 금융기관과의 거래는 전자 플랫폼에서 체결되며 중앙청산소를 통해 청산된다. 비금융기관과의 거래는 담보가 보장되지 않지만 반대거래는 (초기증거금 및 추가증거금과 함께) 완전히 담보가 보장되는 포지션을 취하게 된다.

그림 7.1에서 씨티그룹은 2년 만기 스왑에서 3%의 이자를 받지만, 그림 7.3에서는 2.97%의 이자를 지급한다. 여기서 씨티그룹은 금리스왑에서 시장조성자이다. 이 예에서 씨티그룹은 3베이시스 포인트의 스프레드를 만들어냈음을 알 수 있다. 이 스프레드는 간접비와 거래상대방의 채무불이행으로 인해 발생할 수 있는 잠재적 손실에 대한 보상이다.

표 7.3은 씨티그룹과 같은 시장조성자의 공시가격을 보여준다. 호가스프레드(bid-ask spread)는 3~4베이시스 포인트이다. 고정금리 매입호가와 고정금리 매도호가의 평균을 **스왑금리**(swap rate)라고 한다. 스왑금리는 표 7.3의 마지막 열에 나타나 있다.

7.2 일수계산

6.1절에서 일수계산방법을 설명했다. 스왑의 지급액은 일수계산방법에 따라 달라진다. 앞에서 살펴본 예에서 일부 숫자는 일수계산방법을 정확히 고려해 계산된 것은 아니다. SOFR와 미국 LIBOR와 같은 기준변동금리는 실제경과일수/360 기준으로 공시된다. 표 7.1의 첫 번째 변동 지급은 2.2%에 기초하고 있다. 2022년 3월 8일부터 2022년 6월 8일까지는 92일이 있으므로 실제경과일수/360 기준을 반영한 변동금리 지급액은 562,222달러이다.

$$1\text{억 달러} \times 0.022 \times \frac{92}{360} = 562{,}222\text{달러}$$

일반적으로 스왑에서 변동금리이자는 $LRn/360$으로 계산된다. 여기서 L은 원금이고 R은 변동금리이며 n은 경과일수이다.

이와 같이 스왑거래에서 지급되는 고정금리도 특정 일수계산방법으로 공시된다. 고정금리

는 일반적으로 실제경과일수/365 또는 30/360 기준으로 공시된다. 이는 고정금리와 변동금리를 직접적으로 비교할 수 없다는 것을 의미한다. 하나는 360일 기준이고 다른 하나는 365일 기준이기 때문이다. 또한 실제경과일수/365 기준의 경우 적용되는 기간의 일수에 따라서 스왑의 고정금리 현금흐름이 조금씩 달라질 수 있다.

설명을 쉽게 하기 위해 이 장의 스왑 가치평가에서는 일수계산 문제를 무시할 것이다.

7.3 확인서

쌍방 간에 스왑을 거래할 때 양쪽 대표가 확인서(confirmation)라고 하는 법적 합의서에 서명을 한다. 뉴욕에 있는 국제스왑·파생상품협회(International Swaps and Derivatives Association, ISDA)는 확인서 작성을 돕고 있다. ISDA는 양쪽의 약정 지급액, 한쪽의 채무불이행 시 어떻게 되는지, (만약 있다면) 담보제공 등에 대한 상세한 조항을 담고 있는 여러 기본협약서(Master Agreements)를 제공하고 있다. 실무사례 7.1은 그림 7.1의 애플과 씨티그룹 간 스왑의 가상적인 확인서를 발췌한 것이다. 거의 확실하게 전체 확인서에는 ISDA 기본협약서의 조항을 계약에 적용하고 있음을 명시하고 있을 것이다.

확인서에는 익영업일 기준(following business day convention)이 사용되고, 미국 달력 기준으로 영업일과 공휴일이 결정된다고 명시하고 있다. 이는 이자 지급일이 주말이거나 미국 공휴일인 경우 이자는 다음 영업일에 지급된다는 것을 의미한다.[3]

7.4 비교우위 논리

스왑을 많이 사용하는 이유로 비교우위(comparative advantages)를 흔히 거론한다. 이 맥락에서 비교우위란 기업이 한 채무시장에서 다른 채무시장에 비해 더 유리한 조건으로 차입할 수 있는 우위를 말한다. 부채를 변형하기 위해 금리스왑을 이용하는 경우를 예로 살펴보자. 어떤 기업은 고정금리로 차입할 때 비교우위를 갖는 반면에, 다른 기업은 변동금리로 차입할 때 비교우위를 가질 수 있다. 신규로 차입하기 위해서 기업이 비교우위를 갖는 시장을 가는 것은 당연하다. 따라서 기업은 변동금리로 차입하기를 원하는데 고정금리로 차입하게 된다든지, 고정금리로 차입하기를 원하는데 변동금리로 차입하게 되는 경우도 발생한다. 이때 고정

3 이것 이외에 가끔 사용되는 영업일 기준으로는 **수정 익영업일 기준**(modified following business day convention)이 있다. 다음 영업일이 다음 달로 넘어가게 될 때 이자가 직전 영업일에 지급된다는 것을 제외하고는 익영업일 기준과 동일하다. **전영업일**(preceding business day convention)과 **수정 전영업일 기준**(modified preceding business day convention)도 이와 유사하게 정의된다.

실무사례 7.1 가상적인 스왑 확인서

거래일(trade date)	2022년 3월 1일
계약유효일자	2022년 3월 8일
영업일 기준(모든 날짜)	익영업일
공휴일 계산	미국 기준
종료일(만기일)	2024년 3월 8일
고정금액(fixed amount)	
고정금리 지급자	애플
고정금리 명목원금	USD 1억
고정금리	연 3.0%
고정금리 일수계산	실제경과일수/365
고정금리 지급일	2022년 6월 8일부터 2024년 3월 8일까지 매년 3월 8일, 6월 8일, 9월 8일, 12월 8일
변동금액(floating amount)	
변동금리 지급자	씨티그룹
변동금리 명목원금	USD 1억
변동금리	3개월 SOFR 기준금리
변동금리 일수계산	실제경과일수/360
변동금리 지급일	2022년 6월 8일부터 2024년 3월 8일까지 매년 3월 8일, 6월 8일, 9월 8일, 12월 8일

금리 차입을 변동금리 차입으로 변형하는 데 또는 그 반대로 변형하는 데 스왑을 이용한다.

사례

AAA기업과 BBB기업이 5년간 1,000만 달러를 차입하려 하며, 차입조건이 표 7.4와 같다. AAA기업은 AAA등급을 받고 있으며, BBB기업은 BBB등급을 받고 있다.[4] BBB기업은 고정금리로 차입하기를 원하는 반면, AAA기업은 변동금리로 차입하기를 원한다. BBB기업은 AAA기업보다 신용등급(credit rating)이 낮아 고정금리시장과 변동금리시장 모두에서 높은 이자율로 이자를 지급한다.

AAA기업과 BBB기업에 제시된 이자율에서 나타난 주요 특징은 두 고정금리의 차이가 두 변동금리의 차이보다 크다는 것이다. BBB기업이 고정금리시장에서 AAA기업보다 1.2%

4 S&P와 Fitch의 신용등급을 높은 등급에서 낮은 등급순으로 나열하면 AAA, AA, A, BBB, BB, B, CCC이다. 이에 해당하는 무디스(Moody's)의 신용등급은 각각 Aaa, Aa, A, Baa, Ba, B, Caa이다.

표 7.4 비교우위 논리를 설명하기 위해 사용하는 이자율

	고정금리	변동금리
AAA기업	4.0%	변동금리−0.1%
BBB기업	5.2%	변동금리+0.6%

의 이자를 더 지급하며, 변동금리시장에서는 AAA기업보다 0.7%의 이자만을 더 지급한다. BBB기업이 변동금리시장에서 비교우위를 갖는 반면, AAA기업은 고정금리시장에서 비교우위를 갖는 것처럼 보인다.[5] 이러한 명백한 이상현상(anomaly)이 바로 스왑계약을 가능하게 한다. 먼저 AAA기업이 연 4%의 고정금리로 차입하고, BBB기업이 연 변동금리+0.6%의 변동금리로 차입한다. 그러고 나서 AAA기업은 차입을 변동금리로 전환하고, BBB기업은 고정금리로 전환하기 위해 서로 스왑계약을 체결한다.

스왑거래가 어떻게 이루어지는지 이해하기 위해서 우선 (다소 비현실적이지만) AAA기업과 BBB기업이 직접 거래한다고 하자. 체결 가능한 스왑 형태가 그림 7.7에 있다. AAA기업이 BBB기업에게 1,000만 달러에 대해서 기준변동금리로 이자를 지급하기로 계약한다. 대신에 BBB기업이 AAA기업에게 1,000만 달러에 대해서 연 4.35%의 고정금리로 이자를 지급하기로 계약한다.

이때 AAA기업은 다음과 같은 세 가지 이자 현금흐름을 갖는다.

1. 외부대출자에게 연 4%의 이자를 지급한다.
2. BBB기업으로부터 연 4.35%의 이자를 받는다.
3. BBB기업에게 변동금리로 이자를 지급한다.

세 가지 현금흐름의 순효과는 AAA기업이 매년 변동금리−0.35%의 이자를 지급하는 것이 된다. 이것은 AAA기업이 직접 변동금리시장에서 차입할 때보다 연 0.25% 낮은 이자율이다.

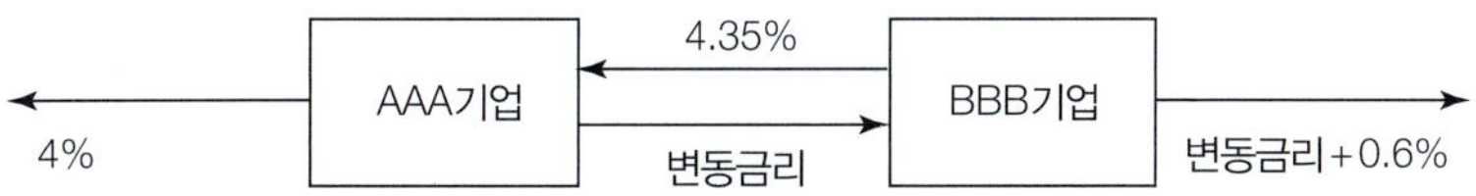

그림 7.7 표 7.4의 이자율을 적용할 때 AAA기업과 BBB기업 간 스왑계약

5 BBB기업이 변동금리시장에서 비교우위를 갖는다는 것은 BBB기업이 이 시장에서 AAA기업보다 이자를 적게 지급함을 의미하는 것이 아니다. BBB기업이 AAA기업의 이자 지급액을 초과해 지급하는 이자액이 변동금리시장에서 상대적으로 적다는 것을 의미한다. 이 상황을 내 학생 중 하나가 다음과 같이 요약했다. "AAA기업은 고정금리시장에서 이자를 더 적게 지급하고, BBB기업은 변동금리시장에서 이자를 덜 많이 지급한다."

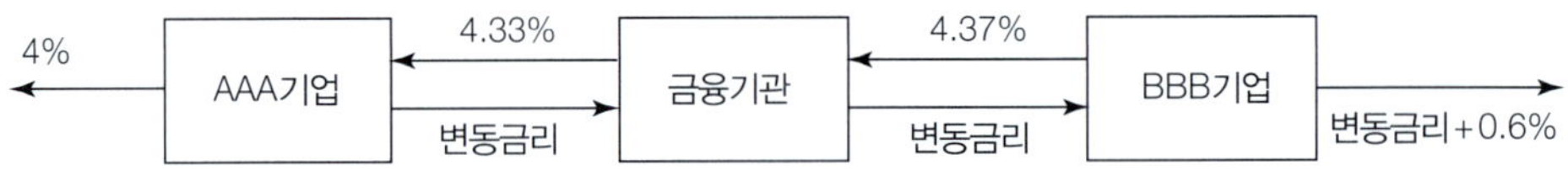

그림 7.8 표 7.4의 이자율을 적용하고 금융기관이 스왑을 중개할 때의 AAA기업과 BBB기업 간 스왑계약

BBB기업도 다음과 같은 세 가지 이자 현금흐름을 갖는다.

1. 외부대출자에게 연 변동금리 + 0.6%의 이자를 지급한다.
2. AAA기업으로부터 변동금리로 이자를 받는다.
3. AAA기업에게 연 4.35%의 이자를 지급한다.

세 가지 현금흐름의 순효과는 BBB기업이 연 4.95%의 이자를 지급하는 것이 된다. 이것은 BBB기업이 직접 고정금리시장에서 차입할 때보다 연 0.25% 낮은 이자율이다.

이 예에서 스왑은 양쪽의 순이익이 똑같이 0.25%가 되도록 계약조건을 정했다. 하지만 반드시 그럴 필요는 없다. 하지만 이러한 형태의 금리스왑계약으로부터의 총이익은 당연히 항상 $a-b$이다. 여기서 a는 고정금리시장에서 두 기업이 지급해야 하는 금리의 차이이며, b는 변동금리시장에서 두 기업이 지급해야 하는 금리의 차이다. 이 경우 $a=1.2\%$, $b=0.7\%$이고 총이익은 0.5%이다.

AAA기업과 BBB기업이 금융기관의 중개를 통해서 거래한다면 그림 7.8과 같을 것이다. 이 경우에 AAA기업은 변동금리−0.33%로 차입한 셈이 되며, BBB기업은 4.97%로 차입한 셈이 되고, 금융기관은 연 4베이시스 포인트의 스프레드를 얻게 된다. 따라서 AAA기업은 0.23%의 이익을 얻고, BBB기업은 0.23%의 이익을 얻으며, 금융기관은 0.04%의 이익을 얻는다. 즉 이들이 얻는 총이익은 전과 같이 0.5%이다.

비교우위 논리에 대한 비판

금리스왑의 매력을 설명하는 데 앞서 언급한 비교우위 논리를 사용할 수 있는지는 논란의 여지가 있다. 표 7.4에서 변동금리시장과 고정금리시장이 AAA기업과 BBB기업에게 제시하는 이자율 스프레드는 왜 차이가 나야 하는가? 금리스왑시장이 상당 기간 존속했으므로 이런 유형의 스프레드 차이는 차익거래를 통해 없어졌다고 기대하는 것이 합리적이다.

그럼에도 불구하고 스프레드의 차이가 계속해서 나타나는 이유는 고정금리시장과 변동금리시장에서 기업이 이용할 수 있는 계약의 성격이 다르기 때문이다. 기준변동금리가 3개월 금리라고 하자. 고정금리시장에서 AAA기업과 BBB기업이 각각 사용할 수 있는 이자율 4.0%와 5.2%는 5년 이자율(예를 들어 5년 만기 고정금리채권을 발행할 때의 이자율)이다. 변동금리시장에서 AAA기업과 BBB기업이 각각 사용할 수 있는 변동금리−0.1%와 변동금리+0.6%는 3개월 이자율이다. 변동금리시장에서 대출자는 이자율을 재설정할 때마다 기준변동금리에 대한 가산금리를 다시 검토할 기회를 갖고 있다. (우리의 예에서는 이자율을 3개월마다 재설정한다). 만일 AAA기업이나 BBB기업의 신용도가 떨어지면, 대출자는 기준변동금리에 대한 가산금리를 증가시킬 수 있는 옵션을 가지고 있다. 극단적인 경우에 대출자는 대출연장을 거부할 수도 있다. 반면 고정금리자금 제공자는 이러한 방법으로 대출조건을 변경할 수 있는 옵션을 가지고 있지 않다.[6]

AAA기업과 BBB기업에 제공되는 이자율 간 스프레드는 BBB기업이 AAA기업보다 채무불이행 가능성이 높기 때문에 발생하는 것이다. 처음 3개월 동안에는 AAA기업이나 BBB기업이 채무불이행할 가능성은 매우 낮다. 그러나 기간을 연장해보면, 채무불이행 통계(default statistics)는 BBB 신용등급을 가진 기업의 채무불이행 가능성이 AAA 신용등급을 가진 기업보다 평균적으로 더 빠르게 증가한다는 것을 보여준다. 이것이 5년 이자율의 스프레드가 3개월 이자율의 스프레드보다 큰 이유이다.

변동금리+0.6%의 변동금리로 차입하고 그림 7.8의 스왑계약을 체결하면, BBB기업은 마치 4.97%의 고정금리로 차입한 것처럼 보인다. 그러나 이는 사실이 아니다. 실제로 BBB기업이 변동금리+0.6%의 변동금리로 계속 차입할 수 있는 경우에만 4.97%이다. 예를 들어 만약 BBB기업의 신용등급이 하락해서 변동금리가 변동금리+1.6%로 상승해 대출이 연장되면, BBB기업이 지급하는 이자율은 5.97%로 증가한다. 시장은 BBB기업의 기준변동금리에 대한 가산금리가 스왑계약기간 동안 평균적으로 증가할 것으로 기대한다. 그러므로 BBB기업이 스왑을 체결할 때의 기대평균이자율은 4.97%보다 높을 것이다.

그림 7.8의 스왑거래는 AAA기업이 3개월 동안만이 아니라 5년 동안 변동금리−0.33%의 확정된 이자율로 차입할 수 있게 해준다. 이는 AAA기업에겐 좋은 일인 것 같이 보인다. 그러나 AAA기업은 금융기관의 채무불이행 위험을 부담하게 된다. 만일 AAA기업이 변동금리로 차입한다면 AAA기업은 이 위험을 부담하지 않는다.

7.5 금리스왑의 가치평가

이제 금리스왑의 가치평가를 논의하자. 계약을 처음 체결할 때 금리스왑의 가치는 0에 가깝다. 시간이 지나면 금리스왑의 가치는 양(+)의 값을 갖거나 음(−)의 값을 가질 수 있다.

스왑에서 각 지급금의 교환은 선도금리계약(FRA)이라고 간주할 수 있다. 4.9절의 끝부분에서 본 바와 같이 FRA는 선도금리가 실현된다는 가정을 바탕으로 가치평가가 이루어진다.

---

6 만일 변동금리대출에서 신용등급의 변화와 관계없이 기준변동금리에 대한 가산금리가 미리 보장된다면, 실제로 비교우위는 거의 없거나 아주 없을 것이다.

금리스왑은 FRA의 포트폴리오와 다르지 않기 때문에, 선도금리가 실현된다는 가정을 바탕으로 가치평가를 할 수 있다. 가치평가의 방법은 다음과 같다.

1. 스왑의 현금흐름을 결정하는 알려져 있지 않은 각 변동금리에 대한 선도금리를 계산한다.
2. 알려져 있지 않은 변동금리가 선도금리와 동일할 것이라는 가정하에 스왑의 현금흐름을 계산한다.
3. 무위험이자율로 스왑의 현금흐름을 할인한다.

예제 7.1 FRA를 이용한 금리스왑의 가치평가 EXAMPLE

얼마 전 한 금융기관이 1억 달러의 명목원금에 대해서 반년마다 연 3%의 금리를 지급하고 6개월 SOFR 기준금리를 받는 스왑계약을 체결했다고 가정하자. 스왑은 이제 만기까지 1.2년이 남아 있다. 따라서 이자 교환은 오늘부터 0.2년, 0.7년, 1.2년 후에 이루어질 것이다. (SOFR로부터 계산된) 연속복리 기준 0.2년, 0.7년, 1.2년 만기 무위험이자율은 각각 2.8%, 3.2%, 3.4%라고 가정하자. 또한 지난 0.3년(0.2년에 이루어질 이자 교환을 결정하는 일수의 60%를 포함) 동안 관찰된 연속복리 기준 무위험이자율이 2.3%라고 가정하자. 0.2년의 이자 교환을 위한 변동금리는 $0.6 \times 2.3\% + 0.4 \times 2.8\%$, 즉 2.5%가 된다. 0.7년 이자 교환의 변동금리는 0.2~0.7년 기간의 선도금리이다. 이는 연속복리 기준 3.36%이다. 같은 방식으로 1.2년 이자 교환의 변동금리는 0.7~1.2년 기간의 선도금리이다. 이는 연속복리 기준 3.68%이다.

따라서 이제 세 변동금리가 연속복리 기준 2.5%, 3.36%, 3.68%라고 가정하고 스왑의 가치평가를 할 수 있다. 이 금리들은 반년복리 기준으로 2.516%, 3.388%, 3.714%이다. 스왑 가치의 계산은 다음의 표에 나와 있다(모든 현금흐름의 단위는 백만 달러임).

시간(년)	고정현금흐름	변동현금흐름	순현금흐름	할인요소	순현금흐름의 현가
0.2	−1.500	+1.258	−0.242	0.9944	−0.241
0.7	−1.500	+1.694	+0.194	0.9778	+0.190
1.2	−1.500	+1.857	+0.357	0.9600	+0.343
합계					+0.292

예를 들어 0.7년의 경우를 보자. 고정현금흐름은 $-0.5 \times 0.03 \times 100$ 또는 −1.500백만 달러이다. 선도금리가 실현된다고 가정하면 변동현금흐름은 $0.5 \times 0.03388 \times 100$ 또는 1.694백만 달러이다. 그러므로 순현금흐름은 0.194백만 달러이다. 할인요소는 $e-0.032 \times 0.7 = 0.9778$이며, 현재가치는 0.194달러 $\times$ 0.9778 = 0.190백만 달러이다.

스왑의 가치는 모든 현재가치를 합한 값인 0.292백만 달러이다. (여기서 휴일과 일수계산 방법은 고려하지 않았다.)

따라서 스왑의 가치평가는 모든 변동 지급금에 해당하는 선도금리의 계산과 지급일의 순현금흐름을 현재가치로 할인할 무위험이자율을 필요로 한다. OIS 금리로부터 무위험 무이표이자율 곡선을 계산하는 방법을 4.7절에서 설명했다. 이로부터 필요한 무위험이자율을 얻을 수 있다. 더 나아가 스왑이 OIS라면 4.8절에서 배운 공식을 이용해서 무위험 무이표이자율 곡선으로부터 관련 선도금리를 계산할 수 있다. 필요한 첫 금리는 사실은 선도금리가 아니다. 이미 관찰된 1일 금리들과 그 기간 동안 남아 있는 1일 금리들에 해당하는 무이표이자율을 혼합한 것이다.

LIBOR 스왑의 경우 필요한 선도금리를 유로달러 선물과 스왑금리로부터 추정할 수 있다(이들을 구할 수 있다고 가정). 유로달러 선물은 (6장에서 설명했듯이 볼록성 조정이 필요할 수 있지만) 직접적인 선도금리 추정치를 제공한다. 스왑금리의 경우 표 7.3에서와 같이 스왑금리는 가치가 0인 스왑을 정의한다는 사실을 이용한다. 이는 선도금리가 만족해야 할 등식을 제공한다. 적절하게 보간법을 사용하면 스왑금리와 일치하는 완전한 선도금리곡선을 구할 수 있다. 첫 번째 LIBOR 지급액은 일반적으로 이미 결정되었고 선도금리 계산이 필요없다.

7.6 시간에 따른 가치 변화

금리스왑의 고정금리는 계약 시 스왑의 가치가 0이 되도록 결정된다. 이는 체결 시점에 스왑을 구성하는 선도금리계약(FRA)들의 총가치가 0이라는 것을 의미한다. 그렇다고 개별 FRA의 가치가 0이라는 것을 의미하는 것은 아니다. 일반적으로 어떤 FRA는 양(+)의 가치를 반면 다른 FRA는 음(−)의 가치를 갖는다.

그림 7.1에서 예시했던 애플과 씨티그룹의 스왑을 구성하는 FRA를 생각해보자.

선도금리 > 3.0%일 때 애플 입장에서의 FRA의 가치 > 0

선도금리 = 3.0%일 때 애플 입장에서의 FRA의 가치 = 0

선도금리 < 3.0%일 때 애플 입장에서의 FRA의 가치 < 0

여기서는 스왑이 체결되는 시점에서 이자율의 기간구조가 상향곡선을 그린다고 하자. 이는 FRA의 만기가 길어질수록 선도금리가 증가함을 의미한다. FRA의 총가치가 0이므로 전반부 지급일에는 선도금리가 3.0%보다 낮고 후반부 지급일에는 선도금리가 3.0%보다 높아야 한다. 따라서 애플의 입장에서 전반부 지급일에 해당하는 FRA의 가치는 음(−)의 값인 반면, 후반부 지급일에 해당하는 FRA의 가치는 양(+)이다. 미래 스왑의 기대가치는 그러므로 양(+)의 값이다.[7] 만일 스왑이 체결되는 시점에서 기간구조가 하향곡선을 그린다면 정반대의 결과가 나타난다. 이자율 기간구조의 형태가 스왑을 구성하는 FRA의 가치에 미치는 영향은

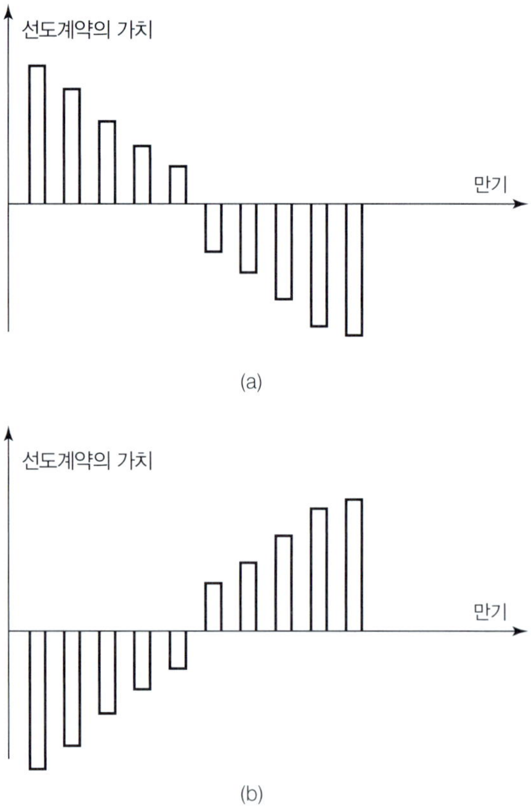

그림 7.9 만기에 대한 함수로서 스왑을 구성하는 선도금리계약(FRA)의 가치. (a) 이자율 기간구조가 상향곡선을 그리고 고정금리를 받거나 또는 이자율 기간구조가 하향곡선을 그리고 변동금리를 받는 경우, (b) 이자율 기간구조가 상향곡선을 그리고 변동금리를 받거나 또는 이자율 기간구조가 하향곡선을 그리고 고정금리를 받는 경우

그림 7.9에 요약되어 있다.

7.7 고정-고정 통화스왑

금리스왑과 마찬가지로 보편화된 스왑으로 고정-고정 통화스왑(fixed-for-fixed currency swap)이 있다. 이 스왑에서는 한 국가 통화의 원금 및 고정금리와 다른 국가 통화의 원금 및 고정금리를 교환하는 스왑이다.

통화스왑 협약은 두 국가의 각각의 통화로 원금을 명시하도록 요구한다. 원금은 일반적으

---

7 스왑의 가치가 양(+)의 값을 가질 것이라는 보장은 없다. 예를 들어 이자율이 스왑 기간에 감소한다면 애플 입장에서 스왑의 가치는 0에서 음(−)의 값이 된다. 기대가치는 확실하게 발생하는 가치가 아니라 평균적으로 발생할 수 있는 가치이다.

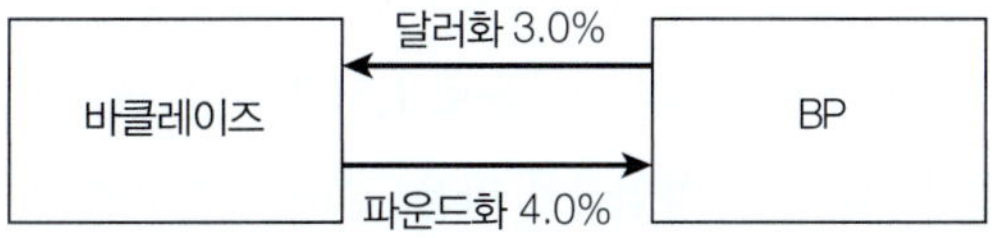

그림 7.10 통화스왑의 예

표 7.5 통화스왑에서 BP의 현금흐름

일자	달러화(백만 달러)	파운드화(백만 파운드)
2016년 2월 1일	+15.00	−10.00
2017년 2월 1일	−0.45	+0.40
2018년 2월 1일	−0.45	+0.40
2019년 2월 1일	−0.45	+0.40
2020년 2월 1일	−0.45	+0.40
2021년 2월 1일	−15.45	+10.40

로 스왑계약이 시작되는 시점과 만료되는 시점에서 교환된다. 일반적으로 원금은 스왑계약이 시작되는 시점에서의 환율기준으로 거의 같도록 결정된다. 그러나 스왑계약의 만료 시점에서 교환될 때는 원금의 가치가 많이 다를 수 있다.

사례

2016년 2월 1일에 BP(British Petroleum)와 바클레이즈(Barclays) 간에 체결된 가상적인 5년 만기 통화스왑을 생각해보자. BP는 달러화로 연 3%의 고정금리를 바클레이즈에 지급하고, 파운드화로 바클레이즈로부터 연 4%의 고정금리를 받는다고 하자. 이자는 1년에 한 번 지급되고, 원금은 1,500만 달러와 1,000만 파운드이다. 두 통화의 이자율이 고정되어 있기 때문에 이러한 스왑을 **고정-고정 통화스왑**이라고 한다. 그림 7.10은 이런 스왑계약의 예를 보여준다. 먼저 원금은 그림 7.10의 화살표와 반대 방향으로 교환된다. 스왑계약 기간의 이자 지급과 최종 원금 지급은 화살표와 같은 방향으로 교환된다. 즉 스왑계약이 체결될 때 BP는 1,000만 파운드를 지급하고 1,500만 달러를 받는다. 그리고 BP는 스왑계약 기간 동안 매년 400,000만 파운드(= 1,000만 파운드의 4%)를 받고 450,000달러(= 1,500만 달러의 3%)를 지급한다. 스왑계약이 만료될 때 BP는 1,500만 달러를 지급하고 1,000만 파운드를 받는다. 표 7.5는 이와 같은 현금흐름을 보여준다. 바클리즈 입장에서의 현금흐름은 그 반대가 된다.

통화스왑을 이용한 부채와 자산의 변형

방금 살펴본 통화스왑은 한 나라의 통화로 차입한 부채를 다른 나라의 통화로 차입한 부채로 변형하는 데 이용될 수 있다. BP가 4%의 이자율로 1,000만 파운드를 차입할 수 있다고 하자. 통화스왑은 이런 부채를 BP가 연 3%의 이자율로 1,500만 달러를 차입하는 부채로 변형하는 효과가 있다. 원금의 초기 교환으로 차입금을 파운드화에서 달러화로 전환한다. 그 후에 이루어지는 교환은 원리금을 파운드화에서 달러화로 전환한다.

스왑은 자산의 본질을 변형하는 데 이용할 수도 있다. BP가 미국에 1,500만 달러를 투자해 향후 5년간 3%의 수익률을 얻을 수 있지만, 달러화 대비 파운드화가 강세일 것을 (또는 적어도 약세는 아닐 것을) 예상해서 영국통화 표시 투자를 선호한다고 하자. 통화스왑은 미국 투자를 4%의 수익률을 창출하는 1,000만 파운드의 영국 투자로 변형하는 효과가 있다.

비교우위

통화스왑은 비교우위에서 비롯될 수 있다. 이를 설명하기 위해 다른 가상적인 예를 살펴보자. 제너럴일렉트릭(General Electric)과 콴타스항공(Quantas Airways)의 5년 만기 고정금리 차입비용이 미국 달러화(USD)와 호주 달러화(AUD) 기준으로 표 7.6과 같다고 하자. 표의 데이터에 따르면 호주의 이자율이 미국의 이자율보다 높다. 또한 제너럴일렉트릭이 콴타스항공보다 양 통화에서 낮은 이자율로 차입할 수 있는 것으로 보아 제너럴일렉트릭은 콴타스항공보다 신용등급이 높다. 스왑거래자의 입장에서 볼 때 표 7.6에서 흥미로운 것은 제너럴일렉트릭과 콴타스항공 간의 이자율 차이가 두 시장에서 동일하지 않다는 것이다. USD 시장에서 콴타스항공은 제너럴일렉트릭보다 2%만큼 더 지급하는 반면에, AUD 시장에서는 단지 0.4%만큼만 더 지급한다.

이와 같은 상황은 표 7.4의 상황과 유사하다. 제너럴일렉트릭은 USD 시장에서 비교우위를 갖는 반면에, 콴타스항공은 AUD 시장에서 비교우위를 갖는다. 표 7.4에서 기본금리스왑을 설명할 때 비교우위가 대체로 허상에 불과하다는 것을 논의한 바 있다. 하지만 여기서는 두 통화의 이자율을 비교하고 있고, 비교우위는 실제적인 것일 가능성이 높다. 비교우위가 발생할 수 있는 한 가지 가능성은 세금에서 찾을 수 있다. 제너럴일렉트릭의 입장에서는 AUD 차입에 비해 USD 차입이 전 세계에서 벌어들이는 소득에 대해서 더 낮은 세금을 내게 할지 모른다. 그러나 콴타스항공의 입장에서는 반대일 수 있다. (표 7.6의 이자율은 이러한 유형의

표 7.6 통화스왑이 가능한 차입이자율

	USD*	AUD*
제너럴일렉트릭	5.0%	7.6%
콴타스항공	7.0%	8.0%

*이자율 호가는 세금 차이의 효과를 반영해 조정한 것이다.

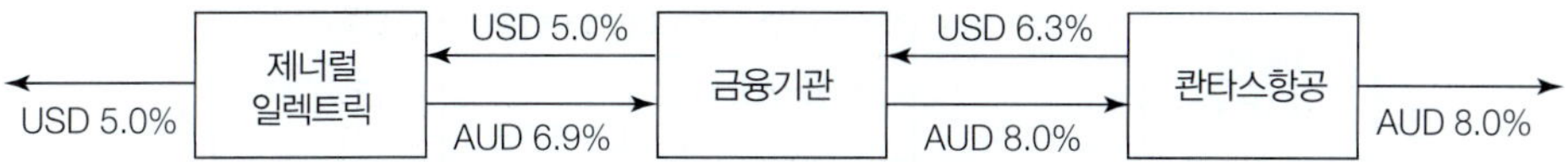

그림 7.11 비교우위에서 비롯한 통화스왑의 예

세금 차이를 반영해 조정한 것이라고 가정한다.)

여기서 제너럴일렉트릭은 2,000만 AUD를 차입하기를 원하는 반면, 콴타스항공은 1,500만 USD를 차입하기를 원하고, 현재 환율은 1 AUD당 0.7500 USD이다. 이는 통화스왑거래가 발생할 수 있는 완벽한 상황이다. 먼저 제너럴일렉트릭과 콴타스항공은 각각 자신이 비교우위를 갖는 시장에서 차입한다. 즉 제너럴일렉트릭은 USD로 차입하고 콴타스항공은 AUD로 차입한다. 그다음에 제너럴일렉트릭의 차입을 AUD 차입으로 변형하고, 콴타스항공의 차입을 USD 차입으로 변형하기 위해 제너럴일렉트릭과 콴타스항공은 통화스왑을 이용한다.

이미 설명했듯이, USD 이자율의 차이는 2%인 반면, AUD 이자율의 차이는 0.4%이다. 앞서 설명한 금리스왑으로부터 유추하면 양 당사자에게 귀속되는 연간 총이익은 2.0%−0.4%=1.6%이다.

스왑거래는 여러 가지 방법으로 이루어질 수 있다. 그림 7.11은 스왑거래가 금융기관의 중개에 의해 이루어지는 예를 도식화한 것이다. 제너럴일렉트릭이 USD를 차입하는 반면에 콴타스항공은 AUD를 차입한다. 스왑거래를 통해서 제너럴일렉트릭은 연 5%의 USD 차입을 연 6.9%의 AUD 차입으로 변형한다. 결과적으로 제너럴일렉트릭은 AUD 시장에서 직접 차입할 때에 비해 연 0.7%의 이자를 줄일 수 있다. 이와 유사하게, 콴타스항공은 연 8%의 AUD 차입을 연 6.3%의 USD 차입으로 변형하고 결과적으로 USD 시장에서 직접 차입할 때에 비해 연 0.7%의 이자를 줄일 수 있다. 금융기관은 USD 현금흐름에 대해 연 1.3%의 이익을 얻고, AUD 현금흐름에 대해서는 연 1.1%의 손실을 본다. 두 통화 간의 차이를 무시하면 금융기관은 총체적으로 연 0.2%의 순이익을 얻는다. 이미 예상했듯이 모든 거래자에게 귀속되는 총이익은 연 1.6%이다.

금융기관은 스왑을 통해서 매년 1,500만 × 1.3% = 195,000 USD의 이익을 얻고 2,000만 × 1.1% = 220,000 AUD의 손실을 본다. 금융기관은 선도시장에서 스왑 계약기간의 각 해에 대해서 매년 220,000 AUD를 매입하는 계약을 체결함으로써 환위험을 회피하고 USD로 순이익을 확보할 수 있다.

금융기관이 헤지를 하지 않아도 되도록 스왑을 재설계할 수 있다. 그림 7.12와 그림 7.13은 두 가지 대안을 보여준다. 두 형태의 스왑 모두 제너럴일렉트릭 또는 콴타스항공에게 환위험을 부담하게 하기 때문에 실제로는 이용되지 않을 것으로 보인다.[8] 그림 7.12에서는 콴타스항공이 AUD로 1.1%를 지급하고 USD로 연 5.2%를 지급하므로 콴타스항공이 환위험을 일

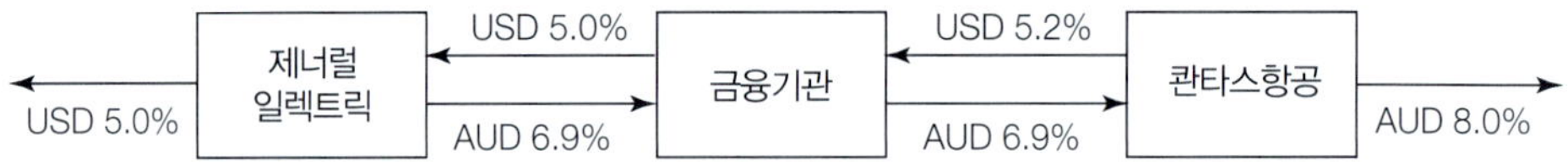

그림 7.12 **통화스왑의 대안적인 형태: 콴타스항공이 환위험을 일부 부담한다.**

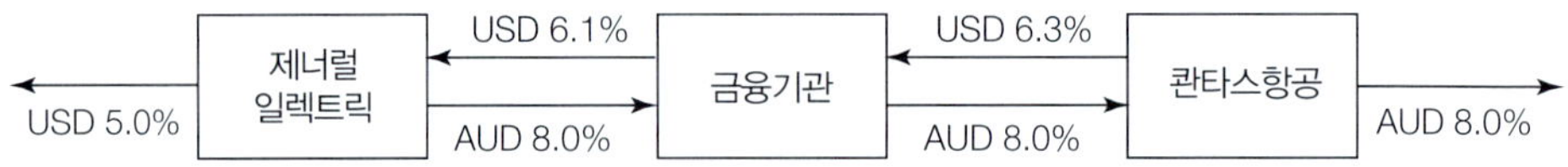

그림 7.13 **통화스왑의 대안적인 형태: 제너럴일렉트릭이 환위험을 일부 부담한다.**

부 부담하게 된다. 반면에 그림 7.13에서는 제너럴일렉트릭이 USD로 1.1%를 받고 AUD로 연 8%를 지급하므로 제너럴일렉트릭이 환위험을 일부 부담하게 된다.

7.8 고정-고정 통화스왑의 가치평가

고정-고정 통화스왑에서 각 지급금의 교환은 선도계약이다. 5.7절에서 본 바와 같이 선도외환계약은 선도환율이 실현된다는 가정하에 가치를 평가할 수 있다. 따라서 고정-고정 통화스왑도 선도환율이 실현된다는 가정하에 가치를 평가할 수 있다. 예제 7.2는 그 방법을 예를 들어 설명하고 있다.

통화스왑의 가치는 계약 체결 시점에 일반적으로 0이다. 만약 통화스왑 개시 시점의 환율로 두 원금의 가치가 정확히 동일하다면, 원금의 초기 교환 직후 통화스왑의 가치는 또한 0이다. 그러나 금리스왑과 유사하게, 이것이 스왑을 구성하는 개별선도계약의 가치가 각각 0이라는 것을 의미하지는 않는다. 두 통화의 이자율이 상당히 다를 때, 높은 이자율의 통화를 지급하는 거래자는 만기 전에 발생하는 현금흐름을 교환하는 선도계약에서 음(−)의 가치를 갖고, 최종원금을 교환하는 선도계약에서는 양(+)의 가치를 갖는다. 반면에 낮은 이자율의 통화를 지급하는 거래자는 반대의 입장에 있다. 즉 만기 전에 발생하는 현금흐름을 교환하는 선도계약에서 양(+)의 가치를 갖고, 최종원금을 교환하는 선도계약에서는 음(−)의 가치를 갖는다.

낮은 이자율의 통화를 지급하는 거래자는 대부분의 계약기간 동안 음(−)의 스왑 가치를 갖는 경향을 보일 것이다. 만기 전에 발생하는 현금흐름의 교환에 해당하는 선도계약은 양(+)의 가치를 갖고, 교환이 일어남에 따라 남은 선도계약의 가치의 합은 음(−)의 가치를 갖게 되

8 일반적으로 환위험을 헤지하는 데 가장 적합한 입장에 있는 금융기관이 환위험을 부담하는 것이 타당하다.

예제 7.2 선도금리를 이용한 고정-고정 통화스왑의 가치평가 EXAMPLE

일본과 미국 모두 무위험수익률의 기간구조가 수평적이라고 하자. 일본의 이자율이 연 1.5%이고 미국의 이자율은 연 2.5%이다(모두 연속복리 기준). 금융기관은 매년 엔화로 연 3%를 받고 달러화로 연 4%를 지급하는 통화스왑을 체결했다. 두 통화의 원금은 각각 1,000만 달러와 12억 엔이다. 스왑의 잔여 만기는 3년이고, 현재 환율은 달러당 110엔이다. 다음 표는 선도외환계약의 합으로 스왑의 가치를 계산하는 과정을 요약해서 보여준다. (모든 금액의 단위는 백만이다.)

시간(년)	달러화	엔화	선도환율	엔화의 달러화 가치	순현금흐름	현재가치
1	−0.4	+36	0.009182	0.3306	−0.0694	−0.0677
2	−0.4	+36	0.009275	0.3339	−0.0661	−0.0629
3	−10.4	+1236	0.009368	11.5786	+1.1786	+1.0934
합계						+0.9629

금융기관은 매년 $0.04 \times 10 = 0.4$백만 달러를 지급하고 $1{,}200 \times 0.03 = 36$백만 엔을 받는다. 추가적으로 3년 말에 달러화 원금 1,000만 달러를 지급하고 엔화 원금 12억 엔을 받는다. 현재 현물환율은 엔당 $1/110 = 0.009091$달러이다. 이 경우 $r = 2.5\%$이며 $r_f = 1.5\%$이고, 1년 선도환율은 식 (5.9)에 의해 $0.009091e^{(0.025-0.015)\times 1} = 0.009182$이다. 표의 2년 선도환율과 3년 선도환율은 이와 같은 방법으로 계산되었다. 스왑을 구성하는 선도계약은 선도환율이 실현될 것이라는 가정하에 평가할 수 있다. 만약 1년 선도환율이 실현된다면 첫해의 엔화 현금흐름의 달러화 가치는 $36 \times 0.009182 = 0.3306$백만 달러가 될 것이며, 첫해 말의 순현금흐름은 $0.3306 - 0.4 = -0.0694$백만 달러가 될 것이다. 이것의 현재가치는 $-0.0694e^{-0.025\times 1} = -0.0677$백만 달러이다. 이것이 1년 말에 현금흐름을 교환하는 선도계약의 가치이다. 다른 선도계약의 가치도 유사한 방법으로 계산할 수 있다. 표에서 보는 것 같이 선도계약의 총가치는 0.9629백만 달러이다.

는 경향이 있다. 높은 이자율의 통화를 지급하는 거래자는 그 반대가 된다. 즉 대부분의 계약기간 동안 양(+)의 스왑 가치를 갖는 경향을 보일 것이다. 이런 결과는 쌍방 청산되는 거래의 신용위험을 평가할 때 중요하다.

채권 가격을 이용한 가치평가

고정-고정 통화스왑은 서로 다른 두 채권의 가치 차이로 쉽게 평가할 수 있다. 달러화로 받고 외국통화로 지급하는 만기 전 스왑의 달러화 가치를 V_{swap}이라고 정의하면 다음 식이 성립한다.

예제 7.3 채권을 이용한 통화스왑의 가치평가 EXAMPLE

예제 7.2의 상황을 다시 생각해보자. 일본과 미국 모두 이자율의 기간구조가 수평적이다. 일본의 이자율이 연 1.5%이고 미국의 이자율은 연 2.5%이다(모두 연속복리 기준). 금융기관은 매년 엔화로 연 3%를 받고 달러화로 연 4%를 지급하는 통화스왑을 체결했다. 두 통화의 원금은 각각 1,000만 달러와 12억 엔이다. 스왑의 잔여 만기는 3년이고, 현재 환율은 110엔=1달러이다. 다음 표는 채권을 이용해 스왑의 가치를 계산하는 과정을 요약해서 보여준다. (모든 금액의 단위는 백만이다.)

시간(년)	달러화 채권(달러)	현재가치(달러)	엔화 채권(엔)	현재가치(엔)
1	0.4	0.3901	36	35.46
2	0.4	0.3805	36	34.94
3	10.4	9.6485	1236	1181.61
합계		10.4191		1252.01

스왑에 기초한 달러화 채권의 현금흐름은 두 번째 열에 나타나 있다. 달러화 할인율 2.5%를 적용한 현금흐름의 현재가치는 세 번째 열에 나타나 있다. 스왑에 기초한 엔화 채권의 현금흐름은 네 번째 열에 나타나 있다. 엔화 할인율 1.5%를 적용한 현금흐름의 현재가치는 표의 마지막 열에 나타나 있다. 달러화 채권의 가치 B_D는 10.4191백만 달러이다. 엔화 채권의 가치는 1,252.01백만 엔이다. 따라서 달러화로 표시한 스왑의 가치는 (1,252.01/110)−10.4191=0.9629백만 달러이다. 이것은 예제 7.2의 계산 결과와 같다.

$$V_{\text{swap}} = B_D - S_0 B_F$$

여기서 B_F는 스왑의 외화 현금흐름으로 규정되는 채권의 외국통화표시 가치이고, B_D는 스왑의 자국통화(달러) 현금흐름으로 규정되는 채권의 가치이다. 그리고 S_0는 외국통화 단위당 달러로 표시된 현물환율이다. 따라서 스왑의 가치는 두 통화의 이자율 기간구조와 현물환율에 의해 결정된다.

이와 유사하게 외국통화로 받고 달러로 지급하는 스왑의 가치는 다음과 같다.

$$V_{\text{swap}} = S_0 B_F - B_D$$

예제 7.3은 이 공식의 사용을 예시하고 있다.

7.9 기타 통화스왑

많이 사용되는 기타 형태의 두 통화스왑은 다음과 같다.

1. 한 통화의 변동금리가 다른 통화의 고정금리와 교환되는 고정–변동스왑(fixed-for-floating swap)
2. 한 통화의 변동금리가 다른 통화의 변동금리와 교환되는 변동–변동스왑(floating-for-floating swap)

첫 번째 스왑의 예로는 10년 동안 6개월마다 700만 파운드의 원금에 대해서 파운드화 변동금리를 지급하고 1,000만 달러 원금에 대해서 3%를 받는 교환이 이루어지는 스왑을 들 수 있다. 고정–고정 통화스왑과 유사하게 이자 지급과 반대 방향으로 원금의 최초 교환이 이루어지고 스왑이 만료되는 시점에 이자 지급과 같은 방향으로 원금의 최종 교환이 이루어진다. 고정–변동 통화스왑은 고정–고정 통화스왑과 고정–변동 금리스왑으로 구성된 포트폴리오로 간주할 수 있다. 예를 들어 앞서 예시한 스왑은 (a) 1,000만 달러의 원금에 대해서 3%를 받고 700만 파운드의 원금에 대해서 (예를 들면) 4%를 지급하는 스왑에 (b) 700만 파운드의 명목원금에 대해서 4%를 받고 파운드화 변동금리를 지급하는 금리스왑을 합한 것으로 간주할 수 있다.

이 스왑의 가치를 평가하기 위해서 달러화 지급액을 달러화 무위험이자율로 할인해 달러화 가치를 계산할 수 있다. 파운드화 변동금리 선도금리가 실현될 것으로 가정하고 파운드화 지급액을 파운드화 무위험이자율로 할인해 파운드화 가치를 계산할 수 있다. 스왑의 가치는 현재 환율을 사용해 계산한 두 지급액 가치의 차이다.

두 번째 스왑 형태의 예로는 700만 파운드의 원금에 대해서 파운드화 변동금리를 지급하고 1,000만 달러의 원금에 대해서 달러화 변동금리를 받는 교환이 이루어지는 스왑을 들 수 있다. 다른 경우와 마찬가지로, 이자 지급과 반대 방향으로 원금의 최초 교환이 이루어지고 스왑 종료 시점에 이자 지급과 같은 방향으로 원금의 최종 교환이 이루어진다. 변동–변동 통화스왑은 고정–고정 통화스왑과 각 통화에 대한 2개의 금리스왑으로 구성된 포트폴리오로 간주할 수 있다. 예를 들어 앞서 예시한 스왑은 (a) 1,000만 달러의 원금에 대해서 3%를 받고 700만 파운드의 원금에 대해서 4%를 지급하는 스왑에 (b) 700만 파운드의 명목원금에 대해서 4%를 받고 파운드화 변동금리를 지급하는 금리스왑을 더하고 (c) 1,000만 달러의 명목원금에 대해 3%를 지급하고 달러화 변동금리를 받는 금리스왑을 합한 것으로 간주할 수 있다.

변동–변동 스왑은 각 통화의 선도금리가 실현될 것으로 가정하고 무위험이자율로 현금흐름을 할인해 가치를 평가할 수 있다. 이 스왑의 가치는 현재 환율을 사용해 계산한 두 지급액 가치의 차이다.

7.10 신용위험

중앙청산소에서 스왑과 기타 파생상품을 청산할 경우 신용위험은 거의 없다. 앞서 설명했듯이 비금융회사와 파생상품 딜러 간의 표준스왑거래는 쌍방 간에 청산할 수 있다. 그러면 양쪽 모두 잠재적으로 신용위험에 노출된다. 그림 7.3의 인텔과 씨티그룹 간의 쌍방 청산계약을 생각해보자. 이 거래는 인텔과 씨티그룹 쌍방 간에 청산된 다른 파생상품들과 함께 상쇄될 수 있다. 씨티그룹의 미결제 거래의 순가치가 (만약 있다면) 인텔이 제공한 담보의 가치보다 커서 인텔이 채무불이행을 할 경우 씨티그룹이 손실을 보게 된다.[9] 마찬가지로 인텔의 미결제 거래의 순가치가 (만약 있다면) 씨티그룹이 제공한 담보의 가치보다 커서 씨티그룹이 채무불이행을 할 경우 인텔이 손실을 보게 된다.

금융기관에게 있어서 어떤 계약의 신용위험과 시장위험을 구분하는 것은 중요하다. 신용위험은 금융기관의 입장에서 계약의 가치가 양(+)의 값을 가질 때 계약상대방의 채무불이행 가능성에서 발생한다. 시장위험은 이자율 및 환율과 같은 시장변수가 금융기관의 입장에서 계약의 가치가 음(−)의 값을 가지는 방향으로 움직일 가능성에서 발생한다. 시장위험은 상쇄계약을 체결함으로써 헤지할 수 있는 위험인 반면, 신용위험은 헤지하기가 덜 쉬운 위험이다.

실무사례 7.2는 스왑시장의 특이한 이야기 중 하나를 소개한다. 이는 영국의 지방자치단체인 해머스미스앤드풀럼(Hammersmith and Fulham)과 관련된 이야기이며, 스왑을 거래하는

실무사례 7.2 해머스미스앤드풀럼 이야기

1987~1989년 사이에 영국 내 런던 자치구인 해머스미앤드풀럼구는 약 600개의 금리스왑과 관련상품에 계약을 체결했는데, 이들의 총 명목원금은 약 60억 파운드였다. 이 거래들은 헤징 목적이 아니라 투기 목적으로 체결된 것으로 보인다. 2명의 해머스미스앤드풀럼구 거래책임자는 계약의 위험과 상품 운영에 대해서 개략적으로만 이해하고 있었다.

영국 이자율의 움직임 때문에 해머스미스앤드풀럼구는 1989년까지 스왑에서 수백만 파운드를 잃었다. 거래상대방인 은행들의 입장에서 스왑의 가치는 수백만 파운드인 것이다. 은행들은 신용위험을 우려했다. 은행들은 그들의 이자율위험을 헤지하려고 상쇄스왑(offsetting swap)을 체결했었다. 만일 해머스미스앤드풀럼구가 채무불이행하면, 그들은 여전히 상쇄스왑에 대한 의무를 충족시켜야 하고 엄청난 손실을 감수하게 될 것이다.

실제로 발생한 것은 채무불이행과는 조금 다른 것이었다. 해머스미스앤드풀럼구의 감사인은 해머스미스앤드풀럼구가 그 거래를 체결할 권한이 없다고 생각했기 때문에 거래가 무효라고 선언하도록 요청했다. 영국 법원도 동의했다. 사건은 상소가 되어 영국 상원(House of Lords)을 거쳐 대법원으로 이송되었다. 최종 결정은 해머스미스앤드풀럼구가 스왑계약을 체결할 권한이 없었고, 하지만 미래에는 위험관리 목적으로 그렇게 해야 할 권한을 가져야 한다는 것이었다. 말할 필요도 없이, 은행들은 그들의 계약이 법원에 의해 이런 식으로 뒤집어진 것에 분노했다.

---

9 인텔과 씨티그룹 간의 마스터 계약(Master Agreement)은 모든 미결제 파생상품을 포괄하며, 거래의 순가치가 변함에 따라 담보 제공을 요구할 수도 있고, 안 할 수도 있다.

은행은 신용위험과 시장위험 이외에도 때로는 법률위험(legal risk)을 감수한다는 사실을 보여준다.

7.11 신용부도스왑

2000년 이후부터 중요성이 커진 스왑에는 **신용부도스왑**(credit default swap, CDS)이 있다. 이 스왑은 기업들이 다년간 시장위험을 헤지해 온 방식으로 신용위험을 헤지하는 스왑이다. CDS는 특정 기업이나 국가가 채무를 불이행할 경우에 지급이 이루어지는 보험 계약과 같다. 여기서 기업이나 국가를 **준거기관**(reference entity)이라고 한다. 신용보호 매입자는 계약기간 동안 혹은 준거기관이 채무를 불이행할 때까지 CDS 스프레드로 알려진 보험료를 매도자에게 지급한다. CDS의 명목원금이 1억 달러이고 5년 동안의 CDS 스프레드는 120베이시스 포인트라고 하자. 보험료는 1억 달러의 120베이시스 포인트 또는 매년 120만 달러가 될 것이다. 만약 준거기관이 5년 동안 채무를 불이행하지 않는다면 그동안 지급했던 보험료에 대해 아무런 보상을 받지 못한다. 만약 준거기관이 채무를 불이행하고 준거기관이 발행한 채권이 채무불이행 직후 원금의 40%의 가치를 갖는다면 신용보호 매도자는 6,000만 달러를 매입자에게 지급해야 한다. 이는 신용보호 매입자가 준거기관이 발행한 원금 1억 달러의 채권포트폴리오를 보유하고 있다면 보험금이 채권포트폴리오의 가치를 원금 1억 달러가 되도록 보상해준다는 논리에서 비롯된다.

신용부도스왑은 23장에서 더욱 자세하게 논의할 것이다.

7.12 다른 종류의 스왑

다양한 종류의 스왑이 거래되고 있으며 22장에서 본격적으로 논의할 것이다. 이 장에서는 개괄적인 설명만 한다.

표준금리스왑의 변형

고정-변동 금리스왑에서 양쪽의 지급주기가 다를 수 있다. 예를 들어 3개월 변동금리를 6개월 고정금리와 교환할 수도 있다. 때로는 기업어음(commercial paper, CP) 금리도 변동금리로 이용한다. 또한 (**베이시스 스왑**이라고 알려진) 변동-변동 금리스왑이 거래될 때도 있다. 예를 들어 3개월 CP 금리 − 10베이시스 포인트의 이자를 동일 원금에 대해 오버나이트 기준금리와 교환할 수 있다. (이런 거래는 기업의 자산과 부채에 상이한 변동금리가 적용되는 위험을 헤지할 수 있게 해준다.)

스왑계약의 원금은 거래상대방의 필요에 맞추어서 계약기간에 걸쳐 변화할 수 있다. **상각스왑**(amortizing swap)의 경우 원금이 미리 정해진 방법에 따라 줄어든다. (이는 대출 상각 일정과 상응하게 설계할 수 있다.) **체증스왑**(step-up swap)은 원금이 미리 정해진 방법에 따라 증가한다. (이는 대출 인출에 상응하게 설계할 수 있다.) 미래 일정 시점까지 이자금액을 교환하지 않는 **이연스왑**(deferred swap)이라고도 하는 **선도스왑**(forward swap)도 때로는 거래한다. 때때로 고정지급액에 적용되는 원금이 변동지급액에 적용되는 원금과 상이하게 결정되기도 한다.

복리스왑(compounding swap)에서 일방 또는 쌍방에 대한 이자는 미리 정해진 원칙에 따라 스왑의 만기일까지 복리계산되고, 스왑의 만기일에 오직 한 번만 지급된다. **발생스왑**(accrual swap)에서는 스왑의 일방에게 지급되는 이자는 기준변동금리가 일정 범위 내에 있을 때만 발생한다.

콴토스왑

때로는 한 통화로 표시된 이자율을 다른 통화로 표시된 원금에 적용하기도 한다. 이런 스왑의 예로는 양쪽의 원금이 모두 1,000만 영국 파운드이고, 미국 변동금리를 영국 변동금리와 교환하는 통화스왑이 있다. 이런 형태의 스왑을 **디프스왑**(diff swap) 또는 **콴토**(quanto)라 한다.

주식스왑

주식스왑(equity swap)이란 주가지수 기준으로 실현된 총수익(배당과 자본이득)을 고정금리 또는 변동금리와 교환하는 스왑이다. 주식스왑의 예로는 6개월 동안 S&P 500 지수로부터 얻는 총수익을 동일 원금 기준으로 3%와 계속 교환하는 스왑이 있다. 주식스왑은 포트폴리오 관리자가 고정수익 또는 변동수익 투자로부터 얻는 수익을 주가지수 투자로부터 얻는 수익으로(또는 그 반대로) 전환하는 데 이용할 수 있다.

옵션

때로는 옵션이 스왑계약에 내재되어 있다. 예를 들어 **확장스왑**(extendable swap)은 거래의 한 당사자가 정해진 기간을 초과해 스왑의 만기를 확장할 수 있는 옵션을 가지고 있다. **조기종료스왑**(puttable swap)은 거래의 한 당사자가 스왑을 조기에 종료할 수 있는 옵션을 가지고 있다. 스왑에 대한 옵션 또는 **스왑션**(swaption)이라는 것도 있다. 스왑션은 미래에 거래의 한 당사자가 미리 정한 고정금리와 변동금리를 교환되는 스왑을 체결할 수 있는 옵션을 부여한다.

상품스왑, 변동성스왑, 기타 스왑

상품스왑(commodity swap)은 본질적으로 다른 만기와 같은 인도가격을 갖는 일련의 상품 선도계약이다. **변동성스왑**(volatility swap)에는 여러 기간이 있다. 각 기간 말에 거래의 한 당사자는 미리 합의한 변동성 금액을 지급하는 반면 다른 당사자는 그 기간 동안에 실현된 역사적 변동성 금액을 지급한다. 변동성 금액은 양쪽의 변동성에 동일 명목원금을 곱해서 결정한다.

스왑은 금융공학자들의 상상력과 기업 재무관리자 및 이색구조(exotic structure) 펀드 매니저의 욕구로 계속 만들어진다. 22장에서 우리는 프록터앤드갬블(Procter and Gamble)과 뱅커스트러스트(Bankers Trust) 간에 체결된 그 유명한 5/30 스왑을 설명할 것이다. 이 스왑에서 지급액은 30일 기업어음 금리, 30년 만기 장기국채 가격, 5년 만기 장기국채 수익률에 의해서 복잡하게 결정된다.

요약

금리스왑과 통화스왑이 가장 일반적인 형태의 스왑이다. 금리스왑에서 한 거래자는 다른 거래자에게 수년 동안 명목원금에 대해서 고정금리를 지급하기로 한다. 동시에 같은 기간 동안 동일 원금에 대해 변동금리를 받는다. 통화스왑에서 한 거래자는 한 나라의 통화로 표시된 원금에 대한 이자를 지급하기로 한다. 동시에 다른 나라의 통화로 표시된 원금에 대한 이자를 받는다.

통상적으로 금리스왑에서는 원금이 교환되지 않는다. 반면에 통화스왑에서는 일반적으로 원금이 스왑기간의 기초와 기말에 교환된다. 외국통화로 이자를 지급하는 거래자는 스왑거래 개시 시점에서 외국통화표시 원금을 받고 자국통화표시 원금을 지급한다. 또한 스왑기간 종료 시점에는 외국통화표시 원금을 지급하고 자국통화표시 원금을 받는다.

금리스왑은 변동금리 차입을 고정금리 차입으로 변형하거나 또는 그 반대로 변형하는 데 이용할 수 있다. 또한 금리스왑은 변동금리 투자를 고정금리 투자로 변형하거나 또는 그 반대로 변형하는 데도 이용할 수 있다. 통화스왑은 한 나라의 통화로 표시된 차입을 다른 나라의 통화로 표시된 차입으로 변형하는 데 이용할 수 있다. 또한 통화스왑은 한 나라의 통화로 표시된 투자를 다른 나라의 통화로 표시된 투자로 변형하는 데도 이용할 수 있다.

이 장에서 중요하게 다룬 금리스왑과 통화스왑은 선도계약의 포트폴리오로 간주할 수 있다. 이들은 오늘 관찰되는 선도금리와 선도환율이 미래에 실현될 것이라는 가정하에 가치평가를 할 수 있다.

참고문헌

Alm, J., and F. Lindskog, "Foreign Currency Interest Rate Swaps in Asset-Liability Management for Insurers," *European Actuarial Journal*, 3 (2013): 133–58.

Corb, H. *Interest Rate Swaps and Other Derivatives*. New York: Columbia University Press, 2012.

Flavell, R. *Swaps and Other Derivatives*, 2nd edn. Chichester: Wiley, 2010.

Johannes, M., and S. Sundaresan, "The Impact of Collateralization on Swap Rates," *Journal of Finance*, 61, 1 (February 2007): 383–410.

Litzenberger, R. H. "Swaps: Plain and Fanciful," *Journal of Finance*, 47, 3 (1992): 831–50.

Memmel, C., and A. Schertler. "Bank Management of the Net Interest Margin: New Measures," *Financial Management and Portfolio Management*, 27, 3 (2013): 275–97.

Purnanandan, A. "Interest Rate Derivatives at Commercial Banks: An Empirical Investigation," *Journal of Monetary Economics*, 54 (2007): 1769–1808.

퀴즈

7.1 A, B기업의 5년 만기 2,000만 달러 대출에 대한 연 이자율이 다음과 같다.

	고정금리	변동금리
A기업	5.0%	SOFR+0.1%
B기업	6.4%	SOFR+0.6%

A기업은 변동금리 차입을 원하고 B기업은 고정금리 차입을 원한다. 스왑을 중개하는 은행의 순이익이 연 0.1%가 되고, 두 기업이 동일한 이익을 얻을 수 있도록 스왑을 설계하라.

7.2 잔여 만기가 10개월인 1억 달러 금리스왑이 있다. 스왑 조건에 따르면 6개월 LIBOR를 연 4%(반년복리 기준)와 교환한다. 모든 만기에 대한 6개월 LIBOR 선도금리가 3%(반년복리 기준)이다. 6개월 LIBOR 금리는 두 달 전에 2.4%였다. 모든 만기에 대해서 OIS 금리는 연속복리 기준 2.7%이다. 변동금리를 지급하는 거래자의 입장에서 스왑의 현재가치는 얼마인가? 그리고 고정금리를 지급하는 거래자의 입장에서 스왑의 가치는 얼마인가?

7.3 X기업이 고정금리로 미국 달러화 차입을 원한다. Y기업은 고정금리로 일본 엔화 차입을 원한다. 두 기업이 요구하는 금액은 현재환율로 대체로 같다. 세금효과가 조정된 기업의 이자율은 다음과 같다.

	엔	달러
X기업	5.0%	9.6%
Y기업	6.5%	10.0%

스왑을 중개하는 은행의 순이익이 연 50베이시스 포인트가 되고, 두 기업이 동일한 이익을 얻으며, 모든 환위험을 은행이 부담하도록 스왑을 설계하라.

7.4 7년 만기 스왑금리가 무엇인지 설명하라.

7.5 잔여 만기가 15개월인 통화스왑이 있다. 이 스왑은 2,000만 파운드에 대한 10%의 이자와 3,000만 달러에 대한 6%의 이자를 1년에 한 번 교환한다. 영국의 무위험이자율의 기간구조는 수평적이며 7%이고, 미국의 무위험이자율의 기간구조는 수평적이며 4%이다(모든 이자율은 연복리 기준이다). 현재 환율(파운드당 달러)은 1.5500이다. 파운드화를 지급하는 거래자의 입장에서 스왑의 가치는 얼마인가? 달러화를 지급하는 거래자의 입장에서 스왑의 가치는 얼마인가?

7.6 금융계약에서 신용위험과 시장위험의 차이점을 설명하라.

7.7 어떤 기업의 재무담당자가 경쟁력 있는 5.2%의 고정금리로 5년간 차입하는 계약을 체결했다고 한다. 재무담당자는 6개월 변동금리+150베이시스 포인트로 차입하고 변동금리를 3.7%와 교환함으로써 이자율을 5.2%로 고정시켰다고 설명한다. 이어서 이것이 가능한 이유가 그 기업이 변동금리시장에서 비교우위를 갖고 있기 때문이라고 이야기하고 있다. 재무담당자는 무엇을 간과하고 있는가?

연습문제

7.8 어떤 은행이 3%의 고정금리를 지급하고 변동금리를 받는 쌍방청산 금리스왑을 비금융기업과 체결했다. 담보는 필요하지 않으며 두 거래자 간에 다른 파생상품거래는 없었다. 은행이 부담해야 하는 신용위험은 무엇인가? 신용위험은 수익률곡선이 상향일 때 혹은 하향일 때 더 커지는지 논의하라.

7.9 X기업과 Y기업의 10년 만기 500만 달러 투자에 대한 연 이자율은 다음과 같다.

	고정금리	변동금리
X기업	8.0%	LIBOR
Y기업	8.0%	LIBOR

X기업은 고정금리 투자를 원하고, Y기업은 변동금리 투자를 원한다. 스왑을 중개하는 은행의 순이익이 연 0.2%가 되고, 두 기업이 동일한 이익을 얻을 수 있도록 스왑을 설계하라.

7.10 어떤 금융기관이 X기업과 금리스왑을 체결하려고 한다. 스왑조건에 따르면 금융기관은 5년 동안 1,000만달러의 원금에 대해 연 4%의 이자를 받고, 6개월 LIBOR로 이자를 지급한다. 이자 지급은 6개월마다 이루어진다. 6개월 LIBOR 선도금리가 모든 만기에 대해서 연 2%라고 했을 때, X기업이 3차 연도 말인 6번째 지급일에 채무를 불이행한다고 하자. 금융기관의 입장에서 손실은 얼마인가? 3차 연도 중간에 6개월 LIBOR가 연 3%이고, 채무를 불이행할 때 모든 OIS 금리가 연 1.8%라고 가정한다. OIS 금리는 연속복리 기준으로, 다른 이자율은 반년복리 기준으로 표시한다.

7.11 어떤 금융기관이 Y기업과 10년 만기 통화스왑을 체결하려고 한다. 스왑조건에 따르면 금융기관은 스위스 프랑화로 연 3%의 이자를 받고 미국 달러화로 연 8%의 이자를 지급한다. 이자는 1년에 한 번 교환한다. 원금은 각각 700만 달러와 1,000만 프랑이다. Y기업이 6차 연도 말에 채무불이행 상태에 빠지고, 그때의 환율은 1프랑당 0.80 달러이다. 금융기관의 입장에서 손실은 얼마인가? 6차 연도 말에 모든 만기에 대해서 스위스 프랑화에 대한 이자율이 연 3%이고 미국 달러화에 대한 이자율이 연 8%라고 가정한다. 모든 이자율은 연복리 기준으로 공시된다.

7.12 A기업과 B기업의 (세금효과 차이를 조정한) 이자율은 다음과 같다.

	A기업	B기업
미국 달러화(변동금리)	변동금리+0.5%	변동금리+1%
캐나다 달러화(고정금리)	5.0%	6.5%

A기업은 변동금리로 미국 달러화 차입을 원하고, B기업은 고정금리로 캐나다 달러화 차입을 원한다. 어떤 금융기관이 스왑을 계획하고 있으며 50베이시스 포인트의 스프레드를 요구하고 있다. A, B기업이 동일한 이익을 얻으려면 A, B기업이 지급해야 하는 이자율은 얼마인가?

7.13 그림 7.11에서 선도계약을 이용해 환위험을 헤지한 후에 금융기관의 평균 스프레드는 20베이시스 포인트보다 클 것인가, 아니면 작을 것인가? 이유는 무엇인가?

7.14 "신용위험이 높은 비금융기업들은 직접 고정금리시장을 이용할 수 없다. 따라서 이 기업들은 고정금리를 지급하고 변동금리를 받기 위해 금리스왑을 이용할 것이다." 이 주장이 사실이라고 가정하자. 이것이 금융기관의 스왑 포트폴리오의 위험을 증가시킬 것인가, 아니면 감소시킬 것인가? 이자율이 높을 때 기업이 채무불이행 상태에 빠질 가능성이 아주 높다고 가정한다

7.15 원금이 동일할 때 스왑의 채무불이행으로 인한 은행의 기대손실이 대출의 채무불이행으로 인한 기대손실보다 작은 이유는 무엇인가? 은행과 거래상대방 사이에 다른 파생상품 거래는 존재하지 않으며, 스왑은 쌍방청산된다. 거래상대방은 스왑과 대출에 대한 담보를 제공하지 않는다.

7.16 어떤 은행이 자산과 부채가 불일치하고 있음을 발견했다. 은행은 변동금리로 예금을 받고 고정금리로 대출하고 있다. 이런 위험을 상쇄하기 위해서 어떻게 스왑을 이용할

수 있는가?

7.17 한 통화의 변동금리를 다른 통화의 고정금리로 교환하는 스왑을 어떻게 평가할 수 있는지 설명하라.

7.18 OIS 금리는 모든 만기에 3.4%이다. 3%를 받고 기준변동금리를 지급하는 2년 만기 OIS 스왑의 가치는 얼마인가? 모든 이자율은 연복리 기준이고 이자 교환은 연마다 이루어지며 원금은 1억 달러라고 가정하라.

7.19 금융기관은 원금 1억 달러에 대해 3개월마다 연 3%의 이자를 지급하고 대신에 3개월 SOFR 기준금리를 받기로 했다. 스왑의 잔여 만기는 7.5개월이다. (SOFR로부터 계산한) 연속복리 기준 1.5개월, 4.5개월, 7.5개월 만기 무위험이자율은 각각 2.8%, 3.0%, 3.1%라고 가정하자. 또한 지난 1.5개월간 관찰한 연속복리 기준 무위험이자율이 2.7%라고 가정하자. 스왑의 가치는 얼마인가?

추가문제

7.20 (a) A기업은 표 7.3과 같은 스왑 매매호가를 제시받았다. A기업은 3년 동안 연 3.45%로 차입할 수 있다. A기업은 스왑을 통해 이와 같은 고정금리를 얼마의 변동금리로 바꿀 수 있는가? (b) B기업도 표 7.3과 같은 스왑 매매호가를 제시받았다. B기업은 5년 동안 연 변동금리+75베이시스 포인트로 차입할 수 있다. B기업은 스왑을 통해 이와 같은 변동금리를 얼마의 고정금리로 바꿀 수 있는가? (c) B기업이 부담하는 롤오버(rollover) 위험에 대해서 설명하라.

7.21 (a) X기업은 표 7.3과 같은 스왑 매매호가를 제시받았다. X기업은 4년 동안 연 2.8%로 투자할 수 있다. X기업은 스왑을 통해 이와 같은 고정수익률을 얼마의 변동수익률로 바꿀 수 있는가? (b) Y기업도 표 7.3과 같은 스왑 매매호가를 제시받았다. Y기업은 앞으로 10년 동안 연 변동금리+50베이시스 포인트로 투자할 수 있을 것이라고 확신한다. Y기업은 스왑을 통해 이와 같은 변동수익률을 얼마의 고정수익률로 바꿀 수 있는가?

7.22 1년 LIBOR 금리는 3%이고 1~2년 LIBOR 선도금리는 3.2%이다. 해마다 지급이 이루어지는 3년 만기 스왑금리는 3.2%이다. 만약 만기가 1년, 2년, 3년인 OIS 무이표이자율이 각각 2.5%, 2.7%, 2.9%라면 2~3년 LIBOR 선도금리는 얼마인가? 1억 달러의 원금에 대해서 4%를 받고 LIBOR를 지급하는 3년 만기 스왑의 가치는 얼마인가? 모든 이자율은 연복리 기준으로 표시한다.

7.23 금리스왑에서 금융기관은 원금 1억 달러에 대해 3개월마다 연 2%의 이자를 지급하고 대신에 3개월 SOFR 기준금리를 받기로 했다. 스왑의 잔여 만기는 10개월이다. (SOFR로부터 계산한) 연속복리 기준 1개월, 4개월, 7개월, 10개월 만기 무위험이자율은 각각 1.4%, 1.6%, 1.7%, 1.8%라고 한다. 또한 지난 2개월간 관찰한 연속복리 기준 무위험이자율이 1.1%라고 가정하자. 스왑의 가치는 얼마인가?

7.24 영국의 제조업체인 A기업은 고정금리로 미국 달러화 차입을 원하며, 미국의 다국적기업인 B기업은 고정금리로 영국 파운드화 차입을 원한다. 두 기업은 (상이한 세금효과를 조정한) 이자율 호가를 다음과 같이 제시받았다.

	파운드	미국 달러
A기업	11.0%	7.0%
B기업	10.6%	6.2%

스왑을 중개하는 은행의 순이익이 연 10베이시스 포인트가 되고, 두 기업이 각각 연 15베이시스 포인트의 이익을 얻도록 스왑을 설계하라.

7.25 미국과 호주의 무위험이자율 기간구조가 수평적이라고 하자. 달러화(USD) 이자율이 연 7%이고 호주 달러화(AUD) 이자율은 연 9%이다. AUD의 현재가치는 0.62 USD이다. 스왑계약조건에 따르면, 금융기관이 AUD로 연 8%의 이자를 지급하며 USD로 연 4%의 이자를 받는다. 두 통화로 표시된 원금은 각각 1,200만 USD와 2,000만 AUD이다. 이자 지급액의 교환은 1년에 한 번 이루어지며, 직전에 교환이 이루어졌다. 스왑의 잔여 만기는 2년이다. 금융기관의 입장에서 스왑의 가치는 얼마

인가? 모든 이자율은 연속복리 기준으로 계산된 것이라 가정한다.

7.26 6개월마다 현금흐름의 교환이 이루어지는 5년 만기 스왑 금리는 4%이다. 어떤 기업이 1,000만 달러 원금에 대해서 4.2%의 이자를 받는 스왑을 원한다. OIS 무이표곡선은 3.6%에서 수평이다. 파생상품 딜러는 얼마를 기업에게 청구해야 하는가? 모든 이자율은 반년복리 기준으로 표시한다. (매매호가 스프레드는 무시하라.)

08 증권화와 2007년 신용위기

선도, 선물, 스왑, 옵션과 같은 파생상품은 위험을 한 경제 주체에서 다른 주체로 전가하는 데 이용된다. 이 책의 앞선 7개 장에서는 선도, 선물, 스왑에 초점을 맞추어 설명했다. 이 장에서는 옵션을 공부하기 전에 위험을 전가하는 또 다른 중요한 수단인 증권화(securitization)를 설명할 것이다.

증권화는 특히 2007년 시작된 신용위기(또는 '신용경색')의 원인으로 여겨지기 때문에 관심의 대상이 되고 있다. 신용위기는 미국 주택담보대출에서 파생된 금융상품으로부터 시작되었지만, 미국에서 다른 나라로 퍼져 나갔고 금융시장에서 실물경제로 급속히 확산했다. 일부 금융기관은 파산했고, 일부 금융기관은 중앙정부로부터 구제금융을 받았다. 21세기의 첫 10년이 금융 부문에는 재앙이었다는 것은 의심의 여지가 없다.

이 장에서는 증권화의 특성과 이것이 어떻게 금융위기를 초래했는지 살펴볼 것이다. 아울러 미국의 주택담보대출시장, 자산유동화증권(asset-backed security), 부채담보부증권(collateralized debt obligation), 워터폴(waterfall), 금융시장에서 행동 유인(incentive)의 중요성을 공부할 것이다.

8.1 증권화

전통적으로 은행은 주로 예금을 통해 자신의 대출자금을 조달했다. 1960년대 미국 은행들은 이런 자금조달 방식으로는 주거용 부동산담보대출 수요를 따라갈 수 없다는 것을 알게 되었다. 이런 상황은 주택저당증권(mortgage-backed security, MBS)시장의 발전으로 이어졌다. 주택담보대출 포트폴리오를 구성하고, 그 포트폴리오에서 나오는 현금흐름(이자와 원금)을 증권으로 만들어 투자자에게 팔았다. 미국 정부는 1968년에 정부저당금고(Government National Mortgage Association, GNMA 또는 Ginnie Mae)를 만들었다. 이 기구는 (수수료를 받고) 적격 주택담보대출에서 발생하는 이자와 원금에 대해 보증을 해주었으며, MBS를 만들어서 투자자에게 판매하기도 했다.

따라서 비록 은행이 주택담보대출을 해주었지만, 그들의 재무상태표 상에 남아 있지는 않게 되었다. 증권화로 인해 은행은 예금이 증가하는 속도보다 더 빠르게 대출을 증가시킬 수 있었다. GNMA의 보증은 차입자의 채무불이행으로부터 MBS 투자자를 보호해주었다.[1]

모기지 시장에서 개발된 증권화 기술은 1980년대 미국에서 자동차대출, 신용카드대출과 같은 자산군에도 적용되었다. 증권화는 다른 나라에서도 널리 사용되었다. 증권화시장의 발전으로 투자자들은 차입자의 채무불이행에 대한 보증이 없는 상황에도 불안을 느끼지 않게 되었다.

자산유동화증권(ABS)

2000~2007년에 사용된 증권화 방식의 유형이 그림 8.1에 있다. 이것은 자산유동화증권(asset-backed security, ABS)으로 알려져 있다. 대출과 같은 소득 발생 자산들로 구성된 포트폴리오는 그 자산을 보유한 은행에 의해 특수목적회사(SPV)에 팔리고, 그 후 자산으로부

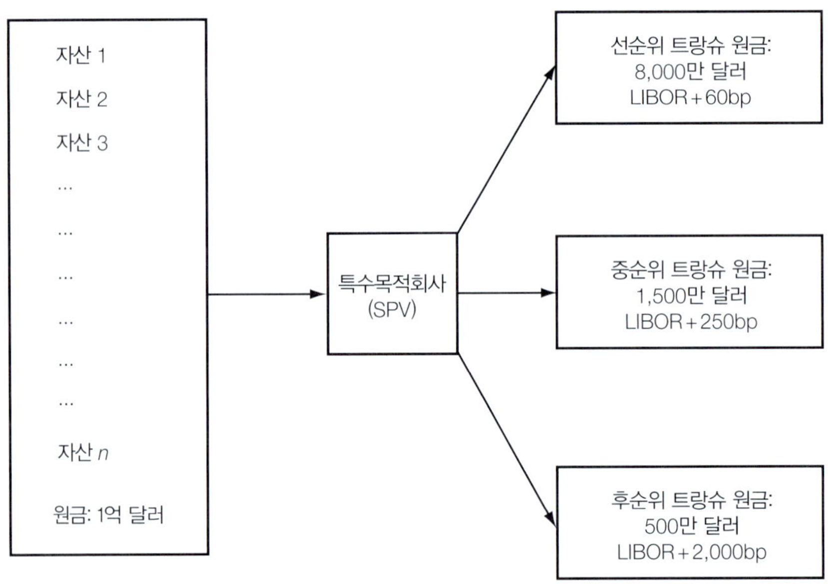

그림 8.1 (단순화한) 자산유동화증권. bp=베이시스 포인트(1 bp=0.01%)

1 하지만 MBS 투자자들은 주택담보대출이 조기상환될 수 있다는 불확실성에 직면한다. 조기상환은 이자율이 내려가는 상황에서 많이 발생하고, 이런 상황에서는 투자자가 갖는 재투자기회가 특별히 매력적이지는 않다. MBS 초기에는 많은 MBS 투자자가 조기상환 위험을 사전에 고려하지 못했기 때문에 기대한 것보다 낮은 수익률을 얻었다.

터 발생한 현금흐름은 트랑슈(tranches)에 분배된다. 그림 8.1에는 세 가지 트랑슈밖에 없어 일반적인 자산유동화증권 구조보다 단순하다(실제로는 더 많은 트랑슈가 사용되었다). 이 트랑슈들은 선순위 트랑슈(senior tranche), 중순위 트랑슈(mezzanine tranche), 후순위 트랑슈(equity tranche)이다. (중순위 트랑슈를 중간층 트랑슈, 후순위 트랑슈를 지분 트랑슈라고도 한다.) 포트폴리오의 원금은 1억 달러이고, 이는 선순위 트랑슈에 8,000만 달러, 중순위 트랑슈에 1,500만 달러, 후순위 트랑슈에 500만 달러로 각각 나뉜다. 선순위 트랑슈는 LIBOR+60베이시스 포인트, 중순위 트랑슈는 LIBOR+250베이시스 포인트, 후순위 트랑슈는 LIBOR+2,000베이시스 포인트의 수익률을 받기로 약속되어 있다.

이는 마치 후순위 트랑슈에 투자하는 것이 최선인 것처럼 보이지만, 반드시 그렇지는 않다. 이자와 원금 지급이 보증되어 있지 않다. 후순위 트랑슈는 다른 트랑슈보다 원금손실을 볼 가능성이 더 크고, 약속된 이자를 받을 가능성이 더 작다. 현금흐름은 '워터폴(waterfall)'이라고 알려진 계단형 폭포 방식에 의해 트랑슈들에 분배된다. 워터폴이 작동하는 일반적인 방식은 그림 8.2에 나타나 있다. 이자 지급과 원금상환에 별도의 계단형 폭포가 적용된다. 상환된 원금은 선순위 트랑슈 원금이 완전히 상환될 때까지 분배한다. 그러고 나서 중순위 트랑슈 원금이 완전히 상환될 때까지 분배한다. 그러고도 남는 부분이 있을 때만 상환된 원금을 후순위 트랑슈에 분배한다. 받은 이자는 선순위 트랑슈가 먼저 잔존원금에 대한 약속된 이자를 지급받을 때까지 분배한다. 이 약속된 이자가 지급될 수 있다고 가정하면, 다음에 중순위 트랑슈에 분배한다. 중순위 트랑슈에 대한 이자 분배가 이루어지고 그러고도 남는 현금흐름이 있으면 후순위 트랑슈에 분배한다.

트랑슈들이 원금을 회수하는 정도는 기초자산의 손실에 달려 있다. 워터폴의 효과는 대략

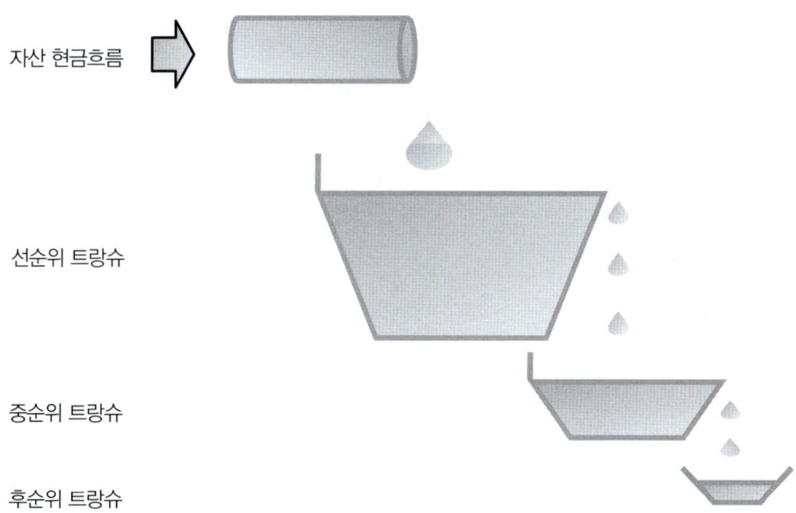

그림 8.2 ABS의 워터폴

적으로 다음과 같다. 처음 5%의 손실은 후순위 트랑슈가 감수한다. 만일 손실이 5%를 초과하면 후순위 트랑슈는 모든 원금을 잃고, 일부 손실은 중순위 트랑슈의 원금으로 충당된다. 만일 손실이 20%를 초과하면 중순위 트랑슈가 모든 원금을 잃고, 일부 손실은 선순위 트랑슈의 원금으로 충당된다.

그러므로 ABS를 보는 두 가지 관점이 있다. 하나는 그림 8.2의 워터폴과 관련된 관점이다. 현금흐름은 먼저 선순위 트랑슈에 분배되고, 그다음에 중순위 트랑슈, 그러고 나서 후순위 트랑슈에 분배된다. 다른 관점은 손실과 관련된 관점이다. 원금손실은 먼저 후순위 트랑슈가 감수하며, 그다음에 중순위 트랑슈, 그러고 나서 선순위 트랑슈가 감수한다. 무디스(Moody's), S&P, 피치(Fitch)와 같은 신용평가기관이 증권화 과정에서 핵심적인 역할을 했다. 그림 8.1에 나타나 있는 ABS는 선순위 트랑슈가 AAA의 신용등급을 받을 수 있도록 설계된다. 중순위 트랑슈는 보통 (투자가능등급이지만 AAA보다는 많이 낮은) BBB의 신용등급을 받으며, 후순위 트랑슈는 신용등급이 부여되지 않는다.

지금까지 ABS에 대해 어느 정도 단순화해서 설명했다. 전형적으로 이보다 폭넓은 범위의 신용등급을 갖는 세 종류 이상의 트랑슈가 만들어졌다. 설명한 바와 같이 워터폴 규칙에 따라 항상 최상위 트랑슈에 먼저 현금흐름이 분배되고, 다음 차상위 트랑슈에 현금흐름이 분배되며, 그다음 순위의 트랑슈에 현금흐름이 순차적으로 분증된다. 실제로 워터폴 규칙은 이보다 조금 더 복잡하며 수백 페이지 분량의 법적 서류에 기술되었다. 또 종종 트랑슈의 총원금이 기초자산의 총원금보다 더 작은 초과담보설정(overcollateralization)과 같은 복잡한 내용도 포함한다. 또한 트랑슈에 약속한 가중평균수익률이 기초자산에 대해 지불될 수 있는 가중평균수익률보다 더 적다.[2]

유동화 부채담보부증권(ABS CDO)

선순위 AAA등급 트랑슈를 매입하는 투자자를 찾는 것은 대체로 어렵지 않았다. 왜냐하면 AAA등급 채권의 수익률과 비교했을 때 매력적인 수익률을 약속하기 때문이다. 후순위 트랑슈는 통상적으로 그 자산의 원래 소유자가 보유하거나 헤지 펀드(hedge fund)에 판매한다.

중순위 트랑슈에 투자하는 투자자를 찾는 것은 더 어려웠다. 이로 인해 ABS의 ABS를 만들게 되었다. 그림 8.3에 이것이 이루어진 방식이 설명되어 있다. 그림 8.1에서 설명했던 방식으로 만들어진 다수의 서로 다른 중순위 트랑슈를 하나의 포트폴리오에 담고, 포트폴리오에서 나오는 현금흐름과 관련된 위험들을, 자산에서 나오는 현금흐름과 관련된 위험들이 그림 8.1과 같이 트랑슈로 분할된 것과 같은 방식으로 분할한다. 이런 상품들은 ABS CDO 또는

2 해당 특성과 초과담보설정은 이 상품을 만든 사람들에게 더 높은 수익성을 가져다줄 수 있게 했다.

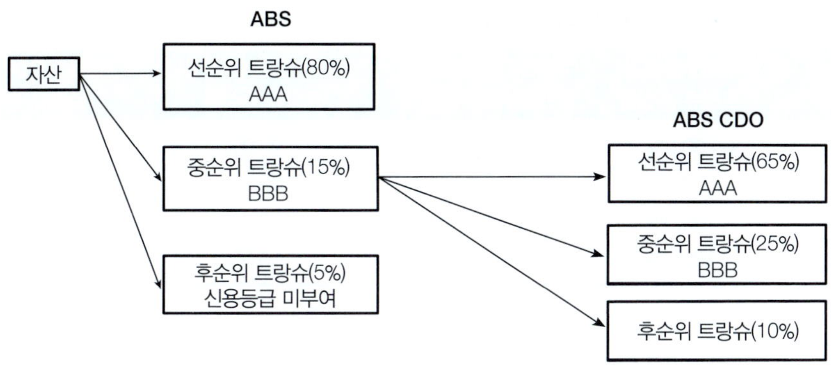

그림 8.3 자산 포트폴리오로부터 (단순화한) ABS와 ABS CDO의 생성

Mezz ABS CDO로 알려져 있다. (CDO는 collateralized debt obligation의 약자이다.) 그림 8.3의 예에서, ABS CDO의 선순위 트랑슈는 ABS 중순위 트랑슈 원금의 65%를 차지하며, ABS CDO의 중순위 트랑슈는 원금의 25%를, 그리고 후순위 트랑슈는 원금의 나머지 10%를 각각 차지한다. 상품을 설계할 때 ABS CDO 선순위 트랑슈가 최상의 등급인 AAA등급을 받을 수 있도록 한다. 이것은 지금까지 살펴본 예시에서 만들어진 AAA등급 상품 전체가 기초 포트폴리오 원금의 약 90%(=80%+15%×65%)를 차지한다는 것을 의미한다. 이 수치는 높은 것 같지만, 만약 ABS CDO의 트랑슈들로 ABS를 만들어 증권화가 더욱 진행된다면(이는 실제로 진행되었다), 그 수치는 훨씬 더 높아질 것이다.

그림 8.3의 예에서 만약 기초자산 포트폴리오의 손실이 20% 미만이면 ABS의 AAA등급 트랑슈는 약속된 수익을 받고 원금을 상환받을 것으로 기대할 수 있다. 왜냐하면 원금의 모든 손실을 더 후순위에 있는 트랑슈들이 감수할 것이기 때문이다. 그림 8.3에서 설명했던 ABS CDO의 AAA등급 트랑슈는 더 위험하다. 만약 기초자산 포트폴리오의 손실이 10.25% 미만일 경우 약속된 수익을 받고 원금을 상환받을 것이다. 왜냐하면 손실이 10.25%라는 것은 ABS의 중순위 트랑슈가 감수해야 할 손실이 ABS 원금의 5.25%라는 것을 의미하기 때문이다. 중순위 트랑슈의 전체 원금이 ABS 원금의 15%이므로 자신의 원금의 5.25/15(=35%)의 손실을 감수하게 된다. 결국 ABS CDO의 후순위, 중순위 트랑슈는 원금을 모두 잃지만, 선순위 트랑슈는 가까스로 아무 손실이 없게 된다.

만약 기초자산 포트폴리오의 손실이 10.25%를 넘어서면, ABS CDO의 선순위 트랑슈는 손실을 본다. 예를 들어 기초자산 포트폴리오에 17%의 손실이 발생한 경우를 생각해보자. 17%의 손실 중 5%는 ABS의 후순위 트랑슈가 감수하고, 12%는 ABS의 중순위 트랑슈가 감수한다. 그러므로 중순위 트랑슈의 손실은 자신의 원금의 12/15(=80%)가 되며, 처음 35%의 손실을 ABS CDO의 후순위, 중순위 트랑슈가 감수한다. 따라서 ABS CDO의 선순위 트랑슈는 그 가치의 45/65(=69.2%)에 해당하는 손실을 보게 된다. 이것과 그 외의 다른 결과들

표 8.1 그림 8.3에서 설명한 ABS CDO 트랑슈의 추정 손실

기초자산 손실률	ABS 중순위 트랑슈 손실률	ABS CDO 후순위 트랑슈 손실률	ABS CDO 중순위 트랑슈 손실률	ABS CDO 선순위 트랑슈 손실률
10%	33.3%	100.0%	93.3%	0.0%
13%	53.3%	100.0%	100.0%	28.2%
17%	80.0%	100.0%	100.0%	69.2%
20%	100.0%	100.0%	100.0%	100.0%

이 표 8.1에 요약되어 있다. 계산은 모든 ABS 포트폴리오의 채무불이행률이 동일하다는 가정하에 이루어졌다.

8.2 미국 주택시장 증권화

그림 8.4는 1987년 1월부터 2015년 4월까지의 미국 주택가격에 대한 S&P/Case-Shiller Composite-10 index를 나타낸 것이다. 이는 미국 10개 대도시권의 주택가격을 지수화한 것이다. 이 그림에서 2000년부터 주택가격이 이전 10년보다 더 빠르게 상승하기 시작했다는 것을 알 수 있다. 2002~2005년 사이의 매우 낮은 이자율이 상승의 중요한 요인이었으나, 모기지 대출 관행이 주택가격의 거품을 형성하는 데 큰 역할을 했다.

2000~2006년은 서브프라임 모기지(subprime mortgage) 대출이 엄청나게 증가한 기간이었다. 서브프라임 모기지는 평균 수준보다 현저히 위험한 모기지이다. 2000년 이전까지는 서브프라임으로 분류된 대부분의 모기지는 2순위 모기지였다. 그러나 이는 2000년 이후 금융기관들이 서브프라임 1순위 모기지라는 개념을 편안하게 생각하게 됨에 따라 변화되었다.

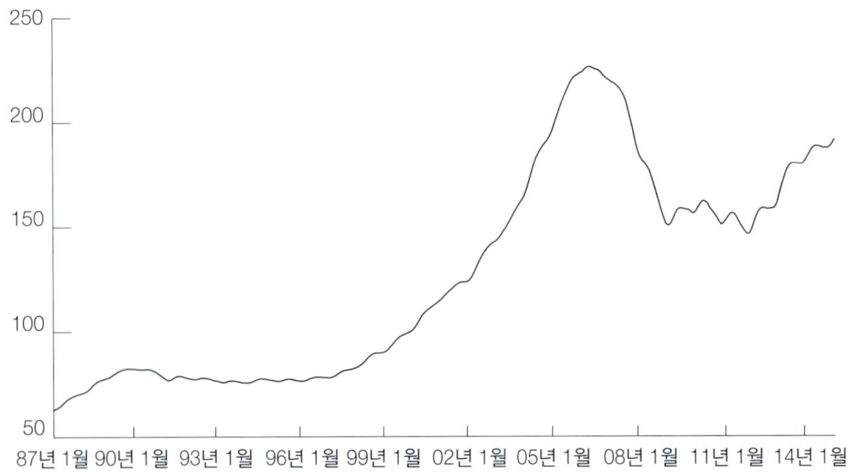

그림 8.4 미국 부동산가격의 S&P/Case-Shiller Composite-10 index(1987~2015년)

대출기준 완화

대출기준 완화와 서브프라임 모기지의 성장으로 이전에는 대출자격을 얻기에는 신용이 나쁜 것으로 간주되었던 많은 가계가 주택을 구입할 수 있게 되었다. 이 가계들로 인해 부동산 수요가 증가했고 부동산 가격이 상승했다. 주택가격이 높아짐에 따라 모기지 중개인과 모기지 대출기관에게는 더 많이 대출하는 것이 매력적이었다. 더 많은 대출은 더 큰 이익을 의미했다. 높은 주택가격은 대출금이 기초담보를 통해 잘 보장된다는 것을 의미했다. 만약 대출자가 채무를 불이행해도 그에 따르는 압류는 손실로 이어지지 않을 것으로 보였다.

모기지 중개인과 모기지 대출기관은 당연히 그들의 이익이 계속 증가하기를 원했다. 그들에게 문제는 주택가격이 상승함에 따라 생애 첫 구매자가 주택을 구매하기 어려워진다는 것이었다. 그들은 주택시장에 새로운 진입자를 계속 끌어들이기 위해 대출기준을 더 완화해야 했다. (그리고 실제로 그렇게 했다.) 주택가격 대비 대출금 비율은 증가했다. 2년이나 3년 동안은 낮은 '미끼(teaser)'금리(초기 이자율)를 적용하고 이후 훨씬 더 높은 금리를 적용하는 조정금리저당대출(adjustable-rate mortgages, ARMS)이 개발되었다.[3] 전형적인 미끼금리는 약 6%였고, 미끼금리기간 말 이후의 금리는 일반적으로 6개월 LIBOR + 6%였다.[4] 그러나 1%나 2% 수준의 낮은 미끼금리가 보고되었다. 또한 대출기관은 모기지 신청서를 대충 검토했다. 실제로 신청자의 수입과 신청서에 보고된 다른 정보를 검토하지 않는 경우가 잦았다.

서브프라임 모기지 증권화

서브프라임 모기지는 주로 그림 8.1에서 그림 8.3까지 나타난 방식으로 증권화되었다. 서브프라임 모기지로부터 만들어진 트랑슈에 투자한 투자자는 일반적으로 이자와 원금 지급에 대한 보장을 받지 못했다. 증권화는 신용위기를 일으킨 원인 중 하나였다. 모기지 발행자는 모기지가 증권화될 것이라는 지식에 근거해서 행동했다.[5] 새로운 모기지 신청서의 검토 기준은 "우리가 감당하기 원하는 신용위험인가?" 대신에 "다른 사람에게 매도함으로써 이익을 낼 수 있는 모기지인가?"였다.

모기지가 증권화될 때 모기지로부터 만들어진 상품의 구매자가 받는 유일한 정보는 담보인

3 대출기관은 만약 부동산 가격이 상승하면 차입자들이 조기상환하고 미끼금리기간 말에 새로운 모기지로 갈아탈 것으로 예상했다. 그러나 프라임 모기지에는 거의 없는 조기상환 수수료가 서브프라임 모기지는 상당히 높았다.

4 예를 들어 '2/28' ARM은 2년 동안 이자율이 고정되고 남은 28년 동안 변동하는 ARM이다.

5 다음을 참조하라. B. J. Keys, T. Mukherjee, A. Seru, and V. Vig, "Did Securitization Lead to Lax Screening? Evidence from Subprime Loans," *Quarterly Journal of Economics*, 125, 1(February 2010): 307–62.

정비율(대출 규모 대 주택가치의 비율, loan-to-value ratio, LTV)과 차입자의 FICO 점수였다.[6] 모기지 신청서상의 다른 정보는 관련이 없는 것처럼 취급되었고, 이미 언급한 바와 같이 대출기관은 이런 정보를 검토조차 하지 않았다. 대출기관이 가장 중요시했던 것은 모기지가 다른 사람에게 팔릴 수 있는지였고, 이는 대개 담보인정비율과 신청자의 FICO 점수에 달려 있었다.

지나가는 말로 그 당시 담보인정비율과 FICO 점수는 모두 의심스러웠다는 것을 아는 것은 중요하다. 모기지 신청 시점의 주택가치를 결정하는 재산평가자는 높은 가치를 매기라는 대출기관의 압력에 굴복하기도 했다. 잠재적 차입자는 그들의 FICO 점수를 높이는 조치를 취하도록 조언을 받기도 했다.[7]

정부는 왜 모기지 대출기관의 행태를 규제하지 않았는가? 그 대답은 미국 정부는 1990년대부터 주택 보유를 확대하려고 시도해 왔고, 저소득층과 중산층에 대한 대출을 증가시키도록 모기지 대출기관들에 압력을 가하고 있었다는 것이다. 오하이오(Ohio), 조지아(Georgia) 같은 일부 주 의회 의원들은 이와 같은 상황이 계속되는 것을 우려했고 약탈적 대출을 축소시키기를 요구했다.[8] 그러나 법원은 기존의 전국적인 기준이 지켜져야 한다고 판정했다.

신용경색에 이르는 기간의 모기지 대출을 묘사하는 데 많은 용어가 사용되었는데, 그중 하나가 '허위 대출(liar loans)'이다. 이런 말이 나오게 된 이유는 신청서 검토가 전혀 이루어지지 않을 것을 알고 있는 모기지 신청자들이 때로는 허위로 신청서를 작성했기 때문이다. 또한 차입자를 묘사하는 용어 중에는 'NINJA(no income, no job, no assets: 무수입, 무직, 무자산)'라는 것이 있다.

거품의 붕괴

모든 거품은 결국 붕괴하고 이번에도 예외는 아니었다. 2007년에 미끼금리가 종료되었을 때 많은 모기지 보유자가 그들이 더는 모기지를 유지할 수 없다는 것을 알았다. 이것은 압류로 이어졌고 많은 수의 주택이 시장에 나왔다. 그리고 이는 주택가격의 하락으로 이어졌다. 주택 매입비용의 100% 또는 100%에 가까운 금액을 차입했던 다른 모기지 보유자들은 그들이 마이너스(−) 자본을 갖고 있음을 알게 되었다.

미국 주택시장의 특징 중 하나는 많은 주에서 모기지에 대해 상환청구권을 행사할 수 없다는 것이다. 이것은 채무불이행 시 대출자는 주택을 소유할 수는 있지만 차입자의 다른 자산에

6 FICO는 Fair Isaac Corporation에 의해 개발된 신용점수로 미국에서 널리 사용되며, 그 범위는 300~850이다.

7 이러한 조치 중 하나는 새로운 신용카드로 몇 개월 동안 계속 결제하는 것이다.

8 약탈적 대출은 대출기관이 차입자가 불공정, 남용적 대출조건에 동의하도록 현혹하는 상황을 말한다.

대해서는 권리가 없다는 것을 의미한다. 결과적으로 차입자는 아메리칸 풋옵션을 보유하고 있는 셈이다. 그들은 언제든지 주택을 모기지 잔존원금으로 대출자에게 매도할 수 있다. 이런 특징은 투기적인 행동을 부추겼고 부분적으로 거품의 원인이 되었다. 시장 참여자들은 이 풋옵션이 얼마나 높은 비용을 발생시키는지 뒤늦게 깨달았다. 만약 차입자가 마이너스 자본을 보유하고 있다면, 그의 최적 결정은 주택을 모기지에 대한 잔존원금과 교환하는 것이다. 이런 이유로 그 주택은 대출기관에 의해 매각되었고, 그 결과 시장에서 주택가격은 더욱 하락하게 되었다.

모기지에 대한 채무불이행자들이 모두 같은 처지에 있다고 생각한다면 오산이다. 어떤 사람은 모기지를 상환할 수 없었고, 주택을 포기해야 하면서 크나큰 고통을 겪었다. 그러나 많은 수의 채무불이행자가 임대자산으로 여러 채의 주택을 보유한 투기자였고 그들은 풋옵션을 행사하는 것을 선택했다. 고통을 받은 사람은 그들의 임차인들이었다. (투기자가 아닌) 일부 주택 보유자들도 매우 창의적으로 그들의 풋옵션으로부터 가치를 뽑아냈다고 보고되고 있다. 그들은 자신의 주택을 대출기관에 넘겨준 후, 돌아서서 압류 상태에 있는 다른 주택을 (때때로 싼 가격으로) 매입했다. 두 사람이 이웃에 똑같은 주택을 소유하고 있다고 상상해보자. 두 사람 모두 25만 달러의 모기지가 있다. 두 주택 모두 20만 달러의 가치가 있고 압류 상태에서는 17만 달러에 매각될 것으로 예상된다. 소유자의 최적 전략은 무엇인가? 그 대답은 각자 풋옵션을 행사하고 이웃의 주택을 매입하는 것이다.

미국에서만 부동산 가격이 하락한 것은 아니었다. 많은 다른 국가에서도 마찬가지로 가격이 하락했다. 특히 영국 부동산 가격은 더 많이 하락했다. 그림 8.4에 나타나 있듯이 미국 평균 주택가격은 2012년 중반과 2015년 4월 사이에 다소 회복되었다.

손실

압류가 증가함에 따라 모기지에 대한 손실 또한 증가했다. 주택가격의 35% 하락은 채무불이행 모기지에 대해서 최대 35%의 원금손실을 가져올 것으로 생각되었다. 그러나 실제 손실은 그것보다 훨씬 더 컸다. 압류된 주택은 상태가 부실한 경우가 많았고, 신용위기 이전 가치보다 훨씬 낮은 가격으로 팔렸다. 2008년과 2009년에 어떤 경우에는 압류된 주택에 대한 모기지에서의 손실이 모기지 원금의 75%로 높게 보고되었다.

모기지로부터 만들어진 트랑슈에 투자한 투자자들은 큰 손실을 보았다. 서브프라임 모기지로부터 만들어진 ABS 트랑슈 가치는 ABX로 알려진 일련의 지수에 의해 측정되었다. 이 지수에 의하면 본래 BBB등급을 받았던 트랑슈들은 2007년 말까지 80%의 손실을 보았고, 2009년 중반까지는 97%의 손실을 보았다. BBB등급 트랑슈들로부터 만들어진 ABS CDO의 트랑슈 가치는 TABX로 알려진 일련의 지수에 의해 측정되었다. 이 지수에 의하면 본래

AAA등급을 받았던 트랑슈들은 2007년 말까지 80%의 손실을 보았고, 2009년 중반까지는 본질적으로 가치가 없게 되었다.

본래 AAA등급이었던 ABS CDO 트랑슈에 대한 손실에 대비해 보험을 제공했던 거대 보험사 AIG가 그러했듯이 UBS, 메릴린치, 씨티그룹과 같은 금융기관들은 일부 트랑슈에 큰 포지션을 갖고 있었고 막대한 손실을 입었다. 많은 금융기관이 정부 펀드로 구제되어야 했다. 금융 역사상 2008년보다 상황이 더 나쁜 적은 거의 없었다. 베어스턴스는 JP모건체이스에 인수되었고, 메릴린치는 뱅크오브아메리카에 인수되었으며, 이전에 투자은행이었던 골드만삭스와 모건스탠리는 상업은행과 투자은행을 모두 소유한 지주회사가 되었다. 그리고 리먼브러더스는 파산하도록 내버려두었다(실무사례 1.1 참조).

신용위기

주택 모기지를 담보로 한 증권으로부터 발생한 손실은 혹독한 신용위기를 초래했다. 2006년에 은행 자본은 대체로 충분했고, 대출을 받는 것은 상대적으로 쉬웠으며, 신용 스프레드도 낮았다(신용 스프레드는 대출이자율이 무위험이자율을 초과하는 부분이다). 2008년까지 상황이 완전히 달라졌다. 은행 자본은 그들의 손실로 인해 심각하게 잠식되었다. 그들은 더욱 위험을 회피하게 되었고 대출해주는 것을 꺼리게 되었다. 신용이 좋은 개인과 기업도 차입이 어렵다는 것을 알게 되었다. 신용 스프레드는 극적으로 증가했다. 전 세계는 몇 세대 만에 가장 심각한 경기침체를 경험했다. 4.3절에서 논의했듯이 2008년 10월에 LIBOR–OIS 스프레드는 금방 364베이시스 포인트에 이르렀으며, 이는 은행들이 다른 은행에 하루보다 긴 기간 동안 대출하는 것을 극도로 꺼리게 되었음을 의미한다. 금융시장의 또 다른 스트레스 지수로는 TED 스프레드가 있다. TED 스프레드는 3개월 LIBOR 금리에서 3개월 미국 국채 금리를 차감한 값이다. 정상 상태의 시장에서 TED 스프레드는 30~50베이시스 포인트이다. 2008년 10월에는 그 수치가 450베이시스 포인트를 상회하기에 이르렀다.

8.3 무엇이 잘못되었는가

연방준비은행 의장인 그린스펀은 1990년대 주식시장의 상승장세 기간에 투자자의 행동을 묘사하는 말로 '비이성적 과열(irrational exuberance)'이라는 용어를 사용했다. 이는 신용위기에 이르게 되는 기간에도 적용할 수 있다. 모기지 대출기관, 주택 모기지로부터 만들어진 ABS와 ABS CDO의 트랑슈에 투자한 투자자, 그리고 그 트랑슈에 대한 보장을 판매했던 회사는 이러한 호황기가 영원히 지속될 것이라고 생각했다. 그들은 미국의 주택가격이 계속 오를 것이라고 생각했다. 한두 지역에서 가격 하락세가 발생할 수도 있지만, 대다수는 그림

8.4에서 나타난 광범위한 하락 가능성을 전혀 생각하지 못했다.

2007년에 시작된 위기에는 많은 요인이 있었다. 모기지 발행자들은 느슨한 대출기준을 사용했다. 모기지 발행자들이 이익을 창출하면서 투자자에게 신용위험을 전가할 수 있는 상품을 개발했다. 신용평가기관들은 그동안 많은 경험을 쌓아온 채권등급 평가 업무 외에 비교적 새롭고 역사적 자료가 거의 없는 구조화 상품에 등급을 매기는 업무를 하기 시작했다. 투자자들이 매입한 상품들은 복잡하게 구성되어 있었으며, 많은 경우 투자자와 신용평가기관은 그 상품의 기초자산 품질에 대해 부정확하고 불완전한 정보를 갖고 있었다. 구조화 상품 투자자들은 돈 찍어내는 기계를 찾았다고 생각했고, 기초상품의 위험에 대해서 그들 자신의 의견을 내기보다는 신용평가기관을 의지했다. AAA등급을 받은 구조화 상품의 수익률은 AAA등급 채권의 수익률보다 높았다.

그림 8.1, 그림 8.3에서와 같은 구조화 상품은 기초자산 간의 채무불이행 상관계수(default correlation)와 밀접하게 연관되어 있다. 채무불이행 상관계수는 여러 차입자가 동시에 채무를 불이행할 경향을 측정한다. 그림 8.1에 있는 기초자산 간의 채무불이행 상관계수가 낮다면 AAA등급 트랑슈들에 손실이 발생할 가능성은 극도로 낮다. 채무불이행 상관계수가 증가할수록 이 트랑슈들은 더욱 위험해진다. 그림 8.3에 있는 ABS CDO의 트랑슈들은 채무불이행 상관계수에 더욱 밀접하게 연관되어 있다.

모기지가 (경기가 정상일 때 그렇듯이) 적정한 채무불이행 상관계수를 갖는다면 전반적으로 채무불이행률이 높을 가능성은 거의 없으며, 모기지로부터 창출된 ABS와 ABS CDO에서 나온 AAA등급의 트랑슈는 상당히 안전하다. 그러나 많은 투자자가 경험으로 알 수 있듯이 시장이 불안정한 상태에서는 채무불이행 상관계수가 증가하는 경향이 있다. 이는 채무불이행률을 매우 높게 만들 수 있다.

특정 등급의 트랑슈는 같은 등급을 가진 채권과 동일시하는 경향이 있었다. 신용평가기관들은 트랑슈에 등급을 부여하는 데 사용했던 기준을 공개했다. S&P와 피치는 트랑슈에서 손실이 발생할 확률이 유사한 등급의 채권에서 손실이 발생할 확률과 같도록 등급을 평가했다. 무디스는 트랑슈의 예상 손실이 유사한 등급 채권의 예상 손실과 같도록 등급을 평가했다.[9] 즉 신용평가기관들이 사용한 등급평가 절차는 트랑슈와 채권의 손실 분포가 어떤 한 측면에서 일치하도록 설계되었다. 그러나 분포의 다른 측면에서는 완전히 다를 수 있었다.

트랑슈와 채권의 큰 차이점은 트랑슈가 흔히 폭이 매우 작다는 것이다. AAA등급 트랑슈

9 신용평가기관들이 사용한 기준과 이에 따라 부여된 등급의 합리성에 관한 논의는 다음 논문을 참조하라. J. Hull and A. White, "Ratings Arbitrage and Structured Products," *Journal of Derivatives*, 20, 1(Fall 2012): 80–86, and "The Risk of Tranches Created from Mortgages," *Financial Analysts Journal*, 66, 5(September/October 2010): 54–67.

는 그림 8.1에서와 같이 흔히 원금의 약 80%를 구성하고 있으나 여기에 보통 15~20개의 다른 트랑슈가 있었다. 이 트랑슈들 각각은 1% 또는 2%의 폭이 될 것이다. 이러한 폭이 작은 트랑슈들은 아무런 손실도 발생시키지 않거나 완전히 가치를 잃거나 했다. (채권 보유자와는 달리) 투자자가 원금의 일부를 회수할 가능성은 매우 낮았다. 예를 들어 5~6% 범위의 손실에 대해서 책임을 지는 BBB등급 트랑슈를 고려해보자. 기초자산의 포트폴리오 손실이 5% 미만이라면 그 트랑슈는 안전하다. 만약 손실이 6%를 초과하면 그 트랑슈는 완전히 가치를 잃게 된다. 손실이 5~6% 사이일 경우에만 투자자는 부분적으로 원금을 회수할 수 있다.

많은 투자자가 폭이 작은 BBB등급의 트랑슈와 BBB등급의 채권 간 차이를 간과했다. 이러한 차이로 인해 ABS의 BBB등급 트랑슈에서 만들어진 ABS CDO의 트랑슈는 BBB등급 채권으로부터 비슷한 방식으로 만들어진 트랑슈보다 훨씬 더 위험하다. BBB등급 채권으로 이루어진 포트폴리오의 손실은 가장 혹독한 시장 상황에서도 원금의 25%를 넘지 않는다고 가정해도 되었다. 표 8.1에서 BBB등급 트랑슈로 이루어진 포트폴리오의 손실은 상대적으로 쉽게 원금의 100%가 될 수 있다는 것을 보여준다. 그리고 이것은 트랑슈가 겨우 1% 또는 2%의 폭일 경우에 더욱 그렇다.

규제차익

많은 모기지 대출이 은행에 의해 이루어졌고, 또한 은행이 모기지로부터 생성된 트랑슈에 주요 투자자가 되었다. 왜 은행들은 모기지를 증권화하고 이렇게 만들어진 증권화 상품을 매입했을까? 이를 설명하려면 **규제차익**(regulatory arbitrage)을 이해할 필요가 있다. 은행이 모기지 포트폴리오로부터 생성된 트랑슈를 보유할 때의 요구자기자본은 모기지 자체를 보유할 때의 요구자기자본보다 훨씬 적다.

경제적 유인

금융위기로부터 우리가 얻을 수 있는 교훈 중 하나는 경제적 유인의 중요성이다. 경제학자들은 사업상의 관계에서 두 당사자의 이해관계가 완전하게 일치하지 않은 상황을 설명할 때 '대리인비용(agency cost)'이라는 개념을 사용한다. 모기지 대출이 이루어지고 증권화되어 투자자에게 파는 과정 중에 유감스럽게도 많은 대리인비용이 발생한다.

모기지 발행자의 경제적 유인은 ABS와 ABS CDO 트랑슈의 설계자가 받아들일 만한 대출 상품을 만드는 것이었다. 모기지의 기초자산인 주택을 평가하는 사람들의 경제적 유인은 주택을 가능한 한 높은 가격으로 평가함으로써 담보인정비율을 가능한 한 낮게 해 대출기관을 만족시키는 것이었다. (대출기관에게 더 많은 실적을 쌓게 하는 것이 대출기관을 만족시키는 일일 것이다.) 트랑슈를 만드는 사람들의 주된 관심은 어떻게 트랑슈 등급을 받을 것인가

하는 것이었다. 그들은 AAA등급의 트랑슈 비중을 가능한 한 높이기를 원했고 이를 위해 신용평가기관의 공개된 기준을 사용하는 방법을 찾아냈다. 신용평가기관은 그들이 등급을 매기는 증권의 발행자로부터 수수료를 받았으며 수익의 절반이 구조화된 상품으로부터 발생했다.

대리인비용의 또 다른 원천은 금융기관 직원의 경제적 유인과 관련되어 있다. 직원의 보수는 급여, 연말 보너스, 주식 또는 스톡옵션 세 가지로 분류된다. 금융기관의 상급직에 있는 많은 직원, 특히 거래자들은 보수의 많은 부분을 연말 보너스 형식으로 받는다. 이것은 단기 성과에 초점을 맞춘 것이다. 만일 한 직원이 어떤 해에 막대한 이익을 발생시키고 다음 해에는 심각한 손실을 입혔다면, 첫해에 거액의 보너스를 받을 것이지만 다음 해에 그것을 되돌려줄 필요는 없을 것이다. (그 직원은 두 번째 해의 손실로 직장을 잃을 수 있다. 그러나 그것이 재앙 정도의 타격을 주는 것도 아니다. 놀랍게도 금융기관들은 손실 경력이 있는 사람을 기꺼이 채용한다.)

당신이 2006년 모기지로부터 생성된 ABS CDO 투자를 책임지고 있는 금융기관의 직원이라고 하자. 당신은 거의 확실히 미국 주택시장에 거품이 있다는 것을 인지하고 있었으며, 조만간 거품이 무너져 내릴 것으로 예상했을 것이다. 그러나 당신은 ABS CDO 투자를 계속하기로 결정했을 가능성이 있다. 만일 거품이 2006년 말까지 계속된다면, 당신은 여전히 2006년 말에 흡족한 보너스를 받게 될 것이기 때문이다.

8.4 금융위기의 여파

금융위기 이전의 장외파생상품시장은 대체로 규제를 받지 않았다. 하지만 이는 변했다. 앞선 장들에서 언급했듯이 현재 대부분의 표준화된 장외파생상품은 중앙청산소(CCP)에서 청산되어야 한다. 이는 장외파생상품도 거래소에서 거래되는 선물 같은 파생상품과 유사하게 취급된다는 것을 의미한다. 은행은 하나 또는 그 이상의 중앙청산소 회원이 된다. 표준화된 파생상품을 거래할 때 그들은 중앙청산소에 개시증거금과 추가증거금을 납입해야 하며 채무불이행 기금(default fund)에도 납입하도록 되어 있다. 계속 쌍방 간에 청산이 이루어지는 거래에 있어서는 담보협약이 관련 당사자의 판단에 따르는 것이 아니라 법적으로 규제를 받게 될 것이다.

은행의 성과급은 철저한 검토하에 지급되고 있으며, 지급할 수 있는 성과급의 규모에 대한 법적 제한이 있는 경우도 있다. 성과급이 지급되는 방식도 변하고 있다. 위기 이전에는 거래자의 연간 성과급이 반납될 가능성은 전혀 없이 연말에 일괄 지급되는 것이 일반적이었다. 지금은 성과급을 여러 해에 걸쳐서 지급하고, 만약 차후 성과가 나쁘면 성과급을 받지 못할 수도 있는 것이 더 일반화되었다.

실무사례 8.1 바젤위원회

1980년대에 은행의 활동이 더욱 글로벌화됨에 따라 각국의 규제 기관이 협력해 국제적인 규제 체계를 갖출 필요가 생겼다. 그 결과 바젤은행감독위원회가 구성되었다. 1988년에 바젤위원회는 은행이 신용위험에 대해 보유해야 하는 자기자본에 관한 규정을 발표했다. 이러한 자기자본 요건은 바젤I로 알려지게 되었다. 1995년에 바젤I은 상계처리(netting of transactions)를 허용하는 것으로 수정되었다. 1996년에는 시장위험에 대한 새로운 자기자본 요건이 발표되었다. 이 자기자본 요건은 1998년에 시행되었다. 1999년에는 신용위험에 대한 자기자본 요건에 큰 변화를 주는 산출방식이 제안되었고 운영위험에 대한 자기자본 요건이 도입되었다. 이 규정들은 바젤II로 불리게 되었다. 바젤II는 바젤I보다 훨씬 더 복잡하며, 그 시행은 2007년까지 연기되었다(몇몇 국가에서는 더 늦게 시행). 신용위기 기간 동안과 그 이후에 바젤위원회는 바젤 II.5로 알려진 새로운 규제요건을 도입했으며, 이는 시장위험에 대한 요구자기자본을 증가시켰다. 이후 바젤III이 도입되었고, 이는 자기자본 요건을 더 강화하고 유동성 요건을 도입했다.

미국의 도드-프랭크법(Dodd-Frank Act)과 영국과 유럽연합의 유사한 법으로 인해 금융기관의 감독이 더욱 강화되었으며, 금융기관에 영향을 미치는 많은 새로운 법률이 제정되었다. 예를 들어 미국에서는 예금수취기관의 자기자본 거래(proprietary trading)와 다른 유사한 행위가 제한되고 있다. [이것은 전 연방준비제도이사회 의장인 폴 볼커(Paul Volker)가 제안했기 때문에 '볼커룰(Volker rule)'로 알려져 있다.] 존 비커스 경(Sir John Vickers)이 의장인 영국의 독립적인 위원회에서는 은행의 소매업을 제한할 것을 제안했다. 유럽연합의 리카넨(Liikanen)위원회는 거래와 다른 고위험 업무들을 다른 은행업무와 분리하도록 권유했다. 또한 시스템적으로 중요하다고 지정된 모든 금융기관은 해당 금융기관이 실패할 경우 어떻게 안전하게 정리될 수 있는지에 대한 계획을 담은 '정리의향서(living will)'를 준비해야 한다. 그리고 증권화 상품 발행자는 (일부 예외를 제외하고) 각 상품의 5%를 보유하도록 규정하고 있다.

전 세계 은행은 바젤은행감독위원회(Basel Committee on Banking Supervision)의 규제를 받는다.[10] 위기 이전에 위원회는 바젤I과 바젤II로 알려진 규제를 시행하고 있었다. 이 내용은 실무사례 8.1에 요약되어 있다. 위기 이후 '바젤II.5'라고 알려진 규제를 시행했다. 이것은 시장위험에 대한 자기자본 요건을 강화한 것이다. 바젤III은 2010년에 발표되었고 2019년까지 기간에 걸쳐서 시행되고 있다. 이것은 은행이 보유해야 하는 자기자본의 양과 질을 강화하는 규정이다. 또한 일정한 유동성 요건을 만족시키도록 규정하고 있다. 실무사례 4.2에서 논의했듯이 위기 동안 발생한 문제들의 원인 중 하나는 은행이 장기자금 수요를 충족시키기 위해 단기부채에 지나치게 의존하는 경향이 있었다는 것이다. 유동성 요건들은 이러한 행위를 하기 더욱 어렵게 설계되어 있다.

---

10 바젤위원회의 업무와 은행규제요건에 대한 더 자세한 사항은 다음을 참조하라. J. Hull, *Risk Management and Financial Institutions*, 4th edn. New York: Wiley, 2015.

요약

증권화는 은행이 대출과 다른 소득창출 자산 등을 기초자산으로 해 새로운 증권을 만드는 것이다. 증권은 투자자에게 매도된다. 이것으로 인해 은행은 대출금을 재무상태표에서 제거하고 더 빠르게 대출을 확장할 수 있게 되었다. 증권화된 첫 번째 대출은 1960년대와 1970년대 미국의 모기지였다. 정부저당금고(GNMA)가 대출을 보증했기 때문에 주택저당증권(MBS)을 매입한 투자자는 차입자의 채무불이행 위험에 노출되지 않았다. 이후에 자동차대출, 기업대출, 신용카드대출, 서브프라임 모기지가 증권화되었다. 많은 경우 이러한 상품으로부터 만들어진 증권을 매입한 투자자는 채무불이행에 대해 보증을 받지 못했다.

증권화는 2007년에 시작된 신용위기를 초래하는 데 한몫을 했다. 서브프라임 모기지로부터 트랑슈가 만들어졌고, 이 트랑슈로부터 새로운 트랑슈가 만들어졌다. 위기의 근원은 미국 주택시장에서 찾아볼 수 있다. 미국 정부는 주택 소유를 장려했고, 이자율은 낮았다. 모기지 중개인과 모기지 대출자는 대출기준을 완화해서 사업을 하는 것이 좋다는 것을 알게 되었다. 증권화는 일반적으로 신용위험을 감수하는 투자자가 최초 대출자가 아니라는 것을 의미한다. 신용평가기관들은 선순위 트랑슈에 AAA등급을 부여했다. AAA등급 트랑슈 수익률이 다른 AAA등급 증권의 수익률보다 높았기 때문에 이를 매입하려는 투자자가 부족하지 않았다. 은행들은 '호황기'가 지속될 것으로 생각했고, 보상 체계가 단기이익에 초점이 맞춰져 있었기 때문에 주택 거품과 그들이 거래하는 매우 복잡한 상품에 미칠 주택 거품의 잠재적 영향을 무시했다.

생애 첫 구매자와 투기자 모두가 시장에 참가하자 주택가격은 상승했다. 어떤 모기지는 2~3년 동안의 낮은 '미끼금리'를 포함하고 있었다. 미끼금리 기간이 끝난 후 일부 차입자의 이자율은 상당히 높게 상승했다. 그들은 높아진 이자율을 감당할 수 없었기 때문에 채무를 불이행할 수밖에 없었다. 이것은 주택 압류와 매도공급 증가로 이어지게 되었다. 2000~2006년 사이에 상승한 주택가격은 하락하기 시작했다. 투기자와 모기지 대출액이 주택가치보다 더 높다(즉 순자산이 마이너스가 되었다)는 것을 알게 된 사람들이 채무를 불이행하게 되었다. 이것은 가격 하락을 더욱 부채질했다.

은행들은 위기에 대한 대가를 치르고 있다. 새로운 법안과 규제가 은행들의 수익성을 감소시킬 것이다. 예를 들어 요구자기자본이 증가하고 있고, 유동성 규제가 도입되고 있으며, 장외파생상품에 대한 규제가 강화되고 있다.

참고문헌

Gorton, G. "The Subprime Panic," *European Financial Management*, 15, 1 (January 2009): 10–46.

Hull, J. C. "The Financial Crisis of 2007: Another Case of Irrational Exuberance," in: *The Finance Crisis and Rescue: What Went Wrong? Why? What Lessons Can be Learned.* University of Toronto Press, 2008.

Hull, J. C., and A. White. "Ratings Arbitrage and Structured Products," *Journal of Derivatives*, 20, 1 (Fall 2012): 80–86.

Keys, B. J., T. Mukherjee, A. Seru, and V. Vig. "Did Securitization Lead to Lax Screening? Evidence from Subprime Loans," *Quarterly Journal of Economics*, 125, 1 (February 2010): 307–62.

Krinsman, A. N. "Subprime Mortgage Meltdown: How Did It Happen and How Will It End," *Journal of Structured Finance*, 13, 2 (Summer 2007): 13–19.

Mian, A., and A. Sufi. "The Consequences of Mortgage Credit Expansion: Evidence from the U.S. Mortgage Default Crisis," *Quarterly Journal of Economics*, 124, 4 (November 2009): 1449–96.

Sorkin, A. R. *Too Big to Fail*. New York: Penguin, 2009

Tett, G. *Fool's Gold: How the Bold Dream of a Small Tribe at JP Morgan Was Corrupted by Wall Street Greed and Unleashed a Catastrophe.* New York: Free Press, 2009.

Zimmerman, T. "The Great Subprime Meltdown," *Journal of Structured Finance*, Fall 2007, 7–20.

퀴즈

8.1 1970년대 주택저당증권(MBS) 시장에서 정부저당금고(GNMA, Ginnie Mae)의 역할은 무엇이었는가?

8.2 (a) ABS와 (b) ABS CDO가 어떤 상품인지 설명하라.

8.3 중순위 트랑슈는 무엇인가?

8.4 증권화에서 계단형 폭포, 즉 워터폴은 무엇을 의미하는가?

8.5 손실률이 (a) 12%와 (b) 15%일 때 표 8.1에 들어갈 숫자는 무엇인가?

8.6 서브프라임 모기지는 무엇인가?

8.7 왜 2000년부터 2007년까지의 주택가격 상승이 거품이라 불린다고 생각하는가?

연습문제

8.8 왜 2000년부터 2007년까지 모기지 대출자는 잠재적 차입자가 제출한 모기지 신청서를 검토하지 않았는가?

8.9 시장이 ABS CDO의 위험을 어떻게 잘못 판단했는가?

8.10 '대리인비용'이란 무엇이며, 신용위기에 어떤 역할을 했는가?

8.11 ABS CDO는 어떻게 만들어졌으며, 이를 만든 동기는 무엇이었는가?

8.12 채무불이행 상관계수의 증가가 ABS의 선순위 트랑슈의 위험에 미치는 영향을 설명하라. 또 후순위 트랑슈의 위험에 영향을 미치는 영향은 무엇인가?

8.13 ABS CDO의 AAA등급 트랑슈가 ABS의 AAA등급 트랑슈보다 더 위험한 이유를 설명하라.

8.14 연말 보너스를 때때로 '단기 보상'이라고 하는 이유를 설명하라.

8.15 표 8.1에 기초자산의 손실률이 각각 (a) 2%, (b) 6%, (c) 14%, (d) 18%일 때에 해당하는 행을 만들라.

추가문제

8.16 그림 8.3에서 선순위 트랑슈, 중순위 트랑슈, 후순위 트랑슈에 할당된 원금이 ABS와 ABS CDO 모두에 대해서 각각 70%, 20%, 10%라고 가정하자. 표 8.1에서 달라지는 것은 무엇인가?

8.17 "재증권화(resecuritization)는 매우 결함이 있는 아이디어였다. ABS의 중순위 트랑슈로 만들어진 AAA등급 트랑슈는 ABS의 AAA등급 트랑슈보다 더 높은 채무불이행률을 갖게 된다." 이 견해에 대해 논의하라.

8.18 그림 8.3에서 살펴본 것과 유사한 ABS CDO의 중순위 트랑슈가 재증권화되어 'CDO 제곱(CDO squared)'이라고 불리는 상품을 구성한다고 하자. 그림 8.3의 ABS로부

터 만들어진 트랑슈의 경우와 같이, 원금의 65%는 AAA등급 트랑슈에 배분되고, 25%는 BBB등급 트랑슈에 배분되며, 나머지 10%는 후순위 트랑슈에 배분된다. 이런 방식으로 설계된 AAA등급 트랑슈가 손실을 보려면 기초자산의 손실률이 얼마여야 하는가? (ABS를 만들기 위해 사용된 자산의 모든 포트폴리오가 동일한 손실률을 갖는다고 가정하자.)

8.19 후순위와 선순위 트랑슈 사이에서 동일하게 나뉘는 중순위 트랑슈 원금의 감소로 그림 8.3에 나타난 ABS의 중순위 트랑슈 폭이 줄어들면서 무슨 일이 발생하는지를 조사하라. 특히 표 8.1에는 어떤 영향을 주는가?

8.20 그림 8.1과 같은 구조가 2000년에 만들어져서 10년 동안 유지된다고 하자. 신용위기 여파로 원금의 17% 손실이 발생한 8차 연도 말 전까지는 기초자산의 채무불이행이 없다. 마지막 2년 동안에는 원금손실이 발생하지 않았다. 마지막까지 원금의 상환은 없다. 트랑슈의 상대적 성과를 평가하라. LIBOR는 3%에 고정되어 있다고 가정하라. 이자와 원금 지급 모두를 고려하라.

09 옵션시장의 구조와 운영

이 책의 나머지 부분은 대부분 옵션을 설명하고 있다. 이 장에서는 옵션시장이 어떻게 조직되어 있으며, 옵션용어에는 어떤 것이 있고, 옵션거래가 어떻게 이루어지며, 증거금 요건이 어떻게 정해지는지 등을 설명한다. 그리고 다음 장부터는 옵션을 이용한 투자전략, 옵션가격 결정, 옵션 포트폴리오의 헤징 방법을 설명한다. 이 장에서 다루는 옵션은 주로 주식옵션이다. 여기서는 통화옵션, 주가지수옵션, 선물옵션에 대한 기초적인 내용만을 다루고 더 자세한 내용은 15장과 16장에서 다룰 것이다.

옵션계약은 기본적으로 선도와 선물계약과는 상이하다. 옵션은 소유자에게 어떤 행동을 할 수 있는 권리를 부여한다. 소유자는 그 권리를 반드시 행사할 필요는 없다. 이와는 대조적으로 선도와 선물계약에서 거래당사자들은 어떤 행동을 해야 할 의무를 갖는다. 거래자가 선도계약과 선물계약에 포지션을 취하는 데 (증거금 및 담보 요건 외에는) 비용이 수반되지 않는 반면, 옵션을 매입하는 데는 옵션가격만큼의 매입비용이 수반된다.

옵션거래의 손익을 나타내는 그래프를 그릴 때는 일반적으로 화폐의 시간가치를 무시하기 때문에 이익은 최종이득에서 초기비용을 차감한 값을 나타낸다. 이 장에서는 이러한 관행을 따른다.

9.1 옵션의 종류

1장에서 설명했듯이 옵션에는 두 종류가 있다. **콜옵션**(call option)은 소유자에게 약정된 가격으로 약정일까지 어떤 자산을 살 수 있는 권리를 부여한다. 반면에 **풋옵션**(put option)은 소유자에게 약정된 가격으로 약정일까지 어떤 자산을 팔 수 있는 권리를 부여한다. 거래에 명시된 약정일을 **만기일**(expiration date, maturity date)이라 하고, 거래에 명시된 약정가격을 **행사가격**(exercise price, strike price)이라 한다.

옵션에는 아메리칸형과 유러피언형이 있다. 물론 이는 지리적 명칭과는 아무런 관계가 없다. **아메리칸 옵션**(American option)은 만기일 또는 만기일 전 어느 시점에서도 권리행사가 가능한 반면, **유러피언 옵션**(European option)은 만기일에만 권리행사가 가능하다. 거래소에서 거래되는 대다수 옵션은 아메리칸 옵션이다. 그러나 아메리칸 옵션보다 유러피언 옵션을 분석하는 것이 일반적으로 더 쉽기 때문에 흔히 먼저 유러피언 옵션의 속성을 분석한 후 이로부터 아메리칸 옵션의 속성을 추론한다.

콜옵션

예제 9.1은 100달러의 행사가격으로 특정 주식을 100주 살 수 있는 유러피언 콜옵션을 매입한 투자자의 사례를 보여준다. 현재 주가는 98달러, 만기는 4개월, 주식 1주를 살 수 있는 옵션의 가격은 5달러라고 하자. 최초투자액은 500달러이다. 옵션이 유러피언형이므로 투자자는 만기일에만 권리를 행사할 수 있다. 만일 만기일의 주가가 100달러 미만이면 투자자는 당연히 권리행사를 포기한다(왜냐하면 현재 가격이 100달러 미만인 주식을 100달러에 매입할 이유는 없기 때문이다). 이 경우에 투자자는 최초투자액 500달러를 전부 잃게 된다. 만일 만기일의 주가가 100달러를 초과하면 투자자는 옵션을 행사한다. 예를 들어 주가가 115달러라고 하자. 투자자는 권리를 행사함으로써 주당 100달러에 100주를 매입할 수 있다. 곧장 그 주식을 매도하면 거래비용을 제외하고 주당 15달러, 총 1,500달러의 이득을 얻는다. 옵션 매입비용을 고려한다 해도 투자자는 1,000달러의 이익을 얻는다.

그림 9.1은 이 예에서 주식 1주를 살 수 있는 옵션을 매입한 투자자의 이익/손실이 만기일

예제 9.1 콜옵션으로부터 얻는 이익 EXAMPLE

투자자가 주식 100주를 매입할 수 있는 콜옵션 1개를 매입한다.

행사가격 = 100달러
현재 주가 = 98달러
주식 1주를 살 수 있는 옵션 1개의 가격 = 5달러
최초투자액은 100 × 5달러 = 500달러

옵션 만기일의 주가는 115달러이다. 만기일에 옵션을 행사하면 이득은 1,500달러이다.

$$(115달러 - 100달러) \times 100 = 1{,}500달러$$

옵션의 매입비용을 고려하면 이익은 다음과 같다.

$$1{,}500달러 - 500달러 = 1{,}000달러$$

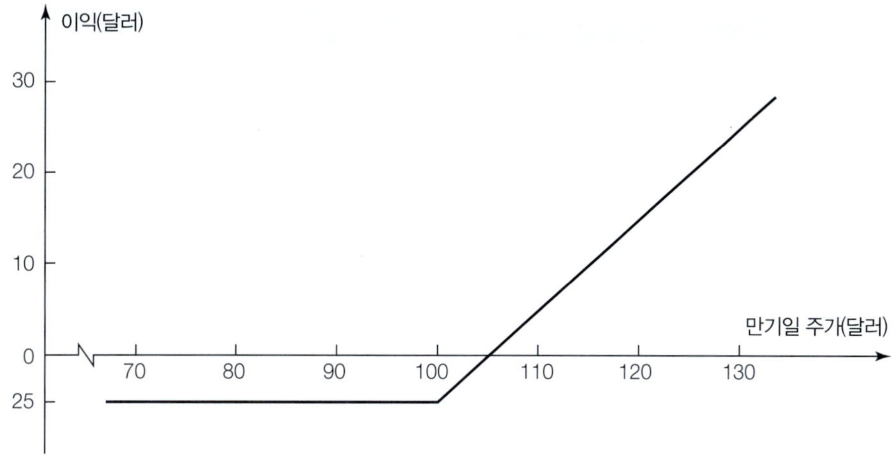

그림 9.1 주식 1주에 대한 유러피언 콜옵션 1개를 매입한 투자자의 이익. 옵션가격=5달러, 행사가격=100달러

의 주가에 따라 어떻게 변하는지 보여준다. 예를 들어 그림 9.1은 최종 주가가 120달러일 때 주식 1주를 매입할 수 있는 옵션으로부터의 이익은 15달러라는 것을 보여준다. 옵션을 행사하고서도 전체적으로 손실을 보는 경우도 발생할 수 있음을 아는 것이 중요하다. 예에서 만기일의 주식가격이 102달러라고 하자. 투자자가 옵션을 행사하면 주당 102 − 100 = 2달러의 이득을 얻으나 옵션 매입비용을 감안하면 결국 3달러의 손실을 본다. 이 경우에 권리행사를 하지 말았어야 한다고 생각하기 쉽다. 하지만 만일 권리를 행사하지 않으면 5달러의 손실을 보게 되므로 권리를 행사해 3달러의 손실을 보는 편이 유리하다. 일반적으로 만기일의 주가가 행사가격보다 높으면 콜옵션을 항상 행사해야 한다.

풋옵션

콜옵션 매입자는 주가가 상승할 것을 기대하는 반면, 풋옵션 매입자는 주가가 하락할 것을 기대한다. 예제 9.2는 70달러의 행사가격으로 특정 주식을 100주 팔 수 있는 유러피언 풋옵션을 매입한 투자자의 사례를 보여준다. 현재 주가는 65달러, 만기는 3개월, 주식 1주를 팔 수 있는 풋옵션의 가격은 7달러이다. 최초투자액은 700달러이다. 옵션이 유러피언형이므로 만기일의 주가가 70달러 미만인 경우에만 권리를 행사한다. 만기일의 주가가 55달러라고 하자. 투자자는 55달러에 100주를 매입하고, 풋옵션 계약조건에 따라 이를 주당 70달러에 매도해 (거래비용을 무시하면) 주당 15달러, 총 1,500달러의 이득을 얻는다. 옵션 매입비용 700달러를 감안하면 투자자의 이익은 800달러이다. 물론 투자자가 이익을 반드시 얻게 된다는 보장은 없다. 만일 만기일의 주가가 70달러를 상회하면 풋옵션의 가치는 0이고 투자자는 700달러의 손실을 본다. 그림 9.2는 이 예에서 주식 1주를 팔 수 있는 옵션을 매입한 투자자의 이

예제 9.2 풋옵션으로부터 얻는 이익 EXAMPLE

투자자가 주식 100주를 매도할 수 있는 풋옵션 1개를 매입한다.

행사가격 = 70달러
현재 주가 = 55달러
주식 1주를 팔 수 있는 옵션 1개의 가격 = 7달러

최초투자액은 100 × 7달러 = 700달러이다.

옵션 만기일의 주가는 55달러이다. 만기일에 투자자는 100주를 매입하고 이를 풋옵션의 계약조건에 따라 70달러에 매도해 주당 15달러, 총 1,500달러의 이득을 얻는다. 옵션의 매입비용을 고려하면 이익은 다음과 같다.

1,500달러 − 700달러 = 800달러

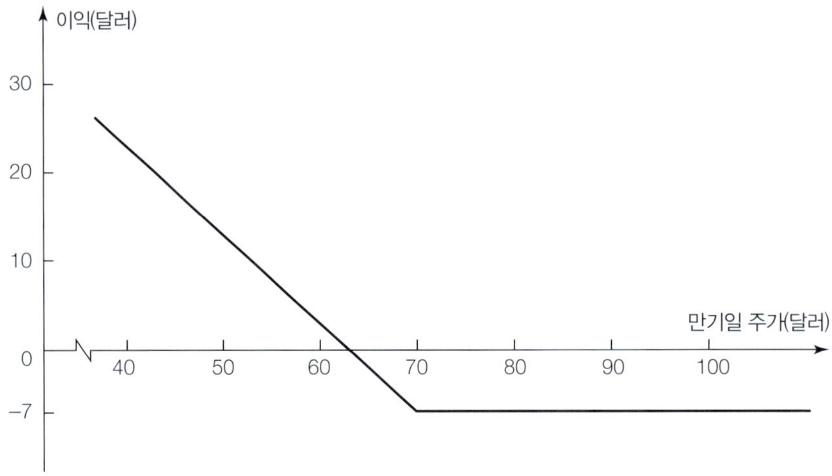

그림 9.2 **주식 1주에 대한 유러피언 풋옵션 1개를 매입한 투자자의 이익. 옵션가격 = 7달러, 행사가격 = 70달러**

익/손실이 만기일의 주가에 따라 어떻게 변하는지를 보여준다.

조기행사

앞에서 언급했듯이 거래소에서 거래되는 주식옵션은 대체로 유러피언 옵션이 아니라 아메리칸 옵션이다. 이는 앞선 예에서 투자자는 옵션을 행사하기 위해 만기일까지 기다릴 필요가 없다는 의미이다. 만기일 전에 아메리칸 옵션을 행사하는 것, 즉 조기행사(early exercise)가 최적인 몇 가지 경우는 나중에 다른 장에서 설명하겠다.

9.2 옵션포지션

모든 옵션계약에는 두 당사자가 있다. 한쪽에는 매입포지션(long position)을 취하는(즉 옵션을 매입한) 투자자가 있다. 다른 쪽에는 매도포지션(short position)을 취하는(즉 옵션을 발행한 또는 매도한) 투자자가 있다. 옵션 발행자는 선불로 일정 금액을 받으나 미래의 잠재적인 의무를 갖는다. 옵션 발행자의 이익/손실은 옵션 매입자와 반대이다. 그림 9.1과 그림 9.2에서 고려했던 옵션의 발행자가 만기일 주가에 따라 얻는 이익/손실이 그림 9.3과 그림 9.4에 나타나 있다.

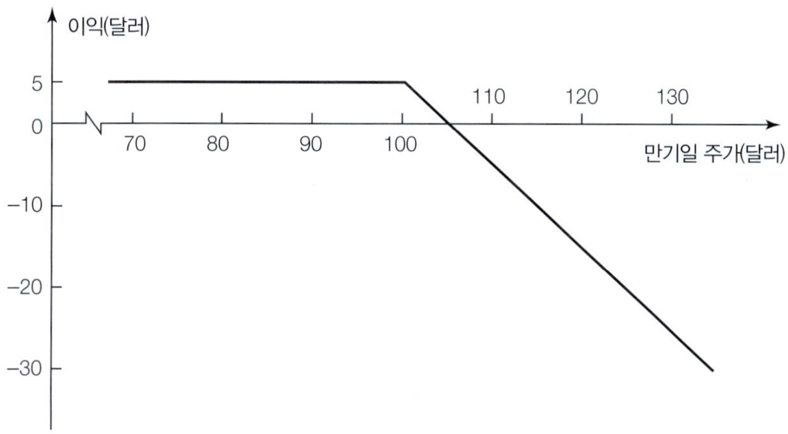

그림 9.3 주식 1주에 대한 유러피언 콜옵션 1개를 발행한 투자자의 이익. 옵션가격=5달러, 행사가격=100달러

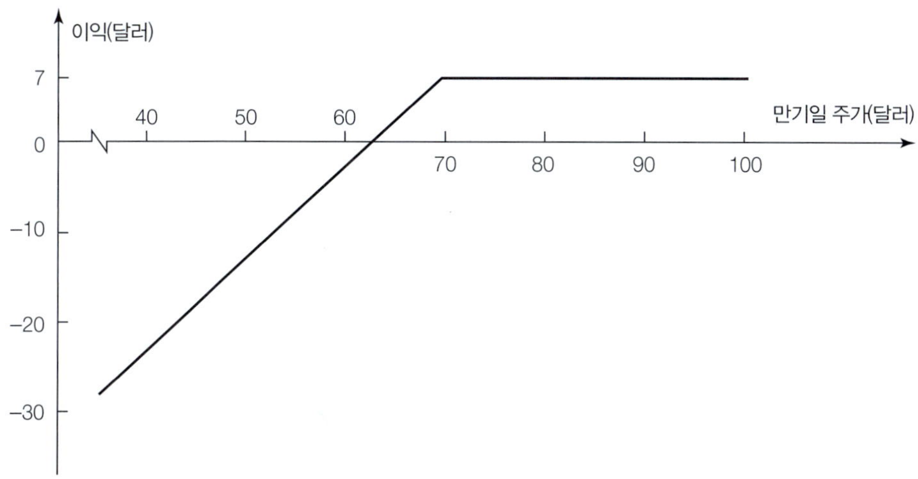

그림 9.4 주식 1주에 대한 유러피언 풋옵션 1개를 발행한 투자자의 이익. 옵션가격=7달러, 행사가격=70달러

옵션포지션에는 네 가지 유형이 있다.

1. 콜옵션 매입포지션
2. 풋옵션 매입포지션
3. 콜옵션 매도포지션
4. 풋옵션 매도포지션

만기일에 투자자가 얻는 이득으로 유러피언 옵션을 나타내는 것은 매우 유용하다. 여기에는 옵션 매입비용이 포함되지 않는다. K가 행사가격이고 S_T가 만기일의 주가이면 유러피언 콜옵션 매입포지션의 이득은 다음과 같다.

$$\max(S_T - K, 0)$$

이는 $S_T > K$이면 옵션을 행사하고, $S_T \le K$이면 옵션을 행사하지 않는다는 사실을 반영한다. 유러피언 콜옵션 매도포지션의 이득은 다음과 같다.

$$-\max(S_T - K, 0) = \min(K - S_T, 0)$$

유러피언 풋옵션 매입포지션의 이득은 다음과 같다.

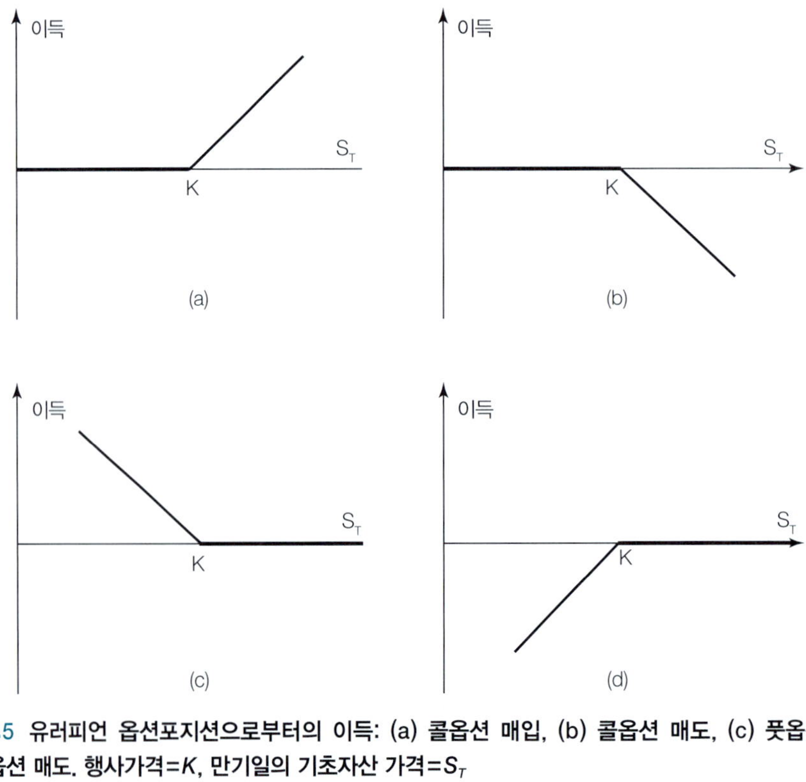

그림 9.5 유러피언 옵션포지션으로부터의 이득: (a) 콜옵션 매입, (b) 콜옵션 매도, (c) 풋옵션 매입, (d) 풋옵션 매도. 행사가격=K, 만기일의 기초자산 가격=S_T

$$\max(K - S_T, 0)$$

그리고 유러피언 풋옵션 매도포지션의 이득은 다음과 같다.

$$-\max(K - S_T, 0) = \min(S_T - K, 0)$$

그림 9.5는 이러한 이득 패턴을 보여준다.

9.3 기초자산

이 절에서는 주식, 통화, 주가지수, 선물계약을 기초자산으로 하는 거래소 옵션의 거래를 간단히 설명한다.

주식옵션

주식옵션(stock option)의 거래는 대부분 거래소에서 이루어진다. 미국에서 주식옵션이 거래되는 거래소는 시카고옵션거래소[Chicago Board Options Exchange(CBOE), www.cboe.com], 2008년에 아메리카증권거래소(American Stock Exchange, AMEX)를 인수한 NYSE 유로넥스트(NYSE Euronext, www.euronext.com), 국제증권거래소[International Securities Exchange(ISE), www.iseoptions.com], 보스턴옵션거래소(Boston Options Exchange, www.bostonoptions.com)이다. 현재 미국에는 수천 개의 다른 주식에 대한 옵션이 거래되고 있다. 옵션 1계약은 소유자에게 약정된 행사가격에 주식 100주를 사거나 팔 수 있는 권리를 부여한다. 이런 계약 규모는 주식 자체가 보통 100주 단위로 거래되기 때문에 매우 편리하다.

상장지수상품옵션

CBOE에서는 많은 상장지수상품(exchange-traded product, ETP)에 대한 옵션이 거래되고 있다. ETP는 거래소에 상장되어 기업 주식처럼 거래된다. 흔히 기초가 되는 기준지수(benchmark index)를 추종함으로써 특정 시장의 성과를 복제하도록 설계되어 있다. ETP는 때로는 ETV(exchange-traded vehicle)라고도 한다. 가장 흔한 ETP는 상장지수펀드(exchange-traded fund, ETF)이다. 이는 일반적으로 주식이나 채권 지수를 추종하도록 설계되어 있다. 예를 들어 SPDR S&P 500 ETF 신탁은 S&P 500지수를 구성하는 500개 주식에 투자할 때 얻을 수 있는 수익률을 투자자에게 제공하도록 설계되어 있다. 다른 ETP들은 상품이나 통화의 성과를 추종하도록 설계되어 있다.

통화옵션

통화옵션(currency option)의 대부분은 장외시장에서 거래되지만 일부는 거래소에서 거래되기도 한다. 미국에서 통화옵션이 거래되는 곳으로는 2008년에 필라델피아증권거래소(Philadelphia Stock Exchange)를 인수한 NASDAQ OMX(www.nasdaqtrader.com)가 있다. 이 거래소에서는 다양한 외국통화에 대한 유러피언 옵션을 취급한다. 옵션 1계약은 미국 달러에 대해서 10,000단위의 외국통화를 사거나 파는 것이다(일본 엔화는 1,000,000단위). 통화옵션은 15장에서 자세히 다룬다.

지수옵션

현재 전 세계적으로 다양한 지수옵션(index option)이 장외시장과 거래소에서 모두 거래되고 있다. 미국에서 가장 인기 있는 거래소 지수옵션은 S&P 500지수(SPX), S&P 100지수(OEX), 나스닥 100지수(NDX), 다우존스산업지수(DJX)에 대한 옵션이다. 이들 옵션은 모두 시카고옵션거래소(CBOE)에서 거래된다. 이들 지수옵션의 대부분은 유러피언 옵션이다. 반면에 S&P 100지수에 대한 OEX계약은 아메리칸 옵션이다. 옵션 1계약은 약정된 행사가격으로 지수의 100배수를 사거나 팔 수 있다. 결제는 지수를 구성하는 포트폴리오를 인도하지 않고 항상 현금으로 한다. 예를 들어 행사가격이 980인 S&P 100에 대한 콜옵션 1계약을 고려해보자. 지수의 가치가 992일 때 소유자가 콜옵션을 행사하면, 발행자는 소유자에게 $(992-980)\times 100=1{,}200$달러를 지불해야 한다. 지수옵션은 15장에서 자세히 설명한다.

선물옵션

거래소가 특정 선물계약을 거래하면 흔히 그 선물계약에 대한 옵션도 함께 거래한다. 선물옵션(futures option)의 만기는 일반적으로 기초자산이 되는 선물계약의 거래 만기일 직전이다. 콜옵션 소유자가 권리를 행사하면 소유자는 선물가격이 행사가격을 초과하는 만큼의 이득을 얻는다. 풋옵션 소유자가 권리를 행사하면 소유자는 행사가격이 선물가격을 초과하는 만큼의 이득을 얻는다. 선물옵션은 16장에서 자세히 설명한다.

9.4 주식옵션에 대한 규정

이 장의 나머지 부분에서는 주식옵션을 살펴볼 것이다. 앞에서 언급했듯이 미국 거래소에서 거래되는 표준주식옵션은 주식 100주를 사거나 팔 수 있는 아메리칸형의 옵션계약이다. (만기일, 행사가격, 배당금 발표가 미치는 영향, 투자자에게 허용된 포지션 한도 등) 계약에 관한 자세한 내용은 거래소에 의해 규정된다.

만기일

주식옵션을 규정하는 항목 중 하나는 만기일 있는 달(만기월 또는 결제월)이다. 따라서 IBM 주식에 대한 1월 콜옵션은 만기일이 1월에 있는 IBM 주식에 대한 콜옵션을 말한다. 정확한 만기일은 만기월의 세 번째 금요일이고 거래는 만기일까지 매 영업일에 (시카고 기준 오전 8시 30분부터 오후 3시까지) 이루어진다.

미국 주식옵션의 경우 1월, 2월, 3월 만기사이클이 있다. 1월 만기사이클은 1월, 4월, 7월, 10월로 구성된다. 2월 만기사이클은 2월, 5월, 8월, 11월로 구성되고, 3월 만기사이클은 3월, 6월, 9월, 12월로 구성된다. 만일 금월의 만기일이 아직 지나지 않았으면 금월, 익월, 그리고 속해 있는 만기사이클 중에서 익월 다음에 오는 2개의 달에 만기가 되는 옵션이 거래된다. 만일 금월의 만기일이 지난 경우에는 익월, 익월의 다음 달, 그리고 속해 있는 만기사이클 중에서 다음에 오는 2개의 달에 만기가 되는 옵션이 거래된다. 예를 들어 IBM 주식은 1월 만기사이클에 속한다. 1월 초에는 1월, 2월, 4월, 7월에 만기가 되는 옵션이 거래되며 1월 말에는 2월, 3월, 4월, 7월에 만기가 되는 옵션이 거래된다. 5월 초에는 5월, 6월, 7월, 10월에 만기가 되는 옵션이 거래된다. 한 옵션이 만기가 되면 다른 옵션의 거래가 시작된다.

LEAPS(long-term equity anticipation securities)라고 알려진 장기옵션도 미국에서 많은 주식에 대해 거래된다. 이들 옵션의 만기는 길게는 39개월이다. 주식에 대한 LEAPS는 항상 1월의 세 번째 금요일에 만기일이 된다.

행사가격

거래소는 일반적으로 발행할 수 있는 옵션의 행사가격 간격이 2.5달러, 5달러, 10달러가 되도록 행사가격을 정한다. 일반적으로 주가가 5~25달러 사이면 행사가격이 2.50달러 간격을 갖고, 주가가 25~200달러 사이면 5달러의 간격을 가지며, 주가가 200달러 이상이면 10달러의 간격을 갖는다. 곧 설명하겠지만 주식분할과 주식배당으로 인해 행사가격이 표준화되지 않을 수도 있다.

새로운 만기의 옵션을 거래하기 시작할 때 거래소는 일반적으로 현재의 주가와 가장 가까운 2개 혹은 3개의 행사가격을 선택한다. 만일 주가가 거래소가 선택한 가장 높은 행사가격과 가장 낮은 행사가격의 범위를 벗어나면 대체로 거래소는 새로운 행사가격의 옵션을 거래한다. 이러한 규칙을 설명하기 위해 10월 만기 옵션의 거래를 시작할 때 주가가 84달러라고 하자. 아마도 처음에는 행사가격이 80달러, 85달러, 90달러인 콜옵션과 풋옵션이 거래될 것이다. 이후 주가가 90달러 이상으로 상승하면 행사가격이 95달러인 옵션이 새로 거래될 가능성이 높고, 주가가 80달러 이하로 하락하면 행사가격이 75달러인 옵션이 새로 거래될 가능성이 높다.

용어

특정 시점에 특정 주식에 대해서 여러 가지 다른 옵션계약이 거래될 수 있다. 특정 주식에 대한 옵션이 4개의 만기일과 5개의 행사가격에 대해 거래된다고 하자. 모든 행사가격과 만기에 대해서 콜옵션과 풋옵션이 거래되면 총 40개의 다른 계약이 있게 된다. 같은 종류의 옵션(즉 콜옵션 또는 풋옵션)을 **옵션 클래스**(option class)라고 한다. 예를 들어 IBM 주식에 대한 콜옵션이 하나의 클래스이고 풋옵션이 다른 하나의 클래스이다. 같은 클래스에 속하면서 행사가격과 만기도 같은 모든 옵션을 **옵션 시리즈**(option series)라고 한다. 다시 말해 옵션 시리즈는 거래되는 특정 계약을 지칭한다. 예를 들어 IBM 180 October 2015 콜옵션은 하나의 옵션 시리즈이다.

옵션은 경우에 따라 **내가격**(in the money), **등가격**(at the money), **외가격**(out of the money)에 있다고 말한다. S가 현재의 주가이고 K가 행사가격인 경우, 콜옵션은 $S>K$이면 내가격에, $S=K$이면 등가격에, $S<K$이면 외가격에 있다. 풋옵션의 경우, $S<K$이면 내가격에, $S=K$이면 등가격에, $S>K$이면 외가격에 있다. 당연히 소유자는 옵션이 내가격에 있을 때만 권리를 행사한다. 거래비용을 무시하는 경우, 만기일 전에 권리를 행사하지 않은 내가격 옵션은 항상 만기일에 행사될 것이다.

옵션의 **내재가치**(intrinsic value)는 권리를 즉시 행사할 때의 가치와 0 중에서 큰 값으로 정의한다. 콜옵션의 내재가치는 $\max(S-K, 0)$이고, 풋옵션의 내재가치는 $\max(K-S, 0)$이다. 내가격에 있는 아메리칸 옵션의 가치는 적어도 내재가치와 같다. 왜냐하면 소유자는 권리를 즉시 행사해 내재가치만큼의 이득을 실현할 수 있기 때문이다. 내가격에 있는 아메리칸 옵션의 경우에 권리를 즉시 행사하는 것보다 기다리는 것이 최적일 수 있다. 내재가치를 초과하는 옵션의 가치는 옵션의 **시간가치**(time value)이다. 결국 옵션의 총가치는 내재가치와 시간가치의 합이다.

플렉스 옵션과 기타 비표준 상품

시카고옵션거래소(CBOE)는 주식과 주가지수에 대한 **플렉스 옵션**(flex option)을 취급한다. 플렉스 옵션은 거래자 간의 합의에 의해 비표준적인 조항(nonstandard term)을 갖는 옵션이다. 비표준적인 조항은 거래소의 표준 규정과는 다른 행사가격과 만기일을 포함할 수 있다. 또한 플렉스 옵션은 아메리칸형이 아닌 유러피언형일 수도 있다. 플렉스 옵션은 장외시장으로부터의 시장 잠식에 대처하기 위해 옵션 거래소가 새로 도입한 것이다. 거래소는 플렉스 옵션 거래의 최소거래규모(예: 100계약)를 정하고 있다.

플렉스 옵션 이외에 CBOE는 여러 비표준 상품을 거래한다. 예시는 다음과 같다.

1. 위클리 옵션(weeklys): 이 옵션은 목요일에 만들어져 다음 주 금요일에 만기가 되는 옵션이다.
2. 이원옵션(binary option): 이 옵션은 행사가격에 도달하면 고정이득 100달러를 지급하는 옵션이다. 예를 들어 행사가격이 50달러인 이원 콜옵션은 만기일에 기초자산 가격이 50달러를 초과하면 100달러의 이득을 제공한다. 행사가격이 50달러인 이원 풋옵션은 만기일에 기초자산 가격이 50달러보다 작으면 100달러의 이득을 제공한다. 이원옵션은 22장에서 자세히 다룬다.
3. CEBO: 준거집단(reference entity)으로 알려진 특정 기업이 만기일까지 '파산'을 하게 되면 고정이득을 제공하는 신용사건이원옵션(credit event binary option)이다. 만기일은 특정 연도의 12월에 있으며 만약 이득이 있으면 만기일에 지급된다. CEBO는 7.11절에서 다루었던 신용부도스왑(CDS)과 유사하며 23장에서 자세히 다룬다.
4. DOOM 옵션: 이 옵션은 심외가격(deep-out-of-the-money) 풋옵션이다. 이 옵션은 행사가격이 작기 때문에 가격이 대단히 저렴하다. 이 옵션은 기초자산의 가격이 폭락하는 경우에만 이득을 제공한다. DOOM 옵션은 방금 다루었던 CEBO와 유사한 종류의 보호를 제공한다.

배당과 주식분할

초기의 장외시장 옵션은 배당으로부터 보호를 받았다. 기업이 현금배당을 공시하면 그 주식에 대한 옵션의 행사가격은 배당락일에 배당금액만큼 하향 조정되었다. 그러나 거래소옵션의 경우에는 일반적으로 현금배당에 대한 조정을 하지 않는다. 다시 말해 현금배당이 지급되어도 옵션계약의 조건은 조정되지 않는다. 대규모 현금배당에 대해서는 예외가 인정되기도 한다(실무사례 9.1 참조).

거래소옵션은 주식분할(stock splits)에 대해서는 조정이 된다. 주식분할은 현재 거래되는 주식이 많은 수의 주식으로 '분할'되는 것을 말한다. 예를 들어 3 대 1 주식분할은 신주 3개가 현재의 주식 1주를 대체하는 것을 말한다. 주식분할은 기업의 소유자산이나 수익창출능력에 영향을 미치지 않으므로 주주의 부(富)에 영향을 미치지 않을 것으로 기대한다. 만일 다른 모든 조건이 일정하면, 3 대 1 주식분할은 주가를 3분의 1로 감소시킨다. 일반적으로 n 대 m 주식분할은 주가를 m/n으로 감소시킨다. 옵션계약에 포함된 모든 조건은 주식분할로 발생하는 주가의 변화를 반영해 조정된다. n 대 m 주식분할 후 행사가격은 m/n으로 감소하고 옵션 1계약에 해당하는 주식 수는 n/m배로 증가한다. 주가가 기대했던 대로 감소하면 옵션 발행자와 소유자의 포지션 가치는 변하지 않는다. 예제 9.3은 이러한 규칙을 응용한 사례이다.

주식옵션은 주식배당(stock dividends)에 대해서 조정된다. 주식배당은 기존 주주에게 추

실무사례 9.1 구찌그룹의 대규모 현금배당

대규모 현금배당의 경우(대체로 배당금이 주가의 10% 이상인 경우), 시카고옵션거래소의 옵션결제회사(Options Clearing Corporation, OCC)의 위원회가 거래소에서 거래되는 옵션의 조건을 조정할 것인지 결정할 수 있다.

2003년 5월 28일에 구찌그룹(Gucci Group N.V., GUC)은 보통주 1주당 13.50유로(대략 15.88달러)의 현금배당을 공시했으며 이는 2003년 7월 16일 GUC 연차 주주총회에서 승인되었다. 이 배당금은 공시 시점 기준으로 주가의 약 16%에 해당한다. 이 경우 OCC 위원회는 옵션 조건을 조정하기로 했다. 그 결과 콜옵션 1계약의 소유자는 옵션 행사 시 행사가격의 100배를 지급하고 주식 100주와 현금 1,588달러를 수령했다. 풋옵션 1계약의 소유자는 옵션 행사 시 행사가격의 100배를 수령하고 주식 100주와 현금 1,588달러를 인도했다.

대규모 현금배당에 대한 조정이 항상 이루어지는 것은 아니다. 예를 들어 독일선물거래소(Deutsche Terminbörse)는 다임러-벤츠(Daimler-Benz)가 1998년 3월 10일에 주가의 12%에 해당하는 현금배당으로 시장을 놀라게 했을 때 거래소에서 거래되는 옵션의 조건을 조정하지 않기로 했다.

가격으로 주식을 지급하는 것이다. 예를 들어 기업이 20%의 주식배당을 실시하면 주주는 이미 소유하고 있는 5주당 1주를 새로 받는다. 주식분할과 마찬가지로 주식배당도 기업의 자산이나 수익창출능력에 영향을 미치지 않는다. 따라서 주식배당의 결과 주가는 감소할 것이라고 기대할 수 있다. 20%의 주식배당은 본질적으로 6 대 5 주식분할과 같다. 만일 다른 모든 조건이 일정하면 20% 주식배당은 주가를 5/6로 감소시킨다. 옵션계약에 포함된 모든 조건은 주식분할이 실시될 때와 같이 주식배당으로 인한 기대주가 하락을 반영해서 조정된다. 예제 9.4는 이런 사례를 보여준다.

옵션은 또한 주주배정 유상증자(right issue)에 대해서도 조정된다. 기본적인 절차는 신주인수권(rights)의 이론적인 가격을 계산하고 이를 행사가격에서 차감한다.

포지션한도와 권리행사한도

시카고옵션거래소(CBOE)는 보통 옵션계약의 **포지션한도**(position limit)를 명시한다. 포지션한도란 같은 방향의 포지션(on the same side of the market)에서 투자자가 소유할 수 있는 최대 옵션계약의 수를 말한다. 옵션계약의 수를 계산하는 데 있어 콜옵션 매입포지션과 풋옵션 매도포지션은 같은 방향의 포지션으로 간주된다. 또한 콜옵션 매도포지션과 풋옵션 매

예제 9.3 주식분할이 옵션조건에 미치는 영향 EXAMPLE

30달러에 주식 100주를 살 수 있는 콜옵션 1계약을 고려해보자. 만일 기업이 2 대 1 주식분할을 한다고 하자. 그러면 옵션계약의 조건은 소유자가 15달러에 주식 200주를 살 수 있도록 바뀐다.

예제 9.4 주식배당이 옵션조건에 미치는 영향 EXAMPLE

15달러에 주식 100주를 팔 수 있는 풋옵션 1계약을 고려해보자. 만일 기업이 25% 주식배당을 공시한다고 하자. 이는 5 대 4 주식분할과 같다. 그러면 옵션계약의 조건은 소유자가 12달러에 주식 125주를 팔 수 있도록 바뀐다.

입포지션도 같은 방향의 포지션으로 간주된다. **권리행사한도**(exercise limit)는 일반적으로 포지션한도와 같다. 권리행사한도는 연속 5거래일 동안 개인이(또는 같이 행동하는 그룹이) 권리를 행사할 수 있는 최대 계약 수를 말한다. 가장 규모가 크고 활발히 거래되는 주식에 대한 옵션의 경우 포지션한도는 250,000계약이다. 소기업 주식의 포지션한도는 200,000계약, 75,000계약, 50,000계약, 25,000계약이다.

포지션한도와 권리행사한도를 정하는 것은 개인 또는 한 그룹이 시장에서 지나친 영향력을 행사하는 것을 방지하는 데 목적이 있다. 그러나 과연 이러한 제한이 필요한가 하는 문제는 논란의 여지가 많다.

9.5 거래

전통적으로 거래소는 개인들이 만나서 옵션을 거래할 수 있는 충분한 공간을 제공해야 했다. 그러나 이 개념은 변했다. 대다수 파생상품거래소는 완전히 전자 시스템화되어 있어서 거래자들이 직접 만나야 할 필요가 없다. 국제증권거래소(International Securities Exchange, www.iseoptions.com)는 2000년 5월에 미국에서 최초로 완전 전자식 주식옵션 거래 시스템을 도입했다. 시카고옵션거래소(CBOE)에서는 주문의 95% 이상이 전자식으로 처리된다. 나머지 주문은 장내거래자(floor trader)의 기술을 필요로 하는 대규모 주문이거나 복잡한 기관투자자 주문이다.

시장조성자

대부분의 옵션거래소는 거래를 활발히 하기 위해 시장조성자(market maker)를 이용한다. 특정 옵션을 취급하는 시장조성자는 요구가 있을 때 옵션의 매수호가(bid price)와 매도호가(offer price)를 제시하는 개인을 말한다. 매수호가는 시장조성자가 매입할 준비가 된 가격이고, 매도호가는 시장조성자가 매도할 준비가 된 가격이다. 거래자에게 매수호가와 매도호가를 제시할 때 시장조성자는 거래자가 옵션을 매입하려는지 또는 매도하려는지를 알 수 없다. 물론 매도호가는 매수호가보다 높고, 매도호가가 매수호가를 초과하는 만큼을 매매호가차이

(bid-offer spread)라 한다. 거래소는 이 매매호가차이의 상한선을 정한다. 예를 들어 옵션가격이 0.50달러 미만이면 매매호가차이의 상한선을 0.25달러로, 옵션가격이 0.50~10달러 사이이면 상한선을 0.50달러로, 옵션가격이 10~20달러 사이이면 상한선을 0.75달러로, 옵션가격이 20달러를 초과하면 상한선을 1달러로 명시할 수 있다.

시장조성자는 모든 매입과 매도주문이 즉시 어떤 가격으로 항상 체결될 수 있게 한다. 그러므로 시장조성자가 시장의 유동성(liquidity)을 증가시킨다고 할 수 있다. 시장조성자 자신은 매매호가차이에서 이익을 얻는다. 시장조성자는 자신의 위험을 헤지하기 위해 17장에서 설명하는 다양한 방법을 사용한다.

반대주문

옵션을 매입한 투자자는 동일한 옵션을 매도하는 반대주문(offsetting order)을 해 자신의 포지션을 마감(close out)할 수 있다. 마찬가지로 옵션을 발행한 투자자는 동일한 옵션을 매입하는 반대주문을 해 자신의 포지션을 마감할 수 있다. 옵션 1계약이 거래될 때 매입자와 매도자가 기존 포지션을 마감하지 않으면 미결제약정수량은 1계약 증가한다. 만일 한 투자자가 기존 포지션을 마감하고 다른 투자자가 자신의 포지션을 마감하지 않으면 미결제약정수량은 변하지 않는다. 만일 두 거래자가 자신의 포지션을 마감하면 미결제약정수량은 1계약 감소한다.

9.6 수수료

옵션거래에서 브로커를 통해 낼 수 있는 주문 유형은 선물 거래에서의 주문 유형과 유사하다(2.8절 참조). 시장가주문(market order)은 즉시 체결되고, 지정가주문(limit order)은 거래가 체결될 수 있는 가장 불리한 가격을 명시한다.

개인투자자에게 수수료(commission)는 브로커에 따라 차이가 많다. 할인 브로커(discount broker)는 대체로 풀서비스 브로커(full-service broker)에 비해 낮은 수수료를 요구한다. 실제로 요구하는 금액은 고정 비용에 거래 대금의 일정률에 해당하는 금액을 더해 계산된다. 표 9.1은 할인 브로커가 요구하는 수수료표의 예시이다. 옵션가격이 3달러일 때 이 수수료표를 이용하면 8계약 매입의 수수료는 20달러 + (0.02 × 2,400달러) = 68달러이다.

옵션포지션을 반대매매로 마감하는 경우 수수료를 다시 지불해야 한다. 옵션을 행사할 때 수수료는 투자자가 기초주식을 사거나 팔 때와 동일하다.

주가가 49달러일 때 행사가격이 50달러인 콜옵션 1계약을 매입한 투자자를 고려해보자. 옵션가격이 4.50달러이고 옵션 1계약을 매입하는 비용이 450달러라고 가정하자. 표 9.1에

표 9.1 할인브로커가 요구하는 수수료표 예시

거래금액	수수료*
2,500달러 이하	20달러+거래금액의 0.02
2,500~10,000달러	45달러+거래금액의 0.01
10,000달러 이상	120달러+거래금액의 0.0025

*수수료 상한선은 처음 5계약에 한해 계약당 30달러이고 5계약을 초과한 계약에 대해서는 계약당 20달러이다. 수수료 하한선은 첫 계약에 한해 30달러이고 이후의 계약에 대해서는 계약당 2달러이다.

의하면 옵션 1계약을 매입 또는 매도할 때 지불하는 수수료는 항상 30달러이다(첫 번째 계약의 최대수수료와 최저수수료가 모두 30달러임). 주가가 상승해 60달러일 때 옵션을 행사한다고 가정하자. 투자자가 옵션을 행사할 때 0.75%의 수수료를 지급하고 주식을 매도할 때 0.75%의 수수료를 지급한다고 가정하면 추가비용은 90달러이다.

$$2 \times 0.0075 \times 60\text{달러} \times 100 = 90\text{달러}$$

따라서 지불할 총수수료는 120달러이고 투자자의 순이익은 다음과 같다.

$$1{,}000\text{달러} - 450\text{달러} - 120\text{달러} = 430\text{달러}$$

투자자가 옵션을 행사하는 대신에 10달러에 옵션을 매도한다면 투자자는 60달러의 수수료를 절약할 수 있다는 점을 주목하라. (우리의 예시에서 옵션을 매도할 때 지불할 수수료는 30달러뿐이다.) 이와 같은 예에서 보듯이, 수수료 제도는 개인투자자가 옵션을 행사하는 대신에 옵션을 매도하도록 유도할 수 있다.

(주식거래와) 옵션 거래에서 숨은 비용은 시장조성자의 매매호가차이다. 바로 앞의 예에서 옵션을 매입할 때 매수호가는 4달러이고 매도호가는 4.5달러였다고 하자. 이 경우 옵션의 '적정'가격(fair price)은 매입호가와 매도호가의 중간인 4.25달러라고 합리적으로 가정할 수 있다. 시장조성자 제도에서 매입자와 매도자의 비용은 적정가격과 실제로 지불한 가격의 차이다. 이는 옵션 1개당 0.25달러이고 1계약당 25달러이다.

9.7 증거금

미국에서는 투자자가 주식을 매입할 때 대금을 현금으로 지불하거나 증거금계정(margin account)에서 차입해 지불한다[이를 '증거금으로 매입한다(buying on margin)'라고 한다]. 개시증거금(initial margin)은 대체로 주식 가치의 50%이고, 유지증거금(maintenance margin)

은 대체로 주식 가치의 25%이다. 증거금 계정은 투자자가 선물계약을 체결할 때와 같은 방법으로 운용된다(2장 참조).[1]

9개월 미만의 만기를 갖는 콜옵션 또는 풋옵션을 매입할 때 투자자는 옵션가격 전체를 지불해야 한다. 옵션거래에 이미 높은 수준의 레버리지(leverage)가 내재해 있으므로, 자금을 차입해 옵션을 매입하는 것은 레버리지를 너무 높은 수준으로 올리기 때문에 투자자가 자금을 차입해 옵션을 매입하는 것은 허용되지 않는다. 9개월을 초과하는 만기를 갖는 옵션의 경우 투자자는 증거금으로 매입할 수 있으며, 옵션가치의 25%까지 차입해 매입할 수 있다.

옵션을 발행하는 거래자는 증거금 계정에 일정 금액을 유지해야 한다. 증거금을 유지함으로써 거래자의 브로커와 거래소는 옵션이 행사될 때 투자자가 채무불이행(default)을 하지 않을 것이라는 확신을 원한다. 요구되는 증거금 규모는 거래자의 포지션에 따라 다르다.

네이키드 옵션을 발행하는 경우

네이키드 옵션(naked option)은 기초주식에 대한 반대포지션과 결합하지 않는 옵션이다. 네이키드 콜옵션(naked call)의 개시증거금과 유지증거금은 다음 두 가지 계산에서 구한 값 중 큰 값이다.

1. 옵션발행 수입의 100%에 기초주식가격의 20%를 더한 후 옵션이 외가격에 있는 만큼을 차감한 금액
2. 옵션발행 수입의 100%에 기초주식가격의 10%를 더한 금액

네이키드 풋옵션의 경우는 다음 두 가지 계산에서 구한 값 중 큰 값이다.

1. 옵션발행 수입의 100%에 기초주식가격의 20%를 더한 후 옵션이 외가격에 있는 만큼을 차감한 금액
2. 옵션발행 수입의 100%에 행사가격의 10%를 더한 금액

예제 9.5는 계산 사례를 보여준다. 지수옵션의 경우 위에서 사용한 20% 대신에 15%를 이용하는데, 이는 개별 주식의 가격보다 변동성이 일반적으로 작기 때문이다.

이와 같은 계산(단, 옵션발행 수입 대신에 현재 가격을 사용함)은 매일 반복된다. 증거금 계정의 현재 잔액이 증거금 요구액보다 많으면 차이만큼 계정에서 찾을 수 있다. 더 많은 증거금이 요구되면 마진콜(margin call)이 이루어진다.

---

1 한 가지 차이점은 마진콜(margin call)을 받을 시 투자자가 증거금계정의 잔액을 개시증거금 수준이 아니라 유지증거금 수준으로 회복해야 한다는 점이다.

예제 9.5 네이키드 콜옵션의 증거금 계산 EXAMPLE

투자자가 주식에 대해서 네이키드 콜옵션 4계약을 발행한다. 옵션가격은 5달러, 행사가격은 40달러, 주가는 38달러이다. 옵션이 2달러만큼 외가격에 있으므로 첫 번째 방법으로 계산한 값은 4,240달러이다.

$$400 \times (5+0.2 \times 38-2)=4,240\text{달러}$$

두 번째 방법으로 계산한 값은 3,520달러이다.

$$400 \times (5+0.1 \times 38)=3,520\text{달러}$$

따라서 개시증거금과 유지증거금은 4,240달러이다. 만일 풋옵션이었으면 옵션이 2달러만큼 내가격에 있으므로 요구되는 증거금은 5,040달러이다.

$$400 \times (5+0.2 \times 38)=5,040\text{달러}$$

두 경우 모두 옵션발행 수입을 증거금 계정의 일부로 사용할 수 있다.

기타 규칙

11장에서 커버드 콜(covered call), 프로텍티브 풋(protective put), 스프레드(spread), 콤비네이션(combination), 스트래들(straddle), 스트랭글(strangle) 같은 옵션 거래전략을 살펴볼 것이다. 시카고옵션거래소(CBOE)는 이러한 거래전략이 이용될 때 증거금 요구액을 정하는 특별규칙을 갖고 있다. 이는 CBOE 웹사이트(www.cboe.com)에서 확인할 수 있는 CBOE 증거금 매뉴얼(CBOE Margin Manual)에 설명되어 있다.

규칙의 한 예로 커버드 콜옵션을 발행한 투자자를 고려해보자. 인도해야 할 수도 있는 주식을 이미 소유한 경우에 커버드 콜옵션을 발행했다고 한다. 커버드 콜옵션은 네이키드 콜옵션보다 위험이 훨씬 적다. 왜냐하면 최악의 경우 이미 소유하고 있는 주식을 시세보다 낮은 가격으로 매도하면 되기 때문이다. 이 경우 발행된 콜옵션에 대해서 어떤 증거금도 요구되지 않는다. 그러나 투자자는 주식포지션에 대해서 통상적인 $0.5S$가 아니라 $0.5\min(S, K)$에 해당하는 금액을 차입할 수 있다.

9.8 옵션결제회사

옵션결제회사(OCC)는 청산소가 선물시장에서 하는 역할과 비슷한 기능을 옵션시장에서 수행한다(2장 참조). OCC는 옵션발행자가 옵션계약조건에 따라 의무를 수행할 것을 보장하고, 모든 매입포지션과 매도포지션에 관한 기록을 유지한다. OCC에는 많은 회원이 있으며, 모든 옵션거래는 반드시 회원을 통해 결제된다. 만일 브로커 자신이 거래소 OCC의 회원이 아닌 경우에는 회원과 업무체결을 해 거래를 결제해야 한다. 회원은 최소자본을 유지할 의무가 있으며, 회원이 옵션에 관한 의무를 이행하지 못할 때 사용될 수 있는 특별기금에 납부해야 한다.

옵션매입자금은 다음 영업일 오전까지 OCC에 예치되어야 한다. 옵션발행자는 앞에서 설명한 바와 같이 브로커와 증거금 계정을 유지한다. 브로커는 거래를 결제하는 OCC 회원과 증거금 계정을 유지한다. 그리고 OCC 회원은 OCC와 증거금 계정을 유지한다. 앞 절에서 설명한 증거금 요건은 OCC가 회원에게 요구하는 증거금에 대한 요건이다. 증권중개회사는 고객에게 그 이상의 증거금을 요구할 수도 있다. 그러나 그 이하의 증거금을 요구할 수는 없다.

옵션 행사

투자자가 브로커에게 옵션을 행사할 것을 통지할 때, 브로커는 이를 거래하는 OCC 회원에게 통지한다. 그리고 이 회원은 OCC에 행사 주문을 낸다. OCC는 같은 옵션에 대해 매도포지션이 있는 회원을 무작위로 선정한다. 이 회원은 미리 정해진 절차에 의해 옵션을 발행한 특정 투자자를 선정한다. 행사되는 옵션이 콜옵션이면 선정된 투자자는 행사가격에 주식을 팔아야 할 의무가 있다. 풋옵션이면 이 투자자는 행사가격에 주식을 사야 할 의무가 있다. 이 경우에 투자자가 **배정되었다**(assigned)고 한다. 옵션이 행사되면 미결제약정수량은 1계약 감소한다.

옵션의 거래비용이 옵션의 이득을 상쇄할 만큼 크지 않은 한 옵션 만기일이 되면 모든 내가격 옵션은 행사되어야 한다. 일부 브로커는 옵션을 행사하는 것이 고객에게 이익이 되는 경우 만기일에 옵션을 자동으로 행사한다. 또한 많은 거래소는 내가격 옵션을 만기일에 행사하는 것에 관한 규정이 있다.

9.9 규제

거래소옵션의 시장은 여러 측면에서 규제된다. 거래소와 옵션결제회사는 거래자의 행동을 통제할 수 있는 규정이 있다. 또한 연방정부 및 주정부의 규제당국도 있다. 전반적으로 옵션시장은 스스로 규제하려는 의지를 나타내 왔다. 지금까지 OCC 회원의 주요 스캔들이나 파산은 없었다. 따라서 투자자는 옵션시장의 운영에 매우 높은 신뢰도를 가질 수 있다.

증권거래위원회(Securities and Exchange Commission)는 주식, 주가지수, 통화, 채권에 대한 옵션시장을 연방 차원에서 규제할 책임이 있다. 상품선물거래위원회(Commodity Futures Trading Commission)는 선물옵션시장을 규제할 책임이 있다. 주요 옵션시장은 일리노이주와 뉴욕주에 있다. 이 주들은 불공정거래행위를 규제하는 자체 법을 적극적으로 시행하고 있다.

9.10 세금

옵션 거래전략과 관련된 세금을 계산하는 것은 매우 어려운 문제이므로 투자자는 의문이 있을 시 반드시 세금전문가와 상의해야 한다. 미국 세법의 기본원칙은 (납세자가 전문 거래자가 아닌 이상) 주식옵션의 거래에서 발생하는 이익과 손실은 자본이득 또는 자본손실로 과세된다. 자본이득과 자본손실에 대한 미국의 세금규정은 2.10절에서 설명했다. 주식옵션 소유자와 발행자의 이익과 손실을 인식하는 시점은 (a) 옵션이 행사되지 않고 만기가 될 때 또는 (b) 옵션포지션이 마감될 때이다. 만일 옵션이 행사되면 옵션으로부터 발생하는 이익과 손실은 주식포지션에 포함되어 주식포지션이 마감될 때 이익과 손실이 발생한 것으로 인식된다. 예를 들어 콜옵션이 행사되면 옵션 매입자는 행사가격에 콜옵션 가격을 더한 가격으로 주식을 매입한 것으로 간주된다. 이는 나중에 주식이 매도될 때 이 소유자의 이익과 손실을 계산하는 기초로 사용된다. 마찬가지로, 콜옵션 발행자는 행사가격에 콜옵션 가격을 더한 가격으로 주식을 매도한 것으로 간주된다. 풋옵션이 행사될 때 옵션 발행자는 행사가격에서 원래 풋옵션 가격을 차감한 가격으로 주식을 매입한 것으로 간주되고, 옵션 매입자는 행사가격에서 원래 풋옵션 가격을 차감한 가격으로 주식을 매도한 것으로 간주된다.

워시세일 규정

미국에서 옵션을 거래할 때 세금과 관련해서 고려할 규정 중 하나는 워시세일 규정(wash sale rule)이다. 이 규정을 이해하기 위해 60달러에 주식을 매입한 투자자가 장기간 주식을 보유하고자 하는 경우를 고려해보자. 주가가 40달러로 하락하는 경우 투자자는 주식을 팔고 즉시 다시 매입해 세금 목적으로 20달러의 손실을 실현하려고 할 수 있다. 이러한 행위를 방지하기 위해 세무 당국은 매도 시점에서 30일 이내에(즉 매도 전 30일부터 매도 후 30일까지) 같은 주식을 매입한 경우, 매도에서 발생하는 손실은 공제할 수 없다고 규정하고 있다. 이 규정은 납세자가 주식을 획득하기 위해 옵션계약 또는 유사한 계약에 61일 이내에 포지션을 취하는 경우에도 적용된다. 따라서 손실을 보고 주식을 매도한 후 30일 이내에 콜옵션을 매입하면 손실을 공제받지 못한다.

간주매매

1997년 이전까지 미국에서는 한 증권에 매입포지션을 유지하면서 그 증권과 실질적으로 동일한 증권에 매도포지션을 취하면 매도포지션이 마감될 때까지 이익과 손실이 실현되지 않는 것으로 간주했다. 이는 매도포지션을 이용하면 세금 목적상 이익의 실현을 연기할 수 있음을 의미한다. 그러나 이와 같은 제도는 1997년의 세금감면법(Tax Relief Act)에 의해 변경되었

실무사례 9.2 옵션을 이용한 절세전략

옵션을 이용한 절세전략의 간단한 예를 설명하겠다. A국가의 조세 제도는 이자와 배당에는 낮은 세율을 적용하고 자본이득에는 높은 세율을 적용한다. 반면 B국가의 조세 제도는 이자와 배당에는 높은 세율을, 그리고 자본이득에는 낮은 세율을 적용한다고 하자. 기업은 증권으로부터 발생하는 소득은 A국가에서 수령하고 자본이득은 B국가에서 실현하는 것이 유리하다. 기업은 다른 항목에서 발생하는 자본이득을 상쇄할 수 있기 때문에 A국가에서 자본손실을 보기를 원한다. 이런 모든 혜택은 A국가에 위치한 자회사가 증권의 법적 소유자가 되도록 하고 B국가에 위치한 자회사가 A국가 자회사로부터 행사가격이 증권의 현재 가치와 동일한 콜옵션을 매입하도록 함으로써 얻을 수 있다. 옵션의 만기 동안 증권으로부터 발생한 소득은 A국가에서 얻는다. 만일 증권가격이 급격히 상승하면 옵션이 행사되고 자본이득은 B국가에서 실현될 것이다. 만일 가격이 급격히 하락하면 옵션은 행사되지 않고 자본손실은 A국가에서 실현될 것이다.

다. 세금감면법에 따르면 가격이 상승한 자산을 소유하는 투자자가 다음 행동 중 하나를 하는 경우 그 자산은 '법 해석상 매도된(constructively sold)' 것으로 간주된다.

1. 동일하거나 또는 실질적으로 동일한 자산의 공매도(short sale)
2. 동일하거나 또는 실질적으로 동일한 자산을 인도하기로 하는 선도계약 또는 선물계약의 매도
3. 손실과 이익을 얻을 기회를 모두 상당히 제거하는 하나 또는 그 이상의 포지션을 취함

손실 위험만을 감소시키거나 이익을 얻을 기회만을 감소시키는 거래는 간주매매(constructive sale)가 아니라는 것을 주의해야 한다. 따라서 주식을 소유하고 있는 투자자는 간주매매를 야기하지 않고 그 주식에 대한 내가격 풋옵션을 매입할 수 있다.

세금 관련 실무자들은 세금비용을 최소화하거나 세금혜택을 극대화하기 위해 옵션을 이용하기도 한다(실무사례 9.2 참조). 많은 국가의 세무 당국은 세금을 줄이기 위한 목적으로 파생상품을 사용하는 것에 대처하기 위해 새로운 법안을 제안하고 있다. 절세 목적으로 거래하기 전에 기업의 재무 담당자나 개인은 법이 바뀌면 어떤 영향을 받고 얼마의 비용이 발생할 수 있는지 면밀하게 분석해야 한다.

9.11 워런트, 종업원스톡옵션, 전환사채

워런트(warrant)는 금융기관 또는 비금융기업이 발행한 옵션이다. 예를 들어 금융기관은 100만 온스의 금에 대한 풋 워런트(put warrant)를 발행해서 그 워런트에 대한 시장을 만들려고 할 수 있다. 워런트를 행사하기 위해 소유자는 금융기관에 접촉할 것이다. 기업은 채권 발행 시에 워런트를 사용하는 것이 보통이다. 기업은 자기 주식에 대한 콜 워런트(call warrant)를

발행해 채권 발행에 추가함으로써 투자자들에 더욱 매력적으로 보이게 한다.

종업원스톡옵션(employee stock option)은 종업원이 주주의 이익을 위해 최선을 다하도록 유인하기 위해 기업이 종업원에게 지급하는 콜옵션이다(14장 참조). 일반적으로 종업원스톡옵션은 등가격으로 발행한다. 회계기준은 기업의 손익계산서에 공정시장가치로 비용 처리하도록 요구하고 있다.

전환사채(convertible bond, convertibles)는 일정 시점에서 미리 정한 교환비율에 따라 주식으로 전환될 수 있는 회사채이다. 따라서 전환사채는 기업의 주식에 대한 콜옵션이 내재된 채권이다.

워런트, 종업원스톡옵션, 전환사채의 특징 중 하나는 미리 정해진 수의 옵션이 발행된다는 것이다. 이와 대조적으로 CBOE에서 거래되는 특정 주식에 대한 옵션의 수는 미리 정해지지 않는다. (사람들이 특정 옵션 시리즈에 포지션을 취할수록 옵션 수량은 증가하고, 반대로 포지션을 마감할수록 옵션 수량은 감소한다.) 기업이 자기 주식에 대해서 발행하는 워런트, 종업원스톡옵션, 전환사채는 또 다른 점에서 거래소옵션과 큰 차이가 있다. 이런 상품들이 행사될 때 기업은 주식을 더 발행해서 옵션 소유자에게 행사가격을 받고 그 주식을 매도한다. 그러므로 이런 상품들을 행사한다는 것은 기업의 발행주식 수가 늘어난다는 것을 의미한다. 이에 비해서 거래소 콜옵션이 행사되면, 매도포지션을 취한 투자자는 이미 발행되어 시장에 나와 있는 주식을 매입해서 매입포지션을 취한 투자자에게 행사가격에 매도한다. 옵션의 기초자산인 주식을 발행한 기업은 여기에 어떤 형태로든 관련되지 않는다.

9.12 장외옵션시장

이 장의 대부분은 거래소옵션시장에 초점을 맞추어서 설명하고 있다. 옵션에 대한 장외시장(over-the-counter market)은 1980년대 초부터 점점 더 중요하게 되었으며, 현재는 거래소시장보다 크다. 1장에서 설명했듯이 장외시장에서는 파생상품 딜러가 다른 금융기관, 기업, 펀드 매니저와 직접 거래한다. 장외시장옵션의 기초자산은 매우 다양하다. 통화와 금리에 대한 장외시장옵션은 특히 인기가 많다. 장외시장의 가장 큰 잠재적 단점은 옵션 발행자가 채무불이행할 수 있다는 것이다. 이는 매입자가 어느 정도의 신용위험을 부담한다는 것을 의미한다. 이런 단점을 보완하기 위해 담보를 점점 더 요구한다. 이는 2.5절에서 설명했다.

장외시장에서 거래되는 상품은 보통 고객의 필요를 정확하게 만족시킬 수 있도록 구조를 설계한다. 때로는 거래소에서 거래되는 옵션과 상이한 행사일, 행사가격, 계약 크기를 정하기도 한다. 다른 경우 장외옵션의 구조는 표준 콜옵션 및 풋옵션과 상이하기도 하다. 이런 옵션들을 **이색옵션**(exotic option)이라 한다. 이색옵션의 여러 유형은 22장에서 설명한다.

요약

옵션의 종류에는 콜옵션과 풋옵션이 있다. 콜옵션은 소유자에게 약정일까지 약정가격에 기초자산을 살 수 있는 권리를 부여한다. 풋옵션은 소유자에게 약정일까지 약정가격에 기초자산을 팔 수 있는 권리를 부여한다. 옵션시장에서 가능한 포지션은 네 가지, 즉 콜옵션의 매입포지션, 콜옵션의 매도포지션, 풋옵션의 매입포지션, 풋옵션의 매도포지션이 있다. 옵션의 매도포지션을 취하는 것은 옵션을 발행하는 것으로 알려져 있다. 현재 옵션은 주식, 주가지수, 외국통화, 선물계약 및 기타 자산에 대해서 거래되고 있다.

거래소는 거래되는 옵션계약의 조건을 명시해야 한다. 특히 계약의 크기, 정확한 만기 시점, 행사가격을 명시해야 한다. 미국에서 주식옵션 1계약은 소유자에게 주식 100주를 사거나 팔 수 있는 권리를 부여한다. 주식옵션계약의 만기 시점은 만기월의 세 번째 금요일이다. 특정 시점에 여러 개의 상이한 만기월을 갖는 옵션이 거래된다. 행사가격은 주가에 따라 2.5달러, 5달러, 10달러 간격으로 정해진다. 행사가격은 일반적으로 새로운 옵션계약이 처음 거래될 때 주가에 매우 가깝게 결정된다.

주식옵션의 조건은 일반적으로 현금배당에 대해서 조정되지 않는다. 그러나 주식배당, 주식분할, 유상증자에 대해서는 조정된다. 조정의 목적은 발행자와 소유자의 포지션 가치를 변하지 않게 유지하는 것이다.

대다수 옵션거래소는 시장조성자를 이용한다. 이들은 (매입할 준비가 된) 매수호가와 (매도할 준비가 된) 매도호가를 공시하는 개인들을 말한다. 시장조성자는 시장의 유동성을 증가시키며 시장 주문이 바로 체결되도록 한다. 시장조성자는 (매매호가차이라고 알려진) 매수호가와 매도호가의 차이에서 이익을 얻는다. 거래소는 매매호가차이의 상한선을 제한하는 규정을 두고 있다.

옵션 발행자는 잠재적인 부채를 가지므로 브로커와 증거금을 유지해야 한다. 만일 브로커가 옵션결제회사의 회원이 아니면 브로커는 회원인 회사와 증거금 계정을 유지해야 한다. 그리고 이 회원사는 옵션결제회사와 증거금 계정을 유지한다. 옵션결제회사는 모든 거래의 기록을 유지하고 행사주문을 처리할 의무 등을 갖는다.

모든 옵션이 거래소에서 거래되는 것은 아니다. 많은 옵션이 장외시장에서 전화로 거래된다. 장외시장옵션은 기업 재무 담당자와 펀드 매니저의 특정 요구를 수용할 수 있도록 금융기관이 조건을 정할 수 있다는 점에서 유리하다.

참고문헌

Chicago Board Options Exchange. *Characteristics and Risks of Standardized Options.* Available online at: www.optionsclearing.com/about/publications/character-risks.jsp. First published 1994; last updated 2012.

Chicago Board Options Exchange. *Margin Manual.* Available online at www.cboe.com/LearnCenter/workbench/pdfs/MarginManual2000.pdf.

퀴즈

9.1 투자자가 3달러에 유러피언 풋옵션 1개를 매입했다. 주가는 42달러이고 행사가격은 40달러이다. 어떤 상황에서 투자자가 이익을 얻을 수 있는가? 어떤 조건에서 옵션이 행사될 것인가? 옵션 만기일의 주가에 따라 투자자의 이익이 어떻게 변하는지를 그림으로 나타내라.

9.2 투자자가 4달러에 유러피언 콜옵션 1개를 매도했다. 주가는 47달러이고 행사가격은 50달러이다. 어떤 상황에서 투자자가 이익을 얻을 수 있는가? 어떤 조건에서 옵션이 행사될 것인가? 옵션 만기일의 주가에 따라 투자자의 이익이 어떻게 변하는지를 그림으로 나타내라.

9.3 어떤 투자자가 만기가 T이고 행사가격이 K인 유러피언 콜옵션을 매도하고 만기와 행사가격이 동일한 풋옵션을 매입한다고 하자. 이 투자자의 포지션을 설명하라.

9.4 브로커가 옵션을 발행한 투자자에게는 증거금을 요구하고 옵션을 매입한 투자자에게는 증거금을 요구하지 않는 이유를 설명하라.

9.5 주식옵션이 2월, 5월, 8월, 11월 사이클을 따른다고 하자. (a) 4월 1일에 거래되는 옵션, (b) 5월 30일에 거래되는 옵션은 무엇인가?

9.6 기업이 2 대 1의 주식분할을 발표했다. 행사가격이 60달러인 콜옵션 조건이 어떻게 변하는지 설명하라.

9.7 "종업원스톡옵션은 기업의 재무구조를 변경할 수 있기 때문에 일반적인 거래소옵션과는 상이하다." 이를 설명하라.

연습문제

9.8 기업 재무 담당자가 통화옵션을 이용하는 헤징 프로그램을 설계하고 있다. 거래를 위해 (a) NASDAQ QMX와 (b) 장외시장을 이용하는 경우의 장점과 단점은 무엇인가?

9.9 100달러에 주식 1주를 살 수 있는 유러피언 콜옵션 가격이 5달러이고 투자자가 만기일까지 옵션을 소유한다고 가정하자. 어떤 조건에서 옵션 소유자가 이익을 얻을 수 있는가? 어떤 조건에서 옵션이 행사되는가? 옵션 소유자의 이익이 옵션 만기일의 주가에 따라 어떻게 변하는지 그림으로 나타내라.

9.10 60달러에 주식 1주를 팔 수 있는 유러피언 풋옵션의 가격이 8달러이고 투자자가 만기일까지 옵션을 소유한다고 가정하자. 어떤 조건에서 옵션 매도자(매도포지션을 취한 거래자)가 이익을 얻을 수 있는가? 어떤 조건에서 옵션이 행사되는가? 옵션의 매도포지션 이익이 옵션 만기일의 주가에 따라 어떻게 변하는지 그림으로 나타내라.

9.11 새롭게 맺은 선도계약의 매입포지션과 유러피언 풋옵션 매입포지션으로 구성된 포트폴리오의 만기일 가치를 설명하라. 옵션과 선도계약의 만기는 같고 옵션의 행사가격은 포트폴리오 구성 때의 선도가격과 같다. 유러피언 풋옵션의 가치가 같은 만기와 행사가격을 갖는 유러피언 콜옵션의 가치와 같음을 증명하라.

9.12 어떤 거래자가 행사가격이 45달러인 콜옵션 1개와 행사가격이 40달러인 풋옵션 1개를 매입했다. 두 옵션의 만기는 같다. 콜옵션 가격은 3달러이고 풋옵션 가격은 4달러이다. 자산 가격에 따라 거래자의 이익이 어떻게 변하는지 그래프로 그려라.

9.13 기초자산, 만기, 행사가격이 같은 경우 아메리칸 옵션의 가치가 유러피언 옵션의 가치보다 항상 크거나 같은 이유를 설명하라.

9.14 아메리칸 옵션의 가치가 내재가치보다 항상 크거나 같은 이유를 설명하라.

9.15 콜옵션을 매입하는 것과 풋옵션을 발행하는 것의 차이를 자세히 설명하라.

9.16 기업의 재무 담당자가 환위험을 헤지하기 위해 옵션과 선도계약 중 하나를 선택하고자 한다. 각 방법의 장단점을 설명하라.

9.17 500주를 살 수 있는 거래소 콜옵션계약을 고려해보자. 행사가격은 40달러이고 만기는 4개월이다. (a) 10%의 주식배당이 지급되는 경우, (b) 10%의 현금배당이 지급되는 경우, (c) 4 대 1 주식분할의 경우에 옵션계약 조건이 어떻게 변하는지 설명하라.

9.18 "만일 대다수 콜옵션이 내가격에 있다면, 그것은 주가가 지난 몇 달 동안 급상승했기 때문일 것이다." 이 문장을 논평하라.

9.19 기대치 않은 현금배당이 (a) 콜옵션 가격과 (b) 풋옵션 가격에 미치는 영향은 무엇인가?

9.20 GM 주식에 대한 옵션이 3월, 6월, 9월, 12월 사이클에 속한다. (a) 3월 1일, (b) 6월 30일, (c) 8월 5일에 각각 거래되는 옵션은 무엇인가?

9.21 시장조성자의 매매호가차이가 옵션 투자자에게 실질비용이 되는 이유를 설명하라.

9.22 네이키드 콜옵션 5계약을 발행한 미국 투자자를 고려해보자. 옵션가격은 3.50달러, 행사가격은 60달러, 주가는 57달러이다. 개시증거금 요구액은 얼마인가?

추가문제

9.23 표 1.2의 2015년 9월물 콜옵션의 내재가치와 시간가치를 평균 호가(매수호가와 매도호가의 평균)를 이용해 계산하라. 표 1.3의 2015년 9월물 풋옵션에 대해서도 동일한 계산을 하라. 현재 주식의 평균 호가는 532.27달러라고 가정한다.

9.24 거래자가 행사가격 60달러에 주식 100주를 매도할 수 있는 풋옵션 1계약을 보유하고 있다. 다음의 경우 계약조건에 미치는 영향은 무엇인가?

(a) 2달러 배당 지급 발표

(b) 2달러 배당 지급

(c) 5 대 2 주식분할

(d) 5% 주식배당 지급

9.25 거래자가 네이키드 풋옵션 5계약을 발행했으며, 각 계약은 100개의 주식을 대상으로 한다. 옵션가격은 10달러이고, 만기는 6개월, 행사가격은 64달러이다.

(a) 주가가 58달러이면 요구되는 증거금은 얼마인가?

(b) 지수옵션에 대한 규정이 적용되면 (a)의 답은 어떻게 변하는가?

(c) 주가가 70달러이면 (a)의 답은 어떻게 변하는가?

(d) 거래자가 옵션을 발행하는 대신에 매입하면 (a)의 답은 어떻게 변하는가?

9.26 주식 가격이 40달러이다. 그 주식에 대한 행사가격이 30달러인 1년 만기 유러피언 풋옵션 가격이 7달러이고, 행사가격이 50달러인 1년 만기 유러피언 콜옵션 가격이 5달러이다. 투자자가 주식 100주를 매입하고 콜옵션 100개를 매도하고 풋옵션 100개를 매입한다고 하자. 1년 후 주가에 따라 투자자의 이익과 손실이 어떻게 변하는지 그래프를 그려보라. 만일 투자자가 주식 100주를 매입하고 콜옵션 200개를 매도하고 풋옵션 200개를 매입한다면 결과는 어떻게 변하는가?

9.27 "만일 어떤 기업이 경쟁기업보다 성과가 좋지 않지만 주식시장이 좋아지면 기업의 임원들은 스톡옵션으로부터 많은 이익을 얻을 것이다. 이는 합리적이지 않다." 이 관점에 대해서 논하라. 이러한 관점을 반영하는 일반적인 종원원스톡옵션의 대안을 생각해보라.

9.28 DerivaGem을 이용해 무배당 주식에 대한 아메리칸 풋옵션의 가치를 계산하라. 주가는 30달러, 행사가격은 32달러, 무위험이자율은 5%, 변동성은 30%, 만기는 1.5년이다(Option Type으로 'Binomial American'을 선택하고 50개의 기간을 이용할 것).

(a) 옵션의 내재가치는 얼마인가?

(b) 옵션의 시간가치는 얼마인가?

(c) 0의 시간가치는 무엇을 의미하는가? 시간가치가 0인 옵션의 가치는 얼마인가?

(d) 시행착오법을 이용해 옵션의 시간가치가 0이 되기 위

해서는 주가가 얼마나 낮아야 하는지 계산하라.

9.29 2004년 7월 20일에 마이크로소프트는 주당 3달러의 배당을 지급한다고 발표함으로써 시장을 놀라게 했다. 배당락일은 2004년 11월 17일이고 배당 지급일은 2004년 12월 2일이다. 당시 주가는 대략 28달러였다. 배당 지급은 행사가격이 다음과 같이 하향 조정되도록 종업원스톡옵션의 조건도 바꾸었다.

$$\text{배당 전 행사가격} \times \frac{\text{종가} - 3\text{달러}}{\text{종가}}$$

각 스톡옵션에 대한 주식 수도 다음과 같이 상향 조정되었다.

$$\text{배당 전 주식 수} \times \frac{\text{종가}}{\text{종가} - 3\text{달러}}$$

'종가(closing price)'는 배당락 직전일 마이크로소프트 보통주에 대한 NASDAQ 공식 종가이다.

이와 같은 조정방식을 평가하라. 거래소가 특별배당에 대해서 하는 조정방식과 비교하라(실무사례 9.1 참조).

10 주식옵션의 기본 성격

이 장에서는 주식옵션의 가격에 영향을 미치는 요인을 설명한다. 유러피언 옵션의 가격, 아메리칸 옵션의 가격, 기초자산인 주식 가격 간의 관계를 설명하기 위해 다양한 차익거래논리(arbitrage argument)를 이용하기로 한다. 그중 가장 중요한 것은 유러피언 콜옵션 가격, 유러피언 풋옵션 가격, 기초자산 가격 간의 관계인 풋-콜 패리티이다.

이 장에서는 아메리칸 옵션이 조기에 행사되어야 하는지를 살펴본다. 무배당 주식에 대한 아메리칸 콜옵션의 경우 만기일 전에 권리를 행사하는 것이 결코 최적이 아니지만, 무배당 주식에 대한 아메리칸 풋옵션의 경우 상황에 따라 만기일 전에 권리를 행사하는 것이 최적일 수 있다는 것을 보여준다. 만약 배당금이 지급되면 콜옵션 또는 풋옵션을 조기에 행사하는 것이 최적일 수 있다.

10.1 옵션가격에 영향을 미치는 요인

주식옵션의 가격에 영향을 미치는 여섯 가지 요인은 다음과 같다.

1. 현재 주식의 가격, S_0
2. 행사가격, K
3. 만기일까지의 기간(즉 만기), T
4. 주가 변동성, σ
5. 무위험이자율, r
6. 만기일까지 지급될 것으로 예상하는 배당금

이 절에서는 위에서 언급한 요인 중 어떤 한 요인의 변화가 다른 요인들은 변하지 않는다는 가정하에 옵션가격에 어떠한 영향을 미치는지 살펴본다. 결과는 표 10.1에 요약되어 있다.

표 10.1 다른 요인은 일정할 때 한 요인의 증가가 주식옵션의 가격에 미치는 영향 요약

변수	유러피언 콜	유러피언 풋	아메리칸 콜	아메리칸 풋
현재 주가	+	−	+	−
행사가격	−	+	−	+
만기	?	?	+	+
변동성	+	+	+	+
무위험이자율	+	−	+	−
배당금	−	+	−	+

+는 변수가 증가하면 옵션가격이 상승함을 의미한다. −는 변수가 증가하면 옵션가격이 하락하거나 그대로임을 의미한다. ?는 관계가 불확실함을 의미한다.

그림 10.1과 그림 10.2는 $S_0=50$, $K=50$, $r=$ 연 5%, $\sigma=$ 연 30%, $T=1$과 무배당을 가정하고 유러피언 콜옵션과 풋옵션의 가격이 처음 5개 요인에 의해 어떤 영향을 받는지 보여준다. 이 경우에 콜옵션 가격은 7.116달러이고, 풋옵션 가격은 4.677달러이다.

주가와 행사가격

콜옵션을 미래 어느 시점에서 행사하는 경우, 이득은 주가가 행사가격을 초과하는 금액이다. 따라서 주가가 상승함에 따라 콜옵션의 가치는 증가하고, 반대로 행사가격이 커짐에 따라 콜옵션의 가치는 감소한다. 풋옵션의 경우, 권리행사 시의 이득은 행사가격이 주가를 초과하는 금액이다. 따라서 풋옵션은 콜옵션과 반대 방향으로 움직인다. 주가가 상승함에 따라 풋옵션의 가치는 감소하고, 행사가격이 커짐에 따라 풋옵션의 가치는 증가한다. 그림 10.1의 (a), (b), (c), (d)는 콜옵션과 풋옵션의 가격이 주가와 행사가격에 따라 어떻게 변하는지 보여준다.

만기

다음으로 만기일의 효과를 살펴보자. 만기일까지의 기간이 길어짐에 따라 아메리칸 콜옵션과 풋옵션의 가치는 모두 증가한다(또는 적어도 가치가 감소하지는 않는다). 만기는 다르나 다른 모든 조건이 동일한 2개의 아메리칸 옵션을 고려해보자. 만기가 긴 옵션의 소유자는 만기가 짧은 옵션의 소유자가 가질 수 있는 모든 권리행사 기회 이외에도 추가로 옵션을 행사할 기회가 있다. 따라서 만기가 긴 옵션의 가치는 항상 만기가 짧은 옵션의 가치보다 크거나 같다고 할 수 있다.

만기가 증가함에 따라 유러피언 콜옵션과 풋옵션의 가치는 대체로 증가하지만[그림 10.1의 (e)와 (f) 참조] 이 관계가 항상 성립하는 것은 아니다. 만기일까지의 기간이 1개월인 콜옵션과 2개월인 주식에 대한 콜옵션을 비교해보자. 6주 후에 상당한 금액의 배당금이 예상된다고

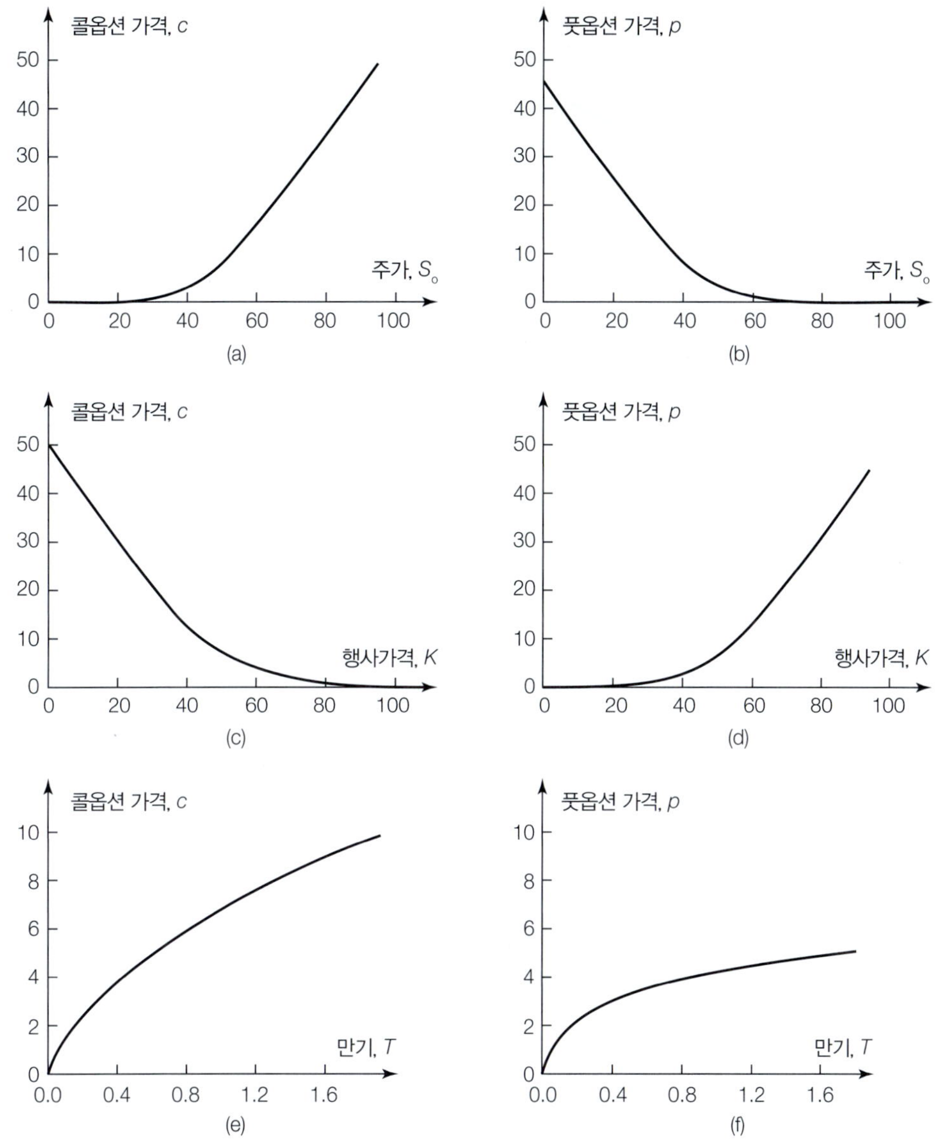

그림 10.1 $S_0=50$, $K=50$, $r=5\%$, $\sigma=30\%$, $T=1$일 때 주가, 행사가격, 만기일이 옵션가격에 미치는 영향

하자. 배당금은 주가를 하락시키므로 만기가 짧은 옵션의 가치가 만기가 긴 옵션의 가치보다 클 수 있다.[1]

변동성

변동성(volatility)의 정확한 정의는 13장에서 설명한다. 대략적으로 주가의 변동성은 미래 주가 변동에 대한 불확실성의 측정치이다. 변동성이 증가함에 따라 주가가 큰 폭으로 상승하거

1 옵션 만기가 변할 때 배당금의 크기와 지급 시점은 변하지 않는다고 가정한다.

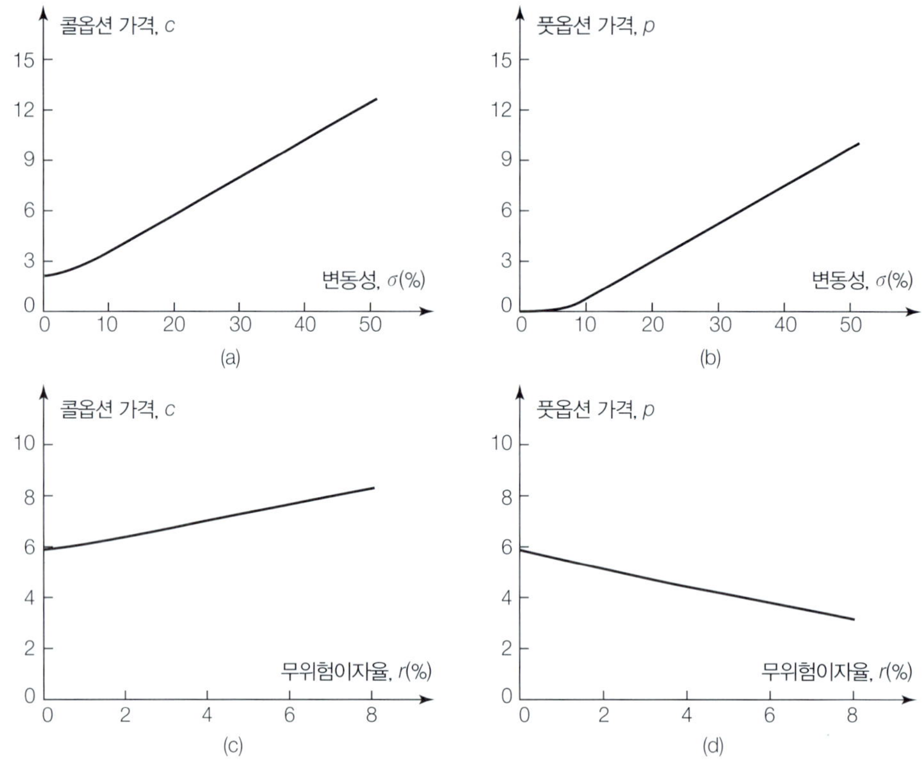

그림 10.2 $S_0=50$, $K=50$, $r=5\%$, $\sigma=30\%$, $T=1$일 때 변동성과 무위험이자율이 옵션가격에 미치는 영향

나 큰 폭으로 하락할 가능성이 높아진다. 주식을 소유하고 있는 투자자에게는 이러한 두 가지 결과가 서로 상쇄하는 경향이 있다. 그러나 콜옵션 소유자에게는 주가가 상승하는 경우 이득이 되는 반면, 소유자의 최대가능손실이 콜옵션 가격이기 때문에 주가가 하락하는 경우의 손실 위험은 제한된다. 마찬가지로 풋옵션 소유자에게는 주가가 하락하는 것이 이득인 반면, 주가가 상승하는 경우의 손실 위험은 제한된다. 따라서 변동성이 증가함에 따라 콜옵션과 풋옵션의 가치는 모두 증가한다[그림 10.2의 (a)와 (b) 참조].

무위험이자율

무위험이자율이 옵션 가치에 미치는 영향은 덜 명백하다. 이자율이 증가함에 따라 주식에 대해 투자자가 요구하는 기대수익률은 증가하는 경향이 있다. 또한 옵션 소유자가 수령하는 미래 현금흐름의 현재가치는 감소한다. 이 두 효과의 결합효과는 콜옵션의 가치를 증가시키고 풋옵션의 가치를 감소시키는 것이다[그림 10.2의 (c)와 (d) 참조].

표 10.1에서 이자율이 변할 때 다른 모든 요인은 일정하다는 것을 가정하고 있음을 강조하는 것이 중요하다. 특히 이자율이 변할 때 주가는 일정하다고 가정하고 있다. 실제는 이자율이 상승(하락)하면 주가는 하락(상승)하는 경향이 있다. 따라서 이자율의 증가와 이에 따른

주가 하락의 결합효과는 콜옵션의 가치를 감소시키고 풋옵션의 가치를 증가시키는 것일 수 있다. 같은 논리로 이자율의 하락과 이에 따른 주가 상승의 결합효과는 콜옵션의 가치를 증가시키고 풋옵션의 가치를 감소시키는 것일 수 있다.

배당금

배당은 배당락일(ex-dividend date)에 주가를 하락시키는 효과가 있다. 이는 콜옵션 소유자에게는 나쁜 소식이나 풋옵션 소유자에게는 좋은 소식이다. 배당락일이 옵션의 만기 중에 있는 배당을 고려해보자. 배당금의 크기는 콜옵션의 가치와 음(−)의 관계를 갖고, 풋옵션의 가치와는 양(+)의 관계를 갖는다.

10.2 가정과 기호

이 장에서는 5장에서 선도와 선물가격을 도출할 때 사용한 것과 유사한 가정을 사용할 것이다. 대규모 투자은행과 같은 시장 참여자가 존재해서 다음과 같은 내용이 사실일 수 있도록 가정한다.

1. 거래비용이 없다.
2. 모든 거래이익(거래손실 차감 후)은 같은 세율의 적용을 받는다.
3. 무위험이자율로 차입과 대출이 가능하다.

이러한 시장 참여자들은 차익거래기회가 발생하면 이를 곧 이용할 준비가 되어 있다고 가정하자. 1장과 5장에서 설명했듯이 이는 차익거래기회는 곧 사라지게 된다는 것을 의미한다. 따라서 분석 목적을 위해서 차익거래기회는 존재하지 않는다고 가정한다.

기호를 다음과 같이 정의하자.

S_0: 현재 주식의 가격

K: 옵션의 행사가격

T: 옵션 만기일까지의 기간(즉 만기) 또는 만기일

S_T: 만기일의 주식 가격

r: T시점에 만기가 되는 투자의 연속복리 무위험이자율

C: 주식 1주를 살 수 있는 아메리칸 콜옵션의 가치

P: 주식 1주를 팔 수 있는 아메리칸 풋옵션의 가치

c: 주식 1주를 살 수 있는 유러피언 콜옵션의 가치

p: 주식 1주를 팔 수 있는 유러피언 풋옵션의 가치

여기서 r은 실질이자율(real rate of interest)이 아니고 명목이자율(nominal rate of interest)이다.[2] 시장에서 사용하는 무위험이자율의 대용치는 4.3절에서 논의했다. 단순한 차익거래논리에 의하면 r은 0보다 크고, 이 장에서 결과들을 도출할 때는 이를 가정한다.[3] 그러나 정부의 통화정책에 의해 얼마간 몇몇 통화에서는 이자율이 음(−)의 값을 갖기도 했다. 예를 들어 2015년 중반 유로와 스위스 프랑의 특정 만기에 대한 이자율이 음(−)의 값을 가졌다. 문제 10.22는 음(−)의 이자율이 이 장의 결과들에 미치는 영향을 고려한다.

10.3 옵션가격의 상한선과 하한선

이 절에서는 옵션가격의 상·하한선(upper and lower bounds)을 도출해보자. 상·하한선은 10.1절에서 언급한 요인들에 대한 어떠한 가정도 필요하지 않다($r > 0$ 가정은 제외). 만일 옵션가격이 상한선을 상회하거나 하한선을 하회하는 경우 차익거래기회가 발생한다.

상한선

아메리칸 또는 유러피언 콜옵션은 소유자에게 특정 가격으로 주식 1주를 살 수 있는 권리를 부여한다. 어떤 상황에서도 옵션 가치는 결코 주식 가치를 초과할 수 없다. 따라서 주식 가격이 옵션가격의 상한선이 된다.

$$c \le S_0, \qquad C \le S_0 \tag{10.1}$$

이 관계가 성립하지 않는 경우 차익거래자는 주식을 매입하고 콜옵션을 매도함으로써 쉽게 무위험이익을 얻을 수 있다.

아메리칸 풋옵션은 소유자에게 행사가격(K)으로 주식 1주를 팔 수 있는 권리를 부여한다. 주식의 가격이 얼마나 하락하든 풋옵션의 가치는 결코 행사가격을 초과할 수 없다.

$$P \le K \tag{10.2}$$

유러피언 풋옵션의 경우 만기일의 옵션 가치는 행사가격을 초과할 수 없으므로 현재 시점에서의 가치는 행사가격의 현재가치를 초과할 수 없다.

---

2 실질이자율은 인플레이션 효과를 조정한 이자율이다. 예를 들어 명목이자율이 3%이고 인플레이션이 2%라면 실질이자율은 대략 1%이다.

3 만일 r이 0보다 크지 않다면 여유자금을 투자한 것이 (투자하지 않고) 현금으로 보유하는 것보다 나은 점이 없다. 달리 말하면, 0이나 음(−)의 수익률을 제공하는 채권에 투자할 이유가 있는가?

$$p \leq Ke^{-rT} \tag{10.3}$$

이 관계가 성립하지 않으면 차익거래자는 풋옵션을 발행하고 받은 금액을 무위험이자율로 투자함으로써 무위험이익을 얻을 수 있다.

무배당 주식에 대한 콜옵션의 가격 하한선

무배당 주식에 대한 유러피언 콜옵션의 가격 하한선은 다음과 같다.

$$S_0 - Ke^{-rT}$$

먼저 예를 들어 설명한 후 이를 증명하기로 하자.

예제 10.1에서 $S_0=20$달러, $K=18$달러, $r=$연 10%, $T=1$년으로 가정하고 있다. 그러면 하한선은 3.71달러이다.

$$S_0 - Ke^{-rT} = 20 - 18e^{-0.1\times 1} = 3.71$$

먼저 유러피언 콜옵션의 가격이 이론적인 최저가 3.71달러보다 낮은 3달러라고 가정해보자. 차익거래자가 주식을 공매하고 콜옵션을 매입하면 20달러−3달러=17달러의 현금유입이 발생한다. 17달러를 연 10%의 무위험이자율로 1년간 투자하면 $17e^{0.1\times 1}=18.79$달러가 된다. 연말에 옵션이 만료된다. 만약 주가가 18달러를 초과하면 차익거래자는 콜옵션을 행사해 18

예제 10.1 콜옵션 가격이 너무 낮을 때 EXAMPLE

행사가격이 18달러이고 만기가 1년인 무배당 주식에 대한 유러피언 콜옵션 가격이 3달러이다. 주가는 20달러이고 무위험이자율은 연 10%이다.

현재 거래

콜옵션을 3달러에 매입
주식을 공매해 20달러 실현
17달러를 1년간 투자

1년 후 거래

$S_T>18$이면:	$S_T<18$이면:
옵션을 행사해 18달러에 주식 매입	주식을 S_T에 매입
주식으로 공매포지션 마감	주식으로 공매포지션 마감
투자로부터 18.79달러 수령	투자로부터 18.79달러 수령
이익=0.79달러	이익$=18.79-S_T$ (>0.79달러)

달러에 주식을 매입해서 그 주식으로 공매포지션을 마감하고 0.79달러의 이익을 얻는다.

$$18.79\text{달러} - 18\text{달러} = 0.79\text{달러}$$

만일 주가가 18달러 미만이면 주식시장에서 주식을 매입해 공매포지션을 마감한다. 이 경우 차익거래자는 보다 큰 이익을 얻게 된다. 예를 들어 주가가 17달러이면 차익거래자의 이익은 1.79달러이다.

$$18.79\text{달러} - 17\text{달러} = 1.79\text{달러}$$

하한선 공식을 증명하기 위해 다음 2개의 포트폴리오를 고려해보자.

A 포트폴리오: 유러피언 콜옵션 1개와 T시점에서 K의 이득을 제공하는 무이표채
B 포트폴리오: 주식 1주

A포트폴리오에 포함된 채권은 T시점에서 K의 가치를 갖는다. 만일 $S_T > K$이면 만기일에 콜옵션을 행사하고 A포트폴리오의 가치는 S_T가 된다. 만일 $S_T < K$이면 콜옵션의 가치는 0이고 A포트폴리오의 가치는 K이다. 따라서 T시점에서 A포트폴리오의 가치는 다음과 같다.

$$\max(S_T, K)$$

만기일의 B포트폴리오 가치는 S_T이다. 즉 만기일에서의 A포트폴리오 가치는 B포트폴리오 가치보다 크거나 같다. 따라서 차익거래기회를 배제하기 위해서는 현재 시점에서도 A포트폴리오의 가치가 B포트폴리오의 가치보다 크거나 같아야 한다. 현재 무이표채의 가치는 Ke^{-rT}이므로 다음 식이 성립한다.

$$c + Ke^{-rT} \geq S_0$$

또는

$$c \geq S_0 - Ke^{-rT}$$

예제 10.2 콜옵션의 하한선 EXAMPLE

주가가 51달러이고 행사가격이 50달러이며 만기는 6개월이고 무위험이자율은 연 12%일 때의 무배당 주식에 대한 유러피언 콜옵션을 고려해보자. 이 경우 $S_0 = 51$, $K = 50$, $T = 0.5$, $r = 0.12$이다. 식 (10.4)로부터 콜옵션 가격의 하한선은 $S_0 - Ke^{-rT}$, 즉 3.91달러이다.

$$51 - 50e^{-0.12 \times 0.5} = 3.91\text{달러}$$

콜옵션에게 일어날 수 있는 최악의 경우는 가치가 0으로 만료되는 것이므로, 옵션의 가치는 0보다 작을 수는 없다. 이는 $c \geq 0$라는 의미이다. 따라서 다음 식이 성립한다.

$$c \geq \max(S_0 - Ke^{-rT}, 0) \tag{10.4}$$

예제 10.2는 이 식을 적용한 사례를 보여준다.

무배당 주식에 대한 풋옵션의 가격 하한선

무배당 주식에 대한 유러피언 풋옵션의 가격 하한선은 다음과 같다.

$$Ke^{-rT} - S_0$$

먼저 예를 들어 설명한 후 이를 증명하겠다. 예제 10.3에서 $S_0=37$달러, $K=40$달러, r =연 5%, $T=0.5$년으로 가정하고 있다. 그러면 하한선은 2.01달러이다.

$$Ke^{-rT} - S_0 = 40e^{-0.05 \times 0.5} - 37 = 2.01\text{달러}$$

먼저 유러피언 풋옵션의 가격이 이론적인 최저가 2.01달러보다 낮은 1달러라고 가정해보자. 차익거래자가 38달러를 6개월간 차입해서 풋옵션과 주식을 매입할 수 있다. 6개월 후 차입자는 $38e^{0.05\times0.5}$=38.96달러를 상환해야 한다. 만일 주가가 40달러 미만이면 차익거래자는 옵션을 행사해 소유하고 있는 주식을 40달러에 매도하고 차입을 상환해 1.04달러의 이익을 얻는다.

예제 10.3 풋옵션 가격이 너무 낮을 때 EXAMPLE

행사가격이 40달러이고 만기가 6개월인 무배당 주식에 대한 유러피언 풋옵션의 가격이 1달러이다. 주가는 37달러이고 무위험이자율은 연 5%이다.

현재 거래

38달러를 6개월 차입

풋옵션을 1달러에 매입

주식을 37달러에 매입

6개월 후 거래

$S_T<40$이면:	$S_T>40$이면:
옵션을 행사해 40달러에 주식 매도	주식을 $+S_T$에 매도
38.96달러로 차입 상환	38.96달러로 차입 상환
이익=1.04달러	이익$=S_T-38.96$ (> 1.04달러)

$$40\text{달러} - 38.96\text{달러} = 1.04\text{달러}$$

만일 주가가 40달러를 초과하면 차익거래자는 옵션을 포기하고 주식을 매도하고 차입을 상환해 더 큰 이익을 얻는다. 예를 들어 주가가 42달러이면 차익거래자의 이익은 3.04달러이다.

$$42\text{달러} - 38.96\text{달러} = 3.04\text{달러}$$

하한선 공식을 증명하기 위해 다음 2개의 포트폴리오를 고려해보자.

C포트폴리오: 유러피언 풋옵션 1개와 주식 1주
D포트폴리오: Ke^{-rT}의 현금 (또는 T시점에 K를 지급하는 무이표채 1개)

만일 $S_T<K$이면 C포트폴리오에 포함된 풋옵션을 만기일에 행사해 포트폴리오의 가치는 K가 된다. 만일 $S_T>K$이면 풋옵션 가치는 0이고 포트폴리오 가치는 S_T이다. 따라서 T시점에 C포트폴리오 가치는 다음과 같다.

$$\max(S_T, K)$$

D포트폴리오는 T시점에 K의 가치를 갖는다. 따라서 T시점에 C포트폴리오 가치는 항상 D포트폴리오 가치보다 크거나 같다. 차익거래기회를 배제하기 위해서는 현재 시점에서도 C포트폴리오 가치가 D포트폴리오 가치보다 크거나 같아야 한다. 따라서 다음 식이 성립한다.

$$p + S_0 \geq Ke^{-rT}$$

또는

$$p \geq Ke^{-rT} - S_0$$

풋옵션에게 일어날 수 있는 최악의 경우는 가치가 0으로 만료되는 것이므로, 옵션 가치는 0보다 작을 수는 없다. 따라서 다음 식이 성립한다.

$$p \geq \max(Ke^{-rT} - S_0, 0) \tag{10.5}$$

예제 10.4 풋옵션의 하한선 EXAMPLE

주가가 38달러이고 행사가격이 40달러이며 만기는 3개월이고 무위험이자율은 연 10%일 때의 무배당 주식에 대한 유러피언 풋옵션을 고려해보자. 이 경우 $S_0=38$, $K=40$, $T=0.25$, $r=0.10$이다. 식 (10.5)로부터 풋옵션 가격의 하한선은 $Ke^{-rT}-S_0$, 즉 1.01달러이다.

$$40e^{-0.1\times0.25} - 38 = 1.01\text{달러}$$

예제 10.4는 이 공식을 적용한 사례를 보여준다.

10.4 풋–콜 패리티

이제 동일한 행사가격과 만기를 갖는 유러피언 풋옵션과 콜옵션 가격 간의 중요한 관계를 유도해보자. 이를 위해 앞에서 구성했던 다음 2개의 포트폴리오를 고려해보자.

A포트폴리오: 유러피언 콜옵션 1개와 T시점에서 K를 지급하는 무이표채
C포트폴리오: 유러피언 풋옵션 1개와 주식 1주

주식은 배당을 지급하지 않는다고 계속 가정한다. 콜옵션과 풋옵션은 동일한 행사가격 K와 동일한 만기 T를 갖는다.

앞 절에서 설명했듯이 A포트폴리오의 무이표채는 T시점에 K의 가치를 갖는다. 만일 T시점에 주가 S_T가 K보다 높으면 A포트폴리오의 콜옵션은 행사된다. 이는 A포트폴리오가 이런 경우에 T시점에 $(S_T - K) + K = S_T$의 가치를 갖는 것을 의미한다. 만일 S_T가 K보다 낮으면 A포트폴리오의 콜옵션 가치는 0이 되고 포트폴리오의 T시점에서의 가치는 K이다.

C포트폴리오에서 주식은 T시점에 S_T의 가치를 갖는다. 만일 S_T가 K보다 낮으면 C포트폴리오의 풋옵션은 행사된다. 이는 이러한 경우에 C포트폴리오는 T시점에 $(K - S_T) + S_T = K$의 가치를 갖는다는 것을 의미한다. 만일 S_T가 K보다 높으면 C포트폴리오의 풋옵션 가치는 0이 되고 T시점에 포트폴리오 가치는 S_T이다.

이 상황은 표 10.2에 요약되어 있다. $S_T > K$이면 T시점에 두 포트폴리오의 가치는 S_T이다. 만일 $S_T < K$이면 T시점에 두 포트폴리오의 가치는 K이다. 다시 말해 T시점에 옵션이 만료될 때 두 포트폴리오의 가치는 다음과 같다.

$$\max(S_T, K)$$

옵션이 유러피언형이므로 T시점 이전에 권리를 행사할 수 없다. 두 포트폴리오가 T시점에서

표 10.2 T시점에서 A포트폴리오와 C포트폴리오의 가치

		$S_T > K$	$S_T < K$
A포트폴리오	콜옵션	$S_T - K$	0
	무이표채	K	K
	합계	S_T	K
C포트폴리오	풋옵션	0	$K - S_T$
	주식	S_T	S_T
	합계	S_T	K

동일한 가치를 가지므로 현재 시점에서도 동일한 가치를 가져야 한다. 만약 그렇지 않으면 차익거래자는 저렴한 포트폴리오를 매입하고 비싼 포트폴리오를 매도할 것이다. 두 포트폴리오는 T시점에 서로 상쇄될 것이므로 이 거래전략은 두 포트폴리오 가치의 차이에 해당하는 차익거래이익을 확정할 것이다.

A포트폴리오의 구성자산은 현재 시점에서 c와 Ke^{-rT}의 가치를 갖는다. 그리고 C포트폴리오의 구성자산은 현재 시점에서 p와 S_0의 가치를 갖는다. 따라서 다음 식이 성립한다.

$$c + Ke^{-rT} = p + S_0 \tag{10.6}$$

이 관계를 풋-콜 패리티(put-call parity)라고 한다. 특정 행사가격과 행사일을 갖는 유러피언 콜옵션의 가치는 동일한 행사가격과 행사일을 갖는 유러피언 풋옵션의 가치로부터 추정할 수 있으며 반대의 경우도 성립한다.

식 (10.6)이 성립하지 않을 때의 차익거래기회를 설명하기 위해 주가가 31달러, 행사가격이 30달러, 무위험이자율이 연 10%, 만기가 3개월인 유러피언 콜옵션과 풋옵션의 가격이 각각 3달러, 2.25달러라고 하자. 이 경우 다음 식이 성립한다.

$$c + Ke^{-rT} = 3 + 30e^{-0.1\times 3/12} = 32.26\text{달러}$$
$$p + S_0 = 2.25 + 31 = 33.25\text{달러}$$

C포트폴리오는 A포트폴리오에 비해 과대평가되어 있다. 따라서 차익거래자는 A포트폴리오에 포함된 증권을 매입하고 C포트폴리오에 포함된 증권을 매도한다. 이 전략은 콜옵션을 매입하고 풋옵션과 주식을 매도하는 것(주식은 공매도)을 포함한다. 이로 인해 현재 30.25달러의 현금유입이 발생한다.

$$-3 + 2.25 + 31 = 30.25\text{달러}$$

30.25달러를 무위험이자율로 투자하면 3개월 후에 31.02달러가 된다.

$$30.25e^{0.1\times 0.25} = 31.02\text{달러}$$

옵션 만기일의 주가가 30달러보다 크면 콜옵션을 행사한다. 만일 30달러보다 작으면 풋옵션을 행사한다. 어떤 경우이든 차익거래자는 결국 30달러에 주식을 매입하게 된다. 매입한 주식은 공매포지션을 마감하는 데 사용할 수 있다. 따라서 순이익은 1.02달러이다.

$$31.02\text{달러} - 30.00\text{달러} = 1.02\text{달러}$$

반대 상황으로 콜옵션 가격이 3달러, 풋옵션 가격이 1달러라고 하자. 이 경우 다음 식이 성립한다.

$$c + Ke^{-rT} = 3 + 30e^{-0.1 \times 3/12} = 32.26\text{달러}$$
$$p + S_0 = 1 + 31 = 32.00\text{달러}$$

A포트폴리오가 C포트폴리오에 비해 과대평가되어 있다. 차익거래자는 A포트폴리오에 포함된 증권을 매도하고 C포트폴리오에 포함된 증권을 매입해 무위험이익을 확정할 수 있다. 이 전략은 콜옵션을 매도하고, 풋옵션과 주식을 매입하는 것을 포함한다. 이를 위해 처음에 29달러를 투자해야 한다.

$$31\text{달러} + 1\text{달러} - 3\text{달러} = 29\text{달러}$$

이를 무위험이자율로 차입하면 3개월 후에 $29e^{0.1 \times 0.25} = 29.73$달러를 상환해야 한다. 앞의 경우처럼 콜옵션 또는 풋옵션이 행사될 것이다. 따라서 콜옵션에 대한 매도포지션과 풋옵션에 대한 매입포지션은 결국 30달러에 주식을 매도하게 하며 순이익은 0.27달러이다.

$$30\text{달러} - 29.73\text{달러} = 0.27\text{달러}$$

이 예들이 표 10.3에 요약되어 있다. 실무사례 10.1은 옵션과 풋-콜 패리티가 어떻게 기업의 채권자와 주주의 포지션을 이해하는 데 도움을 주는지 보여준다.

아메리칸 옵션

풋-콜 패리티는 유러피언 옵션의 경우에만 성립한다. 그러나 아메리칸 옵션에 대해서도 몇 가지 결과를 도출할 수 있다. 배당이 없을 때 다음 식이 성립한다는 것을 보일 수 있다(연습문제 10.18 참조).

$$S_0 - K \le C - P \le S_0 - Ke^{-rT} \tag{10.7}$$

예제 10.5는 이 식을 적용한 사례를 보여준다.

10.5 무배당 주식에 대한 콜옵션

이 절에서는 무배당 주식에 대한 아메리칸 콜옵션의 경우에 만기일 전에 권리행사를 하는 것이 결코 최적이 아님을 증명할 것이다.

논리의 일반적인 원리를 설명하기 위해서 주가가 70달러이고 행사가격은 40달러, 만기가 1개월인 무배당 주식에 대한 아메리칸 콜옵션을 고려하자. 이 옵션은 심내가격(deep-in-the-money)에 있고, 옵션 소유자는 당장 권리를 행사하려고 하기 쉽다. 그러나 옵션을 행사해 획득한 주식을 1개월 이상 소유하고자 하는 투자자에게 이는 최선의 전략이 아니다. 더 바람직

표 10.3 풋-콜 패리티가 성립하지 않는 경우 발생하는 차익거래기회: 주가=31달러, 이자율=10%, 콜옵션 가격=3달러. 풋옵션과 콜옵션의 행사가격은 30달러, 만기는 3개월로 같다.

3개월 풋옵션 가격=2.25달러	3개월 콜옵션 가격=1달러
현재 거래:	*현재 거래:*
콜옵션을 3달러에 매입	29달러를 3개월 차입
풋옵션을 매도해 2.25달러 실현	콜옵션을 매도해 3달러 실현
주식을 공매해 31달러 실현	풋옵션을 1달러에 매입
30.25달러를 3개월 투자	주식을 31달러에 매입
3개월 후 $S_T > 30$일 때 거래:	*3개월 후 $S_T > 30$일 때 거래:*
투자로부터 31.02달러 수령	콜옵션 행사: 주식을 30달러에 매도
콜옵션을 행사해 주식을 30달러에 매입	29.73달러로 차입 상환
이익=1.02달러	이익=0.27달러
3개월 후 $S_T < 30$일 때 거래:	*3개월 후 $S_T < 30$일 때 거래:*
투자로부터 31.02달러 수령	풋옵션을 행사해 주식을 30달러에 매도
풋옵션 행사: 주식을 30달러에 매입	29.73달러로 차입 상환
이익=1.02달러	이익=0.27달러

실무사례 10.1 풋-콜 패리티와 자본구조

피셔 블랙(Fischer Black), 마이런 숄즈(Myron Scholes), 로버트 머튼(Robert Merton)은 옵션 가치평가의 선구자이다. 이들은 1970년대 초에 기업의 자본구조를 설명하는 데 옵션을 이용할 수 있음을 보였다. 오늘날 이 모형은 금융기관이 기업의 신용위험을 평가하는 데 폭넓게 이용된다.

이 모형을 설명하기 위해 자산이 무이표채와 자기자본으로 조달된 단순한 기업을 고려해보자. 모든 채권은 원금 K가 상환되는 5년 후에 만기가 된다. 이 기업은 배당을 지급하지 않는다. 만일 5년 후에 자산가치가 K보다 크면 주주는 채권자에게 K를 상환한다. 만일 5년 후의 자산가치가 K보다 작으면 주주는 파산을 선언하고 채권자가 기업을 소유하게 된다.

따라서 5년 후 자기자본의 가치는 $\max(A_T-K, 0)$이다. 여기서 A_T는 5년 후의 자산가치이다. 그러므로 주주는 행사가격이 K인 기업의 자산에 대한 유러피언 콜옵션을 소유하고 있다. 채권자는 5년 후 $\min(A_T, K)$의 가치를 갖는다. 이는 $K-\max(K-A_T, 0)$와 동일하다. 따라서 채권의 현재가치는 K의 현재가치에서 행사가격이 K인 자산에 대한 5년 만기 유러피언 풋옵션의 가치를 차감한 값이다.

요약하면, 만일 c와 p가 각각 행사가격이 K인 기업의 자산에 대한 5년 만기 콜옵션과 풋옵션의 가치라면 자기자본과 부채의 가치는 다음과 같다.

$$\text{자기자본 가치}=c$$
$$\text{부채 가치}=PV(K)-p$$

기업 자산의 현재가치를 A_0라고 정의하자. 자산가치는 자산 구입에 필요한 자금을 조달하는 금융수단의 총가치와 동일해야 한다. 이는 자산 가치가 자기자본 가치와 부채 가치의 합과 동일해야 함을 의미하고, 다음의 식이 성립한다.

$$A_0=c+[PV(K)-p]$$

이 식을 다시 정리하면 다음과 같다.

$$c+PV(K)=p+A_0$$

이는 기업의 자산에 대한 콜옵션과 풋옵션에 관한 식 (10.6)의 풋-콜 패리티 결과이다.

한 결정은 옵션을 보유하다가 1개월 후에 권리를 행사하는 것이다. 그렇게 하면 행사가격 40달러의 지불을 1개월 후로 미룰 수 있어서 40달러에 대한 1개월 이자소득을 얻게 된다. 또한 주식은 배당을 지급하지 않으므로 주식을 소유해서 얻게 되는 어떤 소득도 희생하지 않았다. 지금 권리를 행사하는 것에 비해 기다림으로써 얻는 또 하나의 이점은 1개월 후 주가가 40달러 이하로 하락할 가능성이 (비록 희박하지만) 존재한다. 이 경우에 투자자는 1개월 후에 권리를 행사하지 않을 것이고 1개월 전에 권리행사를 하지 않았던 것을 기뻐할 것이다.

이상의 논리는 만일 투자자가 주식을 만기일까지(위의 경우 1개월) 소유하고자 하는 경우, 옵션을 만기일 전에 행사하는 것이 결코 이점이 없음을 보여준다. 투자자가 현재 주가가 과대평가되었다고 생각해서 권리를 행사해 주식을 매도할 생각을 할 수도 있다. 이 경우에도 투자자가 권리를 행사하는 것보다 옵션을 매도하는 것이 유리하다.[4] 주식을 소유하고자 하는 다른 투자자가 옵션을 매입하게 된다. 이러한 투자자는 반드시 존재한다. 그렇지 않으면 현재 주가는 70달러가 아닐 것이다. 앞에서 설명한 이유로 인해 옵션가격은 옵션의 내재가치인 30달러보다 항상 크다.

이를 보다 공식적으로 증명하는 방법은 식 (10.4)를 이용하는 것이다.

$$c \geq S_0 - Ke^{-rT}$$

아메리칸 콜옵션 소유자는 유러피언 콜옵션 소유자가 가질 수 있는 모든 권리행사의 기회를 가지므로 다음과 같이 $C \geq c$의 관계가 성립한다. 따라서 다음 식이 성립한다.

예제 10.5 아메리칸 콜옵션과 풋옵션의 관계 EXAMPLE

행사가격이 20달러이고 만기가 5개월인 무배당 주식에 대한 아메리칸 콜옵션의 가격이 1.5달러이다. 현재 주가는 19달러이고 무위험이자율은 연 10%라고 하자. 식 (10.7)로부터 다음 관계가 성립한다.

$$19 - 20 \leq C - P \leq 19 - 20e^{-0.1 \times 5/12}$$

또는

$$1 \geq P - C \geq 0.18$$

$P - C$는 0.18달러와 1달러 사이의 값을 가진다. 콜옵션 가격이 1.5달러이므로 풋옵션 가격은 1.68달러와 2.50달러 사이의 값이어야 한다. 다시 말해 아메리칸 콜옵션과 행사가격 및 만기가 동일한 아메리칸 풋옵션 가격의 상한선과 하한선은 각각 2.50달러와 1.68달러이다.

4 또 다른 전략으로 투자자가 옵션을 행사하지 않고 주식을 공매해 10달러 이상의 이익을 확정할 수 있다.

$$C \geq S_0 - Ke^{-rT}$$

$r > 0$이면 $T > 0$일 때 $C > S_0 - K$이다. 이는 아메리칸 콜옵션의 가격이 만기일 전에 옵션의 내재가치보다 항상 크다는 것을 의미한다. 만일 만기일 전 특정 시점에 권리를 행사하는 것이 최적이라면 C는 그 시점에서 내재가치와 같을 것이다. 따라서 만기일 전에 권리를 행사하는 것이 최적이 아님을 알 수 있다.

요약하면, 무배당 주식에 대한 아메리칸 콜옵션을 조기에 행사하지 말아야 하는 이유는 두 가지다. 한 가지 이유는 콜옵션이 부여하는 보험(insurance)과 연관되어 있다. 즉 주식 대신에 콜옵션을 소유하고 있으면 주가가 행사가격 이하로 하락하는 경우에 소유자를 보호해준다. 일단 옵션을 행사하면 행사가격과 주식 가격은 교환되며 보험의 기능은 사라진다. 또 다른 이유는 화폐의 시간가치와 관련이 있다. 즉 옵션 소유자의 입장에서 행사가격을 늦게 지불할수록 유리하다.

가격 범위

무배당 주식의 경우 아메리칸 콜옵션은 결코 조기에 행사되지 않으므로 유러피언 콜옵션과 동일하게 되어서 $C = c$이다. 식 (10.1)과 (10.4)로부터 상한선과 하한선은 다음과 같다.

$$\max(S_0 - Ke^{-rT}, 0) \leq c \leq S_0$$
$$\max(S_0 - Ke^{-rT}, 0) \leq C \leq S_0$$

가격 범위는 그림 10.3에 표시되어 있다.

콜옵션 가격이 주가 S_0에 대해 변하는 일반적인 관계는 그림 10.4와 같다. r 또는 T 또는 주가 변동성이 증가함에 따라 콜옵션 가격과 주가를 연계하는 선은 화살표 방향으로 움직인다.

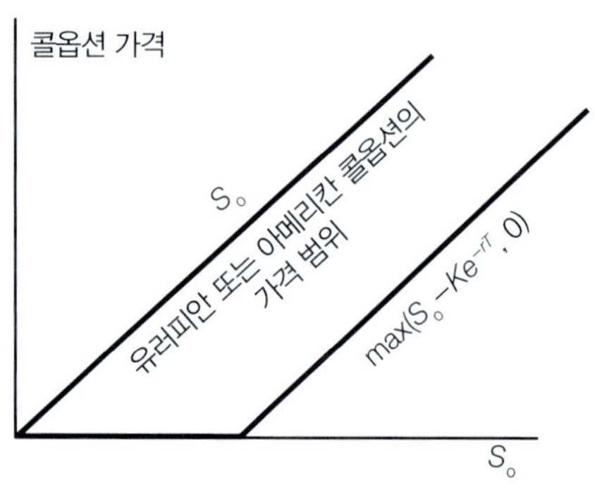

그림 10.3 무배당의 경우 유러피언과 아메리칸 콜옵션의 가격 범위

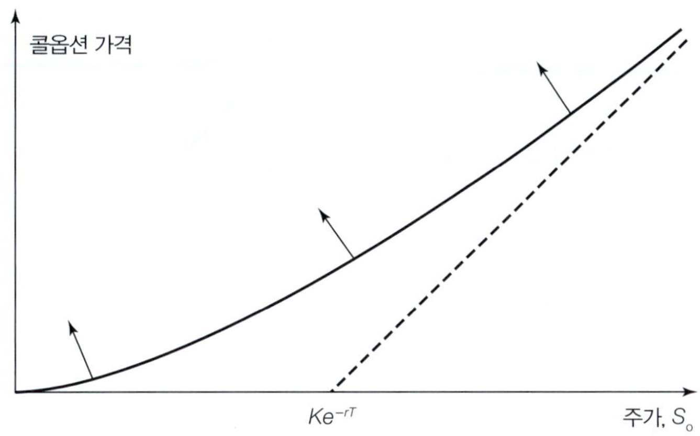

그림 10.4 무배당 주식에 대한 아메리칸 또는 유러피언 콜옵션 가격과 주가 S_0의 관계. 이자율, 만기, 주가 변동성이 증가함에 따라 곡선은 화살표 방향으로 움직인다.

10.6 무배당 주식에 대한 풋옵션

무배당 주식에 대한 풋옵션의 경우 조기에 권리를 행사하는 것이 최적일 수 있다. 만기일 전 어느 시점에서 옵션이 충분히 심내가격에 있으면 풋옵션을 항상 조기에 행사해야 한다.

이를 설명하기 위해 극단적인 경우를 생각해보자. 행사가격이 10달러이고 주가는 거의 0에 가깝다고 하자. 지금 옵션을 행사하면 투자자는 10달러의 이득을 얻는다. 만일 투자자가 기다리면 옵션 행사에서 얻게 되는 이득이 10달러보다 작을 수는 있으나, 주가가 0보다 작을 수는 없으므로 이득이 결코 10달러 이상일 수는 없다. 또한 10달러를 지금 받는 것이 미래에 받는 것보다 유리하다. 따라서 이러한 상황에서는 풋옵션을 즉시 행사해야 한다.

콜옵션과 같이 풋옵션도 보험 기능이 있다. 주식과 함께 풋옵션을 소유하면 주가가 일정 수준 이하로 하락할 때 투자자를 보호해준다. 그러나 콜옵션과는 달리 풋옵션의 경우 이러한 보험 기능을 포기하고 행사가격을 즉시 받기 위해 조기에 권리를 행사하는 것이 최적일 수 있다. 일반적으로 S_0가 하락함에 따라, 이자율 r이 상승함에 따라, 변동성이 감소함에 따라 풋옵션의 조기 행사는 유리해진다.

가격 범위

식 (10.3)과 (10.5)로부터 무배당의 경우 유러피언 풋옵션 가격의 상한선과 하한선은 다음과 같다.

$$\max(Ke^{-rT} - S_0, 0) \le p \le Ke^{-rT}$$

무배당 주식에 대한 아메리칸 풋옵션의 경우 옵션이 언제든 행사될 수 있기 때문에 다음 조건

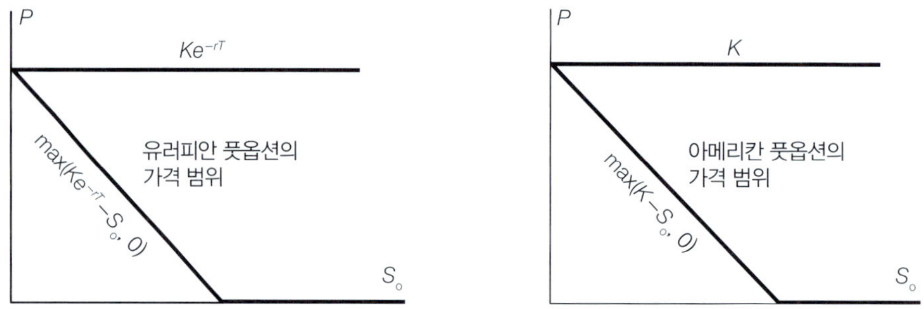

그림 10.5 무배당의 경우 유러피언과 아메리칸 풋옵션의 가격 범위

은 반드시 적용되어야 한다.

$$P \geq \max(K - S_0, 0)$$

이는 식 (10.5)의 유러피언 풋옵션의 조건보다 강한 조건이다. 식 (10.2)의 결과를 이용하면 무배당 주식에 대한 아메리칸 풋옵션의 가격 범위는 다음과 같다.

$$\max(K - S_0, 0) \leq P \leq K$$

그림 10.5는 풋옵션의 가격 범위를 보여준다.

그림 10.6은 S_0가 변함에 따라 아메리칸 풋옵션의 가격이 일반적으로 어떻게 변하는지를 보여준다. 앞에서 설명했듯이 $r > 0$인 경우 주가가 충분히 하락했을 때 아메리칸 풋옵션을 즉시 행사하는 것이 최적이다. 조기 행사가 최적일 때 옵션 가치는 $K - S_0$이다. 그러므로 풋옵션의 가치를 나타내는 곡선은 S_0가 충분히 낮은 경우에 풋옵션의 내재가치인 $K - S_0$와 같아진

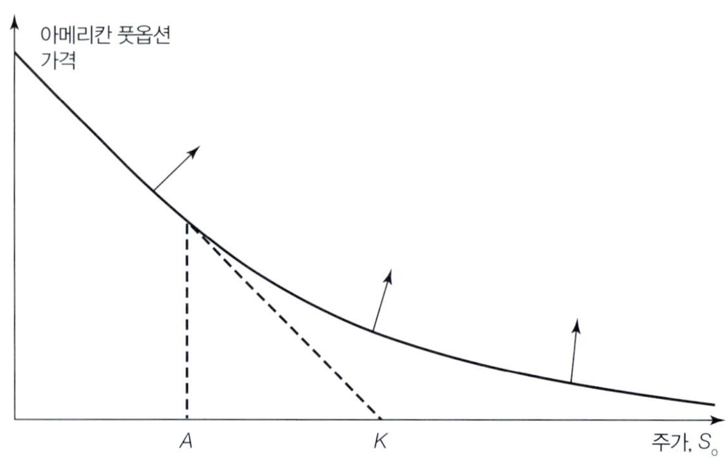

그림 10.6 아메리칸 풋옵션 가격과 주가의 관계. 만기나 주가 변동성이 증가할 때 또는 이자율이 하락할 때 곡선은 화살표 방향으로 움직인다.

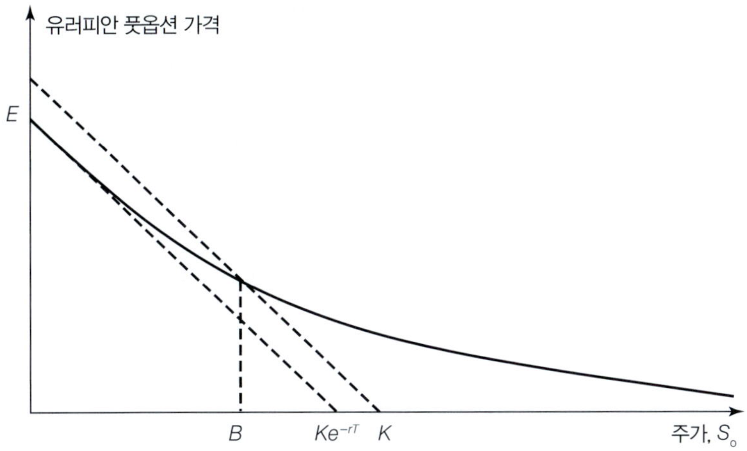

그림 10.7 **유러피언 풋옵션 가격과 주가의 관계**

다. 그림 10.6에서 바로 이 S_0의 값은 A점으로 표시된다. r이 하락할 때, 변동성이 커질 때, T가 증가할 때 풋옵션 가치는 화살표 방향으로 움직인다.

아메리칸 풋옵션을 조기에 행사하는 것이 최적인 경우가 있으므로 아메리칸 풋옵션 가치는 상응하는 유러피언 풋옵션 가치보다 항상 크다. 또한 아메리칸 풋옵션 가치가 때때로 내재가치와 일치하기 때문에(그림 10.6 참조), 유러피언 풋옵션 가치는 때로는 내재가치보다 작을 수 있다. 이는 유러피언 풋옵션에 대한 가격과 주가의 관계를 나타내는 곡선은 상응하는 아메리칸 옵션에 대한 곡선보다 아래에 위치해야 함을 의미한다.

그림 10.7은 주가에 따라 유러피언 풋옵션 가치가 어떻게 변하는지를 보여준다. 그림 10.7에서 B점은 옵션 가치가 내재가치와 일치하는 점인데, 그림 10.7의 곡선이 그림 10.6의 곡선보다 아래에 위치하기 때문에 B점에서의 주가는 그림 10.6의 A점 주가보다 높다. 그림 10.7의 E점은 $S_0=0$일 때 유러피언 풋옵션의 가치가 Ke^{-rT}임을 보여준다.

10.7 배당 효과

지금까지 이 장에서 설명한 모든 결과는 배당이 없는 주식을 가정하고 얻은 것이다. 이 절에서는 배당이 미치는 영향을 설명한다. 옵션 만기 동안 지급될 배당금은 알려져 있다고 가정한다. 이 가정은 많은 경우에 너무 비합리적인 것은 아니다. 기호 D를 만기일까지 지급되는 배당금의 현재가치로 정의하자. D를 계산하는 데 있어 배당금이 배당락일에 지급된다고 가정한다.

콜옵션과 풋옵션의 가격 하한선

A포트폴리오와 B포트폴리오를 다음과 같이 다시 정의할 수 있다.

A포트폴리오: 유러피언 콜옵션 1개와 $D + Ke^{-rT}$만큼의 현금
B포트폴리오: 주식 1주

식 (10.4)를 유도할 때 사용했던 논리를 이용해 전개하면 다음 식이 성립한다.

$$c \geq \max(S_0 - D - Ke^{-rT}, 0) \tag{10.8}$$

또한 C포트폴리오와 D포트폴리오도 다음과 같이 다시 정의할 수 있다.

C포트폴리오: 유러피언 풋옵션 1개와 주식 1주
D포트폴리오: $D + Ke^{-rT}$만큼의 현금

식 (10.5)를 유도할 때 사용했던 논리를 이용해 전개하면 다음과 같다.

$$p \geq \max(D + Ke^{-rT} - S_0, 0) \tag{10.9}$$

조기 행사

배당이 기대되는 경우 아메리칸 콜옵션을 조기에 행사하는 것이 최적이 아니라고 더는 주장할 수 없다. 때로는 배당락일 직전에 아메리칸 콜옵션을 행사하는 것이 최적일 수 있다. 그러나 다른 경우에는 콜옵션을 행사하는 것이 결코 최적일 수 없다. 이러한 논지는 13장 부록에서 더 자세히 설명하겠다.

풋-콜 패리티

앞에서 새로 정의한 A포트폴리오와 C포트폴리오의 만기일에서의 가치를 비교함으로써 식 (10.6)의 풋-콜 패리티 식이 배당을 지급하는 경우 다음과 같이 되는 것을 알 수 있다.

$$c + D + Ke^{-rT} = p + S_0 \tag{10.10}$$

또한 배당을 지급하는 경우 식 (10.7)은 다음과 같이 된다(연습문제 10.19 참조).

$$S_0 - D - K \leq C - P \leq S_0 - Ke^{-rT} \tag{10.11}$$

요약

주식옵션의 가치에 영향을 미치는 여섯 가지 요인은 다음과 같다—현재 주가, 행사가격, 만기, 주가 변동성, 무위험이자율, 옵션 만기일까지 예상되는 배당금. 일반적으로 현재 주가, 만기, 변동성, 무위험이자율이 증가함에 따라 콜옵션 가치는 증가한다. 행사가격과 기대배당금이 증가함에 따라 콜옵션 가치는 감소한다. 일반적으로 행사가격, 만기, 변동성, 기대배당금

이 증가함에 따라 풋옵션 가치는 증가한다. 현재 주가와 무위험이자율이 증가함에 따라 풋옵션 가치는 하락한다.

주가 변동성에 관한 어떤 가정도 하지 않고 주식옵션의 가치에 대해 몇 가지 결론을 내릴 수 있다. 예를 들어 주식에 대한 콜옵션 가격은 주식의 가격보다 항상 작아야 한다. 마찬가지로 주식에 대한 풋옵션 가격은 옵션의 행사가격보다 항상 작아야 한다.

무배당 주식에 대한 유러피언 콜옵션의 가치는 다음 값보다 커야 한다.

$$\max(S_0 - Ke^{-rT}, 0)$$

여기서 S_0는 주가, K는 행사가격, r은 무위험이자율, T는 만기이다. 무배당 주식에 대한 유러피언 풋옵션 가치는 다음 값보다 커야 한다.

$$\max(Ke^{-rT} - S_0, 0)$$

현재가치가 D인 배당이 지급되는 경우 유러피언 콜옵션의 하한선은 다음과 같다.

$$\max(S_0 - D - Ke^{-rT}, 0)$$

유러피언 풋옵션의 하한선은 다음과 같다.

$$\max(Ke^{-rT} + D - S_0, 0)$$

풋–콜 패리티는 주식에 대한 유러피언 콜옵션 가치(c)와 유러피언 풋옵션 가치(p) 간의 관계를 나타낸다. 주식이 배당을 지급하지 않으면 이 관계는 다음과 같다.

$$c + Ke^{-rT} = p + S_0$$

주식이 배당을 지급하면 풋–콜 패리티는 다음과 같다.

$$c + D + Ke^{-rT} = p + S_0$$

아메리칸 옵션의 경우에는 풋–콜 패리티가 성립하지 않는다. 그러나 차익거래논리를 이용해 아메리칸 콜옵션과 아메리칸 풋옵션의 가격 차이에 대한 상한선과 하한선을 구할 수 있다.

13장에서는 주가의 확률적 행태에 관한 구체적인 가정을 이용해 이 장의 분석을 더 확장하려고 한다. 이를 통해 유러피언 주식옵션의 정확한 가격공식을 유도할 수 있다. 12장과 18장에서는 아메리칸 옵션의 가치를 결정하기 위해 어떻게 수치적 방법을 사용할 수 있는지 설명할 것이다.

참고문헌

Broadie, M., and J. Detemple. "American Option Valuation: New Bounds, Approximations, and a Comparison of Existing Methods," *Review of Financial Studies*, 9, 4 (1996): 1211–50.

Merton, R. C. "On the Pricing of Corporate Debt: The Risk Structure of Interest Rates," *Journal of Finance*, 29, 2 (1974): 449–70.

Merton, R. C. "The Relationship between Put and Call Prices: Comment," *Journal of Finance*, 28 (March 1973): 183–84.

Stoll, H. R. "The Relationship between Put and Call Option Prices," *Journal of Finance*, 24 (December 1969): 801–24.

퀴즈

10.1 주식옵션의 가격에 영향을 미치는 여섯 가지 요인을 나열하라.

10.2 무배당 주식에 대한 4개월 만기 콜옵션 가격의 하한선은 얼마인가? 주가는 28달러, 행사가격은 25달러, 무위험이자율은 연 8%이다.

10.3 무배당 주식에 대한 1개월 만기 유러피언 풋옵션 가격의 하한선은 얼마인가? 주가는 12달러, 행사가격은 15달러, 무위험이자율은 연 6%이다.

10.4 무배당 주식에 대한 아메리칸 콜옵션의 경우에 조기에 권리를 행사하는 것이 최적이 아닌 이유 두 가지를 설명하라. 첫 번째 이유는 화폐의 시간가치와 관련이 있어야 한다. 두 번째 이유는 이자율이 0일 때도 적용할 수 있어야 한다.

10.5 "아메리칸 풋옵션의 조기 행사는 화폐의 시간가치와 풋옵션의 보험가치를 교환하는 것이다." 이를 설명하라.

10.6 배당을 지급하는 주식에 대한 아메리칸 콜옵션의 가치가 항상 적어도 내재가치 이상인 이유를 설명하라. 이 관계가 유러피언 콜옵션에도 성립하는지 설명하라.

10.7 배당을 지급하지 않는 주식의 가격이 19달러이고 이 주식에 대한 행사가격이 20달러인 3개월 만기 유러피언 콜옵션 가격이 1달러이다. 무위험이자율은 연 4%이다. 행사가격이 20달러인 3개월 만기 유러피언 풋옵션 가격은 얼마인가?

연습문제

10.8 유러피언 옵션의 풋–콜 패리티를 유도할 때 사용했던 논리를 아메리칸 옵션에 대해 비슷한 결론을 내리는 데 이용할 수 없는 이유를 설명하라.

10.9 무배당 주식에 대한 6개월 만기 콜옵션 가격의 하한선은 얼마인가? 주가는 80달러, 행사가격은 75달러, 무위험이자율은 연 10%이다.

10.10 무배당 주식에 대한 2개월 만기 유러피언 풋옵션 가격의 하한선은 얼마인가? 주가는 58달러, 행사가격은 65달러, 무위험이자율은 연 5%이다.

10.11 배당을 지급하는 주식에 대한 4개월 만기 유러피언 콜옵션의 현재가격은 5달러이다. 주가는 64달러, 행사가격은 60달러이고 1개월 후에 0.80달러의 배당금을 예상한다. 모든 만기에 대한 무위험이자율은 연 12%이다. 차익거래자가 이용할 수 있는 기회는 무엇인가?

10.12 무배당 주식에 대한 1개월 만기 유러피언 풋옵션의 현재가격은 2.5달러이다. 주가는 47달러, 행사가격은 50달러, 무위험이자율은 연 6%이다. 차익거래자가 이용할 수 있는 기회는 무엇인가?

10.13 무위험이자율이 증가함에 따라 그리고 변동성이 감소함에 따라 아메리칸 풋옵션의 조기 권리행사 가능성이 점점 커지는 이유를 직관적으로 설명하라.

10.14 만기가 6개월이고 행사가격이 30달러인 유러피언 콜옵션의 가격은 2달러이다. 기초주식의 가격은 29달러이고, 2개월과 5개월 후에 각각 0.50달러의 배당금을 지급할 것으로 예상한다. 모든 만기에 대해서 무위험이자율은 10%이다. 만기가 6개월이고 행사가격이 30달러인 유러피언 풋옵션의 가격은 얼마인가?

10.15 문제 10.14에서 유러피언 풋옵션 가격이 3달러인 경우

차익거래기회를 설명하라.

10.16 무배당 주식에 대한 아메리칸 콜옵션 가격이 4달러이다. 주가는 31달러, 행사가격은 30달러, 만기는 3개월, 무위험이자율은 8%이다. 동일한 행사가격과 만기를 갖는 동일한 주식에 대한 아메리칸 풋옵션 가격의 상한선과 하한선은 얼마인가?

10.17 아메리칸 풋옵션 가격이 연습문제 10.16에서 계산한 상한선보다 높은 경우의 차익거래기회를 설명하라.

10.18 식 (10.7)을 증명하라[**힌트**: 관계식의 앞부분을 위해서 다음 2개의 포트폴리오를 이용하라. (a) 유러피언 콜옵션 1개와 K만큼의 현금, (b) 아메리칸 풋옵션 1개와 주식 1주].

10.19 식 (10.11)을 증명하라[**힌트**: 관계식의 앞부분을 위해서 다음 2개의 포트폴리오를 이용하라. (a) 유러피언 콜옵션 1개와 $D+K$만큼의 현금, (b) 아메리칸 풋옵션 1개와 주식 1주].

10.20 종업원에게 제공된 무배당 주식에 대한 5년 만기 콜옵션을 고려해보자. 옵션은 1년이 지난 후부터 언제든지 행사될 수 있다. 거래소 콜옵션과는 달리 종업원스톡옵션은 매도될 수 없다. 이 제약조건이 조기 행사에 미치는 영향은 무엇인가?

10.21 DerivaGem 소프트웨어를 이용해 그림 10.1과 그림 10.2가 옳음을 확인하라.

10.22 다음에 대한 마이너스 금리의 영향은 무엇인가?

(a) 유러피언 옵션의 풋-콜 패리티 결과

(b) 무배당 주식에 대한 아메리칸 콜옵션은 조기에 행사되어서는 안 된다는 결과

(c) 무배당 주식에 대한 아메리칸 풋옵션은 때로는 조기에 행사되어야 한다는 결과

제로금리를 받는 현금을 보유하고 있는 것은 가능하지 않다고 가정하라.

추가문제

10.23 풋옵션이 거래되기 전에 거래소에서 콜옵션이 먼저 거래되었다. 풋옵션이 거래되지 않던 시기에 무배당 주식에 대한 유러피언 풋옵션을 어떻게 합성적으로 만들 수 있겠는가?

10.24 행사가격이 120달러이고 만기가 12개월인 유러피언 콜옵션과 풋옵션 가격이 각각 20달러와 5달러이다. 현재 주가는 130달러이다. 여기에 내재해 있는 무위험이자율은 얼마인가?

10.25 유러피언 콜옵션과 풋옵션의 행사가격이 20달러, 만기가 3개월로 동일하다. 가격도 모두 3달러이다. 무위험이자율이 연 10%이며 현재 주가는 19달러이고 1개월 후에 1달러의 배당금이 예상된다. 차익거래기회를 확인하라.

10.26 K_1, K_2, K_3를 각각 행사가격으로 하는 유러피언 콜옵션의 가격을 c_1, c_2, c_3라고 하자. 단, $K_3>K_2>K_1$이고 $K_3-K_2=K_2-K_1$이다. 모든 옵션의 만기는 같다. 다음 관계를 증명하라: $c_2 \le 0.5(c_1+c_3)$.

(**힌트**: 행사가격이 K_1과 K_3인 콜옵션을 1개씩 매입하고 행사가격이 K_2인 콜옵션을 2개 매도한 포트폴리오를 고려하라).

10.27 유러피언 풋옵션의 경우 연습문제 10.26의 식에 상응하는 결과는 무엇인가?

10.28 당신이 레버리지가 매우 높은 기업의 관리자이고 또한 유일한 소유자라고 가정해보자. 모든 부채는 1년 후에 상환해야 한다. 만일 1년 후 기업의 가치가 부채의 원금보다 크면 부채를 상환할 수 있다. 만일 기업의 가치가 부채의 원금보다 작으면 파산을 선언하고 채권자가 기업을 소유하게 된다.

(a) 당신의 포지션을 기업 가치에 대한 옵션으로 표현하라.

(b) 채권자의 포지션을 기업 가치에 대한 옵션으로 표현하라.

(c) 당신의 포지션 가치를 높이기 위해 할 수 있는 일은 무엇인가?

10.29 주가가 41달러, 행사가격은 40달러, 무위험이자율은 6%, 변동성은 35%, 만기는 1년인 주식에 대한 옵션을

고려해보자. 0.50달러의 배당금이 6개월 후에 예상된다고 가정하자.

(a) 유러피언 콜옵션이라고 가정하고 DerivaGem을 이용해 옵션의 가치를 평가하라.

(b) 유러피언 풋옵션이라고 가정하고 DerivaGem을 이용해 옵션의 가치를 평가하라.

(c) 풋-콜 패리티가 성립하는지 확인하라.

(d) DerivaGem을 이용해 만기가 매우 길 때 옵션의 가격이 어떻게 되는지를 보여라. 이러한 목적을 위해 배당이 없다고 가정하고, 결과를 설명하라.

10.30 무배당 주식에 대한 풋옵션을 고려해보자. 주가는 40달러, 행사가격은 42달러, 무위험이자율은 2%, 변동성은 연 25%, 만기는 3개월이다. DerivaGem을 이용해 다음을 구하라.

(a) 유러피언형이라는 가정하에서의 옵션가격(Black-Scholes: European을 이용할 것)

(b) 아메리칸형이라는 가정하에서의 옵션가격(Binomial: American을 100기간으로 해 이용할 것)

(c) 그림 10.7에서 B점

10.31 10.1절은 유러피언 콜옵션의 가치가 만기가 증가함에 따라 감소하는 경우의 예시를 보여준다. 만기가 증가함에 따라 유러피언 풋옵션의 가치가 감소하는 경우의 예시를 들라.

11 옵션을 이용한 거래전략

9장에서 개별주식옵션의 투자에서 발생하는 이익 패턴을 설명했다. 이 장에서는 옵션이 다른 자산과 함께 거래될 때 얻을 수 있는 패턴에 대해서 살펴볼 것이다. 특히 (a) 옵션과 무이표채, (b) 옵션과 기초자산, (c) 동일한 기초자산에 대한 2개 이상의 옵션으로 구성된 포트폴리오의 속성을 분석한다.

자연스럽게 왜 거래자는 여기서 설명하는 이익 패턴을 원하는가를 질문하게 된다. 이에 대한 답은 거래자의 선택은 주가가 어떻게 움직일 것인가에 대한 거래자의 판단과 위험을 부담하고자 하는 의지에 달렸다는 것이다. 11.1절에서 설명하는 원금보장증권은 위험회피형 개인에게 매력이 있을 것이다. 그들은 원금 손실의 위험을 원하지 않지만, 특정 자산의 가치가 증가할 것인지 아니면 감소할 것인지에 대한 의견을 가지고 있으며, 자신의 의견이 옳고 그름에 따라 원금에 대한 수익이 결정되는 것을 원한다. 만일 거래자가 이보다 많은 위험을 부담하고자 하면 11.3절에서 설명하는 강세 스프레드 또는 약세 스프레드를 사용할 수 있다. 그러나 콜옵션 또는 풋옵션에 대한 단순 매입포지션은 더 많은 위험을 수반하게 된다.

거래자가 자산의 가격에 큰 변동이 있을 것으로 생각하지만 가격이 상승할지 아니면 하락할지 모른다고 하자. 이런 상황에서 선택할 수 있는 여러 거래전략이 있다. 위험회피형 거래자는 11.3절에서 설명하는 역나비형 스프레드를 선택할 수 있다. 이 경우 거래자의 판단이 옳으면 작은 이익을 얻고 틀리면 작은 손해를 본다. 보다 공격적인 투자자는 11.4절에서 설명하는 스트래들 또는 스트랭글을 선택할 수 있고, 이때 잠재적 손익은 더 크게 된다.

10장에서 풋-콜 패리티를 논의했다. 11.2절에서는 어떻게 콜옵션 매입(매도)포지션을 풋옵션 매입(매도)포지션으로 (그리고 그 반대로도) 전환할 수 있는지를 보여줌으로써 풋-콜 패리티를 설명한다. 11.3절에서는 때로 차익거래이익을 실현할 수 있는 방법으로 2개의 상이한 행사가격을 갖는 유러피언 콜옵션과 풋옵션을 결합한 박스스프레드를 활용한 관련 거래전략을 설명한다.

11.1 원금보장증권

옵션은 소매시장의 **원금보장증권**(principal-protected note)을 만들어내는 데 이용된다. 이 증권은 보수적인 투자자에게 어필하는 상품이다. 투자자가 얻는 수익률은 주식, 주가지수, 기타 위험자산의 성과에 의해 결정된다. 그러나 최초의 투자된 원금은 위험에 노출되지 않는다. 예제 11.1은 단순한 원금보장증권이 어떻게 만들어지는지 보여준다.

원금보장증권의 매력은 투자자가 원금손실 위험을 부담하지 않고 위험한 포지션을 취할 수 있다는 점이다. 발생할 수 있는 최악의 상황은 투자자가 증권의 만기 동안 최초투자금액에 대한 이자 또는 배당과 같은 다른 소득을 얻지 못할 수 있는 것이다.

방금 설명한 상품은 여러 변형된 형태가 있다. 자산 가격이 하락할 것으로 예상하는 투자자는 무이표채와 풋옵션으로 구성된 원금보장증권을 매입할 수 있다. 3년 후 투자자의 이득은 1,000달러와 풋옵션으로부터의 이득이다.

원금보장증권이 개인투자자 입장에서 좋은 투자인가? 은행은 원금보장증권을 만들 때 항상 자신이 이익을 얻을 수 있도록 설계할 것이다. 이는 예제 11.1에서 무이표채와 콜옵션 가격의 합이 항상 1,000달러 미만임을 의미한다. 게다가 투자자는 은행이 만기일에 원금보장증권에 대한 이득을 지급하지 못할 위험을 부담한다. (일부 개인투자자는 2008년에 리먼브러더스가 파산했을 때 이들이 만든 원금보장증권에서 손해를 보았다.) 따라서 어떤 상황에서는 투

예제 11.1 원금보장증권의 설계 EXAMPLE

3년 만기 이자율이 연속복리로 6%라고 하자. 이는 $1,000e^{-0.06 \times 3}=835.27$달러가 3년 후에 1,000달러가 됨을 의미한다. 1,000달러와 835.27달러의 차이는 164.73달러이다. 주식 포트폴리오의 가치가 1,000달러이고 연 1.5%의 배당수익률을 제공한다고 하자. 그리고 이 주식 포트폴리오에 대한 만기가 3년인 등가격 유러피언 콜옵션을 164.73달러보다 낮은 가격에 매입할 수 있다고 하자. (DerivaGem으로부터 포트폴리오 가치의 변동성이 15%보다 작으면 이와 같을 수 있음을 확인할 수 있다.) 은행은 고객에게 다음과 같이 구성된 1,000달러의 투자기회를 제안할 수 있다.

1. 원금 1,000달러인 3년 만기 무이표채
2. 주식 포트폴리오에 대한 3년 만기 등가격 유러피언 콜옵션

만일 포트폴리오의 가치가 증가하면 투자자는 포트폴리오에 투자한 1,000달러가 실현한 금액을 얻게 된다. (이유는 무이표채가 1,000달러를 제공하고 이는 옵션의 행사가격과 동일하기 때문이다.) 만일 포트폴리오의 가치가 하락하면 옵션의 가치는 0이 되지만 무이표채로부터의 이득으로 투자자는 원래의 투자금액 1,000달러를 확실하게 받게 된다.

자자가 일반적인 방법으로 옵션을 구입하고 남은 금액을 무위험자산에 투자하는 것이 더 유리할 수 있다. 그러나 항상 이 논리가 성립하는 것은 아니다. 투자자는 은행에 비해 더 큰 매매호가차이에 직면하고, 은행보다 낮은 이자율을 받을 수 있다. 따라서 은행은 자신이 이익을 얻으면서도 투자자를 위해 가치를 창출하는 것이 충분히 가능하다.

이제 은행의 관점에서 원금보장증권을 살펴보자. 예제 11.1의 구조의 경제성은 결정적으로 이자율 수준과 포트폴리오 변동성에 달려 있다. 만일 이자율이 6%가 아니고 3%이면 은행은 콜옵션을 매입하는 데 $1{,}000-1{,}000e^{-0.03\times3}=86.07$달러만 투자할 수 있다. 만일 이자율이 6%이고 변동성이 15%가 아닌 25%이면 옵션가격은 약 221달러이다. 두 경우에 은행은 예제 11.1에서 설명한 상품에서 이익을 얻을 수 없다. 그러나 은행이 여전히 경제성 있는 3년 만기 상품을 만들 수 있는 다른 방법이 많이 있다. 예를 들어 옵션의 행사가격을 상승시켜서 포트폴리오의 가치가 이를테면 15% 상승해야 투자자가 이익을 얻을 수 있도록 할 수 있다. 투자자의 수익률에 상한선을 설정할 수도 있다. 투자자의 수익률이 최종가격 대신 평균가격에 의해 결정되게 할 수도 있다. 녹아웃 장애물가격(knockout barrier)을 설정할 수도 있다. 이러한 대안들이 포함된 파생상품은 이 책의 뒷부분에서 설명할 것이다. (옵션이득의 상한선을 설정하는 것은 투자자에게 강세 스프레드를 제공하는 것에 해당하며 이는 이 장의 후반부에서 설명한다.)

이자율이 낮거나 변동성이 높을 때 은행이 수익성 있는 원금보장증권을 발행할 수 있는 한 가지 방법은 만기를 증가시키는 것이다. (a) 이자율이 6%가 아니라 3%이고 (b) 주식 포트폴리오의 변동성이 15%이며 배당수익률이 1.5%일 때 예제 11.1의 상황을 고려해보자. DerivaGem을 이용하면 3년 만기 등가격 유러피언 옵션의 가격은 119달러이다. 이는 옵션을 매입하는 데 사용할 수 있는 금액($1{,}000-1{,}000e^{-0.03\times3}=86.07$달러)을 초과한 액수이다. 10년 만기 등가격 옵션의 가격은 217달러이다. 이는 옵션을 매입하는 데 사용할 수 있는 금액($1{,}000-1{,}000e^{-0.03\times10}=259.18$달러)보다 작은 액수이므로, 이는 수익성 있는 구조이다. 만기가 20년으로 증가하면 옵션비용은 약 281달러이고, 이는 옵션 매입을 위해 사용할 수 있는 금액($1{,}000-1{,}000e^{-0.03\times20}=451.19$달러)보다 훨씬 적은 금액이므로 수익성은 더 좋아진다.

이 예에서 은행에게 중요한 변수는 배당수익률이다. 배당수익률이 높을수록 은행 입장에서 상품의 수익성은 증가한다. 만일 배당수익률이 0이면 아무리 만기를 길게 하더라도 은행은 예제 11.1의 원금보장증권으로부터 이익을 내지 못한다[이는 식 (10.4)로부터 알 수 있다].

11.2 옵션과 주식을 이용한 전략

주식옵션 1개와 주식 자체를 이용해 여러 가지 거래전략을 수립할 수 있다. 이러한 전략으로부터 얻을 수 있는 이익 패턴은 그림 11.1에 묘사되어 있다. 이 그림과 이 장의 다른 그림에서

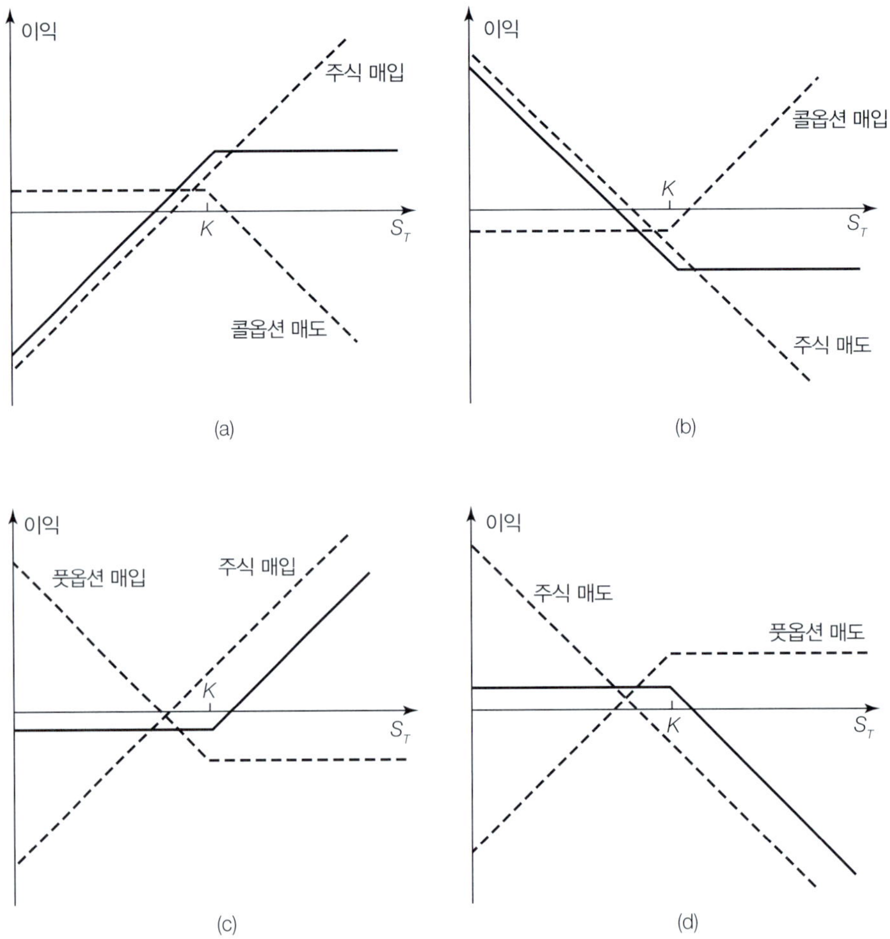

그림 11.1 이익 패턴. (a) 주식 매입포지션과 콜옵션 매도포지션의 결합, (b) 주식 매도포지션과 콜옵션 매입포지션의 결합, (c) 풋옵션 매입포지션과 주식 매입포지션의 결합, (d) 풋옵션 매도포지션과 주식 매도포지션의 결합

점선은 포트폴리오를 구성하는 개별 증권의 이익과 주가와의 관계를 나타내며 실선은 전체 포트폴리오의 이익과 주가와의 관계를 나타낸다.

그림 11.1(a)에서 포트폴리오는 주식의 매입포지션과 유러피언 콜옵션의 매도포지션으로 구성되어 있다. 이를 커버드 콜을 발행(writing a covered call)했다고 한다. 왜냐하면 주식의 매입포지션이 주가가 상승함에 따라 커지는 콜옵션 매도포지션의 손실로부터 투자자를 '보호'해주기 때문이다. 그림 11.1(b)에서는 주식의 매도포지션이 콜옵션의 매입포지션과 결합해 있다. 이는 커버드 콜의 발행과 반대이다. 그림 11.1(c)는 주식에 대한 유러피언 풋옵션 매입포지션과 주식의 매입포지션을 결합한 투자전략을 나타낸다. 이를 프로텍티브 풋(protective put) 전략이라고 한다. 그림 11.1(d)는 풋옵션 매도포지션과 주식의 매도포지션이 결합한 형태이다. 이것은 프로텍티브 풋의 반대이다.

그림 11.1의 (a)부터 (d)까지 묘사된 이익 패턴은 9장에서 설명한 풋옵션 매도포지션, 풋옵션 매입포지션, 콜옵션 매입포지션, 콜옵션 매도포지션의 이익 패턴과 대체로 같은 형태이다. 이익 패턴이 같아지는 이유는 풋–콜 패리티를 이용해 이해할 수 있다. 10장에서 설명한 풋–콜 패리티는 다음과 같다.

$$p + S_0 = c + Ke^{-rT} + D \tag{11.1}$$

여기서 p는 유러피언 풋옵션의 가격, S_0는 주가, c는 유러피언 콜옵션의 가격, K는 콜옵션과 풋옵션의 행사가격, r은 무위험이자율, T는 콜옵션과 풋옵션의 만기, D는 옵션의 만기일까지 예상되는 배당금의 현재가치이다.

식 (11.1)은 유러피언 풋옵션 매입포지션과 주식 매입포지션의 결합이 유러피언 콜옵션 매입포지션과 $Ke^{-rT}+D$만큼의 현금 결합과 동일함을 보여준다. 따라서 그림 11.1(c)의 이익 패턴은 콜옵션 매입포지션의 이익 패턴과 유사하다. 그림 11.1(d)의 포지션은 그림 11.1(c)의 포지션과 반대인 경우이므로 이익 패턴이 콜옵션 매도포지션과 유사하다.

식 (11.1)을 다음과 같이 재구성할 수 있다.

$$S_0 - c = Ke^{-rT} + D - p$$

이 식은 주식 매입포지션과 유러피언 콜옵션 매도포지션의 결합이 유러피언 풋옵션 매도포지션과 $Ke^{-rT}+D$만큼의 현금 결합과 동일함을 보여준다. 따라서 그림 11.1(a)의 이익 패턴은 풋옵션 매도포지션의 이익 패턴과 유사하다. 그림 11.1(b)의 포지션은 그림 11.1(a)의 포지션과 반대인 경우이므로 이익 패턴이 풋옵션 매입포지션과 유사하다.

11.3 스프레드

스프레드(spread) 거래전략은 2개 이상의 같은 종류 옵션(즉 2개 이상의 콜옵션 또는 2개 이상의 풋옵션)에 포지션을 취하는 것이다.

강세 스프레드

가장 많이 이용하는 스프레드 중 하나는 강세 스프레드(bull spread)이다. 강세 스프레드는 특정 행사가격을 갖는 유러피언 콜옵션을 매입함과 동시에 같은 주식에 대해 보다 높은 행사가격을 갖는 유러피언 콜옵션을 매도함으로써 만들 수 있다. 두 옵션의 만기일은 같다. 이 전략은 그림 11.2에 묘사되어 있다. 점선은 두 옵션포지션 각각에 의해 발생하는 이익을 보여준다. 전체 포트폴리오의 이익은 점선으로 묘사한 이익의 합이고 실선으로 표시된다. 행사가격

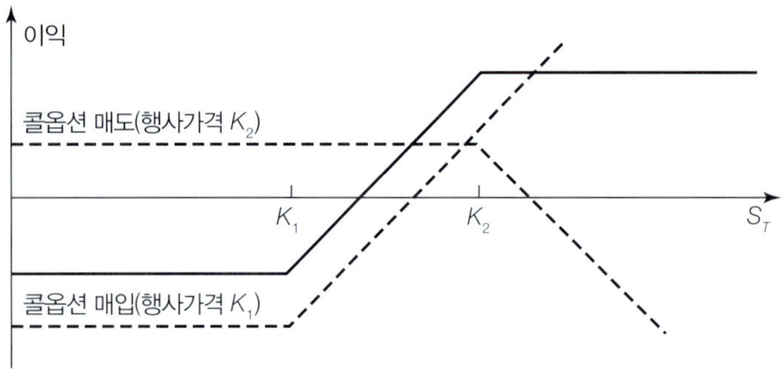

그림 11.2 콜옵션을 이용한 강세 스프레드의 이익

이 커짐에 따라 콜옵션 가치는 항상 감소하므로 매도한 옵션의 가치는 매입한 옵션의 가치보다 항상 작다. 따라서 콜옵션을 이용해 강세 스프레드를 구성하려면 초기투자가 필요하다.

K_1이 매입한 콜옵션의 행사가격, K_2가 매도한 콜옵션의 행사가격, S_T가 옵션 만기일의 주가라고 하자. 표 11.1은 여러 상황에서 얻게 되는 강세 스프레드의 이득을 보여준다. 만일 주가가 상승해 K_2보다 높으면, 이득은 두 행사가격의 차이인 $K_2 - K_1$이다. 만일 만기일의 주가가 두 행사가격 사이에 있으면, 이득은 $S_T - K_1$이다. 만일 만기일의 주가가 K_1보다 낮으면 이득은 0이다. 그림 11.2의 이익은 이득에서 초기투자액을 차감해 계산한다. 예제 11.2는 콜옵션으로 구성한 강세 스프레드에 대한 예시이다.

강세 스프레드는 투자자의 상향위험과 하향위험을 모두 일정 수준으로 한정시킨다. 이 전략은 행사가격이 K_1인 콜옵션을 매입한 투자자가 행사가격이 $K_2(K_2 > K_1)$인 콜옵션을 매도함으로써 주가 상승에서 얻을 수 있는 이익의 일부를 포기한 전략으로 이해할 수 있다. 이익의 일부를 포기한 대가로 투자자는 행사가격이 K_2인 콜옵션의 가격을 받게 된다. 강세 스프레드는 다음 세 가지 유형으로 나눌 수 있다.

1. 두 콜옵션이 모두 처음에 외가격에 있는 경우
2. 하나의 콜옵션은 처음에 내가격에 있고 다른 콜옵션은 처음에 외가격에 있는 경우
3. 두 콜옵션이 모두 처음에 내가격에 있는 경우

가장 공격적인 강세 스프레드는 첫 번째 유형이다. 포지션을 취하는 데 드는 비용이 적고 비

표 11.1 콜옵션을 이용한 강세 스프레드의 이득

주가 범위	콜옵션 매입 포지션의 이득	콜옵션 매도 포지션의 이득	총이득
$S_T \le K_1$	0	0	0
$K_1 < S_T < K_2$	$S_T - K_1$	0	$S_T - K_1$
$S_T \ge K_2$	$S_T - K_1$	$K_2 - S_T$	$K_2 - K_1$

예제 11.2 콜옵션을 이용한 강세 스프레드 EXAMPLE

행사가격이 30달러인 3개월 만기 콜옵션을 3달러에 매입하고 행사가격이 35달러인 3개월 만기 콜옵션을 1달러에 매도한 투자자를 생각해보자. 주가가 35달러 이상이면 강세 스프레드의 이득은 5달러이고 주가가 30달러 이하이면 이득은 0이다. 만일 주가가 30달러와 35달러 사이면 이득은 주가가 30달러를 초과한 만큼이다. 이 전략의 비용은 3달러−1달러=2달러이다. 따라서 이익은 다음과 같다.

주가 범위	이익
$S_T \leq 30$	-2
$30 < S_T < 35$	$S_T - 32$
$S_T \geq 35$	$+3$

교적 높은 이득($=K_2 - K_1$)을 얻을 확률은 낮다. 첫 번째에서 두 번째, 두 번째에서 세 번째 유형으로 갈수록 스프레드는 더 보수적이다.

강세 스프레드는 행사가격이 낮은 유러피언 풋옵션을 매입하고 행사가격이 높은 유러피언 풋옵션을 매도함으로써 만들 수도 있는데, 이는 그림 11.3에 묘사되어 있다. 콜옵션을 이용해 만든 강세 스프레드와는 달리, 풋옵션을 이용해 만든 강세 스프레드는 초기에 현금유입이 발생하고(증거금은 무시함), 이득은 0보다 작거나 0이다.

약세 스프레드

강세 스프레드 포지션을 취하는 투자자는 주가 상승을 기대한다. 반면에 약세 스프레드(bear

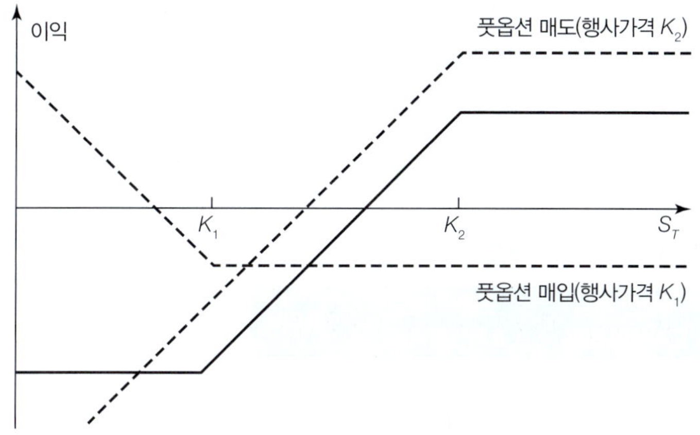

그림 11.3 풋옵션을 이용한 강세 스프레드의 이익

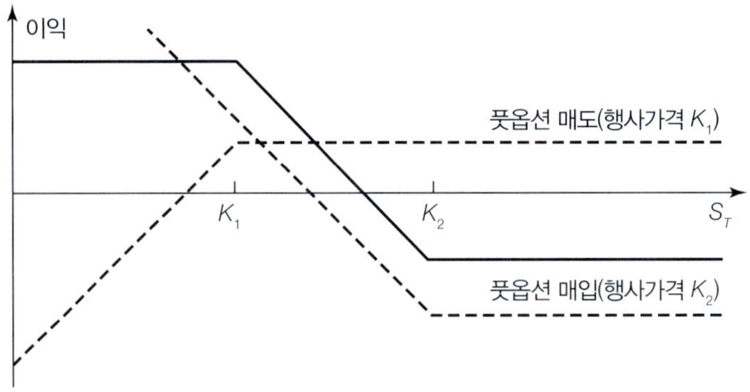

그림 11.4 풋옵션을 이용한 약세 스프레드의 이익

spread) 포지션을 취한 투자자는 주가 하락을 기대한다. 약세 스프레드는 유러피언 풋옵션을 매입하고 다른 행사가격을 갖는 유러피언 풋옵션을 매도함으로써 만들 수 있다. 여기서 매입한 옵션의 행사가격은 매도한 옵션의 행사가격보다 높다. (이는 매입한 옵션의 행사가격이 매도한 옵션의 행사가격보다 항상 낮은 강세 스프레드와 대비된다.) 그림 11.4에서 스프레드로부터의 이익은 실선으로 표시되어 있다. 풋옵션으로 약세 스프레드를 구성하면 매도한 풋옵션의 가격이 매입한 풋옵션의 가격보다 작기 때문에 최초에 현금유출이 발생한다. 본질적으로, 투자자는 특정 행사가격을 갖는 풋옵션을 매입하고 이보다 낮은 행사가격의 풋옵션을 매도함으로써 잠재이익의 일부를 포기하는 셈이다. 포기한 이익에 대한 대가로 투자자는 매도한 옵션의 가격을 얻는다.

행사가격이 각각 K_1과 K_2이고 $K_1 < K_2$라고 하자. 표 11.2는 여러 상황에서 약세 스프레드로부터 실현되는 이득을 보여준다. 만일 주가가 K_2보다 크면 이득은 0이다. 만일 주가가 K_1보다 작으면 이득은 $K_2 - K_1$이다. 만일 주가가 K_1과 K_2 사이면 이득은 $K_2 - S_T$이다. 이익은 이득에서 초기비용을 차감해 구한다. 예제 11.3은 이와 관련한 구체적 예시를 보여준다.

강세 스프레드처럼 약세 스프레드도 주가 상승에서 얻을 수 있는 이익과 주가 하락에서 발생할 수 있는 손실을 일정 수준으로 한정시킨다. 약세 스프레드도 풋옵션 대신에 콜옵션을 이용해 만들 수 있다. 이는 그림 11.5에 묘사된 것처럼 높은 행사가격의 콜옵션을 매입하고 낮은 행사가격의 콜옵션을 매도해 만들 수 있다. 콜옵션을 이용해 약세 스프레드를 구성하면 초

표 11.2 풋옵션을 이용한 약세 스프레드의 이득

주가 범위	풋옵션 매입 포지션의 이득	풋옵션 매도 포지션의 이득	총이득
$S_T \le K_1$	$K_2 - S_T$	$S_T - K_1$	$K_2 - K_1$
$K_1 < S_T < K_2$	$K_2 - S_T$	0	$K_2 - S_T$
$S_T \ge K_2$	0	0	0

예제 11.3 풋옵션을 이용한 약세 스프레드 EXAMPLE

행사가격이 35달러인 3개월 만기 풋옵션을 3달러에 매입하고 행사가격이 30달러인 3개월 만기 풋옵션을 1달러에 매도한 투자자를 고려해보자. 만약 주가가 35달러 이상이면 약세 스프레드의 이득은 0이고, 주가가 30달러 이하이면 이득은 5달러이다. 주가가 30~35달러 사이면 이득은 $35 - S_T$이다. 포지션을 취할 때의 초기비용은 3달러 − 1달러 = 2달러이다. 따라서 이익은 다음과 같다.

주가 범위	이익
$S_T \leq 30$	+3
$30 < S_T < 35$	$33 - S_T$
$S_T \geq 35$	−2

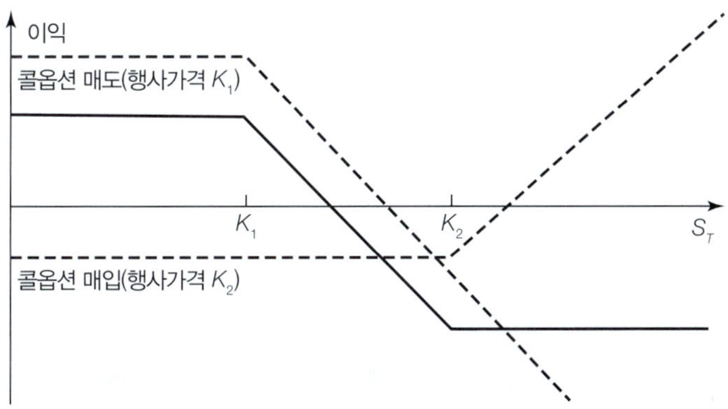

그림 11.5 콜옵션을 이용한 약세 스프레드의 이익

기에 현금유입이 발생한다(증거금은 무시함).

박스 스프레드

박스 스프레드(box spread)는 행사가격이 K_1과 K_2인 콜옵션 강세 스프레드와 동일한 행사가격을 갖는 풋옵션 약세 스프레드를 결합해 구성된다. 표 11.3이 보여주듯이 박스 스프레드로부터의 이득은 항상 $K_2 - K_1$이다. 따라서 박스 스프레드의 가치는 항상 그 이득의 현재가치, 즉 $(K_2 - K_1)e^{-rT}$이다. 만일 박스 스프레드의 가치가 이와 다를 경우 차익거래기회가 발생한다. 박스 스프레드의 시장가치가 너무 낮으면 박스 스프레드를 매입해 이익을 얻을 수 있다. 즉 행사가격이 K_1인 콜옵션을 매입하고, 행사가격이 K_2인 풋옵션을 매입하고, 행사가격이 K_2인 콜옵션을 매도하고, 행사가격이 K_1인 풋옵션을 매도한다. 박스 스프레드의 시장가치가 너

표 11.3 박스 스프레드의 이득

주가 범위	콜옵션 강세 스프레드의 이득	풋옵션 약세 스프레드의 이득	총이득
$S_T \le K_1$	0	$K_2 - K_1$	$K_2 - K_1$
$K_1 < S_T < K_2$	$S_T - K_1$	$K_2 - S_T$	$K_2 - K_1$
$S_T \ge K_2$	$K_2 - K_1$	0	$K_2 - K_1$

무 높으면 박스 스프레드를 매도해 이익을 얻을 수 있다. 즉 행사가격이 K_2인 콜옵션을 매입하고, 행사가격이 K_1인 풋옵션을 매입하고, 행사가격이 K_1인 콜옵션을 매도하고, 행사가격이 K_2인 풋옵션을 매도한다.

박스 스프레드를 이용한 차익거래는 유러피언 옵션의 경우에만 성립한다는 것에 주의해야 한다. 거래소에서 거래되는 많은 옵션은 아메리칸형이다. 실무사례 11.1에서 보듯이, 아메리칸 옵션을 유러피언 옵션으로 취급하는 미숙한 거래자는 손실을 볼 수 있다.

실무사례 11.1 박스 스프레드로부터의 손실

주가가 50달러이고 변동성이 30%인 주식을 고려해보자. 배당은 기대되지 않으며 무위험이자율은 연 8%이다. 어떤 거래자가 당신에게 시카고옵션거래소(CBOE)에서 행사가격이 55달러와 60달러인 2개월 만기 박스 스프레드를 5.10달러에 매도할 기회를 제안했다. 당신은 거래하겠는가?

이 거래는 분명히 매력적으로 보인다. 이 경우에 $K_1=55$, $K_2=60$이고, 박스 스프레드의 이득은 2개월 후에 확실히 5달러이다. 박스 스프레드를 5.10달러에 매도하고 이 금액을 2개월 동안 투자함으로써 2개월 후에 5달러를 충분히 지불할 수 있는 금액을 보유하게 된다. 현재 박스 스프레드의 이론적인 가치는 $5\times e^{-0.08\times 2/12}=4.93$달러이다.

안타깝게도 이 거래는 매력적이지 않다. CBOE 주식옵션은 아메리칸형이고, 박스 스프레드의 이득 5달러는 박스 스프레드를 구성하는 옵션이 유러피언형이라는 가정하에서 계산된 것이다. 이 예시에 사용된 옵션가격(DerivaGem을 이용해 계산한 값)은 오른쪽 표와 같다. 행사가격이 55달러와 60달러인 콜옵션 강세 스프레드의 비용은 0.96−0.26=0.70달러이다. (이 금액은 유러피언 옵션이든 아메리칸 옵션이든 동일하다. 왜냐하면 10장에서 설명했듯이 무배당 주식의 경우 유러피언 콜옵션의 가격과 아메리칸 콜옵션의 가격이 동일하기 때문이다.) 동일한 행사가격을 갖는 풋옵션 약세 스프레드의 비용은 유러피언 옵션을 이용할 경우 9.46−5.23=4.23달러이고 아메리칸 옵션을 이용하면 10.00−5.44=4.56달러이다. 박스 스프레드가 유러피언 옵션으로 구성되었다면 두 스프레드의 결합된 가치는 0.70+4.23=4.93달러이다. 이는 앞에서 계산한 박스 스프레드의 이론적 가치이다. 그러나 박스 스프레드가 아메리칸 옵션으로 구성된다면 두 스프레드의 결합된 가치는 0.70+4.56=5.26달러이다. 따라서 아메리칸 옵션으로 구성된 박스 스프레드를 5.10달러에 매도하는 것은 좋은 거래가 아니다. 이 거래는 행사가격이 60달러인 풋옵션을 매도하는 것을 포함하는데, 풋옵션이 매도되자마자 당신에게 불리하게 행사되는 것을 보며 이런 사실을 곧 깨닫게 될 것이다.

옵션 유형	행사가격	유러피언 옵션가격	아메리칸 옵션가격
콜옵션	60	0.26	0.26
콜옵션	55	0.96	0.96
풋옵션	60	9.46	10.00
풋옵션	55	5.23	5.44

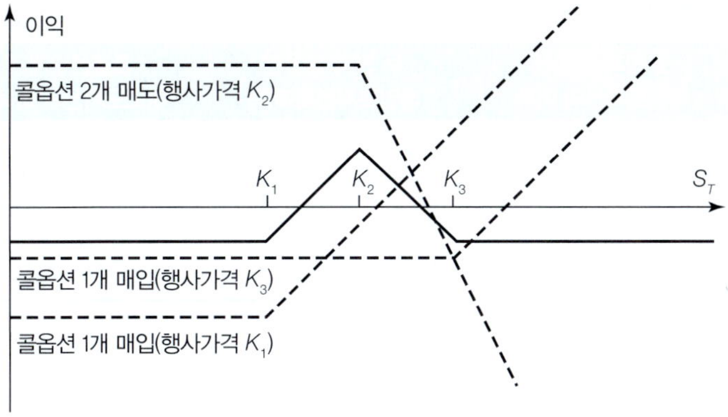

그림 11.6 콜옵션을 이용한 나비형 스프레드의 이익

나비형 스프레드

나비형 스프레드(butterfly spread)는 행사가격이 상이한 3개의 옵션에 포지션을 취해 만든다. 즉 비교적 행사가격이 낮은(K_1) 유러피언 콜옵션 1개와 비교적 행사가격이 높은(K_3) 유러피언 콜옵션 1개를 매입하고 K_1과 K_3의 중간값을 행사가격(K_2)으로 하는 유러피언 콜옵션 2개를 매도한다. 일반적으로 K_2는 현재의 주가와 매우 가깝다. 이 전략의 이익 패턴은 그림 11.6에 묘사되어 있다. 만일 주가가 K_2와 크게 차이가 나지 않으면 이익을 얻고, 주가가 크게 상승 또는 하락하면 약간의 손실을 본다. 따라서 이 전략은 주가가 큰 폭으로 변하지 않을 것이라 기대하는 투자자가 취하는 전략이다. 이 전략은 초기에 약간의 투자가 필요하다. 나비형 스프레드 전략의 이득이 표 11.4에 요약되어 있다.

특정 주식의 현재 주가가 61달러라고 하자. 앞으로 6개월 동안 주가가 큰 폭으로 변할 가능성이 매우 낮다고 생각하는 투자자를 생각해보다. 6개월 만기 유러피언 콜옵션의 시장가격이 다음과 같다고 하자.

행사가격(달러)	콜옵션 가격(달러)
55	10
60	7
65	5

투자자는 행사가격이 55달러인 콜옵션과 행사가격이 65달러인 콜옵션을 매입하고 행사가격이 60달러인 콜옵션 2개를 매도해 나비형 스프레드를 만들 수 있다. 이 스프레드를 만들기 위한 비용은 10달러+5달러−(2 × 7달러)=1달러이다. 만일 6개월 후 주가가 65달러를 초과하거나 55달러 미만이면 이득은 0이고 투자자는 1달러의 손실을 본다. 만일 주가가 56~64달러 사이면 이익이 발생한다. 6개월 후 주가가 60달러인 경우 4달러의 최대이익이

표 11.4 나비형 스프레드의 이득

주가 범위	첫 번째 콜옵션 매입포지션의 이득	두 번째 콜옵션 매입포지션의 이득	콜옵션 2개 매도포지션의 이득	총이득*
$S_T \le K_1$	0	0	0	0
$K_1 < S_T \le K_2$	$S_T - K_1$	0	0	$S_T - K_1$
$K_2 < S_T < K_3$	$S_T - K_1$	0	$-2(S_T - K_2)$	$K_3 - S_T$
$S_T \ge K_3$	$S_T - K_1$	$S_T - K_3$	$-2(S_T - K_2)$	0

*이 이득은 $K_2 = 0.5(K_1 + K_3)$의 관계를 이용해서 계산했다.

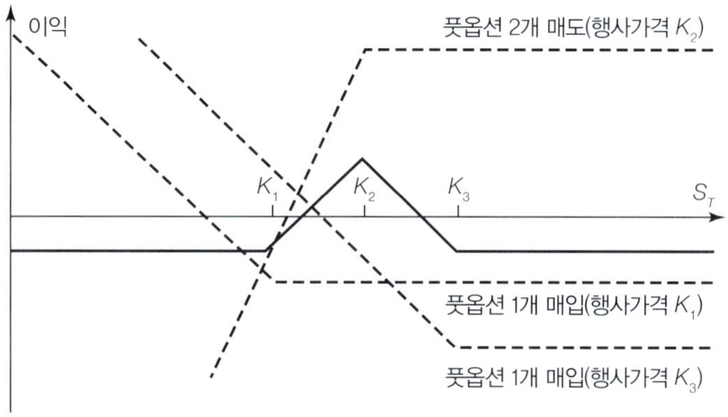

그림 11.7 풋옵션을 이용한 나비형 스프레드의 이익

발생한다.

풋옵션을 이용해서도 나비형 스프레드를 만들 수 있다. 투자자는 2개의 유러피언 풋옵션, 즉 낮은 행사가격의 풋옵션 1개와 높은 행사가격의 풋옵션 1개를 매입하고 중간 행사가격의 유러피언 풋옵션 2개를 매도하면 된다. 이는 그림 11.7에 묘사되어 있다. 바로 앞의 예에서 설명한 나비형 스프레드를 2개의 풋옵션, 즉 행사가격이 55달러인 풋옵션 1개와 행사가격이 65달러인 풋옵션 1개를 매입하고, 행사가격이 60달러인 풋옵션 2개를 매도함으로써 구성할 수 있다. 풋옵션을 이용한 나비형 스프레드는 콜옵션을 이용한 나비형 스프레드와 완전히 동일하다. 풋–콜 패리티에 의해, 풋옵션을 이용하든 콜옵션을 이용하든 초기투자금액이 동일함을 알 수 있다.

반대 전략을 통해 나비형 스프레드를 매도 또는 발행할 수 있다. 행사가격이 K_1과 K_3인 옵션을 매도하고 중간가격 K_2를 행사가격으로 하는 2개의 옵션을 매입하면 된다. 이 전략은 주가가 큰 폭으로 상승하거나 하락하면 약간의 이익을 얻을 수 있다.

캘린더 스프레드

지금까지는 스프레드를 만들기 위해 사용한 모든 옵션이 같은 시점에서 만기가 된다고 가정

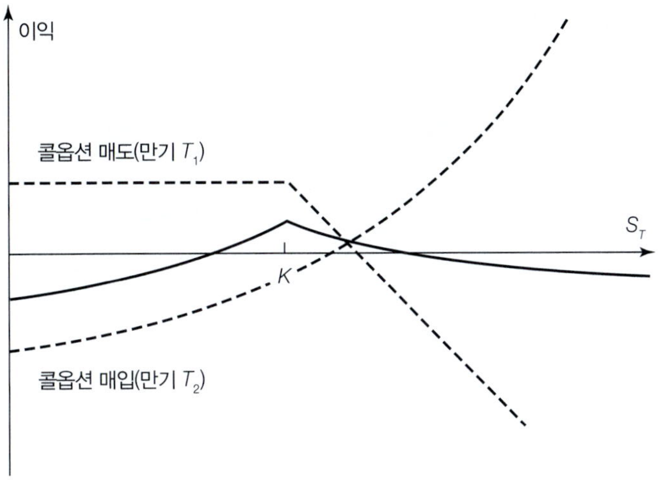

그림 11.8 만기가 짧은 콜옵션의 만기일에 계산한 콜옵션 2개를 이용한 캘린더 스프레드의 이익($T_2 > T_1$)

했다. 그러나 캘린더 스프레드(calendar spread)에 사용되는 옵션은 행사가격은 같으나 만기일은 상이하다.

캘린더 스프레드는 특정 행사가격을 갖는 유러피언 콜옵션을 매도하고 행사가격은 같으나 만기가 긴 유러피언 콜옵션을 매입함으로써 구성할 수 있다. 만기가 길수록 일반적으로 옵션의 가치는 증가한다. 그러므로 캘린더 스프레드를 구성하기 위해서는 보통은 초기에 투자를 해야 한다. 캘린더 스프레드의 이익 패턴은 만기가 짧은 콜옵션의 만기일에 만기가 긴 옵션을 마감한다는 가정하에서 계산된다. 콜옵션으로 구성한 캘린더 스프레드의 이익 패턴은 그림 11.8과 같다. 이것은 그림 11.6에서 설명한 나비형 스프레드의 이익 패턴과 유사하다. 만일 만기가 짧은 옵션의 만기일 주가가 옵션의 행사가격에 가깝다면 투자자는 이익을 본다. 그러나 주가가 행사가격보다 크게 높거나 낮은 경우에는 손실을 본다.

캘린더 스프레드에서 생기는 이익 패턴을 이해하기 위해 만기가 짧은 옵션의 만기일에 주가가 매우 낮은 경우를 생각해보자. 만기가 짧은 옵션의 가치는 0이고, 만기가 긴 옵션의 가치는 0에 가깝다. 그러므로 이 경우 투자자는 초기에 스프레드를 구성하는 데 드는 비용에 근접한 크기의 손실을 보게 된다. 다음은 만기가 짧은 옵션의 만기일에 주가(S_T)가 매우 높은 경우를 고려해보자. 만기가 짧은 옵션으로부터 $S_T - K$만큼의 손실이 발생하고 만기가 긴 옵션의 가치는 $S_T - K$보다 약간 크다(K는 옵션의 행사가격임). 따라서 이 경우에도 초기에 스프레드를 구성하는 데 드는 비용에 근접한 크기의 손해를 보게 된다. 만일 S_T가 K에 근접하는 경우에는 만기가 짧은 옵션으로부터 발생하는 손실은 매우 적거나 0이다. 그러나 만기가 긴 옵션은 상당히 가치가 있다. 이 경우 이익을 얻을 수 있다.

중립 캘린더 스프레드(neutral calendar spread)는 현재 주가에 근접한 행사가격을 선택한다.

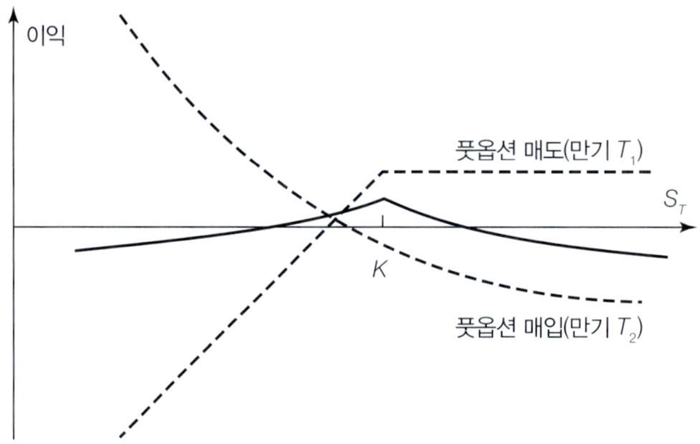

그림 11.9 만기가 짧은 풋옵션의 만기일에 계산한 풋옵션 2개를 이용한 캘린더 스프레드의 이익($T_2 > T_1$)

강세 캘린더 스프레드(bullish calendar spread)는 현재 주가보다 높은 행사가격을 선택하고, 약세 캘린더 스프레드(bearish calendar spread)는 현재 주가보다 낮은 행사가격을 선택한다.

캘린더 스프레드도 콜옵션뿐만 아니라 풋옵션을 이용해 구성할 수 있다. 투자자는 만기가 긴 풋옵션을 매입하고 만기가 짧은 풋옵션을 매도한다. 그림 11.9에서 알 수 있듯이 이익 패턴이 콜옵션을 이용한 경우와 유사하다.

역캘린더 스프레드(reverse calendar spread)는 그림 11.8과 그림 11.9에서 묘사한 경우의 반대이다. 투자자는 만기가 짧은 옵션을 매입하고 만기가 긴 옵션을 매도한다. 만일 만기가 짧은 옵션의 만기일에서의 주가가 행사가격보다 매우 높거나 낮은 경우에 약간의 이익을 얻을 수 있다. 그러나 만기일의 주가가 행사가격과 근접하면 손실이 발생한다.

대각선 스프레드

강세 스프레드, 약세 스프레드, 캘린더 스프레드는 콜옵션 1개에 매입포지션을 취함과 동시에 다른 콜옵션 1개에 매도포지션을 취해서 만들 수 있다. 강세 스프레드와 약세 스프레드에 사용되는 콜옵션은 행사가격은 다르나 만기일이 같다. 캘린더 스프레드에 사용되는 콜옵션은 행사가격은 같으나 만기일이 다르다. 대각선 스프레드(diagonal spread)에 사용되는 콜옵션의 경우에는 행사가격과 만기일이 모두 다르다. 따라서 가능한 이익 패턴의 범위가 커진다.

11.4 콤비네이션

콤비네이션(combination)은 동일한 주식에 대한 콜옵션과 풋옵션을 함께 이용하는 옵션 거래 전략이다. 여기서는 스트래들, 스트립, 스트랩, 스트랭글을 분석하겠다.

스트래들

가장 많이 사용하는 콤비네이션은 **스트래들**(straddle)이다. 스트래들은 행사가격과 만기일이 같은 유러피언 콜옵션과 풋옵션을 매입해 만들 수 있다. 스트래들의 이익 패턴은 그림 11.10에 나타나 있다. 여기서 K는 행사가격이다. 만일 옵션 만기일에 주가가 이 행사가격에 근접하면 손실을 본다. 그러나 주가가 큰 폭으로 상승하거나 하락하면 상당한 이익이 발생한다. 스트래들의 이득은 표 11.5에 요약되어 있다.

투자자가 큰 폭의 주가 변화를 예상하지만 방향을 알 수 없는 경우에 스트래들이 적합하다. 현재 주가가 69달러인 어떤 주식의 가격이 앞으로 3개월 동안 많이 변할 것으로 예상하는 투자자를 생각해보자. 투자자는 만기가 3개월이고 행사가격이 70달러인 콜옵션과 풋옵션을 매입해 스트래들을 만들 수 있다. 콜옵션 가격이 4달러이고 풋옵션 가격이 3달러라고 하자. 만일 주가가 69달러이면 투자자의 손실은 6달러이다(초기투자는 7달러이고 콜옵션 가치는 0이며 풋옵션 가치는 1달러이다). 만일 주가가 70달러이면 투자자의 손실은 7달러이다(이 경우가 최악임). 그러나 주가가 90달러로 크게 상승하면 투자자는 13달러의 이익을 얻고, 주가가 55달러로 하락하면 8달러의 이익을 얻는다. 실무사례 11.2에서 알 수 있듯이 투자자는 스트래들 거래를 하기 전에 기대하는 가격 상승이 이미 옵션가격에 반영되었는지를 주의 깊게 고려해야 한다.

그림 11.10에 있는 스트래들은 때로는 **하향제한 스트래들**(bottom straddle) 또는 **스트래들 매입**(straddle purchase)이라고 한다. **상향제한 스트래들**(top straddle) 또는 **스트래들 매도**

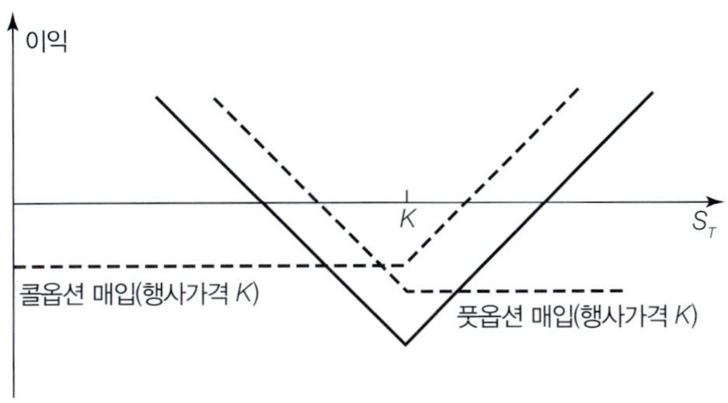

그림 11.10 스트래들의 이익

표 11.5 스트래들의 이득

주가 범위	콜옵션 이득	풋옵션 이득	총이득
$S_T \le K$	0	$K - S_T$	$K - S_T$
$S_T > K$	$S_T - K$	0	$S_T - K$

실무사례 11.2 스트래들 거래로부터 이익을 얻는 방법

기업에 대한 인수가격의 제안이 있거나 중요한 소송의 결과가 곧 발표될 예정이라서 주가가 크게 움직일 것으로 기대된다고 하자. 당신은 스트래들을 거래하겠는가?

이 경우에 스트래들은 자연스러운 거래전략으로 보인다. 그러나 만일 이런 상황에 대한 당신의 견해가 다른 시장 참여자와 거의 동일하다면 이는 옵션가격에 반영될 것이다. 그 주식에 대한 옵션은 주가가 큰 폭으로 변하지 않을 것이라 예상되는 주식에 대한 옵션에 비해 매우 비싸게 될 것이다. 그림 11.10에 도시된 V형 스트래들 이익 패턴은 하향하게 되므로 이익을 얻으려면 주가가 더 크게 움직여야 한다.

스트래들이 효과적인 전략이 되려면 주가가 크게 움직일 것으로 예상하고 그 믿음이 다른 투자자와는 상이해야 한다. 시장가격은 시장 참여자의 믿음을 반영한다. 투자전략으로부터 이익을 얻으려면 시장의 대다수 거래자와 상이한 견해를 가져야 하며 또한 당신이 옳아야 한다.

(straddle write)는 반대 포지션이다. 이는 만기일과 행사가격이 같은 콜옵션과 풋옵션을 동시에 매도해서 만든다. 이는 매우 위험한 전략이다. 만일 만기일의 주가가 행사가격에 근접하면 이익을 얻는다. 그러나 주가가 큰 폭으로 변할 때의 손실에 제한이 없다.

스트립과 스트랩

스트립(strip)은 만기일과 행사가격이 같은 유러피언 콜옵션 1개와 유러피언 풋옵션 2개를 매입해 만든다. 스트랩(strap)은 만기일과 행사가격이 같은 유러피언 콜옵션 2개와 유러피언 풋옵션 1개를 매입해 만든다. 스트립과 스트랩의 이익 패턴은 그림 11.11에 묘사되어 있다. 투자자가 주가가 큰 폭으로 변할 것을 기대하는 동시에 주가가 하락할 가능성이 상승할 가능성보다 크다고 판단할 경우에 스트립을 취한다. 스트랩도 투자자가 주가가 큰 폭으로 변할 것을 기대할 때 취한다. 그러나 이 경우는 주가가 상승할 가능성이 하락할 가능성보다 클 때

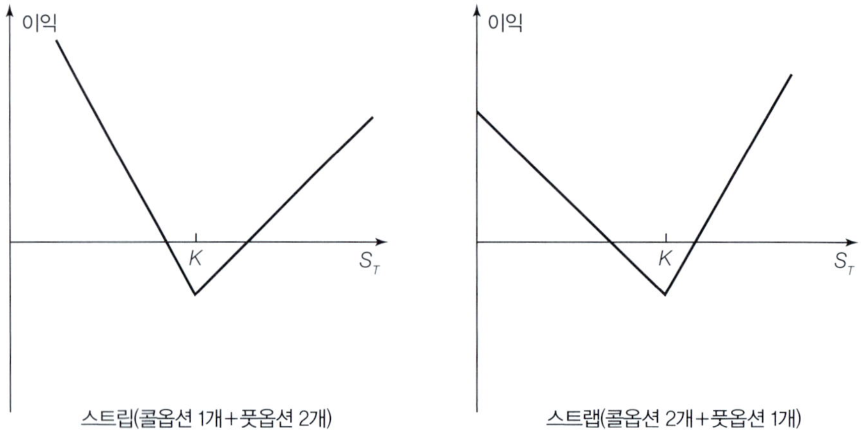

그림 11.11 스트립과 스트랩 이익

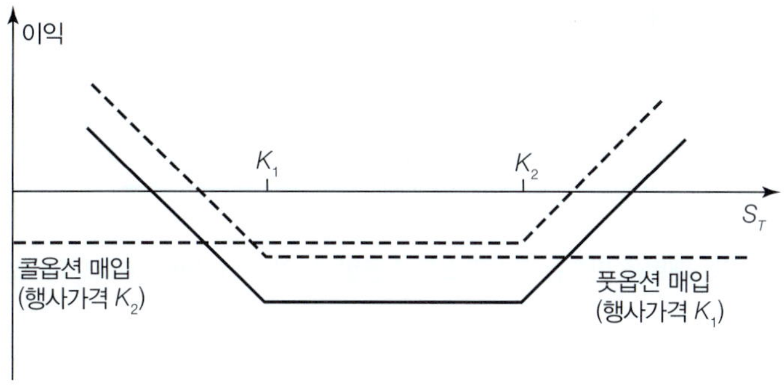

그림 11.12 스트랭글의 이익

표 11.6 스트랭글의 이득

주가 범위	콜옵션 이득	풋옵션 이득	총이득
$S_T \le K_1$	0	$K_1 - S_T$	$K_1 - S_T$
$K_1 < S_T < K_2$	0	0	0
$S_T \ge K_2$	$S_T - K_2$	0	$S_T - K_2$

취한다.

스트랭글

스트랭글(strangle)은 하향제한 수직적 콤비네이션(bottom vertical combination)이라고도 하며, 만기일은 같으나 행사가격이 다른 유러피언 풋옵션과 유러피언 콜옵션을 매입해 구성할 수 있다. 스트랭글의 이익 패턴은 그림 11.12에 표시되어 있다. 콜옵션의 행사가격 K_2는 풋옵션의 행사가격 K_1보다 높다. 스트랭글의 이득함수는 표 11.6에 계산되어 있다.

스트랭글은 스트래들과 유사한 전략이다. 투자자는 주가가 큰 폭으로 변할 것을 기대하나 증가할지 하락할지는 불확실하다. 그림 11.12와 그림 11.10을 비교하면 투자자가 이익을 얻기 위해서는 스트래들보다 스트랭글의 경우에 주가가 더 큰 폭으로 변해야 함을 알 수 있다. 그러나 주가가 중간값으로 끝날 경우의 손해는 스트랭글이 스트래들보다 작다.

스트랭글로부터 얻는 이익 패턴은 두 옵션의 행사가격이 얼마나 가까운가에 달려 있다. 두 행사가격이 멀리 떨어질수록 하방위험은 작아지나 이익을 얻기 위해 변해야 하는 주가 변동폭은 커진다.

스트랭글의 매도포지션은 상향제한 수직적 콤비네이션(top vertical combination)이라고도 한다. 이 전략은 주가가 큰 폭으로 변하지 않을 것이라 예상하는 투자자에게 적합하다. 그러나 스트래들의 매도포지션처럼 투자자의 잠재적 손실폭에 제한이 없으므로 위험한 전략이다.

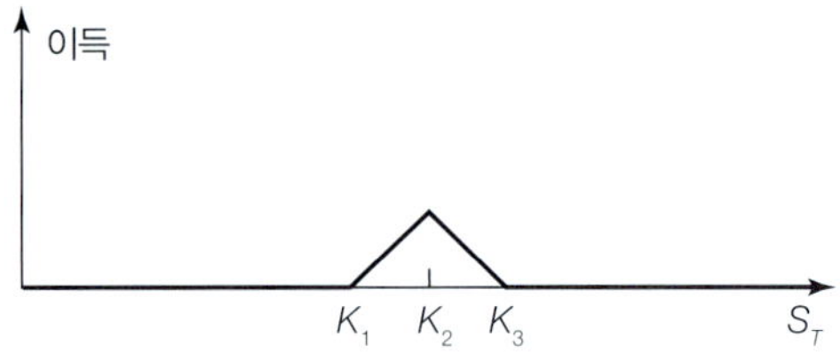

그림 11.13 다른 이득 패턴을 만드는 구성요소로 이용할 수 있는 나비형 스트레드의 '스파이크형 이득'

11.5 기타 이득 패턴

이 장에서 옵션을 이용해 주가와 이익의 흥미로운 관계를 보여주는 몇 가지 예를 설명했다. 만일 만기가 T인 유러피언 옵션이 모든 행사가격에 대해 존재한다면 T시점에서 어떤 형태의 이득 패턴도 이론적으로 만들 수 있다. 이를 이해하는 가장 쉬운 방법은 나비형 스프레드를 고려해보는 것이다. 나비형 스프레드는 행사가격이 K_1과 K_3인 옵션을 매입하고 행사가격이 K_2인 옵션 2개를 매도해 만든다(단, $K_1 < K_2 < K_3$이고 $K_3 - K_2 = K_2 - K_1$이다). 그림 11.13은 나비형 스프레드의 이득을 보여준다. 이 형태는 스파이크(spike)라고 할 수 있다. K_1과 K_3가 가까워질수록 스파이크는 점점 작아진다. 매우 작은 스파이크를 무수히 결합함으로써 이론적으로 어떤 형태의 이득함수도 근사적으로 만들어낼 수 있다.

요약

원금보장증권은 무이표채와 유러피언 콜옵션을 이용해 만들 수 있다. 원금보장증권은 상품의 발행자가 옵션 기초자산의 성과와 무관하게 원금을 보장할 수 있으므로 일부 투자자에게 매력적인 상품이다.

많은 일반적인 거래전략은 옵션 1개와 기초주식 1주를 결합해 만든다. 예를 들어 커버드 콜을 발행하는 것은 주식을 매입하고 콜옵션을 매도하는 것이다. 프로텍티브 풋은 풋옵션과 주식을 매입하는 것이다. 전자는 풋옵션을 매도하는 것과 유사하고 후자는 콜옵션을 매입하는 것과 유사하다.

스프레드는 2개 이상의 콜옵션 또는 2개 이상의 풋옵션에 포지션을 취하는 것이다. 강세 스프레드는 행사가격이 낮은 콜옵션(풋옵션)을 매입하고 행사가격이 높은 콜옵션(풋옵션)을 매도해서 만들 수 있다. 약세 스프레드는 행사가격이 높은 풋옵션(콜옵션)을 매입하고 행사가격이 낮은 풋옵션(콜옵션)을 매도해서 만들 수 있다. 나비형 스프레드는 행사가격이 높은 콜옵션(풋옵션)과 행사가격이 낮은 콜옵션(풋옵션)을 매입하고 중간 행사가격을 갖는 콜옵션(풋옵션) 2개를 매도하는 것이다. 캘린더 스프레드는 만기가 짧은 콜옵션(풋옵션)을 매도하고 만기가 긴 콜옵션(풋옵션)을 매입하는 것이다. 대각선 스프레드는 행사가격과 만기가 상이한 옵션에 매입과 매도포지션을 취하는 것이다.

콤비네이션은 기초주식이 동일한 콜옵션과 풋옵션에 동시에 포지션을 취하는 것이다. 스트래들은 행사가격과 만기가 같은 콜옵션과 풋옵션을 매입하는 것이다. 스트립은 행사가격과 만기가 같은 콜옵션 1개와 풋옵션 2개를 매입하는 것이다. 스트랩은 행사가격과 만기가 같은 콜옵션 2개와 풋옵션 1개를 매입하는 것이다. 스트랭글은 행사가격은 상이하나 만기가 같은 콜옵션과 풋옵션을 매입하는 것이다. 이 외에도 옵션을 이용해 다양한 방법으로 흥미로운 이득 패턴을 만들 수 있다. 따라서 옵션의 인기가 계속 증가하고 계속 투자자를 매혹하는 것은 결코 놀랄 일이 아니다.

참고문헌

Bharadwaj, A., and J. B. Wiggins. "Box Spread and Put-Call Parity Tests for the S&P Index LEAPS Markets," *Journal of Derivatives*, 8, 4 (Summer 2001): 62–71.

Chaput, J. S., and L. H. Ederington. "Option Spread and Combination Trading," *Journal of Derivatives*, 10, 4 (Summer 2003): 70–88.

McMillan, L. G. *Options as a Strategic Investment*, 5th edn. New York: Prentice Hall, 2012.

Rendleman, R. J. "Covered Call Writing from an Expected Utility Perspective," *Journal of Derivatives*, 8, 3 (Spring 2001): 63–75.

Ronn, A. G., and E. I. Ronn. "The Box-Spread Arbitrage Conditions," *Review of Financial Studies*, 2, 1 (1989): 91–108.

퀴즈

11.1 프로텍티브 풋은 무엇인가? 프로텍티브 풋은 콜옵션의 어떤 포지션과 동일한가?

11.2 약세 스프레드를 만들 수 있는 방법 두 가지를 설명하라.

11.3 투자자가 어떤 경우에 나비형 스프레드를 매입하는 것이 적절한가?

11.4 만기가 3개월이고 행사가격이 15달러, $17\frac{1}{2}$달러, 20달러인 콜옵션 가격이 각각 4달러, 2달러, $\frac{1}{2}$달러이다. 이 옵션들을 이용해 나비형 스프레드를 구성하는 방법을 설명하라. 나비형 스프레드의 이익이 주가에 따라 어떻게 변하는지 표로 작성하라.

11.5 어떤 거래전략으로 역캘린더 스프레드를 구성할 수 있는지 설명하라.

11.6 스트랭글과 스트래들의 차이점을 설명하라.

11.7 행사가격이 50달러인 콜옵션 가격이 2달러이고 행사가격이 45달러인 풋옵션 가격이 3달러이다. 두 옵션을 이용해 스트랭글을 구성하는 방법을 기술하고, 이 전략의 이익 패턴을 설명하라.

연습문제

11.8 풋-콜 패리티를 이용해 콜옵션을 이용한 강세 스프레드의 초기투자금액과 풋옵션을 이용한 강세 스프레드의 초기투자금액 간의 관계를 설명하라.

11.9 풋옵션을 이용해 공격적인 약세 스프레드를 구성하는 방법을 설명하라.

11.10 행사가격이 30달러와 35달러인 풋옵션의 가격이 각각 4달러와 7달러라고 하자. 두 옵션을 이용해 (a) 강세 스프레드와 (b) 약세 스프레드를 구성하는 방법을 설명하라. 그리고 두 스프레드의 이득 및 이익 패턴을 표로 작성하라.

11.11 풋-콜 패리티를 이용해 유러피언 풋옵션을 이용해 구성

한 나비형 스프레드의 비용이 유러피언 콜옵션을 이용해 구성한 나비형 스프레드의 비용과 동일함을 증명하라.

11.12 행사가격이 60달러인 콜옵션 가격이 6달러이다. 행사가격과 만기가 같은 풋옵션 가격은 4달러이다. 스트래들의 이익을 나타내는 표를 완성하라. 스트래들로부터 손실을 보는 주가의 범위는 어떻게 되는가?

11.13 행사가격이 K_1과 K_2인($K_2 > K_1$) 풋옵션을 이용해 만든 강세 스프레드의 이득 패턴을 표로 작성하라.

11.14 투자자가 주가가 크게 변할 것으로 확신하지만 변화 방향은 잘 모른다. 이 경우에 투자자가 취할 수 있는 여섯 가지 전략을 나열하고 전략 간의 차이점을 설명하라.

11.15 특정 인도가격과 인도일을 갖는 주식에 대한 선도계약을 옵션을 이용해 어떻게 만들 수 있는지 설명하라.

11.16 "박스 스프레드는 4개 옵션으로 구성된다. 2개의 옵션을 결합해 선도계약 매입포지션을 구성할 수 있고, 남은 2개의 옵션을 결합해 선도계약 매도포지션을 구성할 수 있다." 이를 설명하라.

11.17 스트랭글에서 풋옵션 행사가격이 콜옵션 행사가격보다 높은 경우의 결과를 설명하라.

11.18 외국통화가 현재 0.64달러의 가치를 갖는다. 행사가격이 각각 0.60달러, 0.65달러, 0.70달러인 유러피언 콜옵션으로 1년 만기 나비형 스프레드를 구성했다. 미국과 외국의 무위험이자율은 각각 5%와 4%이고, 환율의 변동성은 15%이다. DerivaGem 프로그램을 이용해 나비형 스프레드 포지션을 구성하는 비용을 계산하라. 그리고 유러피언 콜옵션 대신에 유러피언 풋옵션으로 나비형 스프레드를 구성해도 비용이 같음을 보여라.

11.19 지수의 배당수익률은 1%이고 변동성은 20%이다. 무위험이자율은 4%이다. 원금보장증권을 발행하는 은행이 이익을 내려면 예제 11.1에서 만들어진 원금보장증권의 만기는 얼마여야 하는가? DerivaGem을 이용하라.

추가문제

11.20 거래자가 행사가격이 25달러인 6개월 만기 풋옵션을 2.15달러에 매도하고 행사가격이 29달러인 6개월 만기 풋옵션을 4.75달러에 매입해 약세 스프레드를 구성했다. 초기투자액은 얼마인가? 6개월 후 주가가 (a) 23달러, (b) 28달러, (c) 33달러일 때 (초기투자액을 제외한) 총이득은 얼마인가?

11.21 거래자가 행사가격이 50달러인 유러피언 콜옵션을 3달러에 매도하고 행사가격이 40달러인 유러피언 풋옵션을 4달러에 매도해 스트랭글을 매도했다. 거래자가 이익을 얻게 되는 만기일의 기초자산 가격의 범위는 어떻게 되는가?

11.22 만기일이 동일하고 행사가격을 55달러, 60달러, 65달러로 하는 풋옵션의 가격이 각각 3달러, 5달러, 8달러이다. 이 옵션을 이용해 나비형 스프레드를 구성하는 방법을 설명하라. 이 전략의 이익을 나타내는 표를 작성하라. 나비형 스프레드로부터 손실을 보는 주가의 범위는 어떻게 되는가?

11.23 행사가격이 K_2이고 만기가 T_2인 콜옵션을 매입하고 행사가격이 K_1이고 만기가 T_1인 콜옵션을 매도해 대각선 스프레드를 구성할 수 있다($T_2 > T_1$). (a) $K_2 > K_1$인 경우와 (b) $K_2 < K_1$인 경우의 이익 패턴을 그래프로 설명하라.

11.24 다음 포트폴리오를 소유한 투자자의 이익과 손실이 최종주가에 따라 어떻게 변하는지 그래프로 그려라.

(a) 주식 1주 매입, 콜옵션 1개 매도

(b) 주식 2주 매입, 콜옵션 1개 매도

(c) 주식 1주 매입, 콜옵션 2개 매도

(d) 주식 1주 매입, 콜옵션 4개 매도

각 경우에 콜옵션 행사가격이 현재 주가와 같다고 가정하라.

11.25 무배당 주식의 가격이 32달러이고 변동성은 30%이며 모든 만기에 대한 무위험이자율은 연 5%라고 하자. 다음 포지션을 구성하는 비용을 DerivaGem을 이용해 계산하라. 각 경우에 이익과 최종주가의 관계를 보여주는 표를 작성하라. 할인효과는 무시한다.

(a) 행사가격이 각각 25달러, 30달러이고 만기가 6개월

인 유러피언 콜옵션을 이용한 강세 스프레드
(b) 행사가격이 각각 25달러, 30달러이고 만기가 6개월인 유러피언 풋옵션을 이용한 약세 스프레드
(c) 행사가격이 각각 25달러, 30달러, 35달러이고 만기가 1년인 유러피언 콜옵션을 이용한 나비형 스프레드
(d) 행사가격이 각각 25달러, 30달러, 35달러이고 만기가 1년인 유러피언 풋옵션을 이용한 나비형 스프레드
(e) 행사가격이 30달러이고 만기가 6개월인 옵션을 이용한 스트래들
(f) 행사가격이 각각 25달러, 35달러이고 만기가 6개월인 옵션을 이용한 스트랭글

11.26 스트랭글을 매입하고 스트래들을 매도하면 어떤 거래포지션이 만들어지는가? 스트랭글과 스트래들의 만기는 동일하다. 스트래들의 행사가격은 스트랭글의 두 행사가격의 중간이라고 가정하라.

11.27 행사가격이 K_2인 콜옵션을 매입하고 행사가격이 K_1인 풋옵션을 매도하면 어떤 거래포지션이 구성되는가? 두 옵션의 만기는 동일하고 $K_2 > K_1$이다. 만일 $K_1 = K_2$이면 어떤 포지션이 되는가?

11.28 은행이 무이표채와 콜옵션 강세 스프레드를 이용해 무배당 주식에 대한 5년 만기 원금보장증권을 만들기로 했다고 하자. 무위험이자율은 4%이고, 주가 변동성은 25%이다. 강세 스프레드에서 낮은 행사가격의 옵션은 등가격옵션이다. 강세 스프레드에서 높은 행사가격 대 낮은 행사가격의 최대비율은 얼마인가? DerivaGem을 이용하라.

12 이항분포모형: 기초

옵션가격을 결정하는 방법 중 매우 유용하고 많이 사용하는 방법은 이항분포모형 또는 이항트리(binomial tree)를 작성하는 것이다. 이항과정은 옵션 만기일까지 주가가 변할 수 있는 여러 과정(stock price path)을 보여준다. 이 장에서는 먼저 이항과정을 살펴본 후 이것이 위험중립가치평가(risk-neutral valuation) 원칙과 어떻게 관련되어 있는지를 설명한다. 여기서 이항 트리를 작성하는 방법은 콕스, 로스, 루빈스타인(Cox, Ross, Rubinstein)의 1979년도 논문의 내용과 유사하다.

이 장에서 설명하는 내용은 몇 가지 이유에서 중요하다. 첫째, 이 장은 옵션 가치를 평가하는 데 사용되는 무차익논리를 설명한다. 둘째, 이 장은 아메리칸 옵션 및 다른 파생상품의 가치를 평가하는 데 광범위하게 이용되는 이항분포모형 수치해법 절차를 설명한다. 셋째, 이 장은 위험중립가치평가라는 대단히 중요한 원칙을 소개한다.

이항분포모형 수치해법 절차에 의한 유러피언 옵션가격은 기간 수가 무한대에 접근함에 따라 유명한 블랙-숄즈-머튼 모형에 의한 가격에 수렴한다. 이 과정의 증명은 이 장 부록에 개략적으로 제시되어 있다. 이항분포모형 수치해법 절차는 18장에서, 블랙-숄즈-머튼 모형은 13장에서 자세히 다룬다.

12.1 1기간 이항분포모형과 무차익논리

현재 주가는 20달러이고, 3개월 후 주가가 22달러 또는 18달러가 되는 단순한 경우를 살펴보자. 여기서 3개월 후 21달러에 주식을 살 수 있는 유러피언 콜옵션의 가치를 평가하자. 콜옵션은 3개월 후에 다음 둘 중 하나의 가치를 갖게 된다. 즉 주가가 22달러이면 옵션 가치는 1달러이고, 주가가 18달러이면 옵션 가치는 0이다. 이 상황은 그림 12.1에 묘사되어 있다.

이 경우에 아주 간단한 논리를 적용해 옵션의 가치를 평가할 수 있다. 여기서 필요한 유일

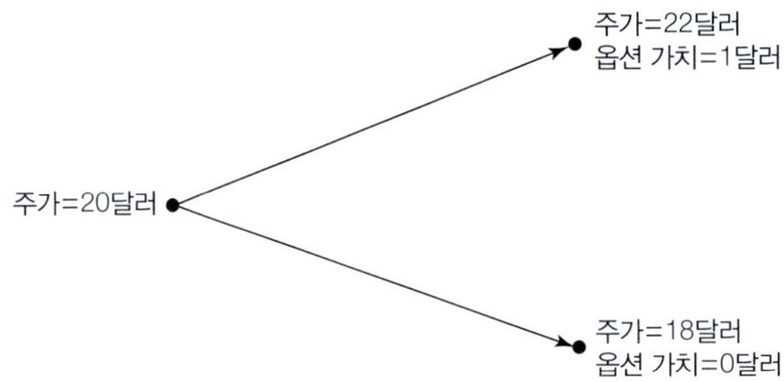

그림 12.1 주가 변화의 이항과정

한 가정은 투자자에게 차익거래기회가 존재하지 않는다는 것이다. 기본적인 논리는 다음과 같다. 주식과 옵션을 이용해 포트폴리오를 구성하는데 3개월 후에 이 포트폴리오의 가치에 대한 불확실성이 없도록 한다. 이 포트폴리오는 위험이 없으므로 이 무위험 포트폴리오의 수익률은 정확히 무위험이자율과 같다. 이렇게 포트폴리오를 구성한 후, 포트폴리오를 구성하는 비용을 분석해 결론적으로 옵션 가치를 결정할 수 있다. 단 2개의 증권(주식과 옵션)이 존재하고 단 2개의 상황만이 존재하므로 무위험 포트폴리오(riskless portfolio) 또는 헤지 포트폴리오를 구성하는 것은 항상 가능하다.

콜옵션 1개를 매도하고 주식 Δ주를 매입한 포트폴리오를 고려해보자(Δ는 대문자 그리스 문자 델타임). 여기서 포트폴리오가 위험이 없도록 하는 Δ값을 구할 수 있다. 만일 주가가 20달러에서 22달러로 상승하면 주식 가치는 22Δ이고 옵션 가치는 1달러이므로 포트폴리오 가치는 $22\Delta - 1$이다. 반대로 주가가 20달러에서 18달러로 하락하면 주식 가치는 18Δ이고 옵션 가치는 0이므로 포트폴리오 가치는 18Δ이다. 주가가 18달러가 되든 22달러가 되든 포트폴리오 가치를 같게 하는 Δ값을 선택하면 이 포트폴리오는 위험이 없다.

$$22\Delta - 1 = 18\Delta$$

또는

$$\Delta = 0.25$$

따라서 무위험 포트폴리오는 다음과 같다.

매입포지션: 주식 0.25주
매도포지션: 콜옵션 1개

만일 주가가 22달러로 상승하면 포트폴리오 가치는 4.5달러이다.

$$22 \times 0.25 - 1 = 4.5$$

그리고 주가가 18달러로 하락해도 포트폴리오 가치는 4.5달러이다.

$$18 \times 0.25 = 4.5$$

주가가 상승하든 하락하든 옵션 만기일에서 포트폴리오 가치는 항상 4.5달러이다.

차익거래기회가 존재하지 않는다고 가정하면 무위험 포트폴리오 수익률은 무위험이자율이어야 한다. 무위험이자율을 12%로 가정하면, 현재 시점에서 포트폴리오 가치는 4.5달러의 현재가치이다.

$$4.5e^{-0.12 \times 3/12} = 4.367$$

현재 주식 가격은 20달러이다. 만일 옵션 가치를 f라고 하면, 1주를 매입하고 콜옵션 1개를 매도한 포트폴리오의 가치는(또는 포트폴리오를 구성하는 데 드는 비용은) 다음과 같다.

$$20 \times 0.25 - f = 5 - f$$

이를 위에서 계산한 4.367과 같다고 해 옵션 가치를 계산하면

$$5 - f = 4.367$$

옵션 가치는 0.633달러이다.

$$f = 0.633$$

차익거래기회가 존재하지 않는 경우, 옵션 가치는 0.633달러여야 한다. 만일 옵션 가치가 0.633달러 이상이면 포트폴리오를 구성하는 데 드는 비용은 4.367달러 이하가 되며, 위험이자율 이상의 수익률을 얻을 수 있다. 만일 옵션 가치가 0.633달러 이하이면 포트폴리오를 매도해 무위험이자율보다 낮은 이자율로 차입하는 것이 가능하다.

주식을 0.25주 매수하는 것은 물론 불가능하다. 그러나 옵션 400개를 매도하고 주식을 100주 매수하는 것은 가능하다. 일반적으로 옵션 1개를 매도할 때마다 Δ개만큼 주식을 매수해야 무위험 포트폴리오가 된다. 이 델타(Δ)는 옵션 헤징에서 매우 중요한 변수이다. 이에 관해서는 이 장 후반부와 17장에서 자세히 다룬다.

일반화

바로 앞에서 제시한 무차익논리를 일반화하기 위해 현재 주식의 가치를 S_0로, 현재 주식옵션(또는 주식에 기초하는 다른 파생상품)의 가치를 f로 하자. 옵션의 만기를 T로, 옵션의 잔존기간 동안 주가는 S_0에서 S_0u로 상승하거나 또는 S_0d로 하락한다고 가정하자($u > 1$, $d < 1$). 주

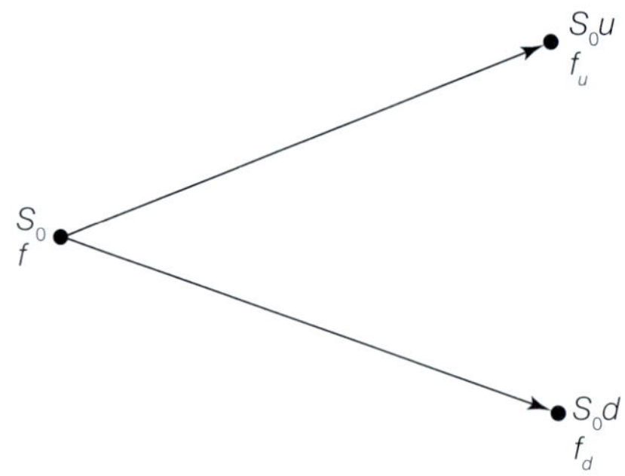

그림 12.2 1기간 이항과정에서의 주식과 옵션의 가격

가가 상승할 때 주가 증가율은 $u-1$이고, 주가가 하락할 때 주가 감소율은 $1-d$이다. 만일 주가가 S_0u로 상승하면 옵션의 지불 액수는 f_u이고, 만일 주가가 S_0d로 하락하면 옵션의 지불 액수는 f_d이다. 이 상황이 그림 12.2에 묘사되어 있다.

앞에서처럼 콜옵션 1개를 매도하고 주식 Δ주를 매입한 포트폴리오를 고려해보자. 이 포트폴리오가 무위험 포트폴리오가 되게 하는 Δ값을 계산할 수 있다. 주가가 상승하는 경우 만기일의 포트폴리오 가치는 다음과 같다.

$$S_0u\Delta - f_u$$

주가가 하락하는 경우 만기일의 포트폴리오 가치는 다음과 같다.

$$S_0d\Delta - f_d$$

포트폴리오의 가치를 무위험 포트폴리오가 되게 하는 Δ값은 다음과 같다.

$$S_0u\Delta - f_u = S_0d\Delta - f_d$$

또는

$$\Delta = \frac{f_u - f_d}{S_0u - S_0d} \tag{12.1}$$

이 포트폴리오는 위험이 없으므로 차익거래기회를 배제하면 수익률이 무위험이자율일 수밖에 없다. 식 (12.1)에서 Δ는 주가 변화에 대한 옵션 가치 변화를 의미한다.

무위험이자율을 r로 하면 포트폴리오의 현재가치는 다음과 같다.

$$(S_0u\Delta - f_u)e^{-rT}$$

포트폴리오를 구성하는 비용은

$$S_0\Delta - f$$

따라서

$$S_0\Delta - f = (S_0 u\Delta - f_u)e^{-rT}$$

또는

$$f = S_0\Delta\,(1 - ue^{-rT}) + f_u e^{-rT}$$

식 (12.1)을 이용해 위 식을 단순화하면

$$f = S_0\left(\frac{f_u - f_d}{S_0 u - S_0 d}\right)(1 - ue^{-rT}) + f_u e^{-rT}$$

또는

$$f = \frac{f_u(1 - de^{-rT}) + f_d(ue^{-rT} - 1)}{u - d}$$

또는

$$f = e^{-rT}[pf_u + (1-p)f_d] \tag{12.2}$$

단,

$$p = \frac{e^{rT} - d}{u - d} \tag{12.3}$$

식 (12.2)와 (12.3)을 이용하면 1기간 이항분포모형에 기초해 옵션 가치를 결정할 수 있다. 여기에 필요한 유일한 가정은 시장에서 차익거래기회가 존재하지 않는다는 점뿐이다.

앞에서 설명한 예에서(그림 12.1 참조), $u=1.1$, $d=0.9$, $r=0.12$, $T=0.25$, $f_u=1$, $f_d=0$이다. 식 (12.3)에 이 값들을 대입해 p를 구할 수 있다.

$$p = \frac{e^{0.12\times 3/12} - 0.9}{1.1 - 0.9} = 0.6523$$

식 (12.2)를 이용해 구한 옵션 가치 0.633달러는 앞에서 계산한 값과 일치한다.

$$f = e^{-0.12\times 0.25}(0.6523\times 1 + 0.3477\times 0) = 0.633$$

주식 기대수익률의 무관련성

식 (12.2)의 옵션가격 공식에 주가가 상승하거나 하락할 확률은 포함되어 있지 않다. 예를 들어 주가가 상승할 확률이 50%인 경우나 90%인 경우나 옵션가격은 같다. 이 결과는 상당히 의외이며 상식적으로 이해하기 힘들다. 주가가 상승할 확률이 증가함에 따라 콜옵션 가치는 증가하고 풋옵션 가치는 감소한다고 생각하기 쉬우나 이 논리는 옳지 않다.

옵션 가치가 주식의 기대수익률과 무관한 주요 원인은 여기서 옵션 가치를 절대적으로 평가하고 있지 않기 때문이다. 주식 가치에 근거해 상대적으로 옵션 가치를 평가하므로 주가가 상승하거나 하락할 확률은 이미 주식 가격에 반영되어 있다. 주식 가치에 근거해 상대적으로 옵션 가치를 평가할 때는 이 확률을 다시 고려할 필요가 없다.

12.2 위험중립가치평가

파생상품의 가치를 평가하는 데 매우 중요한 원칙인 **위험중립가치평가**(risk-neutral valuation)를 소개하겠다. 이 원칙은 파생상품을 평가할 때 투자자가 **위험중립형**(risk-neutral)이라 가정할 수 있다고 설명한다. 이 가정은 위험중립형 투자자가 증가한 위험을 보상받기 위해 투자에 요구하는 기대수익률을 증가시키지 않음을 의미한다. 투자자가 위험중립형인 세상을 **위험중립세상**(risk-neutral world)이라고 한다. 우리가 사는 세상은 당연히 위험중립세상이 아니다. 즉 투자자가 부담하는 위험이 클수록 투자자는 높은 기대수익률을 요구한다. 그러나 위험중립세상이 존재한다고 가정하면 위험중립세상뿐만 아니라 우리가 사는 세상에서도 정확한 옵션가격을 구할 수 있다. 거의 기적적으로, 우리가 사는 세상에서 옵션 매입자와 매도자의 위험회피 정도를 알지 못하는 상태에서도 이것이 가능하다.

위험중립가치평가는 처음 접하면 상당히 놀라운 방법으로 느껴진다. 옵션은 위험한 투자이다. 옵션 가치를 평가하는 데 투자자의 위험회피 성향이 영향을 미쳐야 하지 않을까? 그 질문에 대한 답은 기초자산 가격을 기준으로 옵션 가치를 평가할 때는 위험회피 성향이 중요하지 않다는 것이다. 투자자가 더 위험회피적(risk-averse)이 되면 주가는 하락한다. 그러나 옵션가격을 주가에 연결한 공식은 변하지 않는다.

위험중립세상은 파생상품의 가치평가를 단순화하는 두 가지 특성을 갖는다.

1. 주식 또는 다른 상품의 기대수익률은 무위험이자율과 같다.
2. 옵션 또는 다른 파생상품의 기대이득을 현재가치로 할인할 때 사용되는 할인율이 무위험이자율이다.

식 (12.2)에서 p가 위험중립세상에서 주가가 상승할 확률로 해석을 하면 $1-p$는 주가가 하락할 확률이다. (여기서 $0<p<1$ 조건을 만족하기 위해 $u>e^{rT}$라는 가정을 한다.) 위험중립세상에서 옵션의 기대미래이득(expected future payoff)은 다음과 같다.

$$pf_u + (1 - p)\, f_d$$

식 (12.2)는 옵션의 현재 가치가 위험중립세상에서의 기대미래이득을 무위험이자율로 할인할 가치임을 보여준다. 이것이 위험중립가치평가법을 응용한 것이다.

p를 위험중립세상에서 주가가 상승할 확률로 해석해도 된다는 주장의 타당성을 증명해보자. p가 주가가 상승할 확률이면 T시점에서의 기대주가 $E(S_T)$는 다음과 같다.

$$E(S_T) = pS_0u + (1 - p)\, S_0d$$

또는

$$E(S_T) = pS_0\,(u - d) + S_0d$$

식 (12.3)의 p를 이용해 위 식을 단순화하면 다음과 같다.

$$E(S_T) = S_0e^{rT} \tag{12.4}$$

식 (12.4)는 p가 위험중립세상에서 상승할 확률이면 주가가 평균적으로 무위험이자율로 성장함을 보여준다. 역주: 우리가 사는 세상에서 주가가 무위험이자율로 성장하는 것이 아니라 위험중립세상에서 주가가 평균적으로 무위험이자율로 성장한다는 의미이다. 다시 말해서 p가 상승할 확률이면 주가는 위험중립세상에서 우리가 기대하는 것과 정확히 동일하게 움직인다.

위험중립가치평가는 파생상품의 가치를 평가하는 데 매우 중요한 일반적인 방법이다. 이 결과는 세상이 위험중립이라고 가정하면 위험중립세상에서만이 아니라 모든 세상에서 정확한 가격을 구할 수 있음을 보여준다. 우리는 단순한 이항모형이 주가 변화 과정이라고 가정할 때 위험중립가치평가가 성립함을 보였다. 우리는 주가 변화 과정에 대해 어떤 가정을 하던 이 결과가 성립함을 보일 수 있다.

위험중립가치평가를 파생상품의 가격 결정에 적용하기 위해 우리는 위험중립세상에서의 상승 또는 하락 확률을 먼저 계산한다. 그리고 파생상품의 기대이득을 계산하고 이를 무위험이자율로 할인한다.

1기간 이항분포모형 예제의 재고찰

그림 12.1의 예제를 다시 고려해 위험중립가치평가와 무차익거래 논리가 동일한 가치를 계산하는 것을 살펴보자. 주가는 현재 20달러이고 3개월 후에 22달러로 상승하거나 18달러로 하락한다고 하자. 평가하는 옵션은 유러피언 콜옵션이며 행사가격은 21달러이고 만기는 3개월이다. 무위험이자율은 연 12%이다.

위험중립 가정하에서 주가가 상승할 확률을 p로 하자. p는 식 (12.3)을 이용해 구한다. 위험중립 가정하에서 주식의 기대수익률은 12%의 무위험이자율이어야 한다. 즉 p는 다음 조건을 만족해야 한다.

$$22p + 18(1-p) = 20e^{0.12 \times 3/12}$$

또는

$$4p = 20e^{0.12 \times 3/12} - 18$$

즉 p는 0.6523이다.

3개월 후 콜옵션 가치가 1달러일 확률은 0.6523이고 0일 확률은 0.3477이다. 따라서 콜옵션 기대가치는

$$0.6523 \times 1 + 0.3477 \times 0 = 0.6523$$

이다. 위험중립세상에서 이 값은 무위험이자율로 할인되어야 한다. 따라서 현재 시점에서의 옵션 가치는 0.633달러이다.

$$0.6523e^{-0.12 \times 3/12}$$

이 값은 앞에서 계산한 옵션가격과 일치한다. 즉 차익거래기회가 존재하지 않는다는 논리(무차익거래 논리)하에 계산한 옵션 가치와 위험중립가치평가 원칙에 근거해 계산한 옵션 가치가 같다.

실제 세상과 위험중립세상

p는 위험중립세상에서의 상승 확률이라는 것을 명심해야 한다. 일반적으로 이 값은 실제 세상에서의 상승 확률과 같지 않다. 우리의 예에서 p는 0.6523이다. 상승 확률이 65.23%이면 주식의 기대수익률은 무위험이자율인 12%이다. 실제 세상에서 주식의 기대수익률이 16%이고 q가 상승 확률이라고 가정하면 다음 관계가 성립한다.

$$22q + 18(1-q) = 20e^{0.16 \times 3/12}$$

이때 q는 0.7041이다.

실제 세상에서 옵션의 기대이득은 다음과 같이 0.7041이다.

$$q \times 1 + (1-q) \times 0$$

불행하게도 실제 세상에서 기대이득에 적용할 정확한 할인율을 구하는 것은 쉬운 일이 아니

다. 시장이 주식에 대해 요구하는 수익률은 16%이고, 이는 주식투자로부터의 기대현금흐름을 할인할 때 사용할 할인율이다. 콜옵션포지션은 주식포지션보다 더 위험하다. 따라서 콜옵션 이득에 적용되는 할인율은 16%보다 커야 한다. 그러나 우리는 할인율이 16%보다 얼마나 커야 하는지 알지 못한다.[1] 따라서 위험중립가치평가는 사용하기가 편리하다. 왜냐하면 위험중립세상에서는 모든 자산의 기대수익률(모든 기대이득의 적정 할인율)이 무위험이자율이어야 하기 때문이다.

12.3 2기간 이항분포모형

앞에 제시한 1기간 이항분포모형을 그림 12.3에 있는 2기간 이항분포모형으로 확장할 수 있다. 현재 주가는 20달러이고 1기간마다 주가는 10%씩 상승하거나 10%씩 하락한다. 1기간은 3개월을 의미하며 무위험이자율은 연 12%이다. 행사가격이 21달러인 6개월 만기 옵션을 고려해보자.

분석의 목적은 출발점에서의(즉 현재 시점에서의) 옵션가격을 계산하는 것이다. 이를 위해 앞에서 적용한 원칙을 계속 적용한다. 주식과 옵션의 가격이 모두 적혀 있다는 것을 제외하고 그림 12.4는 그림 12.3과 같다(주가는 위에 적혀 있고 옵션가격은 아래에 적혀 있다). 2기간 이항과정의 끝에(즉 만기일에) 적혀 있는 옵션가격은 옵션의 지불 액수(즉 내재가치)를 말한

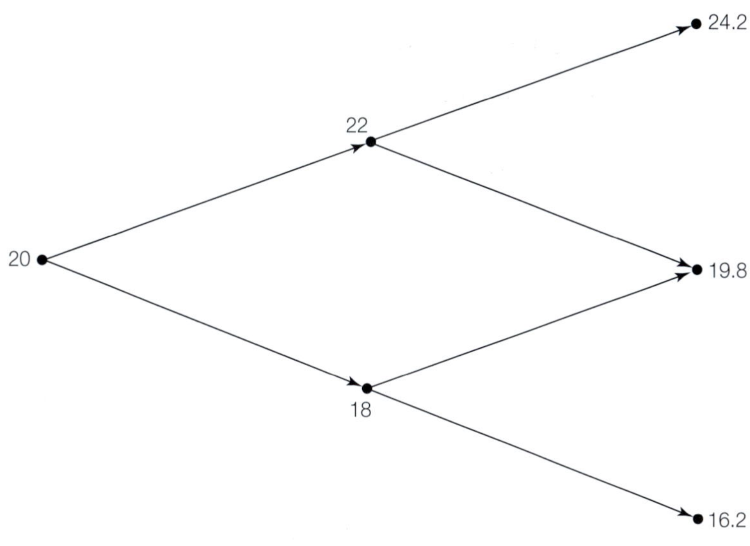

그림 12.3 2기간 이항과정에서 주가 변화

1 옵션 가치가 0.633이므로 다음 관계로부터 적정 할인율이 42.58%인 것을 추론할 수는 있다. 이유는 $0.633 = 0.7041e^{-0.4258 \times 3/12}$이 성립하기 때문이다.

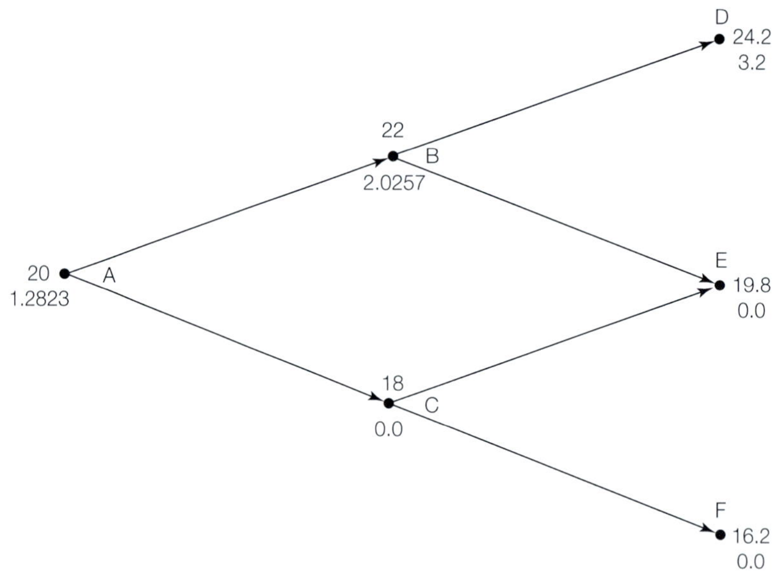

그림 12.4 2기간 이항과정에서의 주식과 옵션의 가격(각 노드에서 주가는 위에 적혀 있고 옵션가격은 아래에 적혀 있음)

다. 노드 D에서 주가는 24.2달러이므로 옵션가격은 24.2 − 21 = 3.2달러이다. 노드 E와 노드 F에서 옵션이 외가격에 있으므로 지불 액수는 0이다.

노드 C에서 옵션의 지불 액수는 0이다. 왜냐하면 노드 C에서 노드 E와 노드 F로 가게 되는데 두 노드에서 옵션의 지불 액수는 0이기 때문이다. 노드 B에서의 옵션가격을 계산하기 위해서는 그림 12.5에서처럼 일부만을 고려하면 된다. $u = 1.1$, $d = 0.9$, $r = 0.12$, $T = 0.25$이므로 $p = 0.6523$이다. 식 (12.2)를 이용해 구한 노드 B에서의 옵션가격은 다음과 같다.

$$e^{-0.12 \times 3/12}(0.6523 \times 3.2 + 0.3477 \times 0) = 2.0257$$

이제 남은 것은 출발점 노드 A에서의 옵션가격을 결정하는 것인데 이는 이항과정의 처음 1기

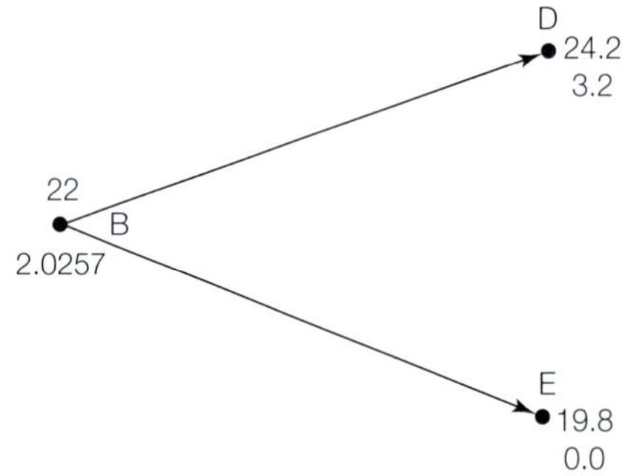

그림 12.5 그림 12.4의 B에서의 옵션가격 평가

간을 고려하면 된다. 노드 B에서의 옵션가격은 2.0257달러이고 노드 C에서의 옵션가격은 0이다. 식 (12.2)에 의해 노드 A에서의 옵션가격은 1.2823달러이다.

$$e^{-0.12\times 3/12}\,(0.6523\times 2.0257+0.3477\times 0)=1.2823$$

지금까지 u와 d가 모든 기간에서 일정하며 각 기간의 길이도 일정하다고 가정했다. 이렇게 가정하면 식 (12.3)에 의해 계산한 위험중립확률(risk-neutral probability) p는 모든 기간에 일정하다.

일반화

그림 12.6에 있는 상황을 고려함으로써 2기간 이항분포모형을 일반화할 수 있다. 주가는 S_0이며 1기간마다 S_0에 u를 곱한 가격으로 상승하거나 또는 S_0에 d를 곱한 가격으로 하락한다. 옵션가격에 대한 기호는 그림에 설명되어 있다(예를 들어 주가가 2번 상승하는 경우 옵션의 가격은 f_{uu}이다). 무위험이자율은 r로, 1기간은 Δt년으로 가정한다.

1기간이 T가 아니고 Δt이므로 식 (12.2)와 (12.3)은 다음과 같이 다시 쓸 수 있다.

$$f=e^{-r\Delta t}\,[pf_u+(1-p)\,f_d] \tag{12.5}$$

$$p=\frac{e^{r\Delta t}-d}{u-d} \tag{12.6}$$

식 (12.5)를 계속 적용하면

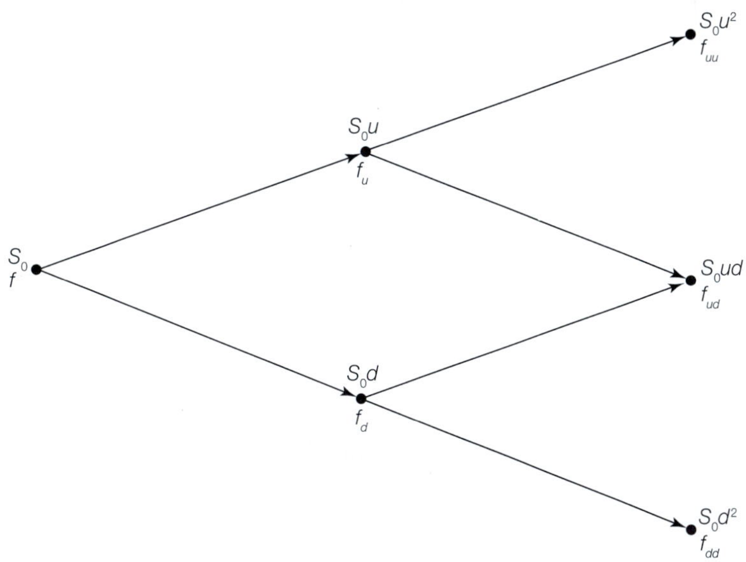

그림 12.6 일반화한 2기간 이항과정에서의 주식과 옵션의 가격

$$f_u = e^{-r\Delta t}\,[pf_{uu} + (1-p)\,f_{ud}] \tag{12.7}$$

$$f_d = e^{-r\Delta t}\,[pf_{ud} + (1-p)\,f_{dd}] \tag{12.8}$$

$$f = e^{-r\Delta t}\,[pf_u + (1-p)\,f_d] \tag{12.9}$$

이고, 식 (12.7)과 (12.8)을 식 (12.9)에 대입하면 다음과 같다.

$$f = e^{-2r\Delta t}\,[p^2 f_{uu} + 2p\,(1-p)\,f_{ud} + (1-p)^2\,f_{dd}] \tag{12.10}$$

이 식은 앞에서 설명한 위험중립가치평가 원칙과 일치한다. 변수 p^2, $2p(1-p)$, $(1-p)^2$은 2기간 이항과정에서 주가가 가장 큰 값, 중간값, 가장 작은 값으로 끝날 확률이다. 옵션가격은 위험중립 가정하의 기대이득을 무위험이자율로 할인한 현재가치와 같다.

2기간 이항과정에 기간을 첨가해(즉 만기를 더 많은 수의 기간으로 나누어) 이항분포모형을 구성해도 우리가 지금까지 이용한 위험중립가치평가 원칙은 계속 성립한다. 즉 옵션가격은 위험중립 가정하의 기대이득을 무위험이자율로 할인한 현재가치와 항상 같다.

12.4 풋옵션을 이용한 사례

이 장에서 지금까지 설명한 절차는 콜옵션뿐만 아니라 풋옵션의 가격을 결정하는 데도 사용할 수 있다. 예를 들어 만기가 2년이고 행사가격이 52달러인 유러피언 풋옵션을 고려해보자. 현재 주가는 50달러이다. 1기간을 1년으로 하면 2기간이 존재하며 각 기간마다 주가는 20% 상승하거나 20% 하락한다고 가정하자. 무위험이자율은 연 5%이다.

이항과정은 그림 12.7에 있다. 이 경우에 $u = 1.2$, $d = 0.8$, $\Delta t = 1$, $r = 0.05$이다. 식 (12.6)을 이용해 계산한 위험중립확률은 0.6282이다.

$$p = \frac{e^{0.05\times 1} - 0.8}{1.2 - 0.8} = 0.6282$$

만기일에 가능한 주가는 72, 48, 32달러이므로, $f_{uu} = 0$, $f_{ud} = 4$, $f_{dd} = 20$이다. 식 (12.10)에 의해 풋옵션가격은 4.1923달러이다.

$$f = e^{-2\times 0.05\times 1}\,(0.6282^2 \times 0 + 2 \times 0.6282 \times 0.3718 \times 4 + 0.3718^2 \times 20) = 4.1923$$

이 가격은 식 (12.5)를 이용해 1기간씩 뒤에서 앞으로(즉 시간을 거슬러 올라가면서) 계산하면 구할 수 있다. 그림 12.7은 이렇게 해 계산한 옵션의 만기일 전 가격도 보여준다.

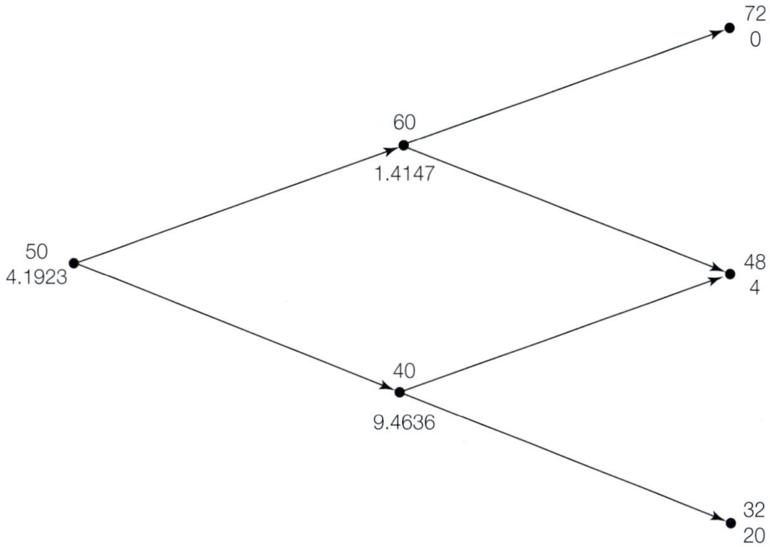

그림 12.7 **2기간 이항과정에 의한 유러피언 풋옵션의 가치평가(각 노드에서 주가는 위에 적혀 있고 옵션 가격은 아래에 적혀 있음)**

12.5 아메리칸 옵션

지금까지 고려한 옵션은 모두 유러피언 옵션이다. 이제부터 그림 12.4와 그림 12.7에서 설명한 이항과정을 이용해 아메리칸 옵션의 가격을 결정해보자. 절차는 만기 시점에서부터 처음으로 이항과정을 역행하면서 매 기간마다 옵션을 행사하는 것이 최적인지를 판단하는 것이다. 이항과정의 만기 시점에서 계산한 옵션의 지불 액수는 유러피언 옵션의 경우와 같다. 이항과정의 만기 시점을 제외한 기간에 아메리칸 옵션의 가치는 다음 두 값 중에서 큰 값과 같다.

1. 식 (12.5)에 의해 계산한 옵션 가치
2. 해당 시점에서 권리를 행사할 경우 얻게 되는 이득

그림 12.7의 유러피언 옵션이 아메리칸 옵션으로 바뀌면 그림 12.8이 된다. 주가와 주가에 대한 확률은 변하지 않는다. 이항과정 만기 시점에서 옵션의 지불 액수 또한 변하지 않는다. 노드 B에서 식 (12.2)를 이용해 계산한 옵션 가치는 1.4147이고 이 시점에서 옵션을 행사하면 이득은 −8이다. 따라서 노드 B에서 옵션을 행사하는 것은 합리적인 행동이 아니며 옵션 가치는 1.4147달러이다. 노드 C에서 식 (12.5)를 이용해 계산한 옵션 가치는 9.4636이고 권리를 즉시 행사함으로써 얻는 이득은 12이다. 이 경우에는 옵션을 행사하는 것이 바람직하며 옵션의 가치는 12달러이다. 노드 A에서 식 (12.5)에 의해 계산한 옵션 가치는 다음과 같이

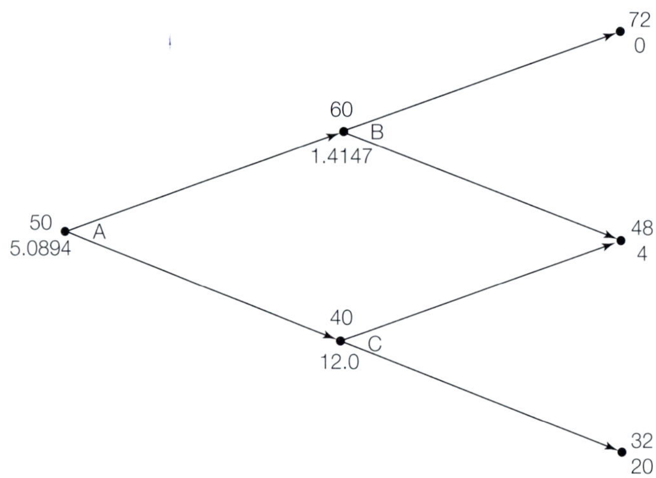

그림 12.8 2기간 이항과정에 의한 아메리칸 풋옵션 가치평가(각 노드에서 주가는 위에 적혀 있고 옵션가격은 아래에 적혀 있음)

5.0894달러이다.

$$e^{-0.05\times 1}\,(0.6282 \times 1.4147 + 0.3718 \times 12.0) = 5.0894$$

반면에 권리를 행사하면 이득은 2이다. 따라서 권리를 행사하는 것은 바람직하지 않으며 옵션 가치는 5.0894달러이다.

12.6 델타

이제 델타(delta)를 살펴보자. 델타는 옵션가격을 결정하고 옵션을 헤지할 때 매우 중요한 그릭('Greek' 혹은 'Greek letter')의 대표주자이다.

주식옵션의 델타(Δ)는 기초주식 가격의 변화에 대한 주식옵션가격의 변화이다. 델타는 무위험 헤지(riskless hedge)를 위해 매도한 옵션 1개당 매입할 주식의 수를 말한다. 델타는 이 장에서 설명한 Δ와 같다. 무위험 헤지를 하는 것을 때로는 델타헤징(delta hedging)이라 한다. 콜옵션의 델타는 양수이고 풋옵션의 델타는 음수이다.

그림 12.1의 1기간 이항모형에서 콜옵션의 델타는

$$\frac{1-0}{22-18} = 0.25$$

이다. 왜나하면 주가가 18달러에서 22달러로 변할 때 옵션가격은 0달러에서 1달러로 변하기 때문이다. (이는 12.1절에서 계산한 Δ값이기도 하다.)

그림 12.4의 2기간 이항모형에서 첫 번째 기간에서의 주가 변화에 대한 델타는

$$\frac{2.0257-0}{22-18}=0.5064$$

이고, 첫 번째 기간에 주가가 상승한 후 두 번째 기간에서의 주가 변화에 대한 델타는

$$\frac{3.2-0}{24.2-19.8}=0.7273$$

이며, 첫 번째 기간에 주가가 하락한 후 두 번째 기간에서의 주가 변화에 대한 델타는 다음과 같다.

$$\frac{0-0}{19.8-16.2}=0$$

그림 12.7의 2기간 이항모형에서 첫 번째 기간의 델타는

$$\frac{1.4147-9.4636}{60-40}=-0.4024$$

이고 두 번째 기간의 델타는

$$\frac{0-4}{72-48}=-0.1667$$

또는

$$\frac{4-20}{48-32}=-1.0000$$

이다. 2기간 이항과정의 예는 시간이 지남에 따라 델타가 변함을 보여준다(그림 12.4에서 델타는 0.5064에서 0.7273 또는 0으로 변하고, 그림 12.7에서 델타는 −0.4024에서 −0.1667 또는 −1.0000으로 변함). 델타가 변하기 때문에 주식과 옵션으로 만든 무위험 포트폴리오의 헤지를 계속 유지하려면 보유 주식 수를 계속 조정해야 한다. 이러한 옵션의 특성은 13장과 17장에서 다시 다룰 것이다.

12.7 u와 d의 결정

지금까지 우리는 u와 d의 값이 주어진다고 가정했다. 예를 들어 그림 12.8에서 우리는 $u=1.2$와 $d=0.8$을 가정했다. 현업에서는 주가 변동성(σ)을 이용해 u와 d의 값을 계산한다. 구하는 공식은 다음과 같다.

$$u = e^{\sigma\sqrt{\Delta t}} \tag{12.11}$$

$$d = \frac{1}{u} \tag{12.12}$$

여기서 Δt는 이항과정에서의 1기간이다. 이 공식들은 18장에서 보다 자세히 설명한다. 이항과정을 구성하는 완성된 일련의 식은 식 (12.11), 식 (12.12), 식 (12.6)이다. 식 (12.6)은 다음과 같이 다시 쓸 수 있다.

$$p = \frac{a-d}{u-d} \tag{12.13}$$

단,

$$a = e^{r\Delta t} \tag{12.14}$$

그림 12.8의 아메리칸 풋옵션을 다시 고려해보자. 여기서 주가는 50달러, 행사가격은 52달러, 무위험이자율은 연 5%, 옵션 만기는 2년, 기간은 2기간이다. 이 경우에 $\Delta t = 1$이다. 변동성 σ가 30%라고 하자. 식 (12.11)부터 식 (12.14)를 이용해 계산하면 다음과 같다.

$$u = e^{0.3\times 1} = 1.3499$$

$$d = \frac{1}{1.3499} = 0.7408$$

$$a = e^{0.05\times 1} = 1.0513$$

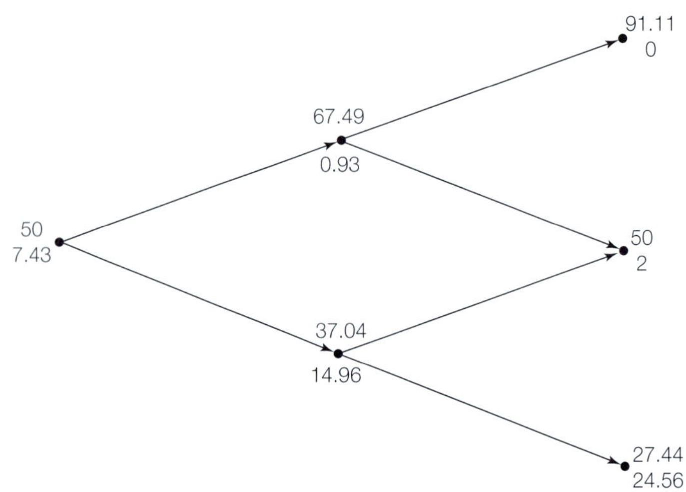

그림 12.9 **2기간 이항과정에 의한 아메리칸 풋옵션 가치평가. 만기=2년, 주가=50달러, 행사가=52달러, 무위험이자율=5%, 변동성=30%**

$$p = \frac{1.053 - 0.7408}{1.3499 - 0.7408} = 0.5097$$

새로운 이항과정은 그림 12.9와 같다. 옵션 가치는 7.43이다. 이는 $u=1.2$와 $d=0.8$을 가정한 그림 12.8에서 구한 가치와 상이하다. 이 옵션은 1기간 말 주가가 하락하는 경우 행사된다.

12.8 보다 많은 기간의 고려

지금까지 설명한 1기간, 2기간 이항분포모형은 비현실적이고 너무나 단순한 형태이다. 옵션의 잔존기간 동안 주가 변화가 1기간 또는 2기간 이항과정을 따른다고 가정하면 옵션가격은 정확하게 계산하기가 어렵고 단지 근사치만 구할 수 있다.

이항과정을 현업에서 이용하는 경우, 만기는 대체로 30개 이상의 기간으로 세밀하게 잡는다. 매 기간마다 주가는 상승하거나 하락한다. 기간을 30으로 가정하는 경우 종가(terminal stock price)가 31개 존재하며 약 10억 개(정확히는 2^{30})의 주가 변화 경로를 고려할 수 있다.

이항과정을 결정할 때 기간의 수와 관계없이 식 (12.11)부터 식 (12.14)까지를 활용할 수 있다. 예를 들어 그림 12.9에서 고려한 예시에서 2기간이 아니라 5기간이라고 가정하자. 모수는 $\Delta t=2/5=0.4$, $r=0.05$, $\sigma=0.3$이므로 $u=e^{0.3\times\sqrt{0.4}}=1.2089$, $d=1/1.2089=0.8272$, $a=e^{0.05\times 0.4}=1.0202$, $p=(1.0202-0.8272)/(1.2089-0.8272)=0.5056$이다.

기간의 수가 증가함에 따라(즉 Δt가 작아짐에 따라) 이항분포모형은 주가행태에 대해 다음 장에서 설명할 블랙-숄즈-머튼 모형과 유사한 가정을 하는 셈이 된다. 이 장 부록에 설명되어 있듯이, 이항분포모형으로부터 계산된 가격은 블랙-숄즈-머튼 가격에 수렴한다.

12.9 DerivaGem의 이용

이 책에 포함된 프로그램인 DerivaGem은 이항과정에 익숙해지는 데 매우 유용한 도구이다. 이 책 끝부분에 설명한 방식으로 프로그램을 설치한 후 Equity_FX_Indx_Fut_Opts_Calc의 워크시트로 가서 Underlying Type으로 Equity를, Option Type으로 Binomial American을 선택한다. 그리고 주가(Stock Price), 변동성(Volatility), 무위험이자율(Risk-Free Rate), 만기[Life(Years)], 행사가격(Strike Price), 기간 수(Tree Steps)를 50, 30%, 5%, 2, 52, 2로 각각 입력한다. 옵션의 종류는 Put을 선택한 후에 Caculate 버튼을 클릭한다. 옵션가격은 Price라는 박스에 7.428로 나타난다. Display Tree를 클릭하면 그림 12.9와 유사한 그림(Equity Tree Display)을 보게 된다(Equity Tree Display에서 옵션이 행사되는 경우 붉은색으로 표시된다).

Equity_FX_Indx_Fut_Opts_Calc의 워크시트로 돌아가서 기간 수를 5로 변경해보자. Enter를 치고 Calculate를 클릭하면 옵션가격은 7.671로 변한다. Display Tree를 클릭하면 5기간 이항모형이 바로 앞에서 계산한 u, d, a, p의 값과 함께 화면에 보인다.

DerivaGem은 이항모형을 10기간까지 Equity Tree Display에 출력할 수 있으며 옵션가격 계산은 500기간까지 가능하다. 예를 들어 기간 수를 500으로 바꾸면 옵션가격은 소수 둘째 자리까지 계산해 7.47달러이다. Option Type을 Binomial European으로 변경하면 유러피언 옵션의 가치를 평가하는 데 이항과정을 이용할 수 있다. 모든 변수를 동일하게 하고 Option Type만 Binomial American에서 Binomial European으로 바꾸면 옵션 가치는 6.76달러로 계산된다(Option Type을 Black–Scholes European으로 변경하면 다음 장에서 설명하는 블랙-숄즈-머튼 공식에 의한 옵션 가치가 제공되는데 이 경우에도 값은 6.76달러이다). Underlying Type을 변경함으로써 주식 이외의 자산에 대한 옵션을 고려할 수 있다. 지금부터 이런 자산의 옵션을 고려해보자.

12.10 주식 이외의 자산에 대한 옵션

9장에서 지수, 통화, 선물계약 옵션을 소개했으며 15장과 16장에서 이 옵션을 더 자세히 설명한다. 주식옵션에 적용했던 방식과 동일하게 이들 옵션에 대해서도 이항과정을 구성하고 적용할 수 있다. 주식옵션의 경우처럼 식 (12.2)가 적용되므로 각 노드에서의 가치(조기행사의 가능성이 고려되기 전의 가치임)는 p에 주가 상승 시 가치를 곱하고 $(1-p)$에 주가 하락 시 가치를 곱해 더한 후 이를 무위험이자율로 할인한 값이다. 단, 주식 이외의 다른 자산에 대한 옵션의 경우 위험중립확률 p의 계산식이 달라진다.

연속배당수익률을 제공하는 주식에 대한 옵션

연속배당수익률 q를 지급하는 주식을 고려해보자. 위험중립세상에서 배당수익과 자본이득으로부터의 총수익률은 r이다. 배당은 q의 수익률을 제공한다고 가정했기 때문에 자본이득은 $r-q$의 수익률을 제공해야 한다. 만일 현재 주가가 S_0이면 1기간 Δt 후의 기대주가는 $S_0e^{(r-q)\Delta t}$여야 한다. 다음 식이 성립하므로

$$pS_0u + (1-p)\,S_0d = S_0e^{(r-q)\Delta t}$$

위험중립확률은 다음과 같다.

$$p = \frac{e^{(r-q)\Delta t} - d}{u-d}$$

무배당주식에 대한 옵션의 경우처럼 $u=e^{\sigma\sqrt{\Delta t}}$, $d=1/u$로 계산해 변동성을 반영한다. 이는 $a=e^{(r-q)\Delta t}$로 가정하면 식 (12.11)부터 식 (12.14)까지를 모두 이용할 수 있음을 의미한다.

주가지수옵션

5장에서 주가지수의 선물가격을 계산할 때 지수를 구성하는 주식이 q의 배당수익률을 제공한다고 가정했다. 여기서도 유사한 가정을 할 것이다. 따라서 주가지수옵션의 가치평가는 배당

예제 12.1 주가지수옵션 EXAMPLE

주가지수가 현재 810이고 변동성은 20%이며 배당수익률은 2%이다. 무위험이자율은 5%이다. 아래 그림은 2기간 이항과정을 이용해 행사가격이 800인 6개월 만기 유러피언 콜옵션의 가치를 평가하는 데 DerivaGem을 이용한 결과를 보여준다. 이 경우에

$$\Delta t=0.25,\quad u=e^{0.20\times\sqrt{0.25}}=1.1052,\quad d=1/u=0.9048,$$

$$a=e^{(0.05-0.20)\times 0.25}=1.0075,\quad p=\frac{1.0075-0.9048}{1.1052-0.9048}=0.5126$$

옵션 가치는 53.39이다.

DerivaGem 산출물

각 노드에서:
위의 숫자 = 기초자산 가격
아래 숫자 = 옵션가격
흐린 바탕은 옵션이 행사됨을 의미함

행사가격 = 800
기간별 할인요소 = 0.9876
기간 : Δt = 0.2500년(91.25일)
기간별 성장요소 : a = 1.0075
상승 확률 : p = 0.5126
u = 1.1052
d = 0.9048

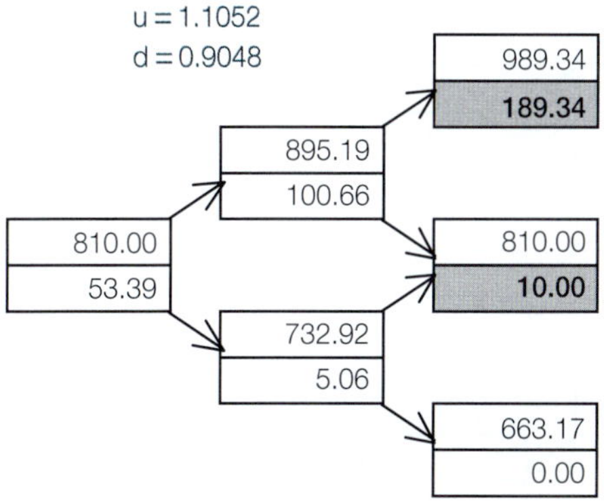

기간별 시간:
0.0000 0.2500 0.5000

수익률을 제공하는 주식에 대한 옵션의 가치평가와 매우 유사하다. 예제 12.1을 참조하라.

통화옵션

5.10절에서 설명했듯이, 외국통화는 외국의 무위험이자율 r_f에 해당하는 수익률을 제공하는

예제 12.2 통화옵션 EXAMPLE

1호주 달러의 가치가 현재 0.6100미국 달러이고 이 환율의 변동성은 12%이다. 호주의 무위험이자율은 7%이고 미국의 무위험이자율은 5%이다. 아래 그림은 3기간 이항과정을 이용해 행사가격이 0.6000인 3개월 만기 아메리칸 콜옵션의 가치를 평가하는 데 DerivaGem을 이용한 결과를 보여준다. 이 경우

$$\Delta t = 0.08333, \quad u = e^{0.12\times\sqrt{0.08333}} = 1.0352, \quad d = 1/u = 0.9660,$$

$$a = e^{(0.05-0.07)\times 0.08333} = 0.9983, \quad p = \frac{0.9983-0.9660}{1.0352-0.9660} = 0.4673$$

옵션 가치는 0.019이다.

DerivaGem 산출물

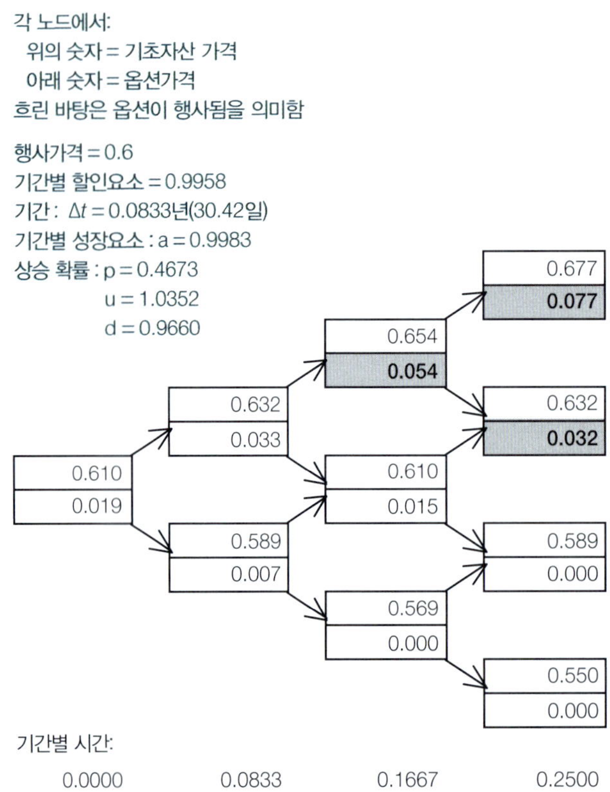

자산으로 간주할 수 있다. 주가지수의 경우처럼 식 (12.11)부터 식 (12.14)까지를 이용하고 $a=e^{(r-r_f)\Delta t}$로 가정해 통화옵션의 이항과정을 구성할 수 있다. 예제 12.2를 참조하라.

선물옵션

선물계약 매입포지션 또는 매도포지션을 취하는 데는 비용이 발생하지 않는다. 따라서 위험

예제 12.3 선물옵션 EXAMPLE

선물가격이 현재 31이고 선물가격의 변동성은 30%이다. 무위험이자율은 5%이다. 아래 그림은 3기간 이항과정을 이용해 행사가격이 30인 9개월 만기 아메리칸 풋옵션의 가치를 평가하는 데 DerivaGem을 이용한 결과를 보여준다. 이 경우

$$\Delta t=0.25,\quad u=e^{0.3\times\sqrt{0.25}}=1.1618,\quad d=1/u=1/1.1618,=0.8607,$$

$$a=1,\quad p=\frac{1-0.8607}{1.1618-0.8607}=0.4626$$

옵션 가치는 2.84이다.

DerivaGem 산출물

각 노드에서:
위의 숫자 = 기초자산 가격
아래 숫자 = 옵션가격
흐린 바탕은 옵션이 행사됨을 의미함

행사가격 = 30
기간별 할인요소 = 0.9876
기간 : Δt = 0.2500년(91.25일)
기간별 성장요소 : a = 1.000
상승 확률 : p = 0.4626
u = 1.1618
d = 0.8607

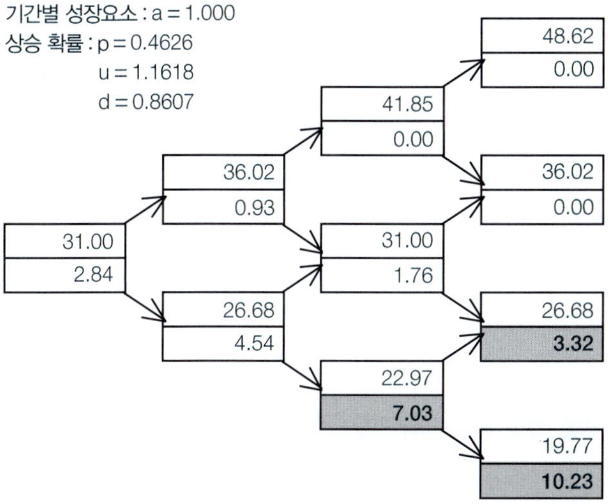

기간별 시간:
0.0000 0.2500 0.5000 0.7500

중립세상에서 선물가격의 기대성장률은 0이어야 한다(이 점은 16장에서 더 자세히 설명할 것이다). 앞에서처럼 p는 선물가격의 상승 확률이고, u는 선물가격이 상승할 시 가격에 곱해지는 숫자, d는 선물가격이 하락할 시 가격에 곱해지는 숫자이다. 만일 F_0가 기초의 선물가격이면 기말 기대선물가격도 F_0이다(기간의 길이는 t임). 즉

$$pF_0u + (1 - p)\,F_0d = F_0$$

따라서

$$p = \frac{1-d}{u-d}$$

이고, $a = 1$로 가정해서 식 (12.11)부터 식 (12.14)를 활용할 수 있다. 예제 12.3을 참조하라.

요약

이 장에서는 이항분포모형을 이용해 주식과 다른 자산에 대한 옵션의 가치 결정 문제를 처음으로 다루었다. 옵션의 만기 동안 주가 변화가 1기간 이항과정을 따르는 경우 일정 수의 주식과 주식옵션을 이용해 무위험 포트폴리오를 구성하는 것이 가능하다. 차익거래기회가 존재하지 않는 세상에서 무위험 포트폴리오는 무위험이자율의 수익률을 얻어야 한다. 이러한 방법으로 주식 가격을 기준으로 옵션가격을 상대적으로 결정할 수 있다. 실제 세상에서 주가가 상승하거나 하락할 확률에 대한 가정은 필요하지 않다.

주가가 다기간 이항과정을 따르는 경우 1기간 이항과정별로 옵션 가치를 계산해 만기 시점서부터 거꾸로 계산함으로써 현재 시점에서의 옵션 가치를 결정할 수 있다. 오직 차익거래기회가 존재하지 않는다는 가정만이 필요할 뿐 실제 세상에서 주가가 상승하거나 하락할 확률에 대한 가정은 결코 필요하지 않다.

주식옵션의 가치를 평가하는 또 하나의 방법은 위험중립가치평가 원칙을 적용하는 것이다. 이 원칙은 대단히 중요한 것으로 주식의 가격을 이용해 상대적으로 옵션의 가격을 결정할 때 위험중립을 가정할 수 있음을 말한다. 무차익거래 논리와 위험중립가치평가가 동등(equivalent)하며 동일한 옵션가격을 계산한다는 것을 수식을 이용해 증명하고 예제를 제시했다.

주식옵션의 델타(Δ)는 기초주식의 가격이 조금 변할 때 이 변화가 옵션가격에 미치는 영향을 측정한다. 즉 주가 변화에 대한 옵션가격 변화이다. 무위험 포트폴리오를 구성하기 위해 투자자는 매도한 옵션 1개당 Δ주의 주식을 매입해야 한다. 이항과정을 분석하면 옵션의 잔존기간 동안 델타가 일정하지 않음을 알 수 있다. 결국 특정한 옵션포지션을 헤지하려면 기초자산인 주식포지션을 정기적으로 조정해야 한다.

주가지수, 통화, 선물계약의 옵션 가치를 평가하기 위한 이항분포모형의 구성은 주식옵션의 가치를 평가하기 위해 이항분포모형을 구성하는 경우와 매우 유사하다. 18장에서는 이항분포모형을 다시 설명하고 실제로 어떻게 이용할 수 있는지 더 자세히 설명할 것이다.

참고문헌

Coval, J. D., and T. Shumway. "Expected Option Returns," *Journal of Finance*, 56, 3 (2001), 983–1009.

Cox, J., S. Ross, and M. Rubinstein. "Option Pricing: A Simplified Approach," *Journal of Financial Economics*, 7 (October 1979): 229–64.

Rendleman, R., and B. Bartter. "Two State Option Pricing," *Journal of Finance*, 34 (1979): 1092–1110.

Shreve, S. *Stochastic Calculus for Finance,* I: *The Binomial Asset Pricing Model*. New York: Springer, 2005.

퀴즈

12.1 현재 주가는 40달러이다. 1개월 후에 주가는 38달러 또는 42달러가 된다. 무위험이자율은 연속복리 기준으로 연 8%이다. 만기가 1개월이고 행사가격이 39달러인 유러피언 콜옵션의 가격은 얼마인가?

12.2 1기간 이항분포모형을 이용해 유러피언 옵션의 가치를 결정할 때 사용하는 무차익거래 논리와 위험중립가치평가 논리를 설명하라.

12.3 주식옵션의 델타는 무엇을 의미하는가?

12.4 현재 주가는 50달러이다. 6개월 후에 주가가 45달러 또는 55달러가 된다. 무위험이자율은 연 10%(연속복리 기준)이다. 만기가 6개월이고 행사가격이 50달러인 유러피언 풋옵션의 가격은 얼마인가?

12.5 현재 주가는 100달러이다. 1기간은 6개월이고 매 기간마다 주가가 10% 상승하거나 10% 하락한다고 하자. 무위험이자율은 연 8%(연속복리 기준)이다. 만기가 1년이고 행사가격이 100달러인 유러피언 콜옵션의 가격은 얼마인가?

12.6 문제 12.5의 상황에서 만기가 1년이고 행사가격이 100달러인 유러피언 풋옵션의 가격은 얼마인가? 유러피언 콜옵션과 풋옵션이 풋–콜 패리티를 만족시킴을 밝혀라.

12.7 u와 d를 변동성을 인자로 하는 함수로 표현한다면 그 공식은 어떻게 되는가?

연습문제

12.8 유러피언 옵션의 잔존기간 동안의 주가 변화가 2기간 이항과정을 따르는 경우를 생각해보자. 옵션의 잔존기간 동안 계속 무위험 상태에 있을 수 있는, 주식과 옵션으로 구성한 포트폴리오를 만들 수 없는 이유를 설명하라.

12.9 현재 주가는 50달러이다. 2개월 후 주가가 53달러 또는 48달러라고 하자. 무위험이자율은 연속복리 기준으로 연 10%이다. 만기가 2개월이고 행사가격이 49달러인 유러피언 콜옵션의 가격은 얼마인가? 무차익거래 논리를 이용해 계산하라.

12.10 현재 주가는 80달러이다. 4개월 후 주가가 75달러 또는 85달러라고 하자. 무위험이자율은 연속복리 기준으로 연 5%이다. 만기가 4개월이고 행사가격이 80달러인 유러피언 풋옵션의 가격은 얼마인가? 무차익거래 논리를 이용해 계산하라.

12.11 현재 주가는 40달러이다. 3개월 후 주가가 45달러 또는 35달러라고 하자. 무위험이자율은 분기복리 기준으로 연 8%이다. 만기가 3개월이고 행사가격이 40달러인 유러피언 풋옵션의 가격을 계산하라. 무차익거래 논리와 위험중립가치평가 논리로 계산한 가격이 동일한 가격임

을 확인하라.

12.12 현재 주가는 50달러이다. 3개월마다 주가는 6% 상승하거나 5% 하락한다고 하자. 무위험이자율은 연속복리 기준으로 연 5%이다. 만기가 6개월이고 행사가격이 51달러인 유러피언 콜옵션의 가격은 얼마인가?

12.13 문제 12.12의 상황에서 만기가 6개월이고 행사가격이 51달러인 유러피언 풋옵션의 가격은 얼마인가? 유러피언 콜옵션과 풋옵션이 풋-콜 패리티를 만족시킴을 밝혀라. 만일 풋옵션이 아메리칸 옵션이면 만기일 전에 옵션을 행사하는 것이 최적인가?

12.14 현재 주가는 25달러이다. 2개월 후 주가가 23달러 또는 27달러라고 하자. 무위험이자율은 연속복리 기준으로 연 10%이다. S_T를 2개월 후 주가라고 가정하자. 2개월 후에 S_T^2를 지불하는 파생상품의 가격은 얼마인가?

12.15 외국통화에 대한 옵션 가치를 평가하기 위해 이항과정이 구성될 때 u, d, p의 값을 계산하라. 1기간은 1개월이고 국내 이자율은 연 5%, 외국 이자율은 연 8%, 변동성은 연 12%이다.

12.16 현재 주가가 78달러인 무배당 주식의 변동성이 30%이다. 모든 만기에 대해 무위험이자율은 연 3%이다(연속복리 기준). 1기간이 2개월인 경우 u, d, p의 값을 계산하라. 2기간 이항과정을 이용하는 경우, 행사가격이 80달러이고 만기가 4개월인 유러피언 콜옵션의 가치는 얼마인가? 거래자가 1,000개의 옵션(10계약)을 매도한다고 가정하자. 옵션 거래 시 거래자의 포지션을 헤지하는데 필요한 주식포지션은 무엇인가?

12.17 주가지수가 현재 1,500이다. 변동성은 18%이고, 모든 만기에 대해 무위험이자율(연속복리)은 연 4%이고, 지수의 배당수익률은 2.5%이다. 1기간이 6개월인 경우 u, d, p의 값을 계산하라. 2기간 이항분포모형을 이용하는 경우, 행사가격이 1,480이고 만기가 12개월인 아메리칸 풋옵션의 가치는 얼마인가?

12.18 상품의 선물가격이 90달러이다. 3기간 이항과정을 이용해 (a) 행사가격이 93달러이고 만기가 9개월인 아메리칸 콜옵션, (b) 행사가격이 93달러이고 만기가 9개월인 아메리칸 풋옵션의 가치를 평가하라. 변동성은 28%이고 모든 만기에 대해 무위험이자율(연속복리)은 3%이다.

추가문제

12.19 배당금을 지급하지 않는 생명공학 주식의 가격이 현재 140달러이고 변동성이 25%이다. 무위험이자율은 4%이다. 1기간이 3개월인 이항과정의 경우,

(a) 주가 상승 시 몇 퍼센트 상승하는가?

(b) 주가 하락 시 몇 퍼센트 하락하는가?

(c) 위험중립세상에서 주가가 상승할 확률은 얼마인가?

(d) 위험중립세상에서 주가가 하락할 확률은 얼마인가?

만기가 6개월인 유러피언 콜옵션과 풋옵션의 가치를 평가하는 데 2기간 이항분포모형을 이용하라. 옵션의 행사가격은 150달러로 같다.

12.20 문제 12.19에서 거래자가 10,000개의 유러피언 콜옵션을 매도하고 여기에서도 2기간 이항분포모형을 이용한다고 가정하자. 첫 번째 기간과 두 번째 기간에 6개월 만기 유러피언 콜옵션을 헤지하는 데 필요한 주식 수는 얼마인가? 두 번째 기간의 경우, 주가가 첫 번째 기간에 상승하는 경우와 첫 번째 기간에 하락하는 경우를 모두 고려하라.

12.21 현재 주가는 50달러이다. 6개월 후 주가가 60달러 또는 42달러라고 하자. 무위험이자율은 연속복리 기준으로 연 12%이다. 만기가 6개월이고 행사가격이 48달러인 유러피언 콜옵션의 가격을 계산하라. 무차익거래 논리와 위험중립가치평가 논리로 계산한 가격이 같은 가격임을 확인하라.

12.22 현재 주가는 40달러이다. 1기간은 3개월이고 매 기간마다 주가가 10% 상승하거나 10% 하락한다고 하자. 무위험이자율은 연속복리 기준으로 연 12%이다.

(a) 만기가 6개월이고 행사가격이 42달러인 유러피언 풋옵션의 가격은 얼마인가?

(b) 만기가 6개월이고 행사가격이 42달러인 아메리칸 풋

옵션의 가격은 얼마인가?

12.23 문제 12.22의 상황에서 지금 풋옵션을 행사하는 것이 최적이려면 행사가격이 얼마나 커야 하는가? 시행착오법으로 계산하라.

12.24 현재 주가가 30달러이다. 향후 4개월 동안 각 기간(1기간은 2개월)에 주가는 8%씩 증가하거나 10%씩 감소할 예정이다. 무위험이자율은 5%이다. $[\max(30 - S_T, 0)]^2$의 이득을 지급하는 파생상품의 가치를 계산하기 위해 2기간 이항과정을 이용하라(여기서 S_T는 4개월 후 주가임). 만일 파생상품이 아메리칸형이면 파생상품이 조기에 행사되어야 하는가?

12.25 무배당 주식에 대한 유러피언 콜옵션을 고려해보자. 주가는 40달러, 행사가격은 40달러, 무위험이자율은 연 4%, 변동성은 연 30%, 만기는 6개월이다.

(a) 2기간 이항과정의 경우 u, d, p를 계산하라.

(b) 2기간 이항과정을 이용해 옵션 가치를 평가하라.

(c) DerivaGem이 같은 값을 제공함을 확인하라.

(d) DerivaGem을 이용해 5기간, 50기간, 100기간, 500기간일 때 옵션 가치를 각각 평가하라.

12.26 선물계약에 대한 아메리칸 풋옵션으로 가정하고 문제 12.25를 다시 풀라. 행사가격과 선물가격은 모두 50달러이고, 무위험이자율은 연 10%, 만기는 6개월, 변동성은 연 40%이다.

12.27 주가지수가 현재 990이고, 무위험이자율이 5%, 지수의 배당수익률이 2%이다. 3기간 이항과정을 이용해 행사가격이 1,000이고 만기가 18개월인 아메리칸 풋옵션의 가치를 평가하라. 변동성은 연 20%이다. 조기행사가 가능하게 되어서 옵션 소유자가 얻게 되는 이득은 얼마인가? 이득은 언제 얻게 되는가?

12.28 3기간 이항과정을 이용해 100만 단위의 외국 통화를 매입할 수 있는 9개월 만기 아메리칸 콜옵션의 가치를 평가하라. 현재 환율은 0.79이고 행사가격은 0.80이다(이 환율은 외국 통화 1단위에 대한 달러로 표시됨). 환율 변동성은 연 12%이다. 자국과 외국의 무위험이자율은 각각 2%와 5%이다. 위험을 헤지하기 위해 초기에 외국 통화에 어떤 포지션을 가져야 하는가?

부록: 이항과정으로부터 블랙-숄즈-머튼 공식의 도출

무배당 주식에 대한 유러피언 옵션의 가치를 결정하는 유명한 블랙-숄즈-머튼의 결과를 도출하는 한 가지 방법은 이항과정에서 기간 수를 무한대로 늘리는 것이다. 이 부록은 개략적인 증명 과정을 보여준다. 완전한 증명은 저자의 아래 웹사이트를 참고하라.

www-2.rotman.utoronto.ca/~hull/BSMBinomialProof

행사가격이 K이고 만기가 T인 유러피언 콜옵션의 가치를 평가하기 위해 n개 기간으로 구성된 이항과정을 고려해보자. 각 기간의 길이는 T/n이다. j개의 상향과 $n-j$개의 하향 움직임이 있다면 최종 주가는 $S_0u^jd^{n-j}$이다. 여기서 u와 d는 비례하는(proportional) 상향과 하향 움직임을 나타내고, S_0는 최초 주가이다. 유러피언 콜옵션은 다음 액수를 지불한다.

$$\max(S_0u^jd^{n-j}-K,0)$$

이항분포에 의해 정확히 j개의 상향과 $n-j$개의 하향 이동이 나타날 확률은 다음과 같다.

$$\frac{n!}{(n-j)!\,j!}p^j(1-p)^{n-j}$$

따라서 콜옵션 기댓값은 다음과 같다.

$$\sum_{j=0}^{n}\frac{n!}{(n-j)!\,j!}p^j(1-p)^{n-j}\max(S_0u^jd^{n-j}-K,0)$$

이항과정이 위험중립세상에서의 움직임을 나타내므로 우리는 이를 무위험이자율 r로 할인해 옵션가격을 구할 수 있다.

$$c=e^{-rT}\sum_{j=0}^{n}\frac{n!}{(n-j)!\,j!}p^j(1-p)^{n-j}\max(S_0u^jd^{n-j}-K,0) \tag{12A.1}$$

α를 j의 임계값(critical value)으로 정의해, $j>\alpha$이면 최종 주가 $S_0u^jd^{n-j}$가 K보다 크고 $j\le\alpha$이면 최종 주가가 K보다 작거나 같도록 하자. 식 (12A.1)은 다음과 같이 다시 쓸 수 있다.

$$c=e^{-rT}\sum_{j>\alpha}\frac{n!}{(n-j)!\,j!}p^j(1-p)^{n-j}(S_0u^jd^{n-j}-K)$$

편의상 다음과 같이 U_1과 U_2를 정의하자.

$$U_1=\sum_{j>\alpha}\frac{n!}{(n-j)!\,j!}p^j(1-p)^{n-j}u^jd^{n-j} \tag{12A.2}$$

$$U_2 = \sum_{j>\alpha} \frac{n!}{(n-j)!\,j!} p^j (1-p)^{n-j} \tag{12A.3}$$

따라서

$$c = e^{-rT} (S_0 U_1 - K U_2) \tag{12A.4}$$

이항분포는 시도(trial) 수가 무한대로 증가함에 따라 정규분포에 접근한다는 사실이 잘 알려져 있다. 이 결과를 이용하면 n이 무한대에 접근함에 따라 U_1은 $N(d_1)e^{rT}$에 접근하고, U_2는 $N(d_2)$에 접근한다. 여기서 d_1과 d_2는 다음 값을 갖는다.

$$d_1 = \frac{\ln(S_0/K) + (r + \sigma^2/2)T}{\sigma\sqrt{T}}$$

$$d_2 = \frac{\ln(S_0/K) + (r - \sigma^2/2)T}{\sigma\sqrt{T}} = d_1 - \sigma\sqrt{T}$$

그리고 N은 표준정규분포를 따르는 변수의 누적확률분포함수이다. 결국 다음 식이 유도된다.

$$c = S_0 N(d_1) - K e^{-rT} N(d_2)$$

이는 유러피언 콜옵션 가치를 평가하는 블랙-숄즈-머튼의 공식이다. 이 공식은 13장에서 설명할 것이다.

13 주식옵션의 가치평가: 블랙-숄즈-머튼 모형

1970년대 초반에 피셔 블랙(Fischer Black), 마이런 숄즈(Myron Scholes), 로버트 머튼(Robert Merton)은 유러피언 주식옵션의 가격에 대한 중요한 논문을 발표했다.[1] 이 논문은 블랙-숄즈 또는 블랙-숄즈-머튼 모형이라고 알려져 있으며, 거래자들이 옵션의 가치를 평가하고 헤지하는 방식에 큰 영향을 미쳤다. 이 모형은 금융공학(financial engineering)의 성장과 성공에 중요한 역할을 했다. 숄즈와 머튼이 1997년에 노벨경제학상을 수상함으로써 이 모형의 중요성이 널리 인식되었다. 불행히도 블랙은 1995년에 세상을 떠났다. 살아 있었다면 그도 틀림없이 노벨경제학상을 수상했을 것이다.

블랙, 숄즈, 머튼은 어떻게 이런 돌파구를 열 수 있었을까? 기존 학자들도 그들과 유사한 가정을 했으며 유러피언 옵션의 기대이득을 정확하게 계산했다. 그러나 12.2절에서 설명했듯이 지불 액수에 사용할 정확한 할인율을 구해야 했다. 블랙과 숄즈는 옵션에 대해 시장이 요구하는 수익률과 주식의 요구수익률 간 관계를 규명하는 데 CAPM(capital asset pricing model)을 이용했다(3장 부록 참조). 옵션에 대한 요구수익률은 주가와 시간에 의해 결정되므로 이 방법은 쉽지 않았다. 머튼의 접근방법은 블랙과 숄즈의 접근방법과는 상이했다. 머튼의 가격모형은 옵션과 주식으로 무위험 포트폴리오를 구성하고 짧은 시간 동안 그 포트폴리오의 기대수익률이 무위험이자율이라고 주장하는 방식을 취했다. 이는 12.1절에서 했던 분석과 유사하지만, 포트폴리오가 시간에 따라 계속 변하기 때문에 보다 복잡하다. 머튼의 접근방법은 CAPM의 가정에 의존하지 않기 때문에 블랙과 숄즈의 접근방법보다 더 일반적이다.

이 장에서는 무배당 주식에 대한 유러피언 콜옵션과 풋옵션의 가치를 평가하기 위해 블랙-

1 다음 논문을 참조하라. F. Black and M. Scholes, "The Pricing of Options and Corporate Liabilities," *Journal of Political Economy*, 81 (May/June 1973): 637–59; R. C. Merton, "Theory of Rational Option Pricing", *Bell Journal of Economics and Management Science* 4 (Spring 1973): 141–83.

숄즈-머튼 모형을 소개하고 이 모형이 기초한 가정들을 설명한다. 또한 변동성의 의미를 자세하게 살펴보며, 변동성을 과거 주가자료로부터 추정하는 방법과 옵션가격에 내재한 변동성을 구하는 방법도 설명한다. 이 장의 끝부분에서는 블랙-숄즈-머튼의 결과를 연장해 배당을 지급하는 주식에 대한 유러피언 콜옵션과 풋옵션의 가치를 평가하는 방법을 설명한다.

13.1 주가 변화에 대한 가정

주식옵션 가격결정모형은 주가가 시간에 따라 어떻게 변하는지에 대해 가정을 할 수밖에 없다. 만일 오늘의 주가가 100달러이면 내일 주가, 1주일 후 주가, 1년 후 주가에 대한 확률분포는 어떠할 것인가?

블랙-숄즈-머튼 모형은 기초자산이 무배당 주식이고 극히 짧은 기간인 Δt 동안의 주식수익률이 정규분포를 따른다고 가정한다. 그리고 겹치지 않는 두 기간의 수익률이 독립적이라고 가정한다. 다음과 같이 정의하자.

μ: 주식의 연간 기대수익률
σ: 주가의 연간 변동성

Δt기간 동안 주식의 기대수익률은 $\mu\ \Delta t$이고 해당 기간 주식수익률의 표준편차는 $\sigma\sqrt{\Delta t}$이다. 따라서 블랙-숄즈-머튼 모형의 가정은 다음과 같다.

$$\frac{\Delta S}{S} \sim \phi(\mu\,\Delta t, \sigma^2\,\Delta t) \tag{13.1}$$

여기서 ΔS는 Δt기간 동안 주가 S의 증감이고, $\phi(m, v)$는 평균이 m이고 분산이 v인 정규분포이다. 또한 주식수익률의 분산이 Δt에 비례하는 것이지, 주식수익률의 표준편차가 Δt에 비례하는 것이 아님을 기억하라.

식 (13.1)은 극히 짧은 Δt기간 동안 주가 변화율(percentage change)이 표준편차가 $\sigma\sqrt{\Delta t}$인 정규분포를 따름을 보여준다. 예를 들어 $\sigma=0.3$ 또는 연간 30%이고 현재 주가가 50달러라고 가정하자.(식 13.1에 따라서) 1주일(=1/52년) 동안의 주가 변화율 표준편차는 대략 4.16%이다.

$$30\% \times \sqrt{\frac{1}{52}} = 4.16\%$$

따라서 1주일 동안 주가의 1표준편차 움직임은 50달러 × 0.0416 = 2.08달러이다.

짧은 기간 동안 주가 변화율의 표준편차는 통상적으로 기대변화율보다 훨씬 크다. (예를 들어 우리의 예시에서 주식의 기대수익률이 15%이면 1주일 동안의 기대변화율은 15%/52 또는 0.29%이고, 4.16%의 표준편차는 이 값의 14배 이상이다.) 미래 주가에 대해 신뢰구간을 계산할 때 보통 사용하는 지름길은 기대수익률이 0이라고 가정하는 것이다. 정규분포를 따르는 변수가 평균을 중심으로 1.96표준편차 이내의 값을 가질 확률은 95%이다. 따라서 우리의 예시에서 1주일 동안의 변화율이 1.96 × 4.16% = 8.15%(즉 −8.15%와 + 8.15% 사이)보다 작을 확률이 95%라는 점이 대략적으로 성립한다. 마찬가지로 금액 변화가 50달러 × 0.0815 = 4.08달러보다 작을 확률이 95%임이 대략적으로 성립한다. 신뢰구간 95% 수준에서 1주일 후 주가는 45.92달러와 54.08달러 사이에 있다.

대수정규분포

더 긴 기간이 고려되면 미래 주가분포에 보다 정확해야 할 필요가 있다. 식 (13.1)의 가정은 미래 어느 시점에서의 주가가 **대수정규분포**(lognormal distribution)를 따른다는 것을 의미한다. 대수정규분포의 기본 형태는 그림 13.1과 같다. 이 형태를 그림 13.2의 정규분포 형태와 비교하면 차이점을 알 수 있다. 정규분포에서 변수는 양의 값과 음의 값을 모두 취할 수 있는

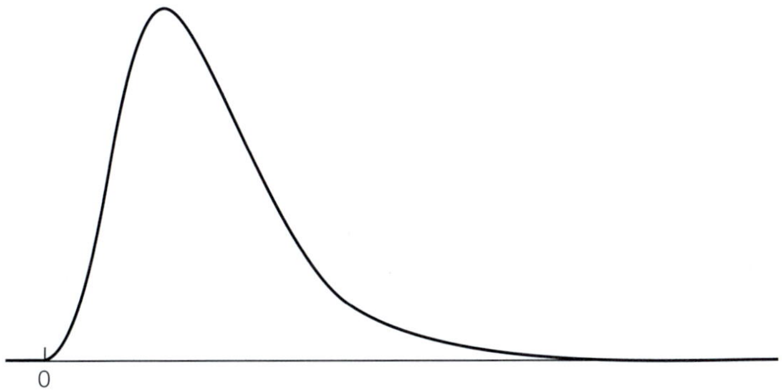

그림 13.1 **대수정규분포**

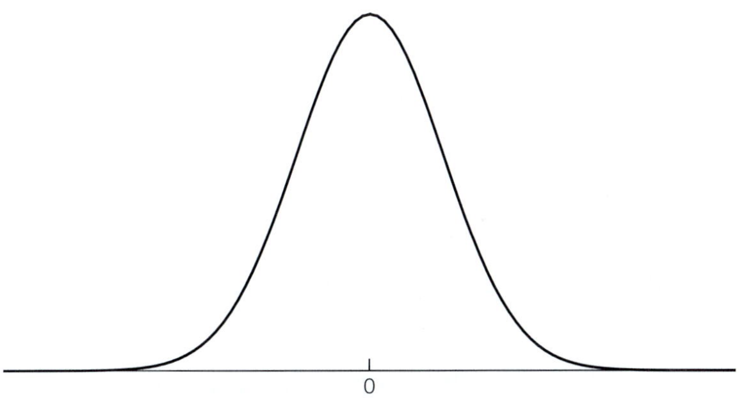

그림 13.2 **정규분포**

반면 대수정규분포에서 변수는 오직 양의 값만을 취한다. 정규분포는 대칭적인 반면 대수정규분포는 평균, 중위수(median), 최빈수(mode)값이 모두 다른 비대칭적인 모습이다.

대수정규분포를 갖는 변수의 속성은 자연로그값(natural logarithm)이 정규분포를 따른다는 것이다. 주가에 대한 블랙-숄즈-머튼 가정은 $\ln S_T$가 정규분포를 따른다는 가정과 같다(S_T는 미래 T시점에서의 주식 가격을 말함). $\ln S_T$의 평균과 표준편차는 각각 다음과 같다.

$$\ln S_0 + \left(\mu - \frac{\sigma^2}{2}\right)T, \quad \sigma\sqrt{T}$$

단, S_0는 현재 주식의 가격이다. 이 결과를 다음과 같이 표시할 수 있다.

$$\ln S_T \sim \phi\left[\ln S_0 + \left(\mu - \frac{\sigma^2}{2}\right)T,\ \sigma^2 T\right] \tag{13.2}$$

S_T의 평균 또는 기대치는

$$E(S_T) = S_0 e^{\mu T} \tag{13.3}$$

예제 13.1 미래 주가의 신뢰구간과 평균 및 분산 EXAMPLE

현재 주가가 40달러인 주식의 기대수익률이 연 16%이고 변동성이 연 20%이다. 식 (13.2)로부터 6개월 후 주가 S_T의 확률분포는 다음과 같다.

$$\ln S_T \sim \phi\left[\ln 40 + \left(0.16 - \frac{0.2^2}{2}\right)0.5,\ 0.2^2 \times 0.5\right] \text{ 또는 } \ln S_T \sim \phi(3.759, 0.02)$$

정규분포 변수가 평균을 중심으로 표준편차의 1.96배수 이내의 값을 가질 확률은 95%이다. 이 경우 표준편차는 $\sqrt{0.02} = 0.141$이다. 따라서 95% 신뢰구간은

$$3.759 - 1.96 \times 0.141 < \ln S_T < 3.759 + 1.96 \times 0.141$$

즉

$$e^{3.759 - 1.96 \times 0.141} < S_T < e^{3.759 + 1.96 \times 0.141} \text{ 또는 } 32.55 < S_T < 56.56$$

다시 말해 6개월 후 주가가 32.55와 56.56 사이에 있을 확률이 95%이다. S_T의 평균과 분산은 다음과 같다.

$$40e^{0.16 \times 0.5} = 43.33$$

주가가 대수정규분포를 따르는 모형에서 기대수익률과 변동성의 속성을 더 자세히 고려해 보자.

$$40^2 e^{2 \times 0.16 \times 0.5}(e^{0.2 \times 0.2 \times 0.5} - 1) = 37.93$$

예제 13.2 주식수익률의 신뢰구간 EXAMPLE

주식의 기대수익률은 연 17%이고 주가의 변동성은 연 20%이다. 1년 동안 실현한 실제수익률(연속복리 기준)은 정규분포를 따르고 확률분포의 평균은 15%이다.

$$0.17 - \frac{0.2^2}{2} = 0.15$$

그리고 표준편차는 20%이다. 정규분포의 경우 변수가 평균을 중심으로 표준편차의 1.96배수 이내에 있을 확률은 95%이므로, 1년 동안의 실제수익률이 $15 - 1.96 \times 20 = -24.2\%$와 $15 + 1.96 \times 20 = +54.2\%$ 사이임은 95% 신뢰도를 갖는다.

이고, S_T의 분산은 다음과 같다.

$$\text{var}(S_T) = S_0^2 e^{2\mu T}(e^{\sigma^2 T} - 1)$$

예제 13.1은 이 식들이 어떻게 응용될 수 있는지 보여준다.

식 (13.2)와 정규분포의 속성으로부터 다음 식을 유도할 수 있다.

$$\ln S_T - \ln S_0 \sim \phi\left[\left(\mu - \frac{\sigma^2}{2}\right) T, \sigma^2 T\right]$$

또는

$$\ln \frac{S_T}{S_0} \sim \phi\left[\left(\mu - \frac{\sigma^2}{2}\right) T, \sigma^2 T\right] \tag{13.4}$$

$T=1$이면, $\ln(S_T/S_0)$는 1년 동안 주식이 제공하는 연속복리 수익률(continuously compounded return)이다.[2] 따라서 1년 동안의 연속복리 수익률의 평균과 표준편차는 각각 $\mu - \sigma^2/2$과 σ이다. 예제 13.2는 수익률의 신뢰구간이 어떻게 계산되는지 보여준다.

13.2 기대수익률

투자자가 요구하는 기대수익률(μ)은 주식이 가진 위험의 정도에 따라 다르다. 위험이 높으면 기대수익률도 높다. 기대수익률은 또한 시장이자율 수준에 따라 다르다. 무위험이자율이 높으면 기대수익률 또한 높다. 다행히 우리는 기대수익률이 어떻게 결정되는지 더는 고려할 필

2 우리는 연속복리 수익률과 연복리 수익률을 구별할 수 있다. 전자는 $\ln(S_T/S_0)$이고, 후자는 $(S_T - S_0)/S_0$이다.

요가 없다. 주식옵션의 가격을 결정할 때 기초주식의 가격을 기준으로 상대적으로 가격 결정을 한다면 옵션가격은 주식의 기대수익률과는 무관하기 때문이다. 이 개념은 잘 이해하기 어려우므로 조금 더 자세히 살펴보자.

식 (13.1)은 $\mu\Delta t$가 아주 짧은 기간(Δt) 동안 주가의 기대변화율이라는 것을 보여준다. 따라서 μ를 주식의 연속복리 기대수익률이라고 가정해도 무리가 없어 보인다. 그러나 이는 사실이 아니다. T년 동안 실제로 실현된 연속복리 수익률을 R로 정의하자. R은 다음 관계를 만족시킨다.

$$S_T = S_0 e^{RT}$$

따라서

$$R = \frac{1}{T} \ln \frac{S_T}{S_0}$$

식 (13.4)에 의하면 R의 기댓값 $E(R)$은 $\mu - \sigma^2/2$이다.

연속복리 수익률의 기댓값 $E(R)$이 μ와 다른 이유는 설명하기가 어렵지만 매우 중요하다. 대단히 많은 수의 매우 짧은 기간 Δt를 고려해보자. S_i는 i번째 기간 말 주가이기 때문에 ΔS_i를 $S_{i+1} - S_i$로 정의하자. 주가행태에 대한 가정하에서[식 (13.1) 참조], 각 기간 주식수익률의 평균은 μ에 가깝다. 다시 말해 $\mu\Delta t$는 $\Delta S_i/S_i$의 산술평균(arithmetic mean)에 가깝다. 그러나 자료에 의해 커버되는 전 기간 동안의 기대수익률은 Δt기간마다 복리계산되면 $\Delta S_i/S_i$의 기하평균(geometric mean)에 가깝다. 이는 μ가 아니라 $\mu - \sigma^2/2$이다.[3] 실무사례 13.1은 여기서 주장한 논지를 설명하는 (뮤추얼펀드 산업과 연관된) 수치적 예시를 보여준다.

수리적으로 설명하기 위해 식 (13.3)부터 시작해보자.

$$E(S_T) = S_0 e^{\mu T}$$

양변에 자연로그를 취하면 다음과 같다.

$$\ln[E(S_T)] = \ln(S_0) + \mu T$$

$\ln[E(S_T)]$가 $E[\ln(S_T)]$와 동일하다고 생각하기 쉽다. 만일 동일하면 $E[\ln(S_T)] - \ln(S_0) = \mu T$ 또는 $E[\ln(S_T/S_0)] = \mu T$가 성립하므로 $E(\mathrm{R}) = \mu$이다. 그러나 ln이 비선형함수이기 때문에 이 관계는 성립하지 않는다. 실제로 $\ln[E(S_T)]$는 $E[\ln(S_T)]$보다 크므로 $\mathrm{E}[\ln(S_T/S_0)] < \mu T$의 관계가 성립하고 이는 $E(R) < \mu$를 의미한다[앞에서 설명했듯이, $E(R) = \mu - \sigma^2/2$이다].

3 이 절의 논리에 의하면 '기대수익률'의 개념이 모호하다. 기대수익률이 μ를 의미할 수도 있고 $\mu - \sigma^2/2$을 의미할 수도 있다. 다른 언급이 없는 한 이 책에서는 기대수익률을 μ로 사용할 것이다.

실무사례 13.1 뮤추얼펀드 수익률은 투자자를 오도할 수 있다

μ와 $\mu-\sigma^2/2$의 차이는 뮤추얼펀드 수익률을 보고하는 데 있어 발생하는 이슈와 밀접히 연관되어 있다. 다음은 뮤추얼펀드 매니저가 지난 5년 동안의 연간 수익률(연복리 기준)로 보고한 것이라고 가정하자.

15%, 20%, 30%, −20%, 25%

수익률의 산술평균은 5개 수익률의 합을 5로 나눈 값으로서 14%이다. 그러나 투자자가 5년 동안 이 펀드에 투자하면 실제로 얻게 되는 수익률은 연 14%보다 작다. 100달러를 투자하면 실제로 5년 후에는 179.40달러가 된다.

$$100 \times 1.15 \times 1.20 \times 1.30 \times 0.80 \times 1.25 = 179.40\text{달러}$$

반면에 14%로 복리계산을 매년 하는 경우 100달러의 5년 후 가치는 다음과 같다.

$$100 \times 1.14^5 = 192.54\text{달러}$$

그리고 연복리 기준 투자자의 실제 평균수익률은 연 12.4%이다. 왜냐하면 12.4%로 5년 투자하면 179.40달러가 되기 때문이다.

$$100 \times (1.124)^5 = 179.40\text{달러}$$

펀드 매니저가 어떤 숫자를 보고해야 하는가? 매니저는 다음과 같은 보고서를 쓰고 싶을 것이다. "우리가 지난 5년 동안 실현한 연간 수익률의 평균은 14%이다." 비록 사실이지만 이는 우리를 오도하기 쉽다. 다음과 같이 말하면 덜 오도하는 것이다. "지난 5년 동안 우리에게 투자한 사람이 실현한 평균 수익률은 연 12.4%이다." 일부 관할구역에서는 펀드 매니저가 두 번째 방법으로 수익률을 보고하도록 규제하기도 한다.

이 현상은 잘 알려진 결과의 예시이다. 동일하지 않은 일련의 수의 기하평균(geometric average)은 산술평균보다 항상 작다. 위의 예시에서 1에 수익률을 더한 숫자는 1.15, 1.20, 1.30, 0.80, 1.25이다. 이 숫자들의 산술평균은 1.140이지만 기하평균은 단 1.124에 지나지 않는다. 이것은 지난 5년간 실현된 수익률에 1을 더한 숫자들의 기하평균이다.

13.3 변동성

주식의 변동성(σ)은 주식수익률에 대한 불확실성을 측정하는 수단이다. 주식 변동성은 보통 15~50% 사이에 있다.(역주: 주식 연간 변동성이 보통 15~50%라는 의미이다.)

식 (13.4)에서 주가 변동성은 주식수익률을 연속복리로 계산할 때 1년 동안의 주식수익률 표준편차로 정의된다.

표준편차는 대략적으로 예측하는 기간의 제곱근(square root)에 비례해 증가한다. 예를 들어 4주 동안 측정한 주식수익률의 표준편차는 대략 1주 동안 측정한 주식수익률 표준편차의 2배이다.

13.4 과거 자료로부터 변동성 추정

과거 주가자료를 이용해 변동성을 추정할 수 있다. 주가는 대체로 일정한 간격(즉 매일, 매주, 매월)으로 관측된다. 다음과 같이 정의하자.

$n+1$: 관측 자료의 수

S_i: i번째 기간(interval) 끝 시점의 주가(= 0, 1, ⋯, n)

τ: 한 기간의 길이(연 단위)

그리고

$$u_i = \ln\left(\frac{S_i}{S_{i-1}}\right)$$

μ_i의 표준편차 추정치 s는 다음과 같이 구한다.

$$s = \sqrt{\frac{1}{n-1}\sum_{i=1}^{n}(u_i - \bar{u})^2}$$

또는

$$s = \sqrt{\frac{1}{n-1}\sum_{i=1}^{n}u_i^2 - \frac{1}{n(n-1)}\left(\sum_{i=1}^{n}u_i\right)^2}$$

단, $\bar{u}$는 μ_i의 평균이다.[4] (3장 부록을 참조하라.)

식 (13.4)에 의해 u_i의 표준편차는 $\sigma\sqrt{\tau}$ 이므로, 변수 s는 $\sigma\sqrt{\tau}$의 추정치(estimate)이다. 또한 $\hat{\sigma}$을 σ 자체의 추정치로 사용할 수 있는데 $\hat{\sigma}$은 다음과 같다.

$$\hat{\sigma} = \frac{s}{\sqrt{\tau}}$$

이 추정치의 표준오차는 대략 $\hat{\sigma}/\sqrt{2n}$ 이다. 예제 13.3은 이 공식들이 어떻게 사용되는지 보여준다.

적절한 n의 값을 결정하는 것은 쉬운 일이 아니다. 일반적으로 자료의 양이 많아지면 정확도는 증가한다. 그러나 시간이 지남에 따라 σ는 변하게 되고 너무 오래된 자료는 미래를 예측하는 데 적합하지 않을 수 있다. 비교적 효과적인 타협안은 최근 90~180일간의 일별 종가(closing price) 자료를 이용하는 것이다. 흔히 사용하는 대략적인 방법에서는 변동성이 적용되는 일수에 n을 맞춘다. 따라서 변동성 추정치가 2년 만기 옵션의 가치를 평가하는 데 사용된다면 2년 동안의 일별 자료로부터 변동성을 계산한다.

지금까지 주식은 배당을 지급하지 않는다고 가정했다. 배당을 지급하는 경우는 다음과 같이 조정할 수 있다. 배당락일을 포함한 기간 동안의 수익률 u_i는 다음과 같다.

---

4 역사적 변동성을 추정할 때 $\bar{u}$의 값은 종종 0으로 가정된다.

예제 13.3 역사적 자료를 이용한 변동성 계산 EXAMPLE

표 13.1은 21거래일 동안의 주가자료를 보여준다. 이 경우 $n=20$이고 다음 값이 계산된다.

$$\sum_{i=1}^{20} u_i = 0.09531 \text{ 그리고 } \sum_{i=1}^{20} u_i^2 = 0.00326$$

일별 수익률(daily return)의 표준편차 추정치는 1.216%이다.

$$\sqrt{\frac{0.00326}{19} - \frac{0.09531^2}{20 \times 19}} = 0.01216$$

1년에 252거래일이 있다고 가정하면, $\tau = 1/252$이고 주가 변동성의 추정치는 $0.01216\sqrt{252} = 0.193$이다. 즉 추정된 변동성은 연 19.3%이다. 추정치의 표준오차는 연 3.1%이다.

$$\frac{0.193}{\sqrt{2 \times 20}} = 0.031$$

표 13.1 변동성 계산

일	종가(달러) S_i	종가 대비 S_i/S_{i-1}	일별수익률 $u_i=\ln(S_i/S_{i-1})$
0	20.00		
1	20.10	1.00500	0.00499
2	19.90	0.99005	−0.01000
3	20.00	1.00503	0.00501
4	20.50	1.02500	0.02469
5	20.25	0.98780	−0.01227
6	20.90	1.03210	0.03159
7	20.90	1.00000	0.00000
8	20.90	1.00000	0.00000
9	20.75	0.99282	−0.00720
10	20.75	1.00000	0.00000
11	21.00	1.01205	0.01198
12	21.10	1.00476	0.00475
13	20.90	0.99052	−0.00952
14	20.90	1.00000	0.00000
15	21.25	1.01675	0.01661
16	21.40	1.00706	0.00703
17	21.40	1.00000	0.00000
18	21.25	0.99299	−0.00703
19	21.75	1.02353	0.02326
20	22.00	1.01149	0.01143

$$u_i = \ln \frac{S_i + D}{S_{i-1}}$$

단, D는 배당금액이다. 다른 기간의 수익률은 전과 같다.

$$u_i = \ln \frac{S_i}{S_{i-1}}$$

배당락일의 수익률을 구하는 데는 세율을 고려해야 하므로, 최선의 방법은 일별 또는 주별 자료를 사용하는 경우 배당락일을 포함하는 특정 기간의 수익률을 무시하는 것이다.

거래일 대 달력일

변동성의 모수를 추정해 사용할 때 시간을 달력일(calendar days)로 측정할 것인지 아니면 거래일(trading days)로 측정할 것인지를 결정하는 것도 중요한 이슈이다. 실무사례 13.2에서 설명하듯이 실증연구 결과 거래가 이루어지지 않을 때보다 거래가 이루어질 때의 변동성이 훨씬 크다고 한다. 그 결과 실무자들은 과거자료로부터 변동성을 추정할 때와 옵션 만기를 계산할 때 비거래일을 무시하는 경향이 있다. 연간 변동성은 다음 공식에 의해 거래일별 변동성으로부터 계산된다.

$$\text{연간 변동성} = \text{거래일별 변동성} \times \sqrt{\text{1년 동안의 거래일수}}$$

실무사례 13.2 무엇이 변동성을 야기하는가

주식의 변동성은 시장에 전달되는 새로운 정보에 의해 발생한다고 가정하는 것이 자연스럽다. 새로운 정보는 주식 가치에 대한 사람들의 의견을 수정하도록 한다. 주식 가치가 변하고 그 결과 변동성도 변한다. 정보가 이렇게 변동성을 만든다는 견해는 실증연구가 뒷받침된 것은 아니다.

여러 해의 일별 주가자료를 이용해 분석가는 다음을 계산할 수 있다.

1. 금일과 익일 사이에 비거래일이 없는 경우, 금일의 종가와 익일의 종가를 이용한 수익률의 분산
2. 금요일의 종가와 월요일의 종가를 이용한 수익률 분산

위에서 두 번째 분산은 3일 기준 수익률의 분산이고 첫 번째 분산은 일별 수익률의 분산이다. 두 번째 분산이 첫 번째 분산의 3배만큼 클 것이라고 합리적으로 기대할 수 있다. 파마(Fama, 1965), 프렌치(French, 1980), 프렌치와 롤(French and Roll, 1986)은 이 기대가 사실이 아님을 보였다. 세 연구는 두 번째 분산이 첫 번째 분산에 비해 각각 22%, 19%, 10.7% 큰 것으로 추정했다.

이런 결과는 거래가 이루어질 때 시장에 전달되는 정보가 많다는 것으로 설명된다고 주장하기 쉽다. 그러나 롤(1984)의 연구는 이런 설명을 지지하지 않는다. 롤은 오렌지주스 선물의 가격을 관찰했다. 오렌지주스 선물가격에 가장 중요한 뉴스는 기후에 관한 것이고 이 뉴스는 어느 요일에 편중해서 발표되지는 않는다. 롤이 앞에서 주식에 했던 것과 유사한 분석을 했을 때 두 번째(Friday-to-Monday) 분산이 첫 번째 분산의 단 1.54배에 지나지 않음을 발견했다.

이런 결과로부터 유일한 합리적인 결론은 변동성이 상당 부분 거래 자체에 의해 발생한다는 것이다(거래자는 보통 이 결론을 쉽게 받아들인다!).

이 방법은 표 13.1에서 변동성을 계산할 때 사용되었다. 1년 동안의 거래일수는 주식의 경우 보통 252로 가정한다.

옵션 만기도 보통 달력일이 아니라 거래일 기준으로 측정된다. 만기는 다음과 같이 T년으로 계산된다.

$$T = \frac{\text{옵션 만기일까지의 거래일수}}{252}$$

13.5 블랙-숄즈-머튼 모형의 가정

블랙, 숄즈, 머튼이 옵션가격 결정 모형을 도출할 때 사용했던 가정은 다음과 같다.

1. 주가의 행태는 앞에서 설명한 대수정규분포를 따른다(μ와 σ는 일정함).
2. 거래비용과 세금은 없다. 모든 증권은 분할할 수 있다.
3. 옵션 만기일까지 배당은 없다.
4. 무위험 차익거래기회는 존재하지 않는다.
5. 증권 거래는 연속적으로 이루어진다.
6. 투자자는 무위험이자율로 차입하거나 대출할 수 있다.
7. 단기 무위험이자율 r은 일정하다.

일부 가정은 차후에 다른 학자에 의해 완화(relax)되었다. 예를 들어 r과 σ가 시간의 함수인 경우 블랙-숄즈-머튼 모형을 변형해 사용할 수 있다. 또한 배당이 있는 경우에도 이 장의 후반부에 설명된 것처럼 블랙-숄즈-머튼 모형을 변형해 사용할 수 있다.

13.6 무차익거래 논리

블랙-숄즈-머튼의 논리(argument)는 12장에서 주가 변화가 이항분포를 따를 경우 옵션 가치를 평가할 때 사용했던 논리, 즉 차익거래기회가 존재하지 않는다고 가정한 논리와 유사하다. 무위험 포트폴리오는 옵션과 기초주식을 이용해 구성한다. 차익거래기회가 존재하지 않는 경우 이 무위험 포트폴리오의 수익률은 무위험이자율 r이어야 한다. 이는 옵션이 만족시켜야 하는 미분방정식(differential equation)으로 유도된다.

무위험 포트폴리오를 구성할 수 있는 이유는 주가와 해당 주식을 기초자산으로 하는 옵션 가격이 모두 같은 불확실성, 즉 주가 변화에 영향을 받기 때문이다. 매우 짧은 기간 동안 콜옵션의 가격은 기초주식의 가격과 완전 정(+)의 관계를 갖는다. 반면에 풋옵션의 가격은 기초

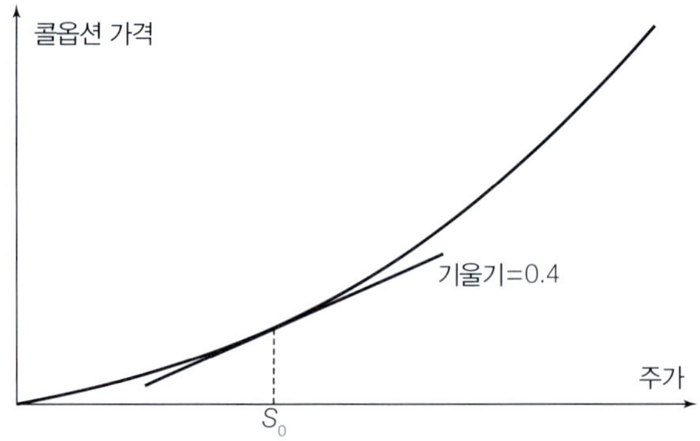

그림 13.3 콜옵션 가격과 주가와의 관계(현재 주가 = S_0)

주식의 가격과 완전 부(−)의 관계를 갖는다. 두 경우 모두, 주식과 옵션을 이용해 적절히 포트폴리오를 구성하면 주식포지션에서의 이익(손실)은 옵션포지션에서의 손실(이익)을 정확히 상쇄해 짧은 기간 동안 포트폴리오의 전체 가치는 변하지 않는다. 예를 들어 어느 시점에서 주가의 작은 변화 ΔS와 이로 인한 유러피언 콜옵션 가격의 작은 변화 Δc 간에 다음 관계가 성립한다고 하자.

$$\Delta c = 0.4\Delta S$$

그림 13.3에서 알 수 있듯이 Δc와 ΔS의 관계를 나타내는 선의 기울기가 0.4이다. 무위험 포트폴리오는 다음과 같이 구성된다.

1. 주식 40주 매입
2. 콜옵션 100개 매도

예를 들어 주가가 10센트 상승한다고 가정하자. 옵션가격은 4센트 증가하고 주식포지션에서 $40 \times 0.10 = 4$달러의 이익은 옵션 매도포지션에서 $100 \times 0.04 = 4$달러의 손실과 동일하다.

블랙-숄즈-머튼의 분석과 12장에서 설명한 이항분포모형에 의한 분석 간에는 한 가지 중요한 차이점이 있다. 블랙-숄즈-머튼의 분석에서 무위험 포지션은 아주 짧은 기간만 무위험 상태로 존재하게 된다(이론적으로는 오직 순간적으로만 무위험 상태임). 무위험 상태를 계속 유지하기 위해서는 포지션을 계속 조정해야 한다.[5] 예를 들어 Δc와 ΔS의 관계가 오늘은 $\Delta c = 0.4\Delta S$이나 내일은 $\Delta c = 0.5\Delta S$로 변할 수 있다(이 경우 매도한 콜옵션 1개당 주식 0.1주를 추가적으로 매입해야 무위험 상태를 유지할 수 있다). 그럼에도 불구하고 아주 짧은 기간 동안의 무위험 포트폴리오 수익률은 무위험이자율이다. 이 논리와 확률 미적분(stochastic calculus)이 블랙-숄즈-머튼의 가격공식을 유도하는 데 필요하다.

5 포트폴리오를 재조정하는 문제는 17장에서 자세히 설명한다.

13.7 블랙-숄즈-머튼 가격결정공식

무배당 주식에 대한 유러피언 콜옵션과 풋옵션의 가치를 구하는 블랙-숄즈-머튼 공식은 다음과 같다.[6]

$$c = S_0N(d_1) - Ke^{-rT}N(d_2) \tag{13.5}$$

$$p = Ke^{-rT}N(-d_2) - S_0N(-d_1) \tag{13.6}$$

단,

$$d_1 = \frac{\ln(S_0/K)+(r+\sigma^2/2)T}{\sigma\sqrt{T}}$$

$$d_2 = \frac{\ln(S_0/K)+(r-\sigma^2/2)T}{\sigma\sqrt{T}} = d_1 - \sigma\sqrt{T}$$

함수 $N(x)$는 표준정규분포의 누적확률함수이다. 다시 말해 표준정규분포를 따르는 변수가 x보다 작을 확률이다. 그림 13.4는 표준정규분포의 누적확률함수를 보여준다. 식 (13.5)와 (13.6)에 사용된 기호를 다시 설명하면, c와 p는 유러피언 콜옵션과 풋옵션 가격, S_0는 주가, K는 행사가격, r은 무위험이자율(연속복리임), T는 만기, σ는 주가 변동성이다. 무배당 주식의 경우 아메리칸 콜옵션 가격은 유러피언 콜옵션 가격과 같으므로 식 (13.5)를 이용해 아메리칸 콜옵션의 가격도 구할 수 있다. 무배당 주식에 대한 아메리칸 풋옵션의 가격을 구하는 공식은 존재하지 않으나 12장에서 소개한 이항과정을 이용해 가치를 구할 수 있다.

이론적으로 블랙-숄즈 공식은 단기이자율 r이 상수일 경우에만 성립한다. 현업에서 블랙-숄즈 공식을 적용하는 경우 r을 T기간 동안의 무위험이자율과 같다고 가정한다.

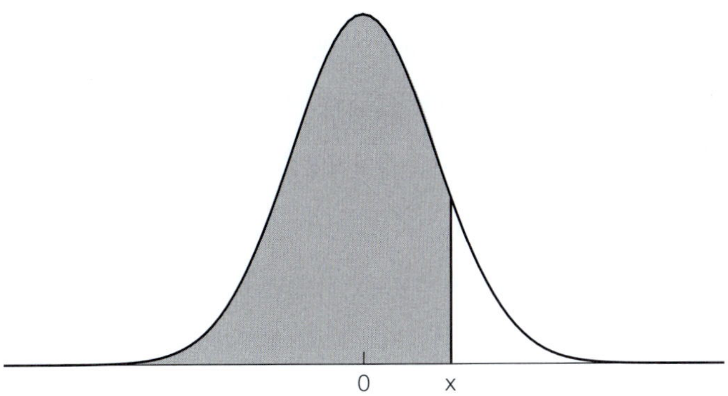

그림 13.4 음영 처리된 부분은 $N(x)$를 타나냄

6 이 책에 첨부된 프로그램(DerivaGem)을 이용해 주식, 통화, 주가지수, 선물계약에 대한 옵션의 가치를 블랙-숄즈-머튼 공식을 적용해 계산할 수 있다.

블랙-숄즈-머튼 공식의 속성

블랙-숄즈-머튼 공식의 완전한 증명은 이 책에서 다루지 않는다. 단지 여기서는 극단적인 상황을 가정한 후 결과를 분석함으로써 블랙-숄즈-머튼 공식의 일반적인 속성을 살펴보자.

주가 S_0가 매우 높은 경우, 콜옵션을 행사할 것은 거의 확실하다. 이 경우 콜옵션은 인도가격을 K로 하는 선도계약과 매우 유사하다. 5장의 식 (5.5)로부터 유도할 수 있는 콜옵션의 가격은 다음과 같다.

$$S_0 - Ke^{-rT}$$

이는 식 (13.5)에서 계산한 콜옵션 가격과 일치한다. 왜냐하면 S_0가 매우 높으면 d_1과 d_2는 매우 큰 값을 가지며 $N(d_1)$과 $N(d_2)$는 1.0에 접근하기 때문이다.

주가가 매우 높은 경우 유러피언 풋옵션의 가격 p는 0에 접근한다. 이것은 식 (13.6)과 일치한다. 왜냐하면 S_0가 매우 높으면 $N(-d_1)$과 $N(-d_2)$는 모두 0에 아주 가까워지기 때문이다.

주가가 매우 낮은 경우, d_1과 d_2는 매우 커지고 음수가 된다. 이는 $N(d_1)$과 $N(d_2)$가 모두 0

예제 13.4 블랙-숄즈-머튼 공식의 적용 EXAMPLE

현재 주가는 42달러, 행사가격은 40달러, 무위험이자율은 연 10%, 변동성은 연 20%, 만기는 6개월이다. 즉 $S_0=42$, $K=40$, $r=0.1$, $\sigma=0.2$, $T=0.5$이다

$$d_1 = \frac{\ln(42/40) + (0.1 + 0.2^2/2) \times 0.5}{0.2\sqrt{0.5}} = 0.7693$$

$$d_2 = \frac{\ln(42/40) + (0.1 + 0.2^2/2) \times 0.5}{0.2\sqrt{0.5}} = 0.6278$$

$$c = 42N(0.7693) - 38.049N(0.6278)$$

$$p = 38.049N(-0.6278) - 42N(-0.7693)$$

엑셀의 NORMDIST 함수를 이용하거나 부록의 표를 이용하면

$$N(0.7693) = 0.7791,\quad N(-0.7693) = 0.2209$$

$$N(0.6278) = 0.7349,\quad N(-0.6278) = 0.2651$$

따라서

$$c = 4.76,\quad p = 0.81$$

화폐의 시간가치를 무시하면, 콜옵션 매입자가 손익분기점(break even)에 도달하려면 주가가 2.76달러만큼 상승해야 한다. 마찬가지로, 풋옵션 매입자가 손익분기점에 도달하려면 주가가 2.81달러만큼 하락해야 한다.

에 접근하므로 식 (13.5)에 의해 콜옵션 가격은 0에 접근하게 됨을 의미한다. 또한 $N(-d_1)$과 $N(-d_2)$가 1에 접근하므로 식 (13.6)에 의해 풋옵션의 가격은 $Ke^{-rT}-S_0$에 접근한다. 이 또한 예측대로의 결과이다.

예제 13.4는 식 (13.5)와 (13.6)이 어떻게 응용되는지 보여준다. 유일한 문제는 누적정규분포함수(cumulative normal distribution function) N을 계산하는 것이다. 누적정규분포함수표가 이 책 끝에 첨부되어 있다. 이 함수는 엑셀의 NORMSDIST 함수를 이용해 평가될 수 있다.

$N(d_1)$과 $N(d_2)$의 이해

식 (13.5)에서 $N(d_2)$는 매우 간단하게 해석된다. 이는 위험중립세상에서 콜옵션이 행사될 확률이다. $N(d_1)$은 해석하기가 그리 용이하지 않다. $S_0N(d_1)e^{rT}$는 행사가격보다 작은 주가가 0으로 간주될 때 위험중립세상에서 T시점의 기대주가이다. 행사가격은 주가가 K보다 클 때만 지급되며, 바로 앞에서 설명했듯이 이 확률은 $N(d_2)$이다. 따라서 위험중립세상에서 기대이득은 다음과 같다.

$$S_0N(d_1)e^{rT} - KN(d_2)$$

T시점부터 현재 시점으로 할인하면 유러피언 콜옵션의 블랙-숄즈-머튼 가격이 구해진다.

$$c = S_0N(d_1) - Ke^{-rT}N(d_2)$$

블랙-숄즈-머튼 공식을 다른 방법으로 이해하고자 한다면 유러피언 콜옵션 가치는 다음과 같이 쓸 수 있다.

$$c = e^{-rT}N(d_2)[S_0e^{rT}N(d_1)/N(d_2) - K]$$

각 항은 다음과 같이 해석된다.

e^{-rT}: 현가요소
$N(d_2)$: 행사확률
$S_0e^{rT}N(d_1)/N(d_2)$: 옵션이 행사되는 경우 주가의 기대상승률
K: 옵션이 행사되는 경우 지급되는 행사가격

13.8 위험중립가치평가

파생증권의 가치를 평가하는 데 있어 대단히 중요한 결과는 위험중립가치평가 원칙이다. 이 원칙은 12장에서 처음 소개되었으며 다음과 같이 요약할 수 있다.

거래되고 있는 어떤 증권에 기초하는 다른 증권의 가치는 투자자가 위험중립형이라는 가정하에 평가할 수 있다.

위험중립가치평가 원칙은 투자자가 위험중립형이라는 것을 의미하지 않는다. 다만 옵션과 같은 파생증권의 가치는 투자자가 위험중립형이라는 가정하에 결정할 수 있다는 것이다. 투자자의 위험에 대한 태도는 주식옵션의 가치에 영향을 미치지 않는다. 왜냐하면 주식옵션의 가치가 기초주식 가치의 함수로 표현되기 때문이다. 이러한 논리는 식 (13.5)와 (13.6)에 주식의 기대수익률 μ가 없음을 설명해준다. 위험중립가치평가는 매우 유용한 도구이다. 위험중립가치평가 원칙이 성립될 때는 다음의 간단한 결과가 성립한다.

1. 모든 증권의 기대수익률은 무위험이자율이다.
2. 무위험이자율은 어떤 미래 현금흐름에도 적용할 수 있는 할인율이다.

옵션과 기타 파생상품은 위험중립가치평가 원칙을 적용해 평가할 수 있다. 평가 절차는 다음과 같다.

1. 기초자산의 기대수익률이 무위험이자율 r이라고 가정한다(즉 $\mu = r$이라고 가정).
2. 만기일에서 옵션의 기대이득을 계산한다.
3. 기대이득을 무위험이자율로 할인해 현재가치를 계산한다.

선도계약에 위험중립가치평가 원칙의 적용

이 절차를 적용해 블랙-숄즈-머튼 공식을 도출할 수 있으나 도출하는 과정이 수학적으로 매우 복잡해 생략하겠다. 무배당 주식에 대한 선도계약의 가치를 결정하는 데 이 절차를 적용해 원리를 설명해보자(선도계약의 가치를 5장에서는 다른 방법으로 평가했음). 이자율 r이 일정하다고 가정하자.

인도가격을 K로 하고 인도일이 T시점인 선도계약의 매입포지션을 고려해보자. 인도일의 선도계약 가치는 다음과 같다.

$$S_T - K$$

S_T의 기대치는 앞에서 설명했듯이 $S_0e^{\mu T}$이다. 위험중립을 가정하면, $S_0e^{\mu T}$는 S_0e^{rT}가 된다. 위험중립 가정하에 만기일의 선도계약 기대이득은 다음과 같다.

$$S_0e^{rT} - K$$

이를 무위험이자율 r로 T기간 동안 할인하면 현재 시점에서의 선도계약 가치가 된다.

$$f = e^{-rT}(S_0e^{rT} - K) = S_0 - Ke^{-rT}$$

이 결과는 5장의 식 (5.5)와 일치한다.

13.9 내재변동성

블랙-숄즈-머튼의 옵션가격 평가모형에 있는 모수(parameter) 중 유일하게 직접 관찰할 수 없는 것은 주가의 변동성이다. 이 장 앞부분에서 과거 주가자료로부터 변동성을 어떻게 추정할 수 있는지 설명했다. 여기서는 **내재변동성**(implied volatility)을 계산하는 방법을 소개한다. 내재변동성은 시장에서 관측된 옵션가격에 내재한 변동성을 말한다.[7]

이를 설명하기 위해 무배당 주식에 대한 콜옵션의 가치가 1.90이고 $S_0=21$, $K=20$, $r=0.1$, $T=0.25$인 경우를 생각해보자. 내재변동성은 식 (13.5)를 이용했을 때 $c=1.90$의 값이 도출되는 σ의 값이다. 안타깝지만, 식 (13.5)를 변형해 σ를 S_0, K, r, T, c의 함수로 표현할 수는 없다. 그러나 반복탐색절차(iterative search procedure)나 시행착오법을 이용해 σ를 구할 수 있다. 먼저 임의의 값으로 $\sigma=0.20$을 적용해 계산한 콜옵션의 가격은 1.76이다. 이 콜옵션의 가격은 우리가 구하는 가격(1.90)보다 낮기 때문에 다음에는 더 높은 σ값을 적용해본다. 이는 콜옵션의 가격은 σ에 대해 단조증가 함수이기 때문에 σ가 증가함에 따라 콜옵션의 가격은 증가하기 때문이다. 다음으로 $\sigma=0.30$을 적용해보면 콜옵션의 가격은 2.10으로 계산되는데, 이는 우리가 구하는 가격보다 높다. 따라서 다음에는 σ의 값으로 0.20과 0.30 사이의 값인 0.25를 적용해본다. $\sigma=0.25$를 이용해 계산한 콜옵션의 가격은 1.9보다 크기 때문에 다음에는 0.20~0.25 사이의 값을 사용해 콜옵션의 가격을 계산해본다. 이러한 계산을 반복하면 σ가 취할 수 있는 범위가 줄어들게 되고, 결국 원하는 c값에 상응하는 σ를 구할 수 있다.[8] 이 예에서 내재변동성(σ)은 0.242 또는 연 24.2%이다.

내재변동성은 특정 주식의 변동성에 대한 시장의 의견을 파악하는 데도 사용할 수 있다. 역사적 변동성(13.4절 참조)이 '과거 지향적'인 데 반해 내재변동성은 '미래 지향적'이다. 따라서 내재변동성에 기초해 미래 주가의 변동성을 예측하는 것이 역사적 변동성에 기초한 예측보다 예측력이 다소 우수하다.

트레이더는 옵션가격을 언급할 때 가격 대신 옵션의 내재변동성을 공시하기도 한다. 실제 옵션가격보다 내재변동성이 더 안정적인 값이기 때문에 내재변동성을 공시하는 것이 편리하

7 주식, 주가지수, 통화, 선물계약에 대한 유러피언 옵션과 아메리칸 옵션의 내재변동성은 이 책에 첨부된 DerivaGem 프로그램으로 계산할 수 있다.

8 이 방법은 기본적인 방법을 이해하기 위한 목적으로 제시되었다. 현업에서는 보다 효과적인 방법이 이용된다.

다. 옵션의 내재변동성은 행사가격과 만기의 영향을 받는다. 트레이더는 활발히 거래되는 옵션의 내재변동성을 이용해 다른 옵션의 내재변동성을 추정한다.

VIX지수

CBOE는 내재변동성 지수를 발표한다. 가장 인기 있는 지수인 SPX VIX는 S&P 500에 대한 30일 만기 옵션의 내재변동성 지수로서 다양한 행사가격의 콜옵션과 풋옵션으로부터 계산된다.[9] VIX는 간혹 '공포요소(fear factor)'라고도 한다. 만약에 VIX 값이 15라면, 이는 S&P 500지수에 대한 30일 만기 옵션의 내재변동성이 약 15%임을 의미한다. VIX선물 거래는 2004년에 시작되었으며 VIX옵션 거래는 2006년에 시작되었다. 1계약은 지수의 1,000배이다. 예제 13.5는 VIX선물 거래가 어떤 방식으로 진행되는지를 보여준다.

VIX에 대한 선물 또는 옵션거래는 S&P 500에 대한 선물 또는 옵션거래와는 상이하다. S&P 500에 대한 선물 또는 옵션거래는 S&P 500의 미래 가격과 변동성 모두에 대한 베팅이다. 반면에 VIX에 대한 선물 또는 옵션계약은 오직 S&P 500의 변동성에 대한 베팅이다. 그림 13.5는 2004년 1월부터 2015년 7월까지의 VIX지수를 보여준다. 2004년부터 2007년 중반까지 지수는 10~20 사이에 있었다. 2007년 후반기에 지수는 30에 도달했으며 리먼브러더스 파산 후인 2008년 10월과 11월에 80을 기록했다. 2010년 초반까지 지수는 정상적인 수준으로 하락했으나, 유럽국가채무위기에 대한 우려 등으로 2010년 5월과 2011년 후반기에 다시 급상승하기도 했다.

VIX는 S&P 500의 변동성을 모니터링한다. CBOE는 이외에도 다양한 변동성 지수를 공시한다. 이는 주식 지수, 상품 지수, 이자율, 환율, 개별주식(아마존, 골드만삭스 등)에 대한

예제 13.5 VIX선물 거래 EXAMPLE

선물가격이 18.5일 때(이는 30일 만기 S&P 500 변동성 18.5%에 해당함) 거래자가 VIX에 대한 4월물 선물계약을 매입해 선물가격이 19.3일 때(이는 30일 만기 S&P 500 변동성 19.3%에 해당함) 계약을 종료한다고 하자. 거래자의 이익은 800달러이다.

$$(19.3 - 18.5) \times 1{,}000 = 800$$

선물계약에서 통상적으로 이루어지듯이, 이 이익은 포지션을 취한 기간 동안 선물계약의 일별 이익과 손실이 누적된 결과이다.

---

9 지수가 어떻게 측정되는지는 다음 책을 참조하라. J. Hull, *Options, Futures, and Other Derivatives*, 9th edn. New York: Pearson, 2015, Chap. 26.

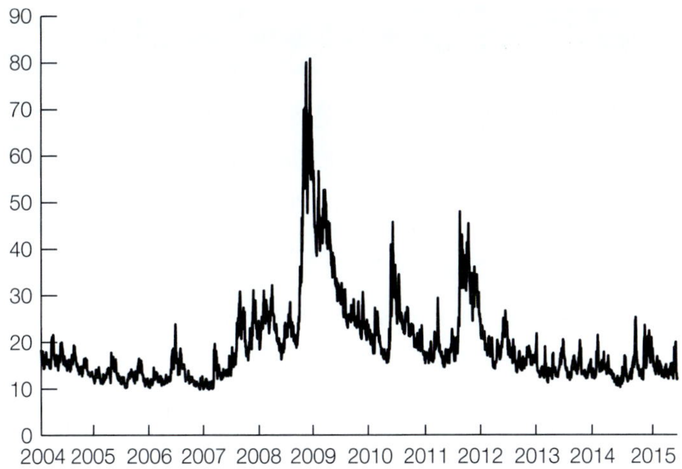

그림 13.5 VIX지수: 2004년 1월부터 2015년 7월까지

변동성 지수 등을 포함한다. 심지어 VIX에 대한 변동성 지수도 존재한다(VVIX).

13.10 배당금

지금까지는 옵션이 기초하는 주식이 배당을 지급하지 않는다고 가정했으나 상당수 주식은 배당을 지급하고 있다. 기존의 모형을 확장하기 위해 옵션 만기일까지 지급될 배당금을 확실히 예측할 수 있다고 가정하자. 옵션 만기가 비교적 짧은 경우(1년 이내) 이 가정은 아주 비현실적이지는 않다. 그러나 옵션 만기가 긴 경우에는 배당금 대신 배당수익률을 예측할 수 있다고 가정하는 것이 일반적이다. 그리고 옵션은 15장에서 설명한 방법으로 평가될 수 있다.

배당금은 배당락일(ex-dividend date)에 지급된다고 가정한다. 배당락일에 주가는 배당금만큼 하락한다.[10] 이 결과 콜옵션의 가치는 하락하고 풋옵션의 가치는 상승한다.

유러피언 옵션

주가가 무위험부분(riskless component)과 위험부분(risky component)의 합이라고 가정함으로써 유러피언 옵션의 가치를 평가할 수 있다. 무위험부분은 옵션의 만기일까지 지급하는 배당금을 말한다. 어느 시점에서의 무위험부분은 옵션의 만기일까지 지급되는 배당금의 현재가치로서, 배당락일부터 기준 시점까지 무위험이자율로 할인해 구한다. S_0가 위험부분과 같

10 세금으로 인해 주가 하락폭은 현금배당금보다 약간 작을 수 있다. 이런 점을 고려하기 위해 옵션가치평가 과정에서 **배당금**이라는 용어를 배당에 의해 야기되는 배당락일의 주가 하락폭으로 해석하기로 한다. 즉 주당 1달러의 배당금이 기대되고 배당락일에 주가가 배당금의 80% 정도 하락한다면, 분석을 위해 배당금을 0.80달러로 가정한다.

예제 13.6 배당이 지급되는 경우 블랙-숄즈-머튼 공식의 적용 EXAMPLE

배당락일이 2개월과 5개월 후인 주식의 유러피언 콜옵션을 분석해보자. 배당락일의 배당금은 각각 0.50달러로 기대한다. 현재 주가는 40달러, 행사가격은 40달러, 주가 변동성은 연 30%, 무위험이자율은 연 9%, 만기는 6개월이다. 배당금의 현재가치는 다음과 같다.

$$0.5e^{-0.09\times 2/12}+0.5e^{-0.09\times 5/12}=0.9741$$

$S_0=40-0.9741=39.0259$, $K=40$, $r=0.09$, $\sigma=0.3$, $T=0.5$이므로 블랙-숄즈-머튼 공식을 이용해 다음과 같이 옵션가격을 구할 수 있다.

$$d_1=\frac{\ln(39.0259/40)+(0.09+0.3^2/2)\times 0.5}{0.3\sqrt{0.5}}=0.2020$$

$$d_2=\frac{\ln(39.0259/40)+(0.09-0.3^2/2)\times 0.5}{0.3\sqrt{0.5}}=0.01012$$

엑셀의 NORMDIST 함수에 의해

$$N(d_1)=0.5800,\quad N(d_2)=0.4959$$

이고 식 (13.5)에 의해 콜옵션 가격은 3.67달러이다.

$$39.0259\times 0.5800-40e^{-0.09\times 0.5}\times 0.4959=3.67$$

다고 가정하면 블랙-숄즈-머튼의 공식을 이용할 수 있다. 단 주가를 S_0가 아니라, S_0에서 옵션의 잔존기간 동안 지급되는 모든 배당금의 현재가치만큼 제한 가격으로 놓는다고 가정하면 블랙-숄즈-머튼의 공식을 이용할 수 있다. 이때 배당금의 현재가치는 무위험이자율로 할인하고, 할인 기간은 현재부터 배당락일까지의 기간으로 정해 구한다. 물론 옵션의 잔존기간 동안 배당락일이 있는 경우만 이 방법으로 배당금을 고려한다. 이 점은 예제 13.6에 설명되어 있다.

블랙-숄즈-머튼의 공식을 이용하려면 이론적으로 σ는 주가 자체의 변동성이 아니라 주가의 위험부분 변동성이어야 한다. 그러나 현업에서는 주가 자체의 변동성과 위험부분 변동성이 같다는 가정을 많이 사용한다. 이론적으로 위험부분의 변동성은 대략 주가 자체 변동성의 $S_0/(S_0-D)$배이다(D는 배당금의 현재가치이고 S_0는 주가임).

아메리칸 콜옵션

10장에서 무배당 주식에 대한 아메리칸 콜옵션은 만기일 전에 권리를 행사하는 것이 결코 최적이 아님을 보였다. 그러나 배당을 지급하는 주식의 경우, 배당락일 바로 직전에 권리를 행사하는 것이 때로는 최적일 수 있다. 이를 설명하는 것은 그리 어렵지 않다. 배당금은 주식과 콜옵션의 가치를 모두 하락시킨다. 만일 배당금이 충분히 크고 또한 콜옵션이 심내가격(Deep-in-the-money)에 있는 경우, 배당금이 주가에 미치는 불리한 영향을 피하기 위해 옵션의 만기일까지에 대한 시간가치를 포기하고 만기일 전에 권리를 행사하는 것이 바람직할 수 있다.

실제로 콜옵션은 마지막 배당락일 직전에 행사될 가능성이 가장 크다. 이 장 부록에서 만기일 전에 옵션을 조기행사하는 것이 최적인 조건을 도출하는 과정을 설명한다. 여기서는 배당을 지급하는 주식에 대한 아메리칸 콜옵션의 가치를 평가하기 위해 블랙이 제시한 대략적인 방법을 소개한다.

블랙의 근사치 해법

블랙이 제시한 아메리칸 콜옵션 가격의 근사치를 구하는 방법은 다음 2개의 유러피언 옵션 가치를 구하는 과정을 포함한다.

1. 아메리칸 옵션과 만기일이 같은 유러피언 옵션
2. 아메리칸 옵션의 만기일 이내에 있는 배당락일 중 마지막 배당락일 직전에 만기가 되는 유러피언 옵션

행사가격, 현재 주가, 무위험이자율, 변동성은 모두 같다. 아메리칸 옵션의 가격은 위 2개 옵션의 가격 중 높은 것과 같다. 예제 13.7을 참조하라.

요약

주식옵션의 가격 결정을 위해 보통 다음을 가정한다: 오늘의 주가에 기초한 미래 시점에서의 주가는 대수정규분포를 따른다. 이는 일정 기간 동안 주식의 연속복리 수익률이 정규분포를

예제 13.7 블랙의 방법을 이용한 아메리칸 콜옵션의 가치평가 EXAMPLE

예제 13.6을 다시 고려하는데 이번에는 유러피언 옵션 대신 아메리칸 옵션이라고 가정하자. 첫 번째 배당금의 현재가치는 다음과 같다.

$$0.5e^{-0.09\times 2/12}=0.4926$$

마지막 배당락일 직전에 만기가 되는 옵션의 가치는 블랙-숄즈-머튼 공식에 $S_0=40-0.4926=39.5074$, $K=40$, $r=0.09$, $s=0.30$, $T=0.4167$을 대입해 구할 수 있다. 콜옵션 가격은 3.52달러이다. 블랙의 방법은 이 가격과 6개월 후에만 권리행사를 할 수 있다고 가정하고 계산한 옵션의 가격 중 큰 값을 선택하는 것이다. 앞의 예제에서 계산한 유러피언 옵션의 가격은 3.67달러였다. 따라서 블랙의 방법에 의한 아메리칸 콜옵션의 가격은 3.67달러이다.

따른다는 것을 의미한다. 먼 장래를 예측할수록 미래 주가에 대한 불확실성은 증가한다. 대략적으로 주가의 표준편차는 예측하는 기간의 제곱근에 비례한다고 말할 수 있다.

실증적으로 주가의 변동성 σ를 추정하기 위해서는 일정한 간격(예: 매일, 매주, 매월)으로 관찰한 주가를 이용한다. 매 기간마다 기말주가를 기초주가로 나눈 비율의 자연로그값을 계산할 수 있다. 변동성은 자연로그값들의 표준편차를 연 단위로 표시한 기간의 제곱근으로 나누어 구한다. 변동성을 계산할 때는 일반적으로 비거래일을 무시한다.

주식옵션의 가치를 평가하기 위해 옵션과 주식을 결합한 무위험 포트폴리오를 구성한다. 주식 가격과 해당 주식을 기초자산으로 하는 옵션가격은 동일한 불확실성에 의존하므로 무위험 포트폴리오를 구성하는 것은 항상 가능하다. 무위험 포트폴리오는 아주 짧은 기간 동안만 무위험 상태로 존재한다. 한편 차익거래기회가 존재하지 않는다고 가정하면 무위험 포지션의 수익률은 항상 무위험이자율이어야 한다. 이 논리를 이용해 주식 가격을 기준으로 옵션가격을 결정할 수 있다. 원래의 블랙-숄즈-머튼 가격결정공식은 무배당 주식에 대한 유러피언 콜옵션과 풋옵션의 가치를 주가, 행사가격, 무위험이자율, 변동성, 만기의 다섯 변수 함수로 나타낸다.

놀랍게도 주식의 기대수익률은 블랙-숄즈-머튼의 공식에 사용되지 않는다. 이 사실은 약간 의외이나, 이는 위험중립가치평가 원칙에 의한다. 위험중립가치평가 원칙은 거래되는 증권에 기초하는 다른 증권의 가치는 위험중립 가정하에 평가할 수 있다는 것이다. 이 결과는 실제로 매우 유용하다. 위험중립세상에서 모든 증권의 기대수익률은 무위험이자율이며 모든 기대현금흐름의 할인율 또한 무위험이자율이다.

내재변동성은 블랙-숄즈-머튼의 공식 또는 이를 확장한 공식에 적용해 계산했을 때 옵션의 시장 가격과 같은 가격을 계산해주는 변동성을 말한다. 트레이더는 내재변동성을 주시한다. 그들은 종종 옵션가격 대신 옵션의 내재변동성을 공시한다. 그들은 활발히 거래되는 옵션가격에 내재된 변동성을 이용해 같은 기초자산을 가진 다른 옵션의 적절한 변동성을 예측하는 기법을 사용한다.

블랙-숄즈-머튼 가격결정공식을 확장해 배당을 지급하는 주식에 대한 유러피언 콜옵션과 풋옵션의 가격을 결정할 수 있다. 한 가지 방법은 블랙-숄즈-머튼의 공식을 이용하되, 옵션 만기일까지 예상하는 배당금의 현재가치만큼 주가를 하락시키고, 또한 배당금의 현재가치만큼을 주가에서 차감한 후 이 부분의 변동성을 이용하는 것이다. 피셔 블랙은 배당 지급주에 대한 아메리칸 콜옵션 가격의 근사치를 계산하는 방법을 제안했다. 이 방법은 아메리칸 콜옵션의 가격을 다음 두 유러피언 콜옵션의 가격 중 큰 것과 같다고 하는 것이다. 첫 번째 유러피언 옵션은 고려하는 아메리칸 옵션과 만기가 같은 옵션이며 두 번째 유러피언 옵션은 고려하는 아메리칸 옵션의 만기일 이내에 있는 배당락일 중 마지막 배당락일 직전에 만기가 되는 옵션이다.

참고문헌

블랙-숄즈-머튼 모형과 이를 확장한 모형에 대한 참고문헌

Black, F. "Fact and Fantasy in the Use of Options and Corporate Liabilities," *Financial Analysts Journal*, 31 (July/August 1975): 36–41, 61–72.

Black, F. "How We Came Up with the Option Pricing Formula," *Journal of Portfolio Management*, 15, 2 (1989): 4–8.

Black, F., and M. Scholes. "The Pricing of Options and Corporate Liabilities," *Journal of Political Economy*, 81 (May–June 1973): 637–59.

Hull, J. *Options, Futures, and Other Derivatives*, 9th edn. New York: Pearson, 2015.

Merton, R. C. "Theory of Rational Option Pricing," *Bell Journal of Economics and Management Science*, 4 (Spring 1973): 141–83.

변동성의 원인에 대한 참고문헌

Fama, E. F. "The Behavior of Stock Market Prices," *Journal of Business*, 38 (January 1965): 34–105.

French, K. R. "Stock Returns and the Weekend Effect," *Journal of Financial Economics*, 8 (March 1980): 55–69.

French, K. R., and R. Roll. "Stock Return Variances: The Arrival of Information and the Reaction of Traders," *Journal of Financial Economics*, 17 (September 1986): 5–26.

Roll, R. "Orange Juice and Weather," *American Economic Review*, 74, 5 (December 1984): 861–80.

퀴즈

13.1 블랙-숄즈-머튼 옵션가격모형은 1년 후 주가의 확률분포에 대해 어떤 가정을 하는가? 또한 1년 동안 주가의 연속복리 수익률에 대해서는 어떤가?

13.2 주가 변동성이 연 30%이다. 거래일 하루 기준 주가 변화율의 표준편차는 얼마인가?

13.3 블랙-숄즈-머튼 옵션가격공식을 도출하는 데 위험중립 가치평가 원칙을 어떻게 사용할 수 있는지 설명하라.

13.4 현재 주가는 50달러, 무위험이자율은 연 10%, 변동성은 연 30%이다. 만기가 3개월이고 행사가격이 50달러인 유러피언 풋옵션의 가격을 계산하라(무배당 주식으로 가정할 것).

13.5 문제 13.4에서 1.5달러의 배당금이 2개월 후에 예정된다면 유러피언 풋옵션의 가격은 얼마인가?

13.6 내재변동성은 무엇인가? 유러피언 풋옵션 가격으로부터 내재변동성을 계산하는 방법을 설명하라.

13.7 배당을 지급하는 주식에 대한 아메리칸 콜옵션의 가치를 대략적으로 계산하는 블랙의 근사치 해법을 설명하라.

연습문제

13.8 현재 주가는 40달러이다. 주식의 기대수익률은 연 15%이고 변동성은 연 25%이다. 1년 동안의 연속복리 수익률 확률분포는 얼마인가?

13.9 현재 주가는 38달러, 기대수익률은 16%, 변동성은 35%이다.

(a) 만기가 6개월이고 행사가격이 40달러인 유러피언 콜옵션이 행사될 가능성은 얼마인가?

(b) 만기가 6개월이고 행사가격이 40달러인 유러피언 풋옵션이 행사될 가능성은 얼마인가?

13.10 S_T의 95% 신뢰구간이 아래에 있는 두 값 사이임을 증명하라.

$$S_0 e^{(\mu-\sigma^2/2)T-1.96\sigma\sqrt{T}}, \quad S_0 e^{(\mu-\sigma^2/2)T+1.96\sigma\sqrt{T}}$$

13.11 포트폴리오 매니저가 지난 10년 동안 매년 실현한 연평균 수익률이 20%라고 발표했다. 어떤 관점에서 이 발표가 투자자를 현혹할 수 있는가?

13.12 무배당 주식의 기대수익률을 μ, 변동성을 σ로 정의하자. 금융기관이 T시점에서 아래의 금액을 지불하는 신종 파생증권을 개발했다고 가정하자(S_0와 S_T는 현재와 T시점에서의 주가를 말함).

$$\frac{1}{T}\ln\left(\frac{S_T}{S_0}\right)$$

(a) 이 증권의 만기일 지불액수를 설명하라.

(b) 위험중립가치평가 원칙을 적용해 현재 시점에서의 증권 가격을 계산하라.

13.13 현재 주가는 52달러, 행사가격은 50달러, 무위험이자율은 연 12%, 변동성은 연 30%, 만기는 3개월이다. 무배당 주식에 대한 유러피언 콜옵션의 가격은 얼마인가?

13.14 현재 주가는 69달러, 행사가격은 70달러, 무위험이자율은 연 5%, 변동성은 연 35%, 만기는 6개월이다. 무배당 주식에 대한 유러피언 풋옵션의 가격은 얼마인가?

13.15 무배당 주식에 대한 콜옵션 가격이 2.5달러이다. 현재 주가는 15달러, 행사가격은 13달러, 만기는 3개월, 무위험이자율은 연 5%이다. 내재변동성을 구하라.

13.16 T가 0에 접근함에 따라 블랙-숄즈-머튼의 가격공식에서 계산한 콜옵션 가격이 $\max(S_0 - K, 0)$에 접근함을 밝혀라.

13.17 배당을 지급하는 주식에 대한 아메리칸 콜옵션 가격을 블랙의 근사치 해법으로 평가할 때 배당금이 한 번만 예정되는 경우도 옵션의 가격을 근사치로밖에 계산할 수 없는 이유를 정확히 설명하라. 또한 블랙의 방법으로 계산한 옵션의 가격이 실제의 옵션가격을 과대평가하는가, 아니면 과소평가하는가? 설명하라.

13.18 현재 주가가 70달러, 행사가격이 65달러, 만기가 8개월, 무위험이자율이 연 10%, 변동성이 연 32%인 아메리칸 콜옵션을 고려하자. 1달러의 배당금이 3개월과 6개월 후에 예상된다. 부록에 있는 결과를 이용해 두 배당락일에 옵션을 행사하는 것이 결코 최적이 아님을 밝혀라. DerivaGem 프로그램을 이용해 옵션가격을 구하라.

13.19 현재 주가가 50달러이고 무위험이자율은 5%이다. 다음은 주식에 대한 유러피언 콜옵션의 가격이다.

행사가격 (달러)	만기		
	3개월	6개월	12개월
45	7.00	8.30	10.50
50	3.50	5.20	7.50
55	1.60	2.90	5.10

DerivaGem 프로그램을 이용해 각 옵션의 내재변동성을 구하라(배당금은 없다고 가정함). 또한 옵션가격이 블랙-숄즈-머튼 모형과 일관성이 있는지를 평가하라.

13.20 콜옵션과 풋옵션 가치를 계산하는 데 이용하는 블랙-숄즈-머튼 공식이 풋-콜 패리티를 만족시킴을 밝혀라.

13.21 유러피언 콜옵션이 위험중립세상에서 행사될 확률이 $N(d_2)$임을 보여라. T시점에서의 주가가 K보다 높으면 100달러를 지불하는 파생상품의 가치는 어떻게 표현될 수 있는가?

추가문제

13.22 주식의 변동성이 연 18%일 때 (a) 1일, (b) 1주일, (c) 1개월 동안의 주가 변화율 표준편차를 추정하라.

13.23 현재 주가는 50달러이다. 주식의 기대수익률은 연 18%이고 주가 변동성은 연 30%이다. 2년 후 주가의 확률분포는 어떠한가? 이 분포의 평균, 표준편차, 95% 신뢰구간을 계산하라.

13.24 지난 15주 동안 매주 말 주가가 다음과 같다고 하자.

30.2, 32.0, 31.1, 30.1, 30.2, 30.3, 30.6, 33.0, 32.9, 33.0, 33.5, 33.5, 33.7, 33.5, 33.2

주가 변동성을 추정하라. 추정한 변동성의 표준오차는 얼마인가?

13.25 금융기관이 T시점에서 S_T^2달러를 지불하는 파생상품을 발행하려고 한다. S_T는 T시점의 주가이다. 주식은 배당을 지급하지 않는다고 가정한다. 위험중립가치평가 원칙을 적용해 현재 시점에서 이 파생상품의 가치를 계산하라(필요한 변수는 각자 정의할 것. 힌트: S_T^2의 기댓값은 S_T의 평균과 분산으로부터 계산할 수 있다. 13.1절을 참조하라).

13.26 현재 주가는 30달러, 무위험이자율은 연 5%, 변동성은 연 25%이다. 무배당 주식에 대한 옵션의 행사가격이 29달러이고 만기는 4개월이다.

(a) 유러피언 콜옵션의 경우 옵션가격은 얼마인가?

(b) 아메리칸 콜옵션의 경우 옵션가격은 얼마인가?

(c) 유러피언 풋옵션의 경우 옵션가격은 얼마인가?

(d) 풋-콜 패리티가 성립하는지 확인하라.

13.27 문제 13.26에서 설명한 주식이 1.5개월 후에 배당락이 이루어진다고 가정하자. 기대배당금은 0.5달러이다.

(a) 유러피언 콜옵션의 경우 옵션가격은 얼마인가?

(b) 유러피언 풋옵션의 경우 옵션가격은 얼마인가?

(c) 부록에 있는 결과를 이용해 옵션이 만기일 전에 조기 행사될 수 있는 조건이 존재하는지를 판단하라.

13.28 현재 주가가 18달러, 행사가격은 20달러, 만기는 6개월, 변동성은 연 30%, 무위험이자율은 연 10%인 아메리칸 콜옵션을 고려하자. 옵션의 만기일까지 주당 40센트의 배당이 2번 지급될 것으로 예상하며, 배당락일이 2개월과 5개월 후라고 가정하자. 블랙의 방법과 DerivaGem을 이용해 옵션 가치를 계산하라. 각 배당락일의 주당 배당금이 D라고 가정하자. 부록의 결과를 이용해 아메리칸 옵션이 만기일 전에 조기 행사되지 않으려면 주당 배당금이 얼마나 클 수 있는지 계산하라.

부록: 배당을 지급하는 주식에 대한 아메리칸 콜옵션의 만기일 전 권리행사

10장에서 무배당 주식에 대한 아메리칸 콜옵션을 만기일 전에 행사(또는 조기행사)하는 것이 결코 최적이 아님을 보였다. 비슷한 논리를 적용하면, 배당을 지급하는 주식에 대한 아메리칸 콜옵션을 행사한다면 이는 배당락일 직전과 만기일에만 최적임을 알 수 있다. 만기일까지 n개의 배당락일을 예상하며 $t_1, t_2, \ldots, t_n$을 배당락일 직전의 시점이라고 가정하자($t_1 < t_2 < \ldots < t_n$). 또한 각 시점에서의 배당금을 $D_1, D_2, \ldots, D_n$으로 가정하자.

먼저 마지막 배당락일 직전(즉 t_n시점)에 권리행사를 할 가능성을 고려하자. 만일 t_n시점에 옵션을 행사하면 투자자는 다음 금액을 받는다.

$$S(t_n) - K$$

여기서 $S(t)$는 t시점에서의 주가를 의미한다.

만일 옵션을 행사하지 않으면 주가는 $S(t_n) - D_n$으로 하락한다. 10장에서 설명했듯이 옵션가격의 하한선은 다음과 같다.

$$S(t_n) - D_n - Ke^{-r(T-t_n)}$$

따라서 만일 아래 식이 성립하면

$$S(t_n) - D_n - Ke^{-r(T-t_n)} \geq S(t_n) - K$$

즉

$$D_n \leq K(1 - e^{-r(T-t_n)}) \qquad (13A.1)$$

t_n시점에서 권리행사를 하는 것이 최적일 수 없다. 반면에 아래의 식이 성립하면

$$D_n > K(1 - e^{-r(T - t_n)}) \tag{13A.2}$$

$S(t_n)$이 매우 높은 경우 t_n시점에서 권리행사를 하는 것이 항상 최적이다. 마지막 배당락일이 옵션 만기일에 상당히 가깝고(즉 $T - t_n$이 작고) 배당금이 클 경우 식 (13A.2)가 성립할 가능성이 가장 크다.

이번에는 마지막에서 두 번째 배당락일, 즉 t_{n-1}시점을 고려하자. 만일 t_{n-1}시점에서 옵션을 행사하면 소유자는 다음 금액을 받는다.

$$S(t_{n-1}) - K$$

t_{n-1}시점에서 옵션을 행사하지 않으면 주가는 $S(t_{n-1}) - D_{n-1}$로 하락하게 되고 이후 옵션을 가장 빨리 행사할 가능성이 있는 시점은 t_n시점이다. t_{n-1}시점에서 옵션을 행사하지 않으면 옵션 가격의 하한선은 다음과 같다.

$$S(t_{n-1}) - D_{n-1} - Ke^{-r(t_n - t_{n-1})}$$

따라서 다음 관계가 성립하면

$$S(t_{n-1}) - D_{n-1} - Ke^{-r(t_n - t_{n-1})} \geq S(t_{n-1}) - K$$

또는

$$D_{n-1} \leq K(1 - e^{-r(t_n - t_{n-1})})$$

t_{n-1}시점에서 권리행사를 하는 것은 최적이 아니다. 같은 논리로, n보다 작은 어떤 i에 대해 다음 관계가 성립하면 t_i시점에서 권리행사를 하는 것은 최적이 아니다.

$$D_i \leq K(1 - e^{-r(t_{i+1} - t_i)}) \tag{13A.3}$$

이는 예제 13A.1에서 설명한다.

식 (13A.3)은 대략 다음과 같다.

$$D_i \leq Kr(t_{i+1} - t_i)$$

K가 현재 주가에 매우 가깝다고 가정하는 경우, 식 (13A.3)이 성립하지 않으려면(즉 권리행사를 하는 것이 최적이려면) 주식의 배당수익률이 무위험이자율보다 높거나 무위험이자율에 매우 가까워야 한다.

이러한 분석을 통해 내릴 수 있는 결론은 대부분의 경우 아메리칸 콜옵션의 조기 권리행사

예제 13A.1 콜옵션 조기행사의 최적 여부 EXAMPLE

예제 13.6의 아메리칸 콜옵션을 고려한 예제를 다시 생각하자. $S_0=40$, $K=40$, $r=0.09$, $\sigma=0.30$, $t_1=0.1667$, $t_2=0.4167$, $T=0.5$, $D_1=D_2=0.5$이므로

$$K(1-e^{-r(t_2-t_1)})=40(1-e^{-0.09\times 0.25})=0.89$$

이다. 이 값이 0.5보다 크므로 식 (13A.3)에 의해 첫 번째 배당락일에 옵션을 행사하는 것은 최적이 아님을 알 수 있다. 또한

$$K(1-e^{-r(T-t_2)})=40(1-e^{-0.09\times 0.08333})=0.30$$

이 값이 0.5보다 작으므로 옵션이 심내가격에 있으면 식 (13A.1)에 의해 두 번째(즉 마지막) 배당락일에 옵션을 행사해야 함을 알 수 있다.

가 가장 가능한 시점은 마지막 배당락일인 t_n시점이라는 것이다. 또한 식 (13A.3)이 성립하면서($i=1, 2, \ldots, n-1$) 동시에 식 (13A.1)도 성립하면 만기일 전 권리행사가 결코 최적이 아니고 아메리칸 옵션이 유러피언 옵션과 같다고 결론지을 수 있다.

14 종업원스톡옵션

종업원스톡옵션(employee stock option)은 기업이 자기 회사 종업원에게 부여한, 자사 주식에 대한 콜옵션이다. 이 옵션은 종업원에게 기업 가치에 대한 일부 지분(stake)을 제공한다. 만약 기업이 흥해 자사 주가가 행사가격을 초과하면 종업원은 옵션을 행사해 주식을 받은 후 획득한 주식을 시장가격에 매도해 이익을 얻을 수 있다.

많은 기업, 특히 기술(테크)기업은 매력적인 스톡옵션 패키지를 제공하는 것이 최고의 종업원을 고용하고 유지할 수 있는 유일한 방법이라고 생각했다. 어떤 기업은 고위 경영진에만 옵션을 부여했고, 어떤 기업은 기업의 모든 종업원에게 옵션을 부여했다. 마이크로소프트는 모든 직원에게 옵션을 부여한 최초의 회사 중 하나로, 자사 직원 중 최소 10,000명 이상의 종업원이 백만장자가 된 것으로 추정된다. 종업원스톡옵션 제도는 최근에 인기가 많이 떨어졌는데, 이에 관한 자세한 설명도 이 장에서 할 예정이다. (마이크로소프트도 2003년에 스톡옵션의 사용을 중지하고 대신 종업원에게 자사 주식을 제공한다고 선언했다.) 그러나 전 세계적으로 아직도 많은 기업이 종업원스톡옵션을 열광적으로 사용한다.

종업원스톡옵션은 스타트업에 인기가 있다. 이런 기업은 주요 종업원이 만족할 만큼의 물질적인 보상을 당장 줄 수 없어 스톡옵션을 주게 된다. 만일 기업이 영업을 잘해 상장(IPO)하게 되면 스톡옵션 가치는 상승할 것이다. 일부 신생 기업은 여름방학 동안 일한 학생에게도 스톡옵션을 부여했으며, 운이 좋은 일부 학생은 수십만 달러를 벌기도 했다.

이 장은 스톡옵션 플랜이 어떻게 작용하며, 이 플랜의 인기가 회계처리방법의 변화로 어떻게 영향을 받게 되었는지 설명한다. 또한 이 플랜이 주주와 최고 임원의 이해관계를 어떻게 일치시키는지 설명한다. 스톡옵션의 가치평가 방법과 백데이팅(소급) 스캔들도 설명한다.

14.1 계약 내용

스톡옵션의 만기는 때로는 10~15년까지 길게 잡힌다. 많은 경우 조기행사가격은 옵션 부여일의 주가와 동일하게 설정된다[즉 스톡옵션은 설정 당시에 등가격(at the money)에 있음]. 종업원스톡옵션은 주로 다음과 같은 특징이 있다.

1. 스톡옵션이 행사될 수 없는 행사유예기간(vesting period)이 있다. 이 기간은 길게는 4년이다.
2. 행사유예기간 동안 종업원이 자발적으로 또는 비자발적으로 퇴사하면 종업원은 옵션에 대한 권리를 상실한다.
3. 행사유예기간이 종료된 후 종업원이 자발적으로 또는 비자발적으로 퇴사하면 종업원은 외가격 옵션에 대해서는 권리를 상실하지만 내가격 옵션에 대해서는 거의 즉각적으로 권리를 행사해야 한다.
4. 종업원은 스톡옵션을 매도할 수 없다.
5. 종업원이 스톡옵션을 행사하면 기업은 새 주식을 발행하고 그 주식을 행사가격에 종업원에게 매도한다.

조기행사 결정

여기서 네 번째 특성은 중요한 함의를 갖는다. 만일 어떤 이유로든 종업원이 행사가능옵션으로부터 현금이득을 실현하고자 한다면 종업원은 반드시 옵션을 행사해 기초자산을 매도해야 한다. 종업원은 스톡옵션을 제3자에게 매도할 수 없다. 이로 인해 종업원스톡옵션은 비슷한 거래소 콜옵션 또는 장외 콜옵션과 비교해 조기에 행사되는 경향이 있다.

무배당 주식의 콜옵션을 고려해보자. 10.5절에서 설명했듯이, 만일 이 옵션이 보통의 콜옵션이면 콜옵션은 결코 만기일 전에 행사되지 않아야 한다. 즉 옵션 소유자는 만기일 전에 행사하는 것보다 옵션을 매도하는 것이 항상 유리하다. 그러나 종업원스톡옵션의 경우 매도가 불가능하므로 이 논리는 스톡옵션에 적용되지 않는다. 종업원이 옵션으로부터 현금이득을 실현할 수 있는 유일한 방법은 옵션을 행사하고 그 주식을 매도하는 것이다. 따라서 종업원스톡옵션이 보통의 거래소 옵션 또는 장외 옵션이었으면 행사되는 최적 시점보다 훨씬 전에 조기행사(early exercise)되는 것은 특이한 일이 아니다.

종업원이 만기 전에 옵션을 행사한다면, 주식을 매도해야 하는가 아니면 주식을 보유해야 하는가? 옵션의 행사가격은 만기 동안 일정하며 옵션은 항상 행사가 가능하다고 가정하자. 그리고 다음 두 옵션, 즉 종업원스톡옵션과 시장에서 매도할 수 있는 동등한 조건의 거래소 옵션을 고려해보자. 첫 번째 옵션을 A옵션으로, 두 번째 옵션을 B옵션이라고 하자. 만일 주식이 배당을 지급하지 않으면 우리는 결코 B옵션을 조기행사하지 않아야 한다. 이는 A옵션을 행사하고 주식을 보유하는 것이 최적이 아님을 의미한다. 만약 종업원이 자신의 회사에 대한 지분을 유지하기를 원한다면 더 좋은 전략은 옵션을 보유하는 것이다. 이는 행사가격 지불을 연기하며 10.5절에서 설명했듯이 옵션의 보험가치(insurance value)를 유지해준다. B옵션을 행사하는 것이 최적인 경우에만 종업원이 A옵션을 만기 전에 행사하고 그 주식을 보유하는 것이 합리적인 전략이 될 수 있다.[1] 13장 부록에서 설명했듯이, 비교적 큰 배당이 지급되기 직전에만 B옵션을 행사하는 것이 최적이다.

실제로 종업원의 조기행사 행태는 기업별로 매우 다르다. 일부 기업은 조기행사를 하지 않는 문화가 있다. 다른 기업의 경우 행사유예기간이 끝나면 옵션이 아주 약간만 내가격에 있더라도 종업원이 곧장 옵션을 행사해 주식을 매도하는 경향이 있다.

14.2 옵션이 주주와 경영진의 이해를 일치시키는가

투자자가 자본시장을 신뢰하려면 주주와 경영진의 이익이 잘 일치해야 한다. 이는 경영진이 주주의 이익에 가장 적합한 결정을 내리기 위해서는 동기부여가 되어야 함을 의미한다. 경영진은 주주의 대리인(agent)이고, 8장에서 설명했듯이 경제학자들은 대리인과 주주의 이해가 일치하지 않아 발생하는 손실을 대리인비용(agency cost)이라고 표현한다. 미국에서 주주의 이익을 무시하고 경영한 경영진에게 징역형을 구형하는 것은 미국이 엔론과 같은 스캔들에도 불구하고 대리인비용을 낮추려는 노력의 일환으로 간주할 수 있다.

종업원스톡옵션이 종업원과 주주의 이해를 일치시키는 데 일조하는가? 이 질문에 대한 답은 명확하지 않다. 스타트업의 경우 스톡옵션이 이런 목적에 효과적이라는 것은 의심할 여지가 없다. 옵션은 주주(대체로 고위 임원이기도 함)가 종업원으로 하여금 긴 시간 일할 수 있도록 유인하는 훌륭한 방법이다. 만일 기업이 성공하면 기업은 상장하게 되고 종업원들은 부유해질 것이다. 그러나 만일 기업이 성공하지 못하면 옵션은 가치가 없어질 것이다.

가장 논란이 되는 옵션은 상장기업(publicly traded company)의 고위 임원들에게 부여하는 옵션이다. 미국에서는 고위 임원 보상액의 50%를 종업원스톡옵션이 점유하는 것으로 추정된다. 종업원스톡옵션은 임원의 '성과급(pay for performance)'으로도 불린다. 만일 기업의 주가가 상승하면 주주는 돈을 벌고 임원은 보상을 받게 된다. 그러나 이는 옵션의 비대칭적인 이득 패턴을 간과한 것이다. 만일 기업이 잘못되면 주주는 손해를 보게 되지만, 임원들은 돈을 벌지 못할 뿐이다. 주주와 달리 임원은 손해를 보지 않는다.[2] 보다 적절한 성과급은 임원에게 주식을 제공하는 단순한 전략(restricted stock units, RSU)이다. 이 경우 임원의 이익과 손

1 유일한 예외는 종업원이 투표권을 행사하기 위해 주식을 소유하길 원하는 경우이다.

실은 다른 주주의 그것과 동일하게 된다.

스톡옵션은 고위 임원에게 어떠한 잘못된 행동을 불러일으킬 수 있는가? 예를 들어 3개월 후에 많은 수의 스톡옵션을 행사해 주식을 매도하려고 하는 임원이 있다고 가정하자. 이 임원은 그 시점(3개월 후)에 좋은 소식을 공시하고 싶을 것이다. 때로는 (분식회계를 해서) 해당 시점에 순이익이 반영되어 주가를 상승시키고자 하는 유혹을 받을 것이다. 반대로, 만일 등가격 옵션이 3개월 후에 임원에게 부여될 예정이면, 임원은 옵션이 부여되기 전에 주가를 하락시키고자 하는 행동을 취하고 싶을 수도 있다. 여기서 설명하는 행동의 유형은 물론 불법적인 것이다. 그러나 이 장의 후반부에서 설명하는 백데이팅 스캔들은 일부 경영진이 스톡옵션과 관련해 매우 잘못된 방법으로 일을 처리했음을 보여준다.

우리가 앞서 설명한 부도덕한 행동이 없다고 하더라도, 경영자스톡옵션은 임원으로 하여금 장기 성과를 희생하더라도 단기 이익을 추구하도록 유인한다. 옵션의 비대칭적인 이득 패턴 때문에 옵션이 없었더라면 부담하지 않을 위험(주주의 입장에서는 도움이 되지 않는 위험)을 임원들이 감수하기도 한다. 대형 펀드의 매니저들은 스톡옵션이 임원 보상의 매우 큰 부분을 차지하기 때문에 스톡옵션이 올바른 경영을 방해할 수 있는 여지가 많다고 걱정한다. 고위 경영진은 실제로 기업을 경영하는 데 충분한 시간을 보내기보다는 스톡옵션의 보상을 고려하는 데 너무 많은 시간을 낭비할 수 있다.

경영진은 회사 내부 정보를 가지고 있고, 회사의 성과와 공시에 영향을 미칠 수 있기 때문에 다른 주주들보다는 본인에게 유리한 방향으로 주식과 옵션을 거래할 수 있다. 이런 문제를 완화하기 위한 극단적인 제안 중 하나는 임원으로 하여금 시장에 자사 주식을 매입 또는 매도할 의사를 사전에(아마도 1주일 전에) 공시하도록 요구하는 것이다.[3] (일단 거래의사가 공시되면 임원은 이를 준수해야 한다.) 이렇게 함으로써 시장은 왜 임원이 거래하는지에 대해 스스로 결론을 내릴 수 있다. 그 결과 임원이 매입하기 전에 주가가 상승할 수 있고 임원이 매도하기 전에 주가가 하락할 수 있다.

14.3 회계적 이슈

종업원스톡옵션은 다른 어떠한 유형의 보상과 마찬가지로 기업에게는 비용이 되고 종업원에게는 혜택이 된다. 이 사실은 무척 당연하지만, 논란거리가 되기도 한다. 많은 기업의 임원은

2 옵션이 외가격이 되면 기업은 가끔 외가격 옵션을 등가격 옵션으로 대체한다. '재가격(repricing)'으로 알려진 이런 행위는 임원의 손익을 주주의 이익과 덜 밀접하게 연관되도록 한다.

3 만약 임원이 옵션을 행사해 획득한 주식을 매도하기를 원하면 매도할 의사를 공지해야 하기 때문에 이는 옵션의 행사에 적용된다.

옵션이 내가격이 되지 않는 한 가치가 없다고 믿는 듯하다. 그 결과 기업이 발행하는 등가격 옵션은 기업에게 비용이 되지 않는다고 주장한다. 그러나 옵션은 종업원에게 가치 있기 때문에 주주에게, 따라서 기업에게도 비용이 되는 것은 틀림없는 사실이다. 공짜 점심은 없다. 옵션이 기업에게 비용이 되는 이유는 주가가 상승하면 기업이 시장에서 적용되는 가격보다 낮은 가격에 종업원에게 주식을 매도하기로 약속했기 때문이다.

1995년 이전에는 기업이 스톡옵션을 발행할 때 기업의 손익계산서에 계상되는 비용이 내재가치(intrinsic value)였다. 따라서 옵션이 발행될 때 대다수 옵션은 등가격에 있으므로 비용은 0이었다. 그러나 1995년에 회계표준 FAS 123이 채택되었다. 원래 이 법안은 옵션을 공정가치(fair value)에 비용처리 하도록 요구할 것으로 많은 사람이 기대했다. 그러나 끈질긴 로비 결과 FAS 123의 1995년 버전은 부여된 옵션을 손익계산서에서 공정가치에 비용처리 하도록 권장하는 데 그쳤다. 즉 의무적으로 그렇게 하도록 요구하지는 않았다. 만일 손익계산서에서 공정가치로 비용이 계상되지 않으면 그 사실은 기업 계좌(account)의 주석으로 보고해야 했다.

그 이후로 회계표준은 스톡옵션의 비용을 손익계산서에서 공정가치로 계상하도록 변경되었다. 2004년 2월 국제회계표준위원회(International Accounting Standards Board)는 기업으로 하여금 스톡옵션의 비용처리를 2005년부터 시작하도록 요구하는 IAS 2를 채택했다. 2004년 겨울, FAS 123은 종업원스톡옵션의 비용처리를 2005년에 시작하도록 요구하는 내용으로 개정되었다.

새로운 회계표준의 효과는 옵션가치를 부여일 기준으로 평가하고, 그 금액을 부여된 연도의 손익계산서에 비용으로 기록하도록 요구한다. 부여일 이후에 가치를 재평가할 필요는 없다. 옵션은 행사되거나 만기일에 도달할 때까지 회계연도 말에 (또는 매 분기에) 재평가되어야 한다고 주장할 수 있다.[4] 이는 기업이 취한 다른 파생상품 계약과 같은 방법으로 스톡옵션을 처리하는 것이다. 만일 옵션이 한 해에서 다음 해로 넘어가면서 가치가 증가하면 더 많은 금액이 비용으로 처리되어야 한다. 만일 가치가 하락하면 순이익이 증가하는 효과가 발생한다. 이 접근방법은 여러 장점이 있다. 기업에 부과된 누적비용은 옵션의 실제 비용을 반영한다(옵션이 행사되지 않으면 비용은 0이고 행사되면 옵션이득이 비용임). 특정 연도의 비용이 사용된 옵션가격결정모형에 의해 결정되지만 옵션 만기 동안의 누적비용은 영향을 받지 않는다.[5] 따라서 기업이 뒤에서 설명하는 백데이팅을 할 유인을 덜 갖는다고 주장할 수 있을 것이다. 이러한 회계처리 방식의 단점은 이 방식이 손익계산서 수치에 변동성을 제공하게 되므로 바람직하지 않다는 것이다.[6]

4 다음 논문을 참조하라. J. Hull and A. White, "Accounting for Employee Stock Options: A Practical Approach to Handling the Valuation Issues," *Journal of Derivatives Accounting*, 1, 1 (2004): 3–9.

비전통적 옵션 플랜

(이러한 회계처리 방식 때문에) 2005년 이전에 발행된 종업원스톡옵션은 보통 부여일에 등가격이었으며 행사가격이 옵션 만기 동안 변하지 않았다. 이런 표준적인 구조와 다른 방식으로 발행된 옵션은 비용처리해야 했기 때문이다. 그러나 이제는 회계규정이 바뀌어 모든 옵션은 공정가치로 비용처리해야 하기 때문에 많은 기업이 전통적인 옵션 구조와 다른 비전통적인 옵션 플랜을 고려하고 있다.

표준 구조에 대한 한 가지 문제는 회사 주가가 시장보다 덜 상승해도 (상대적으로 성과가 좋지 않더라도) 주식시장이 상승하면 종업원이 이익을 얻는다는 점이다. 이런 문제점을 극복할 수 있는 한 방법은 옵션의 행사가격을 S&P 500지수에 연동시키는 것이다. 옵션 부여일에 주가가 30달러이고 S&P 500이 1,500이라고 가정하자. 행사가격은 최초에 30달러로 설정된다. 만일 S&P 500이 10% 상승해 1,650이 되면 행사가격도 10% 상승해 33달러로 설정된다. 만일 S&P 500이 15% 하락해 1,275가 되면 행사가격도 15% 하락해 25.50달러로 설정된다. 이렇게 함으로써 옵션이 내가격에 있으려면(가치가 있으려면) 기업 주가가 S&P 500보다 더 많이 상승해야 한다. S&P 500지수 대신에 기업과 동일한 산업 분야의 주가지수를 기준으로 삼을 수도 있다.

표준 구조의 또 다른 변형으로 미리 정해진 규칙대로 시간이 지남에 따라 행사가격을 증가시키는 방법이 있다. 이로 인해 옵션이 내가격에 있으려면 주가가 매년 최소 수익률을 달성해야 한다. 또 다른 방법으로 이익목표를 설정하기도 하며 이익목표가 달성되는 경우에만 옵션의 행사가 가능해지도록 만들 수도 있다.[7]

14.4 가치평가

회계표준은 기업이 종업원스톡옵션의 가치를 평가하는 방법을 선택할 때 상당한 재량권을 부여한다. 많이 사용하는 방법은 옵션의 **기대수명**(expected life)에 기반을 둔다. 기대수명은 옵션이 행사되거나 만기가 되기 전에 종업원이 옵션을 보유하는 평균기간이다. 기대수명은 종

5 흥미롭게도 옵션이 기업의 신주 발행 대신에 현금으로 결제된다면 여기에 제안된 회계처리 방식의 적용을 받게 된다. (그러나 현금으로 결제되는 옵션과 종업원에게 신주를 매도함으로써 결제되는 옵션 간에 경제적인 차이는 없다.)

6 사실 손익계산서의 수치는 스톡옵션이 재평가된다면 덜 변동할 것이다. 기업이 잘하면 경영자스톡옵션을 재평가함으로써 이익이 감소할 것이다. 반대로 기업이 잘못하면 이익은 증가할 것이다.

7 이런 유형의 옵션은 가치를 평가하기 어렵다. 왜냐하면 이득이 주가뿐만 아니라 보고된 회계수치에도 영향을 받기 때문이다. 가치평가는 보통 목표가 달성될 것으로 가정한다.

업원의 조기행사 행태에 대한 과거 데이터로부터 추정할 수 있으며, 행사유예기간, 종업원의 이직이 미치는 영향, 종업원스톡옵션이 표준옵션보다 일찍 행사되는 경향(14.1절에서 설명했음) 등을 고려한다. 가치평가를 위해 블랙-숄즈-머튼의 공식을 이용하는데, 이때 옵션 만기인 T를 기대수명으로 설정한다. 변동성은 13.4절에서 설명한 방식으로 과거 몇 년간의 수익률 변동성 데이터를 이용해서 추정한다.

그러나 블랙-숄즈-머튼 공식을 이런 방식으로 이용하는 것은 이론적으로 문제가 있다는 점을 강조하고 싶다. 그 이유는 만기 T를 기대수명으로 설정해 평가한 유러피언 주식옵션의 가치가 우리가 평가하려는 아메리칸형의 종업원스톡옵션과 같은 가치를 가져야 할 이유가 없기 때문이다. 그럼에도 불구하고 많은 경우 이 모형을 사용하는 것이 합리적이다. 기업은 종업원스톡옵션의 비용을 보고할 때 블랙-숄즈-머튼의 공식에 사용된 변동성과 기대수명을 자주 언급한다. 예제 14.1은 이 접근방법을 이용해 어떻게 종업원스톡옵션의 가치를 평가할 수 있는지 설명한다.

옵션 행사 확률을 주가와 만기의 함수로 추정하는, 블랙-숄즈-머튼 모형보다 더 정교한 방식이 사용되기도 한다. 12장에서 설명한 것과 유사한 이항과정이 구성되지만, 이항과정의 각 지점에서 (a) 옵션의 행사 가능 여부, (b) 종업원이 회사를 떠날 확률, (c) 종업원이 옵션을 행사할 확률 등을 반영해 조정한다.[8] 헐과 화이트(Hull and White)는 주가 대 행사가격의 비율이 일정한 비율에 도달하면 옵션이 행사되는 간단한 규칙을 제안한다.[9] 이 경우 조기행사와 관련해 단 하나의 모수(비율)만 추정하면 된다.

희석효과

종업원스톡옵션이 행사되면 기업이 새 주식을 발행해야 하는데, 새 주식은 현재의 주가보다 낮은 가격에 매각되므로 기존 주주에게는 희석효과(dilution)가 발생한다. 이 희석효과는 옵션이 행사되는 시점에서 발생한다고 가정하는 것이 자연스럽다. 그러나 이는 사실이 아니다. 시장이 스톡옵션을 부여한 사실을 처음 알았을 때 주가는 희석된다. 옵션이 행사될 가능성이 예측되고 이는 즉각 주가에 반영된다. 이 점은 실무사례 14.1의 예에서 강조했다.

스톡옵션 부여가 대중에게 공시된 직후에 주가는 희석효과를 바로 반영한다. 공시 직후의 주가를 옵션 가치평가에 이용한다면 옵션가격을 희석효과에 대해 조정할 필요는 없다. 많은

---

8 더 자세한 내용과 예시는 다음을 참조하라. J. Hull, *Options, Futures, and Other Derivatives*, 9th edn, New York: Pearson, 2015.

9 다음 논문을 참조하라. J. Hull and A. White, "How to Value Employee Stock Options," *Financial Analysts Journal*, 60, 1 (2004): 3–9. 이 접근방법을 구현하는 소프트웨어는 www-2.rotman.utoronto.ca/~hull에서 찾을 수 있다.

예제 14.1 종업원스톡옵션을 평가하는 보편적인 방법 EXAMPLE

기업이 2013년 11월 1일에 임원에게 1,000,000개의 스톡옵션을 부여한다고 하자. 이날의 주가는 30달러이고 옵션의 행사가격도 30달러이다. 옵션 수명은 10년이고 3년 후부터 행사 가능하다. 기업은 지난 10년 동안 유사한 등가격 옵션을 발행했다. 행사 시점 또는 옵션 만기일까지의 평균 기간은 4.5년이다. 따라서 기업은 4.5년의 '기대수명'을 사용하기로 했다. 5년간의 역사적 자료를 이용해 추정한 주가의 장기 변동성은 25%이다. 향후 4.5년 동안 예상되는 배당금의 현재가치는 4달러로 추정된다. 만기가 4.5년인 무이표채 무위험이자율은 5%이다. 따라서 옵션은 $S_0 = 30 - 4 = 26$, $K = 30$, $r = 5\%$, $\sigma = 25\%$, $T = 4.5$로 해 블랙-숄즈-머튼 모형(13.10절에서 설명한 방식으로 배당금에 대해 조정함)으로 평가해 6.31달러이다. 따라서 손익계산서에 처리해야 할 비용은 $1{,}000{,}000 \times 6.31 = 6{,}310{,}000$달러이다.

경우 시장은 기업이 스톡옵션을 부여할 것을 기대하고 주식의 시장가치는 심지어 공시되기 전에 희석효과를 반영하기도 한다.

14.5 백데이팅 스캔들

백데이팅 스캔들(backdating scandal)을 언급하지 않고 종업원스톡옵션에 대한 설명을 마무리할 수는 없다. 백데이팅은 현재 날짜보다 과거의 날짜로 문서를 작성하는 행위이다.

예를 들어 기업이 주가가 50달러인 4월 30일에 종업원에게 등가격 옵션을 부여하기로 한다고 가정하자. 만일 4월 3일에 주가가 42달러였으면 옵션이 4월 3일에 부여된 것처럼 행동

실무사례 14.1 종업원스톡옵션과 희석효과

주가가 50달러인 주식 100,000주를 발행한 기업을 고려해보자. 이 기업이 행사가격을 50달러로 해 종업원에게 스톡옵션 100,000개를 부여한다고 공시해 시장을 놀라게 했다고 하자. 만일 주주가 종업원스톡옵션으로부터 혜택(봉급을 줄일 수 있고 경영자에게 동기부여가 되는 점 등)을 거의 보지 못한다고 시장이 판단하면, 종업원스톡옵션 공시 직후 주가는 하락할 것이다. 만일 주가가 45달러로 하락하면 기존 주주의 희석비용(dilution cost)은 주당 5달러 또는 총 500,000달러가 될 것이다.

만약 기업의 성과가 좋아 3년 후에 주가가 100달러가 되었다고 하자. 또한 모든 옵션이 그 시점에서 행사된다고 가정하자. 종업원의 이득은 옵션 1개당 50달러이다. 주당 100달러인 주식 100,000주가 주당 50달러가 지불된 주식 100,000주와 합쳐지므로 추가로 희석효과가 발생해, (a) 주가가 75달러로 하락하고 (b) 옵션 소유자의 이득이 옵션 1개당 단지 25달러에 지나지 않을 것이라고 생각하기 쉽다. 그러나 이는 논리적이지 않다. 왜냐하면 옵션의 행사는 시장에 의해 예견되었고 이는 이미 주가에 반영되었기 때문이다. 행사된 옵션의 이득은 개당 50달러이다.

이 예시는 시장이 효율적이면 경영자스톡옵션 행사에 따른 희석효과가 공시 시점에서 주가에 반영되므로 옵션의 가치를 평가할 때 다시 고려할 필요가 없다는 것을 보여준다.

해 행사가격으로 42달러를 사용하고자 하는 유혹이 생길 것이다. 만약 기업이 옵션을 부여하기로 한 4월 30일에 옵션이 8달러 내가격에 있다고 보고한다면 이는 합법이다. 그러나 기업이 옵션을 등가격으로 보고하고 4월 3일에 부여했다고 보고하는 것은 불법이다. 행사가격이 42달러인 옵션의 4월 3일에서의 가치는 4월 30일에서의 가치보다 훨씬 작다. 만일 기업이 옵션을 4월 3일에 부여한 것처럼 잘못 보도하면 옵션을 부여하기로 한 결정의 진실한 비용에 대해 주주를 오도하게 된다.

백데이팅이 얼마나 만연해 있는가? 이 질문에 답하기 위해 연구자들은 기업이 보고하는 옵션 부여일에 기업의 주가가 평균적으로 낮은 경향이 있는지 조사했다. 여맥(Yermack)의 초기연구는 주가가 부여일 이후에 상승하는 경향이 있음을 밝혔다.[10] 리(Lie)는 여맥의 연구를 확장해 옵션 부여일 전에 주가가 하락하는 경향이 있음을 발견했다.[11] 1993년부터 2002년까지의 자료를 사용한 이 연구는 옵션 부여일의 주가가 저점이 되는 경향이 있음을 명백히 보여주었다. (역주: 스톡옵션 데이터는 1992~2002년 데이터를 사용함.) 보고된 옵션 부여일의 주가는 부여일 전 30일과 부여일 후 30일과 비교했을 때 각 날짜의 주가보다 평균적으로 낮았다. 연구진들이 실시한 통계적 검증에 의하면 이것은 우연히 일어날 수 없는 일이었다. 이 연구로 인해 규제 당국은 백데이팅이 일어나고 있다고 결론짓게 되었다. 2002년 8월 SEC는 상장기업이 옵션을 부여하면 2영업일 이내에 보고하도록 요구했다. 헤론(Heron)과 리(Lie)는 이 규제 변경 이후에 옵션 부여일 근처의 초과수익률이 급격하게 감소한 것을 발견했다(특히 이 규정을 준수해야 하는 기업의 경우 더욱 그러함).[12] 보고된 옵션 부여일의 주가는 더 이상 저점이 아니었다. 여맥과 리가 발견한 사실이, 경영진들이 옵션부여 날짜를 기업에 대해 나쁜 소식이 나온 후나 좋은 소식이 나오기 전으로 결정해서일 수도 있다는 주장이 있을 수도 있다. 그러나 헤론과 리의 연구는 그러한 경향이 있을 수는 있지만 여맥과 리의 결과 대부분을 설명하지는 못한다고 결론지었다.

미국에서 불법적으로 옵션 부여일을 조정하는 기업의 수는 대단히 많을 것으로 추정된다. 수십 또는 수백 개의 기업이 이런 관행에 참여한 것으로 보인다. 많은 기업은 1개월까지 백데이팅하는 것이 수용 가능하다는 견해를 갖는다. 일부 CEO는 백데이팅이 밝혀짐에 따라 사임했다. 2007년 8월, 브로케이드커뮤니케이션즈시스템즈(Brocade Communications Systems, Inc.)의 그레고리 레이즈(Gregory Reyes)는 스톡옵션 백데이팅으로 인해 기소된 최초의

10 다음을 참조하라. D. Yermack, "Good timing: CEO stock option awards and company news announcements," *Journal of Finance*, 52 (1997), 449–476.

11 다음을 참조하라. E. Lie, "On the timing of CEO stock option awards," *Management Science*, 51, 5 (May 2005), 802–12.

12 다음을 참조하라. R. Heron and E. Lie, "Does backdating explain the stock price pattern around executive stock option grants," *Journal of Financial Economics*, 83, 2 (February 2007), 271–95.

CEO가 되었다. 전해진 바에 의하면 레이즈는 종업원에게 "당신이 적발되지 않으면 백데이팅은 불법이 아니다"라고 말했다고 한다. 2010년 6월 그는 18개월 징역형과 1,500만 달러의 벌금형을 선고받았다.

백데이팅을 한 기업은 지난 재무제표를 수정해야 했으며, 백데이팅 결과 금전적 손실을 보았다고 주장하는 주주가 제기하는 집단소송에서 피고가 되었다. 예를 들어 맥아피(McAfee)는 2007년 12월에 1995년부터 2005년까지의 순이익을 1억 3,740만 달러만큼 수정한다고 발표했다. 2006년에 이 기업은 소송비용으로 1,380만 달러를 준비했다.

요약

임원 보상은 지난 20년 동안 급격히 증가했으며 증가분은 대부분 임원에게 부여된 스톡옵션의 행사로부터 나온 것이다. 2005년 이전에는 등가격 스톡옵션 부여가 대단히 매력적인 형태의 보상이었다. 이는 손익계산서에 영향을 미치지 않았으며 종업원에게 대단히 가치가 컸다. 하지만 지금의 회계표준은 스톡옵션이 비용으로 처리되도록 요구한다.

종업원스톡옵션의 가치를 평가하는 방법에는 여러 가지가 있다. 보편적인 접근방법은 옵션의 만기를 행사가 기대되는 시점까지의 기간으로 설정해 블랙-숄즈-머튼 모형을 이용하는 것이다.

많은 기업이 행사가격을 줄이기 위해 옵션이 등가격에 있다고 주장하면서 스톡옵션 부여를 백데이팅하는 불법적 관행을 저지르고 있었다. 학계 연구는 이런 불법 행위의 증거를 제시했다. 이런 불법 관행에 대한 첫 번째 기소는 2007년에 이루어졌다.

참고문헌

Carpenter, J., "The Exercise and Valuation of Executive Stock Options," *Journal of Financial Economics*, 48, 2 (May 1998): 127–58.

Core, J. E., and W. R. Guay, "Stock Option Plans for Non-Executive Employees," *Journal of Financial Economics*, 61, 2 (2001): 253–87.

Heron, R., and E. Lie, "Does Backdating Explain the Stock Price Pattern around Executive Stock Option Grants," *Journal of Financial Economics*, 83, 2 (February 2007): 271–95.

Huddart, S., and M. Lang, "Employee Stock Option Exercises: An Empirical Analysis," *Journal of Accounting and Economics*, 21, 1 (February): 5–43.

Hull, J., and A. White, "How to Value Employee Stock Options," *Financial Analysts Journal*, 60, 1 (January/February 2004): 3–9.

Lie, E., "On the Timing of CEO Stock Option Awards," *Management Science*, 51, 5 (May 2005): 802–12.

Yermack, D., "Good Timing: CEO Stock Option Awards and Company News Announcements," *Journal of Finance*, 52 (1997): 449–76.

퀴즈

14.1 기업이 2005년 이전에 등가격 스톡옵션을 부여하는 것이 매력적이었던 이유는 무엇인가? 2005년에 무엇이 변경되었는가?

14.2 전형적인 종업원스톡옵션과 거래소 또는 장외 시장에서 거래되는 아메리칸 콜옵션 간의 주요 차이점은 무엇인가?

14.3 무배당 주식에 대한 종업원스톡옵션이 종종 만기일 전에 조기행사되지만 동일 조건의 거래소 콜옵션이 결코 조기행사되지 않는 이유를 설명하라.

14.4 "스톡옵션 부여는 임원이 주주의 이익을 위해 최선을 다하도록 유인하는 효과가 있으므로 유익하다." 이 관점을 설명하라.

14.5 "임원에게 스톡옵션을 부여하는 것은 프로 축구선수에게 게임 결과에 베팅하도록 허용하는 것과 유사하다." 이 관점을 논의하라.

14.6 일부 기업이 2002년까지 미국에서 스톡옵션 부여를 백데이팅한 이유는 무엇인가? 2002년에 어떤 변화가 있었는가?

14.7 만일 스톡옵션이 매 분기 말에 재평가되어야 한다면 백데이팅의 혜택이 어떤 측면에서 감소하는가?

연습문제

14.8 옵션 백데이팅 문제가 존재하는지 판단하기 위해서 여막(Yermack)이나 리(Lie)와 같은 분석을 하고자 하면 어떠한 분석을 해야 하는지 설명하라.

14.9 5월 31일에 주가는 70달러이다. 100만 주의 주식이 발행되어 있다. 임원이 행사가격이 50달러인 스톡옵션 100,000주를 행사한다고 하자. 이 행사가 주가에 미치는 영향은 무엇인가?

14.10 기업 재무제표의 각주는 다음과 같다. "임원스톡옵션은 10년 유효하며 4년 후 행사가 가능하다. 우리는 기대수명 5년, 변동성 20%로 해 블랙-숄즈-머튼 모형으로 올해 부여된 스톡옵션의 가치를 평가했다." 이는 무엇을 의미하는가? 기업이 이용하는 모형 접근방법을 논의하라.

14.11 기업이 임원에게 500,000주의 옵션을 부여했다. 주가와 행사가격은 모두 40달러이다. 옵션은 12년 유효하며 4년 후 행사가 가능하다. 기업은 기대수명을 5년으로 하고 변동성을 연 30%로 해 옵션의 가치를 평가하기로 했다. 기업은 배당을 지급하지 않으며 무위험이자율은 4%이다. 기업이 손익계산서에 옵션 비용으로 보고하는 금액은 얼마인가?

14.12 기업의 CFO가 다음과 같이 말했다. "스톡옵션의 회계처리는 미친 짓이다. 우리는 작년에 주가가 30달러일 때 종업원에게 10,000,000주의 등가격 스톡옵션을 부여했다. 우리는 부여일에 개별 스톡옵션의 가치를 5달러로 추정했다. 연말에 주가는 4달러로 하락했으나 우리는 여전히 5,000만 달러를 비용으로 계상해야 한다." 토론하라.

추가문제

14.13 기업이 종업원에게 2,000,000개의 스톡옵션을 부여했다. 주가와 행사가격은 모두 60달러이다. 옵션은 8년 유효하며 2년 후 행사가 가능하다. 기업은 기대수명 6년, 변동성 연 22%를 이용해 옵션의 가치를 평가하기로 했다. 연간 배당은 1달러이고(매년 중간 시점에서 지급됨) 무위험이자율은 5%이다. 기업은 손익계산서에 옵션 비용으로 얼마를 보고해야 하는가?

14.14 (a) 헤지펀드는 수수료와, 이익이 발생하면 이익의 일정 퍼센트에 해당하는 인센티브를 얻는다(실무사례 1.3 참조). 이런 유형의 보상 패키지를 갖는 펀드 매니저는 어떻게 행동할 것으로 보이는가?

(b) "임원에게 옵션을 부여하는 것은 임원에게 헤지펀드 매니저에게 부여하는 것과 동일한 보상 패키지를 제공하며, 임원이 헤지펀드 매니저와 동일한 방식으로 행동하도록 유인하는 효과가 있다." 토론하라.

15 주가지수옵션과 통화옵션

주가지수옵션과 통화옵션은 9장에서 소개했다. 이 장에서는 이 옵션들을 보다 자세히 다룰 것이다. 전반부에서는 이 옵션들이 어떻게 작용하고 이용될 수 있는지 알아본다. 후반부에서는 13장의 결과를 연장해 배당을 지급하고 배당수익률이 알려진 주식에 대한 유러피언 옵션의 가치를 평가한다. 주가지수와 통화는 배당수익률을 지급하는 주식과 유사하다. 따라서 배당수익률이 알려진 주식을 기초자산으로 하는 옵션에 대한 결과가 주가지수옵션과 통화옵션의 경우에도 적용될 수 있다.

15.1 주가지수옵션

여러 거래소가 주가지수옵션을 거래한다. 일부 지수는 시장 전체의 움직임을 추적(track)한다. 다른 지수는 특정 산업(예: 컴퓨터기술, 원유와 가스, 교통, 통신 등)의 성과에 기초한다. 시카고옵션거래소(CBOE)에서 거래되는 옵션 중 S&P 100에 대한 아메리칸 옵션(OEX)과 유러피언 옵션(XEO), S&P 500에 대한 유러피언 옵션(SPX), 다우존스산업평균(DJIA)에 대한 유러피언 옵션(DJX), 나스닥 100에 대한 유러피언 옵션(NDX) 등이 있다. 9장에서는 시카고옵션거래소가 개별 주식에 대한 LEAPS와 플렉스옵션을 취급한다고 했다. 이 외에 시카고옵션거래소는 주가지수에 대한 LEAPS와 플렉스옵션도 취급한다.

옵션 1계약의 규모는 지수의 100배수에 해당하는 계약이다(지수옵션의 기초가 되는 다우존스지수는 보통 공시되는 다우존스지수의 0.01배이다). 지수옵션은 현금으로 정산된다. 이는 옵션이 행사되면 콜옵션 소유자는 $(S-K)\times 100$의 금액을 현금으로 수령하고 옵션 발행자는 동일 금액을 현금으로 지급해야 함을 의미한다(여기서 S는 행사일에 거래가 마감되는 시점에서의 지수 가치이고 K는 행사가격임). 마찬가지로 풋옵션 소유자는 $(K-S)\times 100$의 금액을 현금으로 수령하고 옵션 발행자는 동일 금액을 현금으로 지급한다.

포트폴리오보험

포트폴리오 매니저는 주가 하락으로 인한 손실을 일정 수준으로 제한하기 위해 주가지수 옵션을 이용한다. 지수의 현재가치를 S_0라고 가정하자. 베타가 1.0인 분산이 잘 된(well-diversified) 포트폴리오를 관리하는 펀드 매니저를 생각해보자. 베타가 1.0이라는 의미는 관리하고 있는 포트폴리오의 수익률이 지수의 수익률을 잘 모방하고 있다는 것이다. 만일 포트폴리오의 배당수익률이 지수의 배당수익률과 같다면, 포트폴리오 가치의 변화율은 지수 가치의 변화율과 매우 유사하다. S&P 500에 대한 옵션 1계약은 지수의 100배이다. 포트폴리오의 $100S_0$달러당 행사가격이 K인 풋옵션 1계약을 매입하면, 지수가 K 이하로 떨어지는 경우 포트폴리오의 가치를 보호할 수 있다. 예를 들어 포트폴리오의 가치는 500,000달러이고 지수는 1,000이라고 가정해보자. 즉 포트폴리오의 가치는 지수의 500배이다. 펀드 매니저는 행사가격이 900이고 만기가 3개월인 풋옵션 5계약을 매입함으로써 향후 3개월 동안 포트폴리오의 가치가 450,000달러 이하로 하락하는 것을 방지할 수 있다.

보험이 어떻게 작용하는지 이해하기 위해 3개월 후에 지수가 880으로 하락하는 경우를 살펴보자. 포트폴리오의 가치는 440,000달러이다. 옵션포지션의 이득이 $5 \times (900-880) \times 100 = 10,000$달러이므로 풋옵션을 포함한 전체 포트폴리오의 가치는 450,000달러가 된다 (예제 15.1 참조).

예제 15.1 베타가 1.0인 포트폴리오 가치의 보호 EXAMPLE

500,000달러의 주식포트폴리오를 관리하는 매니저가 향후 3개월 동안 시장이 급격히 하락할 것을 우려하며 포트폴리오 가치가 450,000달러 이하로 하락하는 것을 방지하기 위해 지수옵션을 사용하고자 한다. 포트폴리오는 S&P 500지수를 반영할 것으로 기대되며 지수의 현재가치는 1,000이다.

전략

매니저는 행사가격이 900이고 기초자산이 S&P 500인 풋옵션 5계약을 매입한다.
　옵션 1계약은 지수의 100배이다.

결과

지수가 880으로 하락함

포트폴리오 가치가 440,000달러로 하락함

풋옵션 5계약 매입으로부터 10,000달러의 이득이 발생함

포트폴리오 베타가 1.0이 아닌 경우

만일 포트폴리오 베타(β)가 1.0이 아니면 포트폴리오의 가치 $100S_0$달러당 풋옵션을 β계약 수만큼 매입해야 한다(S_0는 지수의 현재가치임). 앞에서 고려한 500,000달러 포트폴리오의 베타가 1.0이 아니라 2.0이라고 가정하자. S&P 500지수가 현재 1,000이라고 계속 가정하면, 매입해야 하는 풋옵션은 5계약이 아니라 10계약이다.

$$2.0 \times \frac{500,000}{1,000 \times 100} = 10$$

적절한 행사가격을 계산하기 위해 자본자산가격결정모형(capital asset pricing model)을 이용한다(3장 부록 참조). 무위험이자율은 12%이고 지수와 포트폴리오의 배당수익률이 4%로 동일하며 앞으로 3개월 동안 포트폴리오의 가치가 최소한 450,000달러는 유지하는 것이 목표라고 가정하자. 자본자산가격결정모형에 따라 포트폴리오의 기대초과수익률이 베타에 지수의 기대초과수익률을 곱한 값과 같다고 가정하자(기대초과수익률은 무위험이자율을 초과한 수익률임). 모형에 의해 3개월 후 지수 수준에 따른 포트폴리오의 기대가치를 계산할 수 있다. 표 15.1은 3개월 후 지수가 1,040인 경우의 계산이다. 3개월 후 포트폴리오의 기대가치는 530,000달러이다. 3개월 후 지수 가치가 다른 경우에도 유사한 계산을 할 수 있다. 이 결과가 표 15.2에 제시되어 있다. 매입해야 할 옵션의 행사가격은 보장하고자 하는 포트폴리오의 가치에 해당하는 지수에 해당해야 한다. 이 경우 포트폴리오의 가치가 보호받고자 하는 가치가 450,000달러이므로 매입할 풋옵션 10계약의 정확한 행사가격은 960이다.[1]

보험이 어떻게 작용하는지 이해하기 위해 지수가 880으로 하락한 경우를 분석해보자. 표 15.2가 보여주듯이, 포트폴리오의 가치는 370,000달러이다. 풋옵션의 이득은 (960 − 880)

표 15.1 3개월 후 지수가 1,040이고 베타가 2.0인 경우 포트폴리오 기대가치의 계산

3개월 후의 지수 가치	1,040
3개월 동안의 지수 수익률	40/1,000 또는 4%(3개월 기준)
지수의 배당수익률	0.25 × 4 = 1%(3개월 기준)
지수의 총수익률	4 + 1 = 5%(3개월 기준)
무위험이자율	0.25 × 12 = 3%(3개월 기준)
지수의 초과수익률(무위험이자율 기준)	5 − 3 = 2%(3개월 기준)
포트폴리오의 초과수익률 (무위험이자율 기준)	2 × 2 = 4%(3개월 기준)
포트폴리오의 기대수익률	3 + 4 = 7%(3개월 기준)
포트폴리오의 배당수익률	0.25 × 4 = 1%(3개월 기준)
포트폴리오의 가치 증가율	7 − 1 = 6%(3개월 기준)
포트폴리오의 기대가치	500,000달러 × 1.06 = 530,000달러

표 15.2 지수 가치와 포트폴리오 가치의 관계(β=2.0)

3개월 후 지수 가치	3개월 후 포트폴리오 가치(달러)
1,080	570,000
1,040	530,000
1,000	490,000
960	450,000
920	410,000
880	370,000

예제 15.2 베타가 2.0인 포트폴리오 가치의 보호 EXAMPLE

500,000달러의 주식포트폴리오를 관리하는 매니저가 향후 3개월 동안 시장이 급격히 하락할 것을 우려하며 포트폴리오 가치가 450,000달러 이하로 하락하는 것을 방지하기 위해 지수옵션을 사용하고자 한다. 옵션계약의 규모는 지수에 100달러를 곱한 값을 기준으로 한다. 포트폴리오의 베타는 2.0이고 S&P 500지수는 현재 1,000이다. 무위험이자율은 연 12%이고 지수와 포트폴리오의 배당수익률은 연 4%로 동일하다.

전략

매니저는 행사가격이 960인 풋옵션 10계약을 매입한다.

결과

지수가 880으로 하락함

포트폴리오 가치가 370,000달러로 하락함

풋옵션 10계약 매입으로부터 80,000달러의 이득이 발생함

×10×100=80,000달러이고 이 금액은 포트폴리오의 가치를 370,000달러에서 매니저가 원하는 수준인 450,000달러까지 증가시킬 수 있는 정확한 액수이다(예제 15.2 참조).

예제 15.1과 예제 15.2를 비교하면 포트폴리오 베타가 증가함에 따라 헤지비용이 증가하는 이유 두 가지를 알 수 있다. 이유는 보다 많은 풋옵션이 필요할 뿐만 아니라 풋옵션의 행사가격도 증가하기 때문이다.

1 대략 500,000달러의 1%인 5,000달러가 향후 3개월 동안 배당금 형태로 유입될 것이다. 만일 보장 수준인 450,000달러에 배당금을 포함시키고자 하면 450,000달러 대신에 445,000달러에 상응하는 행사가격을 선택해야 한다. 그 행사가격은 955이다.

15.2 통화옵션

통화옵션은 주로 장외시장에서 거래된다. 장외시장의 이점은 기업 재무 담당자의 요구에 맞도록 행사가격과 만기 및 기타 조건을 조정한 대규모 거래가 가능하다는 점이다. 통화옵션이 미국의 나스닥 OMX에서 거래되기는 하지만 통화옵션의 거래소시장은 장외시장에 비해 대단히 작다.

예를 들어 어떤 유러피언 콜옵션은 소유자에게 1유로당 1.1000미국 달러의 환율로 100만 유로를 달러로 매입할 수 있는 권리를 부여한다고 가정해보자. 만약 옵션 만기일에 실제의 환율이 1.1500이 되면 이득은 1,000,000 × (1.1500 − 1.1000) = 50,000달러이다. 같은 논리로, 다른 유러피언 풋옵션은 소유자에게 1호주 달러당 0.7미국 달러의 환율로 1,000만 호주 달러를 미국 달러로 매도할 수 있는 권리를 부여한다. 만일 옵션 만기일에 실제 환율이 0.6700이면 이득은 10,000,000 × (0.7000 − 0.6700)=300,000달러이다.

환위험을 헤지하고자 하는 고객에게 통화옵션은 선도계약을 대신하는 좋은 대안이 된다. 추후에 영국 파운드화를 받기로 되어 있는 미국 기업은 받기로 예정된 날에 만기가 되는 파운드 풋옵션을 매입해 위험을 헤지할 수 있다. 이 헤징전략은 헤지 기업이 환율이 유리하게 변하는 경우에는 혜택을 보고, 환율이 불리하게 변하는 경우에는 매각할 파운드의 가치가 행사가격 이하로 하락하지 않을 것임을 보장한다. 마찬가지로, 추후에 영국 파운드화를 지불해야 하는 미국 기업은 지불하기로 되어 있는 날에 만기가 되는 파운드 콜옵션을 매입해 위험을 헤지할 수 있다. 이 헤징전략은 헤지 기업이 환율이 유리하게 변하는 경우에는 혜택을 보고, 불리하게 변하는 경우에는 파운드를 구입하기 위해 행사가격 이상으로 지불하지 않게 됨을 보장받는다. 선도계약이 미래에 이행할 거래의 환율을 현재 시점에서 확정하는 반면, 옵션은 일종의 보험 기능을 수행한다. 물론 보험에 대한 대가를 지불해야 한다. 선도계약을 체결하는 데는 비용이 발생하지 않는 반면, 옵션을 매입할 때는 초기에 옵션프리미엄(즉 옵션가격)을 지불해야 한다.

레인지선도계약

환위험을 헤지하기 위해 선도계약 대신 변형된 형태인 **레인지선도계약**(range forward contract)을 사용하는 경우도 있다. 3개월 후 100만 파운드를 받기로 예정된 미국 기업을 고려해보자. 3개월 만기 선도환율은 1파운드당 1.5200달러이다. 미국 기업은 3개월 후 100만 파운드를 매도하는 선도계약 매도포지션을 취함으로써 수령하는 파운드에 적용되는 환율을 1.52달러로 확정할 수 있다. 즉 100만 파운드의 달러 금액이 1,520,000달러로 확정된다.

이에 대한 대안은 행사가격이 K_1인 유러피언 풋옵션 1계약을 매입하고 행사가격이 K_2인 유

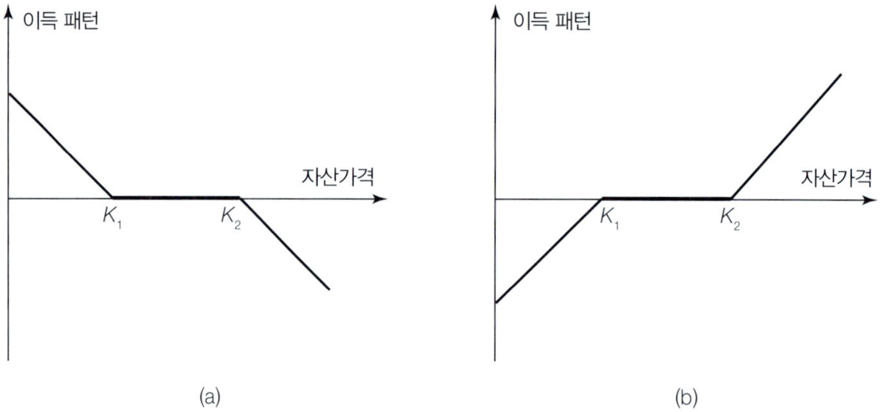

그림 15.1 레인지선도계약 (a) 매도포지션과 (b) 매입포지션의 이득 패턴

러피언 콜옵션 1계약을 매도하는 것이다(여기서 $K_1 < 1.5200 < K_2$임). 이런 계약은 레인지선도계약 매도포지션으로 알려져 있다. 이득 패턴은 그림 15.1(a)와 같다. 매입, 매도하는 옵션의 기초자산은 각각 100만 파운드이다. 만일 3개월 후의 환율이 K_1보다 낮으면 풋옵션을 행사해 기업은 100만 파운드를 K_1의 환율로 매도할 수 있다. 만일 환율이 K_1과 K_2 사이면 어떤 옵션도 행사되지 않으며 기업은 현재의 환율로 100만 파운드를 매도한다. 만일 환율이 K_2보다 높으면 콜옵션이 행사되어 기업은 K_2의 환율로 100만 파운드를 매도해야 한다. 100만 파운드에 적용되는 환율은 그림 15.2와 같다.

만일 기업이 3개월 후에 100만 파운드를 수령하는 것이 아니라 지불해야 한다면 기업은 행사가격이 K_1인 유러피언 풋옵션 1계약을 매도하고 행사가격이 K_2인 유러피언 콜옵션 1계약을 매입해야 한다. 이런 계약은 레인지선도계약 매입포지션이라 하며, 이득 패턴은 그림 15.1(b)와 같다. 만일 3개월 후 환율이 K_1보다 낮으면 풋옵션이 행사되고 기업은 필요한 100만 파운드를 K_1의 환율로 매입해야 한다. 만일 환율이 K_1과 K_2 사이이면 어떤 옵션도 행사되지 않으며 기업은 현재 환율로 100만 파운드를 매입한다. 만일 환율이 K_2보다 높으면 콜옵션을 행사해 기업은 K_2의 환율로 100만 파운드를 매입할 수 있다. 100만 파운드에 적용하는 환율은 앞의 예시에서 100만 파운드에 적용할 환율과 동일하며 이는 그림 15.2와 같다.

실제로 레인지선도계약은 풋옵션 가격이 콜옵션 가격과 동일하도록 설정된다. 이는 보통의 선도계약을 체결하는 데 비용이 발생하지 않는 것처럼 레인지선도계약을 체결하는 데도 비용이 발생하지 않음을 의미한다. 미국과 영국의 이자율이 모두 5%이고 현물환율이 1.5200이라고 가정하자(이는 선도환율과 동일함). 또한 환율 변동성이 14%라고 가정하자. DerivaGem을 이용하면 3개월 후 행사가격 1.5000으로 1파운드를 매도할 수 있는 풋옵션 가치가 3개월 후 행사가격 1.5413으로 1파운드를 매입할 수 있는 콜옵션 가치와 동일하다는 것을 알 수 있다(옵션의 가치는 0.0325로 동일함). 따라서 $K_1 = 1.5000$, $K_2 = 1.5413$으로 하면 무비용 레인

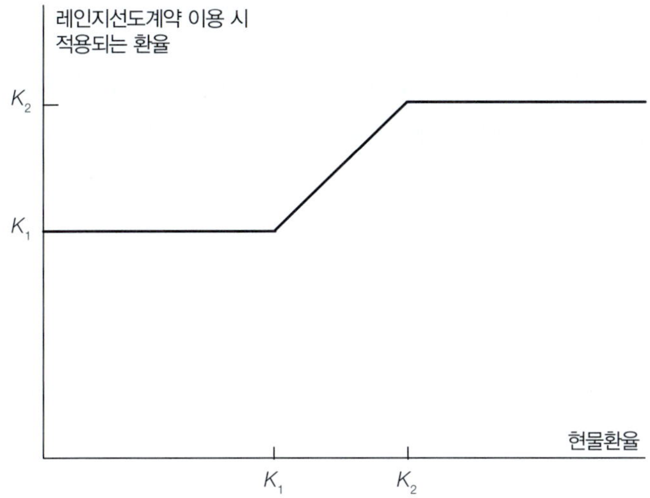

그림 15.2 미래에 유입되거나 유출되는 외국통화를 헤지하기 위해 레인지선도계약을 사용하는 경우 적용되는 환율

지선도계약을 체결할 수 있다.

레인지선도계약에서 콜옵션과 풋옵션의 행사가격이 가까워지면 레인지선도계약은 보통의 선도계약과 비슷하게 된다. 즉 그림 15.1(a)의 레인지선도계약 매도포지션은 선도계약 매도포지션이 되고, 그림 15.1(b)의 레인지선도계약 매입포지션은 선도계약 매입포지션이 된다.

15.3 배당을 지급하는 주식에 대한 옵션 (배당수익률을 아는 경우)

이 절에서는 무배당 주식에 대한 유러피언 옵션의 결과를 확장해 배당수익률을 아는 경우 배당을 지급하는 주식에 대한 유러피언 옵션에 적용할 수 있는 간단한 규칙을 소개하겠다. 차후에 이 규칙을 적용해 주가지수와 통화에 대한 옵션의 가치를 평가할 것이다.

연속복리로 연간 배당수익률이 q라고 가정해보자. 배당은 배당금만큼 배당락일(ex-dividend date)에 주가를 하락시킨다. 배당수익률 q의 지급은 지급하지 않는 경우와 비교해서 주가의 성장률을 q만큼 작게 한다. 즉 배당수익률 q를 지급하는 경우 주가가 현재 S_0에서 T시점에 S_T로 성장한다면, 지급하지 않는 경우 주가는 현재 S_0에서 T시점에 S_Te^{qT}로 성장한다. 다시 설명하면, 배당을 지급하지 않는 경우 주가는 현재 S_0e^{-qT}에서 T시점에 S_T로 성장한다.

이 논리를 이용하면 다음 두 경우에 T시점에서의 주가 확률분포는 동일하다.

1. 주가가 S_0에서 시작해 배당수익률 q를 지급하는 경우

2. 주가가 S_0e^{-qT}에서 시작해 배당을 지급하지 않는 경우

따라서 다음과 같은 간단한 규칙이 성립한다. 배당수익률 q를 지급하는 주식에 대한 만기가 T인 유러피언 옵션을 평가할 때, 주가를 S_0에서 S_0e^{-qT}로 감소시킨 후 마치 주식이 무배당 주식인 것처럼 옵션의 가치를 평가한다.[2]

옵션가격 하한선

위의 규칙을 적용해 배당수익률 q를 지급하는 주식에 대한 유러피언 콜옵션 가격의 범위를 결정해보자. 10장의 식 (10.4)에서 S_0 대신 S_0e^{-qT}를 대입하면, 유러피언 콜옵션 가격 c의 하한선은 다음과 같다.

$$c \geq \max(S_0e^{-qT} - Ke^{-rT}, 0) \tag{15.1}$$

이를 증명하기 위해 다음 2개의 포트폴리오를 구성할 수 있다.

A포트폴리오: 유러피언 콜옵션 1개와 Ke^{-rT}만큼의 현금
B포트폴리오: 보통주 e^{-qT}주(배당금은 주식을 추가로 구입하기 위해 재투자됨)

유러피언 풋옵션 가격의 하한선 또한 10장의 식 (10.5)에서 S_0를 S_0e^{-qT}로 대체해 구한다.

$$p \geq \max(Ke^{-rT} - S_0e^{-qT}, 0) \tag{15.2}$$

이를 증명하기 위해 다음 2개의 포트폴리오를 구성해볼 수 있다.

C포트폴리오: 유러피언 풋옵션 1개와 보통주 e^{-qT}주(배당금은 주식을 추가로 구입하기 위해 재투자됨)
D포트폴리오: Ke^{-rT}만큼의 현금

풋-콜 패리티

10장의 식 (10.6)에서 S_0 대신 S_0e^{-qT}를 사용해 배당수익률 q를 지급하는 주식에 대한 옵션의 풋-콜 패리티를 구할 수 있다.

$$c + Ke^{-rT} = p + S_0e^{-qT} \tag{15.3}$$

2 이런 규칙은 13.10절에서 설명한 것처럼 배당금액이 알려진 상황에서 주식에 대한 유러피언 옵션의 가치를 평가하는 데 적용한 규칙과 유사하다. 거기서는 배당의 현가를 주가에서 차감했다. 여기서는 배당수익률로 할인함으로써 주가를 감소시켰다.

이를 증명하기 위해서는 다음 2개의 포트폴리오를 이용한다.

A포트폴리오: 유러피언 콜옵션 1개와 Ke^{-rT}만큼의 현금

C포트폴리오: 유러피언 풋옵션 1개와 보통주 e^{-qT}주(배당금은 주식을 추가로 구입하기 위해 재투자됨)

T시점에서 A포트폴리오와 C포트폴리오의 가치는 $\max(S_T, K)$로 같다. 따라서 현재 시점에서 두 포트폴리오의 가치는 같아야 하고 여기서 식 (15.3)의 풋–콜 패리티를 유도할 수 있다. 아메리칸 옵션의 경우 풋–콜 패리티 관계는 다음과 같다(문제 15.12 참조).

$$S_0e^{-qT} - K \le C - P \le S_0 - Ke^{-rT}$$

옵션가격공식

블랙–숄즈–머튼의 옵션가격공식인 13장의 식 (13.5)와 (13.6)에서 S_0를 S_0e^{-qT}로 대체해 기초주식이 배당수익률 q를 지급하는 경우의 c와 p를 구할 수 있다.

$$c = S_0e^{-qT}N(d_1) - Ke^{-rT}N(d_2) \tag{15.4}$$

$$p = Ke^{-rT}N(-d_2) - S_0e^{-qT}N(-d_1) \tag{15.5}$$

아래의 관계가 성립하므로

$$\ln\frac{S_0e^{-qT}}{K} = \ln\frac{S_0}{K} - qT$$

d_1과 d_2는 다음과 같이 변형된다.

$$d_1 = \frac{\ln(S_0/K) + (r - q + \sigma^2/2)T}{\sigma\sqrt{T}}$$

$$d_2 = \frac{\ln(S_0/K) + (r - q - \sigma^2/2)T}{\sigma\sqrt{T}} = d_1 - \sigma\sqrt{T}$$

이 결과는 머튼이 최초로 도출했다.[3] 13장에서 설명했듯이 옵션의 가치평가를 할 때 배당금은 공시로 인해 배당락일에 발생하는 주가의 하락폭으로 정의된다. 옵션 만기일까지 배당수익률이 일정하지 않은 경우에는 q를 옵션 만기 동안의 평균 배당수익률(연복리 기준)로 적용하면 식 (15.4)와 (15.5)는 여전히 성립한다.

3 머튼의 다음 논문을 참조하라. R. C. Merton, "Theory of Rational Option Pricing", *Bell Journal of Economics and Management Science*, 4 (Spring 1973): 141–83.

15.4 유러피언 주가지수옵션의 가치평가

앞서 5장에서 주가지수선물의 가격을 결정할 때 주가지수를 배당수익을 지급하는 주식으로 상정했다. 주가지수옵션의 가치를 결정할 때도 비슷한 가정을 할 수 있다. 즉 식 (15.1)과 (15.2)를 유러피언 지수옵션가격의 하한선으로, 식 (15.3)을 유러피언 지수옵션의 풋-콜 패리티로, 식 (15.4)와 (15.5)를 유러피언 지수옵션가격공식으로 적용할 수 있다. 이 경우 S_0는 지수의 현재 값, σ는 지수의 변동성, q는 옵션 만기일까지 예상되는 지수의 연간 평균배당수익률(연속복리)을 말한다. 공식이 어떻게 이용되는지는 예제 15.3을 참조하라.

q를 계산할 때, 옵션 만기일 전에 배당락일이 있는 경우에만 배당금을 고려해야 한다. 미국의 경우 배당락일이 2월, 5월, 8월, 11월의 첫 번째 주에 집중되는 경향이 있다. 따라서 q의 정확한 값은 옵션 만기에 따라 다르다. 이러한 현상은 미국 이외의 국가들에서 더욱 강하게 나타난다. 예를 들어 일본의 경우에는 모든 기업의 배당락일이 대체로 동일하다.

배당수익률은 모르고 대신 지수에 포함된 주식들의 총 배당금액을 아는 경우, 주가에서 배당금의 현재가치를 차감해 블랙-숄즈-머튼 모형을 사용할 수 있다. 이 방법은 13장에서 배당을 지급하는 주식의 경우에 추천했던 방법이다. 그러나 이러한 방법은 주가지수에 적용하기는 어려울 수 있는데 이유는 지수에 포함된 모든 주식에 대해 기대배당금을 알아야 하기 때

예제 15.3 주가지수옵션의 가치평가 EXAMPLE

유러피언 콜옵션(만기는 2개월)을 고려해보자. 현재 지수의 가치는 930, 옵션의 행사가격은 900, 무위험이자율은 연 8%, 지수의 변동성은 연 20%이다. 처음 1개월 동안의 배당수익률(연속복리)은 0.2%, 다음 1개월 동안은 0.3%로 예상한다. 즉 $S_0=930$, $K=900$, $r=0.08$, $\sigma=0.2$, $T=2/12$이다. 총배당수익률은 2개월 동안 0.5%이고, 이는 연 3%와 같다. 즉 $q=0.03$이다.

$$d_1=\frac{\ln(930/900)+(0.08-0.03+0.2^2/2)\times 2/12}{0.2\sqrt{2/12}}=0.5444$$

$$d_2=\frac{\ln(930/900)+(0.08-0.03+0.2^2/2)\times 2/12}{0.2\sqrt{2/12}}=0.4628$$

$$N(d_1)=0.7069,\qquad N(d_2)=0.6782$$

식 (15.4)에 의해 콜옵션 가격은 51.83달러이다.

$$c=930\times 0.7069e^{-0.03\times 2/12}-900\times 0.6782e^{-0.08\times 2/12}=51.83$$

따라서 콜옵션 1계약의 가격은 5,183달러이다(옵션계약의 규모가 지수에 100달러를 곱한 가격일 경우).

실무사례 15.1 장기적으로 주식이 채권보다 높은 수익률을 제공하리라는 것을 보장할 수 있는가?

당신이 장기투자자라면 사람들은 채권 대신 주식을 사야 한다고 말하곤 한다. 투자자로 하여금 장기투자로서 S&P500을 모방할 것으로 기대되는 주식펀드에 투자하도록 권유하는 미국 펀드 매니저를 고려해보자. 펀드 매니저는 펀드의 매입자에게 향후 10년 동안 주식펀드 수익률이 적어도 무위험채권의 수익률과 같을 것이라고 보장하는 제안을 하고 싶을 것이다. 역사적으로 미국에서 어떤 10년의 기간에서도 주식은 채권보다 높은 수익률을 제공했다. 따라서 이런 보장을 한다는 것이 펀드 매니저가 투자자에게 특별히 많은 것을 제공하지 않는 것처럼 보인다.

실제로 이런 유형의 보장에는 놀라울 정도로 많은 비용이 수반된다. 현재 주가지수가 1,000, 지수의 배당수익률이 연 1%, 지수의 변동성이 연 15%, 10년 무위험이자율이 연 5%라고 가정하자. 채권보다 높은 수익률을 제공하려면 지수를 구성하는 주식들은 연 5% 이상의 수익률을 제공해야 한다. 배당수익률은 연 1%이다. 따라서 자본이득이 남은 4%의 수익률을 제공해야 한다. 이는 10년 후에 지수가 적어도 $1{,}000e^{0.04\times 10}=1{,}492$여야 함을 의미한다.

따라서 향후 10년 동안 1,000달러를 S&P 500에 투자해 얻은 수익률이 1,000달러를 채권에 투자해 얻는 수익률보다 높을 것이라는 보장은 10년 후에 지수를 1,492달러에 매도할 수 있는 권리와 동등하다. 이는 지수에 대한 유러피언 풋옵션이고 이 옵션은 $S_0=1{,}000$, $K=1{,}492$, $r=5\%$, $\sigma=15\%$, $T=10$, $q=1\%$로 해 식 (15.5)로 평가될 수 있다. 풋옵션 가치는 169.70이다. 이는 펀드 매니저가 생각한 보장이 펀드 가치의 17%가 됨을 보여준다. 따라서 펀드 매니저는 결코 이런 보장을 제공해서는 안 된다.

문이다.

장기적으로 보면 주식포트폴리오의 수익률이 채권포트폴리오의 수익률보다 클 것이라고 주장되기도 한다. 만일 이 주장이 사실이라면 주식포트폴리오에 대한 장기 풋옵션(행사가격은 채권포트폴리오의 미래가치임)의 가치가 그리 크지 않을 것이다. 그러나 실무사례 15.1에 설명되어 있듯이 실제로 이런 풋옵션은 가격이 대단히 비싼 옵션이다.

선도가격의 이용

F_0를 만기가 T인 계약의 지수선도가격으로 정의하자. 식 (5.3)이 보여주듯이 $F_0=S_0e^{(r-q)T}$이다. 이는 유러피언 콜옵션 가격이 c이고 유러피언 풋옵션 가격이 p인 식 (15.4)와 (15.5)가 다음과 같음을 의미한다.

$$c=F_0e^{-rT}N(d_1)-Ke^{-rT}N(d_2) \tag{15.6}$$

$$p=Ke^{-rT}N(-d_2)-F_0e^{-rT}N(-d_1) \tag{15.7}$$

단,

$$d_1=\frac{\ln(F_0/K)+\sigma^2T/2}{\sigma\sqrt{T}}$$

$$d_2=\frac{\ln(F_0/K)-\sigma^2T/2}{\sigma\sqrt{T}}$$

여러 다양한 만기일에 대한 지수의 선도가격이 일단 입수되면 선도금리의 기간구조가 추정되고 다른 옵션의 가격이 식 (15.6)과 (15.7)에 의해 평가될 수 있다. 이런 식을 이용하는 경우의 장점은 지수의 배당수익률을 추정할 필요가 없다는 것이다.

내재 배당수익률

만일 배당수익률의 추정치가 필요하면(예를 들어 아메리칸 옵션의 가치를 평가하기 위해) 행사가격과 만기가 동일한 두 콜옵션과 풋옵션의 가격을 이용할 수 있다. 식 (15.3)으로부터

$$q = -\frac{1}{T}\ln\frac{c - p + Ke^{-rT}}{S_0}$$

단지 한 쌍의 콜옵션과 풋옵션 가격으로부터 계산된 q의 추정치는 신뢰하기 어렵다. 그러나 여러 쌍의 콜옵션과 풋옵션으로부터의 결과를 결합해 계산하면 시장이 가정하는 배당수익률을 더 정확하게 추정할 수 있다.

15.5 유러피언 통화옵션의 가치평가

통화옵션의 가격을 결정하기 위해 S_0를 현재 환율로 정의하자. 정확히 말하면 S_0는 외국통화 1단위의 가치를 달러로 표시한 것이다. 5.10절에서 언급했듯이 외국통화는 배당수익률을 지급하는 주식과 유사하다. 외국통화의 소유자는 외국의 무위험이자율 r_f와 같은 수준의 수익률을 받는 것으로 이해할 수 있다. 식 (15.1)과 (15.2)에서 q 대신 r_f를 사용하면 유러피언 콜옵션과 풋옵션 가격의 하한선을 구할 수 있다.

$$c \geq \max(S_0e^{-r_fT} - Ke^{-rT},\ 0)$$
$$p \geq \max(Ke^{-rT} - S_0e^{-r_fT},\ 0)$$

식 (15.3)에서 q 대신 r_f를 사용하면 통화옵션의 풋-콜 패리티를 구할 수 있다.

$$c + Ke^{-rT} = p + S_0e^{-r_fT}$$

마지막으로, 식 (15.4)와 (15.5)에서 q 대신 r_f를 사용하면 통화옵션의 가격을 구할 수 있다.

$$c = S_0e^{-r_fT}N(d_1) - Ke^{-rT}N(d_2) \tag{15.8}$$
$$p = Ke^{-rT}N(-d_2) - S_0e^{-r_fT}N(-d_1) \tag{15.9}$$

단,

$$d_1 = \frac{\ln(S_0/K) + (r - r_f + \sigma^2/2)T}{\sigma\sqrt{T}}$$

예제 15.4 통화옵션의 내재변동성 EXAMPLE

영국 파운드화에 대한 4개월 만기 유러피언 콜옵션을 고려해보자. 현재 환율은 1.6000, 행사가격은 1.6000, 미국의 무위험이자율은 연 8%, 영국의 무위험이자율은 연 11%, 옵션가격은 4.3센트이다. 즉 $S_0=1.6$, $K=1.6$, $r=0.08$, $r_f=0.11$, $T=0.3333$, $c=0.043$이다. 내재변동성은 시행착오법으로 계산할 수 있다. 즉 20%의 변동성을 가정하면 옵션가격은 0.0639, 10%의 변동성을 가정하면 옵션가격은 0.0285이다. 이렇게 반복한 결과 옵션가격을 4.3센트일 때의 내재변동성은 14.1%이다.

$$d_2=\frac{\ln(S_0/K)+(r-r_f-\sigma^2/2)T}{\sigma\sqrt{T}}=d_1-\sigma\sqrt{T}$$

통화옵션의 내재변동성 계산은 예제 15.4를 참조하라. 국내이자율 r과 외국이자율 r_f는 만기 T년에 적용되는 이자율이다.

통화 콜옵션과 풋옵션은 대칭적이다. 즉 A국의 화폐 1단위를 B국의 화폐로 K의 행사가격에 팔 수 있는 풋옵션은 B국의 화폐를 A국의 화폐로 $1/K$의 행사가격에 살 수 있는 콜옵션 K개와 같다. (역주: 1USD를 1000KRW로 팔 수 있는 풋옵션은 1KRW를 1/1,000USD로 살 수 있는 콜옵션 1,000개와 같다. 예를 들어 환율이 800KRW/USD가 되면 둘 다 200KRW/USD 이익을 얻게 되며 환율이 1,200KRW/USD가 되면 둘 다 행사하지 않는다.)

선도환율의 이용

은행과 금융기관은 선물환계약을 활발하게 거래하므로 선도환율은 통화옵션의 가치를 평가하는 데 이용되기도 한다. 5장의 식 (5.9)에 의해 만기가 T인 선도가격(즉 선도환율) F_0는 $S_0e^{(r-r_f)T}$와 같다. 이 관계를 이용해 식 (15.8)과 (15.9)를 다음과 같이 단순화할 수 있다.

$$c=e^{-rT}\left[F_0N(d_1)-KN(d_2)\right] \tag{15.10}$$

$$p=e^{-rT}\left[KN(-d_2)-F_0N(-d_1)\right] \tag{15.11}$$

단,

$$d_1=\frac{\ln(F_0/K)+\sigma^2T/2}{\sigma\sqrt{T}}$$

$$d_2=\frac{\ln(F_0/K)-\sigma^2T/2}{\sigma\sqrt{T}}=d_1-\sigma\sqrt{T}$$

식 (15.10)과 (15.11)이 현물환율에 대한 유러피언 옵션의 가치를 평가하는 정확한 식이 되려면 선도계약과 옵션계약의 만기가 같아야 한다.

식 (15.10) 및 (15.11)은 식 (15.6) 및 (15.7)과 동일하다. 이 식들을 이용하면 자산의 현물가격에 대한 유러피언 옵션의 가격을 선도가격 또는 선물가격으로부터 계산할 수 있다. 16장에서 알 수 있듯이 이 식들은 블랙 모형의 특수한 경우이다.

15.6 아메리칸 옵션

12장에서 설명했듯이 주가지수와 통화에 대한 아메리칸 옵션의 가치를 평가하기 위해 이항과정을 사용할 수 있다. 무배당 주식에 대한 아메리칸 옵션의 가치를 평가했던 바와 같이, 상승 파라미터 u는 $e^{\sigma\sqrt{\Delta t}}$로 설정하고, 하락 파라미터 d는 $1/u$ 또는 $e^{-\sigma\sqrt{\Delta t}}$로 설정한다(단, σ는 변동성이고, Δt는 1기간의 길이임). 무배당 주식의 경우 상승 확률은

$$p = \frac{a-d}{u-d} \tag{15.12}$$

이다(단, $a=e^{r\Delta t}$). 주가지수와 통화에 대한 옵션의 경우 p는 동일하나 a는 상이하게 정의된다. 지수옵션의 경우

$$a = e^{(r-q)\Delta t} \tag{15.13}$$

이다. 단, q는 지수의 배당수익률이다. 통화옵션의 경우

$$a = e^{(r-r_f)\Delta t}$$

이다(단, r_f는 외국의 무위험이자율이다). 12.10절의 예제 12.1은 지수옵션의 가치를 평가하기 위해 2기간 이항과정을 어떻게 사용하는지 보여준다. 예제 12.2는 통화옵션의 가치를 평가하기 위해 3기간 이항과정을 어떻게 사용하는지 보여준다. 18장에는 이항과정을 이용해 지수옵션과 통화옵션의 가치를 평가하는 다른 예시들이 제시되어 있다.

경우에 따라 만기일 전에 아메리칸 통화옵션을 행사하는 것이 최적일 수 있다. 따라서 아메리칸 통화옵션의 가치는 유러피언 통화옵션의 가치보다 크다. 일반적으로 이자율이 높은 통화에 대한 콜옵션과 이자율이 낮은 통화에 대한 풋옵션이 만기일 전에 조기행사될 가능성이 가장 크다. (왜냐하면 이자율이 높은 통화는 평가절하될 것이고, 이자율이 낮은 통화는 평가절상될 것이기 때문이다.) 또한 배당수익률이 높은 지수에 대한 콜옵션과 배당수익률이 낮은 지수에 대한 풋옵션은 만기일 전에 조기행사될 가능성이 가장 크다.

요약

지수옵션은 현금으로 정산된다. 지수콜옵션 1계약을 행사하면 옵션 소유자는 보통 거래 마감 시 지수가 행사가격을 초과하는 만큼에 100배를 곱한 금액을 받는다. 마찬가지로 지수풋옵션 1계약을 행사하면 소유자는 행사가격이 거래 마감 시 지수를 초과하는 만큼에 100배를 곱한 금액을 받는다. 지수옵션은 포트폴리오보험을 구성할 때 이용할 수 있다. 만일 포트폴리오의 가치가 지수를 잘 모방하면 포트폴리오의 $100S_0$달러당 풋옵션 1계약을 매입하는 것이 바람직하다(S_0는 지수의 수준임). 만일 포트폴리오가 지수를 잘 모방하지 못하면 포트폴리오의 $100S_0$달러당 β계약의 풋옵션을 매입한다(β는 자본자산가격결정모형(CAPM)을 이용해 계산한 포트폴리오의 베타임). 매입할 풋옵션의 행사가격은 필요한 보험 수준 또는 보호받고자 하는 포트폴리오의 최저가치 수준을 반영한다.

통화옵션은 거래소뿐만 아니라 장외시장에서도 거래된다. 환위험을 헤지하고자 하는 기업이 주로 통화옵션을 이용한다. 예를 들어 미래 어느 시점에 파운드화를 받을 예정인 미국 기업의 재무 담당자는 그 시점에 만기가 되는 풋옵션을 매입해 위험을 헤지할 수 있다. 마찬가지로 미래 어느 시점에 파운드화로 지불해야 하는 미국 기업의 재무 담당자는 그 시점에 만기가 되는 콜옵션을 매입해 위험을 헤지할 수 있다. 통화옵션은 레인지선도계약을 만드는 데 사용될 수 있다. 이는 환노출이 있는 기업의 경우 상향이익의 일부를 포기하면서 하향보호를 제공하는 데 이용될 수 있는 무비용 계약이다.

무배당 주식에 대한 블랙-숄즈-머튼의 유러피언 옵션가격공식을 확장해 배당수익률을 지급하는 주식에 대한 유러피언 옵션의 가격을 결정할 수 있다. 또한 확장된 공식은 다음과 같은 이유로 유러피언 주가지수옵션과 통화옵션의 가치를 평가하는 데 사용할 수 있다.

1. 지수는 배당수익률을 지급하는 주식과 유사하다. 이 경우 배당수익률은 지수를 구성하는 주식들의 배당수익률을 말한다.
2. 외국통화는 배당수익률을 지급하는 주식과 유사하다. 이 경우 외국의 무위험이자율은 배당수익률의 역할을 한다.

아메리칸 주가지수옵션과 통화옵션의 가치를 평가하기 위해 이항모형을 사용할 수 있다.

참고문헌

Biger, N., and J. C. Hull. "The Valuation of Currency Options," *Financial Management*, 12 (Spring 1983): 24–28.

Bodie, Z. "On the Risk of Stocks in the Long Run," *Financial Analysts Journal*, 51, 3 (1995): 18–22.

Garman, M. B., and S. W. Kohlhagen. "Foreign Currency Option Values," *Journal of International Money and Finance*, 2 (December 1983): 231–37.

Giddy, I. H., and G. Dufey. "Uses and Abuses of Currency Options," *Journal of Applied Corporate Finance*, 8, 3 (1995): 49–57.

Grabbe, J. O. "The Pricing of Call and Put Options on Foreign Exchange," *Journal of International Money and Finance*, 2 (December 1983): 239–53.

Merton, R. C. "Theory of Rational Option Pricing," *Bell Journal of Economics and Management Science*, 4 (Spring 1973): 141–83.

퀴즈

15.1 포트폴리오의 베타는 1.0이고 가치는 1,000만 달러이다. 주가지수 S&P 100의 현재가치는 800이다. 포트폴리오보험 전략을 구사하기 위해 행사가격이 700인 주가지수 풋옵션을 사용하는 방법을 설명하라.

15.2 "배당수익률을 지급하는 주식에 대한 옵션의 가치를 평가하는 방법을 알면 주가지수와 통화에 대한 옵션의 가치를 쉽게 평가할 수 있다." 이를 설명하라.

15.3 주가지수의 현재 수준은 300, 지수의 배당수익률은 연 3%, 무위험이자율은 연 8%이다. 만기가 6개월이고 행사가격이 290인 유러피언 콜옵션 가격의 하한선은 얼마인가?

15.4 통화의 현재가치는 0.80달러이다. 앞으로 2개월 동안 통화의 가치는 매달 2%씩 증가하거나 감소할 예정이다. 국내 무위험이자율은 6%이고 외국 무위험이자율은 8%이다. 만기가 2개월이고 행사가격이 0.80달러인 유러피언 콜옵션의 가치는 얼마인가?

15.5 기업이 미래에 일정 금액의 외국통화를 받을 예정인 경우 환위험을 헤지하기 위해 레인지선도계약을 이용하는 방법을 설명하라.

15.6 주가지수는 250, 무위험이자율은 연 10%, 지수의 변동성은 연 18%, 지수의 배당수익률은 연 3%이다. 만기가 3개월이고 현재 등가격에 있는 유러피언 콜옵션의 가치를 계산하라.

15.7 현재 환율은 0.52, 환율 변동성은 12%, 자국과 외국의 무위험이자율은 각각 연 4%와 8%이다. 만기가 8개월이고 행사가격이 0.50인 유러피언 풋옵션의 가격을 계산하라.

연습문제

15.8 A국 통화 1단위를 K의 행사가격으로 B국 통화로 매도할 수 있는 풋옵션의 가격공식인 식 (15.9)가 B국 통화 K단위를 $1/K$의 행사가격으로 A국 통화로 매입할 수 있는 콜옵션의 가격공식인 식 (15.8)과 동일한 가격을 계산함을 증명하라.

15.9 외국통화의 가치는 현재 1.50달러이다. 자국과 외국의 무위험이자율은 각각 5%와 9%이다. 행사가격이 1.40달러인 6개월 만기 콜옵션 가격의 하한선을 계산하라.

(a) 유러피언 콜옵션인 경우

(b) 아메리칸 콜옵션인 경우

15.10 주가지수의 현재 수준은 250이다. 지수의 배당수익률은 연 4%, 무위험이자율은 연 6%이다. 만기가 3개월이고 행사가격이 245인 유러피언 콜옵션의 가격이 현재 10달러이다. 이 지수에 대한 3개월 만기 풋옵션(행사가격은 245임)의 가치는 얼마인가?

15.11 S&P 주가지수의 현재 수준은 696이고, 지수의 변동성은 연 30%이다. 무위험이자율은 연 7%이고, 지수의 배당수익률은 연 4%이다. 행사가격이 700인 3개월 만기 유러피언 풋옵션의 가치를 계산하라.

15.12 배당수익률 q를 지급하는 주식에 대한 아메리칸 콜옵션

의 가격을 C로, 아메리칸 풋옵션의 가격을 P로 정의하자. 행사가격은 K, 만기는 T, 주가는 S_0, 무위험이자율은 $r(r>0)$이다. 두 옵션의 행사가격과 만기는 같다. 다음 관계를 증명하라.

$$S_0e^{-qT}-K<C-P<S_0-Ke^{-rT}$$

(힌트: 왼쪽 관계를 증명하기 위해 다음 2개의 포트폴리오를 이용한다.)

A포트폴리오: 유러피언 콜옵션 1개와 K만큼의 현금(현금은 무위험이자율로 투자됨)

B포트폴리오: 아메리칸 풋옵션 1개와 보통주 e^{-qT}주(배당금은 주식에 재투자됨)

오른쪽의 관계를 증명하기 위해 다음 2개의 포트폴리오를 이용한다.

C포트폴리오: 아메리칸 콜옵션 1개와 Ke^{-rT}만큼의 현금(현금은 무위험이자율로 투자됨)

D포트폴리오: 유러피언 풋옵션 1개와 보통주 1주(배당금은 주식에 재투자됨)

15.13 선도가격이 행사가격과 같을 때 통화 콜옵션의 가격은 조건이 동일한 통화 풋옵션의 가격과 같음을 밝혀라.

15.14 주가지수의 변동성이 특정 개별 주식의 변동성보다 크다고 생각하는가, 아니면 작다고 생각하는가? 설명하라.

15.15 포트폴리오의 베타가 증가함에 따라 포트폴리오보험의 비용이 증가하는가, 아니면 감소하는가? 설명하라.

15.16 포트폴리오의 가치는 6,000만 달러이고 S&P 500의 가치는 1,200이다. 포트폴리오의 가치가 주가지수의 가치를 반영한다고 가정하자. 향후 1년 동안 포트폴리오의 가치가 5,400만 달러 이하로 하락하는 것을 방지하기 위해서는 어떤 옵션을 매입해야 하는가?(옵션의 종류, 행사가격, 계약 수를 명시할 것)

15.17 문제 15.16의 상황을 다시 고려하자. 포트폴리오의 베타는 2.0, 무위험이자율은 연 5%, 포트폴리오와 지수의 배당수익률은 연 3%로 같다고 가정하자. 포트폴리오의 가치가 5,400만 달러 이하로 하락하는 것을 방지하기 위해서는 어떤 옵션을 매입해야 하는가?(옵션의 종류, 행사가격, 계약 수를 명시할 것)

15.18 지수가 현재 1,500이다. 행사가격이 1,400이고 만기가 6개월인 유러피언 콜옵션과 풋옵션의 가격이 각각 154.00과 34.25이다. 무위험이자율은 5%이다. 내재 배당수익률은 얼마인가?

15.19 총수익률지수(total return index)가 특정 포트폴리오의 수익률(배당금 포함)을 모방한다. 이 지수에 대한 (a) 선도계약과 (b) 유러피언 옵션을 어떻게 평가할 수 있는지 설명하라.

15.20 유러피언 통화옵션의 경우 풋-콜 패리티는 무엇인가?

15.21 엔-유로 환율에 대한 옵션이 다음 2개의 옵션으로부터 구성될 수 있는가? 하나는 달러-유로 환율에 대한 옵션이고, 다른 하나는 달러-엔 환율에 대한 옵션이다. 자세히 설명하라.

15.22 본문에 명시된 포트폴리오를 이용해 식 (15.1), 식 (15.2), 식 (15.3)의 결과를 증명하라.

추가문제

15.23 2007년 1월 12일 다우존스산업평균지수는 12,556이고 만기가 3월이고 행사가격이 126인 콜옵션 가격은 2.25달러였다. DerivaGem 프로그램을 이용해 옵션의 내재변동성을 계산하라. 무위험이자율은 5.3%이고 배당수익률은 3%라고 가정한다. 옵션 만기일은 2007년 3월 20일이다. 또한 동일 조건의 행사가격이 126인 3월 만기의 풋옵션 가치를 평가하라. 풋옵션 가격으로부터 추정한 내재변동성은 얼마인가?(옵션의 기초자산은 다우존스산업평균지수를 100으로 나눈 값이다.)

15.24 주가지수가 현재 300이고 변동성은 20%이다. 무위험이자율은 8%이고 지수의 배당수익률은 3%이다. 3기간 이항모형을 이용해 만기가 6개월이고 행사가격이 300인 주가지수 풋옵션의 가치를 평가하라. (a) 유러피언 옵션으로 가정하는 경우, (b) 아메리칸 옵션으로 가정하는 경우.

15.25 캐나다 달러의 현재 가격은 0.95미국 달러이다. 캐나다

달러/미국 달러 환율의 변동성은 연 8%이다. 캐나다와 미국의 무위험이자율은 각각 연 4%와 5%이다. 행사가격이 0.95달러인 9개월 만기 유러피언 콜옵션의 가격을 계산하라. 풋-콜 패리티를 이용해 행사가격이 0.95달러이고 만기가 9개월인 유러피언 풋옵션의 가격을 계산하라. 또한 9개월 후에 0.95미국 달러를 1캐나다 달러로 매입할 수 있는 콜옵션의 가치를 계산하라.

15.26 지수의 현재 가격이 1,000이고 무위험이자율이 4%이다. 행사가격이 950이고 만기가 3개월인 유러피언 콜옵션과 풋옵션의 가격이 각각 78과 26이다. (a) 배당수익률과 (b) 내재변동성을 추정하라.

15.27 3개월 선도 달러/유로 환율이 1.3000이다. 환율 변동성은 15%이다. 미국 기업은 3개월 후에 100만 유로를 지불해야 한다. 유로와 달러의 무위험이자율은 각각 5%와 4%이다. 기업은 레인지선도계약(낮은 행사가격은 1.2500임)을 이용하고자 한다.

(a) 무비용 계약을 구성하기 위한 높은 행사가격은 얼마인가?

(b) 기업은 콜옵션과 풋옵션에 어떤 포지션을 취해야 하는가?

(c) 두 통화 간 이자율 차이인 $r-r_f$가 변하지 않으면 (a)에 대한 답이 이자율에 의해 영향을 받지 않음을 밝혀라.

15.28 실무사례 15.1에서 주식 수익률이 향후 10년 동안 0보다 작지 않을 것임을 보장하는 것에 대한 비용은 얼마인가?

15.29 멕시코 페소의 1년 선도가격이 1페소당 0.0750달러이다. 미국의 무위험이자율은 1.25%이다. 환율 변동성은 13%이다. 행사가격이 0.0800달러이고 만기가 1년인 유러피언 콜옵션과 풋옵션의 가격은 각각 얼마인가?

부록: 국내 주가지수옵션, 통화옵션

KOSPI 200 주가지수옵션

1997년 7월 7일부터 거래되기 시작한 KOSPI 200 옵션은 주가지수선물과 마찬가지로 KOSPI 200을 대상지수로 한다.[1] 같은 지수를 기초자산으로 선정한 이유는 주가지수옵션과 주가지수선물의 연계거래를 편리하게 하기 위함이다. KOSPI 200 옵션은 유러피언 옵션이다. 유러피언 옵션으로 결정한 이유는 다음과 같다. 첫째, 가격결정 과정이 상대적으로 단순하고 이해하기가 쉽다. 둘째, 일정 기간 투자목표를 정하고 주가지수옵션을 거래하는 기관투자자는 유러피언 옵션을 선호한다. 셋째, 미국에서 거래되는 S&P 100 옵션은 아메리칸 옵션인데 실제로 만기일 이전에 행사되는 비율은 5% 미만이다(S&P 500 옵션은 유러피언 옵션임).

KOSPI 200 선물의 거래단위 금액은 KOSPI 200지수 × 250,000원이다. KOSPI 200 선물의 거래승수는 2017년도 전에는 500,000원이었으나 파생상품시장 활성화 조치로 2017

1 KOSPI 200지수는 주가지수선물 거래를 위해 개발된 지수로서 국제증권관리위원회협회(IOSCO)에서 정한 파생상품거래 대상지수의 기준을 충족하도록 개발된 지수이다. 국제증권관리위원회협회의 파생상품 대상지수 기준은 객관적 계산방식, 구성 종목의 수, 유동성, 다양한 구성 종목, 공정한 종목 교체, 지수의 시장 대표성, 결제 절차 정비의 7개 항이다.

년에 250,000원으로 인하되었다. KOSPI 200 옵션의 거래승수는 100,000원이었으나 2012년 들어 500,000원으로 인상되었고 2017년에는 선물과 마찬가지로 250,000원으로 인하되었다. 2012년 이전에 옵션의 거래승수를 선물의 1/5로 정한 이유는 선물과 옵션거래의 연계를 용이하게 하고 옵션의 종목 수가 선물보다 많기에 거래단위를 작게 해 시장의 유동성을 확보하기 위함이었다. 그러나 투기 세력을 잡기 위한 2012년도의 건전화 대책으로 거래승수를 인상해 선물과 옵션시장의 거래 승수가 같아졌다. 그러나 건전화 대책 이후 옵션 및 선물 시장은 위축되었고 2017년도에 거래 승수를 인하했다. 결제는 지수를 구성하는 포트폴리오를 인도하지 않고 항상 현금으로 한다. 결제금액은 만기일의 최종지수와 행사가격과의 차이에 250,000원을 곱해 산출한다.

KOSPI 200 선물의 만기는 3년 이내 총 7개 결제월 종목이 거래되는데, 3월 및 9월 만기 종목은 각 1개, 6월 만기 종목은 2개, 12월 만기 종목은 3개가 거래되게 되어 있다. 예를 들어 2023년 4월 1일 기준 거래 가능한 7개 종목은 만기가 짧은 순서대로 2023년 6월, 2023년 9월, 2023년 12월, 2024년 3월, 2024년 6월, 2024년 12월, 2025년 12월이다. 반면에 발행될 수 있는 KOSPI 200 옵션의 만기는 비분기월 4개 및 분기월 7개로 총 11개 종목이 거래되는데, 선물과 마찬가지로 분기월에는 3월 및 9월 만기 종목은 각 1개, 6월 만기 종목은 2개, 12월 만기 종목은 3개가 거래되게 되어 있다. 그리고 그 이외 최근 비분기월 4개 종목이 거래된다. 따라서 항상 6개월 이내의 4개 결제월 종목이 상장되어 거래된다. 예를 들어 2023년 4월 1일 기준, 거래 가능한 11개 종목은 만기가 짧은 순서대로 2023년 4월, 2023년 5월, 2023년 6월, 2023년 7월, 2023년 8월, 2023년 9월, 2023년 12월, 2024년 3월, 2024년 6월, 2024년 12월, 2025년 12월이다.

각 결제월의 최초 상장 시 행사가격 설정 방법은 다음과 같다. 비분기물 및 3월물, 9월물은 ATM 1개 및 ATM±120포인트 범위 및 5포인트 간격으로 ITM 및 OTM 여러 개를 상장한다. 6월물 및 12월물의 경우 ATM 1개 및 ATM±120포인트 범위 및 5포인트 간격으로 ITM 및 OTM 여러 개를 상장한다. 최초 상장 이후에는 지수 변동에 따라 항상 ATM 기준으로 행사가격 범위 이내에 추가 설정을 한다. 최근 3개 근월물(3개월 이내)의 경우 ATM 1개 및 ATM±80포인트 및 2.5포인트 간격으로 유지한다. 제 4~8근월물(1년 이내)의 경우 ATM 1개 및 ATM±120포인트 및 5포인트 간격으로 유지한다. 최종 결제월이 가장 나중에 도래하는 3개 월물(3년 이내)의 경우 ATM 1개 및 ATM±120포인트 및 10포인트 간격으로 유지한다.

KOPSI 200 옵션가격이 10포인트 이상이면 호가단위는 0.05포인트이고 10포인트 미만이면 호가단위는 0.01포인트이다(1포인트는 250,000원이다).[2] 가격제한폭은 기초자산 기준가격 대비 ±8%, ±15%, ±20%에 해당하는 옵션이론가격을 단계적으로 확대 적용한다. 가격

제한폭 제도는 일시적인 수급불균형 및 과잉반응현상을 억제함으로써 가격의 안정성을 확보할 수 있는 장점이 있으나 균형가격 발견이 지연되고 거래 형성을 저해하는 등 시장 유동성을 감소시킬 수 있다.[3]

표 15A.1 KOSPI 200 선물과 옵션 거래제도 비교

구분	주가지수선물	주가지수옵션
대상지수	KOSPI 200	KOSPI 200
유형	해당 없음	유러피언 옵션(콜옵션과 풋옵션)
1계약의 크기	KOSPI 200×25만 원	KOSPI 200×25만 원
상장결제월 및 종목	3년 이내 7개 결제월(3·9월 각 1개, 6월 2개, 12월 3개)	비분기월 4개 및 분기월 7개(3·9월 각 1개, 6월 2개, 12월 3개)
행사가격(간격 및 수)	해당 없음	신규 결제월 상장 시 행사가격 설정 방법 • 비분기월 및 3월물, 9월물: ATM, ATM±120포인트 범위 및 5포인트 간격 • 6월물, 12월물: ATM, ATM±120포인트 범위 및 10포인트 간격 지수 변동에 따라 항상 ATM 기준으로 아래 행사가격 범위 이내에서 해당 간격이 유지되도록 추가 설정 • 최근 3개 근월물(3개월 이내): ATM±80포인트 및 2.5포인트 간격 • 제 4~8근월물(1년 이내): ATM±120포인트 및 5포인트 간격 • 최종결제월이 가장 나중에 도래하는 3개 월물(3년 이내): ATM ±120포인트 및 10포인트 간격
최종거래일 및 만기일	각 결제월의 두 번째 목요일(공휴일인 경우 순차적으로 앞당김)	각 결제월의 두 번째 목요일(공휴일인 경우 순차적으로 앞당김)
최종결제일	최종거래일의 다음 거래일	최종거래일의 다음 거래일
호가 단위	0.05포인트	프리미엄 10포인트 미만: 0.01포인트 프리미엄 10포인트 이상: 0.05포인트
가격제한폭	기준가격 대비 단계별로 확대 적용(① ±8%, ② ±15%, ③ ±20%)	기초자산 기준가격 대비 옵션이론가격을 단계별로 확대 적용(① ±8%, ② ±15%, ③ ±20%)
매매시간	09:00~15:45(최종거래일 09:00~15:20)	09:00~15:45(최종거래일 09:00~15:20)

2 단, 실무상 착오로 인한 손실을 방지하기 위해 정상호가 범위(가격 및 수량)를 설정하여 이 범위를 벗어나는 비정상호가는 접수를 거절한다.

3 미국과 영국 등 대다수 국가에서는 주가지수옵션에 가격제한폭을 두지 않으나 일본은 가격제한폭을 두고 있다.

표 15A.2 2010년 9월 30일 주가지수옵션 시세표(단위: 계약, %, 포인트)

거래량	등락률	전일비	CALL	종목명	행사가	PUT	전일비	등락률	거래량
204	+3.24	+1.20	38.25	201010	205.0	0.02	0.00	0.00	9,814
1	+0.56	+0.20	35.75	201010	207.5	0.02	0.00	0.00	59,492
5	+2.15	+0.70	33.25	201010	210.0	0.03	0.00	0.00	15,557
3	+0.83	+0.25	30.40	201010	212.5	0.03	−0.01	−25.00	42,364
4	+1.07	+0.30	28.30	201010	215.0	0.04	−0.01	−20.00	62,096
11	−3.70	−0.95	24.75	201010	217.5	0.06	0.00	0.00	169,937
11	−1.07	−0.25	23.05	201010	220.0	0.07	−0.01	−12.50	207,223
61	+0.74	+0.15	20.50	201010	222.5	0.09	−0.03	−25.00	157,268
882	−0.28	−0.05	18.00	201010	225.0	0.13	−0.02	−13.33	174,266
313	+0.65	+0.10	15.60	201010	227.5	0.18	−0.03	−14.29	138,374
593	+2.28	+0.30	13.45	201010	230.0	0.27	−0.05	−15.63	245,588
889	+3.26	+0.35	11.10	201010	232.5	0.42	0.00	0.00	343,272
10,497	+1.73	+0.15	8.80	201010	235.0	0.62	−0.07	−10.14	508,342
12,090	+2.38	+0.15	6.45	201010	237.5	0.97	−0.07	−6.73	570,210
47,810	+1.14	+0.05	4.45	201010	240.0	1.54	−0.10	−6.10	660,707
385,040	+1.38	+0.04	2.94	201010	242.5	2.37	−0.13	−5.20	443,965
801,287	+2.48	+0.04	1.65	201010	245.0	3.50	−0.30	−7.89	45,011
866,744	−10.59	−0.09	0.76	201010	247.5	5.30	−0.10	−1.85	17,188
813,514	−17.65	−0.06	0.28	201010	250.0	7.35	−0.20	−2.65	26,690
520,036	−20.00	−0.03	0.12	201010	252.5	9.50	−0.25	−2.56	388
299,158	0.00	0.00	0.06	201010	255.0	11.85	−0.35	−2.87	140
149,081	0.00	0.00	0.03	201010	257.5	14.35	−0.35	−2.38	290

표 15A.3 미국 달러옵션 계약명세

거래 대상	미국 달러	
거래단위	USD 10,000	
결제월	분기월 중 2개와 그 밖의 월 중 2개	
상장결제월	6월 이내의 4개 결제월	
행사가격 설정	ATM을 기준으로 상하 각 3개(총 7개)	가격 변동에 따라 추가 설정
가격표시	프리미엄(원화)	
호가가격단위	0.10원	
최소가격변동금액	1,000원(10,000달러 × 0.10원)	
거래시간	09:00~15:45	(최종거래일 : 09:00~15:30)
최종거래일	결제월의 세 번째 월요일	(공휴일인 경우 순차적으로 앞당김)
최종결제일	최종거래일 다음 날	
권리행사	최종거래일에만 행사 가능(유러피언형)	
결제방법	현금 결제	
가격제한폭	기준가격 대비 ±4.5%	

이 밖에 KOSPI 200 옵션거래의 계좌 개설, 위탁증거금(개시증거금과 유지증거금) 제도 등은 5장에서 설명한 KOSPI 200 선물거래제도를 준용하고 있다. KOSPI 200 선물거래와 옵션거래제도를 비교하면 표 15A.1과 같다.

표 15A.2는 매일경제신문에 보도된 2010년 9월 30일 거래(KOSPI 200지수=242.95)에 대한 주가지수옵션 시세표이다. 미국 달러옵션의 계약명세는 표 15A.3과 같다. 달러옵션의 결제 방식은 2013년 9월 인수도결제에서 현금결제로 변경되었다.

16 선물옵션

지금까지는 특정 자산을 특정 가격에 미래 특정 시점까지 사거나 팔 수 있는 권리를 부여하는 옵션을 설명했다. 이런 옵션은 **현물옵션**(option on spot 또는 spot option)이라 한다. 이는 옵션을 행사하면 약정된 가격으로 기초자산을 즉시 매입 또는 매도해야 하기 때문이다. 이 장에서는 **선물옵션**(option on futures 또는 futures option)을 설명한다. 선물옵션계약에서 옵션을 행사하면 옵션 소유자는 선물계약 포지션을 보유하게 된다.

미국의 상품선물거래위원회는 1982년에 시험적으로 선물옵션의 거래를 승인했다. 본격적인 선물옵션거래는 1987년에 승인되었고, 그 이후로 선물옵션은 시장 참여자 사이에서 대단히 빠른 속도로 인기를 얻게 되었다.

이 장에서는 선물옵션이 어떻게 운영되고 있으며 선물옵션과 현물옵션의 차이가 무엇인지 논의한다. 또한 선물옵션 가치평가를 어떻게 하는지 알아본다. 선물옵션 및 현물옵션의 가치평가에 사용되는 상대 가치평가 방법(이항모형)을 살펴보고, 선물형 옵션도 알아본다.

피셔 블랙은 1976년에 선물옵션 가치평가 모형을 발표했는데, 이는 나중에 블랙 모형이라고 알려지게 되었다. 이 모형은 다양한 종류의 유러피언 옵션 가치평가에 사용될 수 있는, 블랙–숄즈–머튼 모형의 중요한 대안이다.

16.1 선물옵션의 속성

선물옵션은 약정일까지 약정된 선물가격으로 선물계약에 포지션을 취할 수 있는 권리이고, 의무는 아니다. 구체적으로, 선물콜옵션(futures call option)은 약정가격으로 선물계약에 매입포지션을 취할 수 있는 권리이고, 선물풋옵션(futures put option)은 약정가격으로 선물계약에 매도포지션을 취할 수 있는 권리이다. 대다수 선물옵션은 아메리칸형이다. 즉 대다수 선물옵션은 옵션의 잔존기간 중에 어느 때라도 권리를 행사할 수 있다.

선물콜옵션의 실질이득(effective payoff)은 max($F-K$, 0)이고 선물풋옵션의 실질이득은 max($K-F$, 0)이다(여기서 F는 행사 시점의 선물가격이고 K는 행사가격임). 이에 대한 예로 행사가격이 온스당 1,200달러인 7월 만기 금 선물콜옵션을 매입한 트레이더의 포지션을 우선 고려해보자. 1계약의 기초자산은 금 100온스이다. 다른 옵션계약에서와 같이, 트레이더는 옵션계약을 체결할 때 옵션 매입비용을 지불해야 한다. 만일 선물콜옵션을 행사하면 트레이더는 선물계약에 매입포지션을 획득하고, 행사가격에 계약을 체결한 트레이더의 포지션을 반영해 현금정산이 이루어진다. 예를 들어 옵션이 행사될 때 7월 만기 선물가격이 1,240이고, 7월 선물의 최근 선물정산가격(futures settlement price)이 1,238이라고 가정하자. 트레이더는 최근 정산가격이 행사가격을 초과하는 만큼의 현금을 받는다. 즉 (1,238 − 1,200) × 100 또는 3,800달러가 트레이더의 증거금 계정에 입금된다.

예제 16.1에 설명되어 있듯이 만일 트레이더가 옵션 행사 직후 7월 만기 선물계약을 마감하면 선물계약의 이득은 (1,240 − 1,238) × 100 = 200달러이다. 따라서 선물콜옵션을 행사하고 얻은 총이득은 4,000달러이다. 총이득은 행사 시점의 7월 만기 선물가격에서 행사가격을 차감한 값과 같다. 만일 트레이더가 선물계약을 계속 유지하면 트레이더는 선물계약에 적용되는 증거금제도의 적용을 받게 된다.

선물콜옵션을 매도(또는 발행)한 트레이더는 옵션프리미엄을 받으나 동시에 옵션계약이 행사될지도 모른다는 위험을 부담한다. 옵션이 행사되면 이 트레이더는 선물 매도포지션을 취하게 된다. 또한 트레이더는 최근 선물 정산가격과 행사의 차이만큼을 지불해야 한다. (정산은 청산소를 통해서 이루어진다.) 트레이더는 공매도 선물계약 포지션을 청산하거나 유지할 수 있다.

예제 16.1 선물콜옵션 구조 EXAMPLE

트레이더는 7월 만기 금 선물콜옵션을 매입한다. 1계약의 크기는 100온스이고 행사가격은 1,200달러이다.

권리행사 결정

트레이더는 7월 만기 금 선물가격이 1,240이고 최근 정산가격이 1,238일 때 옵션을 행사한다.

결과

1. 트레이더는 (1,238 − 1,200) × 100 = 3,800달러의 현금을 수령한다.
2. 트레이더는 선물계약 매입포지션을 획득한다.
3. 트레이더는 선물 매입포지션을 즉시 마감해 (1,240 − 1,238) × 100 = 200달러의 이득을 실현한다.
4. 총이득은 4,000달러이다.

예제 16.2 선물풋옵션 구조 EXAMPLE

트레이더는 9월 만기 옥수수 선물풋옵션을 매입한다. 1계약의 크기는 5,000부셸이고, 행사가격은 300센트이다.

권리행사 결정

트레이더는 9월 만기 옥수수 선물가격이 280이고 최근 정산가격이 279일 때 옵션을 행사한다.

결과

1. 트레이더는 $(3.00-2.79)\times 5{,}000=1{,}050$달러의 현금을 수령한다.
2. 트레이더는 선물계약 매도포지션을 획득한다.
3. 트레이더는 선물 매도포지션을 즉시 마감해 $(2.80-2.79)\times 5{,}000=50$달러의 손실을 실현한다.
4. 총이득은 1,000달러이다.

선물풋옵션도 선물콜옵션과 유사하게 운영된다. 예제 16.2는 옥수수에 대한 선물풋옵션(만기는 9월이고 행사가격은 부셸당 300센트임)을 매입한 트레이더의 경우이다. 선물풋옵션 1계약의 기초자산은 옥수수 5,000부셸이다. 선물풋옵션을 매입한 트레이더가 옵션을 행사하면 트레이더는 선물계약에 매도포지션을 획득함과 동시에 현금정산이 이루어진다. 예를 들어 옵션이 행사될 때 9월 만기 선물가격이 280센트이고 가장 최근의 정산가격이 279센트였다고 가정하자. 트레이더는 행사가격이 최근 정산가격을 초과한 금액만큼의 현금을 받는다. 즉 $(3.00-2.79)\times 5{,}000=1{,}050$달러가 트레이더의 증거금 계정에 입금된다. 만일 트레이더가 옵션 행사 직후 9월 만기 선물계약을 마감하면, 선물 매도포지션에서의 손실은 $(2.80-2.79)\times 5{,}000=50$달러이다. 따라서 선물풋옵션을 행사하고 얻은 총이득은 1,000달러이다. 이 금액은 행사가격에서 행사 시점에서의 9월 만기 선물가격을 차감한 값과 같다. 선물콜옵션의 경우와 마찬가지로, 트레이더가 선물포지션을 계속 유지하기로 하면 추가적으로 증거금이 요구될 수도 있다.

옵션이 행사되면 거래 상대방(즉 선물풋옵션 매도자)은 선물계약에 매입포지션을 취하게 되고, 증거금 계정의 잔액은 행사가격이 최근 정산가격을 초과한 금액만큼 감소한다.

만기월

선물옵션은 옵션의 만기월이 아니라 기초 선물계약의 만기월에 따라 명명된다. 앞에서 언급한 바와 같이 대다수 선물옵션은 아메리칸형이다. 선물옵션계약은 일반적으로 기초 선물계약의 최종 거래일 전으로 만기가 정해진다(최종거래일 근처). [예를 들어 시카고상품거래소

(CME 그룹)의 미국 장기국채 선물옵션 만기일은 선물계약 만기월 전월의 말일보다 영업일 기준으로 적어도 2일 앞선 가장 마지막 금요일이다.] 이 규칙의 예외는 시카고상품거래소 미드커브 유로달러 계약(mid-curve Eurodollar contract)의 경우이며 이 선물계약은 옵션계약 만기 몇 년 후에 종료될 수 있다.

미국에서 거래되는 인기 있는 계약은 옥수수, 콩, 면화, 설탕, 원유, 천연가스, 금, 미국 장기국채(Treasury bonds), 미국 중기국채(Treasury notes), 5년 만기 미국 중기국채, 30일 만기 연방기금(federal fund), 유로달러, 1년과 2년 만기 미드커브 유로달러, 유로차입금리(EURIBOR), 유럽국채(Eurobunds), S&P 500 등에 대한 선물옵션이다.

16.2 선물옵션이 인기 있는 이유

기초자산에 대한 옵션 대신 선물옵션을 거래하는 이유는 무엇일까? 이에 대한 주된 이유는 선물계약이 대체로 기초자산보다 유동성이 더 높고 거래하기가 더 쉬운 경우가 많기 때문이다. 더구나 선물가격은 선물 거래소를 통해 즉각 알 수 있는 반면에 기초자산의 현물가격은 쉽게 알지 못할 수도 있다.

미국 국채를 고려해보자. 미국 국채 선물시장은 특정 미국 국채보다 훨씬 거래가 활발하다. 또한 미국 국채 선물가격은 거래 즉시 알려진다. 이와 달리 채권의 현재 시장가격은 직접 1명 이상의 딜러와 연락해야 알 수 있다. 따라서 트레이더가 미국 국채 대신에 미국 국채 선물계약을 선택하는 것은 놀랄 일이 아니다.

상품선물도 상품 자체보다 거래하기 쉽다. 예를 들어 소 자체를 계약하기보다는 생우 선물계약을 체결하는 것이 훨씬 쉽고 편리하다.

선물옵션의 경우 중요한 점은 옵션을 행사하더라도 대부분의 경우 인도 전에 기초 선물계약이 마감되는 것처럼 기초자산을 인도하게 되지는 않는다는 것이다. 따라서 일반적으로 선물옵션은 최종적으로 현금 결제된다. 이 점이 많은 트레이더에게, 특히 현물옵션이 행사될 때 기초자산을 매입할 충분한 펀드를 확보하기 어려운 트레이더에게 매력적이다. 선물옵션의 또 다른 이점은 선물과 선물옵션이 같은 거래소에서 거래된다는 점이다. 이는 헤지거래, 차익거래, 투기거래를 촉진함과 더불어 시장을 보다 효율적으로 만든다. 마지막으로 선물옵션은 많은 경우에 현물옵션보다 거래비용이 적게 든다.

16.3 유러피언 현물옵션과 선물옵션

행사가격이 K인 유러피언 현물콜옵션의 이득은 다음과 같다.

$$\max(S_T - K, 0)$$

여기서 S_T는 옵션 만기일의 현물가격이다. 동일한 행사가격을 갖는 유러피언 선물콜옵션의 이득은 다음과 같다.

$$\max(F_T - K, 0)$$

여기서 F_T는 옵션 만기일의 선물가격이다. 만일 유러피언 선물콜옵션의 만기와 선물계약의 만기가 같으면 $F_T = S_T$이므로 이론적으로 선물콜옵션과 현물콜옵션이 동일하다. 같은 논리로, 선물풋옵션의 만기와 선물계약의 만기가 같으면 유러피언 선물풋옵션의 가치와 상응하는 유러피언 현물풋옵션의 가치는 동일하다.

거래되는 대부분의 선물옵션은 아메리칸형이다. 그렇지만 유러피언 선물옵션을 공부하는 것이 유용한데, 그 이유는 유러피언 선물옵션으로부터 얻은 결과가 상응하는 유러피언 현물옵션의 가치를 평가하는 데 유용하게 사용되기 때문이다.

16.4 풋–콜 패리티

10장에서 유러피언 주식옵션의 풋–콜 패리티 관계를 유도했다. 유사한 논리를 이용해 유러피언 선물옵션의 풋–콜 패리티 관계를 유도해보자. 행사가격이 K이고 만기가 T인 유러피언 선물콜옵션과 선물풋옵션을 이용해 다음 2개의 포트폴리오를 구성해보자.

A포트폴리오: 유러피언 선물콜옵션 1개와 Ke^{-rT}만큼의 현금

B포트폴리오: 유러피언 선물풋옵션 1개와 선물 1계약 매입 및 F_0e^{-rT}만큼의 현금(F_0는 선물가격임)

A포트폴리오에 있는 Ke^{-rT}의 현금을 무위험이자율 r로 투자하면 T시점에서 K가 된다. F_T를 옵션 만기일에서의 선물가격이라 하자. 만약 $F_T > K$이면 A포트폴리오의 선물콜옵션은 행사되고 A포트폴리오의 가치는 F_T가 된다. 만약 $F_T \le K$이면 선물콜옵션은 행사되지 않으며, 이때 A포트폴리오의 가치는 K이다. 따라서 만기 T시점에서 A포트폴리오의 가치는 다음과 같다.

$$\max(F_T, K)$$

B포트폴리오에 있는 F_0e^{-rT}의 현금을 무위험이자율 r로 투자하면 T시점에서 F_0가 된다. 선물풋옵션의 이득은 $\max(K-F_T, 0)$이고, 선물계약의 이득은 F_T-F_0이다.[1] 따라서 T시점에서 B

1 선물계약은 선도계약과 동일하며 매일 정산되지 않고 만기일에 일괄 정산된다고 가정한다.

포트폴리오의 가치는 다음과 같다.

$$F_0 + (F_T - F_0) + \max(K - F_T, 0) = \max(F_T, K)$$

T시점에서 A포트폴리오와 B포트폴리오의 가치는 동일하고 만기일 전에 행사할 수 없기(유러피언형임) 때문에 현재 시점에서 두 포트폴리오의 가치는 같아야 한다. 현재 A포트폴리오의 가치는 다음과 같다(c는 유러피언 선물콜옵션의 가격임).

$$c + Ke^{-rT}$$

일일정산(marking to market)에 의해 B포트폴리오에 속한 선물계약의 가치가 현재 0이므로 현재 B포트폴리오의 가치는 다음과 같다(p는 유러피언 선물풋옵션의 가격임).

$$p + F_0 e^{-rT}$$

결국 다음 식이 성립한다.

$$c + Ke^{-rT} = p + F_0 e^{-rT} \tag{16.1}$$

이 풋-콜 패리티와 무배당 주식에 대한 풋-콜 패리티 식 (10.6)의 차이는 주가 S_0가 할인된 선물가격 $F_0 e^{-rT}$로 대체되었다는 점이다. 아메리칸 선물옵션의 경우 풋-콜 패리티 관계는 다음과 같다(문제 16.19 참조).

$$F_0 e^{-rT} - K < C - P < F_0 - Ke^{-rT} \tag{16.2}$$

16.3절에서 설명했듯이, 기초자산인 선물계약의 만기일이 옵션 만기일과 동일하면 유러피언 선물옵션과 현물옵션은 동일하다. 따라서 식 (16.1)은 현물가격에 대한 콜옵션 가격, 현물가격에 대한 풋옵션 가격, 선물가격 간의 관계를 보여준다(두 옵션의 만기일과 선물계약의 만기일은 모두 동일함). 이는 예제 16.3에 설명되어 있다.

예제 16.3 선물가격을 이용한 풋-콜 패리티 EXAMPLE

만기가 6개월인 유러피언 은(銀) 선물콜옵션의 가격이 온스당 0.56달러이고, 옵션의 행사가격은 8.50달러이다. 만기가 6개월인 은 선물가격은 현재 8.00달러이고, 6개월 만기 무위험이자율은 연 10%이다. 식 (16.1)에 의해 은 선물에 대한 유러피언 풋옵션의 가치는 1.04달러이다(콜옵션과 동일한 만기와 행사가격을 가짐).

$$0.56 + 8.50e^{-0.1 \times 6/12} - 8.00e^{-0.1 \times 6/12} = 1.04$$

16.5 선물옵션가격의 범위

식 (16.1)의 풋-콜 패리티로부터 유러피언 선물콜옵션 가격과 유러피언 선물풋옵션 가격의 하한선, 즉 하한가를 유도할 수 있다. 유러피언 풋옵션의 가격 p는 0보다 작을 수 없으므로 식 (16.1)로부터 다음 식을 유도할 수 있다.

$$c + Ke^{-rT} \geq F_0 e^{-rT}$$

또는

$$c \geq \max[(F_0 - K)e^{-rT}, 0] \tag{16.3}$$

마찬가지로 콜옵션의 가치 c도 0보다 작을 수 없으므로 식 (16.1)로부터 다음 식을 유도할 수 있다.

$$Ke^{-rT} \leq F_0 e^{-rT} + p$$

또는

$$p \geq \max[(K - F_0)e^{-rT}, 0] \tag{16.4}$$

식 (16.3)과 (16.4)에서 얻은 c와 p의 범위는 10장에서 설명한 유러피언 주식옵션가격의 범위와 유사하다. 유러피언 선물콜옵션과 유러피언 선물풋옵션의 가격은 그 옵션이 심내가격(deep in the money)에 있을 때 가격의 하한선에 매우 근접하게 된다. 이를 이해하기 위해 식 (16.1)의 풋-콜 패리티를 다시 분석해보자. 어떤 선물콜옵션이 심내가격에 있으면 상응하는 선물풋옵션은 심외가격에 있게 된다. 이때 p는 거의 0의 값을 갖게 된다. c와 콜옵션 하한가의 차이가 p와 같으므로, 선물콜옵션의 가치는 하한가에 매우 근접하게 된다. 선물풋옵션에도 유사한 논리를 적용할 수 있다.

아메리칸 선물옵션은 만기일 전에 언제든지 행사할 수 있으므로 다음 식이 성립한다.

$$C \geq \max(F_0 - K, 0)$$

그리고

$$P \geq \max(K - F_0, 0)$$

따라서 만일 이자율이 0보다 크면 아메리칸 선물옵션의 하한가는 상응하는 유러피언 선물옵션의 하한가보다 항상 크다. 아메리칸 선물옵션을 만기일 전에 행사할 수 있는 가능성은 항상 존재한다.

16.6 수익률을 지급하는 자산으로서 선물가격

선물옵션은 배당수익을 지급하는 주식에 대한 옵션과 유사하므로 그와 동일한 방법으로 분석할 수 있다. 즉 선물가격이 국내 무위험이자율 r로 배당을 지급하는 주식의 가격과 같은 행태로 변한다는 것이다.

예를 들어 q를 r로 하면, 선물옵션의 하한 범위를 규정한 식 (16.3), (16.4)는 배당하는 주식의 옵션 하한 범위를 규정한 식 (15.1), (15.2)와 같아진다. 마찬가지로 선물옵션의 풋-콜 패리티를 규정한 식 (16.1)도 배당하는 주식의 풋-콜 패리티를 규정한 식 (15.3)과 같아진다.

선물계약의 투자비용이 0이라는 것을 상기하면 그 결과를 이해할 수 있다. 위험중립을 가정하면 비용이 수반되지 않는 투자포지션으로부터의 기대이익은 0이어야 한다. 그러므로 위험중립 가정하에 선물계약의 기대이익은 0이어야 한다. 다시 말해 위험중립 가정하에 선물가격의 기대성장률은 0이어야 한다. 배당수익률 q를 지급하는 주식은 위험중립 가정하에 기대성장률 $r-q$로 성장한다. 만일 $q=r$이면 주가의 기대성장률은 0이다. 이러한 관점에서 주가와 선물가격은 유사하다.

16.7 블랙의 모형을 이용한 선물옵션평가

피셔 블랙은 1976년 논문에서 선물옵션의 가치를 평가할 수 있는 모형을 발표했다. 이 모형은 블랙 모형이라고 알려져 있다. 블랙은 13장에서 주가가 로그정규분포를 따른다고 가정했던 것처럼 선물가격도 로그정규분포를 따른다고 가정했다. 15장의 식 (15.4)와 (15.5)에서 S_0를 F_0로 대체하고 $q=r$로 가정하면 다음과 같이 유러피언 선물콜옵션의 가격 c와 유러피언

예제 16.4 유러피언 선물옵션의 가치평가 EXAMPLE

상품에 대한 유러피언 선물풋옵션을 고려해보자. 만기가 4개월, 현재 선물가격이 60달러, 행사가격도 60달러, 무위험이자율이 연 9%, 선물가격의 변동성이 연 25%이다. 즉 $F_0=60$, $K=60$, $r=0.09$, $T=4/12$, $\sigma=0.25$, $\ln(F_0/K)=0$이다.

$$d_1=\frac{\sigma\sqrt{T}}{2}=0.07216,\quad d_2=-\frac{\sigma\sqrt{T}}{2}=-0.07216$$

$$N(-d_1)=0.4712,\quad N(-d_2)=0.5288$$

선물풋옵션의 가격은 3.35달러이다.

$$p=e^{-0.09\times 4/12}(60\times 0.5288-60\times 0.4712)=3.35$$

선물풋옵션의 가격 p를 구할 수 있다.

$$c = e^{-rT}[F_0N(d_1) - KN(d_2)] \tag{16.5}$$

$$p = e^{-rT}[KN(-d_2) - F_0N(-d_1)] \tag{16.6}$$

$$d_1 = \frac{\ln(F_0/K) + \sigma^2T/2}{\sigma\sqrt{T}}, \qquad d_2 = \frac{\ln(F_0/K) - \sigma^2T/2}{\sigma\sqrt{T}} = d_1 - \sigma\sqrt{T}$$

여기서 σ는 선물가격의 변동성이고 T는 옵션의 만기이다(선물의 만기가 아님). 예제 16.4는 이 공식들이 어떻게 사용되는지 보여준다.

16.8 블랙-숄즈-머튼 모형 대신 블랙 모형을 이용하는 경우

16.3절의 결과는 옵션계약이 선물계약과 동시에 만기가 되면 유러피언 선물옵션과 유러피언 현물옵션이 동등함을 보여준다. 따라서 식 (16.5)와 (16.6)은 자산의 현물가격에 기초한 유러피언 옵션의 가치를 평가하는 데도 사용될 수 있다. 이는 예제 16.5에 설명되어 있다. 블랙 모형을 활용할 때 선물가격보다는 선도가격을 사용하는 경우가 많다. 이는 이자율이 확률변동성 모형을 따른다 해도 이론적으로 문제가 없는 방법이다(r이 만기 T에 대한 현재 이자율이라면).

트레이더들은 유러피언 현물옵션의 가치를 평가할 때 블랙-숄즈-머튼 공식 대신 블랙 모

예제 16.5 선물가격을 이용한 현물옵션의 가치평가 EXAMPLE

금의 현물가격에 대한 6개월 만기 유러피언 콜옵션(즉 6개월 후에 1온스의 금을 살 수 있는 권리)을 고려해보자. 행사가격은 1,200달러, 6개월 만기 선물가격은 1,240달러, 무위험이자율은 연 5%, 선물가격의 변동성은 20%이다. 이 옵션은 6개월 만기 선물계약에 대한 6개월 만기 유러피언 선물콜옵션과 동일하다. 따라서 옵션의 가치는 식 (16.5)에 의해 다음과 같이 88.37달러이다.

$$e^{-0.05\times 0.5}[1{,}240N(d_1) - 1{,}200N(d_2)]$$

단,

$$d_1 = \frac{\ln(1{,}240/1{,}200) + 0.2^2 \times 0.5/2}{0.2 \times \sqrt{0.5}} = 0.3026$$

$$d_2 = \frac{\ln(1{,}240/1{,}200) - 0.2^2 \times 0.5/2}{0.2 \times \sqrt{0.5}} = 0.1611$$

형을 사용하기를 좋아한다. 블랙 모형은 상당히 보편적으로 응용된다. 기초자산이 소비 자산 또는 투자 자산일 수 있고 또한 소유자에게 소득을 제공하는 자산일 수도 있다. 식 (16.7)과 (16.8)에서 변수 F_0는 옵션과 만기가 동일한 계약에서 기초자산의 선도가격 또는 선물가격과 동일해야 한다. 트레이더는 그들이 거래하는 옵션에 대한 기초자산의 선도 또는 선물곡선을 추적한다. 이 곡선은 선도 또는 선물가격을 계약 만기의 함수로 표시한 곡선이다. 필요시 선형보간법(interpolation)을 적용한다. 예를 들어 자산의 1년과 2년 선도가격이 각각 860과 880이라고 가정하자. 이 경우 트레이더는 선형보간법을 통해 1.25년 선도가격이 865라고 가정하고, 이를 통해 만기가 1.25년인 옵션의 가치를 평가한다.

블랙 모형의 큰 장점은 기초자산의 수익이나 보유 비용, 편의 수익 등을 추정할 필요가 없다는 것이다. 블랙 모형에 사용하는 선물 또는 선도가격이 그러한 값에 대한 시장 추정치를 이미 반영하고 있다.

15장의 식 (15.11)과 (15.12)는 통화의 현물가격에 대한 유러피언 옵션의 가치를 평가하는 데 블랙 모형이 사용된 예다. 이 경우 블랙 모형을 이용하면 외국의 무위험이자율을 명시적으로 추정하지 않아도 된다. 왜냐하면 외국의 무위험이자율에 대해 필요한 모든 정보가 F_0에 포함되어 있기 때문이다. 식 (15.6)과 (15.7)이 보여주듯, 블랙 모형이 사용되는 또 다른 예는 지수의 현물가격에 대한 유러피언 옵션의 가치를 지수의 선도 또는 선물가격으로 평가하는 것이다. 이 경우 지수를 구성하는 포트폴리오에서 지급되는 배당금을 명시적으로 추정할 필요가 없다. 왜냐하면 배당금에 대해 필요한 모든 정보가 F_0에 포함되어 있기 때문이다.

16.9 이항분포모형을 이용한 선물옵션의 평가

이 절에서는 선물옵션의 가치를 평가하기 위해서 어떻게 이항분포모형이 이용될 수 있는지 12장보다 더 자세히 다룬다. 선물옵션과 주식옵션의 주요 차이점은 선물계약을 체결할 때 선지급하는 비용이 발생하지 않는다는 것이다.

현재 선물가격이 30이고 1개월 후에 가격이 33으로 상승하거나 28로 하락하는 것으로 가정하자. 행사가격이 29이고 만기가 1개월인 선물콜옵션을 고려해보자(일일정산은 무시함). 이 상황이 그림 16.1에 묘사되어 있다. 만일 선물가격이 33으로 상승하면 옵션의 이득은 4이고 선물계약의 가치는 3이다. 만일 선물가격이 28로 하락하면 옵션의 이득은 0이고 선물계약의 가치는 −2이다.[2]

---

2 선물계약의 이익/손실이 T시점에서 실현되지 않기 때문에 이는 근삿값으로 성립한다. 이익/손실은 0시점과 T시점 사이에서 매일 실현된다. 그러나 이항과정에서 기간의 길이가 짧아짐에 따라 근삿값은 점점 정확해지고 극단적으로 기간이 0에 접근함에 따라 정확성이 전혀 손상되지 않게 된다.

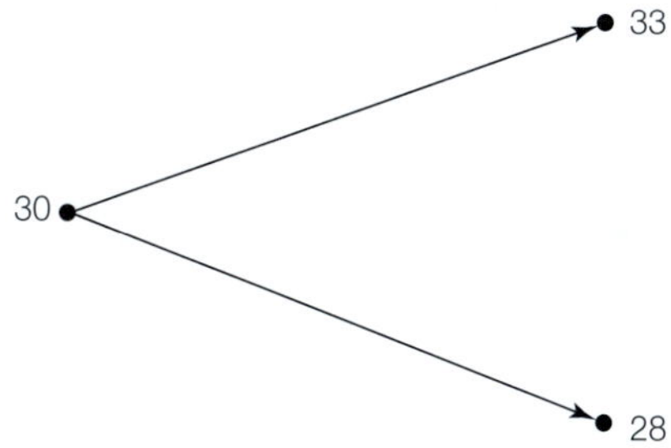

그림 16.1 선물가격의 변화

무위험 헤징 상태를 만들기 위해 선물옵션 1계약에 매도포지션을 취함과 동시에 Δ선물계약에 매입포지션을 취한 포트폴리오를 고려해보자. 선물가격이 33으로 상승하면 포트폴리오의 가치는 3Δ−4이고, 선물가격이 28로 하락하면 포트폴리오의 가치는 −2Δ이다. 선물가격과 관계없이 포트폴리오의 가치가 항상 일정할 때 포트폴리오는 무위험 상태가 되는데 이때

$$3\Delta - 4 = -2\Delta$$

또는 $\Delta = 0.8$이다.

Δ가 0.8이면 1개월 후 포트폴리오의 가치는 $3 \times 0.8 - 4 = -1.6$이 된다. 무위험이자율을 6%로 가정하면 현재 포트폴리오의 가치는 1.592여야 한다.

$$-1.6e^{-0.06\times1/12} = -1.592$$

포트폴리오는 선물콜옵션 1개에 매도포지션을 취하고 선물 Δ계약에 매입포지션을 취한 것이다. 현재 선물계약의 가치는 0이므로, 현재 옵션의 가치는 1.592이다.

평가공식의 일반화

선물옵션을 평가하는 공식을 유도하기 위해 선물가격이 현재 F_0이고 T기간 동안에 F_0u로 상승하거나 F_0d로 하락할 것으로 예상한다고 하자. 그리고 옵션 만기일이 T시점이고, 선물가격이 상승하면 옵션의 이득은 f_u이고, 선물가격이 하락하면 이득은 f_d라고 하자. 이 내용이 그림 16.2에 묘사되어 있다.

이 경우에 무위험 포트폴리오는 선물옵션 1개의 매도포지션과 선물 Δ계약의 매입포지션으로 구성된다. Δ는 다음과 같다.

$$\Delta = \frac{f_u - f_d}{F_0u - F_0d}$$

T시점에서 포트폴리오의 가치는 항상 다음과 같다.

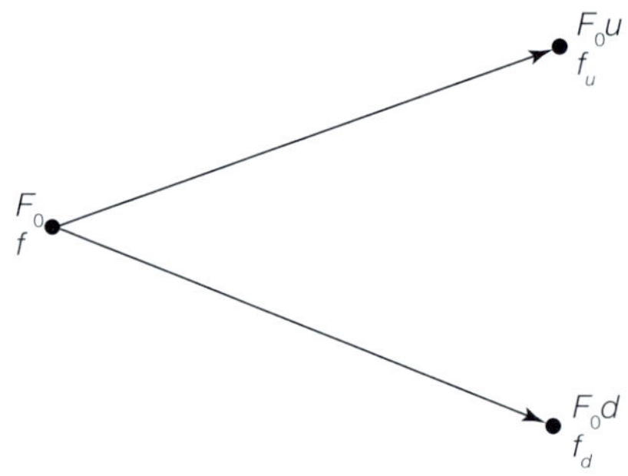

그림 16.2 선물가격과 옵션가격의 변화(일반화)

$$(F_0u - F_0)\Delta - f_u$$

그리고 무위험이자율을 r이라고 하면, 현재 시점에서 포트폴리오의 가치는 다음과 같다.

$$[(F_0u - F_0)\Delta \; - f_u]e^{-rT}$$

f를 선물옵션의 현재 가격으로 정의하면 포트폴리오의 현재가치(즉 포트폴리오를 구성하는 비용)는 $-f$이므로 다음 식이 성립한다(선물계약의 가치는 0이고 선물옵션에 매도포지션을 취했음).

$$-f = [(F_0\text{u} - F_0)\Delta - f_u]e^{-rT}$$

Δ를 대체하고 정리하면 위의 식은 식 (16.5)와 같다.

$$f = e^{-rT}[pf_u + (1-p)f_d] \tag{16.7}$$

단,

$$p = \frac{1-d}{u-d} \tag{16.8}$$

이는 12.10절의 결과와 일치한다.

앞의 그림 16.1의 예를 공식에 적용해 옵션의 가치를 구해보자. 즉 u=1.1, d=0.9333, r=0.06, T=1/12, f_u=4, f_d=0이다. 식 (16.8)로부터 p는 0.4이다.

$$p = \frac{1-0.9333}{1.1-0.9333} = 0.4$$

그리고 식 (16.7)를 적용하면 f는 1.592이다.

$$f = e^{-0.06\times 1/12}[0.4\times 4 + 0.6\times 0] = 1.592$$

현재 옵션의 가치(f) 1.592는 앞에서 구한 값과 일치한다.

다기간 이항과정

다기간 이항과정은 주식옵션의 가치를 평가하는 데 사용되었던 방식과 동일하게 아메리칸 선물옵션의 가치를 평가하는 데 사용된다. 이는 12.10절에 설명되어 있다. 선물가격의 상향 움직임을 정의하는 계수 u는 $e^{\sigma\sqrt{\Delta t}}$이다(여기서 σ는 선물가격의 변동성이고 t는 1기간의 길이임). 선물가격의 상승 확률 p는 식 (16.8)과 같다.

$$p = \frac{1-d}{u-d}$$

예제 12.3은 선물옵션의 가치를 평가하는 데 필요한 다기간 이항과정을 이용하는 방법을 보여준다. 18장의 예제 18.1은 이용방법에 대한 추가적인 내용을 보여준다.

16.10 아메리칸 선물옵션과 아메리칸 현물옵션

실제로 시장에서 거래되는 선물옵션은 대부분 아메리칸형이다. 무위험이자율 r이 양(+)의 값을 갖는 한 아메리칸 선물옵션을 만기일 전에 행사하는 것이 최적일 가능성은 항상 있다. 따라서 아메리칸 선물옵션의 가치가 상응하는 유러피언 선물옵션의 가치보다 크다.

선물계약과 옵션계약이 동일한 만기를 가질 때, 아메리칸 선물옵션의 가치와 상응하는 아메리칸 현물옵션의 가치는 일반적으로 동일하지 않다.[3] 만기일 전에 선물가격이 현물가격보다 일관되게 높은 정상시장을 고려해보자. 정상시장(normal market)에서 아메리칸 선물콜옵션의 가치는 상응하는 아메리칸 현물콜옵션의 가치보다 크다. 왜냐하면 아메리칸 선물콜옵션은 만기일 전에 행사할 수 있고, 행사하는 경우에 아메리칸 선물콜옵션은 옵션 소유자에게 더 큰 이익을 제공하기 때문이다. 이와 유사하게, 아메리칸 선물풋옵션의 가치는 상응하는 아메리칸 현물풋옵션의 가치보다 작다. 그러나 선물가격이 현물가격보다 일관되게 낮은 역조시장(inverted market)에서는 반대 현상이 나타난다. 즉 아메리칸 선물콜옵션의 가치는 상응하는 아메리칸 현물콜옵션의 가치보다 작은 반면, 아메리칸 선물풋옵션의 가치는 상응하는 아메리칸 현물풋옵션의 가치보다 크다.

바로 위에서 설명한 아메리칸 선물옵션과 아메리칸 현물옵션의 차이는, 선물계약과 옵션계약의 만기가 동일할 때뿐만 아니라 선물계약의 만기가 옵션계약의 만기보다 늦는 때에도 똑같이 성립한다. 실제로 선물계약의 만기가 더 늦어질수록 가격 차이가 더 커지는 경향이 있다.

---

3 선물옵션에 상응하는 현물옵션은 행사가격과 만기일이 '동일한' 옵션으로 정의된다.

16.11 선물형 옵션

일부 유럽에 있는 거래소들은 **선물형 옵션**(futures-style option)이라는 증권을 거래한다. 이는 옵션으로부터의 이득을 기초로 하는 선물계약이다. 보통 옵션을 매입하거나 매도하는 거래자는 미리 현금을 지급하거나 수령한다. 이는 그 옵션이 현물 또는 선물을 기초로 하든 상관없이 그러하다. 반면에, 선물형 옵션은 매입 또는 매도하는 경우에 보통의 선물계약(2장 참조)에서 하듯 증거금을 제공해야 한다. (역주: 이는 선물형 옵션이 선물계약이기 때문이다.) 이 계약은 다른 선물계약과 같이 일일정산되며 마지막 결제가격은 옵션으로부터의 이득이다. 선물계약이 자산의 선물가격이 얼마가 될 것인가에 대한 베팅인 것처럼, 선물형 옵션은 옵션으로부터의 이득이 얼마가 될 것인가에 대한 베팅이다.[4] 만일 이자율이 일정하면 옵션이득에 대한 선물계약은 옵션이득에 대한 선도계약과 동일하다. 따라서 선물형 옵션에서의 선물가격은 만약 후불로 지급한다면 옵션에 지급될 가격이다. 이는 일반옵션의 가치를 무위험이자율로 복리계산한 가치이다.

식 (16.5)와 (16.6)으로부터 선물형 콜옵션의 선물가격은 다음과 같다.

$$F_0N(d_1) - KN(d_2)$$

그리고 선물형 풋옵션의 선물가격은 다음과 같다.

$$KN(-d_2) - F_0N(-d_1)$$

여기서 d_1과 d_2는 식 (16.5), 식 (16.6)과 같이 정의된다. 그리고 이 공식들은 이자율에 영향을 받지 않는다.

아메리칸 선물형 옵션은 조기에 행사될 수 있으며 그 경우 옵션의 내재가치에 기초한 최종결제가 즉각적으로 이루어진다. 그러나 선물계약에 대한 아메리칸 선물형 옵션을 조기 행사하는 것은 결코 최적의 행동이 아니다. 왜냐하면 옵션의 선물가격이 항상 내재가치보다 크기 때문이다. 따라서 이런 아메리칸 선물형 옵션은 상응하는 유러피언 선물형 옵션으로 간주될 수 있다.

---

4 선물형 옵션에 대한 더 자세한 내용은 다음 논문을 참조하라. D. Lieu, "Option Pricing with Futures-Style Margining," *Journal of Futures Markets*, 10, 4 (1990): 327–38. 그리고 이자율이 확률 과정을 따르는 경우의 가치평가는 다음 논문을 참조하라. R. -R. Chen and L. Scott, "Pricing Interest Rate Futures Options with Futures-Style Margining," *Journal of Futures Markets*, 13, 1 (1993): 15–22.

요약

선물옵션은 옵션이 행사되면 행사가격으로 기초선물계약을 맺게 되는 옵션이다. 선물콜옵션을 행사하면 옵션 소유자는 선물계약에 매입포지션을 획득함과 동시에 선물가격이 행사가격을 초과하는 만큼의 현금을 받는다. 마찬가지로 선물풋옵션을 행사하면, 옵션 소유자는 선물계약에 매도포지션을 획득함과 동시에 행사가격이 선물가격을 초과하는 만큼의 현금을 받는다. 대부분의 경우 체결되는 선물계약은 옵션계약보다 약간 나중에 만기가 된다.

선물가격은 무위험이자율 r로 배당수익률을 지급하는 주식의 가격과 같은 식으로 움직인다. 이는 주가를 선물가격으로 대체하고 배당수익률을 무위험이자율로 대체하는 경우, 배당수익률을 지급하는 주식에 대한 옵션으로부터 얻은 결과(15장 참조)를 선물옵션에도 적용할 수 있음을 의미한다. 유러피언 선물옵션의 가격을 결정하는 모형은 1976년에 블랙이 개발했다. 이 모형은 선물가격이 옵션 만기일에 대수정규분포를 따른다는 가정에 근거한다.

만일 두 옵션의 만기일이 동일하면, 유러피언 선물옵션의 가치는 상응하는 유러피언 현물옵션의 가치와 정확히 일치한다. 그러나 아메리칸 옵션의 경우에 이 논리는 성립하지 않는다. 선물시장이 정상시장이면 아메리칸 선물콜옵션의 가치는 상응하는 아메리칸 현물콜옵션의 가치보다 큰 반면에, 아메리칸 선물풋옵션의 가치는 상응하는 아메리칸 현물풋옵션의 가치보다 작다. 만일 선물시장이 역조시장이면 반대의 결과가 성립한다.

참고문헌

Black, F. "The Pricing of Commodity Contracts," *Journal of Financial Economics*, 3 (1976): 167–79.

퀴즈

16.1 엔화에 대한 현물콜옵션과 선물콜옵션의 차이점을 설명하라.

16.2 왜 채권선물옵션은 채권옵션보다 더 활발히 거래되는가?

16.3 "선물가격은 배당수익률을 지급하는 주식의 가격과 유사하다." 여기서 배당수익률은 무엇을 의미하는가?

16.4 현재 선물가격은 50이다. 6개월 후에 선물가격이 56 또는 46이 된다고 하자. 무위험이자율은 연 6%이다. 행사가격이 50이고 만기가 6개월인 유러피언 선물콜옵션의 가치는 얼마인가?

16.5 선물옵션의 풋–콜 패리티 공식은 무배당 주식에 대한 옵션의 풋–콜 패리티 공식과 어떻게 다른가?

16.6 선물계약과 옵션계약이 동시에 만기가 되는 아메리칸 선물콜옵션의 경우 어떤 조건하에서 선물옵션의 가치가 상응하는 아메리칸 현물콜옵션의 가치보다 크게 되는가?

16.7 선물가격이 19달러, 행사가격이 20달러, 무위험이자율이 연 12%, 선물가격의 변동성이 연 20%일 때 만기가 5개월인 유러피언 선물풋옵션의 가치를 구하라.

연습문제

16.8 행사가격이 온스당 1,200달러인 10월 만기 금 선물에 대한 풋옵션 1계약을 매입한 경우를 고려해보자. 1계약의 규모는 100온스이다. 만일 10월 만기 선물가격이 1,160달러일 때 옵션을 행사하면 어떤 일이 발생하는가?

16.9 행사가격이 파운드당 140센트인 4월 만기 생우 선물에 대한 콜옵션 1계약을 매도한 경우를 고려해보자. 1계약의 규모는 40,000파운드이다. 만일 4월 만기 선물가격이 145센트일 때 옵션이 행사되면 어떤 일이 발생하는가?

16.10 무위험이자율이 연 10%일 때, 행사가격이 40이고 만기가 2개월인 선물콜옵션을 고려해보자. 선물가격은 현재 47이다. 선물콜옵션이 (a) 유러피언형일 때와 (b) 아메리칸형일 때 선물콜옵션 가치의 하한선은 각각 얼마인가?

16.11 무위험이자율이 연 10%일 때 행사가격이 50이고 만기가 4개월 후인 선물풋옵션을 고려해보자. 선물가격은 현재 47이다. 선물풋옵션이 (a) 유러피언형일 때와 (b) 아메리칸형일 때 선물풋옵션 가치의 하한선은 각각 얼마인가?

16.12 선물가격이 현재 60이고 변동성은 30%이다. 무위험이자율은 연 8%이다. 행사가격이 60이고 만기가 6개월인 유러피언 선물콜옵션의 가치는 얼마인가? 그리고 만일 이 옵션이 아메리칸형이면 옵션을 만기일 전에 행사할 가치가 있는가?

16.13 위의 문제 16.12에서 행사가격이 60이고 만기가 6개월인 유러피언 선물풋옵션의 가치는 이항모형의 결과 얼마인가? 또한 만일 옵션이 아메리칸형이면, 옵션을 만기일 전에 행사할 가치가 있는가? 문제 16.12에서 계산한 콜옵션 가격과 여기서 계산한 풋옵션 가격이 풋–콜 패리티 관계를 만족하는지 검증하라.

16.14 선물가격이 현재 25이고, 선물가격의 변동성이 연 30%이며, 무위험이자율이 연 10%이다. 행사가격이 26이고 만기가 9개월인 유러피언 선물콜옵션의 가치는 얼마인가?

16.15 선물가격이 현재 70이고, 선물가격의 변동성이 연 20%이며, 무위험이자율이 연 6%이다. 행사가격이 65이고 만기가 5개월인 유러피언 선물풋옵션의 가치는 얼마인가?

16.16 1년 만기 선물가격이 현재 35이고, 이 선물에 대한 유러피언 콜옵션과 유러피언 풋옵션의 행사가격이 34로 동일하며, 시장가격도 2로 동일하다. 옵션 만기는 모두 1년이고 무위험이자율은 연 10%이다. 차익거래기회가 존재하는가?

16.17 "등가격에 있는 유러피언 선물콜옵션의 가격은 등가격에 있는 유사한 유러피언 선물풋옵션의 가격과 항상 일치한다"라는 말이 왜 사실인지 설명하라.

16.18 현재 선물가격이 30이고 무위험이자율이 연 5%이다. 행사가격이 28이고 만기가 3개월인 아메리칸 선물콜옵션의 가치가 4이다. 행사가격이 28이고 만기가 3개월인 아메리칸 선물풋옵션 가치의 범위를 계산하라.

16.19 행사가격이 K이고 만기가 T인 아메리칸 선물콜옵션의 가격이 C이고 동일 조건의 아메리칸 선물풋옵션의 가격이 P일 때 다음 식을 증명하라.

$$F_0e^{-rT} - K < C - P < F_0 - Ke^{-rT}$$

여기서 F_0는 선물가격, r은 무위험이자율이다. $r > 0$이고 선도계약과 선물계약 간에 차이가 없다고 가정한다(힌트: 15장의 문제 15.12에서 사용한 접근방법을 이용하라).

16.20 은의 현물가격에 대한 3개월 만기 유러피언 콜옵션의 가치를 계산하라. 3개월 만기 선물가격은 12달러이고 행사가격은 13달러이다. 그리고 무위험이자율은 4%이고 가격 변동성은 25%이다.

추가문제

16.21 선물가격이 현재 40이다. 3개월 후에 선물가격은 35 또는 45일 것으로 예상한다. 무위험이자율이 연 7%이며, 행사가격이 42이고 만기가 3개월인 유러피언 선물콜옵션의 가치는 얼마인가?

16.22 자산의 선물가격이 현재 78이고 무위험이자율이 3%이다. 행사가격이 80이고 만기가 6개월인 선물풋옵션의 가격이 현재 6.5이다. 행사가격이 80이고 만기가 6개월인 선물콜옵션의 가격은 얼마인가? 선물콜옵션과 선물

풋옵션은 모두 유러피언 옵션이다. 만약 두 옵션이 모두 아메리칸 옵션이면 행사가격이 80이고 만기가 6개월인 선물콜옵션의 가격이 가질 수 있는 범위는 얼마인가?

16.23 선물가격이 50, 옵션 만기가 9개월, 행사가격이 50, 무위험이자율이 3%, 변동성이 25%일 때 3기간 이항과정을 이용해 아메리칸 선물풋옵션의 가치를 평가하라.

16.24 유러피언 콩 선물풋옵션과 관련한 다음 정보를 사용해 콩 선물가격의 내재변동성을 계산하라.

현재 선물가격	525
행사가격	525
무위험이자율	연 6%
만기	5개월
풋옵션 가격	20

16.25 2월 4일 현재 행사가격이 260, 270, 280, 290, 300인 옥수수 선물에 대한 7월 만기 콜옵션 가격이 각각 26.75, 21.25, 17.25, 14.00, 11.375이다. 동일한 행사가격에 대한 7월 만기 풋옵션의 가격이 각각 8.50, 13.50, 19.00, 25.625, 32.625이다. 옵션 만기일은 6월 19일이고, 현재 7월 만기 옥수수 선물가격은 278.25이며, 무위험이자율은 1.1%이다. DerivaGem 프로그램을 이용해 옵션의 내재변동성을 계산하고 결과에 대해 설명하라.

16.26 S&P 500지수에 대한 6개월 만기 유러피언 풋옵션의 가치를 계산하라. 지수의 6개월 선도가격은 1,400이고 행사가격은 1,450, 무위험이자율은 5%, 지수의 변동성은 15%이다.

16.27 상품의 선물가격이 500센트이고 선물옵션의 행사가격이 550센트, 무위험이자율이 3%, 선물가격의 변동성이 20%, 옵션 만기가 9개월이라고 가정하자.

(a) 만일 유러피언 콜옵션이면 옵션가격은 얼마인가?

(b) 만일 유러피언 풋옵션이면 옵션가격은 얼마인가?

(c) 풋-콜 패리티가 성립하는지 확인하라.

(d) 만일 콜옵션이면 선물형 옵션의 선물가격은 얼마인가?

(e) 만일 풋옵션이면 선물형 옵션의 선물가격은 얼마인가?

17 그릭 문자

장외시장에서 고객에게 옵션을 매도하는 금융기관은 이에 대한 위험을 관리해야 한다. 만일 매도한 옵션이 거래소에서 거래되는 것과 동일하면 금융기관은 매도한 것과 동일한 옵션을 거래소에서 매입해 포지션을 중립화할(neutralize) 수 있다. 그러나 만약 매도한 옵션이 고객의 요구에 맞춰 특별히 설계된 옵션이라면 이는 거래소에서 거래되는 옵션과 동일하지 않기 때문에 금융기관은 노출된 위험을 헤지하는 것이 훨씬 어렵다.

이 장에서는 이 문제를 해결하기 위한 대안을 소개한다. 우선 '그릭 문자(Greek letters 또는 Greeks)'라는 것을 설명하는데, 각 그릭 문자는 옵션포지션의 위험을 다른 측면에서 측정하는 데 이용된다. 트레이더의 목적은 그릭 문자들을 관리해 모든 위험을 적절한 수준에서 유지하는 것이다. 이 장에 제시하는 분석 방법은 거래소의 옵션시장 조성자뿐만 아니라 금융기관을 위해 일하는 장외시장 트레이더 모두가 적용할 수 있다.

이 장 끝부분에서 우리는 옵션을 합성하는(create synthetically) 방법을 소개한다. 옵션을 합성하는 것은 옵션의 헤징과 매우 밀접하게 연관되어 있다. 옵션포지션을 합성하는 것은 본질적으로 반대 옵션포지션을 헤지하는 것과 동일하다. 예를 들어 콜옵션 매입포지션을 합성하는 것은 콜옵션 매도포지션을 헤지하는 것과 동일하다.

17.1 예시

무배당 주식 10만 주에 대한 유러피언 콜옵션 1개를 30만 달러에 매도한 금융기관의 포지션을 예로 사용해 금융기관이 어떻게 위험을 헤지할 수 있는지 분석해보자. 현재 주가가 49달러, 행사가격은 50달러, 무위험이자율은 연 5%, 주가 변동성은 연 20%, 만기는 20주(0.3846년), 주식의 기대수익률은 연 13%라고 가정해보자.[1] 즉

$$S_0=49,\ K=50,\ r=0.05,\ \sigma=0.20,\ T=0.3846,\ \mu=0.13$$

블랙-숄즈-머튼의 공식에 의한 옵션가격은 약 240,000달러이다(주식 1주를 살 수 있는 옵션 1개당 2.4달러이기 때문). 결국 금융기관은 공식에 의한 이론적인 가격보다 옵션을 60,000달러 비싸게 매도한 셈이다. 그러나 이 금융기관은 콜옵션 매도에 따른 위험을 헤지해야 하는 문제에 직면한다.[2]

17.2 노출된 포지션과 보호된 포지션

금융기관이 구사할 수 있는 한 가지 전략은 아무것도 하지 않는 것이다. 이를 **노출된 포지션**(naked position)을 취한다고 한다. 만일 20주 후에 주가가 50달러 이하이면 이 전략은 대단히 효과적이다. 즉 금융기관은 어떤 비용도 부담하지 않고 300,000달러의 이익을 얻는다. 그러나 콜옵션이 행사되어 금융기관이 20주 후의 시장가격으로 10만 주를 매입해야 한다면 노출된 포지션은 덜 효과적이다. 금융기관이 부담할 비용은 주가가 행사가격을 초과하는 금액에 10만을 곱한 금액이다. 즉 20주 후에 주가가 60달러이면 옵션 발행으로 인해 100만 달러의 비용이 발생한다. 이 비용은 옵션을 발행하고서 받은 30만 달러의 프리미엄보다 훨씬 큰 금액이다.

금융기관은 노출된 포지션 대신에 **보호된 포지션**(covered position)을 취할 수 있다. 즉 옵션을 발행한 직후 주식 10만 주를 매입하는 것이다. 만일 옵션이 행사되면 이 전략은 효과적이다. 그러나 만일 옵션이 행사되지 않으면 보호된 포지션은 큰 손해를 볼 수 있다. 예를 들어 만일 주가가 40달러로 하락하면 금융기관은 주식포지션에서 900,000달러의 손해를 본다. 이 또한 옵션을 발행하고 받은 300,000달러보다 훨씬 큰 금액이다.[3]

따라서 노출된 포지션도 보호된 포지션도 좋은 헤징 방법은 아니다. 만일 블랙-숄즈-머튼의 모형이 기초하는 가정이 성립하면, 금융기관이 지불할 비용은 어떤 포지션을 취하든 평균 240,000달러여야 한다.[4] 그러나 경우에 따라 비용은 0에서 100만 달러 이상까지의 범위를

---

1 12장과 13장에서 설명했듯이 기대수익률은 옵션가격에 영향을 주지 않는다. 그러나 여기서는 특정 헤징 전략의 효율성(effectiveness)에는 영향을 미칠 수 있다.

2 무배당 주식에 대한 콜옵션이 설명하는 데 편리하다. 여기서의 논리가 다른 유형의 옵션과 파생상품에도 그대로 적용된다.

3 풋-콜 패리티에 의하면, 커버드 콜옵션(covered call) 발행으로부터의 위험은 노출된 풋옵션(naked put) 발행으로부터의 위험과 같다.

4 보다 정확히 말하면, 위험을 고려한 적정 이자율을 사용하는 경우에 노출된 포지션과 보호된 포지션의 기대 비용의 현재가치가 각각 240,000달러이다.

갖는다. 좋은 헤지는 항상 240,000달러에 근접한 비용을 보장하는 것이다.

손절매 전략

손절매 전략(stop-loss strategy)은 흥미로운 헤징전략이다. 기본 아이디어를 설명하기 위해 주식 1주를 행사가격 K에 살 수 있는 콜옵션 1개를 발행한 금융기관을 고려해보자. 헤징전략은 주가가 K 이상으로 상승하면 주식 1주를 매입하고, K 이하로 하락하면 주식 1주를 매도하는 것이다. 이 전략의 목적은 주가가 K보다 낮은 경우에는 노출된 포지션을 취하고, 주가가 K보다 높은 경우에는 보호된 포지션을 취하는 것이다. 이 전략으로 T시점에서 옵션이 내가격으로 마감하면 금융기관은 주식을 소유하고, 옵션이 외가격으로 마감하면 주식을 소유하지 않게 된다. 이러한 전략의 이득 패턴은 옵션의 이득 패턴과 같아 보인다. 그림 17.1에서 이 전략은 t_1시점에서 주식을 매입해 t_2시점에서 매도하고, t_3시점에서 매입해 t_4시점에서 매도하고, t_5시점에서 매입해 T시점에서 주식을 인도하는 것이다.

처음의 주가(initial stock price)를 S_0라고 하자. 기초에 헤징비용은 만일 $S_0 > K$이면 S_0이고, 반대의 경우에 0이다. 언뜻 보기에 콜옵션을 발행하고 이를 헤지하는 데 드는 총비용 Q와 옵션의 내재가치(intrinsic value)는 같아 보인다.

$$Q = \max(S_0 - K, 0) \tag{17.1}$$

왜냐하면 모든 매입과 매도가 K가격으로 이루어진다고 생각하기 때문이다. 만일 이것이 사실이었으면 손절매 전략은 거래비용을 제외하고는 완벽하게 작동할 것이다. 나아가 옵션을 헤지하는 데 드는 비용은 블랙-숄즈-머튼의 가격보다 항상 작게 된다. 따라서 트레이더는 옵

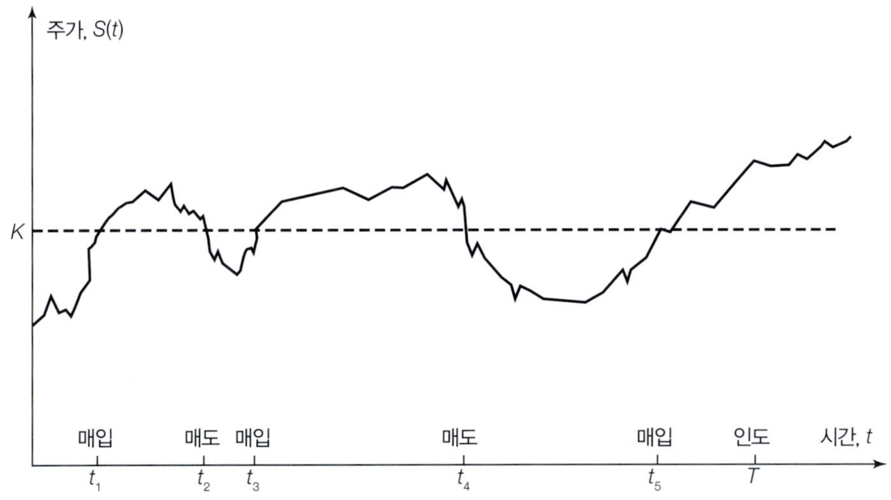

그림 17.1 손절매 전략

션을 발행하고 이를 헤지하면 무위험 이익을 얻을 수 있게 될 것이다.

그러나 다음 두 가지 이유로 인해 식 (17.1)은 옳지 않다. 첫 번째 이유는 헤저에게 발생하는 현금흐름의 시점이 다르므로 현재가치로 환산되어야 한다. 두 번째 이유는 매입과 매도를 정확히 K가격으로 할 수 없다는 것이다. 두 번째 이유는 매우 중요하다. 위험중립 세상을 가정하고 무위험이자율이 0이라면 화폐의 시간가치는 무시할 수 있다. 그러나 주식의 매입과 매도가 같은 가격으로 이루어진다는 가정은 논리에 맞지 않는다. 만일 시장이 효율적이면 헤저는 언제 주가가 K가 될지 예측할 수 없으며, 주가는 계속 K보다 높거나 낮게 된다.

실제로 헤저는 $K+\epsilon$ 가격에 주식을 매입하고, $K-\epsilon$ 가격에 주식을 매도하게 된다(ϵ는 작은 양수임). 한 번 왕복거래할 때마다 드는 비용(물론 거래비용은 제외)은 2ϵ이다. 물론 헤저는 ϵ를 줄이기 위해 주가 변화를 주의 깊게 관찰한다. 주가가 연속적으로 계속 변하는 상황에서, 주가 변화를 더 자세히 관찰하면 ϵ를 매우 작게 만들 수 있다. 그러나 ϵ를 작게 만들수록 거래 빈도는 점점 증가한다. 즉 거래당 비용(ϵ)은 감소하나 이는 거래 빈도의 증가로 상쇄된다. ϵ가 0에 접근함에 따라 거래 횟수는 무한대에 접근한다.

손절매 전략은 매력적으로 보이지만 헤징전략으로서는 특별히 우수하다고 말하기 어렵다. 이 전략을 외가격 옵션에 적용해보자. 만일 주가가 행사가격 K에 도달하지 않으면 손실방지 전략은 어떤 비용도 수반하지 않는다. 그러나 만일 주가가 행사가격과 여러 번 같게 되면 손절매 전략에 드는 비용은 매우 커진다. 몬테카를로 시뮬레이션(Monte Carlo simulation)을 이용해 손절매 전략의 성과(performance)를 평가할 수 있다. 즉 주가를 무작위로 반복해 변경시키고 손절매 전략의 결과를 평가하는 것이다. 표 17.1은 17.1절에서 고려한 옵션을 이용해 수행한 손절매 전략의 성과를 보여준다. 주가는 매 기간(기간의 길이는 Δt) 말기에 관찰하는 것으로 가정한다.[5]

표 17.1의 헤징 성과 평가기준은 옵션을 헤지하는 데 드는 비용의 표준편차를 블랙–숄즈–머튼의 옵션가격으로 나눈 비율이다. (헤징 비용은 이자 비용과 시간가치를 제외한 누적 비용이다.) 표에 있는 각각의 결과는 100만 번의 주가 변화 과정으로부터 얻은 것이다. 훌륭

표 17.1 손절매 전략의 헤징 성과(평가기준은 옵션을 헤지하는 데 드는 비용의 표준편차를 이론가격으로 나눈 비율임)

Δt(단위: 주)	5	4	2	1	0.5	0.25
헤징 성과 평가기준	0.98	0.93	0.83	0.79	0.77	0.76

5 사용된 정확한 헤징 방법은 다음과 같다. 만일 주가가 Δt기간 동안 K 이하에서 K 이상으로 상승하면 기간 말에 주식을 매입한다. 반대로 Δt기간 동안 K 이상에서 K 이하로 하락하면 기간 말에 주식을 매도한다. 다른 경우에는 주식을 매입 또는 매도하지 않는다.

한 헤징전략이라면 헤징 성과 평가기준이 0과 가까워야 한다. 그러나 시뮬레이션 결과 Δt를 아무리 작게 하더라도 헤징 성과 평가기준비율을 0.7 이하로 만드는 것은 불가능해 보인다. 이 사실은 손절매 전략이 훌륭한 헤징 전략은 아님을 강조해준다.

17.3 그릭 문자 계산

대다수 트레이더는 현재까지 언급된 것보다 더 정교한 헤징 절차를 사용한다. 이를 위해서는 델타, 감마, 베가와 같은 측정치를 계산해야 하며, 이러한 측정치는 그릭 문자라고 통칭된다. 이러한 측정치는 옵션포지션이 가진 여러 다양한 위험성을 측정한다. 이 장에서는 그릭 문자 중 대표적인 것들의 특성을 살펴본다.

그릭 문자를 계산하려면 우선 옵션가격 모형을 가정해야 한다. 트레이더는 일반적으로 유러피언 옵션의 경우 블랙-숄즈-머튼 모형(또는 15장과 16장에서 소개한 확장 모형)을, 아메리칸 옵션의 경우 이항 트리 모형(12장에서 소개)을 가정한다(이항 모형도 블랙-숄즈-머튼 모형과 동일한 가정을 한다). 트레이더는 그릭 문자를 계산할 때 일반적으로 변동성을 현재 내재변동성과 동일하게 설정한다. 이러한 접근 방식을 '실무형 블랙-숄즈 모형'이라고도 한다. 내재변동성을 현재 변동성과 동일하게 설정하면 이 실무형 모형은 옵션가격을 기초자산 가격, 내재변동성, 이자율, (가능하다면) 배당금의 정확한 함수로 나타낸다. 이 변수 중 하나가 변경되는 경우에만 옵션가격이 변경될 수 있다. 트레이더는 모든 변수가 충분히 헤지되었다면 자신감을 가질 수 있다.

이 장에서는 배당금이 지불되지 않는 유러피언 주식옵션에 대한 그릭 문자의 계산을 먼저 고려하고, 다른 유러피언 옵션에 대한 결과를 제시한다. 다음 장에서는 아메리칸 옵션에 대한 그릭 문자 계산 방법을 알아본다.

17.4 델타헤징

옵션의 델타(delta, Δ)는 12장에서 처음 설명했다. 델타는 기초자산의 가격 변화에 대한 옵션가격의 변화로 정의된다. 델타는 옵션가격을 기초자산 가격의 함수로 나타내는 곡선의 기울기 또한 나타낸다. 콜옵션의 델타를 0.6으로 가정하자. 이는 주가가 조금 변하는 경우에 옵션가격은 주가 변화의 약 60%만큼 변한다는 사실을 알려준다. 그림 17.2는 기초주식의 가격과 옵션가격의 관계를 보여준다. 주가가 A점이면 옵션가격은 B점이고, 델타는 그림에 표시된 선의 기울기이다. 일반적으로 콜옵션의 델타는 $\Delta c/\Delta S$와 같다(여기서 ΔS는 주가의 작은 변화이고 Δc는 그로 인한 콜옵션 가격의 변화임).

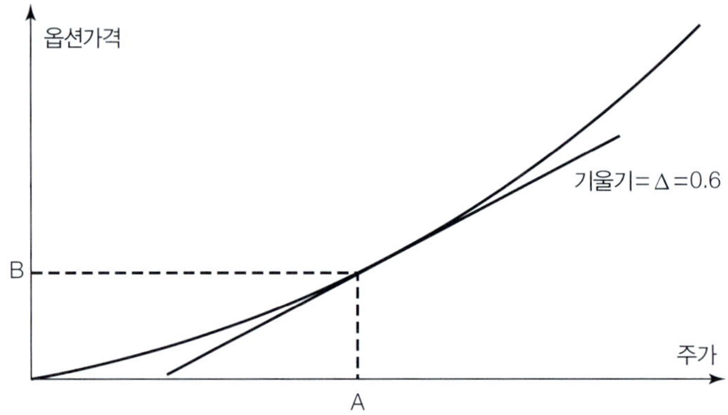

그림 17.2 델타의 계산

그림 17.2에서 주가가 100달러, 옵션가격이 10달러라고 가정하자. 금융기관의 트레이더가 주식 2,000주에 해당하는 콜옵션을 매도했다고 하자. 트레이더의 포지션은 주식 0.6 × 2,000 = 1,200주를 매입함으로써 헤지할 수 있다. 옵션포지션의 이익(손실)과 주식포지션의 손실(이익)은 서로 정확히 상쇄된다. 예를 들어 주가가 1달러 상승하면(즉 매입한 주식으로부터 1,200달러의 이익이 발생하면), 옵션의 가격은 0.6 × 1달러 = 0.60달러 상승한다(즉 발행한 옵션으로부터 1,200달러의 손실이 발생한다). 반대로 주가가 1달러 하락하면(즉 매입한 주식으로부터 1,200달러의 손실이 발생하면), 옵션가격은 0.60달러 하락한다(즉 발행한 옵션으로부터 1,200달러의 이익이 발생한다).

이 예제에서 옵션 2,000개 매도포지션의 델타는 0.6 × (−2,000) = −1,200이다. 다시 말해 주가가 ΔS만큼 상승하면 옵션 매도포지션을 취한 거래자의 손실은 1,200ΔS이다. 주식의 델타는 델타의 정의에 의해 1.0이므로 매입한 1,200주 주식포지션의 델타는 +1,200이다. 따라서 투자자의 전체 포지션 델타는 0이다. 즉 주식포지션의 델타가 옵션포지션의 델타를 상쇄한다. 델타가 0인 포지션을 **델타중립**(delta neutral)이라 한다.

여기서 중요한 사실은 델타가 일정한 값을 유지하지 않으므로 트레이더의 포지션이 델타헤지된(또는 델타중립인) 기간이 매우 짧다는 것이다. 헤징포지션은 주기적으로 조정되어야 한다. 이를 **재조정**(rebalancing)이라 한다. 3일 후에 주가가 110달러로 상승했다고 가정해보자. 그림 17.2가 보여주듯 주가가 상승하면 콜옵션의 델타도 증가한다. 만일 델타가 0.60에서 0.65로 증가하면 주식 0.05 × 2,000 = 100주를 추가로 매입해야만 헤지를 유지할 수 있다. 이는 예제 17.1에 잘 설명되어 있다.

델타헤징전략은 **동적 헤징전략**(dynamic hedging scheme)의 한 예다. 동적 헤징은 **정적 헤징**(static hedging)과 상이한데, 정적 헤징은 초기에 포지션을 취한 후 이를 재조정하지 않는다. 정적 헤징은 때로 '헤지 후 망각전략(hedge-and-forget scheme)'이라 일컫는다. 델타는

예제 17.1 델타헤징의 이용 EXAMPLE

금융기관에서 일하는 트레이더가 콜옵션 20계약(즉 옵션 2,000개)을 매도했다. 옵션가격은 10달러, 주가는 100달러, 옵션의 델타는 0.6이다. 옵션포지션의 델타는 $0.6 \times -2{,}000 = -1{,}200$이다.

첫 번째 헤지
트레이더는 델타중립 포지션을 만들기 위해 주식 1,200주를 매입한다.

가격 변화
다음 날 주가는 110달러로 상승하고 델타는 0.65로 변한다. 옵션포지션의 델타는 $0.65 \times -2{,}000 = -1{,}300$으로 변한다.

헤지 재조정
트레이더는 델타중립을 유지하기 위해 주식 100주를 추가로 매입한다.

블랙-숄즈-머튼 분석과 밀접하게 연관되어 있다. 13장에서 설명한 바와 같이 머튼은 주식포지션과 옵션포지션으로 무위험 포트폴리오를 구성할 수 있음을 보였다. Δ를 이용해 표현하면 이 무위험 포트폴리오는 다음과 같다.

$$\begin{cases} -1: \text{옵션} \\ +\Delta: \text{주식 수} \end{cases}$$

여기서 소개한 새로운 용어를 이용해 머튼의 옵션 가치 방법론을 다시 설명해보자. 머튼은 우선 델타중립의 포트폴리오를 구성하고, 이 포트폴리오의 수익률이 무위험이자율이어야 한다는 논리에 근거해 옵션의 가치를 결정한다.

유러피언 주식옵션의 델타

무배당 주식의 경우 블랙-숄즈-머튼 모형에 의한 유러피언 콜옵션의 델타는 다음과 같다.

$$\Delta(\text{call}) = N(d_1)$$

단, d_1은 13장의 식 (13.5)에서 정의한 것과 같고 $N(x)$는 표준정규분포의 누적분포함수이다. 예제 17.2는 이 공식을 이용한 예시이다. 이 공식을 이용하면 콜옵션 1개 매입포지션의 델타가 계산된다. 그리고 콜옵션 1개 매도포지션의 델타는 $-N(d_1)$이다. 유러피언 콜옵션의 매입포지션에 대한 델타헤징은 어느 시점에서든 옵션당 $N(d_1)$의 비율로 주식의 공매도포지션을 유지하는 것이다. 마찬가지로, 유러피언 콜옵션의 매도포지션에 대한 델타헤징은 항상 옵션당 $N(d_1)$의 비율로 주식의 매수포지션을 유지하는 것이다.

예제 17.2 주식옵션의 델타 EXAMPLE

무배당 주식에 대한 콜옵션을 고려해보자. 주가는 49달러, 행사가격은 50달러, 무위험이자율 5%, 만기 20주(=0.3846년), 변동성은 20%이다. d_1이 0.0542이므로

$$d_1 = \frac{\ln(49/50) + (0.05 + 0.2^2/2) \times 0.3846}{0.2 \times \sqrt{0.3846}} = 0.0542$$

델타 $N(d_1)$은 0.522이다. 주가가 ΔS만큼 변하면 옵션가격은 $0.522\Delta S$만큼 변한다.

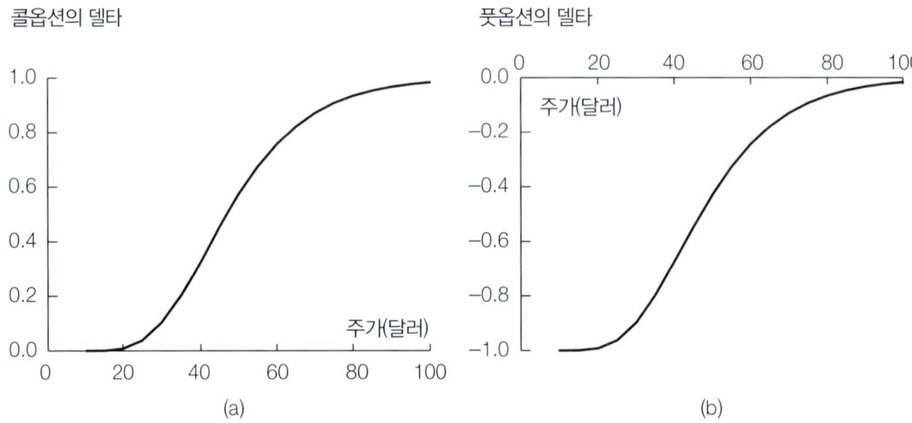

그림 17.3 옵션의 델타와 주가의 관계. (a) 무배당 주식에 대한 콜옵션, (b) 무배당 주식에 대한 풋옵션 ($K=50$, $r=0$, $\sigma=25\%$, $T=2$)

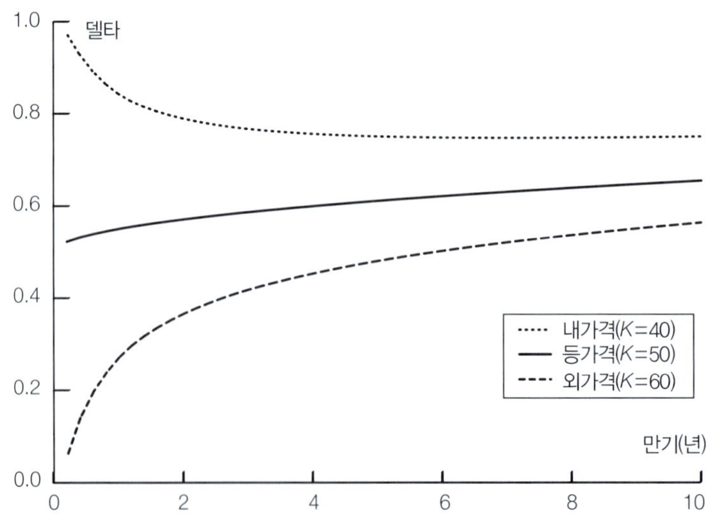

그림 17.4 콜옵션의 델타와 만기의 전형적인 관계($S_0=50$, $r=0$, $\sigma=25\%$)

무배당 주식에 대한 유러피언 풋옵션의 델타는 다음과 같다.

$$\Delta(\text{put}) = N(d_1) - 1$$

풋옵션의 델타는 음수인데, 이는 풋옵션의 매입포지션은 기초주식의 매입포지션으로 헤지해야 하고, 풋옵션의 매도포지션은 기초주식의 공매포지션으로 헤지해야 한다는 것이다. 그림 17.3은 주가에 따라 콜옵션과 풋옵션의 델타가 변하는 것을 보여준다. 그림 17.4는 내가격, 등가격, 외가격 콜옵션의 경우 만기에 따라 델타가 변하는 것을 보여준다.

델타헤징의 동적 메커니즘

표 17.2와 표 17.3은 17.1절의 예시에 대해 델타헤징을 적용한 두 가지 시뮬레이션 결과를 보여준다. 헤지는 1주일 간격으로 재조정되고, 내재변동성은 20%로 고정되도록 블랙-

표 17.2 델타헤징 시뮬레이션: 옵션이 내가격으로 마감함. 헤징비용=263,300달러

주	주가	델타	매입 주식 수	주식 매입비용 (단위: 천 달러)	누적비용 (매입비용과 이자 포함) (단위: 천 달러)	이자비용 (단위: 천 달러)
0	49.00	0.522	52,200	2,557.8	2,557.8	2.5
1	48.12	0.458	(6,400)	(308.0)	2,252.3	2.2
2	47.37	0.400	(5,800)	(274.7)	1,979.8	1.9
3	50.25	0.596	19,600	984.9	2,966.6	2.9
4	51.75	0.693	9,700	502.0	3,471.5	3.3
5	53.12	0.774	8,100	430.3	3,905.1	3.8
6	53.00	0.771	(300)	(15.9)	3,893.0	3.7
7	51.87	0.706	(6,500)	(337.2)	3,559.5	3.4
8	51.38	0.674	(3,200)	(164.4)	3,398.5	3.3
9	53.00	0.787	11,300	598.9	4,000.7	3.8
10	49.88	0.550	(23,700)	(1,182.2)	2,822.3	2.7
11	48.50	0.413	(13,700)	(664.4)	2,160.6	2.1
12	49.88	0.542	12,900	643.5	2,806.2	2.7
13	50.37	0.591	4,900	246.8	3,055.7	2.9
14	52.13	0.768	17,700	922.7	3,981.3	3.8
15	51.88	0.759	(900)	(46.7)	3,938.4	3.8
16	52.87	0.865	10,600	560.4	4,502.6	4.3
17	54.87	0.978	11,300	620.0	5,126.9	4.9
18	54.62	0.990	1,200	65.5	5,197.3	5.0
19	55.87	1.000	1,000	55.9	5,258.2	5.1
20	57.25	1.000	0	0.0	5,263.3	

표 17.3 델타헤징 시뮬레이션: 옵션이 외가격으로 마감함. 헤징비용=256,600달러

주	주가	델타	매입 주식 수	주식 매입비용 (단위: 천 달러)	누적비용 (매입비용과 이자 포함) (단위: 천 달러)	이자비용 (단위: 천 달러)
0	49.00	0.522	52,200	2,557.8	2,557.8	2.5
1	49.75	0.568	4,600	228.9	2,789.2	2.7
2	52.00	0.705	13,700	712.4	3,504.3	3.4
3	50.00	0.579	(12,600)	(630.0)	2,877.7	2.8
4	48.38	0.459	(12,000)	(580.6)	2,299.9	2.2
5	48.25	0.443	(1,600)	(77.2)	2,224.9	2.1
6	48.75	0.475	3,200	156.0	2,383.0	2.3
7	49.63	0.540	6,500	322.6	2,707.9	2.6
8	48.25	0.420	(12,000)	(579.0)	2,131.5	2.1
9	48.25	0.410	(1,000)	(48.2)	2,085.4	2.0
10	51.12	0.658	24,800	1,267.8	3,355.2	3.2
11	51.50	0.692	3,400	175.1	3,533.5	3.4
12	49.88	0.542	(15,000)	(748.2)	2,788.7	2.7
13	49.88	0.538	(400)	(20.0)	2,771.4	2.7
14	48.75	0.400	(13,800)	(672.7)	2,101.4	2.0
15	47.50	0.236	(16,400)	(779.0)	1,324.4	1.3
16	48.00	0.261	2,500	120.0	1,445.7	1.4
17	46.25	0.062	(19,900)	(920.4)	526.7	0.5
18	48.13	0.183	12,100	582.4	1,109.6	1.1
19	46.63	0.007	(17,600)	(820.7)	290.0	0.3
20	48.12	0.000	(700)	(33.7)	256.6	

숄즈-머튼 모형의 가정이 성립하는 것으로 가정한다. 최초의 델타값은 17.1절의 자료에서 0.522로 계산되었다(예제 17.2 참조). 금융기관이 취한 옵션 매도포지션의 델타는 0.522 × −100,000=−52,200이다. 이는 옵션을 발행하자마자 2,557,800달러를 차입해 주당 49달러에 52,200주를 매입해야 함을 의미한다. 이자율은 연 5%라고 가정해보자. 그 결과 첫 주에 2,500달러의 이자비용이 발생한다.

표 17.2에서 첫 주 말기에 주가는 48.12달러로 하락한다. 이는 델타를 0.458로 하락시키고 옵션 매도 포지션의 새로운 델타는 0.458 × −100,000=−45,800이다. 이는 델타중립 헤지를 유지하기 위해 기초(0주)에 매입한 주식들 중 6,400주가 매도되어야 함을 의미한다. 주식 매도로 308,000달러의 현금 유입이 발생해 첫 주말 기준 차입금은 2,252,300달러로 줄어든다. 둘째 주에 주가는 47.37달러로 하락하고 델타는 다시 감소한다. 옵션 만기일에 접근함에 따라 옵션이 행사됨이 거의 확실해지고 델타는 1.0에 접근한다. 결과적으로 20번째 주까지 헤저는 완전히 보호된 포지션을 유지하게 된다. 헤저는 소유하고 있는 주식 10만 주를 인도

표 17.4 델타헤징의 헤징 성과

헤징 재조정 간의 기간(단위: 주)	5	4	2	1	0.5	0.25
헤징 성과 평가기준	0.42	0.38	0.28	0.21	0.16	0.13

하고 5,000,000달러를 받아 옵션을 헤지하는 데 드는 총비용은 5,263,300달러−5,000,000달러=263,300달러이다.

표 17.3에서는 옵션이 외가격으로 마감된다. 시간이 지남에 따라 옵션이 행사되지 않을 가능성은 점점 커지고 델타는 0에 접근한다. 20번째 주에 헤저는 노출된 포지션을 취하게 되고 총비용은 256,600달러이다.

표 17.2와 표 17.3에서 옵션을 헤지하는 데 소요되는 비용의 현재가치는 블랙−숄즈−머튼의 공식에 의한 가격 240,000달러에 매우 가까우나 완전히 일치하지는 않는다. 헤징전략이 완벽하게 적용되었더라면 헤지 비용의 현재가치는 주가 흐름이 어떠한 방식으로 시뮬레이션되었다 하더라도 블랙−숄즈−머튼 가격과 정확히 일치하게 되었을 것이다. 그러나 델타헤징의 비용이 240,000달러와 정확하게 일치하지 않는 이유는 헤지를 1주일 간격으로 재조정해야 하기 때문이다. 재조정을 더 자주 하면 헤징 비용의 변화폭(variation)은 감소한다. 물론 표 17.2와 표 17.3의 예시는 변동성이 일정하고 거래비용이 없다고 가정하고 실행한 시뮬레이션 결과이므로 완벽하게 현실적이지는 않다.

표 17.4는 100만 번의 무작위 주가 변화 과정으로부터 측정한 델타헤징의 성과를 보여준다. 헤징 성과의 평가기준은 표 17.1과 같이 헤징비용의 표준편차를 블랙−숄즈−머튼의 옵션가격으로 나눈 비율로 정한다. 표에서 알 수 있듯이 델타헤징은 손절매 전략보다 훨씬 우수하다. 손절매 전략과 달리 델타헤징전략은 헤징 조정 기간이 짧아짐에 따라 델타헤징의 성과도 점진적으로 나아지는 것을 알 수 있다.

델타헤징의 목표는 금융기관 포지션의 가치를 최대한 변하지 않게 유지하는 것이다. 기초(0주)에 발행된 옵션의 가치는 240,000달러이다. 표 17.2의 상황에서, 9주 후 옵션의 가치는 414,500달러이다. (이 금액은 블랙−숄즈−머튼의 공식에 주가를 53달러로 놓고 만기를 11주로 가정한 결과이다.) 따라서 금융기관은 옵션포지션에서 174,500달러의 손실을 본다. 9주 후의 현금포지션은(누적비용으로 계산함) 기초에 비해 1,442,900달러만큼 하락했다. 그러나 금융기관이 소유하고 있는 주식 가치는 기초의 2,557,800달러에서 4,171,100달러로 증가한다. 이 두 결과를 합하면 금융기관 포지션의 전체 가치는 9주 동안 4,100달러 감소했을 뿐이다.

비용이 발생하는 이유

표 17.2와 표 17.3의 델타헤징전략은 옵션의 매입포지션을 합성해서 만드는 효과가 있다. 이

효과는 금융기관의 옵션 매도포지션을 중화한다. 표에서 볼 수 있듯이 매도포지션을 델타헤징하는 전략은 일반적으로 주가가 하락한 직후에 주식을 매도하고, 주가가 상승한 직후에 주식을 매입하도록 한다. 이는 다른 말로 높은 가격에 주식을 사고 낮은 가격에 주식을 파는 전략(buy-high, sell-low scheme)이라 할 수 있다. 이 기대비용의 현재가치는 옵션가격과 같은 240,000달러이다. 이는 주식의 매입가격과 매도가격의 평균 차이에서 발생한다.

포트폴리오의 델타

가격이 S인 개별자산 1개를 기초자산으로 하는 옵션포트폴리오 또는 다른 파생상품 포트폴리오의 델타는 다음과 같다.

$$\frac{\Delta\Pi}{\Delta S}$$

여기서 ΔS는 기초자산 가격의 작은 변화이고 $\Delta\Pi$는 이로 인한 포트폴리오 가치의 변화이다.

포트폴리오의 델타는 포트폴리오에 포함된 개별 옵션 델타로부터 계산할 수 있다. 포트폴리오에 포함된 옵션 $i(1 \le i \le n)$의 수량(quantity)이 ω_i이면 포트폴리오의 델타는 다음과 같다.

$$\Delta = \sum_{i=1}^{n} w_i \Delta_i$$

단, Δ_i는 i번째 옵션의 델타이다. 포트폴리오의 델타를 0으로 만들기 위해 기초자산의 포지션을 계산할 때 이 공식을 사용할 수 있다. 이 포지션이 취해지면(즉 포트폴리오의 델타가 0이면) 이 포트폴리오는 **델타중립**이다.

금융기관이 주식옵션에 다음과 같은 세 포지션을 가지고 있다고 가정하자.

1. 행사가격이 55달러이고 만기가 3개월인 콜옵션 10만 개를 매입한 포지션. 콜옵션 1개의 델타는 0.533이다.
2. 행사가격이 56달러이고 만기가 5개월인 콜옵션 20만 개를 매도한 포지션. 콜옵션 1개의 델타는 0.468이다.
3. 행사가격이 56달러이고 만기가 2개월인 풋옵션 5만 개를 매도한 포지션. 풋옵션 1개의 델타는 −0.508이다.

전체 포트폴리오의 델타는 다음과 같다.

$$100{,}000 \times 0.533 - 200{,}000 \times 0.468 - 50{,}000 \times (-0.508) = -14{,}900$$

이는 주식 14,900주를 매입함으로써 포트폴리오를 델타중립으로 만들 수 있음을 의미한다.

거래비용

파생상품딜러는 델타중립을 유지하기 위해 하루에 한 번 정도 포지션을 재조정한다. 딜러가 특정 자산에 대한 소수의 옵션을 소유하는 경우 이 방법은 실행하기 힘들 정도로 거래비용(호가 스프레드)이 많이 발생한다. 그러나 대규모 옵션포트폴리오의 경우 델타중립을 유지하는 것은 훨씬 현실적이다. 왜냐하면 기초자산을 한 번만 거래함으로써 전체 포트폴리오의 델타를 중립으로 만들 수 있기 때문이다. 그리고 헤징에 수반되는 호가 스프레드 거래비용은 많은 거래에서 발생하는 이익으로 흡수된다.

17.5 세타

옵션포트폴리오의 세타(Θ, theta)는 시간 경과에 대한 포트폴리오 가치의 변화를 말한다(물론 다른 모든 조건은 동일함).

$$\Theta = \frac{\Delta\Pi}{\Delta t}$$

여기서 $\Delta\Pi$는 다른 조건이 같을 때 시간 Δt가 경과함에 따른 포트폴리오의 가치 변화이다. 세타는 포트폴리오의 시간가치 하락(time decay)이라고 한다. 무배당 주식에 대한 유러피언 콜옵션의 세타는 블랙-숄즈-머튼 공식으로부터 다음과 같이 계산된다.

$$\Theta(\text{call}) = -\frac{S_0 N'(d_1)\sigma}{2\sqrt{T}} - rKe^{-rT}N(d_2)$$

단, d_1과 d_2는 식 (13.5)에서 정의한 것과 같고 $N'(x)$는 다음과 같다.

$$N'(x) = \frac{1}{\sqrt{2\pi}}e^{-x^2/2} \tag{17.2}$$

$N'(x)$는 표준정규분포의 확률밀도함수이다. 무배당 주식에 대한 유러피언 풋옵션의 세타는 다음과 같다.

$$\Theta(\text{put}) = -\frac{S_0 N'(d_1)\sigma}{2\sqrt{T}} + rKe^{-rT}N(-d_2)$$

$N(-d_2) = 1 - N(d_2)$이므로 풋옵션 세타는 상응하는 콜옵션 세타보다 rKe^{-rT}만큼 크다. 예제 17.3은 세타의 공식을 이용한 예시이다.

세타의 공식과 같은 대다수 공식에서 시간은 연(年) 단위로 사용한다. 그러나 세타가 공시될 때 쓰이는 시간은 보통 일 단위로 표현하므로, 세타는 다른 모든 조건이 일정할 때 하루 경

예제 17.3 주식옵션의 세타 EXAMPLE

예제 17.2의 무배당 주식에 대한 콜옵션을 다시 고려해보자. 주가는 49달러, 행사가격은 50달러, 무위험이자율은 5%, 변동성은 20%, 만기는 20주(=0.3846년)이다. 즉 $S_0=49$, $K=50$, $r=0.05$, $\sigma=0.2$, $T=0.3846$이다. 옵션의 세타는 다음과 같이 −4.31이다.

$$-\frac{S_0 N'(d_1)\sigma}{2\sqrt{T}} - rKe^{-rT}N(d_2) = -4.31$$

1일 경과 세타는 달력일 기준으로 −4.31/365=−0.0118이고 거래일 기준으로 −4.31/252=−0.0171이다.

과에 따른 포트폴리오 가치 변화를 의미한다. 세타는 '달력일' 기준 또는 '거래일' 기준으로 측정될 수 있다. 달력일 기준 세타를 구하려면 앞의 세타 공식을 365로 나눠야 한다. 그리고 거래일 기준의 세타를 구하려면 세타 공식을 252로 나눠야 한다(DerivaGem은 달력일 기준으로 세타를 측정함).

옵션의 경우 세타는 거의 대부분 음수이다.[6] 왜냐하면 시간이 지남에 따라 또는 만기일에 접근함에 따라(다른 모든 조건은 동일함) 옵션의 가치가 감소하는 경향이 있기 때문이다. 주식에 대한 콜옵션의 경우 주가에 대한 세타의 값은 그림 17.5에 나타나 있다. 주가가 매우 낮

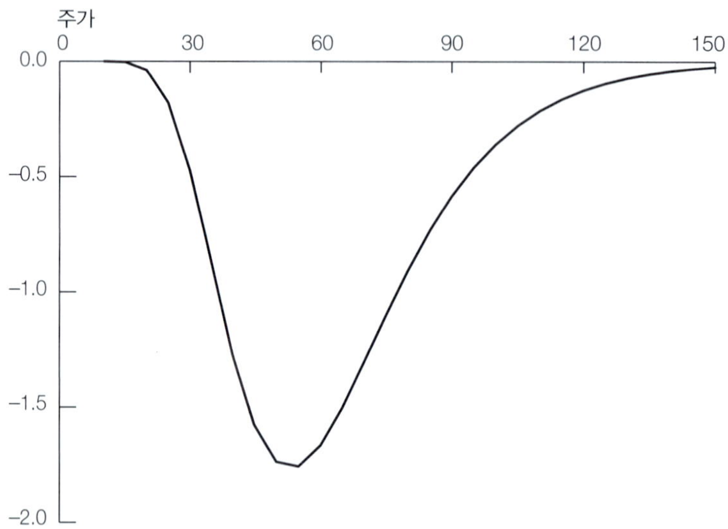

그림 17.5 유러피언 콜옵션의 세타와 주가와의 관계($K=50$, $r=0$, $\sigma=0.25$, $T=2$)

6 세타가 음수가 아닌 예외적인 경우로는 무배당 주식에 대한 내가격 유러피언 풋옵션 또는 이자율이 매우 높은 통화에 대한 내가격 유러피언 콜옵션이 있다.

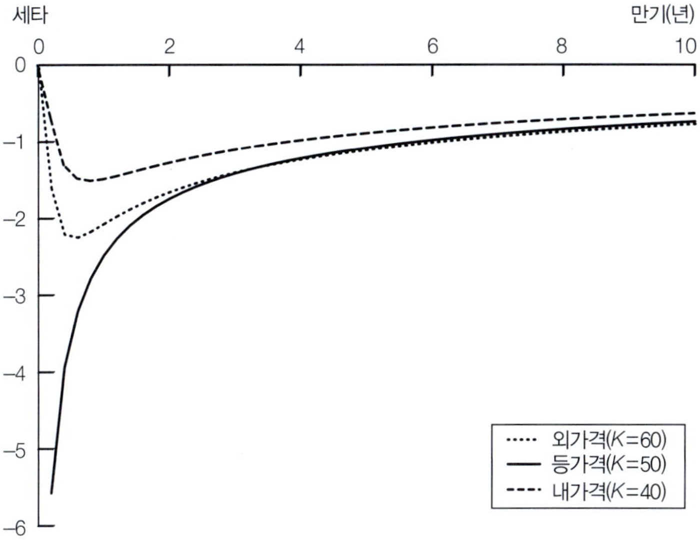

그림 17.6 유러피언 콜옵션의 세타와 만기와의 일반적인 관계($S_0=50$, $r=0$, $\sigma=20\%$)

은 경우에 세타는 0에 가깝다. 등가격 콜옵션의 경우에 세타는 비교적 절댓값이 큰 음수로 나타난다. 주가가 상승함에 따라 세타는 $-rKe^{-rT}$에 접근한다. (우리 예에서 $r=0$이다.) 그림 17.6은 내가격, 등가격, 외가격 콜옵션의 만기에 대한 세타의 변화를 보여준다.

세타는 델타와 동일한 유형의 헤징모수(hedging parameter)는 아니다. 미래 주가에 대해서는 불확실성(uncertainty)이 존재하는 반면, 시간의 경과에 대해서는 불확실성이 존재하지 않는다. 따라서 가격 변화에 대해서는 헤지하는 것이 당연하지만, 시간 경과가 옵션포트폴리오에 미치는 영향을 헤지하는 것은 전혀 논리적이지 않다. 그럼에도 거래자들은 세타를 포트폴리오의 현재 상태를 설명하는 유용한 기술통계(descriptive statistic)로 간주한다. 왜냐하면, 나중에 설명하겠지만, 델타중립 포트폴리오의 경우 세타는 감마의 대용치(proxy)로 사용되기 때문이다.

17.6 감마

옵션포트폴리오의 감마(Γ, gamma)는 기초자산의 가격 변화에 대한 포트폴리오 델타의 변화이다. 만일 감마가 작으면 델타는 천천히 변하며 포트폴리오가 델타중립을 유지하기 위해서 비교적 드물게 재조정이 필요하다. 그러나 감마가 큰 음수 또는 큰 양수의 값을 취하면 델타는 기초자산의 가격 변화에 민감해진다. 이 경우 델타중립의 포트폴리오를 조정하지 않고 일정 기간 방치하는 것은 매우 위험하다. 그림 17.7은 이 논리를 그림으로 보여준다. 만일 주가가 S에서 S'으로 변하면 델타헤징은 옵션의 가격이 C에서 C'으로 변한 것으로 가정하나 실제

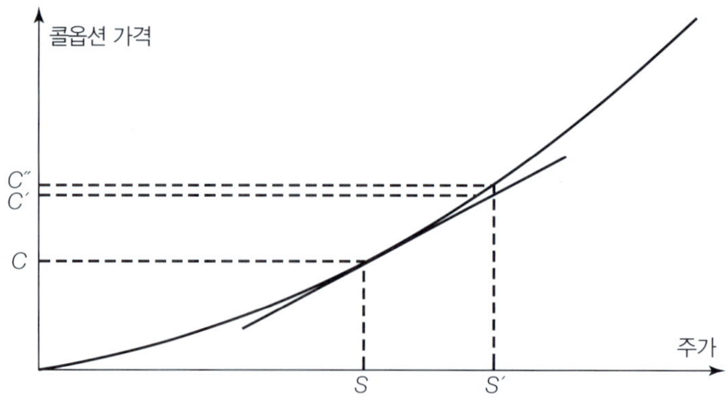

그림 17.7 **비선형에 의해 발생한 헤징오차**

로 옵션가격은 C에서 C''으로 변한다. C'과 C''의 차이가 바로 헤징오차(hedging error)이다. 오차의 크기는 주가와 옵션가격의 관계를 나타내는 곡선의 형태(curvature)에 의해 결정되며 감마는 이러한 곡선 형태를 측정한다.

Δt 동안의 짧은 기간에 기초자산 가격의 변화를 ΔS로, 이에 대한 포트폴리오 가치의 변화를 $\Delta\Pi$로 가정하자. 델타중립 포트폴리오의 경우에 대략 다음의 관계가 성립한다.

$$\Delta\Pi = \Theta\Delta t + \tfrac{1}{2}\Gamma\,\Delta S^2 \tag{17.3}$$

단, Θ는 포트폴리오의 세타이다. 예제 17.4는 식 (17.3)을 이용한 예시이다.

그림 17.8은 델타중립 포트폴리오의 $\Delta\Pi$와 ΔS 관계의 속성을 보여준다. 감마가 양(+)인 경우, S가 변하지 않으면 포트폴리오의 가치는 감소하고, S가 크게 상승하거나 하락하면 포트폴리오의 가치는 증가한다. 감마가 음(−)이면 반대의 경우가 성립한다. 즉 S가 변하지 않으면 포트폴리오의 가치는 증가하고, S가 큰 폭으로 상승하거나 하락하면 포트폴리오의 가치는 감소한다. 감마의 절댓값이 커지면 S에 대한 포트폴리오 가치의 민감도 역시 커진다.

포트폴리오를 감마중립으로 만드는 방법

기초자산 포지션의 감마는 0이기 때문에, 기초자산을 이용해 포트폴리오의 감마를 변화시킬

예제 17.4 감마가 델타중립 포트폴리오의 가치 변화에 미치는 영향 EXAMPLE

델타중립 포트폴리오(옵션으로 구성됨)의 감마가 −10,000이라고 가정하자. 식 (17.3)에 의하면, 짧은 기간에 자산의 가격이 +2 또는 −2만큼 변하면 포트폴리오의 가치는 대략 $0.5 \times 10{,}000 \times 2^2 = 20{,}000$달러 하락한다.

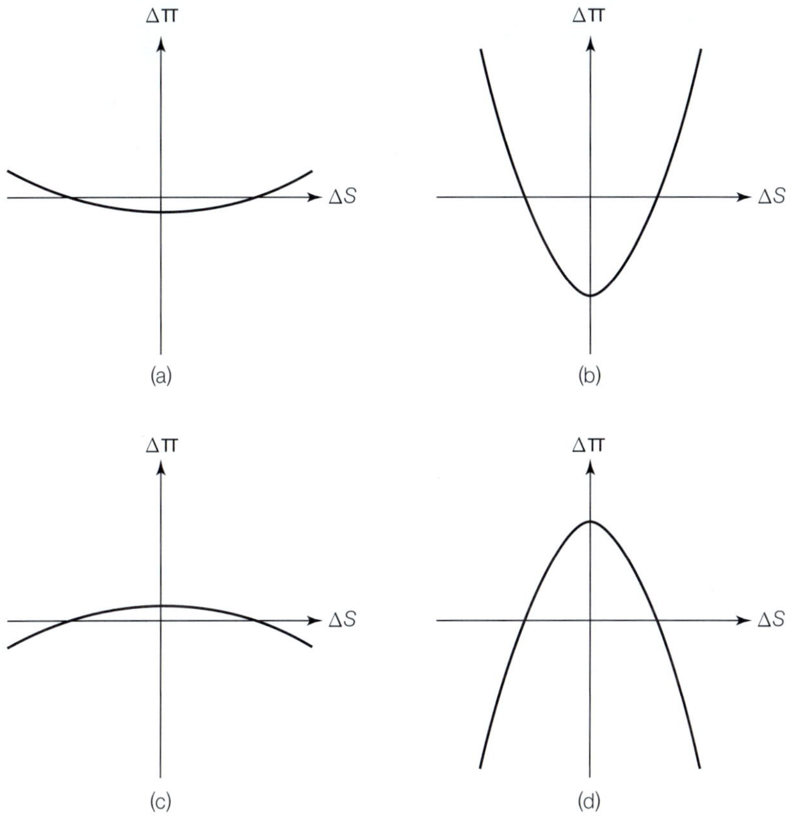

그림 17.8 **델타중립 포트폴리오의 ΔΠ와 ΔS의 관계. (a) 감마가 양이고 작은 경우, (b) 감마가 양이고 큰 경우, (c) 감마가 음이고 절댓값이 작은 경우, (d) 감마가 음이고 절댓값이 큰 경우**

수는 없다. 따라서 포트폴리오의 감마를 변화시키기 위해서는 기초자산에 선형으로 의존하지 않는 옵션과 같은 금융상품에 포지션을 취해야 한다.

현재 델타중립인 포트폴리오의 감마가 Γ이고 거래되는 옵션의 감마가 Γ_T라고 가정하자. 만일 추가될 옵션이 ω_T개이면, 포트폴리오의 감마는 다음과 같다.

$$w_T\Gamma_T + \Gamma$$

즉 새로운 포트폴리오를 감마중립으로 만들기 위해서 옵션에 취할 포지션(즉 추가될 옵션의 수)은 $-\Gamma/\Gamma_T$이다. 옵션이 추가되면 포트폴리오의 델타는 변하고 따라서 델타중립을 유지하기 위해 기초자산에 대한 포지션 또한 조정되어야 한다. 중요한 것은 포트폴리오가 짧은 기간만 감마중립이라는 사실이다. 시간이 지남에 따라 옵션에 대한 포지션을 계속 조정해 주어야만 감마중립을 유지할 수 있다. 이 경우 필요한 포지션은 항상 $-\Gamma/\Gamma_T$이다.

포트폴리오를 델타중립인 동시에 감마중립으로 만드는 것은 그림 17.7에 표시된 헤징오차에 대한 수정으로 간주된다. 델타중립이 되면 재조정 사이에 발생하는 비교적 작은 주가 변화

예제 17.5 포트폴리오를 감마중립과 델타중립으로 만드는 방법 EXAMPLE

거래자의 포트폴리오가 델타중립이고 감마가 −3,000이다. 거래되는 특정 콜옵션의 델타와 감마가 각각 0.62와 1.50이다. 거래자는 이 포트폴리오를 델타와 감마중립으로 만들고자 한다.

1. 콜옵션 2,000개(즉 20계약)를 매입해 포트폴리오를 감마중립으로 만든다.
2. 델타중립을 유지하기 위해 기초자산 1,240개를 매도한다.

에 대해 포트폴리오의 가치를 보호할 수 있다. 감마중립은 헤징 재조정 사이에 발생하는 비교적 큰 폭의 주가 변화에 대해 포트폴리오의 가치를 보호해 준다. 포트폴리오가 델타중립이고 감마가 −3,000이라고 가정하자. 거래되는 특정 콜옵션의 델타와 감마가 각각 0.62와 1.50이다. 포트폴리오를 감마중립으로 만들기 위해서는 콜옵션 3,000/1.5 = 2,000개를 매입해야 한다. 그러나 포트폴리오의 델타는 0에서 2,000 × 0.62 = 1,240으로 변한다. 따라서 델타중립을 유지하기 위해 1,240개의 기초자산을 매도해야 한다. 이 예는 예제 17.5에 요약되어 있다.

감마의 계산

무배당 주식에 대한 유러피언 콜옵션 또는 풋옵션에서 블랙–숄즈–머튼 모형으로 계산된 감마는 다음과 같다.

$$\Gamma = \frac{N'(d_1)}{S_0\sigma\sqrt{T}}$$

단, d_1은 식 (13.5)에서, $N'(x)$는 식 (17.2)에서 정의한 것과 같다. 예제 17.6은 감마 공식을 이용한 예시이다. 옵션 매입포지션의 감마는 항상 양(+)이며 그림 17.9는 S_0에 대한 감마의

예제 17.6 주식옵션의 감마 EXAMPLE

예제 17.2의 무배당 주식에 대한 콜옵션을 다시 고려해보자. 주가는 49달러, 행사가격은 50달러, 무위험이자율은 5%, 변동성은 20%, 만기는 20주(=0.3846년)이다. 즉 $S_0=49$, $K=50$, $r=0.05$, $\sigma=0.2$, $T=0.3846$이다. 옵션의 감마는 다음과 같이 0.066이다.

$$\frac{N'(d_1)}{S_0\sigma\sqrt{T}} = 0.066$$

주가가 ΔS만큼 변하면 옵션의 델타는 $0.066\Delta S$만큼 변한다.

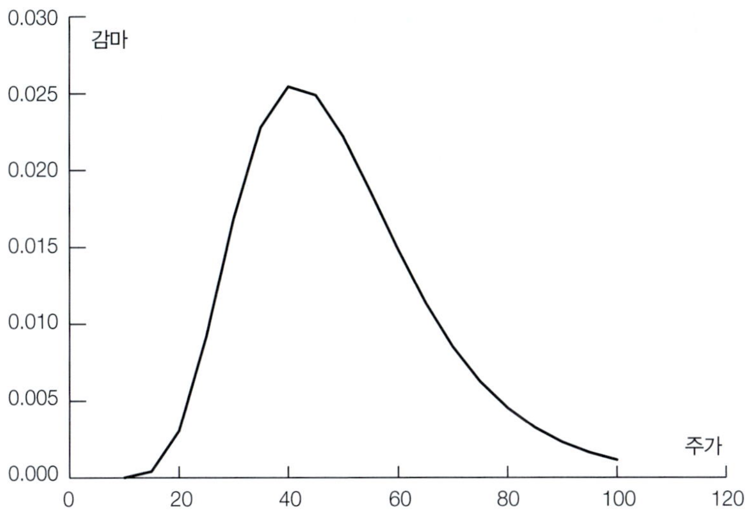

그림 17.9 옵션의 감마와 주가의 관계($K=50$, $r=0$, $\sigma=20\%$, $T=2$)

변화를 보여준다. 외가격, 등가격, 내가격 옵션의 만기에 대한 감마의 변화가 그림 17.10에 나타나 있다. 등가격 옵션의 경우에 만기가 짧아짐에 따라 감마는 증가한다. 만기가 짧은 등가격 옵션의 감마는 매우 크다. 즉 만기가 짧은 등가격 옵션 매입포지션의 가치가 주가 변화에 매우 민감하다는 것을 알 수 있다.

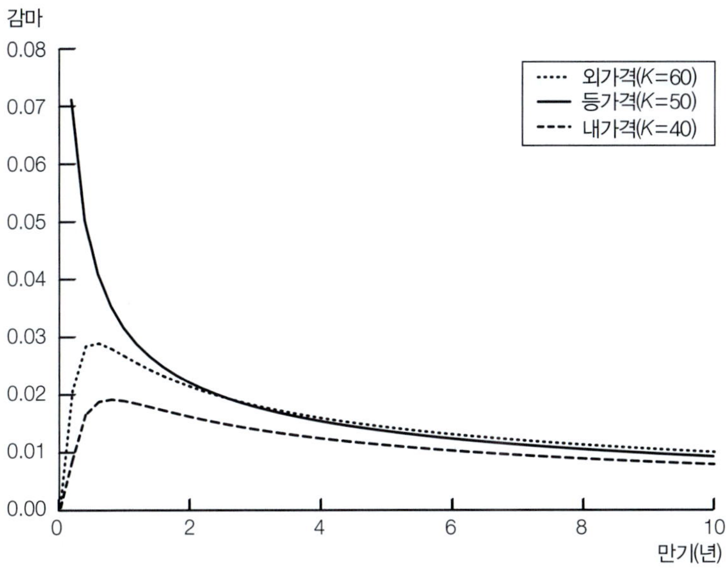

그림 17.10 주식옵션의 감마와 만기의 관계($S_0=50$, $r=0$, $\sigma=20\%$)

17.7 델타, 세타, 감마 간의 관계

블랙-숄즈-머튼의 분석에 의하면 무배당 자산에 대한 콜옵션, 풋옵션, 또는 다른 파생증권으로 구성된 포트폴리오의 델타, 세타, 감마 간에는 다음 관계가 성립한다.

$$\Theta + rS_0\Delta + \tfrac{1}{2}\sigma^2 S_0^2\Gamma = r\Pi \tag{17.4}$$

여기서 S_0는 기초자산 가격이고 Π는 포트폴리오의 가치이다.

델타중립인 포트폴리오의 경우 $\Delta = 0$이므로 다음 관계가 성립한다.

$$\Theta + \tfrac{1}{2}\sigma^2 S_0^2\Gamma = r\Pi$$

이 식에서 Θ가 큰 양수이면 감마는 큰 음수가 되는 경향이 있음을 알 수 있다. 또한 감마가 절댓값이 큰 음수이면 세타(Θ)는 큰 양수가 되는 경향이 있다. 이는 그림 17.8과 일관성이 있으며 왜 세타가 델타중립 포트폴리오에서 감마의 대용치로 간주될 수 있는지 보여준다.

17.8 베가

17.3절에서 언급했듯이 그릭 문자가 계산될 때 자산의 변동성은 보통 내재변동성으로 설정된다. 블랙-숄즈-머튼 모형은 옵션의 기초자산 변동성이 일정하다고 가정한다. 이것은 내재변동성이 상수이며 가정된 변동성과 동일함을 의미한다. 그러나 실제로 변동성은 시간에 따라 변한다. 즉 기초자산의 가치가 변해서 파생상품의 가치가 변할 수 있고 또는 시간이 흘러서 파생상품의 가치가 변하기도 하지만, 변동성의 변화로 인해 파생상품의 가치가 변하기도 한다.

옵션의 베가(ν, Vega)는 기초자산의 내재변동성 변화에 대한 옵션가치 변화율이다.[7] 만약 베가가 매우 큰 양수이거나 매우 큰 음수이면 내재변동성 변화에 대해 옵션 가치는 높은 민감도를 갖는다. 만약 옵션포지션의 베가가 0에 가깝다면 내재변동성 변화가 포지션 가치에 거의 영향을 미치지 않는다.

기초자산 포지션의 베가는 0이다. 따라서 기초자산 포지션을 취함으로써 베가를 변경할 수는 없다. 이 관점에서 베가는 감마와 비슷하다. 여기서 포트폴리오 내의 서로 다른 옵션들이 서로 다른 내재변동성을 가질 가능성이 있다는 점이 복잡한 문제를 일으킨다. 단기간에 모든 내재변동성이 동일한 양만큼 변한다고 가정하면, 베가는 감마와 마찬가지로 처리될 수 있으며, 옵션포트폴리오의 베가 리스크는 단일 옵션포지션을 취함으로써 헤지할 수 있다. 만일 ν

---

7 베가는 옵션가격 결정과 관련해 '그릭 문자'의 하나로 주어졌지만 실제로 그릭 문자는 아니다.

예제 17.7 포트폴리오를 델타중립, 감마중립, 베가중립으로 만드는 방법 EXAMPLE

델타중립이고 감마가 −5,000, 베가가 −8,000인 포트폴리오를 고려해보자. 아래 표에 표시된 옵션이 거래된다. 4,000개의 옵션 1을 매입해 포트폴리오를 베가중립으로 만들 수 있다. 그러나 델타는 2,400으로 증가하고 델타중립을 유지하기 위해 2,400개의 기초자산을 매도해야 한다. 이 경우 포트폴리오의 감마는 −5,000에서 −3,000으로 변한다.

	델타	감마	베가
포트폴리오	0	−5,000	−8,000
옵션 1	0.6	0.5	2.0
옵션 2	0.5	0.8	1.2

포트폴리오를 감마와 베가중립으로 만들기 위해 옵션 1과 옵션 2를 모두 이용한다. 만일 ω_1과 ω_2가 포트폴리오에 추가할 두 옵션의 개수이면 다음 2개의 식이 성립해야 한다.

$$-5{,}000 + 0.5\omega_1 + 0.8\omega_2 = 0$$
$$-8{,}000 + 2.0\omega_1 + 1.2\omega_2 = 0$$

두 방정식의 해는 $\omega_1 = 400$, $\omega_2 = 6{,}000$이다. 포트폴리오를 동시에 감마와 베가중립으로 만들려면 옵션 1을 400개 매입하고 옵션 2를 6,000개 매입해야 한다. 두 옵션의 매입으로 포트폴리오의 델타는 $400 \times 0.6 + 6{,}000 \times 0.5 = 3{,}240$이 된다. 따라서 3,240개의 기초자산을 매도하면 델타중립을 유지할 수 있다.

가 포트폴리오의 베가이고 ν_T가 거래되는 옵션의 베가이면, 포트폴리오를 순간적으로 베가중립으로 만들기 위한 옵션의 포지션(즉 추가해야 할 옵션의 수)은 $-\nu/\nu_T$이다. 불행하게도 감마중립인 포트폴리오는 일반적으로 베가중립이지 않다. 마찬가지로 베가중립인 포트폴리오는 일반적으로 감마중립이지 않다. 만일 헤지하고 싶은 트레이더가 감마중립과 베가중립을 동시에 원하면 적어도 2개의 서로 다른 옵션을 사용해야 한다(예제 17.7 참조).

예제 17.7은 단기간에 모든 내재변동성이 일정한 양만큼 변한다고 가정한다. 이 가정이 언제나 옳지는 않기 때문에, 현업에서의 트레이더의 헤징은 더 복잡하다. 앞으로 19장에서 설명하겠지만, 트레이더는 특정 기초자산의 '변동성 곡면'(만기와 행사가격의 변화에 따른 옵션의 내재변동성을 설명하는 곡면)을 모니터링한다. 트레이더 포트폴리오의 전체 베가 리스크는 변동성 곡면이 변하는 다양한 방향과 관련이 있다. 예제 17.7은 변동성 곡면이 평행 이동만 가능한 것으로 가정한다.

무배당 주식에 대한 유러피언 콜옵션 또는 풋옵션에 대해 블랙-숄즈-머튼 모형이 제시하는 베가는 다음과 같다.

예제 17.8 주식옵션의 베가 EXAMPLE

예제 17.2의 무배당 주식에 대한 콜옵션을 다시 고려해보자. 주가는 49달러, 행사가격은 50달러, 무위험이자율은 5%, 변동성은 20%, 만기는 20주(=0.3846년)이다. 즉 $S_0=49$, $K=50$, $r=0.05$, $\sigma=0.2$, $T=0.3846$이다. 옵션의 베가는 다음과 같이 12.1이다.

$$S_0\sigma\sqrt{T}N'(d_1) = 12.1$$

따라서 변동성 1%포인트의 증가(즉 20%에서 21%가 되면)는 옵션가치를 대략 $0.01\times 12.1=0.121$만큼 증가시킨다.

$$\mathcal{V} = S_0\sqrt{T}N'(d_1)$$

단, d_1은 식 (13.5)에서 정의한 것과 같고, $N'(x)$는 식 (17.2)에서 정의한 것과 같다. 예제 17.8은 베가 공식을 이용한 예시이다. 유러피언 또는 아메리칸 옵션 매입포지션의 베가는 항상 양수이다. 그림 17.11은 S_0의 변화에 따른 베가의 일반적인 움직임을 보여준다.

블랙-숄즈-머튼 모형으로부터 베가를 계산하는 것은 이상하게 보일 수 있다. 왜냐하면 블랙-숄즈-머튼 모형은 변동성이 일정하다고 가정하기 때문이다. 따라서 변동성이 확률적(stochastic)이라고 가정하는 모형으로부터 베가를 계산하는 것이 이론적으로 더 정확하다.[8] 그러나 트레이더들은 블랙-숄즈-머튼 내재변동성의 변화로 베가를 추정하는 더 간단한 방법을 선호한다.

감마중립은 헤지 재조정 시점 중간에 발생하는 기초자산 가격의 큰 변화로부터 보호해 준다. 베가중립은 변동성 σ의 변화로부터 보호해준다. 베가헤징 또는 감마헤징을 위해 시장에서 거래되는 옵션을 사용하는 것이 최선인가 하는 질문에 대한 답은 헤징 재조정 간의 시간과 변동성의 변동성(volatility of the volatility)에 달려 있다.[9]

---

8 다음 논문을 참조하라. J. C. Hull and A. White, "The Pricing of Options on Assets with Stochastic Volatilities," *Journal of Finance*, 42 (June 1987): 281–300; J. C. Hull and A. White, "An Analysis of the Bias in Option Pricing Caused by a Stochastic Volatility," *Advances in Futures and Options Research*, 3 (1988): 27–61; S. L. Heston, "A Closed-Form Solution for Options with Stochastic Volatility with Applications to Bond and Currency Options," *Review of Financial Studies*, 6, 2 (1993): 327–43; P. S. Hagan, D. Kumar, A. S. Lesniewski, and D. Woodward, "Managing Smile Risk," *Wilmott*, September 2002: 84–108.

9 다음 논문을 참조하라. J. C. Hull and A. White, "Hedging the Risks from Writing Foreign Currency Options," *Journal of International Money and Finance*, 6 (June 1987), 131–52.

예제 17.9 주식옵션의 로 EXAMPLE

예제 17.2의 무배당 주식에 대한 콜옵션을 다시 고려해보자. 주가는 49달러, 행사가격은 50달러, 무위험이자율은 5%, 변동성은 20%, 만기는 20주(=0.3846년)이다. 즉 $S_0=49$, $K=50$, $r=0.05$, $\sigma=0.2$, $T=0.3846$이다. 옵션의 로는 다음과 같이 8.91이다.

$$KTe^{-rT}N(d_2)=8.91$$

무위험이자율 1%포인트의 증가(즉 5%에서 6%로)는 옵션 가치를 대략 $0.01\times 8.91=0.0891$만큼 증가시킨다.

17.9 로

옵션포트폴리오의 로(rho, ρ)는 이자율 변화에 대한 포트폴리오 가치의 변화를 말한다. 즉 로는 다른 모든 조건이 일정할 때 이자율 변화에 대한 포트폴리오 가치의 민감도를 측정하는 것이다. 무배당 주식에 대한 유러피언 콜옵션의 로는 다음과 같다.

$$\text{rho (call)}=KTe^{-rT}N(d_2)$$

단, d_2는 식 (13.5)에서 정의한 것과 같다. 유러피언 풋옵션의 로는 다음과 같다.

$$\text{rho (put)}=-KTe^{-rT}N(-d_2)$$

예제 17.9는 로 공식을 이용한 예시이다.

17.10 현실적인 헤징 형태

이상적인 세상에서는 금융기관에 종사하는 트레이더는 모든 그릭 문자를 0으로 유지하고, 이를 위해 포트폴리오를 자주 재조정할 수 있다. 그러나 현실에서 이는 불가능하다. 단 하나의 자산으로 구성된 대규모 포트폴리오를 관리하는 경우, 거래자는 기초자산을 거래함으로써 적어도 하루에 한 번 델타를 0으로 또는 0에 가깝게 만들 수 있다. 그러나 불행히도 감마중립과 베가중립을 유지하기는 현실적으로 어렵다. 왜냐하면 요구되는 수량만큼 거래가 가능하면서 경쟁력 있는 가격(competitive price)이 제시되는 옵션 또는 비선형 파생상품을 찾기가 어렵기 때문이다. 실무사례 17.1은 실제로 동적 헤징이 어떻게 적용되는지 보여준다.

앞서 언급했듯이 옵션 거래자에게도 규모의 경제(economies of scale)가 크게 적용된다.

실무사례 17.1 동적 헤징의 실제 적용

금융기관에서 체결되는 전형적인 협약에서, 특정 기초자산에 기초한 파생상품 포트폴리오에 대한 책임은 1명의 거래자 또는 같이 일하는 거래자 그룹에게 돌아간다. 예를 들어 골드만삭스(Goldman Sachs)에서 한 거래자가 호주 달러에 기초한 모든 파생상품에 책임을 진다. 컴퓨터 시스템은 포트폴리오의 가치와 그릭 문자를 계산한다. 한도는 각 그릭 문자별로 정의되며 만일 거래자가 각 거래일이 끝나는 시점에서 한도를 초과하고자 하는 경우 특별한 허가를 받아야 한다.

델타한도(delta limit)는 종종 기초자산에서의 동등한 최대포지션으로 표현된다. 예를 들어 골드만삭스에서 마이크로소프트에 대한 델타한도는 100만 달러이다. 만일 주가가 50달러이면 이는 우리가 계산한 델타의 절댓값이 20,000을 초과할 수 없다는 것을 의미한다. 베가한도는 변동성 1%의 변화에 대한 최대 달러노출금액으로 정의된다.

사실상 옵션거래자는 각 거래일이 끝나는 시점에서 자신의 포지션을 델타중립으로(또는 델타중립에 가깝게) 만든다. 감마와 베가는 주의 깊게 관찰되지만 보통은 일별 단위로 관리되지는 않는다. 금융기관은 고객과 영업을 하다 보면 종종 옵션을 매도하게 되며 그 결과 누적된 부(−)의 감마와 베가포지션을 갖게 된다. 그래서 금융기관들은 경쟁력 있는 가격으로 옵션을 매입함으로써 감마와 베가 위험을 관리할 기회를 찾게 된다.

옵션포트폴리오를 관리하다 보면 감마와 베가를 관리하는 데서 부딪히는 문제점이 완화되기도 한다. 옵션은 처음에 발행될 때 등가격에 있는 경우가 간혹 있는데 이때 옵션은 상대적으로 높은 감마와 베가를 갖는다. 그러나 일정한 시간이 지나면 기초자산 가격은 종종 충분히 변해 옵션이 심내가격 또는 심외가격에 있게 된다. 이런 옵션의 감마와 베가는 대단히 작고 따라서 별로 중요하지 않다. 옵션거래자에게 최악의 시나리오는 옵션 만기일이 가까워졌는데도 발행한 옵션이 등가격에 매우 가까이 있는 경우이다.

개별 자산에 대한 소량의 옵션의 델타중립을 유지하기 위해 매일 거래하는 것은 경제적으로 비현실적인 발상이다. 왜냐하면 헤지하는 옵션당 거래비용이 높기 때문이다.[10] 그러나 딜러가 대형 포트폴리오를 델타중립으로 유지하는 경우 헤지하는 옵션당 거래비용은 훨씬 합리적인 수준이 된다.

17.11 시나리오분석

델타, 감마, 베가 등의 위험을 모니터링하는 것 이외에도 옵션 트레이더는 시나리오분석(scenario analysis)을 행하기도 한다. 시나리오분석은 다양한 시나리오에서 일정 목표기간 동안 포트폴리오의 이득과 손실을 계산하는 방법이다. 목표기간은 보통 금융상품의 유동성(liquidity)에 의해 결정된다. 각 시나리오는 직접 설정하거나 모형에 의해 생성된다.

외국통화옵션으로 구성된 포트폴리오를 소유한 은행을 고려해보자. 2주 후 포트폴리오의 가치는 주로 환율과 환율의 변동성에 좌우된다. 예를 들어 현재의 환율이 1.0000이라고 가정

10 거래비용은 매일 헤지하는 트레이더가 매도호가(offer price)에 기초자산을 매입하고 매입호가(bid price)에 기초자산을 매도하는 사실로부터 발생한다.

표 17.5 여러 상황에서 2주 동안 실현될 수 있는 이익과 손실(단위: 백만 달러)

내재 변동성 변화	환율						
	0.94	0.96	0.98	1.00	1.02	1.04	1.06
−2%	+102	+55	+25	+6	−10	−34	−80
0%	+80	+40	+17	+2	−14	−38	−85
+2%	+60	+25	+9	−2	−18	−42	−90

해보자. 만약 내재변동성이 같은 양만큼 변한다고 가정하면, 은행은 여러 상황에서 2주 동안에 실현될 수 있는 이익과 손실을 표 17.5와 같이 계산할 수 있다. 이 표는 7개의 환율 시나리오와 3개의 변동성 변화 시나리오를 고려한다. (현재 고려된 환율 시나리오는 환율의 표준편차의 0배, 1배, 2배, 3배에 해당하는 시나리오이다.)

표 17.5에서 가장 큰 손실은 표의 오른쪽 가장 아랫줄에서 발생한다. 즉 내재변동성이 2% (역주: 원문에서는 2% 증가해서 12%가 된 것임) 증가하고 환율이 1.06으로 상승하는 경우이다. 대체로 가장 큰 손실은 표 17.5에서처럼 여러 코너(corner) 중 하나에서 발생하지만 항상 그런 것은 아니다. 은행의 포트폴리오가 나비형 스프레드 매도포지션으로 구성된 경우를 고려해보자(11.3절 참조). 가장 큰 손실은 환율이 변하지 않을 때 발생한다.

17.12 공식의 확장

앞에 제시된 델타, 세타, 감마, 베가, 로의 공식은 무배당 주식에 대한 옵션에 적용된다. 표 17.6은 주식이 연속배당수익률 q를 지급하는 경우의 공식을 보여준다. d_1과 d_2는 식 (15.4)와 (15.5)와 같다. q를 지수의 배당수익률로 사용하면 유러피언 지수옵션의 그릭 문자가 계산된다. q를 외국의 무위험이자율로 사용하면 유러피언 통화옵션의 그릭 문자가 계산된다. 그리고 $q=r$로 가정하면 유러피언 선물옵션의 델타, 감마, 세타, 베가가 계산된다. 유러피언 선물콜옵션의 로는 $-cT$이고 선물풋옵션의 로는 $-pT$이다.

통화옵션의 경우 2개의 무위험이자율에 대해 각각의 로가 존재한다. 국내이자율에 대한 로는 표 17.6에 제시되어 있다[식 (15.8)의 d_2 이용]. 유러피언 통화콜옵션의 경우 외국이자율에 대한 로는 다음과 같다.

$$\text{rho (call, foreign rate)} = -Te^{-r_f T} S_0 N(d_1)$$

유러피언 통화풋옵션의 경우 외국이자율에 대한 로는 다음과 같다.

$$\text{rho (put, foreign rate)} = Te^{-r_f T} S_0 N(-d_1)$$

표 17.6 수익률이 q인 자산에 대한 옵션의 그릭 문자

그릭 문자	콜옵션	풋옵션
델타	$e^{-qT}N(d_1)$	$e^{-qT}[N(d_1)-1]$
감마	$\dfrac{N'(d_1)}{S_0\sigma\sqrt{T}}$	$\dfrac{N'(d_1)e^{-qT}}{S_0\sigma\sqrt{T}}$
세타	$-S_0N'(d_1)\sigma e^{-qT}/(2\sqrt{T})+qS_0N(d_1)e^{-qT}$ $-rKe^{-rT}N(d_2)$	$-S_0N'(d_1)\sigma e^{-qT}/(2\sqrt{T})-qS_0N(-d_1)e^{-qT}$ $+rKe^{-rT}N(-d_2)$
베가	$S_0\sqrt{T}N'(d_1)e^{-qT}$	$S_0\sqrt{T}N'(d_1)e^{-qT}$
로	$KTe^{-rT}N(d_2)$	$-KTe^{-rT}N(-d_2)$

여기서 d_1은 식 (15.8)과 같다. 아메리칸 옵션의 그릭 문자 계산은 18장에서 설명하겠다.

선도계약의 델타

델타 개념은 옵션 이외의 금융자산에도 적용될 수 있다. 무배당 주식에 대한 선도계약을 고려해보자. 식 (5.5)에 의해 선도계약의 가치는 S_0-Ke^{-rT}이다(K는 인도가격이고 T는 선도계약의 만기임). 주가가 ΔS만큼 변하면(물론 다른 요인은 변하지 않음) 주식에 대한 선도계약의 가치도 ΔS만큼 변한다. 따라서 주식 1주에 대한 선도계약의 델타는 항상 1이다. 이는 주식 1주에 대한 선도계약 매도포지션은 주식 1주를 매입함으로써 헤지할 수 있고, 주식 1주에 대한 선도계약 매입포지션은 주식 1주를 공매함으로써 헤지할 수 있음을 의미한다.[11]

식 (5.7)에 따르면, q의 배당수익률을 제공하는 자산의 경우 선도계약의 델타는 e^{-qT}이다. 주가지수의 경우 q는 주가지수의 배당수익률이고, 통화의 경우 q는 외국의 무위험이자율 r_f이다.

선물계약의 델타

식 (5.1)에 따르면 소득이 없는 투자자산에 대한 선물가격은 S_0e^{rT}이다(T는 선물계약의 만기, S_0는 자산의 현재 가격이고, r은 무위험이자율임). 이는 주가가 ΔS만큼 변하면(물론 다른 요인은 변하지 않는 경우) 선물가격은 $\Delta S\, e^{rT}$만큼 변함을 의미한다. 따라서 소득이 없는 투자자산에 대한 선물계약의 델타는 e^{rT}이다. 식 (5.3)에 따르면 배당수익률이 q인 자산에 대한 선물계약의 델타는 $e^{(r-q)T}$이다.

일일정산으로 인해 선물계약과 선도계약의 델타가 약간 달라진다는 사실은 흥미롭다. 이와

11 이는 헤지 후 망각전략(hedge-and-forget schemes)이다. 델타가 항상 1.0이므로 계약의 잔존기간 동안 주식포지션을 변경할 필요가 없다.

예제 17.10 선물을 이용한 통화옵션 포트폴리오의 헤지 EXAMPLE

미국은행이 보유하고 있는 통화옵션 포트폴리오가 458,000파운드에 매도포지션을 취하면 델타중립이 된다고 가정하자. 미국과 영국의 무위험이자율은 각각 4%와 7%이다. 식 (17.7)에 따르면 9개월 만기 통화선물계약을 이용해 헤지하는 경우 필요한 통화선물 매도포지션은 468,442파운드이다.

$$e^{-(0.04-0.07)\times 9/12}\times 458{,}000$$

선물 1계약의 거래단위는 62,500파운드이므로 통화선물 7계약을 매도해야 한다. (468,442/62,500의 가장 가까운 정수는 7임).

같은 사실은 이자율이 일정하고 선도가격이 선물가격과 일치할 때도 성립한다(이는 실무사례 5.2의 내용과 연관되어 있음).

때로는 델타중립 포지션을 만들기 위해 선물계약이 이용된다. 이를 설명하기 위해 다음과 같이 정의하자.

T: 선물계약의 만기

H_A: 델타헤징을 위해 요구되는 자산의 포지션

H_F: 델타헤징을 위해 요구되는 선물계약의 포지션

만일 기초자산이 무배당 주식이면 앞에서 설명했듯이 다음 식이 성립한다.

$$H_F = e^{-rT} H_A \tag{17.5}$$

만일 기초자산이 배당수익률 q인 투자 자산이라면 다음의 관계가 성립한다.

$$H_F = e^{-(r-q)T} H_A \tag{17.6}$$

주가지수의 경우 q는 주가지수의 배당수익률이고 통화의 경우 q는 외국의 무위험이자율 r_f이므로 통화선물의 경우 다음의 관계가 성립한다.

$$H_F = e^{-(r-r_f)T} H_A \tag{17.7}$$

예제 17.10은 이 공식을 이용한 예시이다.

17.13 옵션 합성을 통한 포트폴리오보험

포트폴리오 매니저는 종종 본인의 포트폴리오에 풋옵션을 추가하고자 한다. 이렇게 하면 시장이 상승하는 경우 이익을 그대로 취할 수 있는 한편, 시장이 하락하는 경우 손실을 보호해 줄 수 있기 때문이다. 풋옵션을 매입하는 한 가지 방법은 15장에서 설명했듯이 S&P 500과 같은 시장지수에 대한 풋옵션을 매입하는 것이다. 다른 방법은 옵션을 합성(create the options synthetically)하는 것이다.

옵션을 합성하는 것은 기초자산(또는 기초자산에 대한 선물계약)에 대한 포지션을 유지해 포지션의 델타가 필요한 옵션의 델타와 같아지도록 하는 것이다. 옵션을 합성해 만드는 포지션은 옵션을 헤지하기 위해 취하는 포지션의 반대이다. 왜냐하면 옵션을 헤지하는 절차는 같은 또는 반대 옵션을 합성하는 과정을 거쳐야 하기 때문이다.

펀드 매니저에게 필요한 옵션을 시장에서 직접 구입하는 것보다 합성하는 것이 더 매력적인 데는 두 가지 이유가 있다. 첫 번째 이유는 거액의 자금을 운용하는 펀드 매니저가 필요한 양을 감당할 정도의 유동성을 옵션시장이 제공하지 못할 수 있다. 두 번째 이유는 매니저가 필요로 하는 행사가격과 만기일에 해당하는 옵션이 거래소에서 거래되지 않는 경우가 자주 발생한다.

포트폴리오를 거래하거나 주가지수선물계약을 거래해 옵션을 합성할 수 있다. 우선 포트폴리오를 이용해 풋옵션을 합성하는 방법을 분석해보자. 표 17.6으로부터 포트폴리오에 대한 유러피언 풋옵션의 델타는 다음과 같다.

$$\Delta = e^{-qT}\left[N(d_1)-1\right] \tag{17.8}$$

단,

$$d_1 = \frac{\ln(S_0/K)+(r-q+\sigma^2/2)T}{\sigma\sqrt{T}}$$

여기서 S_0는 포트폴리오 가치, K는 행사가격, r은 무위험이자율, q는 포트폴리오의 배당수익률, σ는 포트폴리오 변동성, T는 옵션 만기이다.

풋옵션을 합성하기 위해 펀드 매니저는 어떤 시점에서든 포트폴리오에 있는 주식을 다음 비율만큼 매도하고,

$$e^{-qT}\left[1-N(d_1)\right]$$

유입된 자금을 무위험이자율로 투자해야 한다. 만약 주식포트폴리오의 가치가 감소하면 식 (17.8)의 풋옵션 델타의 절댓값은 커지고(즉 절댓값이 더 큰 음수가 되고) 매도해야 할 포트

예제 17.11 포트폴리오보험 거래전략 EXAMPLE

포트폴리오 가치는 현재 9,000만 달러이다. 포트폴리오 가치를 시장의 하락으로부터 보호하기 위해 매니저는 행사가격이 8,700만 달러인 6개월 만기 유러피언 풋옵션이 필요하다. 무위험 이자율은 연 9%, 배당수익률은 연 3%, 포트폴리오 변동성은 연 25%이다. 현재 S&P 500지수는 900이다. 포트폴리오는 S&P 500지수를 잘 모방(mimic)하므로 15.1절에서 설명한 한 가지 방법은 행사가격이 870인 S&P 500에 대한 풋옵션 1,000계약을 매입하는 것이다. 다른 방법은 옵션을 합성하는 것이다. 이 경우에 $S_0=9{,}000$만 달러, $K=8{,}700$만 달러, $r=0.09$, $q=0.03$, $\sigma=0.25$, $T=0.5$이므로 d_1은 0.4499이다.

$$d_1=\frac{\ln(90/87)+(0.09-0.03+0.25^2/2)0.5}{0.25\sqrt{0.5}}=0.4499$$

필요한 풋옵션의 델타는 −0.3215이다.

$$e^{-qT}[N(d_1)-1]=-0.3215$$

즉 요구되는 옵션의 델타를 유지하기 위해 포트폴리오의 32.15%를 매도해 무위험자산에 투자해야 한다. 매도해야 할 포트폴리오의 금액을 주의 깊게 자주 살펴야 한다. 예를 들어 다음 날 포트폴리오 가치가 8,800만 달러로 감소하면 필요한 옵션의 델타는 −0.3679로 변하므로 추가적으로 원래 포트폴리오의 4.64%를 매도해 무위험자산에 투자해야 한다. 만일 포트폴리오 가치가 9,200만 달러로 증가하면 필요한 옵션의 델타는 −0.2787로 변하므로 원래 포트폴리오의 4.28%를 재매입해야 한다.

폴리오의 비율 또한 증가한다. 만약 주식포트폴리오의 가치가 증가하면 풋옵션 델타의 절댓값은 작아지고, 매도해야 할 포트폴리오의 비율은 감소한다(매도해야 할 비율의 감소는 원래 주식 포트폴리오의 일부 재매입을 의미함). 이는 예제 17.11에 설명되어 있다.

이렇게 포트폴리오보험 전략을 구사하는 것은 어느 시점에서의 포트폴리오를 보험이 요구되는 주식포트폴리오와 무위험자산으로 구분하는 것을 의미한다. 주식포트폴리오의 가치가 증가하면 무위험자산의 일부를 매도해 주식포트폴리오의 포지션을 크게 한다. 주식포트폴리오의 가치가 하락하면 주식포트폴리오의 포지션을 감소시켜 무위험자산을 추가로 매입한다. 이러한 보험 전략의 비용은 가격이 하락한 후에 주식을 팔고 가격이 상승한 후에 주식을 사는 과정에서 발생한다.

주가지수선물의 이용

펀드 매니저는 옵션을 합성할 때 주식을 이용하는 것보다 주가지수선물을 이용하는 것을 선호한다. 그 이유는 주식을 이용할 때보다 주가지수선물을 이용할 때 거래비용이 일반적으로

예제 17.12 선물을 이용한 포트폴리오보험 전략 EXAMPLE

앞의 예제 17.11에서 9개월 만기 S&P 500선물계약을 이용해 옵션을 합성한다고 가정하자. 이 경우 $T=0.5$, $T^*=0.75$, $A_1=100{,}000$, $d_1=0.4499$이다. 개별 지수선물계약은 지수의 250배에 대해 설정되므로 $A_2=250$이다. 매도할 선물계약의 수는 다음과 같이 123계약이다.

$$e^{q(T^*-T)}e^{-rT^*}[1-N(d_1)]\frac{A_1}{A_2}=122.95$$

시간이 지남에 따라 그리고 지수가 변함에 따라 선물계약의 포지션은 재조정되어야 한다.

적기 때문이다. 식 (17.6)과 (17.8)에 따르면, 포트폴리오의 가치에 대해 매도할 선물계약의 달러 금액의 비율은 다음과 같다.

$$e^{-qT}e^{-(r-q)T^*}\left[1-N(d_1)\right]=e^{q(T^*-T)}e^{-rT^*}\left[1-N(d_1)\right]$$

여기서 T^*는 선물계약의 만기이다. 만일 포트폴리오 가치가 지수의 A_1배이고 주가지수선물 1계약이 지수의 A_2배이면, 특정 시점에서 매도할 선물계약의 수는 다음과 같다.

$$e^{q(T^*-T)}e^{-rT^*}\left[1-N(d_1)\right]\frac{A_1}{A_2}$$

예제 17.12는 이 공식을 이용한 예시이다.

지금까지 포트폴리오가 주가지수를 모방한다고 가정했다. 15.1절에서 설명했듯이 헤징전략은 다른 상황에서도 적용될 수 있다. 사용되는 옵션의 행사가격은 포트폴리오 가치가 보호받고자 하는 수준으로 하락할 때 예상되는 시장지수의 수준이어야 한다. 만일 포트폴리오의 베타가 1.0이 아닌 경우, 필요한 지수옵션의 수는 포트폴리오의 베타가 1.0인 경우 필요한 옵션의 수에 β를 곱한 값이다. 다시 말해 포트폴리오 변동성은 적절히 잘 분산된 지수의 변동성에 베타를 곱한 값으로 가정할 수 있다.

17.14 주식시장의 변동성

변동성이 새로운 정보가 시장에 도달하기 때문에만 발생하는 것인지 아니면 거래 자체에 의해 생기는 것인지에 관한 의문은 이미 13장에서 다루었다. 앞에서 설명한 포트폴리오보험 전략은 변동성을 증가시킬 소지가 있다. 시장이 약세이면 포트폴리오 매니저는 주식 또는 주가지수선물계약을 매도해야 한다. 이러한 거래는 가격 하락을 더욱 부추긴다(실무사례 17.2 참조). 즉 주식의 매도는 직접적으로 주가지수를 더욱 하락하게 한다. 주가지수선물계약의 매도

실무사례 17.2 포트폴리오보험이 1987년의 주가 대폭락을 야기했는가?

1987년 10월 19일 월요일, 다우존스산업평균지수는 20% 이상 하락했다. 많은 사람이 포트폴리오보험이 이 주가 폭락에 주요한 역할을 했다고 느꼈다.

1987년 10월, 600~900억 달러 상당의 주식이 17.13절에서 설명한 방식으로 풋옵션이 합성된 포트폴리오보험 전략에 이용되고 있었다. 1987년 10월 14일 수요일부터 10월 16일 금요일까지의 기간에 시장은 약 10% 하락했고 대부분의 하락은 금요일 오후에 발생했다. 이 하락으로 포트폴리오보험 전략은 적어도 120억 달러 상당의 주식 또는 지수선물의 매도를 야기했음에 틀림없다. 실제로, 포트폴리오보험을 구사하는 매니저는 단 40억 달러만을 매도할 수 있었고 모형이 제시한 엄청난 매도물량이 다음 주에 시장에 나오게 되었다. 10월 19일 월요일에 세 기관이 포트폴리오보험 전략에 의해 매도한 물량이 뉴욕증권거래소 전체 매도물량의 약 10%를 점유했으며 지수선물시장 전체 매도량의 약 21.3%를 점유한 것으로 추정되었다. 포트폴리오보험에 의한 이런 행동을 미리 예견하고 매도물량을 쏟아낸 다른 투자자들이 이와 같은 엄청난 주가 하락이 부추겼을 가능성이 있다.

시장이 너무 빨리 하락했기 때문에 증권거래소 시스템은 과부하(overload)가 걸렸으며 포트폴리오보험 전략을 수행하는 거래자들은 그들의 모형이 주문하는 거래 대부분을 실행할 수가 없어 예정된 보호를 받을 수 없었다. 말할 것도 없이, 포트폴리오보험 전략의 인기는 1987년 이후 급격히 하락했다. 이와 같은 사례가 주는 교훈 중 하나는 다른 많은 시장참여자가 동일한 전략으로 거래한다면 그 거래전략(비록 그것이 헤징전략이더라도)을 따르는 것은 위험하다는 것이다.

는 선물가격을 하락하게 한다. 이는 주가지수 차익거래(index arbitrage)의 기능을 통해 주식의 가격을 하락시키고(5장 참조), 이는 다시 주가지수를 하락시킨다. 마찬가지로, 시장이 강세이면 포트폴리오보험 전략은 매니저가 주식 또는 주가지수선물을 매입하게 해 가격 상승을 부추기게 된다.

포트폴리오 매니저가 이러한 보험 전략을 구사하는 것 외에도 많은 개인 투자자가 의식적으로 또는 무의식적으로 포트폴리오보험 전략을 모방한다. 예를 들어 투자자가 가격이 상승할 때 주식을 매입하고 가격이 하락할 때 손실을 줄이기 위해 주식을 매도하는 경우이다.

이러한 공식적인 또는 비공식적인 포트폴리오보험 전략이 변동성에 얼마나 영향을 미치는가 하는 문제는 포트폴리오보험 전략에 의해 생기는 거래를 시장이 얼마나 쉽게 흡수할 수 있느냐에 달려 있다. 만일 보험 전략에 의한 거래량이 전체 거래의 극히 일부분만을 점유하면 영향력은 극히 미미할 것이다. 그러나 보험 전략이 너무 인기를 끌게 되면, 1987년의 시장 폭락(블랙 먼데이)처럼 시장을 불안하게(destabilizing) 하는 데 일조하게 된다.

요약

금융기관은 고객에게 다양한 옵션상품을 제공한다. 금융기관이 제공하는 옵션이 거래소에서 거래되는 옵션과는 상이할 수 있는데 이 경우에 금융기관은 위험을 헤지해야 하는 문제에 직면한다. 노출된 포지션과 보호된 포지션을 취하면 금융기관은 적절한 수준 이상의 위험에 노출된다. 가능한 하나의 전략은 손절매 전략이다. 손절매 전략은 옵션이 외가격이면 노출된 포지션을 취하고 옵션이 내가격이면 보호된 포지션으로 전환하는 전략이다. 이 전략은 언뜻 보기에 매력적으로 보이나 좋은 헤지를 제공하지는 않는다.

옵션의 델타(Δ)는 기초자산의 가격 변화에 대한 옵션가격의 변화이다. 델타헤징은 델타를 0으로 만드는 것이다(이를 델타중립 포지션이라 함). 기초자산의 델타는 1.0이므로 델타중립을 만드는 하나의 방법은 헤지하고자 하는 옵션 1개 매입포지션당 −Δ개의 기초자산을 매도하는 것이다. 옵션의 델타는 시간에 따라 변한다. 즉 델타중립을 유지하기 위해 기초자산의 포지션을 자주 재조정해야 한다.

일단 옵션포지션을 델타중립으로 만들면 다음 과정은 옵션의 감마를 분석하는 것이다. 감마는 기초자산의 가격 변화에 대한 델타의 변화이다. 감마는 기초자산의 가격과 옵션가격의 관계를 나타내는 곡선의 형태를 측정한다. 옵션포지션을 감마중립으로 만들면 곡선의 형태가 델타중립 포트폴리오의 성과에 미치는 영향을 감소시킬 수 있다. 만일 Γ가 헤지할 포지션의 감마이면, 감마가 −Γ인 옵션에 포지션을 취함으로써 감마중립을 만들 수 있다.

델타와 감마헤징은 기초자산의 변동성이 일정하다는 가정에 근거한다. 그러나 변동성은 시간에 따라 변한다. 옵션 또는 옵션포트폴리오의 베가는 변동성의 변화에 대한 옵션 또는 옵션포트폴리오 가치의 변화이다. 만일 거래자가 변동성의 변화로부터 옵션포지션을 헤지하고자 하면 포지션을 베가중립으로 만들어야 한다. 감마중립을 만드는 방법처럼, 베가중립은 옵션에 반대포지션을 취해 만들 수 있다. 만일 거래자가 감마와 베가중립을 동시에 원하면 대체로 2개의 옵션이 필요하다.

옵션포지션의 위험을 측정하는 다른 두 가지는 세타와 로이다. 세타는 다른 모든 조건이 일정할 때 시간 경과에 대한 옵션가치의 변화이다. 로는 다른 모든 조건이 일정할 때 이자율 변화에 대한 옵션포지션 가치의 변화이다.

현업에서 옵션 트레이더는 델타중립을 유지하기 위해 적어도 하루에 한 번 포트폴리오를 재조정한다. 그러나 정기적으로 감마중립과 베가중립을 유지하는 것은 일반적으로 현실성이 떨어진다. 트레이더는 보통 감마와 베가를 주의 깊게 감시한다. 만일 이 값들이 너무 커지면 문제를 해결하기 위해 적절한 행동을 취하거나 아니면 거래를 줄인다.

포트폴리오 매니저는 주식포트폴리오의 가치를 보호하기 위해 풋옵션을 합성한다. 합성하는 방법은 주식포트폴리오 자체를 이용하거나 주가지수선물을 이용하는 것이다. 포트폴리오 자체를 이용하는 것은 포트폴리오를 주식과 무위험 증권으로 나누는 것이다. 시장이 약세이면 무위험 증권에 대한 투자를 증가시켜야 한다. 반대로 시장이 강세이면 주식에 대한 투자를 증가시켜야 한다. 주가지수선물을 이용하는 방법은 포트폴리오 자체는 그대로 두고 주가지수선물을 매도하는 것이다. 시장이 약세가 되면 주가지수선물을 추가로 매도하고 반대로 시장이 강세가 되면 매도할 선물의 수는 감소한다(즉 반대 매매를 해 일부 매도포지션을 마감함).

이런 유형의 포트폴리오보험은 정상적인 시장에서는 상당히 효과적이다. 그러나 1987년 10월 19일의 월요일(블랙 먼데이)처럼 다우존스산업평균이 급격히 하락하면 이 전략은 잘 작동하지 않았다. 왜냐하면 포지션을 보호할 수 있을 만큼 신속하게 주식과 주가지수선물을 매도할 수 없었기 때문이다.

참고문헌

Passarelli, D. *Trading Option Greeks; How Time, Volatility, and Other Factors Drive Profits*, 2nd edn. Hoboken, NJ: Wiley, 2012.

Taleb, N. N. *Dynamic Hedging: Managing Vanilla and Exotic Options*. New York: Wiley, 1996.

퀴즈

17.1 외가격 콜옵션의 발행자가 손절매 전략을 사용하는 방법을 설명하라. 이 경우에 헤지가 효율적이지 않은 이유를 설명하라.

17.2 콜옵션의 델타가 0.7이라는 의미는 무엇인가? 옵션의 델타가 0.7일 때 옵션 1,000개를 발행한 포지션을 델타중립으로 만드는 방법은 무엇인가?

17.3 무위험이자율은 연 10%이고 주가 변동성은 연 25%이다. 무배당 주식에 대한 6개월 만기 등가격 유러피언 콜옵션의 델타를 계산하라.

17.4 파생상품 포트폴리오의 베가는 기초자산에 포지션을 취함으로써 변경될 수 있는가? 설명하라.

17.5 옵션포지션의 감마는 무엇을 의미하는가? 포지션의 감마가 절댓값이 큰 음수이고 델타가 0인 경우의 위험은 무엇인가?

17.6 "옵션포지션을 합성하는 절차는 옵션포지션을 헤지하는 절차의 반대이다." 이를 설명하라.

17.7 1987년 10월 19일의 주가 대폭락에 포트폴리오보험이 역할을 했을 것으로 여겨지는 이유는 무엇인가?

연습문제

17.8 옵션포지션의 세타가 −0.1임(시간은 연 단위로 계산함)은 무엇을 의미하는가? 만일 거래자가 주가와 내재변동성이 모두 변하지 않을 것으로 예상하면 어떤 옵션포지션이 적절한가?

17.9 행사가격이 40달러인 외가격 콜옵션의 블랙-숄즈-머튼 가격이 4달러이다. 옵션 발행자가 손절매 전략을 사용하고자 한다. 발행자는 40.10달러에 주식을 매입하고 39.90달러에 주식을 매도하고자 한다. 옵션 발행자가 주식을 몇 번 매입 또는 매도할 것으로 예상하는가?

17.10 현재 주가는 20달러이다. 주식포지션을 계속 조정함으로써 행사가격이 25달러인 콜옵션을 합성한다고 가정하자. 다음 2개의 시나리오를 고려해보자.

(a) 옵션 만기일까지 주가가 20달러에서 35달러로 점진적으로 상승하는 경우

(b) 주가가 큰 폭으로 오르락내리락하다 35달러로 마감하는 경우

어떤 시나리오에서 옵션을 합성하는 방법이 많은 비용을 발생시키는가? 설명하라.

17.11 은 선물에 대한 유러피언 콜옵션 1,000개 매도포지션의 델타는 얼마인가? 옵션 만기는 8개월이고 은 선물 만기는 9개월이다. 만기가 9개월인 선물가격은 온스당 8달러, 옵션의 행사가격은 8달러, 무위험이자율은 연 12%, 은의 변동성은 연 18%이다.

17.12 문제 17.11의 상황에서 델타헤징을 하려면 9개월 만기 은 선물에 초기에 취해야 하는 포지션은 무엇인가? 만일 은 자체를 이용해 헤지한다면 초기포지션은 무엇인가?

만일 1년 만기 은 선물을 이용한다면 초기포지션은 무엇인가? 보관비용은 없다고 가정하라.

17.13 통화콜옵션과 풋옵션의 매입포지션으로 구성된 포트폴리오를 헤지하기 위해 기업이 델타헤징을 사용한다고 하자. 어떤 상황에서 가장 유리한 결과가 나오는가? 설명하라.

(a) 현물환율이 거의 변하지 않는 경우

(b) 현물환율이 크게 변하는 경우

17.14 통화콜옵션과 풋옵션을 발행한 금융기관의 경우 문제 17.13에 답하라.

17.15 금융기관이 일본 엔화에 대한 7개월 만기 유러피언 콜옵션 1,000개를 매도했다고 가정하자. 현물환율은 1엔당 0.80센트, 행사가격은 1엔당 0.81센트, 미국의 무위험이자율은 연 8%, 일본의 무위험이자율은 연 5%, 엔화의 변동성은 15%이다. 금융기관이 취한 포지션의 델타, 감마, 베가, 세타, 로를 계산하고 이를 해석하라.

17.16 어떤 상황에서 유러피언 옵션 1개를 이용해 유러피언 주가지수옵션의 포지션을 감마와 베가중립으로 만들 수 있는가?

17.17 S&P 500지수를 모방하는 3억 6,000만 달러의 잘 분산된 포트폴리오를 관리하는 펀드 매니저를 고려해보자. 현재 S&P 500의 가치는 1,200이고 매니저는 향후 6개월 동안 포트폴리오 가치가 5% 이상 하락하는 것을 방지하고자 포트폴리오보험 전략을 사용하려고 한다. 무위험이자율은 연 6%이다. 포트폴리오와 S&P 500지수의 배당수익률은 연 3%로 같고 지수의 변동성은 연 30%이다.

(a) 만일 매니저가 유러피언 풋옵션을 매입한다면 얼마의 비용이 발생하는가?

(b) 유러피언 콜옵션을 이용한 대안을 자세히 설명하고 이 전략이 (a)와 같은 결과를 가져오는 것을 증명하라.

(c) 매니저가 옵션을 사용하는 대신에 포트폴리오 일부를 무위험 증권에 투자하고자 한다면 어떤 초기포지션을 취해야 하는가?

(d) 9개월 만기 주가지수선물을 이용한다면 어떤 초기포지션을 취해야 하는가?

17.18 포트폴리오의 베타가 1.5, 배당수익률이 연 4%라고 가정하고 문제 17.17에 답하라.

17.19 식 (17.4)가 다음 옵션 또는 포트폴리오에도 성립함을 증명하라.

(a) 무배당 주식에 대한 유러피언 콜옵션 1개

(b) 무배당 주식에 대한 유러피언 풋옵션 1개

(c) 무배당 주식에 대한 유러피언 콜옵션과 풋옵션으로 구성된 포트폴리오

17.20 포트폴리오보험 전략을 700억 달러의 주식포트폴리오에 적용한다고 하자. 보험 전략으로 향후 1년 동안 포트폴리오의 가치가 5% 이상 하락하는 것을 방지하고자 한다. 만일 단 하루에 시장 전체의 가치가 23% 하락한다면 보험 전략을 수행하는 매니저가 매도할 주식 또는 선물계약의 가치를 DerivaGem 프로그램을 이용해 계산하라. 계산을 위해 필요한 가정을 하라.

17.21 주가지수에 대한 선도계약이 선물계약과 동일한 델타를 갖는가? 설명하라.

17.22 달러-유로 환율에 대한 옵션으로 구성된 은행 포트폴리오의 델타가 30,000이고 감마는 −80,000이다. 30,000과 −80,000의 의미를 설명하라. 현재 환율은 0.90이다(유로 1단위에 대한 달러의 가치를 의미함). 델타중립을 만들기 위해 어떤 포지션을 취해야 하는가? 짧은 기간이 지난 후에 환율이 0.93으로 변했다. 새로운 델타를 계산하라. 델타를 중립으로 만들기 위해 추가로 어떤 포지션을 취해야 하는가? 은행이 처음 포지션을 취할 때 델타중립에 있었다면 환율의 움직임으로 이익을 보았는가, 아니면 손해를 보았는가?

추가문제

17.23 만기가 1년인 콜옵션을 고려해보자(기초자산은 주식임). 현재의 주가는 30달러, 행사가격도 30달러, 무위험이자율은 연 5%, 변동성은 연 25%이다. DerivaGem 프로

그램을 이용해 콜옵션의 가격, 델타, 감마, 베가, 세타, 로를 계산하라. 주가를 30.1달러로 변경하고 옵션가격을 다시 계산해 델타가 옳은지 확인하라(즉 주가가 30에서 30.1로 증가할 때 옵션가치가 델타만큼 변하는지 확인하라는 의미임). 주가가 30.1달러인 경우의 델타를 다시 계산해 감마가 옳은지 확인하라. 유사한 계산을 베가, 세타, 로에 적용해 확인하라. DerivaGem 프로그램을 이용해 옵션가격, 델타, 감마, 베가, 세타, 로와 주가 간의 관계를 그래프로 그려라.

17.24 금융기관이 다음 표와 같은 파운드화에 대한 장외시장 옵션포트폴리오를 소유하고 있다고 가정하자.

또한 델타가 0.6, 감마가 1.5, 베가가 0.8인 옵션이 거래소에서 거래되고 있다고 가정하자.

옵션 종류	포지션	옵션의 델타	옵션의 감마	옵션의 베가
콜옵션	−1,000	0.50	2.2	1.8
콜옵션	−500	0.80	0.6	0.2
풋옵션	−2,000	−0.40	1.3	0.7
콜옵션	−500	0.70	1.8	1.4

(a) 포트폴리오를 감마와 델타중립으로 동시에 만들기 위해 거래되는 옵션과 파운드화에 취해야 하는 포지션은 무엇인가?

(b) 포트폴리오를 베가와 델타중립으로 동시에 만들기 위해 거래되는 옵션과 파운드화에 취해야 하는 포지션은 무엇인가?

모든 옵션의 내재변동성이 일정한 양만큼 변한다고 가정해서 베가가 환산될 수 있도록 한다.

17.25 문제 17.24의 상황을 다시 고려하자. 델타가 0.1, 감마가 0.5, 베가가 0.6인 또 다른 옵션이 거래된다고 가정하자. 포트폴리오를 델타, 감마, 베가중립으로 동시에 만들기 위한 방법을 설명하라.

17.26 금융기관이 은행예금에 대해 향후 6개월 동안 (a) 0%와 (b) 시장지수 수익률의 40% 중 높은 이자율을 보장한다고 가정하자. 어떤 투자자가 10만 달러의 투자를 계획하고 있다. 예금의 이득 패턴을 주가지수옵션으로 설명하라. 무위험이자율이 연 8%, 지수의 배당수익률이 연 3%, 지수의 변동성이 연 25%라고 가정하자. 투자자가 10만 달러를 은행에 예금하는 것이 좋은 투자인지를 분석하라.

17.27 17.1절에서 고려한 옵션의 경우 식 (17.4)가 성립하는지를 DerivaGem을 이용해 확인하라. [참고: DerivaGem은 세타의 가치를 '달력일' 기준으로 계산하며 식 (17.4)에서 세타는 '연' 기준이다.]

17.28 DerivaGem Application Builder 함수를 이용해 표 17.2의 분석을 반복해보라. (표 17.2에서 주식포지션은 가장 가까운 100주 단위로 반올림했음에 주의하라.) 주별로 포지션의 감마와 세타를 계산하라. 그리고 주별로 포트폴리오 가치 변화를 계산하고 식 (17.3)이 대략적으로 성립하는지를 체크하라. [참고: DerivaGem은 세타의 가치를 '달력일' 기준으로 계산하며 식 (17.3)에서 세타는 '연' 기준이다.]

18 이항분포모형의 실제 적용

13장, 15장, 16장에서 설명했듯이 블랙-숄즈-머튼 모형과 이를 확장한 모형을 이용해 주식, 주가지수, 통화, 선물계약에 대한 유러피언 콜옵션과 풋옵션의 가치를 결정할 수 있다. 아메리칸 옵션의 경우 이항분포모형에 의존해서 가치를 평가한다. 이 장에서는 12장보다 자세하게 이항분포모형이 실제로 어떻게 사용되는지 설명한다. 특히 배당을 지급하는 주식을 포함해 다양한 기초자산에 대한 아메리칸 옵션의 가치를 평가하고, 17장에서 소개한 그릭 문자(Greek letters)를 계산하는 데 이항분포모형이 어떻게 이용될 수 있는지 살펴본다. 이 책에 첨부된 DerivaGem은 이 장에 제시된 계산을 수행하고, 생성된 이항과정을 보는 데 이용할 수 있다.

18.1 무배당 주식의 이항분포모형

아메리칸형 옵션의 가치를 평가할 수 있는 이항분포모형의 방법론은 콕스(Cox), 로스(Ross), 루빈스타인(Rubinstein)이 1979년에 처음 제안했다.[1] 무배당 주식에 대한 옵션의 가치를 생각해보자. 먼저 옵션 만기를 많은 수의 작은 기간 Δt로 나눈다. 매 기간에 주가는 S에서 Su 또는 Sd로 변한다고 가정하자. 이 모형이 그림 18.1에 묘사되어 있다. 일반적으로 $u > 1$, $d < 1$이다. S에서 Su로 변하는 것은 주가가 '상승'하는 것이고, S에서 Sd로 변하는 것은 주가가 '하락'하는 것이다. 주가가 상승할 확률은 p이고 주가가 하락할 확률은 $1-p$이다.

위험중립가치평가

12장과 13장에서 소개한 위험중립가치평가(risk-neutral valuation) 원칙은 주가에 기초하는

---

1 다음 논문을 참조하라. J. C. Cox, S. A. Ross, and M. Rubinstein, "Option Pricing: A Simplified Approach", *Journal of Financial Economics*, 7 (October 1979), 229–64.

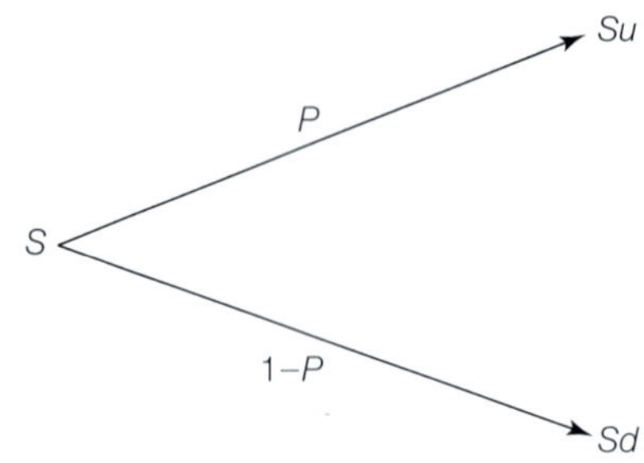

그림 18.1 이항분포모형에서 Δt기간 동안의 주가 변화

증권의 가치는 위험중립 가정하에서 결정할 수 있다는 것이다. 즉 옵션(또는 다른 파생증권)의 가치를 평가할 때 다음과 같은 가정을 할 수 있다.

1. 거래되는 모든 증권의 기대수익률은 무위험이자율이다.
2. 미래 현금흐름의 현재가치는 기대치를 무위험이자율로 할인해 구할 수 있다.

이항분포모형을 이용할 때 위험중립가치평가 원칙을 이용해보자.

p, *u*, *d*의 결정

위험중립세상에서 주가의 행태를 나타낼 수 있는 이항과정을 설계해보자. 모수 p, u, d의 값은 위험중립세상에서 Δt기간의 주가 변화의 정확한 평균과 분산값을 나타내야 한다. 주식의 기대수익률은 무위험이자율 r이다. 즉 Δt기간 말에 주가의 기대치는 $Se^{r\Delta t}$이다(S는 기간 초의 주가를 말함). 따라서

$$Se^{r\Delta t} = pSu + (1-p)Sd \tag{18.1}$$

또는

$$e^{r\Delta t} = pu + (1-p)d \tag{18.2}$$

변수 Q의 분산은 $E(Q^2) - E(Q)^2$이다(E는 기대치를 말함). R을 Δt기간 동안의 주식 수익률로 정의하면 $1+R$이 u일 확률이 p이고, $1+R$이 d일 확률이 $1-p$이다. 따라서 $1+R$의 분산은 $pu^2+(1-p)d^2-[pu+(1-p)d]^2$이다. 변수에 상수를 더하는 것은 분산에 영향을 미치지 않으므로 $1+R$의 분산은 R의 분산과 동일하다. 13.1절에서 설명했듯이 R의 분산은 $\sigma^2\Delta t$이다. 즉

$$\sigma^2\Delta t = pu^2 + (1-p)d^2 - [pu+(1-p)d]^2 \tag{18.3}$$

이다. 식 (18.2)와 (18.3)은 p, u, d에 대한 2개의 조건이다. 콕스-로스-루빈스타인이 가정하는 세 번째 조건은 다음과 같다.

$$u = \frac{1}{d}$$

Δt가 작다고 가정하면 위 3개의 조건은 p, u, d에 대해 다음의 관계를 제시한다.

$$p = \frac{a - d}{u - d} \tag{18.4}$$

$$u = e^{\sigma\sqrt{\Delta t}} \tag{18.5}$$

$$d = e^{-\sigma\sqrt{\Delta t}} \tag{18.6}$$

단,

$$a = e^{r\Delta t} \tag{18.7}$$

변수 a는 성장요소(growth factor)라고도 한다. 식 (18.4)부터 식 (18.7)까지는 12장의 식 (12.11)부터 식 (12.14)까지와 동일하다.

주가의 이항과정

이항분포모형을 이용할 때 고려할 주가의 이항과정이 그림 18.2에 묘사되어 있으며 이는 4기간 모형이다. 현재 시점($t=0$)의 주가는 S_0이다. Δt시점에서 가능한 주가는 두 가지로 S_0u 또는 S_0d이다. $2\Delta t$시점에서 가능한 주가는 S_0u^2, S_0, S_0d^2 세 가지이다. 일반적으로 $i\ \Delta t$시점에

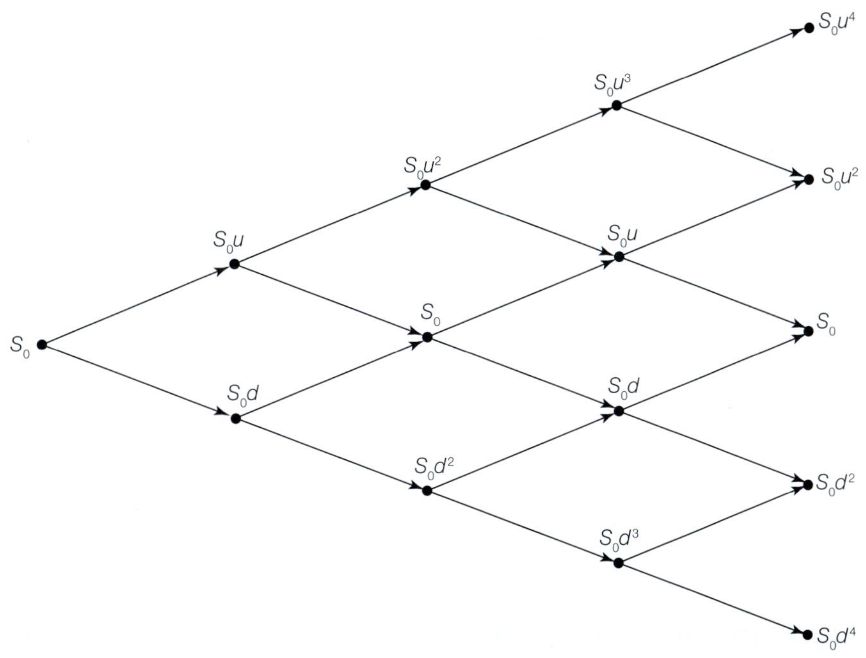

그림 18.2 주식옵션을 평가하기 위한 이항과정

서 $i+1$개의 주가들이 가능하고 이 주가들은 다음과 같이 나타낼 수 있다.

$$S_0 u^j d^{i-j} \quad (j = 0, 1, \ldots, i)$$

그림 18.2에 있는 이항과정에서의 모든 주가를 계산할 때 $u=1/d$이라는 가정을 이용한다. 예를 들어 $j=2$와 $i=3$의 경우 자산 가격은 $S_0u^2d=S_0u$이다. 주가가 상승한 후에 하락하는 경우의 주가는 주가가 하락한 후에 상승하는 경우의 주가와 동일하다. [역주: 이항모형은 이런 방식으로 재결합(recombine)하기 때문에 주가 수가 기하급수적으로 증가하지 않고 선형적으로 증가한다. 이와 관련해서 18.3절 '배당금을 아는 경우'를 참조하라.]

이행과정을 역행해 계산하기

옵션 가치를 평가하기 위해 이항모형의 말단(T시점)에서 시작해 출발점으로 역행하면서 가치평가를 하는데 이 절차를 역진귀납법 혹은 **역행추론법**(backward induction)이라고 한다. 먼저 T시점에서 옵션의 가치는 이미 알려져 있다. 예를 들어 풋옵션의 가치는 $\max(K-S_T, 0)$이고, 콜옵션의 가치는 $\max(S_T-K, 0)$이다(S_T는 T시점에서의 주가, K는 행사가격이다). 위험중립 가정하에 $T-\Delta t$시점에서의 옵션의 가치는 ΔT시점에서의 기대가치를 무위험이자율 r로 Δt기간을 할인해 계산한다. 마찬가지로, $T-2\Delta t$시점에서의 옵션 가치는 $T-\Delta t$시점에서의 기대가치를 무위험이자율 r로 Δt기간을 할인해 계산한다. 아메리칸 옵션의 경우, 기간마다 옵션을 그 시점에서 행사하는 것이 Δt기간 소유하는 것보다 유리한지를 일일이 분석해야 한다. 이런 식으로 계속 역행하면 결국 현재 시점($t=0$)에서의 옵션 가치를 결정할 수 있다.

예시

이 절차를 설명하기 위해 5기간 이항모형을 예로 들어보자. 무배당 주식에 대한 아메리칸 풋옵션을 고려하자. 주가는 50달러, 행사가격은 50달러, 무위험이자율은 연 10%, 만기는 5개월, 변동성은 연 40%이다. 즉 $S_0=50$, $K=50$, $r=0.10$, $\sigma=0.40$, $T=0.4167$이다. 이항과정을 구성하기 위해 옵션 만기를 1개월(1/12년) 단위로 5기간으로 나누어보자. 즉 $\Delta t=1/12$이다. 식 (18.4)부터 (18.7)까지에 의해

$$u = e^{\sigma\sqrt{\Delta t}} = 1.1224, \qquad d = e^{-\sigma\sqrt{\Delta t}} = 0.8909, \qquad a = e^{r\Delta t} = 1.0084$$

$$p = \frac{a-d}{u-d} = 0.5073, \qquad 1-p = 0.4927$$

DerivaGem에 의해 생성한 예시의 이항과정이 그림 18.3에 있다. 모든 노드(점)에 2개의 숫자가 있는데 위의 숫자는 주가이며 아래 숫자는 옵션가격이다. 주가가 상승할 확률은 항상 0.5073이고 하락할 확률은 항상 0.4927이다.

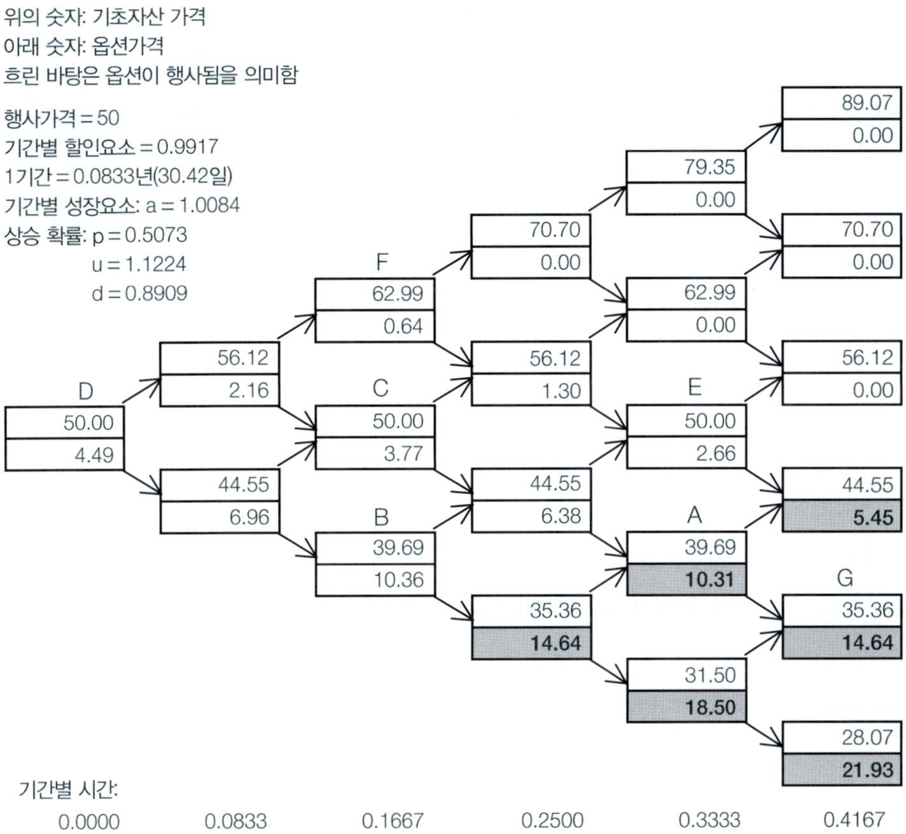

그림 18.3 무배당 주식에 대한 아메리칸 풋옵션을 평가하기 위한 이항과정(DerivaGem 이용)

$i\ \Delta t$시점($i=0,\ 1,\ \ldots,\ 5$)의 j번째($j=0,\ 1,\ \ldots,\ i$) 주가는 $S_0 u^j d^{i-j}$이다. 예를 들어 노드 A[i=4, j=1, 즉 t=0.3333(=4 × 1/12)이고 아래에서 두 번째]에서의 주가는 50 × 1.1224 × 0.8909^3 = 39.69달러이다.

이항과정의 말단에서의 옵션 가치는 $\max(K-S_T,\ 0)$이다. 예를 들어 노드 G에서의 옵션가격은 50 − 35.36 = 14.64달러이다. 이항과정 끝에서 두 번째 기간에서의 옵션 가치는 만기일의 옵션 가치로부터 계산한다. 우선 옵션의 권리를 행사할 수 없다고 가정한다. 즉 옵션 가치는 Δt기간 후의 옵션 기대가치의 현재가치이다. 예를 들어 노드 E에서의 옵션가격은

$$(0.5073 \times 0 + 0.4927 \times 5.45)e^{-0.10 \times 1/12} = 2.66$$

이고, 노드 A에서의 옵션가격은

$$(0.5073 \times 5.45 + 0.4927 \times 14.64)e^{-0.10 \times 1/12} = 9.90$$

이다. 이번에는 옵션을 조기행사하는 것이 행사를 연기하는 것보다 유리한지 분석한다. 노드 E에서 권리를 행사하면 풋옵션의 가치는 0이다. 왜냐하면 주가와 행사가격이 둘 다 50달러

로 같기 때문이다. 이 경우에는 당연히 기다리는 것이 권리를 행사하는 것보다 유리하다. 따라서 노드 E에서의 옵션 가치는 2.66달러이다. 노드 A에서는 상황이 다르다. 만일 옵션을 행사하면 옵션 가치는 50.00달러−39.69달러=10.31달러이고 이는 9.90달러보다 크다. 따라서 노드 A에서는 옵션을 행사해야 하며 옵션 가치는 10.31달러이다.

이와 같은 방법으로 이전 시점의 옵션가격을 모두 구할 수 있다. 옵션이 내가격에 있다고 해서 권리를 행사하는 것이 언제나 최적의 결과를 가져다주는 것은 아니다. 노드 B를 고려해보자. 옵션을 행사하면 가치는 50.00달러−39.69달러=10.31달러이다. 그러나 옵션을 행사하지 않으면 옵션 가치는 다음과 같이 10.36달러이다.

$$(0.5073 \times 6.38 + 0.4927 \times 14.64)e^{-0.10 \times 1/12} = 10.36$$

그러므로 노드 B에서는 옵션을 행사하지 않아야 하며 옵션 가치는 10.36달러이다.

이러한 방법으로 이항모형을 역행하면 현재 시점($t=0$)의 옵션 가치가 4.49달러임을 알 수 있다. 이 값은 옵션의 현재가치를 5기간 이항모형으로 수치화 절차를 이용해 계산한 추정치이다. 현업에서는 이보다 더 작은 Δt와 더 많은 수의 노드를 이용해서 옵션가격을 추적한다. DerivaGem을 이용해 기간을 30개, 50개, 100개로 나누어 가치를 평가하면 옵션 가치는 각각 4.263, 4.272, 4.278달러가 된다.

수치화 절차의 일반화

무배당 주식에 대한 아메리칸 풋옵션의 만기를 N개의 기간으로 나누어, 각 기간의 길이가 Δt가 되도록 만들어보자. $i\Delta t$시점에서 j번째를 노드 (i, j)로 정의하자(단, $0 \le i \le N$, $0 \le j \le i$). 이는 $i\Delta t$ 시점에서 가장 낮은 노드는 노드 $(i, 0)$이고 두 번째로 낮은 노드는 노드 $(i, 1)$이라는 의미이다. 그리고 $f_{i,j}$를 노드 (i, j)에서의 옵션 가치로 정의하자. 노드 (i, j)에서의 주가는 $S_0u^jd^{i-j}$이다. 만기일의 아메리칸 풋옵션의 가치는 $\max(K-S_T, 0)$이므로

$$f_{N,j} = \max(K - S_0u^jd^{N-j}, 0) \quad (j = 0, 1, \ldots, N)$$

$i\Delta t$시점의 노드 (i, j)에서 $(i+1)\Delta t$시점의 노드 $(i+1, j+1)$로 이동할 가능성은 p이고, $i\Delta t$시점의 노드 (i, j)에서 $(i+1)\ \Delta t$시점의 노드 $(i+1, j)$로 이동할 가능성은 $1-p$이다. 만기일 전에 권리를 행사할 수 없다면, 위험중립가치평가 원칙에 의해

$$f_{i,j} = e^{-r\Delta t}[pf_{i+1,j+1} + (1-p)f_{i+1,j}]$$

이다. 단, $0 \le i \le N-1$, $0 \le j \le i$이다. 만기일 전 옵션의 조기행사가 가능하면, 위의 $f_{i,j}$는 옵션의 내재가치와 비교되어야 한다. 즉

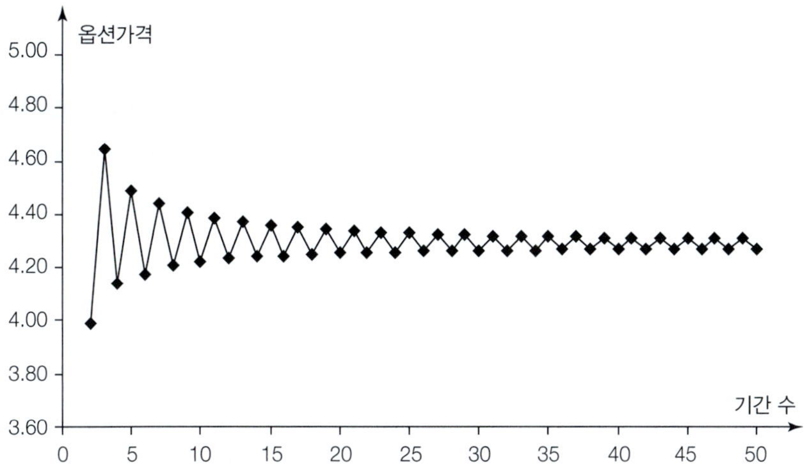

그림 18.4 이항분포모형으로터 계산된 옵션가격의 수렴

$$f_{i,j} = \max\{K - S_0 u^j d^{i-j}, e^{-r\Delta t}[pf_{i+1,j+1} + (1-p)f_{i+1,j}]\}$$

T시점에서 시작해 역행하면서 계산하기 때문에 $i\Delta t$시점에서의 옵션 가치는 $i\Delta t$시점에서의 권리행사 가능성이 미치는 효과뿐만 아니라 다음 기간에서의 권리행사 가능성이 미치는 효과도 포함해서 평가되고 있다.

극한에서 Δt가 0에 접근하면 아메리칸 풋옵션의 정확한 가격을 구할 수 있다. 현업에서는 보통 $N=30$ 정도로 가정해 합리적인 가격을 구한다. 그림 18.4는 우리가 고려하고 있는 예시에서 옵션가격이 수렴하는 것을 보여준다. (옵션가격은 DerivaGem에 제공된 Application Builder 함수를 이용해 계산된 것이다. Sample Application A를 참조하라.)

풋옵션 대신에 콜옵션을 평가할 경우, 말단에서의 가치는 $(S_T-K,\ 0)$이므로 다음 식이 성립한다.

$$f_{N,j} = \max(S_0 u^j d^{N-j} - K, 0) \quad (j = 0, 1, \ldots, N)$$

또한 만기일 전 옵션 조기행사가 가능하면 $f_{i,j}$는 풋옵션 대신 콜옵션의 이득을 반영해야 하므로 다음 식이 성립한다.

$$f_{i,j} = \max\{S_0 u^j d^{i-j} - K, e^{-r\Delta t}[pf_{i+1,j+1} + (1+p)f_{i+1,j}]\}$$

델타와 다른 그릭 문자들의 추정

옵션의 델타(Δ)는 기초주식의 가격 변화에 대한 옵션가격의 변화이다. 델타는 다음과 같이 계산된다.

$$\frac{\Delta f}{\Delta S}$$

단, ΔS는 작은 주가 변화이고, Δf는 이에 대한 옵션가격의 작은 변화이다. Δt시점에서 주가가 S_0u이라면 옵션의 가격은 $f_{1,1}$이고, 주가가 S_0d라면 옵션의 가격은 $f_{1,0}$이다. 다시 말해 $\Delta S = S_0u - S_0d$이면 $\Delta f = f_{1,1} - f_{1,0}$이다. Δt시점에서 Δ의 추정치는 다음과 같다.

$$\Delta = \frac{f_{1,1} - f_{1,0}}{S_0u - S_0d} \tag{18.8}$$

감마(Γ)를 구하기 위해서 먼저 $2\Delta t$시점에서 Δ에 대한 추정치가 2개 있음을 알아야 한다. 즉 만일 주가가 $(S_0u^2 + S_0)/2$이면($2\Delta t$시점에서 아래에서부터 두 번째와 세 번째 노드 중간), 델타는 $(f_{2,2} - \mathrm{f}_{2,1})/(S_0u^2 - S_0)$이고, 주가가 $(S_0 + S_0d^2)/2$이면($2\Delta t$시점에서 아래에서부터 첫 번째와 두 번째 노드 중간), 델타는 $(f_{2,1} - f_{2,0})/(S_0 - S_0d^2)$이다. 두 주가의 차이를 h로 정의하면

$$h = 0.5(S_0u^2 - S_0d^2)$$

감마는 델타의 변화를 h로 나눈 값으로 다음과 같다.

$$\Gamma = \frac{[(f_{2,2} - f_{2,1})/(S_0u^2 - S_0)] - [(f_{2,1} - f_{2,0})/(S_0 - S_0d^2)]}{h} \tag{18.9}$$

이 과정을 통해 Δt시점에서의 델타와 $2\Delta t$시점에서의 감마의 추정치를 구할 수 있다. 현업에서 이 측정치들은 0시점에서의 델타와 감마의 추정치로도 이용된다.[2]

이항모형에서 직접 추정할 수 있는 또 다른 헤지 모수는 세타(Θ)이다. 세타는 시간 경과에 대한 옵션 가치의 변화이다(다른 모든 요인이 일정하다고 가정함). 0시점에서의 주가가 S_0라면 옵션가격은 $f_{0,0}$이고, $2\Delta t$시점에서의 주가가 S_0이라면 옵션가격은 $f_{2,1}$이다. 따라서 세타의 추정치는 다음과 같다.

$$\Theta = \frac{f_{2,1} - f_{0,0}}{2\Delta t} \tag{18.10}$$

베가(ν)는 변동성을 조금 변화시킨 후($\Delta\sigma$) 새로운 이항과정을 구성하고, 이에 의해 옵션의 가치를 다시 계산해 구한다(물론 기간 수는 같아야 함). 베가의 추정치는 다음과 같다.

$$\mathcal{V} = \frac{f^* - f}{\Delta\sigma}$$

2 델타와 감마를 보다 정확하게 추정하려면 $-2\Delta t$시점에서 이항모형을 구성해 이때의 주가를 S_0로 가정한다. 이렇게 하면 0시점에서의 3개의 다른 주가에 대해 옵션가격이 계산된다.

단, f는 원래의 이항과정에서 계산한 옵션가격의 추정치이며, f^*는 새로운 이항과정에서 계산한 옵션가격의 추정치이다. 로(ρ)도 유사한 방법으로 추정할 수 있다.

그림 18.3에 있는 이항과정을 고려해보자. 이 경우 $f_{1,0}=6.96$, $f_{1,1}=2.16$이다. 식 (18.8)로 추정한 델타는 −0.41이다.

$$\frac{2.16-6.96}{56.12-44.55}=-0.41$$

식 (18.9)에 의해 감마의 추정치는 노드 B, C, F에서의 가치로부터 계산한다.

$$\frac{[(0.64-3.77)/(62.99-50.00)]-[(3.77-10.36)/(50.00-39.69)]}{11.65}=0.03$$

식 (18.10)에 의해 세타의 추정치는 노드 D와 C에서의 가치로부터 구한다.

$$\frac{3.77-4.49}{0.1667}=-4.3$$

추정된 세타는 연간 기준 −4.3 또는 1일 기준(달력일) −0.012이다. 물론 이 모든 값은 대략적인 추정치일 뿐이다. 이 추정치들을 더 정확하게 만들고 싶다면 기간의 수를 늘리면 된다. 기간이 50개인 경우 DerivaGem으로 계산한 델타, 감마, 세타의 추정치는 각각 −0.414, 0.033, −0.0117이다.

18.2 주가지수옵션, 통화옵션, 선물옵션의 이항분포모형

12.10절에서 설명했듯이 무배당 주식에 대한 옵션 가치를 평가하는 이항과정을 약간만 변경하면 연속배당수익률 q를 지급하는 주식에 대한 아메리칸 콜옵션과 풋옵션의 가치를 평가할 수 있다.

배당이 q의 수익률을 제공하므로 위험중립 가정하에 주가 자체는 평균 $r-q$의 수익률을 제공한다. 따라서 식 (18.1)은 다음과 같이 변형된다.

$$Se^{(r-q)\Delta t}=pSu+(1-p)Sd$$

또는

$$e^{(r-q)\Delta t}=pu+(1-p)d$$

모수 p, u, d는 바로 위의 식과 식 (18.3)을 만족시켜야 한다. a를 다음과 같이 바꾸어 정의하면 식 (18.4), (18.5), (18.6)을 수정하지 않고 사용할 수 있다.

$$a = e^{(r-q)\Delta t} \tag{18.11}$$

즉 a의 새로운 값을 사용해 앞에서 설명한 이항과정의 수치화 절차를 그대로 이용할 수 있다.

15장과 16장에서 옵션가치를 평가할 때는 주가지수, 통화, 선물계약을 연속배당수익률을 지급하는 주식으로 간주할 수 있다고 설명했다. 주가지수의 경우에 고려할 배당수익률은 주가지수를 구성하는 주식의 배당수익률이고, 통화의 경우에 배당수익률은 외국의 무위험이자율, 선물계약의 경우에 배당수익률은 국내의 무위험이자율이다. 예제 18.1과 예제 18.2를 참조하라.

18.3 배당을 지급하는 주식의 이항분포모형

기간별로 배당(discrete dividend)을 지급하는 주식의 경우 이항분포모형을 적용하는 방법이 조금 더 까다로워진다. 13장에서 설명한 바와 같이 '배당금'은 배당의 결과 배당락일에 발생하는 주가의 하락폭을 의미한다.

배당수익률을 아는 경우

만기가 긴 주식옵션의 경우 편의상 주식의 연속배당수익률 q를 안다고 가정하는 경우가 있다. 그런 경우 옵션은 주가지수옵션과 동일한 방식으로 평가된다. 더 정확한 계산을 하고자 하면, 아는 배당수익률이 기간별로 지급된다고 가정할 수 있다. 1회의 배당금이 미래 특정 시점에서 지급되고, 그 액수가 해당 시점의 주가의 δ 비율만큼 된다고 가정하자. 이 경우 u, d, p는 마치 배당이 없는 경우와 마찬가지로 계산된다. 이항과정은 그림 18.5와 같으며 앞에서 설명한 방법으로 분석할 수 있다. 만일 $i\Delta t$시점이 배당락일보다 앞서면 각 노드(i, j)에서의 주가는 다음과 같다.

$$S_0 u^j d^{i-j} \quad (j = 0, 1, \ldots, i)$$

만일 $i\Delta t$시점이 배당락일 이후에 위치하면 각 시점에서의 주가는 다음과 같다.

$$S_0(1-\delta)u^j d^{i-j} \quad (j = 0, 1, \ldots, i)$$

또한 배당금이 옵션의 잔존기간 동안 여러 번 지급되는 경우도 비슷한 논리를 적용할 수 있다. 만일 δ_i가 현재 시점과 $i\Delta t$시점 사이에 있는 모든 배당락일로부터 계산한 총배당수익률이면 $i\Delta t$시점에서의 주가는 다음과 같다.

$$S_0(1-\delta_i)u^j d^{i-j}$$

예제 18.1 지수선물옵션의 이항과정 EXAMPLE

주가지수선물에 대한 아메리칸 선물콜옵션을 고려해보자. 옵션 만기는 4개월, 현재 선물가격은 300, 행사가격은 300, 무위험이자율은 연 8%, 지수의 변동성은 연 30%이다. 이항과정을 구성하기 위해 옵션 만기를 1개월 단위로 4기간으로 나누기로 하자. 즉 $F_0=300$, $K=300$, $r=0.08$, $\sigma=0.3$, $T=4/12$, $\Delta t=1/12$이다. 선물계약은 연속배당수익률 r을 지급하는 주식과 유사하므로 식 (18.11)에서 q를 r로 대체하면 된다. 즉 $a=1$이다. 이항과정을 구성하는 다른 모수의 값은 다음과 같다.

$$u=e^{\sigma\sqrt{\Delta t}}=1.0905,\quad d=\frac{1}{u}=0.9170,\quad p=\frac{a-d}{u-d}=0.4784,\quad 1-p=0.5216$$

이항과정은 아래 그림과 같다(위의 숫자는 선물가격이고, 아래의 숫자는 옵션가격이다). 추정한 선물옵션의 가치는 19.16달러이다. 기간을 늘리면 보다 정확한 값이 계산된다. 50개의 기간을 이용해 DerivaGem으로 구한 옵션 가치는 20.18달러이고 100개의 기간을 이용하면 옵션 가치는 20.22달러로 계산된다.

DerivaGem 산출률

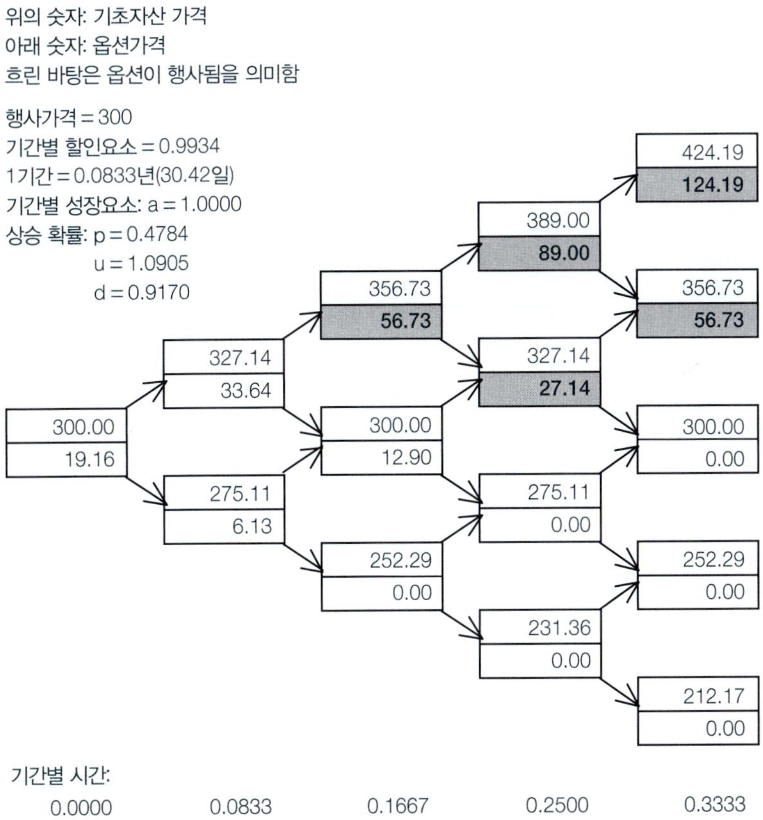

예제 18.2 통화옵션의 이항과정 EXAMPLE

영국 파운드화에 대한 1년 만기 아메리칸 풋옵션을 고려해보자. 현재 환율(1파운드에 대한 달러)은 1.6100, 행사가격은 1.6000, 미국의 무위험이자율은 연 8%, 영국의 무위험이자율은 연 9%, 파운드 환율의 변동성은 연 12%이다. 즉 $S_0=1.61$, $K=1.60$, $r=0.08$, $r_f=0.09$, $\sigma=0.12$, $T=1.0$이다. 옵션 만기를 3개월 단위로 4기간으로 나누기로 하자. 즉 $\Delta t=0.25$이다. $q=r_f$이므로 식 (18.11)에 의해

$$a=e^{(0.08-0.09)\times 0.25}=0.9975$$

이항과정을 구성하는 다른 모수들은 다음과 같다.

$$u=e^{\sigma\sqrt{\Delta t}}=1.0618,\quad d=\frac{1}{u}=0.9418,\quad p=\frac{a-d}{u-d}=0.4642,\quad 1-p=0.5358$$

이항과정은 아래 그림과 같다(위의 숫자는 환율이며, 아래의 숫자는 옵션가격이다). 추정한 옵션의 가치는 0.0710달러이다. 50개의 기간을 이용해 DerivaGem으로 구한 옵션 가치는 0.0738달러이고 100개의 기간을 이용해도 옵션 가치는 0.0738달러이다.

DerivaGem 산출률

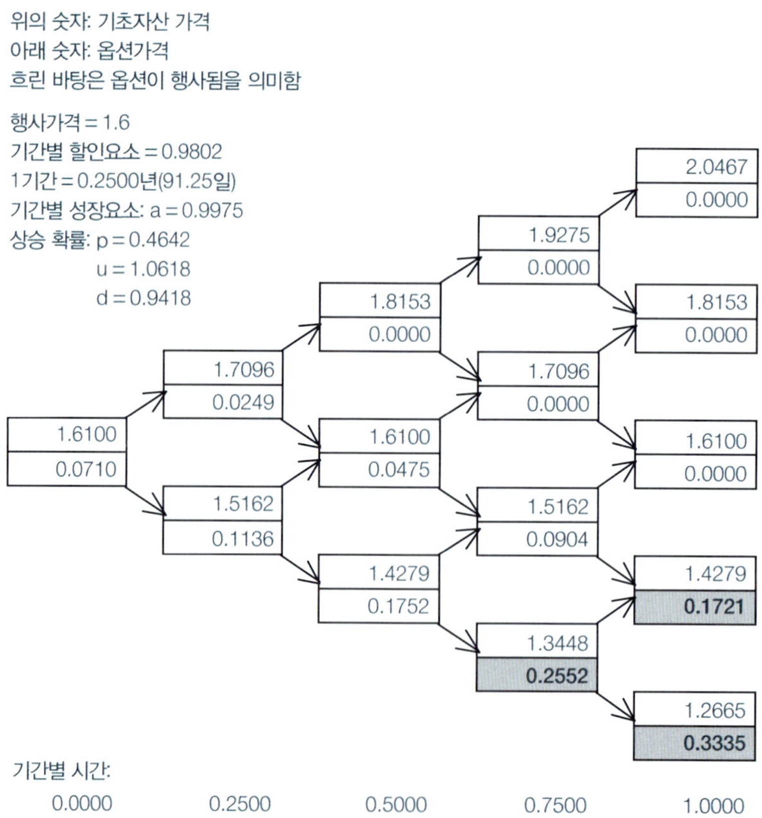

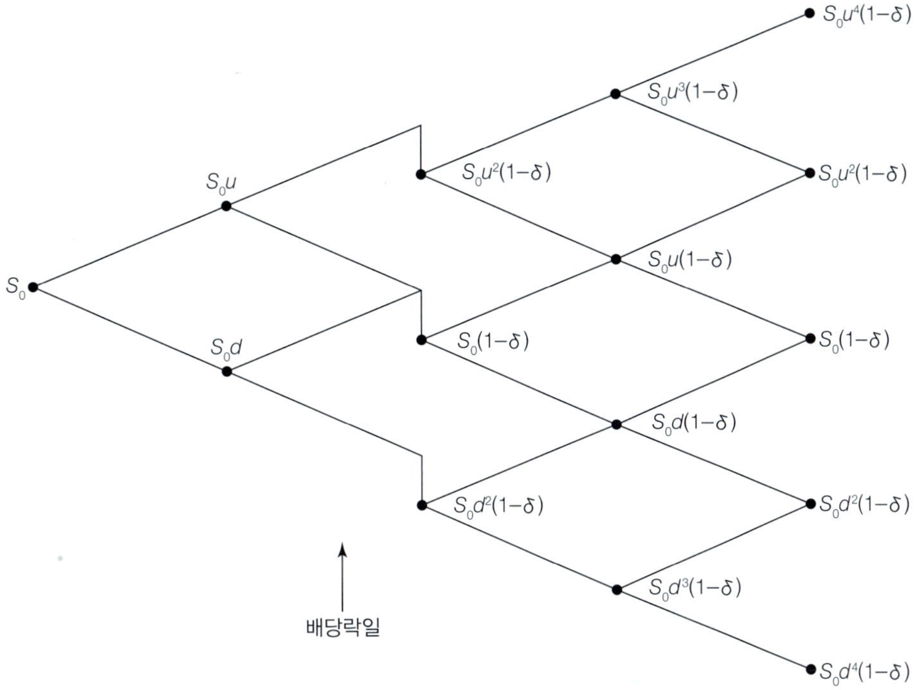

그림 18.5 배당수익률을 예상할 수 있는 경우의 이항과정

배당금을 아는 경우

일부 상황에서, 특히 옵션의 만기가 짧은 경우 배당수익률 대신 배당금을 미리 안다고 가정하는 것이 보다 현실적이다. 만일 주가의 변동성 σ가 일정하다고 가정하면 이항과정은 그림 18.6과 같다. 해당 그림에서 배당이 여러 번 지급되는 경우에 이항과정은 매우 복잡해진다. [역주: 그림 18.6은 그림 18.2나 그림 18.5와 달리 배당금이 재결합(recombine)하지 않고 노드 수가 훨씬 많아지게 된다.] 만약 배당금을 1회만 지급하고 배당락일 τ가 $k\,\Delta t$와 $(k+1)\Delta t$ 사이에 있고 배당금이 D라고 가정해보자. 만일 $i \le k$이면 $i\,\Delta t$시점에서의 주가는

$$S_0u^j d^{i-j} \quad (j = 0, 1, 2, \ldots, i)$$

이고, 이는 전과 같다. 만일 $i = k+1$이면 $i\,\Delta t$시점에서의 주가는

$$S_0u^j d^{i-j} - D \quad (j = 0, 1, 2, \ldots, i)$$

만일 $i = k+2$이면, $i\,\Delta t$시점에서의 주가들은 다음과 같다.

$$(S_0u^j d^{i-1-j} - D)u, \quad (S_0u^j d^{i-1-j} - D)d$$

단, $j = 0, 1, 2, \ldots, i-1$이다. 즉 $i+1$개가 아닌 $2i$개의 노드가 존재한다. $(k+m)\Delta t$시점에서

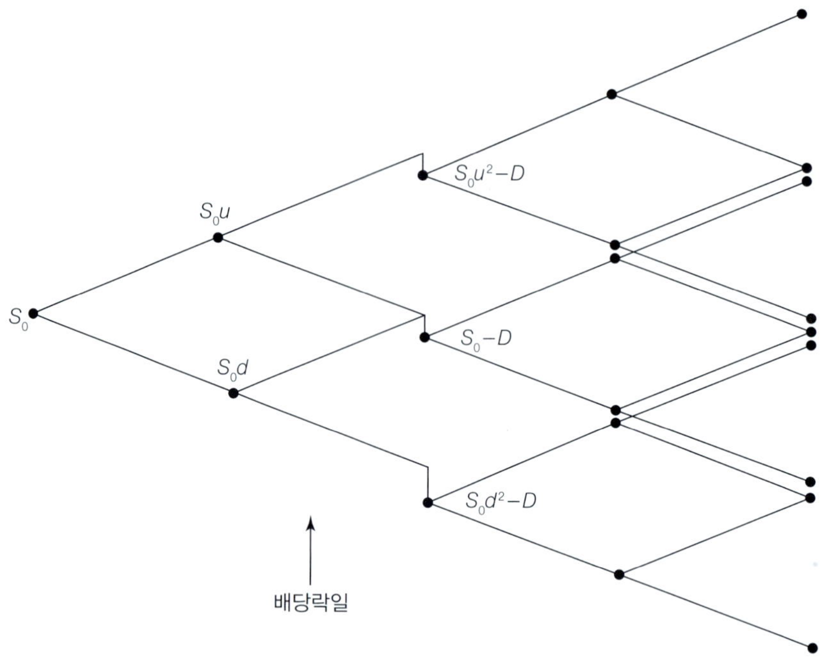

그림 18.6 배당금액을 알고 변동성이 일정한 경우의 이항과정

는 $k+m+1$개가 아닌 $m(k+2)$개의 주가가 존재한다. 만약 옵션 만기 전까지 배당이 여러 번 있으면, 노드 수는 그에 따라 기하급수적으로 더 많아진다.

노드 수가 급증하는 문제는 13장에서 유러피언 옵션의 가치를 평가할 때처럼 주식 가격이 두 부분의 합이라고 가정하면 해결할 수 있다. 여기서 두 부분이란 불확실한 부분과 옵션의 만기일까지 예상하는 모든 배당금의 현재가치에 해당하는 부분을 말한다. 옵션의 잔존기간 동안 배당을 한 번만 지급하고, 배당락일이 τ이고 $k\Delta t \le \tau \le (k+1)\Delta t$라고 가정하자. $i\Delta t$시점에서의 불확실한 부분(배당이 아닌 부분)의 가치 S^*는 $i\Delta t > \tau$인 경우

$$S^* = S$$

이고, $i\Delta t \le \tau$이면

$$S^* = S - De^{-r(\tau - i\Delta t)}$$

이다. 단, D는 배당금을 말한다. σ^*를 S^*의 변동성으로 정의하고, σ가 아닌 σ^*가 일정하다고 가정하자.[3] 식 (18.4), (18.5), (18.6), (18.7)에서 σ 대신 σ^*를 사용해 모수 p, u, d의 값을 추

3 이론적으로 σ^*가 S의 변동성인 σ보다 약간 크나, 실무적으로 둘의 변동성을 거의 구별하지 않는다.

정할 수 있으며, 이항과정은 S^*를 이용해 같은 방법으로 구성할 수 있다. 이항과정 각 노드에서의 주가에 미래 배당금의 현재가치를 더하면(물론 배당락일 전에 위치한 주가에만 더함) S에 기초한 이항과정으로 전환된다. S_0^*를 0시점에서의 S^*의 값으로 가정하자. $i\Delta t < \tau$이면 $i\Delta t$시점에서의 주가는

$$S_0^* u^j d^{i-j} + De^{-r(\tau - i\Delta t)} \quad (j = 0, 1, \ldots, i)$$

이고, $i\Delta t > \tau$이면 $i\Delta t$ 시점에서의 주가는

$$S_0^* u^j d^{i-j} \quad (j = 0, 1, \ldots, i)$$

이다. 이러한 접근방법은 유러피언 옵션의 가치평가방법(13.10절 참조)과 일관성을 가지면서 동시에 $i\Delta t$시점에서 가능한 노드 수를 $i+1$로 줄일 수 있다는 장점이 있다. 이 과정을 일반화하면 배당금이 여러 번 지급되는 경우에도 문제가 쉽게 해결될 수 있다. 이 접근방법은 예제 18.3에 설명되어 있다. 앞에서 설명했듯이, 만기가 긴 옵션의 경우 배당금 대신에 배당수익률을 안다고 가정하는 경우가 많다.

18.4 이항분포모형의 확장

이항분포모형을 확장할 수 있는 두 가지 방법을 설명한다.

시간의존적 이자율과 변동성

지금까지 우리는 이자율이 일정하다고 가정했다. 이자율 수익곡선(interest rate term structure)이 가파르게 상향 또는 하향하고 아메리칸 옵션의 가치를 평가하는 경우, 이자율이 일정하다고 가정하는 것은 적절하지 않을 수 있다. 미래 Δt기간의 이자율이 현재 시점에서 계산한 선도금리(forward rate)와 일정하다고 가정하는 것이 더 적절하다. 우리는 t시점에서의 a를 다음과 같다고 함으로써 미래이자율이 선도금리와 같다는 가정을 수용할 수 있다.

$$a = e^{f(t)\Delta t} \tag{18.12}$$

여기서 $f(t)$는 t와 $t+\Delta t$ 사이의 선도금리이다. a는 u와 d에 영향을 주지 않으므로 이항과정의 기하구조(geometry)는 변하지 않는다. t시점의 노드(node)에서 확률은 다음과 같다.[4]

$$p = \frac{a-d}{u-d}, \quad 1-p = \frac{u-a}{u-d}$$

4 기간 수가 충분히 많으면 이 확률은 항상 양수이다.

예제 18.3 배당을 지급하는 주식을 기초자산으로 하는 옵션의 이항과정 EXAMPLE

옵션의 잔존기간 동안 2.06달러의 배당금을 지급할 예정인 주식에 대한 5개월 만기 아메리칸 풋옵션을 고려해보자. 현재 주가는 52달러, 행사가격은 50달러, 무위험이자율은 연 10%, 변동성은 연 40%, 배당락일은 3.5개월 후이다.

주가에서 옵션 만기일까지 예상하는 배당금의 현재가치를 차감한 값, 즉 S^*를 이용해 이항과정을 먼저 구성한다. 현재 시점에서(즉 이항과정이 시작하는 시점에서) 배당금의 현재가치는 $2.06 \times e^{-0.1\times 3.5/12} = 2.00$이다. 따라서 S^*의 초깃값은 50이다. S^*의 변동성도 연 40%라고 가정하자. 그림 18.3은 S^*에 기초한 이항과정을 보여준다(S^*의 초깃값과 변동성은 그림 18.3에 이용된 값과 동일함). 이 이항과정에서 배당락일 전에 위치한 모든 주가에 배당금의 현재가치를 더하면 아래의 이항과정이 되며 이 그림은 S에 기초한 이항과정이다. 그림 18.3에서처럼 모든 점에서 주가가 상승할 확률은 0.5073이고 하락할 확률은 0.4927이다. 예전처럼 이항과정을 역행해 계산한 옵션의 가치는 4.44달러이다(50기간을 이용하면 옵션 가치는 4.208달러이고, 100기간을 이용하면 옵션 가치는 4.214달러임).

DerivaGem 산출물

$t+\Delta t$시점에서 t시점으로 할인하는 경우에 할인율로 $f(t)$를 이용한다는 점 이외의 모든 방법은 전과 동일하다. 기본 이항과정을 유사한 방법으로 수정하면 지수옵션, 통화옵션, 선물옵션의 가치를 평가할 수 있다. 이런 경우에 지수의 배당수익률 또는 무위험이자율을 앞에서 설명한 것과 유사한 방법으로 시간의 함수로 만들 수 있다.

이항모형에서 변동성 σ를 시간의 함수로 확장하는 것은 보다 어려운 문제이다. $\sigma(t)$를 만기가 t인 옵션의 가치를 평가하는 데 사용되는 변동성이라고 하자. 한 가지 접근방법은 기간의 길이를 분산에 역비례하게 하는 것이다. 그러면 u와 d의 값은 항상 동일하며 이항과정은 재결합된다. $V=\sigma(T)^2T$로 정의하자(T는 이항과정의 만기이고, t_i는 i번째 기간 말임). 총 N개의 기간에 대해 $\sigma(t_i)^2t_i=iV/N$이 되도록 t_i를 선택하고, $u=e^{\sqrt{V/N}}$으로 설정한다($d=1/u$임). 모수 p는 일정한 변동성의 경우처럼 정의된다. 이 절차는 이자율이 일정하지 않을 때 제시했던 절차와 결합할 수 있으며, 그 결과 이자율과 변동성이 모두 시간 의존적인 모형이 된다.

변수통제기법

아메리칸 옵션의 가치를 평가하는 데 **변수통제기법**(control variate technique)을 이용할 수 있다.[5] 이 기법은 아메리칸 옵션의 가치 f_A와 조건이 동일한 유러피언 옵션의 가치 f_E를 동일한 이항과정을 이용해 평가하는 기법이다. 또한 이 기법에서는 블랙-숄즈-머튼 모형에 의한 유러피언 옵션가격 f_{BSM}을 계산한다. 유러피언 옵션의 가치를 평가할 때 이항과정에 의해 생기는 오차, $f_{BSM}-f_E$는 아메리칸 옵션의 가치를 평가할 때 이항과정에 의해 생기는 오차와 동일하다고 가정한다. 이 기법에 의해 아메리칸 옵션의 가치를 추정하면 다음과 같다.

$$f_A+(f_{BSM}-f_E)$$

이 기법을 설명하기 위해 그림 18.7은 유러피언 옵션이라는 가정하에 그림 18.3의 옵션 가치를 다시 평가한 것이다. 계산된 유러피언 옵션가격은 4.32달러이다. 블랙-숄즈-머튼 공식으로부터 구한 유러피언 옵션가격은 4.08달러이다. 그림 18.3의 아메리칸 옵션가격의 추정치는 4.49달러이다. 따라서 변수통제기법으로 추정한 아메리칸 옵션가격은 4.25달러이다.

$$4.49+(4.08-4.32)=4.25$$

100개의 기간을 이용해 계산한 아메리칸 옵션가격의 추정치는 4.278달러이다. 따라서 변수통제기법은 기본 이항분포모형에서 추정한 4.49달러보다 훨씬 정확한 가격을 계산한다는 사실을 알 수 있다. 실제로 이 기법은 이항과정을 이용해 단지 아메리칸 옵션의 가격만을 계산

5 다음 논문을 참조하라. J. C. Hull and A. White, "The Use of the Control Variate Technique in Option Pricing", *Journal of Financial and Quantitative Analysis* 23 (September 1988): 237–51.

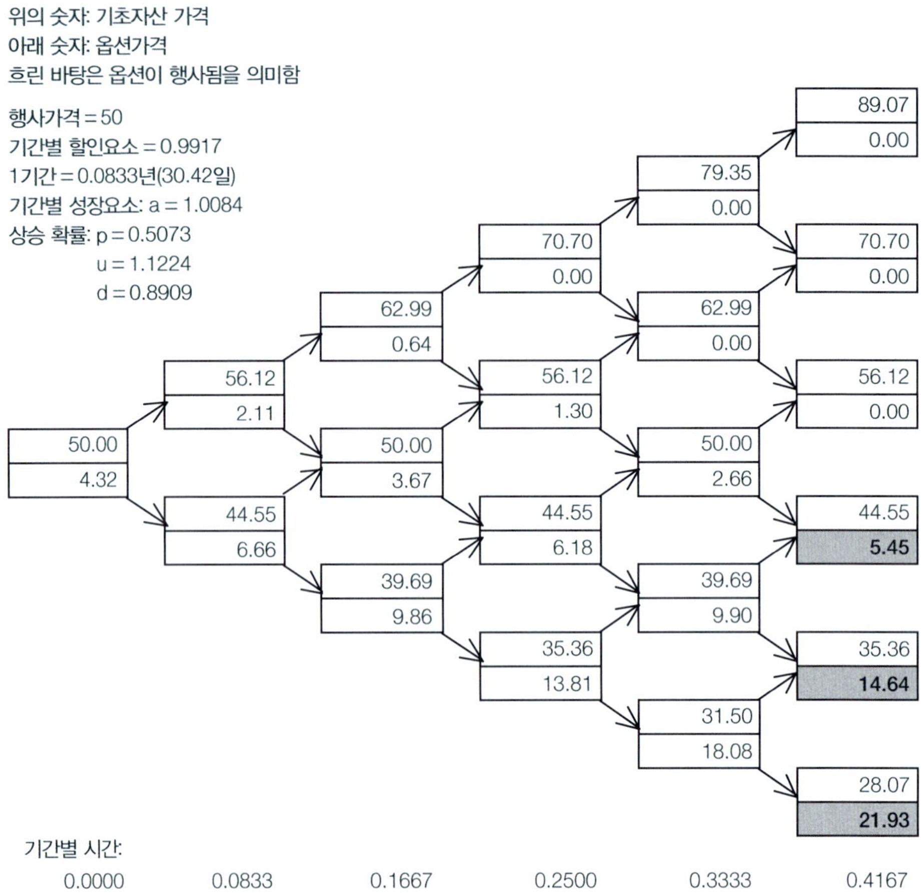

그림 18.7 유러피언 옵션이라는 가정하에 그림 18.3을 재구성한 이항과정(DerivaGem 이용)

하는 것이 아니라 아메리칸 옵션가격과 유러피언 옵션가격의 차이를 계산한다.

18.5 이항과정을 구성하는 다른 방법

콕스, 로스, 루빈스타인이 제시한 방법 외에도 이항과정을 구성하는 다른 방법이 있다. 식 (18.2)와 (18.3)에서 $u=1/d$이라는 제약조건을 부과하지 않고 $p=0.5$라고 설정할 수 있다. Δt의 고차항을 무시하면 방정식의 해는 다음과 같다.

$$u = e^{(r-\sigma^2/2)\Delta t+\sigma\sqrt{\Delta t}}, \quad d = e^{(r-\sigma^2/2)\Delta t-\sigma\sqrt{\Delta t}}$$

위의 공식에서 주식의 연속배당수익률이 q라고 가정하면 r은 $r-q$가 된다. 이는 p를 0.5로 하는 이항모형을 주가지수, 통화, 선물에 대한 옵션의 경우에도 구성할 수 있다. 이 절차는 예제 18.4에 설명되어 있다.

콕스-로스-루빈스타인 방법과 달리 이렇게 이항과정을 구성하는 방법의 장점은 확률이 항상 0.5라는 점이다(σ의 값 또는 기간의 수와 무관하게).[6] 이 방법의 (작은) 단점은 이항과정으로부터 계산한 델타, 감마, 세타가 콕스-로스-루빈스타인 방법만큼 정확하지 않다는 점이다. 이는 Δt와 $2\Delta t$시점에서 기초자산의 가치가 S_0를 중심으로 구성되지 않기 때문이다.

예제 18.4 이항과정을 구성하는 다른 방법 EXAMPLE

외국통화에 대한 9개월 만기 아메리칸 콜옵션을 고려해보자. 현재 환율(외국통화 1단위에 대한 달러)은 0.7900, 행사가격은 0.7950, 자국의 무위험이자율은 연 6%, 외국의 무위험이자율은 연 10%, 환율의 변동성은 연 4%이다. 즉 $S_0=0.79$, $K=0.795$, $r=0.06$, $r_f=0.10$, $\sigma=0.04$, $T=0.75$이다. 옵션 만기를 3개월 단위로 3기간으로 나누어보자. 즉 $\Delta t=0.25$이다. p를 0.5로 하면 u와 d의 값은 다음과 같다.

$$u=e^{(0.06-0.10-0.0016/2)0.25+0.04\sqrt{0.25}}=1.0098$$

$$d=e^{(0.06-0.10-0.0016/2)0.25-0.04\sqrt{0.25}}=0.9703$$

환율의 이항과정은 아래 그림과 같다. 여기서 계산한 옵션의 가치는 0.0026달러이다.

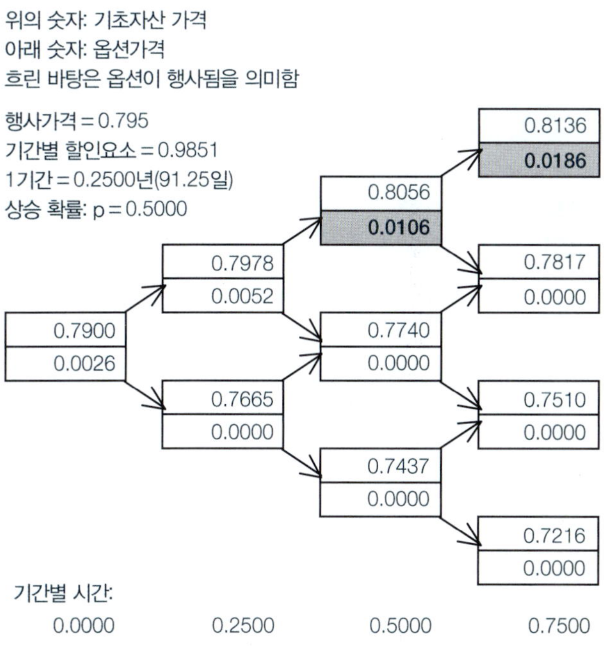

6 콕스-로스-루빈스타인 방법으로 이항과정을 구성하면 1기간이 매우 길어 $|\sigma<(r-q)\sqrt{\Delta t}|$의 조건을 만족하는 희박한 경우에는 확률이 0보다 작을 수 있다. 여기에 제시된 대안은 이런 문제점이 없다.

18.6 몬테카를로 시뮬레이션

파생상품의 가치를 평가하기 위해 이항분포모형은 몬테카를로 시뮬레이션(Monte Carlo Simulation) 기법과 같이 사용되기도 한다. 일단 이항과정이 구성되면, 몬테카를로 시뮬레이션은 주가가 변하는 과정을 무작위로 선택하는 것이다. 이항과정의 끝에서 출발점으로 역행해 옵션 가치를 계산하는 것이 아니라, 대신 출발점에서 끝으로 진행하며 옵션 가치를 계산한다. 기본 절차는 다음과 같다. 출발점에서 먼저 0과 1 사이의 숫자를 무작위로 취한다. 만약 이 값이 0과 p 사이에 있으면 주가가 상승하는 경우를 채택하고 이 값이 p와 1 사이에 있으면 주가가 하락하는 경우를 채택한다. 이 절차를 계속 반복해 결국 이항과정의 말단에까지 가게 된다. 이렇게 무작위로 택한 주가의 변화 과정에 근거해 만기일에서 옵션의 이득을 계산한다.

예제 18.5 이항과정을 이용한 몬테카를로 시뮬레이션 EXAMPLE

그림 18.3에서의 이항과정을 이용해 $\max(S_{ave}-50, 0)$의 이득을 제공하는 아시안옵션의 가치를 평가할 수 있다(여기서 S_{ave}는 5개월 동안의 평균 주가이고, 평균 주가 계산에 첫 번째 주가와 마지막 주가가 포함됨). 10회의 시뮬레이션 결과가 아래 표에 제시되어 있다(U는 상향을, D는 하향을 의미함).

시도	경로	평균 주가	옵션이득
1	UUUUD	64.98	14.98
2	UUUDD	59.82	9.82
3	DDDUU	42.31	0.00
4	UUUUU	68.04	18.04
5	UUDDU	55.22	5.22
6	UDUUD	55.22	5.22
7	DDUDD	42.31	0.00
8	UUDDU	55.22	5.22
9	UUUDU	62.25	12.25
10	DDUUD	45.56	0.00
평균			**7.08**

옵션이득은 평균 주가가 50달러를 초과하는 금액이다. 옵션 가치는 평균 이득을 무위험이자율로 할인해 계산된다. 즉 평균 이득이 7.08달러이고 무위험이자율이 10%이므로 옵션 가치는 $7.08e^{-0.1\times 5/12}=6.79$달러이다(이 예시는 단지 계산 방법을 설명하기 위한 것이다. 실제로 정확한 값을 계산하려면 이항과정을 보다 많은 기간으로 나누어야 하고 시뮬레이션도 훨씬 많이 시도해야 한다).

이것으로 1회 시도를 끝낸다. 그리고 이러한 절차를 계속 반복해 여러 번 시도한다. 옵션 가치는 결국 여러 번 시도한 결과 계산한 만기일에서의 옵션 이득 산술평균을 무위험이자율로 할인한 현재가치이다. 이는 예제 18.5에 설명되어 있다.

몬테카를로 시뮬레이션은 아메리칸 옵션의 경우에는 적용하기 어렵다. 왜냐하면 만기일 전 어떤 시점에서 옵션을 조기 행사하는 것이 최적인지를 알 수 없기 때문이다. 시뮬레이션은 유러피언 옵션의 가치를 평가할 때 사용할 수 있어 옵션가격공식이 얼마나 정확한지 체크할 수 있다. 또한 22장에서 설명할 일부 이색옵션(예: 아시안옵션과 룩백옵션)의 가치를 평가할 때도 시뮬레이션을 사용할 수 있다.

요약

이 장에서는 이항분포모형을 이용해 옵션 가치를 평가했다. 이 방법은 옵션 만기를 여러 개의 짧은 기간 Δt로 나누고, 각 기간 동안 주가는 오직 2개의 값으로 변한다고 가정한다. 이 2개의 값 중 하나는 주가가 상승한 것이고 다른 하나는 주가가 하락한 것이다.

상승과 하락의 폭 및 확률은 주가 변화가 위험중립 가정에서 올바른 평균과 표준편차를 갖도록 선택되어야 한다. 옵션가격은 모형의 말단에서 시작해 출발점으로 역행하며 계산한다. 이항모형의 말단에서 옵션 가치는 내재가치와 같다. 아메리칸 옵션의 경우, 만기일 전 어느 시점에서의 옵션가격은 다음 두 가격 중 높은 가격과 일치한다.

1. 그 시점에서 즉시 행사할 경우의 옵션 가치
2. Δt기간 동안 더 소유할 경우의 옵션 가치

어느 시점에서 권리를 행사하면 옵션 가치는 내재가치와 같다. Δt기간 동안 더 소유할 경우의 옵션 가치는 Δt기간 후의 기대가치를 Δt 동안 무위험이자율로 할인한 가치와 같다.

델타, 감마, 세타는 이항과정의 여러 단계에서 계산한 옵션의 가치로부터 추정할 수 있다. 베가는 변동성을 약간 변화시킨 후 비슷한 이항과정을 구성하고 이로부터 옵션의 가치를 다시 계산해 추정할 수 있다. 로(ρ) 또한 무위험이자율을 약간 변화시킨 후 이항과정을 다시 구성해 추정할 수 있다.

이항분포모형은 연속배당수익률을 아는 경우 이를 지급하는 주식에 대한 옵션의 가치를 결정할 수 있다. 주가지수, 통화, 대다수 선물계약은 연속배당수익률을 지급하는 주식과 유사하다고 간주할 수 있으므로 이항분포모형을 이용해서 이들 옵션의 가치를 평가할 수 있다.

배당금액을 아는 경우에는 옵션 만기일까지 예상하는 배당금의 현재가치를 주가에서 차감한 후 이를 이용해 이항과정을 전개한다. 이렇게 하면 이항모형을 비교적 단순하게 만들 수 있고, 배당주식에 대한 유러피언 옵션의 가치 평가 방법과 일관성을 유지할 수 있다.

변수통제기법을 이용해 이항과정에서 하는 계산의 효율성을 향상할 수 있다. 즉 가치를 평가하고자 하는 아메리칸 옵션과 모든 조건이 동일한 유러피언 옵션을 같은 이항과정을 이용해 분석하는 것이다. 이유는 유러피언 옵션 가치를 평가할 때 발생하는 오차를 참고로 해 아메리칸 옵션 가치를 평가할 때 발생하는 오차를 추정할 수 있기 때문이다.

참고문헌

Boyle, P. P. "Options: A Monte Carlo Approach," *Journal of Financial Economics*, 4 (1977): 323–28.

Boyle, P. P., M. Broadie, and P. Glasserman. "Monte Carlo Methods for Security Pricing," *Journal of Economic Dynamics and Control*, 21 (1997): 1267–1322.

Cox, J. C., S. A. Ross, and M. Rubinstein. "Option Pricing: A Simplified Approach," *Journal of Financial Economics*, 7 (October 1979): 229–64.

Figlewski, S., and B. Gao. "The Adaptive Mesh Model: A New Approach to Efficient Option Pricing," *Journal of Financial Economics*, 53 (1999), 313–51.

Hull, J. C., and A. White. "The Use of the Control Variate Technique in Option Pricing," *Journal of Financial and Quantitative Analysis*, 23 (September 1988): 237–51.

Longstaff, F. A. and E. S. Schwartz. "Valuing American Options by Simulation: A Least Squares Approach," *Review of Financial Studies*, 14, 1 (2001): 113–47.

Rendleman, R., and B. Bartter. "Two State Option Pricing," *Journal of Finance*, 34 (1979): 1092–1110.

퀴즈

18.1 아메리칸 옵션의 델타, 감마, 베가, 세타, 로 중에서 1기간 이항과정을 구성해 계산할 수 있는 것은 무엇인가?

18.2 이항과정에서 기초자산 가격이 상승할 확률이 $(a-d)/(u-d)$이다. 성장요소 a가 (a) 무배당 주식, (b) 주가지수, (c) 외국통화, (d) 선물계약의 경우 어떻게 계산되는지 설명하라.

18.3 현재 주가는 60달러, 행사가격은 60달러, 무위험이자율은 연 10%, 변동성은 연 45%이다. 무배당 주식에 대한 3개월 만기 아메리칸 풋옵션의 가치를 평가하라. 1개월을 1기간으로 이항과정을 구성하라.

18.4 변수통제기법을 사용하는 방법을 설명하라.

18.5 옥수수 선물에 대한 아메리칸 콜옵션의 가격을 계산하라. 만기는 9개월, 현재 선물가격은 198센트, 행사가격은 200센트, 무위험이자율은 연 8%, 변동성은 연 30%이다. 3개월을 1기간으로 이항과정을 구성하라.

18.6 "배당을 지급하는 주식의 경우 주가의 이항과정은 결합하지 않는다. 그러나 주가에서 미래 배당금의 현가를 차감한 금액의 이항과정은 결합한다." 이를 설명하라.

18.7 아메리칸 옵션의 가치를 평가하는 데 몬테카를로 시뮬레이션을 이용하는 경우의 문제점을 설명하라.

연습문제

18.8 만기일의 주가가 옵션 만기일까지의 평균 주가를 초과하는 만큼을 지급하는 옵션을 고려해보자. 이항과정을 구성하고 끝에서부터 역행하며 이 옵션의 가치를 평가할 수 있는가?

18.9 무배당 주식에 대한 9개월 만기 아메리칸 풋옵션의 행사가격은 49달러이다. 현재 주가는 50달러, 무위험이자율은 연 5%, 주가의 변동성은 연 30%이다. 3개 기간으로 나누어 이항과정을 구성하고 옵션 가치를 계산하라.

18.10 밀 선물계약에 대한 9개월 만기 아메리칸 콜옵션의 가치를 이항분포모형을 이용해 평가하라(3개 기간을 이용할

것). 현재 선물가격은 400센트, 행사가격은 420센트, 무위험이자율은 연 6%, 변동성은 연 35%이다. 또한 이항과정으로부터 옵션의 델타를 추정하라.

18.11 3개월 만기 아메리칸 콜옵션의 행사가격은 20달러이다(기초자산은 주식임). 현재 주 가는 20달러, 무위험이자율은 연 3%, 변동성은 연 25%이다. 2달러의 배당금이 1.5개월 후에 지급될 예정이다. 3기간 이항분포모형을 이용해 옵션의 가치를 계산하라.

18.12 무배당 주식에 대한 1년 만기 아메리칸 풋옵션의 행사가격은 18달러이다. 현재 주가는 20달러, 무위험이자율은 연 15%, 주가의 변동성은 연 40%이다. DerivaGem 프로그램을 이용해 옵션의 가치를 추정하라(1기간은 3개월로 할 것). 프로그램으로 이항과정을 생성하고 마지막 2기간(끝과 바로 전)에서의 옵션가격이 옳은 것을 확인하라. DerivaGem 프로그램을 이용해 모든 조건이 동일한 유러피언 옵션의 가치를 추정하라. 아메리칸 옵션가격을 보다 정확하게 추정하기 위해 변수통제기법을 이용하라.

18.13 주가지수에 대한 2개월 만기 아메리칸 풋옵션의 행사가격은 480달러이다. 지수의 현재 수준은 484, 무위험이자율은 연 10%, 지수의 배당수익률은 연 3%, 지수의 변동성은 연 25%이다. 0.5개월을 1기간으로 해 이항과정을 구성하고 옵션의 가치를 추정하라.

18.14 이항과정을 구성해 아메리칸 옵션의 델타를 추정할 때 변수통제기법을 사용하면 보다 정확한 추정치를 어떻게 구할 수 있는지 설명하라.

18.15 지수의 배당수익률이 시간의 함수라고 하자. 이 지수에 대한 아메리칸 옵션의 가치를 평가할 때 이항과정을 어떻게 사용할 수 있는지 설명하라.

추가문제

18.16 스위스 프랑화를 매도할 수 있는 아메리칸 풋옵션의 행사가격은 0.80달러이고 만기는 1년이다. 스위스 프랑화의 변동성은 10%, 미국의 무위험이자율은 6%, 스위스의 무위험이자율은 3%, 현재 환율은 0.81이다. 3개의 기간을 이용해 옵션의 가치를 평가하라. 또한 이항과정으로부터 옵션의 델타를 추정하라.

18.17 은 선물에 대한 1년 만기 아메리칸 콜옵션의 행사가격은 9달러이다. 현재 선물가격은 8.50달러, 무위험이자율은 연 12%, 선물가격의 변동성은 연 25%이다. DerivaGem 프로그램을 이용해 옵션의 가치를 추정하라(1기간은 3개월로 할 것). 프로그램으로 이항과정을 생성하고 마지막 2기간(끝과 바로 전)에서의 옵션가격이 옳은 것을 확인하라. DerivaGem 프로그램을 이용해 모든 조건이 동일한 유러피언 옵션의 가치를 추정하라. 아메리칸 옵션가격을 보다 정확하게 추정하기 위해 변수통제기법을 이용하라.

18.18 2개월과 5개월 후에 각각 주당 1달러의 배당금을 지급할 예정인 주식에 대한 6개월 만기 아메리칸 콜옵션을 고려해보자. 현재 주가는 30달러, 행사가격은 34달러, 무위험이자율은 연 10%, 배당금의 현재가치를 차감한 주가의 변동성은 30%이다. DerivaGem 프로그램을 이용해 옵션의 만기를 100개 기간으로 나누고 옵션 가치를 추정하라. 또한 이 추정치를 블랙의 대략적인 방법(13.10절 참조)에 의한 결과와 비교하라.

18.19 DerivaGem의 Application Builder를 이용하면 이항분포모형으로부터 계산된 옵션가격이 기간의 수가 증가함에 따라 어떻게 정확한 가치에 수렴하는지 조사할 수 있다(그림 18.4와 DerivaGem의 Sample Application A 참조). 주가지수 풋옵션을 고려해보자. 지수는 현재 900, 행사가격 900, 무위험이자율 5%, 배당수익률 2%, 만기는 2년이다.

(a) 옵션이 유러피언형이고 지수의 변동성이 20%인 경우 Sample Application A와 유사한 결과(수렴에 대한 결과)를 만들어보라.

(b) 옵션이 아메리칸형이고 지수의 변동성이 20%인 경우 Sample Application A와 유사한 결과(수렴에 대한 결과)를 만들어보라.

(c) 변수통제기법이 사용될 때 아메리칸 옵션가격을 기간 수의 함수로 나타내는 표를 만들어라. 지수의 변동성은 20%이다.

(d) 시장에서 아메리칸 옵션의 가격이 85.0이라고 가정하자. 내재변동성 추정치를 기간 수의 함수로 나타내는 표를 구성해보라.

18.20 예제 18.1의 이항과정으로부터 델타, 감마, 세타를 추정하라. 각 수치가 어떻게 해석되는지 설명하라.

18.21 예제 18.2에서 9개월 후 환율이 가장 낮은 시점에서 조기 행사하는 경우 이득은 얼마인가?

18.22 4기간 콕스-로스-루빈스타인 이항과정을 이용해 지수에 대한 1년 만기 아메리칸 풋옵션의 가치를 평가하라. 지수는 현재 500이고, 행사가격도 500, 배당수익률은 2%, 무위험이자율은 5%, 변동성은 연 25%이다. 옵션가격, 델타, 감마, 세타는 얼마인가? 베가와 로를 어떻게 계산할 것인지 설명하라.

19 변동성미소

블랙-숄즈-머튼 모형은 옵션의 시장가격을 얼마나 정확하게 추정할까? 옵션 거래자들은 옵션호가를 정할 때 정말로 블랙-숄즈-머튼 모형을 이용할까? 자산 가격의 확률분포가 실제로 로그정규분포일까? 이 장에서는 이런 질문의 답을 찾는다. 옵션 거래자는 블랙-숄즈-머튼 모형을 이용하기는 하지만 블랙, 숄즈, 머튼이 원래 생각했던 것과는 다른 방식으로 모형을 이용한다. 왜냐하면 옵션 거래자는 옵션의 가격 계산에 이용되는 변동성이 행사가격과 만기에 따라 달라지는 것을 허용하기 때문이다.

옵션의 내재변동성을 행사가격의 함수로 표현한 것이 **변동성미소**(volatility smile)이다. 이 장에서는 옵션 거래자가 주식시장과 외환시장에서 사용하는 변동성미소를 설명한다. 또한 변동성미소가 미래 자산가격의 분포로 가정한 확률분포와 어떤 관계를 갖는지도 설명한다. 그리고 옵션 거래자가 옵션 만기에 따라 어떻게 변동성을 선택하는지와 옵션 거래자가 호가를 정할 때 어떻게 변동성표면을 이용하는지 설명한다.

이 장 부록에 풋-콜 패리티를 이용해 유러피언 콜옵션의 내재변동성이 행사가격과 만기가 동일한 유러피언 풋옵션의 내재변동성과 동일한 것에 대한 증명을 제시했다. 이는 유용한 속성이다. 유러피언 콜옵션의 변동성미소는 유러피언 풋옵션의 변동성미소와 동일해야 함을 의미한다. 아메리칸 옵션의 내재변동성은 행사가격과 만기가 동일한 유러피언 옵션의 내재변동성과 대부분의 경우 대단히 유사하다. 그렇기에 이 장에서 제시하는 변동성미소는, 적어도 대략적으로는, 유러피언 옵션뿐 아니라 아메리칸 옵션에도 적용된다고 말할 수 있다.

19.1 통화옵션

통화옵션의 변동성미소는 일반적으로 그림 19.1과 같은 모양을 갖는다. 등가격 옵션의 변동성은 비교적 낮지만, 옵션이 내가격 또는 외가격 상태로 이동함에 따라 변동성은 점점 커진다.

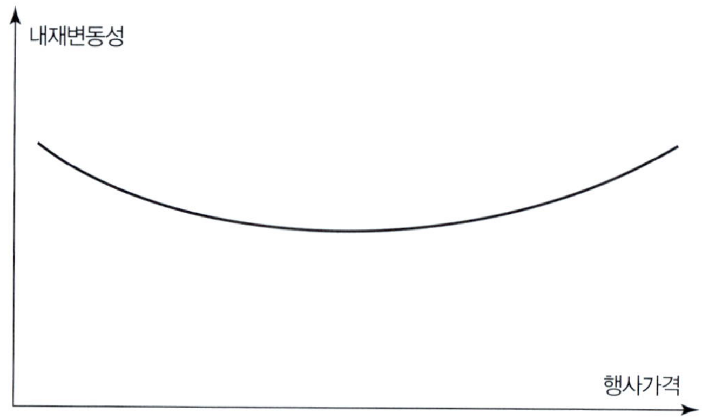

그림 19.1 통화옵션의 변동성미소

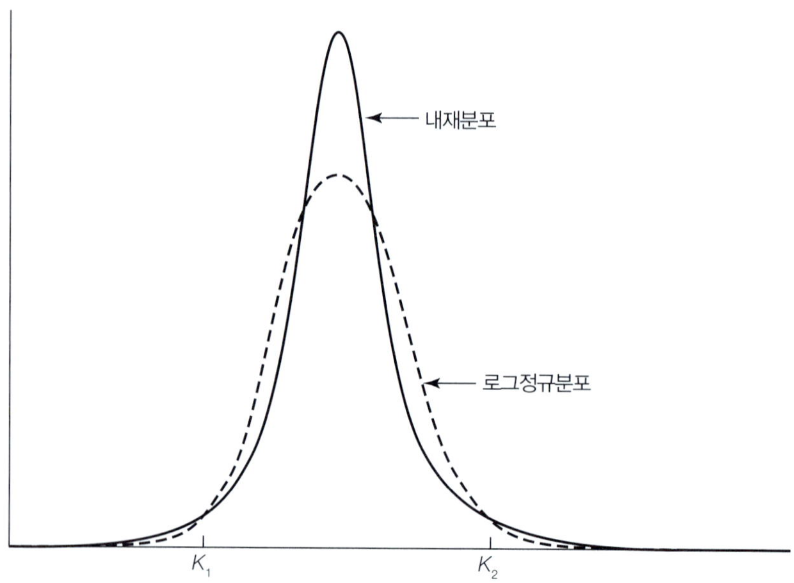

그림 19.2 통화옵션의 내재분포와 로그정규분포

그림 19.1의 변동성미소는 그림 19.2의 실선이 보여주는 확률분포에 대응한다. 이 확률분포를 내재분포(implied distribution)라 부르겠다. 내재분포와 동일한 평균과 표준편차를 갖는 로그정규분포가 그림 19.2에 점선으로 그려져 있다. 내재분포는 로그정규분포보다 두꺼운 꼬리(heavier tail)를 갖고 있음을 볼 수 있다.[1]

그림 19.1과 그림 19.2 간에 서로 일관성이 있는지 확인하기 위해 높은 행사가격 K_2를 갖

1 이를 첨도(kurtosis)라고 한다. 내재분포는 두꺼운 꼬리를 가질 뿐만 아니라 로그정규분포보다 '뾰족(peaked)'하다. 환율의 작고 큰 움직임이 모두 로그정규분포에서보다는 내재분포에서 발생할 가능성이 높다. 중간 크기의 움직임은 반대로 내재분포에서보다는 로그정규분포에서 발생할 가능성이 높다.

표 19.1 환율의 일변 변화율이 표준편차의 1배수, 2배수, …, 6배수보다 클 확률(%) (S.D.는 표준편차임)

	실제	로그정규분포
> 1 S.D.	23.32	31.73
> 2 S.D.	4.67	4.55
> 3 S.D.	1.30	0.27
> 4 S.D.	0.49	0.01
> 5 S.D.	0.24	0.00
> 6 S.D.	0.13	0.00

는 심외가격(deep-out-of-the-money) 콜옵션을 먼저 고려해보자. 이 옵션은 환율이 K_2보다 높은 경우에만 이득을 제공한다. 이렇게 될 확률은 로그정규분포일 경우보다 내재분포일 경우에 높다는 것을 그림 19.2에서 확인할 수 있다. 따라서 내재분포를 반영한 옵션가격이 비교적 높게 된다. 비교적 높은 가격은 비교적 높은 내재변동성을 의미하는데, 이는 그림 19.1에서 관찰한 것과 정확히 일치한다. 따라서 행사가격이 높은 경우 두 그림은 서로 일관성을 갖는다. 이번에는 낮은 행사가격 K_1을 갖는 심외가격 풋옵션을 고려해보자. 이 옵션은 환율이 K_1보다 낮은 경우에만 이득을 제공한다. 그림 19.2에 의하면 이렇게 될 확률은 로그정규분포일 경우보다 내재분포일 경우에 높다. 따라서 내재분포를 반영한 옵션가격과 내재변동성이 더 높아질 것을 알 수 있다. 이런 사실은 그림 19.1에서 관찰한 것과 정확히 일치한다.

실증결과

통화옵션에서 거래자들이 변동성미소를 사용한다는 것은 로그정규분포가 환율의 극단적인 움직임의 확률을 과소평가한다는 점을 거래자가 인식하고 있음을 의미한다. 거래자들의 생각이 옳은지 확인하기 위해 표 19.1에서는 2005년부터 2015년까지 10년 동안 10개 환율의 일별 변화를 분석했다. 계산에 사용된 환율은 호주 달러, 영국 파운드, 캐나다 달러, 덴마크 크로네, 유로, 일본 엔, 멕시코 페소, 뉴질랜드 달러, 스웨덴 크로나, 스위스 프랑 10개 통화와 미국 달러 간의 환율이다. 먼저 각 환율의 일별 변화율 표준편차를 계산했다. 그리고 일별 변화율이 표준편차의 1배수, 2배수 등을 초과하는 빈도를 확인했다. 마지막으로 일별 변화율이 정규분포를 따를 경우 이 빈도가 어떻게 되었을지 계산했다. (로그정규분포 모형에서 일별 변화율의 분포는 정규분포에 매우 가깝다.)

일별 변화율이 표준편차의 3배수를 초과하는 경우는 전체의 1.30%였다. 로그정규분포 모형에 따르면 이 확률은 0.27%여야 한다. 일별 변화율이 표준편차의 4배수, 5배수, 6배수를 초과하는 경우는 전체의 0.49%, 0.24%, 0.13%였다. 로그정규분포 모형에 따르면 이 확률은

실무사례 19.1 통화옵션을 이용해 이익을 내는 방법

블랙, 숄즈, 머튼의 옵션가격 결정 모형은 기초자산의 가격이 미래 시점에서 로그정규분포를 따른다고 가정한다. 이 가정은 하루와 같이 짧은 기간 동안의 자산 가격 변화는 정규분포를 따른다는 가정과 같다. 대부분의 시장 참여자는 환율 변화에 대한 블랙-숄즈-머튼의 가정이 정확하다고 믿는다고 해보자. 다른 시장 참여자와는 달리, 환율 분포가 표 19.1에 제시된 것과 같음을 확인한 후 환율 변화가 로그정규분포에 따르지 않는다는 것을 알아낸 사람이 있다면 이 사람은 어떤 거래를 할까?

이 사람은 여러 통화에 대한 심외가격 콜옵션과 풋옵션을 매입하고 기다릴 것이다. 이들 옵션은 상대적으로 가격이 저렴하고, 이들 옵션이 내가격으로 마감할 가능성은 로그정규분포 모형이 예측하는 것보다 높다. 이들 옵션에서 얻게 되는 이득의 현재가치는 평균적으로 구매비용보다 훨씬 크게 된다.

1980년대 중반 소수의 거래자만이 환율 변화의 분포가 두꺼운 꼬리를 갖는다는 것을 알고 있었다. 다른 모든 사람은 블랙-숄즈-머튼의 로그정규분포 가정이 적절하다고 생각했다. 다른 시장 참여자보다 더 정확한 지식을 가지고 있던 소수의 거래자는 앞서 설명한 거래전략을 따랐고 그 결과 큰 이익을 얻었다. 1980년대 후반에야 통화옵션이 변동성미소에 기초해 평가되어야 한다는 것을 모두가 알게 되었으며, 앞서 설명한 거래전략으로 이익을 낼 수 있는 기회는 사라졌다.

거의 0%여야 한다. 따라서 표 19.1은 거래자들이 사용하는 두꺼운 꼬리(그림 19.2)와 변동성미소(그림 19.1)의 존재를 확인해주는 결과로 해석된다. 실무사례 19.1은 다른 시장 참여자보다 먼저 표 19.1의 분석을 했다면 큰 이익을 얻을 수 있었음을 보여준다.

통화옵션에서 변동성미소가 존재하는 이유

왜 환율 분포는 로그정규분포를 따르지 않는가? 자산 가격의 분포가 로그정규분포를 따르기 위한 두 가지 조건은 다음과 같다.

1. 자산 가격의 변동성이 일정하다.
2. 자산 가격은 점프(jump) 없이 매끄럽게 변한다.

환율의 경우 위 두 가지 조건을 모두 만족하지 않는다. 환율의 변동성은 일정하지 않으며, 환율에는 점프가 빈번히 나타나는데 중앙은행 정책에 대한 반응이 그 예다. 일정하지 않은 변동성과 점프의 결과로 환율 변동이 매우 커질 가능성은 로그정규분포 모형의 예측값보다 커지게 된다.

점프와 일정하지 않은 변동성의 효과는 옵션 만기에 따라 달라진다. 옵션 만기가 긴 경우 일정하지 않은 변동성이 가격에 미치는 퍼센트 효과는 더 커지지만, 내재변동성에 미치는 퍼센트 효과는 더 작아진다. 점프가 가격과 내재변동성에 미치는 퍼센트 효과는 옵션 만기가 길수록 작아진다.[2] 결과적으로 옵션 만기가 길어짐에 따라 변동성미소는 덜 확연히 나타난다.

2 옵션의 만기가 매우 긴 경우, 여러 차례 나타나는 점프가 서로를 상쇄하는 효과가 있어서 점프가 있는 환율의 분포는 점프 없이 매끄럽게 변하는 환율의 분포와 구별하는 게 거의 불가능해진다.

19.2 주식옵션

주식옵션의 변동성미소는 루빈스타인(1985), 루빈스타인(1994), 잭워스-루빈스타인(Jackwerth-Rubinstein, 1996)에 의해 연구되었다. 1987년 이전에는 변동성미소가 확연히 나타나지 않았다. 1987년 이후에는 거래자가 주식옵션(개별 주식옵션과 주가지수옵션)의 가치를 평가하는 데 사용하는 변동성미소는 그림 19.3과 같은 모양을 갖게 되었다. 이 모양을 **변동성왜도**(volatility skew)라고 한다. 변동성은 행사가격이 증가함에 따라 감소한다. 행사가격이 낮은 옵션(심외가격 풋옵션과 심내가격 콜옵션)의 가치평가에 사용되는 변동성은 행사가격이 높은 옵션(심내가격 풋옵션과 심외가격 콜옵션)의 가치평가에 사용되는 변동성보다 훨씬 크다.

주식옵션의 변동성미소는 그림 19.4의 실선이 보여주는 내재분포에 대응한다. 내재분포와 동일한 평균과 표준편차를 갖는 로그정규분포가 그림 19.4에 점선으로 표시되어 있다. 이 그림에 의하면 내재분포는 로그정규분포보다 두꺼운 왼쪽 꼬리를 가지지만 오른쪽 꼬리는 덜 두껍다.

그림 19.3과 그림 19.4가 서로 일관성이 있는지 확인하기 위해 그림 19.1과 그림 19.2에서 검토했던 방식으로 심외가격 옵션을 분석해보자. 그림 19.4를 보면 행사가격이 K_2인 심외가격 콜옵션의 가격은 주가 분포가 로그정규분포일 때보다는 내재분포일 때 더 낮아진다. 왜냐하면 주가가 K_2보다 높은 경우에만 콜옵션은 이득을 제공하고 이렇게 될 확률은 로그정규분포일 경우보다 내재분포일 경우에 낮기 때문이다. 따라서 내재분포를 반영한 옵션가격은 더 낮아질 것임을 알 수 있다. 상대적으로 낮은 옵션가격은 상대적으로 낮은 내재변동성을 의미

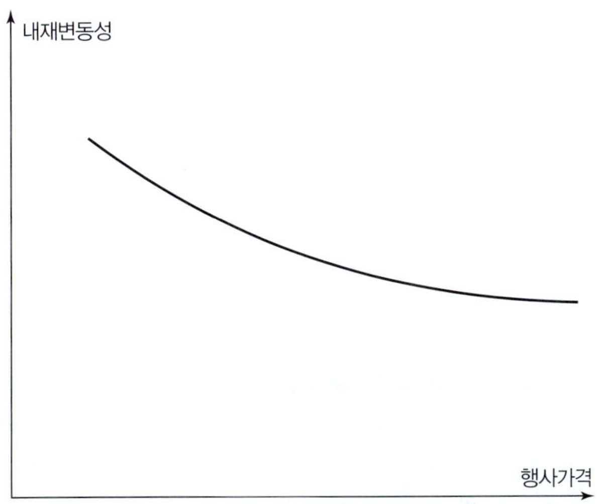

그림 19.3 주식옵션의 변동성미소

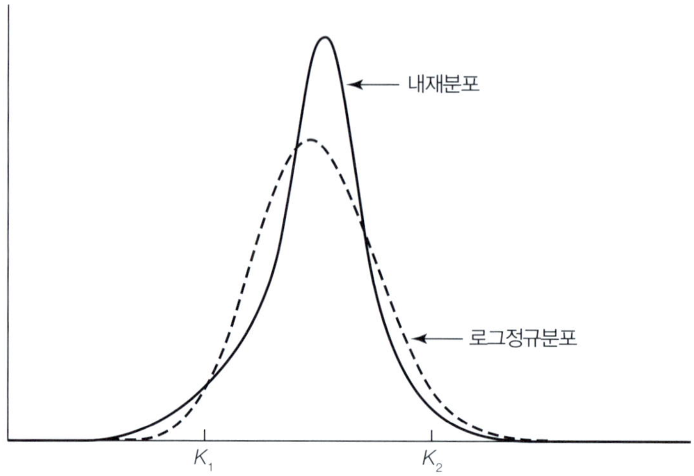

그림 19.4 주식옵션의 변동성미소

한다. 이런 사실은 그림 19.3에서 관찰한 것과 정확히 일치한다. 이번에는 행사가격이 K_1인 심외가격 풋옵션을 고려해보자. 이 옵션은 주가가 K_1보다 낮은 경우에만 이득을 제공한다. 그림 19.4를 보면 이렇게 될 확률은 로그정규분포보다는 내재분포의 경우에 높다. 따라서 내재분포를 반영한 옵션가격 및 내재변동성이 상대적으로 높을 것을 알 수 있다. 이런 사실은 그림 19.3에서 관찰한 것과 정확히 일치한다.

주식옵션에서 변동성미소가 존재하는 이유

주식옵션에서 변동성미소가 존재하는 이유 중 하나는 레버리지다. 기업의 자기자본(equity) 가치가 감소하면 레버리지는 증가한다. 이렇게 되면 자기자본은 보다 위험해지고 변동성도 증가한다. 반대로 기업의 자기자본 가치가 증가하면 레버리지는 감소한다. 그러면 자기자본의 위험은 감소하고 변동성도 감소한다. 이 논리에 의하면 주식의 변동성은 주가의 감소함수이고 그림 19.3와 그림 19.4에서 보여주는 패턴에 대응한다. 변동성미소에 대한 또 다른 설명은 '폭락공포증(crashophobia)'이다(실무사례 19.2 참조).

실무사례 19.2 폭락공포증

그림 19.3의 주식의 변동성미소 패턴이 1987년 10월의 주가대폭락 이후에만 존재한다는 사실이 흥미롭다. 1987년 10월 이전에는 내재변동성이 행사가격의 영향을 훨씬 덜 받았다. 마크 루빈스타인(Mark Rubinstein)은 그림 19.3과 같은 패턴이 존재하는 이유를 '폭락공포증(crashophobia)'에 두고 있다. 즉 거래자들은 1987년 10월의 대폭락과 유사한 폭락의 가능성을 우려하고 있고, 이러한 우려를 반영해 옵션의 가치를 평가한다는 것이다.

이 설명을 지지하는 약간의 실증증거가 존재한다. S&P 500지수가 하락하면 변동성미소의 경사도가 심해진다. S&P 500지수가 상승하면 경사가 완만해지는 경향이 있다.

19.3 변동성의 기간구조와 변동성표면

내재변동성은 행사가격에 따라 달라질 뿐만 아니라 만기에 따라서도 달라진다. 단기변동성(short-dated volatility)이 과거 평균보다 작을 때는 내재변동성이 만기의 증가함수가 되는 경향이 있다. 왜냐하면 변동성이 증가할 것이라는 기대가 형성되기 때문이다. 마찬가지로 단기변동성이 과거 평균보다 클 때는 변동성이 만기의 감소함수가 되는 경향이 있다. 왜냐하면 변동성이 감소할 것이라는 기대가 형성되기 때문이다.

변동성표면(volatility surface)은 변동성미소에 변동성 기간구조를 결합한 것으로 행사가격과 만기별로 옵션가격 결정에 적절한 변동성을 담고 있다. 한 예로 통화옵션의 변동성표면이 표 19.2에 제시되어 있다(현재의 환율은 1.00으로 가정한다). 표가 보여주듯이 옵션 만기가 증가함에 따라 변동성미소의 '미소 모양'은 사라진다. 통화옵션의 경우 이런 패턴이 나타나는 것은 앞에서 설명한 바 있다. 대부분의 다른 자산에 대한 옵션의 경우에도 이런 패턴이 관찰된다.

변동성표면의 한 축은 행사가격이고 다른 한 축은 만기이다. 첫 번째 행과 첫 번째 열을 제외한 나머지 부분은 내재변동성을 보여주며 블랙-숄즈-머튼 모형에서 계산된 값이다. 변동성표면에 제시된 옵션 중 일부에 대해서는 시장가격을 확인할 수 있다. 이런 옵션의 경우 내재변동성은 시장가격으로부터 직접 계산된다. 나머지 옵션의 내재변동성은 보통 보간법(interpolation) 중 하나를 이용해 계산된다.

새로운 옵션의 가격을 정해야 하는 경우, 금융공학 전문가(financial engineer)는 적절한 변동성 값을 표에서 확인한다. 예를 들어 행사가격이 1.05이고 만기가 9개월인 옵션의 가격을 정하려면 13.4와 14.0의 중간값인 13.7%를 변동성으로 고르게 된다. 이 변동성을 블랙-숄즈-머튼의 공식 또는 이항분포모형에서 사용하게 된다. 행사가격이 0.925인 1.5년 만기 옵션의 가격을 정해야 하는 경우, 행사가격과 만기 두 축을 동시에 고려해 14.525%를 내재변동성으로 고를 수 있다.

표 19.2 **변동성표면**

만기	행사가격				
	0.90	0.95	1.00	1.05	1.10
1개월	14.2	13.0	12.0	13.1	14.5
3개월	14.0	13.0	12.0	13.1	14.2
6개월	14.1	13.3	12.5	13.4	14.3
1년	14.7	14.0	13.5	14.0	14.8
2년	15.0	14.4	14.0	14.5	15.1
5년	14.8	14.6	14.4	14.7	15.0

지금까지는 행사가격 K를 사용해 옵션의 내가격 혹은 외가격 정도를 논했다. 옵션의 내가격 혹은 외가격 정도를 보여주는 두 가지 측도는 K/S_0와 K/F_0인데, 여기서 F_0는 옵션과 동일한 만기를 가지는 선도계약의 선도가격이다. 블랙-숄즈-머튼 모형의 가정하에 얻어지는 헤지 파라미터 Δ도 옵션의 내가격 혹은 외가격 정도를 보여주는 측도로 자주 사용된다. 한 가지 기억할 것은 K가 커지면 델타는 작아지고, K가 작아지면 델타는 커진다는 점이다. 이 때문에 델타를 가로축으로 해 내재변동성을 그릴 때 나타나는 변동성미소의 모양은 K를 가로축으로 해 내재변동성을 그릴 때 나타나는 변동성미소의 모양과 달라지게 된다. (예를 들어 그림 19.3에서 보여준 주식옵션 변동성미소는 우하향하는 대신 우상향하게 된다.)

지금까지 등가격 옵션의 정의로 $K = S_0$를 사용했다. 자주 사용되는 또 다른 정의는 $K = F_0$이다. (이는 옵션의 내가격 혹은 외가격 정도의 측도로 K/F_0를 사용하는 것에 대응한다.) 옵션의 내가격 혹은 외가격 정도의 측도로 Δ를 사용하는 경우, $\Delta = 0.5$인 콜옵션과 $\Delta = -0.5$인 풋옵션을 등가격 옵션으로 정의하게 되는데, 이때 Δ는 블랙-숄즈-머튼 모형의 가정하에 계산된다.

모형의 역할

만일 옵션 거래 때마다 다른 값의 변동성을 적용하는 게 보통이라면, 변동성으로부터 옵션가격을 계산하는 데 어떤 옵션가격 결정 모형을 이용하는지가 중요할까? 블랙-숄즈-머튼 모형을 이용함으로써 옵션 거래자들은 자신이 제시하는 가격이 시장에서 활발히 거래되고 있는 다른 옵션의 가격에 부합하도록 만들어주는 정교한 보간 도구로 볼 수도 있다. 만일 옵션 거래자들이 블랙-숄즈-머튼 모형을 사용하지 않고 다른 적절한 모형을 이용한다면 변동성표면의 모양이 변하게 되고 변동성미소의 모양도 변하게 된다. 그러나 옵션 거래자들이 제시하는 호가는 별 변화가 없을 수도 있다. 물론 어떤 모형을 사용하는지가 헤징에 영향을 미칠 수 있고(헤징전략을 정하는 그리스 문자는 어떤 모형을 사용하는지에 따라 다른 값을 가질 수 있기 때문), 유사한 파생상품의 거래량이 매우 적은 경우는 가격에도 영향을 미칠 수 있다.

19.4 큰 점프가 한 번 예상되는 경우

특이한 변동성미소가 주식시장에서 어떻게 생길 수 있는지 다음 예를 고려해보자. 현재 주가는 50달러이고 아주 중요한 뉴스가 며칠 후에 공시될 예정이며, 이때 주가는 8달러만큼 증가하거나 감소한다고 가정하자. (이 뉴스는 합병 시도의 결과일 수도 있고 중요한 소송에서의 판결일 수도 있다.)

1개월 후 주가의 확률분포는 2개의 로그정규분포를 결합한 형태인데, 첫 번째는 좋은 뉴스가 공시될 경우의 분포이고, 두 번째는 나쁜 뉴스가 공시될 경우의 분포이다. 이런 확률분포는

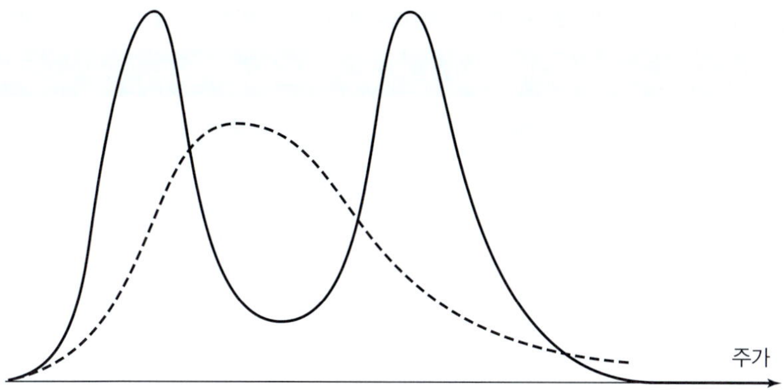

그림 19.5 한 번의 큰 점프가 미치는 영향(실선은 참 분포이고, 점선은 로그정규분포임)

그림 19.5에 예시되어 있다. 실선 분포는 1개월 후 주가를 모형화하기 위해 2개의 로그정규분포를 결합한 분포이고, 점선 분포는 실선 분포와 평균과 표준편차가 같은 로그정규분포이다.

실선이 나타내는 분포가 참 분포인데, 쌍봉(bimodal)을 가지고 있다(그러므로 로그정규분포가 아님은 자명하다). 주가 분포가 쌍봉을 가질 때 어떤 효과가 있는지를 분석하는 쉬운 방법으로는 가장 단순한 상황을 상정해 미래 주가가 두 값 중 하나를 가지게 되는 상황을 분석하는 것을 들 수 있다. 이 방법을 따라 해보자. 주가가 현재 50달러이고 1개월 후에 42달러 혹은 58달러가 될 것이라고 가정하자. 무위험이자율은 연 12%라고 가정한다. 이 상황은 그림 19.6에 묘사되어 있다. 옵션가격은 12장과 18장에서 설명한 이항분포모형을 이용해 계산할 수 있다. 이 경우에 $u=1.16$, $d=0.84$, $a=1.0101$, $p=0.5314$이다. 일련의 옵션을 평가한 결과가 표 19.3에 있다. 첫 번째 열은 각 옵션의 행사가격을 보여주고, 두 번째 열은 1개월 만기 유러피언 콜옵션 가격, 세 번째 열은 1개월 만기 유러피언 풋옵션 가격, 네 번째 열은 내재변동성을 보여준다. (이 장의 부록에 설명되어 있듯이 행사가격과 만기가 동일한 경우 유러피언 풋옵션의 내재변동성은 유러피언 콜옵션의 내재변동성과 동일하다.) 그림 19.7에서는 표 19.3에 제시된 변동성미소를 그래프로 표현했다. 그래프에서 볼 수 있듯이 변동성미소의 모

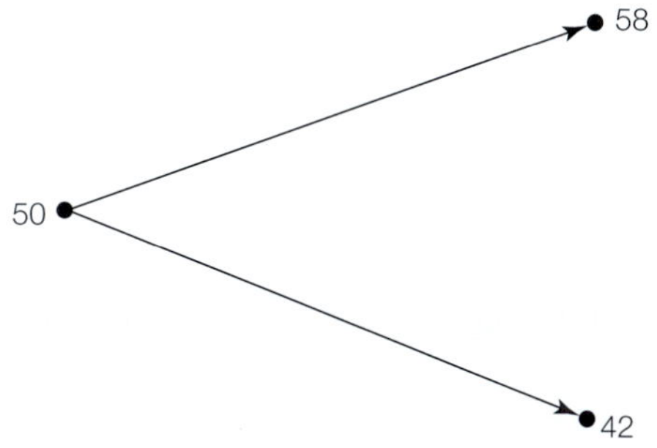

그림 19.6 1개월 후 주가 변화

표 19.3 현재 50달러인 주가가 42달러 또는 58달러로 변할 것이 알려졌 있을 경우의 내재변동성

행사가격(달러)	콜옵션 가격(달러)	풋옵션 가격(달러)	내재변동성(%)
42	8.42	0.00	0.0
44	7.37	0.93	58.8
46	6.31	1.86	66.6
48	5.26	2.78	69.5
50	4.21	3.71	69.2
52	3.16	4.64	66.1
54	2.10	5.57	60.0
56	1.05	6.50	49.0
58	0.00	7.42	0.0

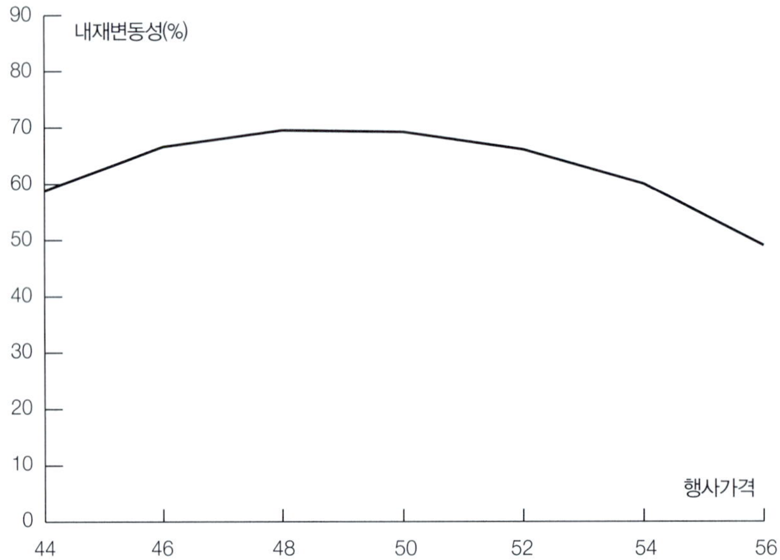

그림 19.7 표 19.3 상황에서의 변동성미소

양은 '미소'가 아니고 '찡그림(frown)'의 형태이며 내가격 또는 외가격 정도가 심해질수록 변동성이 감소하는 패턴이다. 행사가격이 50인 옵션으로부터 계산된 내재변동성을 이용해 행사가격이 44인 옵션과 행사가격이 56인 옵션의 가격을 계산하면 가격이 과대평가될 것이다.

요약

블랙-숄즈-머튼의 모형과 확장된 모형들은 미래 각 시점에서 기초자산 가격의 확률분포가 로그정규분포를 따른다고 가정한다. 옵션 거래자들은 이것과는 다른 가정을 한다. 이들은 주가의 확률분포가 로그정규분포보다 두꺼운 왼쪽 꼬리와 덜 두꺼운 오른쪽 꼬리를 가진다고

가정한다. 환율의 확률분포는 로그정규분포보다 두꺼운 왼쪽 꼬리와 오른쪽 꼬리를 가진다고 가정한다.

옵션 거래자들은 주가의 확률분포가 로그정규분포가 아님을 반영하기 위해 변동성미소를 활용한다. 변동성미소는 옵션의 내재변동성과 행사가격 간의 관계를 보여준다. 주식옵션의 경우 변동성미소는 우하향하는 경향이 있다. 이는 외가격 풋옵션과 내가격 콜옵션이 높은 변동성을 갖는 반면에, 외가격 콜옵션과 내가격 풋옵션은 낮은 변동성을 가짐을 의미한다. 통화옵션의 경우 변동성미소는 U자형이다. 이는 외가격과 내가격 옵션이 등가격 옵션보다 높은 내재변동성을 가짐을 의미한다.

옵션 거래자들은 간혹 변동성 기간구조를 이용한다. 옵션의 내재변동성은 만기에 따라 달라진다. 변동성미소와 변동성 기간구조를 결합하면 변동성표면을 얻을 수 있다. 변동성표면은 내재변동성이 행사가격과 만기에 따라 내재변동성이 어떻게 변하는지 보여준다.

참고문헌

Bakshi, G., C. Cao, and Z. Chen. "Empirical Performance of Alternative Option Pricing Models," *Journal of Finance*, 52, no. 5 (December 1997): 2004–49.

Bates, D. S. "Post-'87 Crash Fears in the S&P Futures Market," *Journal of Econometrics*, 94 (Jan./Feb. 2000): 181–238.

Daglish, T., J. Hull, and W. Suo. "Volatility Surfaces: Theory, Rules of Thumb, and Empirical Evidence," *Quantitative Finance*, 7, 5 (2007): 507–24.

Derman, E. "Regimes of Volatility," *Risk*, April 1999: 55–59.

Ederington, L., and W. Guan. "Why Are Those Options Smiling," *Journal of Derivatives*, 10, 2 (2002): 9–34.

Jackwerth, J. C., and M. Rubinstein. "Recovering Probability Distributions from Option Prices," *Journal of Finance*, 51 (December 1996): 1611–31.

Melick, W.R., and C. P. Thomas. "Recovering an Asset's Implied Probability Density Function from Option Prices: An Application to Crude Oil during the Gulf Crisis," *Journal of Financial and Quantitative Analysis*, 32, no. 1 (March 1997): 91–115.

Rubinstein, M. "Nonparametric Tests of Alternative Option Pricing Models Using All Reported Trades and Quotes on the 30 Most Active CBOE Option Classes from August 23, 1976, through August 31, 1978," *Journal of Finance*, 40 (June 1985): 455–80.

퀴즈

19.1 확률분포가 다음과 같을 때 내재변동성의 패턴을 설명하라.

(a) 주가 분포의 양쪽 꼬리가 로그정규분포보다 덜 두꺼운 경우

(b) 로그정규분포와 비교해 오른쪽 꼬리는 두껍지만 왼쪽 꼬리는 덜 두꺼운 경우

19.2 주식의 경우 관찰되는 변동성미소는 어떠하겠는가?

19.3 기초자산 가격의 점프에 의해 생기는 변동성미소는 어떠하겠는가? 3개월 만기 옵션의 경우보다 2년 만기 옵션의 경우에 이 패턴이 더 두드러질 것으로 생각되는가?

19.4 콜옵션과 풋옵션은 동일한 행사가격과 만기를 갖는다. 콜옵션의 내재변동성은 30%이고 풋옵션의 내재변동성

은 25%이다. 이 경우 어떤 거래를 하겠는가?

19.5 로그정규분포보다 두꺼운 왼쪽 꼬리와 덜 두꺼운 오른쪽 꼬리를 갖는 분포의 경우 변동성미소가 왜 우하향하는 패턴을 갖는지 자세히 설명하라.

19.6 유러피언 콜옵션의 시장가격이 3달러이고, 변동성이 30%임을 가정해 블랙-숄즈-머튼 모형에서 계산된 옵션가격은 3.50달러이다. 행사가격과 만기가 동일한 유러피언 풋옵션에 대해 블랙-숄즈-머튼 모형에서 계산된 가격이 1달러이다. 이 풋옵션의 시장가격은 얼마인가? 이유를 자세히 설명하라.

19.7 폭락공포증이 무엇인지 설명하라.

연습문제

19.8 현재 주가는 20달러이다. 내일 중대한 발표가 있을 예정인데, 이 발표로 주가가 5달러 증가하거나 5달러 감소한다. 이 주식에 대한 옵션의 가치를 평가하기 위해 블랙-숄즈-머튼 모형을 사용하면 어떤 문제가 있는가?

19.9 변동성이 불확실하고 변동성이 주가와 양의 상관관계를 가진다면, 6개월 만기 옵션의 경우 변동성미소의 모양은 어떠하겠는가?

19.10 주식옵션가격 결정 모형을 실증적으로 검증하려 할 때 어떤 어려움이 있는가?

19.11 중앙은행의 정책은 환율이 0.97과 1.03 사이에서 변동하도록 하는 것이라고 가정하자. 이 환율에 대한 옵션의 경우 어떤 패턴의 내재변동성이 있을 것으로 보는가?

19.12 옵션거래자들은 심외가격 옵션을 변동성에 대한 옵션이라 한다. 그 이유를 설명하라.

19.13 한 주식을 기초자산으로 하는 유러피언 콜옵션의 행사가격은 30달러, 만기는 1년, 내재변동성은 30%이다. 동일한 기초자산에 대한 유러피언 풋옵션의 행사가격은 30달러, 만기는 1년, 내재변동성은 33%이다. 어떤 차익거래기회가 존재하는가? 이 차익거래기회는 블랙-숄즈-머튼 모형이 가정한 로그정규분포가 성립하는 경우에만 존재하는가? 그 이유를 자세히 설명하라.

19.14 한 회사의 주가에 영향을 미치는 중요한 소송의 결과가 내일 발표될 예정이라고 가정하자. 이 회사의 주가는 현재 60달러이다. 만일 판결이 회사에 유리하면 주가는 75달러로 점프할 것으로 예상된다. 반면 판결이 회사에 불리하면 주가는 50달러로 점프할 것으로 기대된다. 유리한 판결이 발표될 위험중립확률은 얼마인가? 유리한 판결이 발표되면 이후 6개월 동안 주가 변동성은 25%이고 불리한 판결이 발표되면 변동성이 40%라고 하자. DerivaGem을 이용해 이 주식에 대한 6개월 만기 유러피언 옵션의 내재변동성과 행사가격의 관계를 계산하라. 이 회사는 배당을 지급하지 않는다. 6개월 만기 무위험이자율은 6%이다. 행사가격이 30, 40, 50, 60, 70, 80달러인 콜옵션을 고려하라.

19.15 환율은 현재 0.8000이다. 환율 변동성이 12%이고 두 국가의 이자율은 동일하다. 로그정규분포 가정하에 3개월 후 환율이 (a) 0.7000보다 작을 확률, (b) 0.7000과 0.7500 사이일 확률, (c) 0.7500과 0.8000 사이일 확률, (d) 0.8000과 0.8500 사이일 확률, (e) 0.8500과 0.9000 사이일 확률, (f) 0.9000보다 클 확률을 구하라. 환율시장에서 대체로 관찰되는 변동성미소를 고려할 때, 앞서 계산한 확률 중 어떤 것이 너무 낮고 어떤 것이 너무 높다고 할 수 있는가?

19.16 주가는 40달러이다. 이 주식을 기초자산으로 하고 행사가격이 30달러, 만기가 6개월인 유러피언 콜옵션의 내재변동성은 35%이다. 기초자산이 동일하고 행사가격이 50달러이며 만기가 6개월인 유러피언 콜옵션의 내재변동성이 28%이다. 6개월 만기 무위험이자율은 5%이고 기초자산은 배당을 지급하지 않는다. 두 변동성이 상이한 이유를 설명하라. DerivaGem을 이용해 두 옵션의 가치를 계산하라. 풋-콜 패리티를 이용해 행사가격이 30달러와 50달러이고 만기가 6개월인 유러피언 풋옵션의 가치를 각각 계산하라. 두 풋옵션의 내재변동성을 DerivaGem을 이용해 계산하라.

19.17 "블랙-숄즈-머튼 모형은 거래자들에 의해 보간 도구

(interpolation tool)로 이용된다." 이 견해를 논의하라.

19.18 표 19.2를 이용해 행사가격이 1.04이고 만기가 8개월인 옵션의 내재변동성을 계산하라.

추가문제

19.19 어떤 기업의 주가가 현재 4달러이다. 이 기업은 부채가 없다. 애널리스트들은 이 기업의 청산가치(liquidation value)가 적어도 30만 달러일 것으로 예상한다. 이 기업의 현재 발행주식 수는 10만 주이다. 변동성미소는 어떤 모양이겠는가?

19.20 어떤 기업이 중대한 소송사건의 결과를 기다리고 있다. 이 결과는 1개월 이내에 발표될 것으로 보인다. 주가는 현재 20달러이다. 만일 결과가 긍정적이면 1개월 후 주가는 24달러가 될 것으로 예상된다. 만일 결과가 부정적이면 1개월 후 주가는 18달러가 될 것으로 예상된다. 1개월 무위험이자율은 연 8%이다.

(a) 긍정적 결과의 위험중립확률은 얼마인가?

(b) 행사가격이 19, 20, 21, 22, 23달러인 1개월 만기 콜옵션의 가치는 각각 얼마인가?

(c) DerivaGem을 이용해 1개월 만기 콜옵션의 변동성미소를 계산하라.

(d) 동일한 변동성미소가 1개월 만기 풋옵션으로부터도 계산됨을 확인하라.

19.21 선물가격이 현재 40달러이다. 무위험이자율은 연 5%이다. 어떤 뉴스가 내일 발표될 예정인데 이로 인해 향후 3개월 동안의 변동성은 10% 또는 30%가 될 것으로 예상된다. 첫 번째 결과의 확률은 60%이고, 두 번째 결과의 확률은 40%이다. DerivaGem을 이용해 3개월 만기 옵션의 변동성미소를 계산하라.

19.22 여러 외국통화의 자료가 저자의 웹사이트에 제공되어 있다. 하나의 통화를 선택하고 자료를 이용해 표 19.1과 비슷한 표를 만들어라.

http://www-2.rotman.utoronto.ca/~hull/data

19.23 여러 주가지수 자료가 저자의 웹사이트에 제공되어 있다. 하나의 지수를 선택하고 표준편차의 3배수 하락이 표준편차의 3배수 상승보다 더 자주 발생하는지 검증하라.

http://www-2.rotman.utoronto.ca/~hull/data

19.24 행사가격과 만기가 동일한 유러피언 콜옵션과 풋옵션을 고려해보자. 짧은 기간에 변동성이 σ_1에서 σ_2로 증가하는 경우 두 옵션의 가치가 동일 금액만큼 변하는 것을 밝혀라. (힌트: 풋-콜 패리티를 이용하라.)

19.25 표 19.2를 이용해 행사가격이 0.98이고 만기가 11개월인 옵션의 내재변동성을 계산하라.

부록: 풋옵션의 변동성미소가 콜옵션의 변동성미소와 동일한 이유

10장과 15장에서 설명한 풋–콜 패리티는 유러피언 콜옵션 가격 c와 유러피언 풋옵션 가격 p의 중요한 관계를 보여준다.

$$p + S_0 e^{-qT} = c + Ke^{-rT} \tag{19A.1}$$

여기서 콜옵션과 풋옵션은 동일한 행사가격 K와 만기 T를 갖는다. S_0는 기초자산의 현재 가격이고, r은 만기가 T인 계약에 적용되는 무위험이자율이며, q는 기초자산의 수익률(yield)이다.

풋–콜 패리티 관계의 주요한 특성은 이 관계가 비교적 간단한 차익거래 논리에 기초한다는 점이다. 기초자산 가격의 미래 확률분포에 대해 어떤 가정도 하지 않는다. 즉 이 관계는 기초자산 가격의 분포가 로그정규분포를 따르든 그렇지 않든 상관없이 성립한다.

p_{bsm}와 c_{bsm}을 특정한 변동성을 블랙–숄즈–머튼의 모형에 대입해 계산한 유러피언 풋옵션과 콜옵션의 가치라고 하자. 그리고 p_{mkt}와 c_{mkt}를 두 옵션의 시장가격이라고 하자. 블랙–숄즈–머튼 모형으로 계산한 가격 간에 풋–콜 패리티 관계가 성립해야 하므로 다음 식이 성립한다.

$$p_{\text{bsm}} + S_0 e^{-qT} = c_{\text{bsm}} + Ke^{-rT}$$

차익거래기회가 존재하지 않는다면 풋–콜 패리티 관계는 시장가격에 대해서도 성립해야 하므로 다음 식이 성립한다.

$$p_{\text{mkt}} + S_0 e^{-qT} = c_{\text{mkt}} + Ke^{-rT}$$

두 번째 식을 첫 번째 식에서 차감하면 다음 관계가 도출된다.

$$p_{\text{bsm}} - p_{\text{mkt}} = c_{\text{bsm}} - c_{\text{mkt}} \tag{19A.2}$$

이 식에 의하면, 블랙–숄즈–머튼 모형을 이용해 유러피언 풋옵션을 평가할 때 발생하는 금액기준 가격오차(pricing error)는 동일한 행사가격과 만기를 갖는 유러피언 콜옵션을 평가할 때 발생하는 가격오차와 정확히 일치해야 한다.

풋옵션의 내재변동성을 22%라고 가정하자. 이는 변동성 22%를 블랙–숄즈–머튼의 모형에 사용하면 $p_{\text{bsm}} = p_{\text{mkt}}$가 됨을 의미한다. 식 (19A.2)에서 이 변동성을 사용하면 $c_{\text{bsm}} = c_{\text{mkt}}$의 관계가 성립해야 한다. 따라서 콜옵션의 내재변동성도 22%이다. 이 논리에 의하면 유러피언 콜

예제 19A.1 풋옵션과 콜옵션의 내재변동성 EXAMPLE

외국통화 1단위의 가치는 0.60달러이다. 미국의 무위험이자율은 연 5%이고 외국의 무위험이자율은 연 10%이다. 만기가 1년이고 행사가격이 0.59달러이며 기초자산이 외국통화인 유러피언 콜옵션의 시장가격은 0.0236이다. DerivaGem에 의하면 콜옵션의 내재변동성은 14.5%이다. 차익거래기회가 존재하지 않으려면 식 (19A.1)의 풋-콜 패리티 관계가 성립해야 하고 이때 q는 외국의 무위험이자율이다. 행사가격이 0.59달러이고 만기가 1년인 유러피언 풋옵션의 가격 p는 다음 관계로부터 구할 수 있다.

$$p+0.60e^{-0.10\times 1}=0.0236+0.59e^{-0.05\times 1}$$

따라서 풋옵션 가격 p는 0.0419가 된다. DerivaGem에 의하면 풋옵션의 가격이 0.0419이면 내재변동성은 14.5%이다.

옵션의 내재변동성은 행사가격과 만기가 동일한 유러피언 풋옵션의 내재변동성과 항상 동일해야 한다. 다시 말해 주어진 행사가격과 만기에 대해 블랙-숄즈-머튼의 모형에서 유러피언 콜옵션의 가치를 평가하는 데 사용해야 할 변동성은 유러피언 풋옵션의 가치를 평가하는 데 사용해야 하는 변동성과 항상 같아야 한다. 이는 아메리칸 옵션의 경우에도 거의 성립한다. 옵션거래자들이 내재변동성과 행사가격의 관계 또는 내재변동성과 만기의 관계에 대해 말할 때, 그 변동성이 콜옵션의 변동성인지 아니면 풋옵션의 변동성인지 구별할 필요가 없다. 이 관계는 옵션 종류와 무관하게 성립한다. 이는 예제 19A.1에 설명되어 있다.

20 위험금액과 기대부족액

17장에서는 옵션과 다른 금융자산들로 구성된 포트폴리오가 가지는 위험의 다양한 측면을 분석하기 위해서 델타, 감마, 베가 등의 측도를 살펴보았다. 금융기관은 이들 측도를 매일 계산하는데, 포트폴리오에 포함된 자산 각각에 계산을 진행한다. 자산의 수는 수백 개 심지어는 수천 개에 달할 수도 있다. 결국 델타-감마-베가 분석의 결과로 매우 많은 위험측도가 생산된다. 이 위험측도는 금융기관의 트레이더들에게는 중요한 정보를 제공하는 반면, 경영진에게는 활용도가 높지 못하다.

위험금액(value at risk, VaR)과 기대부족액(expected shortfall, ES)은 금융자산 포트폴리오의 총 위험을 하나의 수치로 요약해 보여주려는 시도로서 특히 경영진에게 활용도가 높다. 두 측도는 금융기관뿐만 아니라 기업 재무 담당자와 펀드 매니저에게도 유용한 도구가 되었다. 은행감독기관은 각 은행이 가지고 있는 위험을 반영한 최소 자기자본 규모를 결정하는 데 VaR을 활용해 왔다. 향후에는 시장 위험을 더 잘 반영하기 위해 ES로 전환할 계획이다.

이 장에서는 VaR과 ES 측도를 설명하고 이를 계산하는 두 가지 주요 접근방법, 즉 **역사적 시뮬레이션**(historical simulation) 접근방법과 **모형기반**(model-building) 접근방법을 알아볼 것이다.

20.1 VaR과 ES 측도

VaR을 사용할 때 금융자산 포트폴리오를 관리하는 매니저는 다음과 같은 표현을 하고자 한다.

"향후 N일 이내에 V달러 이상을 손해 보지 않을 것을 X% 확신한다."

여기서 V가 포트폴리오의 VaR이다. VaR은 보유기간 N일과 신뢰수준 X%, 두 파라미터의 함

실무사례 20.1 은행감독기관의 VaR 활용

바젤위원회(Basel Committee)는 세계 주요국 은행감독기관이 결성한 위원회로 스위스 바젤에서 정기적으로 모임을 한다. 1988년 위원회는 바젤 I로 알려진 협약을 발표했다. 감독기관은 각 은행이 신용위험에 대비해 일정액의 자본을 유지하도록 규제하고 있는데, 이때 자본액을 계산하는 방법에 대해서 감독기관 간에 맺은 협약이 바젤 I이다. 몇 년 후에 바젤위원회는 '1996년 수정안'을 발표했다. 이 수정안은 1998년에 시행되었으며 은행에 신용위험뿐만 아니라 시장위험에 대해 일정한 자본을 유지하도록 요구했다. 수정안은 은행의 거래장부(trading book)와 은행장부(banking book)를 구별해 필요 자본액을 계산하도록 하고 있다. 은행장부는 대출잔액을 주로 담고 있는데, 대출잔액의 가치를 정기적으로 재평가하지는 않는 것이 보통이다. 거래장부는 은행이 거래하는 다양한 금융상품(주식, 채권, 스왑, 선도계약, 옵션 등)의 잔액을 담고 있는데, 매일 시장가치를 반영해 재평가하는 것이 보통이다.

1996년 수정안은 $N=10$일, $X=99\%$일 때의 VaR을 기준으로 거래장부에 대한(즉 시장위험에 대한) 필요 자본액을 계산하도록 하고 있다. 이는 향후 10일 동안 1%의 확률로 발생할 수 있는 손실액을 기준점으로 삼겠다는 뜻이다. 은행이 유지해야 하는 자본액은 VaR에 k를 곱한 금액이다. [여기에 개별위험(specific-risk)에 대한 조정을 반영해 최종 필요 자본액이 계산된다.] 여기서 k는 감독기관이 은행별로 결정하는데 적어도 3.0의 값을 가진다. 잘 검증된 VaR 추정 방법을 유지하고 있는 은행의 경우 k는 최솟값인 3으로 정해진다. 한편 그렇지 못한 은행의 경우 k는 3보다 큰 값으로 정해진다.

바젤 I 이후에 바젤 II, 바젤 II.5, 바젤 III이 발표되었다. 바젤 II(대다수 국가가 2007년경에 시행)는 신용위험과 시장위험에 대한 필요 자본액을 산정하는 데 1년 기간과 99.9%의 신뢰수준에서 VaR을 계산하도록 하고 있다. 바젤 II.5(2012년에 시행)는 시장위험에 대한 자본을 산정하는 방식을 수정했다. 변화 중 하나는 '스트레스 VaR'을 계산하는 것이다. 이는 특정 스트레스 기간에 가격변수가 어떻게 변했는지에 기초한 VaR 수치이다. 바젤 III은 은행이 보유해야 하는 자본량을 증가시켰고, 이 중 자기자본(equity)으로 분류되는 자본의 비율도 증가시켰다.

감독기관들이 계획하고 있는 또 다른 변화는 '거래장부에 대한 근본적 검토'로 알려져 있는데, 시장위험에 대한 필요 자본액 계산에 VaR 대신 ES를 사용하도록 하는 것이다.

수이다. N일 동안 VaR보다 더 큰 손실이 발생할 확률이 $100-X\%$가 되도록 VaR이 정해진다. 은행감독기관은 각 은행이 $N=10$과 $X=99$인 경우 시장위험에 대한 VaR을 계산하는 것을 의무사항으로 유지해 왔다(실무사례 20.1 참조).

N일이 보유기간이고 $X\%$가 신뢰수준일 때 VaR은 향후 N일 동안의 포트폴리오 가치 이득분포에서 $100-X$퍼센타일에 상응하는 손실로 볼 수 있는데, 이득분포에서 양수는 이득을, 음수는 손실을 나타낸다. 혹은 VaR을 향후 N일 동안의 포트폴리오 가치 손실분포에서 X퍼센타일에 상응하는 손실로 볼 수 있는데, 손실분포에서는 양수가 손실을, 음수가 이득을 나타낸다. 예를 들어 5일 보유기간과 97% 신뢰수준을 이용하면, VaR은 향후 5일 동안의 포트폴리오 가치 이득분포에서 3퍼센타일에 해당하거나 손실분포에서 97퍼센타일에 해당한다. 그림 20.1과 그림 20.2는 VaR의 개념을 보여준다.

VaR은 이해하기가 쉽기에 매력적인 위험측정치이다. 본질적으로 VaR은 '미래 상황이 얼마나 악화할 수 있는가?'라는 단순한 질문에 답을 제공한다. 이는 모든 경영자가 알고자 하는 정보이다. 경영자는 포트폴리오 가치에 영향을 미치는 모든 가격변수의 민감도인 여러 그리스 문자를 하나의 숫자로 요약해주기를 원하고 이런 역할을 하는 VaR을 대단히 유용한 측도로

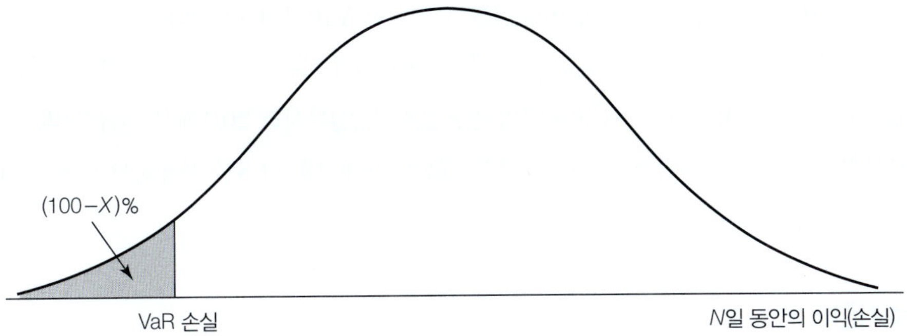

그림 20.1 포트폴리오 가치 변화가 정규분포를 따르는 경우 X% 신뢰수준에서의 VaR. 이익은 양의 값을 갖고 손실은 음의 값을 갖는다.

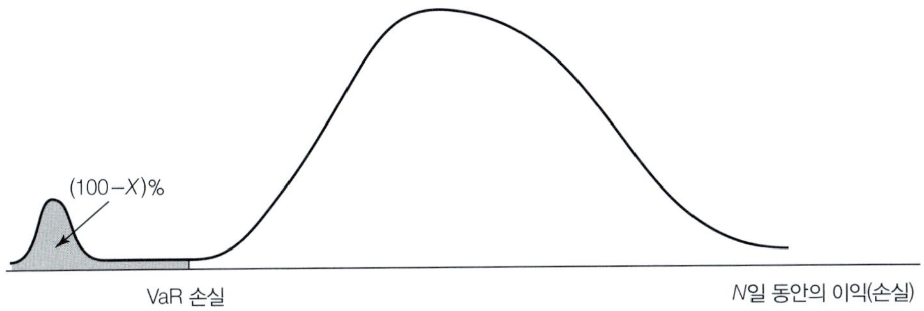

그림 20.2 그림 20.1과 VaR은 동일하나 잠재적 손실이 더 큰 상황의 분포

평가한다.

포트폴리오의 위험을 단 하나의 숫자로 요약하는 것이 유용하다고 일단 인정하면, 그다음 흥미로운 질문은 VaR이 최선의 대안인가 하는 것이다. 일부 연구자는 VaR이 그림 20.2와 유사한 분포를 갖는 포트폴리오를 선택하도록 거래자를 부추긴다고 주장한다. 그림 20.1과 그림 20.2에서 VaR은 동일하다. 그러나 그림 20.2의 포트폴리오의 잠재적 손실은 그림 20.1의 포트폴리오의 잠재적 손실보다 훨씬 크므로, 그림 20.2의 포트폴리오는 그림 20.1의 포트폴리오보다 훨씬 위험하다.

이런 문제점을 해결할 수 있는 측정치가 기대부족액(ES)이다.[1] VaR이 '미래 상황이 얼마나 악화할 수 있는가?' 하는 질문에 대한 답이라면, ES는 '상황이 악화한 경우 얼마의 손실이 발

1 기대꼬리손실(expected tail loss) 혹은 조건부 VaR(conditional VaR, C-VaR)이라고도 한다. P. Artzner, F. Delbaen, J. M. Eber, D. Heath는 "Coherent Measures of Risk," *Mathematical Finance*, 9(1999): 203–28 논문에서 위험 측도가 가져야 할 바람직한 속성들을 제시한 후 VaR은 이런 속성을 갖지 못하는 데 반해 ES는 이런 속성을 가지고 있음을 보여준 바 있다. 더 자세한 설명은 다음을 참조하라. J. Hull *Risk Management and Financial Institutions*, 4th edn. Hoboken, NJ: Wiley, 2015.

생할 것인가?' 하는 질문에 대한 답이다. ES는 손실이 VaR보다 더 크다는 조건하에서 N일 동안에 발생 가능한 손실액의 기댓값이다. 예를 들어 10일 기준 99% 신뢰수준을 이용하는 경우, ES는 손실이 VaR보다 클 때 손해액의 평균값이다. 실무사례 20.1에서 언급한 대로 은행이 시장위험에 대응해 유지해야 하는 자본액 계산에 VaR 대신 ES를 사용하도록 하는 게 은행감독 당국의 계획이다.

보유기간

VaR과 ES를 계산하기 위해서는 N일의 보유기간과 X%의 신뢰수준 등 두 가지 모수를 정해야 한다. 시장위험에 대한 VaR과 ES를 계산할 때 일단은 보유기간을 1일로 정하는 것이 보통이다. 1일보다 긴 기간에 대한 가격변수의 분포를 직접 추정하는 데 필요한 자료를 구하는 게 어려울 때가 많기 때문이다. 보유기간이 1을 넘으면 다음과 같이 대략적 계산을 적용하는 게 보통이다.

$$N\text{일 기준 VaR} = 1\text{일 기준 VaR} \times \sqrt{N}$$
$$N\text{일 기준 ES} = 1\text{일 기준 ES} \times \sqrt{N}$$

포트폴리오 가치의 1일간 변화가 서로 독립적이고, 평균이 0인 동일한 정규분포에서 추출된 경우에는 위 공식이 정확히 성립한다.

20.2 역사적 시뮬레이션

역사적 시뮬레이션은 VaR을 추정하는 데 많이 이용되는 방법 중 하나이다. 이 방법에서는 과거 자료를 이용해 미래에 어떤 일이 생길지를 가늠해본다. 예를 들어 99% 신뢰수준하에서 1일 기준의 포트폴리오 VaR을 501일의 과거 자료를 이용해 계산한다고 하자. 첫 단계는 포트폴리오에 영향을 미치는 가격변수를 확인하는 것이다. 가격변수는 대체로 환율, 주가, 금리 등이다. 모든 가격은 자국통화로 측정된다. 예를 들어 독일의 시중은행이라면 가격변수 중 하나로 유로 기준 S&P 500지수를 사용할 것이다. 다음에는 가장 최근 501일 동안의 가격변수에 대한 자료를 모은다. 이로부터 오늘과 내일 사이에 발생할 수 있는 500개의 시나리오를 생각해볼 수 있다. 자료의 첫 번째 날을 0일로, 그리고 그다음 날을 1일 등으로 표기하자. 모든 변수의 변화율이 0일과 1일 사이의 변화율과 동일한 상황을 첫 번째 시나리오로 하고, 모든 변수의 변화율이 1일과 2일 사이의 변화율과 동일한 상황을 두 번째 시나리오로 하고, 이런 식으로 500개의 시나리오를 정할 수 있다. 시나리오별로 오늘과 내일 사이에 발생할 포트폴리오의 가치 변화를 금액으로 계산한다. 이렇게 함으로써 우리는 포트폴리오 가치의 일별 손실 확률분포를 얻을 수 있다(이익은 마이너스로 표시). 분포의 99퍼센타일은 다섯 번째 큰 손실로 추정된다.[2] VaR의 추정치는 99퍼센타일에서의 손실이다. 과거 501일 동안에 발생한 사건이 내일 발생할 사건의 좋은 지침이 된다면, VaR 추정치보다 더 큰 손실을 보지 않을 것을 99% 신뢰수준에서 확신할 수 있다.

이 접근방법을 수식으로 표시하기 위해 v_i를 i번째 날의 가격변수 가치로 정의하고 오늘은 n번째 날이라고 하자. 역사적 시뮬레이션 방법에서 i번째 시나리오는 내일 가격변수의 가치가 다음과 같다는 것이다.

$$v_n \frac{v_i}{v_{i-1}}$$

예시: 네 가지 주가지수에의 투자

역사적 시뮬레이션 접근방법에서의 계산 과정을 설명하기 위해 투자자가 2008년 9월 25일에 네 가지 주가지수(미국 DJIA, 영국 FTSE 100, 프랑스 CAC 40, 일본 닛케이 225)에 투자한 1,000만 달러 상당의 포트폴리오를 소유한다고 가정하자. 2008년 9월 25일 현재 각 지수에 투자한 가치는 표 20.1과 같다. 네 지수의 종가에 대한 501일의 과거 자료와 VaR 계산 과정을 포함하는 엑셀 스프레드시트는 저자의 다음 웹사이트에 올려져 있다.[3]

www-2.rotman.utoronto.ca/~hull/Fundamentals/VaRExample

미국 투자자를 고려하고 있기 때문에 FTSE 100, CAC 40, 닛케이 225 지수값은 미국 달러 기준이어야 한다. 예를 들어 환율이 1파운드당 1.8918달러였던 2006년 8월 10일에 FTSE 100이 5,823.40이었다. 이는 미국 달러로 $5{,}823.40 \times 1.8918 = 11{,}016.71$임을 의미

표 20.1 VaR 계산에 사용된 투자포트폴리오

지수	포트폴리오 가치(단위: 천 달러)
DJIA	4,000
FTSE 100	3,000
CAC 40	1,000
닛케이 225	2,000
합계	10,000

2 여러 대안이 존재한다. 대안은 다섯 번째 큰 손실 또는 여섯 번째 큰 손실 또는 두 값의 평균을 이용하는 것이다. 엑셀의 PERCENTILE 함수에서(n은 관찰치의 수, k는 정수), $k/(n-1)$퍼센타일은 $k+1$번째 관찰치이다. 다른 퍼센타일은 선형보간법으로 계산된다.

3 예시를 최대한 간단하게 만들기 위해 네 가지 주가지수가 모두 거래되는 날만 자료에 포함했고 배당금은 고려하지 않았다.

표 20.2 역사적 시뮬레이션 계산에 사용된 주가지수 자료

순번	날짜	DJIA	FTSE 100	CAC 40	닛케이 225
0	2006년 8월 7일	11,219.38	11,131.84	6,373.89	131.77
1	2006년 8월 8일	11,173.59	11,096.28	6,378.16	134.38
2	2006년 8월 9일	11,076.18	11,185.35	6,474.04	135.94
3	2006년 8월 10일	11,124.37	11,016.71	6,357.49	135.44
⋮	⋮	⋮	⋮	⋮	⋮
499	2008년 9월 24일	10,825.17	9,438.58	6,033.93	114.26
500	2008년 9월 25일	11,022.06	9,599.90	6,200.40	112.82

한다. 달러 기준 지수값의 일부가 표 20.2에 제시되어 있다.

2008년 9월 25일은 주식투자를 평가하기에 흥미로운 날이다. 2007년 8월에 시작된 대출시장에서의 혼란은 1년이 넘게 지속되고 있었다. 주가는 수개월 동안 하락하고 있었고, 변동성은 증가하고 있었다. 리먼브러더스는 10일 전에 파산을 신청했으며, 미국 재무장관이 제안한 7,000억 달러 규모의 부실자산구제프로그램(Troubled Asset Relief Program, TARP)은 아직 국회에서 통과되지 않았다.

표 20.3은 시뮬레이션 대상일인 2008년 9월 26일의 가격변수 가치를 보여준다. 첫 번째 시나리오(표 20.3의 첫 번째 줄)는 2008년 9월 25일과 26일 사이 가격 변화율이 2006년 8월 7일과 8일 사이에 발생한 것과 같다는 가정하에서 계산한 2008년 9월 26일의 가격변수의 가치를 보여준다. 두 번째 시나리오(표 20.3의 두 번째 줄)는 가격 변화율이 2006년 8월 8일과 9일 사이에서 발생한 것과 같다는 가정하에서 계산한 2008년 9월 26일의 가격변수 가치를 보여준다. i번째 시나리오는 2008년 9월 25일과 26일 사이의 가격 변화율이 $i-1$과 i 사이의 1일 동안 발생한 것과 같다고 가정한다($1 \le i \le 500$). 표 20.3에서 500번째 줄은 500번째 시나리오이다.

2008년 9월 25일 DJIA는 11,022.06이었다. 2006년 8월 8일에는 11,173.59이고 이는

표 20.3 표 20.2의 자료를 이용해 생성한 2008년 9월 26일의 시나리오

시나리오 번호	DJIA	FTSE 100	CAC 40	닛케이 225	포트폴리오 가치 (단위: 천 달러)	손실 (단위: 천 달러)
1	10,977.08	9,569.23	6,204.55	115.05	10,014.334	−14.334
2	10,925.97	9,676.96	6,293.60	114.13	10,027.481	−27.481
3	11,070.01	9,455.16	6,088.77	112.40	9,946.736	53.264
⋮	⋮	⋮	⋮	⋮	⋮	
499	10,831.43	9,383.49	6,051.94	113.85	9,857.465	142.535
500	11,222.53	9,763.97	6,371.45	111.40	10,126.439	−126.439

2006년 8월 7일의 11,219.38에서 하락한 값이다. 따라서 첫 번째 시나리오에서 DJIA의 가치는 다음과 같다.

$$11,022.06 \times \frac{11,173.59}{11,219.38} = 10,977.08$$

마찬가지로, FTSE 100, CAC 40, 닛케이 225의 가치는 각각 9,569.23, 6,204.55, 115.05이다. 따라서 첫 번째 시나리오에서 포트폴리오의 가치는 다음과 같다(단위는 천 달러).

$$4,000 \times \frac{10,977.08}{11,022.06} + 3,000 \times \frac{9,569.23}{9,599.90} + 1,000 \times \frac{6,204.55}{6,200.40} + 2,000 \times \frac{115.05}{112.82} = 10,014.334$$

결과적으로 첫 번째 시나리오에서 포트폴리오의 이익은 14,334달러이다. 동일한 계산이 다른 시나리오에도 적용된다. 손실의 히스토그램(이익은 음의 손실임)은 그림 20.3과 같다. [히스토그램에서 막대는 450~550, 350~450, 250~350 범위 등에서의 손실(단위는 천 달러)을 나타낸다.]

그리고 500개의 상이한 시나리오로부터 계산된 손실의 순위를 매긴다. 이 순위의 일부가 표 20.4와 같다. 최악의 시나리오는 494번째 시나리오이다(손실이 477,841달러임). 99% 신뢰수준에서의 1일 VaR은 5번째 최악의 손실로 추정된다. 이는 253,385달러이다.

20.1절에서 설명했듯이, 99% 신뢰수준에서의 10일 VaR은 99% 신뢰수준에서의 1일 VaR

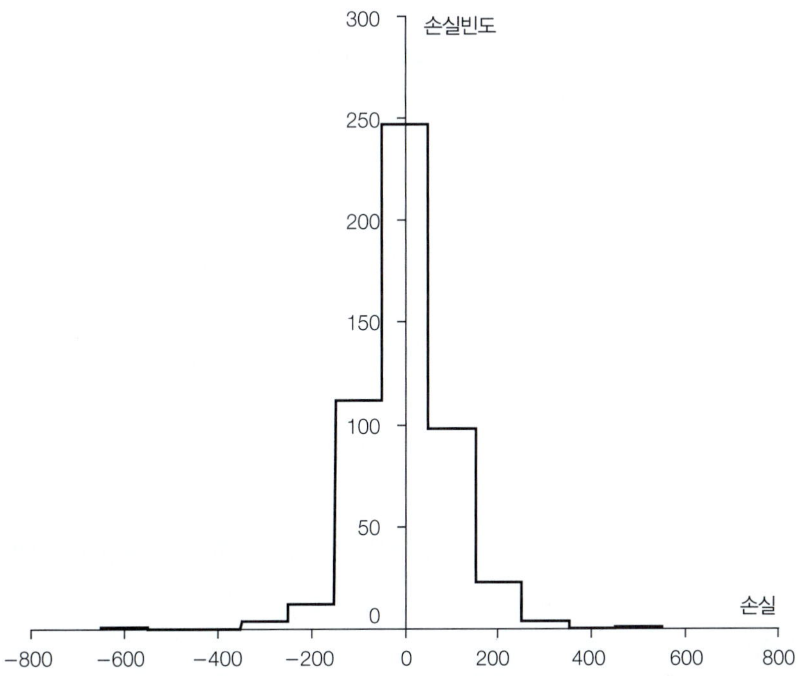

그림 20.3 2008년 9월 25일과 9월 26일 사이에서 고려한 시나리오로부터의 손실 히스토그램

표 20.4 500개 시나리오 중에서 손실이 가장 큰 시나리오

시나리오 번호	손실(단위: 천 달러)	시나리오 번호	손실(단위: 천 달러)
494	477,841	473	191,269
339	345,435	306	191,050
349	282,204	477	185,127
329	277,041	495	184,450
487	253,385	376	182,707
227	217,974	237	180,105
131	202,256	365	172,224
238	201,389	⋮	⋮

에 $\sqrt{10}$을 곱해 계산된다. 이 경우 10일 VaR은 801,274달러가 된다.

$$\sqrt{10} \times 253,385 = 801,274$$

예시에서 VaR 추정치는 가장 최근 501일의 자료를 이용해 매일 갱신된다. 예를 들어 2008년 9월 26일(501일)에 어떤 일이 발생하는지 살펴보자. 모든 가격변수의 새 값을 구하고 포트폴리오의 새 가치를 계산할 수 있다. 그리고 설명한 절차를 거쳐 새로운 VaR을 계산한다. 2006년 8월 8일부터 2008년 9월 26일까지(1일부터 501일까지)의 가격변수 자료가 계산에 이용된다. (이로부터 500개의 가격변수 변화율이 얻어진다. 2006년 8월 7일인 0일의 가격변수값은 더 이상 이용되지 않는다). 같은 논리로, 다음 거래일인 2008년 9월 29일(502일)에 2006년 8월 9일부터 2008년 9월 29일까지(2일부터 502일까지)의 자료가 VaR 계산에 이용된다. 이런 식으로 계속 진행된다.

현실에서 은행의 포트폴리오는 우리가 여기서 설명한 것보다 훨씬 복잡하다. 포트폴리오는 수천 또는 수만 개의 포지션으로 구성될 것이다. 은행 포지션의 일부는 선도계약, 옵션, 기타 파생상품이다. VaR은 다음 거래일에 포트폴리오의 구성이 바뀌지 않을 것이라는 가정하에서 매일 계산된다. 물론 실제로 포트폴리오의 구성은 매일 변한다. 만일 은행의 일중 거래가 포트폴리오를 더(덜) 위험하게 만들면 99% 신뢰수준에서 10일 VaR은 전일 값에 비해 증가(감소)할 것이다.

VaR 계산에 고려되어야 하는 가격변수는 환율, 상품가격, 이자율을 포함한다. 이자율의 경우 은행은 포트폴리오 가치를 평가하기 위해 여러 통화의 무이표채 이자율의 기간구조를 알아야 한다. 고려되는 가격변수는 기간구조를 계산하는 데 필요한 변수들이다(무이표채 수익률의 기간구조를 계산하는 것은 4장 참조). 개별 무이표채 곡선당 많게는 10개의 가격변수가 필요할 수 있다.

ES

역사적 시뮬레이션을 사용해 기대부족액을 계산하기 위해서는 손실분포의 꼬리에 해당하는 관측치의 평균값을 구한다. 앞선 예의 경우, 최대 손실 5개를 고르면 시나리오 494, 339, 349, 329, 487 등이다(표 20.4 참조). 이들 시나리오의 손실을 평균 내면 327,181달러가 된다. 이 값이 ES 추정치가 된다.

스트레스 VaR과 스트레스 ES

지금까지의 계산에서는 역사적 시뮬레이션을 진행할 때 계산 기준일에 가장 가까운 날의 데이터를 사용했다. 앞선 예의 경우, VaR과 ES를 계산할 때 계산 기준일 직전 501일의 데이터를 활용한 바 있다. 항상 이런 방법을 따라야 하는 것은 아니며, 다른 방식으로 과거 데이터 중 일부를 선택해 역사적 시뮬레이션을 진행하는 것도 가능하다. 그럴 경우, 변동성이 높은 기간의 데이터가 선택되면 VaR과 ES의 값은 높아지고, 변동성이 낮은 기간의 데이터가 선택되면 VaR과 ES의 값은 낮아지게 된다.

은행감독 당국은 **스트레스 VaR**과 **스트레스 ES**라는 측도를 도입한 바 있다. 이 측도를 계산할 때는 보유 포트폴리오가 극단적인 스트레스 상태에 있었던 251일 기간을 선택해야 한다. 이렇게 선택된 251일의 데이터는 앞선 예에서 501일 데이터를 활용됐던 것과 같은 방식으로 활용된다. 251일의 0일과 1일 사이 가격변수의 변화로부터 첫 번째 시나리오가 정해지고, 251일의 1일과 2일 사이 가격변수의 변화로부터 두 번째 시나리오가 정해지는 식이다. 이런 방식으로 250개의 시나리오를 정하게 된다. 보유기간 1일 스트레스 VaR은 두 번째로 가장 큰 손실을 보이는 시나리오와 세 번째로 가장 큰 손실을 보이는 시나리오의 중간값으로 계산된다. 보유기간 1일 스트레스 ES는 3개의 가장 큰 손실을 c_1, c_2, c_3라 할 때($c_1 > c_2 > c_3$), $0.4c_1 + 0.4c_2 + 0.2c_3$로 계산된다.

20.3 모형기반 방법

역사적 시뮬레이션에 대한 대안은 분산–공분산 방법이라고 하도 하는 모형기반 방법이다. 이 방법을 자세히 알아보기 전에 먼저 변동성 측정의 기간 단위와 연관된 이슈 한 가지를 살펴보자.

일별 변동성

옵션가격결정모형에서 기간은 연간 단위로 측정되고 자산의 변동성도 보통 연간 단위로 제시된다. 모형기반 방법으로 VaR 혹은 ES를 계산할 때 기간은 일별 단위로 측정되며 자산의 변동성도 보통 일별 단위로 제시된다.

옵션가치평가에서 사용된 연간 변동성과 VaR 계산에 사용되는 일별 변동성 사이에는 어떤 관계가 있는가? $\sigma_{년}$을 특정 자산의 연간 변동성으로, $\sigma_{일}$을 특정 자산의 일별 변동성으로 정의하자. 1년에 252일의 거래일이 있다고 가정하면, 13장의 식 (13.4)를 이용해 1년 동안 자산이 얻은 연속복리 수익률의 표준편차를 $\sigma_{년}$ 또는 $\sigma_{일}$로 표시할 수 있다. $\sigma_{년}$과 $\sigma_{일}$ 간에는 다음 관계가 성립한다.

$$\sigma_{년} = \sigma_{일}\sqrt{252}$$

또는

$$\sigma_{일} = \frac{\sigma_{년}}{\sqrt{252}}$$

일별 변동성은 연간 변동성의 대략 6%이다.

$\sigma_{일}$은 자산 가격 일별 퍼센트 변화율의 표준편차와 대략적으로 같다. VaR과 ES를 계산할 때 이 두 가지는 정확히 같다고 가정한다. 즉 자산 가격 또는 다른 변수의 일별 변동성은 일별 퍼센트 변화율의 표준편차와 동일하다고 정의한다.

다음 몇 개 절에서 우리는 일별 변동성과 상관계수를 알고 있다고 가정한다. 그리고 이 장 후반부에서 이들 변수를 어떻게 추정하는지 설명할 것이다.

개별자산의 경우

여기서는 포트폴리오가 1개의 주식으로 구성된 아주 간단한 경우에 모형기반 방법으로 VaR이 어떻게 계산되는지 살펴보자. 마이크로소프트 주식에 1,000만 달러를 투자한 포트폴리오를 예로 들어보자. $N=10$일과 $X=99\%$를 가정한다. 즉 99%의 신뢰수준에서 10일 동안의 최대손실금액을 계산해보자.

마이크로소프트 주식의 일별 변동성이 2%라고 가정하자(이는 연간 변동성 약 32%에 해당함). 투자포지션 규모가 1,000만 달러이므로 포지션 가치의 일별 변화 표준편차는 1,000만 달러의 2%인 200,000달러이다.

모형기반 방법으로 VaR을 계산할 때는 가격변수의 기대 변화율을 0으로 가정하는 것이 관례이다. 이 가정이 정확히 맞는 것은 아니지만 분석의 단순화를 위해 적절한 것으로 볼 수 있다. 일반적으로 짧은 기간에 가격변수의 기대 변화율은 변화율의 표준편차에 비하면 작다. 예를 들어 마이크로소프트 주식의 연간 기대수익률이 20%라고 가정하자. 이를 하루 기준으로 전환하면 기대수익률은 약 0.08%(= 20%/252)인 반면에, 수익률의 표준편차는 2%이다. 10일을 기준으로 하면, 기대수익률은 0.8%(0.08×10)인 반면에, 수익률의 표준편차는

6.3%$(=2\sqrt{10})$이다.

지금까지 설명한 바와 같이 마이크로소프트 주식으로 구성된 포트폴리오의 하루 동안 가치 변화의 표준편차는 200,000 달러이고, 평균은 대략 0이다. 가격 변화가 정규분포를 따른다고 가정하자.[4] 엑셀의 NORMSINV 함수로부터 $N(-2.326)=0.01$인 것을 확인할 수 있다. 즉 정규분포를 따르는 변수가 표준편차의 2.326배 이상으로 하락할 가능성이 1%이다. 다시 말해 정규분포를 따르는 변수가 표준편차의 2.326배 이상으로 하락하지 않을 것을 99% 신뢰수준에서 확신할 수 있다. 따라서 마이크로소프트 주식으로 구성된 1,000만 달러 포트폴리오의 VaR(신뢰수준: 99%, 보유기간: 1일)은 다음과 같다.

$$2.326 \times 200,000 = 465,300\text{달러}$$

앞에서 설명했듯이, N일 기준의 VaR은 1일 기준의 VaR에 $\sqrt{N}$을 곱해 구한다. 따라서 99% 신뢰수준하에서 10일 기준의 VaR은 다음과 같다.

$$465,300 \times \sqrt{10} = 1,471,300\text{달러}$$

이번에는 AT&T 주식에 500만 달러를 투자한 포트폴리오를 고려해보자. AT&T 주식의 일별 변동성은 1%(연간 변동성은 약 16%임)라고 가정하자. 위의 계산 과정을 반복하면 하루 동안 포트폴리오 가치 변화의 표준편차는 50,000달러이다.

$$5,000,000 \times 0.01 = 50,000$$

가치 변화가 정규분포를 따른다고 가정하면 1일 기준의 VaR은 116,300달러이다.

$$50,000 \times 2.326 = 116,300\text{달러}$$

그리고 99% 신뢰수준하에서 10일 기준의 VaR은 367,800달러이다.

$$116,300 \times \sqrt{10} = 367,800\text{달러}$$

2개 자산의 경우

이번에는 마이크로소프트 주식에 1,000만 달러를, 그리고 AT&T 주식에 500만 달러를 투자한 포트폴리오를 고려해보자. 두 주식의 수익률이 이변량(bivariate) 정규분포를 따르며 상관계수가 0.3이라고 가정하자. 두 변수 X와 Y의 표준편차가 각각 σ_X와 σ_Y이고 두 변수 간의 상

4 13장의 옵션가격결정모형의 가정과 일관성 있게 마이크로소프트 주식의 가격이 로그정규분포를 따른다고 가정할 수 있다. 하루는 매우 짧은 기간이므로 이 가정은 오늘과 내일 간의 주가 변화가 정규분포를 따른다는 가정과 거의 차이가 없다.

관계수가 ρ이면, 통계학의 기초지식에 의해 $X+Y$의 표준편차는 다음과 같이 계산된다.

$$\sigma_{X+Y} = \sqrt{\sigma_X^2 + \sigma_Y^2 + 2\rho\sigma_X\sigma_Y}$$

위의 식을 이용하기 위해 X를 마이크로소프트 주식에 투자한 포지션의 하루 동안의 가치 변화로, Y를 AT&T 주식에 투자한 포지션의 하루 동안의 가치 변화로 정의하자. 즉

$$\sigma_X = 200{,}000, \qquad \sigma_Y = 50{,}000$$

위의 공식을 이용해 두 주식으로 구성된 포트폴리오의 하루 동안 가치 변화의 표준편차를 구하면 220,200달러가 된다.

$$\sqrt{200{,}000^2 + 50{,}000^2 + 2 \times 0.3 \times 200{,}000 \times 50{,}000} = 220{,}200$$

여기서 가치 변화는 정규분포를 따르고 평균 변화는 0이라고 가정한다. 따라서 포트폴리오의 VaR(신뢰수준: 99%, 보유기간: 1일)은 512,300달러이다.

$$220{,}200 \times 2.326 = 512{,}300\text{달러}$$

예제 20.1 포트폴리오의 VaR 계산 EXAMPLE

마이크로소프트 주식에 1,000만 달러, AT&T 주식에 500만 달러를 투자한 포트폴리오를 고려해보자. 마이크로소프트와 AT&T 주식의 일별 변동성(표준편차)은 각각 2%와 1%이고, 두 주식수익률 간의 상관계수는 0.3이다.

VaR의 계산

1. 마이크로소프트 주식에 투자한 포지션의 하루 동안 가치 변화의 표준편차는 $10{,}000{,}000 \times 0.02 = 200{,}000$달러이다.
2. AT&T 주식에 투자한 포지션의 하루 동안 가치 변화의 표준편차는 $5{,}000{,}000 \times 0.01 = 50{,}000$달러이다.
3. 따라서 포트폴리오의 하루 동안 가치 변화의 표준편차는 220,200달러이다.

$$\sqrt{200{,}000^2 + 50{,}000^2 + 2 \times 0.3 \times 200{,}000 \times 50{,}000} = 220{,}200$$

4. 따라서 99% 신뢰수준에서 1일 기준 VaR은 512,300달러이다.

$$220{,}200 \times 2.326 = 512{,}300\text{달러}$$

5. 10일 기준 VaR은 1일 기준 VaR에 $\sqrt{10}$을 곱한 1,620,100달러이다.

10일 기준의 포트폴리오 VaR은 1일 기준의 포트폴리오 VaR에 10을 곱한 1,620,100달러이다. 이 계산은 예제 20.1에 요약되어 있다.

분산효과의 혜택

바로 앞의 예에서 계산한 VaR(10일 기준, 99% 신뢰수준)은 다음과 같다.

1. 마이크로소프트 주식에 투자한 포트폴리오의 VaR은 1,471,300달러이다.
2. AT&T 주식에 투자한 포트폴리오의 VaR은 367,800달러이다.
3. 마이크로소프트와 AT&T 주식에 투자한 포트폴리오의 VaR은 1,620,100달러이다.

이를 이용해 분산효과의 혜택을 계산하면 219,000달러가 된다.

$$(1,471,300+367,800)-1,620,100=219,000\text{달러}$$

만일 마이크로소프트와 AT&T 주식 간의 상관계수가 1이라면, 마이크로소프트와 AT&T 주식으로 구성된 포트폴리오의 VaR은 마이크로소프트 주식만으로 구성된 포트폴리오의 VaR에 AT&T 주식만으로 구성된 포트폴리오의 VaR의 값을 더한 값이 된다. 상관계수가 1보다 작은 경우 위험 중 일부는 분산효과로 인해 없어진다.[5]

ES 계산

손실의 분포가 평균이 μ이고 표준편차가 σ인 정규분포라면 신뢰수준이 X인 ES는 다음과 같다.

$$\mathrm{ES}=\mu+\sigma\frac{e^{-Y^2/2}}{\sqrt{2\pi}(1-X)} \tag{20.1}$$

위 식에서 Y는 표준정규분포의 X퍼센타일이다(즉 평균이 0이고 표준편차가 1인 정규분포를 가지는 확률변수가 이 수치보다 클 확률은 $1-X$이다). μ가 0인 경우, VaR과 마찬가지로 ES도 σ에 비례하는 것을 위 식으로부터 확인할 수 있다.

위 식에 따르면 예제에서 마이크로소프트 포트폴리오의 99% 신뢰수준 10일 ES($X=0.99$, $Y=2.326$)은 1,687,000달러이고 AT&T 포트폴리오의 99% 신뢰수준 10일 ES는 421,400달러이며, 전체 포트폴리오의 99% 신뢰수준 10일 ES는 1,856,100달러이다.

---

5 해리 마코위츠(Harry Markowitz)는 포트폴리오의 분산효과를 연구한 첫 번째 연구자 중 한 사람이다. 그는 이 공로로 1990년에 노벨상을 수상했다. 다음을 참조하라. H. Markowitz, "Portfolio Selection," *Journal of Finance*, 7, no. 1(March 1952): 77–91.

20.4 선형모형의 일반화

바로 앞에서 살펴본 예에서 VaR 및 ES를 계산하는 선형모형을 활용했다. 자산 $i(1 \le i \le n)$의 투자금액이 α_i이고 n개의 자산으로 구성된 포트폴리오의 가치가 P라고 하자. 자산 i의 일별 수익률을 Δx_i라 하자. 자산 i에 투자한 가치의 하루 동안의 변화금액은 $\alpha_i \Delta x_i$이므로 P는 다음과 같이 계산된다.

$$\Delta P = \sum_{i=1}^{n} \alpha_i \, \Delta x_i \tag{20.2}$$

여기서 ΔP는 전체 포트폴리오의 하루 동안의 가치 변화금액이다.

앞의 예에서 마이크로소프트와 AT&T 주식에 각각 1,000만 달러와 500만 달러가 투자되었으므로 $\alpha_1 = 10$, $\alpha_2 = 5$이고 다음 식이 성립한다.

$$\Delta P = 10 \Delta x_1 + 5 \Delta x_2$$

만일 식 (20.2)의 Δx_i가 다변량 정규분포를 따른다고 가정하면 ΔP는 정규분포를 따른다. VaR과 ES 계산을 위해서는 ΔP의 평균과 표준편차만을 계산하면 된다. 앞에서 설명했듯이, 각 Δx_i의 기대치는 0이라고 가정하므로 ΔP의 기대치도 0이다.

ΔP의 표준편차를 계산하기 위해 자산 i의 일별 변동성을 σ_i로, 자산 i와 j 수익률 간 상관계수를 ρ_{ij}라 하자. 즉 σ_i는 Δx_i의 표준편차이고, ρ_{ij}는 Δx_i와 Δx_j 간의 상관계수이다. ΔP의 분산인 σ_P^2은 다음과 같다.

$$\sigma_P^2 = \sum_{i=1}^{n} \sum_{j=1}^{n} \rho_{ij} \, \alpha_i \, \alpha_j \, \sigma_i \, \sigma_j \tag{20.3}$$

이 식은 다음과 같이 다시 쓸 수 있다.

$$\sigma_P^2 = \sum_{i=1}^{n} \alpha_i^2 \sigma_i^2 + 2 \sum_{i=1}^{n} \sum_{j<i} \rho_{ij} \, \alpha_i \, \alpha_j \, \sigma_i \, \sigma_j$$

N일간 가치 변화의 표준편차는 $\sigma_P \sqrt{N}$이고, 99% 신뢰수준하에서 N일 기준의 VaR은 $2.326 \sigma_P \sqrt{N}$이다.

포트폴리오의 1일 수익률은 $\Delta P / P$이다. 식 (20.3)으로부터 1일 수익률의 분산은 다음과 같다.

$$\sum_{i=1}^{n} \sum_{j=1}^{n} \rho_{ij} \, \omega_i \, \omega_j \, \sigma_i \, \sigma_j$$

여기서 $\omega_i = \alpha_i / P$는 포트폴리오의 i번째 자산의 가중치이다. 포트폴리오 매니저는 이 식을 식 (20.3) 대신 사용하기도 한다.

앞의 예제 20.1에서 $\sigma_1=0.02$, $\sigma_2=0.01$, $\rho_{12}=0.3$이었다. $\alpha_1=10$, $\alpha_2=5$이므로 σ_P^2은 다음과 같다.

$$\sigma_P^2 = 10^2 \times 0.02^2 \times 5^2 \times 0.01^2 + 2 \times 10 \times 5 \times 0.3 \times 0.02 \times 0.01 = 0.0485$$

즉 σ_P는 0.2202이다. 이는 포트폴리오의 1일 기준 가치 변화(백만 달러)의 표준편차이다. 따라서 99% 신뢰수준하에서 10일 기준의 VaR은 $2.326 \times 0.2202 \times \sqrt{10} = 162$만 달러이고 이는 앞에서 구한 값과 같다.

상관계수와 공분산행렬

상관계수행렬은 i번째 줄과 j번째 열의 항목이 변수 i와 변수 j 간의 상관계수 ρ_{ij}인 행렬이다. 이는 표 20.5와 같다. 자기 자신과의 상관계수는 1이므로 상관계수행렬의 대각선은 1의 값을 갖는다. 그리고 $\rho_{ij}=\rho_{ji}$이므로 상관계수행렬은 대칭적이다. 변수의 일별 표준편차와 상관계수행렬을 함께 이용하면 식 (20.3)에 의해 포트폴리오의 분산을 계산할 수 있다.

상관계수와 변동성을 이용하는 대신 분산과 공분산을 이용하는 경우가 자주 있다. 변수 i의 일별 분산인 var_i는 일별 변동성의 제곱이다.

$$\text{var}_i = \sigma_i^2$$

변수 i와 변수 j의 공분산 cov_{ij}는 변수 i의 일별 변동성, 변수 j의 일별 변동성, 변수 i와 변수 j 간 상관계수의 곱이다.

$$\text{cov}_{ij} = \sigma_i\, \sigma_i\, \rho_{ij}$$

식 (20.3)의 포트폴리오 분산은 다음과 같이 표현할 수 있다.

$$\sigma_P^2 = \sum_{i=1}^{n}\sum_{j=1}^{n} \text{cov}_{ij}\, \alpha_i\, \alpha_j \tag{20.4}$$

공분산행렬에서 i번째 줄과 j번째 열의 항목은 변수 i와 변수 j 간의 공분산이다. 앞에서 언급했듯이, 자신과의 공분산은 분산이다. 따라서 행렬의 대각 원소의 값은 분산이다(표 20.6

표 20.5 상관계수행렬(ρ_{ij}는 변수 i와 변수 j 간의 상관계수임)

$$\begin{bmatrix} 1 & \rho_{12} & \rho_{13} & \cdots & \rho_{1n} \\ \rho_{21} & 1 & \rho_{23} & \cdots & \rho_{2n} \\ \rho_{31} & \rho_{32} & 1 & \cdots & \rho_{3n} \\ \vdots & \vdots & \vdots & \vdots & \vdots \\ \rho_{n1} & \rho_{n2} & \rho_{n3} & \cdots & 1 \end{bmatrix}$$

표 20.6 분산-공분산행렬(cov_{ij}는 변수 i와 변수 j 간 공분산임. 대각선은 분산임: $cov_i = var_i$)

$$\begin{bmatrix} var_1 & cov_{12} & cov_{13} & \cdots & cov_{1n} \\ cov_{21} & var_2 & cov_{23} & \cdots & cov_{2n} \\ cov_{31} & cov_{32} & var_3 & \cdots & cov_{3n} \\ \vdots & \vdots & \vdots & \vdots & \vdots \\ cov_{n1} & cov_{n2} & cov_{n3} & \cdots & var_n \end{bmatrix}$$

참조). 이 이유로 공분산행렬은 **분산-공분산행렬**이라고도 한다. (상관계수행렬처럼 공분산행렬도 대칭적이다.) 행렬 기호를 사용하면 식 (20.4)의 포트폴리오 분산식은 다음과 같이 된다.

$$\sigma_P^2 = \boldsymbol{\alpha}^{\mathsf{T}} C \boldsymbol{\alpha}$$

여기서 $\boldsymbol{\alpha}$는 i번째 요소가 α_i인 열벡터(column vector)이고, C는 분산-공분산행렬, $\boldsymbol{\alpha}^{\mathsf{T}}$는 $\boldsymbol{\alpha}$의 전치행렬이다.

분산과 공분산은 일반적으로 역사적 자료로부터 계산된다. 20.2절에서 소개한 4개 지수 예시를 이용해 뒤에서 다시 설명하겠다.

금리 취급 방법

보유하고 있는 모든 채권의 가격 또는 이자율을 모형기반 방법의 변수로 선택하는 것은 비현실적이다. 약간의 단순화가 필요하다. 모든 채권의 가격을 변수로 선택하는 대신 1개월, 3개월, 6개월, 1년, 2년, 5년, 7년, 10년, 30년 등의 표준적 만기를 가지는 무이표채 가격을 변수로 선택하는 것이 보통이다. VaR이나 ES를 계산하기 위해서는 포트폴리오에 포함된 자산의 현금흐름을 표준 만기에 발생하는 현금흐름으로 환산한다. 만기가 1.2년이고 반년마다 연 6%의 액면이자를 지급하는(즉 6개월마다 3%를 지급하는) 장기국채에 100만 달러를 투자한 포지션을 고려해보자. 액면이자는 0.2년, 0.7년, 1.2년에 지급되고, 원금은 1.2년에 지급된다. 따라서 이 국채는 먼저 만기가 0.2년인 무이표채에 3만 달러를 투자한 포지션, 만기가 0.7년인 무이표채에 3만 달러를 투자한 포지션, 만기가 1.2년인 무이표채에 103만 달러를 투자한 포지션의 합으로 간주된다. 만기가 0.2년인 무이표채의 포지션은 만기가 1개월과 3개월인 무이표채의 포지션으로 전환된다. 만기가 0.7년인 무이표채의 포지션은 만기가 6개월과 1년인 무이표채의 포지션으로 전환된다. 그리고 만기가 1.2년인 무이표채의 포지션은 만기가 1년과 2년인 무이표채의 포지션으로 전환된다. 결과적으로 만기가 1.2년인 이표채는 VaR 계산 목적상 만기가 1개월, 3개월, 6개월, 1년, 2년인 표준만기 무이표채의 포지션으로 간주된다.

이 절차를 현금흐름매핑(cash-flow mapping)이라고 한다. www-2.rotman.utoronto.

ca/~hull/Fundamentals/cashflowmapping에 현금흐름매핑의 한 가지 방법이 설명되어 있다. 역사적 시뮬레이션 접근방법이 사용되는 경우 현금흐름매핑은 필요하지 않다. 왜냐하면 부트스트랩 방법을 이용해 이자율의 기간구조 전체를 추정하는 것이 가능하기 때문이다.

선형모형의 활용

선형모형은 파생상품을 포함하지 않는 주식, 채권포트폴리오에 활용할 수 있다. 현금흐름매핑을 통해서 채권은 표준만기의 무이표채로 환산할 수 있다. 포트폴리오의 가치 변화는 주식 및 무이표채 수익률의 선형함수이다.

4장에서 설명했듯이, 파생상품을 평가할 때는 OIS 이자율로 할인하게 된다. 이 때문에 현금흐름매핑을 진행할 때 원래의 현금흐름을 OIS 이자율로 할인한 값과 매핑의 결과로 얻은 현금흐름을 OIS 이자율로 할인한 값이 일치하도록 해야 한다. 외국통화를 매입할 수 있는 통화선도계약을 고려해보자. 선도계약이 T시점에서 만기가 된다고 가정하자. 이 선도계약은 T시점에서 만기가 되는 국내 무이표채와 T시점에서 만기가 되는 외국 무이표채를 교환하는 것으로 간주할 수 있다. VaR 혹은 ES 계산 목적으로는, 이 선도계약은 국내채권의 매도포지션과 외국채권의 매입포지션의 합으로 간주할 수 있다. 각 채권의 VaR은 현금흐름매핑을 이용해 계산된다.

금리스왑의 경우 LIBOR 이자율과 OIS 이자율 간의 향후 스프레드가 현재의 관측되는 선도 스프레드와 동일하다면 선형모형을 활용하는 것이 가능하다. 선도 스프레드는 고정금리 쪽에서 차감하기 때문에 금리스왑은 고정금리를 제공하는 채권을 OIS 이자율을 변동이자율로 제공하는 채권과 교환하는 것으로 볼 수 있다. 후자는 다음 지급일에 원금을 지급하는 무이표채와 동등하다.

선형모형과 옵션

옵션이 있는 경우에 선형모형을 어떻게 적용할 수 있는지 고려해보자. 현재 가격이 δ인 개별 주식에 대한 옵션들로 구성된 포트폴리오를 먼저 고려해보자. 17장에서 설명한 방식으로 계산한 포지션의 델타가 δ라고 가정하자.[6] δ는 S의 변화에 대한 포트폴리오의 가치 변화를 의미하므로 다음의 식이 대략적으로 성립한다.

$$\delta = \frac{\Delta P}{\Delta S}$$

6 보통은 포트폴리오의 델타와 감마를 Δ와 Γ로 표시한다. 이 절과 다음 절에서는 Δ의 지나친 사용을 피하기 위해 그리스 소문자 δ와 γ를 쓰겠다.

또는

$$\Delta P = \delta \Delta S \tag{20.5}$$

여기서 ΔS는 하루 동안의 주가 변화금액이고 ΔP는 하루 동안의 포트폴리오 가치 변화금액이다. Δx를 하루 동안의 주가 퍼센트 변화율로 정의하자.

$$\Delta x = \frac{\Delta S}{S}$$

즉 ΔP와 Δx 간에는 다음 관계가 대략적으로 성립한다.

$$\Delta P = S\delta \Delta x$$

옵션을 포함해 여러 자산에 포지션을 가지고 있다면, ΔP와 Δx_i 간에 다음의 선형관계가 대략적으로 성립한다.

$$\Delta P = \sum_{i=1}^{n} S_i \delta_i \Delta x_i \tag{20.6}$$

단, S_i는 i번째 자산의 가격이고, δ_i는 i번째 자산에 대한 포트폴리오의 델타이다. 위 식은 식

예제 20.2 옵션에 선형모형 활용하기 EXAMPLE

마이크로소프트와 AT&T 주식옵션에 대한 투자를 고려해보자. 마이크로소프트 주식옵션 포지션의 델타는 1,000이고, AT&T 주식옵션 포지션의 델타는 20,000이다. 마이크로소프트 주가는 120달러이고, AT&T 주가는 30달러이다. 이들 값을 식 (20.6)에 대입하면 다음 식이 성립한다.

$$\Delta P = 120 \times 1{,}000 \times \Delta x_1 + 30 \times 20{,}000 \times \Delta x_2$$

또는

$$\Delta P = 120{,}000 \Delta x_1 + 600{,}000 \Delta x_2$$

단, Δx_1과 Δx_2는 각각 마이크로소프트와 AT&T 주식가격의 일별 변화율이고, P는 포트폴리오 가치 변화이다(이 포트폴리오는 마이크로소프트 주식에 12만 달러를 투자하고 AT&T 주식에 60만 달러를 투자한 포지션과 동등하다). 마이크로소프트 주식의 일별 변동성이 2%이고, AT&T 주식의 일별 변동성이 1%이며, 상관계수가 0.3이면, ΔP의 표준편차는 7.099이다(단위: 천 달러).

$$\sqrt{(120 \times 0.02)^2 + (600 + 0.01)^2 + 2 \times 120 \times 0.02 \times 600 \times 0.01 \times 0.3} = 7.099$$

(20.2)의 형식으로 다음과 같이 다시 쓸 수 있다.

$$\Delta P = \sum_{i=1}^{n} \omega_i \, \Delta x_i$$

단, $\omega_i = S_i \delta_i$이다. 따라서 식 (20.3) 혹은 식 (20.4)를 이용해서 ΔP의 표준편차를 계산할 수 있다. 이는 예제 20.2에 설명되어 있다.

20.5 2차 함수 모형

포트폴리오가 옵션을 포함하면 선형모형은 근사치로 성립한다. 왜냐하면 선형모형은 감마를 고려하지 않기 때문이다. 17장에서 설명했듯이 델타는 시장변수에 대한 포트폴리오 가치의 변화율이고, 감마는 시장변수에 대한 델타의 변화율이다. 즉 감마는 포트폴리오 가치와 시장변수 간 관계의 적률(curvature)을 측정한다.

그림 20.4는 감마가 0이 아닌 경우 감마가 포트폴리오 가치의 확률분포에 미치는 영향을 보여준다. 감마가 0보다 크면, ΔP의 확률분포는 오른쪽으로 긴 꼬리를 갖고(positively skewed), 반대로 감마가 0보다 작으면 ΔP의 확률분포는 왼쪽으로 긴 꼬리를 갖는다(negatively skewed). 그림 20.5와 그림 20.6은 이런 결과가 나온 이유를 보여준다. 그림 20.5는 콜옵션 매입포지션 가치와 기초자산가치 간의 관계를 보여준다. 콜옵션 매입포지션은 감마가 0보다 큰 옵션포지션의 대표적인 예다. 그림이 보여주듯이 기초자산가격의 하루 후 분포가 정규분포이더라도, 옵션의 확률분포는 오른쪽으로 긴 꼬리를 갖는다.[7] 그림 20.6은 콜옵션 매도포지션의 가치와 기초자산가치의 관계를 보여준다. 콜옵션 매도포지션의 감마는 0보다 작다. 이 경우에 기초자산가격의 하루 후 분포가 정규분포이더라도, 옵션포지션 가

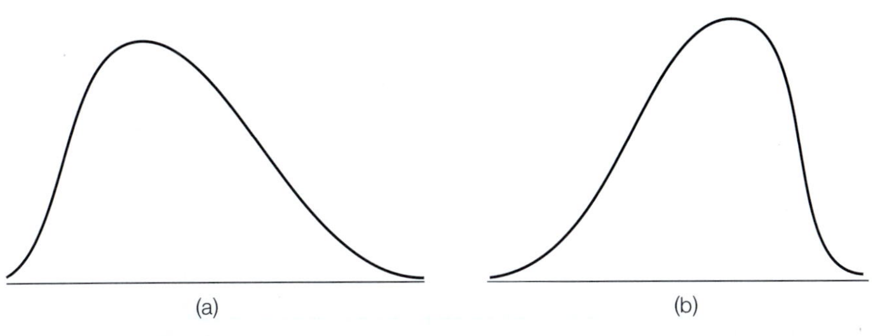

그림 20.4 포트폴리오 가치의 확률분포: (a) 감마가 양인 경우, (b) 감마가 음인 경우

7 각주 4에서 언급했듯이 VaR을 계산할 때 로그정규분포의 근사치로 정규분포를 이용할 수 있다.

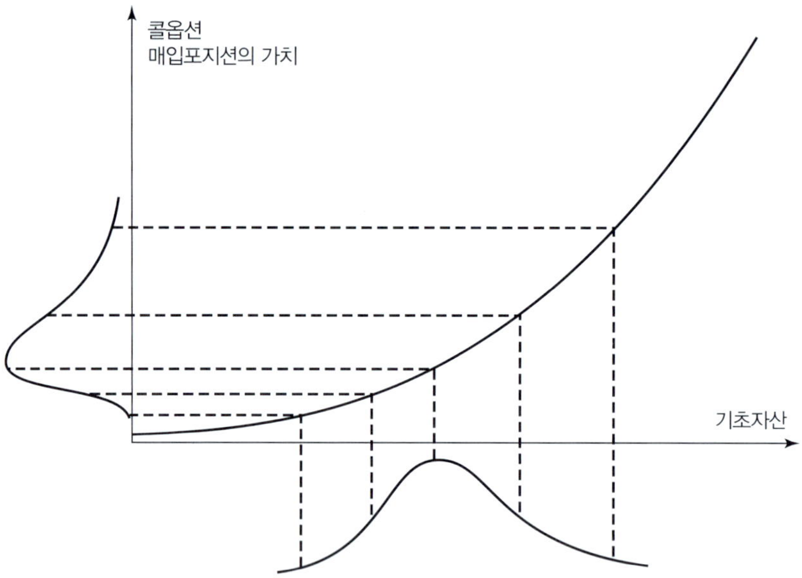

그림 20.5 기초자산이 정규분포를 따르는 경우 콜옵션 매입포지션의 확률분포

치의 확률분포는 왼쪽으로 긴 꼬리를 갖는다.

포트폴리오의 VaR 혹은 ES는 ΔP 확률분포의 왼쪽 꼬리 모양에 의해 크게 영향을 받는다. 예를 들어 99% 신뢰수준인 경우, VaR은 분포의 왼쪽 꼬리에서 자신보다 작을 확률이 1%인 가치이다. 그림 20.4(a)와 그림 20.5에 나타나 있듯이, 감마가 양수인 포트폴리오는 정규분포보다 얇은 왼쪽 꼬리를 갖는 경향이 있다. 따라서 이 경우에 정규분포를 가정해 계산한 VaR은 과대평가되는 경향이 있다. 마찬가지로 그림 20.4(b)와 그림 20.6에 나타나 있듯이,

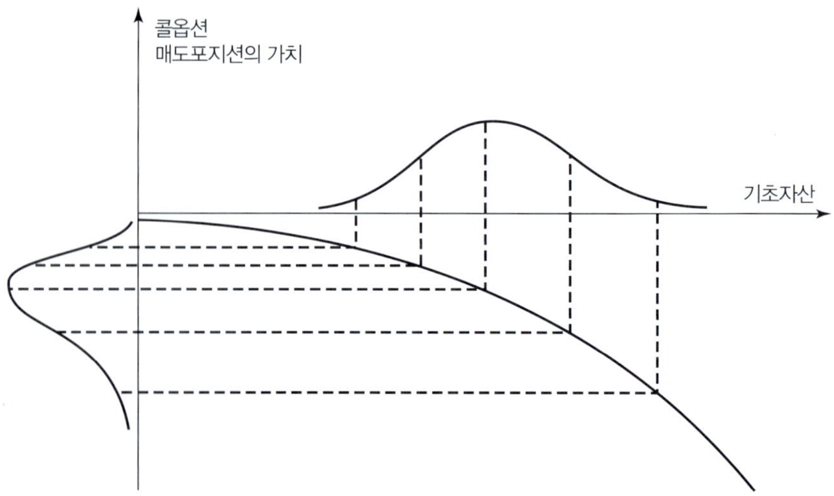

그림 20.6 기초자산이 정규분포를 따르는 경우 콜옵션 매도포지션의 확률분포

감마가 음수인 포트폴리오는 정규분포보다 두꺼운 왼쪽 꼬리를 갖는 경향이 있다. 따라서 이 경우에 정규분포를 가정해 계산한 VaR은 과소평가되는 경향이 있다.

선형모형보다 더 정확히 VaR을 계산하기 위해서는 델타와 감마를 모두 이용해 ΔP를 Δx_i에 연계해야 한다. 가격이 S인 자산에 의해서만 영향을 받는 포트폴리오를 고려해보자. 포트폴리오의 델타를 δ로, 감마를 γ라고 하자. 근사치로 성립한 (20.5)에 비해 향상된 식은 다음과 같다.

$$\Delta P = \delta\,\Delta S + \tfrac{1}{2}\gamma(\Delta S)^2$$

Δx를 다음과 같이 정의하면

$$\Delta x = \frac{\Delta S}{S}$$

위 식은 다음과 같이 바꿀 수 있다.

$$\Delta P = S\delta\,\Delta x + \tfrac{1}{2}S^2\gamma(\Delta x)^2$$

시장변수가 1개 이상이면 ΔP를 Δx_i에 연계하는 것과 유사한 2차 함수가 적용된다. 불행히도 2차 함수 모형에 의해 정해지는 ΔP는 정규분포를 따르지 않고, 이 때문에 선형모형에 비해서 2차 함수 모형을 실제로 적용하는 것은 훨씬 더 복잡하다.

20.6 변동성과 상관계수의 추정

모형기반 접근방법을 적용하려면 모든 가격변수의 일간 변동성과 가격변수들 간의 모든 상관계수가 필요하다. 여기서는 변동성과 상관계수를 어떻게 추정하는지 설명한다.

σ_n을 $n-1$일이 끝나는 시점에 계산한 가격변수의 일간 변동성으로 정의하자. (기호가 바뀌었다는 점에 주의해야 한다. 이 장 앞부분에서 σ_n은 n번째 변수의 변동성을 의미했다.) 변동성의 제곱 σ_n^2은 일간 분산이다. 과거 자료로부터 σ_n을 추정하는 기본적인 방법은 이미 13.4절에서 설명했다. 가격변수의 i일 종가를 S_i라 하자. 변수 u_i를 다음과 같이 i일($i-1$일이 끝나는 시점에서 i일이 끝나는 시점 사이)의 연속복리수익률로 정의하자.

$$u_i = \ln\frac{S_i}{S_{i-1}}$$

그리고 일간 분산의 불편 추정치(unbiased estimate) σ_n^2은 u_i의 최근 m개 관측치를 이용해 다음과 같이 계산된다.

$$\sigma_n^2 = \frac{1}{m-1}\sum_{i=1}^{m}(u_{n-i}-\bar{u})^2 \tag{20.7}$$

여기서 $\bar{u}$는 u_i의 평균이다. 즉

$$\bar{u} = \frac{1}{m}\sum_{i=1}^{m}u_{n-i}$$

VaR을 계산할 때, 식 (20.7)은 다음과 같이 수정된다.

1. u_i는 시장변수의 $i-1$일의 종가와 i일의 종가 간 퍼센트 변화율로 계산된다. 즉[8]

$$u_i = \frac{S_i - S_{i-1}}{S_{i-1}} \tag{20.8}$$

2. $\bar{u}$는 0이라고 가정한다.[9]
3. $m-1$을 m으로 대체한다.

이렇게 세 가지를 변화시켜도 변동성 추정치는 거의 영향을 받지 않는다. 결국 식 (20.7)은 다음 식으로 대체된다.

$$\sigma_n^2 = \frac{1}{m}\sum_{i=1}^{m}u_{n-i}^2 \tag{20.9}$$

여기서 u_i는 식 (20.8)로 계산된다.

EWMA

식 (20.9)에서 u_{n-1}^2, u_{n-2}^2, $\cdots$, u_{n-m}^2은 동등한 가중치를 갖는다. σ_n^2을 계산하는 목적이 미래 변동성을 추정하는 데 있다면, 최근의 자료에 많은 가중치를 주는 것이 보다 적절할 것이다. 이렇게 가중치를 부여하는 모형 중 하나를 소개하면 다음과 같다.

$$\sigma_n^2 = \sum_{i=1}^{m}\alpha_i u_{n-i}^2 \tag{20.10}$$

변수 α_i는 i일 전의 관측에 부여되는 가중치 크기이다. 모든 α는 양수이다. 오래된 관측치에 작은 가중치를 부여하려면 $i > j$일 때 $\alpha_i < \alpha_j$여야 한다. 또한 가중치의 합은 1이어야 한다.

---

8 이는 20.3절에서 VaR을 계산할 때 변동성을 정의하면서 설명한 내용과 일관성을 갖는다.

9 20.3절에서 설명했듯이 이 가정은 분산 추정치에 거의 영향을 미치지 않는다. 왜냐하면 변수의 일간 변화 기대치는 변화의 표준편차에 비해 대단히 작기 때문이다. 이 가정에 대한 대안으로, u_i를 i일의 실현수익률에서 기대수익률을 차감한 값으로 정의할 수도 있다.

$$\sum_{i=1}^{m} \alpha_i = 1$$

지수가중이동평균(exponentially weighted moving average, EWMA)모형은 식 (20.10)에서 최근부터 과거로 감에 따라 가중치 α_i가 지수함수에 따라 감소하는 모형이다. 구체적으로 EWMA모형에서는 $\alpha_{i+1} = \lambda\alpha_i$의 관계가 성립하는데, 여기서 λ는 0과 1 사이의 상수이다.

이런 가중치 구조로 인해 다음과 같은 아주 간단한 공식으로 변동성 추정치를 갱신할 수 있다.

$$\sigma_n^2 = \lambda \sigma_{n-1}^2 + (1-\lambda) u_{n-1}^2 \tag{20.11}$$

$n-1$일 종료 시점에서 계산한 일간 변동성 추정치인 σ_n은 $n-2$일 종료 시점에서 계산한 일간 변동성 추정치인 σ_{n-1}과 가격변수의 가장 최근 일간 변화인 u_{n-1}을 이용해 계산된다. 예제 20.3은 식 (20.11)을 이용한 예시이다.

식 (20.11)이 어떻게 도출되었는지를 이해하기 위해 σ_{n-1}^2을 대체하면 다음의 식을 구할 수 있다.

$$\sigma_n^2 = \lambda[\lambda \sigma_{n-2}^2 + (1-\lambda) u_{n-2}^2] + (1-\lambda) u_{n-1}^2$$

또는

$$\sigma_n^2 = (1-\lambda)(u_{n-1}^2 + \lambda u_{n-2}^2) + \lambda^2 \sigma_{n-2}^2$$

같은 방법으로 σ_{n-2}^2을 대체하면 아래의 식을 구할 수 있다.

$$\sigma_n^2 = (1-\lambda)(u_{n-1}^2 + \lambda u_{n-2}^2 + \lambda^2 u_{n-3}^2) + \lambda^3 \sigma_{n-3}^2$$

계산을 반복하면 다음을 구할 수 있다.

예제 20.3 EWMA모형에 의한 새로운 변동성 추정 EXAMPLE

EWMA 계수 λ가 0.90이고, $n-1$일의 변동성 추정치가 1%, $n-1$일에 시장변수의 변화가 2%이다. 즉 $\sigma_{n-1}^2 = 0.01^2 = 0.0001$, $u_{n-1}^2 = 0.02^2 = 0.0004$이다. 식 (20.11)에 의해

$$\sigma_n^2 = 0.9 \times 0.0001 + 0.1 \times 0.0004 = 0.00013$$

이다. n일의 변동성 추정치, 즉 n은 $\sqrt{0.00013}$ 또는 1.14%이다. u_{n-1}^2의 기대치는 σ_{n-1}^2 또는 0.0001이다. 여기서 u_{n-1}^2의 실제 실현된 값(즉 0.0004)은 기대치(즉 0.0001)보다 크다. 그 결과 변동성 추정치는 증가한다. 만일 u_{n-1}^2의 실제 실현된 값이 기대치보다 작으면 변동성 추정치는 감소한다.

$$\sigma_n^2 = (1-\lambda)\sum_{i=1}^{m}\lambda^{i-1}u_{n-i}^2 + \lambda^m \sigma_{n-m}^2$$

m이 크면 $\lambda^m\sigma_{n-m}^2$은 무시할 수 있을 정도로 충분히 작아지므로 식 (20.11)은 $\alpha_i = (1-\lambda)\lambda^{i-1}$인 경우의 식 (20.10)과 동일하다. 최근에서 과거로 갈수록(즉 오래된 자료일수록) u_i의 가중치는 λ의 속도로 감소한다. 즉 모든 가중치는 전일의 가중치에 λ를 곱한 값이다.

EWMA 방법은 필요한 자료의 수가 적다는 점에서 매력적이다. 어떤 시점에서든 필요한 값은 분산의 최근 추정치와 시장변수의 가장 최근 가치뿐이다. 시장변수의 새로운 가치를 알게 되면 새로운 u^2을 계산하고, 식 (20.11)을 이용해 분산의 추정치를 갱신한다. 분산의 과거 추정치와 가격변수의 과거 가치는 더 이상 저장할 필요가 없다.

EWMA 방법은 변동성의 변화를 반영하도록 고안되었다. 예를 들어 만일 $n-1$일에 가격변수가 크게 증가하면, u_{n-i}^2의 값이 커진다. 이렇게 되면 식 (20.11)에 의해 n일의 변동성 추정치 σ_n은 상향조정된다. λ값은 일간 변동성 추정치가 일간 변화의 가장 최근 값에 얼마나 민감하게 반응하는지를 반영한다. λ값이 작다는 것은 σ_n을 추정할 때 u_{n-1}^2에 많은 비중을 둔다는 의미이다. λ값이 작은 경우 새로 갱신된 변동성 추정치는 그 자체가 높은 변동성을 보인다. λ값이 높으면, 즉 1에 가까우면 일간 변화가 제공하는 정보에 상대적으로 천천히 반응하는 변동성 추정치가 계산된다.

상관계수

두 가격변수 U와 V를 고려해보자. u_i와 v_i를 $i-1$일과 i일 간의 U와 V 퍼센트 변화율로 정의하자.

$$u_i = \frac{U_i - U_{i-1}}{U_{i-1}}, \qquad \upsilon_i = \frac{V_i - V_{i-1}}{V_{i-1}}$$

U_i와 V_i는 U와 V의 i일 종가이다. 다음과 같이 추가로 정의하자.

$\sigma_{u,n}$: n일에 대해 추정된 변수 U의 일간 변동성
$\sigma_{\upsilon,n}$: n일에 대해 추정된 변수 V의 일간 변동성
cov_n: n일에 대한 변수 U와 V의 일간 변화 간 공분산 추정치

이미 설명했듯이 공분산은 상관계수에 각 변동성의 곱을 곱한 값이다. 따라서 변수 U와 V 간 n일의 상관계수 추정치는 다음과 같다.

$$\frac{\text{cov}_n}{\sigma_{u,n}\sigma_{\upsilon,n}}$$

가중치를 같게 하고 u_i와 υ_i의 평균이 모두 0이라고 가정하면, U와 V의 분산은 가장 최근 m개

의 관찰치로부터 각각 다음과 같이 추정된다.

$$\sigma_{u,n}^2 = \frac{1}{m}\sum_{i=1}^{m} u_{n-i}^2 , \quad \sigma_{\upsilon,n}^2 = \frac{1}{m}\sum_{i=1}^{m} \upsilon_{n-i}^2$$

그리고 U와 V 간의 n일 공분산 추정치는 다음과 같다.

$$\text{cov}_n = \frac{1}{m}\sum_{i=1}^{m} u_{n-1} v_{n-1} \tag{20.12}$$

U와 V 간의 n일 공분산을 추정하는 또 하나의 방법은 식 (20.11)과 유사한 EWMA 방법을 이용하는 것이다. EWMA 방법으로 공분산 추정치를 갱신하는 공식은 다음과 같다.

$$\text{cov}_n = \lambda\, \text{cov}_{n-1} + (1-\lambda)\, u_{n-1} \upsilon_{n-1} \tag{20.13}$$

EWMA 변동성 모형에서 했던 유사한 분석을 통해 $u_i \upsilon_i$의 값에 주어진 가중치가 과거 자료일수록 감소함을 알 수 있다. 또한 λ가 작을수록 최근 자료에 대한 가중치는 커진다. 예제 20.4는 식 (20.13)을 이용한 예시이다.

네 가지 주가지수를 이용한 예시

20.2절에서 고려한 예시로 돌아가보자. 포트폴리오는 2008년 9월 25일 기준으로 DJIA

예제 20.4 EWMA모형에 의한 새로운 상관계수 추정 EXAMPLE

EWMA 계수인 λ가 0.95이고, $n-1$일의 U와 V 간 상관계수 추정치가 0.6이라고 가정하자. 또한 $n-1$일의 U와 V의 변동성 추정치가 각각 1%와 2%라고 가정하자. $n-1$일의 U와 V의 실제 수익률은 각각 0.5%와 2.5%이다. 이 경우에 공분산과 상관계수 간 관계로부터 $n-1$일의 U와 V 공분산 추정치는 0.00012이다.

$$0.6 \times 0.01 \times 0.02 = 0.00012$$

n일의 분산과 공분산은 다음과 같이 계산된다.

$$\sigma_{u,n}^2 = 0.95 \times 0.01^2 + 0.05 \times 0.005^2 = 0.00009625$$
$$\sigma_{\upsilon,n}^2 = 0.95 \times 0.02^2 + 0.05 \times 0.025^2 = 0.00041125$$
$$\text{cov}_n = 0.95 \times 0.00012 + 0.05 \times 0.005 \times 0.025 = 0.00012025$$

U의 새 변동성은 $\sqrt{0.00009625} = 0.981\%$이고, V의 새 변동성은 $\sqrt{0.00041125} = 2.028\%$이다. U와 V의 상관계수는 0.6044이다.

$$\frac{0.00012025}{0.00981 \times 0.02028} = 0.6044$$

표 20.7 2008년 9월 25일의 상관계수행렬(과거 500일에 동일한 가중치를 부여함: 변수 1은 DJIA, 변수 2는 FTSE 100, 변수 3은 CAC 40, 변수 4는 닛케이 225임)

$$\begin{bmatrix} 1 & 0.489 & 0.496 & -0.062 \\ 0.489 & 1 & 0.918 & 0.201 \\ 0.496 & 0.918 & 1 & 0.211 \\ -0.062 & 0.201 & 0.211 & 1 \end{bmatrix}$$

에 400만 달러, FTSE 100에 300만 달러, CAC 40에 100만 달러, 닛케이 225에 200만 달러를 투자한 포트폴리오이다. 2008년 9월 25일까지 500일 동안 일간 수익률 자료를 모은다. 여기에 제시된 자료와 모든 계산은 www-2.rotman.utoronto.ca/~hull/Fundamentals/VaRExample에서 확인할 수 있다.

과거 500일 수익률에 동일 가중치를 부여해 2008년 9월 25일에 계산한 상관계수행렬은 표 20.7과 같다. FTSE 100과 CAC 40은 대단히 높은 상관성을 갖는다. DJIA는 FTSE 100 및 CAC 40과 약간 높은 상관성을 갖는다. 닛케이 225와 다른 지수는 이보다 약간 낮은 상관성을 갖는다.

동일가중치를 적용해 구한 공분산행렬은 표 20.8과 같다. 식 (20.4)에 의해 이 행렬로부터 계산한 포트폴리오 손실(단위: 천 달러)의 분산이 8,761.833이다. 표준편차는 이 수치의 제곱근인 93.60이다. 99% 신뢰수준에서 1일 VaR은 $2.326 \times 93.60 = 217,757$, 즉 217,757달러이고, 1일 ES는 식 (20.1)로부터 249,476달러가 된다. 이는 20.2절에서 역사적 시뮬레이션 접근방법으로 계산한 VaR 253,385달러와 ES 327,181달러와 비교해볼 수 있다.

EWMA의 이용

모든 수익률에 동일 가중치를 부여해 분산과 공분산을 계산하는 대신에 $\lambda = 0.94$로 해 지수가중이동평균(EWMA)모형을 이용하자. 이 방법에 의한 분산-공분산행렬은 표 20.9에 제시되어 있다.[10] 식 (20.4)에 의해 포트폴리오 손실의 분산(단위: 천 달러)은 40,995.765이다. 표준편차는 제곱근인 202.474이다. 따라서 99% 신뢰수준에서 1일 VaR은 다음과 같이 471.025 또는 471,025달러이다.

표 20.8 2008년 9월 25일의 공분산행렬(과거 500일에 동일한 가중치를 부여함: 변수 1은 DJIA, 변수 2는 FTSE 100, 변수 3은 CAC 40, 변수 4는 닛케이 225임)

$$\begin{bmatrix} 0.0001227 & 0.0000768 & 0.0000767 & -0.0000095 \\ 0.0000768 & 0.0002010 & 0.0001817 & 0.0000394 \\ 0.0000767 & 0.0001817 & 0.0001950 & 0.0000407 \\ -0.0000095 & 0.0000394 & 0.0000407 & 0.0001909 \end{bmatrix}$$

표 20.9 EWMA방법(λ=0.94)으로 계산된 2008년 9월 25일의 공분산행렬(변수 1은 DJIA, 변수 2는 FTSE 100, 변수 3은 CAC 40, 변수 4는 닛케이 225임)

$$\begin{bmatrix} 0.0004801 & 0.0004303 & 0.0004257 & -0.0000396 \\ 0.0004303 & 0.0010314 & 0.0009630 & 0.0002095 \\ 0.0004257 & 0.0009630 & 0.0009535 & 0.0001681 \\ -0.0000396 & 0.0002095 & 0.0001681 & 0.0002541 \end{bmatrix}$$

표 20.10 동일가중치와 EWMA를 이용한 경우의 변동성(%, 일간)

	DJIA	FTSE 100	CAC 40	닛케이 225
동일가중치	1.11	1.42	1.40	1.38
EWMA	2.19	3.21	3.09	1.59

$$2.326 \times 202.474 = 471.025$$

이는 수익률이 동일 가중치를 갖는 경우와 비교해 2배 이상 큰 값이다. 표 20.10과 표 20.11은 그 이유를 보여준다. 증권 매입포지션으로 구성된 포트폴리오의 표준편차는 증권수익률의 표준편차와 함께 증가하고 또한 증권수익률 간의 상관계수와 함께 증가한다. 표 20.10은 추정된 일별 표준편차가 동일 가중치를 갖는 경우보다 EWMA모형이 사용된 경우에 훨씬 크다는 것을 보여준다. 이유는 변동성이 다른 기간보다 2008년 9월 25일 직전 기간에서 크게 증가했기 때문이다. 또한 표 20.11을 표 20.7과 비교하면 상관계수도 증가했음을 알 수 있다.[11]

20.7 추정 방법의 비교

앞서 VaR을 추정하는 두 가지 방법(역사적 시뮬레이션 방법과 모형기반 방법)을 알아보았다.

표 20.11 EWMA 방법으로 계산된 2008년 9월 25일의 상관계수행렬(변수 1은 DJIA, 변수 2는 FTSE 100, 변수 3은 CAC 40, 변수 4는 닛케이 225임)

$$\begin{bmatrix} 1 & 0.611 & 0.629 & -0.113 \\ 0.611 & 1 & 0.971 & 0.409 \\ 0.629 & 0.971 & 1 & 0.342 \\ -0.113 & 0.409 & 0.342 & 1 \end{bmatrix}$$

10 EWMA 계산에서 분산의 초깃값으로는 표본분산값을 사용한다. 초깃값으로 다른 적절한 값을 사용하더라도 결과는 크게 다르지 않은데, 마지막 기간의 분산값이 주된 관심 대상이기 때문에 특히 그렇다.

11 시장이 하락하는 상황에서는 상관계수가 증가하는 경향이 있는데, 이러한 경향에 부합하는 예다.

모형기반 방법의 장점은 매우 빠르게 결과를 얻을 수 있으며 EWMA와 같은 방법으로 변동성을 갱신할 수 있다는 점이다. 그러나 모형기반 방법의 단점은 가격변수가 다변량 정규분포를 따른다고 가정하는 것이다. 실제로 가격변수의 일간 변화율은 정규분포와 상당히 다른 분포를 따른다(표 19.1 참조). 또한 델타가 작은 포트폴리오의 경우 모형기반 방법은 결과가 부정확한 경향이 있다.

역사적 시뮬레이션 접근방법은 역사적 자료로부터 가격변수의 결합확률분포를 정한다는 장점이 있다. 또한 이 방법은 현금흐름매핑을 할 필요가 없다는 장점도 있다. 반면 역사적 시뮬레이션 방법의 단점은 계산하는 데 시간이 많이 소요되며 변동성을 갱신하는 모형을 쉽게 사용할 수 없다는 점이다.

20.8 백테스트

VaR 계산 방법을 정하고 나면 **백테스트**(back testing)를 이용해 정해진 방법의 유용성을 확인해보는 것이 좋다. 백테스트에서는 과거에 VaR 추정치를 계산했더라면 이 수치가 위험을 잘 반영했을지를 살펴본다. 99% 신뢰수준에서 일간 VaR을 계산한다고 하자. 백테스트에서는 일간 손실이 99% 신뢰수준의 일간 VaR을 얼마나 자주 초과했는지 확인한다. 만일 초과 일수가 전체 일수의 1%라면 VaR 추정치를 믿을 만하다고 판단할 수 있다. 반면에 초과 일수가 예를 들어 전체의 7%라면 계산 방법이 믿을 만한지 의심하는 것이 적절하다. ES에 대한 백테스트는 VaR에 대한 백테스트보다 복잡하다.

요약

위험금액(VaR) 계산을 통해 다음과 같은 진술을 할 수 있다. "향후 N일 동안에 V달러 이상을 잃지 않을 것을 X% 확신한다." 변수 V는 VaR이고, X는 신뢰수준, N은 보유기간이다. 기대부족액(ES)은 손실액이 VaR보다 클 때 손실액의 기대치이다.

VaR 혹은 ES를 계산하는 하나의 방법은 역사적 시뮬레이션이다. 이 방법은 일정 기간의 모든 가격변수의 일간 움직임에 대한 데이터베이스가 필요하다. 첫 번째 시나리오는 각 가격변수의 변화율이 데이터베이스의 첫 번째 거래일 변화율과 동일하다는 것이다. 두 번째 시나리오는 각 가격변수의 변화율이 두 번째 거래일 변화율과 동일하다는 것이다. 이 같은 방법으로 여러 가지 시나리오를 상정한다. 시나리오별로 포트폴리오 가치 변화 ΔP를 계산하는 ΔP의 분포에서 필요한 퍼센타일을 확인해 VaR을 계산하게 된다. ES는 VaR을 초과하는 꼬리에 속하는 관측치를 평균 내어 계산하게 된다.

또 다른 방법은 모형기반 방법이다. 이 방법에서는 다음 두 가지 가정을 통해 단순한 계산

방법에 도달하게 된다.

1. 포트폴리오의 가치 변화(ΔP)는 가격변수 변화율의 선형 함수이다.
2. 가격변수 변화율은 다변량 정규분포를 따른다.

이와 같은 가정을 하면 ΔP의 확률분포는 정규분포이고, ΔP의 표준편차는 가격변수의 변동성과 상관계수로부터 계산할 수 있다. 그 결과 VaR과 ES는 정규분포의 특성을 이용해 쉽게 계산된다.

포트폴리오가 옵션을 포함하면, ΔP는 시장변수의 변화율과 선형관계를 갖지 않으며 정규분포를 따르지도 않는다. 모형기반 방법에 의해 VaR과 ES를 계산하는 것은 어려워지므로 몬테카를로 시뮬레이션을 이용하기도 한다.

모형기반 접근방법을 이용할 때 변동성과 상관계수는 보통 매일 갱신된다. 자료를 갱신하는 데 많이 사용되는 방법은 EWMA 방법이다. 이 방법에서 가중치는 오래된 관측치일수록 감소한다. i일 전의 자료에 부여된 가중치는 $i-1$일의 자료에 부여된 가중치에 λ를 곱한 값이다. 여기서 λ는 0과 1 사이의 값을 갖는다.

참고문헌

Artzner P., F. Delbaen, J. M. Eber, and D. Heath. "Coherent Measures of Risk," *Mathematical Finance*, 9 (1999): 203–28.

Basak, S., and A. Shapiro. "Value-at-Risk-Based Risk Management: Optimal Policies and Asset Prices," *Review of Financial Studies*, 14, 2 (2001): 371–405.

Boudoukh, J., M. Richardson, and R. Whitelaw. "The Best of Both Worlds," *Risk*, May 1998: 64–67.

Dowd, K. *Beyond Value at Risk: The New Science of Risk Management*. New York: Wiley, 1998.

Duffie, D., and J. Pan. "An Overview of Value at Risk," *Journal of Derivatives*, 4, 3 (Spring 1997): 7–49.

Embrechts, P., C. Kluppelberg, and T. Mikosch. *Modeling Extremal Events for Insurance and Finance*. New York: Springer, 1997.

Hull, J. C., and A. White. "Value at Risk When Daily Changes in Market Variables Are Not Normally Distributed," *Journal of Derivatives*, 5 (Spring 1998): 9–19.

Hull, J. C., and A. White. 'Incorporating Volatility Updating into the Historical Simulation Method for Value at Risk," *Journal of Risk*, 1, 1 (1998): 5–19.

Jackson, P., D. J. Maude, and W. Perraudin. "Bank Capital and Value at Risk," *Journal of Derivatives*, 4, 3 (Spring 1997): 73–90.

Jamshidian, F., and Y. Zhu. "Scenario Simulation Model: Theory and Methodology," *Finance and Stochastics*, 1 (1997): 43–67.

Jorion, P. *Value at Risk*. 3rd edn. McGraw-Hill, 2007.

Longin, F. M. "Beyond the VaR," *Journal of Derivatives*, 8, 4 (Summer 2001): 36–48.

Marshall, C., and M. Siegel. "Value at Risk: Implementing a Risk Measurement Standard," *Journal of Derivatives*, 4, 3 (Spring 1997): 91–111.

Neftci, S. "Value at Risk Calculations, Extreme Events and Tail Estimation," *Journal of Derivatives*, 7, 3

(Spring 2000): 23–38.

Rich, D. "Second Generation VaR and Risk-Adjusted Return on Capital," *Journal of Derivatives*, 10, 4 (Summer 2003): 51–61.

퀴즈

20.1 VaR을 계산하는 역사적 시뮬레이션 방법을 설명하라.

20.2 과거 자료로부터 변동성을 추정하기 위한 지수가중이동평균(EWMA)모형을 설명하라.

20.3 자산의 일간 변동성의 가장 최근 추정치가 1.5%이고, 자산의 어제 종가는 30달러였다. EWMA모형의 λ계수는 0.94이다. 오늘 자산의 종가가 30.50달러라고 가정하자. EWMA모형을 이용해 변동성을 재추정하라.

20.4 A자산에 30만 달러를 투자하고 B자산에 50만 달러를 투자한 포지션을 고려해보자. 자산의 일간 변동성이 각각 1.8%와 1.2%이고, 자산수익률 간 상관계수가 0.3이라고 가정하자. 이 포트폴리오의 VaR(신뢰수준: 95%, 보유기간: 5일)과 ES(신뢰수준: 95%, 보유기간: 5일)는 얼마인가?

20.5 어떤 금융기관이 미국 달러/영국 스털링화 환율에 대한 옵션을 포함한 포트폴리오를 소유하고 있다. 포트폴리오의 델타는 56.0이고, 현재의 환율은 1.5000이다. 포트폴리오 가치 변화와 환율 변화율 간의 대략적인 선형 관계를 유도하라. 만일 환율의 일간 변동성이 0.7%이면, VaR(신뢰수준: 99%, 보유기간: 10일)은 얼마인가?

20.6 문제 20.5에서의 포트폴리오 감마가 16.2라고 가정하는 경우, 포트폴리오 가치 변화와 환율 변화율 간 추정된 관계가 어떻게 영향을 받는가?

20.7 주식, 채권, 외환, 상품으로 구성된 포트폴리오를 고려해보자. 이 포트폴리오에는 파생상품이 포함되어 있지 않다. 포트폴리오의 VaR을 계산하는 데 사용되는 (a) 역사적 시뮬레이션 접근방법과 (b) 모형기반 접근방법의 가정을 각각 설명하라.

연습문제

20.8 변동성을 추정하기 위해 EWMA모형을 사용하고 있는 기업이 λ계수를 0.95에서 0.85로 전환하기로 결정했다. 이 결정이 변동성 추정치에 미치는 영향을 설명하라.

20.9 VaR과 ES의 차이를 설명하라.

20.10 A자산에 10만 달러를 투자하고 B자산에 10만 달러를 투자한 포트폴리오를 고려해보자. 자산의 일간 변동성(표준편차)이 모두 1%이고 두 자산수익률 간의 상관계수가 0.3이라고 가정하자. 포트폴리오의 VaR과 ES를 99% 신뢰수준과 5일 기준으로 계산하라.

20.11 어떤 시장변수의 연간 변동성이 30%이다. 이 변수의 일간 변화율의 99% 신뢰구간을 계산하라.

20.12 VaR 계산에서 외화를 매도하는 선도계약을 표준 만기 무이표채의 포트폴리오로 '매핑'하는 과정을 설명하라.

20.13 포트폴리오가 옵션을 포함하는 경우, 선형모형을 이용하면 VaR의 대략적인 추정치만이 계산되는 이유를 설명하라.

20.14 얼마 전 기업이 150만 달러를 100만 파운드에 매입할 수 있는 선도계약을 체결했다. 선도계약의 만기는 6개월이다. 6개월 만기 파운드화 무이표채의 일별 변동성(가격을 달러로 전환한 후에 변동성을 계산했음)은 0.06%이고 6개월 만기 달러화 무이표채의 일별 변동성은 0.05%이다. 두 채권수익률의 상관계수는 0.8이다. 현재 환율은 1.53이다. 선도계약의 달러 기준 일별 가치 변화의 표준편차를 계산하라. 99% 신뢰수준과 10일 기준의 VaR은 얼마인가? 파운드화와 달러화의 6개월 만기 수익률은 연속복리로 연 5%이다.

20.15 미국 달러/영국 파운드화 환율의 일간 변동성의 가장 최근 추정치가 0.6%이고, 어제 오후 4시의 환율은 1.5000이었다. EWMA모형의 λ계수는 0.9이다. 오늘 4시의 환율이 1.4950이라고 가정하자. 일간 변동성의 새 값을 구하라.

20.16 A자산과 B자산의 현재 일간 변동성이 각각 1.6%와 2.5%이다. 어제 두 자산의 종가는 각각 20달러와 40달

러였다. 두 자산수익률의 상관계수 추정치는 0.25이다. EWMA모형의 λ계수는 0.95이다.

(a) 두 자산수익률 간 공분산을 추정하라.

(b) 오늘 두 자산의 종가가 각각 20.5달러와 40.5달러라고 가정하고 상관계수를 추정하라.

20.17 FTSE 100 주가지수(단위: 영국 파운드화)의 일간 변동성이 1.8%이고, 달러/스털링 환율의 일간 변동성이 0.9%라고 가정하자. FTSE 100지수와 환율 간 상관계수가 0.4라고 가정하자. FTSE 100지수가 달러로 환산되면 지수의 변동성은 얼마인가? 달러/스털링 환율은 파운드당 미국 달러를 의미한다(힌트: $Z=XY$인 경우, Z의 일간 변화율은 X의 일간 변화율과 Y의 일간 변화율의 합과 대략 동일하다).

20.18 문제 20.17에서 S&P 500지수(달러로 표시)와 FTSE 100지수(스털링화로 표시) 간 상관계수가 0.7이고, S&P 500과 달러/스털링 환율 간 상관계수는 0.3이며, S&P 500지수의 일간 변동성은 1.6%라고 가정하자. S&P 500지수와 달러로 전환된 FTSE 100지수 간 상관계수는 얼마인가? [힌트: X, Y, Z 3개 변수가 있을 때, $(X+Y)$와 Z의 공분산은 X와 Z의 공분산과 Y와 Z의 공분산의 합이다.]

20.19 20.2절의 네 주가지수 예시에서 계산된 99%, 1일 기준의 VaR이 253,385달러이다. 저자의 웹사이트에서 스프레드시트를 찾아 (a) 95%, 1일 VaR과 (b) 95%, 1일 ES, (c) 97%, 1일 VaR, (d) 97%, 1일 ES를 계산하라.

20.20 20.2절에서 고려한 네 주가지수 포트폴리오가 네 지수에 동일 비중으로 투자했다는 가정하에, 저자 웹사이트의 스프레드시트를 이용해 99%, 1일 VaR 및 ES를 계산하라(20.2절의 기본 방법론을 이용할 것).

20.21 20.6절의 끝에서 네 지수 예시의 VaR과 ES가 모형기반 방법으로 계산되었다. 만약 각 지수의 투자금액이 250만 달러이면 VaR과 ES는 어떻게 계산되는가? (a) 변동성과 상관계수가 동일 가중 모형으로 추정되는 경우와 (b) λ=0.94를 이용해 EWMA모형으로 추정된 경우를 계산하라. 저자 웹사이트의 스프레드시트를 이용하라.

20.22 20.6절의 네 주가지수 예시의 EWMA 계산에서 1을 0.94에서 0.97로 변경하면 어떤 효과가 있는가? 저자 웹사이트의 스프레드시트를 이용하라.

추가문제

20.23 금에 30만 달러를 투자하고, 은에 50만 달러를 투자한 포지션을 고려해보자. 두 자산의 일간 변동성은 각각 1.8%와 1.2%이고, 두 자산수익률 간 상관계수는 0.6이다. 이 포트폴리오의 VaR(신뢰수준: 97.5%, 보유기간: 10일)은 얼마인가? 분산효과에 의해 VaR이 얼마나 감소하는가?

20.24 특정 개별자산에 대한 옵션으로 구성된 포트폴리오를 고려해보자. 포트폴리오의 델타는 12이고, 자산의 가치는 10달러이며, 자산의 일간 변동성은 2%이다. 포트폴리오의 VaR(신뢰수준: 95%, 보유기간: 1일)을 계산하라. 포트폴리오의 감마는 −2.6이다. 포트폴리오의 일별 가치 변화와 기초자산 가격의 일간 변화율 간 2차 함수 관계를 유도하라.

20.25 은행이 A주식에 대한 콜옵션을 발행하고 B주식에 대한 풋옵션을 발행했다. A주식 옵션의 경우 주가는 50, 행사가격은 51, 변동성은 연 28%, 만기는 9개월이다. B주식 옵션의 경우 주가는 20, 행사가격은 19, 변동성은 연 25%, 만기는 1년이다. 두 주식은 모두 배당을 지급하지 않으며, 무위험이자율은 연 6%이고 두 주식수익률 간 상관계수는 0.4이다. DerivaGem과 선형모형을 이용해 99% 신뢰수준에서 10일 기준의 VaR을 계산하라.

20.26 어제 거래 마감 시점에서 금 가격이 600달러였으며 일간 변동성은 1.3%로 추정되었다. 오늘 마감 시점에서 금 가격은 596달러였다. EWMA모형을 이용해 금의 일간 변동성 새 값을 구하라(λ=0.94 이용).

20.27 문제 20.26에서 어제 거래 마감 시점에서 은 가격이 16달러였으며 일간 변동성은 1.5%로 추정되었다. 그리고 금 가격과 은 가격 간 상관계수는 0.8로 추정된다. 오늘

마감 시점에서 은 가격은 16달러였다. EWMA모형을 이용해 은의 변동성과 금과 은 간의 상관계수 새 값을 구하라(λ=0.94 이용).

20.28 여러 환율과 주가지수에 대한 일별 자료를 다음 사이트에서 내려받을 수 있다.

http://www-2.rotman.utoronto.ca/~hull/data

환율과 주가지수를 각각 하나씩 선택한 후, 다음 값을 최소화하는 EWMA모형의 값을 추정하라.

$$\sum_i (v_i - \beta_i)^2$$

여기서 v_i는 $i-1$일 종료 시점에서 추정한 분산 추정치이고 β_i는 i일과 $i+25$일 사이의 자료로부터 계산한 분산이다. 엑셀의 해찾기(Solver)를 이용하라. EWMA 계산 시 첫 번째 일의 분산 추정치는 그날의 수익률을 제곱해 측정한다.

20.29 위험관리자의 공통적인 불만은 델타가 0에 가까우면 모형기반 접근방법(선형모형 또는 2차 함수 모형)이 효율적이지 않다는 점이다. 이러한 불만의 근거를 설명하라.

20.30 20.2절에서 고려한 포트폴리오가 DJIA에 3,000, FTSE 100에 3,000, CAC 40에 1,000, 닛케이 225에 3,000을 투자한다고 가정하자(단위는 천 달러). 저자 웹사이트의 스프레드시트를 이용해 20.2절에서 계산한 99%, 1일 VaR 및 ES가 어떻게 영향을 받는지 계산하라.

20.31 20.6절의 네 주가지수 예시의 계산은 DJIA, FTSE 100, CAC 40, 닛케이 225에 각각 400만, 300만, 100만, 200만 달러를 투자한다고 가정한다. 만일 투자금액이 각각 300만, 300만, 100만, 300만 달러라고 가정하면 VaR은 어떻게 변하는가? (a) 변동성과 상관계수가 동일 가중 모형으로 추정되는 경우와 (b) 변동성과 상관계수가 EWMA모형으로 추정되는 경우 VaR을 각각 계산하라. EWMA 계산에서 λ가 0.94에서 0.90으로 바뀌면 어떤 효과가 있는가? 저자 웹사이트의 스프레드시트를 이용하라.

21 금리옵션

금리옵션은 옵션의 이득이 금리 수준에 의해 결정되는 옵션이다. 금리옵션은 1980년대와 1990년대에 더욱 유행하게 되었다. 여러 유형의 금리옵션이 장외시장과 거래소에서 매우 활발하게 거래되고 있다. 이 장에서는 몇 가지 금리옵션을 소개하고 이들이 어떻게 활용되는지 설명한다. 거래소에서 활발히 거래되는 두 가지 상품(국채 선물옵션과 유로달러 선물옵션)의 특성과 가격 결정을 설명한다. 또한 장외파생상품 중 활발히 거래되는 세 가지 상품(유러피언 채권옵션, 금리캡과 금리플로어, 유러피언 스왑옵션)의 가치평가에 사용하는 표준시장모형(standard market model)도 설명한다. 이 모형은 유러피언 주식옵션의 가치평가에 사용되는 블랙-숄즈-머튼 모형과 기본 원리가 동일하며, 주요 가격변수가 미래 시점에 로그정규분포를 따른다는 가정에 기초한다.

21.1 거래소 금리옵션

미국 거래소에서 가장 활발히 거래되는 금리옵션은 장기국채(Treasury bond) 선물옵션, 중기국채(Treasury note) 선물옵션, 유로달러 선물옵션이다.

장기국채 선물옵션은 CME그룹에서 거래되며 장기국채 선물계약에 대한 옵션이다. 6장에서 설명했듯이, 장기국채 선물 1계약의 기초자산은 액면가 10만 달러의 장기국채이다. 장기국채 선물옵션의 가격은 장기국채 액면가의 퍼센트로 표시되는데 1%의 1/64이 최소 단위이다. 장기국채 선물콜옵션의 가격이 원금의 2-06, 즉 $2\frac{6}{64}$%로 표시되었다고 하자(만기월은 3월이고 행사가격은 110임). 이는 1계약의 비용이 2,093.75달러임을 의미한다. 이 옵션이 행사되면 이득은 선물가격이 110을 초과할 때, 선물가격과 110의 차이의 1,000배이다. 10년 만기 중기국채 선물에 대한 옵션의 가격표시도 이와 유사하다. 2년과 5년 만기 중기국채 선물에 대한 옵션도 가격이 1%의 1/64의 절반 단위로 표시된다는 점을 제외하고는 유사하다.

유로달러 선물옵션은 시카고상품거래소에서 거래되며 기초자산은 유로달러 선물계약이다. 6장에서 설명했듯이, 유로달러 선물가격이 1베이시스 포인트 변할 때 선물 1계약의 이익 또는 손실은 25달러이다. 마찬가지로, 유로달러 선물옵션도 1베이시스 포인트는 25달러에 해당한다. 행사가격이 96.25이고 만기월이 6월인 풋옵션의 가격이 59베이시스 포인트라고 하자. 1계약의 비용은 59 × 25달러 = 1,475달러이다. 옵션이 행사되면 이득은 96.25가 6월 선물가격보다 높은 경우, 두 수치 차이의 25배이다.

금리선물옵션계약은 16장에서 설명한 선물옵션계약과 기본 원리는 동일하다. 현금이득 이외에, 옵션이 행사되면 콜옵션 소유자는 선물계약의 매입포지션을 가지게 되고 옵션 발행자는 상응하는 매도포지션을 가지게 된다. 옵션이 행사되면 풋옵션 소유자는 선물계약의 매도포지션을 가지게 되고 옵션 발행자는 상응하는 매입포지션을 가지게 된다.

채권 가격이 상승하면(즉 이자율이 하락하면), 금리선물의 가격은 상승한다. 반대로 채권가격이 하락하면(즉 이자율이 상승하면), 금리선물의 가격은 하락한다. 단기이자율이 상승할 것으로 예상하는 투자자는 유로달러 선물풋옵션을 매입하는 전략을 선택할 수 있고, 단기이자율이 하락할 것으로 예상하는 투자자는 유로달러 선물콜옵션을 매입하는 전략을 선택할 수 있다(예제 21.1 참조). 장기이자율이 상승할 것으로 예상하는 투자자는 중기국채 또는 장기국채에 대한 선물풋옵션을 매입하고, 장기이자율이 하락할 것으로 예상하는 투자자는 선물콜옵션을 매입할 수 있다(예제 21.2 참조).

채권선물옵션과 유로달러 선물옵션은 아메리칸형이다. 가장 쉬운 가치평가 방법은 12장, 16장, 18장에서 설명한 방식으로 이항분포모형을 이용하는 것이다. 채권선물옵션을 평가할 때 채권선물가격은 이항과정에 의해 모형화되고, 사용되는 변동성 모수는 채권선물가격의 변동성이다. 유로달러 선물의 경우, 분석가들은 이항과정을 이용해 100에서 선물가격을 차감한 부분을 모형화하기도 한다. 예를 들어 행사가격이 96인 유로달러 선물콜옵션(선물풋옵션)은

예제 21.1 유로달러 선물옵션의 거래 EXAMPLE

현재는 2월이고 6월 만기 유로달러 선물가격이 93.82이다(즉 3개월 만기 유로달러 이자율이 연 6.18%임을 의미함). 행사가격이 94.00인 유로달러 선물콜옵션의 CME 가격은 20베이시스 포인트이다. 이 옵션은 이자율이 하락할 것으로 예상하는 투자자에게 매우 매력적이다. 단기이자율이 100베이시스 포인트 하락하고, 투자자는 유로달러 선물가격이 94.78일 때 콜옵션을 행사한다고 가정하자(즉 3개월 만기 유로달러 이자율이 연 5.22%임을 의미함). 이득은 25 × (9,478 − 9,400) = 1,950달러이다. 콜옵션 매입비용은 20 × 25 = 500달러이므로 투자자의 이익은 1,450달러이다.

예제 21.2 선물옵션의 거래 EXAMPLE

현재는 8월이고 거래소에서 거래되는 12월 만기 장기국채 선물가격이 96-09(즉 $96\frac{9}{32}$ =96.28125)이다. 장기국채의 수익률은 연 6.4%이다. 12월까지 이 수익률이 하락할 것으로 예상하는 투자자는 행사가격이 98이고 12월에 만기가 되는 콜옵션을 매입한다. 콜옵션 가격이 1-04(즉 원금의 $1\frac{4}{64}$ =1.0625%)라고 가정하자. 만일 장기국채 수익률이 6%로 하락하면 장기국채 선물의 가격은 100-00으로 상승하게 되며 투자자는 장기국채 선물 100달러당 0.9375달러의 순이익을 얻을 수 있다.

$$100.00-98.00-1.0625=0.9375$$

옵션 1계약이 원금 10만 달러의 기초자산을 매입 또는 매도하는 것이므로 투자자는 매입한 옵션 1계약당 937.50달러의 이익을 얻는다.

100에서 유로달러 선물가격을 차감한 부분에 대한 풋옵션(콜옵션)으로 간주되고(행사가격은 4임), 사용되는 변동성은 100에서 선물가격을 차감한 부분의 변동성이다.

21.2 내재된 채권옵션

일부 채권은 콜옵션과 풋옵션의 성격을 포함한다. 예를 들어 **수의상환채권**(callable bond)은 발행회사가 미래 어느 시점에서 미리 약정된 가격에 채권을 다시 매입할 수 있는 권리를 갖는 조항을 포함한다. 즉 수의상환채권의 소유자는 발행회사에 콜옵션을 매도한 셈이다. 옵션의 행사가격 또는 콜가격(call price)은 발행자가 채권을 재매입하기 위해 소유자에게 지급해야 하는 확정가격이다. 수의상환채권은 보통 처음 몇 년간은 발행자가 재매입하지 못하게 되어 있어 소유자가 보호된다. [이 기간을 **재매입금지기간**(lock-out period)이라고 함.] 그 이후에 콜가격은 대체로 만기의 감소함수이다. 예를 들어 만기 10년 수의상환채권의 경우 처음 2년 동안 발행자가 채권을 재매입하지 못하도록 규정될 수 있다. 그 이후에 발행자는 다음 가격으로 채권을 재매입할 수 있다. 즉 발행 3~4년 후에는 110달러로, 5~6년 후에는 107.50달러로, 7~8년 후에는 106달러로, 9~10년 후에는 103달러로 매입할 수 있다. 콜옵션의 가치는 수의상환채권의 공시수익률에 반영된다. 즉 수의상환채권의 수익률은 비수의상환채권(non-callable bond)의 수익률보다 높다.

상환요구채권(puttable bond)은 소유자가 미래의 어느 시점에서 미리 약정된 가격에 상환을 요구할 수 있는 권리를 갖는 조항을 포함한다. 즉 채권 소유자는 채권과 함께 풋옵션을 매입한 셈이다. 소유자 입장에서 풋옵션은 채권의 가치를 증가시키므로, 상환요구채권의 수익률은 풋옵션의 성격을 갖고 있지 않은 채권의 수익률보다 낮다. 상환요구채권의 예는 만기 10년의 취소가능채권(retractable bond)이다. 이 채권의 소유자는 5년 후에 상환을 요구할 수 있는 권리를 소유한다.

채권 이외의 여러 금융상품은 채권옵션(bond option)이 내재해 있다. 예를 들어 고정금리 예금의 경우, 예금자가 만기 전에 예금을 인출할 수 있는 권리, 즉 조기인출권리(early redemption privilege)는 채권에 대한 풋옵션과 동등하다. 고정금리 대출의 경우, 차입자가 만기 전에 원금을 상환할 수 있는 권리, 즉 조기상환권리(prepayment privilege)는 채권에 대한 콜옵션과 동등하다. 은행 또는 금융기관의 대출약정(loan commitment)은 채권에 대한 풋옵션의 성격을 갖는다. 예를 들어 은행이 고객에게 5년 만기 이자율로 3%를 제시하고 이 이자율이 향후 2개월 동안 유효하다는 약속을 했다고 가정하자. 이는 고객이 향후 2개월 동안 언제든지 액면이자율 3%의 5년 만기 채권을 액면가에 금융기관에 매도할 수 있는 권리를 획득한 것과 동일하다. 이자율이 증가하면 옵션은 행사될 것이다.

21.3 블랙 모형

블랙-숄즈-머튼 모형이 1973년에 처음 개발된 이후 이 모형은 광범위하게 사용되었다. 15장과 16장에서 설명했듯이, 이 모형은 확장되어 통화옵션, 주가지수옵션, 선물옵션의 가치를 평가할 수 있다. 19장에서 지적했듯이, 거래자들은 모형을 이용해 시장가격을 반영할 수 있는 다양한 방법을 발견했다. 따라서 블랙-숄즈-머튼 모형이 확장되어 금리파생상품의 가치를 평가할 수 있다는 것은 놀랄 일이 아니다.

금리파생상품과 연관되어 가장 많이 사용되고 있는 모형은 블랙-숄즈-머튼 모형을 확장한 블랙 모형이다.[1] 16.8절에서 설명했듯이 블랙 모형은 원래 상품선물에 대한 옵션의 가치를 평가하기 위해 개발되었다. 이 장에서는 여러 금리파생상품의 가치를 평가하는 데 블랙 모형이 어떻게 이용될 수 있는지 설명하겠다.

변수 V에 대한 유러피언 콜옵션을 고려해보자. 다음과 같이 기호를 정의하자.

T: 옵션 만기(년)

F: 만기가 T시점인 선도계약의 선도가격

F_0: 0시점에서의 F값

F_T: T시점에서의 F값

1 다음 논문을 참조하라. F. Black, "The Pricing of Commodity Contracts", *Journal of Financial Economics*, 3 (March 1976): 167–79.

K: 옵션의 행사가격

r: T년 만기의 무위험이자율(T년 만기 OIS 이자율)

σ: F의 변동성

V_T: T시점에서 V의 가치

T시점에서 옵션의 이득은 $\max(V_T-K,\ 0)$이다. 선물계약의 만기는 T시점이므로 $F_T=V_T$이고 T시점 옵션의 이득을 $\max(F_T-K,\ 0)$으로 쓸 수 있다. 16장에서 설명했듯이 블랙 모형에 의한 현재 시점 콜옵션의 가치 c는 다음과 같다.[2]

$$c=e^{-rT}\left[F_0N(d_1)-KN(d_2)\right] \tag{21.1}$$

단

$$d_1=\frac{\ln(F_0/K)+\sigma^2T/2}{\sigma\sqrt{T}}$$

$$d_2=\frac{\ln(F_0/K)-\sigma^2T/2}{\sigma\sqrt{T}}=d_1-\sigma\sqrt{T}$$

풋옵션의 가치 p는 다음과 같다.

$$p=e^{-rT}\left[KN(-d_2)-F_0N(-d_1)\right] \tag{21.2}$$

블랙 모형의 확장

블랙 모형을 확장해 이득이 실현되는 시점이 T시점이 아닌 다른 시점일 가능성을 허용할 수 있다. 옵션의 이득은 T시점에서 변수 V의 가치로부터 계산되지만, 이득이 실현되는 시점은 T^*라고 하자(단, $T^*\geq T$). 이 경우에 T시점이 아니라 T^*시점부터 이득을 할인해야 한다. T^*기간의 이자율을 r^*로 정의하면, 식 (21.1)과 (21.2)는 다음과 같이 변경된다.

$$c=e^{-r^*T^*}\left[F_0N(d_1)-KN(d_2)\right] \tag{21.3}$$

$$p=e^{-r^*T^*}\left[KN(-d_2)-F_0N(-d_1)\right] \tag{21.4}$$

단,

2 한 가지 이슈는 블랙 모형에 선도가격을 사용하는 것이 적절한지 선물가격을 사용하는 것이 적절한지이다. 이자율이 시간이 흘러도 변하지 않는다면 선도가격과 선물가격은 동일하지만, 이자율이 확률변수라면 두 가격은 동일하지 않다. 답은 r로 T년 만기 무위험이자율을 사용하는 경우 F로 선도가격을 사용하는 것이 정확하다는 것이다. 이 점에 대한 설명은 J. C. Hull, *Options, Futures, and Other Derivatives*, 9판의 28장과 29장에서 찾을 수 있다.

$$d_1 = \frac{\ln(F_0/K) + \sigma^2 T/2}{\sigma\sqrt{T}}$$

$$d_2 = \frac{\ln(F_0/K) - \sigma^2 T/2}{\sigma\sqrt{T}} = d_1 - \sigma\sqrt{T}$$

21.4 유러피언 채권옵션

유러피언 채권옵션은 약정한 날 T에 약정한 가격 K로 채권을 사거나 팔 수 있는 옵션이다. 채권옵션의 가치를 평가하는 데 주로 설정하는 가정은 채권 가격이 T시점에서 로그정규분포를 따른다는 가정이다. 식 (21.1)과 (21.2)에서 F_0를 선도채권가격으로 하면, 두 식을 이용해 채권옵션의 가치를 평가할 수 있다. σ는 F의 변동성이므로, $\sigma\sqrt{T}$는 T시점의 채권 가격에 로그를 취한 것의 표준편차이다.

5장에서 설명했듯이, F_0는 현재의 채권현물가격 B로부터 다음 식을 이용해 계산할 수 있다.

$$F_0 = (B - I)e^{rT} \tag{21.5}$$

여기서 I는 옵션의 잔존기간 동안 지급될 액면이자의 현재가치이고 r은 T 만기의 이자율이다. 이 공식에서 채권의 현물가격과 선도가격은 거래소 표시가격이 아니고 현금가격이다. 현금가격과 거래소 표시가격 간의 관계는 이미 6장에서 설명했다. [현금가격은 거래소 표시가격에 발생이자(accrued interest)를 더한 가격이다.] 거래자들은 채권의 거래소 표시가격을 '깨끗한 가격(clean price)'으로, 현금가격을 '더러운 가격(dirty price)'이라고 부른다.

식 (21.1)과 (21.2)에 들어 있는 K는 현금가격을 지칭한다. 만일 옵션의 행사가격이 옵션이 행사될 때 채권과 교환되는 현금으로 정의되어 있는 경우, K는 이 행사가격과 동일하다. 그러나 많은 경우 옵션의 행사가격은 옵션이 행사될 때 적용되는 거래소 표시가격으로 정의되어 있고, 이 경우 K는 행사가격에 옵션 만기일까지의 발생이자를 더한 값이다(예제 21.3 참조).

수익률 변동성

채권옵션의 경우 공시되는 변동성은 가격 변동성(price volatility)이 아니고 수익률 변동성(yield volatility)이다. 6장에서 설명한 듀레이션의 개념을 이용해 수익률 변동성을 가격 변동성으로 전환할 수 있다. 6.4절에서 정의했듯이, D를 옵션 만기일에서 옵션이 기초한 채권의 수정듀레이션(modified duration)으로 가정하자. 옵션 만기일에서의 선도채권 가격(F)의 변화와 수익률(y_F)의 관계는 다음과 같다.

예제 21.3 채권옵션의 가치평가 EXAMPLE

액면가가 1,000달러이고 만기가 9.75년인 채권에 대한 옵션 만기가 10개월인 유러피언 콜옵션을 고려해보자(옵션의 만기일에 채권의 만기는 8년 11개월이다). 채권의 현금가격은 960달러, 행사가격은 1,000달러, 10개월 무위험이자율은 연 10%, 선도채권 가격의 변동성은 연 9%이다. 채권의 액면이자율은 10%이고(1년에 두 번 이자 지급), 50달러의 이자가 3개월과 9개월 후에 각각 지급될 예정이다(즉 발생이자는 25달러이고 채권의 거래소 표시가격은 935달러임). 3개월과 9개월 무위험이자율은 각각 연 9%와 9.5%이다. 액면이자의 현재가치는 95.45달러이다.

$$50e^{-0.09\times0.25}+50e^{-0.095\times0.75}=95.45$$

식 (21.5)에 의해 채권의 선도가격은 939.68달러이다.

$$F_0=(960-95.45)e^{0.1\times10/12}=939.68$$

(a) 행사가격이 옵션을 행사할 때 채권과 교환할 현금가격이면, 식 (21.1)에 적용할 값은 $F_0=939.68$, $K=1{,}000$, $r=0.1$, $\sigma=0.09$, $T=0.8333$이다. 따라서 콜옵션의 가격은 9.49달러이다.

(b) 행사가격이 옵션을 행사할 때 채권과 교환할 거래소 표시가격이면, 옵션 만기일이 이자 지급일 1개월 후이므로 1개월의 이자를 K에 더해야 한다. 따라서 사용할 K는 다음과 같다.

$$1{,}000+100\times0.08333=1{,}008.33$$

식 (21.1)에서 사용할 다른 변숫값은 동일하다. 즉 $F_0=939.68$, $r=0.1$, $\sigma=0.09$, $T=0.8333$이다. 따라서 콜옵션의 가격은 7.97달러이다.

$$\frac{\Delta F}{F}\approx -D\,\Delta y_F$$

또는

$$\frac{\Delta F}{F}\approx -Dy_F\frac{\Delta y_F}{y_F}$$

변동성은 변수 가치 변화율의 표준편차로 측정한다. 따라서 블랙 모형에 사용되는 선도채권 가격의 변동성(σ)은 선도채권수익률(forward bond yield)의 변동성(σ_y)과 대략적으로 다음의 관계를 갖는다.

$$\sigma = Dy_0\sigma_y \qquad (21.6)$$

여기서 y_0는 y_F의 최초 값이다. 수익률 변동성이 제시될 때의 묵시적인 가정은 수익률 변동성이 식 (21.6)에 의해 가격 변동성으로 전환되고, 가격 변동성을 식 (21.1)과 (21.2)에 적용해

예제 21.4 수익률 변동성을 이용한 채권옵션의 가치평가 EXAMPLE

원금이 100이고 만기가 10년인 채권에 대한 유러피언 풋옵션을 고려해보자. 액면이자율은 연 8%이며 이자는 6개월마다 지급한다. 옵션의 만기는 2.25년이고 행사가격은 115이다. 선도 수익률 변동성은 20%이다. 무이표수익률은 연속복리로 5%에서 수평적이다. 이 책에 포함된 DerivaGem에 의하면 채권의 공시가격은 122.82이다. 행사가격이 공시가격일 때 옵션가격은 2.36달러이다. 그리고 행사가격이 현금가격일 때 옵션가격은 1.74달러이다(DerivaGem의 이전 버전은 약간 상이한 가격을 계산한다. 왜냐하면 이전 버전에서 1년은 365일이며 또한 시간을 가장 가까운 정수 기준의 일수로 반올림하기 때문이다).

옵션가격이 계산된다는 것이다. 콜옵션의 기초자산인 채권이 옵션 만기일에 5년의 수정듀레이션을 가지며 선도수익률이 8%, 브로커가 제시한 선도수익률 변동성이 20%라고 가정하자. 이는 브로커가 제시한 선도수익률 변동성에 상응하는 옵션의 시장가격이 변동성 σ가 연 8% 일 때 식 (21.1)에 의해 계산한 가격임을 의미한다.

$$5 \times 0.08 \times 0.2 = 0.08$$

책에 첨부된 DerivaGem의 워크시트인 Bond_Options를 이용하면 블랙 모형을 이용해 유러피언 옵션의 가치를 평가할 수 있다('Pricing Model'에서 'Black-European'을 선택함). 사용자는 앞에서 설명한 방법으로 수익률 변동성을 계산하고 이를 입력한다. 행사가격은 현금가격 또는 공시가격 기준이다(예제 21.4 참조).

21.5 금리캡

장외시장에서 금융기관이 제공하는 금리옵션 중 인기 있는 것은 **금리캡**(interest rate cap)이다. 금리캡을 가장 쉽게 이해하기 위해 이자율이 정기적으로 LIBOR로 결정되는 변동금리채권(floating rate note)을 고려해보자. 금리조정일 사이의 기간을 기준기간(tenor)이라고 한다. 기준기간이 3개월이라고 가정하자. 처음 3개월 동안에 변동금리채권에 적용되는 이자율은 현재의 3개월 LIBOR이자율이고, 다음 3개월에 적용되는 이자율은 3개월 후 시점에서의 3개월 만기 LIBOR이자율이다.

금리캡은 변동금리가 일정 수준 이상으로 올라가는 것에 대해 보험 기능을 제공한다. 이 수준을 **캡금리**(cap rate)라 한다. 그림 21.1은 금리캡의 작용 원리를 도식적으로 보여준다. 원금이 1,000만 달러, 캡의 만기는 5년, 캡금리는 5%라고 가정하자. 기준기간이 3개월이므로

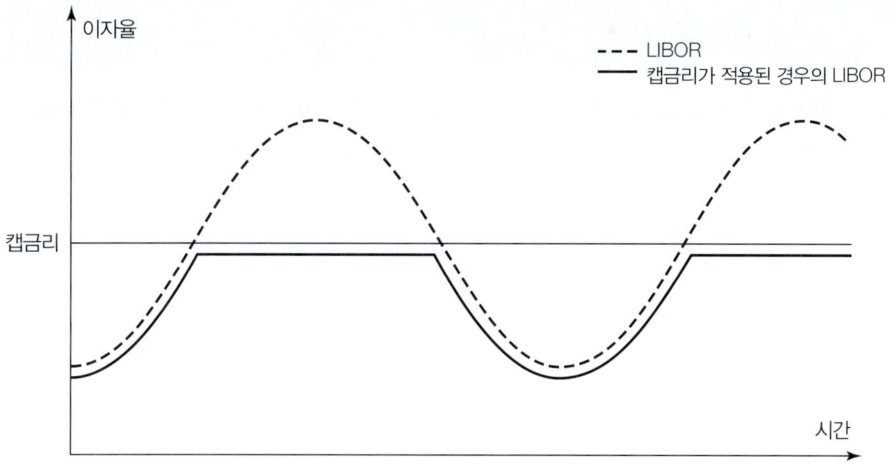

그림 21.1 LIBOR가 캡금리 이상으로 상승하는 경우 금리캡의 보험 기능

캡금리는 분기복리(quarterly compounding)로 계산되었다. 특정 금리조정일에 3개월 만기 LIBOR가 6%라고 가정하자. 변동금리채권은 3개월 후에 150,000달러의 이자를 지급해야 한다.

$$0.25 \times 0.06 \times 10,000,000\text{달러} = 150,000\text{달러}$$

만일 3개월 LIBOR가 5%이면 지급금액은 125,000달러이다.

$$0.25 \times 0.05 \times 10,000,000\text{달러} = 125,000\text{달러}$$

따라서 금리캡은 150,000달러 − 125,000달러 = 25,000달러의 이득을 제공한다.[3] 6%의 LIBOR로 이자율이 결정되는 시점에서 위의 이득이 발생하지 않고 3개월 후에 발생한다는 점에 주의해야 한다. 즉 이자율이 관찰되는 시점과 금액이 지급되는 시점 간에 시간지연(time lag)이 존재한다.

만일 기업이 LIBOR와 연동된 이자율로 이자를 지급하는 변동금리 대출을 받으면, 기업은 금리캡을 이용해 지급하는 이자금액을 제한할 수 있다. 예를 들어 대출의 변동금리가 LIBOR + 30베이시스 포인트이고 만기가 5년이라고 가정하자. 이때 금리캡을 이용하면 적용받는 이자율이 결코 5.30%를 넘지 않게 된다. 금리캡 만기 동안의 매 금리조정일에서 우리는 LIBOR를 관찰한다. 만일 LIBOR가 5%보다 낮으면 3개월 후에 금리캡으로부터 어떤 이득도 발생하지 않는다. 그러나 LIBOR가 5%보다 높으면 이득은 1,000만 달러 원금에 LIBOR

3 이 계산은 조정일 사이의 기간이 1분기임을 가정한다. 실제로 계산은 미리 정한 일수계산 방식에 의해 조정일 사이의 실제 일수를 정확히 반영한다.

예제 21.5 금리캡의 이용 EXAMPLE

원금이 1,000만 달러이고 만기가 5년인 변동금리 대출계약을 맺고자 하는 기업이 이자율이 증가할 것을 우려하고 있다. 대출이자율은 3개월 만기 LIBOR+30베이시스 포인트이다.

위험을 헤지하기 위해 기업은 금융기관으로부터 원금이 1,000만 달러이고 캡금리가 연 5%인 5년 만기 LIBOR 금리캡을 매입한다. 금리캡은 3개월마다 기업이 지급하는 이자율이 5.3%를 초과하지 않을 것을 보장하는 효과가 있다.

를 적용해 5%를 초과한 것의 1/4이다. 이 예시는 예제 21.5에 요약되어 있다.

그런데 처음의 LIBOR가 캡금리보다 높더라도 첫 금리조정일에서는 어떤 이득도 제공하지 않도록 금리캡이 설계되어 있다는 점에 유의해야 한다. 우리의 예시에서 금리캡의 만기는 5년이다. 따라서 총 19번의 금리조정일(즉 0.25, 0.50, 0.75, ... , 4.75년 후)이 있으며, 금리캡으로부터 발생한 19번의 이득이 조정일 3개월 후에(즉 0.50, 0.75, 1.00, ... , 5.00년 후) 발생한다.

금리옵션 포트폴리오로서 금리캡

원금이 L이고 캡금리가 R_K인 금리캡을 고려해보자. 조정일이 각각 $t_1, t_2, \dots, t_n$이고 이에 상응하는 지급일이 각각 $t_2, t_3, \dots, t_{n+1}$이라고 가정하자. R_K를 t_k시점과 t_{k+1}시점 간 이자율로 정의하자($1 \le k \le n$). t_{k+1}시점에서 금리캡 이득은 다음과 같다.

$$L\delta_k \max(R_k - R_K, 0) \tag{21.7}$$

여기서 $\delta_k = t_{k+1} - t_k$이다.[4]

식 (21.7)은 t_k시점에서의 LIBOR에 대한 콜옵션 이득을 나타내고 있다(이득은 t_{k+1}시점에서 지급함). 따라서 금리캡은 n개의 이런 콜옵션으로 구성된 포트폴리오이다. 이와 같은 콜옵션을 캐플럿(caplet)이라고 한다.

4 이 식에서 R_k와 R_K는 복리계산 주기가 조정일 주기와 일치하도록 표현된다. 예를 들어 1년에 4번 이자율이 조정되면 분기복리(quarterly compounding) 계산이 되어야 한다. 또한 이들은 모두 '실제경과일수/실제기준일수'의 일수계산 방식으로 측정된다고 가정한다. 미국에서 LIBOR는 '실제경과일수/360' 기준으로 공시된다. 이는 δ_k를 동일한 일수계산 방식으로 계산해야 함을 의미한다. 예를 들어 t_k가 5월 1일이고 t_{k+1}이 8월 1일이면 두 날짜 사이에 실제로 92일이 있으므로 $\delta_k = 92/360 = 0.2556$이다.

플로어와 칼라

금리플로어는 금리캡과 유사하게 정의된다. 플로어(floor)는 기초 변동금리채권의 이자율이 일정 수준 이하로 하락하면 이득을 제공한다. 앞에서 사용한 기호를 이용하면, 플로어는 t_{k+1} 시점에서 다음 금액의 이득을 제공한다($k=1, 2, \ldots, n$).

$$L\delta_k \max(R_K - R_k, 0)$$

금리캡에 상응하게, 금리플로어는 이자율에 대한 풋옵션 포트폴리오이다. 플로어를 구성하는 각각의 개별옵션을 플로어레트(floorlet)라고 한다.

금리칼라(칼라를 floor-ceiling agreement라고도 함)는 기초 변동금리채권의 이자율이 항상 두 수준 사이가 되도록 보장하는 계약이다. 칼라(collar)는 캡 매입포지션과 플로어 매도포지션의 결합이다. 칼라는 보통 캡의 가격이 플로어의 가격과 최초에 일치되도록 설정된다. 이 경우 칼라의 비용은 0이다.

실무사례 21.1에서 설명했듯이, 캡과 플로어는 풋-콜 패리티 관계가 성립한다.

캡과 플로어의 가치평가

t_k시점에서의 이자율에 기초해 t_{k+1}시점에서 이득을 제공하는 캐플릿은 21.3절에 소개된 블랙모형($V=R_k$)으로 평가할 수 있다(이는 캐플릿의 기초가 되는 이자율이 대수정규분포를 따름을 의미한다). 이득이 t_k가 아닌 t_{k+1}시점에서 지급되므로 식 (21.3)에 의해 캐플릿의 가치는 다음과 같다.

실무사례 21.1 캡과 플로어의 풋-콜 패리티

캡과 플로어의 가격은 풋-콜 패리티 관계가 성립한다.

$$\text{캡 가치}=\text{플로어 가치}+\text{스왑 가치}$$

여기서 캡과 플로어는 동일한 행사가격 R_K를 갖는다. 스왑은 LIBOR를 받고 고정금리 R_K를 지급하는 계약이다. 단, 첫 번째 금리조정일(reset date)에는 현금 교환이 발생하지 않는다. 여기서 캡, 플로어, 스왑은 동일한 만기를 가지며 지급빈도도 동일하다.

이 결과가 사실임을 보기 위해 플로어 매도포지션과 결합한 캡 매입포지션을 고려해보자. 캡은 LIBOR가 R_K보다 높은 기간 동안 LIBOR$-R_K$의 현금흐름을 제공한다. 매도한 플로어는 LIBOR가 R_K보다 낮은 기간에 다음과 같은 현금흐름을 제공한다.

$$-(R_K-\text{LIBOR})=\text{LIBOR}-R_K$$

따라서 결합한 포지션은 모든 상황에서 LIBOR$-R_K$의 현금흐름을 제공한다. 이는 스왑의 현금흐름이다. 따라서 캡의 가치에서 플로어의 가치를 차감하면 그 차이는 스왑의 가치와 동일해진다.

스왑은 일반적으로 현재의 LIBOR가 첫 번째 조정일에서 교환할 금액을 결정하는 방식으로 설계된다. 금리캡과 금리플로어는 첫 번째 조정일에서 이득이 발생하지 않도록 설계된다. 이런 차이로 인해 풋-콜 패리티에서의 스왑은 첫 번째 조정일에 현금흐름이 교환되지 않는 비표준형 스왑이다.

$$L\delta_k e^{-r_{k+1}t_{k+1}}[F_k N(d_1) - R_K N(d_2)] \quad (21.8)$$

여기서 r_{k+1}은 만기가 t_{k+1}인 연속복리수익률이다.

$$d_1 = \frac{\ln(F_k/R_K) + \sigma_k^2 t_k/2}{\sigma_k\sqrt{t_k}}$$

$$d_2 = \frac{\ln(F_k/R_K) - \sigma_k^2 t_k/2}{\sigma_k\sqrt{t_k}} = d_1 - \sigma_k\sqrt{t_k}$$

F_k는 t_k시점과 t_{k+1}시점 간의 선도금리이고 σ_k는 F_k의 변동성이다(따라서 $\sigma_k\sqrt{t_k}$는 R_k의 표준편차이다). 예제 21.6은 식 (21.8)을 이용한 예시이다.

이에 상응하는 플로어레트의 가치를 식 (21.4)를 사용해 구하면 다음과 같다.

$$L\delta_k e^{-r_{k+1}t_{k+1}}\left[R_K N(-d_2) - F_k N(-d_1)\right] \quad (21.9)$$

이 식에서 R_K와 F_k는 조정일과 동일한 주기로 복리계산한 이자율이다. 반면에 r_{k+1}은 연속복리로 계산된다.

캐플릿은 식 (21.8)을 이용해 개별적으로 평가되어야 한다. 마찬가지로, 플로어레트도 식 (21.9)에 의해 개별적으로 평가되어야 한다. 하나의 접근 방법은 캐플릿(또는 플로어레트)별로 다른 변동성을 사용하는 것이다. 이때 변동성을 **현물 변동성**(spot volatility)이라 한다.[5] 다

예제 21.6 캐플릿의 가치평가 EXAMPLE

1년 후 시점부터 3개월 동안 1,000만 달러 대출에 대해 연 8%(분기복리 기준)의 캡금리를 적용하는 계약을 고려해보자. 이 계약은 캐플릿이고 캡의 일부분일 수도 있다. 이 계약이 적용되는 기간에 대한 LIBOR의 선도금리가 연율로 7%이고(분기복리 기준) 변동성이 연 20%라고 하자. 연속복리 기준의 수익률은 모든 만기에 대해 6.5%이다. 즉 식 (21.8)에서 $F_k = 0.07$, $\delta_k = 0.25$, $L = 10$, $R_K = 0.08$, $r_{k+1} = 0.065$, $\sigma_k = 0.20$, $t_k = 1.0$, $t_{k+1} = 1.25$이므로 d_1과 d_2는 다음과 같다.

$$d_1 = \frac{\ln(0.07/0.08) + 0.2^2 \times 1/2}{0.20 \times 1} = -0.5677, \qquad d_2 = d_1 - 0.20 = -0.7677$$

캐플릿의 가격은 다음과 같이 0.00519백만 달러이다.

$$0.25 \times 10 \times e^{-0.065 \times 1.25}\,[0.07N(-0.5677) - 0.08N(-0.7677)] = -0.00519$$

이 책에 포함된 DerivaGem은 이 가격을 계산한다.

5 이 변동성을 때로는 선도 변동성(forward volatility)이라고도 한다.

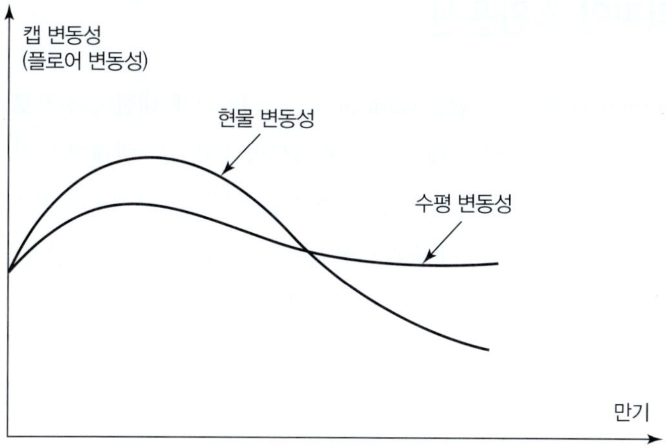

그림 21.2 **현물 및 수평 변동성 예**

른 방법은 모든 캐플릿(플로어레트)에 대해 동일한 변동성을 사용하나 캡(플로어)의 만기에 따라 변동성을 조정하는 것이다. 이때 변동성을 **수평 변동성**(flat volatility)이라 한다. 브로커들이 제시하는 변동성은 주로 수평 변동성이다. 그러나 대부분의 거래자는 과소평가된 캡레트와 과대평가된 캐플릿을 확인할 수 있기에 현물 변동성을 이용하고자 한다. CME그룹(21.1절 참조)에서 거래되는 유로달러 선물옵션은 캐플릿과 매우 유사하므로, 3개월 LIBOR에 대한 캐플릿에 내재된 현물 변동성은 유로달러 선물옵션의 가격에서 계산된 내재변동성과 자주 비교된다.

수평 변동성은 현물 변동성의 누적평균과 유사하므로, 수평 변동성은 현물 변동성보다 작은 폭의 변화를 보인다. 그림 21.2가 이를 보여준다.

DerivaGem의 이용

이 책에 첨부된 DerivaGem 프로그램에서는 블랙 모형을 이용해 금리캡과 플로어의 가치를 평가할 수 있다. 먼저 Cap_and_Swap_Option 워크시트에서 Underlying Type으로 Cap/Floor를 선택하고 Pricing Model로 Black-European을 선택한다. LIBOR 수익률곡선은 연속복리수익률 기준으로 입력한다. 입력변수는 캡이 커버하는 기간의 시작일과 만료일, 수평 변동성, 결제빈도이다. 프로그램은 캡의 종료일부터 시작해 시작일로 역행하면서 지급일을 계산한다. 최초의 캐플릿과 플로어레트는 표준기간(regular period)의 0.5~1.5배 사이 기간을 커버한다고 가정한다. 예를 들어 캡 기간이 1.95년부터 2.80년이고 분기별로 조정된다고 가정하자. 이 경우에 다음과 같이 3개의 캐플릿, 즉 2.55년부터 2.80년, 2.30년부터 2.55년, 1.95년부터 2.30년까지 총 3개 기간이 존재한다.

21.6 유러피언 스왑옵션

스왑옵션(swap option) 또는 **스왑션**(swaption)은 금리스왑에 대한 옵션으로 최근에 급속히 인기를 얻고 있는 금리옵션의 한 형태이다. 스왑옵션의 소유자는 미래의 특정 시점에 특정 금리스왑에 참여할 수 있는 권리를 갖는다(물론 소유자가 권리를 행사해야 할 의무는 없음). 고객에게 금리스왑계약을 제공하는 대규모 금융기관은 또한 고객에게 스왑옵션을 매도하거나 고객으로부터 스왑옵션을 매입하기도 한다. 실무사례 21.2가 보여주듯 스왑션은 일종의 채권옵션으로 간주할 수 있다.

스왑옵션이 어떻게 사용되는지를 설명하기 위해 다음 기업을 고려해보자. 어떤 기업이 6개월 후에 5년 만기 변동금리 차입계약을 할 예정이며 또한 이 변동금리 차입을 고정금리 차입으로 전환하고자 한다(이 경우에 스왑을 어떻게 이용할 수 있는지는 7장을 참조하라). 이 기업은 얼마의 비용을 지급하고 스왑옵션을 매입하면 6개월 후부터 시작하는 5년 동안 6개월 LIBOR를 받고 고정금리(예: 연 3%)를 지급하는 권리를 획득한다. 만일 6개월 후에 5년 만기 스왑의 고정금리가 연 3% 미만이면 이 기업은 스왑옵션을 행사하지 않고 보통의 스왑계약을 체결하면 된다. 반면 3%를 초과하면 이 기업은 스왑옵션을 행사해 시장에서의 조건보다 유리한 조건으로 스왑계약을 체결할 수 있다.

바로 앞에서 기술한 방법에 의하면, 스왑옵션은 미래에 차입하고자 하는 기업에 이자율이 상승하는 것에 대한 보호수단을 제공한다. 따라서 스왑옵션은 선도스왑(forward swap) 또는 이연스왑(deferred swap)을 대체할 수 있는 좋은 대안이다. 선도스왑은 계약을 체결할 때 비용이 발생하지는 않으나 기업이 스왑계약을 체결해야 할 의무를 갖는다는 단점이 있다. 그러나 스왑옵션의 경우, 매입 시 비용은 발생하지만 이자율이 불리하게 변하면 보호를 받고(즉 불리한 이자율 대신 계약에 의한 이자율을 이용한다는 의미임), 이자율이 유리하게 변하면 이를 이용할 수 있는 이점이 있다. 스왑옵션과 선도스왑의 차이점은 통화옵션과 통화선도계약의 차이점과 유사하다.

실무사례 21.2 스왑옵션과 채권옵션

7장에서 설명했듯이 금리스왑은 고정금리채권과 변동금리채권을 교환하는 협약으로 간주할 수 있다. 스왑이 시작되는 시점에서 변동금리채권의 가치는 항상 스왑 원금과 동일하다. 즉 스왑옵션은 고정금리채권을 스왑의 원금과 교환할 수 있는 옵션으로 간주할 수 있다.

따라서 스왑옵션은 일종의 채권옵션이다. 만일 스왑옵션이 소유자에게 고정금리를 지급하고 변동금리를 수령할 권리를 부여하면 이는 고정금리채권에 대한 풋옵션이다(행사가격은 원금과 동일함). 만일 스왑옵션이 소유자에게 변동금리를 지급하고 고정금리를 수령할 권리를 부여하면 이는 고정금리채권에 대한 콜옵션이다(행사가격은 원금과 동일함).

유러피언 스왑옵션의 가치평가

T년 후부터 시작해 n년 동안 지속되는 스왑계약에서 R_K의 고정금리로 지급하고 LIBOR로 받을 수 있는 권리를 소유자에게 부여하는 스왑옵션을 고려해보자. 원금은 L이고 이자는 연간 m번 지급된다고 하자.

7장에서 설명했듯이, 특정 시점에서 특정 만기의 **스왑이자율**(swap rate)은 동일한 만기의 새로운 스왑에서 LIBOR와 교환되는 고정금리이다. T시점에서 시작해 n년 동안 지속되는 스왑의 스왑이자율을 R로 가정하자(R과 R_K는 모두 연간 m번 복리계산을 함). 고정금리가 R인 스왑의 현금흐름과 고정금리가 R_K인 스왑의 현금흐름을 비교하면, 스왑옵션으로부터의 이득이 다음과 같은 일련의 현금흐름과 같음을 알 수 있다.

$$\frac{L}{m}\max(R-R_K,0)$$

스왑의 잔존기간인 n년 동안 연간 m번 현금흐름을 받는다. 즉 지급일은 오늘부터 연 기준으로 측정해 t_1, t_2, …, t_{mn}이다(대략적으로 $t_i=T+i/m$이다). 각각의 현금흐름은 행사가격이 R_K인 R에 대한 콜옵션의 이득이다.

스왑옵션의 가치를 평가하는 표준시장모형(standard market model)에서 21.3절의 V는 R과 동일하게 설정된다. 식 (21.1)로부터, t_i시점에 받는 현금흐름의 가치는 다음과 같다.

$$\frac{L}{m}e^{-r_it_i}[F_0N(d_1)-R_KN(d_2)]$$

단,

$$d_1=\frac{\ln(F_0/R_K)+\sigma^2T/2}{\sigma\sqrt{T}}$$

$$d_2=\frac{\ln(F_0/R_K)-\sigma^2T/2}{\sigma\sqrt{T}}=d_1-\sigma\sqrt{T}$$

F_0는 선도스왑이자율(forward swap rate)이고, r_i는 만기가 t_i인 무이표채의 무위험 연속복리 수익률, σ는 선도스왑이자율의 변동성이다.

스왑옵션의 총가치는 다음과 같다.

$$\sum_{i=1}^{mn}\frac{L}{m}e^{-r_it_i}[F_0N(d_1)-R_KN(d_2)]$$

A를 t_i시점에서($1\le i\le mn$) $1/m$달러를 지급하는 계약의 가치로 정의하면,

$$A=\frac{1}{m}\sum_{i=1}^{mn}e^{-r_it_i}$$

예제 21.7 스왑옵션의 가치평가 EXAMPLE

LIBOR 수익률곡선이 연 6%에서 수평이며(연속복리로 계산함) 이 곡선이 무위험 수익률곡선으로 이용된다고 가정하자. 5년 후에 시작하는 3년 만기 스왑에서 6.2%를 지급할 권리를 소유자에게 부여한 스왑옵션을 고려해보자. 이자는 반년마다 계산하고 원금은 1억 달러이다. 이 경우에 A는 다음과 같다.

$$A = \frac{1}{2}(e^{-0.06\times5.5} + e^{-0.06\times6} + e^{-0.06\times6.5} + e^{-0.06\times7} + e^{-0.06\times7.5} + e^{-0.06\times8} = 2.0035$$

연 6.1%의 연속복리수익률은 반년복리수익률로 전환하면 6.194%가 된다. 따라서 $F_0 = 0.06194$, $R_K = 0.062$, $T=5$, $\sigma = 0.2$이다.

$$d_1 = \frac{\ln(0.06194/0.062) + 0.2^2 \times 5/2}{0.2\sqrt{5}} = 0.2214$$

$$d_2 = d_1 - 0.2\sqrt{5} = -0.2258$$

식 (21.10)에 의해 스왑옵션의 가치는 2.19백만 달러이다(이 금액은 DerivGem이 계산한 가격과 동일함).

$$100 \times 2.0035 \times [0.06194 \times N(0.2214) - 0.062 \times N(-0.2258)] = 2.19$$

스왑옵션의 가치는 다음과 같다.[6]

$$LA[F_0N(d_1) - R_KN(d_2)] \tag{21.10}$$

예제 21.7은 식 (21.10)을 이용한 예시이다.

만일 스왑옵션이 고정금리 R_K를 지급하는 대신에 받을 수 있는 권리를 부여한다고 하면, 스왑옵션의 이득은 다음과 같다.

6 여기서 F_0와 R_K는 스왑의 지급 주기와 상응하는 복리계산 주기로 측정되어야 한다. 예를 들어 만일 1년에 2회 지급이 이루어지면 반년복리(semiannual compounding)로 측정되어야 한다. A를 구하는 공식은 정확히 $1/m$년 간격으로 지급하는 것으로 가정한다는 점에서 단순화된 것이다. 보다 정확히 하려면, 식 (21.10)과 (21.11)에서 A는 다음과 같이 정의되어야 한다.

$$A = \sum_{i=1}^{mn} a_i P(0,\ t_i)$$

여기서 $P(0, t)$는 만기일이 t인 무이표채의 가격이고, a_i는 t_{i-1}과 t_i 사이의 기간으로 계약에 명시된 일수계산 방법으로 측정된다($t_0 = T$). 예를 들어 만일 t_{i-1}이 3월 1일이고 t_i가 9월 1일이고 일수계산이 실제일수/365이면 $a_i = 184/365 = 0.5041$이다.

$$\frac{L}{m}\max(R_K - R, 0)$$

이는 R에 대한 풋옵션이다. 전과 같이, 이득은 t_i시점에서 받게 된다($1 \leq i \leq mn$). 식 (21.4)에 의해 스왑옵션의 가치는 다음과 같다.

$$LA\left[R_K N(-d_2) - F_0 N(-d_1)\right] \tag{21.11}$$

DerivaGem을 이용하면 식 (21.10)과 (21.11)을 실행할 수 있다. Cap_and_Swap_Options의 워크시트에서 Underlying Type으로 스왑옵션을 선택하고 Pricing Model로 Black-European을 선택하면 된다. LIBOR 선도금리는 선도스왑이자율을 정하는 데만 사용된다. 선도스왑이자율이 알려져 있는 경우, LIBOR 선도금리 자리에 이 선도스왑이자율을 입력해야 한다.

21.7 기간구조모형

지금까지 설명한 유러피언 채권옵션의 가치평가모형에서는 미래 일정 시점에서의 채권 가격 분포가 로그정규분포를 이룬다고 가정한다. 즉 캡의 평가모형은 미래의 이자율이 로그정규분포를 따른다고 가정하고, 유러피언 스왑옵션의 평가모형은 미래의 스왑금리가 로그정규분포를 따른다고 가정한다. 이런 가정들은 서로 일관성 있는 것은 아니다. 이런 가정은 거래자들이 여러 유형의 상품 가격을 결정하는 방법들을 상호 비교하는 것을 어렵게 만든다.

모형과 관련된 단점은 모형이 적용되는 특정 상품 이외의 상품에는 모형을 쉽게 확장할 수 없다는 점이다. 예를 들어 유러피언 스왑옵션의 가치를 평가하는 블랙 모형은 아메리칸 스왑옵션의 가치를 평가하는 데 쉽게 확장해 사용할 수 없다. 따라서 금리파생상품의 가치를 보다 정교하게 평가하는 방법은 **기간구조모형**(term structure model)을 구성하는 것이다. 이 모형은 이자율 기간구조의 확률적 행태(probabilistic behavior)를 이용하는 모형이다. 기간구조모형은 주가 또는 통화의 움직임을 분석하는 데 사용되었던 모형보다 훨씬 정교하다. 왜냐하면 이 모형은 단 1개 변수의 변화가 아니라 무이표 수익률곡선 전체의 움직임을 모형화하기 때문이다. 시간이 지남에 따라 모든 이자율이 동일한 금액만큼 변하는 것이 아니다. 따라서 수익률곡선의 모양도 변하게 되어 있다.

기간구조모형이 어떻게 구성되는지 설명하는 것은 이 책의 범위를 벗어난다. 그러나 이자율이 주가, 환율 및 다른 투자자산의 가격과 구별되는 하나의 속성을 갖고 있음을 언급할 필요가 있다. 단기이자율(예: 3개월 이자율)은 **평균회귀**(mean reversion)하는 속성을 보인다. 즉 단기이자율은 어떤 장기평균 수준으로 돌아가는 경향이 있다. 단기이자율이 매우 높으면

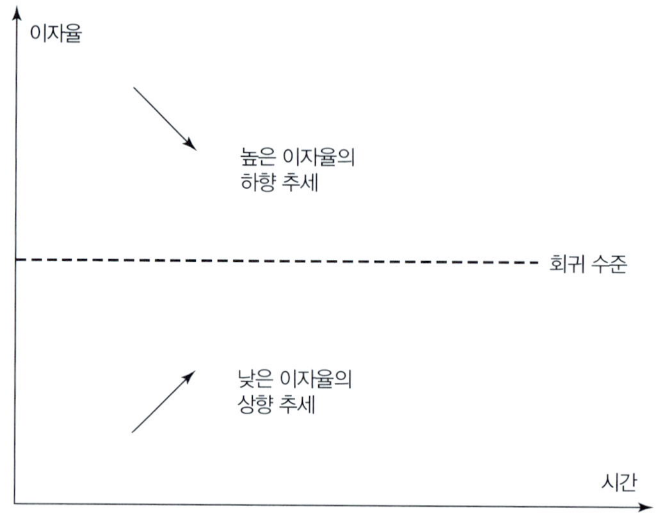

그림 21.3 **평균회귀현상**

이자율은 하락하는 경향이 있고, 반대로 단기이자율이 매우 낮으면 이자율은 상승하는 경향이 있다. 이는 그림 21.3에 설명되어 있다.

만일 주가가 평균회귀현상을 따르면 역사적 저점에서 주식을 매입하고 역사적 고점에서 주식을 매도하는 거래전략이 가능하다. 그러나 3개월 만기 이자율이 평균회귀현상을 따르더라도 이런 거래전략은 가능하지 않다. 왜냐하면 이자율은 거래될 수 있는 증권의 가격이 아니기 때문이다. 즉 가격이 3개월 만기 이자율과 항상 일치하는 증권은 존재하지 않는다.

평균회귀현상이 이자율에서도 나타나는 이유는 왜일까? 이자율이 낮을 때 차입비용은 낮아지고 대출의 이익은 줄어든다. 차입자의 자금 수요와 대출자의 자금 공급이 일치하도록 이자율 상승 압력이 생길 수 있다. 이자율이 높을 때 그 반대 상황이 벌어지고 이자율 하락 압력이 생길 수 있다. 그러나 이자율은 여러 요인에 의해 결정되는 것임을 고려하면 평균회귀현상은 반드시 발생하는 현상이 아니고 일종의 '추세'라고 보는 것이 적절하다. 이자율에 영향을 미치는 다른 중요한 요인으로 정부의 통화정책을 꼽을 수 있다. 2008년 신용위기 이후 기간 여러 나라 정부는 경기 활성화를 위해 이자율을 낮게 유지하였다.

요약

금리옵션은 실무에서 다양한 방법으로 만들어진다. 예를 들어 장기국채 선물, 중기국채 선물, 유로달러 선물에 대한 옵션은 거래소에서 활발히 거래된다. 거래되는 채권 중 상당수가 옵션의 성격을 포함하고 있다. 금융기관이 제공하는 대출과 예금제도는 가끔 옵션의 성격을 내재하고 있다.

인기 있는 세 가지 장외파생상품은 채권옵션, 금리캡과 금리플로어, 스왑옵션이다. 채권옵션은 특정 채권을 매입 또는 매도할 수 있는 옵션이다. 금리캡(플로어)은 변동금리가 행사이자율 이상으로 상승하면(이하로 하락하면) 이득을 제공한다. 스왑옵션은 미래 특정 시점에서 고정금리와 변동금리를 교환하는 스왑에 포지션을 취할 수 있는 옵션이다. 블랙 모형은 이런 금융상품의 가치를 평가하는 데 사용하는 모형이다. 채권옵션의 경우, 기초자산인 채권의 확률분포가 로그정규분포를 따른다고 가정한다. 캡과 플로어의 경우 이자율의 확률분포가 로그정규분포를 따르고, 스왑옵션의 경우 스왑이자율이 로그정규분포를 따른다고 가정한다.

참고문헌

Black, F. "The Pricing of Commodity Contracts," *Journal of Financial Economics*, 3 (1976): 167–79.

Black, F., E. Derman, and W. Toy. "A One-Factor Model of Interest Rates and Its Application to Treasury Bond Options," *Financial Analysts Journal*, (January/February 1990): 33–39.

Black, F., and P. Karasinski. "Bond and Option Pricing When Short Rates Are Lognormal," *Financial Analysts Journal*, (July/August 1991): 52–59.

Brace A., D. Gatarek, and M. Musiela. "The Market Model of Interest Rate Dynamics," *Mathematical Finance*, 7, 2 (1997): 127–55.

Cox, J. C., J. E. Ingersoll, and S. A. Ross. "A Theory of the Term Structure of Interest Rates," *Econometrica*, 53 (1985): 385–407.

Heath, D., R. Jarrow, and A. Morton. "Bond Pricing and the Term Structure of Interest Rates: A New Methodology," *Econometrica*, 60 (1992): 77–105.

Ho, T. S. Y., and S. B. Lee. "Term Structure Movements and Pricing Interest Rate Contingent Claims," *Journal of Finance*, 41 (December 1986): 1011–29.

Hull, J. C. *Options, Futures, and Other Derivatives*, 9th edn. New York: Pearson, 2015.

Hull, J. C., and A. White. "Pricing Interest Rate Derivative Securities," *Review of Financial Studies*, 3, 4 (1990): 573–92.

Hull, J. C., and A. White. "Using Hull–White Interest Rate Trees," *Journal of Derivatives*, (Spring 1996): 26–36.

James, J., and N. Webber. *Interest Rate Modeling*. Chichester, UK: Wiley, 2000.

Jamshidian, F. "LIBOR and Swap Market Models and Measures," *Finance and Stochastics*, 1 (1997): 293–330.

Miltersen, K., K. Sandmann, and D. Sondermann, "Closed Form Solutions for Term Structure Derivatives with Lognormal Interest Rates," *Journal of Finance*, 52, 1 (March 1997): 409–30.

Rebonato, R. *Interest Rate Option Models*. 2nd edn. New York: Wiley, 1998.

Vasicek, O.A. "An Equilibrium Characterization of the Term Structure," *Journal of Financial Economics*, 5(1977): 177–88.

퀴즈

21.1 금융기관이 원금 2,000만 달러의 대출에 3개월 만기 LIBOR를 적용해 3개월 간격으로 조정하고 연 10%의 캡금리를 적용한다고 가정하자. 재조정할 시점에 3개월 만기 LIBOR가 연 12%이면 캡계약에 의해 얼마를 지급해야 하는가? 또한 언제 지급해야 하는가?

21.2 (a) 수의상환채권과 (b) 상환요구채권의 특성을 설명하라.

21.3 스왑옵션을 일종의 채권옵션으로 간주할 수 있는 이유를 설명하라.

21.4 블랙 모형을 사용해 만기가 10년인 채권에 대한 만기 1년 유러피언 풋옵션의 가치를 평가하라. 채권의 현재가치는 125달러, 행사가격은 110달러, 1년 만기 이자율은 연 10%, 채권 가격의 변동성은 연 8%, 옵션 만기일까지 지급될 이자의 현재가치는 10달러이다.

21.5 행사가격이 97.25인 유로달러 선물콜옵션을 매입한다고 하자. 유로달러 선물가격이 98.12일 때 옵션을 행사한다면 이득은 얼마인가?

21.6 다음 금리캡의 가치를 평가하라. 18개월 후에 적용될 3개월 만기 캡금리는 연 13%(분기복리 기준)이고 원금은 1,000달러이다. 해당 기간에 적용될 선도금리는 연 12%이고(분기복리 기준) 21개월 무위험이자율은 연 11.5%(연속복리 기준)이며, 선도금리의 변동성은 연 12%이다.

21.7 금리파생상품의 가치를 평가하는 경우 블랙 모형에 비해 기간구조모형이 갖는 이점은 무엇인가?

연습문제

21.8 금융기관이 유러피언 채권옵션의 가치를 평가하는 데 블랙 모형을 이용한다고 하자. 10년 만기 채권을 기초자산으로 하는 5년 만기 채권옵션의 내재변동성을 이용해 동일 채권에 대한 9년 만기 옵션의 가치를 평가한다고 가정하자. 계산된 가격이 너무 높다고 생각하는가, 아니면 너무 낮다고 생각하는가? 답을 설명하라.

21.9 5년 만기 채권에 대한 4년 만기 채권옵션을 고려해보자. 5년 만기 채권의 가격은 105달러이고, 5년 만기 채권과 동일한 액면이자율을 제공하는 4년 만기 채권의 가격이 102달러라고 하자. 그리고 옵션의 행사가격은 100달러이고, 4년 만기 무위험이자율은 연 10%(연속복리 기준)이며, 옵션의 기초가 되는 채권의 선도가격 변동성이 연 2%라고 가정하자. 4년 만기 채권 원금의 현재가치는 얼마인가? 4년 만기 채권 액면이자의 현재가치는 얼마인가? 옵션의 기초가 되는 채권의 선도가격은 얼마인가? 또한 옵션의 가치는 얼마인가?

21.10 10년 만기 채권에 대한 5년 만기 풋옵션에 대해 수익률 변동성이 22%로 설정되면 옵션의 가치는 어떻게 평가되는가? 오늘의 이자율에 기초해 옵션 만기일에서 채권의 수정듀레이션이 4.2년이고 채권의 선도수익률이 7%라고 가정한다.

21.11 기업은 3개월 후에 90일 동안 투자할 수 있는 500만 달러를 LIBOR−50베이시스 포인트로 확보하게 되는데, 이때의 수익률이 적어도 6.5%가 될 수 있도록 하고자 한다. 거래소에서 거래되는 어떤 금리옵션에 포지션을 취해야 하는지 설명하라.

21.12 5년 만기 캡의 가치를 평가하는 데 (a) 현물 변동성과 (b) 수평 변동성을 어떻게 이용할 수 있는지 자세히 설명하라.

21.13 어떤 금융상품 또는 증권이 만기가 5년이고 비용이 수반되지 않는(zero-cost) 칼라와 동일한가? 단, 캡의 행사가격은 플로어의 행사가격과 같다고 가정한다. 이 행사가격은 무엇과 일치하는가?

21.14 모든 만기에 대한 무이표 무위험수익률(OIS 이자율)이 6.5%라고 하자. 원금이 100달러이고 캡금리가 8%인 5년 만기 금리캡(현금흐름은 6개월 기준)의 가격이 3달러이다. DerivaGem을 이용해 다음을 계산하라.

(a) 캡과 플로어의 5년 만기 수평 변동성

(b) 캡금리가 8%인 경우 비용이 수반되지 않는 5년 만기 칼라의 플로어금리

모든 6개월 만기 LIBOR 선도금리는 반년복리 수익률로 6.7%임을 가정하라.

21.15 V_1이 T_1시점과 T_2시점 사이에서 LIBOR를 수령하고 R_K의 고정금리를 지급하는 스왑옵션의 가치이고, f가 T_1시점과 T_2시점 사이에서 LIBOR를 지급하고 R_K를 수령하는 선도스왑의 가치이며, V_2가 T_1시점과 T_2시점 사이에서 R_K를 수령하는 스왑션의 가치라고 가정하면 $V_1+f=V_2$임을 밝혀라. 또한 R_K가 현재의 선도 스왑이자율과 일치하면 $V_1=V_2$임을 추론하라.

21.16 캡에 내재된 블랙의 수평 변동성이 플로어에 내재된 수

평 변동성과 일치하지 않는 경우 차익거래기회가 발생하는 이유를 설명하라.

21.17. 무위험 무이표 이자율과 LIBOR 선도금리가 문제 21.14에 제시된 것과 동일하다고 하자. DerivaGem을 이용해 1년 후에 시작하는 5년 만기 스왑에서 LIBOR를 수령하고 6% 고정금리를 지급하는 옵션의 가치를 계산하라. 원금은 1억 달러이며 금액은 6개월 단위로 지급되고 스왑이자율 변동성은 21%라고 가정한다.

추가문제

21.18 장기국채에 대한 8개월 만기 유러피언 풋옵션을 고려해 보자. 장기국채의 만기는 14.25년, 채권 원금은 1,000달러, 현재 장기국채의 가격은 910달러, 행사가격은 900달러, 채권 선도가격의 변동성은 연 10%이다. 3개월 후에 35달러의 이자가 지급될 예정이다. 1년까지의 모든 만기에 대한 무위험이자율은 연 8%이다. 블랙 모형을 이용해 옵션의 가치를 평가하라. 행사가격이 채권의 현금가격인 경우와 거래소 표시가격인 경우를 모두 분석하라.

21.19 DerivaGem 프로그램을 이용해 5년 만기 칼라의 가치를 평가하라. LIBOR를 기준으로 분기마다 재조정되는데, 금리의 상한선과 하한선은 각각 7%와 5%이다. 모든 3개월 만기 LIBOR 선도금리는 분기복리 수익률로 연 6%이다. 수평 변동성은 20%이다. 원금은 100달러이고 무위험(OIS) 수익률곡선은 5.8%에서 수평이다.

21.20 스왑옵션의 소유자는 4년 후부터 시작하는 5년 만기 스왑에서 7.6%의 이자율을 받을 권리를 소유한다. 이자는 1년에 한 번 지급한다. 선도스왑이자율은 연복리 수익률 8%이고 변동성은 연 25%이다. 원금은 100만 달러이고, 무위험(OIS)이자율은 모든 만기에 대해 연속복리 수익률 7.8%이다. 블랙 모형으로 스왑션의 가치를 평가하라. 이렇게 얻은 값을 DerivaGem의 결과와 비교하라.

21.21 원금이 1,000달러이고 9개월 후의 3개월 만기 LIBOR에 대한 캡의 가치를 계산하라. 블랙 모형을 사용하고 다음 정보를 이용하라.

9개월 만기 유로달러 선물의 거래소 표시가격 = 92

9개월 만기 유로달러 옵션에 내재된 이자율 변동성 = 연 15%

12개월 만기 무위험이자율(연속복리 기준) = 연 7.5%

캡금리 = 연 8%

21.22 DerivaGem 프로그램을 이용해 유러피언 스왑션의 가치를 평가하라. 스왑옵션의 소유자는 2년 후에 5년 만기 스왑(변동금리로 받고 6%의 고정금리로 지급함)에 참여할 수 있는 권리를 소유한다. 현금흐름은 6개월마다 교환된다. 1년, 2년, 5년, 10년 만기 LIBOR/스왑 무이표 수익률은 각각 5%, 6%, 6.5%, 7%이다(연속복리 기준). 원금은 100달러이고, 변동성은 연 15%로 가정하라. 기업이 어떻게 스왑션을 이용할 수 있는지 예를 들어 설명하라. 어떤 채권옵션이 스왑션과 동등한가?

22 이색옵션과 비표준형 상품

앞의 21개 장에서 살펴본 파생상품은 **기본형 상품**(plain vanilla product)이라고 한다. 기본형 상품은 표준화된 속성을 가지고 있으며 활발히 거래되고 있다. 기본형 상품의 가격과 내재변동성은 거래소와 인터딜러 브로커(interdealer broker)로부터 쉽게 확인할 수 있다. 장외파생상품 시장의 흥미로운 속성 중 하나는 금융공학 전문가들이 만들어낸 비표준화된 여러 이색상품이 거래되고 있다는 점이다. 이 이색상품들은 포트폴리오에서 상대적으로 작은 비중을 차지하고 있으나 기본형 상품보다 훨씬 높은 수익을 올리고 있다. 따라서 이색상품은 투자은행에 대단히 중요한 상품으로 인식되고 있다.

이색상품(exotic product)은 여러 가지 이유로 개발된다. 간혹 이색상품은 순수한 헤징의 필요성 때문에 개발되기도 하고 세금, 회계, 법률, 규제상의 이유로 기업 재무 담당자(corporate treasurer)의 관심을 끌기 위해 개발되기도 한다. 이색상품은 특정 시장변수의 미래 움직임에 대한 재무 담당자나 펀드 매니저의 의견을 반영할 목적으로 설계되기도 한다. 또한 이색상품은 부주의한 재무 담당자 또는 펀드 매니저에게 실제보다 매력적으로 보이도록 투자은행에 의해 고안되기도 한다.

이 장에서 우리는 앞의 여러 장에서 살펴본 기본형 콜옵션과 풋옵션을 변형한 형태의 상품을 먼저 고려한다. 다음에는 미국 금리파생상품 시장에서 중요한 상품으로 거래되고 있는 주택저당증권(mortgage-backed security)을 살펴본다. 마지막으로 비표준형 스왑상품을 살펴본다. 이 장의 목적은 현재까지 개발된 일련의 이색상품을 일부분만이라도 소개하는 데 있다. 이 장은 현존하는 모든 이색상품을 완전히 소개하지는 못한다.

22.1 이색옵션

이 절에서는 대형 투자은행이 주식, 주가지수, 통화 등을 기초자산으로 해 만들어내는 다양한 이색옵션을 설명할 것이다. 여기서는 1991년과 1992년에 에릭 라이너(Eric Reiner)와 마크 루빈스타인(Mark Rubinstein)이 《리스크(Risk)》에 게재한 일련의 논문에서 사용한 것과 유사한 방법으로 이색상품을 분류한다. 아시안옵션, 장애물옵션, 이원옵션, 선택옵션, 복합옵션, 룩백옵션은 모두 DerivaGem을 이용해 평가할 수 있다.[1]

패키지

패키지(package)는 기본형 유러피언 콜옵션, 기본형 유러피언 풋옵션, 선도계약, 현금, 기초자산으로 구성된 포트폴리오이다. 11장에서 이미 여러 유형의 패키지(즉 강세 스프레드, 약세 스프레드, 나비형 스프레드, 캘린더 스프레드, 스트래들, 스트랭글 등)를 설명한 바 있다.

거래자들은 최초에 비용이 발생하지 않도록 패키지를 구성한다. 15장에서 고려한 **레인지선도계약**(range forward contract)이 한 예다. 레인지선도계약은 콜옵션 1개 매입과 풋옵션 1개 매도로 구성하거나 콜옵션 1개 매도와 풋옵션 1개 매입으로 구성하는데, 콜옵션 행사가격이 풋옵션 행사가격보다 크다.

비표준형 아메리칸 옵션

표준형 아메리칸 옵션의 경우, 옵션의 행사는 옵션 만기 동안 언제든지 가능하며 행사가격은 항상 일정하다. 실제로 장외시장에서 거래되는 아메리칸 옵션은 이와 같은 특성을 항상 갖고 있지는 않다. 대표적인 예는 다음과 같다.

1. 조기행사(early exercise)가 특정일에만 가능하도록 제한된다. 이런 옵션을 **버뮤다옵션**(Bermudan option)이라고 한다(버뮤다는 유럽과 미국 사이에 위치함).
2. 조기행사가 옵션 만기일 이전 일부 기간에서만 가능하도록 제한된다.
3. 행사가격이 옵션 만기까지 일정하지 않고 변할 수 있다.

기업이 자사주식에 대해 발행한 워런트(warrant)는 가끔 이런 특성을 갖는다. 예를 들어 7년 만기 워런트의 경우, 권리가 3년 후부터 7년까지의 기간 중 특정일에만 행사될 수 있다. 또한 행사가격이 3년과 4년 후에는 30달러, 이후 2년 동안에는 32달러, 마지막 연도에는 33달러로 증가할 수 있다.

비표준형 아메리칸 옵션은 보통 이항트리를 이용해 평가한다. 트리의 각 노드에서 옵션의 조건을 반영해 조기행사 여부를 결정한다.

1 이 절에서 설명한 모든 옵션의 가치를 평가하는 데 시장에서 사용되는 절차는 J. C. Hull의 *Options, Futures, and Other Derivatives*(9판) 26장에 설명되어 있다.

갭옵션

갭콜옵션(gap call option)은 $S_T > K_2$이면 $S_T - K_1$의 이득을 제공하는 유러피언 콜옵션이다. 갭콜옵션과 표준 콜옵션(행사가격 K_2)의 차이는 $S_T > K_2$인 경우의 이득이 $K_2 - K_1$만큼 크다는 것이다(이 차이는 $K_2 > K_1$ 또는 $K_1 > K_2$인지에 의해 양 또는 음의 값을 가짐).

갭콜옵션은 블랙–숄즈–머튼 공식을 약간 수정해 계산할 수 있다. 옵션의 가치는 다음과 같이 표현할 수 있다.

$$S_0 e^{-qT} N(d_1) - K_1 e^{-rT} N(d_2) \tag{22.1}$$

단,

$$d_1 = \frac{\ln(S_0/K_2) + (r - q + \sigma^2/2)T}{\sigma\sqrt{T}}$$

$$d_2 = d_1 - \sigma\sqrt{T}$$

이 공식에서 가격은 블랙–숄즈–머튼 공식에 의한 표준 콜옵션(행사가격 K_2) 가격보다 다음 값만큼 크다.

$$(K_2 - K_1)e^{-rT} N(d_2)$$

이 결과는 옵션이 행사될 확률이 $N(d_2)$이고 옵션이 행사되면 갭옵션 소유자의 이득이 표준옵션 소유자의 이득보다 $K_2 - K_1$만큼 크다는 점으로부터 이해할 수 있다.

갭풋옵션(gap put option)의 경우 $S_T < K_2$인 경우 이득은 $K_1 - S_T$이다. 옵션의 가치는 다음과 같다.

$$K_1 e^{-rT} N(-d_2) - S_0 e^{-qT} N(-d_1) \tag{22.2}$$

여기서 d_1과 d_2는 식 (22.1)에서와 같다.

예제 22.1은 갭옵션이 보험에서 어떻게 발생하는지 보여준다.

선도유효옵션

선도유효옵션(forward start option)은 미래의 특정 시점에서 시작되는 옵션이다. 14장에서 설명한 종업원스톡옵션(employee stock option)은 선도유효옵션의 한 유형으로 간주할 수 있다. 전형적인 스톡옵션 구조에서, 기업은 미래 특정 시점에서 종업원에게 등가격 옵션을 부여할 것을 약속한다.

기초자산이 중간소득을 제공하지 않으면 등가격 선도유효옵션의 가치는 만기가 동일한 보통의 등가격 옵션 가치와 동일하다(블랙–숄즈–머튼의 기본 가정하에서). 예를 들어 3년 후

예제 22.1 보험에서의 갭옵션 EXAMPLE

자산의 가치는 현재 500,000달러이다. 내년에 변동성이 20%일 것으로 예상된다. 무위험이자율은 5%이고 예정된 현금소득은 없다. 만약 자산가치가 내년 말에 400,000달러 아래로 하락하면 보험회사가 자산을 400,000달러에 매입하기로 약속한다고 하자. 자산가치가 400,000달러보다 작으면 이득은 $400{,}000 - S_T$이다. 보험회사는 보험가입자가 1년 후에 자산을 400,000달러에 매도할 수 있는 표준 풋옵션을 제공한 셈이다. 이 옵션은 $S_0 = 500{,}000$, $K = 400{,}000$, $r = 0.05$, $\sigma = 0.2$, $T = 1$로 해 13장의 식 (13.6)으로 평가할 수 있다. 옵션의 가치는 3,436달러이다.

이번에는 자산을 이전하는 비용이 50,000달러이고 비용은 보험가입자가 부담한다고 가정하자. 그러면 자산가치가 350,000달러보다 작을 때만 옵션이 행사된다. 이 경우 보험회사에게 비용은 $S_T < K_2$일 때 $K_1 - S_T$이다($K_2 = 350{,}000$, $K_1 = 400{,}000$, S_T는 자산의 1년 후 가격임). 이는 갭풋옵션이다. 이 옵션의 가치는 $S_0 = 500{,}000$, $K_1 = 400{,}000$, $K_2 = 350{,}000$, $r = 0.05$, $q = 0$, $\sigma = 0.2$, $T = 1$로 해 식 (22.2)로 평가된다. 갭옵션의 가치는 1,896달러이다. 보험가입자가 보험청구비용을 부담하는 것은 이 경우 보험회사에게 보험계약의 비용을 약 45% 절약해주는 효과가 있다.

에 시작해 5년 후에 만기가 되는 등가격 옵션의 가치는 오늘 시작하는 2년 만기 등가격 옵션의 가치와 동일하다(문제 22.13 참조).

클리켓옵션

클리켓옵션(cliquet option, 래칫옵션 또는 행사가격 조정옵션이라고도 함)은 행사가격을 결정하는 규칙이 포함된 일련의 콜옵션 또는 풋옵션이다. 행사가격 조정일이 τ, 2τ, $\cdots$, $(n-1)\tau$이고, $n\tau$가 클리켓옵션의 만기일이라고 하자. 간단한 구조는 다음과 같다. 첫 번째 옵션의 행사가격은 K(자산의 초기가격과 동일하게 설정될 수 있음)이고 0과 τ시점 사이에서 유효하고, 두 번째 옵션은 τ시점에서의 자산 가격이 행사가격이 되며 이득을 2τ시점에서 제공하고, 세 번째 옵션은 2τ시점에서의 자산 가격이 행사가격이 되며 이득을 3τ시점에서 제공하며, 나머지 옵션도 동일하게 설정된다. 이는 표준옵션에 $n-1$개 선도유효옵션을 결합한 형태이다.

복합옵션

복합옵션(compound option)은 옵션에 대한 옵션이다. 복합옵션에는 다음과 같은 네 가지 주요 유형이 있다—콜옵션에 대한 콜옵션, 콜옵션에 대한 풋옵션, 풋옵션에 대한 콜옵션, 풋옵션에 대한 풋옵션. 복합옵션은 2개의 행사가격과 2개의 만기일을 갖는다. 예를 들어 콜옵션에 대한 콜옵션을 고려해보자. 첫 번째 옵션 행사일 T_1에서 복합옵션 소유자는 첫 번째 행사가격 K_1을 지불하고 콜옵션을 받을 권리를 갖는다. 이 콜옵션은 옵션 소유자에게 두 번째 옵션 행사일인 T_2에서 두 번째 행사가격 K_2를 지불하고 기초자산을 매입할 수 있는 권리를 부여한다. 복합옵션은 첫 번째 옵션 행사일에서 두 번째 옵션의 가치가 첫 번째 행사가격보다 높은 경우에만 행사된다. 일반적으로 복합옵션은 기본형 옵션보다 변동성에 훨씬 더 민감하게 반응하는 경향이 있다.

선택옵션

선택옵션(chooser option, 'as you like it 옵션'이라고도 함)은 특정 기간이 지난 후에 소유자가 옵션을 콜옵션으로 할 것인지 아니면 풋옵션으로 할 것인지를 결정할 수 있는 옵션이다. 선택 시점을 T_1이라고 가정하자. 이 시점에서 선택옵션의 가치는 다음과 같다.

$$\max(c, p)$$

여기서 c는 선택옵션의 기초가 되는 콜옵션의 가치이고 p는 선택옵션의 기초가 되는 풋옵션의 가치이다.

선택옵션의 기초가 되는 옵션이 모두 유러피언 옵션이고 동일한 행사가격을 갖는다면, 풋-콜 패리티를 이용해 가치를 평가할 수 있다. S_1이 T_1시점에서의 기초자산 가격, K가 행사가격, T_2가 선택옵션의 만기일, r이 무위험이자율이라고 정의하면, 풋-콜 패리티에 의해 다음 관계가 성립한다.

$$\begin{aligned}\max(c, p) &= \max(c, c + Ke^{-r(T_2-T_1)} - S_1e^{-q(T_2-T_1)}) \\ &= c + e^{-q(T_2-T_1)}\max(0, Ke^{-(r-q)(T_2-T_1)} - S_1)\end{aligned}$$

이 식은 선택옵션이 다음 두 포지션으로 구성된 패키지임을 보여준다.

1. 행사가격이 K이고 만기가 T_2인 콜옵션 1개
2. 행사가격이 $Ke^{-(r-q)(T_2-T_1)}$이고 만기가 T_1인 풋옵션 $e^{-q(T_2-T_1)}$개

따라서 선택옵션의 가치는 위 패키지의 가치를 평가하면 쉽게 측정된다.

장애물옵션

장애물옵션(barrier option)은 기초자산의 가격이 일정 기간에 일정 수준에 도달했는지 여부에 의해 이득이 결정되는 옵션이다. 여러 유형의 장애물옵션이 장외시장에서 정기적으로 거래된다. 이들 옵션은 기본형 옵션보다 저렴한 가격 때문에 일부 시장 참여자에게 인기를 끌고 있다. 장애물옵션은 녹아웃옵션(knock-out option)과 녹인옵션(knock-in option)으로 분류된

다. 녹아웃옵션은 기초자산의 가격이 일정 수준에 도달하면 효력이 소멸되는 옵션이고, 녹인옵션은 기초자산의 가격이 일정 수준에 도달하면 효력이 발생하는 옵션이다.

녹아웃옵션에는 네 가지 유형의 옵션이 있다. **상향녹아웃콜옵션**(up-and-out call option)의 경우 기초자산의 가격이 장애물가격(barrier price)에 도달하기 전에는 유러피언 표준 콜옵션과 동일한 권리를 갖지만, 기초자산의 가격이 장애물가격에 도달하면 모든 권리가 소멸한다. 장애물가격은 옵션 개시 때의 기초자산 가격보다 높다. **하향녹아웃콜옵션**(down-and-out call option)도 이와 유사하게 정의되는데, 장애물가격은 옵션 개시 때의 기초자산 가격보다 낮다. **상향녹아웃풋옵션**(up-and-out put)과 **하향녹아웃풋옵션**(down-and-out put)도 비슷하게 정의된다.

녹인옵션에도 네 가지 유형의 옵션이 있다. **상향녹인콜옵션**(up-and-in call option)의 경우 기초자산의 가격이 장애물가격에 도달한 후에는 유러피언 표준 콜옵션과 동일한 권리를 갖지만, 그 전에는 권리를 갖지 못한다. 장애물가격은 옵션 개시 때의 기초자산 가격보다 높다. **하향녹인콜옵션**(down-and-in call option)은 장애물가격이 옵션 개시 때의 기초자산 가격보다 낮다는 점에서 상향녹인콜옵션과 다르다. **상향녹인풋옵션**(up-and-in put option)과 **하향녹인풋옵션**(down-and-in in option)도 이와 유사하게 정의된다. 장애물옵션의 가격과 표준형 옵션의 가격 간에는 일정한 관계가 존재한다. 예를 들어 하향녹아웃콜옵션 가격과 하향녹인콜옵션 가격의 합은 유러피언 표준옵션의 가격과 동일해야 한다. 마찬가지로, 하향녹아웃풋옵션 가격과 하향녹인풋옵션 가격의 합은 유러피언 표준옵션의 가격과 동일해야 한다.

장애물옵션은 간혹 표준옵션과 매우 상이한 속성을 갖기도 한다. 예를 들어 장애물옵션의 베가는 종종 0보다 작다. 기초자산의 가격이 장애물가격에 근접한 경우의 상향녹아웃콜옵션을 고려해보자. 기초자산의 변동성이 증가함에 따라 장애물가격에 도달할 가능성은 증가한다. 따라서 기초자산의 변동성 증가는 장애물옵션의 가격을 하락시키는 원인이 된다.

장애물가격에 도달했는지 여부를 결정할 때 가격은 대체로 연속적으로 관찰된다.[2] 그러나 계약조건에 따라 가격이 정기적으로(예: 매일 한 번 오후 3시에) 관찰되기도 한다.

지금까지 소개한 장애물옵션의 단점 중 하나는 자산 가격의 급격한 변동으로 말미암아 옵션의 녹아웃이나 녹인이 발생할 수 있다는 점이다. 이런 단점을 극복하기 위한 대안이 **패리시안옵션**(Parisian option)인데, 이 경우 자산 가격이 일정 기간 장애물가격을 상회하거나 하회해야만 옵션의 녹아웃이나 녹인이 발행하도록 한다. 예를 들어 행사가격이 초기 자산 가격의 90%이고 장애물가격은 초기 자산 가격의 75%로 설정된 하향녹아웃 패리시안옵션의 경우 자산 가격이 장애물가격을 50일 이상 하회해야만 녹아웃된다고 규정할 수 있다. (이때 '50일'은

2 가격이 증가(감소)해 장애물가격에 도달했는지 확인하는 한 가지 방법은 기초자산을 특정 가격에 매도(매입)하기 위한 지정가주문(limit order)을 거래소에 내고 주문이 체결되는지를 확인하는 것이다.

연속된 50일로 규정할 수도 있고 연속 여부를 따지지 않고 50일을 세는 것으로 규정할 수도 있다.) 패리시안옵션의 가치평가는 일반 장애물옵션보다 매우 복잡하다.[3] 이 경우 몬테카를로 시뮬레이션을 사용할 수 있다.

이원옵션

이원옵션(binary option)은 이득 패턴이 불연속적인(discontinuous) 옵션이다. 이원옵션의 단순한 예는 **현금이원콜옵션**(cash-or-nothing call option)이다. 이 옵션은 T시점에서 주가가 행사가격보다 낮으면 아무것도 지급하지 않고, 반대로 주가가 행사가격보다 높으면 고정금액 Q를 지급한다. 옵션 만기일에 주가가 행사가격보다 높을 위험중립 확률은 $N(d_2)$이다. 따라서 현금이원콜옵션의 가치는 $Qe^{-rT}N(d_2)$이다. **현금이원풋옵션**(cash-or-nothing put option)도 이와 유사하게 정의된다. 즉 이 옵션은 주가가 행사가격보다 낮으면 Q를 지급하고 반대로 주가가 행사가격보다 높으면 아무것도 지급하지 않는다. 따라서 현금이원풋옵션의 가치는 $Qe^{-rT}N(-d_2)$이다.

이원옵션의 다른 유형으로 **자산이원콜옵션**(asset-or-nothing call option)이 있다. 이 옵션은 기초자산 가격이 행사가격보다 낮으면 아무것도 지급하지 않고 반대로 자산 가격이 행사가격보다 높으면 자산 가격과 동일한 금액을 지급한다. 이 콜옵션의 가치는 $S_0e^{-qT}N(d_1)$이다. **자산이원풋옵션**(asset-or-nothing put option)은 기초자산 가격이 행사가격보다 높으면 아무것도 지급하지 않고 반대로 자산 가격이 행사가격보다 낮으면 자산 가격과 동일한 금액을 지급한다. 이 풋옵션의 가치는 $S_0e^{-qT}N(-d_1)$이다.

유러피언 표준 콜옵션은 자산이원콜옵션에 매입포지션을 취하고 동시에 현금이원콜옵션에 매도포지션을 취한 것과 동등하다(여기서 현금이원콜옵션의 현금이득은 행사가격과 동일함). 마찬가지로, 유러피언 표준 풋옵션은 현금이원풋옵션에 매입포지션을 취하고 동시에 자산이원풋옵션에 매도포지션을 취한 것과 동등하다(여기서 현금이원풋옵션의 현금이득은 행사가격과 동일함).

룩백옵션

룩백옵션(lookback option)은 이득이 옵션 만기까지 기간 중 최대 또는 최소 자산 가격에 의해 결정되는 옵션이다. **변동 룩백콜옵션**(floating lookback call)의 이득은 만기일의 최종 자산 가격이 옵션 만기까지 기간 중 최소 자산 가격을 초과한 금액이다. **변동 룩백풋옵션**(floating lookback put)의 이득은 옵션 만기까지 기간 중 최대 자산 가격이 만기일의 최종 자산 가격을

3 예를 들어 다음을 참조하라. M. Chesney, J. Cornwall, M. Jeanblanc-Picqué, G. Kentwell, M. Yor, "Parisian Pricing" *Risk*, 10, 1(1997): 77–79.

초과한 금액이다.

변동 룩백콜옵션은 소유자가 기초자산을 옵션 만기까지 기간 중 최소 가격으로 매입할 수 있는 옵션이다. 마찬가지로 변동 룩백풋옵션은 소유자가 기초자산을 옵션 만기까지 기간 중 최대 가격으로 매도할 수 있는 옵션이다. 룩백옵션의 기초자산은 가끔 상품이 되기도 한다. 최대 또는 최소 가격을 계산할 때 자산 가격을 관찰하는 빈도는 중요하므로 계약에 명시되어야 한다.

고정 룩백옵션(fixed lookback option)의 경우 행사가격이 고정된다. 고정 룩백콜옵션의 이득은 표준 콜옵션의 이득과 동일하지만 최종 자산 가격 대신 옵션 잔존기간 동안의 최대 가격을 이용한다는 점에서 차이가 있다. 고정 룩백풋옵션의 이득은 표준 풋옵션의 이득과 동일하지만 최종 자산 가격 대신 옵션 잔존기간 동안의 최소 가격을 이용한다는 점에서 차이가 있다.

샤우트옵션

샤우트옵션(shout option)의 소유자는 유러피언 옵션의 만기 이전 발행자에게 '고함칠' 기회를 한 번 갖는다. 옵션 만기일에 옵션 소유자는 유러피언 표준옵션의 이득 또는 '고함친' 시점에서의 내재가치 중에서 큰 금액을 수령한다. 예를 들어 행사가격이 50달러이고 기초자산의 주가가 60달러일 때 콜옵션 소유자가 '고함쳤다'고 하자. 만일 기초자산의 종가가 60달러 이하이면 소유자의 이득은 10달러이다. 만일 기초자산의 종가가 60달러 이상이면 소유자는 종가에서 50달러를 차감한 금액을 수령한다.

샤우트옵션은 룩백옵션과 여러 면에서 속성이 동일하지만 훨씬 저렴하다. 자산가치가 S_τ인 τ시점에서 옵션 소유자가 '고함친' 경우 옵션의 이득은 다음과 같다.

$$\max(0, S_T - S_\tau) + (S_\tau - K)$$

단, K는 행사가격, S_T는 T시점에서의 기초자산 가치이다. 선언하는 시점인 τ에서의 가치는 $S_\tau - K$의 현재가치(수령하는 시점은 T임)와 행사가격이 S_τ인 유러피언 옵션의 가치를 합한 값이다. 따라서 샤우트옵션의 가치는 이항트리를 이용해 평가할 수 있다. 이항트리를 끝에서부터 역방향으로 따라가면서 각 노드에서 '고함치는' 것이 최적인지 검증하게 된다.

아시안옵션

아시안옵션(Asian option)은 이득이 옵션 만기 전 일부 기간의 기초자산 평균 가격에 의해 결정되는 옵션이다. **평균가격콜옵션**(average price call)의 이득은 $\max(0, S_{ave} - K)$이고, **평균가격풋옵션**(average price put)의 이득은 $\max(0, K - S_{ave})$이다. 여기서 S_{ave}는 기초자산의 평균가격을 의미한다. 기초자산 평균가격에 기초하는 옵션인 아시안옵션은 기초자산 평균가격을 의미한다. 기초자산의 평균가격에 기초하는 옵션인 아시안옵션은 표준옵션보다 저렴하고 기업 재무 담당자의 필요에 부응하는 데 보다 적절할 수 있다. 예를 들어 어떤 미국 기업이 1억 호주 달러를 향후 1년에 걸쳐 균등하게 받을 예정이라고 가정하자. 이때 재무 담당자는 향후 1년 동안 일정 수준 이상의 평균 환율을 보장할 수 있는 옵션에 관심을 가질 것이다. 이 목적을 달성하는 데 평균가격풋옵션이 표준풋옵션보다 더 효과적일 수 있다. 이항트리와 몬테카를로 시뮬레이션을 함께 이용해 아시안옵션의 가치를 평가하는 방법은 18장에서 소개했다.

아시안옵션의 다른 유형으로 평균행사가격옵션(average strike option)이 있다. **평균행사가격콜옵션**(average strike call)의 이득은 $\max(0, S_T - S_{ave})$이고, **평균행사가격풋옵션**(average strike put)의 이득은 $\max(0, S_{ave} - S_T)$이다. 일정 기간에 기초자산을 여러 번 매입하는 경우 평균행사가격콜옵션을 함께 매입하면 기초자산 평균 매입가격이 만기 시점의 기초자산 가격보다 크지 않도록 만드는 효과가 생긴다. 마찬가지로 일정 기간 동안 기초자산을 여러 번 매도하는 경우 평균행사가격풋옵션을 매입하면 기초자산 평균 매도가격이 만기 시점의 기초자산 가격보다 낮지 않도록 만드는 효과가 생긴다.

교환옵션

교환옵션(exchange option)은 한 유형의 자산을 다른 유형의 자산과 교환할 수 있는 권리가 부여된 옵션으로서 여러 가지 상황에서 발행된다. 호주 달러로 일본 엔화를 매입할 수 있는 옵션은 미국 투자자 입장에서는 한 유형의 외화자산을 다른 유형의 외화자산과 교환하는 옵션이다. 주식의 공개매수제안(tender offer)은 한 기업의 주식을 다른 기업의 주식과 교환하는 옵션으로 볼 수 있다.

두 자산 중에서 더 좋은 것을 취득할 수 있는 옵션과 더 나쁜 것을 취득할 수 있는 옵션도 교환옵션으로 볼 수 있다. 이는 2개의 자산 중에서 하나의 자산에 포지션을 취하면서 동시에 다른 자산과 교환할 수 있는 옵션을 함께 소유한 것과 같다. 이를 수식으로 나타내면 다음과 같다.

$$\min(U_T, V_T) = V_T - \max(V_T - U_T, 0)$$
$$\max(U_T, V_T) = U_T + \max(V_T - U_T, 0)$$

여러 자산과 연관된 옵션

2개 또는 그 이상의 위험자산과 연관된 옵션은 보통 **무지개옵션**(rainbow option)이라 한다. 6장에서 설명한 시카고상품거래소(CBOT)에서 거래되는 채권선물계약은 이 옵션에 속한다.

채권선물계약에 매도포지션을 취한 거래자는 채권 인도 시 다양한 채권 중에서 하나를 선택할 수 있다.

아마도 여러 자산과 연관된 옵션 중 가장 자주 언급되는 예는 **바스켓옵션**(basket option)일 것이다. 이 옵션은 이득이 자산포트폴리오 또는 바스켓의 가치에 의존한다. 바스켓에는 개별 주식, 주가지수, 외국통화 등이 포함될 수 있다. 바스켓옵션 가격은 자산 가격의 변동성과 자산 간의 상관계수로 결정된다. 상관계수는 보통 과거 자료로부터 추정된다.

22.2 기관 부동산담보증권

미국의 금리파생상품 시장(8장 참조)의 특성 중 하나는 **주택저당증권**(mortgage-backed security, MBS)이 활발하게 거래되고 있다는 점이다. MBS는 금융기관이 주택담보대출 포트폴리오의 일부를 투자자에게 매각할 때 발행된다. 주택담보대출은 풀(pool)로 모아지고 투자자는 풀의 일부에 대한 지분을 소유하기 위해 증권을 매입한다. 이 증권이 부동산담보증권이다. 투자자는 MBS를 유통시장에서 다른 투자자에게 매각할 수 있다. 총지분의 X% 단위를 소유하는 투자자는 풀의 담보대출에서 발생하는 원금과 이자의 X%를 배분받을 권리를 갖는다.

기관 MBS(agency MBS)의 기초자산이 되는 담보대출은 (8장에서 고려한 담보대출과는 달리) 일반적으로 GNMA(Government National Mortgage Association) 또는 FNMA(Federal National Mortgage Association)와 같은 공공기관에 의해 보장되므로, 투자자는 부도로부터 보호된다. 이와 같은 이유로 기관 MBS는 정부가 발행하는 보통의 고정수익증권(fixed-income security)과 유사하다. 그러나 기관 MBS는 보통의 고정수익증권과 중대한 차이가 있다. MBS 풀의 담보대출은 조기상환권리(prepayment privilege)를 갖는데, 이는 차입자에게 대단히 가치 있는 권리일 수 있다. 미국에서 담보대출의 만기는 대체로 30년이고, 어떤 시점에서든 상환될 수 있다. 이는 차입자가 담보대출을 액면가에 대출기관에게 매도할 수 있는 30년 만기 아메리칸 옵션을 소유하고 있음을 의미한다.

실제로 담보대출의 조기상환은 여러 이유로 발생한다. 한 예로, 이자율이 하락하면 주택 소유자는 낮은 이자율로 자금을 다시 조달하려고 기존 대출을 상환한다. 다른 예로 주택이 단순히 팔렸기 때문에 기존 대출을 상환하기도 한다. 따라서 공적 MBS의 가치를 평가할 때 가장 중요한 요소는 **조기상환함수**(prepayment function)이다. 조기상환함수는 특정 시점에서 풀의 조기상환액 기댓값을 이자율 및 기타 관련 변수의 함수로 나타낸다.

조기상환함수로 개별 대출의 실제 조기상환액을 추정하려 하면 매우 부정확한 값을 얻게 된다. 그러나 많은 수의 유사한 담보대출이 하나의 풀에 포함되어 있다면 '대수의 법칙(law of large numbers)'이 작용하기 때문에 과거 자료의 분석으로부터 풀 전체의 조기상환액을 정확하게 추정하는 것이 가능하다. 이미 설명했듯이, 조기상환이 이자율 변화 시에만 이루어지는 것은 아니다. 그럼에도 이자율이 높을 때보다 낮을 때 조기상환이 많이 이루어지는 경향이 있다. 이는 투자자가 다른 고정수익증권보다 기관 MBS에 대해 높은 수익률을 요구한다는 것을 의미한다. 왜냐하면 조기상환으로 받은 현금은 낮은 이자율로 재투자되는 경향이 있기 때문이다.

CMO

가장 단순한 기관 MBS는 **자동이전형**(pass-through)이다. 자동이전형의 경우 모든 투자자는 동일한 수익률을 얻으며 동일한 수준의 조기상환위험(prepayment risk)에 노출된다. 그러나 모든 MBS가 이러한 형태로 발행되지는 않는다. CMO(collateralized mortgage obligation)의 경우 투자자는 여러 트랑슈(tranche) 또는 클래스(class)로 구분되며 클래스별로 원금이 어떻게 상환되는지를 정하는 규칙이 있다. 각 클래스는 상이한 크기의 조기상환위험을 부담한다. 따라서 CMO 구조는 8장에서 설명한 ABS 구조와 개념적으로 유사하지만 투자자가 부도위험을 부담하지 않는다는 점에서 상이하다.

CMO의 예시로 투자자들이 A클래스, B클래스, C클래스로 분류된 기관 MBS를 고려해보자. 상환되는 모든 원금(상환스케줄에 의해 상환되는 원금과 조기상환되는 원금)은 A클래스 투자자들의 원금이 완전히 상환될 때까지 A클래스 투자자에게 우선 지급된다. 이후에 B클래스 투자자들에게 지급되고 최종적으로 C클래스 투자자들에게 지급된다. 이 경우에 A클래스 투자자들이 대부분의 조기상환위험을 부담한다. A클래스 증권의 만기는 B클래스 증권의 만기보다 짧게 되고, 다시 B클래스 증권의 만기는 C클래스 증권의 만기보다 짧게 된다.

CMO를 만든 목적은 단순한 자동이전형 MBS보다 기관투자자에게 더 매력적인 유형의 증권을 만드는 데 있다. 각 클래스의 투자자들이 부담하는 조기상환위험은 각 클래스의 원금(par value)에 의해 결정된다. 예를 들어 A, B, C클래스의 원금이 각각 400, 300, 100이면, C클래스의 투자자들은 조기상환위험에 거의 노출되지 않는다. 반면에 A, B, C클래스의 원금이 각각 100, 200, 500이면, C클래스의 투자자들은 보다 큰 조기상환위험에 노출된다.

IO와 PO

분리형 MBS(stripped MBS)의 경우 원금은 이자금액과 분리된다. 즉 모든 원금상환액은 PO(principal only)라고 하는 증권 클래스로 전달된다. 그리고 모든 이자금액은 IO(interest only)라고 하는 다른 증권 클래스로 전달된다. IO와 PO는 모두 위험이 있는 증권이다. 조기상환율이 증가하면 PO의 가치는 증가하는 반면 IO의 가치는 감소한다. 그리고 조기상환율이 감소하면 반대 현상이 발생한다. PO의 경우 고정된 원금이 투자자에게 지급되나 지급 시점은 불확실하다. 기초자산 풀의 조기상환율이 증가한다는 것은 현금을 일찍 수령하게 된다는 것이므로 PO 투자자들에게는 좋은 소식이 된다. 반면에 조기상환율이 감소한다는 것은 원금상환이 감소한다는 것이므로 PO 투자자의 수익률이 감소함을 의미한다. IO의 경우 투자자들이 수령하는 총현금흐름은 불확실하다. 조기상환율이 높을수록 IO 투자자들이 수령하는 현금흐름은 감소하고, 조기상환율이 낮을수록 IO 투자자들이 수령하는 현금흐름은 증가한다.

22.3 비표준형 스왑

기본형 금리스왑(plain vanilla swap)은 7장에서 이미 설명한 바 있다. 스왑은 LIBOR 기준의 이자와 고정금리 기준의 이자를 교환하는 계약이다. 7장의 실무사례 7.1은 가상적인 기본형 스왑의 약정사항을 보여준다. 이 절에서는 여러 유형의 비표준형 스왑(nonstandard swap agreement)을 설명한다.[4]

기본계약의 변형

7장에서 설명한 기본형 스왑 구조에 약간의 변화를 가미한 형태의 여러 스왑이 설계되고 있다. 일부 스왑의 액면금액은 미리 정한 방식으로 시간에 따라 변한다. 액면금액이 시간의 증가함수인 스왑을 **체증스왑**(step-up swap)이라고 한다. 액면금액이 시간의 감소함수인 스왑을 **상각스왑**(amortizing swap)이라고 한다. 체증스왑은 특정 프로젝트에 필요한 자금을 변동금리로 점차 증가시키면서 차입해 이를 고정금리로 교환하고자 하는 건설회사에 유용하다. 상각스왑은 특정 조기상환 일정하에서 자금을 고정금리로 차입해 이를 변동금리로 교환하고자 하는 기업에 유용하다.

계약원금이 스왑 당사자 간에 상이할 수 있다. 또한 지급주기도 상이할 수 있다. 실무사례 22.1은 마이크로소프트와 골드만삭스 간의 가상적인 스왑계약을 보여준다. 변동금리 쪽의 액면금액은 1억 2,000만 달러이고 고정금리 쪽의 액면금액은 1억 달러이다. 또한 변동금리 쪽은 이자를 매월 지급하는 반면에 고정금리 쪽은 이자를 6개월마다 지급한다.

스왑의 변동기준금리가 항상 LIBOR인 것은 아니다. 예를 들어 일부 스왑에서는 CP(commercial paper) 이자율이 사용되기도 한다. 베이시스스왑(basis swap)은 하나의 변동금리를 기준으로 한 현금흐름과 다른 변동금리를 기준으로 한 현금흐름이 교환된다. 예를 들어 액면금액 1억 달러에 3개월 만기 CP 이자율에 10베이시스 포인트를 더한 이자율과

4 여기서 설명하는 다양한 스왑계약의 가치를 평가하는 방법은 J. C. Hull의 *Options, Futures, and Other Derivatives*(9판, 2015)의 33장에 설명되어 있다.

실무사례 22.1 비표준형 스왑의 가상 약정사항

거래일	2016년 1월 5일
계약유효일	2016년 1월 11일
영업일 관례(모든 날짜에 적용)	다음 영업일
공휴일 계산	미국 기준
종료일	2021년 1월 11일
고정금액	
고정금리 지급자	마이크로소프트
고정금리 명목원금	USD 1억 달러
고정금리	연 6%
고정금리 일수계산	실제 일수/365
고정금리 지급일	2016년 7월 11일부터 2021년 1월 11일(포함)까지의 기간 중 매 7월 11일과 1월 11일
변동금액	
변동금리 지급자	골드만삭스
변동금리 명목원금	USD 1억 2,000만 달러
변동금리	USD 1개월 만기 LIBOR
변동금리 일수계산	실제 일수/360
변동금리 지급일	2016년 7월 11일부터 2021년 1월 11일(포함)까지 매월 11일

LIBOR가 각각 적용되어 교환되기도 한다. 베이시스스왑은 자산과 부채가 상이한 변동기준 금리에 의존하는 금융기관의 위험관리 목적으로 사용할 수 있다.

복리스왑

기본형 스왑의 변형된 형태로 복리스왑(compounding swap)이 있다. 실무사례 22.2는 가상 복리스왑에서의 약정사항을 보여주고 있다. 이 예시에서는 변동금리와 고정금리 기준의 이자가 단 한 번 지급된다. 즉 이자는 스왑의 만기일에 단 한 번 지급된다. 변동금리는 LIBOR에 20베이시스 포인트를 더해 결정된다. 변동금리 기준의 이자는 지급되지 않고 LIBOR + 10bp의 이자율로 스왑의 만기일까지 복리계산된다. 그리고 고정금리는 6%이다. 고정금리이자도 지급되지 않고 스왑의 만기일까지 6.3%의 이자율로 복리계산된다.

가치평가와 볼록성 조정

7장에서는 미래의 이자율이 오늘 시장에서 관찰할 수 있는 선도금리와 동일하다는 가정하에서 기본형 금리스왑과 통화스왑을 평가했다. 이 장에서 지금까지 설명한 비표준형 스왑도 이

실무사례 22.2 복리스왑의 가상 약정사항

거래일	2016년 1월 5일
계약유효일	2016년 1월 11일
공휴일 계산	미국 기준
영업일 관례(모든 날짜에 적용)	다음 영업일
종료일	2021년 1월 11일
고정금액	
고정금리 지급자	마이크로소프트
고정금리 명목원금	USD 1억 달러
고정금리	연 6%
고정금리 일수계산	실제 일수/365
고정금리 지급일	2021년 1월 11일
고정금리 복리계산	6.3% 적용
고정금리 복리계산일	2016년 7월 11일부터 2020년 7월 11일(포함)까지의 기간 중 매 7월 11일과 1월 11일
변동금액	
변동금리 지급자	골드만삭스
변동금리 명목원금	USD 1억 달러
변동금리	USD 6개월 만기 LIBOR+20베이시스 포인트
변동금리 일수계산	실제 일수/360
변동금리 지급일	2021년 1월 11일
변동금리 복리계산	LIBOR+10베이시스 포인트
변동금리 복리계산일	2016년 7월 11일부터 2020년 7월 11일(포함)까지 기간 중 매 7월 11일과 1월 11일

런 방식으로 평가될 수 있다. 그러나 다음에 설명하는 세 가지 스왑은 앞에서 설명한 것과 동일한 방식으로 평가될 수 없다. 즉 이들 스왑은 미래의 이자율이 오늘 관찰한 선도금리에 조정금리를 더한 것과 같다는 가정하에서 평가된다. 이와 같은 조정을 **볼록성 조정**(convexity adjustment)이라 한다.[5]

LIBOR지연스왑

기본형 금리스왑에서는 지급일에 관찰된 변동금리의 이자가 다음 지급일에 지급된다. 기본형 금리스왑 대신 LIBOR지연스왑(LIBOR-in-arrears swap)이 거래되는 경우가 있다. 이 스왑에

5 볼록성 조정의 유형은 다음을 참조하라. J. C. Hull, *Options, Futures, and Other Derivatives*, 9th edn. New York: Pearson 2015, Chapter 30.

서는 지급일에 관찰된 변동금리의 이자가 그날 지급된다.

CMS 스왑

CMS(constant maturity swap)는 변동금리가 일정 만기를 갖는 스왑의 스왑이자율과 동일한 금리스왑이다. 예를 들어 CMS에서 변동금리의 이자는 5년 만기 스왑이자율과 동일한 이자율로 매 6개월마다 지급된다. 일반적으로 변동금리의 이자는 시차(lag)를 두고 결정된다. 즉 특정 지급일의 변동금리 이자는 지난번 지급일에서 관찰된 스왑이자율에 의해 결정된다. 이자율이 t_0, t_1, t_2, ..., 시점에서 결정되고 t_1, t_2, t_3, ..., 시점에서 이자가 지급되며 L이 명목원금이라고 가정하자. t_{i+1}시점에서의 변동금리 이자는 $\delta_i L s_i$과 같다. 여기서 $\delta_i = t_{i+1} - t_i$이고, L은 원금, s_i는 t_i시점에서의 5년 만기 스왑이자율이다.

디프스왑

디프스왑(differential swap 또는 diff swap)은 한 통화 기준의 액면금액에 다른 통화 기준의 변동금리를 적용해 변동금리의 이자를 결정하는 금리스왑이다. 예를 들어 한쪽이 지급하는 금액은 USD 액면금액에 USD LIBOR를 적용해 결정하고, 다른 쪽이 지급하는 금액은 동일한 USD 액면금액에 GBP LIBOR(±스프레드)를 적용해 결정한다. 디프스왑은 가끔 **콴토**(quanto)라고도 한다.

디프스왑으로부터 얻는 이익은 온전히 '이자율'에 의해서만 정해진다. 이는 변동금리와 변동금리를 교환하는 통화스왑과는 상이하다. 앞의 디프스왑 예에서 GBP를 LIBOR 기준으로 지급하는 기업은 GBP LIBOR가 USD LIBOR에 비해 상대적으로 감소하면 이익을 얻고 반대 현상이 발생하면 손해를 본다. GBP 변동금리의 이자와 USD 변동금리의 이자가 교환되는 통화스왑으로부터의 이득은 두 국가의 이자율 움직임뿐만 아니라 환율의 움직임에 의해서도 영향을 받는다.

주식스왑

주식스왑은 한쪽에서 액면금액에 주가지수 수익률을 적용한 금액을 지급하고 다른 쪽에서는 액면금액에 고정 또는 변동수익률을 적용한 금액을 지급하기로 약정한 스왑이다. 펀드 매니저는 주식스왑을 이용해 주식을 매입 또는 매도하지 않고도 지수에 노출된 정도를 증가 또는 감소시킬 수 있다. 주식스왑은 시장의 요구에 부응해 지수에 대해 일련의 선도계약을 하나의 상품으로 묶어 놓은 것으로 볼 수 있다.

이 스왑에 활용되는 주가지수로는 배당금이 지수 구성 주식에 재투자된다는 가정하에 계산된 총수익률지수(total return index)를 선택하는 것이 보통이다. 실무사례 22.3은 주식스왑

실무사례 22.3 주식스왑의 가상 약정사항

거래일	2016년 1월 5일
계약유효일	2016년 1월 11일
영업일 관례(모든 날짜에 적용)	다음 영업일
공휴일 계산	미국 기준
종료일	2021년 1월 11일
주식 측 금액	
주식 측 지급자	마이크로소프트
주식 측 원금	USD 1억 달러
주식 지수	총수익률 S&P 500지수
주식 측 지급액	$100(I_1-I_0)/I_0$, 단 I_1은 지급일에서의 지수 값이고 I_0는 바로 전 지급일의 지수 값임. 첫 번째 지급일의 경우 I_0는 2016년 1월 11일의 지수 값임.
주식 측 지급일	2016년 7월 11일부터 2021년 1월 11일(포함)까지의 기간 사이 모든 7월 11일과 1월 11일
변동 측 금액	
변동금리 지급자	골드만삭스
변동금리 명목원금	USD 1억 달러
변동금리	USD 6개월 만기 LIBOR
변동금리 일수계산	실제 일수/360
변동금리 지급일	2016년 7월 11일부터 2021년 1월 11일(포함)까지의 기간 사이 모든 7월 11일과 1월 11일

의 약정사항을 보여준다. 여기서 마이크로소프트는 골드만삭스에 원금에 S&P 500지수의 6개월 수익률을 적용한 금액을 지급하고, 골드만삭스는 마이크로소프트에 원금에 6개월 만기 LIBOR를 적용한 금액을 지급한다. 스왑의 원금은 1억 달러로 동일하며 매 6개월마다 현금흐름이 교환된다.

발생스왑

발생스왑(accrual swap)은 변동기준금리가 일정 범위에 있는 경우에만 한쪽의 이자가 발생하는 스왑이다. 경우에 따라 이 범위는 스왑의 만기 동안 고정되기도 하고, 정기적으로 재조정되기도 한다.

발생스왑의 간단한 예로 고정금리 6%가 매 분기마다 3개월 LIBOR와 교환되는 스왑을 고려해보자. 원금은 1,000만 달러이고 고정금리는 3개월 LIBOR가 연 8% 이하인 날에만 발생한다. n_1을 분기 중 3개월 LIBOR가 8% 이하인 날의 수로, n_2를 연간 일수로 정의하자. 각 분기 말에 지급되는 금액은 다음과 같다.

$$10,000,000 \times 0.06 \times \frac{n_1}{n_2}$$

예를 들어 $n_1 = 25$일이고 $n_2 = 365$일이면 분기 말에 지급되는 금액은 41,096달러이다. 기본형 스왑의 경우 지급금액은 150,000달러(= 10,000,000 × 0.06 × 0.25)이다.

기본형 스왑과 비교해, 고정금리 지급자는 이자율이 8% 이상인 날에는 매일 10,000,000 × 0.06/365 = 1,644달러를 절약한다. 따라서 고정금리 지급자의 포지션은 기본형 스왑에 일련의 이원옵션(binary option)을 부가시킨 것(스왑 만기 동안 일별로 옵션 1개씩)으로 간주할 수 있다.

취소가능스왑

취소가능스왑(cancelable swap)은 한쪽이 한 번 또는 여러 번의 지급일에서 계약을 종료할 수 있는 옵션을 소유하는 기본형 금리스왑이다. 스왑을 종료한다는 것은 상쇄스왑(offsetting swap 또는 opposite swap)을 체결하는 것과 동일하다. 예를 들어 마이크로소프트와 골드만삭스 간의 스왑을 고려해보자. 만일 계약을 취소할 수 있는 옵션을 마이크로소프트가 가지고 있다면, 마이크로소프트는 기본형 스왑과 상쇄스왑을 체결할 수 있는 옵션 매입포지션을 함께 가지고 있는 셈이다. 만일 계약을 취소할 수 있는 옵션을 골드만삭스가 가지고 있다면, 마이크로소프트는 기본형 스왑에 동일한 스왑을 체결할 수 있는 옵션 매도포지션을 함께 소유한 셈이다.

만일 종료일이 단 하루이면, 취소가능스왑은 기본형 스왑과 유러피언 스왑옵션을 합한 것과 동일하다. 예를 들어 마이크로소프트가 6%를 수령하고 LIBOR를 지급하는 10년 만기 스왑을 고려해보자. 그리고 마이크로소프트가 6년 후에 종료할 수 있는 옵션을 소유한다고 가정하자. 이 스왑은 6%를 수령하고 LIBOR를 지급하는 10년 만기 기본형 스왑에 6%를 지급하고 LIBOR를 수령하는 4년 만기 스왑을 체결할 수 있는 6년 만기 유러피언 옵션에 매입포지션을 취한 것과 동등하다(후자는 6×4 유러피언 옵션이라고 함). 유러피언 스왑옵션의 가치를 평가하는 표준시장모형은 21장에서 설명했다.

여러 지급일에서 종료될 수 있는 취소가능스왑은 기본형 스왑과 버뮤다형(Bermudan-style) 스왑옵션을 합한 것과 같다. 예를 들어 마이크로소프트가 6개월마다 6%를 수령하고 LIBOR를 지급하는 5년 만기 스왑을 체결했다고 가정하자. 그리고 상대방이 2~5년 사이에 속하는 지급일에서 스왑을 취소할 수 있는 옵션을 소유한다고 가정하자. 이 스왑은 표준형 스왑에 버뮤다형 스왑옵션 매도포지션이 결합된 형태의 스왑이다(버뮤다형 스왑옵션은 만기가 5년이며 6%의 고정금리를 지급하고 LIBOR를 수령하는 스왑에 포지션을 취할 수 있는 옵션을 의미함). 스왑옵션은 2~5년 사이의 어떤 지급일에서도 행사될 수 있다.

복리스왑이 취소 가능한 형태를 취하는 경우도 있다. 이 경우 스왑 종료 시점에 변동금리 지급자는 종료일까지 복리계산된 변동금리금액을 지급하고 고정금리 지급자는 종료일까지 복리계산된 고정금리금액을 지급해야 한다고 계약서에 명시하는 것이 보통이다.

상품스왑

상품스왑(commodity swap)은 최근에 인기를 더해 가고 있다. 연간 10만 배럴의 원유를 소비하는 기업은 향후 10년 동안 매년 600만 달러씩 지급하고 100,000S를 수령하는 계약을 체결할 수 있다(여기서 S는 원유의 배럴당 현재 시장 가격임). 이 계약으로 기업은 원유매입비용을 배럴당 60달러로 확정하는 효과를 얻는다. 이 계약에서 반대 입장을 취한 원유생산업자는 원유가격을 배럴당 60달러로 확정할 수 있다.

변동성스왑과 분산스왑

변동성스왑(volatility swap)은 일정 기간에 실현된 자산의 실제 변동성을 미리 정한 고정 변동성과 교환하기로 약정한 계약이다. 두 변동성 간의 차이에 미리 정한 액면금액을 곱하면 이득이 결정된다. 실제 변동성은 평균 수익률 $\bar{u}$가 0이라는 가정하에서 13.4절에서 설명한 방식으로 계산된다. **분산스왑**(variance swap)은 일정 기간에 실현된 실제 분산(즉 변동성의 제곱)을 미리 정한 분산과 교환하기로 약정한 계약이다. 두 분산 간의 차이에 미리 정한 액면금액을 곱하면 이득이 결정된다.

VIX지수의 거래처럼(13.9절 참조) 변동성스왑과 분산스왑은 변동성에 의해서만 결정되는 이득을 제공한다. VIX지수의 이득은 내재변동성에 의해 결정되는 데 반해, 변동성스왑과 분산스왑의 이득은 실제로 관측된 변동성에 의해 결정된다. 변동성스왑은 옵션과 비교될 수 있다. 변동성스왑이 실제 변동성에 의해서만 영향을 받는 데 반해, 옵션은 변동성 이외의 다른 요인에 의해서도 영향을 받는다.

기타 스왑

스왑은 여러 다른 방식으로 설계될 수 있다. 일부 스왑의 경우 이득이 매우 이상한 방법으로 계산된다. 이런 대표적인 예가 뱅커스트러스트와 프록터앤드갬블 간에 1993년에 체결된 계약이다(실무사례 22.4 참조). 이 계약은 나중에 소송에 연루되었기 때문에 자세한 내용이 알려져 있다.[6]

요약

이색옵션의 이득 패턴은 기본형 옵션의 이득 패턴과는 달리 간단하지 않다. 이색옵션은 기업

실무사례 22.4 프록터앤드갬블의 이상한 계약

특히 이상한 스왑은 1993년 11월 2일에 뱅커스트러스트(BT)와 프록터앤드갬블(P&G) 간에 체결된 소위 '5/30 스왑'이다. 이 스왑은 6개월마다 현금흐름을 교환하는 5년 만기 스왑이다. 액면금액은 2억 달러이다. BT는 P&G에 연 5.3%를 지급했고, P&G는 BT에게 '30일 평균 CP 이자율−75베이시스 포인트+스프레드'를 지급했다. 평균 CP 이자율은 지급일 전 30일 동안 매일 관찰된 CP 이자율의 평균치다.

첫 지급일(즉 1994년 5월 2일)에 스프레드는 0이었으며, 남은 9개 지급일에서의 스프레드는 다음 식으로 결정되었다.

$$\max\left[0, \frac{98.5\left(\dfrac{\text{5년 CMT\%}}{5.78\%}\right) - (\text{30년 TSY 가격})}{100}\right]$$

여기서 5년 CMT%는 일정 만기 국채수익률(미국 연준이 보고하는 5년 만기 국채수익률)이다. 30년 TSY 가격은 2023년 8월에 만기가 되는 30년 만기 장기국채(액면이자율 6.25%)에 대한 매수호가와 매도호가의 중간가격이다. 앞의 공식을 사용해 계산한 스프레드는 소수점으로 계산된 것이지 베이시스 포인트로 계산된 것이 아니다. 예를 들어 CP금리가 6%이고 공식을 사용해 구한 스프레드가 0.1이라면 P&G는 15.25%(= 6%−0.75%+10%)를 지급해야 한다.

P&G는 스프레드가 0이 되어 5.3%의 고정금리를 CP 이자율보다 75베이시스 포인트 낮은 금리로 교환하기를 희망하고 있었다. 그러나 1994년 초에 이자율이 급격하게 상승해 채권 가격이 하락하는 바람에 P&G는 스왑에서 큰 손해를 보았다(문제 22.20 참조).

재무 담당자와 펀드 매니저의 다양한 목적을 충족할 수 있도록 다양한 범위의 대안을 제공한다. 일부 이색옵션은 기본형 유러피언 또는 아메리칸 콜옵션과 풋옵션의 단순한 포트폴리오에 지나지 않는다. 물론 일부 이색옵션은 대단히 복잡하다.

기관 부동산담보증권은 금융기관이 담보대출 포트폴리오의 일부를 투자자에게 매각하기 위해 발행된다. 담보대출은 풀로 모아지고, 투자자들은 증권을 매입해 풀의 일부에 대한 지분을 획득한다. 담보대출은 정부기관에 의해 채무불이행으로부터 보장되지만, 투자자들은 조기상환위험에 노출된다. 담보대출 풀로부터 얻어지는 수익은 상이한 속성의 클래스에 배분되는데, 이는 다양한 유형의 투자자 요구에 부응하기 위함이다.

스왑은 다양한 상황에 활용할 수 있는 금융상품으로, 기본형 고정금리-변동금리 스왑 외에도 이를 변형한 여러 형태의 스왑이 있다. 체증스왑, 상각스왑, 복리스왑, LIBOR지연스왑, 디프스왑, CMS스왑 등은 지급금액 계산방식 또는 지급 시점을 변형한 형태의 스왑이다. 발생스왑과 취소가능스왑 등은 스왑에 옵션을 넣은 상품이다.

6 다음 논문을 참조하라. D. J. Smith, "Aggressive Corporate Finance: A Close Look at the Procter and Gamble-Bankers Trust Leveraged Swap," *Journal of Derivatives* 4, No. 4 (Summer 1997): 67–79.

참고문헌

Boyle, P. P., and S. H. Lau. "Bumping Up against the Barrier with the Binomial Method," *Journal of Derivatives*, 1, 4 (Summer 1994): 6–14.

Broadie, M., P. Glasserman, and S.G. Kou. "A Continuity Correction for Discrete Barrier Options," *Mathematical Finance*, 7, 4 (October 1997): 325–49.

Broadie, M., P. Glasserman, and S. G. Kou. "Connecting Discrete and Continuous Path-Dependent Options," *Finance and Stochastics*, 2 (1998): 1–28.

Chance, D., and D. Rich. "The Pricing of Equity Swap and Swaptions," *Journal of Derivatives*, 5, 4 (Summer 1998): 19–31.

Conze, A., and S. Viswanathan. "Path Dependent Options: The Case of Lookback Options," *Journal of Finance*, 46 (1991): 1893–1907.

Demeterfi, K., E. Derman, M. Kamal, and J. Zou. "A Guide to Volatility and Variance Swaps," *Journal of Derivatives*, 6, 4 (Summer 1999): 9–32.

Geske, R. "The Valuation of Compound Options," *Journal of Financial Economics*, 7(1979): 63–81.

Goldman B., H. Sosin, and M. A. Gatto. "Path Dependent Options: Buy at the Low, Sell at the High," *Journal of Finance*, 34 (December 1979): 1111–27.

Hull, J. C. *Options, Futures, and Other Derivatives*, 9th edn. New York: Pearson, 2015.

Hull, J. C., and A. White. "Efficient Procedures for Valuing European and American Path-Dependent Options," *Journal of Derivatives*, (Fall 1993): 21–31.

Margrabe, W. "The Value of an Option to Exchange One Asset for Another," *Journal of Finance*, 33 (March 1978): 177–86.

Rubinstein, M. "Pay Now, Choose Later," *Risk* (February 1991), 44–47.

Rubinstein, M. "Options for the Undecided," *Risk* (April 1991), 70–73.

Rubinstein, M. "Two in One," *Risk* (May 1991), 49.

Rubinstein, M. "One for Another," *Risk* (July/August 1991), 30–32.

Rubinstein, M. "Somewhere Over the Rainbow." *Risk* (November 1991), 63–66.

Rubinstein, M. "Double Trouble," *Risk* (December 1991/January 1992), 53–56.

Rubinstein, M., and E. Reiner. "Breaking Down the Barriers," *Risk*, (September 1991), 28–35.

Rubinstein, M., and E. Reiner. "Unscrambling the Binary Code," *Risk* (October 1991), 75–83.

Smith D. J. "Aggressive Corporate Finance: A Close Look at the Procter and Gamble–Bankers Trust Leveraged Swap," *Journal of Derivatives*, 4, 4 (Summer 1997): 67–79.

Stulz, R. "Options on the Minimum or Maximum of Two Assets," *Journal of Financial Economics*, 10 (1982): 161–85.

Turnbull, S. M., and L. M. Wakeman. "A Quick Algorithm for Pricing European Average Options," *Journal of Financial and Quantitative Analysis*, 26 (September 1991): 377–89.

퀴즈

22.1 선도유효옵션과 선택옵션의 차이를 설명하라.

22.2 무배당 주식의 가격이 3개월 후에 50달러를 초과하면 100달러를 지급하는 현금이원콜옵션의 가치는 얼마인가? 현재 주가는 50달러이고 무위험이자율은 4%, 주가 변동성은 20%이다.

22.3 여덟 가지 유형의 장애물옵션을 열거하라.

22.4 주식스왑은 어떻게 작용하는가?

22.5 IO와 PO가 조기상환율에 정반대의 민감도를 갖는 이유를 설명하라.

22.6 취소가능스왑과 스왑옵션의 차이를 설명하라.

22.7 모든 만기에 대해 캐나다 달러 LIBOR 금리가 미국 달러 LIBOR 금리보다 0.5% 높다. 어떤 거래자가 3개월 만기 미국 LIBOR 금리와 동일 만기의 캐나다 LIBOR

금리 간 스프레드가 확대될 것으로 생각하나, 미국 달러와 캐나다 달러 간의 환율이 어떻게 움직일 것인지는 확신하지 못하고 있다. 이 경우에 거래자가 디프스왑을 어떻게 이용할 수 있는지 설명하라. 거래자가 통화스왑(변동-변동)보다 디프스왑을 선호하는 이유는 무엇인가?

연습문제

22.8 룩백콜옵션 1개와 룩백풋옵션 1개로 구성된 포트폴리오의 이득 패턴을 설명하라(두 옵션의 만기는 동일함).

22.9 2년 동안 언제든 유러피언 콜옵션과 유러피언 풋옵션 중 하나를 선택할 수 있는 권리를 소유자에게 부여하는 선택옵션을 고려해보자. 언제 선택하던 만기와 행사가격은 동일하다. 만기일 전에 선택하는 것이 최적인지 설명하라.

22.10 c_1과 p_1을 각각 유러피언 평균가격콜옵션과 평균가격풋옵션으로, c_2와 p_2를 각각 유러피언 평균행사가격콜옵션과 평균행사가격풋옵션으로, c_3와 p_3를 각각 유러피언 표준콜옵션과 표준풋옵션으로 정의하자. 행사가격은 K, 만기는 T로 모두 동일하다. 다음 관계를 증명하라.

$$c_1+c_2-c_3=p_1+p_2-p_3$$

22.11 이 책에서는 특정 유형의 선택옵션을 T_2에 만기가 되는 콜옵션과 T_1에 만기가 되는 풋옵션으로 분해했다. 풋옵션 대신에 콜옵션에 대한 표현식을 얻기 위해 풋-콜 패리티를 이용함으로써 이 특정 옵션을 T_1에 만기가 되는 콜옵션과 T_2에 만기가 되는 풋옵션으로 분해하라.

22.12 장애물가격이 행사가격보다 높으면 하향녹아웃풋옵션의 가치가 0이 되는 이유를 설명하라.

22.13 무배당 주식에 대한 등가격 선도유효옵션(3년 후에 시작하며 5년 후에 만기가 됨)의 가치가 오늘 시작하는 2년 만기 등가격 옵션의 가치와 동일함을 증명하라.

22.14 무배당 주식에 대한 아메리칸 콜옵션의 행사가격이 g% 씩 성장한다고 가정하자. 만일 성장률 g가 무위험이자율 r보다 낮으면, 콜옵션을 만기일 전에 행사하는 것이 결코 최적이 아님을 밝혀라.

22.15 복합옵션에 대한 다음 질문에 답하라.

(a) 콜옵션에 대한 유러피언 콜옵션의 가격과 콜옵션에 대한 유러피언 풋옵션의 가격 간에는 어떤 풋-콜 패리티 관계가 존재하는가?

(b) 풋옵션에 대한 유러피언 콜옵션의 가격과 풋옵션에 대한 유러피언 풋옵션의 가격 간에는 어떤 풋-콜 패리티 관계가 존재하는가?

22.16 최저가격을 계산할 때 기초자산의 가격을 관찰하는 빈도를 증가시키면 룩백콜옵션의 가치는 증가하는가, 아니면 감소하는가?

22.17 행사가격에 도달했는지를 관찰할 때 기초자산의 가격을 관찰하는 빈도를 증가시키면 하향녹아웃콜옵션의 가치는 증가하는가, 아니면 감소하는가? 하향녹인콜옵션의 경우는 어떠한가?

22.18 표준 유러피언 콜옵션이 유러피언 하향녹아웃콜옵션과 유러피언 하향녹인콜옵션을 합한 포트폴리오가 되는 이유를 설명하라.

22.19 S&P 500지수가 1,000을 넘으면 6개월 후에 100달러를 지급하고 1,000보다 낮으면 이득이 0인 파생상품의 가치는 얼마인가? 현재 지수는 960, 무위험이자율은 연 8%, 지수의 배당수익률은 연 3%, 지수의 변동성은 연 20%라고 가정한다.

22.20 이 장의 실무사례 22.4에서 설명한 5/30 스왑에서 (a) CP 이자율이 6.5%이고 국채수익률이 6%에서 수평인 경우와 (b) CP 이자율이 7.5%이고 국채수익률이 7%에서 수평인 경우에 P&G가 지급해야 하는 이자율을 각각 추정하라.

추가문제

22.21 DerivaGem을 이용해 다음의 가치를 계산하라.

(a) 무배당 주식에 대한 표준 유러피언 콜옵션(주가 50달러, 행사가격 50달러, 무위험이자율 연 5%, 변동성 연 30%, 만기 1년).

(b) 유러피언 하향녹아웃콜옵션 장애물가격은 45달러이

며 기타 조건은 (a)와 동일함.

(c) 유러피언 하향녹인콜옵션 장애물가격은 45달러이며 기타 조건은 (a)와 동일함.

또한 (a)의 옵션가치가 (b)와 (c)의 옵션가치를 합한 것과 동일함을 증명하라.

22.22 달러-스털링 환율이 1.5000보다 높으면 1년 후에 10,000파운드를 지급하는 파생상품의 가치는 달러로 얼마인가? 현재 환율은 1.4800이다. 미국과 영국의 이자율은 각각 연 4%와 연 8%, 환율의 변동성은 연 12%이다.

22.23 무배당 주식에 대한 상향녹아웃콜옵션을 고려해보자(주가 50달러, 행사가격 50달러, 변동성 연 30%, 무위험이자율 연 5%, 만기 1년, 장애물가격 80달러). DerivaGem을 이용해 이 옵션의 가치를 계산하고 (a) 옵션가격과 주가, (b) 옵션가격과 만기, (c) 옵션가격과 변동성 간의 관계를 그래프로 그려라. 그리고 당신이 얻은 결과를 직관적으로 설명하라. 상향녹아웃콜옵션의 델타, 세타, 베가가 양(+)의 값을 갖는지 아니면 음(−)의 값을 갖는지 설명하라.

22.24 1년 만기 LIBOR 선도 금리는 5%(연복리 기준)이고 무위험 OIS 이자율은 4.6%(연속복리 기준)이다. 5년 만기 스왑에서 X기업이 6%의 고정금리 기준의 이자를 지급하고 LIBOR 기준의 이자를 수령한다(원금은 1억 달러이고 현금흐름은 연 1회 발생). 3년 후에 2년 만기 스왑 이자율의 변동성이 연 20%이다.

(a) 스왑의 가치는 얼마인가?

(b) X기업이 3년 후에 스왑을 취소할 수 있는 권리를 갖는다는 가정하에서 DerivaGem을 이용해 스왑의 가치를 계산하라.

(c) 상대방이 3년 후에 스왑을 취소할 수 있는 권리를 갖는다는 가정하에서 DerivaGem을 이용해 스왑의 가치를 계산하라.

(d) 3년 후에 쌍방이 스왑을 취소할 수 있다면 스왑의 가치는 얼마인가?

22.25 초과성과증서(outperformance certificate)(sprint certificate, accelerator certificate, speeders라고도 함)는 유럽의 여러 은행에 의해 자사의 주식에 투자하는 하나의 방법으로 투자자에게 제공된다. 최초의 투자금액은 주가 S_0와 동일하다. 만일 주가가 0시점과 T시점 사이에서 상승하면 투자자는 증분에 k를 곱한 금액을 T시점에서 수령한다(k는 1보다 큰 상수임). 그러나 이득을 계산하는 데 사용되는 주가는 최대가격 M으로 제한된다. 만일 주가가 하락하면 투자자는 감소금액과 동일한 손해를 보게 된다. 투자자는 배당금을 수령하지 못한다.

(a) 초과성과증서가 패키지임을 보여라.

(b) DerivaGem 프로그램을 이용해 1년 만기 초과성과증서의 가치를 평가하라. 주가는 50유로이고, $k=1.5$, $M=70$유로, 무위험이자율은 5%, 주가 변동성은 25%이다. 0.5유로에 해당하는 배당금이 각각 2개월, 5개월, 8개월, 11개월 후에 예상된다.

22.26 표준콜옵션, 이원콜옵션, 갭콜옵션 간의 관계는 무엇인가?

23 신용파생상품

1990년대 말 이후 파생상품 시장에서의 중요한 변화로 신용파생상품의 성장을 꼽을 수 있다. 2000년에 신용파생상품의 잔액은 명목원금 기준으로 대략 8,000억 달러였다. 2007년 신용위기 직전 이 수치는 50조 달러로 증가했다. 신용위기를 거치며 시장 규모는 감소했다. 2014년 12월 총명목원금은 약 16조 달러로 줄었다. 신용파생상품은 하나 또는 복수의 기업 또는 국가의 신용도에 따라 이득이 결정되는 계약이다. 이 장에서는 신용파생상품의 원리와 가치평가를 설명할 것이다.

신용파생상품은 기업이 시장위험을 거래하는 것과 동일한 방식으로 신용위험을 거래할 수 있게 한다. 은행과 기타 금융기관들은 일단 신용위험을 부담하면 기다리는(그리고 최선의 결과가 발생하길 바라는) 것 이외에는 별로 할 일이 없던 처지에 있었다. 그러나 지금은 실무사례 23.1이 보여주듯이 금융기관들이 일부 신용위험은 보유하고 일부 신용위험으로부터는 자신을 보호하기 위해 신용파생상품에 포지션을 취하는 등 신용위험에 노출된 포트폴리오를 적극적으로 관리할 수 있게 되었다. 은행은 신용보호의 최대 매입자이고 보험회사는 최대 매도자이다.

신용파생상품은 '단일기관(single-name)' 또는 '복수기관(multi-name)' 신용파생상품으로 분류할 수 있다. 가장 인기 있는 단일기관 신용파생상품은 신용부도스왑(credit default swap, CDS)이다. 이 상품의 이득은 한 기업 또는 한 국가의 신용도에 의해 결정된다. 이 계약에는 두 당사자가 존재하는데, 한 당사자는 보호매입자(protection buyer)이고, 다른 당사자는 보호매도자(protection seller)이다. 만일 기준실체(기업 또는 국가)가 부도나면 보호매도자는 보호매입자에게 이득을 지급한다. 가장 인기 있는 복수기관 신용파생상품은 부채담보부증권(collateralized debt obligation, CDO)이다. 이 경우 차입증권포트폴리오가 정해지면 이 포트폴리오로부터의 현금흐름이 여러 다른 투자자에게 배정되도록 구조가 설계된다. 8장에서 신용위기 이전에 주거용 모기지로부터 ABS와 ABS CDO가 어떻게 만들어졌는지 설명했

실무사례 23.1 누가 신용위험을 부담하는가?

전통적으로 은행의 역할은 대출을 제공한 후 대출금이 상환되지 않을 위험, 즉 신용위험을 부담하는 것이었다. 그러나 은행이 대출을 자산으로 유지하는 것을 꺼리는 상황이 한동안 지속되었다. 왜냐하면 감독 당국이 요구하는 자본을 고려하면 대출의 평균수익률이 다른 자산의 수익률보다 덜 매력적인 상황이 종종 발생하기 때문이다. 1990년대 후반과 2000년대 초반에 은행은 대출의 신용위험을 금융시스템의 다른 부분으로 전가하기 위해 CDS와 같은 신용파생상품을 광범위하게 이용했다.

이상의 결과, 대출의 신용위험을 부담하는 금융기관은 원래의 신용대부를 해준 금융기관과는 종종 상이하다. 2007년부터 시작된 금융위기에서 알 수 있듯이, 이 점이 금융시스템 전체의 건전성에 반드시 도움이 되는 것은 아니다.

다. 이 장에서는 기업과 국가의 신용위험을 섞어서 동일한 유형의 구조가 만들어질 수 있음을 보여준다. 복수기관 신용파생상품은 단일기관 신용파생상품에 비해 인기가 높아지고 있다. 2004~2014년 사이 복수기관 신용파생상품의 점유율은 약 20%에서 40% 이상으로 상승했다.

이 장은 먼저 신용부도스왑의 원리와 가치평가를 설명한다. 그러고 나서 신용지수 및 시장거래자들이 포트폴리오 보호를 목적으로 신용지수를 활용하는 방식을 설명한다. 그 후 합성부채담보부증권이라는 보다 복잡한 상품에 대한 논의로 넘어간다.

23.1 신용부도스왑

가장 인기 있는 신용파생상품은 **신용부도스왑**(credit default swap, CDS)이다. 이는 7장에서 소개했다. CDS는 특정 기업의 부도위험(default risk)에 대한 보험을 제공하는 계약이다. 이 특정 기업을 기준실체 또는 **기준기업**(reference entity)이라고 하고, 이 기업의 부도를 신용사건(credit event)이라고 한다. 보호매입자는 신용사건이 발생하면 기준기업이 발행한 채권을 액면가에 매도할 수 있는 권리를 갖고, 보호매도자는 신용사건이 발생하면 그 채권을 액면가에 매입하기로 약정한다.[1] 매도되는 채권의 총액면금액을 CDS의 **명목원금**(notional principal)이라고 한다.

CDS의 매입자는 CDS의 만기일까지 또는 신용사건이 발생할 때까지 매도자에게 정기적으로 일정 금액(프리미엄 또는 스프레드)을 지불한다. 이 일정 금액은 보통 분기별로 후지급으로 지불되지만, 때로는 1개월, 6개월, 12개월 간격으로 결제되기도 하며 선지급되기도 한다. 부도가 발생하면 정산은 채권의 실물인도 또는 현금결제를 통해 이루어진다.

다음 예는 전형적인 CDS 거래가 어떻게 이루어지는지 설명하기 위한 것이다. 두 당사자가

1 이표채(coupon-bearing bond)의 액면가는 부도가 발생하지 않는 경우 발행자가 만기일에 상환하는 원금이다.

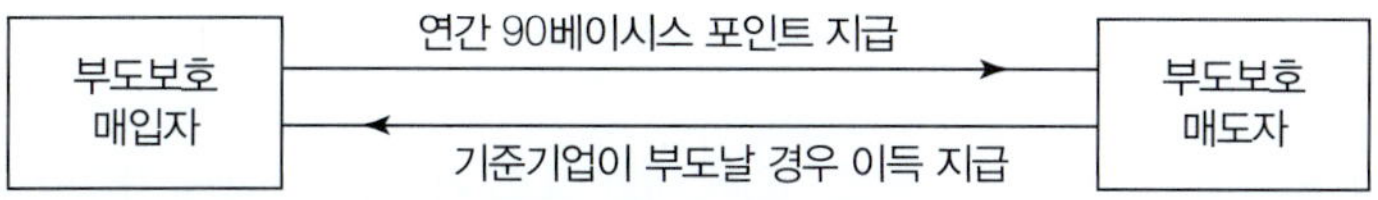

그림 23.1 CDS

2017년 3월 20일에 5년 만기 CDS를 체결한다고 가정하자. 명목원금은 1억 달러이고 매입자는 기준기업의 부도에 대한 보호 대가로 매년 90베이시스 포인트를 지불(분기별로 후지급)하기로 약정한다.

CDS의 구조는 그림 23.1과 같다. 만일 기준기업이 부도나지 않으면(즉 신용사건이 발생하지 않으면), 매입자는 어떤 이득도 수령하지 못하며 2017년 6월 20일에 1억 달러에 대한 22.5베이시스 포인트(90베이시스 포인트의 1/4임)를 프리미엄으로 지불하고, 2022년 3월 20일까지 매 분기별로 동일 금액을 지불한다. 매 분기에 지불하는 금액은 0.00225 × 100,000,000 = 225,000달러이다.[2] 만약 신용사건이 발생하면 매입자에게 상당한 이득(즉 손실보전금액)이 발생한다. 매입자가 매도자에게 2017년 5월 20일에(즉 4차년도 2개월 차에) 신용사건을 통지한다고 가정하자. 만일 계약이 실물인도를 명시했으면 매입자는 기준기업이 발행한 채권(액면가 1억 달러)을 1억 달러에 매도할 수 있는 권리를 갖는다. 만일 통상적으로 그러하듯 현금결제가 이루어진다면, 경매방식을 통해 신용사건 이후 며칠이 경과한 시점에서 최저가인도채권(cheapest deliverable bond)의 중간시가(mid-market value)가 결정된다. 경매에 의해 채권이 액면가 100달러당 35달러의 가치를 갖는다고 가정하면 현금이득은 6,500만 달러이다.

신용사건이 발생하면 매입자가 매도자에게 정기적으로 지불하던 금액은 종료된다. 그러나 이 금액이 후지급되므로 매입자는 최종 발생금액(final accrual payment)을 지불해야 한다. 2020년 5월 20일에 부도가 발생한 우리의 예시에서, 매입자는 2020년 3월 20일부터 2020년 5월 20일까지 발생한 금액(대략 150,000달러)을 매도자에게 지불해야 하며, 그 이후에는 더 이상 지불할 의무가 없다.

보호(protection)를 매입하기 위해 지급되는 연간 총금액(액면금액의 백분율로 표현되며 예시에서 90베이시스 포인트임)을 CDS **스프레드**(CDS spread)라고 한다. 여러 대형은행이 CDS 시장의 시장조성자이다. 특정 기업에 대한 5년 만기 CDS의 가격으로 시장조성자가 매입호가 250베이시스 포인트, 매도호가 260베이시스 포인트를 공시한다고 하자. 이는 시장조성자가 특정 기업에 대한 보호를 연간 250베이시스 포인트(원금의 연 2.5%)를 지급함으로써 매입할 준비가 되어 있으며, 연간 260베이시스 포인트(원금의 연 2.6%)에 보호를 매도할 준

2 6장에서 설명한 일수계산법 중 어떤 방법을 선택하는가에 따라 분기별 지급액이 225,000달러와 약간 상이할 수 있다.

실무사례 23.2 CDS 시장

1998년과 1999년에 ISDA(International Swaps and Derivatives Association)는 장외시장에서 CDS 거래를 위한 표준계약서를 개발했다. 그 이후 시장은 대단히 빠르게 성장했다. 여러 측면에서 CDS 계약은 보험계약과 유사하지만 중요한 차이가 한 가지 있다. 보험계약은 소유하고 있는 자산의 손실에 대해 보호를 제공한다. 반면, CDS의 경우 기초자산을 반드시 소유해야 하는 것은 아니다.

2007년 8월에 시작된 금융위기 동안 감독 당국은 시스템 위험(systemic risk)을 매우 우려했다(실무사례 1.2 참조). 감독 당국은 CDS가 금융시장의 취약성을 야기하는 주요한 원천이라고 생각했다. 한 금융기관의 부도가 CDS 계약상대방의 큰 손실로 이어지고, 이는 다시 다른 금융기관의 부도로 연결되는 위험이다. 감독 당국의 우려는 거대 보험회사인 AIG의 곤경에 의해 증폭되었다. AIG는 모기지로부터 만든 AAA등급 트랑슈에 대한 대규모 보호매도자였다(8장 참조). 보호 제공은 AIG에게 엄청난 손실을 입혔고, 회사는 미국 정부에 의해 구제되었다.

2007~2008년 동안 여러 유형의 신용파생상품 계약에서 거래가 중단되었으나 CDS는 계속 활발하게 거래되었다(물론 보호비용은 급속히 증가했음). 다른 신용파생상품과 비교해 CDS의 장점은 CDS의 원리가 단순하다는 점이다. 주거용 모기지의 유동화로부터 만들어진 다른 신용파생상품은 이런 투명성을 갖지 못한다.

특정 기업에 대한 CDS 거래규모가 해당 기업의 부채를 초과하는 경우가 자주 발생한다. 이 경우 계약을 현금정산해야 할 필요가 생긴다. 리먼브러더스가 2008년 9월에 파산할 당시 리먼의 총부채는 1,550억 달러였지만 CDS 계약은 4,000억 달러였다. 보호매입자에게 지급해야 하는 금액(경매 과정을 통해 결정됨)은 원금의 91.375%였다.

CDS와 이 책에서 다룬 다른 장외파생상품 간에는 한 가지 중요한 차이가 있다. 다른 장외파생상품은 이자율, 환율, 주가지수, 상품 가격 등에 따라 가치가 정해진다. 이들 변수의 경우, 한 시장참여자가 다른 시장참여자보다 더 좋은 정보를 가지고 있다고 생각할 이유가 없다.

CDS 스프레드는 특정 회사가 특정 기간에 부도 날 확률에 따라 정해진다. 이 확률의 경우, 일부 시장참여자가 다른 시장참여자보다 추정에 필요한 정보를 더 많이 가지고 있을 수 있다. 특정 회사에 컨설팅을 제공하거나, 대출을 제공하거나, 증권 발행 업무를 담당하는 등의 업무를 수행하는 금융기관은 이 기업과 아무런 거래가 없는 금융기관에 비해 이 기업의 신용상태에 대해 더 많은 정보를 가지고 있을 수 있다. 경제학자들은 이를 *정보비대칭* 문제라고 한다. 다만 특정 기업의 부도 위험에 대한 보호를 매입하는 결정은 리스크 관리자가 내리는 것이 보통이고 이 기업에 대한 특별한 정보가 금융기관의 다른 부서에 있다고 해서 영향을 받는 것은 아니라는 점을 금융기관은 강조한다.

비가 되어 있음을 의미한다.

많은 기업과 국가가 CDS계약의 기준기업이 될 수 있다. 앞서 설명했듯이 프리미엄 현금지불은 보통 분기별로 후지급이다. 5년 만기 계약이 가장 인기 있으나 1, 2, 3, 7, 10년과 같은 다른 만기의 계약도 드물지 않다. 대체로 계약은 4개의 표준일(3월 20일, 6월 20일, 9월 20일, 12월 20일) 중 하나에서 만기가 된다. 그 결과, 계약을 체결하는 시점에서 만기일까지의 실제 기간이 계약에 명시된 만기 연수와 반드시 일치하지는 않더라도 가까워지게 된다. 예를 들어 2017년 11월 15일에 딜러에게 전화해 어떤 기업에 대한 5년 만기 보호를 매입한다고 가정하자. 계약은 아마 2022년 12월 20일까지 유지될 것이다. 첫 번째 현금지불은 2017년 12월 20일에 이루어지고 금액은 2017년 11월 15일부터 2017년 12월 20일까지의 기간에 발생한 금액이 될 것이다.[3] CDS 계약에서 가장 중요한 요소는 실패, 채무재조정, 또는 파산

(bankruptcy)으로 정의된다. 채무재조정은 북미 계약에서는 대체로 제외되는데, 특히 회사채의 수익률이 높은 경우에는 더욱 그러하다. CDS 시장에 대한 자세한 정보는 실무사례 23.2를 참조하라.

회수율

기업이 파산하면 기업에 자금을 제공한 기관들은 기업의 자산을 대상으로 보상을 청구한다. 때로는 구조조정(reorganization)의 경우 채권자가 청구금액의 부분 상환에 동의하기도 한다. 다른 경우에는 자산은 청산인에 의해 매각되고 매각대금은 최대한 많은 채무를 상환하는 데 사용되기도 한다. 어떤 청구권은 다른 청구권에 비해 전형적으로 우선권(priority)을 가지며 따라서 더 많이 상환되기도 한다.

채권 회수율은 보통 부도 후 약 30일이 지난 시점에서 채권의 거래 가격을 원금의 백분율로 표시한다. 표 23.1은 미국에서 채권 유형별 평균 회수율에 대한 역사적 자료를 보여준다. 유형별 평균 회수율은 선순위이며 담보부인 채권의 52.8%부터 하위 후순위(junior subordinated)인 채권의 24.7%까지이다.

회수율이 정의된 방식을 고려해볼 때, CDS로부터의 이득은 $L(1-R)$로 표시된다(여기서 L은 명목원금이고 R은 회수율임).

CDS와 채권수익률

회사채 포지션을 헤지하는 데 CDS가 이용될 수 있다. 어떤 투자자가 연 7%의 수익률을 제공하는 5년 만기 회사채를 액면가에 매입함과 동시에 채권발행자의 부도로부터 보호받기 위해 5년 만기 CDS에 포지션을 취한다고 가정하자. CDS 스프레드가 연 2%라고 하자. CDS의 효과는 회사채를 무위험채권으로 전환(적어도 대략적으로)하는 것이다. 만일 채권발행자가 부도나지 않으면 투자자는 연 5%의 수익률을 얻는다(회사채 수익률에서 CDS 스프레드를

표 23.1 액면의 백분율로 표시한 회사채 회수율(1982~2014년, 출처: 무디스)

유형	평균 회수율(%)
상위 담보부	52.8
상위 무담보부	37.4
상위 후순위	31.1
후순위	31.4
하위 후순위	24.7

3 첫 번째 표준일까지의 기간이 1개월 미만이면 첫 번째 현금지불은 대체로 두 번째 표준일에 이루어진다. 그렇지 않으면 지불은 첫 번째 표준일에 이루어진다.

차감해 구함). 만일 채권이 부도나면 투자자는 부도 시점까지 5%의 수익률을 얻는다. 그리고 CDS의 조건에 따라 투자자는 그 채권을 액면가와 교환할 수 있다. 액면가는 5년 중 남은 기간 동안 무위험이자율에 투자될 수 있다.

이는 n년 만기 회사채의 수익률과 n년 만기 무위험채권의 수익률 간 차이[이를 **채권수익률 스프레드**(bond yield spread)라고 함]가 대략적으로 n년 만기 CDS 스프레드와 같아야 함을 보여준다. 만일 차이가 CDS 스프레드보다 훨씬 크면 투자자는 회사채를 매입하고 보호를 매입함으로써 무위험이자율보다 높은 수익률을 얻을 수 있다. 만일 차이가 CDS 스프레드보다 훨씬 작으면 투자자는 회사채를 매도하고 CDS를 매도함으로써 무위험이자율보다 낮은 금리로 차입할 수 있다.

CDS 채권 베이시스(CDS-bond basis)는 다음과 같이 정의된다.[4]

$$\text{CDS 채권 베이시스} = \text{CDS스프레드} - \text{채권수익률 스프레드}$$

위에 제시한 차익거래 논리는 이 베이시스가 0이어야 함을 의미한다. 2007년의 신용위기 이전에 베이시스는 평균적으로 작은 양수였다. 신용위기 동안 베이시스는 음수인 경우가 많았으며, 2009년 1월 짧은 기간 동안에는 매우 큰 음수가 되었다. 신용위기 이후 CDS 채권 베이시스는 때로는 양수, 때로는 음수였고, 기준기업에 따라 차이가 났다.

최저가인도채권

통상 CDS는 부도 시 여러 상이한 채권이 인도될 수 있다고 규정한다. 이 채권들은 동일한 변제우선순위를 갖지만 부도 직후 동일한 가격(즉 액면가의 동일한 퍼센트)으로 거래되지는 않는다.[5] 따라서 CDS 보유자는 최저가인도채권(cheapest-to-deliver bond)에 대한 권리를 소유한다. 이미 설명했듯이, 경매방식을 통해 최저가인도채권의 가치가 결정되고 이에 따라 보호매입자의 이득이 결정된다.

23.2 CDS 가치평가

CDS의 가치는 부도확률에 따라 정해진다. 이때 조건부 부도확률과 비조건부 부도확률을 구

4 CDS 채권 베이시스를 계산할 때 채권수익률 스프레드는 채권수익률에서 LIBOR/스왑 이자율을 차감한 값이다.

5 가격이 상이한 데는 여러 이유가 있다. 부도나면 청구되는 금액은 대체로 채권의 액면가에 발생이자를 가산한 금액이다. 따라서 부도 시 발생이자가 큰 채권은 부도 직후 가격이 높게 형성되는 경향이 있다. 또한 기업 구조조정 시 시장은 일부 채권자가 다른 채권자보다 유리할 것으로 판단할 수 있다.

표 23.2 비조건부 연간 부도확률과 생존확률

시점(년)	연도 말까지 생존확률	연도 말까지 부도확률
1	0.9802	0.0198
2	0.9608	0.0194
3	0.9418	0.0190
4	0.9321	0.0186
5	0.9048	0.0183

별하는 것이 중요하다. 특정 기간의 조건부 부도확률은 이 기간 이전에 부도가 없었다는 조건하에 이 기간 동안 부도가 일어날 확률이다. 특정 기간의 비조건부 부도확률은 현 시점에서 판단했을 때 이 기간 동안 부도가 일어날 확률이다. 기업이 언제가는 부도날 것이라고 가정한다면, 모든 미래 기간에 대한 비조건부 부도확률의 합은 1이 되어야 한다. 조건부 확률에 대해서는 이렇게 말할 수 없다.

미래 시점 t와 $t+\Delta t$시점 사이(단, Δt는 매우 작은 값임) 부도가 발생할 조건부 확률을 위험률(hazard rate)이라고 부르고 $h(t)$로 표시하자. 이 개념은 유용하게 사용될 수 있다. 기업이 t시점까지 살아남을 확률은 다음과 같이 표현된다.

$$\text{생존확률} = e^{-\bar{h}t} \tag{23.1}$$

위 식에서 $\bar{h}$는 0시점에서 t시점 사이 평균 위험률을 나타낸다. t_1시점과 t_2시점 사이에 회사가 부도날 비조건부 확률은 이 회사가 t_1시점까지 생존할 확률에서 이 회사가 t_2시점까지 생존할 확률을 차감하면 얻어진다. 위험률이 h로 일정하다면 다음과 같이 표현할 수 있다.

$$\text{부도확률} = e^{-ht_1} - e^{-ht_2} \tag{23.2}$$

간단한 예를 이용해 이 계산이 어떻게 이루어지는지 알아보자. 기준기업의 위험률이 5년간 2%로 일정하다고 하자. 식 (23.1)로부터 1년, 2년, 3년, 4년, 5년까지의 생존확률을 계산하면 표 23.2의 두 번째 열과 같고 식 (23.2)로부터 각 연도의 부도확률은 표 23.2의 세 번째 열과 같다.

부도가 항상 연중 중간 시점에서 발생하며 CDS의 현금 지급이 1년에 한 번 연말에 이루어진다고 가정하자. 무위험이자율은 연 5%이고(연속복리 기준) 회수율은 40%라고 가정하자. 계산은 세 부분으로 이루어져 있으며, 이는 표 23.3, 표 23.4, 표 23.5와 같다.

표 23.3은 연 s의 스프레드를 지급하고 명목원금이 1달러라는 가정하에서 CDS 기대지급액의 현가를 계산한 것이다. 예를 들어 세 번째 s가 지급될 확률은 0.9418이다. 그러므로 기대지급액은 $0.9418s$이고 현가는 $0.9418se^{-0.05\times 3}=0.8106s$이다. 기대지급액의 총현가는

표 23.3 기대지급액의 현가 계산 (연간 = s 지급)

시점(년)	생존확률	기대지급액	할인요소	기대지급액의 현가
1	0.9802	0.9802s	0.9512	0.9324s
2	0.9608	0.9608s	0.9048	0.8694s
3	0.9418	0.9418s	0.8607	0.8106s
4	0.9231	0.9231s	0.8187	0.7558s
5	0.9048	0.9048s	0.7788	0.7047s
합계				**4.0728s**

표 23.4 기대이득의 현가 계산(명목원금 = 1달러)

시점(년)	부도확률	회수율	기대이득(달러)	할인요소	기대이득 현가(달러)
0.5	0.0198	0.4	0.0119	0.9753	0.0116
1.5	0.0194	0.4	0.0116	0.9277	0.0108
2.5	0.0190	0.4	0.0114	0.8825	0.0101
3.5	0.0186	0.4	0.0112	0.8395	0.0094
4.5	0.0183	0.4	0.0110	0.7985	0.0088
합계					**0.0506**

표 23.5 기대발생금액의 현가 계산

시점(년)	부도확률	기대발생금액	할인요소	기대발생금액의 현가
0.5	0.0198	0.0099s	0.9753	0.0097s
1.5	0.0194	0.0097s	0.9277	0.0090s
2.5	0.0190	0.0095s	0.8825	0.0084s
3.5	0.0186	0.0093s	0.8395	0.0078s
4.5	0.0183	0.0091s	0.7985	0.0073s
합계				**0.0422s**

4.0728s이다.

표 23.4는 명목원금이 1달러라는 가정하에서 기대이득의 현가를 계산한 것이다. 앞에서 언급했듯이, 부도는 항상 연중 중간 시점에서 발생한다고 가정한다. 예를 들어 3차 연도 중간에 이득이 지급될 확률은 0.0190이다. 회수율이 40%이므로 이 시점에서 기대이득은 $0.0190 \times 0.6 \times 1 = 0.0114$이다. 기대이득의 현가는 $0.0114e^{-0.05 \times 2.5} = 0.0101$이다. 기대이득의 총현가는 0.0506달러이다.

마지막 단계로, 부도가 발생할 때 지급되는 최종 발생금액이 표 23.5에 계산되어 있다. 예를 들어 3차 연도 중간에 최종 발생금액을 지급할 확률은 0.0190이다. 발생금액은 0.5s이다. 따라서 이 시점에서 기대발생금액은 $0.0190 \times 0.5s = 0.0095s$이고, 이 금액의 현가는

$0.0095se^{-0.05\times 2.5}=0.0084s$이다. 기대발생금액의 총현가는 $0.0422s$이다.

표 23.3과 표 23.5로부터 기대지급금액의 현가는 다음과 같다.

$$4.0728s+0.0422s=4.1150s$$

표 23.4로부터 기대이득의 현가는 0.0506이다. 두 값이 같다고 하면 CDS 스프레드는

$$4.1150s=0.0506$$

또는 $s=0.0123$이다. 5년 만기 계약의 CDS 스프레드(중간시가)는 원금의 0.0123배 또는 연간 123베이시스 포인트이다.

이 계산은 부도가 현금지급일 중간 시점에서만 발생한다는 것을 가정한다. 이 단순한 가정하에도 대체로 정확한 결과를 얻을 수 있으나 더 많은 부도 시점을 허용하도록 완화하는 것도 어렵지는 않다.

CDS의 시가평가

대부분의 스왑계약과 마찬가지로, CDS의 경우에도 매일 시가를 장부에 반영하게 된다. 계약은 양(+) 또는 음(−)의 가치를 가질 수 있다. 만일 앞의 예시에서 CDS가 150베이시스 포인트의 스프레드로 얼마 전에 협상되었다면 매입자가 지급하는 금액의 현가는 $4.1150\times 0.0150=0.0617$이고 이득의 현가는 앞에서처럼 0.0506일 것이다. 따라서 매도자에게 스왑의 가치는 명목원금에 $0.0617-0.0506=0.0111$을 곱한 금액이다. 마찬가지로 보호매입자에게 스왑의 가치는 원금에 -0.0111을 곱한 금액이다.

실제로는 활발히 거래되는 CDS의 가격으로부터 부도확률을 계산한 후 이로부터 거래가 빈번하지 않은 CDS의 가격을 계산하는 방법이 종종 사용된다. 채권수익률 스프레드로부터 부도확률을 계산하는 경우도 있다.

표 23.3에서 표 23.5까지의 예를 바꾸어 부도확률을 모른다고 가정해보자. 대신 새로 발행된 5년 만기 CDS의 중간시가 CDS 스프레드가 연율 100베이시스 포인트임을 알고 있다고 해보자. 엑셀의 해 찾기 기능을 활용해 역산하면, 이전에 부도가 없었다는 조건하의 내재(implied) 위험률은 연간 1.63%임을 확인할 수 있다.

DerivaGem 소프트웨어를 이용해 위험률 기간구조로부터 CDS 스프레드 기간구조를 계산할 수도 있고, 그 반대 방향의 계산을 할 수도 있다.

CDS 스프레드 호가나 채권 호가로부터 내재 위험률을 계산하기 위해서는 먼저 회수율을 추정해야 한다. 동일한 회수율을 이용해 (a) 내재부도확률을 추정하고, (b) CDS 가치를 평가하는 것이 보통이다. 그 결과 CDS의 가치(또는 CDS 스프레드 추정치)는 회수율에 그리 민

감하게 변하지 않는다. 이유는 내재부도확률이 대략적으로 $1/(1-R)$에 비례하고 CDS로부터의 이득이 $1-R$에 비례하므로 기대이득이 R과는 거의 독립적이기 때문이다.

CDS 스프레드 또는 채권 가격으로부터 추정한 내재부도확률은 **위험중립 부도확률**(risk-neutral default probability)이다. 이 부도확률이 CDS의 가치를 평가할 때 사용될 올바른 부도확률이다.[6] 신용평가기관이 제공하는 역사적 자료로부터 부도확률을 추정하는 것이 옳다고 생각하기 쉽다. 그러나 후자는 '실제' 부도확률(real-world default probability)로 신용파생상품의 가치를 평가하기에는 정확하지 않다. 위험중립 부도확률은 보험통계적 부도확률보다 훨씬 높다. 금융기관이 CDS의 가치를 평가할 때 역사적 부도자료를 이용하면 실제로는 매력적이지 않은 보호매도자의 포지션이 매력적으로 보이게 될 것이다.

현실 세계 부도확률이 신용파생상품의 가치를 평가하는 데 적절하지 않은 이유는 무엇인가? 신용보호를 매도하는 금융기관은 이로 인해 약간의 체계적(systematic) 또는 분산 불가능(nondiversifiable) 위험에 노출된다. 경제가 악화하면 보다 많은 기업이 부도나고 CDS의 이득은 증가하게 된다. 금융기관은 이런 체계적 위험을 부담한 것을 적절하게 보상받기 위해 현실 세계 부도확률보다 높은 확률에 기초해 프리미엄을 계산할 필요가 있다.

이원 CDS

이원 CDS(binary credit default swap)는 이득이 달러 금액으로 고정되었다는 점을 제외하고는 표준 CDS와 유사한 구조를 갖는다. 표 23.2부터 표 23.5까지 고려한 예시에서 이득이 $1-R$이 아니라 1달러이며 CDS 스프레드가 s라고 가정하자. 표 23.2, 표 23.3, 표 23.5는 동일하다. 표 23.4는 표 23.6으로 대체된다. 새로운 이원 CDS의 CDS 스프레드는 다음 식을 만족하는 0.0205 또는 205베이시스 포인트이다.

표 23.6 이원 CDS로부터의 기대이득 현가 계산(원금 = 1달러)

시점(년)	부도확률	기대이득(달러)	할인요소	기대이득 현가(달러)
0.5	0.0198	0.0198	0.9753	0.0193
1.5	0.0194	0.0194	0.9277	0.0180
2.5	0.0190	0.0190	0.8825	0.0168
3.5	0.0186	0.0186	0.8395	0.0157
4.5	0.0183	0.0183	0.7985	0.0146
합계				**0.0844**

6 이유는 우리가 CDS의 가치를 평가하기 위해 위험중립 가치평가 방법을 사용하기 때문이다. 우리는 위험중립세상에서 기대현금흐름을 추정하고 이를 무위험이자율로 할인한다.

$$4.1130s = 0.0844$$

표준 CDS의 경우 부도확률을 추정하고 CDS의 가치를 평가하는 데 동일한 회수율이 이용되면 기대이득이 회수율에 의해 민감하게 영향을 받지 않는다는 점을 이미 지적했다. 그러나 이원 CDS의 경우 이 논리가 더는 성립하지 않는다.

바스켓 CDS

바스켓 CDS(basket credit default swap)는 기준기업이 여러 개 존재하는 경우이다. 포괄적 바스켓 CDS(add-up basket CDS)는 기준기업 중 어느 하나라도 부도나면 이득을 지급한다. 이는 각각의 기준기업에 대한 CDS의 포트폴리오와 동등하다. 1순위 CDS(first-to-default CDS) 또는 1차 부도 종결조건 CDS는 첫 부도가 발생하는 경우에만 이득을 제공한다. 2순위 CDS(second-to-default CDS)는 두 번째 부도가 발생하는 경우에만 이득을 제공한다. 보다 일반적으로 n순위 CDS(nth-to-default CDS)는 n번째 부도가 발생하는 경우에만 이득을 제공한다. 이득은 표준 CDS와 동일한 방식으로 계산된다. 적절한 부도가 발생한 후에 정산이 이루어진다. 그리고 스왑은 종료되고 두 당사자는 더 이상 지급할 의무가 없다.

두 기업 간 부도상관계수(default correlation)는 부도가 거의 동시에 발생할 정도를 측정한다. n순위 CDS는 표준 CDS보다 가치를 평가하기가 복잡하다. 왜냐하면 n순위 CDS의 가치는 바스켓에 포함된 기준기업 간의 부도상관계수에 의존하기 때문이다. 예를 들어 부도상관계수가 높을수록 1순위 CDS의 스프레드는 감소한다.

23.3 총수익스왑

총수익스왑(total return swap, TRS)은 채권 또는 자산포트폴리오의 총수익(total return)과 LIBOR + 스프레드를 교환하는 계약이다. 총수익은 액면이자(coupon), 이자(interest), 스왑기간 동안 자산으로부터의 자본이득 또는 자본손실을 포함한다.

TRS의 예로 회사채의 총수익과 LIBOR + 25베이시스 포인트를 교환하는 5년 만기 계약을 살펴보자(명목원금은 1억 달러임). 이는 그림 23.2와 같다. 액면이자 지급일에 총수익 지급자(payer)는 1억 달러 채권투자에서 얻은 액면이자를 지급한다. 총수익 수령자(receiver)는

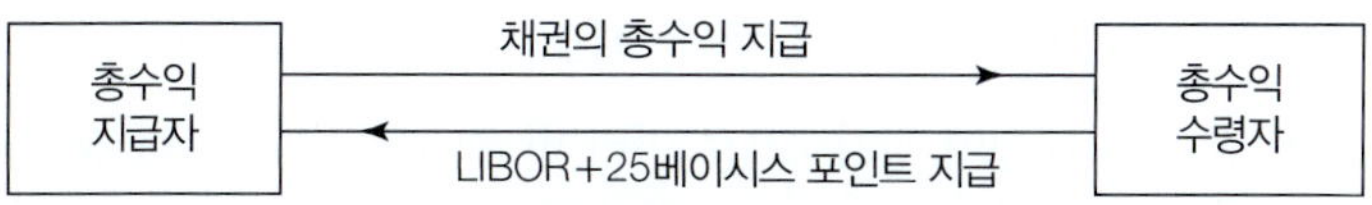

그림 23.2 TRS

1억 달러의 원금에 대해 LIBOR+25베이시스 포인트의 이자를 지급한다(기본 금리스왑의 경우처럼 LIBOR는 액면이자 지급일에 확정되어 다음 이자 지급일에 지급됨). 스왑의 만기일에 채권 가치의 변화를 반영하는 금액이 지급된다. 예를 들어 채권 가치가 스왑의 만기 동안 10% 상승하면 총수익 지급자는 5년 후에 1억 달러의 10%인 1,000만 달러를 지급해야 한다. 마찬가지로 채권 가치가 15% 하락하면 총수익 수령자는 5년 후에 1,500만 달러를 지급해야 한다. 만일 채권이 부도나면 스왑은 종료되고, 총수익 수령자는 1억 달러에서 채권의 시장가치를 차감한 만큼의 현금을 최종적으로 지급해야 한다.

만일 스왑의 만기일에 양 당사자의 현금흐름에 명목원금을 포함시키면 TRS의 기능을 다음과 같이 이해할 수 있다. 총수익 지급자는 5% 회사채에 1억 달러를 투자하고서 이로부터 발생하는 현금흐름을 지급한다. 수령자는 LIBOR+25베이시스 포인트를 지급하는 채권에 1억 달러를 투자하고 이로부터 발생하는 현금흐름을 지급한다. 만일 지급자가 채권을 소유하고 있으면 TRS는 채권의 신용위험을 수령자에게 전가하는 셈이 된다. 만일 채권을 소유하지 않으면 지급자는 채권에 매도포지션을 취한 셈이 된다.

흔히 TRS는 자금조달 수단(financing tool)으로 이용된다. 그림 23.2의 스왑을 유발할 수 있는 하나의 시나리오는 다음과 같다. 수령자는 기준채권에 1억 달러를 투자하는 데 필요한 자금을 조달하고자 한다. 이 수령자는 지급자(금융기관일 가능성이 큼)와 교섭해 스왑계약을 체결한다. 그리고 지급자는 채권에 1억 달러를 투자한다. 결과적으로 수령자는 채권을 매입하기 위해 LIBOR+25베이시스 포인트의 이자율로 자금을 차입한 것과 동일한 포지션에 있게 된다. 지급자는 스왑의 만기 동안 채권의 소유권을 보유하게 되는데, 이 경우 채권 매입에 필요한 금액을 수령자에게 직접 제공하고 그 채권을 담보로 하는 경우보다 신용위험에 덜 노출된다. 만일 수령자가 부도나더라도 지급자는 담보를 실현하고자 하는 법적인 문제에 직면하지 않는다. TRS는 자금조달 시의 신용위험이 최소화되도록 설계되었다는 점에서 환매계약(repo)과 유사하다(환매계약에 대한 설명은 4.1절 참조).

지급자가 수령하는 스프레드는 수령자의 부도위험을 부담하는 것에 대한 보상이다. 만일 기준채권의 가격이 하락할 때 수령자가 부도나면 지급자는 손실을 입게 된다. 그러므로 스프레드는 수령자의 신용상태, 채권발행자의 신용상태, 수령자와 발행자 간의 부도상관계수에 의해 달라진다.

지금까지 설명한 기본적인 형태와는 다른 여러 변형된 형태가 존재한다. 때로는 채권가치의 변화에 대해 현금을 지급하는 대신에 스왑의 만기일에 지급자가 기준자산을 명목원금과 교환하는 실물정산의 방법이 사용되기도 한다. 때로는 가치 변화에 대한 현금정산을 만기일에 일괄적으로 한 번 하는 대신에 정기적으로 여러 번 하기도 한다. 그런 경우 TRS는 주식스왑(equity swap)과 유사하다(22.3절 참조).

23.4 CDS 선도와 CDS 옵션

CDS 선도(credit default swap forward)는 미래 특정 시점 *T*에서 특정 기준기업에 대한 특정 CDS를 매입 또는 매도할 수 있는 의무이다. 만일 기준기업이 *T*시점 전에 부도나면 선도계약은 더 이상 존속하지 않는다. 따라서 은행은 기준기업에 대한 5년 만기 보호(보호는 1년 후에 시작됨)를 280베이시스 포인트에 매도하는 선도계약을 체결할 수 있다. 만일 기업이 다음 해에 부도나면 선도계약하에서 은행의 의무는 더 이상 존속하지 않는다.

CDS 옵션(credit default swap option)은 미래 특정 시점 *T*에서 특정 기준기업에 대한 특정 CDS를 매입 또는 매도할 수 있는 권리이다. 예를 들어 투자자는 기준기업에 대한 5년 만기 보호(보호는 1년 후에 시작됨)를 280베이시스 포인트에 매입할 수 있는 권리를 협상할 수 있다. 이는 콜옵션이다. 만일 기준기업에 대한 5년 만기 CDS 스프레드가 1년 후에 280베이시스 포인트를 초과하게 되면 옵션은 행사될 것이다. 그렇지 않으면 옵션은 행사되지 않을 것이다. 옵션의 비용은 최초에 지급되어야 한다. 마찬가지로, 투자자는 기준기업에 대한 5년 만기 보호(보호는 1년 후에 시작됨)를 280베이시스 포인트에 매도할 수 있는 권리를 협상할 수 있다. 이는 풋옵션이다. 만일 기준기업에 대한 5년 만기 CDS 스프레드가 1년 후에 280베이시스 포인트보다 작게 되면 옵션은 행사될 것이다. 그렇지 않으면 옵션은 행사되지 않을 것이다. 옵션의 비용은 최초에 지급되어야 한다. CDS 선도와 같이, 만일 기준기업이 옵션 만기일 전에 부도나면 CDS 옵션도 더 이상 존속하지 않도록 설계된다.

23.5 신용지수

신용시장의 참여자들은 CDS 스프레드를 추적하기 위해 신용지수(credit index)를 개발했다. 2004년에 지수개발자 간에 협약이 이루어져 일부 지수는 통합되었다. 현재 지수 제공자가 이용하는 2개의 중요한 포트폴리오는 다음과 같다.

1. CDX NA IG(북미에 위치한 125개 투자적격등급 기업의 포트폴리오)
2. iTraxx Europe(유럽에 위치한 125개 투자적격등급 기업의 포트폴리오)

이 포트폴리오들은 매년 3월 20일과 9월 20일에 재조정된다. 즉 투자적격등급에서 탈락한 기업은 포트폴리오에서 빠지고 새 투자적격등급 기업이 추가된다.[7]

7 2015년 9월 20일 현재 시리즈 24 iTraxx Europe 포트폴리오와 시리즈 25 CDX NA IG 포트폴리오가 정의되어 있다. 시리즈 숫자는 2015년 9월까지 iTraxx Europe 포트폴리오가 23번 갱신되었고 CDX NA IG 포트폴리오가 24번 갱신되었음을 의미한다.

어떤 시장조성자가 5년 만기 CDX NA IG 지수에 대해 매입호가 65베이시스 포인트, 매도호가 66베이시스 포인트를 제시한다고 하자(이를 지수스프레드라고 함). 대략적으로 이는 투자자가 지수에 포함된 125개 모든 기업에 대한 CDS 보호를 기업당 66베이시스 포인트에 매입할 수 있음을 의미한다. 투자자가 기업당 800,000달러의 보호를 원한다고 가정하자. 총비용은 연간 $0.0066 \times 800,000 \times 125 = 660,000$달러이다. 같은 논리로, 투자자는 125개 기업 각각에 대한 800,000달러의 보호를 연간 650,000달러에 매도할 수 있다. 기업이 부도나면 보호매입자는 보통의 CDS 이득을 수령하고 연간 지급액은 $660,000/125 = 5,280$달러 감소한다. 만기 3, 5, 7, 10년의 CDS 지수 보장을 매입하거나 매도하는 활발한 시장이 존재한다. 이와 같은 신용지수에 대한 계약의 만기일은 보통 12월 20일과 6월 20일이다(이는 '5년 만기' 계약이 실제로 $4\frac{3}{4}$년과 $5\frac{1}{4}$년 지속됨을 의미한다). 대략적으로, 신용지수는 기초 포트폴리오에 포함된 기업들에 대한 CDS 스프레드의 평균값이라고 할 수 있다.[8]

23.6 이표의 이용

표준 CDS와 CDS 지수 계약이 운용되는 정확한 방식은 바로 앞에서 설명한 것보다 다소 복잡하다. 우선 각 기초자산과 각 만기에 대해 이표(또는 액면이자)와 회수율을 정한다. 그리고 다음 절차를 거쳐 스프레드 호가로부터 가격을 계산한다.

1. 매년 4번의 금액이 후지급된다고 가정한다.
2. 스프레드 호가로부터 위해율을 계산한다. 이 계산은 23.2절에서의 계산과 유사하다. 이때 스프레드 호가가 계산되도록 시행착오법으로 위해율을 결정한다.
3. CDS 지급액에 대한 '듀레이션' D를 계산한다. 이 듀레이션에 스프레드를 곱하면 스프레드 지급액의 현재가치가 계산된다(23.2절의 예시에서 이 값은 4.1150이었음).[9]
4. 가격 P는 $P = 100 - 100 \times D \times (s - c)$로 계산되는데 s는 스프레드이고 c는 소수점으로 표시된 이표율이다.

---

8 보다 정확하게, 신용지수는 포트폴리오에 포함된 기업의 CDS 스프레드 평균값보다 약간 작은 값이다. CDS 스프레드가 각각 1,000베이시스 포인트와 10베이시스 포인트인 두 기업을 고려해보자. 두 기업에 대한 보호를 매입하는 데 기업당 505베이시스 포인트보다 약간 작은 금액이 소요될 것이다. 왜냐하면 1,000베이시스 포인트를 10베이시스 포인트만큼 긴 기간 동안 지급하지 않을 것이므로 낮은 가중치를 갖기 때문이다. CDX NA IG의 경우(iTraxx Europe은 해당하지 않음) 또 다른 복잡한 문제는 지수에 적용되는 부도의 정의가 채무재조정을 포함하는 데 반해 기준기업에 대한 CDS 계약에는 채무재조정이 포함되지 않는다는 점이다.

9 여기서 '듀레이션'의 뜻은 6장에서 사용한 뜻과는 다소 다르다.

예제 23.1 이표의 작용 원리 EXAMPLE

5년간 지속하게 될 계약에 대해 iTraxx Europe 지수의 호가가 34베이시스 포인트이고 이표율은 40베이시스 포인트라고 하자(호가는 실제일수/360 방식에 의해 표시됨). (이는 CDS와 CDS 지수의 경우 통상적으로 이용되는 일수계산이다.) 이를 '실제/실제' 기준으로 전환하면 지수는 0.345%이고 이표율은 0.406%이다. 수익률곡선이 연 4%에서 수평이라고 가정하자(실제/실제, 연속복리 기준). 회수율은 40%이다. 매년 4회의 지급액이 후지급된다고 하면 내재위해율은 0.5717%이다. 듀레이션은 4.447년이다. 따라서 가격은 다음과 같다.

$$100 - 100 \times 4.447 \times (0.00345 - 0.00406) = 100.27$$

각 기업당 보호금액이 100만 달러인 계약을 고려해보자. 계약 초기에 보호매도자는 매입자에게 1,000,000달러 × 125 × 0.0027을 지급한다. 그 이후 보호매입자가 각 분기 말에 지급하는 금액은 연간 1,000,000달러 × 0.00406 × n을 기준으로 계산된다(n은 부도나지 않은 기업의 수임). 만일 기업이 부도나면 이득은 통상적인 방법으로 계산되고, 매입자는 매도자에게 100만 달러에 대해 연간 0.406%를 해당 기간에 적용해 최종발생금액으로 지급한다.

거래자가 보호를 매입하면 그 시점에서 거래자는 총잔존원금 100달러당 $100 - P$를 지급하고 보호매도자는 이 금액을 수령하게 된다. (만일 $100 - P$가 음수이면 보호매입자가 이 금액을 수령하고 보호매도자가 지급한다.) 그리고 보호매입자는 매 지급일에 잔존 명목원금에 이표율을 곱한 금액을 지급한다. (CDS의 경우 부도 시점까지 잔존원금이 원래의 원금이고 그 이후에는 0이 된다. 그러나 CDS 지수의 경우 잔존원금은 부도나지 않은 기업의 수에 기업당 원금을 곱한 금액이다.) 부도가 발생하면 이득은 보통의 경우와 동일하게 계산된다. 이와 같은 계산은 거래를 촉진하게 되는데, 이유는 보호매입자가 지급하는 분기별 금액이 계약하는 시점에서의 스프레드와 독립적이 되기 때문이다.

23.7 부채담보부증권

8장에서 ABS(asset-backed security)를 설명했다. 8장에서의 주요 관심은 기초자산이 주거용 모기지인 ABS였다. 많은 다른 유형의 ABS가 발행되었다. **부채담보부증권**(collateralized debt obligation, CDO)은 기초자산이 채권인 ABS이다. 그림 8.2에 소개된 것과 유사한 계단형 폭포(waterfall)의 현금흐름 구조가 채권의 원금과 이자에 대해 정의될 수 있다. 이 구조의 정확한 현금흐름 배정 규칙은 복잡하지만, 기본 원칙은 다른 트랑슈보다 선순위인 트랑슈가 원금과 이자를 수령할 확률이 높아지도록 하는 것이다.

합성 CDO

채권포트폴리오로부터 만들어진 CDO를 현금 CDO(cash CDO)라고 한다. 시장이 발전하는 과정에서 채권의 매입포지션이 CDS의 매도포지션과 동일한 위험을 갖게 된다는 사실을 알게 되었다. 따라서 CDO를 만들기 위해 채권포트폴리오를 매입하는 대신 CDS를 매도하게 되었다. 이와 같이 만들어진 CDO를 합성 CDO(synthetic CDO)라고 한다. 여러 CDS를 매도해 구성한 포트폴리오가 수령하는 CDS 스프레드 금액과 부도 시 지급해야 하는 금액은 트랑슈 투자자에게 배분된다.

합성 CDO에서 각 트랑슈에 현금흐름을 배분하는 규칙은 현금 CDO보다 더 표준화되어 있다. 그림 23.3은 그 간단한 구조를 보여준다. 가장 후순위 트랑슈는 CDO 총명목원금의 5%에 도달할 때까지 CDS 이득(손실보전금액)에 대해 책임을 진다. 두 번째 후순위 트랑슈는 총명목원금의 5~15%까지의 이득에 대해 책임을 지며, 이런 식으로 계산 적용된다. CDS로부터의 수익은 각 트랑슈가 부담하는 위험을 반영하는 방식으로 각 트랑슈에 배정된다. 우리 예시에서 트랑슈 4는 남은 원금에 대해 800bp를 얻고, 트랑슈 3은 남은 원금에 대해 300bp를 얻고, 다른 트랑슈도 동일한 방식으로 이익을 얻는다. 트랑슈가 책임지는 부도가 발생하면 원금이 감소한다. 예를 들어 CDS의 이득이 800만 달러이면 가장 후순위 트랑슈는 모든 원금을 잃게 되고 이자수익도 없게 된다. 두 번째 후순위 트랑슈의 경우 원금이 1,000만 달러에서 700만 달러로 감소하고 남은 700만 달러에 대해서만 300bp를 얻는다. 합성 CDO는 때로는 트랑슈 소유자가 어떤 투자도 하지 않으므로 자금조달이 이루어지지 않는 구조(unfunded structure)를 갖기도 한다. 이 경우 트랑슈 소유자는 보호 제공에 대한 대가를 정기적으로 수

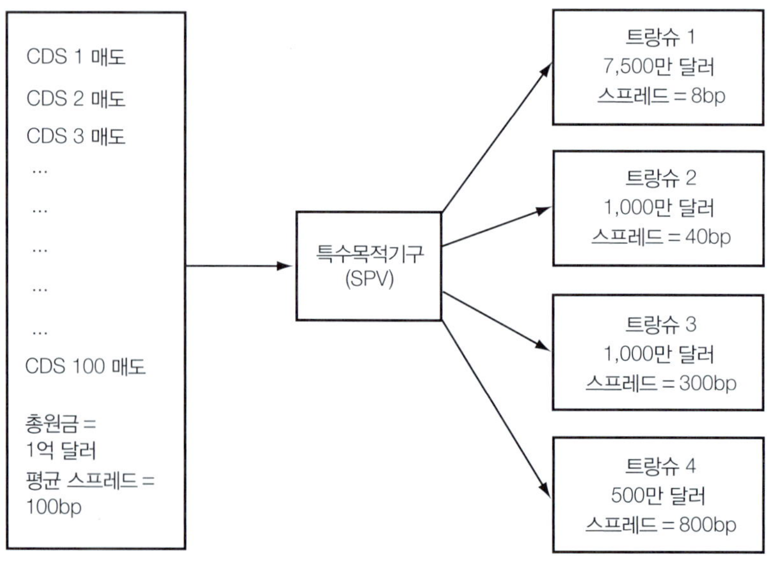

그림 23.3 **합성 CDO의 구조**

령하면서 부도에 대한 손실을 부담한다.[10]

표준 포트폴리오와 단일 트랑슈 거래

23.5절에서 우리는 CDX NA IG와 iTraxx Europe과 같은 CDS 지수를 설명했다. 이 지수들은 각각 북미와 유럽의 투자적격채권에 대한 신용스프레드를 추적(track)한다. 시장은 이 지수들의 기초가 되는 포트폴리오를 이용해 표준 트랑슈(standard tranche)를 정의한다. CDX NA IG 포트폴리오는 125개의 북미 투자적격등급 기업으로 구성된다. 지분 트랑슈(equity tranche)는 원금의 0~3% 사이의 손실을 부담한다. 중순위 트랑슈(mezzanine tranche)는 3~7% 사이의 손실을 부담한다. 남은 트랑슈는 7~10%, 10~15%, 15~30%, 30~100%의 손실을 부담한다. iTraxx Europe의 경우 각 트랑슈는 0~3%, 3~6%, 6~9%, 9~12%, 12~22%, 22~100%의 손실을 부담한다.

거래자들은 합성 CDO의 단일 트랑슈가 일단 정의되면 만들어진 구조에 대한 고려 없이 단일 트랑슈를 거래할 수 있다. 이런 거래를 **단일 트랑슈 거래**(single-tranche trading)라고 한다. 합성 CDO 구조는 보호를 매입한 거래자와 보호를 매도한 거래자 간의 현금흐름을 정의하기 위한 기준으로 단순히 이용될 뿐이다.

표 23.7은 신용위기의 연속 3년 동안 1월 말 기준으로 iTraxx 트랑슈의 호가를 보여준다. 호가를 이해하기 위해 표의 2007년 1월 31일로 표기된 줄을 고려해보자. 지수가 23bp라는 것은 지수를 구성하는 125개 모든 기업에 대한 5년 보호를 연간 23bp에 매입할 수 있음을 의미한다(매매호가 차이를 무시함). (예를 들어 개별 기업에 대해 100만 달러의 보호를 매입한다면 비용은 연간 0.0023 × 1,000,000달러 × 125 = 287,500달러이다.) 거래자는 기초 포트폴리오의 6~9% 범위에 속하는 손실에 대한 5년 보호를 11.95베이시스 포인트로 매입할 수 있다. 매입한 보호금액이 600만 달러라고 가정하자. 이 금액이 트랑슈의 최초 원금이다. 보호매도자가 보호매입자에게 지불하는 금액은 iTraxx Europe 포트폴리오의 부도손실에 의해 결정된다. 누적손실이 포트폴리오 원금의 6% 미만이면 보호매도자는 어떤 금액도 지급하지 않는다. 누적손실이 포트폴리오 원금의 6%를 초과하는 순간부터 손실이 시작된다. 만일 3차 연도 말에 누적손실이 포트폴리오 원금의 6%에서 7%로 커지면 보호매도자는 보호매입자에게 200만 달러를 지불하고 트랑슈 원금은 400만 달러로 감소한다. 만일 4차 연도 말에 누적손실이 포트폴리오 원금의 7%에서 9%로 상승하면 보호매도자는 보호매입자에게 추가로 400

10 실제로 보호매도자들은 기초원금을 담보로 먼저 제공하도록 요구받는다. 특정 트랑슈가 CDS 이득에 대해 책임지게 될 때 담보로부터 자금이 인출된다. 이는 이 구조를 주선한 당사자가 트랑슈 투자자의 부도에 대한 위험을 부담하지 않음을 의미한다. 이 담보의 이자율은 LIBOR(또는 달리 합의한 이자율)이다.

표 23.7 iTraxx Europe 5년 만기 트랑슈의 중간 호가. 호가는 베이시스 포인트 기준임(0~3%의 후순위 트랑슈 제외, 이 경우 호가는 연간 500베이시스 포인트 이외에 추가적으로 지급해야 하는 트랑슈 원금의 퍼센트임) (자료: Creditex Group Inc.)

날짜	트랑슈					iTraxx 지수
	0~3%	3~6%	6~9%	9~12%	12~22%	
2007년 1월 31일	10.34%	41.59	11.95	5.60	2.00	23
2008년 1월 31일	30.98%	316.90	212.40	140.00	73.60	77
2009년 1월 30일	64.28%	1185.63	606.69	315.63	97.13	165

만 달러를 지불하고 트랑슈 원금은 0으로 감소한다. 이후의 손실에 대해서는 책임지지 않는다. 보호매입자가 보호매도자에게 지급하는 금액은 분기별로 후지급이며 남은 트랑슈 원금의 0.001195%이다. 최초 지급액은 연간 0.001195 × 6,000,000달러 = 7,170달러 기준으로 계산된다.

지분 트랑슈(0~3%)의 호가 제시 방식은 다른 트랑슈와는 다르다. 10.34%의 시장 호가는 보호매도자가 트랑슈 원금의 10.34%에 해당하는 초기 현금흐름을 수령하고 남은 트랑슈 원금에 대해 연간 500베이시스 포인트를 수령하게 됨을 의미한다.

신용시장에서의 지난 2년 동안의 변화는 엄청났다. 표 23.7은 신용위기가 신용스프레드를 크게 증가시켰음을 보여준다. iTraxx 지수는 2007년 1월 23베이시스 포인트에서 2009년 1월 165베이시스 포인트로 상승했다. 또한 개별 트랑슈의 호가도 크게 상승했다. 이런 변화의 한 가지 이유는 투자적격등급 기업의 부도확률에 대한 시장의 평가가 크게 증가했다는 점이다. 그러나 많은 경우에 보호매도자가 유동성 문제를 겪었다는 것 또한 사실이다. 보호매도자는 위험에 대해 더 회피적이 되었으며 그들이 요구하는 위험프리미엄도 상승했다.

부도상관계수의 역할

CDO 트랑슈의 가치를 평가하는 데 부도상관계수(default correlation)의 역할은 중요하다. 상관계수가 낮으면 지분 트랑슈는 손실을 볼 가능성이 거의 확실하고 따라서 쉽게 소멸될 것이다.[11] 그러나 선순위 트랑슈는 비교적 안전하다.

부도상관계수가 증가함에 따라 선순위 트랑슈는 더 위험해지지만 지분 트랑슈의 기대손실은 실제로 감소한다. 이를 이해하기 위해 부도확률이 10%이고 부도상관계수가 1이라고 가정하자. 이 경우 전부 아니면 0의 상황에 처하게 된다. 모든 기업이 부도날 확률은 10%이고 어떤 기업도 부도나지 않을 확률이 90%이다. 그 결과 지분 트랑슈가 손해 보지 않을 확률은

11 예를 들어 만일 5년 동안의 채무불이행 확률이 5%이고 상관계수가 0이면, 125개 기업 중에 하나도 부도나지 않을 확률은 단지 0.2%이고, 6개 이상의 기업이 부도날 확률은 약 60%이다.

90%가 된다.

요약

신용파생상품은 은행과 다른 금융기관들로 하여금 신용위험을 적극적으로 관리할 수 있도록 한다. 신용파생상품은 한 기업의 신용위험을 다른 기업에 이전하는 데 이용될 수 있고, 한 유형의 노출을 다른 유형의 노출과 교환함으로써 신용위험을 분산하는 데도 이용될 수 있다.

가장 보편적인 신용파생상품은 CDS이다. 이는 다른 기업이 자신의 채무에 대해 부도낼 경우에 대비해 어떤 기업이 보험을 매입하는 계약이다. 이득은 보통 다른 기업이 발행하는 채권의 액면가와 부도 직후 가치 간의 차이이다. CDS는 기대지급액(또는 기대비용)의 현재가치와 기대이득의 현재가치를 계산함으로써 분석될 수 있다.

TRS는 신용에 민감한 자산으로 구성된 포트폴리오의 총수익이 LIBOR + 스프레드와 교환되는 상품이다. TRS는 종종 자금조달수단으로 이용된다. 채권포트폴리오를 매입하고자 하는 기업은 금융기관과 교섭하고 그 금융기관은 기업을 대신해 채권을 매입한다. 그리고 금융기관은 채권으로부터의 수익을 기업에 지급하고 LIBOR를 수령하는 TRS를 체결한다. 이런 유형의 협약이 갖는 장점은 금융기관이 기업의 부도에 대한 노출을 감소시킬 수 있다는 점이다.

신용 스프레드 지수를 정의하기 위해 표준적 기업 포트폴리오들이 만들어져 있다. 이들 지수를 이용하면 단 한 번의 거래를 통해서 포트폴리오에 포함된 모든 기업에 대한 보호를 얻는 것이 가능하다.

CDO는 회사채 또는 상업대출 포트폴리오로부터 만들어진 일련의 증권이다. 신용손실이 이 증권들 간에 어떻게 배분되는지에 대한 규칙들이 있다. 이런 규칙의 결과로 하나의 포트폴리오로부터 신용등급이 매우 높은 증권과 신용등급이 매우 낮은 증권이 동시에 만들어지게 된다. 합성 CDO는 CDS로부터 만들어지는 증권이다. 표준적 CDO는 신용 스프레드 지수를 정의하는 데 사용되는 표준적 포트폴리오로부터 만들어진다.

참고문헌

Andersen, L., and J. Sidenius, "Extensions to the Gaussian Copula: Random Recovery and Random Factor Loadings," *Journal of Credit Risk*, 1, No. 1 (Winter 2004): 29–70.

Andersen, L., J. Sidenius, and S. Basu, "All Your Hedges in One Basket," *Risk*, November 2003.

Das, S., *Credit Derivatives: Trading & Management of Credit & Default Risk*. Singapore: Wiley, 1998.

Hull, J. C., and A. White, "Valuation of a CDO and *n*th to Default Swap without Monte Carlo Simulation," *Journal of Derivatives*, 12, No. 2 (Winter 2004): 8–23.

Hull, J. C., and A. White, "Valuing Credit Derivatives Using an Implied Copula Approach," *Journal of Derivatives*, 14, 2 (Winter 2006): 8–28.

Laurent, J.-P., and J. Gregory, "Basket Default Swaps, CDOs and Factor Copulas," *Journal of Risk*, 7, 4: 103–122.

Li, D. X., "On Default Correlation: A Copula Approach," *Journal of Fixed Income*, 9, 4 (2000): 43–54.

Schönbucher, P. J., *Credit Derivatives Pricing Models*. Wiley, 2003.

Tavakoli, J. M., *Credit Derivatives: A Guide to Instruments and Applications*. New York: Wiley, 1998.

퀴즈

23.1 이원 CDS는 어떤 점에서 표준 CDS와 상이한가?

23.2 CDS에서 연간 60베이시스 포인트의 프리미엄을 요구한다(반기별 지급). 원금은 3억 달러이고 스왑은 현금으로 결제된다. 부도는 계약이 시작된 지 4년 2개월 후에 발생하고 계산집행자(calculation agent)가 기준채권의 가격이 부도 직후 액면가의 40%일 것이라고 평가한다. CDS 매도자 입장에서 시점별 현금흐름을 추정하라.

23.3 CDS가 정산되는 방법을 설명하라.

23.4 CDO와 합성 CDO가 어떻게 생성될 수 있는지 설명하라.

23.5 1순위 CDS를 설명하라. 바스켓에 포함된 기업들 간의 부도상관계수가 증가함에 따라 이 CDS의 가치가 증가하는가, 아니면 감소하는가? 이유를 설명하라.

23.6 위험중립 부도확률과 보험통계적 부도확률의 차이를 설명하라.

23.7 TRS가 자금조달수단으로 이용될 수 있는 이유를 설명하라.

연습문제

23.8 연속복리 기준으로 무위험 수익률곡선이 7%에서 수평이고 5년 만기 CDS에서 부도가 각 연도의 중간 시점에서 발생할 수 있다고 가정하자. 회수율은 30%이고 이전에 부도나지 않았다는 조건하에서 각 연도별 부도확률이 3%이다. CDS의 스프레드를 추정하라. 금액은 반년마다 지급된다고 가정한다.

23.9 문제 23.8에서 CDS의 스프레드가 150베이시스 포인트이면 보호매입자 입장에서 스왑의 가치는 얼마인가? 명목원금 1달러당 가치로 표현하라.

23.10 문제 23.8에서 스왑이 이원 CDS라면 CDS의 스프레드는 얼마인가?

23.11 5년 만기 n순위 CDS란 무엇인가? 각각의 연도별 부도확률이 1%인 기준기업 100개로 구성된 바스켓을 고려해 보자. 기준기업 간의 부도상관계수가 증가함에 따라 (a) n이 1인 경우와 (b) n이 25인 경우 스왑의 가치가 어떤 영향을 받을 것으로 기대하는가? 당신의 답을 설명하라.

23.12 채권의 회수율은 보통 어떻게 정의되는가? CDS 이득을 명목원금 및 회수율에 연결시키는 공식은 무엇인가?

23.13 새로 발행된 표준 CDS의 스프레드가 유사한 조건의 새로 발행된 이원 CDS의 스프레드와 $(1-R)$의 곱임을 증명하라. 여기서 R은 회수율이다.

23.14 표 23.2부터 표 23.5까지의 예시에서 스프레드가 100베이시스 포인트이면 위험률(hazard rate)이 연간 1.63%임을 보여라. 만일 회수율이 40%가 아니고 20%이면 위험률이 어떻게 변하는가? R을 회수율이라고 할 때, 이

문제에서 계산된 내재 위험률이 대략 $1/(1-R)$과 비례하는지 확인하라.

23.15 어떤 기업이 5%의 액면이자를 지급하는 회사채의 수익률을 수령하고 LIBOR를 지급하는 TRS에 포지션을 취했다. 이 계약과 5%가 LIBOR와 교환되는 보통 스왑 간의 차이를 설명하라.

23.16 CDS에 대한 선도계약과 옵션계약이 어떻게 설계되었는지 설명하라.

23.17 "CDS 매입자의 포지션은 국채에 매입포지션을 취하고 회사채에 매도포지션을 취한 투자자의 포지션과 유사하다." 이를 설명하라.

23.18 CDS에서 정보비대칭 문제가 잠재적으로 존재하는 이유는 무엇인가?

23.19 위험중립 부도확률 대신에 실제부도확률을 이용해 CDS의 가치를 평가하면 CDS의 가치가 과대평가되는가, 아니면 과소평가되는가? 설명하라.

추가문제

23.20 연속복리 기준으로 무위험 수익률곡선이 6%에서 수평이고 2년 만기 표준 CDS(반년 단위 지급)에서 부도가 0.25, 0.75, 1.25, 1.75년 후에 발생할 수 있다고 가정하자. 회수율은 20%이고 무조건부 부도확률이 0.25년과 0.75년 후에는 1%, 1.25년과 1.75년 후에는 1.5%라고 가정하자. CDS 스프레드는 얼마인가? 만일 이원 CDS라면 스프레드는 얼마가 되겠는가?

23.21 어떤 기업의 1년간 위험률이 λ이고 회수율이 R이다. 무위험이자율은 연 5%이다. 부도는 항상 연중 중간 시점에서 발생한다. 5년 만기 표준 CDS의 스프레드가 연 120베이시스 포인트이고 5년 만기 이원 CDS의 스프레드가 연 160베이시스 포인트이다(금액은 연간으로 지급됨). R과 λ를 추정하라.

23.22 CDO에서 여러 트랑슈에 제공되는 수익률이 포트폴리오에 포함된 채권 간 상관계수가 증가함에 따라 어떻게 변할 것으로 기대되는지 설명하라.

23.23 다음과 같이 가정하자. (a) 5년 만기 국채수익률이 7%이다. (b) X기업이 발행한 5년 만기 회사채 수익률이 9.5%이다. (c) X기업이 부도날 것에 대비한 보험을 제공하는 5년 만기 CDS의 비용이 연간 150베이시스 포인트이다. 이 경우에 어떤 차익거래가 존재하는가? 만일 스프레드가 150베이시스 포인트가 아니라 300베이시스 포인트이면 어떤 차익거래가 존재하는가? 당신이 확인한 두 경우의 차익거래가 완전하지 않은 이유 두 가지를 기술하라.

23.24 1년, 2년, 3년, 4년, 5년 만기 CDS 스프레드가 각각 100, 120, 135, 145, 152bp이다. 무위험이자율은 모든 만기에 대해 3%이고 회수율은 35%, 현금 지불은 분기별로 이루어진다. DerivaGem을 이용해 매년 위해율을 연속복리로 계산하라. 1차 연도의 부도확률은 얼마인가? 그리고 2차 연도 부도확률은 얼마인가?

23.25 표 23.7은 5년 만기 iTraxx 지수가 2008년 1월 31일에 77베이시스 포인트임을 보여준다. 무위험이자율은 모든 만기에 대해 5%이고, 회수율은 40%, 현금 지불은 분기별로 이루어진다. 또한 77베이시스 포인트의 스프레드가 모든 만기에 적용된다고 가정하자. DerivaGem CDS 워크시트를 이용해 스프레드에 부합하는 위험률을 계산하라.

24 날씨·에너지·보험 파생상품

이 장에서는 날씨 위험과 에너지가격 위험, 보험회사가 직면한 위험 등을 관리하기 위해 개발된 상품들에 대한 기본적인 내용을 설명한다. 이 상품들은 이제 잘 정착되어 있다. 일부는 거래소에서 거래되고 일부는 장외시장에서 거래된다. 일부 상품은 다른 시장에 있는 표준상품(선도, 선물, 옵션, 스왑 등)과 본질적으로 동일하다. 나머지 상품은 기초자산의 특성을 반영하기 위해 디자인되어 독특한 특성이 있다.

24.1 날씨파생상품

많은 기업은 영업 성과가 날씨에 의해 불리하게 될 가능성이 있다.[1] 따라서 이들 기업은 환위험과 금리위험을 헤지하는 방식과 동일한 방법으로 날씨 위험을 헤지하려고 한다.

첫 번째 장외 날씨파생상품은 1997년에 처음 도입되었다. 날씨파생상품을 이해하기 위해 다음 두 가지 변수를 설명할 것이다.

HDD: 난방지수(heating degree days)
CDD: 냉방지수(cooling degree days)

특정일의 HDD는 다음과 같이 정의된다.

$$\text{HDD} = \max(0, 65 - A)$$

그리고 특정일의 CDD는 다음과 같이 정의된다.

$$\text{CDD} = \max(0, A - 65)$$

1 미국에너지청(U.S. Department of Energy)은 미국 경제의 1/7이 날씨 위험에 노출되어 있다고 추정한다.

여기서 A는 특정 기상관측소에서 관측한 일중 최고기온과 최저기온의 평균이다(화씨로 측정함). 예를 들어 특정일의 일중(자정부터 다음 날 자정까지) 최고기온이 68도이고 최저기온이 44도이면 A는 56이다. 그리고 이 특정일의 HDD는 9이며 CDD는 0이다.

전형적인 장외날씨파생상품은 이득이 일정 기간 누적된 HDD 또는 CDD에 의해 결정되는 선도계약 또는 옵션계약이다. 예를 들어 딜러가 2018년 2월 동안 시카고 오헤어 공항 기상관측소에서의 누적 HDD에 대한 콜옵션을 행사가격 700에, 지수당 10,000달러의 지급률로 해 2017년 1월에 고객에게 매도한다고 가정하자. 만일 실제의 누적 HDD가 820이면, 이득은 120만 달러이다. 날씨파생상품은 종종 지급금액의 상한선을 두고 운영되기도 한다. 만일 앞의 예에서 상한선이 150만 달러이면, 이 계약은 강세스프레드(bull spread)와 동등하다(11장 참조). 즉 고객은 누적 HDD에 대한 행사가격 700의 콜옵션 매입포지션과 행사가격 850의 콜옵션 매도포지션을 소유한 것으로 이해된다.

특정일의 HDD는 일중 난방에 필요한 에너지양을 나타내는 측정치이다. 그리고 CDD는 일중 냉방에 필요한 에너지양을 나타내는 측정치이다. 현재 체결되고 있는 대부분의 날씨파생상품 계약들은 에너지 생산자와 소비자 간에 체결되고 있다. 그러나 소매업자, 슈퍼마켓 체인, 음식료품 제조업자, 건강서비스기업, 농업 및 레저산업에 속하는 기업 등도 날씨파생상품의 잠재적인 고객이라고 생각한다. 날씨위험관리협회(Weather Risk Management Association, www.wrma.org)는 날씨위험관리산업의 이해와 발전을 위해 조직되었다.

1999년 9월, CME그룹은 날씨선물과 날씨선물에 대한 유러피언 콜옵션을 거래하기 시작했다. 이 계약은 기상관측소에서 관찰한 1개월 동안의 누적 HDD와 누적 CDD에 기초한다. 이 계약은 HDD와 CDD가 결정되는 월말 직후에 현금결제된다. 선물 1계약은 해당 월 누적 HDD 또는 누적 CDD의 20배이다. CME에는 전 세계 수많은 도시의 날씨선물과 날씨옵션이 상장되어 있다.

날씨파생상품으로부터의 이득은 체계적 위험(시장에 의해 가치평가에 반영되는 위험)을 갖지 않는다. 따라서 이들 파생상품은 역사적 자료를 이용해 평가될 수 있다. 예를 들어 앞에서 언급했던 시카고 오헤어 공항에서 관찰된 2018년 2월 중 HDD를 기초로 한 콜옵션을 고려해보자. 우리는 과거 50년간의 자료를 모아 HDD의 확률분포를 추정할 수 있다. 이 자료를 이용하면 옵션이득의 확률분포를 추정할 수 있다. 옵션가치의 추정치는 이 분포의 평균을 무위험이자율로 할인한 값이다. 물론 날씨의 추세를 반영해 확률분포를 조정할 수도 있다. 예를 들어 선형회귀 결과 2월 중 누적 HDD가 평균적으로 매년 10의 비율로 감소하는 것을 발견했다고 하자. 회귀분석의 결과는 2018년 2월 중 HDD에 대한 추세조정 확률분포(trend-adjusted probability distribution)를 추정하는 데, 그리고 옵션이득에 대한 추세조정 분포를 추정하는 데 이용될 수 있다.

24.2 에너지파생상품

에너지기업들은 파생상품을 가장 적극적으로 그리고 가장 정교하게 이용한다. 다양한 에너지 파생상품은 장외시장과 거래소시장에서 모두 거래된다. 이 절에서는 원유, 천연가스, 전기 파생상품의 거래를 분석한다.

원유

원유는 전 세계의 하루 수요가 9,000만 배럴에 이를 정도로 세계에서 가장 중요한 상품 중 하나이다. 여러 해 동안 장외시장에서 쉽게 찾아볼 수 있었던 원유파생상품은 10년 만기 고정가격 공급계약이었다. 이런 계약은 고정가격의 원유가 변동가격의 원유와 교환되는 스왑이다.

원유는 중량과 유황 함량에 따라 여러 등급으로 구분된다. 원유가격을 결정하는 두 가지 중요한 벤치마크는 브렌트 원유와 서부텍사스 중질유이다. 원유는 가솔린, 보일러 등유, 중유, 실내 등유 등으로 정제된다.

주식과 주가지수에 대해 가능했던 거의 모든 파생상품이 지금은 장외시장에서 원유를 기초자산으로 해 존재한다. 원유를 기초로 한 스왑, 선도계약, 옵션계약 등이 보편화되어 있다. 이런 계약들은 현금으로 정산되기도 하고 실물인도(즉 원유의 인도)를 요구하기도 한다.

거래소 계약도 보편적으로 이용되고 있다. CME그룹과 ICE(Intercontinental Exchange)는 여러 원유선물과 원유선물옵션계약을 거래한다. 일부 선물계약은 현금으로 정산되고 일부는 실물인도에 의해 정산된다. 예를 들어 ICE에서 거래되는 브렌트원유선물(Brent crude oil futures)은 현금정산옵션을 갖는다. 반면에 CME에서 거래되는 연질(light sweet) 원유선물은 현물인도를 요구한다. 어떤 경우이든 원유선물 1계약은 1,000배럴이다. CME에서는 또한 두 가지 정유제품(즉 난방유와 휘발유)에 대한 파생상품도 널리 거래되고 있다. 이 경우에 1계약은 각각 42,000갤런의 실물인도를 요구한다.

천연가스

세계적으로 천연가스 산업은 1980년대와 1990년대에 규제에서 벗어나 정부독점이 없어지는 과정에 있다. 천연가스 공급자가 반드시 가스 생산자일 필요는 없다. 공급자는 일별 공급량을 일별 수요에 맞추어야 하는 어려움을 갖게 되었다.

전형적인 장외계약은 미리 정한 양의 천연가스를 1개월에 걸쳐 거의 일정한 속도로 인도하는 것을 요구한다. 선도계약, 옵션, 스왑은 장외시장에서 가능하다. 가스의 매도자는 파이프라인을 통해 지정된 장소까지 가스를 이동시킬 의무가 있다.

CME그룹은 100억 BTU(British thermal unit)의 천연가스를 인도하는 계약을 거래하고 있다. 만기 전에 청산되지 않으면, 계약은 루이지애나주의 지정된 허브에 인도월 동안 거의 일정한 속도로 실물인도를 하도록 요구한다. ICE는 런던에서 유사한 계약을 거래하고 있다.

천연가스는 건물 난방용으로 인기 있는 에너지원이다. 또한 천연가스는 전기생산에도 이용되며, 전기는 다시 냉방용으로 이용된다. 따라서 천연가스의 수요도 계절적 변동이 있으며 날씨에 따라서도 달라진다.

전기

전기는 쉽게 저장할 수 없는 특이한 상품이다.[2] 특정 순간에 어떤 지역의 최대전기공급량은 그 지역 모든 발전소의 최대용량에 의해 결정된다. 미국에는 **통제지역**(control area)이라고 하는 140개 지역이 있다. 통제지역 내에서 수요와 공급이 우선적으로 매칭되고 남은 전기는 다른 지역으로 매각된다. 전기 도매시장에서 거래되는 것은 이처럼 남아도는 전기이다. 한 지역이 다른 지역에 전기를 매각할 수 있는 능력은 두 지역 간 선로의 송전능력에 달려 있다. 한 지역에서 다른 지역으로 송전하는 데는 송전비용이 들어가며(송전선 소유자가 부과함) 일반적으로 약간의 송전손실 또는 에너지손실이 발생한다.

전기의 가장 중요한 사용처는 에어컨시스템이다. 그 결과 전기에 대한 수요가 가장 많은 여름에 전기가격이 겨울보다 훨씬 높다. 전기의 저장불가능성(nonstorability) 때문에 때로는 전기 현물가격이 큰 폭으로 변동하기도 한다. 무더위로 인해 짧은 기간 동안 전기의 현물가격이 1,000% 가까이 상승하기도 하는 것으로 알려져 있다.

천연가스산업과 마찬가지로 전기산업도 규제에서 벗어나 정부독점이 없어지는 과정에 있으며, 이 때문에 전기파생상품시장이 발전하고 있다. CME그룹에서는 현재 전기가격에 대한 선물계약이 거래되고 있으며, 장외시장에서는 전기에 대한 선도, 옵션, 스왑 등이 활발하게 거래되고 있다. 전형적인 계약으로는 (장외시장 또는 거래소시장에서) 한쪽이 특정 월에 지정된 장소에서 지정된 가격으로 미리 정한 메가와트(megawatt)의 전기를 송전받을 수 있도록 하는 계약이 있다. 5 × 8 계약은 특정 월 동안에 주 5일 동안(월요일부터 금요일) 비수기 시간대에(오후 11시부터 오전 7시까지) 송전되는 계약이다. 5 × 16 계약은 특정 월에 주 5일 동안 성수기 시간대에(오전 7시부터 오후 11시까지) 송전되는 계약이다. 그리고 7 × 24 계약은 특정 월 동안 매일 항상 송전되는 계약이다. 이들 옵션계약은 일별 또는 월별로 행사된다. 일별 행사되는 옵션의 경우, 옵션 소유자는 매일(하루 전에 통지해야 함) 미리 정한 행사가격으로 미리 정한 양의 전기를 받을 것인지를 선택할 수 있다. 월별 행사되는 옵션의 경우, 미리 정한 행사가격으로 1개월 전 기간에 걸쳐 전기를 받을 수 있는 의사결정이 월초에 한꺼번에

2 여유 생산능력을 가지고 있는 전기 생산자는 여유 전기를 수력발전소 상부로 물을 끌어올리는 데 사용하기도 하는데, 이는 나중에 전기를 생산하는 데 이용할 수 있기 위함이다.

이루어진다.

전기와 천연가스시장에서 흥미로운 계약은 **스윙옵션**(swing option 또는 take-and-pay option)이다. 이 계약에서 옵션 소유자가 미리 정한 가격으로 반드시 매입해야 하는 전기의 최대량과 최소량이 일별로 그리고 월별 전체로 명시된다. 옵션 소유자는 월간 전기 매입가격을 변경할 수 있으나, 대체로 변경할 또는 흔들(swing) 수 있는 횟수는 제한되어 있다.

에너지가격의 특성

주가와 마찬가지로 에너지가격도 변동성을 보인다(원유의 전형적인 변동성은 연 20%이고 천연가스는 연 40%, 전기의 변동성은 연 100~200%의 범위에 있다). 주가와 달리 에너지가격은 계절성(seasonality), '스파이크(spikes)', 평균회귀성(mean reversion)을 보인다(평균회귀성은 21.7절 참조). 계절성은 에너지의 계절적 수요와 저장의 어려움 때문에 발생한다. 스파이크는 수요와 공급의 단기적 불균형으로 인해 가격이 계절 평균으로부터 멀어지면서 발생하지만, 정상적인 시장 상황으로 회복되면 가격은 계절 평균으로 돌아간다.

에너지 생산업자가 위험을 헤지하는 방법

에너지 생산업자는 두 가지 위험에 노출되어 있다. 하나는 에너지의 시장가격과 관련이 있는 가격 위험이고, 다른 하나는 매입하는 에너지의 양과 관련이 있는 거래량 위험이다. 가격은 거래량을 반영하기 위해 조정되기도 하지만 두 가지 요소는 불완전한 관계에 있기 때문에 에너지 생산업자는 가격과 거래량을 동시에 고려해서 헤징전략을 수립해야 한다. 가격위험은 이 절에서 설명한 에너지파생상품을 이용해 헤지할 수 있다. 거래량위험은 앞 절에서 설명한 날씨파생상품을 이용해 헤지할 수 있다. 설명을 위해 부호를 다음과 같이 정의하자.

Y: 월별 이익
P: 월별 에너지 평균가격
T: 월별 날씨변수(HDD 또는 CDD)

에너지 생산업자는 과거 자료를 이용해 다음 회귀식을 추정할 수 있다.

$$Y = a + bP + cT + \epsilon$$

여기서 ϵ은 오차항이다. 에너지 생산업자는 에너지 선도 또는 선물계약에 $-b$만큼 포지션을 취하고 날씨선도 또는 선물계약에 $-c$만큼 포지션을 취해 특정 월의 위험을 헤지할 수 있다. 이 관계를 이용해 대안이 되는 옵션전략의 효과를 비교할 수도 있다.

24.3 보험파생상품

파생상품계약이 헤징의 목적으로 이용될 때 그 계약은 보험계약과 여러 가지 동일한 특성을 갖는다. 파생상품계약과 보험계약은 모두 불리한 사건에 대비해서 보호를 제공하도록 만들어진 계약이다. 많은 보험회사가 파생상품을 거래하는 자회사를 가지고 있고 보험회사 활동 중 많은 부분이 투자은행의 활동과 매우 유사해지고 있다는 사실은 결코 놀랄 일이 아니다.[3]

전통적으로 보험회사는 허리케인, 지진과 같은 재난위험(catastrophic risk, CAT risk)에 대한 노출을 재보험으로 헤지해왔다. 재보험계약이 수많은 형태로 체결되어 있고 노출한도를 3,000만 달러로 제한하려 한다고 가정하자. 하나의 대안은 위험노출(즉 손실)의 70%를 보상받을 수 있는 재보험계약(연간)을 체결하는 것이다. 만일 캘리포니아에서 지진이 발생해 특정 연도에 총 5,000만 달러의 손해배상청구가 있더라도 보험회사의 비용은 1,500만 달러로 제한된다. 보다 보편적인 대안은 재보험료가 저렴한 **초과비용보상층**(excess cost layers) 계약이라는 일련의 재보험계약을 매입하는 것이다. 제1보상층은 3,000만~4,000만 달러의 손실을 보상한다. 다음 보상층은 4,000만~5,000만 달러의 손실을 보상한다. 이런 식으로 보상이 계속 손해 수준별로 이루어진다. 각각의 재보험계약은 **초과손실재보험계약**(excess-of-loss reinsurance contract)이라고 한다. 이는 재보험업자가 총손실에 대해 강세스프레드(bull spread)를 발행한 셈이다. 다시 말해 초과보상층 계약은 행사가격이 보상층의 하한선과 동일한 콜옵션을 매입하고 보상층의 상한선과 동일한 행사가격의 콜옵션을 매도한 계약이다.[4]

장외시장은 전통적인 재보험계약에 대안이 될 수 있는 여러 상품을 개발했다. 이 중 가장 보편적인 상품이 CAT채권(CAT bond)이다. CAT채권은 보험회사의 자회사에 의해 발행된 채권으로 정상적인 이자율보다 높은 이자율을 지급한다. 초과 이자율에 대한 보상으로 CAT 채권 소유자는 초과손실재보험계약을 제공하기로 동의한다. CAT채권의 계약조건에 따라 이자 또는 원금(또는 모두)은 손해배상청구(claim)를 충족시키는 데 사용된다. 앞에서 예로 든 보험회사가 캘리포니아에서 발생할 지진으로 인한 손실을 3,000만~4,000만 달러로 제한하는 경우에서 보험회사는 총원금이 1,000만 달러인 CAT채권을 발행할 수 있다. 만일 캘리포니아에서 발생하는 지진으로 인해 보험회사의 손실이 3,000만 달러를 초과하면 채권 소유자는 원금의 일부 또는 전부를 잃게 된다. 다른 대안으로, 보험회사는 채권자의 이자만이 위험

3 파생상품계약과 보험계약의 차이는 다음과 같다. 보험계약에 참여하는 경우, 계약 당사자는 계약의 기초가 되는 위험에 노출되어 있어야 한다. 파생상품계약의 경우에는 그럴 필요가 없다. 예를 들어 A라는 개인이 B라는 개인이 소유한 주택의 화재 위험에 대한 보험계약을 체결하는 것은 불가능하다. 반면에 소유하고 있지 않은 주식에 대한 풋옵션을 매입하는 것은 가능하다.

4 특정 손실 수준에 도달하면 재보험은 보통 일시불(lump sum)로 제공되기도 한다. 이 경우에 재보험업자는 손실에 대한 현금이원콜옵션을 발행한 셈이다.

에 노출되는 보다 큰 규모의 채권을 발행해 초과비용보상층을 커버할 수 있다.

전형적으로 CAT채권은 정상보다 높은 이자를 지급할 가능성은 높고 큰 손실을 보일 가능성은 낮다. 그렇다면 왜 투자자가 이런 상품에 관심을 갖게 되는가? 이에 대한 답은 CAT 위험과 주식시장수익률 간에 통계적으로 유의한 상관관계가 존재하지 않는다는 점에서 찾을 수 있다.[5] 따라서 CAT채권은 투자자에게 매력적인 투자대상이다. 즉 CAT채권은 체계적 위험(systematic risk)을 갖지 않으므로 그것의 총위험은 대규모 포트폴리오에서 완벽하게 제거되어 없어진다. 만일 CAT채권의 기대수익률이 무위험이자율보다 높다면(사실, 대체로 높음) CAT채권은 위험과 수익률 간의 상충관계를 향상할 수 있는 잠재력을 갖는다.

요약

이 장은 위험을 관리할 때 파생상품시장이 시장의 요구를 만족시킬 수 있는 금융상품을 개발하는 데 매우 창의적임을 보여준다.

날씨파생상품시장은 비교적 새로운 시장이지만 이미 많은 관심을 끌고 있다. 특정 월의 기온을 설명하기 위해 HDD와 CDD 측정치가 개발되었다. 이 측정치들은 거래소시장 또는 장외시장에서 날씨파생상품의 이득을 정의하는 데 이용된다. 날씨파생상품시장이 발전함에 따라 강우량, 적설량, 그리고 이와 유사한 변수에 대한 파생상품계약이 곧 개발될 것이다.

에너지시장에서 원유파생상품은 중요한 기능이 있다. 즉 원유생산업자와 소비자가 가격위험을 관리하도록 하는 데 가장 중요한 역할을 하고 있다. 천연가스와 전기에 대한 파생상품은 비교적 새로운 것이다. 이들 파생상품은 시장이 규제에서 벗어나고 국가독점이 중단됨에 따라 위험관리에서 중요한 역할을 하게 되었다.

보험파생상품은 보험회사가 허리케인, 지진과 같은 재난적 사건의 위험을 관리하는 방안으로 개발된 상품으로, 전통적인 재보험계약에 대안이 되는 금융상품이다.

---

5 다음을 참조하라. R. H. Litzenberger, D. R. Beaglehole, and C. E. Reynolds, "Assessing Catastrophe Reinsurance-Linked Securities as a New Asset Class" *Journal of Portfolio Management* (Winter 1996): 76–86.

참고문헌

날씨파생상품

Alexandridis, A. K., and A. D. Zapranis, *Weather Derivatives: Modeling and Pricing Weather-Related Risk*. New York: Springer, 2013.

Cao, M., and J. Wei. "Weather Derivatives Valuation and the Market Price of Weather Risk," *Journal of Futures Markets,* 24, 11 (November 2004), 1065–89.

에너지파생상품

Clewlow, L., and C. Strickland. *Energy Derivatives: Pric-*

ing and Risk Management. Lacima Group, 2000.

Eydeland, A., and K. Wolyniec. *Energy and Power Risk Management.* Hoboken, NJ: Wiley, 2003.

Geman, H. *Commodities and Commodity Derivatives: Modeling and Pricing for Agriculturals, Metals, and Energy*. Chichester: Wiley, 2005.

보험파생상품

Canter, M. S., J. B. Cole, and R. L. Sandor. "Insurance Derivatives: A New Asset Class for the Capital Markets and a New Hedging Tool for the Insurance Industry," *Journal of Applied Corporate Finance* (Autumn 1997): 69–83.

Froot, K. A. "The Market for Catastrophe Risk: A Clinical Examination," *Journal of Financial Economics*" 60 (2001): 529–71.

Litzenberger, R. H., D. R. Beaglehole, and C. E. Reynolds. "Assessing Catastrophe Reinsurance-Linked Securities as a New Asset Class," *Journal of Portfolio Management* (Winter 1996): 76–86.

퀴즈

24.1 HDD와 CDD는 무엇을 의미하는가?

24.2 7월 중 일별 최저기온이 화씨 68도이고 최고기온이 화씨 82도라고 가정하자. 7월 중 누적 CDD에 대한 콜옵션의 이득은 얼마인가? 행사가격은 250이고 지급률은 지수당 5,000달러이다.

24.3 전형적인 천연가스 선도계약이 어떤 구조를 갖는지 설명하라.

24.4 전기가격이 다른 에너지가격보다 변동성이 높은 이유는 무엇인가?

24.5 날씨파생상품과 CAT채권의 가치를 평가하는 데 보험통계적 접근 방법이 적절한 이유는 무엇인가?

24.6 천연가스 생산업자가 파생상품을 이용해 어떻게 위험을 헤지할 수 있는가?

24.7 CAT채권이 어떻게 작용하는지 설명하라.

연습문제

24.8 "HDD와 CDD는 기온에 대한 옵션으로부터의 이득으로 간주할 수 있다." 이를 설명하라.

24.9 당신이 과거 50년간의 기온자료를 가지고 있다고 가정하자. 다음 7월 중의 선도 누적 CDD를 계산하기 위해서 당신은 어떤 절차를 거쳐서 분석할 것인지 설명하라.

24.10 평균회귀현상이 에너지자원의 3개월 선도가격 변동성을 현물가격의 변동성보다 크게 할 것인지, 아니면 작게 할 것인지 설명하라.

24.11 전기에 대한 2011년 5월 만기 5×8 옵션계약(매일 행사가능)이 어떤 옵션계약인지(또는 어떻게 작용하는지) 설명하라. 만일 매월 행사가 가능하면 이 옵션은 어떤 옵션인지 설명하라. 어떤 옵션의 가치가 더 큰가?

24.12 액면이자율, 만기, 가격이 동일한 2개의 채권을 고려해보자. 하나는 B등급 회사채이고 다른 하나는 CAT채권이다. 과거 자료에 기초한 분석에 의하면, 두 채권의 만기 동안 매 연도별 기대손실은 동일하다. 당신은 포트폴리오 매니저에게 어떤 채권을 추천할 것이고 그 이유는 무엇인가?

추가문제

24.13 특정 유형의 보험회사 손실이 대략 평균 1억 5,000만 달러이고 표준편차가 5,000만 달러인 정규분포를 따른다고 가정하자(위험중립 가정하에서의 손실과 실제 손실 간에 차이가 없다고 가정하자). 무위험이자율은 연 5%이다. 다음 계약의 비용을 계산하라.

(a) 보험회사 손실의 60%를 1년 후에 지불하는 계약

(b) 보험회사 손실이 2억 달러를 초과하면 1년 후에 1억 달러를 지불하는 계약

25 파생상품 투자의 실패와 교훈

1980년대 중반 이후로 파생상품시장에서는 몇 건의 엄청난 손실이 발생했다. 가장 큰 손실은 미국에서 주택 모기지로 만들어진 상품의 거래로부터 발생했으며 8장에서 설명했다. 금융기관이 입은 손실의 일부는 실무사례 25.1에 열거되어 있고, 비금융기관이 입은 손실의 일부는 실무사례 25.2에 열거되어 있다. 이들 리스트로부터 알 수 있는 주목할 만한 사실은 몇 건의 엄청난 손실이 직원 한 명의 행동으로 발생했다는 점이다. 1995년 닉 리슨(Nick Leeson)의 거래는 200년의 역사가 있는 영국은행인 베어링스(Barings)를 파산시켰다. 1994년에 로버트 시트론(Robert Citron)의 거래는 캘리포니아주 오렌지카운티가 20억 달러의 손실을 보게 만들었다. 키더피보디(Kidder Peabody)는 조셉 제트(Joseph Jett)의 거래로 3억 5,000만 달러의 손실을 보았다. 얼라이드아이리시은행(Allied Irish Bank)의 존 러스낵(John Rusnak)이 은행에 끼친 7억 달러 규모 손실은 2002년에 밝혀졌다. 2006년에 아마란스(Amaranth) 헤지펀드는 브라이언 헌터(Brian Hunter)가 취한 거래위험으로 인해 60억 달러의 손실을 보았다. 2008년 제롬 커비엘(Jérôme Kerviel)은 주가지수선물을 거래해 소시에테제네랄(Société Générale)에 70억 달러 이상의 손실을 입혔다. 또한 UBS, 쉘, 스미토모의 엄청난 손실도 거래자 한 사람이 일으킨 결과이다.

이런 손실 사례만 보고 파생상품산업 전체가 큰 문제가 있는 것으로 인식해서는 안 된다. 파생상품시장은 그 규모가 수십 조 달러에 이르는 시장으로 발전해왔고, 어떤 기준으로든 대단히 성공적이었으며, 시장 참여자의 수요를 잘 충족시켜 왔다.

실무사례 25.1과 실무사례 25.2에 언급된 사건들은 건수 기준으로뿐만 아니라 금액 기준으로도 파생상품의 총거래에서 차지하는 비율이 대단히 낮다. 그럼에도 불구하고 이들 사건으로부터 배운 교훈을 주의 깊게 고려해야 한다. 이것이 이 장의 목적이다.

실무사례 25.1 금융기관의 대규모 손실

얼라이드아이리시은행

이 은행은 외환거래자 존 러스낵의 몇 년 동안의 투기적 행동으로 7억 달러의 손실을 보았다. 러스낵은 허구의 옵션거래를 만들어 손실을 감추었다.

아마란스

이 헤지펀드는 천연가스의 가격 방향에 대해 베팅해 2006년에 60억 달러의 손실을 보았다.

베어링스

200년 전통의 영국은행인 베어링스가 싱가포르의 닉 리슨이라는 거래자에 의해 1995년에 파산했다. 그는 선물과 옵션을 이용해 닛케이 225의 미래 방향에 대해 엄청난 베팅을 했다. 이로 인해 10억 달러에 가까운 손실이 발생했다.

엔론의 계약상대방

엔론(Enron)은 일부 창의적인 계약으로 주주에게 진실한 상황을 감출 수 있었다. 엔론이 이런 계약을 할 수 있도록 도와준 혐의를 받았던 여러 금융기관은 주주 소송에 10억 달러 이상을 지급해 타협했다.

키더피보디(실무사례 5.1 참조)

조셉 제트라는 한 개인의 행위로 인해 뉴욕 소재 투자은행인 키더피보디는 미국 국채거래에서 3억 5,000만 달러의 손실을 보았다. 이 손실은 회사 컴퓨터시스템의 이익계산 방식 오류 때문에 발생했다.

롱텀캐피털매니지먼트(실무사례 2.2 참조)

헤지펀드인 롱텀캐피털매니지먼트(Long-Term Capital Management, LTCM)는 러시아의 채무불이행과 이로 인한 안전자산으로의 도피로 1998년에 40억 달러의 손실을 보았다. 뉴욕연방은행은 14개 은행이 펀드에 투자하도록 설득함으로써 펀드의 정상적인 청산을 주선했다.

미들랜드은행

영국은행인 미들랜드은행(Midland Bank)은 금리 움직임을 잘못 예측하고 베팅한 결과 1990년대 초에 5억 달러의 손실을 보았다. 나중에 이 은행은 홍콩상하이은행에 인수되었다.

소시에테제네랄(실무사례 1.4 참조)

제롬 커비엘은 2008년 1월 주가지수 변화에 대한 투기로 70억 달러 이상의 손실을 야기했다.

서브프라임 모기지 손실(8장 참조)

2007년 투자자들은 미국 서브프라임 모기지 관련 구조화채권에 대한 신뢰를 잃었다. 이는 결국 신용경색과 수십 조에 이르는 금융기관들(UBS, 메릴린치, 시티그룹 등)의 손실로 이어졌다.

UBS

2011년 퀘쿠 아도볼리(Kweku Adoboli)는 허가받지 않은 투기포지션을 취해 23억 달러의 손실을 야기했다.

25.1 파생상품 사용자를 위한 교훈

먼저 금융기관이든 비금융기관이든 파생상품을 이용하는 모든 사용자에게 교훈이 되는 것들을 살펴보면 다음과 같다.

위험한도를 명확하게 정하자

모든 기업은 감당할 수 있는 금융위험(financial risk)의 한도를 확실하고 명확하게 정해야 한다. 그리고 한도가 지켜질 수 있도록 위험관리 절차를 확립해야 한다. 이사회가 전체의 위험한도(risk limit)를 결정하는 것이 이상적이다. 그런 다음 특정 위험에 대해 관리책임자가 관

실무사례 25.2 비금융기관의 대규모 손실

얼라이드라이온스

음료 및 식품회사인 얼라이드라이온스(Allied Lyons)의 재무부서는 1991년에 미국 달러–영국 스털링 환율에 대한 콜옵션을 매도해 1억 5,000만 달러의 손실을 보았다.

깁슨그리팅스

카드 제조업체인 깁슨그리팅스(Gibson Greetings)의 재무부서는 1994년에 뱅커스트러스트(Bankers Trust)와 대단히 이색적인 금리파생상품을 거래한 결과 2,000만 달러의 손실을 보았다. 이 회사는 뱅커스트러스트에 소송을 제기했고 법정 밖에서 타협했다.

해머스미스앤드풀럼(실무사례 7.2 참조)

영국 지방정부인 해머스미스앤드풀럼(Hammersmith and Fulham)은 1988년에 파운드 금리스왑과 옵션에서 약 6억 달러의 손실을 보았다. 모든 계약은 차후에 영국법원에 의해 무효로 선언되었으며, 이로 인해 계약의 상대방인 은행은 매우 곤란하게 되었다.

메탈게젤샤프트(실무사례 3.2 참조)

독일기업인 메탈게젤샤프트(Metallgesellschaft)는 원유와 가솔린을 공급하는 장기계약을 체결하고 단기선물계약에 연속적으로 포지션을 취해 헤지했다. 강제로 포지션을 청산했을 때 이 기업은 13억 달러의 손실을 보았다.

오렌지카운티(실무사례 4.1 참조)

재무 담당관인 로버트 시트론으로 인해 오렌지카운티는 1994년에 약 20억 달러의 손실을 보았다. 재무 담당관은 이자율이 상승하지 않을 것으로 예측하고 파생상품을 이용해 투기포지션을 취했다.

프록터앤드갬블(실무사례 22.4 참조)

미국 대기업인 프록터앤드갬블(P&G)의 재무부서는 1994년에 뱅커스트러스트와 대단히 이색적인 금리파생상품을 거래한 결과 약 9,000만 달러의 손실을 보았다. 이 기업은 뱅커스트러스트에 소송을 제기했고 법정 밖에서 타협했다.

쉘

쉘(Shell)의 일본 자회사는 한 종업원의 불법적인 통화선물 거래로 10억 달러의 손실을 보았다.

스미토모

스미토모(Sumitomo)를 위해 일하는 한 거래자의 1990년대 동(copper) 현물, 선물, 옵션거래로 인해 20억 달러의 손실을 보았다.

리할 수 있는 한도가 정해져야 한다. 관리책임자는 일별 보고서에 시장변수의 특이한 움직임으로 인해 발생할 수 있는 이익 또는 손실을 표시해야 한다. 보고서에 사용된 가치평가 절차가 정확하다는 확신을 할 수 있도록 이 수치는 실제의 손실과 비교되어야 한다.

기업은 파생상품을 사용할 때 발생하는 위험을 특히 주의 깊게 관찰해야 한다. 1장에서 설명했듯이 파생상품은 필요에 따라서 헤지, 투기, 차익거래에 사용될 수 있기 때문이다. 주의 깊게 관찰하지 않으면 파생상품 거래자가 헤저(hedger) 입장에서 투기자(speculator) 입장으로 또는 차익거래자(arbitrageur) 입장에서 투기자 입장으로 전환했는지 파악하는 것이 불가능하다. 베어링스, 소시에테제네랄, UBS의 손실은 잘못된 경우의 전형적인 예다. 각 경우에 거래자의 임무는 저위험의 차익거래 또는 헤지거래를 수행하는 것이었다. 그러나 거래자들은, 그들의 상사가 모르게, 차익거래자 또는 헤저의 포지션에서 시장변수의 미래 방향에 대해 엄청난 베팅을 하는 포지션으로 변경했다. 그들 은행의 시스템은 부적절해 누구도 어떻게 잘못되고 있는지 파악하지 못했다.

여기서 중요한 점은 어떤 위험도 부담하지 않아야 한다는 것이 아니다. 금융기관의 거래자 또는 펀드 매니저는 관련 시장변수의 미래 움직임에 대비해 포지션을 취할 수 있어야 한다. 요점은 취할 수 있는 포지션의 크기가 제한되어야 하며 운용 중인 시스템은 부담하고 있는 위험을 정확히 보고할 수 있어야 한다는 것이다.

위험한도를 엄격히 준수하자

한 개인이 위험한도를 초과해 투자해서 이익을 얻었다면 어떻게 할 것인가? 이는 고위경영자에게 상당히 미묘한 이슈이다. 아마도 그 거래에서 이익이 발생하면 위험한도를 어겼다고 하더라도 이를 무시하고 싶을 것이다. 그러나 이는 근시안적인 사고이다. 이는 위험한도를 엄격히 준수할 필요가 없다는 문화를 만들 것이고 결국은 커다란 금융 재앙을 초래할 수 있다. 실무사례 25.1과 실무사례 25.2에 수록된 실패 사례 중 상당수가 기업이 위험한도를 엄격히 준수하지 않았기에 발생했다. 왜냐하면 기업이 과거에도 비슷한 위험을 감수해 이익을 얻었던 경험이 있기 때문이다.

이런 대표적인 예가 오렌지카운티의 사례이다. 1991~1993년에 카운티의 재무 담당관인 로버트 시트론의 투자는 대단히 성공적이어서, 오렌지카운티는 추가 자금을 조달하는 데 그의 거래에 의존했다. 카운티는 그가 과거에 큰 이익을 얻었기 때문에 거래에서 그가 부담하고 있는 위험을 무시했다. 불행히도 1994년에 발생한 손실은 과거에 그가 얻었던 이익을 훨씬 넘어섰다.

위험한도를 초과해서 거래하는 것에 대한 벌칙은 사후적으로 손실이 발생할 때나 이익이 발생할 때나 똑같이 부과되어야 한다. 그렇지 않으면 손실을 본 거래자는 이익이 발생하면 결국은 모든 것이 용서될 것이라는 희망을 갖고 투기포지션을 계속 증가시킬 것이기 때문이다.

시장보다 더 잘 예측할 수 있다고 생각하지 말자

일부 거래자는 다른 거래자보다 상당히 우수할 수 있다. 그러나 어떤 거래자도 항상 미래를 정확히 예측할 수는 없다. 시장변수가 움직이는 방향을 60%만 정확히 예측할 수 있어도 거래자는 우수한 편이다. 만일 거래자가 대단히 훌륭한 과거 실적이 있더라도(1990년대 초의 로버트 시트론처럼), 이는 우수한 거래기술 때문이라기보다는 행운의 결과일 가능성이 크다.

예를 들어 어떤 금융기관이 16명의 거래자를 고용하고 있고 이 중 1명이 1년 동안 4개 분기에서 모두 이익을 냈다고 가정하자. 금융기관은 이 거래자에게 많은 보너스를 주어야 하는가? 금융기관은 거래자의 위험한도를 증가시켜서 보다 적극적으로 거래할 수 있게 해주어야 하는가? 첫 번째 질문에 대한 답은 '예'이다. 즉 이 거래자는 분명히 많은 보너스를 받게 될 것이다. 그러나 두 번째 질문에 대한 답은 '아니요'이다. 무작위 거래(random trading) 시 4개 분기 모두에서 연속적으로 이익을 얻을 확률은 0.54 또는 1/16이다. 이는 16명의 거래자 중에서 한 명은 우연히 매 분기에 이익을 얻을 수 있음을 의미한다. 따라서 특정 거래자의 행운이 계속될 것이라 생각해서는 안 되며, 그 거래자의 위험한도를 증가시켜서는 안 된다.

분산효과를 과소평가하지 말자

회사는 특정 거래자가 관련 시장변수의 움직임을 잘 파악해서 이익을 얻으면 그 거래자의 위험한도를 증가시키는 경향이 있다. 바로 앞에서 우리는 이를 잘못된 생각이라고 주장했다. 왜냐하면 일시적으로 이익을 낸 것은 그가 명석해서라기보다는 거래자의 운이 좋았을 것으로 볼 수 있기 때문이다. 그럼에도 불구하고 특정 거래자가 우수한 투자 재능을 가지고 있다고 확신한다고 가정하자. 이 거래자의 우수한 투자 재능을 이용하기 위해 우리는 비분산된 포지션을 어느 정도 허용해야 하는가? 이 질문에 대한 답은 '아니요'이다. 왜냐하면 분산효과(diversification benefit)가 대단히 크기 때문이다. 즉 우수한 거래자가 특정 포지션에 집중적으로 투기해 얻을 수 있는 이익이 분산효과를 포기할 만큼 크다고 보기는 어렵기 때문이다.

다음 예는 이 주장의 근거를 잘 설명해준다. 예를 들어 20개의 주식이 있고 각 주식의 기대수익률은 연 10%, 수익률의 표준편차는 30%이다. 모든 주식 간의 상관계수는 0.2이다. 투자금액을 20개의 주식에 균등하게 나누어서 투자하면 투자자는 그 포트폴리오로부터 10%의 기대수익률과 14.7%의 표준편차를 기대할 수 있다. 이와 같은 분산투자로부터 투자자는 위험을 절반 이상 줄일 수 있다. 달리 표현하면 투자자는 분산투자를 해서 위험단위당 기대수익률을 2배로 증가시킬 수 있다. 반면에 이 투자자가 한 주식에 집중 투자해 동일한 결과를 얻으려면 주식을 선정하는 데 극히 우수한 재능을 갖고 있어야 할 것이다.

시나리오분석과 위기검증을 수행하자

정상적인 손실뿐만 아니라 비정상적으로 발생할 수 있는 손실을 모두 파악하기 위해서는 VaR 같은 위험측정치를 계산할 때 시나리오분석(scenario analysis)과 위기검증(stress testing)을 항상 함께 사용해야 한다. 이런 기법들은 20장에서 설명했다. 이들 기법은 대단히 중요하다. 사람들은 의사결정을 할 때 1~2개의 시나리오에만 의존하려는 좋지 않은 경향이 있다. 예를 들어 1993년과 1994년에 프록터앤드갬블과 깁슨그리팅스는 이자율이 계속 낮을 것이라는 확신을 갖고 이자율이 100베이시스 포인트 증가할 수 있는 가능성을 무시한 채 투자해 엄청난 손실을 보았다.

시나리오를 창조적으로 만들어내고 경험이 많은 매니저의 판단을 활용하는 것이 중요하다. 그렇게 하는 하나의 접근 방법은 과거 10~20년의 자료를 분석해 가장 극단적인 사건을 기초로 시나리오를 구축하는 것이다. 때로는 시나리오를 만드는 데 필요한 주요 변수에 대한 과거 자료가 없는 경우도 있다. 이 경우에는 과거 자료를 얻을 수 있는 비슷한 변수를 선택해 이 변수의 과거 일별 변화율을 주요 변수의 일별 변화율로 대용해 사용하는 것이 바람직하다. 예를 들어 특정 국가가 발행한 채권의 과거 가격자료를 얻을 수 없는 경우 시나리오를 생성하기 위해 위험과 만기 등의 발행조건이 비슷한 다른 국가에서 발행한 채권의 과거 가격자료를 사용할 수 있다.

25.2 금융기관을 위한 교훈

투자 실패 사례에서 얻을 수 있는 교훈 중에서 금융기관에 특히 적절한 교훈을 설명하면 다음과 같다.

거래자를 주의 깊게 감시하자

거래부서에서는 실적이 우수한 거래자를 소위 '손댈 수 없는 사람(untouchable)'으로 간주해 이들의 거래를 다른 거래자의 거래와 동일한 수준에서 조사하지 않으려는 경향이 있다. 유명한 국채상품 거래자였던 키더피보디의 조셉 제트는 '너무 바빠서' 질문에 대답하거나 기업의 위험관리자와 그의 포지션에 대해 토론할 시간을 가질 수 없었다.

모든 거래자(특히 많은 이익을 내고 있는 거래자)는 자신의 거래에 대해 완벽하게 책임져야 한다. 금융기관은 불합리하게 높은 위험을 부담해서 많은 이익을 얻은 것은 아닌지 확인해야 한다. 또한 금융기관은 자신의 컴퓨터 시스템과 가격 결정모형이 적절하며, 어떤 방식으로든 오용되지 않고 있는지 점검해야 한다.

전방부서, 중간부서, 후방부서를 분리하자

금융기관의 전방부서(front office)는 실제로 거래를 집행하고 포지션을 취하는 거래자들이 모여 있는 부서이다. 중간부서(middle office)는 부담하고 있는 위험을 감시하는 위험관리자들이 모여 있는 부서이다. 후방부서(back office)는 거래기록을 유지하고 회계 처리하는 부서이다. 지금까지 발생했던 최악의 파생상품 손실 사례 중 일부는 이런 부서별 기능이 분리되지 않아 발생했다. 닉 리슨은 싱가포르에 있는 베어링스의 전방부서와 후방부서의 기능을 모두 통제한 결과 런던에 있는 상급자에게 자신의 부적절한 거래를 한동안 감출 수 있었다. 제롬 커비엘은 소시에테제네랄에서 거래자가 되기 전에 후방부서에서 일했으며 그의 포지션을 숨기기 위해 시스템에 대한 지식을 이용했다.

평가모형을 맹목적으로 신뢰하지 말자

금융기관이 입은 대규모 투자손실의 일부는 사용된 평가모형과 컴퓨터 시스템상의 문제 때문에 발생했다. 우리는 5장의 실무사례 5.1에서 키더피보디가 어떻게 자신의 시스템에 의해 오도되었는지 설명했다.

비교적 단순한 거래전략이 적용되었을 때 많은 이익이 보고된다면 이익계산에 사용된 평가모형이 잘못되었을 가능성이 크다. 마찬가지로 금융기관이 특정 거래의 가격을 공시할 때 특히 경쟁력을 보이는 경우 그 금융기관은 다른 시장거래자와는 상이한 평가모형을 사용하고 있을 가능성이 크다. 따라서 진행되고 있는 모든 일을 주의 깊게 분석해서 의사결정을 해야 한다. 거래부서의 책임자에게 특정 유형의 영업이 지나치게 많은 것은 특정 유형의 영업이 지나치게 적은 것만큼이나 걱정거리이다.

개시이익을 보수적으로 장부에 반영하자

금융기관이 비금융기관에 대단히 이색적인 금융상품을 매도할 때 그 금융상품의 가치평가는 모형에 크게 의존해 이루어진다. 예를 들어 만기가 긴 금리옵션을 내재한 상품은 사용된 금리모형에 크게 의존해 가치가 평가된다. 이런 경우 매일 시장가격을 장부에 반영하는 것(marking to market)은 모형가격을 장부에 반영하는 것이다. 왜냐하면 벤치마크로 사용할 수 있는 유사 거래의 시장가격이 존재하지 않기 때문이다.

예를 들어 금융기관이 내재가치보다 1,000만 달러 비싸게(또는 모형가격보다 적어도 1,000만 달러 비싸게) 고객에게 상품을 매도했다고 가정하자. 내재가치보다 비싼 금액, 즉 1,000만 달러는 개시이익(inception profit)으로 불린다. 이 이익이 언제 장부에 반영되어야 하는가? 투자은행별로 개시이익을 반영하는 시점은 큰 차이가 있어 보인다. 일부 은행은 1,000만 달러를 즉시 이익으로 반영하고, 일부 은행은 이보다는 보수적으로 거래의 만기 동안 천천히 반영한다.

개시이익을 거래 즉시 반영하는 것은 대단히 위험하다. 거래 즉시 반영하는 것은 거래자들이 보너스를 받기 위해 공격적인 모형을 사용하고, 모형과 거래의 가치가 보다 정확히 조사되기 전에 회사를 떠나도록 유도한다. 따라서 개시이익을 천천히 반영해 거래자들이 실제로 거래하기 전에 여러 모형과 가정이 미치는 영향을 조사하도록 하는 동기를 갖게 하는 것이 훨씬 바람직하다.

고객에게 부적절한 상품을 매도하지 말자

고객이 특정 위험에 관심이 있을 때 그 고객에게 부적절한 상품을 쉽게 매도하게 된다. 그러나 이런 거래는 근시안적이다. 가장 극적인 예는 1994년 봄 뱅커스트러스트(Bankers Trust,

BT)의 사례이다. BT는 상당수 고객에게 위험이 크고 대단히 부적절한 상품을 매입하도록 권유했다. 권유한 전형적인 상품(예를 들어 22장에서 설명한 5/30 스왑)은 고객에게 차입금액에 대해 약간의 베이시스 포인트(bp)만큼의 이자를 덜 내게 할 가능성은 높고 엄청난 비용이 발생할 가능성은 낮은 상품이었다. 1992년과 1993년에 이 상품은 BT의 고객에게 이익을 제공했지만, 1994년에는 이자율이 급격히 상승해 고객에게 엄청난 손실을 입혔다. 이로 인한 나쁜 여론으로 BT의 명성은 상당한 타격을 받았다. BT가 오랫동안 기업고객으로부터 받았던 신뢰와 파생상품 혁신에서 얻었던 명성은 소수의 지나치게 공격적인 영업직원에 의해 대부분 무너졌다. BT는 법정 밖에서 소송을 타협하기 위해 고객에게 엄청난 금액을 지불해야만 했다. BT는 1999년에 도이치은행(Deutsche Bank)에 인수되었다.

쉽게 얻은 이익에 주의하자

엔론(Enron)의 경우는 지나치게 공격적인 거래자가 어떻게 자신이 일하는 은행에 수십억 달러의 손실을 입힐 수 있는지 보여준다. 엔론과의 거래는 높은 수익을 제공하는 것처럼 보였고 은행은 엔론과 거래하기 위해 서로 경쟁했다. 많은 은행이 특정 업무를 맡기 위해 열심히 노력했다는 사실이 그 업무가 궁극적으로 수익을 제공할 것이라는 징표로 간주되지 않아야 한다. 엔론이 은행과 체결한 업무는 결국 주주 소송으로 이어졌는데 이로 인해 은행은 큰 손해를 입었다. 일반적으로, 많은 이익을 쉽게 제공할 것처럼 보이는 거래는 숨은 위험이 없는지 자세하게 관찰해야 한다.

서브프라임 모기지(8장 참조)로부터 만들어진 ABS CDO의 AAA등급 트랑슈에 투자하는 것은 환상적인 기회로 여겨졌다. 약정수익률은 AAA등급 상품에서 정상적으로 얻을 수 있는 수익률보다 훨씬 높았다. 많은 투자자는 추가로 얻는 수익률이 신용평가기관에 의해 고려되지 않은 위험을 반영하는지 묻지 않았다.

유동성위험을 무시하지 말자

금융공학 전문가는 일반적으로 이색상품과 거래가 상대적으로 활발하지 않은 상품의 가격을 활발히 거래되는 상품의 가격에 기초해 평가한다. 예를 들어

1. 금융공학 전문가는 활발히 거래되는 국채로부터 무이표채 수익률곡선을 계산하고 이를 이용해 거래가 상대적으로 활발하지 않은 국채의 가격을 결정한다.
2. 금융공학 전문가는 활발히 거래되는 옵션으로부터 자산의 내재변동성을 계산하고 이를 이용해 거래가 상대적으로 활발하지 않은 옵션의 가격을 결정하곤 한다.
3. 금융공학 전문가는 활발히 거래되는 금리캡과 스왑옵션으로부터 이자율 이항과정의 모수를 추정하고 이를 이용해 거래가 상대적으로 활발하지 않은 상당히 구조화된 상품의

가격을 결정하곤 한다.

이런 관행은 불합리적이지는 않다. 그러나 거래가 상대적으로 활발하지 않은 상품이 항상 이론가격에 근접해서 거래될 것이라고 가정하는 것은 위험하다. 금융시장이 충격을 받으면 이른바 '안전투자로의 이동(flight to quality)' 현상이 발생한다. 이때 유동성(liquidity)은 투자자에게 대단히 중요하게 되고, 유동성이 낮은 상품은 이론가격에서 큰 폭으로 할인되어 거래되곤 한다. 이 현상은 2007-2009년 서브프라임 모기지와 관련된 증권에 대한 신뢰도를 상실함으로써 야기된 신용위기 이후 발생했다.

유동성위험(liquidity risk)으로 곤란에 빠졌던 예는 실무사례 2.2에서 설명한 롱텀캐피털매지니먼트(LTCM)의 사례에서 찾을 수 있다. 헤지펀드인 LTCM은 수렴차익거래(convergence arbitrage)라는 전략을 사용했다. 즉 이론적으로 동일 가격을 가져야 하는 2개의 증권(또는 증권포트폴리오)을 이용한 투자전략을 시도했다. 만일 한 증권의 가격이 다른 증권의 가격보다 낮으면 가격이 낮은 증권을 매입하고 다른 증권을 매도한다. 수렴차익거래는 두 증권이 동일한 이론가격을 갖는다면 이들의 시장가격도 결국은 같아져야 한다는 논리에 기초한다.

1998년 여름에 LTCM은 엄청난 손실을 보았다. 러시아가 자국의 부채에 대해 채무불이행을 선언함으로써 안전투자로의 이동 현상이 발생했기 때문이다. LTCM은 당시에 주로 유동성이 낮은 상품을 매입하고 유동성이 높은 상품은 매도하고 있었다. 예를 들어 발행된 후 일정 기간이 경과해 거래가 상대적으로 활발하지 않은 채권(off-the-run bond)을 매입했고 가장 최근에 발행되어 거래가 상대적으로 활발한 채권(on-the-run bond)을 매도하고 있었다. 유동성이 낮은 상품과 유동성이 높은 상품 간의 수익률스프레드는 러시아가 채무불이행을 선언한 이후 급격히 상승했다. 신용스프레드 또한 증가했다. LTCM은 대단히 높은 레버리지를 갖고 있었다. 그 결과 LTCM은 엄청난 손실을 보았으며 일부 포지션에서 증거금납입요청이 발생했고 이를 충족하지 못하는 사태가 일어났다.

LTCM의 사례는 최악의 경우에 발생할 수 있는 상황을 분석하기 위해 시나리오분석과 위기검증이 얼마나 중요한지를 확인해준다. LTCM은 최악의 경우에 발생할 수 있는 유동성위험을 측정하기 위해 안전투자로의 이동이 극심했을 때의 상황을 분석해 두어야 했다.

모든 사람이 동일한 투자전략을 따를 때는 조심해야 한다

많은 시장 참여자가 본질적으로 동일한 거래전략을 수행할 때가 가끔 있다. 이는 시장의 큰 변동성, 불안정한 시장, 시장 참여자의 큰 손실 등을 불러올 수 있는 위험한 환경을 조성한다.

우리는 1987년 10월의 시장폭락과 포트폴리오보험을 설명한 17장에서 이런 사례를 살펴본 바 있다. 주가 폭락 전 수개월 동안 많은 포트폴리오 매니저는 합성풋옵션을 구성함으로써 그들의 포트폴리오를 보호하고자 했다. 그들은 시장이 상승한 후에 주식 또는 주가지수선물을 매입했고 시장이 하락한 후에 이들을 매도했다. 이 전략은 시장을 불안정하게 했다. 상대적으로 작은 가격 하락도 포트폴리오보험 전략에 의해 큰 폭의 매도로 이어질 수 있었다. 이 매도는 다시 시장의 더욱 큰 하락을 불러일으키고 이는 다시 또 다른 매도세를 가져오게 했다. 포트폴리오보험 전략이 없었다면 1987년 가을의 주가 폭락은 실제보다 훨씬 심하지 않았을 것이라는 데 의심의 여지가 없다.

다른 예로 1998년의 LTCM 사례를 들 수 있다. 많은 다른 헤지펀드가 유사한 수렴차익거래를 따라서 수행했기 때문에 LTCM의 포지션은 더욱 곤경에 빠지게 되었다. 러시아의 채무불이행 선언과 안전투자로의 이동 현상이 발생한 후 LTCM은 증거금납입요청에 응하기 위해 포트폴리오의 일부를 청산하려고 했다. 불행히도 LTCM과 유사한 입장에 있는 다른 헤지펀드도 이와 유사한 거래를 하려고 시도했다. 이는 상황을 더욱 악화시켰으며 그렇지 않았을 경우에 비해 유동성 스프레드(liquidity spread)를 더욱 증가시켜 안전투자로의 이동을 더욱 가속화시켰다. 예를 들어 LTCM의 미국 국채 포지션을 고려해보자. LTCM은 유동성이 낮은 채권에 매입포지션을 취하고 있었고 유동성이 높은 채권에 매도포지션을 취하고 있었다. 안전투자로의 이동 현상으로 두 채권수익률 간의 스프레드가 증가했을 때 LTCM은 상대적으로 유동성이 낮은 채권을 매도하고 유동성이 높은 채권을 매입해 포지션을 청산해야 했다. 다른 헤지펀드들도 동일한 거래를 하고 있었다. 그 결과 유동성이 높은 채권의 가격은 낮은 채권의 가격에 비해 상대적으로 많이 상승했고 두 수익률 간의 스프레드는 처음보다 더욱 증가했다.

또 다른 예로 1990년대 후반 영국 보험회사들이 보여준 행동을 들 수 있다. 보험회사들은 개인들이 퇴직 시 받는 연금에 적용되는 이자율이 시장이자율과 확정이자율 중에 높은 것이 되도록 하는 퇴직보험계약을 많이 체결했다. 보험회사는 장기이자율이 확정이자율 아래로 하락하면 손실을 보게 된다. 여러 이유로 인해 보험회사들은 거의 동시에 위험을 부분적으로 헤지할 수 있는 파생상품계약을 체결했다. 파생상품계약에서의 상대방 금융기관들은 많은 양의 장기 영국채권을 매입함으로써 위험을 헤지했다. 그 결과 채권 가격은 상승했고 장기채권수익률은 하락했다. 보험회사들은 동적 헤지를 유지하기 위해 더 많은 채권을 매입해야 했으며 이는 수익률을 더욱 하락시키는 악순환의 원인이 되었다. 금융기관은 손해를 보았으며, 장기채권수익률이 하락했기 때문에 보험회사들은 그들의 포지션이 헤지하지 않은 위험에 대해 최악의 상태에 있음을 발견했다.

이런 사례로부터 배울 수 있는 중요한 교훈은 많은 시장참여자가 동일한 거래 전략을 추구하는 경우에 큰 위험이 존재한다는 점이다.

장기투자에 단기부채를 지나치게 이용하지 말자

모든 금융기관은 장기투자에 필요한 자금을 어느 정도 단기부채로 조달한다. 그러나 단기부채에 지나치게 의존하는 금융기관은 적절하지 않은 수준의 유동성위험에 노출된다.

금융기관이 장기투자에 필요한 자금을 상업어음을 매달 롤오버(roll over)해 조달한다고 가정하자. 즉 4월 1일에 발행한 상업어음은 5월 1일에 새로 발행한 상업어음으로 상환하고, 5월 1일에 새로 발행한 상업어음은 6월 1일에 발행한 상업어음으로 상환하는 식으로 자금을 조달한다. 금융기관이 건전하다고 인식되면 자금조달에 아무 문제가 없다. 그러나 만일 투자자들이 금융기관에 대한 신뢰를 잃으면(정확하든 정확하지 않든) 상업어음을 롤오버하는 것이 불가능해지고 금융기관은 심각한 유동성 문제를 겪게 된다.

신용위기 동안 발생한 여러 금융기관, 예를 들어 리먼브러더스와 노던록(Northern Rock)의 실패는 단기부채에 지나치게 의존해 발생했다. 따라서 은행규제를 담당하는 바젤위원회가 은행이 충족해야 하는 유동성비율을 도입한 것은 놀랄 일이 아니다.

시장투명성이 중요하다

2007년의 신용위기에서 얻을 수 있는 교훈 중 하나는 시장투명성이 중요하다는 점이다. 2007년 금융위기로 이르던 시기에 투자자는 매우 복잡한 구조화채권들을 거래하고 있었지만 이 상품들의 기초자산에 대한 실제적인 지식은 없었다. 그들이 알고 있었던 것은 구조화채권의 신용등급이 전부였다. 뒤돌아보면 투자자가 기초자산에 대해 좀 더 많은 정보를 요구했어야 했고 자신들이 부담하게 되는 위험을 좀 더 신중히 평가했어야 한다고 말할 수 있지만, 일이 벌어지고 나서 이렇게 말하는 것은 쉬운 일이다.

2007년 서브프라임 시장의 붕괴는 투자자로 하여금 모든 구조화상품에 대한 신뢰를 상실하게 했으며 결국 그 시장에서 손을 떼게 만들었다. 이는 구조화상품들을 이론 가치보다 훨씬 낮은 가격에 매도할 수밖에 없게 만든 시장붕괴를 초래했다. 그 결과 안전자산으로의 도피가 발생했고 신용스프레드는 더욱 증가했다. 물론 투자자가 자신이 투자하고 있었던 자산담보부증권에 대해 이해할 수 있도록 시장투명성이 확보되어 있었으면 서브프라임 관련 손실이 여전히 발생했겠지만 안전자산으로의 도피와 시장붕괴는 훨씬 덜 심각했을 것이다.

인센티브를 관리하자

2007년과 2008년의 금융위기로부터의 주요 교훈은 인센티브의 중요성이다. 은행의 보너스 시스템은 단기 성과를 강조하는 경향이 있다. 일부 금융기관은 성과 시스템을 보너스가 1년보다 긴 기간(예를 들어 5년)의 성과에 기초하는 시스템으로 전환했다. 이는 분명한 장점이 있다. 이는 거래자가 단기적으로 좋아 보이지만 몇 년 후에는 '터질' 수 있는 거래를 단념하도록 한다.

대출이 증권화되는 경우 대출을 실시한 당사자와 최종적으로 위험을 부담하는 당사자의 이해를 일치시켜 대리인비용을 최소화하는 것이 중요하다. 이렇게 하는 하나의 방법은 감독 당국이 대출포트폴리오의 자산 보유자에게 포트폴리오로부터 생성된 모든 트랑슈 및 다른 상품에 지분 참여하도록 요구하는 것이다.

위험관리를 무시하지 말자

좋은 시기 또는 좋아 보이는 시기에는 모든 것이 잘될 것이라고 가정하고 위험관리부서가 시행하는 위기분석과 다른 분석으로부터의 결과물을 무시하는 경향이 있다. 2007년의 금융위기 전에 위험관리자의 발언에 주목하지 않은 사례가 많이 있었다. 2007년 7월, 씨티그룹 최고경영자인 척 프린스(Chuck Prince)는 위험관리에 대한 잘못된 태도의 예시를 다음과 같이 언급했다.

> 음악이 중단되면 유동성 측면에서 모든 것이 복잡해진다. 그러나 음악이 연주되는 한 당신은 일어나서 춤을 춰야 한다. 우리는 여전히 춤추고 있다.

그해 후반에 프린스는 해고되었으며 금융위기로부터의 씨티그룹 손실은 500억 달러를 초과했다.

25.3 비금융기관을 위한 교훈

투자 실패 사례에서 얻을 수 있는 교훈 중에서 비금융기관에 주로 적용할 수 있는 교훈을 설명하면 다음과 같다.

거래를 충분히 이해하자

기업은 자신이 충분히 이해하지 못하는 거래 또는 거래전략을 결코 수행해서는 안 된다. 이는 어느 정도 당연히 지켜야 할 분명한 원칙인데, 실제로는 비금융기관에서 일하는 거래자들이 큰 손실이 발생한 후에도 무엇이 진행되는지 알지 못했다고 말하면서, 투자은행에 의해 자신들이 오도되었다(misled)고 주장하는 것은 놀라운 일이다. 오렌지카운티의 재정 담당관인 로버트 시트론도 거래의 자세한 내용을 모르고 있었다. 해머스미스앤드풀럼의 거래자도 자신이 한 거래가 엄청나게 큰 포지션임에도 불구하고 거래한 스왑과 금리파생상품이 구체적으로 어떤 상품인지 모르고 있었다.

만일 기업의 고위관리자가 하위관리자가 제안한 거래를 이해하지 못한다면 그 거래는 승인되지 말아야 한다. 단순하게 말해서 만일 거래와 거래의 논리가 복잡해 관리자가 충분히 이해할 수 없으면, 그 거래는 틀림없이 기업에 적절하지 않다는 것이다. 이런 기준을 적용했더라면 프록터앤드갬블과 깁슨그리팅스가 큰 손실을 보았던 거래도 틀림없이 처음부터 실행되지 않았을 것이다.

당신이 금융상품을 충분히 이해하는지 확인하는 한 가지 방법은 그 금융상품의 가치를 평가하는 것이다. 만일 기업이 금융상품을 평가할 자체적인 능력을 갖추고 있지 않으면 그 상품을 거래하지 않아야 한다. 실제로 기업은 금융상품의 가치를 평가하는 데 투자은행에 의존하는 경향이 있다. 프록터앤드갬블과 깁슨그리팅스의 실패 사례에서 알 수 있듯이 이는 위험하다. 기업들이 거래를 마감하려고 할 때 뱅커스트러스트의 자체 모형(proprietary model)에 의해 평가된 가격을 이용해야만 했는데, 기업들은 이를 검토할 방법을 갖고 있지 못했다.

헤저가 투기자로 변하지 않도록 확인하자

인생을 살면서 불행한 사실 중 하나는 헤징은 상대적으로 재미없고 투기는 흥미진진하다고 생각된다는 점이다. 기업이 거래자를 고용해 환위험, 상품가격위험, 금리위험을 관리할 때 다음과 같은 일이 발생할 위험이 있다. 처음에 거래자는 자기의 일을 부지런히 해 최고경영자의 신뢰를 쌓는다. 그는 기업의 위험 노출 규모를 측정하고 이를 헤지한다. 시간이 지남에 따라 거래자는 자신이 시장보다 더 잘 예측할 수 있는 능력이 있다고 확신한다. 거래자는 천천히 투기자가 되어 간다. 처음에는 일이 잘 진행되지만, 결국 손실이 발생한다. 이 손실을 만회하기 위해 거래자는 베팅금액을 2배로 늘린다. 손실은 계속해서 더욱 커지고 결과는 재난 수준으로 확대된다.

앞에서 설명했듯이, 고위경영자는 부담할 수 있는 위험의 정확한 한도를 결정해야 한다. 위험한도가 준수되고 있는지 확인하기 위해서 통제(control)가 적절히 이루어져야 한다. 기업의 거래전략은 외환, 금리, 상품시장 등에서 직면한 위험을 분석하는 것으로부터 시작되어야 한다. 그런 다음 위험을 수용 가능한 수준까지 줄일 수 있는 방법을 구체적으로 결정해야 한다. 만일 거래전략이 기업이 직면한 위험 노출로부터 직접적으로 도출되지 않는다면 이는 기업 내에 문제가 있다는 명확한 신호이다.

재무부서를 이익센터로 만드는 것을 조심하자

지난 20년 동안 기업의 재무부서를 이익센터(profit center)로 만들려는 경향이 있었다. 이를 추천하는 데는 조심스러운 측면이 많이 있다. 재무 담당자는 가능한 한 수익성 있게 자금조달비용(financing cost)을 감소시키고 위험을 관리하려는 동기가 있다. 문제는 이익을 창출할 수 있는 재무 담당자의 잠재력이 제한되어 있다는 점이다. 재무 담당자는 효율적 시장

(efficient market)에서 자금을 조달하고 잉여자금을 투자한다. 즉 재무 담당자는 추가적으로 위험을 부담해야만 추가적인 수익을 창출할 수 있다. 기업의 헤지 프로그램(hedge program)은 재무 담당자가 현명한 결정으로 이익을 증가시킬 수 있는 약간의 여지를 제공한다. 그러나 헤지 프로그램의 목적은 어디까지나 위험을 줄이는 데 있지 기대이익을 증가시키는 데 있지 않다는 점을 명심해야 한다. 3장에서 이미 지적했듯이, 헤지 의사결정은 헤지하지 않기로 한 의사결정보다 나쁜 결과를 가져올 수 있는 확률이 50%이다. 재무부서를 이익센터로 만들 때 나타날 수 있는 위험은 재무 담당자를 투기자가 되도록 유인할 수 있다는 점이다. 이는 오렌지카운티, 프록터앤드갬블, 깁슨그리팅스가 경험한 유형의 투자 실패를 유발할 가능성이 크다.

요약

파생상품을 사용하면서 엄청난 손실을 경험하게 된 많은 재무 담당자가 매우 조심하게 되었다. 일련의 불행한 사태 이후에 일부 비금융기관은 파생상품의 이용을 감소시키거나 완전히 배제하는 계획을 발표했다. 그러나 이는 불행한 일이다. 왜냐하면 재무 담당자는 파생상품을 이용해 위험을 아주 효율적으로 관리할 수 있기 때문이다.

1장에서 이미 언급했고, 큰 손실의 예를 살펴보아도 알 수 있듯이, 중요한 점은 파생상품이 헤징과 투기에 모두 이용될 수 있다는 점이다. 즉 파생상품은 위험을 감소시키기 위해 사용되기도 하고 위험을 적극적으로 부담하기 위해 사용되기도 한다. 대부분의 손실은 파생상품을 적절히 사용하지 않았기 때문에 발생했다. 즉 많은 경우의 손실은 기업의 위험을 묵시적으로 또는 명시적으로 헤지해야 할 임무를 위임받은 직원이 헤지 대신 투기를 했기 때문에 발생했다.

그동안의 실패 사례로부터 배울 수 있는 주요 교훈은 **내부통제**(internal control)가 중요하다는 사실이다. 기업 내부의 고위관리자는 파생상품을 어떻게 사용할 것이며 시장변수의 움직임에 대해 직원이 어떤 포지션을 취할 수 있는지에 대해 명확하고 분명한 방침을 내려야 한다. 그리고 경영진은 그 방침이 어떻게 이행되고 있는지 확인하기 위해 내부통제를 실시해야 한다. 직원 개개인이 취한 위험을 주의 깊게 감시하지 않으면서 직원에게 파생상품을 거래할 수 있는 권한을 부여하는 것은 재난에 이르는 지름길이다.

참고문헌

Dunbar, N. *Inventing Money: The Story of Long-Term Capital Management and the Legends Behind It*. Chichester, UK: Wiley, 2000.

Jorion, P. "How Long-Term Lost Its Capital," *Risk*, 12 (September 1999): 31–36.

Jorion, P., and R. Roper. *Big Bets Gone Bad: Derivatives and Bankruptcy in Orange County*. New York: Academic Press, 1995.

Persaud, A. D. (ed.) *Liquidity Black Holes: Understanding, Quantifying and Managing Financial Liquidity Risk*. London, Risk Books, 2003.

Sorkin, A. R., *Too Big to Fail*. New York: Penguin, 2010.

Tett, G. *Fool's Gold: How the Bold Dream of a Small Tribe at J.P. Morgan Was Corrupted by Wall Street Greed and Unleashed a Catastrophe*. New York: Free Press, 2009.

퀴즈 해답

제1장

1.1 선물 매입포지션을 취하는 거래자는 미래 특정 시점에 미리 정한 가격으로 기초자산을 매입할 것을 약속하는 것이다. 선물 매도포지션을 취하는 거래자는 미래 특정 시점에 미리 정한 가격으로 기초자산을 매도할 것을 약속하는 것이다.

1.2 기업은 자산 가격에 대해 노출된 위험이 있을 때 이것을 상쇄하기 위해 선물 또는 옵션 시장에서 특정 포지션을 취하는 헤징거래를 한다. 투기거래 시 기업은 상쇄할 노출된 위험이 없다. 이 경우 단지 이익을 얻기 위해 선물 또는 옵션시장에서 특정 포지션을 취한다. 차익거래는 서로 다른 2개 이상의 시장에서 이익을 확보하기 위해 동시에 포지션을 취하는 것을 의미한다.

1.3 (a) 투자자는 자산을 50달러에 매입해야 하며, 선택권은 없다. (b) 투자자는 자산을 50달러에 매입할 수 있는 권리를 갖지만, 이 권리를 반드시 행사할 필요는 없다.

1.4 (a) 투자자는 파운드의 가치가 1.4900일 때 파운드를 1.5000에 매도할 의무가 있다.

$$이익 = (1.5000 - 1.4900) \times 100{,}000 = 1{,}000달러$$

(b) 투자자는 파운드의 가치가 1.5200일 때 파운드를 1.5000에 매도할 의무가 있다.

$$손실 = (1.5200 - 1.5000) \times 100{,}000 = 2{,}000달러$$

1.5 당신은 풋옵션을 매도했다. 만약 상대방이 매도권리를 행사한다면, 당신은 100주의 주식을 주당 40달러에 매입할 것을 약속한 것이다. 그 옵션은 주식 가격이 40달러 미만일 때만 행사될 것이다. 예를 들어 만약 주가가 30달러일 때 상대방이 옵션을 행사한다면, 당신은 30달러의 가치를 갖는 주식을 40달러에 매입해야 한다. 당신은 주당 10달러의 손실 또는 총 1,000달러의 손실을 보게 된다. 만약에 상대방이 주가가 20달러일 때 옵션을 행사한다면, 당신은 주당 20달러의 손실 또는 총 2,000달러의 손실을 보게 된다. 최악의 경우는 3개월 기간에 주가가 0달러가 될 때 발생한다. 거의 일어나지 않을 이런 상황에서 당신은 총 4,000달러의 손실을 보게 된다. 이와 같은 미래 손실 가능성에 대한 대가로 당신은 옵션 매입자로부터 옵션가격을 받는다.

1.6 첫 번째 전략은 200주를 매입하는 것이다. 두 번째 전략은 2,000개 옵션(20계약)을 매입하는 것이다. 만일 주가가 상승한다면 두 번째 전략이 더 많은 이익을 발생시킨다. 예를 들어 주가가 40달러로 상승하면, 당신은 두 번째 전략으로부터 [2,000 × (40달러 − 30달러)] − 5,800달러 = 14,200달러의 이익을 얻는 반면에, 첫 번째 전략으로부터는 200 × (40

달러 − 29달러) = 2,200달러의 이익을 얻는 데 그칠 것이다. 그러나 반대로 주가가 하락하면, 당신은 두 번째 전략으로부터 더 큰 손실을 보게 된다. 예를 들어 주가가 25달러로 하락하면, 첫 번째 전략으로부터 200 × (29달러 − 25달러) = 800달러의 손실을 보는 반면에 두 번째 전략으로부터는 총 5,800달러의 손실을 보게 된다.

1.7 장외시장은 전화와 컴퓨터로 연결된 금융기관, 펀드 매니저, 기업 재무 담당자의 네트워크로, 2명의 참가자가 상호 수락 가능한 계약을 체결할 수 있다. 거래소시장은 거래자들이 실제로 만나거나 전자 시스템으로 의사소통을 하고, 거래 가능한 계약들이 거래소에 의해 정의되는 조직화된 시장이다. 시장조성자가 매수호가와 매도호가를 제시하는데, 매입호가는 시장조성자가 매입하려는 가격이고 매도호가는 매도하려는 가격이다.

제2장

2.1 선물계약에서 일정 시점에서의 **미결제약정 수**는 현재 남아 있는 미결된 매입포지션의 총 수를 말한다. (동일하게 미결제 매도포지션의 수이다.) 일정 기간의 **거래량**은 그 기간에 거래된 총계약 수를 말한다.

2.2 **선물커미션상인**은 고객을 위해 거래를 대신하고 수수료를 받는 사람을 말한다. **로컬**이란 자신의 계정을 갖고 거래하는 사람이다.

2.3 1,000달러의 손실이 발생하면 증거금납입요청이 발생한다. 즉 은 가격이 1,000/5,000 = 0.20달러만큼 상승할 때 증거금납입요청이 발생한다. 따라서 증거금납입요청이 발생하기 위해서는 은 가격이 온스당 27.40달러로 상승해야 한다. 만약 증거금납입요청에 응하지 않으면, 브로커는 당신의 포지션을 마감할 것이다.

2.4 총이익은 (60.50달러 − 58.30달러) × 1,000 = 2,200달러이다. 이 중에서 (59.10달러 − 58.30달러) × 1,000 = 800달러는 2016년 9월과 2016년 12월 31일 사이에 매일 실현된다. 그리고 나머지 (60.50달러 − 59.10달러) × 1,000 = 1,400달러는 2017년 1월 1일과 2017년 3월 사이에 매일 실현된다. 헤저는 2017년에 총이익 2,200달러에 대해서 과세되고, 투기자는 2016년에는 800달러, 2017년에는 1,400달러에 대해서 과세된다.

2.5 2달러에 파는 **역지정가주문**은 시장 가격이 2달러 이하의 가격에 도달했을 때 이용할 수 있는 최상의 가격으로 매도하라는 주문을 의미한다. 이는 기존의 매입포지션으로부터 발생할 수 있는 손실을 제한하기 위해 사용된다. 2달러에 파는 **지정가주문**은 2달러 이상의 가격으로 매도하라는 주문을 의미한다. 이는 2달러보다 유리한 가격으로 매도포지션을 취하라고 브로커에게 지시하는 데 사용된다.

2.6 청산소가 관리하는 증거금 계정은 일일정산되고, 청산소 회원은 증거금을 미리 정한 수준까지 매일 보충해야 한다. 브로커가 관리하는 증거금 계정도 일일정산되지만 매일 개시증거금 수준까지 보충해야 할 필요는 없다. 단지 브로커가 관리하는 증거금 계정 잔액이 유지증거금 수준 미만으로 떨어질 때만 개시증거금 수준까지 보충하면 된다. 유지증거금 수준은 개시증거금의 약 75% 수준이다.

2.7 선물시장에서 가격은 외국통화 단위당 미국 달러의 단위 수로 공시된다. 영국 파운드, 유로, 호주 달러, 뉴질랜드 달러에 대해서 현물이자율과 선도이자율은 이런 방식으로 공시된다. 그러나 대부분의 다른 통화에 대해서, 현물이자율과 선도이자율은 미국 달러 단위당 외국통화의 단위 수로 공시된다.

제3장

3.1 자산을 보유한 기업이 이것을 미래에 매도할 것으로 예정하고 있을 때 매도헤지를 이용할 수 있다. 또한 기업이 현재는 자산을 보유하지 않으나 미래에 이 자산을 보유할 것으로 예상할 때 매도헤지를 이용할 수 있다. 그리고 기업이 미래에 자산을 구입할 예정일 때 매입헤지를 이용할 수 있다. 또한 기존의 매도포지션으로부터 발생하는 위험을 상쇄하기 위해서도 매입헤지를 이용할 수 있다.

3.2 베이시스 위험은 헤지 만기 시 현물가격과 선물가격의 차이에 대한 헤저의 불확실성으로부터 발생한다.

3.3 완전헤지란 헤저의 위험을 완전히 제거하는 헤지를 말한다. 완전헤지가 불완전헤지보다 항상 좋은 결과를 가져오는 것은 아니다. 완전헤지는 단지 좀 더 확실한 결과를 가져올 뿐이다. 어떤 기업이 자산 가격의 변동 위험을 헤지할 경우를 생각해보자. 만약 자산 가격이 기업에 유리한 방향으로 움직인다면, 완전헤지는 전체적으로 이런 유리한 변동으로부터 얻는 기업의 이익을 완전히 상쇄할 것이다. 그러나 이런 이익을 부분적으로 상쇄하는 불완전헤지는 완전헤지보다 유리한 결과를 얻을 것이다.

3.4 선물가격의 변화와 헤지 대상 자산 가격 변화의 상관계수가 0일 때 최소분산 헤지는 헤지 효과를 전혀 갖지 못한다.

3.5 (a) 만약 경쟁기업들이 헤지하지 않는다면, 재무 담당자는 자신의 기업이 헤지하지 않더라도 덜 위험하다고 느낄 수 있다(표 3.1 참조).

(b) 주주는 기업이 헤지하는 것을 원치 않을 수 있다.

(c) 만약 기업이 헤지에서 손실을 보고 기초자산의 노출된 위험으로부터 이익을 얻는다면, 재무 담당자는 조직 내 다른 관리자에게 헤징의 정당성을 설명하는 데 어려움을 느낄 것이다.

3.6 최적 헤지비율은 다음과 같다.

$$0.8 \times \frac{0.65}{0.81} = 0.642$$

이는 3개월 헤지에서 선물포지션 규모가 노출된 위험 규모의 64.2%여야 함을 의미한다.

3.7 공식을 이용해 매도해야 할 계약의 수를 구하면 다음과 같다.

$$1.2 \times \frac{20,000,000}{1080 \times 250} = 88.9$$

이를 가까운 정수로 반올림하면 매도해야 할 계약의 수는 89개가 된다. 베타를 0.6으로 줄이려면 이 포지션의 절반 또는 44개의 계약에 매도포지션을 취해야 한다.

제4장

4.1 (a) 연속복리 기준의 이자율은 다음과 같이 연 13.76%이다.

$$4\ln\left(1+\frac{0.14}{4}\right)=0.1376$$

(b) 연복리 기준의 이자율은 다음과 같이 연 14.75%이다.

$$\left(1+\frac{0.14}{4}\right)^4-1=0.1475$$

4.2 LIBOR는 런던 은행 간 대출금리이다. 이는 AA등급 은행이 일정 기간 다른 은행에서 차입할 수 있는 예상 이자율이다. 차입할 수 있는 기간은 1일에서 1년까지 다양하다.

4.3 채권의 액면가액을 100달러라고 가정하자. 이 채권의 가격은 미래 현금흐름을 다음과 같이 할인해 얻을 수 있다.

$$\frac{4}{1.052}+\frac{4}{1.052^2}+\frac{104}{1.052^3}=96.74$$

만약 18개월 현물이자율을 R이라고 하면, 이것은 다음과 같이 구할 수 있다.

$$\frac{4}{1.05}+\frac{4}{1.05^2}+\frac{104}{(1+R/2)^3}=96.74$$

따라서 $R=10.42\%$이다.

4.4 (a) 연복리 기준의 수익률은 다음과 같다.

$$\frac{1100}{1000}-1=0.1$$

퍼센티지 수익률은 연간 10%이다.

(b) 반년복리 기준의 수익률은 다음과 같다.

$$1000\left(1+\frac{R}{2}\right)^2=1100$$

$$1+\frac{R}{2}=\sqrt{1.1}=1.0488$$

따라서 $R=0.0976$이고, 퍼센티지 수익률은 연간 9.76%이다.

(c) 월복리 기준의 수익률은 다음과 같다.

$$1000\left(1+\frac{R}{12}\right)^{12}=1100$$

$$\left(1+\frac{R}{12}\right)=\sqrt[12]{1.1}=1.00797$$

따라서 $R = 0.0957$이고, 퍼센티지 수익률은 연간 9.57%이다.

(d) 연속복리 기준의 수익률은 다음과 같다.

$$1000e^{R} = 1100$$

$$e^{R} = 1.1$$

따라서 $R = \ln 1.1 = 0.0953$이고, 퍼센티지 수익률은 연 9.53%이다.

4.5 연속복리 기준의 선도이자율은 다음과 같다.

2번째 분기: 8.4%

3번째 분기: 8.8%

4번째 분기: 8.8%

5번째 분기: 9.0%

6번째 분기: 9.2%

4.6 식 (4.9)에 의해 FRA의 가치는 다음과 같다.

$$[1{,}000{,}000 \times 0.25 \times (0.095 - 0.100)]e^{-0.086 \times 1.25} = 1{,}122.60$$

즉 1,122.60달러이다.

4.7 수익률곡선이 우상향일 때는 $c > a > b$이고, 우하향일 때는 $b > a > c$이다.

제5장

5.1 투자자의 브로커는 다른 고객의 계좌로부터 주식을 빌려서 일반적인 방법으로 매도한다. 포지션을 마감하기 위해 투자자는 주식을 매입해야 한다. 그다음 브로커는 빌려왔던 고객의 계좌에 주식을 다시 되돌려준다. 매도포지션을 취한 거래자는 브로커에게 주식에 지급되는 배당과 기타소득을 지급해야 한다. 브로커는 이 자금을 주식을 차입했던 고객에게 이체한다. 때때로 브로커가 주식을 차입할 수 없을 때가 있다. 이 경우 투자자는 높은 가격으로 주식을 매입해서라도 본인의 의사와 상관없이 그 매도포지션을 마감해야 한다.

5.2 자산의 현재 선도가격은 당신이 미래의 시점에서 그 자산을 매매하기로 합의한 가격이다. 선도계약의 가치는 처음 체결할 때는 0이다. 하지만 시간이 지나면서 기초자산의 가격이 변하게 되면 선도계약의 가치는 양 혹은 음의 가치를 가질 것이다.

5.3 선도가격은 다음과 같다.

$$30e^{0.12 \times 0.5} = 31.86\text{달러}$$

5.4 선물가격은 다음과 같다.

$$350e^{(0.08 - 0.04) \times 0.3333} = 354.7\text{달러}$$

5.5 금은 투자자산이다. 만약 선물가격이 너무 높으면 투자자들은 금 보유량을 늘리고 선물 계약을 매도하는 것이 수익성이 있다는 것을 알게 될 것이다. 만약 선물가격이 너무 낮으면

금 보유량을 줄이고 선물시장에서 매입포지션을 취하는 것이 수익성이 있다는 것을 알게 될 것이다. 구리는 소비자산이다. 만약 선물가격이 너무 높으면 구리를 매수하고 선물을 매도하는 전략이 유효할 것이다. 그러나 투자자는 일반적으로 자산을 보유하지 않기 때문에 구리 선물 매도 및 선물 매수 전략을 사용할 수 없다. 따라서 선물가격에는 상한선이 있지만 하한선은 없다.

5.6 **보유편익률**은 매입선물계약 소유자가 갖지 못하는 물리적 자산의 소유로부터 얻는 편익의 정도를 측정한 것이다. **보유비용**은 이자비용과 보관비용을 더한 후 자산으로부터 얻는 소득을 차감한 것이다. 선물가격을 F_0, 현물가격을 S_0라 하면 다음 식이 성립한다.

$$F_0 = S_0 e^{(c-y)T}$$

여기서 c는 보유비용, y는 보유편익률, T는 선물계약의 만기이다.

5.7 외국통화는 예정된 이자율을 제공하나 이자는 외국통화로 지급된다. 따라서 외국통화로부터 얻는 수익의 국내통화 가치는 외국통화 가치의 퍼센티지로 나타낸다. 이는 수익이 예정 수익률의 속성이 있음을 의미한다.

제6장

6.1 2017년 7월 7일부터 2017년 8월 9일까지의 역일 기준 일수는 33일이다. 2017년 7월 7일부터 2018년 1월 7일까지의 역일 기준 일수는 184일이다. 따라서 원금 100달러에 대한 이자수익은 $3.5 \times 33/184 = 0.6277$달러이다. 회사채에 대해서는 2017년 7월 7일부터 2017년 8월 9일까지의 일수는 32일, 2017년 7월 7일부터 2018년 1월 7일까지의 일수는 180일이라고 가정한다. 따라서 회사채로부터 얻는 이자수익은 $3.5 \times 32/180 = 0.6222$달러이다.

6.2 2016년 10월 12일부터 2017년 1월 9일까지의 일수는 89일이다. 2016년 10월 12일부터 2017년 4월 12일까지의 일수는 182일이다. 채권의 현금가격은 공시가격에 발생이자를 더해서 구한다. 공시가격이 $102\frac{7}{32}$ 또는 102.21875이므로 현금가격은 다음과 같이 105.15달러가 된다.

$$102.21875 + \frac{89}{182} \times 6 = 105.15\text{달러}$$

6.3 채권의 전환계수는 모든 만기에 대한 이자율이 반년복리 기준으로 연 6%라는 가정하에서 구한 인도월 첫날 기준의 원금 1달러당 채권의 공시가격이다. 전환계수를 구함에 있어서 채권의 만기와 이자 지급일까지의 기간은 3개월 단위로 절사해서 구한다. 전환계수는 단기채권 선물에 매도포지션을 취한 투자자가 채권을 인도할 때 얼마를 받는지를 나타낸다. 만일 전환계수가 1.2345라면 투자자가 받는 금액은 최근 선물가격에 1.2345를 곱하고 이에 발생이자를 더한 값이다.

6.4 유로달러 선물가격은 6bp 상승했다. 투자자는 1계약당 $25 \times 6 = 150$달러 또는 총 300달러의 이익을 얻는다.

6.5 유로달러 선물의 공시가격이 95.00이라고 가정하자. 이는 미래의 3개월 동안 선물이자율이 5%임을 의미한다. 볼록성 조정은 그 기간의 선도이자율 추정치를 계산하기 위해 얼마나 선물이자율을 감소시켜야 하는지를 나타낸다. 볼록성 조정은 (a) 선도계약과는 달리 선물계약은 일일정산을 하고, (b) 선물계약은 선물계약의 만기에 정산을 하고 선도계약은 이자 지급일에 정산하기 때문에 필요하다.

6.6 듀레이션은 수익률곡선의 작은 평행이동이 채권포트폴리오 가치에 미치는 영향에 대한 정보를 제공한다. 포트폴리오 가치의 감소율은 평행이동한 이자율 변화에 포트폴리오의 듀레이션을 곱한 것과 같다. 듀레이션 측정치는 수익률곡선의 작은 평행이동에만 적용할 수 있다는 한계점이 있다.

6.7 선물계약의 가치는 $108\frac{15}{32} \times 1,000 = 108,468.75$달러이므로, 매도해야 하는 선물계약 수는 다음과 같다.

$$\frac{6,000,000}{108,468.75} \times \frac{8.2}{7.6} = 59.7$$

이를 반올림하면 매도해야 하는 계약 수는 60계약이 된다. 이 포지션은 7월 말에 마감해야 한다.

제7장

7.1 A기업은 고정금리시장에서 비교우위를 갖고 있으나 변동금리로 차입하기를 원한다. 반면에 B기업은 변동금리시장에서 비교우위를 갖고 있으나 고정금리로 차입하기를 원한다. 이런 상황은 스왑을 가능하게 한다. 두 기업에 제시된 고정금리 간에는 연 1.4%의 차이가 있으며, 변동금리 간에는 연 0.5%의 차이가 있다. 그러므로 스왑거래를 통해서 모든 당사자에게 돌아갈 총이익은 연 0.9%(= 1.4 − 0.5)이다. 은행이 그중에서 연 0.1%를 가지므로 A, B기업에 귀속되는 이익은 각각 연 0.4%여야 한다. 이는 A기업이 SOFR − 0.3%의 변동금리로 차입하고, B기업이 연 6%의 고정금리로 차입해야 함을 의미한다. 이상의 내용을 그림으로 나타내면 다음과 같다.

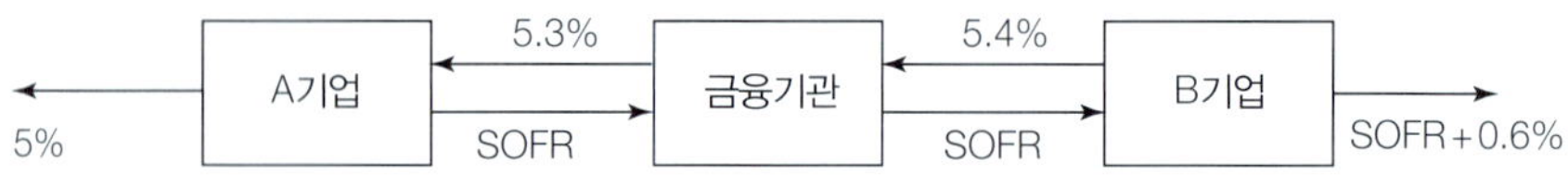

7.2 변동금리를 지급하는 거래자를 생각해보자. 첫 번째 선도계약에서 4개월 후에 120만 달러를 지급하고 200만 달러를 받는다. 이 계약의 가치는 $0.8e^{-0.027 \times 4/12} = 0.7928$백만 달러이다. 두 번째 선도계약을 평가하기 위해서 선도금리가 반년복리 기준 연 3%라는 것을 유념하자. 두 번째 선도계약의 가치는 다음과 같다.

$$100 \times (0.04 \times 0.5 - 0.03 \times 0.5)e^{-0.027 \times 10/12} = 0.4889\text{백만 달러}$$

그러므로 선도계약의 총가치는 0.7928 + 0.4880 = 1.2817백만 달러가 된다. 이는 변동금리를 지급하는 거래자 입장에서의 스왑 가치이다. 고정금리를 지급하는 거래자 입장에서의 가치는 −1.2817백만 달러이다.

7.3 X기업은 엔화 시장에서 비교우위를 갖고 있으나 달러화 차입을 원한다. 반면에 Y기업은 달러화 시장에서 비교우위를 갖고 있으나 엔화 차입을 원한다. 이런 상황은 스왑을 가능하게 한다. 두 기업에 제시된 엔화 이자율 간에는 연 1.5%의 차이가 있으며 달러화 이자율 간에는 연 0.4%의 차이가 있다. 그러므로 스왑거래를 통해 모든 당사자에게 귀속되는 총이익은 연 1.1%(= 1.5 − 0.4)이다. 은행이 그중에서 연 0.5%를 요구하므로 X, Y기업에 귀속되는 이익은 각각 연 0.3%이다. 이것은 X기업이 연 9.3%(= 9.6 − 0.3)로 달러화를 차입하고, Y기업이 연 6.2%(= 6.5 − 0.3)로 엔화를 차입해야 함을 의미한다. 이상의 내용을 그림으로 나타내면 다음과 같다. 모든 환위험은 은행이 부담한다.

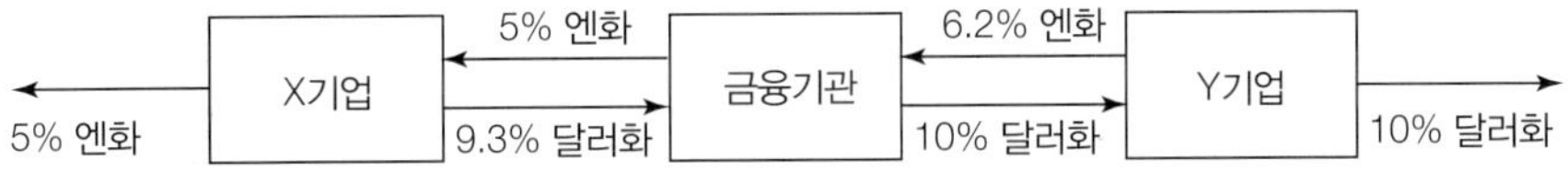

7.4 특정 만기의 스왑금리는 시장조성자가 동일 만기의 금리스왑에서 기준변동금리와 교환하도록 되어 있는 고정금리의 매매호가 평균값이다.

7.5 이 스왑에서는 $20 \times 0.10 = 2.0$백만 파운드의 이자와 $30 \times 0.06 = 1.8$백만 달러의 이자를 교환한다. 또한 스왑계약기간 말에 원금을 교환한다. 이 스왑을 구성하는 파운드화 채권의 가치는 다음과 같다.

$$\frac{2}{(1.07)^{1/4}} + \frac{22}{(1.07)^{5/4}} = 22.182\text{백만 파운드}$$

그리고 이 스왑을 구성하는 달러화 채권의 가치는 다음과 같다.

$$\frac{1.8}{(1.04)^{1/4}} + \frac{31.8}{(1.04)^{5/4}} = 32.061\text{백만 파운드}$$

그러므로 파운드화를 지급하는 거래자 입장에서 스왑의 가치는 다음과 같다.

$$32.061 - (22.182 \times 1.55) = -2.322\text{백만 달러}$$

달러화를 지급하는 거래자 입장에서 스왑의 가치는 +2.322백만 달러이다. 스왑을 선도계약의 포트폴리오로 보더라도 동일한 결과를 얻는다. 연속복리 기준의 달러화 및 파운드화 이자율이 각각 연 6.766%와 3.922%이다. 그리고 3개월, 15개월의 선도환율은 각각 다음과 같다.

$$1.55e^{(0.03922-0.06766)\times 0.25} = 1.5390, \quad 1.55e^{(0.03922-0.06766)\times 1.25} = 1.4959$$

그러므로 파운드화를 지급하는 거래자 입장에서의 이자 교환에 상응하는 두 선도계약의 가치는 각각 다음과 같다.

$$(1.8 - 2 \times 1.5390)e^{-0.03922\times 0.25} = -1.266\text{백만 달러}$$

$$(1.8 - 2 \times 1.4959)e^{-0.03922\times 1.25} = -1.135\text{백만 달러}$$

그리고 원금 교환에 상응하는 선도계약의 가치는 다음과 같다.

$$(30 - 20 \times 1.4959)e^{-0.03922 \times 1.25} = +0.079\text{백만 달러}$$

결국 스왑의 총가치는 $-1.266 - 1.135 + 0.079 = -2.322$백만 달러가 된다.

7.6 신용위험은 거래상대방이 채무불이행 상태에 빠질 가능성에서 비롯된다. 반면에 시장위험은 이자율, 환율과 같은 시장변수의 변동으로부터 발생한다. 복잡한 것은 스왑의 신용위험이 시장변수의 가치에 따라 다르다는 것이다. 스왑의 가치가 양(+)의 값을 가질 때에만 기업의 스왑 포지션은 신용위험을 갖는다.

7.7 이자율은 사실 고정되어 있지 않다. 왜냐하면 만일 기업의 신용등급이 하락한다면, 기업은 변동금리+150bp에 변동금리 차입을 연장할 수 없을 것이기 때문이다. 따라서 유효한 고정차입금리는 증가하게 된다. 예를 들어 재무담당자의 변동금리 스프레드가 150bp에서 200bp로 증가한다고 하자. 차입금리는 5.2%에서 5.7%로 증가할 것이다.

제8장

8.1 GNMA는 채무불이행이 발생하지 않도록 적격 모기지를 보증했고, 투자자들에게 매도할 수 있는 증권을 만들었다.

8.2 ABS는 모기지와 기타 자산들의 포트폴리오로부터 만들어진 트랑슈들의 집합이다. ABS CDO는 다수의 다른 ABS의 특정 트랑슈(예: BBB등급 트랑슈)로부터 만들어진 ABS이다.

8.3 ABS의 중순위 트랑슈는 우선순위에서 중간층에 있는 트랑슈이다. 중순위 트랑슈는 선순위 트랑슈 밑에 있으므로 선순위 트랑슈에 앞서 손실을 흡수한다. 그러나 중순위 트랑슈는 후순위 트랑슈 위에 있으므로 후순위 트랑슈가 중순위 트랑슈에 앞서 손실을 흡수한다.

8.4 ABS의 워터폴은 기초자산으로부터 발생한 현금흐름이 각 트랑슈에 어떻게 배분되는지를 정의한다. 전형적으로 현금흐름은 먼저 선순위 트랑슈에 약속된 수익률을 지급하는 데 사용된다. 그리고 남은 현금흐름(만일 있다면)은 중순위 트랑슈에 약속된 수익률을 지급하는 데 사용된다. 이런 지급이 완료된 후에도 남는 현금흐름은 후순위 트랑슈에 약속된 수익률을 지급하는 데 사용된다.

8.5

기초자산 손실률	ABS 중순위 트랑슈 손실률	ABS CDO 후순위 트랑슈 손실률	ABS CDO 중순위 트랑슈 손실률	ABS CDO 선순위 트랑슈 손실률
12%	46.7%	100%	100%	17.9%
15%	66.7%	100%	100%	48.7%

8.6 서브프라임 모기지는 채무불이행 위험이 정상보다 높은 모기지이다.

8.7 주택가격의 상승이 지속될 수 없었기 때문이다.

제9장

9.1 만기일의 주가가 37달러보다 낮으면 투자자는 이익을 얻는다. 이 경우 옵션을 행사해 얻

은 이득이 3달러보다 크다. 옵션의 만기일에 주가가 40달러보다 낮으면 옵션은 행사될 것이다. 주가에 따른 투자자의 이익이 다음 그림에 나타나 있다.

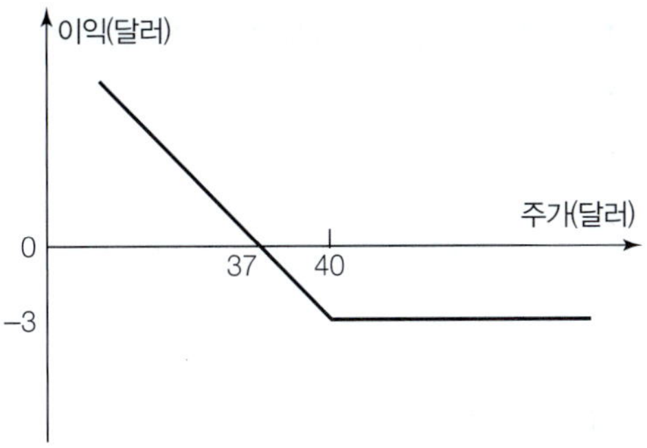

9.2 만약 만기일의 주가가 54달러보다 낮으면 투자자는 이익을 얻는다. 만일 주가가 50달러보다 낮으면 옵션은 행사되지 않고 투자자는 4달러의 이익을 얻는다. 만일 만기일의 주가가 50~54달러 사이에 있으면 옵션이 행사되고 투자자의 이익은 0~4달러 사이가 된다. 주가에 대한 투자자의 이익은 다음 그림과 같다.

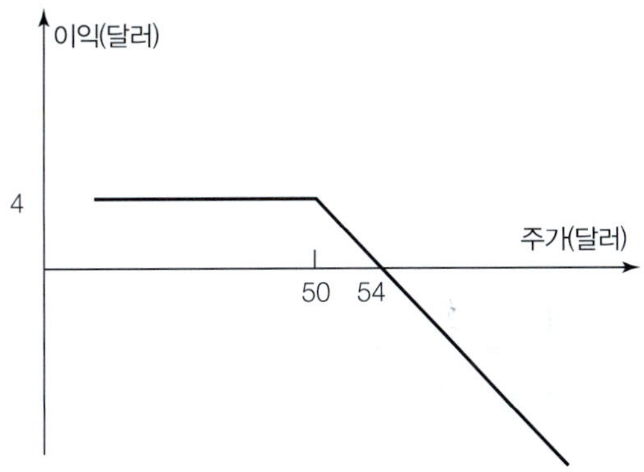

9.3 투자자의 이득은 다음과 같다.

$$-\max(S_T - K, 0) + \max(K - S_T, 0)$$

이는 어떤 경우에나 $K - S_T$이다. 투자자의 포지션은 K를 인도가격으로 하는 선도계약의 매도포지션과 동일하다.

9.4 투자자는 옵션을 매입할 때 반드시 매입비용을 지불해야 한다. 그러나 미래 부채에 대한 가능성이 없으므로 증거금 계정이 필요하지 않다. 투자자가 옵션을 발행할 때는 잠재적인 미래 부채가 존재한다. 따라서 채무불이행 위험으로부터 보호하기 위해 증거금이 요구된다.

9.5 4월 1일에는 4월, 5월, 8월, 11월에 만기가 되는 옵션이 거래된다. 5월 30일에는 6월, 7월, 8월, 11월에 만기가 되는 옵션이 거래된다.

9.6 행사가격이 30달러로 하락하고, 옵션은 소유자에게 2배의 주식을 매입할 권리를 부여한다.

9.7 종업원스톡옵션이 행사될 때, 기업은 신주를 발행해서 행사가격에 종업원에게 매도한다.

이는 기업의 자기자본을 증가시키므로 자본구조에 영향을 미친다.

제10장

10.1 주식옵션의 가격에 영향을 미치는 여섯 가지 요인은 주가, 행사가격, 무위험이자율, 변동성, 만기, 배당금이다.

10.2 하한선은 3.66달러이다.

$$28 - 25e^{-0.08 \times 0.3333} = 3.66\text{달러}$$

10.3 하한선은 2.93달러이다.

$$15e^{-0.06 \times 0.08333} - 12 = 2.93\text{달러}$$

10.4 옵션 행사를 연기하면 행사가격의 지불도 연기된다. 이는 옵션 소유자가 더 오랜 기간 행사가격에 대한 이자를 얻을 수 있다는 것을 의미한다. 또한 권리행사를 연기하는 것은 만기일까지 주가가 행사가격 이하로 하락하는 것에 대한 보험을 제공한다. 옵션 소유자가 K만큼의 현금을 보유하고 있고, 이자율이 0이라고 가정하자. 조기 행사는 옵션 소유자의 포지션이 만기일에 S_T라는 것을 의미한다. 권리행사를 연기하는 것은 만기일의 가치가 $\max(K, S_T)$라는 것을 의미한다.

10.5 기초주식과 함께 아메리칸 풋옵션을 보유하면 옵션은 보험 기능을 제공한다. 주식을 행사가격 K에 매도할 수 있도록 보장한다. 풋옵션을 조기에 행사하면 보험 기능은 사라진다. 그러나 옵션 소유자는 행사가격을 즉시 받아서, 행사 시점부터 만기일까지의 기간에 이에 대한 이자를 받을 수 있다.

10.6 아메리칸 콜옵션은 언제든 행사할 수 있다. 만일 행사하면 옵션 소유자는 내재가치를 갖는다. 따라서 아메리칸 콜옵션의 가치는 적어도 내재가치와 같아야 한다. 유러피언 콜옵션의 가치는 내재가치보다 작을 수 있다. 예를 들어 옵션 만기 동안 주식이 매우 높은 배당금을 지급하는 경우를 고려해보자. 배당금을 지급하면 주가는 하락한다. 유러피언 콜옵션은 배당금이 지급된 후에만 행사할 수 있기에 옵션의 현재가치는 내재가치보다 작을 수 있다.

10.7 이 경우 $c = 1$, $T = 0.25$, $S_0 = 19$, $K = 20$, $r = 0.04$이다. 풋-콜 패리티에 의해

$$p = c + Ke^{-rT} - S_0$$

또는

$$p = 1 + 20e^{-0.04 \times 0.25} - 19 = 1.80$$

따라서 유러피언 풋옵션 가격은 1.80달러이다.

제11장

11.1 프로텍티브 풋은 풋옵션 매입포지션과 기초주식에 대한 매입포지션으로 구성된다. 이는 콜옵션 매입포지션과 일정 금액의 현금의 합과 동일하다. 이것은 풋-콜 패리티로부터 알

수 있다.

$$p + S_0 = c + Ke^{-rT} + D$$

11.2 약세 스프레드는 만기가 같으나 행사가격이 다른 2개의 콜옵션으로 구성할 수 있다. 투자자는 행사가격이 낮은 콜옵션을 매도하고 행사가격이 높은 콜옵션을 매입한다. 약세 스프레드는 만기가 같으나 행사가격이 다른 2개의 풋옵션으로도 구성할 수 있다. 이 경우 투자자는 행사가격이 낮은 풋옵션을 매도하고 행사가격이 높은 풋옵션을 매입한다.

11.3 나비형 스프레드는 행사가격이 다른 3개의 옵션(K_1, K_2, K_3)으로 구성한다. 투자자가 기초주식의 가격이 중간 행사가격인 K_2에 근접할 것이라고 예상할 때 나비형 스프레드를 매입해야 한다.

11.4 투자자는 행사가격이 15달러와 20달러인 콜옵션을 매입하고 동시에 행사가격이 $17\frac{1}{2}$달러인 콜옵션 2개를 매도해 나비형 스프레드를 구성할 수 있다. 초기투자액은 $(4+\frac{1}{2})-(2\times 2)=\frac{1}{2}$달러이다. 다음 표는 최종주가에 대해서 이익이 어떻게 변하는지 보여준다.

주가(S_T)	이익
$S_T < 15$	$-\frac{1}{2}$
$15 < S_T < 17\frac{1}{2}$	$(S_T-15)-\frac{1}{2}$
$17\frac{1}{2} < S_T < 20$	$(20-S_T)-\frac{1}{2}$
$S_T > 20$	$-\frac{1}{2}$

11.5 역캘린더 스프레드는 만기가 짧은 옵션을 매입하고 만기가 긴 옵션을 매도해 구성할 수 있다. 두 옵션의 행사가격은 동일하다.

11.6 스트래들과 스트랭글은 모두 콜옵션 매입포지션과 풋옵션 매입포지션의 결합으로 만들어진다. 스트래들을 구성하는 옵션은 동일한 행사가격과 만기일을 갖는다. 스트랭글을 구성하는 옵션은 상이한 행사가격과 동일한 만기일을 갖는다.

11.7 스트랭글은 두 옵션의 매입으로 만들어진다. 이익 패턴은 다음과 같다.

주가(S_T)	이익
$S_T < 45$	$(45-S_T)-5$
$45 < S_T < 50$	-5
$S_T > 50$	$(S_T-50)-5$

제12장

12.1 다음의 주식과 콜옵션으로 구성된 포트폴리오를 고려해보자.

-1: 콜옵션

$+\Delta$: 주식

만일 주가가 42달러로 상승하면 포트폴리오의 가치는 $42\Delta - 3$이다. 만일 주가가 38달러로 하락하면 포트폴리오의 가치는 38Δ이다. 포트폴리오의 가치를 같게 하는 Δ는 $42\Delta - 3 = 38\Delta$, 즉 $\Delta = 0.75$이다. 주가가 38달러이든 42달러이든 1개월 후 포트폴리오의 가치는 28.5달러이다. 이 포트폴리오의 현재가치는 28.5달러의 현재가치, 즉 $28.5e^{-0.08 \times 0.08333} = 28.31$달러이다. 따라서 다음 관계가 성립한다.

$$-f + 40\Delta = 28.31$$

단, f는 콜옵션의 가치이다. $\Delta = 0.75$이므로 콜옵션 가격은 $40 \times 0.75 - 28.31 = 1.69$달러이다. 콜옵션 가격을 계산하는 다른 방법은 위험중립 가정하에 주가가 상승할 확률 p를 계산하는 것이다. 확률 p는 다음 관계를 만족시켜야 한다.

$$42p + 38(1-p) = 40e^{0.08 \times 0.08333}$$

즉

$$4p = 40e^{0.08 \times 0.08333} - 38$$

$p = 0.5669$이다. 옵션의 가치는 기대이득을 무위험이자율로 할인한 현재가치, 즉 1.69달러이다.

$$[3 \times 0.5669 + 0 \times 0.4331]e^{-0.08 \times 0.08333} = 1.69$$

어떤 방법을 사용하든 옵션의 가치는 같다.

12.2 무차익거래 접근방법에서 우리는 옵션과 주식포지션을 이용해 무위험 포트폴리오를 구성하고 무위험 포트폴리오의 수익률을 무위험이자율과 같다고 해 옵션의 가치를 계산한다. 위험중립가치평가 원칙하에서 우리는 주식의 기대수익률이 무위험이자율과 같도록 확률을 선택한다. 그리고 옵션의 기대이득을 계산하고 이를 무위험이자율로 할인해 현재가치를 계산함으로써 옵션의 가치를 평가한다.

12.3 주식옵션의 델타는 주가가 조금 변하는 경우에 주가 변화에 대한 옵션가격의 민감도를 측정한다. 특히 델타는 기초주식의 가격 변화에 대한 주식옵션의 가격 변화이다.

12.4 다음의 주식과 풋옵션으로 구성된 포트폴리오를 고려해보자.

−1: 풋옵션

$+\Delta$: 주식

만일 주가가 55달러로 상승하면 포트폴리오의 가치는 55Δ이다. 만일 주가가 45달러로 하락하면 포트폴리오의 가치는 $45\Delta - 5$이다.

$$45\Delta - 5 = 55\Delta$$

포트폴리오의 가치를 같게 하는 Δ는 $45\Delta - 5 = 55\Delta$, 즉 $\Delta = -0.50$이다. 주가가 45달러이든 55달러이든 1개월 후 포트폴리오의 가치는 −27.5달러이다. 이 포트폴리오의 현재가치는 −27.5달러의 현재가치, 즉 $-27.5e^{-0.1 \times 0.5} = -26.16$달러이다. 따라서 다음 관계가 성립한다.

$$-f + 50\Delta = -26.16$$

단, f는 풋옵션의 가격이다. $\Delta = -0.50$이므로 풋옵션 가격은 1.16달러이다. 풋옵션 가격을 계산하는 다른 방법은 위험중립 가정하에 주가가 상승할 확률 p를 계산하는 것이다. 확률 p는 다음 관계를 만족해야 한다.

$$55p + 45(1-p) = 50e^{0.1\times0.5}$$

즉

$$10p = 50e^{0.1\times0.5} - 45$$

또는 $p = 0.7564$이다. 옵션의 가치는 기대이득을 무위험이자율로 할인한 현재가치, 즉 1.16달러이다.

$$[0\times0.7564 + 5\times0.2436]e^{-0.1\times0.5} = 1.16$$

어떤 방법을 사용하든 옵션의 가치는 같다.

12.5 $u = 1.10$, $d = 0.90$, $\Delta t = 0.5$, $r = 0.08$이므로 p는 0.7041이다.

$$p = \frac{e^{0.08\times0.5} - 0.90}{1.10 - 0.90} = 0.7041$$

주가의 이항과정이 다음 그림에 나타나 있다. 이항과정의 끝에서 출발점으로 역행해 계산한 옵션의 가치는 9.61달러이다.

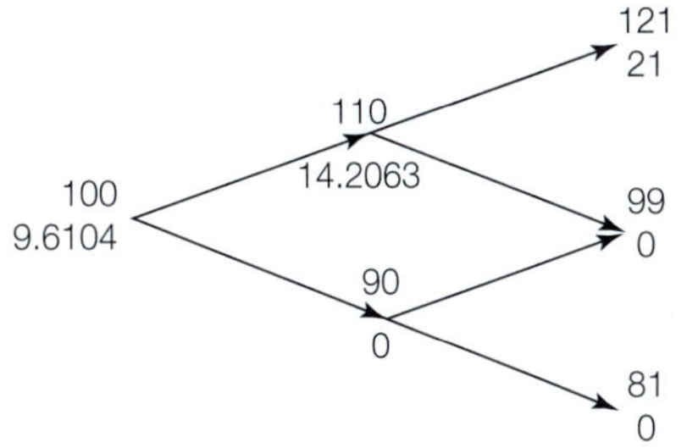

물론 식(12.10)을 이용해 옵션 가치를 직접 계산할 수도 있다.

$$[0.7041^2\times21 + 2\times0.7041\times0.2959\times0 + 0.2959^2\times0]e^{-2\times0.08\times0.5} = 9.61$$

12.6 다음 그림은 문제 12.5의 이항과정을 이용해 풋옵션의 가격을 구하는 방법을 보여준다. 옵션의 가격은 1.92달러이다. 물론 식 (12.10)을 이용해 옵션가격을 직접 계산할 수도 있다.

$$e^{-2\times0.08\times0.5}[0.7041^2\times0 + 2\times0.7041\times0.2959\times1 + 0.2959^2\times19] = 1.92$$

주가와 풋옵션 가격의 합은 $100 + 1.92 = 101.92$달러이다. 행사가격의 현재가치와 콜옵션 가격의 합은 $100e^{-0.08\times1} + 9.61 = 101.92$달러이다. 따라서 풋-콜 패리티를 만족시킨다.

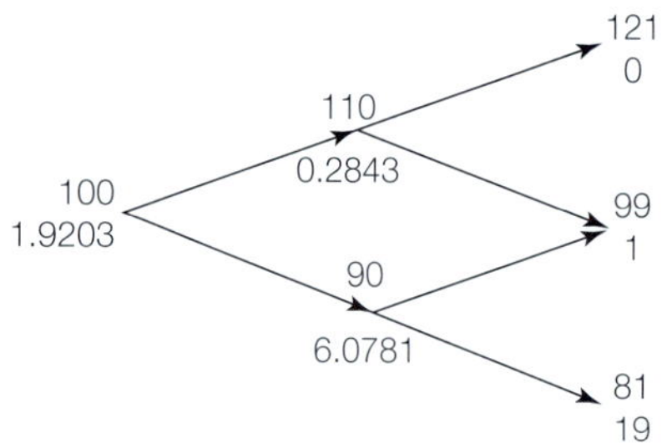

12.7 $u = e^{\sigma\sqrt{\Delta t}}$, $d = e^{-\sigma\sqrt{\Delta t}}$

제13장

13.1 블랙-숄즈-머튼 옵션가격 모형은 1년 후(또는 미래 어느 시점에서) 주가의 확률분포가 대수정규분포를 따른다는 것을 가정한다. 이는 주식의 연속복리 수익률이 정규분포를 따른다는 가정과 동일하다.

13.2 Δt기간의 주가 변화율 표준편차는 $\sigma\sqrt{\Delta t}$이다(σ는 변동성을 말함). $\sigma = 0.3$이고 1년 동안 거래일이 252일이라고 가정하면, $\Delta t = 1/252 = 0.003968$이므로 $\sigma\sqrt{\Delta t} = 0.3\sqrt{0.003968} = 0.09$ 또는 1.9%이다.

13.3 주식의 기대수익률이 무위험이자율이라고 가정하고, 콜옵션의 기대이득을 계산할 수 있다. 그리고 이 기대이득을 옵션의 잔존기간 동안 할인해 현재가치를 구한다.

13.4 $S_0 = 50$, $K = 50$, $r = 0.1$, $\sigma = 0.3$, $T = 0.25$이므로 d_1과 d_2는 다음과 같다.

$$d_1 = \frac{\ln(50/50) + (0.1 + 0.09/2)0.25}{0.3\sqrt{0.25}} = 0.2417, \qquad d_2 = d_1 - 0.3\sqrt{0.25} = 0.0917$$

따라서 유러피언 풋옵션 가격은 2.38달러이다.

$$50N(-0.0917)e^{-0.1\times 0.25} - 50N(-0.2417) = 50 \times 0.4634e^{-0.1\times 0.25} - 50 \times 0.4045 = 2.38$$

13.5 블랙-숄즈 모형을 사용하려면 배당금의 현재가치를 주가에서 차감해야 한다. 따라서 사용할 S_0의 적절한 값은 48.52이다.

$$S_0 = 50 - 1.50e^{-0.1\times 0.1667} = 48.52$$

$K = 50$, $r = 0.1$, $\sigma = 0.3$, $T = 0.25$이므로 d_1과 d_2는 다음과 같다.

$$d_1 = \frac{\ln(48.52/50) + (0.1 + 0.09/2)0.25}{0.3\sqrt{0.25}} = 0.0414, \qquad d_2 = d_1 - 0.3\sqrt{0.25} = -0.1086$$

따라서 유러피언 풋옵션 가격은 3.03달러이다.

$$50N(0.1086)e^{-0.1\times 0.25} - 48.52N(-0.0414) = 50 \times 0.5432e^{-0.1\times 0.25} - 48.52 \times 0.4835 = 3.03$$

13.6 내재변동성은 블랙-숄즈-머튼 모형에서 구한 옵션가격을 옵션의 시장가격과 같게 하는 변동성이다. 내재변동성은 시행착오법으로 계산한다. 즉 블랙-숄즈-머튼 모형에 대입해

계산한 옵션가격이 시장가격과 같을 때까지 여러 변동성을 계속 검증하는 방법이다.

13.7 블랙의 방법은 (1) 아메리칸 옵션과 만기가 같은 유러피언 옵션의 가격과 (2) 마지막 배당락일 직전에 만기가 되는 유러피언 옵션의 가치를 계산해 이 중에서 큰 값을 아메리칸 옵션 가격으로 택하는 것이다.

제14장

14.1 2005년 이전에 기업은 등가격 스톡옵션을 손익계산서에서 비용처리하지 않았다. 기업은 단순히 주석으로 옵션의 가치를 보고했다. FAS 123과 IAS 2는 2005년부터 옵션의 공정가치가 손익계산서에서 비용으로 계상되도록 요구한다.

14.2 큰 차이점은 다음과 같다. (a) 종업원스톡옵션은 보통 일반적인 거래소 옵션이나 장외옵션보다 만기가 길다. (b) 종업원스톡옵션의 경우 행사될 수 없는 행사유예기간이 있다. (c) 종업원은 종업원스톡옵션을 매도할수 없다. (d) 만일 직원이 회사를 떠나면 종업원스톡옵션은 가치가 없는 상태로 만료되거나 즉각 행사되어야 한다. (e) 종업원스톡옵션이 행사되면 발행주식 수는 증가한다.

14.3 옵션 소유자가 무배당 주식에 대한 콜옵션을 행사하는 대신에 매도하는 것이 항상 유리하다. 종업원스톡옵션은 매각할 수 없으므로 종업원이 종업원스톡옵션을 현금화할 수 있는 유일한 방안은 옵션을 행사하고 취득한 주식을 매도하는 것이다.

14.4 이는 의문의 여지가 있는 주장이다. 임원은 주가 상승으로부터 이득을 보지만 주가 하락의 비용을 부담하지 않는다. 종업원스톡옵션은 임원으로 하여금 기업의 장기적 성공을 희생하면서도 단기적으로 주식 가치를 상승시킬 수 있는 의사결정을 하도록 유도한다. 심지어 임원이 옵션 가치를 극대화하기 위해 기업이 필요 이상의 더 많은 위험을 부담하게끔 유인하기도 한다.

14.5 프로 축구선수들은 그들이 게임 결과에 영향을 미칠 수 있기 때문에 결과에 대해 베팅하는 것이 허용되지 않는다. 같은 논리로, 임원은 자신의 행동이 주가에 영향을 미칠 수 있기 때문에 미래 주가에 대해 베팅하는 것이 허용되지 않아야 한다. 그러나 프로 축구선수가(자신의 팀 패배에 대해 베팅하는 것은 잘못된 것이지만) 자신의 팀이 승리하는 것에 베팅하는 것은 전혀 잘못이 없다고 주장할 수도 있을 것이다. 같은 논리로, 임원이 자신의 회사가 잘되는 데 베팅하는 것은 전혀 잘못된 것이 아니라고 주장할 수 있다.

14.6 백데이팅은 기업으로 하여금 과거 특정일의 주가와 동일한 행사가격으로 종업원스톡옵션을 발행하도록 해 스톡옵션이 등가격 옵션이라고 주장하도록 허용하는 것이다. 등가격 옵션은 2005년까지 손익계산서에서 비용으로 처리되지 않았다. 손익계산서의 각주에서 옵션 가치로 기록된 금액은 실질적인 옵션 부여일에서의 정확한 옵션 비용보다 작은 금액이었다. 2002년에 SEC는 기업으로 하여금 부여일로부터 2영업일 이내에 스톡옵션 부여 사실을 보고하도록 요구하였다. 이는 이런 규정을 따르는 기업이 백데이팅을 할 가능성을 제거했다.

14.7 만일 부여된 스톡옵션이 매 분기 재평가되어야 한다면 부여일에서의 옵션 가치는 덜 중요해진다. 보고된 옵션 부여일 후의 주가 움직임은 다음 재평가 시에 반영될 것이다. 따라서 옵션 잔존기간 동안 옵션의 총비용은 부여일에서의 주가와 독립적일 것이다.

제15장

15.1 S&P가 700으로 하락하면 포트폴리오의 가치는 1,000만 달러 × (700/800) = 875만 달러가 된다(포트폴리오의 배당수익률이 지수의 배당수익률과 같다고 가정함). 지수의 10,000,000/800 = 12,500에 대해 풋옵션(행사가격은 700)을 매입하면 포트폴리오의 가치가 875만 달러 이하로 하락하는 것을 방지할 수 있다. 옵션 1계약은 지수의 100배이므로 총 125계약을 매입해야 한다.

15.2 주가지수는 연속배당수익(률)을 지급하는 주식과 유사하다. 여기서 배당수익률은 지수의 배당수익률이다. 통화는 연속배당수익(률)을 지급하는 주식과 유사하다. 여기서 배당수익률은 외국의 무위험이자율이다.

15.3 하한선은 식 (15.1)에 의해 다음과 같다.

$$300e^{-0.03\times 0.5}-290e^{-0.08\times 0.5}=16.90$$

15.4 환율의 이항과정이 아래 그림에 나타나 있다. $u=1.02$, $d=0.98$이다. 위험중립 가정하에 환율이 상승할 확률 p는 다음과 같다.

$$p=\frac{e^{(0.06-0.08)\times 0.08333}-0.98}{1.02-0.98}=0.4584$$

따라서 통화 1단위를 매입할 수 있는 옵션의 가치는 0.0067달러이다.

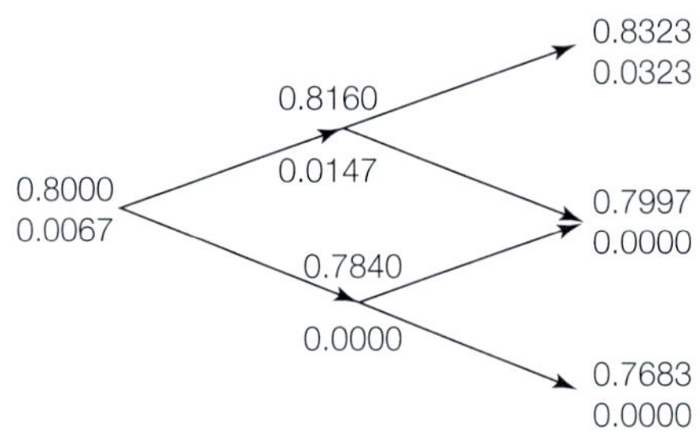

15.5 미래 어느 시점에 외국통화를 받을 예정인 기업은 풋옵션을 매입하고 콜옵션을 매도한다. 이때 풋옵션의 행사가격은 현재의 환율(외국 1통화를 국내통화 가치로 측정한 환율)보다 낮고 콜옵션의 행사가격은 현재 환율보다 높다. 이렇게 함으로써 외국통화에 적용되는 환율이 두 행사가격 사이가 됨을 보장받는다.

15.6 $S_0=250$, $K=250$, $r=0.10$, $\sigma=0.18$, $T=0.25$, $q=0.03$이고 d_1과 d_2는 다음과 같다.

$$d_1=\frac{\ln(250/250)+(0.10-0.03+0.18^2/2)0.25}{0.18\sqrt{0.25}}=0.2394$$

$$d_2 = d_1 - 0.18\sqrt{0.25} = 0.1494$$

따라서 콜옵션 가격은 11.15달러이다.

$$\begin{aligned}250N(0.2394)e^{-0.03\times0.25} &- 250N(0.1494)e^{-0.10\times0.25} \\ &= 250\times0.5946e^{-0.03\times0.25} - 250\times0.5594e^{-0.10\times0.25} \\ &= 11.15\end{aligned}$$

15.7 $S_0=0.52$, $K=0.50$, $r=0.04$, $r_f=0.08$, $\sigma=0.12$, $T=0.6667$이고 d_1과 d_2는 다음과 같다.

$$d_1 = \frac{\ln(0.52/0.50)+(0.04-0.08+0.12^2/2)0.6667}{0.12\sqrt{0.6667}} = 0.1771$$

$$d_2 = d_1 - 0.12\sqrt{0.6667} = 0.0791$$

따라서 풋옵션의 가격은 0.0162달러이다.

$$\begin{aligned}0.50N(-0.0791)e^{-0.04\times0.6667} &- 0.52N(-0.1771)e^{-0.08\times0.6667} \\ &= 0.50\times0.4685e^{-0.04\times0.6667} - 0.52\times0.4297e^{-0.08\times0.6667} \\ &= 0.0162\end{aligned}$$

제16장

16.1 엔화 현물콜옵션은 소유자에게 현물시장에서 행사가격과 동일한 환율의 엔화를 매입할 수 있는 권리를 부여한다. 엔화 선물콜옵션은 소유자에게 선물가격이 행사가격을 초과하는 만큼을 받을 수 있는 권리를 부여한다. 또한 만일 엔화 선물옵션을 행사하면, 소유자는 엔화 선물계약에 매입포지션을 얻게 된다.

16.2 주된 이유는 채권선물이 채권보다 높은 유동성을 갖기 때문이다. 미국장기국채 선물계약의 가격은 CBOT에서 거래되자마자 즉시 알려지는 반면에 채권의 가격은 딜러와 연락을 해야만 알 수 있다.

16.3 선물가격이 연속배당수익이 무위험이자율과 같은 주식의 가격처럼 변한다는 의미이다.

16.4 이 경우에 $u=1.12$이고 $d=0.92$이다. 위험중립 가정하에 상승할 확률은 다음과 같다.

$$\frac{1-0.92}{1.12-0.92} = 0.4$$

따라서 위험중립가치평가 원칙에 의해 콜옵션의 가치는 2.33달러이다.

$$e^{-0.06\times0.5}(0.4\times6+0.6\times0) = 2.33$$

16.5 선물옵션의 풋-콜 패리티 공식은 주가가 F_0e^{-rT}로 대체되는 것 외에는 주식옵션의 풋-콜 패리티 공식과 동일하다. 여기서 F_0는 현재의 선물가격이고 r은 무위험이자율이며 T는 옵션의 만기이다.

16.6 선물계약 만기일 전에 선물가격이 현물가격보다 높으면 아메리칸 선물콜옵션의 가치는 동일한 기초자산에 대한 아메리칸 현물콜옵션의 가치보다 크다.

16.7 이 경우에 $F_0=19$, $K=20$, $r=0.12$, $\sigma=0.20$, $T=0.4167$이므로 유러피언 선물풋옵션의

가치는 다음과 같다.

$$20N(-d_2)e^{-0.12\times0.4167}-19N(-d_1)e^{-0.12\times0.4167}$$

그러므로

$$d_1=\frac{\ln(19/20)+(0.04/2)0.4167}{0.2\sqrt{0.4167}}=-0.3327,\quad d_2=d_1-0.2\sqrt{0.4167}=-0.4618$$

따라서 옵션의 가치는 1.5달러이다.

$$e^{-0.12\times0.4167}[20N(0.4618)-19N(0.3327)]=e^{-0.12\times0.4167}(20\times0.6778-19\times0.6303)=1.50$$

제17장

17.1 손절매 전략은 옵션이 내가격에 있으면 보호된 포지션을 취하고, 옵션이 외가격에 있으면 노출된 포지션을 취한다. 외가격 콜옵션의 발행자는 주가가 행사가격 K 이상으로 상승하자마자 기초주식을 매입하고, 주가가 K 이하로 하락하자마자 기초주식을 매도한다. 현실적으로는, 기초주식의 가격이 K와 일치할 때 주가가 상승해서 K를 상회할지 또는 주가가 하락해서 K를 하회할지 예측할 수 없다. 따라서 실제로는 $K+\epsilon$의 가격으로 주식을 매입하고 $K-\epsilon$의 가격으로 주식을 매도하게 된다(ϵ는 어떤 작은 값). 헤징비용은 주가가 K와 일치하는 횟수에 따라 결정된다. 따라서 이 방식의 헤징은 성과가 비교적 좋지 않다. 만일 주가가 한 번도 K에 근접하지 않으면 헤징비용은 0이다. 그러나 주가가 K와 여러 번 일치하면 헤징비용은 꽤 비싸진다. 좋은 헤징 방법은 헤징비용을 비교적 정확하게 미리 예측할 수 있어야 한다.

17.2 델타가 0.7이라는 의미는 주가가 조금 상승할 때 옵션가격이 주가 변화의 70%만큼 상승하는 것을 의미한다. 마찬가지로, 주가가 조금 하락할 때 옵션가격이 주가 변화의 70%만큼 하락한다. 옵션 1,000개의 매도포지션 델타는 −700이고 주식 700주를 매입하면 델타중립으로 만들 수 있다.

17.3 $S_0=K$, $r=0.1$, $\sigma=0.25$, $T=0.5$이고 d_1은 다음과 같다.

$$d_1=\frac{\ln(S_0/K)+[(0.1+0.25^2)/2]\times0.5}{0.25\sqrt{0.5}}=0.3712$$

옵션의 델타는 $N(d_1)$으로 0.64이다.

17.4 변경될 수 없다. 기초자산의 매입포지션 또는 매도포지션의 베가는 0이다. 왜냐하면 단순히 변동성이 변한다고 해서 기초자산의 가치가 변하지는 않기 때문이다.

17.5 옵션포지션의 감마는 주가 변화에 대한 옵션포지션 델타의 변화이다. 예를 들어 감마가 0.1이면 주가가 일정 금액만큼 상승할 때 델타가 이 금액의 10%만큼 상승한다. 옵션 발행자의 감마가 절댓값이 큰 음수이고 델타가 0인 경우, 만일 주가가 큰 폭으로 상승하거나 하락하면 옵션 발행자는 큰 손해를 보게 된다.

17.6 옵션포지션을 헤지하기 위해서는 반대 포지션을 합성해야 한다. 예를 들어 풋옵션 매입포지션을 헤지하려면 풋옵션 매도포지션을 합성해야 한다. 따라서 옵션포지션을 합성하는 절차는 옵션포지션을 헤지하는 절차의 반대이다.

17.7 풋옵션을 합성해 만든 포트폴리오보험은 1987년에 인기가 있었다. 포트폴리오보험의 원리는 다음과 같다. 포트폴리오의 가치가 하락하면 (a) 포트폴리오의 일부를 매각하거나 (b) 지수선물을 매도함으로써 포트폴리오는 재조정된다. 만일 충분히 많은 수의 포트폴리오 매니저가 이 전략을 따르면 불안정한 상황이 만들어진다. 포트폴리오의 가치가 조금만 하락해도 매도포지션이 발생한다. 이는 다시 보다 큰 하락을 부추기고 이로 인해 매도포지션은 증가한다. 이런 현상이 1987년 10월의 주가 대폭락에서 주요한 역할을 했을 것이라는 주장이 제기되었다.

제18장

18.1 델타, 감마, 세타는 하나의 이항모형에서 계산할 수 있다. 베가는 변동성을 조금 변화시킨 후에 새로운 이항모형을 구성해 옵션의 가치를 다시 계산함으로써 구할 수 있다. 로(rho)는 이자율을 조금 변화시킨 후에 새로운 이항모형을 구성해 옵션의 가치를 다시 계산함으로써 구할 수 있다.

18.2 해답은 (a) $e^{r\Delta t}$, (b) $e^{(r-q)\Delta t}$, (c) $e^{(r-r_f)\Delta t}$, (d) 1이다.

18.3 $S_0=60$, $K=60$, $r=0.1$, $\sigma=0.45$, $T=0.25$, $\Delta t=0.0833$이다. 또한

$$u = e^{\sigma\sqrt{\Delta t}} = e^{0.45\sqrt{0.0833}} = 1.1387$$
$$d = 1/u = 0.8782, \qquad a = e^{r\Delta t} = e^{0.1\times 0.0833} = 1.0084$$
$$p = \frac{a-d}{u-d} = 0.4998, \quad 1-p = 0.5002$$

이다.

아래에 있는 이항과정에서 계산한 옵션의 가격은 5.16달러이다.

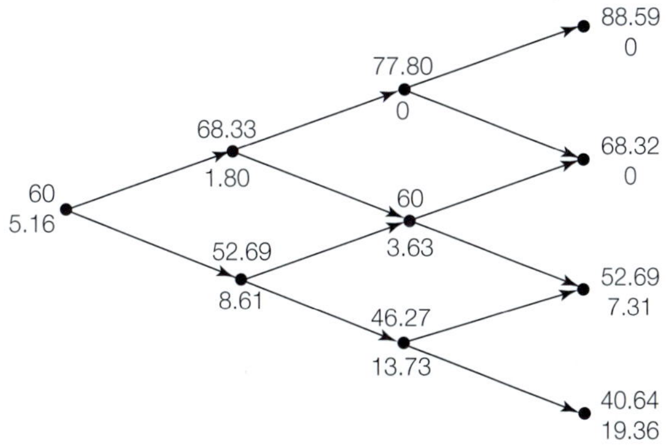

18.4 다음 절차에 따라 변수통제기법을 사용할 수 있다.

(a) 이항과정을 이용해 아메리칸 옵션의 가치를 평가함($=f_A$)

(b) 아메리칸 옵션을 평가할 때 사용했던 모수들을 같은 이항과정에 적용해 유러피언 옵션의 가치를 평가함($=f_E$)

(c) 블랙-숄즈-머튼 모형을 이용해 유러피언 옵션의 가치를 평가함($=f_{BS}$)

변수통제기법을 이용해 추정한 아메리칸 옵션 가격은 $f_A+f_{BS}-f_E$이다.

18.5 $F_0=198$, $K=200$, $r=0.08$, $\sigma=0.3$, $T=0.75$, $\Delta t=0.25$이다. 또한

$$u=e^{0.3\sqrt{0.25}}=1.1618, \qquad d=1/u=0.8607,\ a=1$$
$$p=\frac{a-d}{u-d}=0.4626, \qquad 1-p=0.5373$$

이다.

다음에 있는 이항과정에서 계산한 옵션가격은 20.3센트이다.

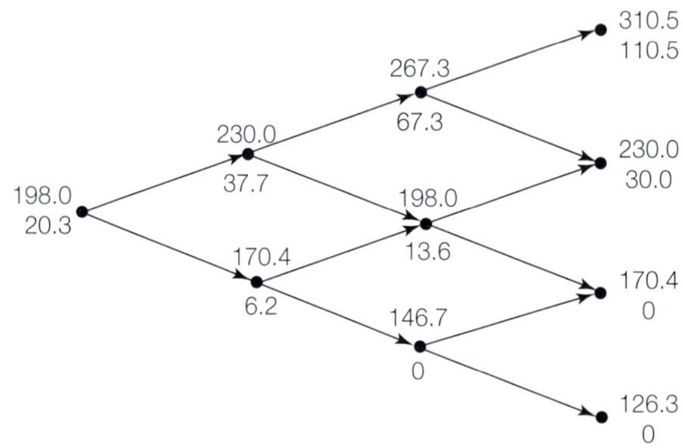

18.6 어떤 기간 동안 D만큼의 배당금이 지급된다고 가정하자. S를 어떤 기간 초의 주가이고 기간 말의 주가를 $Su-D$ 또는 $Sd-D$라고 하자. 다음 기간 말에 주가는 $(Su-D)u$, $(Su-D)d$, $(Sd-D)u$, $(Sd-D)d$이다. $(Su-D)d$는 $(Sd-D)u$와 같지 않으므로 이항과정은 재조합(recombine)이 되지 않고 복잡해진다(역주: 노드 수가 기하급수적으로 증가한다). 만일 S를 현재 주가에서 배당금의 현재가치를 제외한 금액으로 하면 이러한 문제점을 피할 수 있다(역주: 즉 재조합이 되어 모형을 단순화하고, 모형의 노드 수가 기하급수적이 아니고 선형적으로 증가한다).

18.7 몬테카를로 시뮬레이션은 이항모형의 시작점에서 시작해 말단으로 진행한다. 이 경우 각 점에 도달했을 때 조기행사가 최적인지를 확인할 방법이 없다.

제19장

19.1 주가 분포의 양쪽 꼬리가 로그정규분포의 양쪽 꼬리보다 덜 두꺼우면 블랙-숄즈-머튼 모형은 심내가격 옵션과 심외가격 옵션을 과대평가하는 경향이 있다. 이는 내재변동성을 그림 19.7과 유사하게 만드는 효과가 있다. 오른쪽 꼬리가 두껍고 왼쪽 꼬리가 덜 두꺼우면 블랙-숄즈-머튼 모형은 외가격 콜옵션과 내가격 풋옵션을 과대평가하고 외가격 풋옵션

과 내가격 콜옵션을 과소평가하는 경향이 있다. 이는 내재변동성을 행사가격의 증가함수가 되게 만드는 효과가 있다.

19.2 일반적으로 하향하는 변동성미소는 주식의 경우에 관측된다.

19.3 점프는 주가 분포의 양쪽 꼬리를 정규분포의 꼬리보다 두껍게 만드는 경향이 있다. 이는 변동성미소가 그림 19.1과 유사해지도록 한다. 변동성미소는 3개월 만기 옵션의 경우에 더 두드러질 것이다.

19.4 풋옵션 가격이 콜옵션 가격에 비해 상대적으로 매우 낮다. 정확한 거래전략은 풋옵션과 주식을 매입하고 콜옵션을 매도하는 것이다.

19.5 외가격(행사가격이 낮은) 풋옵션의 경우 두꺼운 왼쪽 꼬리는 높은 가격과 높은 내재변동성을 의미한다. 마찬가지로, 외가격(행사사격이 높은) 콜옵션의 경우 덜 두꺼운 오른쪽 꼬리는 낮은 가격과 낮은 변동성을 의미한다. 따라서 변동성이 행사가격의 감소함수가 되는 변동성미소가 얻어진다.

19.6 이 책의 기호를 그대로 사용하면 다음과 같다.

$$c_{\text{bs}} + Ke^{-rT} = p_{\text{bs}} + Se^{-qT}$$
$$c_{\text{mkt}} + Ke^{-rT} = p_{\text{mkt}} + Se^{-qT}$$

따라서

$$c_{\text{bs}} - c_{\text{mkt}} = p_{\text{bs}} - p_{\text{mkt}}$$

이 경우 $c_{\text{mkt}}=3.00$, $c_{\text{bs}}=3.50$, $p_{\text{bs}}=1.00$이다. 따라서 p_{mkt}는 0.50이다.

19.7 폭락공포증의 논의는 1987년 이후 주식시장에서 두드러진 변동성왜도를 설명하기 위한 시도이다(1987년은 주식시장이 하루에 20% 폭락함으로써 모든 사람을 경악하게 했던 해임). 이 논의에 의하면 거래자가 다른 대폭락을 우려한 결과 외가격 풋옵션의 가격을 상승시키며 이로 인해 변동성왜도가 발생한다.

제20장

20.1 역사적 시뮬레이션 모형은 N일간의 역사적 자료로부터 오늘과 내일 사이에 발생할 수 있는 N개의 시나리오를 구성하는 것이다. 첫 번째 시나리오는 모든 시장변수의 변화율이 첫 번째 날(Day 0)과 두 번째 날(Day 1) 사이에서 발생한 것과 동일하다고 가정한다. 두 번째 시나리오는 모든 시장변수의 변화율이 두 번째 날(Day 1)과 세 번째 날(Day 2) 사이에서 발생한 것과 동일하다고 가정한다. 마지막 시나리오는 모든 시장변수의 변화율이 어제(Day $N-1$)와 오늘(Day N) 사이에서 발생한 것과 동일하다고 가정한다. 각 시나리오별로 포트폴리오의 가치가 평가되고 VaR은 포트폴리오 가치 변화의 확률분포로부터 계산된다.

20.2 u_i를 $(S_i - S_{i-1})/S_{i-1}$로 정의하자. 여기서 S_i는 i일에서의 시장변수 가격이다. EWMA모형에서 시장변수의 분산(즉 표준편차의 제곱)은 u_i^2들의 가중평균이다. λ가 일정한 상수인 경우($0 < \lambda < 1$), u_{i-1}^2의 가중치($i-1$일에 계산함)는 u_i^2의 가중치(i일에 계산함)에 λ를 곱한 것

이다. $n-1$일에 추정한 변동성 σ_n은 $n-2$일에 추정한 변동성 σ_{n-1}과 다음의 관계를 갖는다.

$$\sigma_n^2 = \lambda\sigma_{n-1}^2 + (1-\lambda)u_{n-1}^2$$

이 식은 EWMA모형이 매우 매력적인 속성을 갖고 있음을 보여준다. n일의 변동성을 계산하는 데 $n-1$일에 계산된 변동성과 u_{n-1}^2만이 필요하다.

20.3 이 경우에 $\sigma_{n-1}=0.015$, $u_n = 0.5/30 = 0.01667$이므로 식 (18.10)에 의해 σ_n^2는 다음과 같다.

$$\sigma_n^2 = 0.94 \times 0.015^2 + 0.06 \times 0.01667^2 = 0.0002282$$

(따라서 n일에서의 변동성 추정치는 $\sqrt{0.0002282}$ 또는 1.51%이다.

20.4 포트폴리오 가치의 일별 변화의 분산은 다음과 같다(단위: 천 달러).

$$300^2 \times 0.018^2 + 500^2 \times 0.012^2 + 2 \times 300 \times 500 \times 0.018 \times 0.012 \times 0.3 = 84.60$$

표준편차는 $\sqrt{84.60}=9.20$이다. 5일 동안의 변화에 대한 표준편차는 $9.20\sqrt{5}=20.57$이다. 따라서 95% 신뢰수준에서 5일 동안의 VaR은 $1.645 \times 20.57 = 33.83$ 또는 33,830달러이다. 5일 동안의 ES는

$$20.57 \times \frac{e^{-1.645^2/2}}{\sqrt{2\pi}(1-0.95)} = 42.42$$

혹은 42,420달러이다.

20.5 포트폴리오 가치의 일별 변화 ΔP와 환율의 일별 변화 ΔS 간에는 대략 다음의 관계가 성립한다.

$$\Delta P = 56\Delta S$$

환율의 일별 변화율 Δx는 $\Delta S/1.5$와 같다. 따라서 다음 관계가 성립한다.

$$\Delta P = 56 \times 1.5\Delta x$$

또는

$$\Delta P = 84\Delta x$$

Δx의 표준편차는 환율의 일별 변동성 또는 0.7%와 같다. 따라서 ΔP의 표준편차는 $84 \times 0.007 = 0.588$이다. 99% 신뢰수준에서 10일 동안의 포트폴리오 VaR은 다음과 같다.

$$0.588 \times 2.33 \times \sqrt{10} = 4.33$$

20.6 식 (20.5)로부터 관계는 다음과 같다.

$$\Delta P = 56 \times 1.5\Delta x + \tfrac{1}{2} \times 1.5^2 \times 16.2 \times \Delta x^2$$

또는

$$\Delta P = 84\Delta x + 18.225\Delta x^2$$

20.7 역사적 시뮬레이션 방법은 시장변수의 결합확률분포가 과거 일정 기간의 분포와 동일하다고 가정한다. 모형기반 접근방법은 시장변수의 확률분포가 다변량 정규분포를 따른다고 가정한다. 모형기반 접근방법에서 시장변수들의 변동성과 변수 간의 상관계수는 최근 자료에 높은 가중치를 부여하는 지수가중 이동평균법과 같은 접근방법을 이용해 계산된다.

제21장

21.1 금액은 100,000달러이고 3개월 후에 지급된다.

$$20{,}000{,}000\text{달러} \times (0.12-0.10) \times 0.25 = 100{,}000\text{달러}$$

21.2 수의상환채권은 발행자가 미래 특정 시점에서 미리 정한 가격으로 채권을 소유자에게서 매입할 수 있는 권리를 갖는 채권이다. 상환요구채권은 소유자가 특정 시점에 미리 정한 가격으로 채권을 발행자에게 매도할 수 있는 권리를 갖는 채권이다.

21.3 스왑옵션은 미래 어느 시점에 정해진 고정금리가 변동금리와 교환되는 금리스왑을 체결할 수 있는 옵션이다. 금리스왑은 고정금리채권을 변동금리채권으로 교환하는 것으로 간주할 수 있다. 따라서 스왑옵션은 고정금리채권을 변동금리채권으로 교환할 수 있는 옵션으로 간주할 수 있다. 변동금리채권의 가치는 스왑의 잔존기간 초에는 스왑 원금과 같다. 따라서 스왑옵션은 채권의 원금을 행사가격으로 하는 고정금리채권에 대한 옵션이다.

21.4 $F_0 = (125-10)e^{0.1\times 1} = 127.09$, $K = 110$, $r = 0.1$, $\sigma = 0.08$, $T = 1.0$이고 d_1과 d_2는 다음과 같다.

$$d_1 = \frac{\ln(127.09/110) + (0.08^2/2)}{0.08} = 1.8456$$

$$d_2 = d_1 - 0.08 = 1.7656$$

따라서 풋옵션의 가치는 0.12달러이다.

$$110e^{-0.1}N(-1.7656) - 127.09e^{-0.1\times 1}N(-1.8456) = 0.12$$

21.5 이득은 $25 \times 87 = 2{,}175$달러이다.

21.6 $L = 1{,}000$, $\delta_k = 0.25$, $F_k = 0.12$, $R_K = 0.13$, $\sigma_k = 0.12$, $t_k = 1.5$, $e^{-0.115\times 1.75} = 0.8177$이다.

$$d_1 = \frac{\ln(0.12/0.13) + 0.12^2 \times 1.5/2}{0.12\sqrt{1.5}} = -0.4711$$

$$d_2 = -0.4711 - 0.12\sqrt{1.5} = -0.6181$$

옵션의 가치는 0.69달러이다.

$$1000 \times 0.25 \times 0.8177[0.12N(-0.4711) - 0.13N(-0.6181)] = 0.69$$

21.7 수익률곡선모형의 주요 이점은 다음 두 가지다. 첫째, 수익률곡선모형은 모든 금리파생증권을 일관성 있게 평가할 수 있도록 한다. 둘째, 블랙 모형으로 평가할 수 없었던 증권도 평가할 수 있다. 블랙 모형으로 평가할 수 없으나 수익률곡선모형을 이용해 평가할 수 있는 증권은 만기가 긴 아메리칸 스왑옵션이다.

제22장

22.1 선도유효옵션은 지금 부여되지만 미래 특정 시점에서 시작되는 옵션이다. 행사가격은 통상 옵션이 시작되는 시점에서의 기초자산 가격과 동일하다. 선택옵션은 소유자가 콜옵션으로 할 것인지 아니면 풋옵션으로 할 것인지를 미래 특정 시점에서 결정할 수 있는 옵션이다.

22.2 가치는 $100e^{-0.04\times0.25}N(d_2)$이다. 이 경우 d_2는 0.05이고 $N(d_2)$는 0.5199이다.

$$d_2 = \frac{\ln(50/50)+(0.04-0.2^2/2)0.25}{0.2\sqrt{0.25}} = 0.05$$

$$N(d_2) = 0.5199$$

따라서 옵션의 가치는 $100e^{-0.04\times0.25}\times 0.5199 = 51.48$달러이다.

22.3 상향진입콜옵션, 상향실격콜옵션, 상향진입풋옵션, 상향실격풋옵션, 하향진입콜옵션, 하향실격콜옵션, 하향진입풋옵션, 하향실격풋옵션.

22.4 주식스왑에서 한쪽은 주가지수의 수익률을 명목원금에 적용해 지급하기로 약정하고 다른 한쪽은 고정금리 또는 변동금리를 명목원금에 적용해 지급하기로 약정한다.

22.5 조기상환금액이 증가하면 원금이 일찍 상환된다. 이는 PO의 가치를 증가시킨다. 조기상환금액이 증가하면 수령하는 이자금액이 점차 감소한다. 이는 IO의 가치를 감소시킨다.

22.6 취소가능스왑은 X기업에 스왑을 일찍 종료할 수 있는 권리를 부여한다. 스왑의 만기가 T이고 X기업이 t시점에 계약을 종료한다고 가정하자. 이는 X기업이 t시점에 새로운 스왑을 체결하는 것과 같다. 새로운 스왑의 만기는 T이고 원래의 스왑과 반대의 현금흐름을 갖는다. 따라서 만기일 전에 계약을 종료할 수 있는 권리는 X기업에 스왑을 체결할 수 있는 권리를 부여한 셈이다. 즉 X기업은 스왑옵션을 소유한 셈이다.

22.7 거래자는 3개월 만기 미국 달러 LIBOR 금리를 미국 달러 원금에 적용한 이자를 지급하고 3개월 만기 캐나다 LIBOR 금리를 미국 달러 원금에 적용한 이자를 수령하는 디프스왑을 체결할 수 있다. 이 계약은 캐나다 달러 LIBOR 금리가 캐나다 달러 원금에 적용되는 표준형 변동-변동 스왑보다 좋다. 왜냐하면 거래자는 캐나다 달러/미국 달러 간의 환율에 노출되지 않기 때문이다.

제23장

23.1 두 스왑 모두 특정 기업이 특정 기간 동안 부도나는 것에 대한 보험을 제공한다. CDS에서 이득은 명목원금에 (1 − 회수율)을 곱한 금액이다. 이원 CDS에서 이득은 명목원금이다.

23.2 매도자는 $300{,}000{,}000\times0.0600\times0.5 = 900{,}000$달러를 0.5, 1.0, 1.5, 2.0, 2.5, 3.0, 3.5, 4.0년 후에 수령한다. 또한 매도자는 부도가 발생한 시점(즉 4년 2개월 후)에서 $300{,}000{,}000\times0.0600\times2/12 = 300{,}000$달러의 최종 발생금액을 수령한다. 그리고 매도자는 부도가 발생한 시점에서 $300{,}000{,}000\times0.6 = 180{,}000{,}000$달러를 지급한다.

23.3 두 가지 가능성은 실물정산과 현금정산이다. 실물정산의 경우, 보호매입자는 기준기업이 발행한 채권을 액면가에 매도한다. 명목원금과 동일한 액면가치를 갖는 채권들이 매도될 수 있다. 현금정산의 경우에는 보호매입자 입장에서 가치가 추정되며 보호매도자는 이 가치와 동일한 금액을 보호매입자에게 지급해야 한다. 점점 현금정산의 사용이 증가하며, 옥션 과정을 이용해 금액을 결정한다.

23.4 현금 CDO는 채권포트폴리오로부터 만들어진다. 채권포트폴리오로부터의 수익이 여러 트랑슈로(즉 여러 유형의 투자자에게) 유입된다. 트랑슈별로 부담하는 신용위험이 상이하다. 합성 CDO의 경우 채권포트폴리오가 존재하지 않는다. 그 대신 CDS 포트폴리오가 매도되고 그로 인해 발생하는 신용위험은 각 트랑슈에 배정된다.

23.5 1순위 바스켓 CDS에는 여러 기준기업이 존재한다. 첫 번째 부도가 발생하면 표준 CDS에서 계산한 것과 유사한 방식으로 계산된 이득이 발생하고 바스켓 CDS는 종료된다. 바스켓에 포함된 기준기업 간의 상관계수가 증가함에 따라 1순위 바스켓 CDS의 가치는 감소한다.

23.6 위험중립 부도확률은 CDS 또는 채권 가격으로부터 유추된다. 보험통계적 부도확률은 역사적 자료로부터 계산된다.

23.7 어떤 기업이 자산을 매입하려 한다고 하자. 만일 TRS가 이용되면 금융기관이 자산을 매입하고 그 기업과 스왑을 체결한다. 그 스왑에서 금융기관은 자산에서 발생한 수익을 기업에 지급하고 기업으로부터 LIBOR+스프레드를 수령한다. 금융기관은 그 기업에 직접 대출해주고 자산을 담보로 잡는 경우보다 작은 위험에 노출된다. 왜냐하면 그 기업이 부도나더라도 자산을 소유하고 있기 때문이다.

제24장

24.1 특정일의 HDD는 $\max(0, 65-A)$이고 CDD는 $\max(0, A-65)$이다(여기서 A는 특정 기상관측소에서 화씨로 관측한 일중 최고치와 최저치의 평균임).

24.2 일별 평균기온은 화씨 75도이다. 따라서 일별 CDD는 10이고 월별 누적 CDD는 $10 \times 31 = 310$이다. 따라서 콜옵션의 이득은 $(310-250) \times 5{,}000 = 300{,}000$달러이다.

24.3 이는 한쪽이 특정 월에 지정된 가격으로 지정된 양의 가스를 대략 균등한 비율로 특정 허브에 인도하기로 약정한 계약이다.

24.4 대다수 상품과 달리 전기는 쉽게 저장될 수 없다. 에어컨을 많이 사용하는 계절에 종종 발생하듯이, 만일 전기 수요가 공급을 초과하면 전기가격은 엄청나게 상승할 것이다.

24.5 날씨파생상품과 CAT채권의 경우 체계적 위험(즉 시장에 의해 가격에 반영되는 위험)은 없다.

24.6 가스 생산업자는 이익을 종속변수로 하고 가격과 날씨를 독립변수로 하는 회귀분석을 수행할 것이다. 그리고 가스 생산업자는 날씨파생상품을 이용해 기온위험(temperature risk

또는 volume risk)을 헤지하고 또한 에너지파생상품을 이용해 가격위험(price risk)을 헤지할 것이다.

24.7 CAT채권은 보험회사의 재보험에 대한 대체상품이다. CAT채권은 보험회사에 의해 발행되며 국채보다 높은 이자율을 제공한다. 그러나 채권 소유자는 특정 범위 내에서 보험회사에 청구되는 손해보상을 충족시키기 위해 이자와 원금에 대한 손실을 감수해야 한다.

용어 해설

감마(gamma) 기초자산 가격에 대한 델타의 변화율.

감마중립 포트폴리오(gamma-neutral portfolio) 감마가 0인 포트폴리오.

강세 스프레드(bull spread) 행사가격이 X_1인 콜옵션을 매입하고 행사가격이 X_2인 콜옵션을 매도해 구성한 포지션으로, 풋옵션을 이용해서도 구성할 수 있다(단, $X_2 > X_1$).

개시이익(inception profit) 파생상품 매도 시 이론적 가치를 초과한 이익.

개시 증거금(initial margin) 선물거래를 시작할 때 거래자에게 요구되는 증거금.

갭관리(GAP management) 자산과 부채의 만기를 일치시키는 절차.

갭옵션(gap option) 행사가격이 2개인 유러피언 콜옵션 또는 풋옵션. 하나의 행사가격은 옵션의 행사 여부를 결정하고 다른 행사가격은 이득을 결정한다.

거래비용(transactions costs) 거래하는 데 드는 비용(커미션 + 체결가격과 매매호가 중간점 간의 차이).

거래상대방(counterparty) 재무거래에서 반대편에 있는 거래자.

경로의존옵션(path-dependent option) 지급액이 기초변수의 최종값이 아니라 그것의 전체 경로(path)에 따라 결정되는 옵션.

경영자스톡옵션(executive stock option) 보상의 일부로서 기업이 경영자에게 주는 주식옵션.

계단형 폭포(waterfall) 기초 포트폴리오로부터의 현금흐름이 트랑슈로 배분되는 방법을 결정하는 규칙.

계수 보정(calibration) 활발히 거래되는 옵션가격을 사용해 모형이 데이터에 부합하도록 계수를 선택하는 방법.

고정금리(fixed rate) 시간이 지나더라도 고정된 이자율.

공개호가(open outcry) 거래자가 거래소에서 만나 거래하는 시스템.

공매도(short selling) 다른 투자자로부터 빌린 주식을 시장에서 매도하는 것.

공분산(covariance) 두 변수 간 선형관계 추정치로 상관계수에 각 변수 표준편차를 곱한 값과 동일하다.

과정(tree) 옵션 또는 다른 파생상품의 가치를 평가하기 위한 목적으로 시장변수의 가격 변화를 표현한 과정.

교차헤징(cross hedging) 한 자산의 가격에 대한 노출을 다른 자산에 대한 계약으로 헤지하는 것.

교환옵션(exchange option) 하나의 자산을 다른 자산으로 교환하는 옵션.

국제스왑·파생상품협회(International Swaps and Derivatives Association, ISDA) 장외시장 계약에서 사용되는 주협약서의 개발자와 장외파생상품 딜러를 위한 거래협회.

그릭 문자(Greeks) 델타, 감마, 베가, 세타, 로 등의 헤징 모수.

금리스왑(interest rate swap) 일정한 명목원금에 대한 고정금리와 동일 원금에 대한 변동금리를 교환하는 스왑.

금리옵션(interest rate option) 이자율 수준과 어떤 방식으로든 연결된 옵션.

금리조정일(reset date) 스왑계약에서 다음 기간의 변동금리가 결정되는 날.

금리칼라(interest rate collar) 금리캡과 금리플로어의 결합.

금리캡(interest rate cap) 이자율이 정해진 수준보다 높으면 이득이 발생하는 옵션으로 이자율은 정기적으로 조정되는 변동금리이다.

금리파생상품(interest rate derivatives) 지급액이 미래 금리에 따라 결정되는 파생상품.

금리플로어(interest rate floor) 이자율이 정해진 수준보다 낮으면 이득이 발생하는 옵션. 이자율은 정기적으로 조정되는 변동금리이다.

금액듀레이션(dollar duration) 채권의 수정듀레이션과 채권가격의 곱.

금융중개기관(financial intermediary) 서로 다른 경제주체 간에 자금의 흐름을 연결하는 은행 또는 기타 금융기관.

기대부족액(expected shortfall) 이익/손실 분포의 왼쪽 꼬리 $(100-X)$%에 있다는 조건하에 N일 동안 발생 가능한 기대손실(N일은 손실 측정기간, X%는 신뢰수준).

기대이론(expectations theory) 선도이자율이 기대 미래 현물이자율과 같아진다는 이론.

기초변수(underlying variable) 옵션 또는 다른 파생상품의 가치가 기초하는 변수.

기하평균(geometric mean) n개의 곱을 $1/n$제곱한 값.

나비형 스프레드(butterfly spread) 행사가격이 X_1인 콜옵션과 행사가격이 X_3인 콜옵션을 각각 1개씩 매입하고 행사가격이 X_2인 콜옵션 2개를 매도해 구성한 포지션으로, 풋옵션을 이용해서도 구성할 수 있다[단, $X_3 > X_2 > X_1$이고, $X_2 = 0.5(X_1 + X_3)$].

난방지수(heating degree days, HDD) 0에서 화씨 65도 사이 일별 평균기온 중에서 최대치. 평균기온은 밤 12시부터 다음 날 밤 12시까지에서 최고기온과 최저기온의 평균치이다.

날씨파생상품(weather derivative) 이득이 날씨에 의해 결정되는 파생상품.

등가격 옵션(at-the-money option) 행사가격이 기초자산의 가격과 동일한 옵션.

내가격 옵션(in-the-money option) 자산가격이 행사가격보다 높은 콜옵션 또는 자산가격이 행사가격보다 낮은 풋옵션.

내재가치(intrinsic value) 콜옵션의 경우 자산가격이 행사가격을 초과하는 정도와 0 중에서 큰 값이고, 풋옵션의 경우 행사가격이 자산가격을 초과하는 정도와 0 중에서 큰 값임.

내재변동성(implied volatility) 블랙-숄즈의 모형 또는 다른 옵션가격결정모형에 옵션가격을 적용해 구한 변동성.

내재분포(implied distribution) 옵션가격으로부터 얻은 내재된 미래 자산가격의 분포.

냉방지수(cooling degree days, CDD) 0과 일별 평균기온이 화씨 65도를 초과하는 값 중의 최대치. 평균 기온은 밤 12시부터 다음 날 밤 12시까지에서 최고기온과 최저기온의 평균치이다.

네팅(netting) 부도 시 또는 요구되는 담보를 결정하기 위해 양(+)과 음(−)의 가치를 갖는 장외상품 계약을 서로 상쇄하는 관행.

노출 규모(exposure) 상대방의 채무불이행 시 발생하는 최대 손실.

노출된 포지션(naked position) 기초자산의 매입포지션과 결합하지 않은 콜옵션 매도포지션.

누적분포함수(cumulative distribution function) 변수가 x의 함수로서 x보다 적을 확률.

단기이자율(short rate, short-term risk-free rate) 매우 짧은 기간에 이루어진 무위험 투자에 적용하는 이자율.

담보화(collateralization) 장외파생상품 계약에서 일방 또는 쌍방의 당사자에 의해 담보가 설정되는 시스템.

당일마감거래(day trade) 동일한 날에 시작했다가 마감하는 거래.

대각선 스프레드(diagonal spread) 행사가격과 만기가 상이한 콜옵션 2개를 이용해 구성한 포지션으로, 풋옵션을 이용해서도 구성할 수 있다.

대리인비용(agency cost) 대리인(예: 기업 매니저)이 주인(예: 기업의 주주)의 최선의 이익을 위해 행동하지 않는 상황에서 발생하는 비용.

델타(delta) 기초자산 가격에 대한 파생상품 가격 변화율.

델타중립 포트폴리오(delta-neutral portfolio) 델타가 0인 포트폴리오로 기초자산의 가격이 조금 변할 때 포트폴리오의 가치는 변하지 않는다.

델타헤징(delta hedging) 기초자산 가격이 조금 변할 때 파생상품으로 구성된 포트폴리오의 가치가 변하지 않도록 하기 위한 헤징 방법.

도드-프랭크법(Dodd-Frank Act) 2007년에 시작된 신용위기 이후에 미국에서 도입된 법안. 이는 소비자와 투자자를 보호하고, 미래 구제금융을 피하고, 금융 시스템의 기능을 보다 주의 깊게 모니터링하기 위한 법안이다.

동적 헤징(dynamic hedging) 기초자산의 포지션을 정기적으로 조정해 옵션포지션을 헤징하는 절차로 델타중립인 포지션을 유지하는 데 목적이 있다.

듀레이션(duration) 채권의 가중평균 회수기간. 이는 채권수익률의 절대변화에 대한 채권가격의 변화율을 개략적으로 나타낸다.

듀레이션 매칭(duration matching) 금융기관에서 자산과 부채의 듀레이션을 일치시키는 절차.

디프스왑(differential swap) 한 국가의 통화로 표시된 변동금리를 다른 국가의 통화로 표시된 변동금리로 교환하는 스왑. 이자율이 적용되는 원금은 동일하다.

런던 은행 간 금리(London interbank offered rate, LIBOR) 유로통화 예금에 대해 은행이 제시하는 이자율(즉 은행이 다른 은행에게 대출할 때의 이자율).

레인지선도계약(range forward contract) 콜옵션 매입과 풋옵션 매도의 결합 또는 콜옵션 매도와 풋옵션 매입의 결합.

로(rho) 이자율에 대한 파생상품 가격의 변화율.

로그정규분포(lognormal distribution) 변수에 자연대수를 취한 값이 정규분포를 따르면 변수는 로그정규분포를 따른다.

로컬(locals) 다른 사람을 위해 거래하는 것이 아니라 자신을 위해 거래하는 장내거래인.

롤백(roll back) 역행추론법 참조.

룩백옵션(lookback option) 일정 기간 동안 최고 또는 최저가격에 의해 이득이 결정되는 옵션.

리보지연스왑(LIBOR-in-arrears swap) 특정일에 관찰된 LIBOR 기준의 이자가 이자 발생기간 말에 지급되지 않고 그날에 지급되는 스왑.

마진콜(margin call) 증거금계정의 잔액이 유지증거금 미만으로 떨어질 때 추가로 증거금을 위탁하도록 하는 요청.

만기 가치(terminal value) 만기일 가치.

만기일(expiration date, maturity date) 계약 만료일.

만기일 전 권리행사(early exercise) 만기일 전에 권리를 행사하는 것.

매도포지션(short position) 자산을 매도한 포지션.

매도헤지(short hedge) 선물에 매도포지션을 취하는 헤지.

매도호가(ask price, asked price, offer price) 딜러가 자산을 매도하면서 제시하는 가격.

매매호가차이(bid-ask spread, bid-offer spread) 매입호가가 매도호가를 초과하는 금액.

매입포지션(long position) 자산을 구입한 포지션.

매입헤지(long hedge) 선물에 매입포지션을 취하는 헤지.

매입호가(bid price) 딜러가 자산을 매입하면서 제시하는 가격.

명목원금(notional principal) 금리스왑에서 지급액을 계산하는 데 기준이 되는 원금. 원금은 지급되지도 수령되지도 않기 때문에 '명목상' 금액이다.

몬테카를로 시뮬레이션(Monte Carlo simulation) 파생상품의 가치를 평가하기 위해 시장변수의 변화를 무작위로 추출하는 방법.

무위험이자율(risk-free rate) 위험을 부담하지 않고 얻을 수 있는 이자율.

무이표 수익률곡선(zero-coupon yield curve, zero curve) 무이표채의 만기와 이자율의 관계를 그린 곡선.

무이표이자율(zero-coupon interest rate, zero rate) 이자를 지급하지 않는 채권으로부터 얻는 이자율.

무이표채(zero-coupon bond) 액면이자를 제공하지 않는 채권.

무지개옵션(rainbow option) 지급액이 둘 또는 그 이상의 기초변수에 따라 결정되는 옵션.

무차익거래 가정(no-arbitrage assumption) 시장가격에 차익거래기회가 없다는 가정.

미결제약정수량(open interest) 시장에 남아 있는 매입포지션의 총수(또는 시장에 남아 있는 매도포지션의 총수).

미국단기국채(treasury bill) 미국 정부가 단기성 부채자본을 조달할 때 발행하는 무이표채.

미국장기국채(treasury bond) 미국 정부가 장기성 부채자본을 조달할 때 발행하는 이표채.

미국중기국채(treasury note) 미국 장기국채 참조(T-note는 10년 미만의 국채).

바스켓 CDS(basket credit default swap) 기준기업이 여러 개 존재하는 CDS.

바스켓옵션(basket option) 자산포트폴리오의 가치에 따라 지급액이 결정되는 옵션.

바젤위원회(Basel Committee) 국제적으로 은행의 규제를 책임지는 위원회. 규제는 바젤I, 바젤II, 바젤II.5, 바젤III로 알려져 있다.

박스스프레드(box spread) 콜옵션을 이용한 강세 스프레드와 풋옵션을 이용한 약세 스프레드의 결합.

발생스왑(accrual swap) 특정 조건이 형성될 때만 거래자 일방에 대한 이자가 발생하는 금리스왑.

발생이자(accrued interest) 최근 이자 지급일 이후에 발생한 채권이자.

배당(dividend) 주식 소유자에게 지급되는 현금배당액.

배당락일(ex-dividend date) 배당을 지급하기로 공시할 때 배당락일이 명시된다. 배당락일에 주식을 매입하는 투자자는 배당금을 받을 수 없다. 배당락일 현재 주식을 보유하는 투자자는 배당을 받는다.

배당수익률(dividend yield) 배당을 주가로 나눈 비율.

백데이팅(backdating) 과거의 날짜로 서류를 작성하는 행위(대부분의 경우 불법).

버뮤다옵션(Bermudan option) 존속기간 중 특정일에 행사될 수 있는 옵션.

베가(vega) 변동성에 대한 옵션 또는 다른 파생상품의 가격 변화율.

베가중립 포트폴리오(vega-neutral portfolio) 베가가 0인 포트폴리오.

베이시스(basis) 상품의 현물가격과 선물가격 차이.

베이시스스왑(basis swap) 하나의 변동기준금리에 의해 결정된 현금흐름이 다른 변동기준금리에 의해 결정된 현금흐름과 교환되는 스왑.

베이시스 위험(basis risk) 미래 시점의 베이시스가 불확실함으로 인해 헤저가 부담하는 위험.

베이시스 포인트(basis point) 이자율의 크기를 설명할 때 사용되는 것으로, 1베이시스 포인트는 1%의 100분의 1(0.01%)이다.

베타(beta) 자산의 체계적 위험 측정치.

변동금리(floating rate) 시간이 지남에 따라 변하는 이자율.

변동성(volatility) 자산으로부터 얻게 될 수익률의 불확실성을 측정하는 척도.

변동성 기간구조(volatility term structure) 만기에 따른 내재변동성의 변동.

변동성미소(volatility smile) 행사가격에 따른 내재변동성의 변동.

변동성스왑(volatility swap) 이자발생기간 동안에 실현한 변동성이 고정 변동성과 교환되는 스왑. 두 변동성 백분율이 동일한 명목원금에 적용되어 지급액이 결정된다.

변동성왜도(volatility skew) 변동성미소의 비대칭성 정도를 나타내는 척도.

변동성표면(volatility surface) 행사가격과 만기에 따른 내재변동성의 변동.

변수의 기대치(expected value of a variable) 변숫값을 발생확률로 가중평균한 값.

보관비용(storage costs) 상품 보관에 드는 비용.

보유비용(cost of carry) 보관비용+자본조달비용−중간소득.

보유편익률(convenience yield) 자산을 직접 소유함으로써 얻는 편익으로, 선물계약 매입포지션을 소유한 투자자는 얻을 수 없다.

보호된 콜옵션(covered call) 콜옵션 매도포지션과 기초자산 매입포지션이 결합한 포지션.

복리빈도(compounding frequency) 이자율을 단위기간 동안

적용하는 횟수.

복리스왑(compounding swap) 이자가 지급되는 대신에 복리로 늘어나는 스왑.

복합옵션(compound option) 옵션에 대한 옵션.

볼록성(convexity) 채권의 가격과 수익률 간에 존재하는 곡률(curvature)의 정도.

볼록성 조정(convexity adjustment) 다양한 의미로 쓰임. 선물금리를 선도금리로 전환하는 데 필요한 조정으로 사용될 수 있다.

볼커룰(Volcker rule) 은행의 투기적 행위를 규제하는 도드-프랭크법에서의 규정으로 미국연방준비제도이사회의 전 의장인 폴 볼커(Paul Volcker)가 제안했다.

부가된 옵션(embedded option) 다른 증권에 포함된 옵션.

부도상관계수(default correlation) 두 기업이 동시에 부도나는 경향을 측정한 계수.

부도확률밀도(default probability density) 미래 짧은 기간 동안의 무조건부 부도확률을 측정한다.

부채담보부증권(collateralized debt obligation, CDO) 신용위험을 재구성하는 방법으로, 채권포트폴리오로부터 여러 계층의 증권이 만들어지고 채무불이행이 각 계층에 배정되는 방법을 결정하는 규칙이 존재한다.

주택저당증권(mortgage-backed security) 소유자에게 부동산담보풀에서 발생하는 현금흐름에 참여할 수 있는 권리를 부여하는 증권.

부트스트랩법(bootstrap method) 시장자료를 이용해 무이표 수익률곡선을 계산하는 절차.

분산-공분산 행렬(variance-covariance matrix) 서로 다른 시장변수의 분산과 시장변수 간 공분산을 나타내는 행렬.

분산스왑(variance swap) 실현된 분산과 고정된 분산을 교환하는 스왑. 두 분산 값이 명목원금에 적용된다.

분산율(variance rate) 변동성의 제곱.

분산효과(diversification) 포트폴리오를 여러 다른 자산에 배분해 위험을 감소시킴.

블랙 모형(Black's model) 블랙이 1976년에 블랙-숄즈 모형을 확장한 것으로, 유러피언 선물옵션의 가치를 평가하는 모형.

블랙-숄즈-머튼 모형(Black-Scholes-Merton model) 1973년 피셔 블랙, 마이런 숄즈, 로버트 머튼이 발표한 유러피언 주식옵션 가격결정모형.

블랙의 근사치 해법(Black's approximation) 배당금을 지급하는 주식에 대한 콜옵션을 가치평가하기 위해서 피셔 블랙이 개발한 근사치 추정법.

총가격(dirty price of bond) 채권의 현금가격.

비체계적 위험(nonsystematic risk, unsystematic risk) 분산투자하면 제거할 수 있는 위험.

백테스트(back testing) 과거 자료를 이용한 VaR모형 또는 기타 모형의 검증.

상각스왑(amortizing swap) 시간이 경과함에 따라 미리 정해진 방법으로 명목원금이 감소하는 스왑.

상품선물거래위원회(Commodity Futures Trading Commission) 선물계약의 거래를 규제하는 미국 내 기구.

상품스왑(commodity swap) 현금흐름이 상품 가격에 의존하는 스왑.

상향실격옵션(up-and-out option) 기초자산 가격이 정해진 수준까지 상승하면 실격되는 옵션.

상향진입옵션(up-and-in option) 기초자산 가격이 정해진 수준까지 상승하면 유효하게 되는 옵션.

상환요구채권(puttable bond) 소유자가 정해진 가격으로 정해진 시점에서 발행자에게 매입을 요구할 수 있는 권리가 부여된 채권.

샤우트옵션(shout option) 보유자가 존속기간 동안 한 시점에서 이득의 최솟값을 확정할 수 있는 권리를 갖는 옵션.

서브프라임 모기지(subprime mortgage) 신용이 좋지 않거나 전혀 없는 차입자에게 제공되는 모기지.

선도가격(forward price) 계약의 가치가 0이 되도록 하는 선도계약의 인도가격.

선도계약(forward contract) 계약자가 특정 자산을 미래 일정 시점에서 미리 정해진 인도 가격으로 사거나 파는 의무가 부여된 계약.

선도금리(forward interest rate, forward rate) 현재 시장에서 형성되는 이자율에 내재된 미래 일정 기간 동안의 이자율.

선도금리계약(forward rate agreement, FRA) 미래 특정 기간에 미리 정한 원금에 대해 특정 이자율이 적용되는 선도계약.

선도스왑(forward swap) 이연스왑 참조.

선도유효옵션(forward start option) 미래 특정 시점에서 등가격이 되도록 설계된 옵션.

선도환율(forward exchange rate) 외국통화 1단위당 선도가격.

선물가격(futures price) 선물계약의 현재 인도가격.

선물계약(futures contract) 계약자가 미래 일정 기간 동안 미리 정한 가격으로 자산을 사거나 팔아야 하는 의무가 부여된 계약. 이 계약은 일일정산된다.

선물옵션(futures option) 선물계약에 대한 옵션.

선물커미션상인(futures commission merchants) 고객의 지시를 받는 선물거래자.

선물형 옵션(futures-style option) 옵션으로부터의 이득에 기초하는 선물계약.

선택옵션(as-you-like-it option, chooser option) 만기일 전 어느 시점에서 콜옵션인지 풋옵션인지 소유자가 선택할 권리가 주어진 옵션.

세타(theta) 시간 경과에 대한 옵션 또는 다른 파생상품의 가격 변화율.

소비자산(consumption asset) 투자목적이 아니고 소비목적으로 보유하는 자산.

수의상환채권(callable bond) 발행자가 만기 전에 정해진 가격으로 채권을 매입할 수 있는 권리가 부여된 채권.

수익률(yield) 금융상품에서 얻는 수익률.

수익률곡선(yield curve) 이자율의 기간구조 참조.

수정듀레이션(modified duration) 채권가격의 변화율과 채권 수익률의 절대변화 간의 관계를 좀 더 정확히 묘사하기 위해 듀레이션을 수정한 듀레이션. 수정듀레이션은 공시 수익률의 복리효과를 감안한 개념이다.

수치해석 방법(numerical procedure) 가격결정공식이 존재하지 않는 경우 옵션의 가치를 평가하는 방법.

수평 변동성(flat volatility) 각각의 캐플릿에 대해 동일한 변동성이 이용될 때, 캡을 평가하는 데 이용되는 변동성에 붙여진 이름.

수평이동(parallel shift) 수익률곡선의 모든 점이 동일한 크기만큼 이동하는 것.

스왑(swap) 미리 정해진 대로 미래 일정 기간에 현금흐름을 교환하는 계약.

스왑션(swaption) 정해진 고정금리가 변동금리와 교환되는 금리스왑에 참여할 수 있는 옵션.

스왑실행소(swap execution facility, SEF) 시장 참여자가 매도호가와 매입호가를 공시하거나 다른 시장 참여자의 가격 조건을 승인하는 기관.

스왑이자율(swap rate) 금리스왑에서 스왑의 가치를 0이 되게 하는 고정금리.

스윙옵션(swing option) 소비율이 최소 수준과 최대 수준 사이에 있어야 하는 에너지 옵션. 일반적으로 옵션 보유자가 에너지 소비율을 변화시킬 수 있는 횟수에 제한이 있다.

스트래들(straddle) 행사가격이 동일한 콜옵션과 풋옵션을 모두 매입한 포지션.

스트랩(strap) 행사가격이 동일한 콜옵션 2개와 풋옵션 1개를 매입한 포지션.

스트랭글(strangle) 행사가격이 상이한 콜옵션과 풋옵션을 모두 매입한 포지션.

스트레스 VaR(stressed VaR) 시장의 위기 기간에 기초한 역사적 시뮬레이션에 의해 계산된 VaR.

스트립(strip) 행사가격이 동일한 콜옵션 1개와 풋옵션 2개를 매입한 포지션.

스트립채권(strip bonds) 장기국채에서 원금과 별도로 액면이자를 매도해 만든 무이표채.

스페셜리스트(specialist) 일부 거래소에서 지정가주문을 관리하는 개인. 스페셜리스트는 지정가주문에 대한 정보를 다른 거래자에게 제공하지 않는다.

스프레드 거래(spread transaction) 동일한 유형(콜옵션 또는 풋옵션)의 2개 이상의 옵션에 포지션을 취하는 것.

시간 가치(time value) 만기일까지 기간이 남아 있다는 사실로부터 발생하는 옵션가치로서 옵션가격에서 내재가치를 차감한 값임.

시나리오분석(scenario analysis) 시장변수의 미래 변화가 포트폴리오의 가치에 미치는 영향을 분석하는 방법.

시뮬레이션(simulation) 몬테카를로 시뮬레이션 참조.

시스템 위험(systemic risk) 한 금융기관의 부도가 다른 금융기관의 부도로 연결되는 위험.

시장모형(market model) 거래자들에 의해 가장 일반적으로 사용되는 모형.

시장분할이론(market segmentation theory) 시장에 의해 단기이자율이 장기이자율과는 독립적으로 결정된다는 이론.

시장조성자(market maker) 자산의 매입호가와 매도호가를 결정하는 거래자.

신용등급(credit rating) 채권의 신용도를 나타내는 측정치.

신용부도스왑(credit default swap, CDS) 채권발행자가 채무불이행하는 경우 채권 보유자에게 채권을 액면가로 매도할 수 있는 권리를 주는 금융상품.

신용부도스왑 스프레드(CDS spread) CDS에서의 손실보전을 위해 매년 지불해야 하는 베이시스 포인트.

신용사건(credit event) 부도 또는 채무 재조정과 같은 사건으로서 신용파생상품에 대한 지불금을 유발한다.

신용사건 이원옵션(credit event binary option, CEBO) 준거기업이 신용사건을 겪으면 고정 이득을 지급하는 옵션.

신용스프레드옵션(credit spread option) 지급액이 두 자산수익률의 스프레드에 따라 결정되는 옵션.

신용위험(credit risk) 파생상품 거래의 상대방이 채무불이행함으로써 발생하는 손실위험.

신용지수(credit index) 포트폴리오에 포함된 기업들에 대한 보호를 매입하는 데 소요되는 비용을 추적하는 지수(예: CDX NA IG와 iTraxx Europe).

신용파생상품(credit derivatives) 지급액이 하나 또는 그 이상의 주체의 신용도에 따라 결정되는 파생상품.

실물옵션(real option) 실물자산에 포함된 옵션(실물자산은 대지, 공장, 기계 등을 포함함).

실증연구(empirical research) 역사적 시장자료에 기초한 연구.

양자 간 청산(bilateral clearing) OTC시장에서의 거래 상대방 간 협약으로 종종 ISDA 주협약을 수반한다.

아메리칸 옵션(American option) 옵션의 잔존기간 중 언제든 권리행사가 가능한 옵션.

아시안옵션(Asian option) 정해진 기간 동안 기초자산의 평균가격에 의해 이득이 결정되는 옵션.

액면가(par value) 채권의 원금.

액면가수익률(par yield) 가격을 원금과 동일하게 하는 채권의 액면이자율.

액면이자(coupon) 채권의 이자 지급액.

약세 스프레드(bear spread) 행사가격이 X_1인 풋옵션을 매도하고 행사가격이 X_2인 풋옵션을 매입해 구성한 포지션으로 콜옵션을 이용해 구성할 수도 있다(단, $X_2 > X_1$).

업틱(uptick) 가격 상승.

역사적 변동성(historic volatility) 과거의 자료로부터 추정된 변동성.

역사적 시뮬레이션(historical simulation) 역사적 자료에 기초한 시뮬레이션.

역조시장(inverted market) 만기일에 가까워짐에 따라 선물가격이 하락하는 시장.

역행추론법(backwards induction) 옵션의 가치를 평가하기 위해서 계산 과정의 끝에서 처음까지 역행해 검토하는 방법.

연속복리(continuous compounding) 이자율을 표시하는 한 방법. 이자율을 적용하는 기간을 측정할 수 없을 정도로 극단적으로 짧게 하는 방법.

연장스왑(extendable swap) 거래자 일방의 선택으로 만기가 연장될 수 있는 스왑.

연장채권(extendable bond) 채권 소유자의 선택으로 만기가 연장될 수 있는 스왑.

연장헤지(stack and roll) 단기 선물계약을 이월함으로써 장기 헤지를 하는 절차.

오버나이트 지수 스왑(overnight indexed swap, OIS) 일정 기간(예: 1개월)의 고정금리와 그 기간 동안 일별금리의 기하평균을 교환하는 스왑.

옵션(option) 자산을 사거나 팔 수 있는 권리.

옵션 발행(writing an option) 옵션 매도.

옵션 시리즈(option series) 동일한 행사가격과 만기를 가지며 동일한 유형에 속한 모든 옵션.

옵션조정스프레드(option-adjusted spread) 금리파생상품의 이론가격을 시장가격과 일치시키는 스프레드(국채수익률을 초과하는 부분).

옵션 클래스(class of options, option class) 특정 주식에 대한 동일한 유형(콜옵션 또는 풋옵션)의 모든 옵션.

와일드카드 플레이(wild card play) 거래를 마감한 후 일정 시간 동안 종가로 선물계약을 인도할 수 있는 권리.

외가격 옵션(out-of-the-money option) 자산가격이 행사가격보다 낮은 콜옵션 또는 자산가격이 행사가격보다 높은 풋옵션.

워런트(warrant) 기업 또는 금융기관이 발행하는 옵션으로, 콜워런트는 주로 기업이 자사주를 기초자산으로 해 발행한다.

원금(principal) 부채의 액면가.

원금보장증권(principal protected note) 수익률이 위험자산의 실적에 의존하기는 하나 0보다 작지 않을 것을 보장해 투자자의 원금이 보전되는 상품.

위기분석(stress testing) 극단적인 시장 변화가 포트폴리오의 가치에 미치는 영향을 분석하는 방법.

위클리 옵션(weeklys) 목요일에 설정되어 다음 주 금요일에 만기가 되는 옵션

위험률(hazard rate) 이전에 부도나지 않았다는 조건하에서 측정된 짧은 기간 동안의 부도확률.

위험중립가치평가(risk-neutral valuation) 위험중립을 가정하고 옵션 또는 다른 파생상품의 가치를 평가하는 것을 말하며, 위험중립가치평가는 실제로 위험중립이 아닌 경우에도 파생상품의 가치를 정확히 평가한다.

위험중립세상(risk-neutral world) 투자자들이 위험을 추가로 부담하는 것에 대해 평균적으로 추가수익률을 요구하지 않는다고 가정하는 경우.

유동성선호이론(liquidity preference theory) 선도금리가 기대미래 현물이자율보다 높다는 이론.

유동성위험(liquidity risk) 소유하고 있는 특정 상품을 이론적인 가격에 매도하는 것이 가능하지 않은 위험.

유동성 프리미엄(liquidity premium) 선도이자율이 기대현물이자율을 초과하는 크기.

유동화 부채담보부증권(ABS CDO) 트랑슈가 ABS의 트랑슈로부터 만들어진 금융상품.

유러피언 옵션(European option) 오직 만기일에만 권리를 행사할 수 있는 옵션.

유로 LIBOR 런던 은행 간 시장의 유로화 이자율

유로달러(Eurodollar) 미국 밖에 소재한 은행이 보유하고 있는 달러.

유로달러 선물계약(Eurodollar futures contract) 유로달러 예금액(deposit)을 기초자산으로 해 발행된 선물계약.

유로달러 이자율(Eurodollar interest rate) 유로달러 예금의 이자율.

유로통화(Eurocurrency) 발행국가 통화 당국의 공식적인 통제가 미치지 못하는 국외에서 유통되는 통화.

유지증거금(maintenance margin) 거래자의 증거금 계정 잔액이 유지증거금 미만으로 떨어질 때, 거래자는 개시증거금 수준까지 증거금을 납입하라는 마진콜을 받는다.

이득(payoff) 옵션 또는 다른 파생상품의 소유자가 옵션을 행사할 때 실현하는 현금.

이색옵션(exotic option) 표준화되지 않은 옵션.

이연스왑(deferred swap) 거래 개시가 미래에 시작되는 스왑.

일명 선도스왑이라고도 한다.

이원 CDS(binary credit default swap) 특정 기업이 채무불이행하는 경우 고정금액을 지급하는 CDS.

이원옵션(binary option) 지급액이 불연속적인 옵션. cash or-nothing option 또는 asset-or-nothing option을 의미한다.

이자율의 기간구조(term structure of interest rates) 이자율과 만기의 관계.

이표(coupon) 채권의 이자 지급액.

이항분포모형(binomial model) 자산 가격이 연이은 짧은 기간 동안 계속 점검되는 모형으로 각각의 짧은 기간 동안 주가는 단 2개의 가격 변화가 있다.

이항트리(binomial tree) 이항분포모형에서 자산 가격의 변화를 묘사한 과정.

인도가격(delivery price) 선도계약에서 인도 시 적용하기로 미리 약정한 가격.

일수계산(day count) 이자를 계산하는 날수의 산정.

자본자산가격결정모형(capital asset pricing model) 자산의 기대수익률을 베타와 관련지어 결정하는 모형.

자산유동화증권(asset-backed security, ABS) 대출, 채권, 신용카드매출채권, 기타 자산의 포트폴리오로부터 만들어진 증권.

자산스왑(asset swap) 채권의 액면이자율을 LIBOR+스프레드와 교환하는 스왑.

자산이원콜옵션(asset-or-nothing call option) 기초자산 가격이 행사가격보다 높으면 이득이 기초자산의 가격으로, 반대로 행사가격보다 낮으면 이득이 0으로 결정되는 옵션.

자산이원풋옵션(asset-or-nothing put option) 기초자산 가격이 행사가격보다 낮으면 이득이 기초자산의 가격으로, 반대로 행사가격보다 높으면 이득이 0으로 결정되는 옵션.

장기국채 선물(treasury bond futures) 장기국채에 대한 선물계약.

장애물옵션(barrier option) 기초자산의 가격이 장애물가격에 도달하는지 여부에 의해 이득이 결정되는 옵션.

장외시장(over-the-counter market) 전화로 거래하는 시장. 거래자는 보통 금융기관, 기업, 펀드 매니저이다.

재조정(rebalancing) 주기적으로 거래포지션을 조정하는 과정으로 델타중립을 유지하는 데 목적이 있다.

전자거래(electronic trading) 컴퓨터를 이용해 매입자와 매도자를 연결하는 거래.

전환계수(conversion factor) CBOT의 채권선물계약에서 인도되어야 할 채권의 수를 결정하는 데 사용되는 계수.

전환사채(convertible bond) 만기 전(즉 잔존기간 중) 일정한 시점에서 미리 정해진 수량의 주식으로 전환될 수 있는 회사채.

정규분포(normal distribution) 통계에서 사용하는 표준 종 모양의 분포.

정산가격(settlement price) 하루 동안의 거래를 종료하는 벨이 울리기 직전에 거래된 계약들의 평균가격.

정상 백워데이션(normal backwardation) 선물가격이 기대현물가격보다 낮은 상황.

정상시장(normal market) 만기일에 접근함에 따라 선물가격이 상승하는 시장.

정적 헤지(static hedge) 일단 시작되면 포지션을 변경할 필요가 없는 헤지.

제한폭 변동(limit move) 단일 거래기간 동안에 거래소가 허용한 최대 가격 변동폭.

조건부 VaR(conditional value at risk, C-VaR) 기대부족액 참조.

조기상환함수(prepayment function) 다른 변수를 이용해 모기지 포트폴리오 원금의 조기상환을 추정하는 함수.

조기종료스왑(puttable swap) 거래자 일방이 만기일 이전에 계약을 종료할 수 있는 스왑.

조기행사(early exercise) 만기일 전에 권리를 행사하는 것.

종업원스톡옵션(employee stock option) 기업이 자사 주식에 대해 발행한 콜옵션으로 종업원에 대한 보상의 일부분으로 지급된다.

주가지수(stock index) 주식포트폴리오의 가치를 나타내는 지수.

주가지수선물(stock index futures) 주가지수에 대한 선물.

주가지수옵션(stock index option) 주가지수에 대한 옵션.

주식배당(stock dividend) 주식으로 지급하는 배당.

주식분할(stock split) 기존의 주식 1개가 1개를 초과한 주식으로 나뉘는 것.

주식스왑(equity swap) 주식포트폴리오의 수익률이 고정금리 또는 변동금리와 교환되는 스왑.

주식옵션(stock option) 개별주식에 대한 옵션.

주주배정 유상증자(rights issue) 구주주가 일정한 가격으로 신주를 살 수 있는 권리가 부여된 주식의 발행.

준거기업(reference entity) CDS에서 부도 시 손실을 추정하는 기준이 되는 기업.

중기국채선물(treasury note futures) 미국의 중기국채에 대한 선물계약.

중순위 트랑슈(mezzanine tranche) 후순위 트랑슈보다 나중에, 그러나 선순위 트랑슈보다 먼저 손실을 부담하는 트랑슈.

중앙청산(central clearing) 장외시장 거래에서의 청산.

중앙청산소(central counterparty, CCP) 장외파생상품을 위한 청산소.

증거금(margin) 선물 또는 옵션거래자에게 요구되는 현금(또는 증권).

증권화(securitization) 자산포트폴리오에서 위험을 배분하는 절차.

지수가중이동평균모형(exponentially weighted moving average model) 역사적 자료로부터 한 변수의 예측치를 추정하기 위해 지수적 가중치가 이용되는 모형.

지수상각스왑(index amortizing swap, indexed principal swap) 시간 경과에 따라 원금이 줄어드는 스왑. 지급일에 원금의 감소 규모는 이자율 수준에 의해 결정된다.

지수선물(index futures) 주가지수 또는 기타 지수에 대한 선물.

지수옵션(index option) 주가지수 또는 다른 지수에 대한 옵션.

지수차익거래(index arbitrage) 주가지수를 구성하는 주식포지션과 주가지수선물 포지션을 이용하는 차익거래.

지수함수 가중치(exponential weighting) 관찰치가 얼마나 최근인지에 의해 가중치가 변하는 방법으로, i기간 전 관찰치의 가중치는 $i-1$기간 전 관찰치의 가중치에 λ를 곱한 값이다(단, $0<\lambda<1$).

지정가주문(limit order) 명시된 가격 또는 투자자에게 유리한 가격으로만 거래가 이루어지도록 하는 주문.

차익거래(arbitrage) 2개 이상의 증권가격이 상대적으로 잘못 결정되었음을 이용해 이익을 취하는 거래.

차익거래자(arbitrageur) 차익거래를 하는 사람.

채권수익률(bond yield) 채권의 모든 현금흐름에 적용해 현금흐름의 현재가치가 채권의 시장가격과 동일해지도록 하는 할인율.

채권옵션(bond option) 기초자산이 채권인 옵션.

채권의 순가격(clean price of bond) 거래소 제시 채권가격. 채권의 총가격(dirty price of bond)은 채권의 순가격에 발생이자를 더해서 구한다.

채무불이행도(default intensity) 위험률 참조.

첨도(kurtosis) 분포의 꼬리가 두꺼운 정도.

청산소(clearing house) 파생상품의 거래이행을 보증하는 기관(청산회사라고도 함).

청산증거금(clearing margin) 청산소 회원이 거래를 위해 청산소에 위탁하는 증거금.

체계적 위험(systematic risk) 분산투자를 해도 제거할 수 없는 위험.

체증스왑(step-up swap) 시간이 경과함에 따라 미리 정해진 방법대로 원금이 증가하는 형태의 스왑.

초단기거래자(scalper) 매우 짧은 기간만 포지션을 유지하는 거래자.

총수익스왑(total return swap) 하나의 자산포트폴리오 수익과 다른 자산포트폴리오 수익을 교환하는 스왑.

최저가인도채권(cheapest-to-deliver bond) CME그룹의 채

권선물계약에서 인도하는 데 가장 싼 채권.

추가증거금(variation margin) 마진콜이 있을 때 증거금계정의 잔액을 개시증거금 수준으로 맞추기 위해 추가로 내야 하는 증거금.

취소가능스왑(cancelable swap) 거래 일방에 의해서 미리 정해진 날짜에 취소되는 것이 가능한 스왑.

칼라(collar) 금리칼라 참조.

캘린더 스프레드(calendar spread) 콜옵션 1개를 매입하고 콜옵션 1개를 매도해 구성한 포지션으로, 풋옵션을 이용해서도 구성할 수 있다. 단, 옵션의 만기는 상이하다.

캡(cap) 금리캡 참조.

캡금리(cap rate) 금리캡에서 이득을 결정하는 이자율.

캐플럿(caplet) 금리캡의 구성요소.

케이스-쉴러 지수(Case-Shiller index) 미국 주택 가격의 지수.

콘탱고(contango) 선물가격이 기대현물가격보다 높은 상황.

콜옵션(call option) 일정 기간까지 일정 가격으로 기초자산을 매입할 수 있는 옵션.

콤비네이션(combination) 동일한 기초자산에 대한 콜옵션과 풋옵션을 동시에 이용해 구성한 포지션.

콴토(quanto) 지급액이 특정 통화와 관련된 변수에 의해 결정되고 다른 통화로 지급되는 파생상품.

클리켓옵션(cliquet option) 일정 기간마다 행사가격이 조정되는 콜옵션 또는 풋옵션 시리즈. 전형적으로 전 옵션이 종료되면 다른 옵션이 시작된다.

통제변수기법(control variate technique) 수치화 절차의 정확성을 향상하기 위해 가끔 사용될 수 있는 기법.

통화스왑(currency swap) 한 국가의 통화로 표시된 원리금이 다른 국가의 통화로 된 원리금과 교환되는 스왑.

통화옵션(foreign currency option) 환율에 대한 옵션.

투기자(speculator) 일반적으로 자산 가격이 상승하거나 하락할 것으로 예측하고 포지션을 취하는 개인.

투자자산(investment asset) 투자목적으로 보유하는 자산.

트랑슈(tranche) 상이한 위험의 속성을 갖는 여러 증권 중 하나. 예로 CDO 또는 CMO의 트랑슈가 있다.

파생상품(derivatives) 가격이 다른 자산의 가격으로부터 연유되는, 또는 다른 자산의 가격에 의해 결정되는 금융상품.

패리시안옵션(parisian option) 옵션이 진입 또는 실격되려면 자산가치가 일정 기간 장애물가격을 상회 또는 하회해야 하는 장애물옵션.

패키지(package) 자산, 선도계약, 표준 콜옵션, 표준 풋옵션으로 구성된 파생상품 포트폴리오.

평균가격콜옵션(average price call option) 기초자산의 평균가격이 행사가격을 초과하는 정도와 0 중에서 큰 금액으로 이득이 결정되는 옵션.

평균가격풋옵션(average price put option) 행사가격이 기초자산의 평균가격을 초과하는 정도와 0 중에서 큰 금액으로 이득이 결정되는 옵션.

평균행사가격옵션(average strike option) 최종자산 가격과 평균자산 가격 간의 차이에 따라 지급액이 결정되는 옵션.

평균회귀(mean reversion) 이자율과 같은 시장변수가 장기적으로 평균에 회귀하려는 속성.

포지션한도(position limit) 거래자(또는 동일 거래자집단)가 보유할 수 있는 최대 포지션 규모.

포트폴리오 면역화(portfolio immunization) 이자율이 변해도 포트폴리오의 가치가 변하지 않게 만드는 것.

포트폴리오보험(portfolio insurance) 포트폴리오의 가치가 일정 수준 아래로는 떨어지지 않도록 하기 위한 거래.

폭락공포증(crashophobia) 주식시장 폭락에 대한 공포로, 일부 사람들은 이로 인해 시장이 심외가격 풋옵션의 가격을 상승시켰다고 주장한다.

풋옵션(put option) 일정 기간까지 일정 가격으로 기초자산을 매도할 수 있는 옵션.

풋-콜 패리티(put-call parity) 행사가격과 만기가 동일한 유러피언 콜옵션 가격과 유러피언 풋옵션 가격의 관계.

프로그램 매매(program trading) 컴퓨터에 의해 자동으로 거래가 결정되고 거래 지시가 거래소에 전송되는 과정.

프로텍티브 풋(protective put) 기초자산의 매입포지션과 결합한 풋옵션.

프리미엄(premium) 옵션가격.

플레인 바닐라(plain vanilla) 표준적인 것을 묘사하는 단어.

플렉스 옵션(flex option) 거래소에서 거래되는 표준옵션과 다른 조건으로 거래소에서 거래되는 옵션.

플로어(floor) 금리플로어 참조.

플로어금리(floor rate) 금리플로어 계약에서의 이자율.

플로어레트(floorlet) 플로어의 구성요소.

하향실격옵션(down-and-out option) 기초자산의 가격이 미리 정한 수준으로 하락하면 실격되는 옵션.

하향진입옵션(down-and-in option) 기초자산의 가격이 미리 정한 수준으로 하락하면 유효하게 되는 옵션.

할인상품(discount instrument) 단기국채와 같이 중간에 이자를 지급하지 않는 금융상품.

할인율(discount rate) 최종 액면가의 퍼센트로 표현된 단기국채 또는 유사 상품의 연간 수익률.

할인채권(discount bond) 무이표채 참조.

합성 CDO(synthetic CDO) CDS를 매도해 만든 CDO.

합성옵션(synthetic option) 기초자산의 거래를 통해 창조된 옵션.

해석해(analytic result) 수식의 형태로 얻을 수 있는 해(解).

행사가격(exercise price, strike price) 옵션계약에서 자산을 매입 또는 매도하는 가격.

행사유예기간(vesting period) 종업원스톡옵션의 행사가 금지된 기간.

행사한도(exercise limit) 거래소에서 5거래일 동안 행사될 수 있는 옵션 개수의 최댓값.

헤지펀드(hedge fund) 뮤추얼펀드보다 규제를 덜 받는 펀드로 공매도포지션을 취하고 파생상품을 이용하지만 일반 대중에게 서비스를 제공할 수 없다.

헤저(hedger) 헤징거래를 하는 사람.

헤지(hedge) 위험을 줄이기 위한 거래.

헤지비율(hedge ratio) 헤징 대상 자산의 규모에 대한 헤징 수단(즉 선물계약) 포지션 크기의 비율.

헤지 조정(tailing the hedge) 일일정산을 반영하기 위해 헤지에서 사용되는 선물계약의 수를 조정하는 절차.

현금이원콜옵션(cash-or-nothing call option) 최종 자산 가격이 행사가격보다 높으면 미리 정한 일정 금액의 이득이 발생하고, 반대의 경우 이득이 0인 옵션.

현금이원풋옵션(cash-or-nothing put option) 최종 자산 가격이 행사가격보다 낮으면 미리 정한 일정 금액의 이득이 발생하고, 반대의 경우 이득이 0인 옵션.

현금정산(cash settlement) 기초자산을 인도하지 않고 현금으로 선물계약을 정산하는 절차.

현금흐름매핑(cash-flow mapping) VaR을 계산할 목적으로 금융상품을 무이표채의 포트폴리오로 나타내는 절차.

현물가격(spot price) 현재 즉각 인도하는 데 적용되는 가격.

현물 변동성(spot volatility) 서로 다른 변동성이 각각의 캐플릿에 사용될 때, 캡을 평가하는 데 이용되는 변동성에 붙여진 이름.

현물이자율(spot interest rate) 무이표이자율 참조.

확률변수(stochastic variable) 미래 가치가 불확실한 변수.

확인서(confirmation) 장외시장에서 두 거래당사자 간 계약 내용을 확인하는 서류.

확정변수(deterministic variable) 미래 가치가 알려진 변수.

환매이자율(repurchase agreement rate) 환매조건부계약의 이자율.

회귀 수준(reversion level) 이자율과 같은 시장변수의 가치가 회귀하는 수준.

회수율(recovery rate) 부도 시 회수되는 비율(액면금액의 퍼센트로 표시함).

효율적 시장가설(efficient market hypothesis) 자산 가격에는 관련 정보가 반영되어 있다는 가설.

후순위 트랑슈(equity tranche) 다른 트랑슈보다 먼저 손실을 부담하는 트랑슈.

CDX NA IG 신용시장에서 사용되는 북미 지역 125개 투자적격기업으로 구성된 포트폴리오.

CMO(collateralized mortgage obligation) 주택저당증권으로 투자자가 몇 개의 클래스로 구분되어 있으며 원금상환액이 각 클래스에 배정되는 방법을 결정하는 규정이 있다.

CMS(constant maturity swap) 스왑이자율이 매 지급일에 고정금리 또는 변동금리로 교환되는 스왑.

DerivaGem 이 책에 포함된 소프트웨어.

DOOM 옵션(DOOM option) 심외가격 풋옵션.

DV01 이자율의 1베이시스 포인트 증가로 인한 달러 가치(즉 채권가격의 변화).

EURIBOR 유럽 은행 간 시장에서의 이자율

EWMA(exponentially weighted moving average) 지수가중이동평균.

FAS 123 종업원스톡옵션과 연관된 미국의 회계기준.

FAS 133 헤징에 사용되는 상품과 연관된 미국의 회계기준.

FAS(Financial Accounting Standard) 재무회계기준.

FASB(Financial Accounting Standards Board) 미국재무회계기준위원회.

Federal Funds Rate 익일 은행 간 차입금리

FICO Fair Isaac Corporation에 의해 개발된 신용점수.

IMM dates 3월, 6월, 9월, 12월의 세 번째 수요일.

IO(interest only) 소유자가 부동산 담보 풀에서 발생하는 이자만을 수령하는 주택저당증권.

iTraxx Europe 신용시장에서 사용되는 유럽 125개 투자적격기업으로 구성된 포트폴리오.

LEAPS(long-term equity anticipation securities) 개별주식 또는 주가지수에 대한 비교적 장기옵션.

LIBOR–OIS 스프레드(LIBOR-OIS spread) 특정 만기에 대한 LIBOR 이자율과 OIS 이자율의 차이

NINJA 신용이 없는 상태를 일컫는 용어. 소득이 없고 실직했으며 자산이 없는 상태.

OCC(option clearing corporation) 청산소 참조.

PO(principal only) 소유자가 부동산담보 풀에서 발생하는 원금만을 수령하는 부동산담보증권.

Repo(repurchase agreement) 환매조건부계약. 거래상대방에게 증권을 매도함으로써 자금을 차입하고 나중에 약간 높은 가격으로 그 증권을 다시 매입하기로 한 계약.

SEC(Securities and Exchange Commission) 증권거래위원회.

TED 스프레드(TED spread) 3개월 LIBOR와 3개월 국채수익률 간의 차이.

VaR(value at risk) 주어진 신뢰수준에서 초과하지 않을 최대 손실금액.

VIX지수(VIX index) S&P 500의 변동성 지수.

프로그램 사용법

이 책은 DerivaGem 4.00을 함께 사용하도록 고안되어 있다. 이 소프트웨어를 활용해 독자들은 이 책에서 소개한 상품들의 가치평가를 수행할 수 있다.

프로그램 시작하기

소프트웨어를 사용하는 데 가장 어려운 부분은 프로그램을 시작하는 것이다. DerivaGem을 처음 사용할 때의 단계별 가이드는 다음과 같다.

1. www-2.rotman.utronto.ca/~hull/software로 가서 DerivaGem 4.00을 내려받는다. 내려받은 압축 파일을 풀면 DG400a.xls, DG400 functions.xls, DG400 Applications.xls가 만들어진다. DG400a.xls 파일을 연다.
2. 매크로가 활성화되어 있는지 확인한다. 워크시트 윗부분에 편집 허용하기(Enable Editing)와 매크로 활성화하기(Enable Macros) 표시가 보이면 이를 클릭해 편집을 허용하고 매크로를 활성화한다. 윈도우와 오피스 버전에 따라 매크로 보안 수준을 중간이나 낮음으로 설정해야 할 수도 있다.
3. 페이지 아랫부분에 Equity_FX_Indx_Fut_Opts_Calc 워크시트 탭을 클릭한다.
4. 기초자산 유형을 Currency로 선택하고 옵션 유형을 Binomial American으로 선택한다. Put 버튼을 클릭하고 Imply Volatility는 체크하지 않은 상태로 둔다.
5. 그러면 통화에 대한 아메리칸 풋옵션의 가치를 평가할 모든 준비가 완료되었다. 이제 입력할 항목이 7개가 있다[환율, 변동성, 국내 무위험이자율, 외국 무위험이자율, 만기일(연 기준), 행사가격, 시간 단계]. D5, D6, D7, D8, D13, D14, D15셀에 각각 1.61, 12%, 8%, 9%, 1.0, 1.60, 4를 입력한다.
6. 키보드의 Enter를 치고 Calculate를 클릭한다. D20셀에 옵션가격이 0.07099인 것과 D21부터 D25까지 그릭 문자의 값을 볼 수 있을 것이다. 결과 화면의 일부는 643쪽 그림과 같다.
7. Display Tree를 클릭하면 옵션 가치를 계산하는 데 사용된 이항과정이 보일 것이다. 이는 예제 18.2에 있는 그림과 같다.

다음 단계

워크시트에 있는 다른 기초자산에 대한 여러 유형의 옵션 가치를 평가하는 데 어려움이 없을 것이다. 변동성을 포함시키려면 Imply Volatility 상자를 체크하고 D20셀에 옵션가격을 입력한다. Enter를 치고 Calculate를 클릭한다. D6셀에 내재변동성이 나타난다.

다른 많은 차트도 보여줄 수 있다. 차트를 표시하기 위해 수직축에서 필요한 변수, 수평축에서

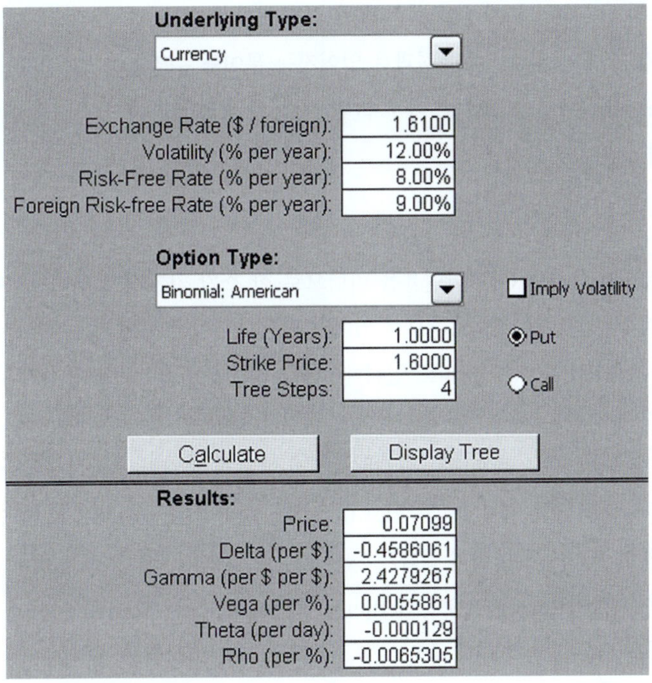

필요한 변수 및 수평축 값의 범위를 선택해야 한다. 이어서 Enter를 치고 Draw Graph를 클릭한다.

Equity_FX_Indx_Fut_Opts_Calc 워크시트에서 주의할 사항은 다음과 같다.

1. 유러피언과 아메리칸 주식옵션인 경우 기초자산인 주식의 배당정보를 7개까지 표에 입력할 수 있다. 첫 번째 열에 배당락일의 시점(연 기준)을 입력하고 두 번째 열에 배당금을 입력한다. 배당금은 순서대로 입력해야 한다.
2. 아메리칸 옵션의 가치평가는 500단계까지 사용될 수 있으나, 최대 10단계까지만 나타낼 수 있다.
3. 표준 콜옵션과 표준 풋옵션 이외의 다른 모든 옵션에 대한 그릭 문자는 분석적인 공식을 사용해 계산된 것이 아니라 입력값을 변화시킴으로써 계산된 것이다.
4. 아시안옵션의 경우 Current Average는 개시 후 평균가격을 의미한다. 만약 아시안옵션이 신규발행된 것이라면 Current Average 셀은 빈칸으로 남겨 두면 된다.
5. 룩백옵션의 경우, 콜옵션이 평가될 때는 Minimum to Date가 이용되고, 풋옵션이 평가될 때는 Maximum to Date가 이용된다. 새로운 계산을 할 때, 이들은 기초자산의 현재가격과 동일하게 설정되어야 한다.
6. 이자율은 연속복리로 계산되며 일수계산은 실제일수/실제일수 기준이다.

무이표이자율곡선

Zero_Curve 워크시트를 사용하면 4.7절에서 설명한 OIS 혹은 국채 무이표 수익률곡선을 계산할 수 있다. 채권수익률과 OIS 이자율을 입력할 때 복리계산 주기는 표 4.3과 표 4.5에서와 같이 지급일의 주기와 같게 하면 된다. 계산 결과로 얻어지는 무이표 수익률은 연속복리 기준이다. 누적기간(accrual period)은 1년을 정수로 나눈 값인 것으로 가정하게 되며, 일수계산은 실제일수/실제일수 기준이다.

스왑

Swaps 워크시트를 이용하면 OIS 할인율을 바탕으로 한 스왑 가치평가가 가능하다. OIS 무이표 수익률곡선 위 점들은 연속복리를 기준으로 입력하면 된다. (이 점들은 Zero_Curve 워크시트에서 가져올 수도 있다.) LIBIOR 선도금리도 입력해야 한다. 이 선도금리는 사용자가 특정한 시점부터 시작하는 한 기간에 대한 이자율인데, 한 기간의 길이는 결제 주기(settlement frequency)와 동일하게 정해진다. 선도금리를 입력할 때 복리계산 주기는 결제 주기와 동일하도록 한다. 예제 7.1에서 0.25년에 대한 선도금리는 3.329%가 되고 0.75년에 대한 선도금리는 3.734%가 된다. 0.25년, 0.75년, 1.25년에 대한 OIS 무이표 수익률은 2.8%, 3.2%, 3.4%가 된다. Swap End는 1.25가 되고, Swap Rate은 3%, Last Reset은 2.9%, Settlement Frequency는 Semiannual이 된다. 소프트웨어는 선형보간법을 사용해 입력되지 않은 무이표 수익률과 선도금리를 계산한다.

채권옵션

Bond_Options 워크시트는 앞서 설명한 워크시트와 유사하다. 유러피언 옵션의 가치평가에는 블랙 모형이 사용된다(21.4절 참조). 액면이자는 연 기준의 이자율로 표시되며, 이자 지급 횟수는 월, 분기, 반년, 연간으로 선택할 수 있다. 무이표채의 현물 수익률곡선은 Term Structure로 명명된 표에 입력한다. (이 값들은 Zero_Rates 워크시트에서 가져올 수도 있다.) 첫 번째 열에 만기(연수)를 입력하고 두 번째 열에 해당 연속복리 이자율을 입력한다. 행사가격은 거래소 표시가격 또는 현금가격으로 할 수 있다(21.4절 참조). 계산되는 거래소 표시가격과 입력되는 행사가격은 100달러당 원금으로 표시된다.

캡과 스왑옵션

Caps_and_Swap_Options 워크시트의 사용법은 앞서 설명한 워크시트의 경우와 유사하다. 이 워크시트는 21장에서 설명한 대로 블랙 모형을 사용해 캡, 플로어, 유러피언 스왑옵션의 가치를 계산한다. 지급 빈도는 월, 분기, 반년, 연간으로 선택할 수 있다. 이 프로그램은 캡 또는 스왑옵션의 잔존기간 말부터 거꾸로 역행하면서 지급일을 계산한다. 최초의 이자 발생 기간은 표준기간에 0.5~1.5 사이의 값을 곱한 비표준화된 기간이 될 수 있다. 계산 과정에서는 OIS 할인이 사용된다. LIBOR 선도금리와 OIS 무위험 수익률에 대한 데이터는 Swaps 워크시트에서와 같은 방법으로 입력한다. 스왑옵션의 경우 LIBOR 선도이자율은 선도스왑이자율을 정하는 데만 사용된다. 선도스왑금리를 알고 있는 경우 LIBOR 선도금리 중 하나를 선도스왑금리로 입력하면 된다.

CDS

CDS 워크시트는 CDS 스프레드로부터 위험률을 계산하는 데 이용되고 반대로도 이용된다. 사용자는 이자율(연속복리)의 기간구조와 CDS 스프레드 또는 위험률의 기간구조를 입력해야 한다. 최초의 위험률은 현재 시점부터 명시된 시점까지 적용되고, 두 번째 위험률은 첫 번째 위험률에 상응하는 기간부터 두 번째 위험률에 상응하는 기간까지 적용되는데, 이후에도 계속 이런 식으로 적용된다. 계산은 채무불이행이 두 현금 지급일 중간 시점에서만 발생할 수 있다는 가정하에 이루어진다. 이는 23.2절의 예시에서 이루어진 계산과 같다.

그릭 문자

Equity_FX_Index_Futures 워크시트에서 그릭 문자는 다음과 같이 계산된다.

Delta(델타): 기초자산 가격 1달러 증가당 옵션가격의 변화
Gamma(감마): 기초자산 가격 1달러 증가당 델타의 변화
Vega(베가): 변동성 1%포인트 증가당 옵션가격의 변화(변동성 증가의 예: 20%에서 21%로 증가)
Rho(로): 이자율 1%포인트 증가당 옵션가격의 변화(이자율 증가의 예: 5%에서 6%로 증가)
Theta(세타): 1일(달력일 기준) 경과 시 옵션가격의 변화

이자율에 영향을 받는 상품의 경우 그릭 문자는 다음과 같이 정의된다.

DV01: 수익률곡선이 1베이시스 포인트 상향이동할 때의 옵션가격 변화
Gamma(감마): 수익률곡선이 1베이시스 포인트 상향이동할 때의 DV01 변화에 100을 곱한 값
Vega(베가): 변동성 1%포인트 증가에 대한 옵션가격의 변화(변동성 증가의 예: 20%에서 21%로 증가)

Application Builder

옵션 계산(DG400f.xls)에 익숙해지고 나면 Application Builder(DG400f applications.xls)를 시작해보고 싶을 수도 있다. DG400f functions.xls를 사용해 새로운 애플리케이션을 만드는 것도 가능하다. 이 워크시트에는 DerivaGem 계산에 사용되는 함수들과 VBA 소스코드가 포함되어 있으며 다음의 애플리케이션이 들어 있다.

A. Binomial Convergence: 12장과 18장에 소개된 이항모형의 수렴(convergence)을 분석한다.
B. Greek Letters: 17장에 소개된 그릭 문자들을 포함하는 차트를 제공한다.
C. Delta Hedge: 표 17.2와 표 17.3에 제시된 델타헤징의 성과를 분석한다.

세계의 주요 선물옵션거래소

Australian Securities Exchange (ASX) www.asx.com.au

BM&FBOVESPA (BMF) www.bmfbovespa.com.br

Bombay Stock Exchange (BSE) www.bseindia.com

Boston Options Exchange (BOX) www.bostonoptions.com

Bursa Malaysia (BM) www.bursamalaysia.com

Chicago Board Options Exchange (CBOE) www.cboe.com

China Financial Futures Exchange (CFFEX) www.cffex.com.cn

CME Group www.cmegroup.com

Dalian Commodity Exchange (DCE) www.dce.com.cn

Eurex www.eurexchange.com

Hong Kong Futures Exchange (HKFE) www.hkex.com.hk

IntercontinentalExchange (ICE) www.theice.com

International Securities Exchange (ISE) www.ise.com

Kansas City Board of Trade (KCBT) www.kcbt.com

London Metal Exchange (LME) www.lme.co.uk

MEFF Renta Fija and Variable, Spain www.meff.es

Mexican Derivatives Exchange (MEXDER) www.mexder.com.mx

Minneapolis Grain Exchange (MGE) www.mgex.com

Montreal Exchange (ME) www.m-x.ca

NASDAQ OMX www.business.nasdaq.com

National Stock Exchange, Mumbai (NSE) www.nseindia.com

NYSE Euronext www.nyse.com

Osaka Securities Exchange (OSE) www.ose.or.jp

Shanghai Futures Exchange (SHFE) www.shfe.com.cn

Singapore Exchange (SGX) www.sgx.com

Tokyo Financial Exchange (TFX) www.tfx.co.jp

Zhengzhou Commodity Exchange (ZCE) www.zce.cn

$x \le 0$인 경우 $N(x)$값을 구하는 표

이 표는 $x \le 0$인 경우 $N(x)$값을 보여준다. 이 표는 보간법과 함께 사용되어야 한다. 예를 들면 다음과 같다.

$$\begin{aligned} N(-0.1234) &= N(-0.12) - 0.34[N(-0.12) - N(-0.13)] \\ &= 0.4522 - 0.34 \times (0.4522 - 0.4483) \\ &= 0.4509 \end{aligned}$$

x	.00	.01	.02	.03	.04	.05	.06	.07	.08	.09
−0.0	0.5000	0.4960	0.4920	0.4880	0.4840	0.4801	0.4761	0.4721	0.4681	0.4641
−0.1	0.4602	0.4562	0.4522	0.4483	0.4443	0.4404	0.4364	0.4325	0.4286	0.4247
−0.2	0.4207	0.4168	0.4129	0.4090	0.4052	0.4013	0.3974	0.3936	0.3897	0.3859
−0.3	0.3821	0.3783	0.3745	0.3707	0.3669	0.3632	0.3594	0.3557	0.3520	0.3483
−0.4	0.3446	0.3409	0.3372	0.3336	0.3300	0.3264	0.3228	0.3192	0.3156	0.3121
−0.5	0.3085	0.3050	0.3015	0.2981	0.2946	0.2912	0.2877	0.2843	0.2810	0.2776
−0.6	0.2743	0.2709	0.2676	0.2643	0.2611	0.2578	0.2546	0.2514	0.2483	0.2451
−0.7	0.2420	0.2389	0.2358	0.2327	0.2296	0.2266	0.2236	0.2206	0.2177	0.2148
−0.8	0.2119	0.2090	0.2061	0.2033	0.2005	0.1977	0.1949	0.1922	0.1894	0.1867
−0.9	0.1841	0.1814	0.1788	0.1762	0.1736	0.1711	0.1685	0.1660	0.1635	0.1611
−1.0	0.1587	0.1562	0.1539	0.1515	0.1492	0.1469	0.1446	0.1423	0.1401	0.1379
−1.1	0.1357	0.1335	0.1314	0.1292	0.1271	0.1251	0.1230	0.1210	0.1190	0.1170
−1.2	0.1151	0.1131	0.1112	0.1093	0.1075	0.1056	0.1038	0.1020	0.1003	0.0985
−1.3	0.0968	0.0951	0.0934	0.0918	0.0901	0.0885	0.0869	0.0853	0.0838	0.0823
−1.4	0.0808	0.0793	0.0778	0.0764	0.0749	0.0735	0.0721	0.0708	0.0694	0.0681
−1.5	0.0668	0.0655	0.0643	0.0630	0.0618	0.0606	0.0594	0.0582	0.0571	0.0559
−1.6	0.0548	0.0537	0.0526	0.0516	0.0505	0.0495	0.0485	0.0475	0.0465	0.0455
−1.7	0.0446	0.0436	0.0427	0.0418	0.0409	0.0401	0.0392	0.0384	0.0375	0.0367
−1.8	0.0359	0.0351	0.0344	0.0336	0.0329	0.0322	0.0314	0.0307	0.0301	0.0294
−1.9	0.0287	0.0281	0.0274	0.0268	0.0262	0.0256	0.0250	0.0244	0.0239	0.0233
−2.0	0.0228	0.0222	0.0217	0.0212	0.0207	0.0202	0.0197	0.0192	0.0188	0.0183
−2.1	0.0179	0.0174	0.0170	0.0166	0.0162	0.0158	0.0154	0.0150	0.0146	0.0143
−2.2	0.0139	0.0136	0.0132	0.0129	0.0125	0.0122	0.0119	0.0116	0.0113	0.0110
−2.3	0.0107	0.0104	0.0102	0.0099	0.0096	0.0094	0.0091	0.0089	0.0087	0.0084
−2.4	0.0082	0.0080	0.0078	0.0075	0.0073	0.0071	0.0069	0.0068	0.0066	0.0064
−2.5	0.0062	0.0060	0.0059	0.0057	0.0055	0.0054	0.0052	0.0051	0.0049	0.0048
−2.6	0.0047	0.0045	0.0044	0.0043	0.0041	0.0040	0.0039	0.0038	0.0037	0.0036
−2.7	0.0035	0.0034	0.0033	0.0032	0.0031	0.0030	0.0029	0.0028	0.0027	0.0026
−2.8	0.0026	0.0025	0.0024	0.0023	0.0023	0.0022	0.0021	0.0021	0.0020	0.0019
−2.9	0.0019	0.0018	0.0018	0.0017	0.0016	0.0016	0.0015	0.0015	0.0014	0.0014
−3.0	0.0014	0.0013	0.0013	0.0012	0.0012	0.0011	0.0011	0.0011	0.0010	0.0010
−3.1	0.0010	0.0009	0.0009	0.0009	0.0008	0.0008	0.0008	0.0008	0.0007	0.0007
−3.2	0.0007	0.0007	0.0006	0.0006	0.0006	0.0006	0.0006	0.0005	0.0005	0.0005
−3.3	0.0005	0.0005	0.0005	0.0004	0.0004	0.0004	0.0004	0.0004	0.0004	0.0003
−3.4	0.0003	0.0003	0.0003	0.0003	0.0003	0.0003	0.0003	0.0003	0.0003	0.0002
−3.5	0.0002	0.0002	0.0002	0.0002	0.0002	0.0002	0.0002	0.0002	0.0002	0.0002
−3.6	0.0002	0.0002	0.0001	0.0001	0.0001	0.0001	0.0001	0.0001	0.0001	0.0001
−3.7	0.0001	0.0001	0.0001	0.0001	0.0001	0.0001	0.0001	0.0001	0.0001	0.0001
−3.8	0.0001	0.0001	0.0001	0.0001	0.0001	0.0001	0.0001	0.0001	0.0001	0.0001
−3.9	0.0000	0.0000	0.0000	0.0000	0.0000	0.0000	0.0000	0.0000	0.0000	0.0000
−4.0	0.0000	0.0000	0.0000	0.0000	0.0000	0.0000	0.0000	0.0000	0.0000	0.0000

$x \geq 0$인 경우 $N(x)$값을 구하는 표

이 표는 $x \geq 0$인 경우 $N(x)$값을 보여준다. 이 표는 보간법과 함께 사용되어야 한다. 예를 들면 다음과 같다.

$$\begin{aligned} N(0.6278) &= N(0.62) + 0.78[N(0.63) - N(0.62)] \\ &= 0.7324 + 0.78 \times (0.7357 - 0.7324) \\ &= 0.7350 \end{aligned}$$

x	.00	.01	.02	.03	.04	.05	.06	.07	.08	.09
0.0	0.5000	0.5040	0.5080	0.5120	0.5160	0.5199	0.5239	0.5279	0.5319	0.5359
0.1	0.5398	0.5438	0.5478	0.5517	0.5557	0.5596	0.5636	0.5675	0.5714	0.5753
0.2	0.5793	0.5832	0.5871	0.5910	0.5948	0.5987	0.6026	0.6064	0.6103	0.6141
0.3	0.6179	0.6217	0.6255	0.6293	0.6331	0.6368	0.6406	0.6443	0.6480	0.6517
0.4	0.6554	0.6591	0.6628	0.6664	0.6700	0.6736	0.6772	0.6808	0.6844	0.6879
0.5	0.6915	0.6950	0.6985	0.7019	0.7054	0.7088	0.7123	0.7157	0.7190	0.7224
0.6	0.7257	0.7291	0.7324	0.7357	0.7389	0.7422	0.7454	0.7486	0.7517	0.7549
0.7	0.7580	0.7611	0.7642	0.7673	0.7704	0.7734	0.7764	0.7794	0.7823	0.7852
0.8	0.7881	0.7910	0.7939	0.7967	0.7995	0.8023	0.8051	0.8078	0.8106	0.8133
0.9	0.8159	0.8186	0.8212	0.8238	0.8264	0.8289	0.8315	0.8340	0.8365	0.8389
1.0	0.8413	0.8438	0.8461	0.8485	0.8508	0.8531	0.8554	0.8577	0.8599	0.8621
1.1	0.8643	0.8665	0.8686	0.8708	0.8729	0.8749	0.8770	0.8790	0.8810	0.8830
1.2	0.8849	0.8869	0.8888	0.8907	0.8925	0.8944	0.8962	0.8980	0.8997	0.9015
1.3	0.9032	0.9049	0.9066	0.9082	0.9099	0.9115	0.9131	0.9147	0.9162	0.9177
1.4	0.9192	0.9207	0.9222	0.9236	0.9251	0.9265	0.9279	0.9292	0.9306	0.9319
1.5	0.9332	0.9345	0.9357	0.9370	0.9382	0.9394	0.9406	0.9418	0.9429	0.9441
1.6	0.9452	0.9463	0.9474	0.9484	0.9495	0.9505	0.9515	0.9525	0.9535	0.9545
1.7	0.9554	0.9564	0.9573	0.9582	0.9591	0.9599	0.9608	0.9616	0.9625	0.9633
1.8	0.9641	0.9649	0.9656	0.9664	0.9671	0.9678	0.9686	0.9693	0.9699	0.9706
1.9	0.9713	0.9719	0.9726	0.9732	0.9738	0.9744	0.9750	0.9756	0.9761	0.9767
2.0	0.9772	0.9778	0.9783	0.9788	0.9793	0.9798	0.9803	0.9808	0.9812	0.9817
2.1	0.9821	0.9826	0.9830	0.9834	0.9838	0.9842	0.9846	0.9850	0.9854	0.9857
2.2	0.9861	0.9864	0.9868	0.9871	0.9875	0.9878	0.9881	0.9884	0.9887	0.9890
2.3	0.9893	0.9896	0.9898	0.9901	0.9904	0.9906	0.9909	0.9911	0.9913	0.9916
2.4	0.9918	0.9920	0.9922	0.9925	0.9927	0.9929	0.9931	0.9932	0.9934	0.9936
2.5	0.9938	0.9940	0.9941	0.9943	0.9945	0.9946	0.9948	0.9949	0.9951	0.9952
2.6	0.9953	0.9955	0.9956	0.9957	0.9959	0.9960	0.9961	0.9962	0.9963	0.9964
2.7	0.9965	0.9966	0.9967	0.9968	0.9969	0.9970	0.9971	0.9972	0.9973	0.9974
2.8	0.9974	0.9975	0.9976	0.9977	0.9977	0.9978	0.9979	0.9979	0.9980	0.9981
2.9	0.9981	0.9982	0.9982	0.9983	0.9984	0.9984	0.9985	0.9985	0.9986	0.9986
3.0	0.9986	0.9987	0.9987	0.9988	0.9988	0.9989	0.9989	0.9989	0.9990	0.9990
3.1	0.9990	0.9991	0.9991	0.9991	0.9992	0.9992	0.9992	0.9992	0.9993	0.9993
3.2	0.9993	0.9993	0.9994	0.9994	0.9994	0.9994	0.9994	0.9995	0.9995	0.9995
3.3	0.9995	0.9995	0.9995	0.9996	0.9996	0.9996	0.9996	0.9996	0.9996	0.9997
3.4	0.9997	0.9997	0.9997	0.9997	0.9997	0.9997	0.9997	0.9997	0.9997	0.9998
3.5	0.9998	0.9998	0.9998	0.9998	0.9998	0.9998	0.9998	0.9998	0.9998	0.9998
3.6	0.9998	0.9998	0.9999	0.9999	0.9999	0.9999	0.9999	0.9999	0.9999	0.9999
3.7	0.9999	0.9999	0.9999	0.9999	0.9999	0.9999	0.9999	0.9999	0.9999	0.9999
3.8	0.9999	0.9999	0.9999	0.9999	0.9999	0.9999	0.9999	0.9999	0.9999	0.9999
3.9	1.0000	1.0000	1.0000	1.0000	1.0000	1.0000	1.0000	1.0000	1.0000	1.0000
4.0	1.0000	1.0000	1.0000	1.0000	1.0000	1.0000	1.0000	1.0000	1.0000	1.0000

찾아보기